【城市数字(2009)】

【人口】269.88万人
【土地面积】3847平方公里
【建成区土地面积】154.56平方公里
【长江境内岸线长】259公里，其中深水岸线85公里
【京杭大运河境内长】42.6公里
【地区生产总值】1672.08亿元
【人均地区生产总值】54732元
【财政收入】296.35亿元
【一般预算收入】101.57亿元
【社会消费品零售总额】475.74亿元
【合同利用外资】28.0亿美元
【实际利用外资】14.41亿美元
【进出口总额】60.3亿美元，其中出口35.4亿美元
【港口货物吞吐量】10132万吨
【城市居民人均可支配收入】20949元
【农民人均纯收入】9642元

【风景名胜】

【全国重点文物保护单位】焦山碑林、丹阳南朝陵墓石刻、镇江英国领事馆旧址、昭关石塔、大运河镇江段、虎踞桥、江河交汇处、新河街一条街、西津渡古街
【全国重点寺庙道观】金山江天禅寺、焦山定慧寺、宝华山隆昌寺、茅山道院
【国家重点风景名胜区】“三山”风景名胜区（金山、焦山、北固山）
【国家AAAA级旅游风景区】金山公园、茅山风景名胜区、焦山公园、宝华山国家森林公园、镇江博物馆、南山风景名胜区
【国家森林公园】南山国家森林公园、宝华山国家森林公园
【国家重点公园】金山公园
【省级风景名胜区】南山风景名胜区、茅山风景名胜区
【省级自然保护区】宝华山自然保护区、长江豚类自然保护区

《镇江年鉴》近年来主要荣誉

- 首届中国地方志年鉴奖特等奖（2004年）
- 首届中国年鉴奖（2004年）
- 第三届全国年鉴编纂出版质量评比综合一等奖（2004年）
- 第二届全国年鉴编校质量检查评比特等奖（2006年）
- 江苏省第四次地方志系统优秀成果评奖特等奖（2006年）
- 第三届全国年鉴编校质量检查评比一等奖（2007年）
- 第四届全国年鉴编校质量检查评比特等奖（2008年）
- 第四届全国年鉴编纂出版质量评比综合特等奖（2009年）
- 首届江苏省年鉴奖综合特等奖（2010年）

2010

(总第19卷)

鎮江年鑒

镇江市人民政府主办

镇江市史志办公室编

方志出版社

图书在版编目(CIP)数据

镇江年鉴.2010/镇江市史志办公室编. —北京:
方志出版社, 2010.8
ISBN 978-7-80238-844-4

Ⅰ.①镇… Ⅱ.①镇… Ⅲ.①镇江市-2010-年鉴
Ⅳ.①Z525.33

中国版本图书馆CIP数据核字(2010)第166328号

镇江年鉴(2010)

编　　者:镇江市史志办公室

责任编辑:李志瑜

出 版 者:方志出版社
(北京市建国门内大街5号中国社会科学院科研大楼12层)
邮编　100732
网址　http//www.fzph.org
发　　行:方志出版社发行部
(010)85195814　85196281
经　　销:新华书店总店北京发行所
法律顾问:北京市大禹律师事务所
印　　刷:南京凯德印刷有限公司

开　　本:889×1194　1/16
印　　张:26
字　　数:1292千
版　　次:2010年8月第1版　2010年8月第1次印刷
印　　数:0001~2800册

ISBN 978-7-80238-844-4/K·486　　定价:200.00元

《镇江年鉴》主审

许津荣 刘捍东

《镇江年鉴》编审人员

主　　编　孙晓南　胡　振

副 主 编　杨国祥　傅雪元　刘爱玲　孙爱军　陈恒明

编辑部主任　杨正宏

编　　辑　(以下按姓名笔画排序)

毛向阳　严志清　杨正宏　姚丽华　翁红霞　戴　芸

特约编辑　王　涛　王　磊　王金涛　付久成　冯　杨　冯鸿鸣

石铁流　刘　松　吕联泰　朱　彤　朱利荣　吴　琼

李小亮　李世华　杜晓镇　束国玉　沈忠华　娄银土

赵传华　倪克强　贾泽栋　章存保　蒋依民　褚和平

谭坚强

辖市(区)编辑　丁　阁　尹宏蔚　王　芸　刘　芳　殷　红　蒋　敏

谢竞美

英文翻译　姚丽华

彩页设计　支点广告

《镇江年鉴》撰稿单位审稿人名单

（按姓名笔画排序）

于建武　马鹤利　尤　廉　尹连荣　戈　矛　王　欣　王　诚　王　涛　王　琴

王为华　王友照　王建宏　王金华　王俊秋　王咸平　王根生　王海波　王梅芳

王琪生　王联东　王曙明　史玉林　史国平　叶有伟　田先华　乔文兵　任一鸣

任振棣　刘吉顺　刘建宁　刘贤忠　刘晓东　刘晓波　刘海东　华国强　吕　舟

吕联泰　孙　彤　孙　杰　孙中良　孙志辉　孙德举　庄　钧　庄义庆　朱士富

朱小坤　朱云峰　朱纪平　朱保卫　朱绮云　江凇宁　许荣立　邬书棋　冷剑桦

吴　强　吴林宝　宋勤华　张卫平　张士元　张大华　张仁海　张水娟　张世成

张永志　张伟栋　张志宏　张国云　张忠波　张朝晖　李　军　李少华　李江苏

李国平　李奇瑞　李剑锋　李润仙　杜秀芹　杜晓镇　杨　斌　杨宁国　杨家丰

沈　红　沈红亮　沈恩达　沈维良　肖军荣　苏启善　邵利明　陆廷秀　陆应祥

陈　侃　陈　凯　陈　晨　陈发荣　陈可可　陈立军　陈志兰　陈建云　陈林海

陈泰龙　周　社　周万宝　周国年　周胜贤　周梅生　宗加伟　尚亚波　屈振国

经颜明　范广庭　郑　青　郑　毅　金汉甫　金国使　金彩曦　俞波涛　施竞平

段洪波　祝瑞洪　祝瑞银　胡龙海　胡配军　贺平泉　赵长亮　赵立源　赵兴根

赵伯廷　赵斯勤　闻　捷　唐成海　徐建锋　徐恒功　徐晓元　殷国兴　殷金顺

袁剑峰　郭必东　郭瑞龙　钱五龙　钱伯安　钱忠文　陶建明　顾伟刚　顾宜方

顾雄林　高　明　康　勇　戚亚新　曹阳根　黄丽莉　黄志中　曾文兵　焦国平

葛晓祥　蒋　宁　蒋宗宁　蒋建中　蒋建新　韩建玲　褚和平　管鹤楼　缪志林

蔡晓伟　樊德高　潘国建　霍爱平　戴江澄　戴非平　鞠　伟　魏守红

编辑说明

《镇江年鉴》是镇江市人民政府主办、镇江市史志办公室编撰的大型地方综合年鉴，创刊于1992年，每年一卷，旨在逐年记载镇江市经济和社会发展的基本情况，为社会各界认识镇江、研究镇江、发展镇江提供基本资料。

《镇江年鉴(2010)》记载2009年全市经济、社会等方面的基本面貌、发展状况和各行各业取得的新进展、新成就、新经验，出现的新矛盾、新问题以及新探索。《镇江年鉴(2010)》对框架结构进行了适当调整，以体现地方特色、年度特色。全书新设学习实践科学发展观活动、应对金融危机、千亿投资、生态文明建设、国际服务外包、新中国成立60周年庆祝活动、脱贫攻坚“两消除”、“大爱镇江”主题活动、西津渡历史文化街区建设、经济普查等内容。彩色画页继续设立《城市名片》，介绍城市特点和重要荣誉。为增强年鉴实用性，在相关部类安排重点企事业单位、科研机构、科研成果、大专院校等“点”上的信息，刊登最新版《镇江市政区图》《镇江市城区图》，继续选登有资料价值、史料价值的图表。

全书分类目、分目和条目3个层次，共设40个类目、230个分目、近2000个条目(图表)。部分分目下设立次分目，其标题前后加·表示。条目为记述实体，其标题用黑体字加【 】表示。《大事记》中△表示“同日”，表格中#表示“其中”。《镇江年鉴（2010）》在结构上作了调整：《社会团体》更名为《人民团体》，并将其他类目中的《镇江市科学技术协会》《镇江市哲学社会科学界联合会》《镇江市文学艺术界联合会》《镇江市台湾同胞联谊会》《镇江市归国华侨联合会》《镇江市残疾人联合会》《镇江市红十字会》等分目析出归入《人民团体》；原《财政·税务·审计》中的《审计》分目移至《综合经济管理》。

全书所用稿件由市各部门、单位，各辖市(区)专人撰写，并经过各单位领导审阅，事实与数据均经过反复核对。统计数据均使用法定计量单位，为保持文献原貌，《特载》所刊报告中数据的量与单位均不作变动。对有些重要资料的记载在时限上适当放宽，以提高资料使用的时效性。地图经市国土资源局、地名管理办公室等单位审核，并由镇江市测绘管理办公室监制。

全书配有双重检索方法：卷首设中、英文目录，卷末设主题分析索引，并辅之以全书条目参见系统。为行文简洁，对主要机构(单位)名称采用习惯性简称，并在目录前配有《〈镇江年鉴〉主要机构(单位)简称全称对照表》，全书所有信息资料可通过目录、索引、条目参见系统以及书眉等查寻。2000年起，《镇江年鉴》进入互联网（http://nj.zhenjiang.net.cn）；2006年起附电子版光盘，以方便读者使用。

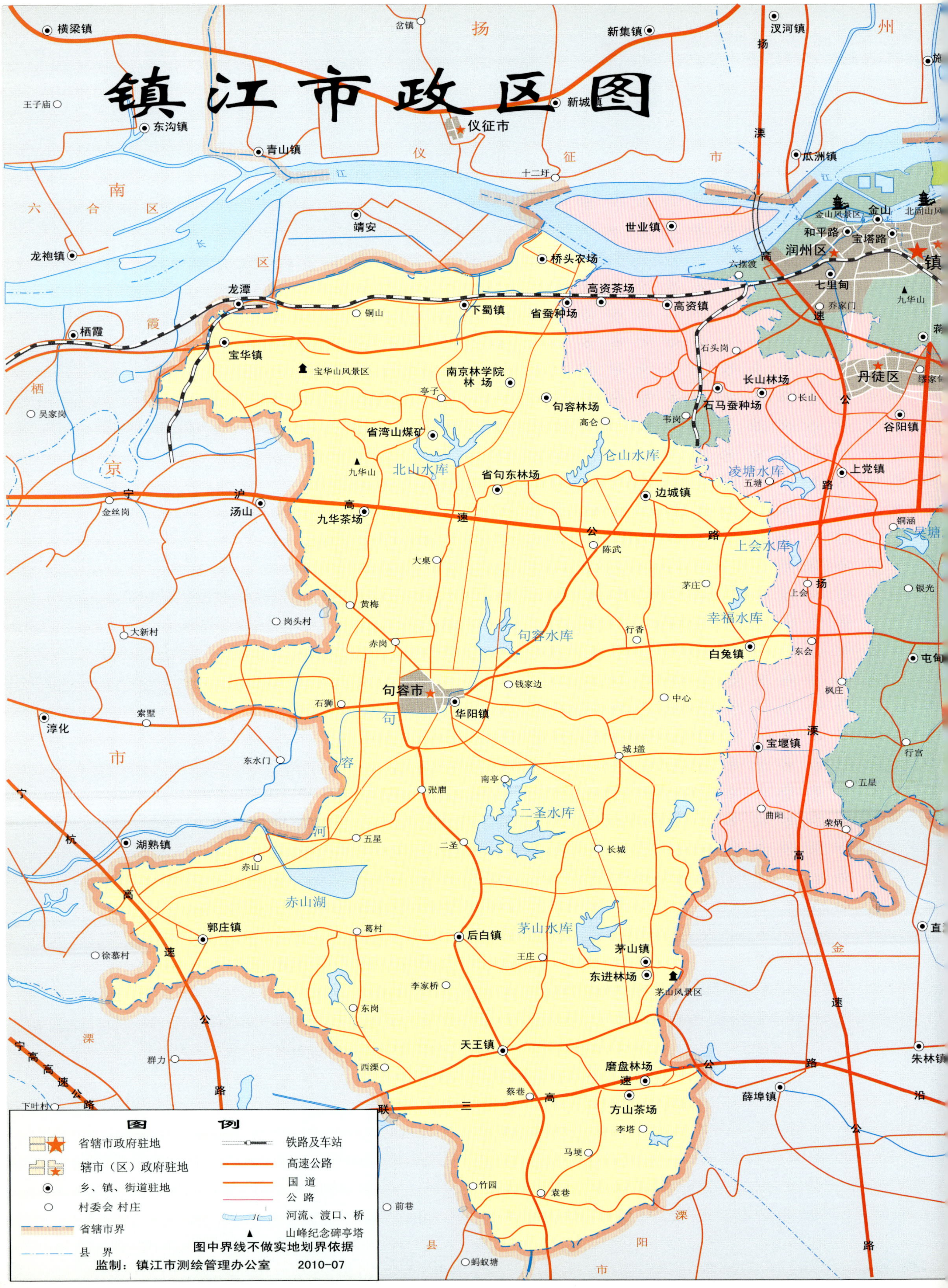
镇江市政区图
仪征市
句容市
华阳镇
润州区
丹徒区
镇
南京林学院林场
宝华镇
宝华山风景区
下蜀镇
桥头农场
高资茶场
高资镇
省蚕种场
世业镇
龙潭
栖霞
靖安
句容林场
省湾山煤矿
北山水库
仓山水库
省句东林场
边城镇
九华茶场
汤山
淳化
湖熟镇
郭庄镇
赤山湖
句容水库
二圣水库
茅山水库
茅山镇
东进林场
茅山风景区
后白镇
天王镇
磨盘林场
方山茶场
薛埠镇
白兔镇
宝堰镇
上会水库
幸福水库
凌塘水库
石马蚕种场
长山林场
谷阳镇
上党镇
七里甸
金山
和平路
宝塔路
瓜洲镇
新城镇
新集镇
汊河镇
横梁镇
东沟镇
青山镇
龙袍镇
南京
六合区
栖霞区
江宁区
长江
宁沪高速公路
沪宁高速公路
宁杭高速公路
扬溧高速公路
宁高高速公路
沿江高速公路
溧阳市
金坛市
图例
省辖市政府驻地
辖市（区）政府驻地
乡、镇、街道驻地
村委会 村庄
省辖市界
县 界
铁路及车站
高速公路
国 道
公 路
河流、渡口、桥
山峰纪念碑亭塔
图中界线不做实地划界依据
监制：镇江市测绘管理办公室 2010-07

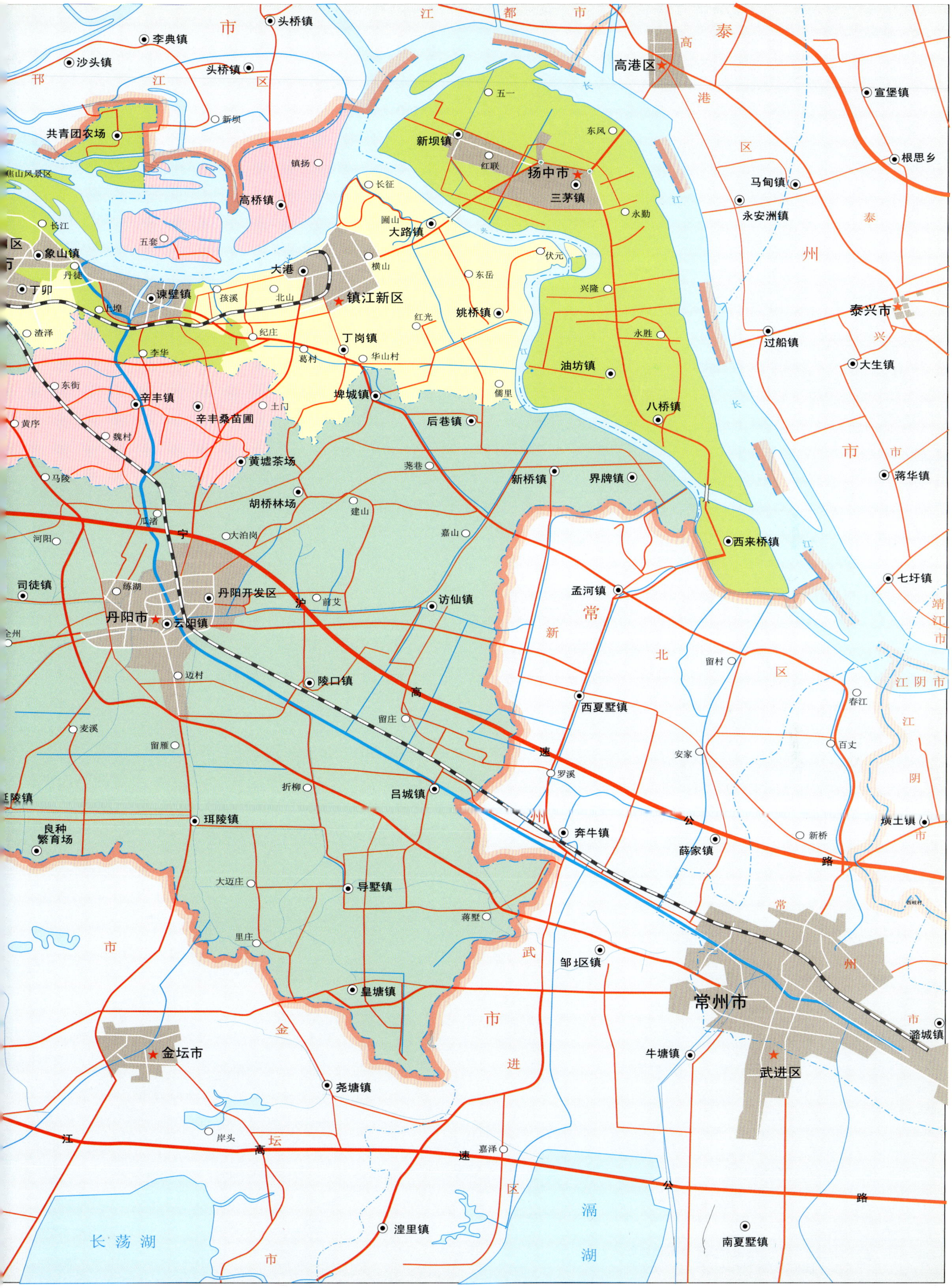

头桥镇
李典镇
沙头镇
头桥镇
新坝
共青团农场
镇扬
高桥镇
五套
焦山风景区
长江
象山镇
丹徒
丁卯
谏壁镇
上埠
渣泽
李华
东街
辛丰镇
黄序
魏村
马陵
五一
新坝镇
红联
东风
扬中市
三茅镇
永勤
长征
圌山
大路镇
横山
大港
北山
孩溪
镇江新区
东岳
伏元
兴隆
姚桥镇
红光
纪庄
葛村
丁岗镇
华山村
永胜
油坊镇
儒里
埤城镇
土门
辛丰桑苗圃
后巷镇
八桥镇
黄墟茶场
尧巷
新桥镇
界牌镇
胡桥林场
建山
瓜渚
大泊岗
河阳
嘉山
西来桥镇
司徒镇
练湖
丹阳开发区
前艾
访仙镇
孟河镇
丹阳市
云阳镇
边村
陵口镇
留村
西夏墅镇
春江
留庄
麦溪
留雁
安家
百丈
罗溪
折柳
吕城镇
良种繁育场
珥陵镇
奔牛镇
新桥
薛家镇
横土镇
大迈庄
导墅镇
蒋墅
里庄
邹区镇
皇塘镇
常州市
潞城镇
金坛市
牛塘镇
武进区
尧塘镇
岸头
嘉泽
长荡湖
湟里镇
南夏墅镇
滆湖
高港区
宣堡镇
根思乡
马甸镇
永安洲镇
泰兴市
过船镇
大生镇
蒋华镇
七圩镇
江阴市
泰州市
沪宁高速公路
江金高速公路

镇江市城区图
征润洲
二号圩
三号圩
十三号圩
金山村
世业洲旅游度假区
十六号圩
鸭子塘
一泉村
金山公园
春江潮广场
北固山公园
三四墩子
达子圩
金山
金山街道
四牌楼街道
烈士陵园
宝塔路街道
大市口街道
宝盖山
二墩子
二五段
和平路街道
胡家圩
鲇鱼套
京
解放湾
福家圩
健康路街道
正东路街道
跑马山
火车站
戴家圩
小桥
大桥
润州广场
润州区
市政府
飞花圩
五摆渡
三摆渡
七里甸街道
龙门
蒋家圩
四摆渡
江苏省镇江中学
五里
磨笄山
虎头山
黄鹤山
茶砚山
曙光
鹤林
江苏科技大学（西校区）
何家圩
坡岗村
黄山
竹林村
高崇寺
枣林村
小牛山
润州道院
招隐寺
竹林寺
观音山
五凤口
留脉湾
龙脉桥
岘山顶
南山风景区
南山国家森林公园
五州山
戴家门
朱邓檀山
蛋山
谬司湾
光星
凤凰山
九华山
八公洞
润州区
下严家
檀山
大兴庄
孙家
蒋公山
庄
南岗
秧坝
乔家门
南山
风林山
鸡笼山
王严庄
白龙山
五州山
徐巷
诈输
后湾
官平山
蒋乔镇
东山
嶂山
卢湾
回龙
显洋村
至禄口机场
王嶂山
大地巷
上黄山
龚家湾
史家岗
马鞍山
回龙新村
丹徒区
缪家甸
姚庄
冯巷
官庄
后山头
大蔡巷
站岗村
上白孢
杨溪
大侯庄
图例
市政府
县（市）、区政府
乡、镇政府
街道 场
村委会
学校
医院
居民区
河流沟渠 桥梁水闸 码头
绿化
山峰
汽车站
铁路 车站
庙宇
塔
文物古迹
水库 鱼池
本图中界线不做实地划界依据
监制：镇江市测绘管理办公室 2010-07

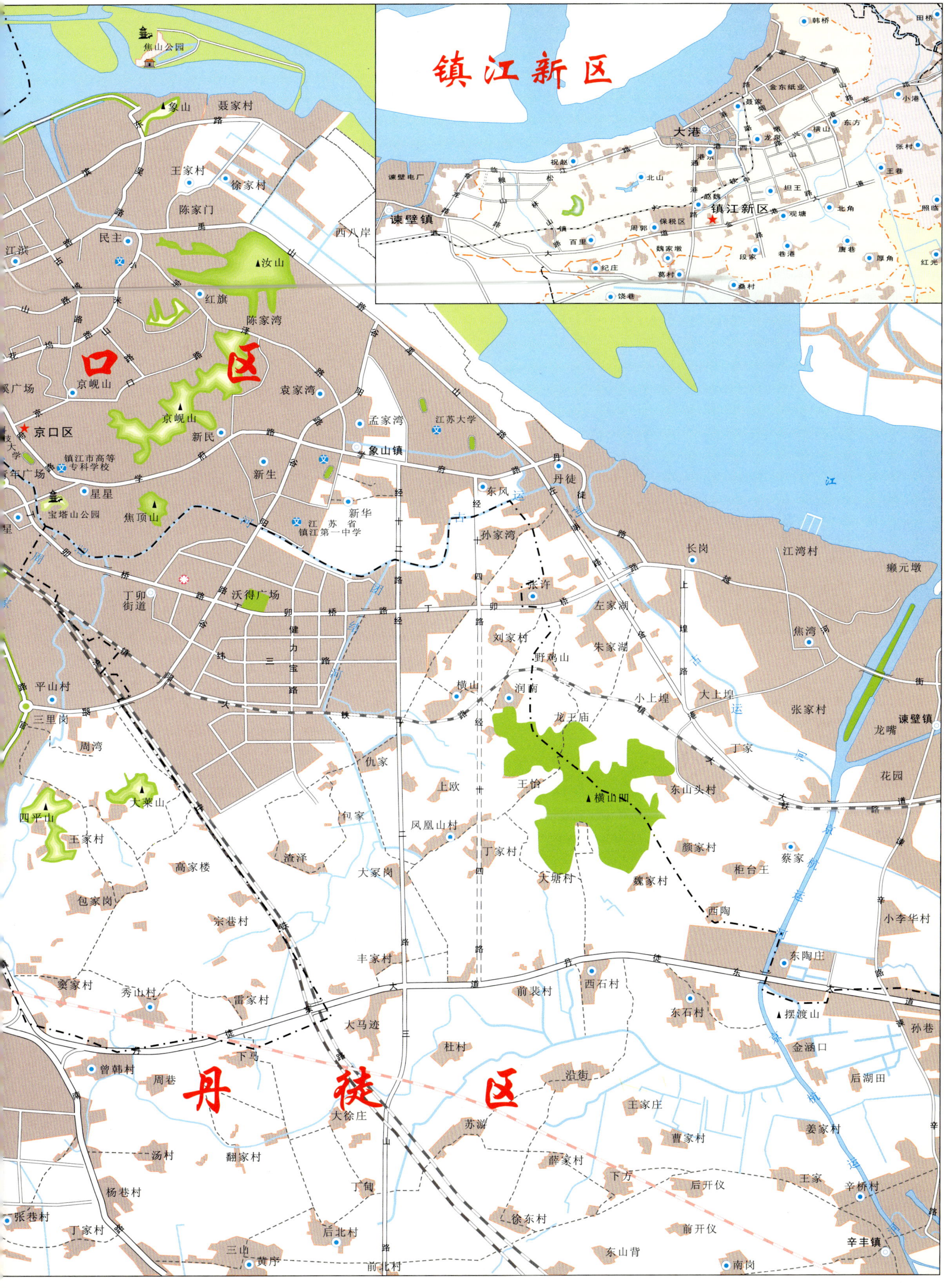
镇江新区
京口区
丹徒区
焦山公园
象山
聂家村
王家村
徐家村
陈家门
西八岸
民主
江滨
汝山
红旗
陈家湾
京岘山
袁家湾
孟家湾
江苏大学
京口区
新民
象山镇
镇江市高等专科学校
新生
宝塔山公园
星星
焦顶山
新华
江苏省镇江第一中学
东风
丹徒
孙家湾
长岗
江湾村
瘸元墩
丁卯街道
沃得广场
张许
左家湖
刘家村
朱家湖
焦湾
野鸡山
平山村
三里岗
横山
润南
小上埠
大上埠
张家村
谏壁镇
龙嘴
龙王庙
周湾
仇家
丁家
上欧
王恰
东山头村
花园
四平山
大莱山
向家
凤凰山村
横山凹
王家村
高家楼
渣泽
丁家村
颜家村
蔡家
大家岗
大塘村
魏家村
柜台王
包家岗
西陶
小李华村
宗巷村
丰家村
东陶庄
窦家村
秀山村
雷家村
前裴村
西石村
东石村
摆渡山
孙巷
大马迹
杜村
金涵口
下马
曾韩村
周巷
沿街
后湖田
王家庄
大徐庄
苏游
曹家村
姜家村
汤村
翻家村
薛家村
下方
王家
辛桥村
杨巷村
丁甸
后开仪
张巷村
丁家村
后北村
徐东村
前开仪
三山
黄庐
前北村
东山背
南岗
辛丰镇
韩桥
田桥
金东纸业
小港
大港
东方
横山
张村
王巷
谏壁电厂
祝赵
北山
坦王
照临
谏壁镇
赵魏
镇江新区
观塘
北角
周郭
保税区
百里
巷港
唐巷
厚角
魏家墩
段家
红光
纪庄
葛村
桑村
饶巷

2009年6月20日，省委书记梁保华（中）到镇江考察重点工程项目建设情况

2009年7月10日，省长罗志军（右一）到镇江调研

2010年1月12～15日和11～13日，镇江市六届人大三次会议和镇江市政协六届三次会议分别召开

◎地区生产总值(亿元)

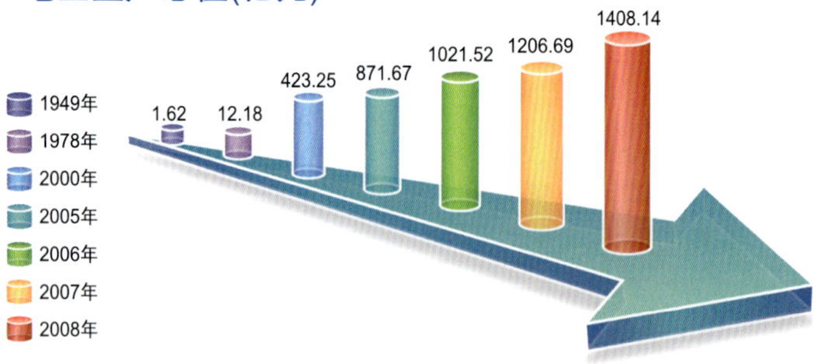

◎人均地区生产总值(元)

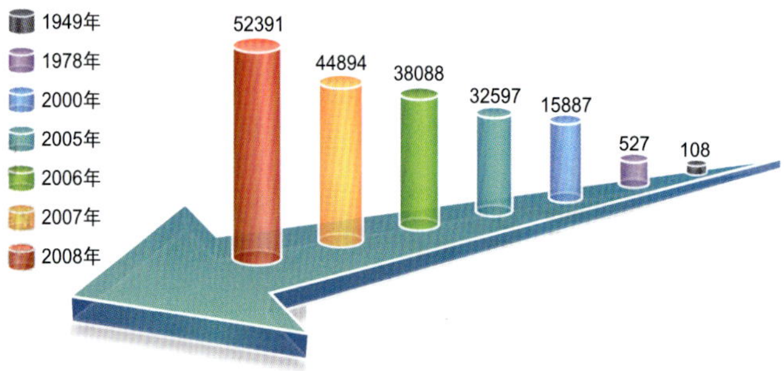

◎三次产业结构(%)

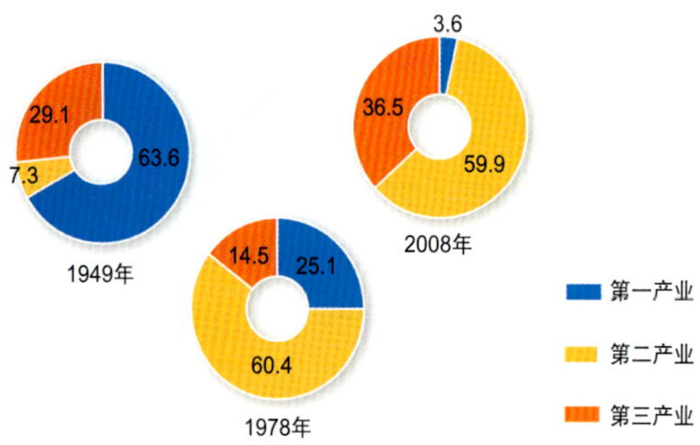

◎全部工业总产值指数(上年=100)

◎全部工业总产值(亿元)

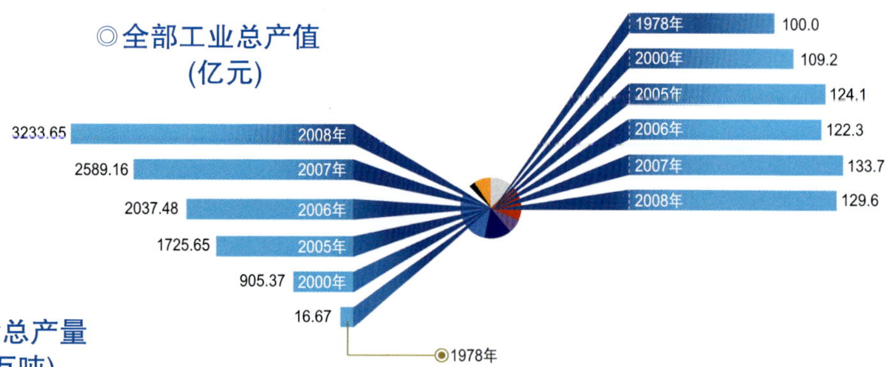

◎农林牧渔业总产值(亿元)

◎粮食总产量(万吨)

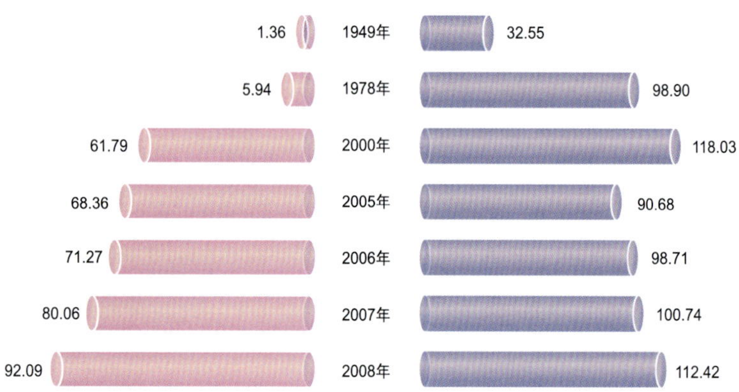

◎全社会客运量(万人)

◎全社会货运量(万吨)

◎邮电业务总量(万元)

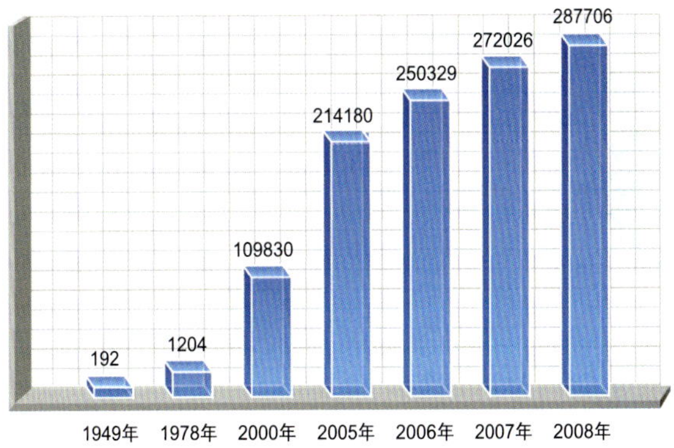

◎港口货物吞吐量(万吨)

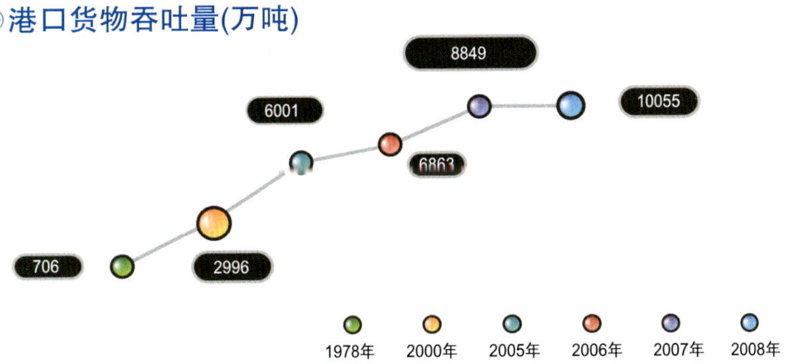

◎全社会固定资产投资(万元)

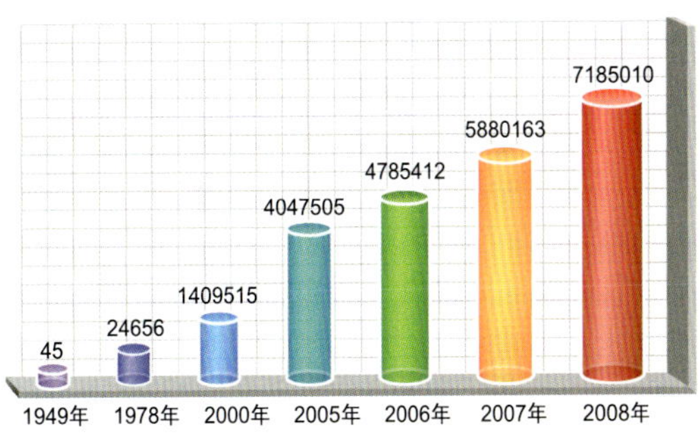

◎社会消费品零售总额(万元)

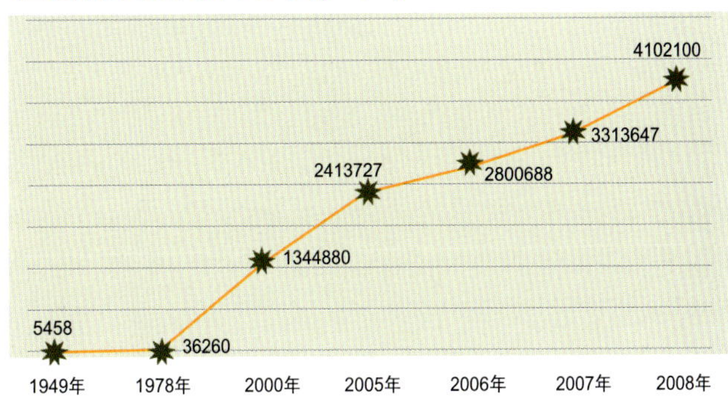

◎进出口总额(万美元)

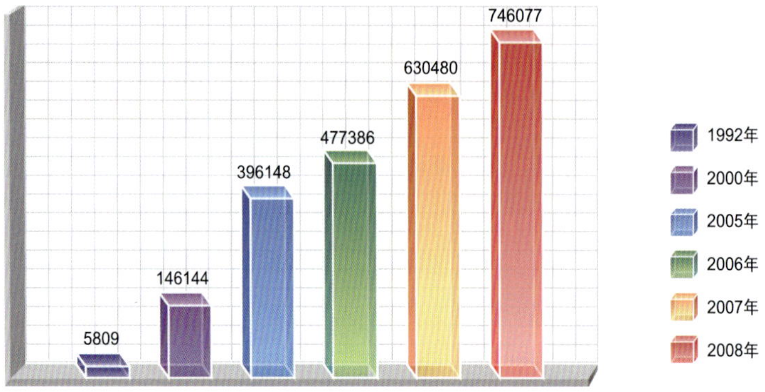

◎出口总额(万美元)

◎实际利用外资(万美元)

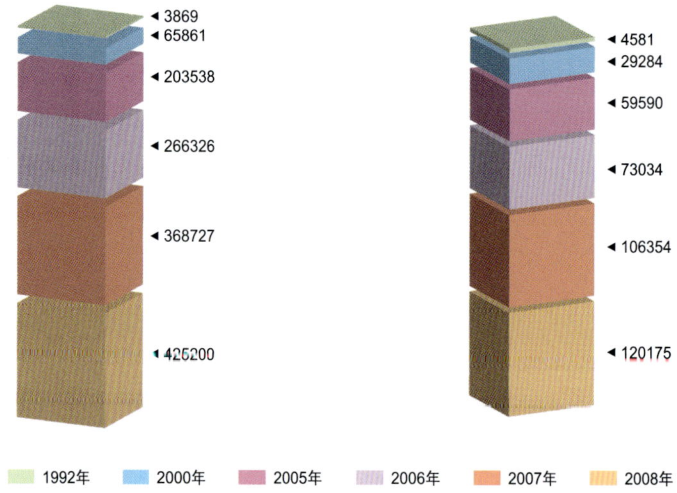

◎财政总收入(万元)

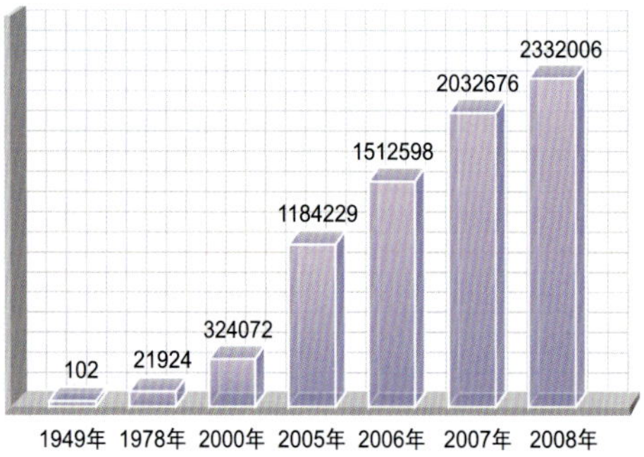

◎普通中学和小学在校学生数(万人)

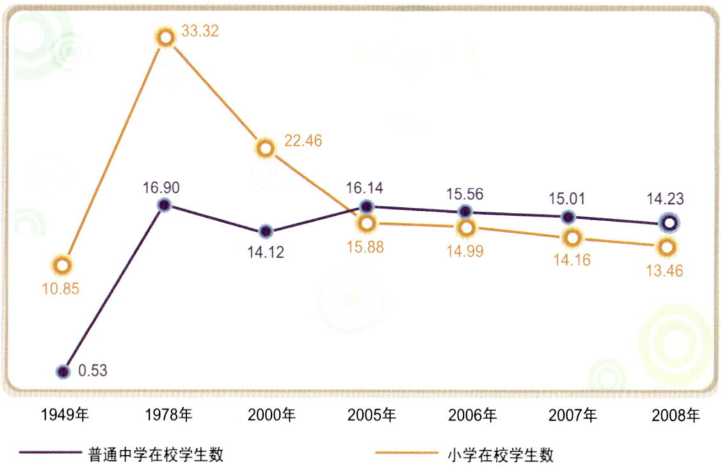

◎医院、卫生院床位数(张)

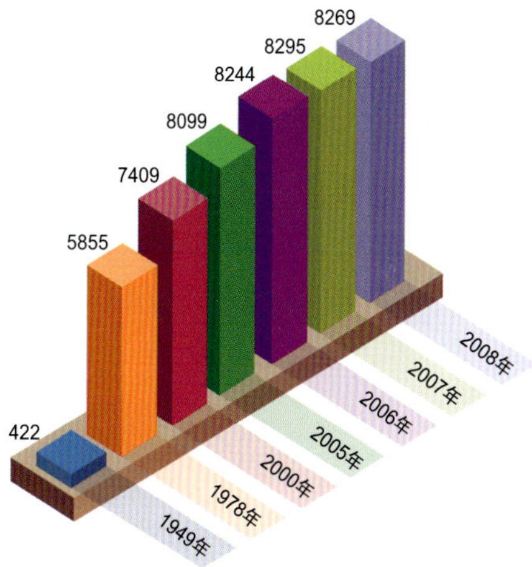

◎普通高等学校在校学生数(人)

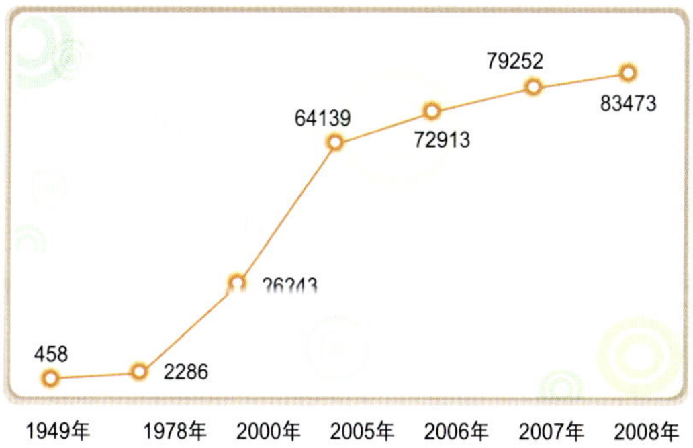

◎农民人均纯收入(元)

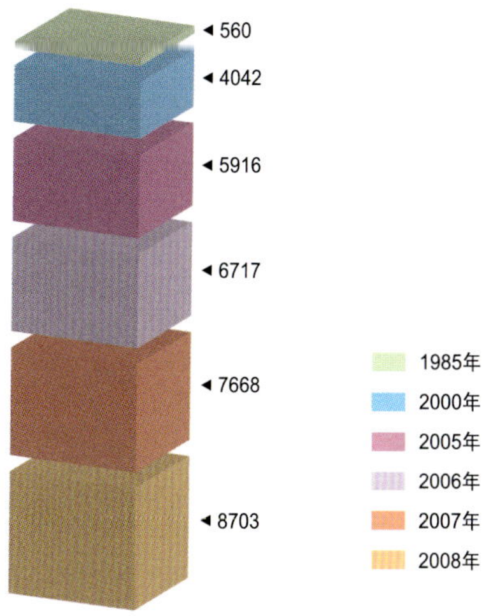

◎城市居民人均可支配收入(元)

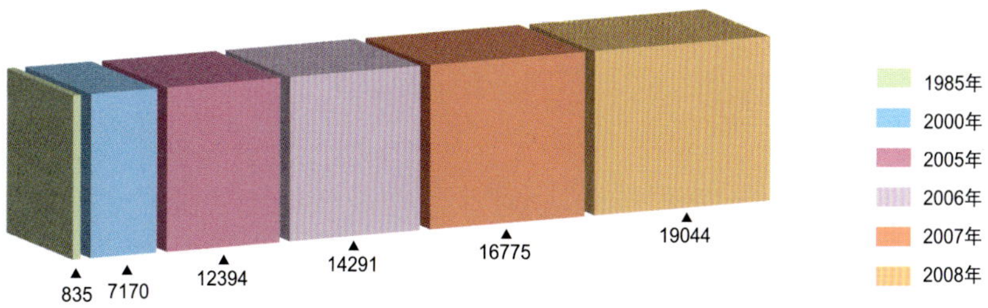

——资料来源：镇江市统计局《镇江60年》

色经典 火红镇江
江市庆祝中华人民共和国成立60周年万人歌会

2009年9月30日举办“红色经典 火红镇江”——镇江市庆祝中华人民共和国成立60周年万人歌会

2009年，新中国成立60周年、镇江解放60周年，全市开展了丰富多彩的纪念活动。举办“红色经典火红镇江”万人歌会、“红歌颂祖国”红色经典歌唱比赛、“红遍镇江”系列活动、“魅力新镇江”摄影图片展、“多彩镇江·舞动激情”广场舞蹈大赛等活动。4月23日，组织渡江战役故地采访等纪念镇江解放的活动。

2009年，镇江市广大干部群众继续以“大爱”铸造镇江的文明品牌，以“大爱”推进镇江的跨越发展。18名个人、6个群体当选为市第二届“大爱之星”，16名个人和6个群体获得市第二届“大爱之星”入围奖，他们的事迹闪耀着民族精神与时代精神的璀璨光华。2010年元旦举行第二届大爱镇江新闻人物颁奖典礼，凤凰卫视杨锦麟主持晚会，“民歌天后”汤灿和台湾歌手齐秦合唱歌曲《爱的直航》。2009年4月18日，根据镇江“爱心天使”陈静的真实故事创作的影片《小城大爱》首映式在江苏大学举行。

2009年，镇江市委、市政府注重研究和加强社会转型中的社会管理，坚持民生优先，建设和谐社会。推进城乡充分就业，加大社会帮扶救助力度，完善社会保障制度，提高社会保障水平，维护和谐稳定，加强文明城市建设，不断提高市民文明素养。全市上下努力建设幸福城市、文明城市、平安城市，为跨越发展营造良好社会环境。

2010年3月18日，财富广场奠基仪式举行

2009年6月28日，镇江市体育会展中心等四大工程开工

2009年4月8日，北部滨水区十大工程开工

2009年底，镇江市规划展示馆开馆

2009年6月，镇江市综合交通客运枢纽开工

2009年，镇江市完成城乡建设投资305.1亿元，比上年增长31.7%。“一中心四区域”（南徐新城和北部滨水区、大市口AB地块、双井路片区）城市雏形初显。“三铁一桥”（京沪高速铁路镇江段、沪宁城际铁路镇江段、宁杭铁路客运专线镇江段和泰州长江大桥镇江段）建设顺利推进，金港大道、南山西入口、新南门汽车站、滨江旅游专线等工程竣工。全市城市化率达60.0%，市区建成区面积104.1平方公里，增加4平方公里。同时，镇江市还完成了援建四川绵竹地震灾区的首批项目。

2009年，北部滨水区建设如火如荼

2009年11月6日上午10时，镇江市区大市口地块成功实施爆破拆除，爆破范围内有6栋楼房6秒钟内倒塌

2009年底，作为镇江市标志性建筑之一的镇江广电大厦投入使用

2010年1月，镇江八佰伴建成开业

江苏柳工机械有限公司

建设中的交通综合枢纽

绿色的黄金水道——苏南运河拓宽丹阳陵口先导段

建设中的泰州大桥镇江段

亿吨大港——镇江港

2009年8月4日，二重（镇江）重大技术装备制造基地开工

沪宁高速铁路铺轨

“珍珠项链”上的灯光成为长江路的独特夜景

老屋门前留个影，留下一份难忘的记忆

2009年10月10日，镇江南门汽车客运站投入运营

大运量公交开通

2009年国庆节前，演艺广场大型数字化音乐喷泉建成

西津渡街俯瞰

内江清淤工程

北部滨水区新景

行政中心效果图

南徐新城建设全面推进

体育会展中心效果图

2009年是南徐新城全面建设、加快推进之年。全年建设投入达46.4亿元，实施建设项目28个，完成拆迁面积14.6万平方米，完成土地征用102.13公顷，竣工拆迁安置房面积49万平方米。

公共设施全面开工。行政中心主楼提前1个月封顶，附楼及会议中心如期封顶，后勤服务楼完成桩基工程。体育中心的体育会展馆、综合训练馆桩基工程全面完成。规划展示馆建成开馆。职工文体活动中心、第二人民医院迁建项目加快建设。

基础设施加快完善。建成白龙山南路东段、枣林路一期、檀山东路一期，完成凤凰山路、黄山中路二期、李家山路路基土方工程，道路建设总里程10公里，南徐新城路网框架初步形成。基本完成南徐公交停车场主体工程。220千伏南徐变电所土建工程完工。

安置房建设超额完成。凤凰家园、新城市花园和九华山庄三大拆迁安置小区多层住宅全部竣工、22幢高层住宅提前1个月全面封顶，竣工交付拆迁安置房49万平方米，占年初计划的163.3%，基本保证安置需求，促进征地拆迁工作顺利开展。

小区开发品质优越。冠城国际、魅力之城、君临南山和南山景园四大高品位住宅小区加快建设，完成年度投资8.2亿元，开工房屋面积23万平方米，竣工15万平方米。

京沪高铁站场效果图

第二人民医院迁建效果图

南山西入口山水长卷

南山西入口景观

南山西入口园林景观工程是2009年市委、市政府的重点工程之一，也是南山风景区全面启动保护建设的开篇之作。位于南山风景区西部，九华山路东侧，系莲花洞景区（规划面积116.5公顷）的一部分，占地面积约11公顷。由杭州园林设计院设计，以自然山林风貌为背景，着重彰显生态自然景观和山水文化景观特色。按照"虽由人作，宛自天开"的要求，现山理水，植树栽草，高低错落，开合有度，疏密有致，景观丰富。山因水动，水因山活，远山近水，灵动优美，达到人与自然协调和谐的艺术境界。

西入口园林景观工程主要建有生态石境、花坡剧场、莲花池、晚枫坪、清越涧、梅花谷、翠远亭、观泉亭、亲水漂台、临水花架、银杏大道、疏林草地、游客服务中心等。植物景观以秋景为主，共栽植乔灌木79种5300余株，其中20公分以上规格的景观树有20多种近1100株，各类地被、草坪、水生植物等150余种9.40万余平方米，水面1.20万余平方米，铺装1.30万余平方米，停车场5000多平方米，绿化覆盖率90%以上。洗手间、小卖部、座凳、果壳箱等服务设施齐全，与景观环境相协调。

2009年，镇江市委、市政府坚持把生态市建设作为改善民生、优化环境，促进经济转型升级，提升城市发展形象的重要方略，明确2010年达到生态市建设标准的要求，并且将生态市建设列为2009年全市重点建设，全市生态创建工作力度大、氛围浓、进展快，并取得阶段性成果。节能减排和太湖流域水污染治理进展顺利，推进生态创建基础工作和环境综合整治，环保模范城市创建成果得到巩固。全市有21个镇（街道）通过“全国环境优美乡镇（街道）”省级考核；实施主城区“青山绿水”两年行动，整治11座山体和7条河流；加快城乡环境基础设施建设，建成34座污水处理厂，植树造林近6700公顷，划定重要生态功能保护区占国土面积比例17%以上。

★如意江南城★

双井路旧城改造项目是镇江市规模最大的旧城改造项目。2009年3月，市建设局及城投集团委托京口区政府实施拆迁，历时半年，拆迁工程告竣。
"人民如意、政府如意、市场如意"为宗旨，定名为"如意江南城"。总用地面积约20公顷，预计总建筑面积近65万平方米，其中住宅约35万平方米，
方米，建成后将迎来3500户，超过11000人入住。"如意江南城"项目总投资达40亿元，建成后将是镇江最具现代时尚、最有人文特色、最近滨水景观
体——HOPSCA。

双井路旧城改造是一项民心工程，也是镇江市城市更新升级的形象工程。在项目实施过程中，充分关注民生，原地安置被拆迁居民1200户居民、异
万平方米。同时，充分关注运河文化传承，积极做好文保建筑的存续利用，确保历史文化的延伸。镇江市城市建设投资集团有限公司作为项目的实施主体
念，力争使该项目成为镇江市旧城改造的标志性项目、镇江市商务旅游服务及住宅开发的标志性楼盘、镇江古运河文化的重要载体、镇江市城市建设投资

电力路集中商业区

古运河步行街中心景观

商业街中心天桥

过多轮设计方案优化，项目以
型商业及服务办公设施约25万平
最佳宜居环境的现代化城市综合

安置1800多户，总安置面积22
将秉承“建设美丽镇江”的坚定信
团有限公司的经典作品。

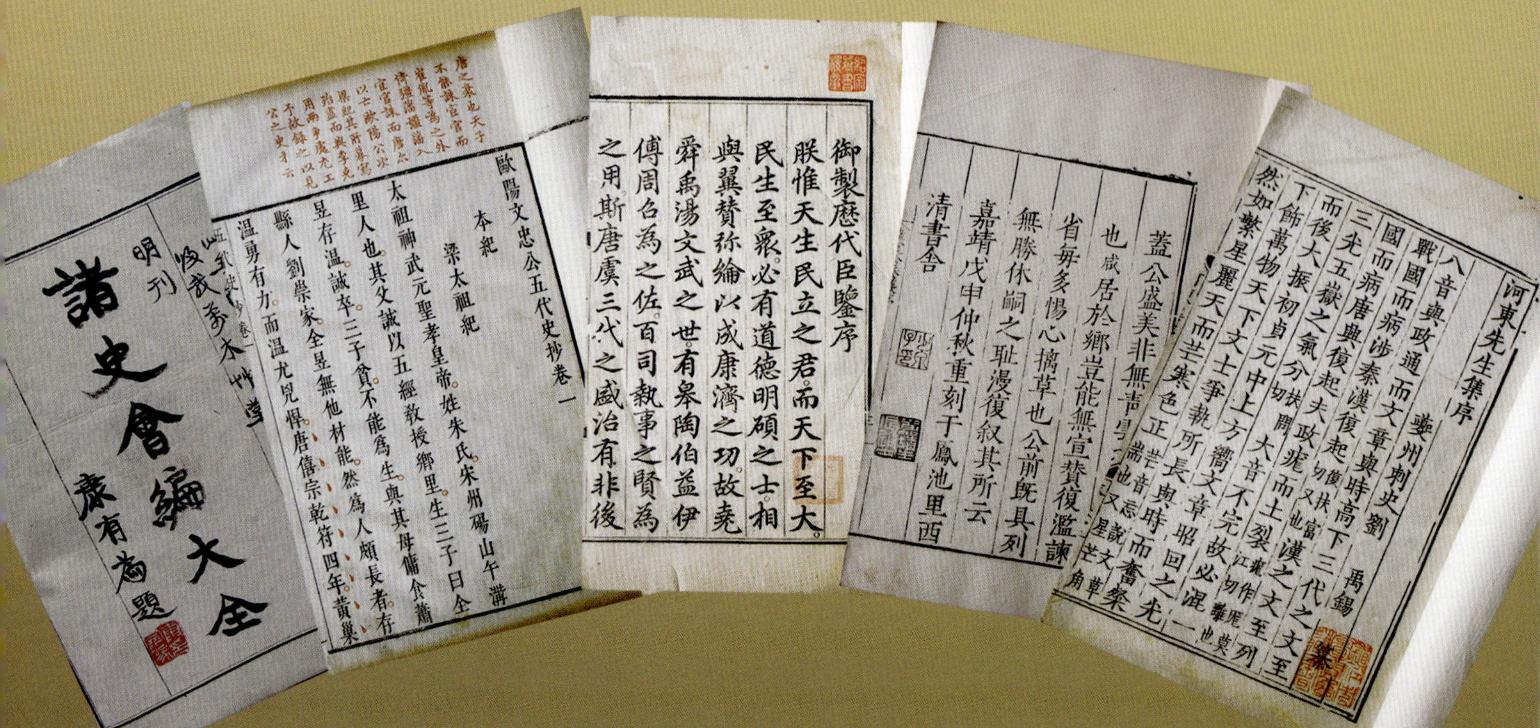

镇江市图书馆被国务院公布为第二批全国古籍重点保护单位，馆藏5种古籍善本入选第二批《国家珍贵古籍名录》。连同此前已经入选的11部，镇江市图书馆有16部古籍入选国家珍贵古籍名录

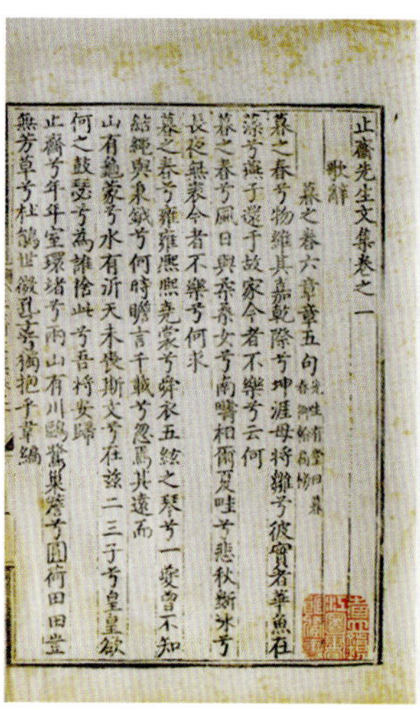

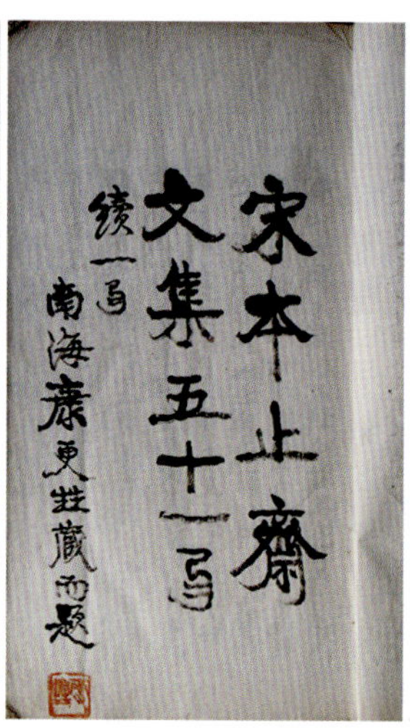

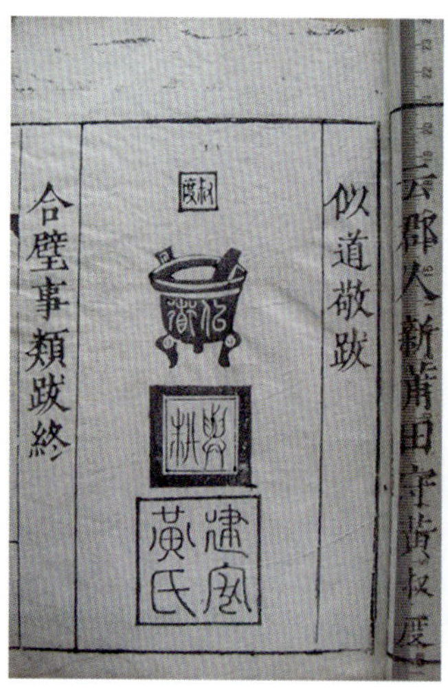

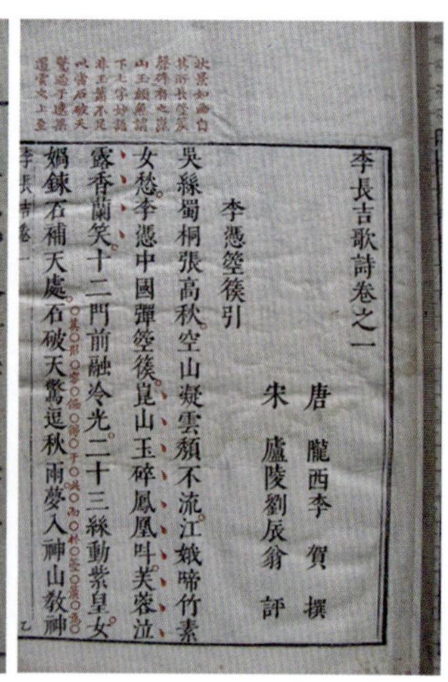

2009年5月31日，中国国民党主席吴伯雄（中）率中国国民党大陆访问团一行到镇江参观访问

2009年4月27日，海峡两岸关系协会会长陈云林（左二）到镇江考察

2009年7月13日，镇江—澎湖包机直航旅游专线开通

2009年10月27日，镇江国际友好城市交流大会召开

前列专题图片由镇江日报社摄影中心、《创新》杂志社、市史志办公室、市统计局、市文广集团、市图书馆等单位和宋建设、石小刚、王呈、文雯、张桂安、赵寅生等摄影供稿

政 协 镇 江

2009年5月21日，市委书记许津荣在“镇江市全民创业报告会”开始前与创业先进人物亲切交谈

2009年9月16日，镇江市庆祝人民政协成立60周年大会在一泉礼堂举行，会后举行“与祖国同行”文艺演出

市　委　员　会

2009年，镇江荣获“中国创业之城”称号。9月19日，全国政协副主席厉无畏向郭礼荣颁发奖牌

2009年2月11日，市政府、市政协召开情况交流会

2009年12月21日，全体市政协委员和在镇省政协委员参加年末大视察活动

2009年是人民政协成立60周年，也是镇江发展进程中极不平凡的一年。市政协在中共镇江市委的坚强领导下，以科学发展观为统领，坚持团结、民主两大主题，围绕全市中心，服务发展大局，认真履行职能，各项工作取得了新进展。一年来，市政协围绕保增长、扩内需、调结构积极议政建言。大力促进全民创业，成功举办“全民创业报告会”，市委书记许津荣在会上作了热情洋溢的讲话。通过专题议政、提案、社情民意信息等形式，关注民生，反映民意，倾力推动民生改善。举办庆祝大会、文艺演出、表彰先进、出版画册等系列活动，纪念人民政协成立60周年。巩固和扩大最广泛的爱国统一战线，凝聚人心，汇集力量，合力营造团结和谐的良好氛围，为镇江市跨越发展、后发先至作出了新贡献。

2009年6月29日，市政协主席会议成员视察镇江农副产品批发市场

肝胆相照助发展

中国人民政治协商会议丹徒县委员会初建于1981年4月。29年来，丹徒区（县）政协按照“长期共存、互相监督、肝胆相照、荣辱与共”的方针，坚持共产党领导的多党合作组织形式，广泛团结各界人士，围绕全区经济建设、社会事业发展、人民群众关心的热点和难点问题，提出各类提案3401件，向区(县)委、区(县)政府及有关部门提出各种意见和建议1770条，提供专题调查报告130篇，反映社情民意1500条，还编印出版《丹徒文史资料》21辑，为丹徒的改革、发展、稳定和小康社会、和谐社会建设起到了良好的助推作用。

鼎力推进中国米芾书法公园建设

区政府区政协召开联席会议，互相通报工作

召开各界人士迎春茶话会，为丹徒发展献计作为

丹徒区政协组织常委到句容市白兔科技农业园参观学习

荣辱与共促和谐

——丹徒区政协成立29周年回眸

政协丹徒区第八届委员会主席毕增立在三次会议上作工作报告

在区政协八届一次会议上，区第七届政协主席龚玉华祝贺毕增立当选区第八届政协主席

重点侨乡高资镇举行“庆七一、庆回归”书画交流联谊活动

区政协每年组织医卫界委员送医下乡，图为2003年抗“非典”期间送医下乡活动

邀请专家学者讲座，提高政协委员素质

辉煌的历程

——京口区政协成立25周年集锦之一

区政协第四任主席贾国祥在五届五次会议上作工作报告

第三任主席张朝爱在四届五次会议上作工作报告

第二任主席姜辉在四届一次会议上作工作报告

1984年5月，中国人民政治协商会议京口区委员会成立。25年来，京口区政协紧密团结和依靠全体政协委员，牢牢把握团结和民主两大主题，紧紧围绕中心，主动服务大局，认真履行政治协商、民主监督、参政议政职能，积极推进制度化、规范化和程序化建设，在继承中创新，在开拓中前进，在实践中发展，为全区改革开放、经济建设和社会各项事业做出了积极贡献，赢得了党和人民的赞誉。区政协共召开460次各种专题座谈会和协商通报会，先后组织开展480次专题视察调研，形成专题调研报告263份，立案办理提案3137件，办复率和满意率均为100%。

第一任主席杨胜在二届二次会议上作工作报告

区政协专项评议发改委服务企业工作

民主评议人事劳动和社会保障局工作

①区政协领导与企业家进行座谈
②区政协重要提案现场办理会
③六省（市）二十七区县（市）政协工作理论研讨会第十二次会议在我区召开
④区政协组办创业论坛为企业排忧解难
⑤区政协一届一次会议全体委员合影

辉煌的历程

——京口区政协成立25周年集锦之二

区长郭建、政协主席贾国祥在拆迁现场

区政协主席贾国祥视察双井路片区

政协组织委员视察重点企业

京口区政协成立25年来，特别是区政协六届一次会议来，紧扣发展主题，围绕区委中心工作，开展了丰富多彩的主题活动，其中“百名委员农家行”“百名委员企业行”有声有色，成果丰硕。区政协还直接承担了区委、区政府交办重大工程、重大项目建设任务，圆满完成了学府路、京口路拓宽改造，第一楼街商业步行街和古润礼拜寺等重大建设项目，快速推进新民洲港口产业园区和双井路棚户区改造项目。区政协以实际行动向人们展示：哪里有区委、区政府中心任务，哪里就有政协委员的积极服务；哪里有重大的建设发展项目，哪里就有政协委员的主动参与；哪里有辉煌的业绩，哪里就有政协委员的无私奉献。

政协委员走进军营

新民洲港区开发签约仪式

政协委员服务社区公益咨询会现场

①市政协主席郭礼荣听取区政协领导汇报工作

②区政协委员参观驻军荣誉室

③“宝华杯”政协知识竞赛现场

④政协机关党支部全体党员重温入党誓词

⑤第一楼街步行街开工典礼

学府路通车典礼现场

市政协镇江新区

30万吨氯碱项目签约仪式

2009年12月，市政协镇江新区工作委员会成立。市政协镇江新区工委将以科学发展观为指导，紧紧围绕新区党工委、管委会中心工作，认真履行政治协商、民主监督、参政议政职能，针对新区经济社会发展中的重大问题深入调查研究，积极发挥协调关系、建言献策、服务大局的作用，为新区拼抢新苏南、实现新跨越作出积极贡献。同时，关注民生民情，推动全民创业，团结凝聚区内的民主党派以及无党派人士，特别是高层次技术人才和经营管理人才，加速推进新区的跨越发展、科学发展进程。

陈发祥陪同张庆生调研大路脱贫攻坚工作

陈发祥调研指导社区创业工作

工作委员会成立

镇江新区全民创业动员大会

陈发祥（右一）陪同李小平到企业调研

新区镇江名牌产品授牌仪式隆重举行

推进惩防体系建设

中央纪委副书记黄树贤（左三）到镇江视察

市纪委五届五次全会

市委常委、市纪委书记杨建在“行风热线”五周年庆典上讲话

2009年，镇江各级纪检监察机关在省纪委和市委、市政府的坚强领导下，认真贯彻党的十七届三中、四中全会精神，按照中央纪委四次、五次全会和省纪委五次、六次全会的要求，围绕中心，服务大局，认真履行职责，积极主动作为，抓紧构建具有镇江特色惩防体系基本框架，改革创新监管机制，不断优化发展环境，严格依纪依法办案，狠抓纠风治乱工作，完善党风廉政建设责任制，全市反腐倡廉各项工作务实推进、创新发展，有力地保障和促进了镇江的跨越发展。

市级机关“提高落实执行力”专题活动部署会

召开“促进创业就业、构建和谐社会”专题访谈会

保障镇江跨越发展

——2009镇江纪检监察工作掠影

全市深化党务公开工作会议

镇江市工程建设领域突出问题专项治理工作会议

市纪委深入开展“脱贫攻坚两消除”活动

镇江市廉政文化书刻展

市纪委监察局深入学习实践科学发展观活动动员大会

抢抓机遇 跨越发展 后发先至 挺

省长罗志军(中)在句容调研

镇江市委书记许津荣(中)在句容调研

2009年，句容市深入学习实践科学发展观，沉着应对国际金融危机，全力以赴保增长，凝心聚力促发展，全市经济与社会发展取得了令人振奋的成绩。

经济发展再攀新高。全年完成地区生产总值215.12亿元，增长13.1%；财政总收入30亿元，增长33.3%；一般预算收入11.21亿元，增长18%。建成全面小康，跻身全国百强。创成“全国科技进步先进市”。

投入总量突破百亿。全年完成全社会固定资产投资127.06亿元，增长41.6%，是基础设施投资额度最大、建设项目最多、综合承载能力提升幅度最快的一年。全市新建、改建公路269.7公里，投入量居镇江辖市首位。

小康成果全面巩固。全面小康25项指标全部达到或超过省定目标值。农民人均纯收入连续五年保持两位数增长。城乡居民储蓄存款余额首次突破百亿。全面完成“两消除”目标任务。建成全国白内障无障碍市。

发展环境持续优化。国家生态市创建成效显著，创成全国环境优美乡镇5个、省市级生态村12个、绿色社区3个、绿色学校22所。成立镇江市首家医疗纠纷调解委员会。“法治句容”“平安句容”建设连续两年考核总分名列镇江第一。

省委常委、副省长黄莉新（左二）调研戴庄有机大米

38名教授博士来句开展项目对接洽谈

副省长张卫国（左三）为巨宝科技竣工投产剪彩

进苏南新方阵
回眸2009句容篇

北新建材新项目落户句容

职教中心被省教育厅认定为四星级中等职校

茅山盘山公路

道教文化广场

丁庄万亩葡萄园

黄金花园安置小区

高扬跨越发展主旋律

2009年，丹徒区坚持科学发展观，高扬"增幅领跑镇江、均量比肩苏南"的主旋律，以奋进的姿态迈出丹徒后发争先的坚实步伐。

综合实力持续增强。全年完成地区生产总值144亿元，可比增长13.5%，人均GDP达到5.1万元。财政总收入24.8亿元，增长42.8%。定报工业销售收入340亿元、利税32.5亿元、增加值90亿元，分别增长21%、42.1%和15.3%，其中利税增幅位列全市第一；全区新增销售超亿元企业10家。

经济结构趋优向好。完成全社会固定资产投资125亿元、规模以上固定资产投资100亿元、规模以上工业投资76.6亿元，分别增长34.4%、30.3%和42.9%；一、二、三产比例调整为5.5∶60.5∶34。

大项目支撑更为突出。全年确定144个项目，竣工53个，开工在建47个，完成投资85亿元，增长40%；"二重"一期即将投产、二期正式启动；真空制盐、氢能源等重大项目进展顺利；航天科工、谷阳湖综合开发等后续项目加速推进。

省委书记梁保华(中)视察二重项目

省长罗志军(中)视察丹徒经济开发区

对外开放成效显著。全年新批注册1000万美元以上外资项目9个，完成工商注册合同外资2.4亿美元；完成实到外资1.33亿美元、吸纳民资33.4亿元，分别增长17.7%和17.5%；实现外贸进出口3.1亿美元，完成外经合同额1000万美元，营业额1316万美元。

高效农业显精显特。全区4个万亩、26个千亩工程全面建成，新增高效农业3.6万亩、设施农业1万亩，农业适度规模经营面积达6.8万亩；农业综合开发投入4800万元；新增绿化面积1.53万亩，森林覆盖率达23.6%。丹徒区被列为全省秸秆综合利用示范区；长山生态农业园被命名为全国绿色农业示范基地；有4个镇通过全国环境优美镇省级技术考核，建成省、市级生态村32个；创成省市级文明行业、文明村镇、文明单位98个。

科技文化长足进步。全年新认定国家火炬计划重点企业1家、高新技术企业5家、省级工程技术中心5个，新立市以上科技项目32项。实现高新技术产业产值70亿元，增长48.6%。米芾书法公园被命名为中国米芾书法公园。

创造后发争先新优势

——回眸2009丹徒篇

中盐镇江公司60万吨项目奠基

中靖氢能产业园暨城中村改造项目签字仪式

中国米芾书法公园命名暨与央视合作签约仪式

丹徒高效生态农业

十里长山美如画

市委书记许津荣视察归国博士创业园

市长刘捍东视察中储粮

加压奋进 加速赶超 建设苏南一流城区
——回眸2009京口篇

2009年，京口区积极践行科学发展观，变压力为动力，化挑战为机遇，全力做好保增长、保民生、保稳定各项工作，全区经济发展回升向好，各项事业持续协调发展。

经济平稳较快发展。全年完成地区生产总值208亿元，增长13.8%，人均突破8000美元。地方财政一般预算收入8.3亿元，同口径增长23%。完成全社会固定资产投资145亿元，增长45%，增幅全年保持全市第一。完成社会消费品零售总额122亿元，增长22%，增幅全市第一。全社会工业投入57亿元，增长47%，增幅跻身全省20强。通过省科技进步先进区考核验收。荣获“江苏省国际服务外包示范区”称号。

民生水平持续提高。实现城镇居民人均可支配收入21964元，农民人均纯收入10400元，分别增长12%和12.5%。新增社保扩面7932人，征缴基金1.18亿元，基金结余突破亿元大关。成立大学生创业园，扶持创业659人，被团中央授予青年就业创业见习基地。新增城镇就业6672人，转移农村劳动力736人，免费技能培训7930人。完成脱贫攻坚“两消除”任务。在全市率先完成城乡低保并轨，实现居民养老保险制度全覆盖。通过省区域教育现代化创建考核，被评为“全国社区教育实验区”和“省素质教育先进区”。建成各镇（街道）、村（社区）世代服务站、室，实现计生优质服务全覆盖。建成区国民体质监测中心，实现社区（村）全民健身点全覆盖。区图书馆通过省级考核。

城乡环境加快改善。大市口商贸中心AB地块、双井路棚户区改造等一批大体量拆迁项目当年启动、当年完成，完成拆迁120万平方米。建成安置房9.92万平方米，安置被拆迁户1136户。实现城乡环卫保洁全覆盖，城市长效管理考评全市第一。象山镇通过“全国环境优美乡镇”省级验收。实现夏秋两熟秸秆零焚烧。被评为“省土地执法模范创建工作先进区”。

社会建设和谐稳定。被评为首批“全国和谐社区建设示范区”和“省未成年人思想道德建设示范区”，江一社区被评为“全国和谐社区示范社区”。《京口年鉴（2009）》再次荣获“全国年鉴编纂出版质量评比”综合二等奖。

国家民政部副司长王金华视察京口和谐社区建设

镇江市大学生创业园揭牌仪式

区长郭建视察推进中储粮

归国博士创业园开工庆典

绿洲新能源奠基开工

“江苏第一爆”——大市口商贸中心综合改造项目全面启动

省检查组检查区域教育现代化建设

金泰源夕阳红康乐中心开工典礼

谏壁镇群防群治巡防大队成立

科学发展加速赶超矢志跨越

——回眸2009润州篇

2009年，全区人民携手同心、负重拼搏，迎难而上、赶超争先，全力以赴保增长，经济运行稳中见好，完成地区生产总值148.5亿元，增长13.4%，规模以上固定资产投资130亿元，增长56.3%，综合实力持续增强。

——完成财政总收入15亿元，地方一般预算收入8.3亿元，总量位次在辖区首次进位。

——完成拆迁144.4万平方米、11645户，户数是2008年总量的2倍，为加快城市建设提供了强大保障。

——工业园区实到外资、进出口总额、出口额在全省分别上升17位、56位、50位，园区发展实现了新飞跃。

——新签约或落户投资亿元以上项目16个，其中10亿元以上项目6个，大项目建设取得了新成效。

——以得分全省第一通过了区域教育现代化省级验收，深入推进新一轮医药卫生体制改革，重点民生取得了新进展。

省长罗志军在润州调研

全国农业会议代表参观蝴蝶兰基地

区领导深入拆迁现场

承办国家级博览会

公共事业齐抓共管

惠民拆迁得民心

高效农业致富农民

惠龙开港

万达盛典

镇 江 新 区

2009年3月28日，十一届全国人大常委会副委员长华建敏（中）视察金东纸业

2009年7月10日，省长罗志军（左二）视察镇江新区万顷良田建设工程

2009年9月28日，副市长、镇江新区工委书记李小平向北大研究院院长周其仁颁发聘书

2009年3月22日，市、区领导与中航商用飞机有限公司负责人合影

2009年10月30日，镇江新区举行万顷良田建设工程安置区开工典礼

2009年5月8日，镇江新区举办“银山之春”投资洽谈会

2009年8月13日，镇江新区新一轮机构和人事度改革科级领导职务聘任仪式

2010年2月10日，镇江新区表彰跨越发展先锋人物

2010年1月29日，镇江新区表彰率先发展十强企业

2009年9月29日，大港街道举行新中国成立六十周年广场文艺演出

大港街道腰鼓队

一般预算收入首破百亿 实现财政工作新跨越

——2009镇江财政工作集锦

市财政局党组书记、局长王荣正一行赴镇江新区衡山村开展脱贫攻坚“两消除”活动

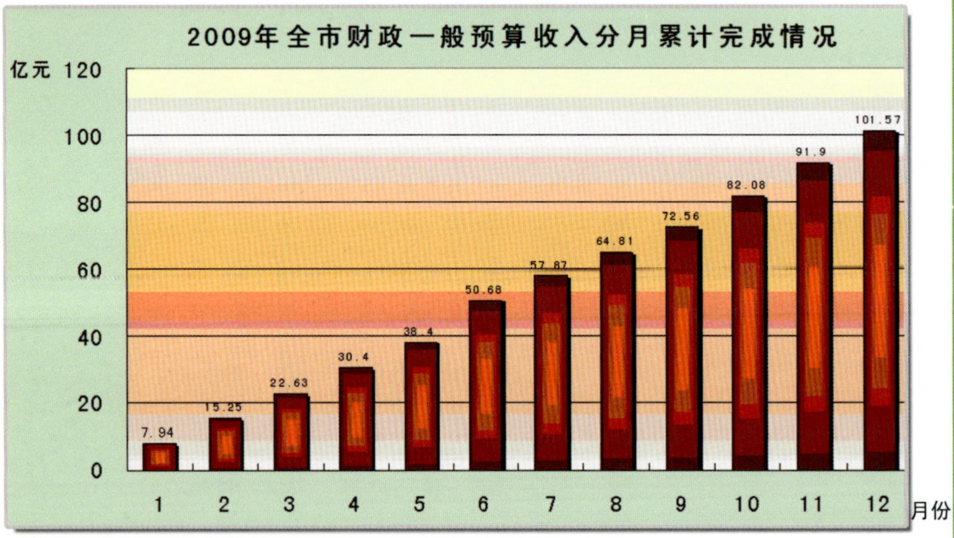

2009年，面对金融危机持续蔓延和政策性减税减费等巨大压力，全市各级财政部门紧紧咬定100亿元目标不放松，着力强化收入预测和税源监控，主动加强各征管部门协调，充分挖掘零散税种征收潜力，切实加大财政“两税”征管和清欠力度，促进全市财政收入规模进一步壮大、结构持续优化。2009年全市地方财政一般预算收入首次突破100亿元大关，达到101.57亿元，一般预算收入税收占比达81.6%，增幅超过全省平均水平、列苏南第一，市及扬中市、句容市被省政府授予“财政收入新增贡献先进单位”称号。在做大财政“蛋糕”的同时，全市各级财政部门一方面扎实落实积极财政政策，全力以赴支持经济企稳回升，争取省级以上各类资金10.22亿元，扶持经济发展支出总量达25.15亿元；另一方面着力优化支出结构，千方百计保障各类民生支出需求，累计完成各类民生支出40.17亿元，同比增长36.89%，为“保增长、保民生、保稳定”奠定坚实财力基础。

①

②

③

④

①2009年市财政部门为企业争取省重点调整专项资金2.88亿元，积极帮助企业走出金融危机困境

②市财政局严格按照刘市长在动员大会上提出的“市财政局要争当全市学习实践科学发展观排头兵”的要求，加压奋进，扎实工作，在“服务发展、强化保障、科学管理、提升能力”四个方面取得了新突破

③2009年2月我市启动“家电下乡”工作，全年发放家电、摩托车、汽车补贴资金4334万元，扩大了农村消费，提高了农民生活质量

④2009年市区新增创业扶持和担保资金3000万元支持全民创业，以创业促就业

市财政局紧密结合深入学习实践科学发展观活动，以庆祝建国60周年为主题，开展文艺汇演等系列庆祝活动，繁荣财政文化，弘扬财政精神

跨越奋进的镇江园林

李岚清（前右二）关注家乡景区建设

市委书记许津荣（中）视察风景园林工作

市长刘捍东（中）视察南山西入口

近年来，镇江市园林管理局（南山风景名胜区管委会）坚持“生态优先”理念，本着“显山、露水、透绿、现蓝”的要求，投资数十亿元，全力打造最适宜人居环境和新城市花园城市，着力实施了“三山”风景区环境综合改造工程、南山风景区招隐景区景观提升工程和南山西入口园林景观建设工程等。特别是国庆60周年之际竣工的南山西入口景观工程，以其“生态、自然、精致、大气”的景观特色，凸现了“城市山林”风貌和“城市绿肺”功能，受到社会各界一致好评。同时，认真贯彻《城市绿化条例》，依法规划、建设、保护和管理城市绿地，提升绿地艺术水平和观赏品质，加快推进国家生态园林城市的建设进程，落实市委、市政府“青山绿水”两年行动方案要求，综合整治象山、宝塔山、磨笄山、黄鹤山等4座山体，城市绿地率和绿化覆盖率分别达38.9%、42.12%，城市旅游景观品质和宜居环境质量得到显著提升，风景园林事业取得了快速发展。

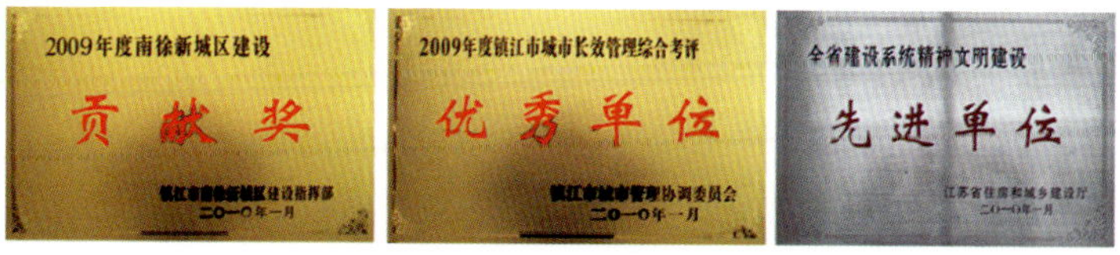

金山荷花池广场

秋韵焦山

雄浑北固山

《镇江年鉴》主要机构（单位）简称全称对照表

简　称	全　称
市　委	中国共产党镇江市委员会
市人大常委会	镇江市人民代表大会常务委员会
市政府	镇江市人民政府
市政协	中国人民政治协商会议镇江市委员会
纪　委	中国共产党镇江市纪律检查委员会
中级法院	镇江市中级人民法院
检察院	镇江市人民检察院
市委办	中国共产党镇江市委员会办公室
保密办（局）	中共镇江市委保密委员会办公室（镇江市国家保密工作局）
史志办	镇江市史志办公室
市政府办	镇江市人民政府办公室
外　办	镇江市外事办公室
港澳办	镇江市港澳事务办公室
国资委	镇江市国有资产监督管理委员会
侨　办	镇江市人民政府侨务办公室
法制办	镇江市人民政府法制办公室
仲裁委	镇江仲裁委员会
接待办	镇江市人民政府接待办公室
机关事务局	镇江市市级机关事务管理局
行政中心	镇江市行政服务中心
残　联	镇江市残疾人联合会
企业工委	中共镇江市委企业工作委员会
机关工委	中共镇江市委市级机关工作委员会
编　办	镇江市机构编制委员会办公室
团市委	中国共产主义青年团镇江市委员会
妇　联	镇江市妇女联合会
关工委	镇江市关心下一代工作委员会
日报社	镇江日报社
医保中心	镇江市医疗保险结算中心
人口计生委	镇江市人口和计划生育委员会
广电局	镇江市广播电视局
文　联	镇江市文学艺术界联合会
社科联	镇江市哲学社会科学界联合会
统战部	中共镇江市委统一战线工作部
民宗局	镇江市民族宗教事务局
台　办	中共镇江市委台湾工作办公室（镇江市人民政府台湾事务办公室）
民革市委	中国国民党革命委员会镇江市委员会
民盟市委	中国民主同盟镇江市委员会
民建市委	中国民主建国会镇江市委员会
民进市委	中国民主促进会镇江市委员会
农工市委	中国农工民主党镇江市委员会
致公市委	中国致公党镇江市委员会
九三市委	九三学社镇江市委员会
工商联	镇江市工商业联合会
台　联	镇江市台湾同胞联谊会
侨　联	镇江市归国华侨联合会
政法委	中共镇江市委政法委员会
综治委办	镇江市社会治安综合治理委员会办公室
消防支队	中国人民武装警察部队江苏省总队镇江市消防支队
武警支队	中国人民武装警察部队江苏省总队镇江市支队
船艇学院	中国人民解放军镇江船艇学院
农　办	中共镇江市委农村工作领导小组办公室
农发局	镇江市农业资源开发局
扶贫办	镇江市扶贫工作领导小组办公室
茅　办	镇江市茅山革命根据地经济开发指导小组办公室

简称	全称
防　办	镇江市防汛防旱指挥部办公室
国土局	镇江市国土资源局
农机局	镇江市农业机械管理局
供销社	镇江市供销合作总社
农科所	镇江市农业科学研究所
发改委	镇江市发展和改革委员会
无管办	镇江市无线电管理办公室
国税局	镇江市国家税务局
地税局	镇江市地方税务局
工商局	江苏省镇江工商行政管理局
烟草局(公司)	镇江市烟草专卖局（江苏省烟草公司镇江市公司）
盐业公司	江苏省盐业集团镇江有限公司
经贸委	镇江市经济贸易委员会
民发办	镇江市民营经济发展领导小组办公室
安监局	镇江市安全生产监督管理局
经协办	镇江市经济协作办公室
质监局	江苏省镇江质量技术监督局
药监局	江苏省镇江食品药品监督管理局
机电冶建行办	机械电子冶金建材行业管理办公室
轻化物行办	轻工化工物资行业管理办公室
纺建煤行办	纺织建筑煤炭行业管理办公室
中石化镇江分公司	中国石油化工股份有限公司江苏镇江石油分公司
中石油镇江分公司	中国石油天然气股份有限公司江苏镇江销售分公司
电信公司	中国电信股份有限公司镇江分公司
移动公司	中国移动通信集团江苏有限公司镇江分公司
联通公司	中国联合网络通信有限公司镇江分公司
环保局	镇江市环境保护局

简称	全称
城管局	镇江市城市管理局
房管局	镇江市房产管理局
园林局	镇江市园林管理局
公用事业局	镇江市市政公用事业管理局
人防办	镇江市人民防空办公室
干道办	镇江市城市干道工程建设办公室
科技局	镇江市科学技术局
科　协	镇江市科学技术协会
外经贸局	镇江市对外贸易经济合作局
贸促会	中国国际贸易促进委员会镇江支会
城投集团	镇江市城市建设投资集团有限公司
水投公司	镇江市水利投资公司
交投公司	镇江市交通投资建设发展公司
人　行	中国人民银行镇江市中心支行
银监分局	中国银行业监督管理委员会镇江监管分局
农发行	中国农业发展银行镇江市分行
工　行	中国工商银行股份有限公司镇江分行
农　行	中国农业银行股份有限公司镇江分行
中　行	中国银行股份有限公司镇江分行
建　行	中国建设银行股份有限公司镇江分行
交　行	交通银行股份有限公司镇江分行
农联社	镇江市农村信用合作社联合社
口港局	镇江市口岸和港口管理局
海　关	中华人民共和国镇江海关
缉私局	中华人民共和国镇江海关缉私分局
检验检疫局	中华人民共和国镇江出入境检验检疫局
边检站	中华人民共和国镇江边防检查站
教育工委	中共镇江市委教育工作委员会
江　大	江苏大学
江科大	江苏科技大学
高　专	镇江市高等专科学校

目 录

特 载

镇江概况

中共镇江市委员会

镇江市人民代表大会

镇江市人民政府

政协镇江市委员会

民主党派·工商联

人民团体

国　防

政　法

人事·劳动·社会保障

农 业

水 利

工 业

交通·邮政

信息化建设

城市建设与管理

环境保护

旅游·园林

商贸流通

对外及对港澳台经济贸易

口岸·港口

财政·税务

金　融

民营经济

科学技术

教 育

文 化

新闻出版

卫　生

体 育

社会生活

辖市(区)

镇江新区·开发园区

人　物

大事记

书目·文摘·题录

统计资料

工作生活指南

索　　引

CONTENTS

FEATURES

GENERAL SURVEY OF ZHENJIANG

ZHENJIANG COMMITTEE OF THE COMMUNIST PARTY OF CHINA

THE PEOPLE' CONGRESS OF ZHENJIANG

THE PEOPLE'S GOVERNMENT OF ZHENJIANG

ZHENJIANG COMMITTEE OF THE PEOPLE'S POLITICAL CONSULTATIVE CONFERENCE

DEMOCRATIC PARTIES · ASSOCIATION OF INDUSTRY AND COMMERCE

PEOPLE'S ORGANIZATION

MILITARY AFFAIRS

POLITICS AND LAW

OVERALL ECONOMIC CONTROL

PERSONNEL AFFAIRS · LABOR AFFAIRS · SOCIAL SECURITY

AGRICULTURE

WATER CONSERVANCY

INDUSTRY

COMMUNICATIONS · POSTAL SERVICE

INFORMATIONIZATION

URBAN CONSTRUCTION AND MANAGEMENT

ENVIRONMENTAL PROTECTION

TRAVEL INDUSTRY · GARDENS

DOMESTIC TRADE

ECONOMY RELATIONS AND TRADE WITH FOREIGN COUNTRIES AND HONGKONG, MACAU, TAIWAN

PORT

FINANCE · TAXATION

BANKING · INSURANCE · SECURITIES

INDIVIDUAL AND PRIVATE ECONOMY

SCIENCE AND TECHNOLOGY

EDUCATION

CULTURE

JOURNALISM · PUBLICATION

HYGIENE

SPORTS

SOCIETY

COUNTIES AND DISTRICTS

ZHENJIANG NEW AREA · DEVELOPMENT ZONES

FIGURES

CHRONICLES OF EVENTS

BOOKLISTS · DIGEST · TITLES

STATISTICAL DATA

GUIDE TO LIFE AND BUSINESS

特 载

责任编校：傅雪元

报 告

推进跨越发展 实现后发先至
——2009 年 12 月 25 日在中共镇江市五届九次全委会上的讲话(摘要)

市委书记 许津荣

这次全会的主要任务是，认真贯彻党的十七届四中全会、中央经济工作会议和省委十一届七次全会精神，总结今年工作，分析当前形势，部署明年任务，动员全市广大干部群众进一步咬定目标、砥砺奋进，推进跨越发展，实现后发先至。

一、积极应对金融危机，跨越发展迈出可喜步伐

2009 年，面对严峻复杂的形势，我们认真贯彻中央、省应对金融危机的一系列决策部署，全力以赴保增长、保民生、保稳定，坚定跨越信心，坚持危中抢机，明确赶超目标，狠抓“千亿投资、百亿财政”，“四大建设”推进有力，跨越发展态势明显。预计完成地区生产总值 1580 亿元，增长 13.5%；全社会固定资产投资 1010 亿元，增长 40.6%；地方一般预算收入 101 亿元，增长 17.9%；城市居民人均可支配收入、农民人均纯收入分别实际增长 12%、12.1%。主要经济指标增幅高于全省平均水平，增速快于沿江八市。

(一) 项目建设强势推进。今年以来，全社会固定资产投资增幅一直处于全省领先地位。今年全市预计完成工业性投资 625.5 亿元，增长 36.4%；到位外资 13.2 亿美元，增长 10%；吸纳民资 188 亿元；58 个重点产业项目完成投资 165 亿元，新项目开工率接近 90%，巨宝科技一期、索普醋酸造气等 13 个项目相继竣工投产，对央企招商取得突破性成果，签订 10 个项目，总投资额 220 亿元。开发区基础设施投入 98 亿元，同比增长 75.3%。预计全年新增贷款 360 亿元，增长 37.3%。

(二) 结构调整成效显著。五大主导产业预计实现销售 2515 亿元，增长 14.8%，金东、大亚、奇美率先跨入百亿行列；服务业增加值增长 15.3%，占比提高 1.2 个百分点；新增高效农业面积 21 万亩、设施农业 5.3 万亩。高新技术产业产值突破 1000 亿元，增长 24.6%，占工业总产值比重 33%，提高 2.7 个百分点。新增服务外包企业 72 家，软件产业营业收入 65 亿元、增长 115%。

(三) 城乡建设力度空前。今年全市城建投入 305.1 亿元，增长 31.7%，市区拆迁 380 万平方米，是去年的 2.17 倍。“南城北水”建设全面提速。交通基础设施建设完成投资 75 亿元，同比增长 25%。生态市建设全面启动。关闭污染企业 76 家。34 座污水处理厂主体工程基本建成。21 个镇通过全国环境优美乡镇省级考核。新增绿化造林面积 10 万亩，森林覆盖率提高 1.73 个百分点。全市范围内开工建设农民集中居住点 63 个，建成面积 257 万平方米；率先开展“万顷良田”工程建设和“双置换”试点；农村区域供水覆盖率达到 86%，互联网接入率 21%。

(四) 始终把民生放在重要位置。扶持创业 3000 人，创业带动就业1.5万人。新增私营企业4500家、个体工商户16700户,注册资本同比增长28.1%。全年镇江籍生源高校毕业生就业率90%,城镇新增就业5.2万人,转移农村劳动力3.25万人,城镇登记失业率控制在2.5%以内。市区开工建设安置房112.4万平方米,竣工交付43.5万平方米。城镇养老、医疗、失业保险参保率和农村新型合作医疗参合率均保持98%以上,新农保参保率67.8%。企业退休人员养老金人均月增资130元。新增廉租房保障对象1266户。实行义务教育阶段绩效工资制度。启动医药卫生体制改革。抓好甲流感防控工作,已有10.5万人接种疫苗。

(五)党的建设不断加强。扎实开展学习实践科学发展观活动。突出抓好领导班子、领导干部的学习,重点解决真学真懂真干的问题。各级党政组织都明确了学习赶超对象,积极争当跨越发展排头兵。深化"一岗双责",推进反腐倡廉建设和惩防体系建设,进一步加强党务公开和重要权力节点监控,勤廉干事的风气得到进一步弘扬。

二、咬定跨越发展目标,找准后发先至路径

明年全市工作必须坚持十六字的总体要求:"跨越发展,创新驱动,绿色增长,和谐共享"。明年全市经济社会发展的主要指标是:地区生产总值增长13%,地方一般预算收入增长20%,全社会固定资产投资增长30%,实际利用外资增长10%,进出口总额增长10%,社会消费品零售总额增长18%,城市居民人均可支配收入增长10%,农民人均纯收入增长11%,COD、二氧化硫排放分别减少2.2%、4%,万元GDP能耗下降4.28%。

要实现后发先至,必须在以下七个方面狠下工夫、力求实效:

(一)深化思想解放,激发强大动力

当前要重点解决这么几个问题:

1. 进一步鼓足跨越赶超的志气、锐气和士气。

2. 在跨越发展中更好地体现科学发展。要把人本意识放在发展的第一位。要把创新驱动作为发展的第一动力。要把环境、资源作为第一优势。

3. 要增强机遇意识,用好政策。中央经济工作会议强调继续保持宏观政策的连续性、稳定性,我们要最大限度地用好这一政策宽松期,不失时机地加快推进跨越发展。

4. 善于用市场化的理念和手段集聚发展要素。在实践中,要处理好"政府行为"和"市场行为"的关系,善于运用市场力量集聚各类要素,积极引进多元化投资主体,控制政府直接投资规模。

(二)大力推进科技创新,强化第一驱动力

明年全社会研发投入占GDP比重力争超过全省平均水平。要切实强化三大支持:一是政策支持。提高政策集中度,对政策实施的目标、重点、对象进行优化调整。二是公共平台支持。以科技资源集成开放和共建共享为目标,加快建设公共技术服务、技术成果交易、创新创业融资服务和人力资源服务"四大平台"。三是载体支持。进一步加快高新技术开发区、大学科技园、软件园、留学生创业园、各级高创中心建设。高起点规划镇江科技城,打造各具特色的"城中园"。新建100万平方米以上科技孵化中心,新增在孵企业150家以上。

(三)加快产业升级,促进结构优化

1. 强力推动战略性新兴产业发展。新能源产业,重点依托大全、辉煌、圣睿等企业,尽快做大太阳能产业;加快一批风电产业项目建设。新材料产业,重点支持恒神碳纤维、巍华合金、豪然喷射成形等企业加快成长。新医药产业,推动鱼跃医疗设备、吉贝尔药业、707制药等企业提升研发生产能力。新光源产业,重点发展LED照明产品。电子信息产业,重点在智能电网、集成电路上全力突破。海洋工程产业,重点在船舶设计和核心部件、深海钻井平台等领域形成错位竞争优势。

每一个新兴产业都要做到"五个一":一套工作班子;一批龙头企业,加快引进和培植一批能形成产业链、带动产业集聚发展、具有核心竞争力的重点企业;一个研发机构和检测中心;一套专项扶持政策,根据不同产业发展实际,采取政府采购、财政补贴等针对性政策给予扶持;一批领军人才。

2. 着力推进千百亿工程。继续落实产业振兴规划,提前两年实现"千百亿工程"目标。五大主导产业销售力争增长30%以上,新增3家销售超100亿企业。

3. 加快发展现代服务业。要把软件业、创意产业、楼宇经济等新型业态作为服务业的新增长点来加快发展,明年软件企业总数超200家。继续落实旅游业振兴三年行动纲要,借上海世博会的机遇,提高镇江旅游业发展水平和层次。开工建设五星级标准酒店8家以上。着力推动中石油江苏长江项目、惠龙国际、中储粮储运等物流基地建设,物流业营业收入增长30%以上。推进苏宁广场、万达商业广场、月星九润广场等重点商贸项目。明年服务业增加值占比力争提高2个百分点。

4. 加速发展文化产业。重点实施"626"工程,加快西津渡文化产业园、南山文化休闲园、丹阳文化产业园、中国米芾书法公园等产业园区建设,抓好新广电中心影视城、体育会展中心、镇江大剧院等龙头项目,抓紧已签约项目的实施。

5. 大力发展生态高效农业。重点建设3~5个核心区域1万平方米以上的现代农业园区,新增高效农业22万亩、设施农业6万亩。新增农民专业合作社200家、土地流转面积12万亩。全面完成县乡河流疏浚和中小水库除险加固工程。稳步推进集体林权制度改革。

(四)统筹城乡发展,加快城镇化进程

1. 大力推进城市建设。紧紧围绕"山水花园城市"定位,保持城市建设改造强势,市区完成投资350亿元。南徐新城建设的任务是,建成市档案馆、市民公园、文化公园、第二人民医院、凤凰家园和新城市花园一期、二期,体育会展中心主体工程、职工文体中心封顶,京沪高铁站前广场开工建设。南山莲花洞景区当年建设当年开放。北部滨水区建设的任务是,金山湖景区旅游配套设施和滨江旅游绿化和园林景观全面建成,8平方公里水面基本形成,完成运粮河节制闸及相关道路工程。老城区危旧房改造的任务是,实施5个危旧房片区和5个城中村改造,完成50万平方米老小区成片整治,推进双井路、中华路等地块开发建设。制定"十二五"城乡建设规划,完成中心城市控制性详规"全覆盖"。

2. 全面构建立体化交通大格局。推进京沪高铁、沪宁城铁、宁杭城铁建设,构建联通京沪杭快速新干线;实施338省道、镇丹高速、官塘路、238省道新区段工程,形成"外成环、内成网",市域半小时内上高速;全面加快泰州大桥及南接线、城际站综合客运枢纽建设;主城区交通节点基本打通。加快推进公交全覆盖,建成丹徒新城、镇江新区等公交站场。新改建农村公路100公里以上。

3. 以城镇化为带动,推进市和镇建设。科学规划市、辖市和镇发展布局,加快重大基础设施城乡对接,教育、文化、卫生等公共事业城乡对接。丹阳、句容、扬中要照"三集中"的要求,加快小城镇建设,为农民在城镇创业、就业、安居创造条件。

(五)保护环境资源,加强生态建设

2010年是我们确定的达到国家生态市建设标准目标的最后一年。句容、丹徒、丹阳和扬中都要按照国家生态县标准加快建设步伐,全市80%的镇建成全国环境优美乡镇。基本完成"青山绿水"两年行动计划。加快污水处理设施等重点工程建设,加快管网配套,尽快形成减排能力,城市、工业园区、乡镇污水处理率分别达85%、85%和70%以上。提高环保准入门槛，严格控制能耗和污染物排放总量，严惩非法排污。

（六）深化体制机制改革，增强发展活力

加快投融资体制改革，大力拓展直接融资和间接融资渠道，促进优质企业在境内外上市。进一步加强银企合作，确保明年新增贷款增幅高于全省平均水平。引进培育更多的风投、创投和担保机构，为发展创新型经济提供更大支持。大力推行公共设施代建制、BT、BOT、TOT等多种建设模式。按照省委、省政府统一部署，实施新一轮市县政府机构改革，规范、平稳、有序推进乡镇机构改革。积极推进文化体制改革，发展为人民群众提供基本公共文化服务的公益性文化事业。深化医疗卫生体制改革，加快公立医院改革试点，突出公益性、调动积极性，转换运行机制，扎实推进基本医疗服务、基本药物制度、基层医疗卫生服务和基本公共卫生服务四项改革。

（七）弘扬创业精神，推进全民创业

以建设"创业型"城市为载体，全面完善落实各项鼓励扶持政策，浓厚创业氛围，不断提高全民创业的规模和水平。重点加强创业载体建设，要加快建设低门槛、示范性强的创业孵化基地，让更多的人能创业、创成业。在城市规划建设和管理中充分留足创业空间，城市东部重点规划建设大学生创新创业基地，城市西部重点规划建设面向失地农民的创业园（街）。努力使全民创业率、私营个体企业数量和注册资本增长率、民营经济对就业和经济增长的贡献率有较大幅度的提高。

三、坚持民生优先，建设和谐社会

1．推进城乡充分就业。积极拓宽就业渠道，加强技能培训，对就业困难人员实行托底安置，着力解决好下岗失业人员、返乡农民工、大中专毕业生三类群体就业困难，实现城镇零就业家庭和农村零转移家庭"动态清零"。力争全市新增城镇就业5万人，城镇登记失业率控制在3.5%以内，率先建成"充分就业市"。

2．加大社会帮扶救助力度。努力提高低收入者的收入水平，着力增加一线职工工资，缩小贫富差距。着力改善环卫工人等低收入群体的居住条件，加大保障性住房建设力度，开工建设经济适用房和安居房200万平方米、廉租住房1.1万平方米。深入开展"大爱镇江"等慈善关爱活动，继续对低保家庭子女实施入学救助。进一步巩固脱贫攻坚"两消除"成果。

3．完善社会保障制度，提高社会保障水平。城镇基本养老、基本医疗、失业三大保险覆盖率继续稳定在95%以上，新型农村养老保险覆盖率要在70%以上。抓紧推进被征地农民进"城保"，切实解决长远保障。进一步完善"两基本一救助"社会医疗保障体系，实现新农合与居民医保"并轨运行"。

4．维护和谐稳定。扎实推进平安镇江、法治城市创建。完善落实大调解、大接访机制，妥善解决涉及群众利益的突出问题。加强社会舆论引导，提高预防和处置公共突发事件能力。在文明城市创建中注重提高市民文明素养。注重研究和加强社会转型中的社会管理。

四、加强和改进党的建设，提高党的建设科学化水平

1．深化干部人事制度改革。坚持民主公开、竞争择优方针，增强选人用人的透明度和公信力。扩大选人用人民主，规范干部任用提名制度，探索对关键岗位领导干部的任用推行差额推荐、差额考察、差额票决，努力做到好中选优。进一步完善全委会讨论决定重大事项和任用干部票决制。延伸对干部"八小时"以外的监督与考察，注重考察干部的社会公德、家庭美德和个人品德。

2．着力提升各级干部推动发展的能力。要大力弘扬务实之风。要着力训练和提高干部抓落实的本领。要善于在解决矛盾问题中体现抓落实的成效，在妥善处置各种复杂局面中体现抓落实的水平。

3．切实加强基层党组织建设，使基层组织成为跨越发展的坚强堡垒。目前，在镇、街道、村、企业开展的各类跨越发展排头兵争创活动，要进一步深化、具体化，确保争创目标按期实现。

4．深入推进反腐倡廉建设。完善各级领导干部"一岗双责"。要严格教育，提高教育的针对性和有效性。要完善制度，提高反腐倡廉制度化水平。保持惩治腐败高压态势，严肃查处滥用职权、贪污贿赂、失职渎职和群体性事件背后的腐败案件。

5．进一步深化"效能革命"。今年下半年开展的"提高落实执行力"活动取得了一定成效。机关各部门要按照效能建设十条意见的要求，自觉落实、认真执行，推进依法行政、高效行政、低成本行政。要切实加大问责力度，动真碰硬、狠治"顽症"，提高行政效率，为跨越发展营造良好环境。

政府工作报告（摘要）

——2010年1月12日在市第六届人民代表大会第三次会议上

市长　刘捍东

2009年工作回顾

一年来，在市委的正确领导下，我们坚持以科学发展观统领全局，认真贯彻中央和省决策部署，紧紧依靠全市人民，积极应对金融危机的深度影响，危中抢机、逆势而上、奋力拼搏，除进出口指标外，全面完成市六届人大二次会议确定的各项任务。预计全市实现地区生产总值1580亿元，同比增长13.5%；地方财政一般预算收入101.6亿元，增长18.6%；全社会固定资产投资1010亿元，增长40.6%；实际利用外资13.2亿美元，增长10%；社会消费品零售总额490亿元，增长19.5%；城镇居民人均可支配收入21240元，实际增长12%；农民人均纯收入9695元，实际增长12.1%；城镇登记失业率2.35%；单位GDP能耗下降4.65%，化学需氧量削减2.2%，二氧化硫排放量削减4%。全社会固定资产投资、实际利用外资等多项主要经济指标增幅一直位居全省前列。

一、抢抓产业振兴机遇，结构调整取得较好进展

"千百亿工程"深入推进。装备制造等五大产业实现销售2515亿元，增长14.8%，占工业总量的83.6%。10个项目列入全省100个重大产业项目计划，一大批薄膜太阳能、风能、核能及航空装备、新型节能环保项目成功落户。签订央企项目10个，总投资220亿元。金东、大亚、奇美3家企业销售超百亿元。

"千企技改"全面实施。完成技改投入480亿元，占全部工业投入的80%。高新技术产业加快发展。实现产值1063亿元，占规模以上工业的比重达33.1%。建成科技孵化中心25万平方米，镇江大学科技园升格为国家级。全市科技进步贡献率达51%，第七次被评为"全国科技进步先进市"。"331人才计划"顺利实施，34个新兴产业项目、172名高层次人才得到资助。

现代服务业加速提升。增加值占GDP的比重达37.7%。软件产业营业收入达65亿元，增长116.7%；成为省级国际服务外包示范城市；金山大剧院、沃尔玛超市等一批项目建成开业；商品房销售457.3万平方米，增长113.6%；私人轿车新上牌数突破3万辆，增长71.7%；旅游收入增长26%。

现代农业提速增效。完成"三资"投入农业34.5亿元。新增高效农业22.4万亩，其中设施农业5.8万亩，高效农业面积占耕地面积的34.9%，农民现金收入中16.8%来自高效农业。4个中型水库除险加固项目争取中央扩大内需资金9034万元，丹阳、扬中通过省级农村河道疏浚验收。

二、抢抓扩大内需机遇，城乡面貌发生显著变化

完成城乡建设投资305.1亿元，同比增长31.7%。市区完成拆迁381万平方米，增长1.1倍。南徐新城、北部滨水区、大市口AB地块、双井路片区和"三铁一桥"等建设顺利推进，金港大道、南山西入口、新南门汽车站、滨江旅游专线等工程顺利竣工，完成50万平方米老住宅小区整治。开通两条大运量公交线，完成出租车更新，城市照明控制中心建成启用。城管重心全面下移，"数字城管"正式运行。7个省级开发区基础设施投入98亿元，增长75.3%。在全省率先试点万顷良田建设工程。农村"三集中"有序推进，新建农民集中居住点63个，面积257万平方米。家电下乡销售7.98万台，获财政补贴2038万元。21个乡镇通过全国环境优美乡镇省级考核，秸秆禁烧效果明显好于往年，已建和在建污水处理厂34座，太湖流域140项重点整治工程基本完成。

三、抢抓宏观政策机遇，改革创新力度不断加大

去年获得中央预算内和省级配套专项资金5.17亿元，发行企业债券30亿元，BT融资40亿元。金融机构本外币各项贷款余额1348.3亿元，新增贷款382.6亿元，均创历史之最。华夏、民生、浦发、大新、招商等5家银行分支机构落户镇江。成立5家中小企业金融服务中心，"淡马锡"融资模式为540户中小企业发放贷款31亿元。成立8家农村小额贷款公司。新增7家创业投资公司。利华国际在纳斯达克成功上市。调整市区财税分配关系，顺利实施市直行政事业单位零基预算。市县政府机构改革、开发区综合改革、军转干部安置方式改革、市属事业单位分类改革和国企改革扫尾工作有序推进。农村新增合作组织531家，新增入社农户4.2万户。涉农乡镇全部建立土地流转服务中心。

四、抢抓保障民生机遇，社会事业协调全面发展

脱贫攻坚"两消除"任务全面完成。镇江被评为首批"中国创业之城"，新增私营企业4828家、个体工商户1.82万户，累计注册资本达661亿元；新增城镇就业5.2万人，转移农村劳动力3.3万人，返乡农民工基本实现再就业；镇江籍高校毕业生就业率达90%。实现低收入住房困难家庭应保尽保。构建起"两基本一补充"社会养老保障体系，城乡医保人口覆盖率92.3%。人口出生缺陷发生率降至9‰。成为全省唯一公立医院改革试点城市，成立两大医疗集团。有效防控甲型H1N1流感疫情。全面完成县级区域教育现代化创建，率先发放义务教育绩效工资。新广电中心、金山演艺广场、西津渡老码头文化创意园投入使用，成功举办"大爱镇江"、"万人红歌会"、"迷笛音乐节"和市民大讲堂等活动，数字电视整体转换率达92%。体育会展中心、职工文体活动中心等开工建设，竞技体育和全民健身运动蓬勃开展。再次获得"全国社会治安综合治理优秀地市"称号。援建绵竹板桥镇的卫生院等5个重点工程交付使用。

五、抢抓"效能建设"机遇，行政水平进一步提升

实施"保增长促发展"六大工作机制，开展"服务中小企业千户行"等活动，及时出台扶持房地产、外贸发展等政策，完善土地收储办法，加强投融资平台建设，有效解决了资金、用地等难题。建立权力阳光运行系统和大督查机制，在全省率先开通市政府"12345"服务热线，继续深化"两集中、两到位"工作，切实加强对重要领域、重点项目和资金使用的审计监督。全年办理人大代表建议219件、政协提案459件，满意率达97%以上。

2010年主要工作

今年政府工作的总体要求是：认真贯彻党的十七届四中全会、中央经济工作会议以及市委五届九次全会精神，坚持"跨越发展、创新驱动、绿色增长、和谐共享"，以转变发展方式为主线，以全面加速城市化为手段，加快结构调整，完善城市功能，推进城乡一体，切实改善民生，促进社会和谐，建设充满活力、古代文明与现代文明交相辉映的现代化山水花园城市。

全市经济社会发展的主要预期目标是：地区生产总值增长12%；地方财政一般预算收入增长15%；全社会固定资产投资增长20%；社会消费品零售总额增长17%；实际利用外资增长10%；研发投入占GDP比重达到2%，高新技术产业产值占规模以上工业比重达到35%；城镇居民人均可支配收入、农民人均纯收入增长10%；城镇登记失业率控制在4%以内；单位GDP能耗、化学需氧量和二氧化硫排放量全面完成"十一五"削减任务。

我们将全力抓好以下六个方面：

一、推进经济结构调整，增强城市实力

坚持转变方式、创新驱动，乘势而上、强抓投入，确保全年产业类投资完成850亿元。

大力发展新兴产业。围绕形成规模、产值增长40%以上的目标，在新能源领域重点发展薄膜太阳能和核电、风电装备制造，薄膜太阳能形成从设备制造、电池生产、TCO玻璃、发电站到农业发电大棚的产业链，核电、风电装备制造形成核心部件、整机制造及配套能力；在新材料领域重点进行碳纤维、高温合金等的研发生产，形成集聚优势；在电子信息领域重点发展物联网、智能电网和集成电路；在海洋工程领域重点发展船舶设计和核心部件制造以及深海钻井平台配套等。

推动支柱产业升级。加快推进"千百亿工程"向纵深发展，五大产业实现销售增长20%以上，新增3家销售超百亿元企业。新增省级高新技术企业50家，省级高新技术产品120个，高新技术产业产值突破1400亿元。继续实施"千企技改"工程，完成技改投资600亿元，坚决淘汰落后产能。大力开展节能降耗、清洁生产和循环经济试点，构建秸秆生物质能开发利用等循环经济产业链，积极探索"绿色制造"和低碳经济发展路子。

加快发展现代服务业。力争服务业增加值占GDP比重达到40%。引进和新建薄膜太阳能、电力电器、智能电网等10家省级以上研发机构和检测中心，新建100万平方米科技孵化中

心。加快西津渡文化产业园、南山文化休闲园等园区建设。着力推进大港四期工程和中石油长江项目、惠龙国际等物流基地建设,新建现代物流仓库20万平方米。深入实施“软件千企”工程,加快服务外包产业发展。完善市场政策,保持房地产业稳定健康发展。改造提升传统商业业态,新建高端商业场所100万平方米。主动对接上海世博会,开工建设8家左右五星级标准酒店,积极推动“三山”、茅山创建国家AAAAA级旅游景区,开通一批乡村旅游专线。

积极发展现代农业。加快土地流转步伐,建设3~5个核心区域1万亩以上的现代农业园区,新建投资1000万元以上的高效农业规模基地50个,新增高效农业22万亩,其中设施农业5.5万亩。大力发展“四有”合作经济组织,新增入社农户占比达25%以上。

继续提升开放水平。力争新批外资大项目15个以上,投资超亿元的央企项目10个以上、民资项目80个以上。创新利用外资方式,大力引进创业投资基金、股权基金。推进镇江经济开发区升格为国家级。引进10个以上领军团队、30名以上领军人才,引进硕士以上人才1000名。

二、树立现代城市理念,提升城市品质

构筑“一中心四区域”大格局。大市口核心圈进一步强化中央商务区功能,加快推进大市口A、B地块和双井路片区等建设。南徐新城以办公、居住、康体功能为主,新行政中心、档案馆、市民公园、文化公园和新二院一期工程交付使用,商务办公A区、体育会展中心、职工文体中心和市场服务中心综合楼主体封顶,开工建设商务办公B区、交通综合楼和高铁场站,花园城基本成型。北部滨水区凸显文化、旅游功能,全面完成内江控水各项工程,贯通滨江外环线,实施内江北岸景观改造,启动文化艺术中心、长江文化主题公园和西津湾不夜城建设,着力打造长江最美的城市港湾和江南最美的城市名片。丁卯科技城致力于打造新兴产业功能区,新增科技创新载体50万平方米以上,建成科技园中心研发区、专家公寓酒店和1号研发楼,确保2号研发楼主体封顶,开工建设产业集聚A区等项目。南山——官塘板块强化生态、休闲、商住功能,建成开放莲花洞景区,促使南山成为城中“绿肺”;完成官塘片区控制性规划编制,有序推进基础设施建设和土地一级开发整理。

推动城市品位快提升。实施5个危旧房片区和10个城中村改造,完成50万平方米老小区成片整治,基本完成市区菜市场改造任务,推进邻里中心建设。完成市区高速公路三大出入口整治,建设苏宁、万达、九润等一批融购物、休闲、商住等为一体的城市综合体,开工建设一批高层或超高层建筑,提升城市形象,丰富城市天际线。提高建筑形态、风格和色调的设计水平,实现长江路、南徐大道、中山路和解放路等重点地段形象设计全覆盖。进一步加快西津渡等历史文化街区的保护性开发,传承城市文脉。

推进精致管理全覆盖。积极应用信息技术、物联网技术,启动“智慧城市”建设。提高数字城管水平,完善城管执法体制,落实城管重心下移责任,增强实时监测与动态控制能力。整治违章搭建和占道经营,强化对各类工地和渣土运输的管理。对南徐大道、金港大道、中山路、解放路和长江路等干道实施智能化管理,新增一批停车泊位,缓解交通拥堵和停车难问题。实施无物管小区集中整治,落实长效管理措施。

三、推动城乡一体发展,扩展城市空间

加快城市组团发展。促进丹阳向中等规模城市发展,句容与南京同城同建,扬中向全岛城市化迈进,丹徒新城与主城无缝对接,大港板块建设滨江产业生态新城。

优化城镇布局规划。以城乡挂钩、万顷良田工程和“双置换”、“三集中”为手段,建设10个左右新市镇、新社区示范点和30个左右中心村集中型新社区。

统筹基础设施建设。加快主城区“三横九纵”路网建设。继续推进“三铁一桥一枢纽”等重大项目建设,开工建设泰州大桥东、西高速接线工程,实现全市域半小时内上高速目标。实施338省道、238省道新区段拓宽改造工程。加快推进公交全覆盖,建成城际综合客运枢纽站,开通大运量公交3、4号线,建成丹徒新城、镇江新区等公交停车场和枢纽站。推进农村公路及客运班车向较大自然村延伸。加快天然气管网向乡镇延伸,完成区域供水管网263公里,解决农村10万人饮水安全问题。

四、加强生态文明建设,彰显城市特色

全力推进生态市创建。达到国家生态市创建标准。句容、丹徒、丹阳和扬中达到国家生态县建设标准,全市80%以上的乡镇达到环境优美乡镇标准。加强环保基础设施建设,34座污水处理厂形成减排能力,城市污水集中处理率达到85%以上,47个村污水处理设施完成建设任务。

全面完成“青山绿水”工程。全部拆除主城区山体周边和河道两侧的违法建设和不符合规划的破旧建筑,退房还山、修复生态、完善景观,完成11座山体和古运河中段等3条通江河道整治,新增12个开放式公园,实现山水城林融为一体。

全民行动美化家园。在主城区努力做到相距500米有绿地;在辖市确保全年植树造林10万亩。

五、提高人民生活品质,促进城市和谐

建设创业城市。每个辖市建设1个高标准综合性创业孵化基地,高校建设一批创业基地。建成苏南人力资源市场,建立四级创业指导服务体系。全年成功扶持创业6500人,带动就业3.5万人,争创国家级“创业型城市”。完善零就业家庭动态清零长效机制,率先建成“充分就业市”。

建设幸福城市。同步推进社保制度和参保人群两个“全覆盖”,实施“五险合一”统一征缴,企业职工基本养老保险新增扩面3万人,职工参保率达95%以上,城乡居民养老保险覆盖率达70%以上。有序将新农合整体纳入城乡居民医保制度,实现城乡居民医保一体化运行,全市各类医疗保险覆盖率达95%以上。加强廉租房、经济适用房和公共租赁房等保障性住房建设。全面完成以公立医院改革为核心的医药卫生体制改革,认真落实国家基本药物零差率制度,继续减轻群众就医负担。加强对甲型流感等各类传染病的防控,完善突发公共卫生事件应急机制。

建设人文城市。积极实施“文化营销城市”策略,提升“文化嘉年华”品牌,开展“文心公益行动”,举办“长江迷笛音乐节”,推动大运河申遗,催生新兴文化业态,加大城市形象宣传力度。切实推进义务教育均衡发展,推进更高水平的教育现代化。加大“双拥”六创全国模范城力度,扎实推进“双拥”八大工程等工作。

建设平安城市。严格落实安全生产责任制,实现事故起数、死亡人数连续九年“双下降”。加强社会治安综合治理,做好“五五”普法末期考核验收工作,依法严厉打击各种刑事犯罪和经济犯罪,认真做好信访和矛盾调解工作,扎实推进“法治镇江”“平安镇江”建设。

六、加强政府自身建设,引领城市升级

坚持开放创新。全体公务人员自觉树立市场观念和开放意识,善于依据市场规律经营城市;完成新一轮政府机构改革,继续深化投融资体制改革,全面放开城市建设各类市场,引进更多的外来投资者参与城市化进程。

坚持以人为本。在加速城市化进程中,继续坚持依法、阳光、惠民、和谐拆迁,确保人民群众的合法权益;始终把人民群众的需求放在第一位,每项工作的安排与推进,每个工程的设

计与建设，都自觉做到以满足人民、服务人民为根本。

坚持依法行政。市政府及工作部门将始终坚持依法行政、公正透明，自觉接受监督。

坚持廉洁从政。严格落实党风廉政建设责任制，严肃查处违法违纪行为，保持政府机关清廉、为民、务实的良好形象。

专 记

镇江市开展深入学习实践科学发展观活动

根据中央和省委统一部署，从2009年3月至2010年2月，镇江市开展第二、第三批深入学习实践科学发展观活动。其中，参加第二批的单位共615家、党员37588名；参加第三批的基层党组织共3664个，党员129029名。市委常委会学习实践活动群众满意度为99.7%，全市第二、三批学习实践活动群众满意度分别达到99.5%和99.1%。全市学习实践活动得到中央和省委的充分肯定，中央电视台《新闻联播》《新华日报》、省委《学习实践活动简报》、省相关会议22次介绍、报道镇江的特色做法。在活动开展中，镇江市的主要做法是：

1. 精心设计载体，把科学发展观的总体要求与跨越发展的具体实践结合起来。确立"践行科学发展观，实现镇江新跨越"的主题，深入开展"争当跨越发展排头兵"主题活动，促进学习实践活动向纵深发展。

2. 注重衔接互动，把落实整改措施与解决基层实际问题结合起来。坚持两批学习实践活动整改落实工作有机衔接，市、县联动集中兴办了78件惠民实事；坚持条块衔接，挑选12名副处职干部到12个企业，开展驻企服务，培育"百亿企业"，抽调66名优秀机关干部到33个乡镇挂职，监督指导全国环境优美乡镇创建工作。

3. 着眼推动工作，把完成规定动作与充实活动内容结合起来。深入组织开展"推进学习实践活动、推动全年任务完成"的"两推"活动；抢抓扩大内需政策机遇，争取中央预算内和省级配套专项资金5.17亿元、计划外用地指标800公顷，创历史之最；成功引进5家股份制商业银行，新增农村小额贷款公司8家；扎实开展以"服务企业家、服务企业、服务员工，促进增长、促进转型、促进就业"为主要内容的"三服务三促进"活动，出台"保增长、保民生、保稳定"政策措施2650项。

4. 坚持群众路线，把改善民生与群众评判结合起来。对老城区范围内的11座山体、3条通江河道进行集中整治，全面实施"青山绿水"两年行动方案；投入325亿元实施"双十工程"，对市区总面积467公顷、拆迁量344万平方米的10个危旧房片区、10个城中村实施高品位改造；全面实施脱贫攻坚工程，实行"党政领导包片、部门单位包村、党员干部包户"，消除农民人均纯收入不足2500元的绝对贫困人口，消除集体年收入15万元以下的经济薄弱村；设立1000万元创业引导资金，新增2000万元创业贷款资金，大力促进全民创业；加快推进城乡社会保障制度全覆盖。

5. 创新体制机制，把解决具体问题与建立长效机制结合起来。全市共废止2143项政策制度，修改完善4002项政策制度，新出台3298项政策制度。市委、市政府结合实际出台了《关于建立科学发展评价考核体系的意见》《关于实施工业经济"千百亿工程"的若干意见》《镇江市现代服务业三年翻番行动计划》等18个政策制度。

在市级机关部门开展"提高落实执行力"专题活动，在镇开展以"经济总量力争超百亿、财政收入力争进全省百强、村镇建设力争全国重点中心镇"为主要内容的"三争"活动，在街道开展以"经济发展增实力、社区管理增活力、和谐建设增合力"为主要内容的"三增"活动，在企业开展以"争创高新技术企业、争获国家品牌、争当全国行业龙头企业、争做劳动关系和谐企业"为主要内容的"四争"活动，在农村开展"提升科技文化素质、提升发展致富能力，集体增资产、群众增收入、班子增活力"为主要内容的"两提三增"活动，在社区开展"一街道一品牌、一社区一特色"党建文化创建活动。

6. 注重固基强本，把加强基层组织建设与激发党员干部活力结合起来。市委制定下发贯彻落实《中共中央关于加强和改进新形势下党的建设重大问题的决定》的实施意见。深入开展无职党员设岗定责活动，得到省委学习实践活动办公室的肯定，并在全省推广；建立健全基层党组织互助共建机制，全市70%以上的城乡基层党组织全面开展统筹共建活动；大力培育宣传先进典型，先后树立和宣传市劳动和社会保障局、京口区江滨新村第一社区、丹阳市新桥镇金桥村党总支书记张雅琴等先进典型245个，组织先进典型介绍经验1399次。市委还作出《关于开展向张雅琴同志学习活动的决定》，授予张雅琴优秀共产党员荣誉称号，在全市营造学先进、赶先进、当先进的浓厚氛围。

学习实践活动的开展，使全市干群推进跨越发展的信心进一步增强，实现后发先至的思路进一步拓宽，凝聚民心民力的基础进一步坚实。活动期间，县处级以上党员领导干部共建立联系点827个，深入到4720个基层单位，开展调研走访4752次，收集意见建议8430条，解决涉及群众切身利益方面的突出问题3294个，为群众办实事好事19431件；新建基层党组织44个，整顿软弱涣散基层党组织35个，找到流动党员112人，对全市40844名镇村干部开展新一轮培训，基层班子换届选举全面采用"公推直选"，全面深化党务公开，基层党组织、党员队伍、党内民主等各项工作得到加强。（孙丽君）

镇江市解放60年经济社会发展回顾

1949年解放至今60年，镇江这座古老而美丽的城市伴随着新中国成长的脚步，历经曲折和艰辛、辉煌和荣耀。新中国成立的60年，300多万镇江人民同舟共济凝心聚力谋发展，是镇江国民经济由弱变强跨越发展的60年，是镇江社会事业全面进步日益完善的60年，是镇江城乡面貌日新月异发生巨变的60年，是镇江百姓生活丰衣足食全面小康的60年。回顾镇江60年发展史，我们信心百倍，镇江的明天将建设得更美好。

艰难探索 扬帆起航

新中国成立60年，镇江国民经济发展从闭塞到开放、从起步到腾飞，有成功的欢悦，也有走入误区的艰辛，60年的征程经历了两个不同的发展时期，大致可分为6个阶段，前"30年"为社会主义革命和建设时期，后"30年"为改革开放和现代化建设新时期。

一、前30年发展时期(1949～1978)

1. 恢复改造阶段(1949～1957)。解放前,由于国民党政府腐败,忙于内战,镇江虽然是江苏省的省会城市,但经济十分落后,物价飞涨,货币贬值,民不聊生。农业生产相当落后,粮食亩产为160公斤;工业几乎一片空白,仅有火柴厂、面粉厂、小火电厂等几家小型企业,手工业不足2000户。这一时期,经济建设的主要任务是建立社会主义国有经济,恢复生产,缓解失业,保持社会稳定。在农村,通过实行土地改革,成立农业生产互助组,激发了农民的生产积极性,极大地解放了农村生产力,1952年粮、棉、油总产量分别比1949年增长67.9%、1.6倍和1.0倍;在城市,通过对工商业和手工业实行公私合营,开展工业企业整合改组,初步形成了一批规模骨干企业。至1956年,全市社会主义改造基本完成,确立了国有和集体所有制经济在国民经济中的主导地位。镇江经济经过3年的恢复和执行第一个"五年计划",1949～1957年全市农业总产值增长56.2%,工业总产值增长4.5倍,国民经济比例关系协调,各项社会事业得以较快发展,人民生活得以较大改善。

2. 调整提高阶段(1958～1965)。1958年开始,镇江同全国一样掀起了"大跃进"高潮。农村实行人民公社化,随之刮起共产风、浮夸风,农业生产严重受损,又适逢连续三年自然灾害,1961年农业生产降至1949年水平。1962年,农业生产开始恢复和发展,确定了以生产队为基本核算单位,实行三级所有,队为基础,并恢复自留地和家庭副业。大力开展农田水利建设,农业生产条件得到改善。1965年,全市粮食总产量78.4万吨,农业总产值达2.8亿元。工业在"以钢为纲"的方针指导下,各行各业大办工业,农村工业也就应运而生,但由于盲目扩张至使产品质量下降,造成原材料极大浪费,国民经济蒙受巨大损失。由于受"左"的思想指导,经济建设追求高指标、高速度,急于求成,至使经济结构比例失调,物价上涨,人民生活水平下降。1961年,根据中央关于"调整、巩固、充实、提高"的"八字方针",工业结构和布局作出相应调整,对部分企业实行"关、停、并、转",同时精简职工回乡务农,工业经济逐步摆脱困境。1965年,全市工业总产值达2.7亿元,比1957增长1.2倍,机械、化工、建材工业得到较快发展。

3. 曲折困难阶段(1966～1978)。1966年,"文化大革命"开始,十年动乱使刚刚步入良性发展轨道的镇江经济受到了严重干扰和破坏。在农村,片面强调生产关系,分配方式上盲目追求"一大二公"。粮食生产上片面强调"以粮为纲",农村其他各业发展被限制,社员自留地、家庭副业和集市贸易被禁止,生产上搞"一刀切",农业生产处于徘徊不前的状态。1976年,粮食总产量94.3万吨,比1966年增加14万吨,增长17.4%,年均仅增长1.6%;农业总产值为5.0亿元,比1966年增长63.4%,年均仅增长5.0%。在城市,受"文化大革命"的影响,"派仗""武斗""串联""停产""闹革命"造成工业生产不正常,时续时断,分配上强调计划和精神鼓励,干多干少一个样,忽视技术改造,全市工业时进时退,发展步伐明显放慢,1966年～1978年全市工业总产值年均增长速度比1949年～1965年下降8.8个百分点。同时,由于不够重视商贸的发展,造成市场商品严重短缺,人民生活长期得不到改善。这一时期,虽然政治运动不断,但全市广大干部职工仍然积极维护社会稳定推进经济发展,特别是1976年粉碎"四人帮"反革命集团后,贯彻执行中央关于"调整、改革、整顿、提高"的方针,国民经济步入正确的发展轨道。

二、后30年发展时期(1979至今)

1. 改革起步阶段(1979～1991)。党的十一届三中全会以后,以农村推行联产承包责任制为标志,经济体制开始改革,镇江经济进入改革开放新的发展时期。这一时期,农业生产潜力得到空前释放,广大农民的温饱问题得到基本解决,1984年全市粮食总产量突破100万吨达128.1万吨,比1978年增加29.2万吨。农村经济迅速兴起,涌现出大批"专业户""专业村","万元户"等成为时下农民致富的代名词。农业综合开发开始起步,多种经营得到长足发展。这一时期,乡镇工业异军突起,为镇江工业的腾飞奠定了坚实的基础。虽然镇江的乡镇工业起步较早,但长期得不到充分发展,1978年镇江乡镇工业企业2991家,固定资产只有1.2亿元,工业产值只有5亿元,1991年全市乡镇工业企业达20157家,固定资产达17.9亿元,工业总产值达95.1亿元。由于乡镇工业的迅速崛起,1991年全市工业总产值比1978年增长9.0倍,年均增长16.3%。这一时期,服务业快速发展,城市基础设施建设力度加大,交通、邮电、金融保险等行业成为服务业发展的新亮点,1991年服务业增加值占GDP比重比1978年提高14.5个百分点,达23.2%。这一时期,镇江经济大门向世界打开,1984年第一家合资企业落户镇江。

2. 快速发展阶段(1992～2003)。1992年,邓小平南巡讲话以及党的十四大、十五大的胜利召开,我国改革开放进一步向纵深发展,在"三个有利于"重要思想指导下,经济体制改革步伐明显加快,确立了社会主义市场经济地位,非公有制经济迅速发展。这期间,上海浦东开发为镇江市扩大对外开放带来了难得的发展机遇,外向型经济开始步入快速增长轨道。广大农村通过集体产权制度改革,规模农业得到快速发展,形成了"农户＋公司"的新型农业生产方式,农村各类合作组织应运而生,特色农业、生态农业和观光农业成为农村经济新的发展方向并取得积极进展,1997年粮食生产创历史最高水平达136.3万吨。工业化进程明显加快,"三资"企业、民营企业迅速发展并成为工业经济的主体,形成了造纸、化工、五金电器、建材等支柱产业,工业规模、结构、效益得到全面提升,2003年全市拥有大中型工业企业144家,规模工业产值、销售、利税分别是1991年的5.1、8.4和10.3倍。外资、外贸和外经进入快速增长期,创办了7个省级以上开发区,金东、奇美、国亨等一批外资大项目先后落户镇江。这一时期,城市基础设施建设取得重大进展,一大批城市配套工程相继建成竣工,现代服务业得到较快发展,物流、信息、金融、电子商务和房地产业等新型行业发展迅猛。

3. 转型升级阶段(2004至今)。党的十六届三中全会提出"坚持以人为本,树立全面、协调、可持续的发展观,促进经济社会和人的全面发展",标志着我国国民经济步入科学发展的新时代。为了全面贯彻科学发展的新要求,根据省委的统一部署,镇江开始了"两个率先"(率先实现全面建成小康社会、率先基本实现现代化)、"全面达小康、建设新镇江"的新征程。按照建设社会主义新农村的要求,出台了一系列加快农村经济发展的政策措施,在全省率先实现了村村通公路,开展了农村清洁卫生环境整治,大力发展生态农业、高效农业,2008年高效农业面积达45.2千公顷,高效渔业面积达5.7千公顷。工业调整优化产业结构,关停并转了一大批高耗能、高污染企业,实施"千百亿工程",新型化工、电子信息、光伏产业、新材料、先进装备制造业等得到加快发展,2008年全市高新技术产业产值占比达30.3%,拥有上市公司9家,省级以上名牌产品39个,装备制造业销售突破1000亿元。积极实施服务业"三年倍增计划",城市功能日益完善,商贸市场竞争力不断增强,第三产业持续快于总体国民经济的发展。2004年以来,全市及所属辖市(区)先后实现了总体达小康的目标。

铸就辉煌 港城巨变

新中国成立的60年,镇江国民经济和社会事业发生了翻天覆地的变化，创造出一个又一个发展奇迹，国民经济三次产业取得长足进步，经济结构不断调整优化，城乡面貌焕然一新，社会事业蒸蒸日上，人民生活得到极大改善，和谐发展、科学发展不断迈出新的步伐。

一、经济水平今非昔比

1. 经济综合实力显著增强。全市地区生产总值由1949年1.6亿元增加到2008年1408.1亿元，增长867.8倍，其中第一产业增长48.5倍，第二产业增长7168.5倍，第三产业增长1088.0倍。地区生产总值1976年突破10亿元，历经27年；1992年突破100亿元，历经16年；2006年突破1000亿元，历经14年。经济发展壮大的轨迹充分反映了改革开放所取得的伟大成就，1978至2008年，地区生产总值按可比价计算年均增长13.5%，分别高于全国、全省3.7和0.9个百分点。全市人均GDP由1949年108元增加到2008年的52391元，1978至2008年按可比价计算年均增长12.9%，按美元计算：1994年、2003年、2006年分别突破1000美元、3000美元和5000美元，2008年达6700美元。通过60年的发展，镇江经济已相当于中等发展国家水平，站在新的历史起点上。2008年，全国286个地级以上城市综合实力评比镇江居第44位。

2. 经济结构调整优化升级。新中国成立60年来，镇江国民经济结构发生了历史性演变，产业结构由解放初期农业占主导地位发展至二、三产业并重，工业和服务业成为经济发展的主体；经济体制由单一的国有、集体所有制形式发展至各类经济成分并存，非公经济占有半壁江山。三次产业全面发展提升，2008年三次产业结构由1949年的63.6∶7.3∶29.1调整为3.6∶59.9∶36.5，变"一、三、二"为"二、三、一"，第一产业比重下降60.0个百分点，第二产业比重上升52.6个百分点，第三产业比重上升7.4个百分点。就业结构明显改善，2008年第三产业从业人员49.1万人，占比重29.7%，比1990年提高10.9个百分点。非公经济飞速发展，私个经济从无到有、由小变大，自20世纪80年代初起步发展，2008年全市私营企业和个体工商户数达11.2万户、注册资本499.5亿元，全市民营经济增加值达773.1亿元，占比重54.9%，实现税收73.4亿元，占比重50.6%。

3. 财政收支规模迅速扩张。通过60年国民经济的快速发展，全市财政收支能力迅速提升。解放初期，镇江无财政可言，1949年全市财政总收入仅为102万元，前30年由于经济发展的不稳定性，财政收入长期徘徊在1亿至2亿元左右，1978年也仅为2.2亿元，后30年随着改革开放经济的快速增长，税源经济逐步扩大，财政状况得以明显好转，1993年突破10亿元，2005年突破100亿元，2008年突破200亿元达233.2亿元，是1949年22863倍，年均增长18.5%。财政收入占GDP比重由1949年0.6%上升至16.6%，提高16个百分点。1978年至2008年全市各项税收收入年均增长15.6%，其中有5家企业纳税超亿元。1950年全市财政总支出仅为82万元，1983年、1995年、2006年分别突破1亿元、10亿元和100亿元，2008年达172.2亿元，是1950年20995倍，年均增长18.7%。2003年后财政支出结构作出积极调整，突出以人为本的财政理念，民生事业、社会保障财政转移支付力度持续加大。

4. 对外开放迈出坚实步伐。镇江对外开放起步于20世纪80年代初，发展于上海浦东开发后，腾飞于"八五""九五"时期。自1984年第一家合资企业京侨饭店落户镇江，2008年已有80多个国家和地区的3000多家企业，其中世界500强企业在镇江投资的已有30家。全市累计实际利用外资86.8亿美元，年均增长43.3%，拥有"三资"规模工业企业611家，实现产值995.6亿元，占比重达35.8%，吸纳就业14.3万人，亚洲最大的造纸企业、国内最大的工程塑料粒子和汽车精密缸体制造企业等一大批外资企业先后落户镇江市。改革开放以来，全市先后建成7个省级开发区、1个国家级出口加工区，总面积达49.4平方公里，实现财政一般预算收入20.2亿元，开发区已成为镇江经济发展的重要引擎。1988年，以市对外贸易公司成立为标志，揭开了镇江经济融入国际市场的序幕，2008年全市对外贸易达74.6亿美元，是1992年的128.4倍，年均增长35.5%，外贸依存度达36.3%。积极实施"走出去"战略，对外经济不断拓展，2008年全市外经有权企业达12家，批准境外投资项目达45个，外经累计营业额16亿美元。

二、三次产业竞相发展

1. 农业基础更加稳固。农村经济稳步发展，农林牧渔业总产值由1949年的1.4亿元，增加到2008年的92.1亿元，增长66.9倍，其中：农业53.4亿元，增长45.9倍；林业2.5亿元，增长126.2倍；牧业18.1亿元，增长132.6倍；渔业13.7亿元，增长960.5倍。农业改革开放后农村经济发展步伐明显加快，1978年至2008年全市农林牧渔业总产值年均增长6.3%。粮食生产从严重不足发展到自给自足，从根本上解决了居民的吃饭问题，全市粮食总产量由1949年的32.6万吨，增加到2008年112.4万吨，增长2.4倍，年均增长3.6%，其中亩产是1949年2.7倍。油料总产量由1949年0.4万吨，增加到2008年6.7万吨，增长15.7倍，年均增长4.8%。畜牧业生产达到相当水平，与1949年相比，生猪出栏量增长4.2倍，水产品产量增长90.4倍。农业生产条件极大改善，农业生产实现了机械化并向现代化迈进，农机总动力由1949年的0.2万千瓦，增加到2008年的135.1万千瓦，农村用电量由1978年的17529万千瓦时，增加到2008年446934万千瓦时。农业发展方式优化升级，进入土地流转、规模经营和高效农业发展阶段，2008年全市建成现代农业示范园区122个，拥有农业龙头企业达124家，高效种植面积占26.3%，高效渔业面积占26.0%。

2. 工业经济快速成长。60年来，镇江工业历经手工业、乡镇工业、改革开放、体制创新的不同发展阶段，特别是改革开放30年，镇江工业得到了充分发展，工业化进程明显加快，建立起比较完整的工业体系，形成了造纸、绿色化工、新材料、装备制造、特种金属五大优势产业集群，进入工业化中后期发展阶段。全部工业总产值由1949年0.2亿元，增加到2780.3亿元，1988年、2004年、2007年分别突破100亿元、1000亿元和2000亿元，1978至2008年年均增长18.8%。2008年全市拥有规模工业企业2504家，其中大中型工业企业190家，从业人员44.6万人，规模工业实现增加值682.9亿元，占GDP比重达48.5%，工业经济结构发生根本性转变，自20世纪90年代开始"三资"工业、非公有制工业从无到有、由弱到强迅猛发展，1990年以来，全市"三资"工业、民营工业总产值年均增长42.1%和53.0%，2008年增加值占比分别达36.5%和51.6%，国有集体经济比重由1990年97.6%下降至11.0%。工业企业竞争能力明显增强，2008年全市销售超10亿元的企业达32家，利税超亿元的企业达27家，拥有自主品牌产品550个，有5家民营企业进入全省100强之列。

3. 服务业协调同步发展。60年来，镇江第三产业发展经历了三个不同的发展阶段，1949年至1962年为平稳发展期，这一时期第三产业比重虽然接近30.0%，但发展层次较低，主要以商贸和交通为主；1963年至1990年为低位发展期，这一时期农业因农村经济体制改革发展较快，工业因乡镇工业而开始兴起，第三产业由于缺乏发展基础，占GDP比重一度降至历史最低点，1978年仅占14.5%；1991年至今，随着工业经济的崛起以及城市化进程的不断加快，为服务业发展奠定了坚实基础，第三产业占GDP比重年均提高近1个百分点，除商贸、交通等传统行业得到快速发展外，信息、金融、保险、商务、房地产等新型服务行业逐步发展起来。与解放初相比，2008 年全市社会消费品零售总额增长 751.6 倍，年均增长 11.9%；金融机构各项存款余额增长由 1952 年的 972 万元增加到 1262.7 亿元，年均增长 24.0%，各项贷款余额由 1952 年的 722 万元增加到 921.0 亿元，年均增长 27.5%；镇江保险事业自 20 世纪 80 年代初正式起步，其后得到快速发展，保费收入由 1980 年的 214 万元增加到 2008 年的 32.8 亿元，年均增长 30.0%。信息、房地产业的发展已成为国民经济支柱产业。

三、城乡面貌日新月异

1. 现代交通网络初步形成。“骑着毛驴上金山”的民间传说从一个侧面反映了解放初镇江交通的落后面貌，新中国成立 60 年特别是改革开放 30 年来，镇江交通发生了翻天覆地的变化，通过大建设取得了大发展，构筑起与经济发展和人民生活需求相适应的现代化大交通，使镇江地处长江和大运河交汇的交通区位优势得到进一步彰显。陆运方面，相继建成沿江高等级公路、沪宁高速镇江段、润扬长江公路大桥、镇大高等级公路、312 国道改扩建、扬溧高速等，市域及周边交通更加便捷，行政区域内基本实现了县有高速、镇有等级公路、村村通公路的城乡交通一体化。全市公路总里程由 1978 年 2586 公里，增加到 2008 年 6475 公里，其中高速公路达 153 公里。水运方面，突出“镇江港”的建设，建成高资、龙门、谏壁、大港、高桥、扬中、新民洲七大港区，拥有多用途码头泊位 184 个，通达 71 个国家和地区，2008 年货物吞吐量突破 1 亿吨。航运方面，与南京禄口机场建成直达通道，只需 1 小时行程。60 年来，镇江交通承载能力大幅提升，2008 年全市完成全社会客运量 10632 万人次，是 1978 年 6.1 倍，年均增长 6.2%；完成全社会货运量 7263 万吨，是 1978 年的 6.2 倍，年均增长 6.3%。

2. 城市建设彰显山水特色。新中国成立的 60 年，尤其是改革开放以来，镇江城市发展规模、功能随着经济社会的快速发展不断拓展和完善，历经“一体两翼”“南徐新城区、北部滨水区、世业洲旅游度假区”的规划和建设，加之丹徒撤县设区，“一江横陈、连冈三面”的城市格局被彻底改变。进入 21 世纪，镇江城市建设掀起了新的高潮，各项基础设施投入持续加大，“大江风貌”“城市山林”的新镇江初显端倪。60 年来，城市建成区面积由 1949 年的 8 平方公里增加到 98.2 平方公里。城市人口由 1949 年 52.8 万人增加到 102.8 万人。城市化率由 1949 年的 18.9% 提高到 59.8%。人均拥有道路面积由 1970 年的 2.0 平方米，增加到 18.5 平方米，人均拥有公共绿地面积由 1978 年的 1.7 平方米增加到 15.0 平方米。2008 年，城区日供水总量达 42.8 万吨，自来水普及 100.0%，气化率达 96.3%，建成区绿化率达 42.1%。城市公交事业迅速发展，城区公交营运车辆由 1978 年的 67 辆增加到 908 辆，每万人拥有公共交通车辆由 1978 年的 1 标台增加到 12.2 标台，公交营运线路由 1978 年的 9 条增加到 53 条。博物馆、西津渡街、金山寺佛教广场以及新行政中心、规划馆、体育会展中心、职工文体活动中心等一批重点工程的竣工和开工建设，一座现代化城市的新形象即将展现在世人的面前。

3. 邮电通信进入信息时代。新中国成立 60 年，改革开放前镇江邮电通信业基本没有什么发展，1981 年全市仅有固定电话 3570 部，1990 年增加到 42860 部。20 世纪 90 年代初发展开始加快，1995 年全市固定电话达到 45.7 万部，移动电话为 2.6 万部，1996 年互联网用户为 638 户。2000 年以后，镇江邮电通信得到迅猛发展，固定电话、移动电话及互联网呈几何级增长，形成了现代化的邮电通信网络，数据通信网、多媒体通信快速同步发展，人们的工作和生活步入信息化时代。2008 年，全市市话交换机容量达到 136.6 万门，本地电话用户达到 143.1 万户，其中城市电话用户 97.3 万户，农村电话用户 45.8 万户。移动电话 186.3 万户，互联网用户 33.9 万户，有线电视用户 66.5 万户，其中城市用户 37.4 万户，农村用户 29.1 万户。邮电通信业的迅猛发展，促进和支撑了国民经济的持续快速增长，已成为重要的支柱性产业，2008 年全市完成邮电业务总量 28.8 亿元，是 1978 年的 239 倍，年均增长 20.0%。

四、社会事业全面进步

1. 科教兴市优先发展。解放初，镇江仅有大学 1 所，中等专科学校 9 所，普通中学 26 所，小学 1695 所。改革开放前，教育事业虽然得到较快发展，但由于经济相对落后，办学条件受到限制，加之“文化大革命”的冲击，教育普及率以及受教育程度仍处在较低水平。改革开放特别是恢复高考后，镇江教育事业进入全面发展时期，1983 年以来全市教育事业支出累计达 106.5 亿元，形成了从幼教到高教、成教到职教比较完整的全民教育体系，深化教育体制改革，社会办学力量兴起。2008 年，全市拥有小学 145 所，在校学生 13.5 万人，比 1949 年增长 24.1%；中学 116 所，在校学生 14.2 万人，是 1949 年的 26.8 倍；普通高校 5 所，在校学生 8.4 万人，是 1978 年的 36.5 倍。小学、中学生升学率分别达到 100.0% 和 99.4%，高中阶段毛入学率达 100.0%。以 1978 年全国科技大会召开为标志，镇江同全国一样迎来了科学发展的春天，科学技术作为第一生产力，全市科技事业蓬勃发展，自主创新能力不断增强。2008 年，全市拥有各类专业技术人员 12.8 万人，科研经费投入占 GDP 比重达 1.7%，专利授权数累计 9360 件，荣获省级以上科技进步奖累计 354 项，拥有省级以上高新技术企业 279 家，1995 年起连续 6 次荣获全国科技进步先进城市。

2. 文卫体事业繁荣进步。新中国成立 60 年来，镇江的文化、卫生、体育事业方兴未艾蓬勃发展。文化基础设施完善，兴建市文化馆、工人文化宫、少年宫、市艺术中心、市影视中心、图书馆、博物馆、画院等一大批文化活动场馆。在农村，建成标准化镇文化站、村文化室；在城市，建成 233 个社区文化活动中心，16 个文化活动广场。2008 年，全市拥有各类群众性娱乐场所 1110 个，万人拥有公共文化设施面积达 556 平方米；拥有公共图书馆 7 个，总藏书量 170.7 万册；拥有自办广播节目 9 套，自办电视节目 7 套，广播电视节目综合覆盖率达到 100%，公开出版发行报刊 22 种。文艺创作精品纷呈，先后有 7 件成人作品荣获国家金奖、5 件少儿作品荣获国家“蒲公英”金奖。近几年，围绕打造“文化名市”，积极开展“文心公益行动”，进一步丰富提升了全市文化建设的内涵、层次。镇江作为全国医疗卫生体制改革试点的城市，改革开放以来卫生事业健康发展，建有各类综合医院 20 所、中医医院 5 所、专科医院 8 所，每千人拥有卫生技术人员 5.3 人、医院床位数 3.1 张、医生数 1.9 人，分别比 1949 年增长 5.6 倍、10.0 倍和 4.7 倍。重大传染病防治水平明显提高，人民生命健康得到有效保障，全市人口预期寿命由解放初的 56.2 岁提高到 73.8 岁。体育事业蒸蒸日上，群众体育、竞技体育得到长足发展，2008 年全市拥有各类体育场馆 144 个，等级运动员 94 人，1978 年至 2008 年全市参加省级以上体育比赛共获得金牌 156 枚、银牌 137 枚、铜牌 154 枚，为国家培养输送了 19 名世界冠军。

3. 民生保障日趋完善。改革开放前，镇江社会保障主要是针对城市职工，如医疗费有单位报销、退休职工领退休工资等，在广大农村则未建立相应的保障机制。改革开放后，经济体制由计划经济向市场经济转型，企业实行自主经营，个私经济迅猛发展，经济转型给原有的社会保障机制产生较大冲击，自 20 世纪 80 年代中期镇江社会保障体制改革开始，历经二十多年改革调整完善，初步建立起从城市到农村、覆盖社会各个行业和各个阶层的比较健全的社会保障体系，人民群众更多地享受到经济发展的成果。2008 年，全市城镇职工“三大”保险覆盖面达到96.7%，其中养老、医疗、失业保障人数分别达60.0万人、69.9万人和42.1万人，覆盖面分别达96.9%、97.5%和98.1%。农村养老参保人数36.9万人，覆盖面达60.2%，新型农村合作医疗参保人数达163.3万人，覆盖面为99.5%。对弱势群体和低收入家庭实行"应保尽保"，2008年全市最低生活保障人数达到4.4万人，其中城市1.4万人，农村3.1万人，发放最低生活保障经费6016万元。全市离退休人员养老金、最低生活保障标准逐年增加提高，社会救助和慈善事业明显进步，截至2008年末，全市慈善基金总额达7738亿元。

五、人民生活整体小康

1. 收入水平得到显著提高。解放初直到改革开放前，镇江居民收入来源不仅单一，而且收入水平很低。在农村，农民主要依靠劳动力挣工分维持生计，缺乏劳动力的家庭其生活基本得不到保障，1978年全市农民人均纯收入仅为145元。在城市，城镇职工主要依靠在企事业单位上班领取工资养家糊口，工资水平长期处于较低水平，收入增长极其缓慢，1949年全市职工人均年工资仅为418元，1978年增加到515元，年均仅增长1.0%。改革开放后，经济放开搞活，镇江居民收入增长逐步加快，1985年城市居民人均可支配收入、农民人均纯收入分别达到835元和560元。1986年城镇居民人均可支配收入超千元、2004年超万元，2008年达19044元，比1985年增长21.8倍，年均增长14.6%。1990年农民人均纯收入超千元，2008年达8703元，比1985年增长14.5倍，年均增长12.7%。城乡居民储蓄余额由1949年的不足10万元增加到686.7亿元，人均储蓄余额由1978年21元增加到25550元，是1978年1217倍，年均增长26.7%。

2. 消费结构发生重大转变。新中国成立60年来，镇江居民随着收入的增加，消费结构不断调整升级，消费需求历经满足生存、解决温饱到比较殷实的发展过程，告别了"新三年、旧三年、缝缝补补又三年"生活方式，消费开始向发展型和享受型转变，特别是近几年来，娱乐休闲、旅游度假、外出餐饮等新型消费业态逐步进入普通百姓家庭。2008年，城市居民人均消费支出达12217元，是1985年的16.6倍，年均增长13.0%，其中：交通和通信、文化娱乐教育、医疗保健消费支出分别达880元、1769元和667元，恩格尔系数为40.4%，比1985年下降14.0个百分点，人均居住建筑面积达34.2平方米，比1985年增加22.5平方米。农村居民人均消费支出达6580元，是1985年的13.4倍，年均增长11.9%，其中：交通和通讯、文化娱乐教育、医疗保健消费支出分别达764元、1106元和407元，恩格尔系数为39.3%，比1985年下降15.2个百分点，人均居住面积达47.9平方米，比1985年增加27.2平方米。

3. 享受生活成为新的追求。新中国成立60年，随着经济的发展和居民收入水平的提高，市场供应短缺的状况得到根本扭转，居民购买能力大幅提升，改革开放进一步加快了居民生活小康化进程，尤其是21世纪随着电子信息产品的飞速发展，居民消费现代化程度日益提升。60年来，镇江居民家庭生活用品历经了三次质的飞跃，家庭拥有耐用品从20世纪70年代、80年代"三大件"（手表、自行车、缝纫机）、90年代"三大件"（彩电、冰箱、洗衣机）到当今空调、电脑、汽车，真实地记录了镇江居民家庭耐用品由简陋、实用到现代的历史变迁。2008年，每百户城市居民家庭拥有彩色电视机174台，电动自行车65辆，家用电脑76台，空调165台，电冰箱102台，移动电话170部，汽车5辆；每百户农村居民家庭拥有彩色电视机153部，电动自行车61辆，空调91台，电冰箱82台，移动电话165部，家用电脑29台，摩托车65辆。

承前启后，再谋发展。新中国成立60年，镇江人民在历届市委、市政府的领导下，不畏艰难，解放思想，大胆改革，勇于创新，抢抓机遇促发展，镇江国民经济和社会事业发生了翻天覆地的变化，取得了辉煌成就。"何处望神州，满眼风光北固楼"，展望未来，全市上下正在为建设更高水平小康社会、率先实现基本现代化，全力推进科学发展，开启镇江经济社会事业跨越发展的新征程。我们坚信，有60年发展奠定的坚实基础和成功经验，古老而年轻的镇江一定能再创辉煌，更上层楼，建设成为长江之滨一颗璀璨的明珠。

（统计局）

镇江市开展新中国成立60周年及镇江解放60周年系列纪念活动

2009年，是新中国成立60周年，也是镇江解放60周年。根据中央、省委的统一部署，镇江市委、市政府以深入落实贯彻科学发展观为主线，以各界群众为主体，围绕"记录沧桑巨变，展示辉煌成就，弘扬爱国热情，服务跨越发展"的主题，按照隆重热烈、突出重点、节俭实效、确保安全的原则，在全市范围内深入开展丰富多彩的纪念活动，以此进一步激发广大市民的自豪感和自信心，振奋精神，凝心聚力，推进镇江发展新跨越。

一是编撰出版《京江画卷——纪念镇江解放60周年图册》（1949～2009）等画册。在纪念"4·23"镇江解放60周年前夕，由镇江市史志办公室负责编撰的大型画册《京江画卷》出版发行，作为纪念镇江解放60周年和庆祝中华人民共和国成立60周年的献礼之作。图册第一部分"风雨历程（1949～1978）"，以近百幅黑白照片反映镇江从解放到中共十一届三中全会召开30年间的纵向发展变化；第二部分"走进

2009年9月30日，镇江市举办"红色经典 火红镇江——中华人民共和国成立60周年万人歌会"

（张桂安）

新时代(1979—2009)”,用220多幅彩色图照横向展示镇江改革开放30年来经济和社会跨越发展的伟大实践和取得的巨大成就。4月23日,《京江画卷》在大市口广场举行首发式,并举办了大型画展,受到了广大市民的热烈欢迎,在机关和社会上产生了很大的反响。

二是举办“红色经典·火红镇江”万人演唱会。演唱会按照“红色经典,激情永在”的构思,以红色经典歌曲和反映镇江的歌曲为主,9月30日在南山西入口广场正式举办。由社会各界代表组成工人、农民、南城、北水和开发区等10个演唱方阵,每个方阵800至1000人,各演唱1首歌曲,最后由四套班子领导带领全场齐唱《中国,中国,鲜红的太阳永不落》收尾。这项活动是近三年来全市组织的规模最大的纪念活动,得到市委、市政府和社会各界的高度肯定和一致认可。

三是开展“红歌颂祖国”红色经典歌唱比赛。以“唱响经典、歌颂祖国、展示镇江”为主题,面向社会报名,经海选、初赛、复赛、决赛,决出的十佳歌手作为“万人演唱会”十大方阵的领唱。同时以十佳歌手为主体,组成“红色宣传队”,深入到农村、企业、社区、军营和院校进行巡回演出。活动于6月下旬展开,共有600多人报名参加,比赛实况每晚在镇江电视台播出,社会反响热烈。

四是开展“红遍镇江”系列活动。活动由市广电局、镇江日报社、市旅游局具体组织实施,由“寻访建国功臣”“红色景点展示”“《红色热土新跨越》系列片展播”“古城尽披国旗红”四大板块组成。采取新闻行动、专题展播、社会活动相结合的方式,全景回顾镇江60年来特别是当年老区的沧桑巨变,通过今昔对比,展示近年来全市城乡建设、人民生活、区域环境发生的巨变。8月下旬开始播出,国庆前后达到高潮,形成了较强的规模效应。

五是开展“魅力新镇江”摄影图片展。展览定位“纪实、对比、赞颂、激励”,着重反映镇江60年的变迁,突出展示30年来的建设成就。展览面向社会征稿,分为大项目建设、生态建设、城乡建设、民生建设四个专题。活动于2009年1月启动,组织10多次采风,收集全市各部门报送的图片20000多张。首展与万人演唱会同步进行,展览地点安排在演唱会现场。

六是组织“多彩镇江·舞动激情”广场舞蹈大赛。活动以“热爱镇江、鼓舞镇江、建设镇江”为主题,比赛面向社会报名,覆盖七个辖市(区),分少儿、成人、老年三个组,设有民族民间舞蹈、现代舞蹈等5个比赛类别。活动于2009年6月启动,以市中心城市客厅为现场,以比赛的形式开展广场表演。据统计,来自各辖市(区)的60多支舞蹈队和1900多名选手参加了比赛。

七是参加省委、省政府组织的“辉煌60年江苏发展成就展”。展览以“突出跨越发展,彰显城市个性,展示发展成就”为总体思路,分为“风雨同程”“跨越新姿”“山水灵韵”三个部分,着力显现镇江独特优越的自然禀赋和历史文化与现代文明交相辉映的山水灵韵,展示新中国成立60年来,镇江人民开拓进取的精神风貌和艰苦奋斗的辉煌成就,描绘镇江生态城、文明城、宜居城的独特魅力。此外,全市各地各部门也开展了各具特色的纪念活动。丹阳市举办“影像丹阳——庆祝建国六十周年网上图片展”;句容市以送文艺下乡等形式,开展形式多样的群众性爱国主义教育活动;丹徒区组织了“向国旗敬礼·做一个有道德的人”网上签名寄语活动、网上祭奠英烈和“爱祖国、爱丹徒”知识竞赛等活动。市有关部门开展了“祖国在我心中”读书征文、“迎国庆”优秀儿童歌曲大传唱和“祖国发展我成长,红领巾寻访共和国英模”小记者采访等活动,在全社会唱响共产党好、社会主义好、改革开放好的主旋律。 (朱巍巍)

镇江市开展脱贫攻坚“两消除”行动

2009年,镇江市农村扶贫开发工作围绕市委、市政府确定的实施脱贫攻坚“两消除”行动,即全面消除年集体经济收入15万元以下经济薄弱村和年人均纯收入2500元以下农村绝对贫困人口的目标任务,市和辖市(区)两级在帮扶活动中累计帮扶项目241个,投入帮扶资金6970.74万元,100个经济薄弱村平均每个村共获得各类帮扶资金53.3万元,34663名贫困人口,除进入社会统筹外,其余每人平均共获得各类帮扶资金648元。截至年底,全市经济薄弱村和绝对贫困人口的脱贫率达到两个100%,圆满完成市委、市政府下达的脱贫攻坚“两消除”任务。

一、全面发动,高起点规划脱贫攻坚“两消除”行动

2009年,市委、市政府把实现“两消除”作为深入学习实践科学发展观的具体行动,作为推进镇江发展新跨越的重要举措,倾全市之力,确定年内达标的完成时限,在全市打响脱贫攻坚“两消除”的攻坚战。

一是领导重视程度高。在市扶贫办前期调研的基础上,市委副书记张庆生多次听取专题汇报,并亲自参加脱贫攻坚“两消除”行动方案的审定,市委书记许津荣和市长刘捍东对这项工作都作了批示,把这项工作作为“三农”重中之重的工作写入1号文件。市委、市政府专门出台了《镇江市脱贫攻坚“两消除”行动实施方案》,将“两消除”的任务分解到各辖市区和市直各帮扶部门单位,并相继召开动员部署会、政策项目发布会、推进会以及总结表彰会,全面推进脱贫攻坚“两消除”行动。

二是脱贫攻坚要求高。在省要求贫困户当年全部脱贫的基础上,镇江市将年集体经济收入15万元以下的经济薄弱村同时纳入到帮扶范围,并要求年底前实现全面消除,达到两个100%。

三是措施制定水平高。镇江市制定了“三包”措施:即市和辖市(区)两级采取党政领导包片、部门单位包村、党员干部包户的方式进行结对挂钩帮扶。市委常委和副市长负责分管的76个部门与60个经济薄弱村和1699户、3480个贫困人口进行结对帮扶,余下的经济薄弱村和贫困人口由辖市区参照市模式建立结对帮扶机制。市四套班子领导每人帮扶2户贫困户,市直部门单位“一把手”帮扶1户贫困户,市直部门单位党员干部每3人帮扶1户,并明确政策帮扶、项目帮扶、技能帮扶、创业帮扶、精神帮扶等五个方面的重点帮扶举措。

四是活动载体层次高。市委、市政府把脱贫攻坚“两消除”作为建设全面小康社会的一项刚性指标,作为学习实践科学发展活动的特色抓手,作为检验学习实践科学发展观成果的重要标尺,努力把脱贫攻坚“两消除”打造成学践活动的特色和亮点。这项工作得到了中央学习实践科学发展观活动巡视组和省委学习实践活动办公室的高度评价。

二、上下联动,高要求开展脱贫攻坚“两消除”行动

市动员会议后,各辖市(区)紧紧围绕实现“两消除”目标任务,采取扎实有力的措施,强化政策扶持和资金投入,取得了明显成效。据初步统计,辖市(区)各级在脱贫攻坚“两消除”行动中,累计投入财政帮扶资金1750万元,帮扶项目101个,投入项目资金1070万元,党员干部帮扶资金1169.62万元。京口区开展“富民强村113工程”,在消除农民人均纯收入2500元以下绝对贫困人口的同时,确保全区村级集体收入50万元以下的村收入达到50万元。镇江新区开展三级帮扶,并将新区“两消除”的目标提高到农民人均纯收入3000元和村集体经济收入20万元以上。丹阳市对重残等没有劳动能力的贫困户全部纳入民政低保范围,实行救助式扶贫,一年累计发放生活补助1042万元。

扬中市财政拿出700万元对经济薄弱村新建设标准化厂房进行补贴，对行政村盘活存量资产的，土地出让金地方收益的80%返还给村，对经济薄弱村发展设施农业连片3.3公顷以上的，其标准大棚由所在镇（区）奖励1000元一个，另外，各镇区还按照村级定报工业纳税销售额的1‰，建立村级经济发展奖励基金，用于扶持经济薄弱村发展。丹徒区建立以城乡低保为主体，以医疗救助、慈善救助和参与教育、住房、司法等救助为补充的社会救助体系，通过扩大社会保障范围，提高保障标准，完善社会救助措施，切实保障他们的基本生活权益。

三、形成合力，高效率推进脱贫攻坚“两消除”行动

据初步统计，全市市直部门、单位共投入帮扶资金2985万元，其中，市直76个部门、单位与60个经济薄弱村已议定帮扶及村自定项目141个，重点发展高效农业696公顷，新建标准化厂房54850平方米，新建道路112.6公里，累计投入帮扶资金2210万元。市直党员干部帮扶资金471.12万元。

一是落实一批政策措施。市有关部门认真梳理各级关于加快土地流转、新增税收返还、建设标准厂房、预留用地指标等发展壮大村集体经济和帮助贫困户落实各类保障性政策的基础上，汇编《农村脱贫致富有关政策文件选编》，分发经济薄弱村和帮扶部门，为帮扶工作提供依据。市劳动保障局制定了100个经济薄弱村贫困劳动力技能培训总体和年度培训计划。全市12个设施农业项目有5个定在经济薄弱村，发放财政补助资金150万元。

二是发展一批工业项目。在“两消除”行动中，共帮助发展工业项目8个，投入帮扶资金230万元。市药监局和索普集团帮助丹阳市司徒镇丰洛村发展豆制品加工，将原来散落的加工户集中起来，产生规模效益，形成户富裕、村增收的双赢局面。市委政法委和地方海事局投入15万元，帮助西来桥镇西来村修建10间商贸用房。

三是培育一批高效农业。市直帮扶部门单位帮助发展高效农业项目42个，占帮扶项目总数的30%，面积580公顷，投入资金852.2万元。市国土局帮扶镇江新区薛港村，投入122万元，帮助发展蔬菜大棚8公顷，促进村级增收13万元。市农林局投入34万元，帮助句容市白兔镇古隍村新建7公顷蔬菜基地。

四是改善一批民生项目。市人事局和国资委筹资100万元，帮助丹阳市延陵镇管巷村新建村级道路2700米，打通了村与外界联系的主干道。镇江供电公司投入65.44万元，为句容市黄梅镇莲塘村增容50千伏、100千伏变压器各一座，为当地经济发展和改善群众生活提供有力的保障。

五是输送一批致富技能。市直109个帮扶部门单位的6815名党员干部，累计走访贫困户平均达6次以上，投入资金471.12万元，帮助贫困户发展致富项目。市外经贸局组织7家企业举办出国劳务专场招聘会，当场签订出国劳务意向协议100余人。

（李 冀）

保增长 调结构 促发展

——镇江市工业系统有效化解金融危机概述

2009年，面对国际金融危机的不利影响，镇江市工业系统坚持以科学发展观为指导，紧紧围绕“总量超扬州、均量赶常州”的跨越发展目标，突出“保增长、调结构、促发展”的工作主线，拓宽思路、创新举措、克难奋进，有效化解国际金融危机的不利影响，各项工作取得可喜成绩。

一、“保增长”措施有力

1. 强化经济运行监测。年初，市经贸委、发改委、统计局等25个相关部门联合建立经济运行实时监测分析机制，通过日报、周报、月报及部门联席会议制度等，及时了解和分析企业运行情况，积极协调解决相关问题，确保企业有序运行。全年完成工业增加值790.03亿元，增长15.3%。

2. 深入推进“千百亿工程”。市经贸委配合市委组织部实施百亿企业挂职服务制度，建立“151”规模企业梯次培育机制，制定实施《关于促进我市产业调整与优化的实施意见》《关于加快培育百亿企业的政策补充意见》等，进一步明确产业发展导向、强化政策扶持，全力推进“五大产业”和重点企业做大做强。全年“五大产业”实现销售2525.7亿元，比上年增长23.3%；实现销售超百亿企业3家（奇美、金东、大亚）、“50亿元”企业7家、“10亿元”企业39家。

3. 着力加大工业有效投入。狠抓大项目建设，全年完成工业投入624.7亿元，增长36.5%，增幅居全省第二位。组织实施“千企技改”工程，突出抓好“百项重点技改项目”，全年组织3043家企业实施技术改造项目3154个，完成技改投入506.1亿元，增长26.4%。

4. 深入开展企业服务。围绕企业生产运营的各个环节，在镇江市范围内大力开展融资、技术攻关、市场拓展、问题协调等全方位的服务。全年镇江市各级经贸系统共走访慰问中小企业1万多户，现场协调解决各类问题4000多个，发放政策汇编6000多册。

二、“调结构”步伐加快

1. 五大主导产业支撑明显。全年“五大主导产业”实现销售占镇江市规模以上工业的84.1%，比上年提高1.5个百分点。“50强”工业企业实现销售占镇江市规模以上工业的47.1%，比上年提高2.2个百分点。

2. 高新技术产业占比提高。镇江市高新技术产业产值突破千亿大关，达到1063亿元，同比增长24.6%，占镇江市规模以上工业的33.1%，比上年提高2.7个百分点，位居全省第三。

3. 新兴产业发展加快。成功引进瑞士埃纳勾等10家薄膜太阳能企业，镇江市拥有相关联企业50家，形成较为完整的太阳能光伏产业链。同时，魏华合金、恒神碳纤维、豪然喷射成形等一批新材料企业呈现快速发展态势。

4. 技术水平明显提升。新认定省级高新技术产品132项，累计达1087项；新增11项国家级重点新产品，新增市级以上企业技术中心20家。

三、“促发展”成效明显

1. 政策扶持成效明显。全年镇江市企业技术改造设备抵扣税金7.61亿元，进口关键零部件减免关税200万美元，为各类企业争取国家、省扶持资金10200万元，6家能效电厂节约电费4427万元，51家综合利用企业减免税收6000多万元。

2. 民营发展成效明显。建立“全民创业联席会议”机制，进一步加大创业典型宣传、狠抓政策落实、强化载体建设、开展创业贷款、完善服务体系、加大创业培训等，全民创业热情高涨，民营经济发展呈现近年来最好态势。全年新增私营企业4828户、个体工商户18179户、私个注册资本103.96亿元，分别占年计划的129%、132%、157%。

3. 节能降耗成效明显。市经贸委与市银监局联手，在全省首创企业能耗状况绿色授信制度，进一步加大源头控制力度。全年完成重点节能及循环经济项目38个，节约能源合计46.2万吨标准煤；建立市级循环经济试点企业15家；完成清洁生产审核企业43家。全年单位GDP能耗0.853吨标准煤/万元，比上年下降4.6%；规模以上单位工业增加值能耗1.274吨标准煤/万元，下降11%。

（凡 浩）

保增长 促发展 求跨越

——2009年镇江市冲刺千亿投资目标概述

2009年,全市全社会固定资产投资完成1010亿元,同比增长40.6%,增幅位列全省第一,实现年初确定的“冲刺千亿投资”目标,为全市实现“跨越发展”提供重要保障。

审时度势,决策千亿投资目标。早在2008年末,市发展和改革委员会(下称发改委)等部门在深入调查研究、全面研判形势的基础上,向市委、市政府提出投资千亿目标,从项目来源、要素支撑方面提出完成千亿投资目标的现实依据和建议措施,市委、市政府果断决策,实施“千百亿工程”、2009年“冲刺千亿投资”目标。市发改委及时制订了《投资冲刺千亿目标行动方案》,分解落实目标任务。

扎实举措,突出抓好重大项目建设。高起点编制重点项目投资计划。立足于“保增长、促发展、求跨越”,按照市委五届七次全会提出的“四大建设”总体部署和要求,高起点编制了2009年全市重点项目投资计划,以镇政办发〔2009〕65号文印发执行。2009年全市共安排重点项目84个,总投资1327.1亿元,年度计划投资305.8亿元。其中:续建项目36个,总投资603.2亿元,年度计划投资133.7亿元;新开工项目38个,总投资498.2亿元,年度计划投资169.2亿元;前期项目10个,总投资225.7亿元,年度计划投资2.9亿元。加强大项目推进的组织领导和协调服务力度。市成立重大项目建设领导小组及办公室,市发改委建立涉及项目管理的处室参加的委内项目推进机制,组建委内项目推进办,每周六召开项目推进例会,实现全委人人抓项目的局面。加大项目审批服务力度。建立项目审批绿色通道,市政府以镇政办发〔2009〕55号下发《关于建立项目申报机制的实施意见》。进一步完善激励机制。在镇江日报整版发布2008年度全市投资和重点项目建设先进集体和个人光荣榜,树立典型。市政府以镇政办发〔2009〕168号文形式印发《关于加快推进市级重点产业项目的若干意见》,分别从土地供应、资金配置、基础设施配套、行政事业性收费、行政审批等方面提出具体优惠措施,对加快项目推进、促成项目落户起到积极作用。2009年全市84个重点项目完成投资365亿元,提前1个多月完成年度计划,尤其是58个产业项目完成投资176亿元,提前三个月完成年度投资计划。一批项目成功落户,特别是中石油江苏长江项目等一批央企大项目落户扬中;一批项目按时开工,文德风电等37个项目按时开工建设,开工率达92.5%,创历年之最;一批项目竣工投运,巨宝科技一期、索普醋酸造气等16个项目竣工;一批项目加快实施,恒神碳纤维等38个项目超额完成年度投资计划。

创新机制,不断激发工作活力。建立“周报、月评、季督查、年考核”制度,对各地重点项目推进、亿元以上项目的开工、竣工、审批、洽谈情况进行一周一报,并在《项目推进周报》上刊发。全年项目推进周报刊发39期,市领导多次做出批示。对各地全社会固定资产投资、市级重点项目、亿元以上项目、开发区基础设施等完成情况进行月度评估,结果以市政府办公室发文和《大项目推进简报》的形式在全市进行通报,在全市营造你追我赶的发展氛围。由市重大项目办和市发改委会同市经贸委、外经贸局、统计局,联合市监察局和市政府办督查处组成联合督查组,每季度对各地和有关部门的投资和项目进展情况进行督查。年末市重大项目建设领导小组对7个辖市区和市建设局、交通局、水利局进行考核,根据季度序时完成情况和全年完成情况分别打分,提出奖励意见,报市委、市政府审定。市政府出台《镇江市冲刺千亿投资目标考核奖励办法》《关于加快推进市级重点产业项目的若干意见》等政策文件,使全市重大项目建设呈现出新开工、竣工项目明显增多,在建项目进度明显加快的局面。

多管齐下,努力实现投资要素保障。建立项目和银行对接机制。每月定期组织召开项目和银行对接会议,邀请市内外金融机构广泛参与,及时向各银行通报项目审批和项目推进相关信息,保证每个项目至少有一家银行与其对接,主动为项目服务,实现项目与银行之间的信息及时、顺畅流通。全年累计发放项目贷款295.4亿元,占全市新增贷款总额的80%以上。银企对接工作受到市领导的高度评价,得到项目单位和金融机构的广泛好评,保障项目建设进度,有力支撑有效投入的增长。积极向上争取各类专项资金。及时上报申请中央预算内资金的储备项目,积极做好跟踪服务和争取工作。全年共争取到5.17亿元的中央新增预算内和省配套专项资金,有力地支持了高新技术产业发展和城建环保基础设施建设。三是配合、指导企业债券发行工作,加强动态跟踪和对上争取。全市已有城投一期10亿元、丹阳城投6亿元、镇江新区14亿元共计30亿元企业债券获准发行,另有扬中城投10亿元、交投10亿元、水投20亿元、城投二期20亿元、句容福地10亿元、索普6.3亿元共计76.3亿元企业债券正在国家发改委审查待批,国投公司12亿元企业债券正在省发改委初审。四是创新融资方式,积极推进BT融资模式。市水利投资公司和句容市人民政府分别与中国交通建设投资有限公司签订合作金额各为20亿元的BT建设合作协议,其中采用BT建设模式的内江清淤项目顺利开工建设,至2009年底完成清淤530万立方米,占整个清淤工程量的67%,2010年春节前完工。五是加强土地要素保障。积极配合向上争取大项目土地点供等计划外用地指标,全市获省以上审批项目31个,已争取计划外土地指标380.6公顷(其中8个产业项目争取点供土地124.02公顷),在很大程度上化解项目建设用地难问题。六是加强政策对接保障。为及时将中央、省、市关于扩内需、保增长、促发展的相关扶持政策落实到位,采取多种形式抓好扩大内需各项政策措施的宣传,及时将扩大内需政策汇编成册发放到企业并在网上同步发布,为企业树立信心,加快投入创造更为宽松的环境和条件。

深化服务,加快载体平台建设。为增强发展后劲,深化服务意识,高质量打造项目载体平台,支持各地推进园区建设,进一步加快高新技术开发区、大学科技园、软件园、留学生创业园、各级高创中心建设,大力构建高校、科研院所与企业产学研高效对接的快速通道;高起点规划镇江科技城,打造各具特色的“城中园”;新建100万平方米以上科技孵化中心,新增在孵企业150家以上;进一步加快扬中、镇江新区能源基地和丹阳新材料产业基地建设;抓好10个服务业集聚区和10个现代农业园建设。各地园区基础设施投入及科技孵化中心建成面积,均创历史之最。

(任翠霞)

镇江市深入开展“大爱镇江”主题活动

2009年,镇江市在巩固“大爱镇江”品牌建设成果的基础上,以“我为镇江跨越发展争荣誉、作贡献”为主题,进一步引导广大干部群众将“爱镇江”的热情转化为积极行动，以“大爱”铸就镇江的文明品牌，以“大爱”推进镇江的跨越发展。

一、组织竞赛活动，形成全民创业的热潮。组织开展“我为跨越发展争作贡献”竞赛活动。以“激发发展热情、增强发展信心、破解发展难题、人人为跨越发展争作贡献”为主旨，积极引导广大干部群众，自觉投身到“我爱镇江”活动中来，把“爱镇江、促跨越”的理念植入镇江人心中，付诸实际行动，迎难奋进，共克时艰，人人为跨越发展献计献策、争作贡献，积极营造“百姓创家业、能人创企业、干部创事业”全民创业的良好社会环境。组织镇江市全民创业巡回报告会，分别赴各辖市（区）及江苏大学、江苏科技大学、镇江高等专科学校举行10场报告会，来自社会各界5000多名代表聆听创业先进典型的事迹报告，报告会在当地及高校产生了强烈反响，在全市营造浓厚的全民创业的良好舆论氛围。

二、深入宣传引导，形成更加浓厚的氛围。开展“大爱之星”与百姓面对面交流活动。组织第一届“大爱之星”走进市民大讲堂，与百姓进行面对面交流，来自全市社会不同阶层的四名“大爱之星”赵亚夫、胡雪林、怀民、阿呸用自己的真实经历，讲述各自的平凡故事，进一步扩大“大爱之星”的社会影响力。组织拍摄全市第一部以本地新闻事件为原型的故事片《小城大爱》，原中央政治局常委、国务院副总理李岚清为电影题名，隆重举行《小城大爱》拍摄启动仪式及电影首映式，在中国大学生电影节和央视电影频道播出。影片公映后在广大市民及学生中产生强烈反响。组织“大爱镇江”报告文学创作活动。组织15名国内知名作家到镇江，采写“大爱镇江”活动中涌现出的爱心人物和爱心故事。集中创作16篇近20万字反映全市“大爱之星”风采的报告文学作品，《“大爱镇江”报告文学集》由人民文学出版社正式出版，作为对广大市民进行“大爱”精神教育的生动教材，省委常委、宣传部长杨新力为该书作序。同时，有16篇次作品先后在《人民日报》《光明日报》《解放军报》《文汇报》《新民晚报》等报纸发表，在全国产生较大影响。精心策划、组织对外宣传。第一届“大爱镇江”新闻人物颁奖典礼在凤凰卫视中文台的《凤凰精选》中播出，新华社和《人民日报》《光明日报》播发专题通讯，央视《焦点访谈》和《共同关注》栏目对活动进行专题报道，《新华日报》《新民晚报》《文汇报》等省级媒体也作了大量宣传报道，形成《中央、省媒体宣传报道“大爱镇江”主题活动汇编》一书，对外宣传产生较大反响，“大爱镇江”品牌的知名度显著提升。组织“大爱镇江”现象课题研究。由南京师范大学公共管理学院院长王小锡教授领衔担任课题组组长，形成3万多字研究成果，从理论和实践层面对“大爱镇江”现象进行全面回顾和深度思考。

三、深入实践推动，形成全覆盖的广度。市各有关部门根据市文明委的统一部署，开展丰富而有特色的爱心大行动。市总工会开展“有难大家帮——我为环卫工人送保障”活动，活动采取单位补贴、个人参与、市民认购相结合的方式，为全市908名环卫工人赠送一份意外伤害互助保障，活动得到广大市民的积极响应，仅用3天的时间，全部环卫工人结对成功。有11名环卫工人因意外伤害事故得到补偿，累计金额44280元。团市委持续深入开展“生命志愿者”活动，全年进社区提供医疗、电器修理等服务48次，直接受益的群众超过2000人；开展“一助一”助老助残长期结对服务，共结“一助一”助老帮扶对子52对，服务困难老人200余人；骨髓捐献志愿者总数达到11070人，成功捐献者达到19人，“生命志愿者”行动荣获第七届中国志愿服务项目奖。市妇联联合京江晚报社开展“‘镇江妈妈’情牵板桥·心手相连·爱心结对”活动，结对帮扶50名汶川地震灾区的贫困儿童，并在地震一周年之际，组织20多名“社会妈妈”代表到对口援建的板桥镇板房学校，看望结对的儿童。“社会妈妈”活动新结对帮扶贫困儿童158名，募集并发放捐款20多万元。市教育局开展“大爱镇江：感动教育十大社会人物”评选活动。通过市第25个教师节进行隆重表彰，宣传一批热心教育事业的人士建设学校、关心教师、帮助学生的感人事迹。市卫生局开展“天使爱心工程”活动。拓展“康复爱心工程”外延，送医送药进西藏，向达孜县医院赠送40多万元的医疗设备和医用物资，为藏族同胞免费医疗诊断、免费检查、免费治疗。实施“惠民关爱”行动，为全市低保、特困群体提供优质、便捷、价廉的惠民医疗服务。全年服务门诊2020人次，住院160人次，减免医疗费用达42.31万元，减免幅度达40%。市红十字会开展青少年大病救助金发放工作，救助因大病致贫的15个家庭，每户救助5000元，共计发放救助金额7.5万元。市慈善总会开展2009“爱在镇江·慈善一日捐”活动，共募集慈善资金1217.39万元，募集数额创历史新高。开展慈善助医“阳光行动”、助学“圆梦行动”、助残“复明行动”“聆聪行动”“敬老行动”等，全年救助2727人，支出209.99万元。市老龄办突出帮助特困、高龄、重残、空巢老人解决日常照料、生活困难以及精神慰藉等方面的问题，开展冬季为老人助浴活动，拨专款为5000人次的老人提供助浴服务。镇江日报社组织策划“新春心愿阳光行动”，为116户困难家庭实现心愿，并与13户家庭成功结对。推出“为贫困家庭送桌年夜饭”慈善活动，市民认捐预订的“爱心年夜饭”达290份，价值116000元。推出第二届“社会儿女”给空巢孤老拜年活动，共有162名“社会儿女”登门，为50多名空巢孤老拜年。推出“‘社会儿女’为四川板桥孤老‘送上零花钱、温暖老人心’”活动，有200多名“社会儿女”与70名板桥孤老结对，每人每年送上600元捐款。

四、注重典型培育，形成持久的轰动效应。根据全市深入开展“大爱镇江”主题活动的总体部署，组织开展了第二届“大爱之星”评选活动。第二届“大爱之星”评选扩大标准条件范围，在进一步弘扬凡人善举、倡导文明新风的同时，还将在全民创业、城市建设、生态建设、重大项目建设等方面为跨越发展作贡献、争荣誉的先进典型，纳入“大爱之星”评选范围。共推荐出符合评选条件的“大爱之星”个人及群体共计245个。经过认真筛选并广泛征求意见，初步确定“大爱之星”候选个人33个、群体12个，在《镇江日报》《镇江广播电视报》、名城镇江网、镇江文明网等新闻、网络媒体上刊登候选个人及群体的先进事迹及选票。在为期10天的投票评选中，广大群众踊跃参与，共收到选票19.5万张，是近年来群众参与投票评选最多的一次。2010年元旦，市委、市政府隆重举行第二届“大爱之星”颁奖典礼，隆重褒奖18名“大爱之星”个人和6个“大爱之星”群体（名单参见第330页），再次在海内外产生轰动效应。

（陈志耕）

保护历史街区　弘扬津渡文化

——镇江市西津渡历史街区保护更新工程侧记

镇江有着3000多年的悠久历史，是吴文化的发祥地之一。1986年被命名为“国家历史文化名城”。

西津渡历史文化街区位于镇江西部老城区。该街文化古迹众多，有国家文保单位英国领事馆旧址、昭关石塔和一批省市级文保单位；历史文化遗产丰富，有保留完整的自唐代以来的渡口遗存和独特的、成片的清末民初民宅。西津渡历史文化街区因其独特的“津渡文化”，被中国文物协会原会长、古建筑保护专家——罗哲文誉为“中国古渡博物馆”，是我国历史最悠久、规模最大、保存最完善的渡口历史街区。

为了让这条富有代表性的古老街区能焕发出新的光彩，充分展现它的文化价值，自1998年以来，镇江市政府以弘扬津渡文化为核心，以“传承历史文脉，复兴街区风貌，提升街区功能”为主要目标，在保护中复兴，在保护中传承，提高街区居民的生活质量，保存街区生活风情，实现街区的可持续发展和永续利用。

实事求是化解矛盾　科学决策应对难题

20世纪末期，由于西津渡区域年久失修，许多文物建筑残缺不全，房屋摇摇欲坠；周边企业污染严重，环境较差。1998年镇江市政府成立西津渡古街保护领导小组，加强对西津渡历史街区保护工作，并谋划对街区个性特色进行复兴、传承、延展和一体化提升。项目实施过程中，市政府及有关方面妥善处理三个方面的关系和矛盾：

一是保护与更新的关系。由于西津渡古街基础设施不配套，房屋建筑岌岌可危，街区百姓仍然过着生煤炉、倒马桶的生活，要求拆迁改造的愿望迫切。然而专家学者更倾向于保持这种原生态生活习惯和社区肌理，保护与更新矛盾突出。市政府及有关方面认为，历史街区需要保护的是文物建筑的原真性、历史建筑的风貌特征、空间肌理的完整性、生活方式的地域性、人文精神的延续性，需要更新的是残破的房屋结构、落后的基础设施、凌乱的沿街搭建、肮脏的环境死角、不协调的新建建筑、老化的人口结构、衰败的经济活力。在更新过程中要避免大拆大建，在保护过程中要避免过度开发，破坏历史文化街区的文物原真性。

二是拆迁与安置的关系。历史街区内实施拆迁与安置，有的拆迁群众不愿意离开原居住区，但就地安置极为困难；街区内拆迁情况复杂，有居民、商铺、学校、工厂、医院等，拆迁周期长，影响改造进程。市政府及有关方面认为老街区是活着的“街区”，需要有一定数量的老居民和原有的生活风情。因此，镇江市实施“可走可留，可换可修”的搬迁政策，对自愿留下的，由政府出资进行房屋外立面统一改造；对愿意迁出的，由政府按照完全市场化方式，选择货币安置或实物异地安置，目的是降低人口密度、改善人居环境。

三是融资与还贷的关系。历史街区保护具有很强的公益性，投入产出很难自求平衡，采用商业开发难以吸引社会资本，保护资金主要依靠政府投入，资金规模小，改造进程慢，见效不明显。为解决这一问题，市政府及有关方面采取将街区保护纳入城市建设的范畴，依托政府投融资平台，完善市场化运作机制。同时，多渠道地申请专项资金，创造条件积极吸纳民营资本培育市场发展。

文化领航规划领先　市场运作成果丰硕

西津渡的核心价值在于因渡而生，历史存续1400年，风貌保存完整，拥有国家、省、市等文保单位18个，构成镇江市保护历史文化街区的独特元素。为挖掘文化，全面开展西津渡文史研究，镇江市专门成立西津渡文史研究办公室，用研究成果指导制订保护利用方案。研究形成以玉山大码头为代表的古渡文化，以昭关石塔为代表的宗教文化，以救生会为代表的义渡救生文化，以江南民居、民国建筑、宗教建筑为代表的建筑文化，以英国领事馆旧址为代表的西洋文化，以小码头传统商贸街为代表的商贸文化等主题鲜明、独具特色、多元聚合的系列文化成果，为西津渡保护奠定“文化之魂”。

市政府及有关方面坚持总体规划，分期实施；修旧如故，分类保护。对历史文化建筑，坚持“修旧如故，以存其真”的修缮原则；对沿街风貌建筑，立足“迁危拆违、保持风貌”的维修策略；对新建景点园区，采取“呼应得当，品相相容”的营造思路；对工业文明建筑，采用“保存形态，功能再造”的操作手法。委托东南大学知名教授科学制定保护规划，聘请全国知名专家跟踪指导，确保按规划实施。

市政府及有关方面坚持“政府主导，市场运作，社会参与，多元投入”的原则，成立西津渡建设发展有限责任公司，依托投融资平台，落实资金来源，先后获得国家开发银行等金融机构贷款、企业债券、专项保护资金、社会资本等累计约4.5亿元，完成14万平方米保护建设任务，收购拆迁2100户民居，工业厂房3万平方米，修缮文物建筑5200平方米，修缮民居1.7万平方米，改造厂房2万平方米，新建蒜山游园、西津雅苑等景点，完成市政配套设施改造。形成房屋资产6万平方米（其中商业、文化、旅游服务用房4.5万平方米），按现有市场价值作静态分析，实物资产价值与投入平衡有余，随着时间增长，增值效果更加明显。

西津渡保护开发，不仅改善了人居环境，同时也提升了西津渡综合功能，增强了活力，走上西津渡复兴之路。一是文化展示功能。拥有镇江博物馆、中国救生会博物馆、西津渡观音文化展示馆、民间艺术馆、镇江近代通商口岸史陈列馆等专业博物馆群及省级非物质文化展示中心。二是传统商贸功能。建成以民间手工艺、地方土特产、旅游品等经营项目为主的小码头街传统商贸街。三是创意文化功能。以“西津渡影视产业”为龙头，形成场景出租、演艺培训、影视后期制作、拍摄设备出租、道具加工与租赁、服装陈列展示、影视配套系统等创意产业链，先后拍摄《西津渡》《南京大屠杀》《天堑·1949》《潇湘路一号》《沉香》等影视作品。四是休闲旅游功能。激活文化历史内涵，形成镇江人文展示、观光旅游的新热点，初步构建展示“文化镇江”的旅游平台。先后获得联合国教科文组织亚太地区文化遗产保护优秀奖、茅以升科学技术奖——土木工程奖、江苏人居环境范例奖、江苏省文化产业示范基地、中国救捞教育基地等荣誉。西津渡的保护与开发被住房和城乡建设部赞誉为历史文化街区的“西津模式”，并决定全国历史文化名城年会将于2011年在镇江召开。　（市城投公司）

镇江概况

责任编校：杨正宏

地情概要

【位置、面积】 镇江市地处江苏省西南部，长江下游南岸，北纬31°37′～32°19′、东经118°58′～119°58′。东西最大直线距离95.5公里，南北最大直线距离76.9公里。东南接常州市，西邻南京市，北与扬州市、泰州市隔江相望。全市土地总面积3847平方公里，占全省3.75%，其中市区1082平方公里，丹阳市1047平方公里，句容市1387平方公里，扬中市331平方公里。 （叶 卜）

【地貌】 镇江市地势西高东低，南高北低，呈波状起伏，形成以丘陵岗地为主的地貌特征。其间，宁镇山脉大体为东西走向，茅山山脉略呈南北走向。最高峰为句容的大华山（437.2米），市区最高峰为十里长山（349.7米）。滨江低地和江心沙洲系近代由长江泥沙淤积而成。江中洲地自西向东有世业洲、征润洲、新民洲、江心洲、顺江洲和扬中4洲（雷公嘴、太平洲、西沙、中心沙）。（叶 卜）

【资源】 土地资源：全市低山丘陵以黄棕壤为主，岗地以黄土为主，平原以潜育型水稻土为主。全市土地面积中丘陵山地占51.1%，圩区占19.7%，平原占15.5%，水面占13.7%。

水资源：全市河流60余条，总长700余公里，以人工运河为多。水系分北部沿江地区、东部太湖湖西地区和西部秦淮河地区。长江流经境内长103.7公里。京杭大运河境内全长42.6公里，在谏壁与长江交汇。全市人工水库、塘坝总库容5亿多立方米。其中库容10万立方米以上的水库107座，库容量3.74亿立方米。

矿产资源：主要集中在宁镇山脉。矿种有铁、铜、锌、钼、铅、银、金等金属矿藏和石灰石、膨润土、白云石、大理石、磷、耐火黏土、石膏、石墨等非金属矿藏。其中，石灰石矿石质优良，储量30多亿吨；膨润土矿1.5亿吨，储量居全国第三；宝华山发现省内第一处大型红柱石矿，开发前景广阔。此外，尚有煤、泥炭和地热资源等。

生物资源：植物方面，落叶阔叶树有麻栎、枹树、黄连木、山槐、枫杨等；常绿阔叶树有青风栎、苦槠、石楠等。药用植物有700多种。引进的树种有黑松、杉木、泡桐等。宝华山自然保护区有木兰科中最珍稀的宝华玉兰。动物方面，鱼类资源丰富，青、草、鲢、鲤等淡水养殖鱼类和鲌、鲶、鳝等非人工养殖鱼类均有大量出产。境内长江鱼类有90多种，其中刀、鲥、鳗、鮰、河豚是名贵品种；白鱀豚、中华鲟等是中国珍稀动物。全市有鸟类100多种，其他野生动物20多种。

（叶 卜）

【气候】 镇江市属北亚热带季风气候。2009年，全市平均气温16.4℃（摄氏度，下同），比常年偏高1.1℃，属异常偏高年份。其中夏、秋季平均气温偏高，冬季平均气温显著偏高，春季平均气温异常偏高。全年降水量1381.3mm（毫米，下同），偏多3成，属偏多年份。其中冬季降水量偏多，春季降水量偏少，夏季降水量显著偏多，秋季降水量正常。年日照时数接近常年。其中，冬、春季日照时数比常年平均偏多，夏、秋季日照时数比常年平均偏少，但属正常范畴。2009年，镇江市主要灾害性天气有寒潮，暴雨和短时强降水，大雾和霾天气，台风及大风天气，雷电、冰雹等强对流天气，持续高温天气等。

气温。全年（2009年1～12月）各站平均气温15.9℃～16.7℃，比常年偏高0.8℃～1.6℃。全市年平均气温16.4℃，较常年偏高1.1℃，异常度值2.3，属异常偏高年份。冬季（2008年12月～2009年2月）全市各站平均气温5.1℃～5.6℃，比常年同期偏高1.2℃～1.9℃。全市冬季平均气温5.4℃，比常年平均偏高1.6℃。冬季极端最低气温－8.9℃（句容），出现在1月24日。冬季气温异常度值1.8，属显著偏高年份。春季（3～5月）全市各站平均气温15.6℃～16.2℃，与常年同期相比，偏高1.3℃～2.1℃。全市春季平均气温16.0℃，比常年偏高1.7℃，异常度值2.4，属异常偏高范畴。3月15日进入春季，比常年平均提前10天。夏季（6～8月）全市各站平均气温26.8℃～27.5℃，比常年同期偏高0.6℃～1.4℃。全市夏季平均气温27.2℃，比常年平均偏高1℃，异常度1.21，属偏高年份。5月7日进入夏季，比常年平均提早20天。夏季最高气温37.6℃（扬中），出现在7月17日。夏季全市高温日：市区（镇江市区，下同）14天，扬中15天，丹阳14天，句容11天，各月均出现≥35℃的高温。市区夏季高温日数14天，显著多于30年平均高温日数（9.6天）。秋季（9～11月）全市各站平均气温17.0℃～18.1℃，比常年同期偏高0.3℃～1.3℃。全市秋季平均气温17.7℃，比常年偏高0.8℃，异常度值1.1，属偏高年份。10月7日进入秋季，11月11日进入冬季，比常年平均入冬时间提早10天。秋季仅持续35天，成为市区有气象记载以来最短的秋季。2009年12月，全市各站平均气温4.2℃～5.0℃，全市月平均气温4.7℃，比常年偏低0.2℃，异常度－0.16，属正常年份。月内最低气温－5.1℃（句容），出现在12月21日。

降水。全年累计降水量偏多,全年(2009 年 1～12 月)全市各站降水量 1178.7～1471.4mm,比常年偏多 12%～43%,全市年平均降水量 1381.3mm,比常年平均偏多 30%,属偏多年份。冬季(2008 年 12 月～2009 年 2 月)各站降水量 153.6～177.6mm,与常年同期相比,偏多 33%～56%。全市平均降水量 164.8mm,比常年平均偏多 4.4 成,属偏多年份。春季(3～5 月)各站降水量 158.4～187.6mm,与常年同期相比,偏少 23%～38%,镇江市平均降水量 168.3mm,偏少 32%,属偏少年份。夏季(6～8 月)各站降水量 629.5～868.0mm,与常年同期相比,偏多 24.3%～81.1%。全市夏季平均降水量 756.1mm,比常年偏多 51%,属显著偏多年份。秋季(9～11 月)。各站降水量 188.5～296.3mm,扬中偏少 5%,其他各站偏多 12%～30%。全市秋季平均降水量 240.7mm,比常年同期偏多 17%,属正常年份。2009 年 12 月全市各站月降水量 65.2～81.2mm,比常年同期偏多 141%～229%。全市月平均降水量 74.7mm,比常年偏多 177%,属异常偏多年份。

日照。年累计日照时数接近常年平均,全年(2009 年 1～12 月)日照时数 1677.1 小时～2138.6 小时,与常年同期相比,句容日照时数偏多 20%,其他各站偏少 0.5%～5.6%。镇江市平均日照时数 1943.4 小时,比常年同期偏少 3.1%,属正常范畴。冬季(2008 年 12 月～2009 年 2 月)全市各站日照时数 372.3 小时～431.8 小时,比常年平均偏多 5.7%～18.9%,属正常范畴。春季(3～5 月)全市各站日照时数 515.0 小时～635.1 小时,其中,市区、句容比常年平均值偏多 20%～28%,属偏多范畴,其他各站与常年平均值相比属正常。全市日照时数 591.7 小时,偏多 18%,属正常范畴。夏季(6～8 月)全市各站日照时数 421.9 小时～636.4 小时,除句容比常年偏多 6.2% 以外,其余各站比常年偏少 6.9%～23.8%。全市平均日照时数偏少 9.8%,属正常范围。秋季(9～11 月)全市各站日照时数 402.1 小时～501.1 小时,全市日照时数比常年同期偏少一成,属正常年份。2009 年 12 月,全市各站日照时数 138.8 小时～151.7 小时,全市平均月日照时数 143.6 小时,比常年偏少 7%,属正常年份。

(陆海泉 居小虎)

【重要天气气候事件及其影响】 2009 年,镇江市重要天气气候事件及其影响如下:

1. 雷电。2 月 22 日凌晨,市区出现初雷。3 月 21 日 13～14 时,镇江市出现强雷电天气,丹徒谷阳镇有 3 个自然村遭受雷击,20 台电视机、20 台有线电视放大器、100 只分支器被击坏。当天 20～20 时 30 分,丹徒宝堰镇 10 个自然村遭受雷击,70 台计算机、300 台电视机、80 门电话机、6 台总变压器被击坏,300 户用电受影响,2000 多户有线电视中断,部分光缆中断,一户房屋被击坏。7 月 7 日上午,丹阳出现强雷电,延陵镇一名中年男子遭雷击当场死亡。

7 月 21 日 18 时,扬中出现强雷电,三茅镇长江村一幢二层别墅主梁被雷电击断,屋面受损,屋内电线、电器被电击毁坏。

2. 降雪与积雪。11 月 16 日,市区出现积雪深度 0.6 厘米,句容出现积雪深度 4 厘米的降雪。

3. 大雾和霾天气。2009 年 1 月 8 日,句容出现大雾,最低能见度只有 70 米;22 日早晨出现区域性大雾,能见度市区 70 米、句容 100 米、丹阳 150 米。

2 月上旬出现 4 天大雾天气,分别是 1 日、4 日、5 日、10 日,10 日最低能见度 40 米。

4 月 4～5 日和 14～15 日,市区出现大范围浓雾,最低能见度 40 米。

5 月 3～5 日市区出现大范围浓雾,最低能见度 50 米;27 日,扬中出现能见度 200 米的浓雾天气。

6 月 4～5 日,夏收夏种时节因焚烧秸秆,市区出现能见度 4900 米的霾;14 日,丹阳出现能见度 3500 米的霾。

10 月 25～30 日,秋收秋种时节,因焚烧秸秆,加之空气湿度较大,全市出现霾和浓雾天气。25 日,句容最低能见度仅 30 米。

11 月 7～9 日,镇江大部分地区出现霾天气,7 日能见度最低的句容为 40 米。

表 2-1

2009 年镇江市分月气象情况一览表

项目	平均气温(℃)	极端最高气温(℃)	极端最低气温(℃)	降水量(mm)	连续降水量(mm)	日照时数(小时)
历年平均值(1971～2000 年)	15.5	40.2	-11.8	1070.0	-	2057.2
2009 年平均值	16.4	36.9	-8.2	1381.8	148.6	1990.8
1 月	2.5	15.1	-8.2	37.3	20.1	168.5
2 月	7.3	26.3	1.2	115.7	60.9	59.4
3 月	9.7	26.3	-0.4	66.9	33.3	141.3
4 月	16.5	29.6	2.2	46.4	20.1	239.1
5 月	21.8	35.3	9.5	74.3	20.5	254.7
6 月	26.4	35.8	17.1	264.5	148.6	204.2
7 月	27.9	36.9	20.3	220.9	77	192.6
8 月	27.1	35.5	18.1	181.7	50.5	144.4
9 月	23.7	31.7	19.2	145.9	78.2	118.4
10 月	20.1	29	10.3	2.2	1.5	211.4
11 月	8.9	26.9	-1	148.2	95.7	117.8
12 月	4.5	14	-4.7	77.8	59.7	139

(陆海泉 居小虎)

8日，全市出现大雾天气，能见度最低的扬中为40米。25日，丹阳出现霾天气。26日，全市转大雾天气，能见度最低的市区只有40米；27日，丹阳仍然出现能见度200米的大雾。

12月1～2日，市区出现浓雾天气，其中2日凌晨能见度40米。9日，市区出现能见度400米的大雾。

4. 寒潮。2009年1月22日傍晚，开始受冷空气的影响，22日夜里到23日伴有7～8级的偏北大风，全市48小时最低气温下降10.6℃～11.5℃，1月24日晨最低气温：市区－8.2℃、句容－8.9℃、丹阳－7.6℃、扬中－7.0℃，为1984年以来1月份气温最低值，全市出现严重冰冻。3月12日夜里到13日出现6～8级西北大风，14日早晨最低气温：市区－0.3℃、句容－0.5℃、丹阳1.3℃、扬中0.1℃。10月31日傍晚前后起受北方强冷空气南下影响，镇江市出现大风降温降水天气过程。11月1～3日过程中，全市风力达6～7级，48小时降温幅度在9℃～12℃，最低气温在4℃以下，3日早晨最低气温－0.2℃（句容）。12月26～28日出现寒潮天气，48小时最低气温降温幅度：市区10.4℃、扬中9.4℃、丹阳9.6℃、句容10.2℃。28日晨，市区最低气温－4.7℃。

5. 暴雨。6月28日20时～29日08时为入梅的首场暴雨，12小时降雨量：市区37.3mm、丹阳59.0mm。29日20时～30日20时出现区域性暴雨，日最大降雨量为句容的121.8mm。7月，全市出现1～3次暴雨以上的强降水，其中句容和扬中有2次大暴雨，丹阳有1次大暴雨，其中最大日降水量为7月6日20时～7日20时句容的139.1mm。9月16日20时～17日20时，市区出现日降水量64.8mm的单站暴雨。11月9日20时～10日20时，市区出现日降雨量54.6mm的单站暴雨。

6. 台风。受热带风暴“莫拉克”的影响，镇江市各站均出现了6～7级的偏东大风，并出现了暴雨局部大暴雨的天气。8月9日20时～10日20时，市区普降暴雨或大暴雨，降雨量103.3mm；10日16～17时，句容出现1小时22.7mm短时强降水。

7. 强对流（冰雹、短时强降水）。2月24日中午12时许，丹阳出现直径3mm冰雹。3月21日13时开始1个多小时内，市区出现27mm短时暴雨。5月5日14：06，市区出现直径6mm冰雹；14日18时16分，丹阳出现直径8mm冰雹，18时34分观测到冰雹直径12mm，其后观测到最大直径为20mm。6月14日18～19时，丹阳出现1小时42.1mm强降水，19时～20时市区出现1小时37.3mm强降水。29日22～23时，市区出现1小时27.4mm强降水；29日22时～30日0时，丹阳出现2小时54.1mm强降水；29日22时～30日0时，句容出现1小时24.1mm强降水；30日2～5时，市区连续出现1小时≥20mm强降水；30日03～04时，句容出现1小时35.0mm强降水；30日02～08时，扬中出现6小时74.9mm强降水。7月7日06时～09时，句容出现各小时降水量分别为26.6mm、31.1mm和32.5mm的强降水；14日18～19时，丹阳出现1小时降水量为28.9mm强降水；21日17～18时，丹阳出现1小时降水量为37.2mm强降水；22日01～03时，扬中出现各小时降水量为33.2mm和49.8mm的强降水；11～12时，句容出现1小时降水量为26.0mm强降水；28日01～04时，丹阳出现各小时降水量为22.1mm、27.3mm和23.7mm的强降水；03～05时，扬中出现各小时降水量为28.6mm和32.9mm的强降水。8月5日14～15时，丹阳出现1小时36.2mm短时强降水。9月25日03～04时，市区、丹阳出现1小时降水量30.5mm和33.0mm的强降水。

8. 持续性高温。5月10日，市区出现高温天气，比历史上最早出现的高温日提前13天，为历史同期最早。市区自7月8日开始，11日、13～14日、17～21日均出现高温天气。7月份全市出现高温日7～9天，比常年平均多1～3天。8月19～20日，市区出现连续2天的高温天气，26日市区出现单日高温天气。

9. 大风或雷雨大风。8月8～10日受热带风暴“莫拉克”影响，全市出现大风。8月26日，市区出现19米/秒的雷雨大风。10月15日，丹阳出现14米/秒的大风；31日，丹阳再次出现16米/秒的大风。11月10日，丹阳和扬中分别出现14米/秒和15米/秒的大风；12日，市区出现16米/秒的大风。

（陆海泉 居小虎）

【水文水情】 2009年，镇江市汛期面平均雨量942.3mm，比多年平均（657.5mm）偏多43%，比上年同期（604.1mm）偏多56%，最大为1083.1mm（旧县站），最小为785.9mm（镇江站）。汛期平均雨日为48.2天，略多于上年同期（44.3天），最多为59天（北山水库站），最少为40天（扬中、虬山水库站）。

镇江市6月28日入梅，7月13日出梅，梅雨期15天，比多年平均（22天）少7天，其间全市24个报汛站降雨日为5～9天。全市平均梅雨量224.8mm，占多年平均梅雨量（236.4mm）的95%。

汛期长江大通水位一直维持在警戒水位（14.40米）以下，水位、流量总体上呈现前低后高趋势，与上年趋势相似；汛期大通来水偏小，来水量比多年平均偏小10%。大通站8月14日出现汛期最高水位12.23米（上年12.43米），19日出现汛期最大流量45200立方米/秒（上年48000立方米/秒）；9月30日出现汛期最低水位8.22米（上年7.03米），28日出现汛期最小流量为25100立方米/秒（上年21200立方米/秒）。长江镇江站汛期平均潮位（5.34米），高于上年同期（5.24米）0.10米，但低于多年平均（5.47米，北固山站）0.13米。8月21日出现汛期最高潮位6.80米（上年6.95米）；5月22日出现汛期最低潮位3.95米（上年3.41米）。汛期镇江站未超警戒水位（7.00米），这种现象连续2年出现。市境内主要河道受汛期降雨影响，大运河、香草河、句容河、赤山湖汛期平均水位均高于上年同期和多年平均，其中大运河、九曲河、赤山湖各超警戒水位2天，句容河超警戒水位12天，上年句容河有2天超警戒水位。

谏壁闸汛期引水150.69百万立方米，排水23.63百万立方米；九曲河闸引水197.26百万立方米，排水83.16百万立方米；谏壁、九曲河抽水站汛期未开机；沿江闸站汛期总引水量为347.95百万立方米，总排水量为106.79百万立方米。赤山闸汛期排水235.19百万立方米，赤山抽水站引水1.07百万立方米。

镇江市5月1日16座报汛水库总蓄水量为67.75百万立方米，小于上年同期（88.72百万立方米），其后总蓄水量持续下降，至6月28日降至全年最小57.38百万立方米（上年83.26百万立方米），以后水库总蓄水量随降雨又有所回复，至8月11日涨至全年最大106.11百万立方米（上年为111.21百万立方米），至10月1日蓄水量为97.09百万立方米，大于上年同期（91.36百万立方米），汛期中16座报汛水库总蓄水量增加29.34百万立方米。 （姚允龙）

【建置沿革】 “宜”为镇江最早地名，是3000年前周康王封给宜侯的领地，春秋时称朱方，后曾用谷阳、丹徒、京口、润州等名称。北宋政和三年（1113年）建镇江府，始称镇江，历经宋、元、明、清。辛亥革命后称丹徒县，1928年改为镇江县。1929年至1949年2月为江苏省政府所在地（其中1937年至1945年镇江沦陷期间，省政府迁往苏北）。

1949年4月23日镇江解放后，划城

区和近郊为镇江市,划四乡为丹徒县,均隶属苏南行政区镇江专署。1953年,苏南、苏北行政区合并建江苏省后,设镇江专员公署,辖镇江市和10个县(丹徒、丹阳、扬中、句容、江宁、高淳、溧水、武进、金坛、溧阳),镇江为县级市和专署所在地(其中1958年9月~1959年9月,专署迁至常州,改称常州专员公署)。1983年3月,镇江市改为省辖市,辖4县2区。1987年、1994年、1995年,所辖丹阳、扬中、句容先后撤县设市;2002年,丹徒撤县设区。现镇江市辖丹阳市、句容市、扬中市和丹徒区、京口区、润州区以及镇江新区(镇江市人民政府派出机构)。 (叶 卜)

【行政区划】 至2009年底,全市有51个镇(街道)。其中:镇41个,街道10个。丹阳市辖13个镇,句容市辖10个镇,扬中市辖5个镇,丹徒区辖7个镇,京口区辖2个镇、4个街道,润州区辖1个镇、4个街道,镇江新区辖3个镇、2个街道。 (徐雨平)

【城市性质】 经江苏省政府批准,镇江城市性质为:国家历史文化名城,长江下游重要的港口、工贸、风景旅游城市。1978年,镇江被国务院列为对外开放城市;1986年,镇江港经国务院批准对外开放;1986年底,镇江被国务院列为第二批国家历史文化名城;1988年,镇江被国务院列为沿海经济开放区。

(叶 卜)

【交通】 镇江临江近海,水陆交通极为便利。镇江为国家级水路主枢纽和省级公路主枢纽城市。世界闻名的"黄金水道"——长江和京杭大运河在此交汇,沪宁高速公路、沪宁高速铁路(在建)、沪宁城际铁路、京沪铁路、312国道穿市而过。润扬长江公路大桥将苏南、苏北连在一起,成为长江南北的主要通道。全市公路总里程为6732公里,当年新增257公里,其中高速公路153公里。104、312国道和122、231、238、204、241、243、337、340省道构成镇江与外省、市连接的公路网络。距南京机场和常州机场均为60公里。镇江港是国家一类开放口岸,全国主枢纽港之一,-10米以下岸线长85公里。高资港区、龙门港区、谏壁港区、高桥港区、大港港区、扬中港区构成镇江港口群体。2009年,全市港口货物吞吐量10132万吨,比上年增长0.8%。苏南运河镇江段42.26公里,是全国第一条国家级文明样板航道,四级标准,可常年通行500吨级船队。镇江口岸为国家一类对外开放口岸,海关、商检、卫检、动植检等查验机构齐全。

(叶 卜)

【人口】 2009年,全市常住总人口306.94万人,比上年增加2.87万人。户籍总人口269.88万人,比上年增加1.11万人,其中:男性人口135.19万人,女性人口134.69万人,男女性别比(女=100)为100.37;分辖市看:丹阳市99.01、扬中市97.57、句容市100.31。在户籍总人口中,市区103.45万人,其中:京口区33.49万人、润州区24.48万人、丹徒区28.14万人、镇江新区17.34万人;丹阳市80.82万人、扬中市27.65万人、句容市57.95万人。

全市户籍人口总户数100.52万户,比上年增加0.46万户,户均2.68人,其中:市区39.65万户,比上年增加0.8万户,户均2.62人。全市出生人口20472人,其中男性10528人,女性9944人。人口出生率7.6‰,比上年提高0.1个千分点,其中:市区8.4‰,丹阳市7.3‰,扬中市5.7‰,句容市7.5‰。全市死亡人口18105人,人口死亡率6.7‰,比上年下降1.6个千分点,其中:市区7.0‰,丹阳市8.5‰,扬中市8.0‰,句容市5.8‰。全市人口自然增长率0.9‰。

(吕联泰)

【民族】 2000年第五次全国人口普查时,全市有汉族人口288.20万人,占总人口99.46%;各少数民族人口1.56万人,占0.54%。与1990年第四次全国人口普查相比,汉族人口增加28.94万人,增长11.6%;各少数民族人口增加0.40万人,增长34.25%。2009年,全市有回、蒙古等41个少数民族,居民1.62万人,占总人口0.57%,少数民族人口比例列全省第二位。 (叶 卜)

【方言】 镇江话属于北方方言的江淮次方言,位于北方方言与吴方言两大方言的结合部,大致以谏壁为东界、上党为南界。古代的镇江话属吴方言,由于特殊的政治、社会、交通等原因,导致方言属性的变化。镇江话虽属北方方言范畴,但构成复杂,其中既有吴方言的遗痕,又有旗腔(类似京腔)的影响。与普通话相比,镇江话没有全浊声母和舌尖后音声母;鼻化元音介于前鼻音韵母与元音韵母之间,in、ing、en、eng、n、l不分;有入声调。词汇中保留着丰富的吴方言词。句容、丹徒、扬中的方言类似镇江话,虽构成复杂,但均属北方方言系统。

大港以东、宝堰以南、句容傍茅山一线及至丹阳市西部的语言自西向东渐次出现吴方言特点。多文白异读,说话音接近吴语,读书音接近官话;全浊声母消失,舌面声母多,没有舌尖后音声母;单元音韵母多;读书音4个声调,说话音6个声调。丹阳东部则进入吴语区。

(叶 卜)

【风景名胜】 镇江为中国优秀旅游城市,具有"城市山林"和"真山真水"的独特风貌,以"天下第一江山"闻名于世。市区北部"珍珠项链"——长江路自西向东串联起金山、北固山和焦山,组成风景各异的"三山"风景区。"寺裹山"的金山以绮丽著称,"山裹寺"的焦山以雄秀闻名,"寺冠山"的北固山以险峻称雄。市区南部有南山国家森林公园,这里青山连绵,古木幽深,昭明太子读书台、文苑、增华阁和赵伯先墓等点缀其中。市区还有宝塔山公园和伯先公园、河滨公园、西津渡古街、梦溪园、赛珍珠旧居和长达5公里的古运河风光带。市区东部有山上矗立"万里长江第一塔"——

表2-2

2009年镇江市行政区划一览表

辖市(区)	镇	街道
丹阳市	云阳、司徒、延陵、珥陵、导墅、皇塘、吕城、陵口、访仙、界牌、新桥、后巷、埤城	-
句容市	华阳、黄梅、下蜀、宝华、边城、白兔、郭庄、后白、天王、茅山	-
扬中市	三茅、八桥、西来桥、油坊、新坝	-
丹徒区	谷阳、高桥、辛丰、上党、宝堰、高资、世业	-
京口区	象山、谏壁	正东路、健康路、大市口、四牌楼
润州区	蒋乔	宝塔路、和平路、七里甸、金山
镇江新区	丁岗、大路、姚桥	大港、丁卯

(徐雨平)

报恩塔的圌山风景名胜区。句容市有以佛教“律宗第一山”之称的隆昌寺和以“宝华玉兰”著称的宝华山国家森林公园,有集江南名山、道教胜地、革命根据地于一体的茅山风景名胜区。镇江的宗教活动在全国乃至东南亚有广泛影响。金山江天禅寺、焦山定慧寺、宝华山隆昌寺、茅山道院均为全国重点寺庙道观。 (叶 卜)

【历史文化遗存】 镇江是国家历史文化名城,有着深厚的文化积淀。全市有全国重点文物保护单位9处:焦山碑林、丹阳南朝陵墓石刻、镇江英国领事馆旧址、昭关石塔、大运河镇江段、虎踞桥、江河交汇处、新河街一条街、西津渡古街。焦山碑林中有“大字之祖”瘗鹤铭以及苏轼、黄庭坚、米芾、陆游等书法大家的墨迹碑刻和摩崖石刻;南朝陵墓石刻存有齐梁两代帝王归葬丹阳故里的陵墓11处26件、葬于句容的1处4件,是南朝石刻瑰宝。省级文物保护单位23处,其中有焦山古炮台遗址、相传为孔子所书的延陵季子碑(唐拓本)、被誉为“江南第一钟”的唐中和铜钟、古代建筑奇葩隆昌寺无梁殿和铜殿、宋抗金名将宗泽墓、圌山炮台遗址、保存完好的汉末城堡铁瓮城遗址等。还有市级文物保护单位115处、文物控制单位25处。白蛇传传说、镇江恒顺香醋酿造技艺、古琴艺术、扬剧、秦淮灯彩、封缸酒酿造技艺、董永传说等7个项目先后被列入国家级非物质文化遗产名录。 (叶 卜)

【历代名人】 镇江扼南北要冲,得山水之胜,钟灵毓秀,代不乏才,历代文人墨客纷来寻幽探胜,寄情抒怀,其中有李白、杜牧、范仲淹、王安石、苏轼、陆游、辛弃疾等才士名贤,在此耕耘风雅,播种斯文。王昌龄的“洛阳亲友如相问,一片冰心在玉壶”,王安石的“春风又绿江南岸,明月何时照我还”,辛弃疾的“何处望神州,满眼风光北固楼”等成为千古绝响,流风遗韵,至今袅袅不断。李白的“丹阳北固是吴关,画出楼台云水间”,杜牧的“青苔寺里无马迹,绿水桥边多酒楼”,范仲淹的“山分江色破,潮带海声来”,沈括的“楼台两岸水相连,江北江南镜里天”,萨都剌的“野人一过竹林寺,无数竹林生白烟”,冷士嵋的“槛外晴川甘露寺,窗前秋水玉圌峰”,是一幅幅活色生香的有声画、无声诗。东晋中原鸿儒显宦纷纷南下,移居京口者众多,或完成大业,或著书立说,著名的有:南朝宋开国皇帝刘裕(寄奴),撰有《世说新语》的刘义庆,著有《晋书》的臧荣绪,选编《玉台新咏》、诗文与庾信齐名的徐陵,中国第一部诗文总集《昭明文选》的编纂者萧统,著有中国第一部系统文艺理论巨著《文心雕龙》的刘勰等。宋代移居镇江的有:著有被誉为“十一世纪的科学坐标”——《梦溪笔谈》的科学家沈括,制造世界上最早天文钟“水运仪象台”的科学家苏颂,书画家米芾,抗金名将宗泽。明清两代镇江名人有:官居吏部尚书兼武英殿大学士的杨一清,主持编修《大清一统志》《佩文韵府》《康熙字典》的张玉书。近现代以来有:著有《铁云藏龟》和《老残游记》的刘鹗,著有第一部全面系统的汉语语法专著《马氏文通》的马建忠,历史学家柳诒徵,飞机制造专家巴玉藻,华生电扇发明者杨济川,世界语运动开创者之一的符恼武,金融家陈光甫,辛亥广州起义总指挥、被南京临时政府追授为上将军的赵声,辛亥革命著名将领李竟成、解朝东,“黄花岗七十二烈士”中有镇江籍5人,有爱国民主人士冷遹,诗人闻捷,桥梁专家茅以升。此外,丹阳市为三国吴大帝孙权和南朝齐高帝萧道成、梁武帝萧衍故里,近代有爱国老人马相伯、美术家吕凤子,当代有语言学家、语文教育家吕叔湘;句容市有被誉为医药鼻祖的葛玄,晋朝道教理论家、炼丹术家和医学家葛洪,南朝道教思想家、医药学家陶弘景。 (叶 卜)

【历代兵事】 镇江扼水陆交通要冲,地理形势险要,自古以来就是军事重镇。春秋时吴楚争霸,发生朱方之战。东晋隆安五年(401年),孙恩领导的农民起义军在镇江大战蒜山。宋高宗建炎四年(1130年),韩世忠率水兵8000名在江面截击金兀术的10余万大军,金兵被围困在黄天荡48天。元世祖至元十二年(1275年),南下元军在瓜洲、西津渡打败宋军,南宋抵抗力量受挫。清顺治十六年(1659年),郑成功北伐直抵焦山,与清军在城下大战,后郑成功据守镇江城38天,因南京战事失利退出镇江。清道光二十二年(1842年)六月,英国侵略军侵入镇江,遭镇江军民誓死抵抗,英军虽破城,但伤亡惨重。恩格斯在《英军对华的新远征》中对镇江人民给予高度评价。清咸丰三年(1853年)二月,太平天国军队攻占镇江,进行了4年9个月的镇江保卫战。清宣统三年(1911年),驻镇新军起义,光复镇江。民国26年(1937年)12月,日本侵略军攻占镇江,镇江城蒙受巨大损失。民国27年(1938年)5~6月间,新四军先遣支队和一支队、二支队进入苏南,6月17日在韦岗伏击日军车队,打响新四军苏南抗战第一枪,随后创建以茅山为中心的苏南抗日根据地,领导苏南人民进行7年多的顽强抗战,直至取得胜利。1949年4月21日,中国人民解放军发动渡江战役,22日晚驻镇江国民党军队不战而逃,23日镇江获得解放。 (叶 卜)

【市树】 市树:广玉兰。1985年3月,市一届人大常委会第三次会议决定广玉兰为市树。广玉兰属于木兰科木兰属,长绿乔木,叶革质,背被锈色绒毛,表面有光泽,边缘微反卷,叶长10~20厘米。花大白色,清香,直径20~30厘米,花通常6瓣,花大如荷,5~7月为花期。种子外皮红色,9~10月果熟。树冠呈卵状圆锥形,小枝和芽均有锈色绒毛,树形优美,是优良环保庭院树和观赏树。 (叶 卜)

【市花】 市花:杜鹃花。1985年2月,市一届人大常委会第十二次会议决定腊梅为市花。1994年11月,市三届人大常委会第十三次会议重新决定杜鹃花为市花。杜鹃花别名映山红、山石榴,杜鹃花科杜鹃花属。杜鹃花多为灌木或小乔木,因生态环境不同,有各自的生活习性和形状,喜阴凉、湿润,耐寒。杜鹃花分落叶和常绿两大类。落叶类叶小,常绿类叶片硕大。花的颜色有红、紫、黄、白、粉、蓝等。 (叶 卜)

国民经济和社会发展

【概况】 2009年,镇江市在国家扩大内需和加大民生投资一揽子经济刺激政策措施的带动和支撑下,经济企稳回升态势不断巩固增强,发展速度、经济结构和效益持续加快、优化、向好。全年实现地区生产总值1672.08亿元(统计公报数,下同),按可比价计算,比上年增长13.7%,其中:第一产业增加值75.92亿元,增长4.5%;第二产业增加值972.21亿元,增长11.9%,其中工业增加值895.76亿元,增长11.7%;第三产业增加值623.95亿元,增长17.7%。人均地区生产总值为54732元,按当年汇率计算折合8017美元。经济结构调整优化,三次产业结构由上年的4.7∶58.9∶36.4调整至4.5∶58.1∶37.3,第三产业比重比上年提高0.9个百分点。财政一般预算收入占地区生产总值比重6.0%,比上年提高0.3个百分点。

(统计局)

【农业】 2009年,全市实现农林牧渔业总产值113.2亿元,比上年增长6.5%。全市粮食总产量连续五年实现增产,粮食种植面积17.62万公顷，比上年增长0.2%；粮食总产量117.9万吨，增长4.9%。高效农业面积6.01万公顷、高效渔业面积0.72万公顷，比上年分别增加1.49万公顷、0.21万公顷，占比重34.9%和33.0%。主要农产品中有机、绿色及无公害产品种植面积比重为74.6%，比上年提高7.0个百分点。年末拥有省级认定的无公害、绿色、有机农产品518个，其中当年分别新增33个、3个和15个。全市建成现代农业园区123个，总面积0.93万公顷。全市肉类总产量6.96万吨，比上年增长6.3%；家禽出栏量1408.6万羽，增长15%；水产品产量8.5万吨，增长3.0%。（统计局）

【工业】 2009年，全市拥有规模以上工业企业2886家，比上年增加382家。规模以上工业实现总产值3211.2亿元，增长15.1%；实现增加值790.03亿元，增长15.3%，按轻重工业分：轻工业增加值197.3亿元，增长9.2%；重工业增加值592.7亿元，增长17.4%。按经济类型分：国有工业增加值31.2亿元，下降5.4%；集体工业增加值24.1亿元，增长13.8%；非公有制工业增加值734.7亿元，增长16.4%，其中民营工业增加值454.8亿元，增长19.1%；“三资”工业增加值280.6亿元，增长13.8%。全年工业用电量117.14亿千瓦时，增长4.1%。全市规模以上工业实现销售收入、利税和利润总额3003.4亿元、252.5亿元和148.1亿元，分别增长14.5%、16.0%和17.3%。年末销售收入超10亿元企业39家，增加7家，其中销售收入超百亿元企业3家；拥有利税超亿元企业35家，增加5家。

2009年，全市“五大主导产业”（造纸、新材料、特种金属、绿色化工、装备制造）实现销售收入2498.1亿元，比上年增长14.8%，占比重达83.2%，提高0.2个百分点，其中：造纸销售收入157.8亿元，增长6.8%；新材料销售收入206.9亿元，增长22.4%；特种金属销售收入295.7亿元，增长12.2%；绿色化工销售收入571.6亿元，增长5.0%；装备制造销售收入1266.0亿元，增长20.4%。

（统计局）

【固定资产投资】 2009年，全市全社会固定资产投资完成1010.57亿元，比上年增长40.6%，其中：第一产业投资17.12亿元，增长32.5%；第二产业投资634.26亿元，增长36.9%，其中工业投资624.67亿元，增长36.5%；第三产业投资359.19亿元，增长48.3%。在全社会固定资产投资中，规模投资834.21亿元，增长35.8%；城镇投资606.65亿元，增长32.9%。按登记注册类型分：国有投资287.61亿元，增长106.1%；“三资”投资227.34亿元，增长15.6%；民营投资495.62亿元，增长29.3%。

全市房地产开发投资完成95.47亿元，比上年下降1.6%。商品房竣工面积291.29万平方米，增长3.4%，其中住宅254.41万平方米，增长7.2%；商品房销售面积457.27万平方米，增长113.6%，其中住宅414万平方米，增长115.4%；商品房销售额187.17亿元，增长158.1%，其中住宅165.67万平方米，增长158.1%。（统计局）

【国内贸易】 2009年，全市实现社会消费品零售总额488.5亿元，比上年增长19.1%。按行业分：批发和零售业实现零售额418.3亿元，增长17.0%；住宿和餐饮业实现零售额67.4亿元，增长34.5%。按城乡分：城市实现零售额407.8亿元，增长19.1%；农村市场实现零售额80.7亿元，增长19.1%。按规模分：限额以上企业实现零售额184.9亿元，增长18.4%；限额以下企业实现零售额107.6亿元，增长26.8%；个体实现零售额193.3亿元，增长16.0%。

全市拥有限额以上企业492家，比上年增加114家，其中：批发和零售业349家，增加96家；住宿和餐饮业143家，增加18家。全市拥有星级宾馆（饭店）41家，其中三星级以上13家。年末全市拥有各类亿元以上商品交易市场20个，交易额126亿元，增长37.0%。

（统计局）

【对外经济贸易和利用外资】 2009年，全市实现进出口总额60.4亿美元，比上年下降19.1%，其中：进口总额25.0亿美元，下降22.2%；出口总额35.4亿美元，下降16.7%。与上季度比较，上半年、前三季度和全年进出口总额降幅分别收窄2.2、3.5和6.1个百分点，进口总额降幅分别收窄1.2、5.4和8.0个百分点，出口总额降幅分别收窄3.2、1.5和4.1个百分点。完成协议利用外资28.0亿美元，增长20.2%。工商新注册企业164家，增加18家。新批1000万美元以上外资项目100个，增加23个。实际利用外资14.41亿美元，增长19.9%。全市7个省级以上开发区实际利用外资10.9亿美元，增长30.4%，占比重76.1%。（统计局）

【财政收支】 2009年，全市实现财政总收入296.35亿元，比上年增长27.1%；实现财政一般预算收入101.57亿元，增长18.6%，其中：工商税收完成82.9亿元，增长18.1%；非税收入完成18.67亿元，增长20.5%。按国地税分：地税完成50.0亿元，增长28.4%；国税完成24.9亿元，增长7.6%。按税种分：增值税完成18.54亿元，增长3.7%；营业税完成26.26亿元，增长54.0%；企业所得税完成8.65亿元，下降10.2%。

全市财政总支出231.27亿元，比上年增长36.5%，其中一般预算财政支出120.74亿元，增长26.9%。民生保障支出规模扩大、比重提高，教育、社会保障和就业、医疗卫生、环境保护一般预算支出为22.25亿元、6.43亿元、6.32亿元和4.98亿元，分别增长31.0%、29.3%、62.9%和156.3%。（统计局）

【金融】 2009年，华夏、民生、浦发、大新、招商银行分支机构相继落户镇江。全市金融机构落实积极宽松的货币政策，各项存款余额1785.29亿元，比年初增加522.58亿元，其中：企业存款余额572.86亿元，比年初增加212.66亿元；居民储蓄存款余额847.64亿元，增加160.93亿元。金融机构各项贷款余额1286.64亿元，增加365.66亿元，其中短期贷款645.87亿元，增加150.55亿元；中长期贷款532.46亿元，增加184.53亿元。票据贴现贷款108.2亿元，增加30.6亿元。在各项贷款余额中，工业性贷款266.34亿元，个人消费贷款160.3亿元，比年初分别增加34.55亿元、74.7亿元。

（统计局）

【民营经济】 2009年，全市民营经济实现增加值929.68亿元，比上年增长14.2%；占地区生产总值比重55.6%，提高1.1个百分点。年末全市拥有私营企业28929户，注册资本616.52亿元，从业人员45.83万人，其中当年新增私营企业4828户，注册资本103.96亿元，从业人员5.50万人；拥有个体工商户97938户，注册资本44.54亿元，从业人员16.24万人，其中当年新增个体工商户18179户，注册资本15.30亿元，从业人员3.01万人。（统计局）

【科学技术】 2009年，全市全社会研究与发展（R&D）经费支出31.8亿元，比上年增长25.2%，占地区生产总值比重1.9%，提高0.2个百分点。高新产业加快发展。年末全市拥有省级以上高新技术企业145家，其中当年新认定75家；拥有省级以上高新技术产品1087项，其中当年新认定132项。2009年，镇江市第七次被命名为全国科技进步先进市。全年专利申请数8608件，比上年增长

17.3%，其中发明专利1341件，增长18.3%；专利批准数4064件，增长56.8%，其中发明专利1341件，增长18.4%。在专利批准数中，获国家优秀奖2项、省金奖1项、省优秀奖10项。百亿元地区生产总值专利授权数242件，百亿元地区生产总值发明专利申请数80件，比上年分别增加69件和5件。（统计局）

【城市建设】 2009年，全市完成城乡建设投资305.1亿元，比上年增长31.7%。"一中心四区域"（南徐新城和北部滨水区、大市口AB地块、双井路片区）和"三铁一桥"（京沪高速铁路镇江段、沪宁城际铁路镇江段、宁杭铁路客运专线镇江段和泰州长江大桥镇江段）等建设顺利推进，金港大道、南山西入口、新南门汽车站、滨江旅游专线等工程竣工。全年新增公共汽车营运车辆125辆，新辟和优化公交线路22条，出租汽车全面更新，燃气普及率96.1%，自来水普及率100%。居民居住条件改善，市区完成房屋拆迁381万平方米，增长1.1倍，定建拆迁安置房面积228.5万平方米，其中竣工交付60万平方米。全市城市化率达60.0%，市区建成区面积102.2平方公里，增加4平方公里。（统计局）

【环境保护】 2009年，"青山绿水"工程加快实施，21个乡镇通过全国环境优美乡镇省级考核。全年环境保护投资完成85.3亿元，比上年增长35.1%，占地区生产总值比重5.1%。太湖流域140项重点治污工程基本完成，已建和新建34座乡镇污水处理厂，工业废水排放达标率93.0%，工业烟尘排放达标率99.0%。实现节能减排目标，全市地区生产总值单位能耗下降4.69%，化学需氧量（COD）排放强度为2.46千克/万元、二氧化硫（SO_2）排放强度为3.62千克/万元，单位工业增加值新鲜水耗20.1立方米/万元。工业用水重复使用率达80.4%。全年空气优良天数优良率达91.0%，酸雨天数出现率下降至26.7%。集中式饮用水源水质达标率100%，环境质量综合指数83.2%，森林覆盖率20.7%，城镇人均公共绿地面积15.9平方米。（统计局）

【社会保障】 2009年，全市企业职工基本养老保险、城镇基本医疗保险、失业保险参保人数分别为62.7万人、71.4万人和42.9万人，比上年分别增加2.7万人、1.5万人和0.8万人；覆盖面分别达98.4%、98.7%和98.3%。农村养老参保人数8.62万人，覆盖面达66.0%。弱势群体和低收入家庭实现"应保尽保"，全市最低生活保障人数4.5万人，其中城市1.4万人，农村3.1万人。发放最低生活保障经费6143万元，增长25.4%。慈善资金总收入（含增值）4915万元，救助总支出1571万元，救助8754人次。（统计局）

【人民生活】 2009年，全市城市居民人均可支配收入20949元，比上年实际增长10.4%；人均消费性支出13031元，增长6.7%。农村居民人均纯收入9642元，实际增长11.4%；人均生活消费支出7056元，增长7.3%。消费结构转型升级，城市居民用于交通和通讯、文化娱乐教育、医疗保健消费支出分别达900元、1859元和727元，恩格尔系数为39.8%。农村居民用于交通和通讯、文化娱乐教育、医疗保健消费支出分别达816元、1016元和419元，恩格尔系数为38.7%。年末城市居民人均居住面积35.2平方米，农村居民人均居住面积48.4平方米。（统计局）

社会主义政治文明建设

【概况】 2009年，全市落实党风廉政建设责任制，推进行政权力网上公开透明运行，查处违法违纪行为。全市各级人大代表3700多人参加集中接待选民活动，接待选民15000多人次，收集选民意见5600多条，推动谏壁—辛丰公路拓宽改造，南门、花山湾等农贸市场扩建改造，竹林山庄、桃花坞等小区二次供水，以及道路亮化、危房拆除等关系民生实际问题的解决；600多名县、乡两级人大代表向选民述职。市政协收集社情民意信息90件，向市委、市政府报送《社情民意》简报16期，向党政部门直接转送27件。市政府坚持依法行政，建立权力阳光运行系统和大督查机制，在全省率先开通市政府"12345"服务热线，继续深化行政审批制度改革工作，加强对重要领域、重点项目和资金使用的审计监督。市政府执行市人大及其常委会的决议和决定，定期报告工作，自觉接受监督，同时不断加强与市政协的民主协商，听取各民主党派、工商联、无党派和社会各界人士意见。对事关群众利益的重大决策，进行研究论证，听取意见。办理人大代表建议219件、政协提案459件，满意率达97%。强化审计监督和行政监察，保持政府机关清廉、为民、务实的良好形象。坚持以人为本，在加速城市化进程中，注重利民、便民、亲民。公安、民政部门联动推进户籍配套制度改革。继续坚持依法、阳光、惠民、和谐拆迁，维护人民群众合法权益。（叶　卜）

【推进党务公开】 2009年，全市各级党组织按照规定，推行和组织实施党务公开，并在实践中不断创新党务公开的内容和形式，试行市级机关领导班子及其成员面向全社会公开述职述廉、邀请党代表列席常委民主生活会、党务公开绩效评价等工作，推行基层党代表询问质询和党务村务民主听证等制度，拓宽党员群众参与党内事务的渠道。在此基础上，市委对深化全市党务公开工作作出专题部署，提出明确要求，推动党务公开工作继续向前发展。市委常委、市纪委书记杨建先后在中国浦东干部学院、中纪委北戴河培训中心、中纪委杭州培训中心就党务公开专题进行授课。镇江市党务公开工作被省纪委评为创新工作二等奖，镇江市被中央纪委确定为全国党务公开工作联系点。（方　明）

【政务公开】 2009年，镇江市制定《镇江市2009年政务公开工作要点》（镇政办发〔2009〕94号），部署行政权力网上公开透明运行、政府信息公开、企事业单位办事公开、基层政务公开和各项重大决策公开等重点工作。政务公开工作组织领导明确"党委统一领导，政府主抓，政府办协调，纪检监察机关监督检查"的工作机制。各辖市（区）和市直机关各部门都制定相应的配套公开政策措施，推行行政权力网上公开透明运行和政府信息公开工作。

全市各项行政权力5803项，其中行政许可431项，行政处罚4186项，行政征收121项，行政强制189项，其他各类共876项。行政权力网上公开透明运行6月试运行，9月正式开通应用。权力事项上线率达96.6%，各辖市（区）权力公开透明运行系统也上线运行。

镇江市以镇政办发〔2009〕128号文转发国办《政府信息公开目录系统实施指引（试行）》后，市级机关政府信息公开栏目完成改版，市级机关各部门政府信息按照规定时限上网公开，相关纸质文件送市档案馆等公共查阅点。截至2009年底，全市各政府机关累计主动公开政府各类文件信息8408条，内容包括发展计划、与公众密切相关的重大事项、公共资金使用和监督、政府机构和人事、重大决定草案等方面，其中新增主动公开政府各类文件信息6195条。镇江市还拨出专款建立市档案馆、市图书馆、市民间艺术馆和市行政服务中心共4处政

府信息查阅点。 （钱 智）

【法治镇江建设】 2009年，全市推进“阳光政务”“阳光执法”“阳光监督”，开设“镇江法治大讲堂”，启动“百名法学家百场报告会”活动，邀请法学专家到镇江举办报告会，市县两级举办法治讲座78场。市县两级实施人大常委会任命和非人大常委会任命领导干部任前法律知识考试制度，全年组织8场任前法律知识考试。市政府64家有行政执法权的单位全部实施“向人民承诺，请人民监督，让人民放心”行动。改革和完善行政审批制度，市政府取消行政审批项目145项，对56个市级行政主管部门的5764项行政审批和收费事项再一次清理，全市近90%行政审批事项和50%行政事业收费项目进入行政审批中心。清理、精简行政许可和非许可行政审批项目，将行政许可审批项目由427项减少为249项，非许可行政审批项目由193项减少为116项。规范行政自由裁量权工作，制定出台《关于进一步规范行政执法自由裁量权工作的意见》，对18个市级行政执法机关带有裁量幅度的处罚条款进行梳理，并细化为5749条。全市114件行政诉讼案件，行政首长出庭应诉率90%以上。推行说理式行政执法文书的做法被省政府法制办公室授予“全省政府法制工作创新奖”。对1990～2007年出台的303件政府规范性文件进行集中清理，139件继续有效，137件废止、失效，22件予以修订。 （李平波）

【干部人事制度改革】 2009年，镇江市干部考核普遍实行专项调查、同考察对象集体面谈、延伸考察等制度。通过市委全委会民主投票推荐产生丹阳市市长初步人选；市妇联换届扩大民主测评和推荐范围，实行差额考察，常委会差额票决。采用“量化考核积分安置办法”安置团级军转干部21人。制定并实施《关于加强市委组织部管理干部选拔任用工作权力节点监控实施办法》等3个文件，加强干部选拔任用工作权力节点监控。对各地各部门贯彻执行《干部任用条例》情况开展检查，落实干部选拔任用工作全程记实等制度，组织开展辖市（区）委干部选拔任用情况“一报告两评议”工作，提高了选人用人的公信度。

（朱 彤）

【职工民主管理】 2009年2月，市总工会会同市劳动保障局、经贸委、国资委下发《关于开展2009年度工资协商春季“共同约定”要约行动的通知》，分类推进工资协商要约工作。在全市百人以上企事业单位开展创建星级职代会活动，推进企事业单位职代会、厂务公开民主管理规范化、制度化建设，全市438家百人以上企业召开主题职代会，命名表彰三星级职代会85家。11月，会同市劳动保障局开展集体合同、工资协商合同签订及履约情况检查，检查企事业单位2384家，发出整改意见书160份。在全市推广签订《共建和谐劳动关系工业园区（镇、街道）区域集体合同》，全市生产经营正常、独立建会、在岗职工25人以上的企业有1935家签订工资协商专项集体合同，签订区域性工资协商专项集体合同323份，覆盖25人以下小企业15364家。 （马晓俊）

【村级基层民主建设】 2009年，镇江市推进村务公开和基层民主建设。一是明确决策事项。凡是与村民切身利益密切相关的事项，都实行民主决策，并将决策事项上墙公布。二是规范村民代表会议。全市604个村普遍建立以村民代表会议为主要载体的民主决策组织形式，保证村民代表会议决策的合法化。三是规范决策流程。按照“一般村务集体商议决定、重大村务村民讨论决定”的原则进行。四是积极探索决策新方式。开展“村务民主管理听证会”“社区议事会”“社区论坛”等形式的社区决策新方式，增强决策透明度，提高群众参与基层民主建设积极性。5月，市纪委、农办、监察、民政、财政、农林六部委联合出台《镇江市村务公开目录指导性意见》（镇民发〔2009〕60号），各辖市（区）制定相应的村务公开目录指导性意见。9月，建立镇江市村务公开联席会议制度，加强对村务公开和民主管理指导，并举办全市村务公开和民主管理工作培训班，重点对村务公开和民主管理“薄弱村”进行治理和规范。 （沈小鹏）

社会主义精神文明建设

【概况】 2009年，镇江市公民道德教育实践活动取得新成效。推进“大爱镇江”主题活动，组织“我为跨越发展争作贡献”竞赛、“大爱之星”与百姓面对面、拍摄电影《小城大爱》、“大爱镇江”报告文学创作、第二届“大爱之星”评选、第二届“大爱镇江”新闻人物颁奖典礼等系列活动。新华社和《人民日报》《光明日报》播发专题通讯，央视《焦点访谈》和《共同关注》栏目对活动进行专题报道。组织开展“细节彰显城市文明”大行动。开展细节文明大关注、大讨论、大劝导、大展示活动，丰富大爱镇江、文明镇江的内涵。组织开展“公民道德建设宣传月”系列活动。结合中共中央《公民道德建设实施纲要》颁布8周年、全国第七个“公民道德宣传日”，开展“迎国庆、讲文明、树新风”活动，先后举办“红色经典、火红镇江——万人红歌演唱会”、“红歌颂祖国”经典歌曲大赛、“大爱镇江”广场演唱会、“多彩镇江舞动激情”舞蹈大赛，以及“红遍镇江——古城尽披国旗红、寻访建国功臣、红色景点展示、红色记忆系列片展播”等系列活动。开展“我与文明同行”“生命志愿者”“倡导文明出行，共享文明之旅”等形式多样的群众性道德实践活动，推进公民思想道德建设。

加大文明城市创建推进力度。镇江市精神文明工作指导委员会（简称市文明委，下同）制定出台《2009～2011年文明城市创建工作行动计划》《2009年文明城市创建工作推进方案》和《文明城市创建工作考评办法》等文件，明确文明城市创建总体工作思路、重点任务和考评办法。启动文明城市创建“1234510”示范工程建设、组建文明城市创建市民督查团，先后两批64名市民督查员挂牌上岗，对城建规划、旅游景点、城市公交、社区建设、示范创建单位等进行督查。5月，镇江市修订出台市级文明行业、文明单位、文明社区和文明村镇管理办法和考评细则，组织开展2006～2008年市级文明系列评选工作。市委、市政府命名文明行业59个、文明单位511个、文明镇24个、文明村72个、文明社区74个。加强农村精神文明创建工作，开展“城乡结对、文明共建”活动，树立先进典型。开展农民文明素质教育工作调研，摸清农民文明素质教育现状和存在问题，为实施现代农民再教育工程打基础。

推进未成年人思想道德建设工作。组织“做一个有道德的人”主题实践活动，开展“做一个有道德的人”主题班（队）会、网上签名寄语、征集创新案例、征文大赛等系列活动。组织开展“我们的节日”系列传统节日纪念活动。清明节期间举办“北固红枫赞”大型祭扫先烈活动，有5万余人次参加。端午节期间组织《仲夏时节话端午》讲座、社区端午民俗裹粽子比赛、端午节主题班会、端午书画大赛和诗歌吟诵晚会等民俗民间文化活动。组织开展“我和我的祖国”——庆六一、迎国庆优秀儿歌大传唱中小学生艺术展演活动。举办阳光下成长暨镇江市第三届少儿艺术节活动；组织开展“祖国在我心中”读书征文活动，征集到参赛文章1000余篇。部署"七彩的夏日"——未成年人暑期系列活动。组织"我和我的祖国""社会生活大感悟""我与科技零距离""万名学生颂经典"等四大"七彩夏日"主题实践活动。继续推动"四点钟学校"建设，初步实现未成年人"上学时间有学校管、家长下班时间有家庭管、空白时间有社区管"的目标，《新华日报》、江苏卫视、省教育电视台报道活动开展情况。净化社会文化环境。制定《进一步净化社会文化环境，促进未成年人健康成长的任务分工》文件，对各单位在净化社会文化环境职责任务作明确规定。组织开展"阳光网络伴我成长"系列主题活动，组织专家举办绿色上网家长讲座、校园讲座。继续整治校园周边环境，发挥"五老"（老干部、老专家、老军人、老教师、老模范）队伍作用，加大文化市场监管力度，净化未成年人成长环境。（陈志耕）

【组织第二届全国、省道德模范推荐评选】 经基层推荐，市活动组委会研究，并报请市精神文明工作指导委员会审定，推荐6人作为镇江市全国、省道德模范候选人。2009年10月，经省活动组委会审定，句容市长安汽车出租公司司机李巧生获全国见义勇为类道德模范提名奖，当选省道德模范（参见2008版《镇江年鉴》第316页）；扬中市八桥镇红光村村民陆明才获得省助人为乐类道德模范提名奖，丹阳市云阳镇城北村农民孙春兰获得省孝老爱亲类道德模范提名奖。（陈志耕）

【文明城市创建"1234510"示范工程】 2009年4月，镇江市启动文明城市创建"1234510"示范工程建设，即建设一条文明创建示范路：长江路；两条城市客运服务示范线：镇江市公共交通总公司4路线、镇江市出租车爱心车服务队；三个特色文化示范场馆：镇江市图书馆、镇江博物馆、镇江民间文化艺术馆；四个文明创建示范社区：京口区大市口街道华润新村社区、京口区四牌楼街道香江花城社区、润州区七里甸街道四圩社区、镇江新区大港街道港南花苑社区；五个城市文化示范广场：大市口广场、沃得广场、金山广场、春江潮广场、珍珠广场；十个窗口行业优质服务示范单位：镇江市行政服务中心、镇江市第一人民医院、镇江汽车客运站、镇江市公安局京口分局四牌楼派出所、中国工商银行股份有限公司镇江中山支行、中国移动镇江分公司镇江营业厅、镇江百盛商城有限公司、镇江大酒店、镇江市劳动就业管理中心、镇江市外国语学校。（张悦）

【"细节彰显城市文明"主题行动】 2009年9月，为开展"迎国庆、讲文明、树新风"活动，镇江市启动"细节彰显城市文明"主题行动。组织开展"细节文明大关注""细节文明大讨论""细节文明大劝导""细节文明大展示"四大行动，引导市民关注城市文明细节，从小事做起，养成良好公共文明习惯，提升公共文明素质和城市品质。市文明办（市精神文明工作指导委员会办公室，下同）、市级机关工委、市总工会、团市委、市妇联、市城管局、市公安局、市教育局等8个部门向全体市民发出"做文明市民，创文明城市"倡议；各新闻媒体关注报道公共文明细节，社科理论专家研讨公共文明细节。市文明办组织30家文明行业1000名干部群众参与城市管理劝导行动，1000名机关干部、企事业单位职工、新市民、网民和大中学生志愿者参与交通文明劝导行动，并会同市公安局、市摄影家协会组织开展"交通文明摄影大赛"。（张悦）

【城市公共文明指数测评】 2009年12月，市创建文明城市工作领导小组办公室首次通过第三方专业社会调查机构，对丹徒区、京口区、润州区、镇江新区和22个窗口行业的公共文明指数暗访测评。测评的方法分为"问卷调查"和"实地考察"两部分，"问卷调查"设公共场所道德、生活环境、交通行为、公益活动、精神面貌、人际交往和安全稳定等7个子项目，"实地考察"设公共场所道德、交通行为、人际交往和未成年人成长环境等4个子项目。测评结果纳入文明城市创建工作年度考核评价体系，并以"白皮书"形式发布。（张悦）

【未成年人工作】 2009年5月，在全国"做一个有道德的人"网上签名寄语活动中，主题实践活动全国联系点丹徒石马小学，被中央文明办推荐在央视网和中国文明网进行长达40分钟的网络访谈，并持续播放一个月。7月，镇江市未成年人思想道德建设工作领导小组建立，并建立未成年人思想道德建设联络员制度。10～11月，在全国优秀童谣推荐评选活动中，组织推荐的童谣《小溪流》在全省300多首童谣评选中，入围全省前5首，全国前40首，并最终获全国三等奖。12月，在全省未成年人思想道德建设经验交流会上，由市文明办牵头创办的"四点钟学校"获全省创新品牌提名奖，京口区获全省未成年人思想道德建设工作先进县（市、区）称号，丹阳市文明办、市教育局获先进集体称号，5人获先进个人称号。（吴修飞）

【2009年度"感动镇江"十大网络图片】 2009年由市网民节组委会评定。1.《卖绿豆汤的王大姐》，拍摄者：马吉（http://bbs.my0511.com/viewthread.php?tid=2419901）

2.《一场交通事故，见证老外爱心》，拍摄者：传说中的回锅肉（http://chinapic.people.com.cn/viewthread.php?tid=70377）

3.《"我是你的手杖"——陪特教儿童看新镇江活动》，拍摄者：翠绿（http://bbs.my0511.com/viewthread.php?tid=2582950）

4.《88岁快乐老婆婆自食其力》，拍摄者：二万五千里（http://bbs.my0511.com/viewthread.php?tid=2560411）

5.《卖毛巾的小女孩》，拍摄者：桃花朵朵爱（http://bbs.my0511.com/viewthread.php?tid=2387524）

6.《一个网民的文化苦旅——华夏》，拍摄者：黄草（http://222.186.22.75/bbs/dispbbs.php?boardid=105&id=41861）

7.《2009中国镇江－迷笛音乐节》，拍摄者代表：超级老玩童（http://bbs.my0511.com/viewthread.php?tid=2275416）

8.《大市口A地块爆破全记录》，拍摄者代表：贝多芬（http://bbs.my0511.com/viewthread.php?tid=2569634）

9.图片《告别老屋》，拍摄者：文雯（http://www.zjxww.com/zjnews/2009－07/19/content_1846400.htm）

10.图片《城市新景新貌——镇江越来越精彩》，拍摄者代表：落寒（http://bbs.zj3000.cn/forum/t－0－252814－1.html）（http://bbs.my0511.com/viewthread.php?tid=2514459）

（网络处）

【年度"最具影响力"网络爱心群体】 2009年由市网民节组委会评定。1.0511爱心家园群体。0511爱心家园群体，汇集各大网站的爱心志愿者。他们发起"0511爱心家园乐乐助学基金"，资助品学兼优的学生完成大学学业；通过"走进福利院""与孤残儿童过新年"等活动，为孤残儿童带去欢乐和友爱；会同市慈善总会，帮助花季女孩张露与病魔抗争。

2.镇江交友网"社会儿女"。从2008年春节前夕到2009年底，他们与镇江30多名空巢孤老长期结对。2009年重阳节期间，他们成立小分队，带着70多个大红包、总额4.2万元的爱心捐款，将镇江200多名“社会儿女”的爱心，传递到四川绵竹板桥镇70名孤寡老人手中。

3. MY0511车迷之家。他们多次参加各类爱心公益活动，2009年6～7月，他们组建一支由5车21人参与的私家车队，开展题为“爱在天路，助学达孜——镇江网友远征西藏”的爱心自驾活动，历时22天，总行程1.2万多公里，为西藏儿童送去助学物资总价值4万多元。

4. 黄丝带网络志愿者。在2007年“满城尽飘黄丝带”活动基础上，他们发起“关注的哥的姐健康及其社会保障”“为贫困学子提供暑期打工岗位”等活动，与多个爱心群体合作，组织或参与网络爱心活动。

5. 真情车队QQ群。他们热心公益、关怀弱者、助人为乐。3月在南山植树；5月看望勇斗歹徒“的哥”陈扣羊；6月免费接送高考考生300多人次；8月为受到“莫拉克”台风肆虐的台湾同胞捐款；9月参与“交通文明大劝导”；10月在市血库告急的情况下，他们全体成员义务献血；11月带特教中心的孩子看镇江新景。2009年，他们捡到手机15部、摄像机2台以及多个装有证件、现金的手提包并全部交还给失主。（网络处）

生态文明建设

【概况】 2009年，镇江市委、市政府将生态市建设列为全年全市重点建设之一，提出到2010年达到国家生态市的创建标准。镇江市修编《镇江生态市建设规划纲要》，丹阳市、扬中市、句容市、丹徒区生态市（区）建设规划以及全市45个涉农镇（街道、开发区、农场）的乡镇环境规划全部编制报批。市、辖市（区）、乡镇三级生态规划立足于全市80%乡镇建成环境优美乡镇（街道），丹阳市、句容市、扬中市和丹徒区建成生态县。镇江市规划要求各项指标达到国家生态市建设标准基本要求，通过“加快环境基础设施建设，合理配置资源，控制污染物排放总量，提升环境质量，优化产业结构调整和产业布局，营造健康安全、亲和自然、生活便捷的人居环境，提高人口质量，培育和发展生态文化等手段，把镇江市建成生产发展、生活富裕、生态良好、社会文明的生态市”。全市各级实施生态建设规划，加强国家环保模范城创建和全国环境优美乡镇创建等基础工作，全市有21个镇（街道）通过“全国环境优美乡镇（街道）”省级考核；实施主城区“青山绿水”两年行动，整治11座山体和7条河流；加快城乡环境基础设施建设，建成34座污水处理厂，植树造林近6700公顷，划定重要生态功能保护区，占国土面积比例17%以上。（曲新华）

【国家环保模范城创建成果得到巩固】 自2004年镇江市获得国家环保模范城市称号以来，全市先后开展污染企业退城进区、市区小锅炉专项治理、东部地区大气环境整治、水源地专项整治、化工和电镀行业专项整治等行动。2009年，镇江市邀请省环保厅有关领导和专家进行指导，市政府向19个部门和各辖市（区）下达创模（创建环保模范城，下同）复查迎检任务，并针对城市生活污水处理率、城市生活垃圾处理率、机动车环保检测率、重点工业企业稳定达标率等重点指标，实施城市生活污水处理设施建设、集中式饮用水水源地整治、城市生活垃圾填埋场渗滤液无害化处置、机动车环保检测线建设、水环境整治、重点工业企业稳定达标、城郊结合部环境卫生综合整治等七大重点工程。同时完成创模各类技术台账的建档以及技术报告、工作报告与宣传片编制工作。（汤 立）

【主城区“青山绿水”工程】 2009年5月初，市委、市政府出台《镇江主城区“青山绿水”两年行动方案》，决定2009～2010年在镇江主城区实施“青山绿水”两年行动，对主城区范围内的11座山体、3条通江河道进行集中整治。当年全市投资5500万元进行市场升级改造，城区5个农贸市场及辖市（区）和乡镇40多个主要集贸市场基本完成硬件设施年度升级改造任务。北固山风景区创4A级通过国家旅游局验收，新增4家国家2A级旅游景区、2家全国农业旅游示范点。完成32项城市绿化工程项目，投入1.3亿元用于国道、省道公路绿化，建成占地11.4公顷的南山西入口生态广场，在金山湖景观周边新增绿地40公顷，市区人均公共绿地达14.7平方米。完成14个宕口整治任务、关闭13座砖瓦窑、对全市26座山体整治进行初步规划，开展何家门89号滑坡治理、狮子山滑坡地质灾害综合整治等工程。（曲新华）

【创建省级全国环境优美乡镇21个】 创建全国环境优美乡镇是生态市建设必备条件之一，2009年，各级分解落实各项工程项目，推进创建工作。截至2009年12月23日，全市有21个镇（街道）通过省级考核，占全市涉农乡镇总数50%，占全省当年通过全国环境优美乡镇（街道）省级考核总数近30%，情况如下表：

	涉农镇、街道数（个）	通过省级考核数（个）	所占比例（%）
丹阳市	13	6	46
句容市	10	5	50
扬中市	5	4	80
丹徒区	7	4	57
京口区	2	1	50
润州区	1	–	–
镇江新区	4	1	25
全 市	42	21	50

（曲新华）

【节能减排】 2009年，镇江市完成重点节能及循环经济项目38个，节能量近50万吨标准煤。万元地区生产总值能耗比上年下降4.6%，规模以上单位工业增加值能耗下降11%，万元地区生产总值能耗指标达到生态市建设标准。推进39个化学需氧量削减项目、15个二氧化硫削减项目，完成二氧化硫削减4%、化学需氧量削减2.2%的年度目标任务。其中，二氧化硫“十一五”削减目标提前完成，二氧化硫和化学需氧量万元地区生产总值排放强度达到生态市标准。（胡纪全）

【环境基础设施建设】 2009年，市区京口、谏壁污水处理厂建成投运，太湖流域18座乡镇污水处理厂以及扬中市兴隆污水处理厂等3座污水处理厂主体工程基本完工。征润洲污水处理厂、扬中市沙家港污水处理厂处理能力有所提高，完成城区合流制管道改造21公里，实施《镇江市城市污泥处置专项规划》，污水处理厂污泥采用无害化焚烧处置，每日可处理污泥60吨。（颜正清）

【农村环境治理】 2009年，市监察局、农林局、农机局、水利局、司法局、公安局、环保局等部门分别牵头组成市秸秆禁烧督查组，进驻辖市（区）督查秸秆禁烧工作，市监察局出台《关于进一步明确秸秆禁烧工作责任并实行责任追究的意见》，全市建立禁烧责任网络，市财政局安排800万元专项资金用于禁烧奖励工作，全年全市未发生大规模秸秆焚烧。同时开展秸秆综合利用，秸秆综合利用率达86%。

全市各建制镇和非建制镇农村卫生服务中心医疗污水处理设施全部建成，各镇医疗固废处理全部与专业医疗废弃物处置公司签订协议，出台医疗废物指导性收费政策，提高医疗废物的收集处置量。全市完成农村改厕60.75万户，卫生户厕普及率为91.96%；上报省级卫生镇4个、市级卫生镇5个；省级卫生村25个，市级卫生村34个，大部分通过考核验收。全年完成县乡河道疏浚142条，疏浚土方667万立方米；疏浚整治村庄河塘1150条座，疏浚土方687万立方米；建成防渗渠道建设87公里，培育丹阳市行宫、丹徒区宝堰2个农业节水示范区，全市农业灌溉水利用系数0.56，达到生态市标准。 （曹念东）

【生态农业建设】 2009年，镇江市争取项目支持，组织实施生态农业工程建设。完善提升特色农业示范基地建设5个，新建无公害农产品、绿色食品和有机农产品基地4个，循环农业示范基地2个，续建立体种养示范基地2个，建设湿地保护公园1个。推广应用测土配方施肥面积17.3万公顷次，施用配方肥4万吨，测土配方技术覆盖率76.5%，化学肥料使用量比上年下降9.1%；推广应用骄子、阿维菌素等高效低毒农药配套综合防治技术15.67万公顷次，化学农药使用量比上年削减14.28%。综合治理畜禽粪污，全市综合治理养殖企业粪污154家，创建生态养殖健康示范场20个；新建发酵床养殖场21家，面积1.6万平方米，累计达41处；新建农村“一池三改”（户用沼气池建设与改厕、改圈和改厨同步设计、同步施工）户用沼气工程300户，累计3600户；新建规模养殖场沼气治理工程19处，累计57处；全市规模化畜禽养殖场粪便综合利用率96%，规模化畜禽养殖场污水排放达标率100%。开展秸秆综合利用，秸秆气化集中供气工程建成2处、在建2处，建成后累计达7处。镇江市豚类保护区建设方面，编写保护区管理规定，进行豚类监测66次，观察到江豚182头次，长江水生动物陈列馆接待参观人员300人次。

（刘常珍 颜正清）

【“绿色细胞”创建】 2009年，生态村、农村环境综合整治示范村以及绿色学校、绿色社区等创建有新进展。市环保局与市教育局、旅游局等部门配合，创建绿色社区18个、绿色饭店8家、绿色学校90余所，市属学校创成率94%，全市中小学绿色学校普及面70%；全年创成生态村42家，省、市两级农村环境整治示范村23家。 （李媛 袁刚）

【国土资源生态建设】】 2009年，镇江市国土资源生态建设工作一是落实耕地保护责任制，市、县、乡三级层层签订责任状，耕地保护责任履行工作通过省国土厅、省农委和省统计局组织的中期考核。二是开展基本农田“争先达标”活动，全市设立基本农田保护区68个、保护片1372个、保护块7712个。三是执行基本农田保护区“八禁止”（禁止任何单位和个人在基本农田保护区内建窑、建房、建坟、挖砂、采石、采矿、取土、堆放固体废弃物或者进行其他破坏基本农田的活动）、“五不准”（不准以退耕还林为名违反土地利用总体规划，将基本农田纳入退耕范围；不准占用基本农田进行植树造林、发展林果业和搞林粮间作以及超标准建设农田林网；不准以农业结构调整为名，在基本农田内挖塘养鱼、建设用于畜禽养殖的建筑物等严重破坏耕作层的生产经营活动；不准违法占用基本农田进行绿色通道和城市绿化隔离带建设；除法律规定的国家重点建设项目外，不准非农建设项目占用基本农田）规定，依法查处违法占用耕地案件。四是加大土地开发复垦力度，全市完成占补平衡项目库76个，新增耕地面积314公顷。五是实施矿山环境整治。全年投入8000多万元，启动80个废弃宕口整治项目，其中34个项目竣工并通过验收。六是大力推进滑坡地质灾害治理。实施市区狮子山滑坡地质灾害综合整治工程，总投资4.9亿元，完成拆迁户数669户，拆迁面积5.4万平方米。 （严华万）

【城区河道长效管理】 2009年，市水利部门成立城市河道长效管理领导小组，负责城市河道长效管理日常工作，并按照属地管理原则，将城市河道管理责任地段划分到相关管理单位及润州区、京口区和镇江新区。全年新建、出新工地围墙5400米。拆除违法建设6起，面积465平方米。各单位清理卫生死角51处，清理垃圾540吨，绿化面积6.29平方米，清除绿地、绿化带等处积存垃圾、枯树枯枝、漂浮物及杂草723吨。

（陆智国）

组织机构及领导人名单

中共镇江市委员会

书　记　许津荣（女）
副书记　刘捍东　张庆生
常　委　黄宝荣　李国忠
　　　　李茂川　杨　建
　　　　陈照煌　魏红军
　　　　张洪水
　　　　甄邢兵（2009-06～　）
秘书长　李国忠
副秘书长　陈林海（兼）
　　　　杭祝鸿　朱开宝
　　　　褚　祎（女）　何培树
　　　　杜官彪　施正中

办公室

主　任　朱开宝（兼）
副主任　杜晓镇　赵　军　翟春辉
市委机要局局长　谈国兴
调研员　左金霞（女）
副调研员　曹青兰（女）　吴同舟（女）

组织部

部　长　魏红军
副部长　陈　晨
　　　　岳卫平（2009-01～　）
　　　　徐冀锋　吴　彤（女）
部务委员　李明洪

新经济社会组织党工委（2008-02成立）

书　记　徐冀锋（兼，2009-03～　）
副书记　谭金生（2009-03～　）

企业高级经营管理人才评价推荐中心

主　任　宋平生

宣传部

部　长　张洪水
副部长　赵　珏　周国建　宋成玺
　　　　王红卫
部务委员　杨苏镇
　　　　曾文兵（2009-03～　）
调研员　郭廉福
　　　　欧阳箐
副调研员　刘晓鸣

对外宣传办公室

主　任　朱广宝

精神文明建设指导委员会办公室

主　任　赵　珏（兼）
副主任　李　洪　刘玉祥

统一战线工作部

部　长　宦祥宝（兼）
副部长　张永志
　　　　魏跃明
　　　　王曙明（兼）
　　　　徐礼宾（2009-03～　）
调研员　谈金和（　～2009-09）
副调研员　徐礼宾（　～2009-03）
　　　　唐铁军
　　　　张钢星（2009-04～　）

政法委员会

书　　记　黄宝荣
副 书 记　夏新平(兼)
　　　　　陈林海
政治部主任　周国平
副调研员　宋守满(　~2009-11)

社会治安综合治理委员会办公室

主　　任　陈林海(兼)
副 主 任　杨　健　陈顺平

依法治市办公室

副 主 任　陈顺平

研究室

主　　任　施正中(兼)
副 主 任　霍爱平(女，　~2009-11)
　　　　　屈振国(兼)
　　　　　胡敖成　吴　杨
调 研 员　霍爱平(女，2009-11~　)
副调研员　袁云萍

农村工作领导小组办公室

主　　任　何培树(兼)
副 主 任　屈振国　卢小扣
　　　　　郭丹平　翟胜勇
副调研员　陆顺根　王惠英(女)
　　　　　石铁流(2009-04~　)

防范和处理邪教问题领导小组办公室

主　　任　马玉根(兼)
副 主 任　朱忠华　夏民强
　　　　　张凤良　于共青

台湾工作办公室
(市政府台湾事务办公室)

主　　任　褚　祎(女)
副 主 任　黄志中
　　　　　张国芳(女，　~2009-12)
　　　　　张　明
调 研 员　蔡文斌(　~2009-11)

机构编制委员会办公室

主　　任　陈孝信
副 主 任　吕永生

市级机关工作委员会

书　　记　张建国
副 书 记　邓扣平　侯军生　周国年
纪工委书记　任曼青(女)
副调研员　王嘉年　许国庆(女)
　　　　　朱永敖

老干部局

局　　长　岳卫平
副 局 长　张国平　陈建云　王瑞卿
调 研 员　石燕宁(女)

信访局

局　　长　华兴龙
副 局 长　金晓萍(女)　吴海平
　　　　　段洪波　李　丹
党组书记　华兴龙
党组副书记　金晓萍(女)
副调研员　蒋祥林

保密委员会办公室
(市国家保密工作局)

主任(局长)　冷剑桦(女)

史志办公室
(市委党史工作办公室)

主　　任　胡　振
副 主 任　杨国祥　傅雪元
　　　　　刘爱玲(女)　孙爱军(女)
　　　　　陈恒明
党组书记　胡　振

党　校
(行政学院)

校　　长　张庆生(兼)
行政学院院长　陈照煌(兼)
常务副校长　王　华
副 校 长　印　明
　　　　　张宜英(女，2009-11~　)
　　　　　张欣平　张水娟(女)
教 育 长　徐　光
党委书记　王　华
党委副书记　印　明(2009-03~　)
纪委书记　王会明
副调研员　宋卫东(2009-01~　)
　　　　　任延梅　丁朋荣

档案局

局　　长　王　欣
副 局 长　汪　好
党组书记　王　欣
党组副书记　汪　好(2009-03~　)
调 研 员　陆开法(　~2009-02)
　　　　　高浩良
副调研员　徐晓生

镇江日报社

社　　长　周国建
副 社 长　朱纪平　柳昌焰
总　　编　周国建
副 总 编　孙肖苏　顾洪恩　杨苏宜
　　　　　张翀煜(女，2009-11~　)
党委书记　周国建
党委副书记　朱纪平
纪委书记　郑卫星
副调研员　林少麟　刘乃生

镇江市人民代表大会常务委员会

主　　任　许津荣(女，2009-01~　)
代 主 任　张甫雄(　~2009-01)
副 主 任　张甫雄　李壮云　陈　苏
　　　　　卢章平　王守和
秘 书 长　蔡文俊
副秘书长　任振棣　温小卫
　　　　　陈春燕(女，　~2009-03)
　　　　　许勤梅(女，2009-03~　)
党组书记　张甫雄
党组副书记　李壮云
正 处 级　钟伟德(　~2009-08)
副 处 级　陈春燕
　　　　　(女，2009-03~2009-05)

办公室

主　　任　任振棣(兼)
副 主 任　周玉琴(女)　尹克己
　　　　　张　俊　徐　强
信访处处长　吴圣涛
副调研员　鲍建明(女，　~2009-02)
　　　　　张安明
　　　　　蓝纯龙(2009-04~　)

研究室

主　　任　温小卫(兼)
副 主 任　纪　东　徐　策

内务司法委员会

主　　任　胡荣明
副 主 任　赵　宁

财政经济委员会

主　　任　殷案广
副 主 任　周义平
副调研员　贺留中

农业经济委员会

主　　任　李谊忠
副 主 任　徐建平(　~2009-02)
　　　　　郑宇飞(2009-03~　)

环境资源城乡建设委员会

主　　任　张定岐
副调研员　王春福

教科文卫委员会

主　　任　潘法强
副 主 任　周建华(女，　~2009-03)
　　　　　张志耕(2009-03~　)

民族宗教侨务台湾事务委员会

主　　任　秦党人
副 主 任　罗福春

人事代表联络委员会

主　　任　周以蓉(女)
副 主 任　许勤梅(女，　~2009-03)
　　　　　于士和
　　　　　周建华(女,2009-03~　)

镇江市人民政府

市　　长　刘捍东
副 市 长　陈照煌　陈建设　陈　杰
　　　　　王　萍(女)　冯士超
　　　　　曹当凌　夏新平
　　　　　李小平(2009-02~　)
市长助理　许俊华(　~2009-08)
秘 书 长　孙晓南
副秘书长　周凤霞(女)　顾大福
　　　　　沈宝来　龚志才(兼)
　　　　　王　飚(兼)　赵志新
　　　　　华兴龙(兼)　林　枫
　　　　　朱金生　卜晓放
　　　　　朱仲蔚(兼)　张伟清
　　　　　陈鹏飞
　　　　　桂祈亮(2009-03~　)
党组书记　刘捍东
党组副书记　陈照煌

办公室

主　　任　顾大福(兼)
副 主 任　蒋建新　徐海亮　吕　舟
　　　　　严竹波(2009-03~　)
　　　　　赵荣庆(兼)　朱晓华(兼)
党组书记　孙晓南
党组副书记　顾大福　周凤霞(女)
纪检组长　连维义
调 研 员　吴新生(　~2009-10)
副调研员　廖秀珍(女)　陆永喜
　　　　　赵权升
　　　　　郭荣才
　　　　　(2009-04~2009-10)
副 处 级　许志民
金融工作办公室主任
　　　　　林　枫(兼,2009-03~　)
双拥办主任　蒋建新

研究室

主　　任　卜晓放(兼)
副 主 任　万峻松　张卫平
党组书记　卜晓放(兼)
副调研员　陈　明

发展和改革委员会

主　　任　尹名年
副 主 任　赵顺凌　吴志优
　　　　　丁羽如　殷国兴
　　　　　高　明(兼,　~2009-11)
　　　　　许军炯　谈沁磊
党组书记　尹名年
党组副书记　赵顺凌
纪检组长　陈金瑞
调 研 员　高　明(2009-11~　)
副调研员　缪　云(　~2009-12)
　　　　　王永其　真启琮　巫宇声
镇江市对口支援四川省绵竹市板桥镇地震灾后恢复重建指挥组
现场指挥(正处职)　丁羽如

经济贸易委员会
(乡镇企业管理局)

主　　任　裔玉乾
副 主 任　朱炳国　黄秉东　徐志伟
　　　　　周　毅
专职委员　陈建平
党组书记　裔玉乾
党组副书记　朱炳国
纪检组长　邹海莉(女)
调 研 员　汤　翔　李学科
副调研员　周以镇　陶跃俊(女)
　　　　　朱建中(2009-04~　)
　　　　　沈玉明(2009-04~　)
乡镇企业管理局副局长　陈建平(兼)
中小企业局局长　朱炳国
中小企业局副局长　朱治臣

教育局
(市委教育工作委员会)

局　　长　刘国荣
副 局 长　方俊洪　蔡晓海　陈国俊
　　　　　刘元良
　　　　　潘晓芙
　　　　　(兼,女,2009-11~　)
党委书记　刘国荣
党委副书记　方俊洪
纪委书记　李玉扬
副调研员　姚　平(2009-01~　)
　　　　　雎开华(女)
　　　　　笪　翔(2009-04~)
教育工作委员会书记　刘国荣(兼)
教育工作委员会副书记　方俊洪(兼)
教育工作委员会纪工委书记
　　　　　李玉扬(兼)

市政府教育督导室

主　　任　陈国栋
副 主 任　曹阳根

科学技术局
(知识产权局)

局　　长　柏晓宏
副 局 长　潘国建　陆介平　葛玉连
　　　　　肖敬东
党组书记　柏晓宏
党组副书记　潘国建
纪检组长　唐圣洋
调 研 员　汪天武(　~2009-11)
知识产权局局长　柏晓宏(兼)
知识产权局副局长　陆介平(兼)

公安局

局　　长　夏新平
副 局 长　高晓光
　　　　　隋　明(　~2009-11)
　　　　　马玉根　褚先明　张卫东
　　　　　梁　坚　张为人　石重光
党委书记　夏新平
党委副书记　高晓光
纪委书记　王新辉
政治部主任　褚先明(兼)
调 研 员　顾其洪(　~2009-11)
　　　　　隋　明(2009-11~　)
　　　　　陈金友(2009-03~　)
副调研员　左敦传
　　　　　毛新镇(　~2009-09)
　　　　　王玉寿(　~2009-11)
　　　　　丁智慧　夏志祥
　　　　　李念勤(2009-04~　)
副 处 级　曲乃仁　孙江桥　许祥荣
　　　　　仇卫民　刘爱萍　朱国庆
　　　　　王公渠(2009-03~　)
　　　　　范志敏
指挥中心主任　钱建平
指挥中心政委　夏成强
治安警察支队队长　陶苏闽
治安警察支队政委　班同霞(女)
刑警支队支队长　顾传先
刑警支队政委　王公渠(　~2009-03)
　　　　　陈立平(2009-03~　)
经侦支队支队长　高建新
经侦支队政委　张耘田
交巡警支队支队长　陶文章
交巡警支队政委　杨国平
水警支队支队长　张柏林
水警支队政委　颜景林
国保支队支队长　陈金友
　　　　　(　~2009-03)
国保支队政委　朱继军

维护稳定工作领导小组办公室

主　　任　高晓光(兼)
副 主 任　赵立源　邱新芳

监察局

局　　长　杨志伟
副 局 长　茆新毅(　~2009-12)
　　　　　徐洪兴　徐邦义(兼)
　　　　　邵宁乙(2009-12~　)

民政局

局　　长　汤才顺
副 局 长　树世萍(女,2009-03~　)
　　　　　戴江澄　吴　当　陈平清
党委书记　汤才顺

党委副书记　树世萍

（女,2009－03～　）

纪委书记　李　俊

调 研 员　张梅梅(女)

副调研员　顾　言

徐卫国(　～2009－01)

黄金云(　～2009－03)

陆松林

司法局

局　　长　殷　敏(女)

副 局 长　马建生(2009－03～　)

史雪峰　张俊昌　张汉涛

刘　芳(女)

党组书记　殷　敏(女)

党组副书记　马建生(2009－03～　)

史雪峰

纪检组长　周国达

副调研员　殷金顺(2009－01～　)

郑斌斌　黄品涛

财政局

局　　长　王荣正

副 局 长　朱国芳(女)　孙广平

彭家明　戴　坚

党组书记　王荣正

党组副书记　朱国芳(女)　孙广平

宋晓霞(女)

纪检组长　宋晓霞(女,兼)

调 研 员　石　耘(女)

人事局

局　　长　秦双林

副 局 长　程天龙　马　进　黎　平

魏弘扬

党组书记　秦双林

党组副书记　陈孝信　程天龙

纪检组长　杨春华

调 研 员　许忙耕

副调研员　袁玉林

张　群(2009－04～　)

人才服务中心

主　　任　朱建忠

党总支书记　顾中朝

外国专家局

局　　长　黎　平(兼)

军队转业安置工作小组办公室

主　　任　吴志龙

劳动和社会保障局

局　　长　朱云峰

副 局 长　顾　笈　蒋更俊　封汉桥

蒋建中　陈新中

党组书记　朱云峰

党组副书记　顾　笈

纪检组长　于德道

副调研员　黄亚平

印德祥(　～2009－12)

张久成

医疗保险局

局　　长　陈新中(兼)

党总支书记　陈新中(兼)

副调研员　周恩泽(2009－04～　)

建设局

局　　长　鄂金书

副 局 长　龚建平　祝瑞洪　滕道远

强南山　陈可可(兼)

荆天翔

党委书记　鄂金书

党委副书记　龚建平　孙　杰

纪委书记　丁建武

调 研 员　褚桂馨

副调研员　符永华　王晓红(女)

朱苏镇

单立春(2009－04～　)

阮钢钢(2009－11～　)

规划局

局　　长　王根生

副 局 长　朱富坤

谢庚龙(　～2009－03)

沙振镇

宇文家胜(2009－03～　)

党委书记　王根生

党委副书记　吕金虎(2009－03～　)

纪委书记　吕金虎

调 研 员　高久珍

副调研员　王国生

规划监察支队支队长　陈新生

城市管理局
（城市管理行政执法局）

局　　长　郭必东

副 局 长　刘　端(女)　张春发

黄祝山　杨晓勤(女)

邓世安(兼)

党委书记　郭必东

党委副书记　刘　端(女)

纪委书记　张国富

副调研员　汤达敏　徐金和　张茂桃

城市管理行政执法支队支队长

黄祝山(兼)

城市管理行政执法支队党委书记

黄祝山(兼)

交通局

局　　长　周　社

副 局 长　丁　锋

戴永胜(2009－11～　)

郜大浩　袁　琦

陈德兴(　～2009－11)

党委书记　周　社

党委副书记　丁　锋　方德龙

纪委书记　张正祜

调 研 员　陈德兴(2009－11～　)

副调研员　孙建敏　蒋伟骏

铁路办主任　丁　锋

（正处职,2009－11～　）

水利局

局　　长　王梅芳

副 局 长　曾万余(　～2009－11)

张岱峰　吴青龙　张益民

党组书记　王梅芳

纪委书记　赵慕萱(女)

调 研 员　马万顺

副调研员　马云新

薛　政(2009－01～　)

张志远

朱银顺(2009－04～　)

祝步远(2009－11～　)

防汛防旱指挥部办公室

主　　任　张岱峰(兼)

农林局

局　　长　潘早云

副 局 长　郭荣贵　荆国芳　王敏敏

孙德举　周惠瑜

党组书记　潘早云

纪检组长　陈　俊

调 研 员　章壮金(　～2009－07)

副调研员　田　峰

畜牧兽医局

局　　长　陈生荣

信息产业局(信息化办公室)

局　　长　于建武

副 局 长　贾云平(　～2009－03)

刘建宁　陈凤翔

殷智才(2009－03～　)

党组书记　贾云平(2009－03～　)

党组副书记　贾云平(　～2009－03)

纪检组长　王加军

调 研 员　伏明楠(　～2009－02)

副调研员　孙国艾

无线电管理办公室

主　　任　刘建宁(兼)

副 处 级　王洪富(　～2009－11)

党组书记　刘建宁(兼)

副调研员　王洪富(2009－11～　)

对外贸易经济合作局

局　　长　刘吉顺

副 局 长 周祝全 袁聿森 张志军
桂祈亮（ ～2009－03）
吴小华（挂职， ～2009－08）
党委书记 刘吉顺
党委副书记 周祝全
纪委书记 顾克新
副调研员 欧阳兵 吉建霞（女）
程 跃（2009－04～ ）

文化局

局 长 张 兵
副 局 长 余爱国 王玉国 赵 峰
陆艳华（女）
党委书记 张 兵
党委副书记 徐 力
纪委书记 徐 力（ ～2009－03）
殷国平（2009－03～ ）
调 研 员 史建和（ ～2009－08）
副调研员 顾雄林 王建一 程亚平

新闻出版局（版权局）

副 局 长 余爱国（兼） 王玉国（兼）
赵 峰（兼）

卫生局

局 长 李照金
副 局 长 赵庆荣 许黎明 伏庆鸣
苏 枫（女）
党委书记 尹瑞林
党委副书记 李照金
纪委书记 金长安
调 研 员 吕振声
副调研员 孔汉良 樊德高

爱国卫生运动委员会办公室

主 任 伏庆鸣（兼）

医疗保险结算中心

主 任 李一平
党支部书记 葛艺群

人口和计划生育委员会

主 任 袁 平（女， ～2009－03）
杜秀芹（女，2009－03～ ）
副 主 任 徐伟珍（女， ～2009－03）
许豪勤（女）
李建华（女，兼）
李文福
党组书记 袁 平（女）
党组副书记 徐伟珍（女， ～2009－03）
纪检组长 包舒平（女）

审计局

局 长 黄 可
副 局 长 张炳良 蒋建军 孙浩琦
乔文兵
党组书记 黄 可
党组副书记 张炳良
纪检组长 杜友义
调 研 员 周本友（ ～2009－09）
副调研员 陈宏贵
章先明（2009－04～ ）

环境保护局

局 长 刘晓东
副 局 长 姚继承 梁晨辉 贾云亮
李鼎如
党委书记 刘晓东
党委副书记 姚继承
纪委书记 唐国义
调 研 员 孙纪英 郁长生
副调研员 易北江（2009－01～ ）
郭祥明 曲新华（女）
高 平（2009－04～ ）

环境监察支队

支 队 长 道 路（2009－03～ ）

广播电视局
（广播电视总台）

局长（台长） 戈 矛
副局长（副台长） 孙家政 邬建国
江忠顺（2009－03～ ）
陈 炜（2009－03～ ）
党委书记 戈 矛
党委副书记 孙家政
纪委书记 江忠顺（ ～2009－03）
董有成（2009－03～ ）
调 研 员 朱邦治
陈 杰（2008－11～ ）
副调研员 董有成（ ～2009－03）
镇江人民广播电台台长 孙小梅（女）
镇江电视台台长 陈 炜
镇江电视台台长级干部 周宜一（女）

体 育 局

局 长 徐 萍（女）
副 局 长 何广涛 曹双林 李 彬
党组书记 徐 萍（女）
党组副书记 何广涛
纪检组长 王友照
副调研员 于 波（2009－04～ ）
毕延中 彭钦彦（女）

统计局

局 长 张建华
副 局 长 周文娟（女） 施章传
潘荣军 史 强
党组书记 张建华
调 研 员 沈春英（女）
副调研员 吕联泰

安全生产监督管理局

局 长 赵兴根
副 局 长 李瑞林 唐洪云 张 勤
党组书记 赵兴根
党组副书记 李瑞林
纪检组长 朱 丹
副调研员 许见远（2009－01～ ）
原 丁（ ～2009－06）
姜宪光
安全生产监察支队支队长 徐 军

旅游局

局 长 卢道富
副 局 长 王协祖
文雁才（ ～2009－03）
赵春寅 蔡晓伟
党委书记 王协祖
党委副书记 文雁才（ ～2009－03）
纪委书记 张学斌
副调研员 沈庆平
陈 琨（ ～2009－08）

物价局

局 长 朱晓法（ ～2009－11）
武白苹（女，2009－11～ ）
副 局 长 田先华 凌继宁 臧腊坤
殷建国
党组书记 朱晓法（ ～2009－11）
武白苹（女，2009－11～ ）
纪检组长 臧鹏刚
调 研 员 朱晓法（2009－11～ ）
副调研员 刘德俊（ ～2009－09）
徐晓苏 蔡 华
物价检查分局局长 霍 鹏

粮食局

局 长 吕振亚
副 局 长 桑锁明（ ～2009－03）
姚爱生 孙国忠
党委书记 吕振亚
党委副书记 陈和胜（2009－03～ ）
纪委书记 陈和胜
调 研 员 吴伯安
副调研员 殷国文
桑锁明（2009－03～ ）
黎永康
吴林宝（2009－04～ ）

民族宗教事务局

局 长 王曙明
副 局 长 夏和生 张大华 孙正林
党组书记 王曙明
党组副书记 夏和生
调 研 员 王 珏
副调研员 胡贵留

口岸和港口管理局

局 长 高国成
副 局 长 周 宁 孙锡礼

戴永胜（ ~2009－11）
倪成才
巫天明（2009－11～ ）
党组书记 高国成
党组副书记 周 宁
纪检组长 肖军荣
调 研 员 傅腊春（ ~2007－12）
徐瑞芝 张 立
副调研员 严傲良（2009－01～ ）
陆崇俭（ ~2009－08）
赵承中 翟金成

人民防空办公室（民防局）

主任（局长） 朱冬生
副主任（副局长） 江明跃 范广庭
蒋晓龙（ ~2009－11）
权秀阳
党组书记 朱冬生
党组副书记 江明跃
纪检组长 吴解平
调 研 员 夏如祥（ ~2009－10）
副调研员 蒋晓龙（2009－11～ ）
李洪祥 朱向前

外事办公室

主 任 薛 峰
副 主 任 张国云 刘志强 李金方
党组书记 薛 峰
党组副书记 张国云
纪检组长 王晓明
副调研员 杨方明
郭桂凤（2009－11～ ）

侨务办公室

主 任 许宝庆
副 主 任 王金华 周晓保 崔海柱
党组书记 许宝庆
调 研 员 王继尧（ ~2009－05）
副调研员 吕鸿生 彭五全 曾龙祥

法制办公室

主 任 金国使
副 主 任 孙 放 薛国荣 钱家宝
党组书记 金国使

仲裁委员会秘书处

秘 书 长 金国使（兼）
副秘书长 李少华

国有资产监督管理委员会

主 任 尤 廉
副 主 任 夏敏章 徐志刚
谭浩俊
王 林
党委书记 尤 廉
党委副书记 栾卫东
纪委书记 栾卫东（兼）

房产管理局

局 长 经颜明
副 局 长 徐罗照
徐爱民（ ~2009－02）
陈纪华 张百和
党委书记 经颜明
党委副书记 徐罗照
纪委书记 胡德义
调 研 员 司端余
副调研员 马智国（ ~2009－08）

园林管理局

局 长 徐 平
副 局 长 王建国 陈 凯 余 雷
党委书记 徐建国
党委副书记 王建国
闻锁芝（ ~2009－03）
纪委书记 谢 键
调 研 员 闻锁芝（2009－03～ ）
副调研员 冷志伟（ ~2009－12）
孙永康

南山风景名胜区管理委员会

主 任 徐 平
副 主 任 戴宏才
郭礼洪（2009－01～ ）
陈 凯（兼） 朱国夫
党委书记 徐建国
副 书 记 戴宏才
纪工委书记 谢 键
副处级 徐菊生（2009－03～ ）

市级机关事务管理局

局 长 龚志才
副 局 长 孔宪忠 周万宝 赵洪春
张剑斌
党组书记 龚志才
党组副书记 孔宪忠（2009－03～ ）
纪检组长 高善国
副调研员 徐 刚

农业机械管理局

局 长 滕玉林
副 局 长 郭东歌 陈昆山（兼）
王达保（2009－03～ ）
党组书记 滕玉林
调 研 员 赵挺俊
副调研员 唐建伟 胡厚汉

农业资源开发局

局 长 潘早云
副 局 长 丁洪坤 戚方平
李 林
党组书记 潘早云
正 处 级 王德友
调 研 员 黄玉明（ ~2009－11）
副调研员 袁继强

地震局

局 长 冷国桂
副 局 长 宦亚平（ ~2009－11）
赵伯廷 曹 惠
党组书记 冷国桂
副调研员 宦亚平（2009－11～ ）

市政府接待办公室

主 任 杜官彪（兼）
副 主 任 沈 红（女）
党组书记 杜官彪（兼）
副调研员 朱纪斌

经济协作办公室

主 任 高 明（ ~2009－11）
党组书记 高 明（ ~2009－11）

市政公用事业管理局

局 长 陈可可
党委书记 陈可可
副 处 级 陶德明
副调研员 陶 毅 匡玉玉

供销合作总社

主 任 韩迎农
副 主 任 梁 勇
卫锁宏（ ~2009－03）
孙 彤
党委书记 韩迎农
党委副书记 梁 勇
纪委书记 卫锁宏（ ~2009－03）
调 研 员 李世春（ ~2009－06）
副调研员 迟永普

行政服务中心

主 任 戚亚新
副 主 任 顾开宁（2008－11～ ）
张 敏
党组书记 顾开宁
党组副书记 戚亚新（2008－11～ ）
纪检组长 闻 风
副调研员 赵金良
王连二（2009－01～ ）

镇江新区
（党工委、管理委员会、经济开发总公司、人大工委、政协工委）

党工委书记 赵腊根（ ~2009－01）
李小平（2009－01～ ）
党工委副书记 罗洪明
陈发祥（ ~2009－11）
王桂宏 王祥义
党工委委员 桂祈亮（2009－03～ ）
刘祥生 经山河 仲新福
邵 兵 沈 沉 路月中
王德家 贺宏福
王友春（2009－03～ ）

张宁晖(2009－11～)
杨菊兰
(女,2009－11～)
王 涛(2009－11～)
纪工委书记 王桂宏(兼)
主任(总经理) 罗洪明
副主任(副总经理)
陈发祥(～2009－11)
桂祈亮(2009－03～)
刘祥生 经山河
仲新福 邵 兵
沈 沉 路月中
王友春(2009－03～)
主任助理 杨菊兰(女, ～2009－11)
人大工委主任 赵腊根(～2009－03)
王桂宏
(兼,2009－03～)
人大工委副主任 王桂宏(～2009－03)
戴荣林
政协工委主任 陈发祥(2009－11～)
正处级 陈锡福
副处级 张红庆(2007－09～)
安 江(2009－11～)
王东晓(2009－11～)
李春凤(女,2009－11～)

轻工化工物资行业管理办公室

副主任 焦国平(主持工作)
于文丰 卞纪发
副书记 焦国平(主持工作)
调研员 周建平 章程贵 刘来根
助理调研员 沈兆明
陈晓妹(女)

机械电子冶金建材行业管理办公室

主 任 顾伟刚
副主任 凌仁泉 李 明
党委书记 顾伟刚
纪委书记 李 明
调研员 朱来宝
助理调研员 张寿祖
夏仁宇(～2009－12)
刘永安

纺织建筑煤炭行业管理办公室

主 任 陆应祥
副主任 陆 俊 冯学云 唐承军
杨传军
党委书记 陆应祥
纪委书记 杨传军
调研员 韦来容 施国俊 汤永德

农业科学研究所

所 长 庄义庆
副所长 潘跃平 李国平
党委书记 潘跃平
党委副书记 庄义庆
纪委书记 李国平

中国国际贸易促进委员会镇江市支会

会 长 刘吉顺
副会长 徐加荣

城市水利管理处

主 任 朱拥军
党总支书记 朱拥军

水利投资公司

董事长 吴青龙
总经理 李明俊
党支部书记 吴青龙

房屋投资建设发展公司 (2009年2月撤销)

总经理 祝瑞洪(～2009－02)

拆迁管理办公室

主 任 吕建峰
党总支书记 戴卫东

城市干道工程建设办公室

主 任 邓 峰
党支部书记 邓 峰

城市建设投资公司 (2009年12月更名为城市建设投资集团公司)

董事长 祝瑞洪(2009－12～)
总经理 祝瑞洪
副总经理 杨贵亮 何新荣
党委书记 祝瑞洪
党委副书记 杨贵亮
庞 迅(2009－03～)
助理调研员 项 智 严永生

给排水管理处

处 长 胡 坚
党委书记 胡 坚

燃气管理办公室

主 任 胡继生

地方海事局

局 长 赵永富
党总支书记 何继培
助理调研员 陈定国

运输管理处

处 长 管小牧
党总支书记 谭才林(～2009－03)
孙家涛(2009－03～)
助理调研员 谭才林(2009－03～)

公路管理处

处 长 石小武
党委书记 陈德兴

航道管理处

处 长 符 明
党委书记 张 庆
助理调研员 丁 竞(女)

交通工程建设管理处

处 长 戴嘉平
党支部书记 戴光明
助理调研员 宫建国

交通投资建设发展公司

董事长 周 社
总经理 李 坚

住房公积金管理中心

主 任 王 捷

劳动就业管理中心

主 任 胡 强
党总支书记 胡 强

社会劳动保险基金管理中心

主 任 朱殿月
党总支书记 朱殿月

财政干部培训中心

主 任 吕小建

政协镇江市委员会

主 席 郭礼荣
副主席 赵腊根 宋余庆
赵庆荣 许能斌
宦祥宝 宋敬伟(女)
徐 平 孙志安
秘书长 陈惠祥
副秘书长 姜 辉 陈泰龙
俞立群 吕纯贵
余其瑞(女,兼, ～2009－03)
王建宏(兼) 李柏椴(兼)
沈红亮(兼) 孙中良(兼)
宗加伟(兼) 钱伯安(兼)
季 平(兼)
任一鸣(兼,2009－03～)
党组书记 郭礼荣
党组副书记 赵腊根
正处级 金富楼(～2009－08)
钱 凯(～2009－03)

办公室

主 任 陈泰龙(兼)
副主任 张荣军
陈 红(女,2009－03～)
副调研员 马党生
(女,2009－11～)

研究室

主　　任　谈德成

提案委员会

主　　任　杨晓英(女)
副 主 任　张友林

经济科技委员会

主　　任　蒋平权
副 主 任　林泰富

农业经济委员会

主　　任　文雁才(2009-03～　)
副 主 任　朱志江

教卫文体委员会

主　　任　范　然
副 主 任　孙振亚

文史资料委员会

主　　任　赵康琪
副 主 任　朱竞林

社会法制委员会(民族宗教委员会)

主　　任　吴登昌
副 主 任　汪　勉

港澳台侨委员会(外事委员会)

主　　任　王骏康
副 主 任　许小琦

城乡建设委员会

主　　任　邵孟大
副 主 任　孔　萍(女)

政协委员工作办公室

主　　任　蒋　勃
副 主 任　霍　双(女)

中共镇江市纪律检查委员会

书　　记　杨　建
副 书 记　杨志伟　高庆国
　　　　　胡培红(女,2009-01～　)
常　　委　茆新毅(　～2009-12)
　　　　　顾开宁(　～2009-02)
　　　　　徐洪兴　张凤华　李国平
　　　　　谢继步(2009-02～　)
秘 书 长　胡培红(女)
办公室主任　徐　军(　～2009-11)
监察综合室主任
　　　　　李　锋(　～2009-03)
　　　　　陈　晖(2009-03～　)
法规研究室主任
　　　　　尹盐生(　～2009-03)
　　　　　周　巍(2009-03～　)
宣传教育室主任
　　　　　尹盐生(2009-03～　)
信访室主任　何　明
案件审理室主任
　　　　　马振兵(2009-03～　)
执法监察室主任　司马东良
干部管理室主任
　　　　　蔡迎曙(女,2009-03～　)
第一纪检监察室主任
　　　　　邵宁乙(　～2009-11)
　　　　　庄　旭(2009-11～　)
第二纪检监察室主任　翟新跃
党风廉政室主任　谢继步(兼)
纠正部门和行业不正之风室主任
　　　　　许　明
案件监督管理室主任
　　　　　李　锋(2009-03～　)
行政效能监察室主任　李桂芳
调 研 员　茆新毅(2009-11～　)
　　　　　戴忠仪(　～2009-12)
副处级纪监员
　　　　　陈伯顺(　～2009-02)
　　　　　杨敏之　孙华杰
　　　　　肖家林　张锡苏(女)
　　　　　蒋小平　宋飞雄
　　　　　张国华(2009-03～　)
　　　　　袁永芬(女,2009-03～　)

镇江市中级人民法院

院　　长　帅巧芳(女)
副 院 长　眭瑞华　郑　清(女)
　　　　　章纯钢
　　　　　姚　强(2009-03～　)
　　　　　周建明
　　　　　(挂职,2009-11～　)
党组书记　帅巧芳(女)
党组副书记　眭瑞华
纪检组长　李明胜
政治部主任　刘茂顺
调 研 员　顾其荣
副调研员　褚冬平
　　　　　史玉林(2009-01～　)
副处级审判员　汤　流　史培勤
　　　　　张榕宁　吴绍祥
　　　　　宁　杰(2009-03～　)
　　　　　张　蕾
　　　　　(女,2009-03～　)
副 处 级　张子敏
镇江经济开发区法院院长　高国华
执行局局长　戴小南

镇江市人民检察院

检 察 长　蒋伟亮
副检察长　俞波涛(2009-01～　)
　　　　　孙云国　董新建(女)
　　　　　游巳春(　～2009-11)
　　　　　岳　岭(　～2009-01)
　　　　　殷建兵
　　　　　查迅宇(2009-11～　)
党组书记　蒋伟亮
党组副书记　俞波涛(2009-03～　)
　　　　　游巳春
　　　　　(2009-03～2009-11)
纪检组长　郭夕培(　～2009-11)
　　　　　徐　军(2009-11～　)
政治部主任　侯建伟(女)
调 研 员　郭夕培(2009-11～　)
副调研员　司马兆二(2009-01～　)
　　　　　孟广礼(　～2009-02)
副处级检察员
　　　　　钱云山(　～2009-11)
　　　　　刘才荣　王海燕(女)
　　　　　余巧生　马江宁
　　　　　王增建(　～2009-06)
　　　　　戴以平　仇运泉
　　　　　赵国兴　胡志勇
　　　　　王　云(女)
　　　　　倪艳平(女,　～2009-03)
　　　　　宋林芝(　～2009-09)
　　　　　管　俊
　　　　　张冬喜(2009-03～　)
　　　　　陈汉兵(2009-03～　)
　　　　　陈云南(2009-03～　)
　　　　　孙复龙(2009-03～　)
反贪局局长　游巳春(　～2009-03)
　　　　　朱　毅(2009-03～　)
反渎职侵权局局长　殷建兵(兼)
镇江经济开发区检察院检察长　朱国忠
湾山地区检察院检察长　张　斌

镇江军分区

司 令 员　甄邢兵
政治委员　王树均
副司令员　毕伟国
副司令员　管晓阳(兼参谋长)
政治部主任　李江苏
后勤部部长　白连生
党委第一书记　许津荣
党委书记　王树均
党委副书记　甄邢兵
纪委书记　李江苏
纪委副书记　白连生

民主党派、工商联

中国国民党革命委员会镇江市委员会

主任委员　宋余庆
副主任委员　王　萍(女)

王加友　朱富坤
沈红亮(驻会)

中国民主同盟镇江市委员会

主任委员　陈昆山
副主任委员　余其瑞(女)
李鼎如
任一鸣(驻会)

中国民主建国会镇江市委员会

主任委员　强南山
副主任委员　孙中良(驻会)
夏　军

中国民主促进会镇江市委员会

主任委员　徐　平
副主任委员　李柏椵(驻会)
李耀明　邹家生
于庆芳(女)

中国农工民主党镇江市委员会

主任委员　赵庆荣
副主任委员　郑金旭　王建宏(驻会)
李建华(女)　蒯开明

中国致公党镇江市委员会

主任委员　卢章平
副主任委员　谢志荣　宗加伟(驻会)

九三学社镇江市委员会

主任委员　王贵成
副主任委员　陈沛华(女)　颜　斌
毛　颖(女，～2009－09)
钱伯安(驻会)

工商业联合会

主　　席　孙志安
副 主 席　张永志　李　平　蔡永祥
朱保卫(2009－03～　)
朱国平(兼)
鄂秀萍(女，兼)
苏启善(兼)　徐　翔(兼)
周东海(兼)　应　军(兼)
叶有伟(兼)　耿忠毅(兼)
党组书记　张永志
副调研员　柏新民

人民团体

总工会

主　　席　陈　苏
副 主 席　时秋香(女)　姜　勇
卫锁宏(2009－03～　)
蒋新民
党组书记　陈　苏
党组副书记　时秋香(女)
纪检组长　杨维勤

调 研 员　于富强
副调研员　吴　科　王愉夫　徐镇伟
郑飞星

共青团镇江市委员会

书　　记　黄万荣
副 书 记　贺建国　蒋　敏(女)
王为华
党组书记　黄万荣

妇女联合会

主　　席　武白苹(女，　～2009－11)
胡云霞(女，2009－11～　)
副 主 席　树世萍(女，　～2009－03)
徐伟珍(女，2009－03～　)
朱绮云(女)
张宜英(女，　～2009－11)
郑迎伟(女，2009－11～　)
马金芳
(女，兼，2009－11～　)
党组书记　武白苹(女，　～2009－11)
胡云霞(女，2009－11～　)
党组副书记
树世萍(女，　～2009－03)
徐伟珍(女，2009－03～　)

归国华侨联合会

主　　席　徐晓元
副 主 席　张俊昌(兼)
支　芸(女，兼)

科学技术协会

主　　席　赵振祥
副 主 席　马鹤利
佘其瑞(女，2009－03～　)
张志明　邵锦亚(女)
朱炳国(兼)　陈国栋(兼)
葛玉连(兼)　孙广平(兼)
庄义庆(兼)　李照金(兼)
袁寿其(兼)　王自力(兼)
薛　玉(兼)
党组书记　赵振祥
调 研 员　陈　浩(　～2009－08)

哲学社会科学界联合会

主　　席　潘文瑜
副 主 席　唐明觉　邵利明
唐永泽(兼)　孙秀法(兼)
唐成海(兼)　姜　辉(兼)
顾大福(兼)　郭廉福(兼)
尹卫东(兼)　董德福(兼)
王　华(兼)　张卫平(兼)
党组书记　潘文瑜
调 研 员　严忠沛

文学艺术界联合会

主　　席　宋成玺(兼)

副 主 席　蒋　宁(女)　蒋光年
丁伟民
王　川(兼)
余爱国(兼)
党组书记　蒋　宁(女)
调 研 员　陈春鸣
副调研员　张　丹(　～2009－07)

台湾同胞联谊会

会　　长　刘贤忠

残疾人联合会

理 事 长　王联东
副理事长　赵　斌　史寿胜
党组书记　王联东
调 研 员　朱朝华(　～2009－01)

红十字会

会　　长　王　萍(女，兼)
副 会 长　蒋宗宁
许能斌(兼)　褚先明(兼)
李照金(兼)　陈国栋(兼)
戴江澄(兼)　夏敏章(兼)
侯军生(兼)　朱金生(兼)
潘法强(兼)　卜晓放(兼)
蒋　敏(兼，女)

部省属单位

国家安全局

局　　长　朱仲蔚
副 局 长　张建荣　张　强　徐向阳
党委书记　朱仲蔚
纪委书记　戴以力

国家税务局

局　　长　高逸民
副 局 长　张宁忠　刘卫忠　郭瑞龙
总经济师　朱智宏
党组书记　高逸民
纪检组长　马国钧(　～2009－03)
杨长春(2009－09～)

地方税务局

局　　长　夏照明
副 局 长　赵桂芳(女)
(　～2009－07)
施竞平
张　健(　～2009－02)
李　峻(2009－10～　)
总经济师　郦梅生(2009－10～　)
党组书记　夏照明
纪检组长　李　峻(　～2009－10)
邵　云(2009－10～　)

工商行政管理局

局　　长　刘海东

副 局 长 邓世安（正处级）
黄春年 邓国平
祝明良
张云星（2009－03～ ）
党组书记 刘海东
党组副书记 邓世安（正处级）
纪检组长 张云星（ ～2009－03）
李 健（2009－03～ ）

质量技术监督局

局 长 黄昌林
副 局 长 乐 意（ ～2009－03）
陈 琥 赵常男
王伟群（2009－03～ ）
党组书记 黄昌林
纪检组长 于光勤（ ～2009－03）
潘东生（2009－03～ ）

食品药品监督管理局

局 长 史国平
副 局 长 李杭军（ ～2008－11）
陈 黎
党组书记 史国平
党组副书记 李杭军（ ～2008－11）

国土资源局

局 长 雷志强
副 局 长 吕国奇
（正处级 2009－12～ ）
郑永红（女） 袁华荣
黄 毅
党委书记 雷志强
党委副书记 吕国奇
纪委书记 马加荣（ ～2009－12）
张朝晖（2009－12～ ）

土地收购储备中心

主 任 何玉博

国家统计局镇江调查队

队 长 周文娟（女）
副 队 长 罗凌俊
党组书记 张建华
党组副书记 周文娟（女）

出入境检验检疫局

局 长 陶卫忠
副 局 长 张甫华（正处级）
朱金连 吴小华
党组书记 陶卫忠
纪检组长 王咸平（ ～2009－04）
程 昕
（女，正处级，2009－04～ ）

海 关

关 长 陶建明
副 关 长 欧叔民
（正处级， ～2009－09）
钱卫民 贡立新 李 建
党组书记 陶建明
党组副书记 欧叔民
（正处级， ～2009－09）
纪检监察特派员 封抗勇

海关缉私分局

局 长 钱卫民
副 局 长 束 健 宋 平

海事局

局 长 张士元
副 局 长 郭学军 茆德胜 宋儒卿
党委副书记 徐义勇（ ～2009－09）
纪委书记 徐义勇（ ～2009－09）

烟草专卖局
（省烟草公司镇江分公司）

局长（经理） 胡龙海
副 局 长 张其富
副经理 张建农（2008－10～ ）
党组书记 胡龙海
纪检组长 张其富

盐务管理局
（省苏盐连锁有限公司镇江分公司）

董 事 长 赵斯勤
局长（总经理）
赵斯勤（2008－01～ ）
副局长（副总经理） 陈方晓 李功正
党委书记 陈方晓
党委副书记 赵斯勤（2008－01～ ）
张惠明
纪委书记 张惠明
工会主席 张惠明

供电公司

总 经 理 张 龙（ ～2009－11）
沈恩达（2009－11～ ）
副总经理 郦明先 芮松华 傅六林
高昇宇 王惠明
总工程师 崔恒志
总会计师 朱 洪
党委书记 郦明先
党委副书记 张 龙（ ～2009－11）
沈恩达（2009－11～ ）
纪委书记 陆克奇
工会主席 刘宽心

邮政局

局 长 江淞宁
副 局 长 徐 晓
强 斌
党委书记 江淞宁
纪委书记 强 斌
工会主席 徐 晓

中国电信镇江分公司

总 经 理 吴 强
副总经理 刘文龙 翁坚莉（女）
张 忠 吕笃公
总工程师 刘文龙
党委书记 吴 强
纪委书记 刘文龙
工会主席 翁坚莉（女）

江苏移动镇江分公司

总 经 理 杨 斌
副总经理 卢新奇 沈建林
党委书记 杨 斌
纪委书记 沈建林
工会主席 卢新奇

省广电信息网络公司镇江分公司

总 经 理 袁剑峰
副总经理 陈 剑 包信家
党委书记 袁剑峰

气象局

局 长 尹连荣
副 局 长 张永强（ ～2009－4）
朱筱英（女，2009－4～ ）
党组书记 秦荣强（ ～2009－4）
尹连荣（2009－4～ ）
党组副书记 尹连荣（ ～2009－4）
纪检组长 柳达萍（女， ～2009－4）
曹纪平（2009－4～ ）

金融、保险单位

人民银行镇江市中心支行

行 长 何敏峰（女）
副 行 长 顾 强 姚盛敏 赵晓春
党委书记 何敏峰（女）
纪委书记 周宜强
工会主任 马 成

银行业监督管理委员会镇江监管分局

局 长 张宗政
副 局 长 薛润生 贺平泉
党委书记 张宗政
纪委书记 薛润生

农业发展银行镇江市分行

行 长 姚小迁（ ～2009－03）
徐素荣（2009－05～ ）
副 行 长 孙秋生 钱五龙
周 鸣（2009－08～ ）
党委书记 姚小迁（ ～2009－03）
徐素荣（2009－03～ ）
纪委书记 钱五龙

交通银行股份有限公司镇江分行

行 长 刘雅刚（ ～2009－01）

柴卫平(2009－01～　)
副行长　张国民
曹云杰
罗来珍
党委书记　刘雅刚(　～2009－01)
柴卫平(2009－01～　)
纪委书记　张国民

中国银行股份有限公司镇江分行

行　长　王玉刚
副行长　陆　鸿
孙志辉
刘瑞成
党委书记　王玉刚
纪委书记　尹国瑞

工商银行股份有限公司镇江分行

行　长　周　乃
副行长　李奇瑞(　～2009－02)
庄　钧　汪　航
张万生(2008－06～　)
党委书记　周　乃
纪委书记　张万生
工会主任　张万生

建设银行股份有限公司镇江分行

行　长　姚恒元(　～2009－02)
刘　彤(2009－09～　)
副行长　刘　彤(主持工作,
2009－05～2009－09)
许良大　朱士富
李云霞(2009－09～　)
钟一平(2009－09～　)
党委书记　姚恒元(　～2009－02)
刘　彤(2009－06～　)
党委副书记　刘　彤(主持工作,
2009－02～2009－06)
纪委书记　朱士富

农业银行股份有限公司镇江分行

行　长　刘　坚(　～2009－04)
副行长　宋国云
(主持工作,2009－06～　)
李剑锋　周清清
荆玉萍
党委书记　刘　坚(　～2009－04)
党委副书记　宋国云(主持工作,
2009－05～　)
纪委书记　李剑锋

江苏银行镇江分行

行　长　眭建群
副行长　邹荣清
殷才驹
总稽核　赵长亮
党委书记　眭建群
纪委书记　赵长亮

人民财产保险股份有限公司
镇江市分公司

总经理　戎　军
副总经理　王海波　王爱国
陈　德
党委书记　戎　军
纪委书记　王海波

人寿保险股份有限公司镇江市分公司

总经理　黄　俊
副总经理　康　勇　陈士珠　陶有为
党委书记　黄　俊
党委副书记　康　勇
纪委书记　康　勇

太平洋财产保险股份有限公司
镇江中心支公司

总经理　杨宁国
副总经理　陆　忠　陈国华　贺旺成
党委书记　杨宁国

太平洋人寿保险股份有限公司
镇江中心支公司

总经理　陈海燕(　～2009－04)
副总经理　韩建玲(主持工作,
2009－04～　)
刘文军(2009－10～　)
党委书记　陈海燕(　～2009－04)
党委副书记　韩建玲(2009－04～　)

学校、医院

江苏大学

校　长　袁寿其
副校长　许化溪　宋余庆
孙玉坤　李萍萍(女)
程晓农　姚冠新
田立新　陈　龙
党委书记　范　明
党委副书记　曹友清　姚冠新
纪委书记　曹友清

江苏科技大学

校　长　王建华(　～2009－08)
王自力(2009－08～　)
副校长　张庆奎
董师润(　～2009－08)
王文义(　～2009－08)
王自力(　～2009－08)
葛世伦　景旭文
姚寿广(2009－08～　)
郭锡杰(2009－08～　)
许俊华(2009－08～　)
王加友(2009－08～　)
党委书记　姜建中(　～2009－08)
王建华(2009－08～　)
党委副书记　王建华(　～2009－08)
王自力(2009－08～　)
张庆奎
纪委书记　夏纪林

高等专科学校

副校长　潘天华　夏光荣　戴光辉
党委书记　杨国祥
党委副书记　徐　铭
纪委书记　徐　铭

江苏农林职业技术学院

院　长　黄　焱
副院长　俞禄生　李振陆　苏小冬
党委书记　朱洪生
党委副书记　黄　焱　王润贤
纪委书记　王润贤

江苏省交通技师学院

院　长　王宗荣(2009－06～　)
党委书记　刘　云
党委副书记　张永春
纪委书记　张永春

高级技工学校

校　长　王社宁
党总支书记　黄亚平

镇江中学

校　长　张玉坤
副校长　于　健　张尤嘉　徐　杰
邢淳镇　龚保庆
党委书记　张玉坤
党委副书记　钱　进
纪委书记　钱　进

镇江第一中学

校　长　黄法祥
副校长　周晓宇　王　健
赵竹林　郭晓峰
王瑞楠
党委书记　黄法祥
党委副书记　王明春(女)
周晓宇
纪委书记　王明春(女)
督导员　邓干成
(副处级,2009－12～　)
游曙辉(副处级)

江苏康复医疗集团
(2009年11月成立)

院　长　朱　夫(2009－11～　)
副院长　周伟明(2009－11～　)
周　云(2009－11～　)
许文林(2009－11～　)
蒋鹏程(2009－11～　)
姚恒祝(2009－11～　)

(市委组织部　镇江军分区)

中共镇江市委员会

责任编校：戴 芸

综 述

【概况】 2009年，镇江市贯彻中央、省应对金融危机的一系列决策部署，全力保增长、保民生、保稳定，坚定跨越信心，坚持危中抢机，明确赶超目标，狠抓“千亿投资、百亿财政”，“四大建设”推进有力，跨越发展态势明显。完成地区生产总值1672.08亿元，增长18.7%；全社会固定资产投资1010.57亿元，增长40.6%；地方一般预算收入101.57亿元，增长18.6%；城市居民人均可支配收入、农民人均纯收入分别实际增长10%、10.8%。主要经济指标增幅高于全省平均、快于沿江八市。推进项目建设。全市工业性投资624.67亿元，增长36.7%。结构调整成效显著。五大主导产业销售2515亿元，增长14.8%。加强城乡建设。全市城建投入305.1亿元，增长31.7%，市区拆迁380万平方米，是上年的2.17倍。关注民生，扶持创业3000人，创业带动就业1.5万人。

党的建设不断加强。扎实开展学习实践科学发展观活动。突出抓好领导班子、领导干部的学习，重点解决真学真懂真干的问题。各级党政组织都明确学习赶超对象，争当跨越发展排头兵。深化“一岗双责”，推进反腐倡廉建设和惩防体系建设，加强党务公开和重要权力节点监控，勤廉干事的风气得到进一步弘扬。 （陈 莹）

【部分中央及部委领导人先后视察镇江】 2009年1月28日、30日，全国人大常委会原副委员长蒋正华一行到镇江视察，参观镇江博物馆，视察北部滨水区景区建设和西津古渡保护、建设情况。

3月28日，全国人大常委会副委员长华建敏在省人大常委会副主任李全林、市委书记许津荣等陪同下调研考察镇江市部分企业，了解经济运行情况，与企业商讨应对国际金融危机之策。华建敏参观金山文化广场、西津渡历史文化街区、镇江博物馆等地，听取许津荣关于镇江市建设北部滨水区的情况汇报，高度评价镇江市因地制宜，依托长江，打造城市新亮点，保护和弘扬传统文化的做法。

4月9日，全国人大常委会副委员长、民建中央主席陈昌智，在省人大常委会副主任、民建江苏省委主委赵龙等陪同下，率调研考察组到镇江市调研节能减排工作。市委书记许津荣，市委常委、常务副市长陈照煌及市经贸委、市环保局有关负责人向陈昌智一行汇报镇江市节能减排工作。陈昌智一行参观镇江稳润光电有限公司和谏壁发电厂，考察产业结构调整和节能减排工作，听取民建镇江市委主委强南山关于民建镇江市委的有关情况汇报。他希望镇江在经济发展方式、经济结构调整上紧抓不放，在发展先进制造业的基础上发展现代服务业，通过产业结构的调优、调新，实现可持续发展。全国政协副秘书长、民建中央常务副主席马培华等参加调研考察。

5月23日，中共中央政治局原常委、国务院原副总理李岚清在镇江一泉礼堂举行李岚清中国近现代音乐专题讲座暨音乐会。全国政协委员、文化部原副部长赵维绥，省委副书记、组织部长王国生，省委副秘书长姚晓东，市委书记许津荣，市长刘捍东等市委、市人大、市政府、市政协领导和驻镇高校师生代表一起聆听讲座和音乐会。

5月31日，中国国民党主席吴伯雄率中国国民党大陆访问团到镇江参观访问。市委书记许津荣在一泉宾馆会见吴伯雄一行。中共中央台办常务副主任郑立中、市长刘捍东、市委副书记张庆生等参加会见。中国国民党大陆访问团一行参观金山江天禅寺、镇江博物馆、西津渡历史文化街区等地。

8月15日，中共中央政治局委员、中央书记处书记、中宣部部长刘云山到镇江考察。中宣部副部长孙志军，中央文明办调研组组长左中一，省委书记梁保华，省委常委、宣传部部长杨新力，市领导许津荣、刘捍东等陪同考察。刘云山参观金山风景区、镇江博物馆、西津古渡和镇江民间文化艺术馆等地，考察镇江市历史文化及旅游资源，与有关部门负责同志及民间艺人交流，探讨悠久历史文化的保护和传承等议题。 （陈 莹）

【市党政代表团赴合肥、连云港学习考察】 2009年5月25日，市党政代表团赴合肥市学习考察。从“为什么要到合肥来”“我们应向合肥学什么”“学了以后怎么干”三个方面开展学习考察活动。学习考察的重点包括：学习合肥“大发展、大建设、大环境”的思路和气魄，学习合肥抓重点、创新突破的思路举措，学习合肥改善软环境、动真碰硬的机制与做法，学习合肥快节奏、精细化的执行力。9月3～4日，市党政代表团赴连云港考察，考察连云港市规划展示中心、两市大型劳务和人才招聘活动及连云港港区等地。考察期间，两市就深化交流合作，推动共同发展进行探讨，举办资金捐赠和项目签约活动。代表团向连云港市捐赠500万元援助资金，现场签约6个合作项目，总投资约9亿元，包括加强轮缘中型载重无内胎轮辋研究开发项目、年产1000吨医药和农药中间体生产装置项目、江苏胜华2000吨级油轮项目、20万吨/年酒精和5.2万吨/年橡胶硫化促进剂项目、生物柴油加工及储运项目、园区

共建紧密合作协议等。（陈莹）

【政策研究工作】2009年，市委研究室建立全室人员与辖市（区）“一对一”的联系和例会汇报制度；主要由市委研究室工作人员执笔撰写的《调查快报》，印发145期，平均两天一期，由每期150份增印到每期550份；20份《调查快报》被市领导批示，大量数据信息和建议被市领导决策时采纳；12份《调查快报》因需求量大组织二次印发。

建立辖市（区）经济运行旬报制度，包括25个主要经济发展指标、保增长促跨越的亮点特色、大项目推进情况等三项基本内容。从7月开始建立省辖市发展动态月报制度，对省辖市经济社会发展，特别是重大项目、重点投入、城市建设、高层活动、创新举措等最新情况及时收集汇总。先后收集整理合肥、沭阳、连云港、靖江、江阴、泰州医药产业城、昆山花桥国际商务城、无锡太湖新城、常州科教城、江宁开发区、宜兴开发区等周边城市的先进经验和创新举措。收集编写“智能电网”“物联网”“中国十大服务外包领军企业”“台湾区电机电子工业同业公会推荐大陆最具投资潜力城市排名”等有价值信息，并系统介绍135家中央企业的主营业务、发展目标、投资方向和重点。

调研评估全民创业、文化产业、生态城市创建、“331”人才行动计划、旅游业、现代服务业等6个子课题，总结成效，分析不足，提出对策建议。针对句容巨宝科技用工难、扬中西来桥中石油项目历史遗留矛盾等问题，实地调查提出对策；围绕“迈向百亿，我们应当为重点企业做什么”课题，在大全集团、辉煌硅能源（镇江）有限公司、大亚科技集团有限公司、江苏沃得机电集团有限公司、飞达集团、江苏天工集团有限公司、利华国际等7家销售超百亿重点企业实地调研，为全市培育“百亿企业”的决策和指导提供第一手资料。开展新兴产业系列发展调研，重点分析新能源、新医药、服务外包、现代物流、文化产业、省级重点实验室检测机构建设、高新技术创业中心建设、风险投资等8个新兴产业、新兴业态的发展状况、制约矛盾和目标前景。“百企话发展”调研，介绍38家中小企业的情况反映中小企业危中寻机的发展状况，形成4篇调研报告。牵头“青山绿水”两年行动推进情况调研，总结南山西入口建设经验。

开展乡镇推进跨越发展专题调研，重点分析8个乡镇，为全市开展第三批学习实践科学发展观活动提供辅助资料。整理编发十七届四中全会精神解读材料。调研重要课题“充分发挥市委全委会对重大问题的决策作用”。编发市委五届八次、九次全委会讨论综述。从镇江与扬州的总量比较、镇江与常州的均量比较，对2006~2008年的发展指标变化情况进行系统分析，找出“超扬赶常”的有利条件和不利因素。就北部滨水区建设应赋予怎样的功能定位和建设理念，调研多家单位，查阅相关资料，形成调查报告。推进全市农村“三集中”（农民居住向社区集中、农业向规模经营集中、工业向园区集中），以农民集中居住为重点，围绕土地占补、资金运作“两个平衡”的核心问题，就“三集中”推进中必须解决的“钱从哪里来、人往哪里去、土地集中后的农民利益如何保证”等根本性问题，提出思考建议。（裘剑峰）

【保密工作】2009年，镇江市保密局完成工作任务和创新成果的考评结果位居全省前列。5月初至7月底，在全市范围内组织开展保密警示教育、签订保密承诺书活动。全市140多家单位的涉密人员签订保密承诺书。组织播放宣教片760场次，受教育3万多人。

1月13日，印发《关于进一步规范涉密载体统一回收销毁的通知》。重申、强调涉密载体销毁工作的重要性，为规范该工作提供依据，规定销毁时限，设立举报电话。3月13日，保密局和市经贸委共同组织召开全市军工科研生产单位保密管理工作会议，贯彻国防军工保密认证新标准。全年4次组织人员深入全市16家军工单位进行保密工作检查。5月22日，市委保密委下发《关于开展全市党政机关单位保密检查的通知》，6月中旬开始，市委保密委检查组现场检查51家机关、单位，根据出现的问题提出整改意见。与相关单位配合，对包含辖市（区）范围内的相关党政机关单位，进行接入政府信息网络的方案审查，组织现场测试，坚决制止不符合要求单位接入电子政务内网。筹备镇江市电子政务监管平台建设，落实50万元投资资金，年内完成投资近40万元。实现对党政机关、军工科研单位涉密信息系统的有效监管，为电子政务网络安全运行提供可靠的保密保障。（张晓涛）

【市委办公室开展“三比三争——全面提升年”活动】2009年，市委办公室以“三比三争——全面提升年”为载体，开展学习实践科学发展观活动。全年完成文稿500余篇，向省委报送信息1186条，组织安排各类会议、活动200多场，文件收发交换处理80万份，办理《省委书记信箱》来信55件，安全行车60余万公里，全年译传办理各类电报8350份。策划组织春节上班第一天市委、市政府召开的总结表彰大会；举办李岚清中国近现代音乐专题讲座暨音乐会；安排党政代表团赴合肥学习考察活动；组织市委主要领导八月赴各辖市（区）现场办公推动发展的活动；组织为期三天的全市“新项目、新发展、新成就”现场观摩活动；12月31日夜组织“祈福迎新”新年撞钟活动。组织开展读书活动，每位同志全年读4~6本书，出版学习心得编辑《我的读书生活》；每两个月定期举办一次双月新知识讲座，邀请省内专家学者授课辅导。在学习实践活动中，组织开展“假如我是这座城市的决策者”调研活动，并将调研成果汇编成《调查与研究》一书。组织全体党员开展“党员奉献日”活动，10月2日凌晨4:00，全体党员替代环卫工人清扫街道。3月，开展“过一过大家庭生活”家属联谊活动。先后组织开展“廉文警句”书画展、“新跨越、新镇江”业余摄影大赛、“我为南山披绿装”三八妇女节植树活动和“奋进杯”乒乓球友谊赛。（陈莹）

重要决策和会议

【《关于加快推进农村改革发展的实施意见》】2009年1月1日市委、市政府颁布。要求农民增收力争保持全省领先，全市农民人均纯收入年均增幅达12%以上，到2015年达1.7万元，在2008年基础上，比全省提前2年、比全国提前5年翻一番；高效规模设施农业赶超全省平均水平，到2012年，全市高效农业面积占耕地面积40%以上，比全省平均水平高5个百分点以上；农村合作经济组织建设赶超全省平均水平，到2012年，全市参加农村合作经济组织的农户比例达45%以上，比全省平均水平高5个百分点以上；统筹城乡发展取得新突破，到2012年，全市城市化率达62.5%，比2008年提高2.4个百分点；农村制度改革创新取得新突破，重点推进土地制度改革、农村金融制度改革和农业支持保护制度改革；农村和谐社会建设取得新突破。制定主要措施8条：1. 推进城乡经济社会一体化发展，统筹城乡发展规划、统筹城乡基础设施建设、统筹城乡产业发展、统筹城乡社会事业发展、统筹城乡就业创业和社会保障；2. 深化土地制度改革，加快土地权属的确权登记发证、建立土地流转三级市场体系、建立城乡统一的土地市场、创建城乡建设用地增减挂钩方式、加快实施集体林权制度改革；3. 大力发展农村合作经济组织；4. 完善农村现代金融制度，加快发展辖市（区）、镇银行业金融机构、建立健全农村信贷担保体系；5. 建立健全财政支农支出稳定增长机制；6. 加快发展农村工业经济；7. 加快发展现代农业；8. 加快发展农村服务业。意见要求实施河塘疏浚整治、饮水安全、脱贫攻坚、清洁能源、绿色家园五大实事工程。

（陈 莹）

【《关于加强城市社区建设的若干意见》】 2009年12月31日，由市委、市政府印发，就进一步推进和谐社区建设提出意见：1. 理顺社区工作体制，在城市社区增挂"社区事务工作站"牌子，社区事务工作站按"一居一站"的模式设立，接受市区相关职能部门及街道办事处的业务指导和考核，接受社区居委会和居民群众的评议监督；2. 完善社区综合服务设施市级财政设立社区建设专项资金，统筹安排老小区改造和综合服务设施建设，主城区的老小区改造力争两年内完成；3. 实施政府购买服务，对社区基础设施养护、居家养老、环境绿化等事项，可以转交社会中介机构、社区物业服务中心或物业服务企业进行，区级财政给予一定补贴；4. 增加社区工作经费，2010年每个社区的工作经费不低于6万元，2011年不低于10万元，2012年按照每500人每年1万元标准执行，并随着经济发展，建立自然增长机制；5. 相关行政工作需要由社区承担时，要切实贯彻《关于实施社区事务准入制度的意见》（镇办发〔2006〕59号），落实"费随事转"的要求；6. 加强社区居民属地管理，引导居民按照以常住地登记为主的原则进行户口登记，有两处以上合法固定住所的，只能在其中一处登记；7. 减少社区考核评比，除国家部委和省级明确要求外，市里只组织"和谐社区""文明社区"和"平安社区"考核评比；8. 义务培训社区工作人员，部门和单位为提高社区工作人员综合服务能力而开展的各项培训，都应免费进行，否则社区可以拒绝参加；9. 合理配置社区工作人员，社区工作人员配备由"选聘"结合的方式产生，由社区党组织、居委会主要成员和社区事务工作站人员组成，三者总数按"不低于每1000人配1名"的标准配备，最多不超过10人；10. 提高社区工作人员待遇，三项经费列入区级财政预算；11. 培育社会工作人才，有序开展心理辅导、行为矫正等社区专业工作岗位，吸引社会工作人才；12. 充分发挥社区志愿者作用，普及志愿者服务知识，各社区设立志愿者报名点，并适时、适度地开展志愿服务活动。（陈 莹）

【《关于加快推进诚信镇江建设的意见》】 2009年3月27日，市委、市政府颁布：到2010年左右，基本建立与率先发展和跨越发展相适应的社会信用体系；加快"一网三库"建设，基本建立全市公共信用信息平台、企业和个人征信系统；信用服务行业与市场初具规模，信用产品得到推广应用，企业信用明显加强，政府公信力、企业信用度、社会诚信意识明显提升，社会诚信环境明显优化。到2020年左右，率先建立符合国际惯例、体现镇江特色、适应发展要求、比较完善的社会信用体系，诚信镇江建设水平得到全面提升。意见要求通过加大信用政策体系建设力度，把信息征信、信用公示、信用评估和信用咨询活动纳入规范化轨道；加大"一网三库"工程实施力度，加快"诚信镇江"网站建设、企业信用基础数据库建设、个人信息基础数据库建设、信贷征信数据库建设；加大信用服务业发展力度，培育信用服务机构，发展信用征集、信用咨询、信用评估、信用担保和信用保险等信用服务业；加大行业监管力度，综合运用法律、行政、经济等手段，发挥各职能部门和行业协会的作用，建立完善有效的信用激励和惩戒机制，切实加大行业监管力度；加大政策扶持力度，设立市社会信用体系建设专项资金，引导各地、各部门加大信用体系建设资金投入力度；加大宣传教育力度，引进和培养高层次信用管理人才，壮大信用专业人才队伍；加大组织领导力度，建立组织机构、明确职能分工等7项措施，重点加快推进政务诚信建设，全面推进商务诚信建设，着力推进社会诚信建设。（陈 莹）

【《关于提升行政效能 优化发展环境的若干意见》】 2009年7月20日，由市委、市政府印发，要求：1. 开展"提高落实执行力"专题活动，完善长效机制，促进机关作风明显改进，工作状态明显提升，责任意识明显增强，办事效率明显提高；2. 深化行政审批制度改革，以现行法律法规、规章和有关文件为依据，按照"能减则减"原则，进一步精简行政审批事项；3. 建立领导干部下基层工作制度，结合领导干部下访制度，明确机关部门领导班子成员必须经常深入"重点工作、重大项目、重大工程"一线和困难企业、弱势群体、帮扶对象加强调查研究，发现和解决问题，现场调处矛盾；4. 建立统一规范的招投标市场，整合建设工程、产权交易、政府采购、国土交易等专业交易中心，形成统一的招投标交易平台，在市行政服务中心集中办公，统一监管；5. 对处于垄断地位的中介服务，市行政服务中心通过培育引进，在2009年底前每类中介组织不少于3家，形成初步竞争的中介市场。2010年底前，每个行业的中介组织要达到10家以上，形成竞争较为充分的中介市场；6. 优化政府公共服务平台，拓展政府网站公共服务功能，整合各部门网上服务内容，为公众提供更多在线服务；7. 建立土地供应"双向约定"制度，按照"净地上市"原则，严格实行用地合同管理，建立建设项目用地综合验收制度；8. 推进阳光拆迁，建立健全相应的保障制度，高度重视拆迁安置用房的建设；9. 加大违法建设整治力度，明确查处责任部门和工作目标，制订整治违法建设的方案；10. 严格考评问责，对不行使问责的部门，由市纪委、监察局督促实施责任追究，并对部门和相关负责人进行责任追究。

（陈 莹）

【市委五届八次全委会议】 2009年7月14日，中国共产党镇江市第五届委员会第八次全体会议在一泉礼堂举行。全会总结上半年，部署下半年，动员全市抢抓机遇、乘势而上，确保完成全年目标任务。市委书记许津荣代表市委常委会向全会作题为《千方百计保增长，全力以赴促跨越》的报告。报告分四个部分：一、肯定成绩，坚定信心；二、认清新形势，明确新要求；三、突出重点，狠抓关键；四、改进作风，强化效能。抓好五个方面工作：一是狠抓工业回升，力保经济增长；二是狠抓关键指标，冲刺千亿投资；三是狠抓结构调整，加快产业升级；四是狠抓薄弱环节，提高开放型经济水平；五是切实改善民生，促进社会和谐。市委副书记张庆生作题为《深入学习实践科学发展观活动第二阶段总结和第三阶段部署》的报告。会议通过中共镇江市五届八次全委会议决议。

（陈 莹）

【市委五届九次全委会议】 2009年12月25日，中国共产党镇江市第五届委员会第九次全体会议在一泉礼堂举行。全会认真贯彻党的十七届四中全会、中央经济工作会议和省委十一届七次全会精神，总结2009年工作，部署2010年工作，动员全市广大干部群众推进跨越发展，实现后发先至。市委书记许津荣代表市委常委会作报告：一、积极应对金融危机，跨越发展迈出可喜步伐；二、咬定跨越发展目标，找准后发先至路径；三、坚持民生优先，建设和谐社会；四、加强和改进党的建设，提高党的建设科学化水平。在七个方面求实效：一是深化思想解放，激发强大动力；二是大力推进科技创新,强化第一驱动力;三是加快产业升级,促进结构优化;四是统筹城乡发展,加快城镇化进程;五是保护环境资源,加强生态建设;六是深化体制机制改革,增强发展活力;七是弘扬创业精神,推进全民创业。会议通过中共镇江市五届九次全会决议。（陈 莹）

组织工作

【概况】 2009 年,全市组织部门开展学习实践科学发展观活动。第二批学习实践活动按照“党员干部受教育,人民群众得实惠,科学发展上水平”总要求,以“争当跨越发展排头兵”为载体;第三批学习实践活动,主题为“思想认识有新提高、解决突出问题有新进展、加强基层组织有新进步、促进科学发展有新成效”。

2009 年,镇江市本级举办培训班 36 个,其中主办班次 16 个,培训 1900 余人;协办班次 20 个,培训 1000 多人。全年选派 103 名年轻公务员和机关工作人员到下属企事业单位和村(社区)挂职锻炼 1 年,选派 12 名市级机关副处职干部挂职服务全市 12 家重点企业,选派 2 名市级机关副处职干部挂职辖市(区)负责拆迁、工程建设等工作,选派 66 名机关优秀年轻干部驻镇督导创建全国环境优美乡镇工作,选派 60 名市级机关干部驻村推进经济薄弱村脱贫攻坚,选派 24 名市管后备干部到市信访部门担任信访督导员。

2009 年,全市 1 人入选国家“千人计划”,19 人入选省“引进计划”,15 人增选入省“333 高层次人才培养工程”。全市确定第四期“169 工程”培养学术技术带头人 152 名,科技骨干 548 名,乡村优秀科技人才 810 名。组织开展镇江市“重大成果”和“杰出人才”评选,重奖 2 名人才共 20 万元、2 个项目共 40 万元。

集中两个月时间,对全市 4044 名镇、村干部开展以“科学发展、依法管理”为主要内容的新一轮培训;选调 80 名优秀年轻村干部参加大专学历函授班。新选聘 211 名高校毕业生到村(社区)任职,对 2006 ~ 2008 年选聘的 222 名大学生村官进行能力提升集训。举办全市新社会组织党组织“诚信服务带头人”、新经济组织党组织“科学发展带头人”两个示范性培训班。对第五轮争创基层党建工作先进县(局)活动进行考核,推进市、县两级基层党建工作示范点和党员先锋岗、示范岗建设。全市树立扬中市新坝镇、丹阳天工集团、句容西冯村、镇江中学、金东纸业等不同行业学习实践科学发展观先进集体典型 86 个和丹阳市新桥镇金桥村党总支书记张雅琴等先进个人 79 个。出台 6 项举措帮助 100 个经济薄弱村脱贫攻坚,市基层党建工作专项资金奖励 200 万元。牵头推进村综合服务中心建设,101 个村进行新建或扩建,504 个村全面规范提升。深化党员“先锋工程”和争先创优活动,深化无职党员设岗定责工作的意见在全省推广。在全市组织开展走访慰问新中国成立前参加革命工作的老同志、老党员和英烈遗属活动。（朱 彤）

【干部选拔任用“一报告两评议”制度】 2009 年,镇江市在市、辖市(区)两级全面实行该制度,由地方党委书记代表常委会,向全委会报告干部选拔任用工作情况,由全委会对干部选拔任用工作进行民主评议,对新提拔的党政正职进行民主测评。2 月首次实行,市委书记许津荣代表市委常委会向全委会报告 2008 年度市管干部选拔任用工作,与会市委委员对干部选拔任用工作进行民主评议,对 2008 年新提拔和新任职的正处职领导干部进行测评。（周永祥）

【“331 计划”】 2009 年,市领军人才办各成员单位推介“331 计划”,举办“百名海外博士江苏行”镇江对接洽谈会、中国镇江引进领军人才政策武汉推介会、海外学子回国创业周等活动,组团分赴美国、加拿大、英国、挪威和中国香港等地招才引智。“331 计划”一期 182 名人才(团队)申报,138 名人才(团队)进入技术评审,64 名人才(团队)获得推荐,最终确定首批资助 34 名人才(团队),市领军人才办公室提供资助资金 4090 万元。引进项目涉及新能源、新材料、先进制造、电子信息、生物医药等高新技术领域。34 名人才(团队)带动引进 172 名高层次人才,其中,院士 2 人、博士 87 人、硕士 52 人。2008 年,市委、市政府出台镇江市引进培育创新创业领军人才三年行动计划,成立市引进培育领军人才办公室,计划从 2008 到 2010 年,3 年内引进培育 30 个领军人才团队和 100 名领军人才,简称“331 计划”。（冉 勇）

【“三责联审”工作会议】 2009 年 12 月,镇江市召开全市党政领导干部“三责联审”工作会议。“三责联审”即由组织、编制和审计等部门同步联动,对地区或机关部门党政正职实施选人用人责任审查、机构编制责任审核和任期经济责任审计。市委组织部、市编办、市审计局按照《江苏省党政领导干部“三责联审”办法(试行)》,从 2010 年开始,根据干部管理权限和部门职责分工,同步联动实施党政领导干部选人用人责任审查、机构编制责任审核和任期经济责任审计工作。（周永祥）

【团级军转干部量化考核积分安置办法】 2009 年起,镇江市采用该办法。即

表 3-1 **2009 年镇江市党员和党组织情况表**

单位	党员队伍(人)					发展党员(人)				基层党组织(个)			
	党员数	女党员	少数民族党员	35岁以下	大专文化以上	发展数	女党员	35岁以下	大专文化以上	总数	党委	党总支	党支部
市直	44392	12979	646	18032	30753	5312	2673	5087	1470	2419	191	179	2049
丹阳市	47249	6905	36	8317	12182	863	235	518	472	2228	75	242	1911
句容市	32465	4738	36	4627	8134	591	256	472	311	1436	42	159	1235
扬中市	20448	3645	10	4800	6287	501	184	346	314	1005	68	76	861
丹徒区	19530	3446	45	3053	5028	365	94	199	169	798	32	81	685
京口区	11594	3252	117	1569	4495	77	35	52	64	617	10	84	523
润州区	10184	2385	75	1161	3563	156	78	129	131	553	13	58	482
镇江新区	8484	1420	12	1786	2271	127	45	103	63	357	13	41	303
合计	194346	38770	977	43345	72713	7992	3600	6906	2994	9413	444	920	8049
所占比例(%)	100	19.95	0.5	22.3	37.41	100	45.05	86.41	37.46	100	4.72	9.77	85.51

（杨 昉）

根据团职军转干部在部队所作贡献和德才表现情况进行量化考核，依据积分高低顺序选择单位或职位的办法。积分设置的条件分包括军龄分、任职分、学历分；附加分为奖励分、优待分；惩戒分为减分，其他均为加分。市委组织部根据军转干部档案和面试成绩对其打分，经本人确认后公布；根据团级军转干部数量和地方干部队伍实际情况，按照适当多于当年安置数的原则，编制年度军转干部安置计划，按干部管理权限分别报经市委常委会、市委组织部部务会研究同意后公布，由军转干部依据积分高低顺序依次选择职位和单位，分别报经市委组织部部务会、市委常委会研究决定，办理安置手续。全年，市委组织部根据这一办法在市区安置10名正团级军转干部和11名副团级军转干部。

（石　捷）

【老干部工作】 2009年春节前，市委、市政府主要领导走访慰问老红军和地市职老领导。市委、市政府召开地市级老同志情况通报会，通报全市经济建设、城市建设、农业和农村工作等情况。出台《市管退休干部服务管理工作暂行规定》；解决企业和事业单位离休干部住房提租补贴与机关离休干部同步增加问题；市委老干部工作领导小组制定《老干部工作领导小组工作职责》，建立为老干部办实事的工作机制，领导小组18个成员单位为老干部办实事16件。创建“镇江老干部”网站，网址：http://www.jszjlgbj.com。市委老干部局被评为市级机关作风建设和目标管理先进单位。

落实老干部政治待遇。为每位离休干部和市管县处级退休干部编发双月刊《老干部时政学习资料选编》。举办5期离退休干部“余热生辉、共建和谐”双月教育讲座，邀请专家、教授分别作“党的十七大学习报告”“离退休干部党支部建设现状及对策”和“当前镇江经济形势与目标”等讲座。市老干部活动中心实行阅文日开放，接待阅文人数428人次。组织部分地市职离退休老干部参加省委巡视见面会、厅局级退休干部参加省第五期学习班。组织400多名离退休干部参观市2009年十大工程巡礼和重大项目建设成果。举办全市离退休干部党支部书记培训班，下发《关于开展创建“五好”离退休干部党支部活动的通知》。原市委书记、离休干部钱永波受到中组部表彰，镇江供电公司离退休干部党总支等4个离退休干部党支部和原政协主席、离休干部黄选能等8名离退休干部受到全省表彰。9月，召开全市先进离退休干部党支部和离退休干部先进个人表彰大会，表彰16个先进离退休干部党支部和25名离退休干部先进个人。

落实老干部生活待遇。提高老同志王一铭、雷昌旺、宋波、宋亚欣的待遇，享受副省长级医疗待遇。按照《关于解决离休人员待遇有关问题的通知》（苏纪发〔2009〕1号）文件精神调整离休干部的离退休金，全市离休干部生活补贴水平提高到同级政府同职级在职人员规范后津贴补贴90%。按照《关于调整离退休干部自雇费、护理费标准的通知》（苏委老干〔2009〕26号），调整全市离休干部护理费标准。增加离休干部人均医药费统筹标准，2009年达18500元。为驻镇省直属单位15名离休干部“无工作、无固定收入、无公费医疗”遗属办理医疗保险。会同市卫生、医保等部门联合下发《关于进一步做好离休干部医疗就诊服务工作的通知》。建立离休干部到就近社区看病“花钱少、服务好”的医疗保障新机制。《积极探索“花钱少、服务好”社区医疗保障机制》获得全省老干部工作创新优成果优秀奖。制定《关于利用社区资源做好离休干部服务管理工作的试点实施方案》，在江滨新村第一社区和三茅宫第一社区进行试点。推进各辖市（区）离休干部住房货币化补贴工作，丹阳市、扬中市、润州区发放到位，丹徒区、京口区、镇江新区全面启动。给予市直45名离休干部和离休干部遗属特殊困难帮扶补助，给予31名安装人工器官的离休干部特殊医疗项目补助。

组织老干部开展活动。开展纪念新中国成立60周年系列活动，联合市委宣传部在《镇江日报》《京江晚报》开设“忆峥嵘岁月、谋跨越发展”栏目，邀请20位离休干部追忆历史；开展“铭记历史丰碑”征文活动，从106篇稿件中精选41篇编辑出版，其中2篇参加省“回首激情岁月”征文活动获三等奖；组织800多名老干部参加全市“红色经典、火红镇江”纪念新中国成立60周年万人演唱会；编排3个文艺节目参加“祖国颂”全省老干部文艺会演，获演出组织奖、优秀节目奖和表演节目奖；组织“金色夕阳、火红镇江”全市老干部广场文艺会演；参加常、镇、锡、苏“今日江南”四市老干部摄影作品联展。在全省率先创办老干部大学，开设电脑班、中医保健、书画、歌咏、钢琴等8个班次，招收离休干部和市管退休干部学员320名。老干部活动中心被市委、市政府命名为市级文明单位。

（陈　红）

【市级机关党的工作】 2009年末，市级机关有机关基层党组织96个，其中机关党委31个，党总支23个，党支部42个；党员8572名，其中预备党员329名。女党员2023名，占党员总数23.6%；少数民族党员115名；有大专以上学历党员

表3-2

2009年镇江市离休干部情况表

单位：人

单位	离休干部总人数	参加革命工作时期				享受待遇情况							
		红军时期	抗战前期	抗战后期	解放战争时期	副省长级医疗待遇	享受地（厅）级待遇	享受副地（厅）级待遇	享受地（厅）级医疗乘车待遇	享受县（处）级待遇	享受副县（处）级待遇	享受正（副）科级待遇	享受其他待遇
镇江市	2084	3	175	377	1529	4	4	130	130	19	926	151	720
市直单位	1082	3	103	191	785	4	4	93	101	19	521	81	259
丹徒区	203	–	13	44	146	–	–	9	1	–	92	16	85
京口区	85	–	6	20	59	–	–	7	1	–	49	9	19
润州区	44	–	–	5	39	–	–	1	4	–	17	12	10
镇江新区	24	–	4	4	16	–	–	–	–	–	8	3	13
丹阳市	334	–	18	60	256	–	–	10	15	–	100	11	198
句容市	212	–	22	31	159	–	–	8	3	–	94	17	90
扬中市	100	–	9	22	69	–	–	2	5	–	45	2	46

注：全市离休干部平均年龄81.4岁，市直离休干部平均年龄81.1岁。

（陈　红）

6437名，占党员总数75.1%；35岁以下党员1594名，占党员总数18.6%；新中国成立前入党的党员158名，离退休党员2004名；组织关系在人才(劳动)服务中心的党员608名。

实施为机关党组织和党员办“十件实事”行动；组织机关干部开展“观项目、谈变化、议服务、话发展”活动；赴6个辖市(区)和市级机关基层党组织学习调研，召开12次座谈会，与200余名专职党务干部、专家学者和部分基层党员干部进行座谈交流；举办市级机关党务干部学习实践科学发展观专题培训班并组织参观考察；召开南京经济区十八城市机关党的工作交流会；《镇江市级机关党组织工作目标管理考核机制》获省级机关工委评为“制度创新”省级创新创优成果奖。

市级机关6815名党员与1772个贫困户结对帮扶6058次，投入帮扶资金470多万元。指导组建信息产业局等2个党组织，督促指导22个党组织进行换届改选，调整增补30名机关党组织成员。发展党员138名，转正165名，举办入党积极分子培训班，近300人参加培训。组织机关党员干部1100多人参加两场全民创业报告会、1400多人参观《奋进的江苏——庆祝新中国成立60周年大型成就展》，1000多人参加植树造林，400多人参加历时两个月的交通文明大劝导行动，1000多名机关党团员参加交通协勤活动。组织机关党员干部300人参加国庆焰火晚会治安巡防、150人参观全市十大工程巡礼、500人参加万人大清扫等活动。组织机关党员参加“慈善一日捐”和“献爱心、送温暖”捐款活动，捐款735万余元。

组织机关党务干部赴合肥培训，学习效能革命的经验与做法，并进行实地考察。组织3500名服务对象对市级机关35个部门的35个重点职能处室开展服务对象评议活动。组织社会各界5000多人对市级机关89个部门单位的评议活动。完成三位一体考评汇总，评出机关作风建设和目标管理综合考评“十佳单位”“先进单位”和重点整改部门，指导市级机关各部门重点整改群众反映强烈的突出问题。

创新建立制度规范8项，修订完善制度规定1项，依据执行制度规定42项，梳理出废止制度规定3项。对机关工作人员的行为实施问责。开展“江苏省镇江市和上海市杨浦区机关党务公开工作交流”活动，推进市级机关党务公开和党内监督工作。组织、参与在全市开展的“深入学习实践科学发展观、扎实推进惩治和预防腐败体系建设”理论征文活动，推荐9篇优秀征文上报市纪委，获组织奖。组织党员干部观看专题教育片526片次，35000多人次观看。举办“抒正气，扬清风”廉政文化书画展，参展廉政书画作品150余件，3000余名党员干部观展，并将优秀作品汇编成册。创建县级廉政文化示范点11个，市级廉政文化示范点8个，市级反腐倡廉教育基地1个，申报省级廉政文化示范点1个。

组织机关干部参加全市“红色经典、火红镇江”万人大合唱，开展机关干部职工摄影采风汇报展、“唱响红歌，激扬青春”红色歌曲主题演唱，开办《机关新女性讲座》活动。开设《体力活动与体质健康》讲座，为1000多名机关干部职工进行体质测试。组织市级机关近百个部门3000多人参加“走青山看绿水”百日万人健步行全民健身日启动仪式，500多名机关干部职工参加“南山大穿越”徒步走等机关体育活动。机关工委被省政府评为“江苏省全民健身暨第六个全民健身日活动”先进单位，工委书记张建国被国家体育总局评为全国群众体育先进个人。 (阮振坤)

宣传工作

【概况】 2009年，全市推出在镇江“四大建设”(重大项目建设、城乡建设、生态建设、民生建设)中具时代特征的，切实支持城市建设发展的，自我创业的，对全市重大项目建设作出突出贡献的“跨越发展先锋”。协助举办全民创业巡回报告会，组织“跨越发展看合肥”系列报道。开展“科学发展在镇江”专题学习调研活动，组建经常性理论教育宣讲团。举办领导干部新知识讲座、“市民大讲堂”和电视节目“理论热点面对面”。

组织十七届四中全会等专题宣传、“深入重大项目、弘扬跨越精神”等重点宣传、重大项目建设等主题宣传。组建特约评论员队伍，推出“跨越六论”报道，《镇江日报》从2008年12月29日起连续多日在头版推出《新跨越，需要坚定信心》《实现发展新跨越需要群策群力》等系列评论。2009年春节过后，《镇江日报》推出“开局三论”：《充满希望的镇江》《做一个勇于担当的镇江人》《只争朝夕 干实做好每一天》。参与第三批学习实践科学发展观活动宣传报道工作，推出系列评论。宣传“最美女护士——周好”的事迹，新华社、中央电视台等媒体作报道。开设“创生态市、建文明城”专栏。11月启动党报党刊发行工作，完成年度征订任务。

推进6个重点文化产业项目，实施“626”工程，即六大文化产业园区(西津渡文化产业园区、南山文化休闲园区、健康路健身休闲文化园区、丹阳文化科技园、句容“茅山乡村旅游大观园”文化园区、丹徒长山文化园区)、两大文化产业带(北部滨水区旅游文化产业带、古运河文化产业带)、六大文化产业基地(文化艺术基地、非遗文化展演基地、演艺基地、体育健身基地、影视基地、特色博物馆基地)。首届文化产业招商会成功签约14个项目。启动文化体制改革，推进“三局合一”(文化局、广电局、新闻出版局合一为文广新局)和经营性文化单位转企改制。举办文化嘉年华活动，开展高水平活动40个，其中，“迷笛音乐节”吸引8个国家的30支乐队和全国上万名歌迷到镇江，扩大文化影响，有效拉动市文化、旅游等方面消费；编排有氧话剧(一种有益于身心健康、充满喜剧色彩的话剧)《三国·龙凤呈祥》，拍摄电视剧《血色沉香》《风雨西津渡》和《天堑1949》。全市53个乡镇(街道)建设52个文化站，建成村文化活动室和农家书屋。出台《重大文艺创作项目立项、申报、资助办法(试行)》，开展市第六届文学艺术奖评比工作。

拍摄电影《小城大爱》，邀请李春雷、吴东峰等15位著名报告文学作家创作“大爱镇江”报告文学。开展“大爱之星”面对面交流、“社会妈妈”、社区“四点钟学校”建设等活动。香港凤凰卫视播出“大爱镇江”新闻人物颁奖典礼。制定《文明城市创建工作考评办法》，建立市民督查机制和督查员队伍。启动“1234510”(即建设一条文明创建示范路、两条城市客运服务示范线、三个特色文化示范场馆、四个文明创建示范社区、五个城市文化示范广场、十个窗口行业优质服务示范单位)示范工程。开展“四大整治”(交通秩序整治、占道经营整治、违法建设整治、户外广告整治)行动。实施夜景亮化工程。修订市级文明系列创建的管理办法和考评细则，开展2006~2008年市级文明系列评选工作。加强未成年人思想道德建设，建设社会实践基地。

组织新中国成立60周年庆祝活动：举办“红色经典、火红镇江”万人红歌演唱会、“多彩镇江·舞动激情”舞蹈大赛，以及“红遍镇江”系列活动。引导和处置重大网络舆情。开展网民节活动。

建立全系统干部情况数据库。建立月初选题、月底统计、半年考核的运行机制。市电视台7个部门24个职位实行竞争上岗，42人参加竞争，7人竞任为部门负责人，15人竞任为部门副职，2人竞任为内设部门负责人(副科级)。1人入选2009年省"五个一批"人才信息库(一批理论家,一批名记者、名编辑、名主持人,一批出版家,一批作家、艺术家,一批文化经营管理专家,一批文化专门技术人才)。 (鲜永超)

【新中国成立60周年宣传活动】 2009年,新中国成立60周年宣传活动分两阶段:一是"4·23"镇江解放60周年宣传,报纸推出参与者、亲历者访谈、烈士"英雄谱"等栏目;电台组织赴渡江战役故地采访活动;电视台组织参与解放镇江作战的老同志专访。二是8~10月进行全面报道。《镇江日报》推出"新中国成立60周年变迁"系列、"镇江英烈"等;《京江晚报》推出"新中国成立60周年"特别报道;电视、电台推出"红遍镇江"系列报道。 (高小琪)

【特色专题宣传报道】 2009年,镇江市组织"跨越发展"主题系列报道,突出重大项目建设、城乡建设、生态建设、民生建设等"四大建设"宣传报道。"推进镇江发展新跨越"是2009年全市工作主题。刊发"跨越六论",系统阐述跨越发展的目标任务、现实条件、具体路径。将经济企稳、企业安定、社会稳定作为宣传报道的重点。刊发"开局三论",开展"巨宝速度"(巨宝精密加工江苏有限公司自2009年10月13日正式签约后,三栋巨大厂房初具规模,另外七栋厂房完成基础施工的速度)、金山广场落成、二重开工等重点宣传。3月,宣传引导城建重大项目建设,加强城市拆迁宣传引导,与润州区共同召开新闻舆情分析会。4月,突出经济建设与重大项目宣传,对一季度经济发展情况展开新闻分析。5月,重点组织全市经济分析会、赴合肥市考察宣传报道。推出"跨越发展先锋"典型报道,对白手起家的企业家陈玉峰、大学生创业典型邹晓燕、"致富邮路"解加平等进行深度采访报道,《镇江日报》《京江晚报》、市电视台、电台同期推出系列报道,配以短评,多篇报道被新华社、中央电视台、《新华日报》、江苏电视台等转载。6月,开展全民创业宣传报道,报道创业人物的故事、各方面支持创业的行动、促进创业成功的制度设计。7~9月,开展市委五届八次全会宣传,对科技创新、结构调整等安排调查分析性宣传报道。配合新中国成立60周年成就宣传,组织"十大工程巡礼""万人歌会""国庆焰火晚会"等宣传。10月后,开展"深入重大项目、弘扬跨越精神"宣传,推出"跨越发展成就报道"。《镇江日报》《京江晚报》分别于11月下旬~12月上旬推出系列报道,电视台、电台制作专题片,详细回顾镇江市全年发展成就。全年《新华日报》头版刊稿24篇,其中头版头条7篇(包含次头条3个);《人民日报》刊稿12篇;《经济日报》刊稿7篇;《光明日报》刊稿8篇;新华社通稿(非转载)26篇;央视专题栏目报道5篇(包括《共同关注》《焦点访谈》等栏目);《新闻联播》重要报道25篇。12月,《人民日报》(海外版)"小杨行走"栏目推出镇江旅游专版。协调组织东方卫视"绿色世博"直播活动、《东方早报》专访市长刘捍东、长三角电台"绿色出行看世博"等宣传活动。 (高小琪)

【新闻队伍建设】 2009年,镇江市制定宣传报道意见、新闻宣传提示、新闻宣传报道方案,适时召开新闻策划会(围绕全市中心工作或当前热点,为推出重点报道或专题评论进行策划)、新闻通气会(围绕近期全市工作重点、重大项目等,由各有关部门向媒体通报情况或成果)。研究新闻宣传阶段性工作,召开4次新闻例会,赴句容、丹徒等地现场考察组织新闻策划。印发第三批深入学习实践科学发展观宣传意见、新中国成立60周年报道意见、生态市建设报道方案、"两会"(全国、省、市三级)报道方案、赴京招商宣传方案等,撰发新闻提示6期。开办新闻工作者培训班,选送新闻骨干向《新华日报》、江苏卫视、江苏省广播电台等上级部门挂职锻炼。组织新闻单位围绕市委"学习实践科学发展观、推进镇江发展新跨越"主题,开展学习实践活动。广电总局开展"大谈心"活动。报社组织"争当跨越发展排头兵"系列活动,开展"镇江报人的风采"演讲比赛活动。开办新闻业务培训班,邀请省委宣传部、省媒体、新闻院校同志授课。组织电台选送2人赴省电台学习,电视台选送1人赴东方卫视学习。举办3次新闻业务沙龙,分别围绕重大城建工程宣传报道、大项目建设、"强化新闻策划、服务跨越发展"等开展。组建特约评论员队伍,聘请14名特约评论员,年内刊发评论19篇。 (高小琪)

【领导干部新知识讲座】 2009年2月,领导干部新知识讲座被评为江苏优秀讲坛。出台《关于加强讲座报告会管理的意见》《关于进一步办好"领导干部新知识讲座"的通知》,把学习情况纳入年终机关作风建设和目标管理考核。投入30余万元,为讲座现场增加120个座位。新知识讲座坚持每月一讲,就财税与金融、文化产业、新能源新材料、中国太空探测、大国关系、宗教与社会和谐等课题,邀请嘉宾教授高培勇、北大教授陈少峰、两院院士欧阳自远、原中央部委领导李肇星、叶小文等名家名人开展专题讲座。启用多媒体实时考勤系统,以市委办名义对历次请假、缺课人员较多单位进行点对点通报。以"网络版""电视版""媒体版""电子版""图书版"等形式再现讲座。出版《领导干部新知识讲座》(第一辑)3000余本及相应光盘。 (凌继堂)

【开展县处级干部专题调研活动】 2009年,在县处级领导干部中开展"践行科学发展观,实现镇江新跨越"为主题的专题学习调研活动。在《镇江日报》开设理论版《观点》专栏,《党建之窗》《创新》《镇江宣传》等市级党建类杂志共同举办"科学发展在镇江"——领导谈、大家谈、专家谈活动,历时半年,收集征文600篇。优秀学习调研论文汇编成集。 (凌继堂)

【"奋进的江苏"成就展】 2009年10月,市委宣传部牵头组织参加省"奋进的江苏"——庆祝新中国成立60周年大型成就展,获优秀组织奖和最佳设计奖。全市机关、企事业单位、学校、驻镇部队及社区群众10万人次参观。展览分风雨同程、跨越新姿、山水灵韵三大部分,展示镇江60年特别是改革开放30年镇江巨变和成就。 (曹永忠 何 俊)

【"市民大讲堂"】 2009年,镇江"市民大讲堂"开办11期,相继邀请徐小跃、徐培华、孙笑侠、张继钢、马瑞芳等知名教授作题为《中国传统文化与人生智慧》《市场经济与传统文化》《文化的力量》等报告。机关干部、离退休干部、学生、普通群众5000余人参加讲座。传统文化、养生健身等课题最受欢迎。 (曹永忠 何 俊)

【参加省"双50"评选活动】 2009年,省委宣传部等13个部门联合开展"双50"评选活动。镇江市推荐的巫恒通、郭纲琳、夏霖当选为"50位为新中国成立作出突出贡献的江苏英雄模范人物";赵亚夫当选为50位新中国成立以来感动江苏人物。 (曹永忠 何 俊)

【开展"三下乡"活动】 2009年,市委宣传部牵头组织市文化局、科技局、卫生局、司法局等25个部门,组成"三下乡"慰问服务团,赴丹徒谷阳镇开展新年集中服务活动。组成文化、科技、卫生、法律、理论、贸易6个分团,提供种植、养殖、法律、卫生等方面现场指导和咨询服

务，捐赠价值35万元的电脑、书籍、光盘、医疗器械等。（曹永忠　何　俊）

【《小城大爱》等三部作品获省"五个一工程"优秀作品奖】 2009年，镇江市三部作品获江苏省第七届"五个一工程"优秀作品奖。数字电影《小城大爱》和报告文学《飘舞的黄丝带》根据镇江为挽救"爱心天使"陈静而满城动员献爱心的真实事件创作。《小城大爱》由李岚清题写片名，先后在大学生电影节和央视六套播出。音乐剧《水漫金山》见长于现代舞台艺术和多种表现手法。（朱巍巍）

【推出网络发言人制度】 2009年1月，镇江在全国率先推出"网络发言人"制度，依托中国镇江网和名城镇江网，设置"镇江论坛"（http://bbs.zj3000.cn），由与群众日常生活关联度高的公安、市政、城管、环保等56个部门各明确一名专人作为网络发言人，通过"从网上问题抓取—提出办理意见—分管领导批示—职能处室处置—分管领导签发—网络发言人回复"的流程，在各部门子论坛对市民所提意见和建议实行在线办理和回复。同时，制定并实施一系列配套制度，如督查例会制、"半月一告、每月一报"制、论坛发帖删帖审核制、联动督查制、"报网互动"制等，确保回复率、办结率和满意率不断提高。镇江论坛各部门子论坛全年在线受理网民意见投诉7650条，回复率98.5%，问题办结率92%。12月5日，50多位网络发言人在大市口广场向市民征询意见。国务院新闻办公室、省委宣传部及《新华日报》《南方周末》等多次报道。（束剑竑）

【镇江网民节】 2009年10～12月，围绕"爱镇江、爱网络""青山绿水新镇江、精彩无限新网络"活动主题，镇江市委宣传部、镇江市互联网协会组织2009镇江网民节。10月19日，开展"绿色出行看世博、青山绿水看镇江"百名网友绿色穿越行动。"我是你的手杖"特教儿童感恩行、"魅力新南山·民间运动汇""南山北水·铿锵毅行""见证齐梁故里"百名西祠网友丹阳行、"茅山探秘"句容福文化寻访、"圌山探古"东乡文化之旅、《目击镇江神秘事件》视频摄制和年度"网人网事"评选等18项参与性强的主题活动先后展开。12月12日，举办"致敬2009·网络奥斯卡"镇江网民节颁奖典礼，推出2009年度"感动镇江"十大网络图片、"影响镇江"十佳网帖、"十佳文明版主""十佳文明网民"和年度"最具影响力"网络爱心群体等，700多名网友参与颁奖典礼，2万多人次点击观看。有南京、扬州、常州以及马鞍山等地3000多名网民参加活动。（束剑竑）

【启动"爱在天路，助学达孜"网络助学行动】 2009年6月中旬，因镇江市对口援助县西藏达孜儿童失学甚至缺乏基本御寒衣被、学具、图书等，市委宣传部与达孜县委协调，市车迷协会、镇江交通台在网上发起"爱在天路，助学达孜"网络助学活动，定向援助达孜县塔杰乡完全小学贫困小学生，在当地设"镇江网友助学总站"，呼吁网民捐助文具、图书、衣物等助学用品，或一对一结对助学。短时间内筹集总价值4万余元的物资。6月28日，由21名网民组成镇江网友远征西藏爱心车队正式出发，车队途经洛阳、西安、成都、拉萨，于7月中下旬到达达孜县塔杰乡完全小学，向达孜县授"镇江网友助学总站"牌匾，开辟两地网络助学通道。（束剑竑）

【开展"相约生态北水"大型公益植树活动】 2009年3月14日，由市委宣传部、市绿化委、市水利局、团市委、移动公司主办的2009年镇江网友大型公益植树活动在北部滨水区环湖路举行，活动以"相约生态北水，放飞绿色心情"为主题，吸引中国镇江网、名城镇江网、镇江新闻网、镇江网友之家等十多家网站和版块的1000多名网友参加。种植树苗1000余株，面积1.33公顷。（束剑竑）

【党校教育】 2009年，镇江市委党校举办各类培训、进修班16期，培训1075人。完成干部教育培训中心任务。根据学员需求信息，形成个性化主班次教学内容。在保持基础理论、市情教育、党性教育和能力建设基础教学同时，优化各版块教学专题配置。把马克思主义理论教育系统分为当前马克思主义在国外发展现状、马克思主义中国化发展历程、中国特色社会主义理论体系、当前政治学习基本任务四个方面。开展市情调研，每个主班次都安排一个主题调研活动。在3期县处班安排"践行科学发展观，实现镇江发展新跨越""深入解放思想，推进跨越发展""推进效能建设，提高落实执行力"等调研主题，形成59篇调研报告，选出18篇优秀调研报告编印成3册调研文集。上半年面对金融危机，第22期县处班在中国浦东干部学院开展一周专题教学，学习"国际金融危机由来及其对中国的影响""经济全球化背景下本土产业的发展"等课程。第23、24期县处班分别在中国井冈山干部学院和中国延安干部学院开展党性锻炼教育，开展现场教学。实现个别化教育，根据学员工作性质，有针对性设计教学内容；提高学员参与重点工作能力，把市委、市政府重点工作作为主班次教学实践活动主题；提高学员破解难题的工作能力，把群众关心的热点难点问题及镇江社会经济发展难点问题，作为主班次教学研讨课题，组织学员思考和调研，利用学员论坛等方式进行交流发言；实行案例教学，对当前社会问题典型案例进行剖析教学。与中国浦东干部学院互为教学基地，市委党校成为中国浦东干部学院的中浦院镇江教学点，许津荣、张庆生、杜正起、王华被聘为该院特聘教师。全年有3期培训班共计100多位厅级领导干部到镇江学习考察。结合镇江实际开发"宗教文化与和谐社会建设""历史文化名城的保护与开发""循环经济与科学发展"等现场教学资源，成为党校现场教学内容。

全年形成各级各类科研成果111项。其中，公开发表论文62项，地市级内刊发表论文9项，入选各类学术会议交流论文8项，课题报告32项。获得省社科联课题1项，省党校调研课题4项，镇江市社科联课题2项。组织申报与设立校级课题。印发科研管理补充规定，将科研成果奖励范围下移到地市级成果层面，覆盖到省级各类科研成果，提高调研课题资助与奖励标准。省、市法制办专题征文活动，法学类教师撰写征文4篇，入选2篇；市社科联"宁镇扬板块构建与区域共同发展"高层论坛，撰写征文5篇，入选2篇；省委党校"庆祝新中国成立60周年理论研讨会"，组织科研骨干准备征文4篇，入选3篇；省社科院和常州市委党校社会学学会联合举办"长三角地区社会现代化论坛"，组织撰写征文2篇，入选1篇。为深度研究开发镇江旅游资源，4月与上海社科院合作，5月在镇江召开课题讨论会；12月与中央党校报刊社商讨2010年度合作，就调研选题、合作方式、成果转化等问题拟订方案。

2009年，党校本部函授在校生1135人，县区党校在校生689人。建立短信服务台，将教学和教务信息发送给学员，全年发送短信近5万条。下半年组织函授青年教师公开课活动。党校设立的南京大学、哈尔滨工业大学、华东师范大学、对外经济贸易大学4所网络教育学院总计新招录学生367人，在校生630人，在校生比上年同期增长50%以上。南京大学网院镇江学习中心被评为先进学习中心。全年南京大学网院新招生录取76人，在校生170人；对外经济贸易大学网院新招录取115人，在校生229人；华东师范大学网院新招录取105人，在校生132人;哈尔滨工业大学网院,新招录取71人,在校生99人。2009级省委党校在职研究生世界经济专业招生参加考试83人,录取74人,注册72人。当年有3个年级5个班,在校学员共283人。举办镇江党校第二届研究生风采文化节。参加全省研究生办学10周年庆祝活动,镇江党校被评为优秀教学点。新增国家心理咨询师职业资格培训班两期(第九、第十期)。新增学员61人,在校156人,上半年参加国家心理咨询师资格考试108人,通过考试30人;下半年参加考试68人,通过21人。组织10名心理咨询师到第一少管所为少年犯开展咨询活动,组织"心理咨询走进宝堰,构建和谐新农村"等4次沙龙活动。

召开全市党校系统信息化建设工作会议,制订《信息化工作领导小组工作制度》《镇江市党校系统信息化建设工作意见》《图书信息资源共享制度》等制度,对全市党校系统的信息员、教师、行政管理人员和后勤保障人员分别进行信息化培训,主要内容有:网络信息上传的技术规范、信息安全管理教育、自建特色数据库应用、电子图书使用、VPN资源和多媒体设备使用。校园网对教师提供省党校视频目录和视频点播服务,供课题研究人员参考。编印《信息快车》9期。更新函授处计算机机房20台电脑主机。"江苏省党校系统歌唱祖国"文艺会演,50余名教职工参赛大合唱《祖国,慈祥的母亲》和《中国进行曲》,获优秀节目奖。 (张文斌)

纪检监察

【概况】 2009年,全市各级纪检监察机关建立行政案例抽查机制,抽查行政案例1432件,合格率98%,对检查中发现的29件不合规行政行为提出规范性要求。学习借鉴合肥"效能革命"经验,结合镇江实际,研究提出提高落实执行力、政府公信力、市场竞争力和责任追究力等十个方面意见,并明确每项工作的目标任务和时限要求。在全市各类企事业单位无记名调查问卷中,认为市投资环境有所改善和明显改善的占97.55%。镇江市被台湾区电机电子工业同业公会确定为投资"极力推荐"城市。创新政府采购监管问责机制,市政府采购商品总价比市场销售价减少1380万元,节约成本10.7%。全年培育引进中介组织31家,绝大部分行业的中介组织达3家以上;对全市105家中介组织进行社会信用评级,信用等级向社会公开,和中介业务紧密挂钩,建立依靠法律、市场、社会相结合的中介组织管理机制。精简市级行政审批事项255项,精简幅度41%。将各类招投标纳入统一交易场所,为加强集中监管创造条件。建成与电子政务相匹配的电子监察系统。

2009年,全市各级纪检监察机关收到来信、来访、举报电话914件(次),立案查处涉及工程建设、征地拆迁、环境保护、安全监管等领域的各类违纪违法案件303件,其中查处县处级党员领导干部案件4件,乡科级党员干部案件42件,给予303名党员干部党政纪处分,挽回经济损失4043.3万元。为193名党员干部澄清不实反映。

2009年,全市查处违规收送现金、有价证券、支付凭证的党员干部41人,涉及金额386.7万元;667名党员干部主动上交礼品礼金,折合人民币79.4万元。清理机关事业单位"小金库"38个,涉及金额247万元。制止公款出国(境)旅游,出国(境)经费支出比上年压缩54%;公务接待费用和公务用车费用分别比上年下降13%和33%。召开全市领导干部警示教育大会,新增省、市级廉政文化示范点81个。镇江市组织的《江山高唱清风歌》节目获江苏省纪检监察系统主题歌会优胜奖。

开展对教育收费、医药购销和医疗服务等领域的专项治理,建立教育收费民主监督卡制度,全市反映教育收费的投诉比上年下降36%,市及各辖市(区)被省政府命名为规范教育收费示范市(区)。办好"行风热线"和镇江纠风网,向社会聘请205名"行风热线"监听员,接受群众咨询投诉1545件,办结率97%。组织对全市2008年以来立项、在建和竣工的规模以上项目进行梳理排查和自查自纠。监督检查强农、惠农政策落实情况,查处和纠正一批损害农民权益的突出问题。

在全市纪检监察机关开展学习实践科学发展观活动,开展"做党的忠诚卫士,当群众的贴心人"主题实践活动。全年举办纪检监察干部教育的各类培训班30期,培训434人。完成乡镇纪检监察资源重组工作。强化对派驻干部的统一考核管理。健全纪委内部管理制度和工作目标考核制度。 (方 明)

【开展重要权力节点监控机制建设】 2009年,在全市部署开展重要权力节点监控机制建设,围绕人、财、物、事等重点权力节点,适宜公开的,纳入党务、政务公开目录,实现民主监督;不适宜公开的,通过向分管领导书面报告和向专门监督机关报备的形式,纳入有效监控之中。全市有64个市级机关部门结合实际,围绕84项重要权力,初步建立节点监控机制;各辖市(区)也普遍开展试点,有良好开端。 (方 明)

【党风廉政建设责任制完善】 2009年,全市有10名县处级领导干部和48名科级干部,按照规定承担从自我批评、书面检查,到扣发津贴、取消评先评优资格等党风廉政建设的领导责任和工作责任,对58名党员干部给予纪律处分和组织处理。对县处级领导班子和领导干部落实责任制情况进行检查考核,把考核结果载入领导干部廉政档案,与年度考核、奖励惩处、提拔任用相挂钩。 (方 明)

【试行市级机关部门领导班子及其成员面向社会公开述职述廉制度】 2009年,镇江市从市级机关随机抽取12个党政部门的领导班子、领导干部向社会公开述职述廉,10天内网络点击超过12000人次,收集网民意见建议269条,反馈给有关部门领导干部。 (方 明)

【开展"加强党性修养,坚持廉洁从政"主题教育活动】 2009年,在全市党员干部中组织开展"加强党性修养,坚持廉洁从政"党性党风党纪主题教育活动,各地各部门主要领导带头上一次廉政党课;党委(党组)理论学习中心组围绕反腐倡廉建设内容组织一次集中学习活动;组织党员干部开展一次正反典型教育活动;组织开展《从政提醒——党员干部不能做的150件事》读书活动。全市8万多名党员干部参加集中教育活动,开展各类教育活动1300多场(次),领导干部上廉政党课600余场(次),乡镇以上党员干部撰写学习心得1800余篇。 (方 明)

【信访举报"邮政绿色通道"开通】 自2009年7月1日起,在全市范围内开通信访举报"邮政绿色通道"。镇江市行政区域内的公民、法人或者其他组织写信向镇江市纪委、监察局和各辖市(区)纪委、监察局举报党员、党组织或行政监察对象违反党的纪律和行政纪律以及对党纪、政纪处分不服申述时,凡在镇江市区域内寄至镇江市纪委、监察局,各辖市(区)纪委、监察局的信访举报平常信函(不含挂号、特快专递和包裹等),并在信封正面右上角注明"举报信"字样的,免贴邮票,免费邮寄,降低群众举报成本,方便群众信访活动。 (方 明)

**【政府采购绩效评估和工作问责制实

行】 2009年，市纪委、监察局根据《中华人民共和国行政监察法》和《中华人民共和国政府采购法》制定出台政府采购绩效评估和工作问责办法。评估有三项指标：货物中标价格高于市场平均价格的宗数比例不超过10%、货物中标价金额高于市场平均价金额的幅度不超过1%、全部货物中标价金额低于市场平均价金额的幅度在2%以上。纪检监察机关牵头物价、统计等部门组成绩效评估工作小组，必要时邀请有关方面专业人员和供应商参加。统计、物价部门、供应商和有关专业人员负责评估项目时点市场平均价格的采集和比较。根据超出上述三项指标的轻重情形，分别给予扣发市政府采购中心主要领导和分管领导、市财政局主要领导1～3个月工作性津贴的处理，构成犯罪的，依法追究有关人员的刑事责任。 （方 明）

【药品采购监管机制创新】 2009年，针对医疗机构选用高价药、药品集中采购中标价虚高等问题，按照与当地经济社会发展水平相适应，不高于周边地区的原则，以2008年网上采购用药量大的前200位和国家发改委定价的22种抗生素为重点，对全市二级以上医疗机构实际采购价格，以及市区零售药店价格进行综合对比，并结合周边城市2008年中标药品的实际价格，确定不高于镇江市2007年中标价、周边城市同层次品种药品采购价的基准价，对全市在用的258种药品价格开展集中复议，促使药品价格平均下降15%，最高降幅93.4%，节约采购成本2500万元，通过合理调整利益分配机制，使药品零售价格同步下降，让利患者1000万元。 （方 明）

统战工作

【概况】 2009年，全市统一战线按照“民主、和谐、创新、发展”的工作思路，围绕“保增长、促发展，保民生、促和谐”大局，开展“围绕中心着力，贴紧重点使劲”活动。市各民主党派、工商联和无党派人士围绕市委重点工程、应对金融危机等重要课题开展调研，提出有价值建议和意见500多条。加强与海外重要商团和港澳台知名人士及重要社团联系和交流，接待美国、英国、马来西亚客商、中国台湾侨联总商会等社团和吴伯雄、蒋孝严、尹乃菁等海内外知名人士17批100余人次到镇江参观考察投资。召开民营企业负责人座谈会，向民营企业家发出《坚定信心保增长，勇担责任保就业》倡议书，全市50个行业商会和121家民营企业响应，做到不裁员或少裁员。举办就业再就业援助大型招聘会，招聘3000人次。开展“两消除”贫困户帮扶工作，落实扶贫资金4万多元。

加强多党合作。全年召开双月座谈会3次、情况通报会3次，内容涉及节能减排工作、产业协调发展、提高产业集群、激活民间投资、党风廉政建设等，听取各民主党派、工商联主要负责人和无党派代表人士的意见。召开民主党派加强自身建设经验交流会，首次在市各民主党派领导班子中开展年度述职和民主测评工作。举办党外领导干部培训班、民主党派骨干成员培训班。按照“以协商确定的范围和对象为主，以大中城市为主，以有代表性的人士为主”的方针，全年各民主党派发展新成员110人，总数2442名。建立党外干部综合评价体系，召开全市党外干部培养选拔和安排使用工作交流会，全市有4名党外干部担任政府部门正职。做好政府部门聘请民主党派成员和无党派人士担任特约人员的工作，全年有特约人员59人，市卫生局、市劳动和社会保障局新聘请9名民主党派人士担任行风政风监督员。

做好民族宗教工作。市委民族宗教工作领导小组召开专题会议，市政府下发《关于开展全市民族团结进步创建活动实施意见》，开展民族团结进步模范评比推荐活动，部署全市民族团结进步创建工作。开展民族团结进步宣传月活动，举行《党和国家民族政策宣传教育提纲》广场咨询，举办《和谐颂》少数民族宗教界庆祝新中国成立60周年文艺会演。组织送医、送药、送科普知识到民族村活动，开展“魅力镇江、和谐宗教”摄影采风活动，邀请原国家宗教局长叶小文到镇江作《发挥积极作用 宗教促进和谐》的专题报告。开展“平安宗教场所”与“和谐寺观教堂”创建活动。完成市佛教、道教、伊斯兰教、基督教两会和市民族团结促进会换届工作。举办全市宗教团体负责人培训班，30多人参加。学习党的十七届四中全会精神、《江苏省宗教工作条例》、非营利性组织财务制度等课程，参观考察镇江新区重点建设。

提升统战部门执行力。以“彰显统战优势，服务跨越发展”为主题，开展争创一流队伍、一流服务、一流业绩、一流形象的科学发展观学习实践教育活动，召开座谈会12场，发放征求意见表60多份，收集意见和建议30多条。制定机关干部岗位责任、首问负责、服务承诺、绩效考核、失职追究等制度。在学习活动测评中“满意度”达100%。召开全市统战信息宣传工作会议，制定《2009年全市统战信息宣传工作考核办法》，建立信息宣传员队伍，发送稿件近1000条（篇），被中央、省、市录用统战信息72条，刊登宣传稿件230多篇次。镇江统一战线网站改版，提高《镇江统战》内刊和《镇江日报》的《统战专版》质量。统战信息、统战宣传工作均获得省委统战部表彰。 （倪克强 刘 飞）

【对重点课题开展联合调研】 2009年，市委统战部组织市各民主党派、工商联和无党派人士对“进一步改善镇江发展软环境，打造镇江核心支柱产业”“发挥驻镇高校优势，推动镇江跨越发展”等重点课题开展联合调研。

4月22日，市委统战部请市优化办领导向市各民主党派、工商联和无党派代表人士通报全市优化经济发展环境情况；召开台资企业和民营企业座谈会，了解软环境建设情况；赴无锡考察学习，参观无锡尚德太阳能电力有限公司、无锡软件园等。8月20日，市委围绕“进一步优化经济发展软环境”主题召开双月座谈会，市各民主党派、工商联负责人和无党派代表人士建议各相关部门加强对各级行政服务中心的规范化管理，提高行政效能，建立完善投资风险机制，破解中小企业融资难等问题。

8月28日，市委统战部到江苏大学、东南大学、南京大学等地调研，了解高校产学研发展情况。12月30日，市委召开“发挥驻镇高校优势，推动镇江后发先至”双月座谈会，市各民主党派、工商联负责人和无党派代表，围绕“发挥驻镇高校优势、推进产学研合作、促进镇江跨越发展”主题展开座谈，建议加大财政引导资金有效投入，通过设立“科技成果转化奖励基金”等手段，推进驻镇高校科研成果就地转化，发挥驻镇高校科研人才的智力密集优势。 （倪克强 刘 飞）

【“科学发展观与统一战线”理论研讨会】 2009年6月9日，市委统战部、市统战理论研究会召开“科学发展观与统一战线”理论研讨会暨镇江市统一战线理论研究会四届一次理事大会。会议审议通过第三届理事会工作报告，选举产生第四届理事会会长、副会长、常务理事、秘书长。市政协副主席、市委统战部部长宦祥宝当选会长。研讨会收到论文50篇，围绕服务科学发展和实现统战工作自身发展的主题，对新世纪新阶段统战工作的新情况、新问题，在历史和现实、理论和实践的结合上作探讨，提出有深度、有价值的意见和建议。镇江市统战理论研究会是研究和宣传统一战线理论的全市性学术团体，1983年12月成

立，结合统一战线中心任务，开展理论调研，汇集理论调研成果15本，有理事105名。（倪克强 刘 飞）

【《携手同行——镇江统一战线六十年》纪念册】 为庆祝新中国成立60周年暨多党合作制度确立60周年，市委统战部编纂《携手同行——镇江统一战线六十年》纪念册。纪念册编纂工作从2009年7月启动，历时近半年，收集社会各界提供的各个历史时期镇江统一战线工作资料照片800余幅，文字材料近20万字。纪念册记载自1949年4月以来镇江统一战线的重要活动、会议、事件、人物等重要条目近2000条，文字7万余字，图片近300幅，分领导关怀、服务大局、参政议政、民族宗教、自身建设、大事记、人物、组织机构、社会主义建设者风采等9个部分。纪念册发放给全市统战系统、政府机关、院校、大中型企业等单位。（倪克强 刘 飞）

【统战系统"三下乡"走进茅山老区】 2009年1月15日，市统战系统举办主题为"发挥统战优势，服务新农村建设"的"送科技、送卫生、送温暖"活动，到茅山老区——丹阳延陵镇皇庄村。向群众发放各种书籍和资料500多册，赠送春联600多副，免费提供价值约5000多元的常用药品，为困难群众发放慰问金2000多元。（倪克强 刘 飞）

台湾工作

【概况】 2009年，全市建立20个重要台商、10个友好协会联系。组织赴台湾、上海、昆山、深圳、福建、厦门等台商密集区为辖市（区）对台招商引资牵线。3月，台办主要领导陪同市领导及镇江新区赴台招商，推进8个项目意向。11月，组织参与"台湾江苏周"活动，市委书记许津荣率领49人代表团赴台，同期举办2009中国镇江（台湾）金秋招商系列活动，促成市4家企业签约采购贸易合同，采购总额2987.18万美元。镇江新区与台湾区电机电子工业同业公会的汽车电子产业合作，合作框架协议参加省"台湾江苏周"开幕式集中签约；句容经济开发区与新竹科学工业园区科学工业同业公会的园区战略合作；镇江新区与新竹市商业会经贸合作；镇江市旅游局与澎湖县双向旅游合作；镇江技工学院与台湾东南科技大学联合办学等5个区域合作及协会（社团）项目。活动期间推进合作项目22个，成熟度高的项目12个，总投资12.598亿美元，正式签约项目5个，总投资5.8亿美元。全年邀请到镇江经贸考察的重要台湾团组46批216人次。实现新批台资项目46个，与上年基本持平，总投资9.78亿美元。单个项目平均投资规模达2124.99万美元，比全省500万美元的平均数超出1600多万美元。总投资在1000万美元以上的项目26个，占新批台资项目总数的56.52％。合同利用台资5.34亿美元，比上年增长61.33％。台商投资行业由传统产业向高科技产业转化。

先后邀请接待中国国民党主席吴伯雄率领的中国国民党大陆访问团，海协会会长陈云林率领的镇江考察团，台湾无党联盟主席、澎湖县两岸关系协会理事长林炳坤，澎湖县县长王乾发率领的澎湖产业推介团，台湾世界文化作家协会会长、财团法人环宇国际文化基金会董事长黄石城率领的镇江访问团，中国国民党副秘书长张荣恭率领的民国文化考察团，台湾明华园戏剧总团团长陈胜福率领的文化考察团等重要团组到镇江考察访问。3月，镇江市与台湾澎湖县签订《镇江市与澎湖县旅游观光合作备忘录》《镇江市与澎湖县农渔业交流合作备忘录》，这是澎湖县与大陆签订的第一个民间合作项目。7月，组织实施镇江—澎湖两地包机直航落地签双向旅游项目，被列为全省年内对台交流重大项目。镇江与澎湖两地各组织103人的旅游团队互访旅游，是两岸交流史上全国第一个包机直航赴台落地签的交流团组、第一个与台湾地区双向对接旅游的城市和第一个开启澎湖马公机场与南京禄口机场航班的城市。全年接待到镇江探亲旅游、经贸考察、交流访问的台胞4031人，其中，接待重要考察访问团组12人292人次。实现赴台交流、经贸考察49批246人次，受理台胞、台属信访24件，接待来访29人次。协调处理台商投诉33件，市台协发展企业会员8家，个人会员2名，为36名台商办理大陆驾照换发，为36名符合条件的台商办理外来投资"一卡通"，为10名台商办理镇江游园"一卡通"，先后派出11批共34人参加全国各地兄弟友会组织的联谊庆典活动。邀请市税务、劳动、海关等部门，多次免费为台企举办相关新政法规讲座，为台企台商解读政策法规。9月，台湾区电机电子工业同业公会发布《2009中国大陆地区投资环境与风险调查》结果，在被调查的全国际联96个城市中，镇江市由2008年"值得推荐"城市跃升为"极力推荐"城市。与市红十字会联合向全社会发出为遭受"莫拉克"台风袭击的台湾同胞献爱心倡议，组织广场募捐晚会，一天内向台湾受灾同胞募捐220万元。

拓宽入岛宣传途径。3月，邀请台湾东森电视台《中国大体验》栏目，到镇拍摄茅山道教文化、镇江香醋、肴肉、锅盖面为特色的饮食文化。7月，参与由中国和平发展促进会主办、国务院台湾事务办公室协办、中国华艺广播公司和台湾唐云国际传播公司承办的电视纪录片《京杭运河两岸行》的拍摄工作。与中国新闻网、中国台湾网、江苏与台湾网、全国台企联网、华夏经纬网及国台办《两岸关系》《台湾工作通讯》，省台办《海峡广角》等网站和杂志社合作，提供反映镇江经济发展、投资环境、台企发

表3-3 **2009年台湾考察访问镇江主要团组情况表**

到访月日	团组及领队	参观访问内容
3月24日	台湾无党团结联盟主席林炳坤一行25人	考察镇江投资环境
4月12日	台湾世界文化作家协会会长黄石城一行10人	考察丹徒开发区
5月23日	台北观光旅游局局长秦慧珠一行20人	考察镇江旅游景点
5月31日	中国国民党大陆访问团吴伯雄一行22人	考察镇江民国文化
8月12日	台湾新竹商会会长黄全财一行6人	考察镇江投资环境
8月16日	台湾澎湖县商会会长蓝俊逸一行36人	考察镇江投资环境
9月14日	台湾原经济部长、圆山饭店董事长宗才怡一行5人	考察镇江投资环境
12月6日	台湾明华园戏剧团团长陈胜福一行7人	考察镇江演艺项目
12月11日	中国国民党副秘书长张荣恭一行2人	考察镇江民国文化

（章邦勇）

展、台商创业等内容的报道，全年在省以上各大涉台网页和杂志上刊登各类新闻稿件，企业专访等56篇次。在市电台、电视台、报刊等媒体用稿137篇次。

据1985年调查统计，镇江市有台籍同胞62人，到2005年，全市长住台胞969人（含台商667人）。1995年5月在全市范围内开展台情普查，结果显示：1945年后从镇江去台人员有13330人，在镇江去台人员家属（简称台属）31400人。（章邦勇）

【中国国民党主席吴伯雄率团访问镇江】 2009年5月31日上午，中国国民党主席吴伯雄率中国国民党大陆访问团以及陪同的中国国民党副主席林丰正、蒋孝严、吴敦义到镇江参观访问，参观金山江天禅寺、镇江博物馆、西津渡历史文化街区等地。吴伯雄接受中央电视台、香港凤凰卫视等17家新闻媒体的采访表示：两岸区域辽阔，每个地方都有其文化特色。互相欣赏、互相了解各地方的文物，会使人民的精神生活更充实。两岸的文化交流是非常有意义的。中共镇江市委书记、市人大常委会主任许津荣在一泉宾馆会见吴伯雄一行。中共中央台办常务副主任郑立中，中共镇江市委副书记、市长刘捍东，市委副书记张庆生等参加会见。许津荣介绍镇江市的历史文化和经济社会发展情况，在镇江的台资企业1300多家，实际利用台资约30亿美元。国际金融危机爆发后，镇江市委、市政府深入台资企业，帮助解决实际问题，特别是融资等问题。市赛珍珠研究会与台湾赛珍珠基金会建立密切联系；镇江市与台湾东森电视台等媒体也有良好合作。镇江、台湾宗教文化交流源远流长。吴伯雄说，两岸关系和平发展取得重大实质性进展。随着两岸间经济文化交流的不断加强，“同”的部分越来越多，“异”的部分获得解决的可能性也越来越大。希望镇江市民能多去台湾观光旅游。面对当前国际金融风暴挑战，相信通过两岸的互相帮忙、互相支持，一定能共同应对。（章邦勇）

【签订农渔业、旅游观光业交流合作备忘录】 2009年3月24日，台湾无党团结联盟主席林炳坤及澎湖县县长王乾发率台湾澎湖县产业推介团一行参访镇江。参观镇江句容市生态农业、金山景区和镇江城市建设。3月24日，市农学会、市旅游协会在镇江碧榆园宾馆分别与台湾无党团结联盟主席、澎湖县两岸交流协会理事长林炳坤签订加强农渔业、旅游观光业交流合作备忘录。这是澎湖县两岸交流协会与大陆民间在农渔业、旅

吴伯雄（右五）率中国国民党大陆访问团访问镇江　（宋建设）

游观光业方面的首次合作。根据备忘录条款，在旅游观光业方面：双方将推动重点旅游景区、主要旅行社、酒店建立直接对口联系，加强业务交流和人员往来；对于两地举办的各项旅游观光宣传活动，积极向旅游业者、媒体进行宣传推介；根据各自条件，促进两地民众往来，对互访旅游团及游客提供优惠，协助提供相关便利与服务；不定期组织或推动其他团组进行互访交流，扩大交流合作范围；建立联系窗口，进行日常联系并处理相关具体事务。在农渔业合作方面：双方主管部门建立直接对口联系，加强业务交流和人员往来；镇江市将对澎湖县农渔业企业、个人前来投资兴业者，在项目审批、用地服务、融资支持等方面予以扶持；双方支持各类农渔业合作组织、企业前往对方举办名优产品展览及推销活动，向媒体进行宣传推介，并在检验检疫监管、通关等方面提供便利；鼓励和支持双方农渔业界就技术创新、知识产权（智慧财产权）保护、产品安全等开展研讨、交流与合作；不定期组织或推动其他团组进行互访，扩大交流合作范围；双方建立联系窗口，进行日常联系并处理相关具体事务。（章邦勇）

【海协会会长陈云林考察镇江奇美化工有限公司】 2009年4月2日，海协会会长陈云林及随同人员一行7人，在江苏省委副秘书长姚晓东、省台办副主任石细云、镇江市市长刘捍东、市委副书记张庆生、副市长陈建设、李小平等陪同下考察镇江奇美化工有限公司。陈云林详细了解公司经营发展情况和当前经济危机对企业的影响及企业的应对措施，参观公司厂区和码头，并与奇美集团公司董事长廖锦祥进行交谈。廖锦祥表示，奇美公司将致力于产品研发，把镇江公司做大做强。陈云林还参观镇江博物馆、西津渡历史文化街区等地。（章邦勇）

【镇江—澎湖包机直航双向旅游首发首接仪式举行】 2009年7月13日，镇江—澎湖包机直航双向旅游首发仪式在镇江碧榆园宾馆举行。作为大陆与台湾地区的第一个包机直航互动旅游团组，南京禄口国际机场与澎湖马公机场开通的首次航班，开启两岸城市实施双向旅游包机直航的先河。

镇江—澎湖包机直航双向旅游，顺应两地民众的要求，促进镇江与台湾地区旅游业乃至经贸、文化等更多领域交流合作。首批镇江—澎湖包机直航双向旅游的103名澎湖旅游交流团成员中午抵达镇江。旅游交流团团长为台湾无党团结联盟主席、澎湖县两岸交流协会理事长林炳坤先生。担任本次包机直航双向旅游首航任务的是台湾华信航空公司，机型ERJ190，可载客104人。航班于7月13日上午9:00从澎湖马公机场起飞，载103名澎湖游客，飞行2小时10分钟，于上午11:10抵达南京禄口国际机场。当天中午12:10，载103名镇江游客返航，于7月16日将镇江游客送至南京禄口国际机场，并迎接赴镇江旅游的澎湖游客返航。（章邦勇）

【镇江市民营企业向台湾“莫拉克”台风灾区捐款220万元】 2009年8月19日，镇江市启动首轮向台湾灾区紧急援助捐赠，各民营企业在一天时间内共募集爱心款220万元，第一时间通过海峡

两岸交流协会送达台湾灾区。8月8日，台湾南部遭台风“莫拉克”重创，连日暴雨致使台湾南部遭受50年来最严重的水灾，造成台湾地区重大人员伤亡和财产损失。市相关民营企业在受全球金融风暴影响，生产经营效益下滑的情况下踊跃捐款。恒顺集团捐款40万元，镇江市句容宁武化工有限公司捐款30万元，江苏天工集团有限公司、镇江市江南化工有限公司、镇江市宝华半挂车配件有限公司各出资20万元，镇江焦化煤气集团有限公司捐款15万元，江苏鱼跃医疗设备股份有限公司、句容茂业管件制品有限公司、镇江市船厂有限责任公司分别捐款10万元，市建工建设集团有限公司捐款5万元。（章邦勇）

信访工作

【概况】 2009年，市信访局受理群众来信4908件，其中给市委、市政府主要领导的有效初信1366件，已妥善处理1341件，报结率98%。发生群众到国家信访局上访登记175批244人次，其中集访8批41人次；发生群众到省人民来访接待中心上访登记227批1369人次，其中集访47批984人次，群众越级进京、去省上访比上年呈下降趋势。市人民来访接待中心接待来访群众3072批18588人次，比上年批次下降6%，人次上升5%，其中集访570批15263人次，比上年批次下降3%，人次上升7%。

全市排查各类矛盾纠纷3590余件，化解2901件，化解成功率80.8%。中央、江苏省交办市重点信访案件241件，按期办结率100%；市委办公室、市政府办公室4次集中向信访事项责任单位书面交办信访案件278件，承办单位按期办结率90%；市集中处理信访突出问题及群体性事件联席会议办公室交办9个专项工作小组信访突出问题199件，按期办结率100%。通过答复、复查、复核信访三级程序终结信访事项19件，报省终结认定无理信访事项18件。

群众信访反映的诉求主要集中在六个方面：因重点工程及城市发展建设需要引发的土地征用补偿和房屋拆迁安置类矛盾；因工资福利待遇及劳资关系问题引发的劳动保障类问题；因企事业单位生产经营、改制、破产等问题引发的信访问题；因废水、废气及噪音污染引发的环境保护类问题；因民事、刑事、经济案件当事人不服法院判决和判决后执行问题引发的涉法涉诉类问题；因工资制度改革引发的企业军转干部、退役士兵、合同制教师、被辞民办教师等特殊群体信访问题。

市信访局与市政协法制委等部门组成联合调研组对全市贯彻落实中央、国务院和省委、省政府《关于进一步加强新时期信访工作的意见》（中央5号文件、省委6号文件）的情况进行专题调研，形成《关于强化信访工作机制的几点建议》。新建的市人民来访接待中心规划和设计完毕，将于2010年底与新的镇江市行政中心同步交付使用。

全市自筹300多万元，救助帮扶165名信访群众。对应该解决而未解决到位或诉求已经处理到位但确有实际困难的上访群众，通过提供救济、纳入低保、安排岗位、走访慰问等形式帮助解决实际生活困难，使他们自觉停诉息访。各辖市（区）开展以“无进京集体访和去省重复集体访、无历史遗留信访案件、无因信访问题引发的有影响事件”为目标的“三无”创建活动，各乡镇（街道、开发区）开展以“无进京非正常上访和重复访、无进京集体访和去省重复集体访、无历史遗留信访案件、无因信访问题引发的有影响事件”为目标的“四无”创建活动。经省信访工作领导小组认定，镇江市有5个县（市、区）实现“三无”目标，分别是丹阳市、扬中市、京口区、丹徒区、镇江新区。全市有45个乡镇（街道、开发区）实现“四无”目标，达标率72.6%。（谢华明）

【开展“信访积案化解年”活动】 2009年4月22日，全市召开信访稳定工作会议，部署“信访积案化解年”活动。活动分三阶段：4月底前组织排查本地区、本系统的突出问题和矛盾纠纷，对排出的矛盾纠纷逐件按诱因、时间、地点、单位、涉及人数、重点人员、事态发展预测、纠纷类型、化解结果、稳控情况、责任人等要素登记建档。9月底前信访积案全部落实包案领导。12月通过逐案化解，做到集体访积案80%以上化解、个访积案85%以上停诉息访、进京访积案90%以上化解到位，考评结果作为认定“三无”县区、“四无”乡镇和确定信访工作重点管理地区的重要依据。截至12月底，省备案的68件重点信访案件，处理到位66件，办结率97%；省集中处理信访突出问题及群体性事件联席会议办公室交办的23件信访积案，办结22件，办结率95.6%；市里自排的95件信访积案，办结88件，办结率92.6%。（谢华明）

【新中国成立60周年庆祝活动期间信访稳定工作】 2009年9月16日，市委常委会提出“确保不发生进京集访、确保不发生进京非正常上访、确保不发生群体性事件”的信访工作目标。市委办公室、市政府办公室集中交办62件重点信访问题和79名重点稳控对象。9月1日至10月10日期间，全市启动国庆60周年敏感时期信访应急机制，建立信访值班和信息“零报告”制度，各辖市（区）每天有党政领导干部公开接待群众来访。每天下午3时汇总当天的信访稳定工作情况和重点人员就地稳控情况。江苏省信访工作领导小组对国庆期间表现突出的市信访局、市公安局、市中级法院、句容市信访局、扬中市信访局等5个信访工作先进集体和56名信访工作先进个人进行表彰。（谢华明）

史志工作

【概况】 2009年，《中国共产党镇江史》（1949～1978）（第二卷）在查阅档案、核对史料、整理编撰的基础上，继续补充修改，召开研讨会，邀请有关专家审阅初稿。围绕新中国成立60周年，开展各项纪念活动。编印《京江画卷——纪念镇江解放60周年图册》。撰写理论文章《口号——治国理政的灵魂》，在江苏省社科界纪念新中国成立60周年研讨会上交流，并在《镇江日报》上发表。与新四军研究会联合举行庆祝新中国成立60周年学术研讨会。邀请江苏大学、江苏科技大学及图书馆的有关专家、教授开展迎国庆党史学术交流活动。参加镇江电视台举办的《红歌颂祖国》歌曲大赛决赛阶段的党史知识问答拟题和点评工作，在群众文娱活动中普及党史、革命知识，扩大史志工作的影响。组织开展史志工作“五进”（进广场、进社区、进军营、进学校、进农村）活动。京口区史志办出版大型画册《在灿烂的阳光下》纪念改革开放30周年和京口区建区25周年。丹阳市史志办联合丹阳市民政局等单位举办“纪念丹阳解放60周年，热血丰碑革命烈士事迹报告会”。活动宣讲宦德胜、胡文杰、邓若波和许杏虎等革命烈士事迹。

《镇江市志（1983～2005）》编修工作稳步推进。下发文件规范修志工作程序，督促承编单位按期完成初稿任务，完善自审、联审、终审程序。制定并印发《镇江市地方志书审查验收及出版办法》，确保志书编纂质量。建立修志进度定期上报制度，按季度统计全市承编单位和辖市（区）修志工作进展情况，督促和推动全市的修志工作。组织开展辖市（区）优秀志稿推荐上报工作，联系修志单位，协调解决修志中困难和问题，组织召开条口及单位修志业务交流研讨会，加强业务指导。成立镇江市第二轮修志辖市（区）志审稿组，加强对辖市（区）志书的评审工作。组织人员参加全省总纂培训研讨班、试点修志单位座谈会、《江苏省志·市县概况》试写稿座谈会等。截至年末，全市二轮修志资料收集工作完成92%，初稿完成80%。

《镇江年鉴（2009）》获第四届全国年鉴编纂出版质量评比综合特等奖。开展《镇江年鉴》优秀条目表彰活动，在2008年评选31个年鉴优秀条目的基础上，2009年评选49个优秀条目。2009年《丹阳年鉴》《句容年鉴》《丹徒年鉴》《润州年鉴》出版。《扬中年鉴》创刊号编纂工作启动。（翁红霞）

【《镇江年鉴（2009）》获第四届全国年鉴编纂出版质量评比综合特等奖】 2009年12月评奖结束。全国年鉴评奖由中国出版工作者协会主办、由中国出版工作者协会年鉴工作委员会承办。该类评奖五年举办一次，至2009年共举办四届。《镇江年鉴》第一届获综合二等奖（1994年），第二届、第三届分别获综合一等奖（1999年、2004年）。《镇江年鉴》1992年创刊以来，质量逐年提高，影响日益扩大，在全国年鉴界、全市各阶层享有良好声誉。《镇江年鉴（2009）》框架结构门类齐全，具有创新精神，时代特征、地方特点和年度特色。设立镇江名片、“5·12”汶川地震大救援、为民办实事、农村“三百工程”“大爱镇江”主题活动、西津渡历史文化街区建设、2008中国镇江金山旅游文化节、全球规划师联盟大会、历史文化名城研究与建设、赛珍珠纪念和研究等内容。条目内容充实，信息密集，语言文字规范简洁，校对以及彩色画页设立的城市名片、聚焦2008、家园新貌建设新镇江等板块质量优秀，检索手段齐全。（翁红霞）

【市史志网站开通】 2009年12月15日建成开通。网址：http://szb.zhenjiang.gov.cn。设置一级栏目12个，分别是工作动态、理论研究、信息公开、市志、辖市（区）志、旧志、党史、年鉴、地情书、史志杂志、图照、留言板；二级栏目18个，包括党史研究、党史二卷本、年鉴编纂、方志论坛、二轮修志、年鉴研讨等；三级栏目24个，部分内容设置四级栏目。设有相关链接，除国家部委、江苏省地级市网站群、市政府部门网站和友情链接等150多个网站以外，还链接连云港史志网、青岛市情网、徐州史志、宜兴史志、日照市情网等同行业网站，在一级栏目上直接链接“镇江论坛”。在网站中可以浏览的市史志办编纂的史志书籍、年鉴、地情书和有关文章等文字量近5000万字，成为宣传镇江人文历史和史志工作的新窗口和服务大众、交流工作的新平台。（翁红霞）

【编印《京江画卷——纪念镇江解放60周年图册》】 2009年，为纪念镇江解放60周年，市史志办编印《京江画卷——纪念镇江解放60周年图册》。共征集图片4000多幅，遴选出300多幅。图册分两大部分，通过大量珍贵的历史照片配以直观的图表，图文并茂地多角度、全方位反映解放60年特别是改革开放30年来，镇江发展的光辉历程。市委书记许津荣为该书作序。《京江画卷》4月21日举行首发仪式。（翁红霞）

【史志工作“五进”活动】 2009年，市史志办开展史志工作“五进”（进广场、进社区、进军营、进学校、进农村）活动。4月23日，精选百余幅图片制作展板22幅，在大市口城市客厅广场举办大型图片展纪念镇江解放60周年。图片展以1949年以来镇江历史延续为主线，贯穿发展主题，以大量珍贵历史图片和重大历史事件记录党和国家领导人关心镇江，以及改革开放30年镇江各行业蓬勃发展。图片展共举办4场，参观人数上万人。在广场同时向群众免费赠阅《镇江改革开放30年大事记》《镇江抗日斗争大事记》《镇江指南》等6套（种）计500余册史志书籍。5～7月，市史志办将10多套（种）共计1500余册史志书籍送入棒棰营社区、桃花坞小学、镇江预备役高炮二团和丹徒区上党镇。（翁红霞）

【编印《镇江市史志研究论文集》】 2009年12月编印完成，全书29万字，由市委常委、秘书长李国忠作序，收录论文49篇，分宏观视野、党史研究、方志编修、年鉴编撰、史海钩沉等板块。集中展示全市史志系统近年来在地情历史、地方党史、民风奇俗以及修史编志理论等研究上取得的成果，展现镇江悠久的历史文化、光荣的革命传统，是对市民进行地情历史教育、革命传统教育和爱国主义教育的生动教材。（翁红霞）

【《镇江市军事志》等专业志相继出版】 2009年12月，《镇江市军事志》由江苏人民出版社出版。全书106万字，以大事为经，军事活动为纬，军事人物殿后，系统记述自春秋吴楚朱方之战以来发生在镇江2543年间的军事活动，为广大人民群众提供国防教育、爱国主义教育教材。8月，《镇江市财政志》由江苏大学出版社出版。全书30万字，系统地反映1986年至2005年镇江市财政的历史和现状。《句容市卫生志》《句容市军事志》由江苏人民出版社出版，《句容市公安志》完成编印。（翁红霞）

档案工作

【概况】 2009年，市档案局接待查档2521人次，提供档案文件资料17405卷（件、册、盘）。对20多家重点项目档案进行登记备案。设立政府信息公开查阅点，添置大型触摸屏，公开查阅馆藏档案目录信息，在镇江档案信息网开辟“政府信息公开”栏方便市民网上查阅。对镇江捷诚车载电子信息工程有限公司投资4500万元的技改项目工程、江苏省241省道、243省道干线公路拓宽改造工程、惠龙港内港池工程等项目的档案进行竣工验收。提供软硬件服务帮助四川地震灾区。完成省档案局“新农村档案工作走向研究”课题并获省档案局科研项目三等奖。转发《江苏省社会主义新农村建设档案工作示范镇村命名施行办法》，全市6个镇村率先达省示范等级。转发《江苏省机关团体企业事业单位档案工作规范》，组织开展2001～2004年档案工作等级到期单位的复查，60多家单位档案工作通过等级认定和复查，其中五星级单位6家，四星级单位4家，3家单位被评为全省民营企业档案工作规范化建档示范单位。

市档案新馆建设完成立项、方案设计和细化调整。扬中市档案馆通过国家二级馆测评。全市各级国家档案馆全年接收53977卷（件）文书档案进馆，市档案馆接收市政府、政府办、市地震局信息公开文件236份。征集到李岚清为电视剧《小城大爱》题写的片名手迹、苏浙皖边区太滆游击队老照片（1949年6月）、《镇江概况》（1949年3月）档案各1件，《千古江山》、镇江知青回忆录性质的《梦里流淌青春河》《京江画卷》《京江遗珠》《白蛇传》等资料94件。征得照片5700余张，刻录光盘4套。购置档案修裱机一台，整理民国档案2598件。对馆藏150个全宗1949～1962年形成的29059条档案进行划控，开放档案增加至21053条，开放率从原来的68%提高到74%。全市全年编研资料287.1万字：《扬中不会忘记》编印、《丹阳老行当》由大众文艺出版社出版，句容编纂《句容古井集》。

推进馆藏重点档案、精品档案以及

利用率高的档案全文数据库建设，全市完成各类档案全文数字化477万页。市档案馆每天录制镇江市新闻节目，同时录制反映镇江市特色的优秀短片。2009年1月1日起，全市各单位全面启用“永乐方正档案综合管理应用系统（档案室版）”，市档案馆率先使用相配套的档案馆版软件，转换文件级目录数据171万条，全文挂接数据14万件。硬件投入超过40多万元。其中，全文扫描20余万元，新增硬件20万元。新增电脑15台、手提电脑8台、新增触摸屏1台、交换机1台、监控设备1台、新购激光打印机5台，扩容存贮设备。档案信息网站完成与政府门户网站的整合。

市人大、档案局组成联合执法检查组，对重大建设项目和污染源普查档案管理工作进行执法检查。制作10块“档案可以为您做很多”的档案利用效益展板，参加全市第21届科普宣传活动展，接受咨询人数368人，发放宣传册120份。12月7日，《镇江日报》专版刊登档案文化宣传文章，按期编辑《镇江档案》和《镇江档案信息》。举办《丹阳记忆·齐梁文化》图片及《丹阳荣誉》《丹阳艺术档案》三个系列展。扬中建成当地第一所档案史料展示中心。京口区荣誉室经修缮重新布展并对外开放。市档案局对全市机关各进馆单位《文件材料归档范围和文书档案保管期限表》进行指导；举办全市档案工作新标准、新技能实务培训班，137家单位参加培训；完成“档案整理跟我学”幻灯片6个配套业务规范文件夹；对机关新上岗人员进行五门课培训，145人取得上岗资格证书。

（吉星昇）

【市档案学会换届】 2009年11月27日，镇江市档案学会召开第四届会员代表大会，审议并通过学会第三届理事会工作报告和《镇江市档案学会章程》，表彰一批先进团体会员单位和优秀学会工作者，丹阳市档案局等26家单位获先进团体会员单位称号，芮正平等37人获优秀学会工作者称号。会议通过《镇江市档案学会第四届理事会选举办法》，选举产生镇江市档案学会第四届理事会理事。理事会聘请市委常委、市委秘书长李国忠为名誉理事长，王欣当选为第四届理事会理事长，汪好、徐晓生任副理事长，徐晓生兼任秘书长。（吉星昇）

【完成“五个一”档案文化精品工程】 2009年，市档案馆编研的《镇江鲍氏名人诗词合集》《镇江解放》画册、《时代先锋——镇江劳模风采》相继由中国文史出版社正式出版。《镇江鲍氏名人诗词合集》收录以清乾隆年间京江三大诗人之一鲍皋为代表的鲍氏11位诗人2667首诗词。《镇江解放》画册分“解放之前、黎明前夕、解放之后”三大部分，设17个子专题，收录图片300余幅。《时代先锋——镇江劳模风采》收录自新中国成立至2008年12月底，全市获全国、省（部）级和市劳动模范、先进工作（生产）者称号的人员名录，选择320余人介绍其简要事迹。镇江解放纪念日前夕在市国画院举行镇江书画名人主题笔会，13位省内外知名书画家围绕“纪念镇江解放60周年和市档案馆建馆50周年”主题进行创作，形成书画精品20余件。

（吉星昇）

【服务窗口利用全免费】 2009年，市档案馆服务窗口利用实行全免费。在原现行文件资料利用中心内，设立政府信息公开查阅点，添置3台电脑，连接政府信息公开网站。阅档室添置大型触摸屏。档案管理软件连接内网，检索便捷。全年接待查档2521人次，提供档案文件资料17405卷（件、册、盘），分别比上年增长125.2%和98.5%，免费复印4500余页，接待来电、来人咨询300余人次。

（吉星昇）

表3-4

2009年镇江市档案资料馆藏及利用情况一览表

单位	全宗（个）	案卷（卷）	开放档案（卷、册）	特种载体（盘、张）	电子档案（盘、张）	资料（册）	档案利用（人次）
镇江市档案馆	308	158483	135107	2504	463	19000	2521
丹阳市档案馆	152	139567	56000	3665	21	20000	3000
句容市档案馆	103	65430	9585	809	33	9078	808
扬中市档案馆	113	120709	6000	6485	326	8439	4529
丹徒区档案馆	125	39738	7690	85	215	5430	3327
京口区档案馆	73	29413	184	1852	187	3831	2100
润州区档案馆	57	12352	324	119	15	1770	685
镇江新区档案馆	45	11825	–	447	–	500	589
镇江市城乡建设档案馆	1532	97372	97372	20087	377	8200	850

（吉星昇）

镇江市人民代表大会

责任编校：严志清

综　述

【概况】　2009年，市人大常委会围绕中心工作，促进镇江跨越发展。审议2008年财政总决算和同级审计情况、2009年计划和预算执行情况，分别作出关于批准2008年市本级财政决算的决定、批准调整2009年财政预算的决定，听取2010年财政预算初步安排的汇报，对市人大常委会批准纳入财政预算担保的贷款融资项目进行督查。组织视察重大项目、城乡、生态、民生等“四大建设”进展情况，专题视察法院、质量技术监督、国税、地税、海关等部门服务保增长、保民生、保稳定工作，组织代表旁听法院“三保”案件的庭审，开展工业经济运行、重点企业生产经营、中小企业融资、劳动保障等工作调研和走访。专题审议科技成果转化工作，听取人才工作情况的汇报，跟踪调研和督查污染物减排工作，贯彻省人大促进农作物秸秆综合利用，督办“提高我市企业科技创新能力”“加快‘数字镇江’建设，提升我市信息化水平”“加快市场整合与培育，促进我市现代服务业发展”等重要建议，组织代表评议交通工作，促进交通事业发展。

维护群众根本利益。关注新形势下的农村改革发展，专题审议农田水利基础设施和农村警务室建设工作，专题调研如何增加农民财产性收入、规范有序开展农村土地流转、调整农业产业结构、加速高效农业发展等工作，督办“被拆迁村级集体经济组织资产保值增值问题”议案和“加强我市农村小型泵站建设，促进农业增效、农民增收”的重要建议。推进城乡基础设施建设，听取2009年城乡建设计划组织实施和南徐新城、北部滨水区、京沪高速铁路、沪宁城际铁路、体育中心等重点项目建设情况的汇报，听取城市危旧房改造、镇江新区大港片区规划方案等汇报，调研城市管理工作，督办“加快镇江主城区建设”“加快快速公交系统建设，推进我市大公交发展步伐”等重要建议。督促解决群众关心的热点难点问题，开展城乡居民最低生活保障和“完善我市医改制度，促进医保患三者和谐”专题调研，视察职业教育、卫生工作和广电中心，调研全市宗教工作，督办“加快推进乡镇区域供水”议案和“进一步加强对我市改制企业职工保全资产监管工作”重要建议。市人大机关开展“三走进三服务”主题实践活动，帮助农村贫困家庭、下岗职工家庭和社区老党员解决生产、生活、就业等方面困难。在镇江人大网上开展民意调查，邀请市民旁听人民代表大会和人大常委会，采取多种途径问政于民、问需于民、问计于民，力求使人大工作更好地代表民意。

建设法治镇江。启动规范性文件备案审查工作，维护国家法制的统一。加强对法律法规实施的监督，开展农产品质量安全法执法检查，督办“加强农产品质量安全检验检测体系建设，提高农产品质量安全监管能力”议案，听取归侨侨眷权益保护法实施情况的汇报，视察江苏省奖励和保护见义勇为人员条例实施情况及见义勇为工作，审议劳动法、工会法、土地管理法等执法检查意见落实情况。检查“五五”普法和执法、司法工作，专题听取“五五”普法工作汇报，支持政府争创全国“五五”普法先进市；对法院工作进行问卷调查，由人大自主监督向与群众联合监督发展；视察行政服务中心、公安、检察等工作，调研监所检察情况。2009年接待群众来访838批次、1725人次，办信506件，受理群众投诉电话97件次。

发挥代表作用。讨论通过《关于加强和规范闭会期间市人大代表活动的若干意见》，提升各代表小组开展活动的规范化程度。召开政情通报会，市政府主要领导向代表通报全市经济社会发展情况。坚持邀请代表列席常委会，参加有关视察、调研、执法检查和工作评议。开展市人大代表活动先进小组、优秀市人大代表、优秀议案和建议的评选工作。按照“全覆盖、重规范、求实效”的要求，推进“人大代表之家”载体和“人大代表接待选民”“人大代表向选民述职”两项制度建设。督办代表建议，与市政府联合举办建议办理培训班，发放《办理人大代表建议60问》100多册，在市六届人大三次会议上首次印发代表建议办理情况的报告。交办的225件建议，问题已解决和正在解决的200件，占89%；闭会期间代表提出书面建议23件，已办理并全部答复代表。

提高履职水平。学习实践科学发展观，组织参加纪念新中国成立60周年，纪念地方人大设立常委会30周年系列活动，开展“庆七一·我与党一同过生日”系列活动，通过“加强学习型机关建设”的党课、重温入党誓词、共唱红色经典歌曲，增强机关干部的政治鉴别能力、把握大局能力和依法履职能力。关于对纳入财政预算担保的贷款融资项目、医改、监所检察等工作调研，为市委决策发挥参谋作用。加强跟踪问效，对常委会决议、决定的落实，审议意见、执法检查报告的办理，议案、建议的督办，都注重反复抓、抓到底、抓出成效。加强与基层人大的联系，两次赴辖市（区）人大开展调研，组织辖市（区）人大常委会主任座谈交流，与辖市（区）人大共同开展评议、调研和执法检查，发挥镇（街道）人大工作联系点的作用，支持基层人大创新实践。在《镇江日报》、镇江电视台分别开辟“人大代表”专版和“代表之声”专题节目，同时继续发挥好镇江人大网《民主建设》等载体的作用。《人民代表报》头版头条整篇幅宣传镇江人大工作，省《人民与权力》杂志专刊报道镇江人大加强代表工作的经验。继续关心和支持人大工作理论研究会、历史文化名城研究会、赛珍珠研究会的工作。

（张　豫）

人大重要会议和工作

【市六届人大三次会议】 2010年1月12～15日举行。应到代表350名，实到328名，组成7个代表团、21个代表小组。市政府组成人员和其他方面负责人、离退休老干部代表列席会议，20名市民旁听会议。会议举行3次全体会议、3次主席团会议。

会议听取和审议《政府工作报告》《关于镇江市2009年国民经济和社会发展计划执行情况及2010年计划（草案）的报告》（书面）、《关于镇江市2009年财政总预算执行情况和2010年财政总预算（草案）的报告》（书面）、《镇江市人民代表大会常务委员会工作报告》《镇江市中级人民法院工作报告》《镇江市人民检察院工作报告》，通过以上各项报告并作出相应决议。市环保局作《关于镇江市2009年环境保护工作情况和2010年工作打算的报告》（书面）。

会议补选胡云霞、胡培红、赵珏、戴荣林为市六届人大常委会委员。

会议收到代表10人以上联名议案139件。史良雨等20名代表提出的“关于加强农村社会保障体系建设的议案”（117号）和朱夫等10名代表提出的“关于加快镇江市社区卫生服务中心建设步伐的议案”（131号），交由市人大常委会审议决定。江晓鹏等10名代表提出的“关于加快推进拆迁安置房建设的议案”（21号）（孙祥波等10名代表提出的7号、孙祥波等10名代表提出的11号、张少云等10名代表提出的33号、卜美琴等10名代表提出的100号、蔡生跃等10名代表提出的122号等5件议案内容相近，并案处理），邵振羽等15名代表提出的“关于进一步加强市区职教资源整合的议案”（40号）（王杏凤等10名代表提出的18号议案内容相近，并案处理），程红等21名代表提出的“关于加快内河航道建设，促进城市水运发展的议案”（86号），胡坚等10名代表提出的“关于加强大市口商业圈环境和交通整治的议案”（103号），魏敏等10名代表提出的“关于促进驻镇高校科技成果就地转化的议案”（116号）（耿仲毅等16名代表提出的41号议案内容相近，并案处理），共5件议案作为重要建议交由市人大常委会主任会议处理。其余125件议案均作建议处理。会议收到代表建议、批评和意见165件。

（张　豫）

【市人大常委会会议】 2009年2月～2010年1月，市六届人大常委会共举行9次会议。审议和讨论镇江市政治、经济和社会发展等方面的工作情况报告12个（含书面报告2个）、议案2件，作出决议2项、决定8项，任免国家机关工作人员51人次。

2009年2月16日召开第11次会议。通过关于任命李小平为镇江市副市长的决定、关于接受卜晓放辞去镇江市人大常委会委员职务请求的决定和其他人事任免。

2009年3月31日召开第12次会议。审议关于“被拆迁村级集体经济组织资产保值增值问题”“加强农产品质量安全检验检测体系建设，提高农产品质量安全监管能力”两件议案处理意见的报告，分别作出相应的决议。通过有关人事任免。

2009年4月15日召开第13次会议。通过有关人事任免。

2009年5月19～20日召开第14次会议。审议市政府关于农田水利基础设施建设工作情况的报告。审议市政府关于农村警务室建设工作情况的报告。审议市政府关于2008年财政总决算和同级审计情况的报告，通过关于批准镇江市2008年市本级财政决算的决定。通过《镇江市人民代表大会常务委员会关于贯彻〈江苏省各级人民代表大会常务委员会规范性文件备案审查条例〉的暂行规定》，于7月1日起正式施行。通过有关人事任免。市政府作关于劳动法、工会法执法检查意见落实情况的书面报告。

2009年7月29～30日召开第15次会议。听取市长刘捍东题为“不断强化跨越态势，加快推进结构调整”的政情通报。审议市政府关于2009年上半年国民经济和社会发展计划及财政预算执行情况的报告。审议市人大常委会执法检查组关于检查农产品质量安全法实施情况的报告。审议市政府关于土地管理法执法检查意见落实情况的报告。通过关于组织市人大代表评议市政府交通工作的决定。

2009年9月24日召开第16次会议。审议市政府关于科技成果转化工作情况的报告。通过关于将市人大常委会民族宗教侨务委员会更名为市人大常委会民族宗教侨务台湾事务委员会的决定。

2009年11月26～27日召开第17次会议。审议市政府关于2009年1～10月财政预算执行情况及预算调整意见的报告，通过关于批准调整2009年财政预算的决定。审议市政府关于“被拆迁村级集体经济组织资产保值增值问题”“加强农产品质量安全检验检测体系建设，提高农产品质量安全监管能力”两件议案办理情况的报告。审议关于市六届人大二次会议代表建议办理情况的报告。通过关于召开市六届人大三次会议的决定、关于接受武白苹辞去镇江市人大常委会委员职务请求的决定和有关人事任免。审议市政府关于2008年财政

镇江市六届人大三次会议会场　　（宋建设）

同级审计中发现问题整改情况的书面报告。

2010年1月10日召开第18次会议。讨论市人大常委会工作报告(讨论稿)。讨论通过关于选举、补选的市第六届人大代表的资格审查报告、关于"被拆迁村级集体经济组织资产保值增值问题"等议案办理情况报告、市六届人大三次会议列席人员名单。讨论市六届人大三次会议主席团和秘书长、计划和预算审查委员会、主席团常务主席、副秘书长等建议名单和选举办法(草案),提请市六届人大三次会议通过。市人大常委会内务司法、财政经济、农业经济、环境资源、城乡建设、教育科学文化卫生、民族宗教侨务台湾事务、人事代表联络委员会和新区工作委员会分别书面报告2009年度工作。

2010年1月15日召开第19次会议。通过市人大常委会2010年工作要点和历次常委会会议、主任会议主要议程初步安排。 (张 豫)

【市人大常委会主任会议】 2009年2月至2010年1月,市六届人大常委会举行12次主任会议。

2009年2月13日召开第15次主任会议,讨论市六届人大二次会议议案、重要建议的处理意见,市委书记、市人大常委会主任许津荣要求人大关注大局、融入大局、推动大局,在跨越发展中发挥作用。

2009年3月26日召开第16次主任会议,听取市政府关于2009年城乡建设计划组织实施情况的汇报,通过关于加强和规范闭会期间市人大代表活动的若干意见。

2009年4月14日召开第17次主任会议,讨论规范性文件备案审查工作的意见,听取保密工作和电子政务相关情况的汇报。

2009年5月15日召开第18次主任会议,听取市政府关于归侨侨眷权益保护法实施情况的汇报,讨论关于视察市农田水利基础设施建设工作情况的方案。

2009年6月25日召开第19次主任会议,听取市政府关于城市危旧房改造情况和关于"五五"普法工作情况的汇报,讨论关于开展农产品质量安全法执法检查的方案。

2009年7月24日召开第20次主任会议,听取市政府关于人才工作情况的汇报,听取市政府关于"进一步加强对我市改制企业职工保全资产监管工作"重要建议办理情况的汇报。

2009年8月26日召开第21次主任会议,听取市政府关于"加快镇江主城区建设""加快'数字镇江'建设,提升我市信息化水平""提高我市企业科技创新能力"3件重要建议办理情况的汇报,听取关于市六届人大二次会议代表建议办理情况的汇报。

2009年9月21日召开第22次主任会议,听取市政府关于"加快市场整合与培育,促进我市现代服务业发展""加快快速公交系统建设,推进我市大公交发展步伐"两件重要建议办理情况的汇报,讨论关于视察"四大建设"的方案,通过市人大常委会信访工作制度(修正案)。

2009年10月28日召开第23次主任会议,听取市政府关于"加强我市农村小型泵站建设,促进农业增效、农民增收"重要建议办理情况的汇报,讨论通过关于市政府交通工作的评议意见,讨论关于评选表彰市人大代表活动先进小组、优秀市人大代表、优秀议案和建议的方案。

2009年11月24日召开第24次主任会议,听取市政府关于"加快推进乡镇区域供水"议案办理情况的报告,讨论关于评议市政府效能建设的方案,讨论市六届人大三次会议筹备工作意见。

2009年12月29日召开第25次主任会议,听取市政府关于南徐新城、北部滨水区、京沪高速铁路、沪宁城际铁路、体育会展中心等重点项目建设情况的汇报,听取市政府关于全市2009年财政预算执行情况和2010年财政预算安排的汇报。

2010年1月10日召开第26次主任会议,讨论市人大常委会工作报告(初稿)和2010年工作要点(初稿),讨论代表资格审查情况、市六届人大三次会议主席团和秘书长等建议名单及选举办法(草案)。 (张 豫)

【视察重大项目、城乡、生态、民生等"四大建设"】 2009年10月20~22日,市人大常委会组织部分组成人员和市人大代表近100人,分别视察重大项目建设、城乡建设、生态建设、民生建设的进展情况。先后察看索普集团60万吨醋酸造气、中国二重(镇江)重大技术装备制造基地、巨宝科技一期、世茂五星级酒店、镇大公路、京沪高铁、新南门汽车客运站、沪宁城铁、引航道水利枢纽工程、金山湖景区、西津渡二期(老码头文化园)、南山西入口、凤凰家园、规划展示馆、双井路旧城改造、京口污水处理厂、市人力资源市场等17个项目,听取相关情况介绍。20日下午、22日上午分别进行座谈讨论。 (张 豫)

【评议市政府交通工作】 2009年7月30日,市六届人大常委会第十五次会议通过关于组织市人大代表评议市政府交通工作的决定。8月11日,市人大常委会召开评议市政府交通工作动员大会。8~9月,市、辖市(区)两级人大联动,组织80多名市人大代表,深入基层开展调研,通过问卷调查征集民意,专门赴省交通厅听取意见,并委托市审计局进行专项资金审计。9月23日,市人大常委会召开评议市政府交通工作大会,4个市直评议组作大会评议发言,6个辖市(区)评议组作书面评议发言,市人大常委会分管主任作关于对市政府交通工作评议意见的报告。10月28日,市六届人大常委会第二十三次主任会议研究,形成加快城乡交通基础设施建设步伐,加强对运输业的领导;培育和发展运输市场,强化交通执法和管理;提升交通软环境水平等三个方面共17条评议意见。11月23日,市人大常委会召开评议政府交通工作意见交办会,交市政府办理。交通和相关部门认真整改,一些重要意见得到落实。 (张 豫)

【启动规范性文件备案审查工作】 2009年5月20日,市六届人大常委会第十四次会议审议通过《镇江市人民代表大会常务委员会关于贯彻〈江苏省各级人民代表大会常务委员会规范性文件备案审查条例〉的暂行规定》,于2009年7月1日起施行。该暂行规定适用于全市各级人大常委会对规范性文件的备案审查,对规范性文件的报送范围、审查标准、审查方式、审查的职责分工、审查处理程序以及对规范性文件制定机关的要求等作出具体规定。需要报送备案的规范性文件主要是:市、县级市、区人民政府发布的具有普遍约束力的决定、命令,应当报送同级人大常委会备案;县级市、区人民代表大会及其常委会以及镇人民代表大会作出的具有普遍约束力的决议、决定,应当报送上一级人大常委会备案。对报送备案的规范性文件主要审查是否存在以下五种情形:超越法定权限,与法律、行政法规和有关地方性法规相抵触,与上级或者本级人民代表大会及其常委会的决议、决定相抵触,违反法定程序,其他应当予以修改或者撤销的不适当情形。6月24日,市人大常委会召开全市人大规范性文件备案审查工作会议,传达全省人大规范性文件备案审查培训班精神,就做好规范性文件备案审查工作,维护社会主义法制统一、保障人民群众根本利益进行部署。截至2009年底,市人大常委会收到市政府报送备案的规范性文件9件,相关委员会按照

职责分工进行审查。（张 豫）

【“一个载体、两项制度”建设推进】 2009年4月3日召开全市人大代表工作“一个载体、两项制度”（“人大代表之家”载体和“人大代表接待选民”“人大代表向选民述职”两项制度）建设推进会，现场观摩3个“代表之家”，观看“代表接待选民”“代表向选民述职”录像片，各辖市（区）人大和市人大新区工委作交流发言。5月召开镇人大工作联系点会议，要求各联系点带头做好三项工作。7月召开全市人大人代联委负责人会议，推进三项工作的规范化。9月、11月分别组织各辖市（区）人大开展自查、互查，实地察看90个“代表之家”，全面检查验收“一个载体、两项制度”建设情况。全市41个镇、10个街道和5个园区共建成“代表之家”279个，其中建在镇、街道的60个，建在村、社区的219个，在区域范围内全面覆盖。2009年，全市各级人大代表3700多名参加集中接待选民活动，接待选民15000多人次，收集选民意见5600多条，推动谏辛公路拓宽改造，南门、花山湾等农贸市场扩建改造，竹林山庄、桃花坞等小区的二次供水，以及道路亮化、危房拆除等关系民生实际问题的解决；600多名县、乡两级人大代表向选民述职。（张 豫）

人大议案和重要建议

【关于加强农村社会保障体系建设的议案】 史良雨等20名代表在2010年市人大六届三次会议上就加强农村社会保障体系建设提出议案建议：全市各类保障制度要结合实践中的成功做法，有效对接国务院关于新农保、农村低保、新农合等方面的规范政策；各级政府要在财力不断增长的同时，加大对农村各类社会保障的投入；加强宣传，激发农民参保的积极性，达到全覆盖的目标，实现应保尽保。（张 豫）

【关于加快镇江市社区卫生服务中心建设步伐的议案】 朱夫等10名代表在2010年市人大六届三次会议上就社区卫生服务中心建设步伐提出议案建议：完善社区卫生服务体系，实现社区卫生服务中心全覆盖；推进社区卫生服务中心标准化、规范化建设；对社区卫生服务中心基础设施建设、基本设备配套、人才培养、绩效工资等予以财政保障；将双向转诊、预约门诊、信息化建设等纳入全市健康网统一建设，构建“小病保健进社区，大病医疗进医院”的政策体系。（张 豫）

【关于加快推进拆迁安置房建设的建议】 江晓鹏等10名代表在2010年市人大六届三次会议上就推进拆迁安置房建设提出建议：市政府成立拆迁安置工作领导小组统一负责对拆迁安置工作的组织领导；建立拆迁安置房建设联席会议制度，加快安置房建设的速度和保证安置房建设的质量；加强拆迁安置工作的计划性，提前谋划安置房建设，使拆迁与安置同步进行，协调推进。（张 豫）

【关于进一步加强市区职教资源整合的建议】 邵振羽等15名代表在2010年市人大六届三次会议上就加强市区职教资源整合提出建议：市政府要召集有关部门对市区各类职业学校资源和办学情况进行全面调查摸底，为资源整合奠定基础；各相关部门要树立大职教理念，修改完善职业教育发展规划，创新职业教育管理体制，制订市区职业学校资源整合方案；通过市场调节和政府引导相结合，做大做强做优部分骨干职业学校，促使小、散、弱的学校逐步转型或停止办学。应按照“扶持骨干、鼓励整合、依法评估、规范办学”的工作方针，力争用2～3年时间完成职业学校布局调整和资源整合。（张 豫）

【关于加快内河航道建设，促进城市水运发展的建议】 程红等21名代表在2010年市人大六届三次会议上就全市597公里的航道中，等级航道只有111公里，仅占总里程的18.6%，其中五级以上的航道只占总里程的7%，严重制约镇江市乃至全省航运经济发展的问题，提出建议：研究出台《镇江市加快水运发展意见》，统筹协调推进全市航道建设；加大政府财政预算内资金投入，将航道建设列为重点工程和惠民工程享受政策优惠；通过市场化运作，多渠道筹措建设资金，为航道建设开辟资金渠道；市政府成立内河航道建设高位指挥协调机构，加快内河水运综合利用开发步伐，尽早形成有规模、有效益的运河经济带，带动全市经济发展；各相关部门、沿线地区分工协作，建设运河沿线古镇名镇，打响运河名片。（张 豫）

【关于加强大市口商业圈环境和交通整治的建议】 胡坚等10名代表在2010年市人大六届三次会议上就加强大市口商业圈环境和交通整治提出建议：拆除八叉巷至宋官营巷沿街的违法建筑和临时搭建物，同时分流安置临时摊点；整修改造八叉巷至宋官营巷的道路，争取沿街杆线同时下地；把沿街老小区列入2010年老小区整治计划，同步出新沿街建筑立面，搞好街巷绿化；道路整修改造要与商业城、华地八佰伴地下停车场北出口相衔接，发挥其公用停车、交通分流的功能。（张 豫）

【关于促进驻镇高校科技成果就地转化的建议】 魏敏等10名代表在2010年市人大六届三次会议上就促进驻镇高校科技成果就地转化提出建议：政府加强对驻镇高校的联系，注重在情感上加强沟通；要有对镇江人、镇江企业进行相应的引导行为，为科技成果转化创造良好平台；要有配套资金补贴，可以就此问题向南通和常州等城市学习调研；在科技三项经费中划出一小部分，用于奖励驻镇高校的科技成果转化工作，吸引驻镇高校的科技成果尽量就地转化。（张 豫）

镇江市人民政府

责任编校：严志清

综　述

【概况】 2009年，镇江市各级政府认真落实科学发展观，改革创新、锐意进取，狠抓“千亿投资、百亿财政”，把推进重大项目建设、城乡建设、生态建设、民生建设作为重要突破口，促进镇江跨越发展。全市主要经济指标增幅实现“高于全省平均、快于沿江八市”的目标。固定资产投资突破千亿元，达到1010亿元；财政一般预算收入超过百亿元，达到101.57亿元，经济发展的质和量都跃上重要平台。

围绕“千百亿工程”，推进重大项目建设。加大引进和培育优质大项目的力度，为跨越发展提供强有力的支撑。全年完成工业投资624.7亿元，比上年增长36.5％，增幅居江苏省第二位。

加大投入，推进“南城北水”等一批城乡重点工程。全市城乡建设完成投资305亿元，完成拆迁586万平方米；市区完成投资近180亿元，完成拆迁380万平方米，投资量、拆迁量和建设工程量均为历史之最。南徐新城、北部滨水区、大市口AB地块、双井路片区和“三铁一桥”（京沪高速铁路镇江段、沪宁城际铁路镇江段、宁杭铁路客运专线镇江段和泰州长江大桥镇江段）等建设顺利推进，金港大道、南山西入口、新南门汽车站、滨江旅游专线等工程顺利竣工。

推进生态建设，全市以创建国家生态市为龙头，强化基础创建工作，创成全国环境优美乡镇21家，乡镇环境面貌改善；加快环境基础设施和生态修复工程建设，全市已建和在建的城乡污水处理厂达34座；加强污染减排工作力度，完成二氧化硫削减4％、化学需氧量削减2.2％的年度目标任务；开展植树造林，彰显镇江山水特色，让人民群众喝上干净的水，呼吸到清新的空气，享受到宜人的环境。

推进民生建设，坚持民生优先。脱贫攻坚“两消除”任务全面完成。新增城镇就业5.2万人，转移农村劳动力3.3万人，返乡农民工基本实现再就业，镇江被评为首批“中国创业之城”。镇江籍高校毕业生就业率90％。实现低收入住房困难家庭应保尽保，构建起“两基本一补充”社会养老保障体系，城乡医保人口覆盖率92.3％。

加强机关效能建设，行政水平进一步提升。建立权力阳光运行系统和大督查机制，在全省率先开通市政府“12345”服务热线，继续深化“两集中、两到位”工作，加强对重要领域、重点项目和资金使用的审计监督。全年办理人大代表建议219件、政协提案459件，满意率达97％以上。（王　磊）

重要会议和政务

【市政府全体（扩大）会议】 2009年召开两次市政府全体（扩大）会议。4月2日在碧榆园南徐厅召开第一次会议，会议贯彻全国“两会”和全省工业大会精神，市长刘捍东作题为《产业兴则镇江兴》讲话，总结一季度工作，部署二季度任务，在确保实现“双过半”的基础上，强化全市上下对产业振兴重要性的共识，明确产业振兴的主要任务，落实产业振兴的工作举措，以产业的振兴推动镇江发展的新跨越。

7月15日在碧榆园南徐厅召开第二次会议。会议贯彻落实省政府全体会议、市委五届八次全会精神和学习实践科学发展观的要求，常务副市长陈照煌总结上半年工作，市长刘捍东作题为《结构调整定输赢》讲话，并部署下半年任务，要求全体政府组成人员和广大公务员站得要更高，信心要更足，措施要更实，干得要更快，做新一轮结构调整的有力推动者，确保全面完成年度各项目标。（钱　智）

【政务督查】 2009年，政务督查的工作中心是贯彻《关于进一步加强督促检查切实抓好工作落实的意见》和《关于建立政务工作“大督查机制”的实施意见》，在西气东输管线上方树木移植、保增长促发展“六大机制”的宣传与监督机制建设情况、沿江港口和临江企业防洪隐患处理、秸秆禁烧、谏西地区环境整治、西部大气环境治理、太湖流域水污染防治重点工程、黑臭河流整治、堰坂桥重建等工作的督查推进方面取得进展。加强“全面实施社会养老保险、老住宅小区整治、公交优先、有线数字电视整体转换及其网络双向化改造、提升人口素质社会行动、秸秆综合利用”等6个方面为民办实事项目督办，目标全面实现。印发《督查通报》51期、《关于加强市政府常务会议决定事项落实工作的通知》。省政府办公厅介绍镇江做法，印发《镇江市积极构建大督查机制着力提升政务督查整体水平》。督查处被市总工会表彰为镇江市“五一文明科室”，被市妇联确定为巾帼立功创建岗。（张　军）

【建议提案办理】 2009年，会同市人大、政协联合举办建议提案承办人员培训班，编辑《建议提案办理60问》，5月首次召开重点单位办理工作推进会，三季度召开建议提案办理“回头看”座谈会。全年办理代表建议219件，政协提案459件，代表和委员满意率达97％。

提案办理注重提高解决率的基础上提高代表委员的满意率，注重与代表委员的全过程沟通的基础上进行答复。政府办建议提案办理情况分别被《民主建设》《镇江政协》《政协通讯》刊物刊用，并首次作为重要文件在六届三次人代会印发。（张　军）

【书记、市长信箱办理】　2009年，书记、市长信箱继续强调两个必须和两个坚持：即必须在15个工作日内回复，必须像文件一样经领导批示后办理，坚持每月进行一期分析、每两个月通报一次办理情况。全年办理省长信箱82件、市委书记信箱2427件、市长信箱3867件。书记、市长信箱所反映的问题主要涉及拆迁补偿、违法建设、社会保障、环境保护、人事工资、小区物业管理、城乡道路维修等。

6月，召开书记、市长信箱办理工作推进会，强调此项工作是党和政府密切联系群众的网络桥梁，是群众向市领导反映情况、提出意见和建议的一个重要渠道。编印《材料汇编》，印发《进一步提高市委书记、市长信箱办理质量的通知》，明确"能解决的应立即解决，不能解决的应解释清楚，确有价值的意见和建议应认真采纳"等工作要求。（张　军）

【12345服务热线】　由市政府办公室牵头，决定为民服务公开电话统一使用12345服务热线。2009年7月13日起，用70天时间，在电信公司等23个单位的配合下，编辑12345服务热线资料库，开展话务员培训，搭建12345网络平台，开通三方通话系统，召开新闻发布会。9月22日举办12345服务热线开通仪式，完成系统整合，印发《关于加强市政府12345服务热线平台建设的通知》。至年底，处理群众电话41428个，回访群众满意率达95%以上。主要涉及城市建设与管理、环境保护、教育卫生、社会保障、交通运输等方面问题。（张　军）

【开展"优质服务年"活动】　2009年，市政府办公室开展"优质服务年"活动，以"领导满意、社会认同、部门认可、争创一流"为目标，推进治理"软浮拖"的作风建设活动，加大"责任、督查、考核"的力度，开展以"零差错、快节奏、常规工作常抓常新、创新工作形成特色"的工作竞赛，成为市级机关效能建设的排头兵，列入全省政府系统的第一方阵。主要表现在：在全省首家将政务工作整编成流程图；在全省率先完善政务工作大督查机制，兑现请示件3天内办复、政府决策5天内落实的承诺；在全省率先建立政府网上新闻发言人制度，畅通政府与市民的沟通渠道；在全省第一家建立12345政府服务热线，每月接听处理15000多个电话，无一投诉，满意率98%；在全省首家对办公室工作人员实行绩效评估、量化考核；加大行政权力网上公开透明运行力度，实现各有关部门、辖市（区）、电子监察和行政效能监察整合运行；政府网站建设、无纸化办公系统运行、12345服务热线运行、新浪镇江等均采用服务外包，降低成本，提高竞争力，中国镇江门户网站获2009年度"中国政府网站优秀奖"；全省首家将各种应急知识编印成书，免费赠送居民；人大代表、政协委员建议案和提案的办理质量提高；编印出版《修炼精气神》一书。全年节约办公经费20%以上，其中车辆购置及运行费下降32%，公务接待费下降25%，会议费下降21%，文件印刷费下降20%，通讯费下降21%。继续保持全年安全行车无事故的记录；双拥基础工作保持全省领先，宣传用稿量连续9年全省第一；全年受到表扬性批示22次，省政府办公厅在全省两次介绍镇江市政府办公室作风效能建设的做法。在年度目标考核和机关作风评比中，市政府办公室获"十佳优秀单位"称号。（钱　智）

【编印《镇江市民防灾应急手册》】　2009年7月，市政府办公室组织编写《镇江市民防灾应急手册》。列举紧急呼救，家用电、气、水安全常识，火灾事故、交通事故、中毒事故、传染性疾病、动物疫情、气象与地质灾害、特殊伤害、非法侵害、公共场所突发险情应急指南及急救常识等15类91项常见的防灾常识和应急要点。手册不仅对市民生活中可能遇到的或常见的自然灾害、事故灾难、公共卫生事件、社会安全事件如何进行防范作介绍，还有急救知识、医学常识、健康常识宣传；不用或少用专业术语，普通老百姓一看就懂；全书配有插图，是一本家庭必备的"应急防范百科全书"，免费发放20万册。（吴丰成）

表5-1

2009年镇江市人民政府常务会议情况一览表

序号	文号	主要内容	日期
1	常务会议纪要10号	1. 讨论市级政府性专项资金(基金)管理使用办法等文件;2. 讨论镇江市2009年经济社会发展工作目标;3. 研究春节前后政府工作	01－08
2	常务会议纪要11号	1. 讨论镇江市秸秆综合利用实施意见等文件;2. 讨论镇江市长江岸线综合利用总体规划修编;3. 讨论镇江市农村宅基地管理暂行办法;4. 听取家电下乡工作情况汇报;5. 讨论2009年度审计项目计划安排;6. 研究二、三月份政府重点工作	02－02
3	常务会议纪要12号	1. 讨论关于切实做好鼓励创业促进就业的工作意见等文件;2. 听取一季度全市经济运行情况汇报;3. 研究国家和省产业调整振兴计划对接政策措施;4. 听取市交投公司发行债券、信托产品情况汇报;5. 听取全市就业情况汇报;6. 听取全市安全生产工作情况汇报;7. 讨论《征润洲饮用水源地保护工程实施方案》;8. 讨论《市区污水截流系统建设方案》;9. 研究太湖流域水环境整治工作;10. 研究二季度政府重点工作	04－03
4	常务会议纪要13号	1. 讨论《关于加快我市软件业发展的意见》等文件;2. 审议《镇江市内河航道网规划》和《镇江市内河港口总体规划》;3. 讨论《镇江市市属国有投资公司运营管理与绩效考核暂行办法》;4. 听取省政府教育督导团评估检查反馈情况汇报;5. 听取全市工业经济运行情况汇报	06－12
5	常务会议纪要14号	1. 讨论《镇江市市直义务教育学校绩效工资实施办法》等文件;2. 审议《镇江市公路运输枢纽总体规划》;3. 讨论《关于促进镇江区域经济发展的合作备忘录》;4. 讨论市交投公司、城投公司融资方案;5. 听取市农林局关于全省林业工作会议精神全市贯彻情况的汇报;6. 听取全市安全生产工作情况汇报;7. 研究市行政中心迁建工程装修工作计划;8. 研究市铁路办公室职能划转事宜	08－18
6	常务会议纪要15号	1. 讨论镇江市城市建筑垃圾管理办法等文件;2. 研究中等职业学校国家助学金发放事宜;3. 听取市财政局关于审计署南京特派办镇江财政收支专项审计调查情况的汇报;4. 听取全市甲型H1N1流感防控工作情况汇报;5. 听取国庆前后安全生产工作情况汇报;6. 讨论市属生产经营类事业单位转企事宜;7. 研究国庆前重大活动安排	09－14

续表 5-1

序号	文 号	主 要 内 容	日期
7	常务会议纪要16号	1. 讨论《关于进一步促进中小企业发展的实施意见》等文件;2. 讨论2010年国民经济和社会发展计划初步安排意见;3. 讨论镇江市2010年城乡建设计划;4. 听取“十二五”规划编制工作情况汇报;5. 听取2010年财政预算编制总体原则的汇报;6. 研究市县政府机构改革事宜;7. 研究市政府工作报告起草工作	12-03
8	常务会议纪要17号	1. 讨论市区企业职工基本养老保险缴费基数调整等事宜;2. 讨论市政府工作报告(征求意见稿);3. 研究春节前政府主要工作	12-31

(钱 智)

【调查研究工作】 2009年,市政府研究室完成重点调研课题21项,起草或参与起草市委、市政府领导讲话稿9篇,为市委、市政府起草政策文件4份;组织、参与“镇江海洋工程产业发展专题研讨会”等重大活动4项;组织市政府新闻发布会13次;编发内刊《参阅材料》85期、《外地信息快报》9期、《调研信息快报》3期。

参与起草《政府工作报告》和市委、市政府领导在镇江市生态联席会议、上海招商会、市委常委扩大会、市政府全体会议等重要讲话。组织人员对国家和省出台的产业调整振兴规划进行解读,提出镇江市产业调整和经济发展的建议。牵头组织“镇江海洋工程产业发展专题研讨会”,落实国务院参事室25名专家到镇江市就实施中央关于经济平衡较快发展的“一揽子”计划、依靠科技进步推动产业升级、发展小城镇促进城乡统筹协调发展、深化社会事业管理体制改革和教育系统改革的调研,参与组织在镇江召开的全省政府研究室主任会议和省政府研究室老干部到镇江市的参观考察。制定《关于进一步扶持外贸发展的若干意见》《镇江市被拆迁村级组织集体资产处置实施意见》《关于加强住宅小区内部配套供电设施与管理维护的意见》等政策性文件。

调查研究取得成效。2009年调研工作的重点是“众人划桨促跨越”系列、产业升级、创业和就业、城市定位和农村发展。“众人划桨促跨越”系列调研出5篇调研报告,总结海关、国税、科技等部门应对国际金融危机的做法,以及天工集团和“巨宝项目”的建设与发展状况。产业类的调研形成5篇报告,着重对全市发展海洋工程、丁卯板块产业布局、扬州与镇江“三新”产业比较进行研究,提出产业调整和发展的建议;同时重点从全市产业结构方面,对市税源经济进行调查和分析,并提出建设性意见;创业类调研报告3篇,其中有《关于创业带动就业的几个问题》《推进全民创业促进民间投资》《“建行—淡马锡”镇江模式——破解中小企业“融资难”的一次成功实践》等。城市建设方面除对镇江城市性质和定位作思考外,还对拆迁安置房建设和市区菜市场建设进行观察性研究,提出工作建议。有4篇调研报告集中反映全市农村改革与发展的现状,如《镇江市农村改革的几点建议》《界牌模式:农民集中居住新探索》《农民集中区——新农村建设的必由之路》和《创新运行方式,实现保值增值——镇江市村级集体资产管理的调查报告》等。调研成果得到较好的转化。有9篇领导讲话得到贯彻落实,4篇作为文件下发,15篇被市以上刊物录用,11篇得到肯定和批示。 (龚国祥)

【新闻发布工作】 2009年,举行市政府新闻发布会13次,比上年多7次。这13次新闻发布会主题分别为:行政权力阳光运作、市政府12345服务热线开通、表彰市第三届“人民满意的公务员”和“人民满意的公务员集体”、市重大项目规划、完善房地产市场调控、扩大内需、旅游券发放、全市创业就业、环境违法行为有奖举报、企业离退休人员养老金发放、城市管理“四大整治”、市行政服务中心新址启用、实施国家基本药物制度等。

不断完善规范新闻发布制度。指导各辖市(区)及39个市政府部门建立健全新闻发布工作制度;各辖市(区)设立新闻发言人办公室,配备联络员协助工作。市政府发布的新闻由市各有关部门提出方案,报市政府分管领导审定。重要政策法规、经济统计信息、与群众生活密切相关的各项改革措施的新闻发布,根据市政府有关会议决议或主要领导批示进行。根据市委、市政府的中心工作和舆论宣传需要举行的新闻发布会,由市政府新闻发言人主持或发布,并邀请有关部门负责人参加,必要时邀请市领导出席并发布新闻。 (龚国祥)

【市政府接待工作】 2009年,市接待办公室完成接待任务388批、12629人次。其中接待党和国家领导人7批,省部级领导48批,厅局级领导52批,地市级领导35批,各类会议10个,随同市领导出访2次。完成李岚清、华建敏、陈昌智、迟浩田、刘云山、蒋正华等党和国家领导人到镇江的重要接待任务。

接待办公室所属一泉宾馆全年经营收入2905万元,完成全年指标的140%。4月,接待办将京口饭店整体移交给市建设局管理。

2009年,接待办先后被市级机关表彰为先进党支部、脱贫攻坚“两消除”先进单位。在市级机关工委举办的“唱响红歌,激扬青春”红色歌曲主题演唱会上,获一等奖1名、三等奖2名。在市委学习实践科学发展观征文活动中,1篇征文获优秀奖并入选优秀作品文集。在“抒正气、扬清风”全市廉政文化书画展上2人分获优秀奖。在全市脱贫攻坚“两消除”活动中,1人被评为先进个人。在全市创建全国优美乡镇活动中,1人被评为先进个人。 (张建平)

【市级机关事务管理工作】 2009年,市级机关事务管理局完成机关40多个部门财务决算和报销受理,落实各项经费指标1.66亿元;保障各类会议186场;车辆保障服务3600余台次,安全行驶26万公里;机关生活服务、医疗保健、物业管理等及时有力。办理市级机关办公设施设备等固定资产登记工作,新增固定资产360万元,核销固定资产190万元。健全和落实各项安全制度和目标责任,保持机关安全态势的稳定;建立健全各种处置预案,全年妥善处置到市政府门口群体性上访事件298批10396人次。开展节能宣传周、能源短缺体验日以及公务用车按牌号尾数每周停开一天和推介节能新产品新技术等活动;制定燃料控制、车辆定点修理、采购招投标等10余项制度;对水电、洁具等设施设备进行节能改造、扩容升级,淘汰高能耗产品,年节约支出60余万元;严格车辆更新、购置编制审核,有效控制车辆采购,年节约经费近2000万元;对市级机关公务用车燃油实行定量、定额指标控制,年节约油耗开支600余万元。推进行政办公用房迁建工程。

市级机关事务管理局先后被镇江市表彰为“安全生产先进集体”“社会治安综合治理先进部门”“先进机关党委”,

市级机关中心幼儿园被表彰为镇江市文明单位。（胡福乾）

政府法制

【概况】 2009年，镇江市出台各类政府规范性文件28件，涉及内容：一是规范拆迁行为，保障被拆迁人的合法权益，其中有《进一步推进"阳光拆迁"的实施意见》，修订《镇江市城市房屋拆迁管理办法》《镇江市集体土地房屋拆迁管理办法》等政府规范性文件；二是保护耕地资源，改善农村居住环境，其中有《镇江市农村宅基地管理办法》；三是加强水资源管理、市容卫生和环境建设，其中有《镇江市城市地下水资源管理办法》《镇江市城市建筑垃圾管理规定》《镇江市机动车排气污染防治实施细则》等一批立足全市经济和社会发展，着眼解决实际问题、重点问题的规范性文件。组织对1990年至2007年出台的市政府规范性文件进行集中清理，并向社会公布征求意见。市政府法制办公室对列入清理范围的298件政府规范性文件提出清理意见，由市政府发文，在政府门户网站及"镇江政府法制网"公布《市政府规范性文件目录》，其中有139件继续有效，137件废止、失效，22件予以修订。办理省政府征求意见稿10件，配合省政府在镇江召开立法座谈会2次。

2009年，全市各级行政复议机关收到行政复议申请214件，受理198件，不予受理15件，2008年结转27件，已审结200件。在审结案件中，维持原具体行政行为146件，占审结案件总数的73%；申请人自愿撤回申请19件，占审结案件总数的9.5%；被申请人改变后撤回申请16件，占审结案件总数的8%；撤销1件，占审结案件总数的0.5%；变更2件，占审结案件总数的1%；驳回5件，占审结案件总数的2.5%；协议和解9件，占审结案件总数的4.5%。案件主要涉及工伤认定、行政处罚、土地权属争议和城市房屋拆迁等方面。全市办理行政诉讼案件93件。

推行行政负责人出庭应诉制度。3月，市政府组织召开全市行政负责人出庭应诉工作座谈会，就开展行政负责人出庭应诉工作提出意见和要求。主动与法院协调、沟通，有效纠正个别行政机关"不应诉、不举证、不出庭、不执行"的现象。全市全年行政负责人出庭应诉率100%。

2009年2月至4月，市政府法制办组织对市级行政许可、行政处罚、行政征收、行政强制等行政权力的清理结果进行第二轮审核确认，累计审核57个部门的行政权力5764项，保证政府部门行政权力网上公开透明运行工作的顺利开展。

开展行政执法监督检查。5月，市政府邀请市人大和市政协相关部门组成联合检查组，对市规划局及辖市规划部门贯彻落实《中华人民共和国城乡规划法》情况进行监督检查。在市级行政执法部门中开展说理式行政执法文书制作比赛。各部门精心制作参赛文书。镇江工商局等22个单位获得优胜，受到表彰。2009年，备案审查辖市（区）政府及市级行政执法部门上报备案的规范性文件及重大行政处罚决定295件、规范性文件45件。加强执法证件管理，全年年审、注册1816个行政执法证件，申请新办、补办、换领行政执法证件和行政执法监督证件623个；依法确认市级规范性文件制定主体55个；处理行政执法投诉或咨询12件。

开展宣传培训工作。4月，镇江市举办为期两天的行政执法人员岗前法制培训班，集中对市级行政机关170余名行政执法人员进行法律法规知识的学习培训。7月，市政府召开规范性文件制定和备案管理工作会议，对市级机关各部门分管法制工作的领导和法制机构负责人，就认真贯彻执行《江苏省规范性文件制定和备案规定》，更好地规范市级机关各部门规范性文件的制定、备案和监督管理工作，进行专题培训。11月，结合行政复议资格证书的年审，对全市268名行政复议应诉人员分两期进行系统培训。全年市法制办编发《政府法制》简报10期，编发《政府公报》6期。在国家、省、市各类信息刊物、网站和新闻媒体上发表稿件53篇。（姚宏敏）

【深化行政审批制度改革】 2009年，根据市委、市政府《关于提升行政效能优化发展环境的若干意见》的部署和要求，按照"能减则减"的原则，深化行政审批制度改革，精减行政审批事项。市政府法制办组织市级机关各部门采取改变行政管理方式、合并、挂起、改列等四种方法，对照合肥市2008年行政许可和非行政许可审批项目情况进行梳理，清理和精简镇江市行政许可和非行政许可审批项目，将行政许可审批项目由427项减少为249项，降低41.7%；非行政许可审批项目由193项减少为116项，降低40%，并以市政府名义进行公布。（姚宏敏）

【开展依法行政示范单位创建活动】 2009年10～11月，全市开展依法行政示范单位的创建活动。经过申报、推荐、审查、考评、公示等程序，确定市级机关和各辖市（区）的29个单位和部门为镇江市依法行政示范单位。做好对省级依法行政示范点的重新确认与培育工作，新增镇江质监局、镇江工商局为省级依法行政示范单位。（姚宏敏）

【评查行政处罚案卷】 2009年10月，镇江市继续在全市范围内开展行政执法案卷评查活动。对参评的40个市级机关行政执法单位和55个县级机关行政执法单位选送的2008年7月至2009年6月期间的行政执法案卷进行集中评查。对市物价局等18个市级行政执法单位和丹阳质监局等18个县级行政执法单位予以通报表彰，对评查中发现的调查询问笔录不够细致有效，案卷装订不够规范等问题，要求相关执法部门及时予以改进。（姚宏敏）

【检查考核依法行政工作】 从2009年12月起，到2010年1月，根据《江苏省依法行政考核办法》的规定和要求，市依法行政领导小组办公室制定并下发《镇江市依法行政评议考核内容和评分标准》，组织两个检查组，对各辖市（区）和市级机关11个行政执法单位依法行政工作进行重点核查。市公安局等16个单位被评为2009年度市级机关依法行政工作先进单位，受到表彰。（姚宏敏）

行政服务

【概况】 2009年，中心（以下简称"中心"）履行"便民、高效、规范、廉洁"的承诺。缩短审批时限，承诺件平均承诺时限在5.89个工作日的基础上再有所压缩。确保一事一评满意率达98%以上，中心现场办结率达88%，服务质量实现零投诉。

中心组织开展以"走进社区、走进窗口、走进企业，服务经济发展、服务窗口工作、服务投资者"为主要内容的"三走进三服务"主题实践活动。开展"听群众意见、为党徽添彩"基层走访活动。有41个社区和4个企业负责人参加座谈，梳理出24条意见和建议，内容涉及项目立项、工商注册、自来水安装与城市道路挖掘、树木砍伐、消防、环保等方面。相关窗口负责人现场解答，对群众反映强烈的问题即闻即改。开展"热情服务提升形象，凝心聚力促进发展"主题谈心活动。中心分组与44个窗口首席代表结对谈心交流，梳理出三大类86条意见和建议，并认真回复。开展"围绕1000亿，服务促发展”实践活动，走进企业真心服务。征集并研究在推进大项目建设中需要着重解决的问题。

坚持从抓典型入手，发挥榜样的示范和带动作用。中心党组作出《关于学习朱国祥同志先进事迹的决定》，并将国税局车购办窗口朱国祥先进事迹印发各窗口，作为学习实践活动的学习材料之一，《党建之窗》《机关党建》《镇江宣传》《京江晚报》等相继转载。

2009年初，中心研究制定调研课题，3～4月份，走访44个部门和开发区以及辖市（区）的行政服务中心，了解情况，征求意见和建议。5月，对涉企中介机构收费及运作情况进行专题调研，形成《关于我市测量信息共享情况的调研报告》《市政府关于建设项目部分收费实行“一票汇制”的实施方案》专题报告。摸清涉企中介单位数量及性质。提出以中心为操作平台，建立规范、公开、公平招投标运作机制的合理化建议。6月，出台《并联审批实行“缺席默认制”“超时默认制”的实施办法》《关于推进与审批相关的中介服务市场化竞争的实施意见》《关于建立镇江市统一的招投标交易中心的实施方案》等一系列文件。3月30～31日，中心对丹徒、京口、润州开发区和镇江新区（街道）以及社区100多名招商报批人员进行培训。编写《项目报批实务》。10月31日，中心与市委组织部、市经贸委联合举办“服务培育百亿企业座谈会”，将市委、市政府《关于实施工业千百亿工程的若干意见》落到实处，主动及时与千百亿办公室取得联系，了解和掌握企业动态，与12名挂职干部交流对接。（陈晓荣）

【网上审批领先全省】 2009年7月1日，中心二期电子政务经过需求调研、软件设计、事项的流程编制、窗口人员培训、功能完善、软件试运行、软件修改等工作成功试运行。中心通过对工商注册的“一表制”13种类型所涉及14个部门的500多个数据和基本建设涉及的30多个事项的近500多个数据进行分析，梳理出工商注册的“一表制”和基本建设的共享数据，实现一次性集中登记录入审批信息，相关窗口自动生成含共享审批信息的申请表格。中心印发《关于使用权力阳光运行“网上申报、网上审批”子系统的通知》，出台《关于实行企业设立登记“一表制”审批的通知》。配合政府网站整合，重新设计和完善中心网页。增加“行政许可结果公示”“办件查询”等功能。完成与阳光权力运行系统的接口，实现中心内网与中心外网及政府门户网站的实时显示。软件经过5～6月的试运行，其实用性在省内达到一流，具有几大功能：一是通过“先注册，后审批”的运行模式，解决信息输入不准确的问题。二是实现审批的全过程监管。三是将办件的审批结果及时反映到中心网站，实现审批过程的公开透明。四是实现并联审批数据的全程共享，避免多次录入和多次上报相同材料，重点解决23个申报材料重复提交的问题，工商后置部门90%的材料实现共享，基本建设阶段中发改、规划、国土、环保等7个部门中13个材料实现共享。五是为领导决策提供依据。采取任务流模式，做到数据真实可靠。中心设置大项目服务提醒功能。凡是政府年初确定的大项目，镇江市的50强企业到中心办事，中心内网中就会出现提醒功能，告知各窗口工作人员要按照大项目服务的承诺时限、收费标准办理，中心还派出专人及时跟踪项目进展情况。（陈晓荣）

表5-2

2009年镇江市行政服务中心各窗口办件情况一览表

单位：件

部门名称	即办件		承诺件		联办件	上报件		汇　总				办结率（%）
	受理	办结	受理	办结		受理	办结	受理	不予受理	办结	不予许可	
国税车购办	10656	10656	0	0	0	0	0	10656	0	10656	0	100.00
发改委	0	0	156	154	69	0	0	156	0	154	1	98.72
国土局	0	0	1180	1111	29	0	0	1180	0	1111	1	94.15
京口国土局	0	0	1524	1478	7	0	0	1524	0	1478	0	96.98
润州国土局	0	0	911	837	6	0	0	911	0	837	0	91.88
规划局	227	227	230	203	190	0	0	458	0	431	57	94.1
建设局	123	123	718	710	216	0	0	841	0	833	0	99.05
公安局	5948	5948	1167	1167	216	0	0	7118	0	7118	0	100.00
消防支队	0	0	277	232	76	0	0	277	0	232	0	83.75
京口、润州区消防大队	0	0	309	282	84	0	0	309	0	282	2	91.26
环保局	114	114	397	394	100	0	0	511	0	508	0	99.41
京口环保局	0	0	5	5	0	0	0	5	0	5	0	100.00
润州环保局	0	0	9	9	0	0	0	9	0	9	9	100.00
人防办	88	88	12	12	88	0	0	100	0	100	1	100.00
社保中心	513	513	0	0	526	0	0	513	0	513	0	100.00
气象局	26	26	188	185	102	0	0	214	0	211	0	98.6
民政局	0	0	36	35	9	0	0	36	0	35	0	97.22
城管局	158	158	1171	1170	67	0	0	1354	0	1353	75	99.93
外经贸局	758	758	244	244	110	0	0	1002	0	1002	0	100.00
经贸委	215	215	102	101	113	0	0	321	0	316	0	98.44
自来水公司	0	0	1572	1553	804	0	0	1653	0	1634	0	98.85
工商外资	0	0	277	273	117	0	0	277	0	273	0	98.56
工商内资	11	11	1959	1946	773	0	0	1970	0	1957	0	99.34
润州工商局	20	20	2786	2717	1181	0	0	2806	0	2735	0	97.47
京口工商局	4	4	3036	2934	1510	0	0	3040	0	2938	0	96.64
文化局	5	5	89	87	21	0	0	106	0	104	3	98.11

续表 5-2

部门名称	即办件		承诺件		联办件	上报件		汇总				办结率(%)
	受理	办结	受理	办结		受理	办结	受理	不予受理	办结	不予许可	
交通局	470	470	1865	1861	30	0	0	2335	0	2331	0	99.83
安监局	0	0	311	239	4	0	0	311	0	239	0	76.85
财政局	950	950	1	1	88	0	0	951	0	951	0	100.00
城建档案处	203	203	698	698	203	0	0	901	0	901	0	100.00
地震局	0	0	59	59	60	0	0	59	0	59	0	100.00
房管局	2143	2143	615	613	1746	0	0	2758	0	2756	54	99.93
市政公用局	2913	2913	2932	2753	818	0	0	5968	0	5789	0	97.00
国税局	927	927	0	0	812	0	0	927	0	927	0	100.00
地税局	2305	2305	0	0	1604	0	0	2305	0	2305	0	100.00
华润燃气	0	0	43	35	2	0	0	43	0	35	0	81.4
农林局	2440	2440	625	625	10	2	2	3067	0	3067	0	100.00
卫生局	0	0	59	59	3	0	0	59	0	59	0	100.00
市卫生监督所	0	0	110	82	19	0	0	110	0	82	0	74.55
京口卫生监督所	0	0	177	177	116	0	0	177	0	177	0	100.00
润州卫生监督所	0	0	80	80	53	0	0	80	0	80	0	100.00
烟草专卖局	0	0	0	0	0	0	0	0	0	0	0	0.00
药监局	0	0	281	273	17	0	0	281	0	273	1	97.15
园林局	0	0	160	158	14	0	0	160	0	158	0	98.75
质监局	3	3	2414	2411	1127	0	0	2458	0	2455	0	99.88
人行镇江支行	117	117	0	0	0	0	0	117	0	117	0	100.00
统计局	0	0	0	0	0	0	0	0	0	0	0	0.00
广电局	0	0	2	2	1	0	0	2	0	2	0	100.00
安全局	0	0	41	41	0	0	0	41	0	41	0	100.00
港口局	0	0	23	21	2	0	0	23	0	21	0	91.3
劳动局	0	0	34	34	2	0	0	34	0	34	0	100.00
水利局	0	0	13	13	0	0	0	13	0	13	0	100.00
结算窗口	0	0	0	0	0	0	0	0	0	0	0	0.00
移动公司	0	0	0	0	0	0	0	0	0	0	0	0.00
合　计	31337	31337	28898	28074	13145	2	2	60527	0	59697	204	98.63

注：办结率包含统计时受理的办件，也包含统计时未办结但并未超过承诺办理时间的办件；办结件含上年结转。（陈晓荣）

【启动“缺席”和“超时”默认制】 2009年8月，中心出台《实行“缺席默认制”、“超时默认制”的实施办法》。缺席默认制，是指市行政服务中心或主办单位窗口在组织联合审批的过程中，相关单位对中心或主办窗口出具的《市行政服务中心联审会办通知单》不予理睬或拒绝在《市行政服务中心联审会办通知单》上签署审核意见、加盖公章（或行政审批专用章）的，无正当理由不参加联合踏勘、联审的部门，视为同意，造成的后果，由缺席的审批部门负责。超时默认制是指在行政审批过程中，相关部门未在规定时限内完成审批，对超时的部门，视为同意，造成的后果，由超时的审批部门负责。

中心负责加强督查考核，定期公布“缺席默认”和“超时默认”部门（单位）或窗口名单，并报送驻市行政服务中心监察室调查情况，由监察局根据情节轻重依照有关规定追究相关部门（单位）及责任人的责任。

（陈晓荣）

【推行企业登记“一表制”服务模式】 2009年5月4日，中心“一表制”服务系统开始试用，中心与工商、文化、卫生、交通、药监、公安、农林、质监、劳动保障、国税、地税等部门通力合作，将各部门相对独立的审批事项进行有机串联，打造出更加方便快捷的服务流程。

“一表制”服务系统使中心各个窗口实现信息共享，避免办理者重复提交材料、填写表格的繁琐，同时减少窗口工作人员重复录入，提高工作效率，更重要的是为单位和个人提供方便。试运行以来，办件突破千余件。（陈晓荣）

【编印《项目报批实务》】 2009年初，中心集中力量编写《项目报批实务》，历时7个月，全书约30万字，收录28部门174项目的办理须知，每一项目如何报批，需准备哪些材料以及可以享受的优惠政策等，都逐一明确告知，具有规范性、实用性、针对性、权威性，既可以作为投资者项目投资指南，又可以作为行政审批代办员的必备工具，截至8月，该书全部发放到社区、乡镇（街道）经济服务中心以及各辖市（区）发改委、外经贸局、招商局等部门。（陈晓荣）

【行政服务中心新址正式启用】 2009年5月下旬，市委、市政府决定行政服务中心搬迁至新广电大厦裙楼，12月28日新中心正式运行。新的行政服务中心设计思路体现“现代、便民、亲民”三大主题。新中心有187个柜台工位，10个工作间（其中招投标中心8间），70间办公室（其中招投标中心38间），8间评标室，4间开标室，4间会议室，6间档案资料室，3间活动室，标准机房近百平方米，可以容纳300多人在中心办公，引进各类中介机构近20家。（陈晓荣）

外事及港澳台事务

【概况】 2009年，全市外事系统接待邀请外宾及港澳人士154批937人次，其中，副部级以上3批15人，外国记者1批7人；办理因公出访团（组）249批583人次；办理邀请外国人签证函477批697人次，代办因私签证254批1090人次，向日本派遣研修生118名。承办境内外招商活动6场次。处理境内外涉外事（案）件3起。举办市政府国庆60周年招待会，授予迈克·汉弗莱等7位外国专家和友好人士"金山友谊奖"荣誉称号。组织举办（参加）"2009中日韩农业发酵技术推广会""镇江商机面向南非"经贸恳谈会、面向中国台商服务总会"商机镇江"推介会、"中国镇江—新加坡经贸合作座谈会""江苏省—德国北威州经贸洽谈会"和中瑞水资源利用合作论坛等经贸活动。引进投资3000万元的上海大众汽车4S店（镇江常力销售服务有限公司）项目落户镇江新区。在美、加、英、法和中国香港等地组织镇江市人才招聘活动6场。镇江市与西班牙埃纳雷斯保市、韩国釜山市江西区、爱尔兰卡罗市建立友好交往城市关系，扬中市与德国奥里希地区建立友好交往城市关系。丹阳市举办与日本柴田町缔结友好城市15周年活动。镇江市与日本仓敷市联合举办"镇江·仓敷第十一次友好书法交流展"，组织镇江市选手赴希腊雅典参加第43届国际青少年运动会。赛珍珠获中国国际广播电台、中国人民对外友好协会和国家外国专家局联合评选的"中国缘·十大国际友人"提名奖。市外办在全省外事工作先进单位评比中获"国际交流贡献奖"，张国云获美国坦佩市颁发的国际友人荣誉奖。（奚向红）

【市人民对外友好协会换届】 2009年7月12日，市友协在一泉宾馆举行换届选举大会，大会审议通过市友协会长吴树南作的第二届友协理事会工作报告和《镇江市人民对外友好协会章程》（修正案），选举产生第三届友协领导机构和理事成员，新吸收镇江主要经济部门、重点涉外单位、重要实体经济为理事单位。市委书记许津荣任名誉会长，吴树南连任会长。前外交部部长、现任全国人大外事委主任李肇星为全市正县处级以上领导干部，以及市友协理事会全体成员作国际形势报告。会议现场举办《镇江市对外友好交流成果图片展》。（奚向红）

【镇江市国际友好交流大会】 2009年10月27日，以镇江市与日本津市结好25周年、与美国坦佩市结好20周年、与德国曼海姆市结好5周年为契机，邀请包括上述城市在内的9个友城与友好交往城市齐聚镇江，以"友谊、合作、发展——我们的城市更美好"为主题，在碧榆园国际会议中心召开镇江市国际友好城市交流大会。这是自1984年与日本津市结为第一对国际友城以来的首次大规模友城多边交流活动。百余名中外嘉宾出席大会。镇江市与美国坦佩市，德国曼海姆市、雷根斯堡市，爱尔兰卡罗市，日本津市、仓敷市，韩国益山市、釜山江西区等9个城市市长（代表）签署《国际友好城市交流与合作镇江宣言》。各友城代表团成员一行47人在镇江体验西津渡古街重阳节活动、米山社区传统文化艺术活动及居民家庭生活，并赴镇江旅游学校了解镇江职业教育情况。（奚向红）

【镇江市第三届七夕节纪念活动】 2009年8月26日，农历七月初七，"爱在槐荫 共度七夕"民俗风情主题活动在丹徒区谷阳镇槐荫村举行。槐荫村是以董永和七仙女为主角的《天仙配》故事的发源地之一，活动分"相门剪彩"、丹徒田歌、《天仙配》故事表演、集体婚礼四个部分，重点展示丹徒南乡民俗风情。"情缘七夕"——第三届中国·镇江"七夕"节纪念活动暨吉冈茂美音乐会在文心剧场举行，日本音乐家吉冈茂美和镇江市文化馆文心艺术团联袂演出。吉冈再次演唱她为镇江七夕节而作的日语原唱歌曲——《望仙桥—镇江星空物语》，镇江市合唱团首次用中文演唱《望仙桥》歌曲。（奚向红）

【外事服务企业、服务发展"三送三帮"活动】 2009年9月应对全球金融危机，开展外事服务企业、服务发展"三送三帮"（送政策帮助企业谋发展、送信息帮助企业寻商机、送服务帮助企业解难题）主题活动。汇编因公出国（境）审批、邀请外国人来华、APEC商务旅行卡申办、领事保护、投资促进和国别政策咨询、涉外礼宾和对外宣传出国护照签证、外语培训和翻译、出国访问与外事接待，以及研修生派遣等外事职能服务项目和联系卡的《镇江外事服务指南》1000册，发送市直及各辖市（区）企业；分组赴各辖市（区）重点外贸企业、重点外资项目和50强工业企业，宣传外事服务职能和范围，征集企业在金融危机中所面临困难及对政府部门的要求和建议。（奚向红）

表5-3 **2009年重要外宾到镇江访问情况表**

到访月日	团　组	访问目的	主要访问点
04-26	党主席佩德罗·法杜尔为团长的巴拉圭亲爱祖国党代表团6人	友好访问	镇江博物馆、恒顺集团、丹徒新城
05-14	老挝南塔省省委委员、省政府办公厅主任塞潘·昆西里恒为团长的第三期老挝领导干部培训班25人	友好访问	米山人家社区、镇江博物馆、润扬长江大桥
06-02	日本前官房长官、大藏大臣武村正义	考察城建环保情况	—
07-16	朝鲜江原道人民委员会第一副委员长金明铁为团长的江原道代表团8人	了解果品种植销售、技术示范推广、丘陵山区开发情况	镇江农科所

（奚向红）

表5-4 **2009年外国友好城市主要团组到镇江访问情况表**

到访月日	团　组	访问目的	主要访问点
02-18	日本柴田町前町长平野博为团长的柴田町日中友好协会代表团一行12人	参加丹阳市与柴田町结好15周年活动	镇江市区、丹阳市
05-22	日本津市日中友协副会长川本顺三为团长的津市日中友协访华团一行18人	友好访问	—
08-14	日本津市日中友协会长、津市国际交流协会会长、三重县日中友协副会长柳濑恒范一行3人	商谈老年福利事业合作事项	老年公寓、镇江新区中心福利院、扬中市社会福利院

续表 5-4

到访月日	团　组	访　问　目　的	主要访问点
09－03	益山市农业振兴课课长郑勇勋为团长的益山市农业代表团一行3人	出席镇江市中日韩农业发酵技术推广会	长江奶业公司
09－22	饭沼裕子为团长的津市友好访华团一行6人	友好访问	－
09－25	斋藤齐为团长的日本仓敷市日中友协代表团、山阳新闻仓敷支社长若狭正吾为团长的仓敷市书法代表团31人	参加镇江、仓敷市第11次书画交流展	－
10－19	支部长大森久雄为团长的日本共产党日中友好协会仓敷支部友好访华团18人	－	赛珍珠纪念馆及其故居、西津渡街
10－26	美国坦佩市姐妹城市协会主席理查德·纽海赛为团长的美国坦佩市代表团11人，德国曼海姆市前第一副市长罗伯特·艾格尔一行2人，日本津市副市长福田圭司一行3人，日本仓敷市国际交流协会会长藤原均一行3人，副市长全锺琇为团长的韩国益山市代表团5人	出席镇江市国际友好城市交流大会	西津渡街、米山人家社区、旅游学校
11－12	日本著名画家桥本心泉为团长的第23次日本津市艺术文化交流协会访华团9人	开展艺术交流活动，举办日本画讲座	江苏大学

（奚向红）

表 5-5　**2009 年其他重要团组到镇江访问情况表**

到访月日	团　组	访　问　目　的	主要访问点
03－09	亚细亚农业技术交流协会理事长、日本农山渔村文化协会理事、农学博士今村奈良臣一行4人	农业技术指导和交流	句容市
03－23	日本书道会会长、书法家田中冻云一行3人	与书画界交流	－
04－03	日本东京大学教授山本良一一行3人	学术交流	江苏大学
04－16	第一家食品集团执行董事长、新加坡50大杰出企业协会会长魏成辉为团长的该会企业家考察团一行17人	参加中国镇江·新加坡50大杰出企业协会合作座谈会，考察投资环境	镇江新区企业、恒顺地产
05－28	韩国灵光郡议员张基昭为团长的灵光郡足球代表团一行21人	与市足球运动协会职工代表队和江苏大学校队比赛，商谈与扬中建立友好城市事项	江苏大学、扬中市
07－01	中国驻南非约翰内斯堡总领事房利为团长的南部非洲侨领经贸访问团一行11人	出席镇江商机面向南非经贸恳谈会，考察房地产市场	镇江新区企业、（南非）钻石名苑楼盘
07－10	西班牙浪潮酒店国际总裁佩德罗一行3人	洽谈与镇江宾馆和一泉饭店投资合作事宜	
07－13	日本川崎重工常务取缔役神林伸光为团长的川崎重工高层代表团一行8人	洽谈中远川崎大功率柴油机项目	润州区
7－29	美国北美洲中国学人国际交流中心主任尤伟顺一行3人	参加海外优秀人才、留学人员项目推介会	世业洲
10－26	友好协会会长弗朗兹·费德米尔为团长的德国雷根斯堡市代表团一行8人，城市经理琼斯福·沃特斯为团长爱尔兰卡罗市代表团一行4人，区厅长姜仁吉为团长的韩国釜山市江西区代表团一行11人	出席镇江市国际友好城市交流大会	西津渡街、米山人家社区、旅游学校
12－29	马来西亚金狮集团董事长锺廷森一行6人	考察房地产和百货业	南徐新城、北部滨水区、大市口

（奚向红）

侨　务

【概况】　镇江市是江苏省重点侨乡之一，全市有华侨华人、港澳同胞3.6万多人，分布在世界50多个国家和地区，主要集中在日本、东南亚等国家和地区；有归侨侨眷6万多人，其中归侨195人，主要分布在农村；有留学人员3000多人，主要分布在美、加、澳、新等国家。2009年，市侨办被国侨办评为全国侨办系统先进单位，扬中市侨办、丹徒区侨办被省侨办评为2008～2009年度全省侨务工作先进单位，王金华、张霖汉、贺亮、朱莉、杨晓萍被评为2008～2009年度全省侨务工作先进个人。

5月，承办招才引智侨务主题活动——相聚“长三角”海外创业创新人才镇江行活动，全年向海外寄发镇江情况介绍、项目资料、慰问函、贺卡、邮件16500多件。接待拜访海外侨胞730人次，其中市侨办接待拜访37批430人次。引导43个海外领军人才团队成功申报镇江市首批“331计划”，其中8个海外博士团队项目获“331”计划第一批资助，星叶绿色机械、阿图电子等7个项目落户镇江市。聘请中国旅美科技协会等21个海外华侨华人专业人士社团为海外引才联络点，23名社团负责人及成员为“海外引智顾问”。“国侨办引智引资重点联系单位”在镇江高新技术创业服务中心正式挂牌。全年直接引进项目4个,间接促成项目4个,合同利用外资1.23亿美元,实际到位资金0.69亿美元。

5月,市六届人大常委会第十八次主任会议,审议市政府贯彻实施《中华人民共和国归侨侨眷权益保护法》的情况,并赴6个辖市(区)进行《侨法》实施情况调研。6月,镇江市在全省率先实施"侨爱工程——送温暖医疗队"活动。全年慰问、救济、帮扶、定补困难归侨侨眷和重点侨界人士543户(人),慰问、救济、帮扶、定补经费38.95万元,全市归侨受补面达62%。全年受理来信来访157件(次),办结率98%。推进"百侨助百村"活动,组织镇江苏惠乳胶制品有限公司等4家侨企计资助103.5万元用于新农村建设,其中,资助新坝镇联合村71万元修筑1.5公里水泥路,资助句容裕课村24万元修筑4公里乡村公路。香港李距能捐赠市特教中心25万元购置教学设备,香港石汉基捐赠金山寺、隆昌寺各一册《贝叶经》,加拿大陈沙立捐赠句容50万元建华侨小学,全年全市接受海外华侨华人捐赠18宗,价值173.09万元。

发挥海外华文媒体优势。在《美国侨报》《环球华报》《欧洲时报》刊登《"天下第一江山"——镇江》《相聚"长三角"海外创业创新人才镇江行》《长江岸边的璀璨明珠——高资》等3个专版。结合政府网站整合,全面改版升级"镇江侨网"。全年在国、省、市三级媒体及海外华文媒体刊播各类宣传稿件300多篇、理论文章7篇,《国际金融危机对我国造纸行业的影响及对策建议》一文被省政府办公厅、国侨办采用。印发《镇江侨务》900余份、镇江宣传画册450余份。

(张霖汉)

【相聚长三角海外创业创新人才镇江行活动】 2009年5月20~23日,由市侨办承办,国侨办经科司、上海市侨办、江苏省侨办、浙江省侨办、市政府联合主办的相聚长三角海外创业创新人才镇江行活动在碧榆园举行。来自美、日、加、澳、法、德等10个国家和地区68名海外华侨华人专业人士、回国创业的海归人士携85项高新技术项目参会,上海、浙江侨办代表等100多人参加开幕式。国侨办巡视员、经科司副司长张健青,省侨办副主任孙彬出席开幕式。此次活动分别在苏浙沪三地进行,主会场设在上海,浙江和江苏设分会场。

海外华侨华人专业人士、回国创业的海归人士就85项拥有知识产权的高新技术专业合作项目与镇江市近100家

表5-6 **2009年镇江市侨办邀请接待海外和中国港澳台地区重点访问团组及客商情况表**

到访日期	团组	访问内容
01-05	美国伊利华报社长浦英一行4人	友好交流
01-15	美国英拓软件股份有限公司总裁黄宝华一行2人	和润州区高创中心洽谈全方位监控系统项目
02-13	澳-中商联会主席、悉尼大学教授胡锡恒一行2人	友好交流
02-18	美国硅谷Alto Semiconductors Inc. CEO李虹宇博士一行2人	与润州区高创中心洽谈设立立芯片设计公司事宜
02-21	中国留学人员创业协会张时雨博士一行2人	考察镇江新区、润州区高创中心
02-21	北美控股集团董事总经理路杰	与城投、水投公司洽谈投融资事宜
02-21	珠海麦尼电控技术有限公司副总经理郭青博士	考察镇江新区、润州区高创中心
02-25	香港亚洲之星邮轮公司迪奇伟一行4人	商贸考察
02-28	津通集团董事长贡毅博士一行3人	赴镇江新区演讲
03-18	美国英拓软件股份有限公司杨崇吕一行3人	与镇江船舶柴油机厂洽谈技术合作事宜
03-20	加拿大多伦多中华文化中心主席张明达一行5人	友好交流
03-23	留日江苏同学会会长李建平一行2人	考察镇江新区高创中心
04-03	无锡尚德董事长施正荣博士	与市发改委、建设局、规划局洽谈国家扶持太阳能产业发展的"屋顶计划"
04-13	日本仙台日中贸易商事代表杨尊东一行4人	友好交流
04-13	加纳中华总商会秘书长张关德一行2人	友好交流
04-21	美国Quregen公司创始人臧隽章博士	考察镇江新区高创中心
04-24	美籍华人学者邵耀成博士3人	查询刘勰相关资料
05-20	举办相聚"长三角"海外创业创新人才镇江行活动68人	与近100家企业就有关科技项目进行交流、洽谈、合作,参观考察镇江新区
05-27	省侨办重点侨商考察团一行6人	考察城投、水投、交投合作地块
06-12	上海茂碧信息科技有限公司孙雁董事长一行5人	考察镇江新区高创中心
07-07	美国硅谷高层次人才访问团一行15人	举行镇江创业环境说明会、考察镇江新区、润州区高创中心
08-12	美国申帝公司CEO赵玮博士	考察镇江新区,商谈金融服务外包事宜
08-25	国际货币基金组织展再金博士一行2人	参观考察
08-31	加拿大星叶技术集团总裁张亮博士一行3人	获市"331"计划资助,与润州高创中心洽谈设立企业事宜
09-03	美国Photronic Technologies总裁于宙博士	到镇江考察设立创业企业事宜
09-20	美国北美华人科技创业会长李红梅博士	考察扬中太阳能企业
09-23	美国SBM公司总经理张靖漓博士	考察镇江新区、润州区高创中心
10-10	巴基斯坦拉合尔华人华侨协会秘书长吴宜嶙	友好交流
10-20	北美半导体协会代表团一行13人	考察镇江新区高创中心
11-16	美国Celesda Design Solutions,Ins VP冯盛博士	考察镇江新区高创中心
12-01	上海希纳投资有限公司董事长吴建新一行3人	与水投、交投、镇江新区、世业洲洽谈地块合作事宜
12-07	融侨集团总裁林定强一行10人	与城投、水投、交投公司洽谈地块合作事宜
12-11	东方集团王建坤一行6人	考察润州区,洽谈地块合作事宜

(严玥玥)

企业开展面对面专题交流洽谈，内容涉及电子信息、新材料、生物与医药、现代装备制造以及现代服务业等五个方面，12个项目达成意向。镇江高新技术创业服务中心成为国侨办引智引资重点联系单位。 （张霖汉）

【江苏省“侨爱工程——送温暖医疗队”活动在镇江市启动】 2009年6月18日，江苏省2009年“侨爱工程——送温暖医疗队”活动授旗仪式在京口区四牌楼街道侨园礼堂举行。全省困难归侨侨眷最为集中的丹徒区高资镇成为“侨爱工程——送温暖医疗队”活动省内唯一试点单位。省侨办副主任季俊秋、市人大常委会副主任卢章平等为医疗队授旗。

“侨爱工程——送温暖医疗队”是国侨办创立的“归侨侨眷关爱工程”系列活动之一，是全国侨办系统关心和改善归侨侨眷民生的一项重要举措。江苏省2009年“侨爱工程——送温暖医疗队”活动内容包括：为城市归侨侨眷举办医疗卫生保健讲座，为农村困难归侨侨眷免费健康体检、医疗咨询，赴卧床归侨家中义诊及对困难归侨进行慰问，为1～2名农村特困归侨侨眷免费做白内障手术等。62名归侨接受10个项目免费体验、152名侨眷接受义诊，免费发放药品8万元。 （张霖汉）

【镇江市首家县级华商会成立】 2009年10月30日，扬中市华商会成立大会在扬中市行政中心江洲厅举行。省侨办副主任孙彬以及海内外100余名华商和嘉宾参加成立大会。大会推举扬中市副市长鄂有阳、扬中市原政协主席孙金林为名誉会长，扬中市侨办、市侨联及各镇（区）共10名领导组成顾问团，江苏环太集团董事长王禄堡当选为首任会长，9人为副会长，首批理事单位45家。

（张霖汉）

【镇江市8家侨资企业、4名华侨华人专业人士分获国、省表彰】 2009年10月22日，在江苏省侨办举办的第十二届“海外江苏之友活动”开幕式上，授予108家侨资企业2006～2008年江苏省明星侨资企业称号、18名华侨华人专业人士江苏省第二届华侨华人专业人士杰出创业奖。镇江金东纸业（江苏）有限公司、江苏天工工具有限公司、江苏建华管桩有限公司、江苏融锦集团公司、镇江百盛商城有限公司、沃得精机（中国）有限公司、丹阳龙江钢铁有限公司、江苏奥雷光电有限公司8家侨资企业，江苏奥雷光电有限公司总裁陈岭、镇江隆智半导体有限公司董事长史方、句容驰遨运动器材有限公司董事长芮裕亭、镇江唐桥微电子有限公司执行总裁孙翼4人当选。

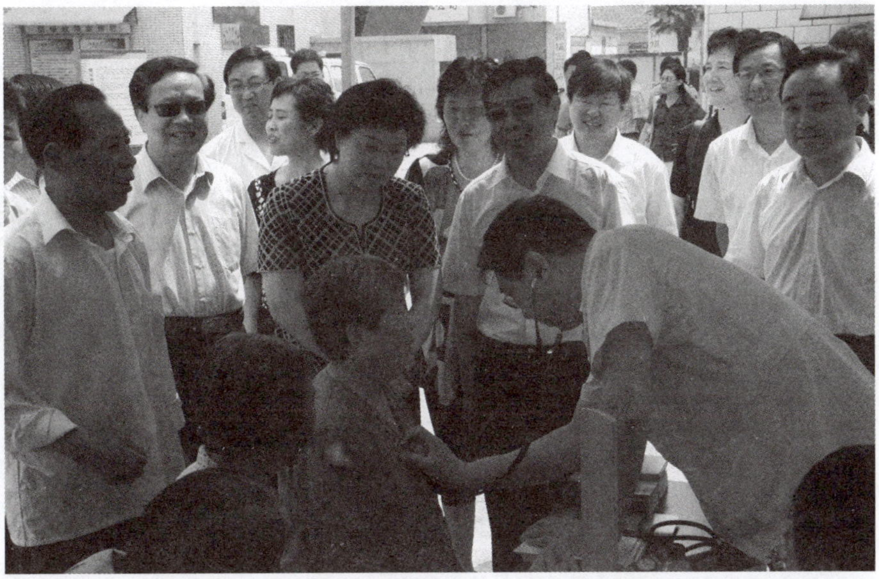

“侨爱工程——送温暖医疗队”送医到侨乡活动 （张霖汉）

12月25日，国侨办在《人民日报》发布表彰决定，授予100家侨资企业2006～2008年全国百家明星侨资企业称号、100名华侨华人专业人士第二届百名华侨华人专业人士杰出创业奖。镇江市金东纸业（江苏）有限公司、江苏天工工具有限公司、沃得精机（中国）有限公司3家企业，江苏奥雷光电有限公司总裁陈岭、镇江隆智半导体有限公司董事长史方2人当选。 （张霖汉）

【“施氏家族慈善基金”斥资300万元启动“慈心医疗”工程】 2009年3月8日，博士施正荣设立的施氏家族慈善基金会，斥资300万元启动为期4年的“慈心医疗”工程。该工程将向扬中市的农村低保户、低保边缘户和城市特困家庭中患白血病、尿毒症、恶性肿瘤以及其他重大疾病的患者，每人每年一次性发放面值5000元以上的“慈心医疗”救助卡，向部分条件落后的镇、村（社区）卫生院（站）提供输液床（椅）等医疗设备，改善就医条件。对扬中市贫困家庭老人进行一次白内障普查，对确诊患者免费治疗。100名特困家庭的重病患者领到“慈心医疗”救助卡，1台血透机交付扬中市人民医院，100张输液床（椅）送到镇、村（社区）卫生院（站）。

施正荣是扬中籍旅澳华侨。现任无锡尚德电力控股有限公司董事长兼总经理，中国太阳能光伏产业领军人物。2000年回国创办无锡尚德太阳能电力有限公司；2005年无锡尚德在美国纽约证券交易所上市，时以23亿美元身家成为中国的新首富；2007年被美国《时代周刊》评为全球环保英雄；2009年当选《福布斯》杂志“最受国际尊敬的中国企业家”。 （张霖汉）

【石汉基向镇江市佛教界捐赠珍贵佛教经典《贝叶经》】 2009年11月27日，全国政协委员、香港汉荣书局董事长、总经理石汉基向金山寺、隆昌寺捐赠珍贵佛教经典《贝叶经》（参见第294页）。

石汉基参与社会事务，担任广东社团总会常务会董、香港教育图书零售业商会理事、香港版权影印授权协会理事、香港出版总会理事等，2000年当选香港特别行政区选举委员会委员。石汉基及其父亲石景宜博士关心镇江市文化及宗教事业，2006年以来先后向镇江市及句容、丹阳、丹徒、扬中等地图书馆捐赠汉荣书局10000多册港台版图书。

（张霖汉）

政协镇江市委员会

责任编校：严志清

综　述

【概况】 2009年，市政协围绕全市工作大局，认真履行职能，为镇江经济社会发展实现新跨越作出贡献。

促进跨越发展。政协有关部门向市委、市政府报送《关于当前工业企业运行与发展的几点建议》《关于提升我市外贸企业竞争力的几点建议》《关于加快推进高效农业规模化发展的几点建议》。把推进全民创业作为全年的工作重点，举办"全民创业报告会"，六届九次常委会围绕落实全民创业政策进行大会发言，在市政协的推动下，镇江被评为"中国创业之城"。市政府、市政协以"镇江的明天"为题，召开情况交流会。围绕地方税务服务经济发展、人防工程建设、新民洲港口产业园建设、南山风景区西入口方案等，通过主席会议专题议政、开展调研视察，提出意见和建议。全年向市委、市政府报送《参政议政专报》6期。

推动民生改善。六届十五次主席会议专题讨论强化信访工作，提出要建立和完善信访工作的五大机制。市委办公室、市政府办公室以镇政办40号文予以转发。组织委员听取"医、保、患"三方意见，就完善医疗保险体制、缓解"看病贵、看病难"提出建议。对市文化产业发展情况进行专题视察，就食品药品监督管理、职业教育、改善城市大气质量及水环境、提高城市管理水平等工作开展调研，提出参政议政的意见和建议。加大反映社情民意工作力度，把提案工作作为"民心工程"来抓，加大对重点提案的督办力度，就古运河综合治理、城市交通建设和管理、生态城市建设等提出意见和建议。

营造和谐氛围。召开庆祝中国人民政协成立60周年大会，编辑出版《风雨同舟》画册，开展"我与人民政协"征文活动，在《镇江日报》《镇江政协》上选登文稿近80篇，由市政协组织创作的《我是一名政协委员》，在省政协庆祝大会演出中获优秀创作奖。举办各界人士迎新年茶话会，发挥各民主党派、工商联、无党派人士和人民团体在政协中的作用；加强与在镇江的港澳台侨人士和留学归国人员的联络联谊，接待台湾诗人余光中及海外侨胞、港澳台同胞40多人次。开展"爱镇江、献良策、作贡献"主题活动，提交上百条有关镇江发展的专题建议和对策措施；建立委员接待日制度，全年开展调研、视察、座谈及公益活动90余次；开展"委员述职"活动，参加述职的委员有342名，占应参加人数346名的98.9%，开展委员年末大视察活动，加强与兄弟省、市政协联系，编纂文史资料，参与全国政协《大运河画册》的征编工作；成立市政协镇江新区工作委员会；在《镇江日报》、镇江电视台开辟《政协时空》专栏，定期刊播委员的先进事迹和参政议政成果。（卢小芳）

政协重要会议和工作

【市政协六届三次会议】 2010年1月11～13日召开。会议分组学习中共镇江市委书记许津荣在市政协六届三次会议开幕式上的讲话，审议通过市政协主席郭礼荣所作的常务委员会工作报告和副主席宋敬伟所作的提案工作情况的报告。全体与会人员列席市六届人大三次会议，听取和讨论《政府工作报告》和其他有关报告，市各民主党派、工商联和政协委员以"放大世博辐射效应，推动镇江

市政协举行"爱镇江、献良策、作贡献"主题活动　（卢小芳）

跨越发展”“大力推进千百亿工程，做大做强工业经济”“关于加强镇台两地农业交流合作的建议”“关于加强社区管理体系建设的建议”“关于大力发展我市软件产业的建议”“山水情怀，本色镇江，精心打造宜居城市”“关于建立完善企业职工工资正常支付机制的建议”“发展楼宇经济，促进跨越发展”“让民间投资成为可持续跨越发展的不竭动力”等为题进行大会发言。市委书记许津荣、市长刘捍东等领导到会听取委员们的建议。委员们重点就镇江在当前形势下如何大力扶持和促进中小企业发展、提升镇江城市管理水平、促进医疗卫生事业发展，满足群众医疗服务需求等专题，展开联组讨论，就镇江经济和社会发展中的重大问题，与市委、市政府分管领导面对面交流互动。大会收到网上和书面提案478件，立案472件。其中：市各民主党派、工商联、台联、侨联、总工会、市政协专委会集体提案61件；委员个人和联名提案411件。按类别分：经济建设方面288件，科教文卫体方面69件，政治法律、劳动人事方面59件，政协、统战方面2件，其他方面54件。就“建议312国道丹徒段南移”等4件提案，召开协商办理座谈会，分别邀请市政府办公室、市委组织部、市公安局、市交通局的有关负责同志，与提出提案的委员面对面沟通交流，当场办理答复。对6件不立案提案，提案委员会主动与有关委员协商并征得同意，5件作为社情民意、信息转有关部门处理，1件撤案。会议审议通过六届常务委员会工作报告的决议、六届常务委员会关于提案工作情况的报告的决议和政协镇江市委员会第六届委员会第三次会议决议。市各部委办局负责人和在镇江的全国政协委员及省政协委员列席大会。（卢小芳）

【政协常委会议】 2009年，市政协召开5次常委会议。

1月11日召开市政协六届六次常委会议，由市政协主席郭礼荣主持。会议听取市政协副秘书长陈泰龙关于《政协镇江市第六届委员会常务委员会工作报告》的决议、《政协镇江市第六届委员会常务委员会关于六届一次会议以来提案工作情况的报告》的决议、《政协镇江市第六届委员会第二次会议决议》（草案）起草情况的说明，听取提案委员会主任杨晓英关于提案审查情况的汇报，决定将上述三个决议草案和提案审查报告提交六届二次会议第四次全体会议审议。会议决定免去郭必东市政协经科委主任职务；任命蒋平权为市政协经科委主任，免去其市政协农经委主任职务。

4月28日召开市政协六届七次常委会议，会议通过《关于当前我市工业企业运行与发展的几点建议》，通过有关人事事项。市政协主席郭礼荣出席会议并讲话，副市长冯士超参加会议并通报情况，市政协副主席赵腊根主持会议并就该建议的调研起草情况作说明。会议决定任命任一鸣兼任市政协副秘书长、文雁才为市政协农业经济委员会主任、陈红为市政协办公室副主任，免去佘其瑞兼任的市政协副秘书长职务。

7月9日召开市政协六届八次常委会议，听取市政府关于全市上半年经济社会发展情况和下半年主要工作安排的通报，组织常委就完成市委、市政府年度既定工作目标献计献策，就全市各级政协组织和委员在完成镇江全年工作目标任务中争作贡献提出要求。市长刘捍东作《珍惜跨越发展态势，加快推进结构调整》的通报，市政协主席郭礼荣就下半年全市政协工作提出要求。市政协副主席赵腊根主持会议。

10月20日召开市政协六届九次常委会议。上午，会议听取市政府关于市政协六届二次会议以来提案办理情况的通报，听取2009年市政协委员述职活动情况的报告，学习胡锦涛在庆祝人民政协成立60周年大会上的重要讲话，市政协副主席赵腊根主持会议。下午，会议主要围绕推进市委、市政府《关于进一步促进全民创业的若干意见》落实情况进行讨论，邀请辖市（区）委书记、镇江新区党工委书记、市有关部门主要负责人参加。市政协主席郭礼荣主持会议，市委书记许津荣出席会议并作讲话。

12月17日召开市政协六届十次常委会议，会议审议通过常委会工作报告、提案工作报告；审议通过关于召开市政协六届三次会议的决定；审议并原则通过市政协六届三次会议的议程和日程（草案）等有关事项；会议决定增补丁春华、文雁才、朱永芳、李耀明、陈发祥、俞波涛、葛起能为市政协第六届委员会委员；同意裔玉乾、赵珏、岳岭、张春蕾、李晓均等因工作变动，辞去市政协委员职务，同意裔玉乾辞去市政协常委职务。（卢小芳）

【政协主席会议】 2009年，市政协召开11次主席会议，就经济和社会事业发展的重大问题专题议政，邀请市委、市政府有关领导及相关部门负责人到会通报情况，听取意见。

2月17日召开市政协六届十三次主席会议。会议审议通过《镇江市政协2009年工作要点》和《镇江市政协2009年重点提案和督办计划》。

3月19日召开市政协六届十四次主席会议。专题讨论加强镇江城市管理工作。副市长陈杰出席会议并讲话。

4月14日召开市政协六届十五次主席会议。就强化和完善信访工作机制进行专题讨论。副市长曹当凌到会听取意见。

6月1日召开市政协六届十六次主席会议。专题讨论提升镇江外贸企业竞争力、促进对外贸易平稳发展。副市长陈建设参加会议。

6月29日召开市政协六届十七次主席会议。视察食品药品质量安全重点提案办理情况，专题讨论加强镇江食品药品质量安全监督管理工作。副市长冯士超出席会议并讲话。

7月23日召开市政协六届十八次主席会议。中心议题是贯彻落实市委五届八次全会精神，专题讨论推进镇江高效农业规模化建设。副市长曹当凌到会听取意见。

8月27日召开市政协六届十九次主席会议。会议听取市政府关于镇江重点项目建设的情况通报。市委常委、常务副市长陈照煌作情况通报。

9月9日召开市政协六届二十次主席会议。会议决定6个小组为先进委员活动小组，35名委员为优秀政协委员，58件提案为优秀提案，8条社情民意信息为优秀社情民意信息。

10月29日召开市政协六届二十一次主席会议。专题听取镇江人才强市工作的情况通报。市委常委、组织部部长魏红军到会作情况通报。

11月30日召开市政协六届二十二次主席会议。会议对《市政协常务委员会工作报告（征求意见稿）》和《市政协常务委员会关于提案工作情况的报告（征求意见稿）》进行讨论，提出修改意见，要求修改后的报告提交六届二十三次主席会议审议。

12月15日召开市政协六届二十三次主席会议。会议讨论通过《市政协常务委员会工作报告（第二稿）》和《市政协常务委员会关于提案工作情况的报告（第二稿）》，要求修改后的报告提交六届十次常委会议审议。（卢小芳）

【市政府、市政协情况通报交流会】 2009年2月11日，市政府和市政协领导围绕“镇江的明天”这一议题，召开情况交流会，共商镇江发展大计。会议由市长刘捍东和市政协主席郭礼荣共同主持。

市长刘捍东以“我希望做的两件事”，市政协主席郭礼荣以“镇江如何实现发展新跨越”，市委常委、常务副市长陈照煌以“产业升级镇江任重道远”，市政协副主席赵腊根以“市区经济实力亟待提升”、副市长陈建设以“加快科技创新”、市政协副主席宦祥宝以“镇江的明天呼唤支柱产业”、副市长陈杰以“建设国际著名旅游目的地城市”、市政协副主席徐平以“全力共建镇江美好家园”为题，先后作演讲。（卢小芳）

【人民政协成立60周年庆祝大会】2009年9月16日召开，市政协主席郭礼荣主持大会，市委书记许津荣出席会议并讲话。会议表彰2008～2009年先进委员活动小组、优秀政协委员、优秀提案、优秀社情民意信息，还举行《与祖国同行》文艺演出。

1949年9月30日，市政协的前身——镇江市第一届各届人民代表大会协商委员会成立。60年来，尤其是改革开放以来，镇江发生了巨大的变化。政协在参政议政方面做大量的工作。一是始终坚持大团结、大联合，调动一切积极因素，协调关系、化解矛盾，汇聚力量、增进共识，为全市的改革发展稳定提供支持。二是坚持围绕中心、服务大局，抓住全市经济社会发展中的重大问题，搞好政治协商，为促进市委、市政府科学民主决策，推动发展发挥重要作用。三是坚持以人为本，把实现好、维护好、发展好最广大人民的根本利益作为出发点和落脚点，开展调查研究，反映社情民意，推进民主监督，为镇江民生建设、和谐建设贡献智慧和力量。四是注重自身建设，推进政协工作的制度化、规范化、程序化建设，探索履行职能的新形式、新方法，政协事业得到发展。（卢小芳）

【全民创业报告会】2009年5月21日，市政协举办“镇江市全民创业报告会”，市政协副主席赵腊根主持报告会，市委书记许津荣到会讲话。

江苏肯帝亚木业有限公司董事长郦海星以“在路上”、镇江市思航电子科技有限公司总经理周成林以“从陋室走来”、江苏福荣制衣有限公司总经理吴银芳以“创业不能等”、江苏永兴集团董事长张红俊以“路，在自己脚下”、镇江新区联创水产科技示范园总经理徐军民以“无悔的选择”、镇江市润州王家花苑总经理王玲以“花卉人生”为题，讲述各自创业经历。各级党政领导近300人参加报告会，其中有63个乡镇党委书记或镇长；报告会举办12场，听众达4000多人；会后，《人民政协报》在头版头条作报道，《新华日报》发表长篇通讯。市政协汇集创业典型事迹，编印《创业者之歌》。（卢小芳）

【专题研讨会】2009年6月11日，市政协召开全市第五次辖市（区）政协主席会议，围绕人民政协应当如何提高参政议政实效进行专题研讨。郭礼荣出席会议并讲话。

丹阳市政协主席王健以“以进入党政决策为目标，以解决现实问题为重点，努力提高人民政协参政议政实效”为题，扬中市政协主席戴正春以“主动作为，务实创新，提高参政议政实效”为题，丹徒区政协主席毕增立以“把握‘高’‘广’‘深’‘厚’四个度，提高参政议政的实效和水平”为题，润州区政协主席姚元龙以“精选议题是提高参政议政实效的头道工序”为题，句容市政协副主席王林以“积极主动作为，提升履职实效”为题，京口区政协副主席陆春生以“做好‘参议’结合的文章，彰显基层政协参政议政的实效”为题，先后作交流发言。市政协办公室作题为“不断深化对参政议政时效性的认识和实践”的书面发言。他们对新形势下提高参政议政水平，增强参政议政实效，提出建设性的意见和建议。（卢小芳）

2009年市政协主席会议成员专项视察一览表

表6-1

时间	视察内容
3月26日	视察人防(民防)工作
5月8日	视察镇江市地税工作
7月17日	视察镇江市文化产业发展
9月10日	视察扬中市全民创业工作
11月5日	视察镇江市职业教育发展情况
11月10日	视察新民洲港口产业园
11月24日	视察镇江市检察工作
12月7日	视察工会工作

（卢小芳）

【社情民意】2009年，市政协办公室收到反映社情民意信息90条。向市委、市政府编发、报送《社情民意》简报17期；向党政部门直接转送27件。编辑的《社情民意》简报中，市领导有批示的14期。绝大多数《社情民意》简报所反映的意见和建议，都由市有关部门向市政协办公室或者向反映该社情民意的政协委员进行沟通与答复，其中关于对“中山路小学—第四中学—山门口街”路段对机动车实行定时交通管制、编制“导厕图”缓解闹市区如厕难、改造老小区破损道路等建议，都不同程度地得到落实。（卢小芳）

【提案工作】2009年，全体委员和政协各参加单位提交提案490件，经审查立案477件。其中，市各民主党派、工商联、有关人民团体和政协专门委员会集体提案70件，委员个人和联名提案407件。从办理情况看，提案所提问题已经解决或所提建议已被采纳的247件，占立案总数的51.8%；列入工作计划逐步解决的184件，占38.6%；其他留作参考的，承办单位也向提案人作说明。从收回的471件提案办理征询意见表看，对办理结果表示同意的340件，表示理解的129件，表示不满意的2件。其中发展公交方面提案全年达29件之多，相关部门新增大运量公交车50辆，新辟公交线路6条，调整优化线路16条。邵荣禾、张蕾等提出的“成立镇江市医患纠纷调解中心”建议得到采纳，该中心于2009年7月挂牌成立。李柏椵提出的“加快建设‘镇江醋文化博物馆’”提案，为镇江做好传承和保护“恒顺香醋酿造技艺”国家级非文化遗产工作提供参考，由江苏恒顺集团投资建设的“中国镇江醋文化博物馆”正在推进，计划2010年上半年建成并对外开放。（卢小芳）

【委员接待日活动】2009年3月3日市政协首次举行“委员接待日”活动。市政协主席郭礼荣等与来自宗教、民主党派、经济、教育、侨联等界别的5名基层委员面对面地交流。

尹素华、赵炬肃、吴荣生、邵荣禾、朱坚强5名委员从世界金融危机对本地企业的影响，到在扩内需保增长中遇到的困难；从建设“生态镇江”，到古运河的整治；从教育发展的均衡化到民族宗教工作以及如何更好地推动政协工作提出建议。如戴家门地区市民乘公交出行难、老小区电线电缆乱搭乱拉现象严重、市区繁华地段如厕难等。在交流中，委员们反映的情况引起市政协领导的重视并专门作部署。（卢小芳）

【2008～2009年先进委员活动小组名单】

市政协第二委员活动小组（民盟、教育界）

市政协第十四委员活动小组（经济界2组）

市政协第十九委员活动小组（句容）

市政协第四委员活动小组（民进、无党派、科协界）

市政协第十二委员活动小组（共青团、青联、妇联界）

市政协第九委员活动小组（文艺界）（卢小芳）

【2008～2009 年优秀政协委员名单】

徐道梧 赵 珏 邵荣禾 强南山
吴荣生 马鹤利 李柏龈 袁兆虎
张国辉 陆介平 徐 亮 桑建平
周国建 马家俊 潘文瑜 刘亚群
顾 笈 景 彬 陆 萍 张 蕾
顾大福 裔玉乾 李 坚 沈建国
于仲吾 心 澄 华兴龙 赵杰文
许红星 陈沛华 汤 勤 冷祥生
周东海 华舒仪 周建华

（卢小芳）

【2008～2009 年优秀提案】

一、2008 年度

《完善我市担保体系建设，促进中小企业发展》（提案人：民革市委）

《做大做强我市职业教育》（提案人：民盟市委）

《构筑镇江汽车及零部件产业新优势》（提案人：民建市委）

《加快镇江书城建设》（提案人：民进市委）

《大力创建文明城市，提高我市综合竞争力》（提案人：农工党市委）

《进一步推动我市就业再就业工作》（提案人：致公党市委）

《加快建立健全我市养老体系》（提案人：九三学社市委）

《重点发展先进装备制造业，推进我市成为制造业集聚区》（提案人：市工商联）

《提升乡镇医院医疗水平，缓解农民看病难》（提案人：市台联）

《进一步加强我市节能减排工作》（提案人：市侨联）

《建立新闻发布常态机制》（提案人：王红卫）

《开辟南山第二条游览线路》（提案人：刘亚群）

《加强城市生活污水处理工程建设》（提案人：孙平等 6 名委员）

《规范镇江出租车管理，配备机打票据设备》（提案人：佘其瑞）

《加快雨污分流建设步伐，恢复河道健康生态，建设洁净亮丽北部滨水区》（提案人：张岱峰等 2 名委员）

《长江路风光带应向西延长》（提案人：张琪安等 3 名委员）

《加快我市南大门（官塘桥区域）开发建设》（提案人：李坚等 4 名委员）

《加快市区农贸市场规划建设》（提案人：杨晓勤）

《切实解决少数民族大学生在校就餐问题》（提案人：沈成钧）

《加强农村水利基础设施建设》（提案人：陈沛华）

《加快镇江服务外包示范区建设》（提案人：周祝全）

《拓宽镇大公路长岗至出口加工区段》（提案人：赵腊根）

《高度重视涉及岸线利用重大项目申报工作》（提案人：徐平）

《发展制药工业，提升镇江经济发展水平》（提案人：徐滨滨等 5 名委员）

《成立“镇江市白血病救助基金会”》（提案人：钱军）

《在优化产业结构中重视发挥高校作用》（提案人：高延敏）

《大力发展新能源产业》（提案人：解信鹏）

《加强我市公共文化服务》（提案人：潘康）

《早日搬迁大东纸业公司》（提案人：薛玉）

二、2009 年度

《增强高效特色农业发展集聚度》（提案人：民革市委）

《扩建“市老年活动中心”》（提案人：民盟市委）

《全面发展我市农民专业合作经济组织》（提案人：民建市委）

《加快我市创建国家生态市步伐》（提案人：民进市委）

《加快我市医保城乡一体化统筹，提高农民医保水平》（提案人：农工党市委）

《加快发展我市乡村旅游业》（提案人：致公党市委）

《提高我市企业自主创新能力》（提案人：九三学社市委）

《抢抓“两铁”机遇，推进我市沿铁经济发展》（提案人：市工商联）

《加强对农民特别是返乡农民工培训》（提案人：市台联）

《鼓励创业富民，重视和促进民营经济发展》（提案人：市侨联）

《进一步推进住房公积金制度的实施》（提案人：工会界全体委员）

《镇江应进一步融入沪宁一体化综合交通圈》（提案人：丁锋）

《打通润州山路，繁荣西区经济和文化旅游事业》（提案人：石红）

《开通第一楼街和万古路连接道路，缓解大市口交通拥挤状况》（提案人：何文萍）

《政府应优先发展大公共交通战略》（提案人：张宁生）

《加快建设“镇江醋文化博物馆”》（提案人：李柏龈）

《进一步提高社区工作者待遇，建立稳定的高素质社区工作者队伍》（提案人：沈建国）

《尽快推广秸秆综合利用技术》（提案人：邵荣禾等 4 名委员）

《保障征润洲取水口水质安全》（提案人：陈卫平）

《成立“镇江市医患纠纷调解中心”》（提案人：陈吉祥等 7 名委员）

《综合治理农村垃圾污染》（提案人：赵炬肃等 2 名委员）

《整合我市校外教育资源，做优做大青少年校外活动基地》（提案人：夏薇）

《建立信用档案，解决中小企业融资难》（提案人：徐守华）

《创新镇江旅游发展管理体制和运行机制》（提案人：秦双林等 14 名委员）

《加大对镇、村劳动保障平台建设扶持力度》（提案人：贾国祥）

《积极主动加快农业基础设施建设》（提案人：曹强国等 3 名委员）

《规划建设沪宁城际铁路镇江综合交通枢纽》（提案人：景彬）

《加强我市食品和药品质量安全监管》（提案人：熊晓梅）

《外移南门汽车站，拉伸城市框架》（提案人：阚爱萍）（卢小芳）

【2008～2009 年优秀社情民意信息】

《建设镇江优质农产品展示销售中心，助推高效农业规模化》（反映人：黄金利）

《让更多参保群众知晓〈镇江市社会医疗保险办法〉》（反映人：树世萍）

《东方伟业投资有限公司董事长希望丁卯医院尽快享有医保结算资质》（反映人：俞立群、赵康琪）

《尽快解决农村社区卫生服务站看病就医不能刷卡问题》（反映人：京口区政协）

《市区部分狂躁型精神病人失管问题亟待解决》（反映人：戴江澄）

《适当放宽科级领导干部职务最高任职年龄》（反映人：秦双林）

《尽快搬迁镇江市殡仪馆》（反映人：市政协社会法制委）

《汽车行业老专家愿为我市特种车工业发展奉献余热》（反映人：九三学社市委）（卢小芳）

政协重点建议

【提出强化信访工作机制的建议】 近几年，全市信访态势无论是批次还是人次仍处高位，去京赴省上访数在全省靠前，信访问题集中在企业改制遗留问题、劳动保障、涉法涉诉、征地拆迁、工资改革等方面。市政协组织调研并提出构建和完善全市信访工作机制的建议：1. 建立和完善信访源头预防机制。把好政策出台关，把好依法行政关，维护职工群众的权益，拓宽信访渠道，确保民情民意顺畅上达。2.建立和完善信访问题解决机制。要把信访工作的立足点和着力点放在解决问题上，重视初信初访工作，强化综合协调能力，创新信访工作手段，加大信访救助力度，真正做到“案结事了”。3.建立和完善矛盾排查调处机制。加强信息预警，发挥群众力量，落实包案调处和督办调处制度。4.建立和完善信访依法处置机制。要规范信访人的信访行为，让信访人按程序依理合法地反映问题，依法维护正常的信访秩序。加大对《信访条例》的宣传，对少数无理上访、缠访、闹访群众，依照有关法律规定，予以严厉处理，以儆效尤。5.建立和完善信访责任追究机制。要强化各级党政领导在信访工作中的责任，使信访真正成为党和政府倾听群众呼声、体察群众疾苦、解决民生诉求的“直通车”，要落实领导责任制，落实信访考核制，加强信访工作队伍。此建议于2009年4月14日市政协六届十五次主席会议审议通过。

（卢小芳）

【提出工业企业运行与发展的建议】 近年来，由于金融危机的影响，国内外市场需求急剧萎缩，导致镇江部分工业企业产品销售受阻，生产经营陷于困境。市政协对此组织专题调研并提出建议：1.加大产品营销力度。加强销售、清理陈欠、活化资金、促进产销互动，是改善企业运行的迫切需要。要引导工业企业扩大市场营销，推动工商联手开拓市场，搭建市场营销公共平台，支持拓展本地市场。2.破解企业融资难题。帮助中小企业缓解资金矛盾，是提高企业运行质量的当务之急。要重视信用担保公司建设推广并完善“淡马锡”模式，抓住创业板“开闸”机遇，拓展其他融资方式，为企业打开更多融资渠道。3.强化工业技改投入。要抓好技改投入，不断形成新的经济增长点，增强发展后劲，要加大技改投资比重，强化招商引资工作，提升开发园区投入水平。4.完善落实扶持政策。全面落实国家、省、市的各项扶持政策，尽快出台保持外贸稳定增长的意见，支持企业资产重组，从资源要素方面支持企业发展。5.加强协调服务。改善企业发展环境，强化工业经济运行监测，发挥行业协会、商会的作用，通过提供多渠道、多层次的服务，帮助企业渡过难关。此建议于2009年4月28日市政协六届七次常委会议审议通过。（卢小芳）

【提出提升全市外贸企业竞争力的建议】 自2008年9月国际金融危机爆发以来，市政协组织部分委员就全市外贸企业在国际金融危机冲击下，提升企业的竞争力作专题调研并提出建议：1.认识外贸企业面临的形势，在重视“扩内需、保增长”的同时，也要重视外贸企业的发展。“两个引擎”一起发动，保证经济的平稳发展和社会的和谐共进。2.制定促进外贸企业发展对策，各方形成合力，共破企业难题，(1)加大财政对外贸企业的支持力度，(2)加大对外贸企业的信贷支持力度，(3)加大对外贸企业的信息发布力度，(4)加大对外贸企业的扶持和服务力度。3.引导外贸企业的战略发展。在出台政策时，应多从长远出发，把有限的资金投到企业的战略发展上来，引导企业提升自身的竞争力，为下一轮的更大发展积蓄力量。对转变发展方式、推进企业转型升级和拓展国际市场的外贸企业要给予重点扶持和鼓励。此建议于2009年6月1日市政协六届十六次主席会议审议通过。

（卢小芳）

【提出加快全市文化产业发展的建议】

2009年，市政协就全市如何加快发展文化产业进行专题调研并提出建议：1.制定科学的文化产业发展规划，在《镇江市市区文化产业重点项目建设三年(2008～2010)实施意见》的基础上，组织文化产业高层次专家、相关部门，就镇江文化定位、产业发展目标、资源整合、主导产业与新兴产业、催生新兴业态、产业集聚区建设、政策体系、城市营销和文化贸易等制定出台文化产业发展规划。2.建设以重点项目西津渡为核心的文化创意产业集聚区。首先要把西津渡打造成文化旅游产业，二要打造成文化演艺娱乐业，三要发展特色工艺品、宗教用品、旅游品、影视服装、书画作品等产业，四要带动房地产业，五要推进西津渡开发建设企业资本运作。3.运用现代科技手段丰富文化产品的生产和传播，加快构建有利于科技与文化融合的体制机制，拟采取“舞龙”战略，通过资源集中、重点扶持、品牌保护等手段，扶持培育一批文化科技“龙头企业”，把“龙头”“龙身”“龙尾”等连接起来，带动产业发展。4.出台规范可行的文化产业法规与政策，在市场准入、财政税收、土地使用、劳动保障等方面，加大对文化企业和文化人才的扶持力度，加大对文化产业的有效投入，加大文化产业的招商引资力度，在设立并逐步增大各级政府文化产业发展资金规模的基础上，注重资金“造血”功能的培育，引导文化产业又好又快发展。5.建立文化产业统计和考核体系。此建议于2009年7月17日市政协主席会议成员就推动文化产业发展进行专题视察所提出。

（卢小芳）

【提出推进高效农业规模化发展的建议】 近年来，镇江市高效农业规模化发展对农民增收的作用还没有发挥，各级财政对高效农业规模化发展的投入不足。市政协委员提出建议：1.强化市场意识，提升高效规模农业效益水平。高效规模农业项目要建立在市场需求的基础上；通过品牌建设和宣传推广，开拓市场，扩大销路；加强农产品市场建设，构筑农产品的交易平台和渠道。2.强化项目意识，加快高效规模农业建设步伐，发挥设施农业、高效农业园区的示范带动作用。3.强化投入意识，扩大高效规模农业建设规模。财政性资金应重点投入基础设施建设。4.强化服务意识，确保高效规模农业健康发展。要推进土地流转、推进三大合作组织建设、推进农业科技创新、改善农村金融服务。5.强化考核意识，加大高效规模农业推进力度。要强化对高效农业规模化发展的考核工作，实行差别化的考核办法，提高行政推动的实效。此建议于2009年7月23日市政协六届十八次主席会议审议通过。

（卢小芳）

民主党派·工商联

责任编校：杨正宏

综　述

【概况】 2009年，全市各民主党派、工商联向市委、市政府及有关部门建言献策400余条。其中，民建市委提出关于乡镇工业集中区建设的建议，被市经贸委、外经贸局等部门纳入实施工业“千百亿工程”方案之中；民革市委提出有关高效特色农业和农业示范园区建设的建议，为此，市政府建立由市委农办和市农林、财政、科技、水利、发改委等单位参加的部门联席会议制度，集中推进七条高效农业走廊建设；民进市委提出有关农村文化设施建设的建议被市文化局吸纳实施，截至年底，全市43个乡镇中有39个乡镇建立文化站。市各民主党派、工商联关于发展公共交通，优化公交线路的建议达29件，2009年镇江市区新增大运量公交车50辆，新辟公交线路6条，调整优化线路16条。其他关于青少年科技创新、文化强市工程、镇江书城项目、社区卫生服务、借助友城平台促进全市经济社会发展等建议，有的被政府相关部门采纳，有的被列入计划分步实施。对九三学社市委反映《汽车行业老专家愿为镇江市特种车工业发展奉献余热》的社情民意，市长刘捍东为此做出相关批示，召开专题座谈会听取建议。

市工商联向全体会员企业发出《坚定信心保增长，勇担责任保就业》倡议，引导企业坚定信心，保增长促和谐；将各级有关民营经济发展的扶持政策编印成册发放给企业；邀请国内专家、学者到镇江专题授课，帮企业分析形势、磋商良策，300余家企业负责人到会听课。

市各民主党派、工商联发挥自身资源优势，创新社会服务工作。民革市委继续办好镇江中山业余学校，被省教育厅评为江苏省社会教育培训先进集体。民盟市委配合江苏省未成年犯管教所开展帮教工作，选派10名专家深入监区，在未成年犯中开展“四会”（学会求知、学会做事、学会相处、学会生存）为主题的教育活动，给管教所司法干警、失足少年及家长作讲座近10场，现场听课人数4000多人（次）。民建市委实施“思源工程——生育关怀行动”，履行“亲情牵手协议书”承诺，对独生子女死亡或伤残困难家庭开展慰问和帮扶；参与四川省绵竹市板桥镇灾后重建以及灾区“中国法律援助志愿者行动”。民进市委举办“关爱残疾孩子、发展特殊教育”广场宣传活动，开展“和聋哑伙伴手拉手”活动，促进健康儿童与聋哑儿童的友谊，资助市特教中心贫困生学习费用，参与“大爱镇江”建设。农工党市委开展“送医、送药、送科技”下乡活动，先后到镇江新区人民医院、丹徒黄墟、山巷广场、润州观音山圆通寺、世业洲民族村等地开展义诊，咨询服务近千人次。致公党市委开

表7-1 **2009年镇江市各民主党派组织、成员、参政情况一览表**

党派名称	组织情况（个）				成员情况（人）			参政情况（人）									
								人大代表				政协委员					
	市委会	总支部	基层委员会	支部（支社）	总数	高级职称	新成员	县（市）区	市	省	全国	县（市）区	市	省	全国	任实职（处以上）数	市特邀（约）人次数
民革	1	1	–	12	221	78	14	2	4	–	–	14	15	2	1	3	9
民盟	1	–	3	37	685	438	17	7	2	1	–	22	26	2	–	1	16
民建	1	2	1	20	310	66	14	3	4	1	–	43	15	2	–	1	16
民进	1	1	–	13	281	109	12	2	2	–	–	17	23	1	–	2	10
农工党	1	1	1	18	449	245	25	3	6	1	–	31	19	2	–	2	12
致公党	1	2	–	8	136	51	10	3	4	–	–	13	10	1	–	6	10
九三学社	1	–	2	18	360	268	18	4	2	–	–	27	13	2	–	–	10
合计	7	7	7	126	2442	1255	110	24	24	3	–	167	121	12	1	15	83

注：统计时间截至2009年12月31日。

（倪克强　刘　飞）

展“致力扶农，教农民上网，为农民造福”的致福工程，在村一级建立示范点，全国政协常委、致公党中央副主席李卓彬为此题词“致力为公，福农泽民”。九三学社市委启动“百名专家进乡村行动”，组织科技专家到蚕桑养殖之乡——丹阳市访仙镇瓦西村举办蚕桑知识讲座，进行现场指导和咨询。工商联开展送温暖慰问贫困户活动等，组织民营企业开展向台湾“莫拉克”台风受灾同胞献爱心活动，捐款30多万元。

市各民主党派、工商联加强机关效能建设，建立绩效考核、项目主办、学习交流、考察调研、督查考评等五项工作机制，召开效能建设研讨会、民主生活会、自查自纠会，开展效能建设竞赛和组织服务基层活动。举办新成员培训班、骨干培训班，举办专题讲座、辅导报告，组织成员参观“迎国庆十大工程”巡礼等。学习实践科学发展观，市各民主党派召开“贯彻落实市委全会精神，推动镇江新跨越”座谈会和“服务科学发展，加强自身建设”经验交流会，市委统战部、市工商联举行行业商会工作经验交流暨现场观摩活动，探索民主党派、工商联学习实践科学发展观的长效机制。市工商联建立结对联系常执委企业制度，加强与企业联系。市各民主党派共30名领导班子成员开展年度述职和民主测评工作。召开民主党派组织发展工作专题会议，全年各民主党派发展新成员110人，总数达2442名。截至2009年底，全市工商联会员总数8866家，其中当年发展会员500家；行业商会53家，其中当年发展5家。

在中共江苏省委统战部、省经济和信息化委员会、省人力资源和社会保障厅、省工商行政管理局、省工商联开展的江苏省第四届“优秀中国特色社会主义事业建设者”评选表彰活动中，镇江焦化煤气集团有限公司董事长苏启善、江苏欧圣木业有限公司董事长郦海星、江苏省镇江船厂有限责任公司董事长郭琰等三名非公有制经济人士获“优秀中国特色社会主义事业建设者”称号。

（倪克强　刘　飞）

【各民主党派服务跨越发展加强自身建设交流会】 2009年9月21日，市各民主党派召开服务跨越发展、加强自身建设经验交流会。各民主党派市委分别围绕在实践中如何服务镇江跨越发展和加强党派自身建设议题作下列交流发言：民革市委《如何教育民革党员正确认识现行政治制度》、民盟市委《加强思想作风建设，服务镇江科学发展》、民建市委《弘扬优良传统，加强自身建设》、民进市委《以科学发展观引领民主党派机关建设》、农工党市委《认真学习实践科学发展观，扎扎实实弹好组织发展“三步曲”》、致公党市委《学习贯彻科学发展观，再创参政议政新佳绩》、九三学社市委《强化制度建设，健全党派工作机制》。（倪克强　刘　飞）

【全市行业商会工作经验交流暨现场观摩会】 2009年7月15日，由中共镇江市委统战部和市工商联联合在镇江万新光学有限公司举行，市直及各辖市（区）工商联领导及27家行业商会负责人参加。会上，各级工商联和行业商会总结发挥组织优势，主动服务会员企业的一系列工作，交流在危中求机的工作经验，观摩行业商会各具特色和成效的会务活动，动员全市工商联各级组织在推动全市行业商会跨越发展，为保增长、保民生、保稳定作出应有的贡献。

（倪克强　刘　飞）

【各民主党派、工商联部分优秀提案获市表彰】 2009年，政协镇江市委员会表彰2008～2009年度镇江市优秀集体提案和个人提案，市各民主党派、工商联有16件集体提案、24件个人提案获得表彰。（参见第69页）（倪克强　刘　飞）

民革镇江市委员会

【概况】 2009年，民革镇江市委员会做好参政议政工作，在市政协六届二次全会期间，提交集体提案5件，作《关于大力发展我市高效特色农业的建议》大会发言。民革成员中的人大代表和政协委员在“两会”上提交个人提案和建议近60件。在全国“两会”期间，全国政协委员、民革市委主委宋余庆针对重大民生问题和国家财政体制问题，提交《实施适宜医疗，解决民众就医负担》等5个提案。省政协委员、民革市委副主委王萍《建立医保统一规划》的提案获省政协表彰。参加双月座谈会、情况通报会，先后就改善金融服务环境和发挥高校优势等方面发表意见和建议。

召开以孙中山法律思想和建立“中山学”意义为主题的研讨会，赴民革上海市委开展“中山文化”交流、参观孙中山故居纪念馆，参加由中国辛亥革命研究会和民革中央孙中山研究学会主办的“孙中山研究与中山学”学术研讨会。撰写《孙中山：中国法治现代化的开创者》等9篇理论文章。主委宋余庆撰写的《改革开放照亮我的人生旅途》，先后被《镇江政协》《江苏民革》《团结报》和《团结》杂志等多家报刊登载。副主委沈红亮的《浅谈民主政治的实现形式》，参与由江苏省社科院等10家单位共同举办的“多党合作和政治协商制度确立60周年理论研究会”研讨。

全市发展新成员14人，全部具有中高级职称，70%以上具有民革渊源；共有成员221人，平均年龄52岁，成员中硕士生导师、博士生导师5人，高级职称78人，各级人大代表和政协委员38人，150名在职成员来自110多个工作单位。2009年召开支部工作交流暨评选先进会议，文教支部、丹徒支部、科技支部、医卫支部和江苏科技大学支部被评为先进支部，67人被评为先进党员。成立民革江苏大学总支委员会，总支下设两个支部。民革市委有12个支部、1个总支。组织参加民革江苏省委秘书长工作会议、全省民革机关工作会议；与泰州民革机关开展机关建设学习交流活动；开展以“找差距寻不足”为主题的机关工作会议，改进机关建设。

民革企业家多次慰问农村贫困户，为两户贫困户孩子筹措5000元学费。台风“莫拉克”和四川地震发生后，民革成员共捐款18050元。民革成员彭如冰于2009年3月赴西藏自治区达孜县做援藏医生，为期一年。9月底，中山书画社举办专题书画笔会，庆祝新中国成立60周年。民革成员中企业全年销售额5.3亿多元，为社会提供2000多个就业岗位。

在纪念孙中山奉安80周年活动期间，接待台北国民党党部参访团。10月，台湾时事评论员尹乃菁夫妇回乡探亲，和对台工作委员会委员等部分成员一起座谈台湾时事。与市人大、市政协、市台办和台联联合举办台海形势报告会。就台资企业经营环境，台镇两地农业合作等课题举办两次座谈会。（陈　梅）

【提出探索高效特色农业发展模式的建议】 2009年，民革镇江市委在市政协六届二次全会上提出建议：镇江市农业经济应探索三方面运作模式。一是土地流转模式，在规划开发过程中，先化零为整，再化整为零，把土地分包给农户或承租人，降低农业集聚区内土地流转的难度。二是生产经营模式，鼓励和扶持以农户为生产主体和主要受益主体的经营方式，让农民成为现代农业的主角。三是农业服务模式，农业区域设立综合服务机构，向农业企业和农户负责，直接面对政府各职能部门，帮助解决各种问题。区内引进与生产、服务、营销等相关公司，在市场竞争压力下，凭借自身的服务

收益生存。（陈　梅）

【提出关于加快推进中国教育制度改革的建议】 2009年，民革市委主委宋余庆在全国政协十一届二次会议上对教育产业存在问题提出建议：一是取消全民学英语的教育政策，改普遍要求为择优培养，改必修必考为选修选考，将升学、学位、毕业、职称与英语脱钩。二是改革教育投入体制，变地方自筹为全国统筹以实现对贫困边远地区教育的真正倾斜；改变教育经费下拨程序，将教育经费直接打入每一个学生的账号。三是改革学制，将小学、中学十二年缩短为十年，具体为：小学5年、初中3年、高中2年。四是提高职业教育占国民教育比例，对职校生给予生活补贴。五是建立与终身学习相符合的工作学习休假制度。公民每工作若干年（如6年），提供一年的休闲放松、充实学习、研究反思的机会，鼓励公民进入高校深造。六是降低高校门槛。高考应当由选拔性考试渐变为过关性资格性考试。七是打破现有教材格局，从根本上改革教学内容，变"基础知识教育"为"应用知识教育"或"职业知识教育"。八是适当降低高校收费标准，让优秀寒门学子都能上得起学。九是实现政教分离，政府对教育主要是监管，保证对教育的拨款，监督教育经费的使用，不直接管理教学过程，同时精简现有教育机构。（陈　梅）

【民革江苏大学总支委员会成立】 2009年12月18日，民革市委举行民革江苏大学总支委员会成立大会，江苏大学附属医院康复医学科主任兼高压氧科主任周宏图当选为江苏大学总支委员会主委，陈健美当选为副主委，郭建伟、谢军、谢佳当选为委员。民革江苏大学总支有成员19人，分布在学校9个单位。成员中具有高级职称的13人，其中正高级职称5人、副高级职称8人，拥有博士学位3人、博士生导师3人。总支委员会下辖两个支部。（陈　梅）

民盟镇江市委员会

【概况】 2009年，民盟镇江市委员会在政协镇江市六届二次全会上提交《关于进一步推进社区卫生服务事业的几点建议》《关于扩建"市老年活动中心"的建议》等集体提案10件，个人提案70余件；主委陈昆山作《发展高等职业教育，培养与我市产业发展相适应的应用技能型人才》大会发言。围绕学习型城市、大学生自主创业、驻镇高校服务镇江等3个专题开展调研，形成《学习实践科学发展观，建设学习型城市》《关于进一步改善我市大学生创业软环境的建议》《关于进一步加强产学研合作，促进镇江跨越发展的建议》3篇调研报告。开展"一支部一调研、一盟员一建议"活动，全年收到基层盟组织及其成员各类调研报告和建议50余件。整理40多名民盟老一辈领导人、杰出人士、知名专家的生平、主要贡献及社会影响等资料，上传到镇江民盟网，组织基层成员点击学习。举办教育论坛、大学生自主创业调研、监所帮教等活动。

2009年新发展成员17名，其中副高以上职称8名。截至年底，全市有各级基层盟组织37个，成员685名。其中：博士生导师11名，教授66名，享受国务院政府特殊津贴的12名，担任各级人大代表、政协委员51名，特级教师6名。全年分两批对近两年入盟的38名新成员进行培训，组织新成员参观冷遹故居。相继选派10名盟员专家在未成年犯中开展"四会"为主题的教育活动，给司法干警、失足少年及家长作讲座近10场，现场听课人数4000多人（次）；送文艺进未成年犯管教所，与南京师范大学联合为未成年犯管教所举办文艺联欢。举办镇江民盟第一届教育论坛，15名盟员教师、学生代表、社会代表围绕"减负增效提升内涵——我为基础教育科学发展献智慧"主题发表观点，展开讨论，提出建议。组建镇江民盟家庭教育报告团，赴市区部分初中开展送家庭教育到基层活动，举办4场主题为"关注孩子心灵成长，培养孩子良好习惯"的报告会，听取报告的家长近2000人。（张苏明）

【提出推进社区卫生服务事业的建议】 在2009年召开的市政协六届二次会议上，民盟市委针对社区卫生服务的问题提出建议：一是适当调整社区卫生服务中心布局。一方面，规划、建设等部门在旧城改造或新建小区中应考虑规划预留社区卫生服务机构用房，另一方面，建议由市卫生主管部门按照"统一规划、合理布局、资源共享、便民利民"原则对京口、润州主城区的社区卫生服务中心进行适当调整。二是加强社区卫生机构基础设施建设。通过对闲置资产的置换，解决社区卫生服务机构需要的房屋；市、区两级财政要考虑社区卫生基础设施配套经费，用于加强社区卫生机构基础设施建设、为社区配备常见病、多发病诊治设备和必备的抢救设备等。三是制定吸引人才优惠政策，吸引、促进大中专毕业生和具有中高级职称的医生赴社区工作。同时，按照实际工作需要调整和增加社区卫生服务人员编制。四是建立适合社区卫生服务的医保结算政策。医保局、医保结算中心制定适合社区卫生服务的医保结算政策，根据就诊量的增加相应增加医保总额指标，对社区卫生服务机构合理超总控部分给予适当补助。（张苏明）

【提出加强市老年活动场所建设的建议】 在2009年召开的镇江市政协六届二次大会上，民盟镇江市委就老年活动场所建设提出建议：一是各级政府要把老龄工作列入议事日程，加强对老龄工作的领导。二是发动社会力量兴办养老、康复保健、文化娱乐、老年教育等各类老年服务事业，并对个人兴办老年事业在银行贷款、工商管理、税收等方面实施优惠政策。三是扩建市老年活动中心，增加300平方米，建议将园林局原办公楼改建成活动场所。四是扩大老年大学办学规模。（张苏明）

民建镇江市委员会

【概况】 2009年，民建镇江市委员会提高思想宣传工作水平，开展纪念新中国成立60周年、中共多党合作和政治协商制度确立60周年等活动，深化政治交接学习教育活动。6月，举办陆小波故居"爱国爱会教育基地"揭牌仪式。注重会务理论研究，孙中良、赵红《完善会内监督之管见》《试论对违规违纪会员的错误性质的分类及处分方式》获民建中央重点理论研究课题优秀成果二等奖。7名会员当选为新一届镇江市统战理论研究会理事。主委强南山《紧抓民主党派领导班子建设之"手"》获民建江苏省委优秀作品奖。新闻宣传工作获民建江苏省委2008～2009年度二等奖，信息工作获市统战系统集体一等奖。

履行参政党职能，民建镇江市委在市政协六届二次全会上作《关于推进秸秆禁烧和综合利用工作的建议》大会发言，提交集体提案6件、委员个人提案40余件。强南山、许红星、沈建国被评为2008～2009年度优秀市政协委员。《镇江市女性创业的现状与促进对策分析》上报民建省委会。

全年发展新会员14名，平均年龄37.1岁。8月16日，市民建首个基层委员会——民建丹阳市基层委员会成立，丹徒区总支、京口区总支相继成立，新组建民建城建支部，完成对民建丹阳一支部、二支部、市直支部、财经支部负责人的调整工作。开展会员培训，安排12名支部负责人分批参加民建省委支部主任培训班学习，推荐1名成员参加省社会主义学院基层负责人培训班学习，4名成员参加中央社会主义学院镇江市党外干部培训班学习；对近两年入会的36名新会员进行会史、会章培训，组织骨干会员听台海形势报告会。完成市委会领导班子后备干部人选推荐工作。妇女工作委员会组织女会员中的人大代表、政协委员赴丹徒江心洲调研现代高效农业产业；老年工作委员会与民革市委老年工作委员会联合举办重阳节老年保健知识讲座；组织部分会员参观镇江城市建设十大工程；丹阳市基层委员会、企业支部履行"亲情牵手协议书"，对独生子女死亡或伤残的困难家庭开展慰问和帮扶。（赵　红）

【陈昌智到镇江调研】　2009年4月9日，全国人大常委会副委员长、民建中央主席陈昌智，全国政协副秘书长、民建中央常务副主席马培华在省人大常委会副主任、民建省委主委赵龙，民建省委驻会副主委陶克中等陪同下，率调研考察组一行到镇江市调研"加快节能减排，促进可持续发展"，省委书记梁保华、省长罗志军专程到镇江，向陈昌智一行汇报江苏省节能减排工作情况，市领导许津荣、刘捍东、张甫雄、陈照煌等参加情况汇报。在镇江期间，考察组听取镇江市有关情况汇报，考察镇江稳润光电科技有限公司、谏壁电厂。民建市委主委强南山陪同调研。当晚，陈昌智、马培华在一泉宾馆国宾楼会见民建镇江市委领导班子全体成员，并和部分企业界会员进行座谈。（赵　红）

【提出发展农民专业合作经济组织的建议】　在2009年召开的市政协六届二次全会上，民建镇江市委针对全市农民专业合作经济组织建设中存在的问题提出建议：一是加大财政投入，优先安排涉农项目和资金。提出具体量化指标并督查考核。向上争取扶持资金，发挥财政资金导向作用。二是因地制宜、分类推进。搞好产业布局规划，确定区域农业发展重点，形成优势突出和特色鲜明的产业带。三是规范发展，让农民得实惠。评价农民专业合作经济组织，不仅要看发展合作组织的数量，更要看农民有没有得实惠。要选择农民专业合作经济组织的发展模式。四是加强农业科技服务体系建设。五是落实各项优惠政策，为农民专业合作经济组织提供农产品集中展示平台和交易场所，加大信贷支持力度。（赵　红）

民进镇江市委员会

【概况】　在2009年镇江市政协六届二次全会期间，民进镇江市委员会提交集体提案8件、个人提案73件。中标民进江苏省委2009年度调研课题"关于鼓励中小企业自主创新的研究"，2008年度中标课题"中医现状及发展对策"被民进江苏省委录用为集体提案，提交2009年省政协十届二次会议并被列为主席督办提案。

民进镇江市委全年发展会员12人，平均年龄39.4岁，41.7%具有高级职称。制定《民进镇江市委员会深入学习贯彻科学发展观实施意见》，开展各基层支部学习活动。7月召开民进镇江市委深入学习贯彻科学发展观报告会，副主委李柏龈作《以科学发展观为指导，充分发挥参政党功能》辅导报告，围绕中国新型政党制度、民主党派功能发挥、民主党派自身建设等三个方面对学习贯彻科学发展观与发挥参政党功能之间的关系进行阐述。组织民进镇江市委委员和支部主任参观丹阳上海战役总前委旧址纪念馆；就"打造城市品牌"课题前往山东省日照市考察；组织骨干会员、部分老会员参加"迎国庆十大工程巡礼"活动。民进丹阳总支举行纪念新中国成立60周年暨多党合作制度确立60周年座谈会，民进润州小教支部组织中法世界语爱好者友好交流视频活动，民进京口小教支部组织老会员赴世业洲参观新农村建设，民进江苏大学支部在全国第19个助残日参与镇江市举办的"关爱残疾孩子、发展特殊教育"广场宣传活动，资助镇江市特殊教育中心2名聋哑学生完成三年学业。6月参加全市"科学发展观与统一战线"理论研讨会暨镇江市统战理论研究会第四届理事大会，会员尹红敏作《民主党派后备干部培养选拔机制的思考》发言。拓宽信息宣传渠道，3月获2008年度市统战宣传工作先进集体三等奖。全年报送宣传稿30余篇，其中2篇被中央级媒体采用；上报社情民意信息40余篇，其中3篇被民进中央采用，7篇被民进省委采用。（尹红敏）

【提出加快创建国家生态市的建议】　在2009年镇江市政协六届二次会议上，民进镇江市委就镇江市加快创建国家生态市提出建议：一是开展宣传工作，不断增强市民生态保护意识和法制观念，养成健康文明的消费习惯，树立起爱护环境、保护环境、优化环境、共建家园的生态理念。二是建立政府引导、企业为主、社会参与的多元投入机制，提高环保基础设施建设水平。提高环保准入门槛，坚决淘汰落后产能，从严整治非法排污，严防工业点源污染和农业面源污染。三是完善镇江生态市建设工作联席会议制度，强化联席会议办公室功能，抓好日常创建工作的综合协调和监督指导。严格按照创建目标任务、推进计划和工作标准，及时总结工作完成情况，查找工作中的薄弱环节和不足之处，有针对性、有重点地提出整改方案；定期与不定期地组织督查、考核和经验交流，及时协调解决有关重大问题。（尹红敏）

【提出在公安交巡警队伍中普及"徒手心肺复苏术"的建议】　交通事故发生的第一现场目击者大多是公安交巡警人员，但他们大都不会标准的"徒手心肺复苏术"，因而贻误最佳抢救时机。在2009年镇江市政协六届二次会议上，民进成员建议：由市卫生局牵头组织教学，公安交巡警必须人人过关，持证上岗，经费可由市财政支出，也可适当收费。条件成熟后可在出租车等行业推广，以便能够最大限度地争取交通事故中伤病员的抢救时机。该建议被民进中央《民进信息》2009年第2期刊载。（尹红敏）

农工党镇江市委员会

【概况】　2009年，农工党镇江市委员会开展"践行科学发展观，实现镇江新跨越"活动，组织一院支部、丹阳总支委员会、江大附院支部和机关支部等基层组织赴华西村考察学习。以"学习实践科学发展观，努力加强参政党建设"为主题，召开"农工党苏南片机关工作研讨会"，镇江、南京、苏州、无锡、常州以及常熟、张家港、武进和宜兴等地代表共同研讨，农工党镇江市委员会作《学习落实科学发展观，树立参政党机关学习新风尚》发言，会议形成《苏南片农工党机关学习科学发展观》专题论文集。开展迎接"新中国六十周年"系列主题活动。在农工党江苏省委举办的纪念"三个60周年"（纪念新中国成立60周年、人民政协成立60周年和中共领导的多党合作及政治协商制度确立60周年）大会上获三个第一（演讲比赛：《父亲的生日》；摄影比赛：《老主委参政》；文艺表演：《红包》）。

在2009年江苏省"两会"和镇江市"两会"上，农工党成员中的省、市和区人大代表、政协委员提出议案、提案和建议40多件，其中省人大建议2件、省政协提案2件。在江苏省人大十届二次会议上，省人大代表、农工党成员陆鸣冈领衔建议实行《江苏公民旅游度假计划》提案；提出《苏州市医疗器械厂的债权纠纷问题》提案，经江苏省高级人民法院调查，为企业挽回经济损失77万元。

2009年，农工党镇江市委新发展成员25人，平均年龄36.64岁。其中1名博士研究生、5名硕士研究生，5名副高以上职称。组织领导班子成员参加农工党江苏省委和中共镇江市委统战部在中央社会主义学院举办的培训班。

农工党镇江市委参与“国际科学与和平周”活动，组织义诊活动到大港、扬中、丹徒黄墟、润州观音山圆通寺等地，组织送医送药活动20多次。与江科大支部联合组织10多名医务人员到高校为教师进行医疗服务、咨询。（陈根生）

【提出减轻中低收入群众就医负担的建议】 在2009年1月镇江市政协六届二次全会和2月6日江苏省政协十届二次会议上，镇江市政协副主席、农工党镇江市委主委赵庆荣作《加快城乡医保一体化统筹，提高农民医保水平》的大会发言，就新一轮医改解决中低收入群众医疗负担问题提出建议：一是建立政府主导的医保责任机制，为中低收入群众提供质优价廉的医疗服务保障。二是建立城乡一体化医保统筹体制，提高农民医保水平。建议出台医疗保险统筹实施方案，将新型农村合作医疗逐步纳入本地居民医疗保险体系，做到同城同待遇，分步实施，逐步到位。三是建立科学的账户基金调节机制，降低中低收入患者医疗风险。四是建立医疗救助托底机制，扩大老人和贫困人群保障覆盖面，建议扩大医疗救助对象和范围，使更多人享受托底保障。五是建立患者制度外自费控制机制，减少中低收入患者过高的自费比例。对此建议，江苏省省长罗志军表示将认真研究改进意见；镇江市人大常委会、市政协主要领导当即要求有关部门做好调研，解决发言中提出的问题。（陈根生）

致公党镇江市委员会

【概况】 2009年，致公党镇江市委员会开展学习贯彻科学发展观活动，结合新中国成立60周年、人民政协成立60周年、中共领导的多党合作及政治协商制度确立60周年，开展多种活动。组织致公党成员参观市十大工程，赴革命传统教育基地沙家浜和科学发展先进乡村典型蒋巷村参观学习。中标致公党江苏省委1个A类调研课题《关于构建我省和谐医患关系的建议》、2个B类调研课题《关于采取有效措施，积极破解中小企业融资难的建议》《关于加大我省科技成果转化力度的建议》。在2009年市政协六届二次会议期间，提交集体和个人议案、提案59件。成立致公党江大总支部委员会；对支部领导班子进行中期调整，13名成员被充实到基层班子中。全年发展成员10人，平均年龄33岁。修订印发《致公党镇江市委员会规章制度汇编》，建立健全适合党派发展和组织运行的长效机制。扩大“致福工程”影响，致公党市直支部向润州区蒋乔镇韦岗村捐赠300余册书籍；润州支部参与镇江“社会妈妈”活动，并多次向润州区红梅敬老院赠送生活用品；致公党京口二支部开展“送法进企业”活动，为企业提供免费法律咨询和帮助；致公党丹徒支部到市重点侨乡高资镇慰问困难归侨。致公党成员季道静义务担任市青少年成长中心和市社区矫正师志愿者，定期参加心理矫正公益活动。8月，致公党重庆市委到镇江参观考察“致福工程”经验。（蒋薇）

【提出加大科技成果转化力度的建议】 在2009年市政协六届二次会议上，致公党镇江市委为解决镇江市科技创新、科技成果转化不足提出建议：

一、加大政府科技投入力度，引导企业成为科技创新和成果转化的主体。建议政府对企业申报市科技项目时，把科技投入达到上一年度销售收入的3%～6%作为项目申报的必备条件。在知识产权资金投向上，将专利奖励基金重点放在资助发明专利与发明专利实施上，采取资助总额不封顶的办法，明晰政府资金使用导向和企业自主创新方向。加大对载体建设资助力度，使研发平台发挥更大作用。

二、整合科技创新载体。克服和避免载体建设中的“低水平重复、同质化竞争”的状况，高起点建设，争创国家级园区，提高园区的集聚能力、承载水平。推进产学研结合和创新服务平台建设，打造镇江品牌。加强与学校的科研联系和互动，加快企业孵化和成果转化；开展共性技术平台和投融资平台建设，保证园区持续发展；加强管理与服务队伍建设，提高增值服务的条件和能力；建设完善的支持服务体系，降低企业创业成本；探索孵化器管理模式，建立投入退出机制；加强品牌建设，聚集重点行业和企业，提高行业集成优势。鼓励管理体制和运行机制的创新，引入科技创新风险投资机制。加强以政府为引导、企业为主体、产学研相结合的创新体系建设。在管理体制方面，引导高校建立专门的管理机构，负责协调学校和科技园的建设；在运行机制方面，激活融通社会资金，进行创业服务条件建设。

三、高起点制定科技创新发展规划。重视政策环境建设，编制五年发展规划，引领载体快速发展。组织专家对科技园的功能定位、动态趋势、管理体制、运行机制、评价考核、存在问题、国际比较、发展战略等诸多问题进行研究，完善科技园建设与发展的外部政策环境，并根据全市科技资源、产业发展和市场需求，科学制订科技创新载体五年发展规划等。

四、重视人才队伍的体系建设。加大高层次人才引进力度，以“人才引领产业”。在传统产业和优势产业上，注重产业集聚人才的引进；在新兴产业上，注重引进已取得创新成果、掌握核心技术和专利的人才；加大对领军人才的资助力度，让具有经济效益和市场前景的成果到镇江转化，吸引国际国内拔尖人才到镇江引领产业发展。在重视高端人才的引进与培养的同时，重视对本土人才的培养和支持。（蒋薇）

九三学社镇江市委员会

【概况】 2009年，九三学社镇江市委引领社员开展参政议政、组织发展和社会服务，多项工作获九三学社江苏省委的表彰。其中：九三学社镇江市委获九三学社省委组织工作先进集体称号，九三学社镇江市委办公室获九三学社省委社会服务先进集体称号，九三学社丹阳委员会获九三学社省委参政议政先进集体称号；4人获九三学社省委先进个人称号。在市政协六届二次会议期间，提交集体提案6件、个人提案27件，《关于提高我市企业自主创新能力的建议》作为大会发言；1名成员被市政协评为优秀政协委员，2件集体提案和3件个人提案被评为市政协优秀提案。组织调研活动十余次，形成调研文章11篇，其中3篇成为社省委参政议政中标课题，2篇被《江苏九三论坛》录用。注重后备干部队伍培养及建设，规范组织发展程序，全年发展新成员18人。4月29日，九三学社镇江市委举办主题为“学习贯彻科学发展观，开创党派工作新局面”的骨干成员培训班，全体社市委委员、各基层组织负责人和担任各级人大代表、政协委员的九三学社成员及近年新入社的成员近70人参加培训。

2009年3月20日，启动“百名专家进乡村活动”，在丹阳市访仙镇瓦西村举办蚕桑知识讲座；邀请省林业科学研究院、省农业科学院蔬菜研究所、南京农业大学专家到丹阳开展技术咨询和指导；组织江滨医院专家成员前往润州区大桥村为村民开展义诊咨询、免费送药活动。结合纪念新中国成立60周年、人民政协成立60年、中共领导的多党合作及政治协商制度确立60周年等活动，开展相关征文活动。做好宣传报道工作，全年投稿近20篇，录用近10篇。（赵俊华）

【提出提高全市企业自主创新能力的建议】 2009年，针对镇江市企业自主创新能力薄弱、创新意识不强、创新机制不活、创新人才不足等问题，九三学社镇江市委在市政协六届二次全委会上提出建议：一要把提高自主创新能力列入政府议事日程，并与落实科学发展观结合起来，从体制上、机制上为企业自主创新营造有利环境。二要发挥企业在自主创新中的主导和核心作用，围绕实施“企业自主创新百千万工程”，构建企业共性技术服务平台，开设企业自主创新诊断咨询平台，加快建立扶持企业自主创新的政策引导机制，设立政府及企业战略发展基金，制定合理创新风险投资政策，树立知识产权保护意识，加快构建全市知识产权公共服务平台。三要营造提升企业自主创新能力的氛围，把增强企业自主创新能力放在突出位置，探索鼓励企业自主创新的办法，发挥技术创新中介服务体系的作用，为企业和科技人员创业搭建平台。四要创新企业科技管理方法，加大科技投入，加快科技自主创新的步伐，推进重大科技成果转化。五要培养人才，提高企业自主创新的综合能力，发挥投入、创新和成果转化三个方面的主体作用，凝聚、培养本土科技人才，吸纳各类高层次人才。（赵俊华）

【“百名专家进乡村行动”九三学社专家工作站授牌】 2009年10月16日，九三学社江苏省委、九三学社镇江市委、九三学社丹阳市委员会联合在丹阳云阳镇举行“百名专家进乡村行动”九三学社专家工作站授牌仪式，并与丹阳天禾生态农业科技发展有限公司签署专家服务协议。省政协副主席、九三学社江苏省委主委许仲梓为专家工作站授牌并讲话。全年有27人次专家教授开展12次知识讲座、技术培训、技术指导和现场咨询活动，相关活动专访在江苏电视台城市频道中播出。（赵俊华）

镇江市工商业联合会

【概况】 2009年，镇江市工商业联合会在市政协六届二次全会上作《沿铁经济发展战略思考》大会发言，首次提出“节点效应”和“同城效应”的概念，指出京沪高速铁路和沪宁城际铁路（简称“两铁”，下同）的开通是镇江实现跨越发展的良机。全年提出政协集体提案14件，其中《抢抓“两铁”机遇，推进我市沿铁经济发展》《重点发展先进制造业，推进我市成为长三角先进制造业集聚区》被评为优秀提案。围绕应对金融危机问题，开展调查研究，形成多篇调研报告和报道，其中《危中寻机，行业商会大有作为》被《人民政协报》采用，《江苏丹阳商会引导企业变革求生》被《中华工商时报》采用，《来自行业商会的报告》被《省委快报》采用。向全市民营企业家发出《坚定信心保增长，勇担责任保就业》的倡议，在十届三次执委会议上动员企业家签署《民营企业“保就业、促和谐”承诺书》，鼓励企业尽量不裁员或少裁员。把中央、省、市有关政策文件汇编成册发至企业，让企业学好、吃透，用足中央和省市各项保增长、扩内需的政策，提高应对危机的能力，为企业在困境中发展坚定信念。

2009年10月16日，省政协副主席、九三学社江苏省委主委许仲梓（右）为“百名专家进乡村行动”九三学社专家工作站授牌（赵俊华）

全年新发展会员500家，新组建行业商会5家。截至年底，有会员8866个、行业商会53家。全市各行业商会通过政策解析、行业自律、抱团取暖、创建品牌、提供融资服务等多种措施，带领行业企业在危机中寻找生机，实现逆势发展。丹阳市汽车零部件商会将国务院《汽车产业调整振兴计划》和国家工信部《关于促进汽车零部件行业中小企业创新发展的指导意见》转发给会员企业，并组织专家为企业讲课，引导会员企业调整产品结构，主动与小排量乘用车企业配套，带领汽车零部件行业走出危机。2009年，丹阳市汽车零部件产业销售150亿元，比上年增长28.6%，超亿元企业达到28家。丹阳市眼镜商会率先发表《丹阳眼镜行业诚信宣言》，从严格执行反不正当竞争法和不生产、销售假冒伪劣商品等9个方面进行自我管理、自我约束；会员企业若出现恶意竞争情况，商会将在事实清楚的情况下，会同有关部门处理，并予以曝光。扬中市建筑房地产业商会将农民工工伤保险列为调研重点并呼吁将农民工工伤保险纳入城镇职工工伤保险基金范畴，同时，针对建筑房地产业农民工流动频繁的特点，工伤保险实行实名制动态管理。这份报告最终促成《扬中市建筑农民工工伤保险暂行办法》出台并实施。

对全市420家民营企业开展履行社会责任工作统计。近年来，民营企业累计参与慈善公益事业捐赠1200笔，捐赠款物超过1亿元。仅2009年船山集团、韦岗铁矿等10余家企业为“市白血病救助基金”捐款40余万元；恒顺集团、宁武化工、焦化煤气、镇江船厂、建工建设集团等10家企业为台湾“莫拉克”台风救灾捐款220万元，民营企业成为参与社会公益事业的主要力量。（奚莹）

【提出沿铁经济发展的建议】 2009年，围绕"两铁"建设和开通给镇江带来的机遇和挑战，市工商联主席孙志安在市政协六届二次会议上作题为《沿铁经济发展战略思考》大会发言。发言指出，"两铁"建设和开通必将给镇江带来产业发展、城市拓展、要素集聚等机遇，并建议发挥乡镇站点优势，提升县域经济水平，打造沿铁经济发展"火车头"，推动镇江经济跨越发展，勇闯全省经济发展第一方阵；坚定不移地实施"千百亿工程"，发展现代服务业，发展高效农业，果断实施经济结构战略调整，坚持特色发展、错位竞争，走镇江特色的科学发展之路和跨越发展之路；加快建设南徐新城，塑造城市新中心，全力打造"宜居城市"，吸引人才聚集，加大招商选资力度，实现跨越发展。 （奚 莹）

【应对金融危机系列活动】 2009年，市工商联开展系列活动，引导并帮助民营企业应对金融危机。在市工商联十届三次执委会议上号召参会企业签署《民营企业"保就业、促和谐"承诺书》，教育引导企业承诺履行社会责任，增加就业岗位，鼓励企业尽量不裁员或少裁员，实现职工与企业和衷共济；联合40余家行业商会和200余家非公有制企业负责人，连续两日在《镇江日报》向全市民营企业家发出《坚定信心保增长，勇担责任保就业》的倡议，号召全市民营企业坚定发展不动摇，落实科学发展观，于困境中求发展；编印、发放《保增长、促发展政策文件汇编》，帮助全市民营企业家了解政策、开阔视野、拓宽思路，提高应对危机能力；针对困难企业开展"送温暖、送政策、送服务、送教育"的"四送"活动，帮助企业增强信心，渡过难关，确保企业和谐稳定；促进银企发展，联系华夏银行和工商银行为中小企业发展提供融资服务；协调与劳动保障等政府部门的关系，制定支持中小企业稳定就业岗位的特殊政策和措施；分别在3月、5月组织民营企业专场招聘会。 （奚 莹）

【一批民营企业分别进入全国、省排行榜】 2009年，中华全国工商业联合会发布2008年度全国上规模民营企业调研结果显示，镇江有5家民营企业跻身全国民企500强行列，分别是大亚科技集团（第93位）、江苏飞达集团（第127位）、大全集团（第208位）、江苏天工集团（第218位）和江苏沃得集团（第349位）。

中共江苏省委统战部、省经济和信息化委员会、国税局、地税局、人力资源和社会保障厅、省工商联联合表彰2008年度江苏省民营企业纳税大户和就业先进单位，其中镇江市有15家跻身2008年度江苏省民营企业纳税大户排行榜，分别是大全集团有限公司、镇江江南化工有限公司、江苏船山集团有限责任公司、大亚科技集团有限公司、镇江焦化煤气集团有限公司、江苏飞达集团、江苏沃得机电集团有限公司、江苏省双阳化工有限公司、镇江韦岗铁矿有限公司、华鹏集团有限公司、江苏南自通华电气集团有限公司、江苏鱼跃医疗设备股份有限公司、江苏太白集团有限公司、江苏省镇江船厂有限责任公司、镇江鼎胜铝业股份有限公司等。有10家跻身2008年度江苏省民营企业就业先进排行榜，分别是大亚科技集团有限公司、江苏沃得机电集团有限公司、大全集团有限公司、中电电气集团有限公司、江苏飞达集团、江苏省镇江江天汽运集团有限责任公司、江苏船山集团有限责任公司、江苏南自通华电气集团有限公司、华鹏集团有限公司、句容盛业管件制品有限公司等。 （奚 莹）

【召开行业商会经验交流大会】 2009年7月，市工商联组织全市27家行业商会召开应对金融危机工作经验交流会。会议回顾全市行业商会在主动服务会员企业、抱团应对危机影响等方面的情况；交流各行业商会围绕"两保两促"（保增长、促发展，保就业、促稳定）目标，应对金融危机的工作经验；观摩行业商会在帮助同行企业出谋划策、排忧解难方面各具特色和成效的商会活动。会议对行业商会工作提出"以科学发展观为主旨，推广经验、量质并举、典型引路、分类指导、整体推进、巩固提升"的总体思路。 （奚 莹）

2009年7月，市工商联召开行业商会工作经验交流大会 （王 芳）

镇江市总工会

【概况】 2009年，镇江市总工会领导班子6人，下设9部1室，机关干部51人，直属企事业单位5家，即工人文化宫、职工学校、疗养院、互助互济会和职工旅行社。全市基层工会组织3635个，其中，独立基层工会3185个，联合基层工会450个，基层工会覆盖单位13696个，会员644888人，其中女会员279915人，农民工会员169688人。

2009年，全省创建和谐劳动关系企业工作现场经验交流会在镇江市召开。镇江市工会第十三次代表大会召开。市职工文体活动中心破土动工。市总工会开展“同舟共济迎挑战，共创和谐促发展”为主题的“八为”系列活动。开展工资协商“共同约定”行动。举办“欢歌颂祖国”、职工歌舞大赛、“梦溪之夏”广场文艺系列活动。

2009年，推进主题职代会，动员带领职工开展革新改造、挖潜增收各类活动。在全市建立百人以上重点企业裁员减薪监控机制，被纳入全市综合治理考核体系。新农村建设和“两消除”工作中，筹集和协调资金455万元，帮助贫困村改善生产生活条件。举办139场劳动法律法规培训班，2万多名职工参与。全年接待职工信访326批，依法化解劳动争议664起。

2009年，全市新建独立基层工会226个，新增工会会员近4.86万人。各辖市（区）全部建立镇总工会，全市镇（街道）总工会增至43个，建立行业工会14个。辖市（区）工会主席基本实现按同级副职级配备，正专职工会干部配备率达95.1%。推进会员评价和民主评议工会主席工作，全市基层工会职工之家合格率和基层会员代表评议工会参与面均达91%以上，100个工会获先进单位称号、48个“模范基层工会”分别获省、市级表彰，100名工会工作者、98名优秀工会积极分子受表彰。

2009年，以“践行科学发展观，推动工会新发展”为主题，开展科学实践活动。结合市委“效能革命”工作要求，制定《镇江市总工会“提高落实执行力”专项活动实施意见》。围绕市总工会重点工作，市总工会干部深入基层调研，为基层工会提供业务指导，发布43篇调研成果。市总工会开展“有难大家帮——我为环卫工送保障”活动，1572名职工享受互助互济给付和慰问金。全年为273名职工发放特困证，帮助47名特困职工享受到廉租住房待遇，648名困难职工子女得到入学资助近80万元。市总工会会同市地税局开展基层工会60%留用经费检查，为基层工会开展工作提供资金保障。培训基层工会干部5100多人。工资协商向一线关键岗位和技术工人倾斜，促进高技术、高技能职工工资增长。 （马晓俊）

【镇江市工会第十三次代表大会召开】

2009年6月11～13日，镇江市工会第十三次代表大会在一泉宾馆召开，399名代表以及特邀代表出席大会。市人大常委会副主任、市总工会主席陈苏作《实践科学发展共建和谐社会 团结职工为实现镇江发展新跨越而奋斗》工作报告。大会回顾和总结市工会第十二次代表大会以来工人运动和工会工作实践经验，确定和部署今后五年工会工作主要目标任务。选举产生镇江市工会第十三届委员会、经费审查委员会和新一届市总工会领导班子。陈苏当选市总工会主席，时秋香、姜勇、卫锁宏、蒋新民当选副

镇江市工会第十三次代表大会会场 （马晓俊）

主席。

2005～2009年，全市评选出7名全国劳动模范、46名省劳动模范和198名市劳动模范，128个先进集体和个人分别获得五一劳动奖状、奖章。镇江市及丹徒区总工会等6个辖市（区）获"江苏省工会工作模范市、县（市、区）"称号。新建独立基层工会1346个，发展工会会员35.31万人，16万名农民工加入工会。全市建立乡镇（街道）总工会39个，扬中乡镇总工会全覆盖；新建行业工会14个。133个基层工会被命名为"模范职工之家"，48个工会被评为省级以上"模范基层工会"。全市参与劳动关系和谐企业创建达1940家，参与面达85%，各级劳动关系和谐企业480多家。400个市级"五一文明班组"和50个省级"五一文明班组"获表彰。全市1790家企业签订工资集体合同，签订区域、行业工资集体协议321份，覆盖职工62.58万人。20多项职工自主创新成果获省级表彰，18个工种在全国、省技能竞赛中获奖，450名职工成为市技术能手、五一技术标兵，12名职业技能竞赛者分别被授予省、市五一劳动奖章。建立"上新岗、创新业"示范基地134家，带动21258名下岗职工再就业，SIYB（创建和改善你的企业，下同）创业培训工作成为全国工会系统典型。各级工会走访慰问困难职工21万人次，发放慰问款4622万元；2844名困难职工子女得到入学资助，3512名职工享受特困帮扶。（马晓俊）

【劳动关系和谐企业创建】 2009年，劳动关系和谐企业创建工作被列入辖市（区）党政综合目标考核，加分权重从5%提高到10%。2月将创建工作列入全市科学发展考评体系，市政府以2009年1号文予以下发。"我为创建说感言"征集活动吸引社会各界广泛参与，征集1100多条和谐感言。润州区政府将创建工作纳入四个文明考核。镇江新区建立创建和谐企业领导小组成员单位述职测评制度。丹徒区开展镇（街道）创建工作试点，制定创建工作规范。全市参加创建活动企业2300多家，参与面达85%。表彰"劳动关系和谐企业"77家，全市各级劳动关系和谐企业达680家。（马晓俊）

【职工培训教育、技能竞赛工作】 2009年2月27日，市总工会在一泉礼堂召开全市职工培训教育技能竞赛动员大会，部署2009年全市职工培训教育和职业技能竞赛工作，对2008年度职工培训教育技能竞赛先进集体和先进个人进行表彰。全年开展市级10大工种技能竞赛，全市12万名职工参加132个工种的练兵、比武，200多家单位开展"名师带高徒"活动，电子银行业务、继电保护工等6个工种在全国、省技能竞赛中获奖，120名职工成为市技术能手、五一技术标兵，4名职业技能竞赛尖子分别被授予省、市五一劳动奖章。会同劳动等部门开展"职工有技术才能有力量"系列活动，市直有45527名职工参加继续教育，其中7331名职工接受大专以上教育，培训班组长2210人次。（马晓俊）

【劳动立功竞赛】 2009年，市总工会会同市建设局、交通局等单位在二重基地码头、中储粮基地和泰州大桥南接线等10多个重点工程开展建功立业劳动竞赛，以"创精品、求创新、重安全、讲效率"为内容，全市90%以上规模企业开展劳动竞赛，5万多名职工投身经济建设主战场。在服务行业开展十大窗口行业优质服务劳动竞赛。镇江船厂有限责任公司船体车间放样组等49个班组分别获全国、省、市"工人先锋号"称号，金燕等30个劳模创新工作室被命名表彰。开展"我为节能降耗献计策活动"，提出合理化建议7万多条，2万多条被采纳并产生经济效益。（马晓俊）

【扶贫帮困工作】 2009年，全市各级工会、机关各部门、企业党政领导以及社会各界人士参与工会"送温暖"工作，走访慰问困难职工、工会干部、劳动模范、离退休人员85862名，先后发放慰问金1899.9万元，市总工会直接慰问困难职工、劳模和工会干部4966名。与市委组织部等5部门联合开展新一轮"党员进万家"结对帮扶，2万多名党员干部与1200多户困难职工群众家庭结对，落实帮扶资金、物品50多万元。举办SIYB创业培训42期，培训1217人。全市各级工会组织农民工就业培训7632人次，帮助就业11521人次。建立"上新岗、创新业"示范基地30个。（马晓俊）

共青团镇江市委员会

【概况】 2009年，全市有团员青年572178人，其中14周岁至28周岁的青年411028人，女团员101089人，少数民族团员1882人。全年发展新团员19768人，其中女团员8507人。全年申请入党团员人数60802人，保留团籍的党员人数3652人。全市基层团委299个，团总支327个，团支部8426个。（张　萌）

【青年联合会五届四次常委扩大会议】 2009年4月22日，镇江市召开青联五届四次常委扩大会议，增补王为华、李明俊为青联副主席，增补部分青联常委、委员，特别增设到村任职大学生界别组和自组织界别组。团市委书记、市青联主席黄万荣作题为《团结带领各族各界青年为推动镇江发展新跨越贡献智慧和力量》工作报告，镇江青联将围绕中心、服务大局，团结引领镇江各族各界青年解放思想，共克时艰，为推进镇江经济社会平稳较快发展作出贡献。（张　萌）

【纪念五四运动90周年大会】 2009年5月4日，全市各界青年代表1000余人出席全市纪念五四运动90周年大会暨"争当镇江跨越发展的时代先锋"学习实践推进会。市委书记许津荣希望青年朋友要有抱负，在跨越发展中建功立业；要有激情，在创业创新中迸发活力；要有作为，在艰苦岗位中增长才干。4名青年代表宣读题为《争当跨越发展的时代先锋——以青春的名义倡议》的倡议书，倡议镇江青年高擎五四火炬，弘扬五四传统，践行科学发展观，实现镇江新跨越。（张　萌）

【基层团组织建设模式探索】 2009年4月，团市委借助公安部门外来人口管理平台，成立"新镇江青年"团支部，实现团组织与公安部门职能上的优势互补，统筹社区、两新组织的资源，发挥公安系统的职能组织优势和共青团组织的联络活动优势，实现"平安建设成果更加巩固、团组织力量和影响不断加强、外来流动青年普遍得到实惠"的多赢格局。"新镇江青年"团建模式获江苏省团建项目创新一等奖。

"新镇江青年"团组织的组织架构：由市委组织部、团市委、市公安局联合成立"新镇江青年"团建工作指导委员会，具体负责全市"新镇江青年"团组织建设的组织规划、协调指导和检查督促。各辖市（区）委组织部、团（工）委、公安（分）局相应成立辖市（区）"新镇江青年"团建工作指导委员会，负责指导本地"新镇江青年"团组织具体的建设推进工作。

团市委针对大学生、企业青年、进城务工青年、农村青年四个领域群体，开展分类引导青年试点工作，选取江苏大学作为省级试点单位，选取江苏科技大学、国电谏壁发电厂、句容后白镇团支部作为市级试点单位。全市成立33家"新镇江青年"团支部，待建53家，覆盖青年9305人，参与活动人数1500人。（张　萌）

镇江市"新镇江青年"团建工作推进会会场 （张 萌）

【未成年人思想道德建设】 2009年3月27日，团市委召开少工委五届二次全会，举办全市少先队辅导员培训班，在润州区启动少先队辅导员工作试点。

3月，开通12355青少年服务台，通过人工接通电话和网络接收信息两种途径，受理青少年包括法律咨询、心理咨询、志愿服务、助学服务、就业推荐和婚恋交友等6方面诉求。接到100余个有实质意义的青少年或青少年家长求助电话，解决部分学习和生活难题。

团市委在全市中小学开展庆祝中国少先队建队60周年"红旗下的誓言"大队主题会，策划"红领巾寻访共和国英模"活动，组织小记者采访团83支，走访身边英模137人。

每周日晚"心灵相约"青少年心理健康咨询热线播出180期，其中2009年播出48期。在镇江市实验高中、市实验小学分别成立"心灵相约"青少年心理健康教育示范基地，组织开展两场大型"心灵相约校园行"心理健康讲座，近2000名中小学生参与其中。该活动获江苏省"未成年人心理健康教育服务"创新三等奖。 （张 萌）

【志愿者工作】 2009年3月，团市委连续第七年举办镇江青年骨髓捐献志愿者行动，全市造血干细胞捐献志愿者总数达11070人，成功捐献骨髓19例。央视《焦点访谈》栏目以《小城大爱》为题，报道镇江市"生命志愿者"行动；《新华日报》以《生命之舟》为题，介绍"生命志愿者"行动。"生命志愿者"群体被评为镇江首届大爱之星。

坚持每两周一次的"生命志愿者"进社区活动；"生命志愿者"与您相约《今晚九点半》活动连续播出158期，其中2009年播出48期。开展"为奉献者奉献"活动，重阳前夕，团市委开展"团旗辉映夕阳红、青春助老享和谐"活动，为200余名老干部、老党员、老同志送健康、快乐和温情。

团市委开展以"不闯红灯、规范停车、不酒后驾驶、文明礼让、文明出行"为主要内容的"文明交通志愿者集中服务月"活动；组织320名禁毒志愿者参加"全市禁毒志愿者集中服务月"活动，在2009年6月26日国际禁毒日成立禁毒专家志愿者服务队，为戒毒人员提供法律、心理、医疗、维权等多方面的专业服务；成立"镇江市应急志愿者服务总队"，新增"消防应急""医疗应急""交通应急""防特应急"等服务队。在开展"迎国庆、讲文明、树新风"活动中，团市委组织1000余名志愿者在全市8个主要交通道口开展文明交通劝导活动，引导市民从小事做起、从细节做起，着力提升公共文明素质和城市品质。 （张 萌）

【希望工程】 2009年，全市希望工程资助贫困学生600名，发放助学金100余万元。在各辖市（区）开展"全市团干部走访圆梦行动受助大学生"活动，走访211名受助大学新生，资助总额84万元，为各受助学生送去4000元助学金。开展"大手拉小手——让书籍温暖你的心灵"活动，为300名学生创造一个想读书，读好书的环境。开展"感恩社会，爱心助学"活动，让100余名孩子懂得感恩，懂得回报社会。 （张 萌）

【庆祝新中国成立60周年系列活动】 2009年，镇江共青团策划开展"我与祖国共奋进"演讲比赛、新中国60年专题报告会、祝福祖国诗歌朗诵、"红歌颂祖国"歌曲大赛等一系列纪念活动。其中历时4个多月的"红歌颂祖国"——镇江市纪念新中国成立60周年经典歌曲大赛，团市委通过组织动员和社会动员，吸引2000多名个人、45支团体队伍参加，数以十万计的镇江市民参与网络投票。 （张 萌）

镇江市妇女联合会

【概况】 2009年，镇江市有省辖市妇联1个，辖市（区）妇联6个，乡镇（街道）妇联54个，基层妇代会（社区、居委会、村）755个；个私企业妇女组织157个，合资、外资、独资企业妇代会39个；直属机关、部门机关及事业单位妇工委200个。

启动"巾帼牵手妇女创业就业支持行动"。举办"迎接挑战推动发展，我们一起走过"创业女性事迹专场报告会。与市劳动局、总工会联合举办"迎三八·架金桥"就业再就业援助女性专场招聘会，800名妇女与用工单位达成就业意向。深化巾帼牵手SYB（创办你的企业，下同）导师行动。建立女大学生创业档案。组织下岗失业妇女、农村妇女、"4050"人员等就业困难群体，开展就业创业技能培训。免费为465名城镇下岗失业和进城务工的大龄妇女举办"好阿姨"巾帼家政员培训班，120人获得家政人员从业资格证，上岗率达85%。全年举办各类培训班35期，培训妇女近4000人次，转移妇女劳动力1200多人次。推进"五示范"（巾帼示范村、巾帼培训示范基地、现代高效农业三八示范基地、巾帼示范专业合作经济组织、巾帼节能环保示范企业）创建活动。开展"岗村结对""村村结对"等扶贫帮困活动，推动人才、技术、资金、信息等资源向农村倾斜。创建省级巾帼示范合作组织4个，推荐省农产品经纪人协会女经纪人分会会员7人，全国女性手工编织协会会员1人，申报省级高效农业发展项目3个。

开展"创业路上，你我同行"主题宣传周活动，树立10个优秀创业女性典型，表彰110名"三八红旗手"和40个"三八红旗集体"。组织523人次参加省妇联组织的女性大讲堂学习。指导基层妇联开展学习英杰读书节、向巾帼英杰学习主题班会、邀请英杰作报告等活动。举办"'安利杯'镇江市特色文明家庭"推选活动，评选出20户"镇江市特色文明家庭"。推进"平安家庭"

创建。举办"共建美好家园共创和谐社会"婚姻家庭知识讲座。邀请专家作婚姻家庭和普法知识讲座，开展"依法禁毒护家园构建和谐促平安"禁毒宣传活动，推进"红丝带"健康教育宣传活动。开展创建节能减排家庭先行区示范点活动，与家庭签订"家庭节能减排责任状"，举办家庭节能减排专题讲座，建立环保志愿者队伍，与大润发超市联合开展家庭节能环保健康行动。开展节能减排金点子、小窍门征集等活动。与市园林局、《京江晚报》联合举办"弘扬生态文明、创建绿色家园"种植"母亲林"活动，招募播绿志愿者家庭200个。

召开"问计策于专家，提升妇联维权品质"妇联维权代言人座谈会。在镇江妇女网开设《政策法规》《维权视角》《以案说法》《平安建设》《普法论坛》等专栏，开通12338妇女免费维权热线。开展普法宣传咨询活动，发放法律宣传资料1万份，现场解答妇女群众法律诉求1000余人次。全年接待来访、来信、来电共305件、516人次，结案率98%。关爱流动留守妇女儿童，新建4个"流动妇女之家"。筹建"儿童快乐家园"。组织"社会妈妈"结对50名地震灾区的贫困儿童，22名"社会妈妈"到四川绵竹板桥镇板房学校看望结对儿童。"社会妈妈"活动获镇江市首届"大爱之星"称号、镇江市感动教育十大人物（群体）称号。2009年，市妇联新结对帮扶贫困儿童158名，募集并发放捐款35.924万元。

围绕市委、市政府《关于提升行政效能、优化发展环境的若干意见》精神，修改完善规章制度和工作机制。2009年，获省妇联系统"平安家庭"创建活动先进集体、信息工作先进集体、实施妇女儿童发展规划先进集体、全省妇联重点工作考核优秀奖和创新工作二等奖等。（王　军）

【镇江市妇女第十三次代表大会】 2009年12月22～24日，镇江市妇女第十三次代表大会在一泉宾馆召开，全市400名代表参会。市妇联党组书记胡云霞代表镇江市第十二届执行委员会作题为《坚持科学发展，奋力开拓创新，团结带领全市妇女为推进镇江发展新跨越而努力奋斗》的工作报告。大会选举产生镇江市妇女第十三届执行委员会，其中执行委员55名。

12月24日，召开镇江市妇女第十三届执行委员会第一次执委会议，选举产生新一届领导机构。胡云霞当选主席，徐伟珍、朱绮云、郑迎伟、马金芳（兼）当选副主席。会议选举产生由马金芳等13人组成的镇江市妇女第十三届执行委员会常务委员会。（王　军）

【启动"巾帼牵手创业就业支持行动"】 2009年3月，市妇联启动"巾帼牵手创业就业支持行动"，向全市机关妇委会、巾帼文明岗以及机关女干部发出"牵手创业姐妹同行"的倡议书，促成6家机关妇委会与创业女性结对。举办"推进发展，迎接挑战，我们一起走过"创业女性事迹报告会，6名创业女性就自己的创业经历作报告。面向城镇下岗失业和进城务工的大龄妇女举办"好阿姨"巾帼家政员培训班，开设家务操持、保育婴幼儿、家庭护理、职业道德等专业课程，邀请妇幼保健专家、劳动就业中心专家等授课，全年培训学员4期，免费培训465人，120名妇女通过考试取得家政人员从业资格证，上岗率85%。（王　军）

【"社会妈妈"赴四川板桥爱心结对】 2009年5月8日，"5·12"汶川大地震近一周年之际，市妇联联合《京江晚报》开展"'镇江妈妈'情牵板桥，心手相连爱心结对"活动，22名镇江"社会妈妈"代表赴四川板桥镇与助养的板桥学校50名孩子举行"心手相连，爱心结对"活动。"社会妈妈"吴秋华、田光辉在赴川活动结束后，用半个多月时间行程1670公里，途经13个县市、60个乡镇，回访曾到镇江治疗的20名地震伤员。全年，"社会妈妈"活动新结对帮扶贫困儿童158名，募集并发放捐款35.92万元。（王　军）

【开设"快乐父母沙龙"】 2009年，市妇联联合镇江市翔平心理教育培训中心在全省首创开设"快乐父母沙龙"，举办13期、52场公益性家庭教育知识讲座，在《镇江日报》上开设《快乐父母沙龙》专栏，向年轻父母传授家庭教育的新知识和新理念。利用网上家长学校平台，开设心理健康咨询专线、父母专栏，为青少年及其家长提供及时科学的心理疏导，解决300多个家庭教育中存在的心理问题。"快乐父母沙龙"获2009年全省妇联创新工作二等奖。（王　军）

【召开"十一五"妇女儿童发展规划推进会】 2009年6月10日，镇江市妇女儿童工作委员会在丹阳市后巷镇召开"十一五"妇女儿童发展规划工作推进会。会议学习贯彻省妇女儿童工作会议精神，总结交流各辖市（区）两个规划实施情况，研究部署新阶段妇女儿童工作任务，推进妇科疾病检查、妇女儿童活动中心建设、扶持女大学生就业创业、农村妇女参与基层民主管理、建立受害妇女庇护场所、加强农村学前儿童教育、农村留守少年儿童食宿条件改善、残疾儿童康复等八项实事项目落实。（王　军）

镇江市科学技术协会

【概况】 2009年，市科协及所属学会（协会、研究会）组织学术交流活动150余个。组织第四届镇江经济科技论坛。制定下发《镇江市科协2009年度市级学会（协会、研究会）及企事业科协百分比考核标准》，规定学会按时换届，开展学会科普活动，加强学会信息工作等。组织学会与相关企业结对，帮助企业解决技术难题。在"建言献策、创新克难"活

镇江市妇女第十三次代表大会会场　（王　军）

动中,全市科技工作者提出合理化建议2090条。组织开展第十一届镇江优秀科技论文(专著)评比表彰工作。制定下发第三个全民科学素质百项行动计划。组织以"创新促进发展,科普惠及民生"为主题的2009年全国科技活动周暨镇江市第二十一届科普宣传周活动、2009年全国科普日活动。开展"世纪大日食科普大行动"系列活动。实施镇江市"科普惠农兴村计划"和新一轮"百千万科技兴农富民工程"。印发《2009年镇江市科协系统节能减排科普行动计划的通知》,明确2009年度将实施的40项节能减排科普行动。组织部分学校学生开展2009国际天文年天文观察100小时和"节约一张纸"青少年科学体验调查活动。组织全市9.3万多名中小学生参加青少年金钥匙科技竞赛。开展市小学生金钥匙科学大众杯小诺贝尔七巧智力擂台赛。加强与日本农山渔村文化协会的合作,搭建对日现代农业科技合作平台,对"中日现代农业科技合作实验基地"进行指导。

2009年初,市科协下发《关于征集镇江市科协2009年度建言献策重点研究项目的通知》,市科协从30多个项目中筛选出18个项目,其中"镇江市农民专业合作组织现状调查及对策研究""镇江市农产品出口贸易的现状分析与对策""关于镇江东部区域集中供热及应对策略研究"被评为一等奖。

(陆 煊 罗 悦)

【召开市科协成立50周年纪念大会并进行表彰】 2009年10月22日,市科协召开纪念市科协成立50周年大会。大会以"坚持科学发展,提升服务能力"为主题,回顾50年来市科协的发展历程,总结经验,展示改革开放特别是市科协六大以来的发展成就,树立科协组织"为经济社会发展服务,为提高全民科学素质服务,为科技工作者服务"的社会形象。大会授予赵亚夫科学技术普及特别奖,并表彰"十佳"学会(镇江市公路学会、镇江市老专家协会、镇江市医学会、国电谏壁发电厂科协、镇江市电机工程学会、镇江市水利学会、镇江市农学会、镇江市勘测院科协、镇江市环境科学学会、丹阳市青少年科技辅导员协会)、"十大杰出科普人物"(镇江市气象局李建国、江苏农林职业技术学院王福银、丹徒区教育局教研室钱志平、句容市疾病预防控制中心王方、镇江农科所糜林、润州区蒋乔镇人民政府鲍荣龙、镇江市青少年科技中心赵晓声、江南生物科技有限公司姜建新、镇江市农业技术推广站朱克明、江苏大学老科协陆一心)、"十佳科普读物和科教片"(参见下一条目)、"十佳科技小状元"(镇江市丹徒区宝堰中学李静、镇江市江滨实验小学王铮韬、镇江市丹徒区实验小学魏相玉、丹阳市练湖中心小学巩周祥、丹阳市珥陵中心小学刘泽、镇江实验学校林敏、扬中市实验小学王逸天、句容市华阳镇第一小学邹阳、镇江市大路中心小学郭子文、镇江市国际学校许恒源)。大会期间,开展"我与科协"征文活动,编印市科协成立50周年纪念画册。 (陆 煊 罗 悦)

【十佳科普图书和科教片名单】 2009年10月22日,"十佳科普图书和科教片"在市科协成立50周年纪念大会上受到表彰,它们是:

获奖名单	单位	作者
《中国蚕业史话》	蚕研所	周匡明
《科海探秘——现代科技掠影》	–	袁天才等
《金阳光系列科普读物》(一套6本)	–	–
《机械直播水稻生产关键技术》	农机局	–
《稻鸭共作赚钱多》	科技局	–
《草菇周年栽培赚钱多》	江南生物科技有限公司	–
《怎样种青花菜赚钱多》	农科所	–
《农村常见病百问百答》	卫生局	–
《农民科学读本——种养技术篇》	江苏农林职业技术学院	–
"图说"应时鲜果栽培技术丛书(5本)	镇江农科所	–
《精品砂梨栽培技术图说》	–	–
《草莓栽培技术图说》	–	–
《桃栽培技术图说》	–	–
《葡萄栽培技术图说》	–	–
《苹果栽培技术图说》	–	–
《世界科技发展史画库》	市委宣传部、市科协	–
《名人家教》	丹阳市关工委	–
《大棚草莓高效栽培技术》	市委组织部、镇江农科所、广电局、科协	–
《稻鸭共作技术》	镇江电视台、市科技局	–
《发酵床养猪法》	市畜牧兽医局	–
《无土草毯生产技术》	省委组织部、江苏农林职业技术学院	–

(陆 煊 罗 悦)

【第十一届镇江优秀科技论文(专著)评比】 2009年,市政府举办市第十一届优秀科技论文(专著)评比表彰,收到科技论文(专著)504篇,经理、工、农、医、综合组专家评审,江苏大学张弛的《修饰簇骨架以调制多聚柱层式杂双金属功能簇合物三阶非线性光学性能(译文)》,镇江市勘察测绘研究院李明、刘桂生的《城市三维可视化快速建模与浏览系统的研究》,江苏大学严永敏、许文荣、钱晖的《脐带间质干细胞体内注射修复小鼠肝损伤(译文)》获特等奖,另评出一等奖49个。 (陆 煊 罗 悦)

【将科技专著、科普读物纳入科技进步奖评审内容】 2009年,市科协主席赵振祥等10名人大代表联合提出《关于将科技专著、科普读物纳入市科技进步奖评审内容的议案》。市科技局5月7日出台《关于组织申报2009年度镇江市科技进步奖的通知》,将"科学技术普及等社会公益性科学技术事业中取得的重大成果"纳入社会公益类成果奖励的内容,其成果主要是"近五年出版的用中文编写的科普原创作品和科普编著作品两类科普图书,不包括科普论文、科普报纸和期刊、国民教育和实用技术培训教材、科幻类作品等"。镇江市在全省率先把科技专著、科普读物纳入科技进步奖励的范围,具有开拓性的意义。 (陆 煊 罗 悦)

【全国院士专家组到扬中调研】 2009年11月30日,中国工程院院士、北京航空航天大学教授刘大响带领全国院士专家工作站调研组到扬中视察。扬中有4家企业院士专家工作站和一个院士专家服务中心,分别是大全集团、南自通华集团、华鹏集团和江苏荣昌集团院士工作站,建站企业分别与各自的院士专家签订建站框架协议和项目合作协议。在4家建站企业的重点项目中,有3家企业获省级政府重大科技成果转化资金的支持。 (陆 煊 罗 悦)

【全民科学素质百项行动计划出台】 2009年，市科协组织26个成员单位、16个全民科学素质教育基地申报2009年度全民科学素质行动计划120多项，全民科学素质领导小组下发《镇江市2009年度百项全民科学素质行动计划》。《计划》由未成年人科学素质行动、农民科学素质行动、城镇劳动人口科学素质行动、领导干部和公务员科学素质行动、科学教育与培训基础工程建设行动、科普资源开发与共享工程建设行动、大众传媒科技传播能力工程建设行动、科普基础设施工程建设行动、行政法规、队伍建设与监测评估工作、全民科学素质教育基地行动等10大类100项行动计划构成，每个大类均明确主要任务和具体量化任务。行动计划突出“节约能源资源、保护生态环境、保障安全健康”和关注民生等重点，倡导大联合、大协作的行动举措。（陆 煊 罗 悦）

【命名第二批全民科学素质教育基地】 2009年4月24日，镇江市全民科学素质工作领导小组下发《关于命名镇江市全民科学素质教育基地的决定》，命名江苏大学工业中心、江苏科技大学船模陈列馆、市急救中心、市公安消防支队、镇江民间文化艺术馆、市青少年活动中心、润州超群花卉基地、镇江南山农艺园等8家单位为第二批镇江市全民科学素质教育基地。（陆 煊 罗 悦）

【第21届科普宣传周】 2009年5月16～22日，市科协开展以“创新促进发展，科普惠及民生”为主题的第21届科普宣传周活动。5月19日，市科协在火车站广场举行广场大型科普活动。市卫生局、食品药品监督局、质量技术监督局等科普宣传周领导小组成员单位和镇江供电公司、市急救中心、江苏贝斯特等单位及市医学会、中西医结合学会、气象学会等市级学会、协会开展防控甲型H1N1流感、专家义诊、碘缺乏病防治、名酒洋酒鉴别、食品安全与假药鉴别、农药蔬菜残留速测、室内空气污染物检测与净化、现场急救演示、节能减排科普宣传、防灾减灾科普宣传、计生药械市场百日整治行动等关注民生、互动性强的科普宣传；为镇江江天集团200台长途客运大巴配备科普影视光盘并举行开播仪式；与市供电公司联合开展科普大篷车进广场活动，现场播放科普片，举办科普知识有奖竞答；市科协、卫生局等单位举办“创新促进发展，科普惠及民生”“科学认识甲型H1N1流感”“防灾减灾”“建筑节能”等主题科普展览等。（陆 煊 罗 悦）

【组织开展2009年全国科普日活动】 2009年9月18日，市科协在润州区蒋乔镇秀山村举行全国科普日启动仪式暨科技兴农面对面活动。向蒋乔镇秀山村图书室赠送700多本金阳光系列农民科普读物和全民科学素质系列科普图书以及2个书柜。江苏农林职业技术学院、市农林局、市老专家协会的农业科技专家对润州区秀山村、平山村、大桥村、五洲山村、韦岗村的特色花木、体质草莓、无公害茶叶、无公害蔬菜、发酵床养鸡等项目负责人进行面对面指导。组织村民观看科普影视片、举办科学防控甲型H1N1流感、科学生活等内容的科普展览。市、区、乡镇科协人员和润州区范围内新一轮“百千万科技兴农富民工程”的相关专家与项目负责人、村民代表共100余人参加活动。（陆 煊 罗 悦）

【开展“世纪大日食，科普大行动”系列活动】 2009年6月15日，镇江市组织召开日全食新闻发布会，通过媒体宣传、科技考察、专家报告会、知识竞赛、科普知识巡回展播等活动，使市民科学认识日全食现象，掌握日全食时会发生的气象变化、正确的观看方法、如何进行安全防护工作。7月22日组织赴茅山集中观看日全食活动。发放科普光盘200多张，播放800多场次；组织讲座100多场次；通过电视台播放专题片、接受专访4次；发放科普资料3万多份，全市1万多人使用护目镜观看日全食。（陆 煊 罗 悦）

【镇江市“科普惠农兴村计划”实施】 2009年，市科协和市财政局联合对8个优秀农村专业技术协会、8个农村科普示范基地和9个农村科普带头人进行表彰。2009年，市科协和市财政局推荐的扬中868山芋协会获国家“科普惠农兴村计划”优秀农技协称号，获得20万元奖励资金资助，另有丹阳市江苏天禄茶林有限公司、句容市九龙药材科普示范基地和镇江市老专家协会陈武生分别获省“科普惠农兴村计划”先进集体和个人称号，获得6万元和2万元奖励资金资助。（陆 煊 罗 悦）

【新一轮“百千万科技兴农富民工程”实施】 2009年，市委组织部、市委农办、市农林局和市科协联合制定并印发《关于实施新一轮“百千万科技兴农富民工程”的意见》。意见提出从2009年开始，用3年时间动员百名科技专家，对接实施100个项目，重点培育16个省级项目和24个市级项目，辐射带动8000多农户，使2万多农民实现科技致富，力争带动农户人均年纯收入增长20%。在100个实施项目中，经市农林局、科技局、科协等部门推荐，2009年已获得国家科技成果转化，中国科协、省市科协科普惠农兴村计划，省市三项工程，农业开发，高新双创人才项目20项，获得资金支持1144万元。（陆 煊 罗 悦）

【组织开展2009国际天文年“天文学100小时”活动】 2009年4月5日晚，市科协在市实验高中组织举行2009国际天文年“天文学100小时”镇江地区活动启动仪式。南京大学天文系研究生现场指导观看天文现象，市实验高中、外国语学校、实验小学、南门小学等中小学校近200名天文爱好者参加。5月中旬，市科协组织百名中小学生参观中科院紫金山天文台和南京大学天文系，观摩全国大学生天文科学知识竞赛。（陆 煊 罗 悦）

【金钥匙竞赛】 2009年，在第二十一届国际科学与和平周全国中小学生（江苏地区）金钥匙科技竞赛团体赛上，镇江市第一中学仲麟以个人总分全省第一的成绩获最佳选手奖。镇江市代表队以高中组个人第一、初中组个人第五的成绩获团体二等奖。（陆 煊 罗 悦）

【信息学奥赛获奖】 2009年，市科协青少年科技中心组织全市12所初、高中学校1800名学生参赛。经初赛、复赛，全市有18名学生获个人一等奖，其中初中8人、高中10人，团体总分列全省第六名。扬中高级中学解贞健、刘畅获全国高中组一等奖，同时获大学保送资格。（陆 煊 罗 悦）

【中央电视台《智力快车》栏目组到镇江拍摄】 2009年10月，市科协邀请并协助央视少儿栏目《智力快车》栏目组到镇江市开展选手选拔，并赴金东纸业、恒顺集团、南自通华三家企业，针对制纸、醋以及电子工业流程进行拍摄。180多名中学生参加选拔比赛，4名学生参加中央电视台现场节目录制。节目分别在12月12日、19日和26日在央视少儿频道播出。这是央视品牌栏目首次到镇江市拍摄镇江青少年科技教育工作。（陆 煊 罗 悦）

镇江市哲学社会科学界联合会

【概况】 2009年，社科联开展学习实践科学发展观活动，开展社科应用研究，推进学会工作和科普工作。举办第六届社科普及宣传周，编辑出版科普读物《文化盛宴》，市图书馆和大港街道被省社科联授予"省级社科普及示范基地"；组织开展镇江市第八次哲学社会科学优秀成果评选；举办第三届宁镇扬板块构建与区域共同发展高层论坛；基本完成《中国城市发展丛书》(镇江卷)初稿编撰；新成立镇江市国际税收研究会和镇江市反邪教协会。在10月召开的全国大中城市社科联第二十次工作会议上，镇江市社科联被评为"全国大中城市先进社科联"，潘文瑜被评为"全国大中城市社科联先进工作者"。（薛玉刚）

【开展社会科学应用研究】 2009年，社科联组织"镇江市创新型开发区建设对策研究""国际金融危机背景下江苏台资企业转型升级的对策研究""句容东南五镇对接常武地区产业转移研究"等多项课题研究。和江苏大学合作的《江苏文化产业集群发展研究》获2008年度"社科应用研究精品工程"优秀成果一等奖，有2项成果获二等奖。组织申报省社科联应用研究课题立项，全市接受申报29项，向省社科联推荐16项，获得立项6项。首次开展镇江市社科应用研究课题立项，立项资助13项应用研究课题。3月邀请省社科规划办主任到镇江做专门辅导，市社科学会、市委党校、在镇高校30多人参加辅导会。全市有4项成果成为国家社科基金项目。（薛玉刚）

【参与"大爱镇江"品牌建设】 继2008年举办"大爱镇江"理论研讨会后，2009年，社科联配合市文明办做好"大爱镇江"品牌建设汇报会工作。组织省专家撰稿、典型发言材料，组织省内知名专家组成课题组，专门研究"大爱镇江"现象，完成3万字研究报告。组织编写的通讯"大爱，镇江崛起的又一座金山"在8月12日《新华日报》要闻版刊发，《镇江社会科学》编印"大爱镇江"专刊，在"大爱之星"颁奖大会上发放。（薛玉刚）

【第三届宁镇扬板块构建与区域共同发展论坛】 2009年9月29日，由南京、镇江、扬州三市社科联及江苏大学共同主办的第三届宁镇扬板块构建与区域共同发展论坛在镇江碧榆园召开，三市有关高校、党政机关的社科理论工作者和实践工作者40多人，围绕对接上海国际金融中心和国际航运中心建设，实现宁镇扬板块在长三角中跨越发展的主题展开研讨。

研讨围绕中共十七大精神和省委、省政府战略大局，一方面从宏观角度围绕宁镇扬板块联动发展、经济发展方式的转变等进行前瞻性的研究；另一方面从应用角度联系经济危机、世博会召开等重大时事，探讨世界经济危机后宁镇扬经济发展的机遇、问题和对策、如何承接世博联动效应以及如何对接上海国际航运中心和国际金融中心建设，促进宁镇扬板块跨越发展等具体工作，为解决当前宁镇扬板块构建和发展过程中的热点、难点问题提供思路与方法。论坛收到学术论文近40篇，精选23篇汇编出版《第三届宁镇扬板块构建与区域共同发展高层论坛论文集》。（徐晓丽）

【第八次哲学社会科学优秀成果评选】 2009年11月15日～12月10日，社科联受市政府委托，组织开展镇江市第八次社会科学优秀成果评奖活动。成立由市委常委、宣传部部长张洪水任主任，市政府副市长王萍任副主任，30名专家学者、部门领导组成的评奖委员会，制定执行"社科成果评奖权力节点监控实施办法"。收到申报成果431项，比上届增长67%，评出一等奖10项、二等奖20项、三等奖50项。（薛玉刚）

【中国文选学资料中心成立】 2009年8月29日，"中国文选学资料中心"在镇江市图书馆内正式挂牌成立。中国文选学研究会和中国香港、中国台湾、日本等各地《昭明文选》研究专家参加挂牌仪式。

2006年4月，中国文选学研究会会长俞绍初、副会长许逸民、原副会长穆克宏以及张亚欣、顾农、杨宝成等教授到镇江参加《文选》座谈会，看到《文选》在镇江留下的历史印迹和在镇江市图书馆内建立的"中国文心雕龙资料中心"后，一致认为有必要在镇江市图书馆内建立一个中国文选学资料中心。2007年12月，开始筹建文选学研究资料中心。

镇江市图书馆将馆内现有关于《文选》的图书资料集中起来，辟出专门陈列室展示，向社会各界广泛征集图书资料，全面搜集历年来国内外有关《文选》的研究论文，编制目录。购进大量《文选》图书，部分是民国古旧书籍，其中民国上海著易堂据宋淳熙版重雕鄱阳胡氏藏版《文选》、民国8年(1919年)扫叶山房《评注昭明文选》等，具有一定版本价值。

市图书馆以清嘉庆十四年胡克家重刊本为底本，参校南宋尤袤原刊本等，整理校订，推出一部全新的《昭明文选》线装精品书。其装帧形式完全模仿古籍，纸张全用宣纸。

在"中国文选学资料中心"筹建期间，部分专家学者也向资料中心赠送其著作、藏书和论文的复印件。其中中国文选学研究会原会长俞绍初、原副会长穆克宏、会长许逸民、副会长傅刚、河南大学教授王立群、江苏大学教授吴晓峰，以及中国台湾李景濚、日本清水凯夫等都捐赠他们的著作。（谈沁焱）

表8-1 镇江市第八次哲学社会科学优秀成果评选一等奖名单

成果名称	作者	单位
乡土伦理(著作)	王露璐	江苏大学
当代中国"三农"理论与实践问题研究(著作)	金丽馥、石宏伟	江苏大学
推进农业清洁生产 优化农业产业结构 实现我省太湖地区农业面源污染的源头治理(课题)	李萍萍	江苏大学
用最少资源 做最好自己(论文)	尹卫东	句容市市政府
梦溪笔谈说解(著作)	潘天华	镇江市高等专科学校
中国农民失地问题的制度分析(著作)	金丽馥	江苏大学
大型单件小批制造企业和谐成本管理(著作)	吴君民、魏晓卓	江苏科技大学
造船供应链合作关系管理(著作)	张光明	江苏科技大学
创新人才培养理念与模式(著作)	杨国祥 尹家明等	镇江市高等专科学校
齐梁萧氏故里研究(著作)	镇江市历史文化名城研究会 丹阳市历史文化研究会	

（薛玉刚）

【南朝齐梁萧氏故里学术之争】 2009年3月22日，《扬子晚报》以“新华社”署名，刊登《专家：齐梁故里不在镇江在常州》的文章，在镇江、丹阳引起强烈反响，镇江市历史文化名城研究会会同丹阳市历史文化研究会密切关注。4月上旬，历史、地理、考古、文选学和地方志等方面的专家组成课题研究组，请江苏省六朝史研究会、南京大学历史系专家指导，从正史、地理、考古、方志和实地考察等多方面，就齐梁萧氏故里问题进行专题学术研究。研究坚持以历史文献和历史地理为依据，与考古、文物、实地考察相结合的研究方法和途径，以《南齐书》《梁书》《南史》的记载为直接证据，以《宋书》《晋书》《隋书》《旧唐书·地理志》《新唐书·地理志》的有关史料为佐证，对照清《历代舆地图》和《中国历史地图集》，参阅全国性志书和当地志书，引证考古图文资料，结合进行实地考察。

研究取得成果：齐梁帝王故里，就州域而言，在当时的南徐州（治所京口），辖区是今镇江、常州、无锡等地；就县域而言，则从当时的原武进陵口到武进永安陵、建陵、修陵、金牛山等大部分地区，这些地区都在今丹阳市，只有万绥等小部分地区在今常州新北区；而就齐梁萧氏故里的地望而言，就在今丹阳市境内。考虑到丹阳、武进古今相传的实际情况，提出可以表述为“齐梁帝王故里在今常州西北丹阳境内”或“在今常州西北、丹阳东北地区”。5月，镇江市历史文化名城研究会向《新华日报》《镇江日报》《扬子晚报》《京江晚报》、镇江电视台、镇江人民广播电台、名城镇江网、金山网等新闻媒体、记者发布研究成果，推介研究成果《齐梁萧氏故里史料汇集》，并将研究成果编撰为《齐梁萧氏故里研究》，由江苏大学出版社于2009年8月出版，该书获镇江市第八届哲学社会科学优秀成果评选一等奖。 （纪 东）

【宝塔路小学14名学生参加第八届中华全国世界语大会】 2009年12月3～5日，第八届中华全国世界语大会在南京大学举行。宝塔路小学的14名学生在老师史雪芹带领下参加大会，进行才艺表演。史雪芹、外教志愿者米歇尔和孩子们一起上了一堂世界语的“视频互动及教学示范课”。闭幕式上，孩子们用世界语演唱歌曲《红苹果》和《我和你》，徐远航用琵琶演奏《凤阳花鼓》。闭幕式结束后，国际广播电台世界语部的记者用世界语采访孩子们。中华全国世界语协会、江苏省世界语协会、南京大学外语部联合颁发给14个孩子荣誉证书。在大会开幕式上，中华全国世界语协会授予宝塔路小学“优秀世界语教学示范校”称号。2010年第一期国际世界语协会会刊上，刊登师生的照片和西班牙世界语者 Augusto Casquero 报道大会的文章。 （王晓祯）

镇江市文学艺术界联合会

【概况】 2009年，市文联以科学发展观为指导，领导和团结全市广大文艺工作者推动镇江文艺发展繁荣。

《大爱镇江》报告文学创作活动在全国影响重大。“魅力新镇江”摄影创作活动全景展示镇江的跨越发展。庆祝新中国成立60周年系列活动，以文艺的形式赞颂和讴歌祖国家乡的辉煌成就。

在中国文联机关报《中国艺术报》刊发《建设文化镇江文联大有可为》理论调研文章，在《中国摄影》杂志、《东方散文》杂志发表介绍镇江市的文章。市文联、市摄影家协会与《中国摄影》杂志社共同举办“中国著名摄影家及《中国摄影》杂志社镇江行”活动。市作协与《东方散文》杂志联合组织大型文学笔会。市影视协同有关部门举办“镇江大爱心手牵板桥”镇江·板桥儿童牵手活动。市文联、书协与南通市文联、书协联合举办南通、镇江女书法家作品联展。 （殷启茹）

【《大爱镇江》报告文学创作活动】 2009年，市文联组织开展“大爱镇江”报告文学创作活动，邀请全国15名著名报告文学作家和媒体记者到镇江进行采风采访，集中创作16篇近20万字反映市“大爱之星”风采的报告文学作品，由人民文学出版社出版。16篇作品先后在《人民日报》《光明日报》《解放军报》《文汇报》《新民晚报》《新华日报》等报刊发表。其中《文汇报》刊登《赵亚夫退休官员七年带着穷村致富》文章后，报道引起中宣部、上海市委宣传部的关注，在内部刊物上发表评论员文章。《人民日报》等全国重要平面媒体对活动进行新闻报道。 （殷启茹）

【新中国成立60周年系列活动】 2009年，市文联及各文艺家协会以文艺的形式赞颂60年来镇江发生的巨大变化。配合市委宣传部，参与“奋进的江苏”庆祝新中国成立60周年大型图片展镇江展区的布展工作；在全国范围内进行楹联征集，组织市60名书法家创作60幅作品，举办专题书法展；结合全国重大美术赛事，组织庆祝新中国成立60周年优秀美术作品展；市作家协会和《京江晚报》联合举办“祖国颂”诗歌征文活动，征集诗歌100多首；参与举办首届镇江市小戏小品大赛。 （殷启茹）

【“镇江风”文艺家风采系列展示活动】 “镇江风”是镇江市文艺活动品牌，在全省、全国有一定影响。2009年，市文联启动“镇江风文艺家风采”系列展示活动，建立“镇江风文艺家风采”展示长效机制，采取个人申报、协会推荐、文联审核等办法，鼓励文艺家举办个展、联展，独唱、组合唱，出版发表作品等艺术展示活动。举办“水墨心缘”黄河图、下

2009年12月3～5日在南京召开的第八届中华全国世界语大会上，镇江市宝塔路小学学生在表演 （史雪芹）

美岗、王小军、张胜冬四人书画联展,“春之旋律”余军、陈正霞、汪蕾三人声乐音乐会,“行摄西部”高卫东、谢戎、王光华三人摄影艺术展,许能俊、吴文俊、蒋花明三人书法展,顾宏宇、马军、杨孟雨三人美术展,《朱方文丛》创作研讨会等系列艺术展示活动。(殷启茹)

【开办2009年文艺界读书班】 2009年,市文联开办镇江市文艺界读书班。省文联党组书记王惠芬出席开班仪式并授课。读书班为期三天,言恭达、王建元、马季等领导和专家授课,期间组织学员参观南山西入口、南山北水工程、城建规划展览馆、长江引航道水利枢纽和金山湖工程等城市重点工程。(殷启茹)

【启动建设镇江市优秀中青年文艺人才库】 2009年,市文联制定出台《关于开展镇江市首批优秀中青年文艺人才推荐工作的通知》。对全市各艺术门类的中青年优秀文艺人才队伍现状进行调查摸底,建立镇江市优秀中青年文艺人才信息库。为中青年文艺人才的成长搭建平台,提供服务。庄道静、宇文家林入选,成为省委宣传部“五个一批”文艺人才,宇文家林、杨雷、徐志敏三人入选成为江苏省优秀中青年书画家,姚炜入选成为江苏省优秀中青年戏剧家。(殷启茹)

【举办《朱方文丛》作品研讨会】 2009年11月15日,市文联和市作协在南山龙泉山庄举办《朱方文丛》作品研讨会,此项活动是市文联组织的“镇江风文艺家风采”系列展示活动之一。《朱方文丛》是由市作家协会主编、上海三联书店出版的一套纯文学丛书,该书汇集镇江十名作家的诗集、长篇小说、散文集和报告文学集。分别是:赵康琪的诗集《放飞记忆》,丁伟民的散文集《寻常巷陌》,蔡永祥的散文集《被爱的感觉》,赵立源的散文集《北方的童话》,王红蕊的散文集《心弦起舞》,吴绍祥的长篇小说《平安夜》,曾竹花的诗集《一个人的花园》,叶锦春的报告文学集《江花红胜火》,文靖的散文集《采薇者说》,杨莹的散文集《染指岁月》。(殷启茹)

【举办“冲刺兰亭”书法点评会】 2009年8月26日,为参加即将举办的第三届中国书法兰亭奖评选,市文联、市书协举办“冲刺兰亭”书法点评会,中国书协副主席、江苏省文联副主席言恭达,江苏省书协秘书长李啸到镇江,点评即将送展的30余名重点作者的新作。全市书法界40多名作者参加活动。言恭达从艺术审美、技法讲授等方面介绍书法内容选择、创作技巧、注意事项等,逐一剖析每件作品。言恭达等观看“镇江风文艺家风采”系列展之一“镇江市文联第二期文艺新秀工程——许能俊、吴文俊、蒋花明书法展”。(殷启茹)

【“中国著名摄影家及《中国摄影》杂志社镇江行”活动】 2009年,市文联、市摄影家协会与《中国摄影》杂志社共同举办“中国著名摄影家及《中国摄影》杂志社镇江行”活动。《中国摄影》杂志主编闻丹青率摄影家李少白、卢广及杂志编辑陈攻、王巍到镇江与300多名摄影爱好者进行交流,参加高卫东、谢戎、王光华《行摄西部》摄影艺术展的开展仪式,对一些重点作品进行点评。举办摄影专题讲座、现场作品评奖点评,与镇江部分影友进行座谈。在镇江期间,闻丹青一行到西津渡、金山、焦山和正在建设、开发中的北湖等地采风。(殷启茹)

镇江市台湾同胞联谊会

【概况】 2009年,镇江市有台籍同胞123人。市台联通过台情报告会、《镇江台联通讯》等形式介绍台湾政情、民情,领会党在新形势下的对台方针政策。推荐台胞参加全国、省台联的活动,五四青年节对表现突出的8名台籍青年进行表彰。开展台胞文化联谊工作,组织国庆60周年征文活动、“新视野”摄影比赛、“两岸关系大家谈”征文比赛。在中秋节前夕组织全体台胞参观市政建设的亮点工程。组织4名台籍中学生首次参加省中学生夏令营暨第三届台籍中学生“我爱祖国、我爱台湾”知识竞赛并获第二名。慰问老台胞和生病台胞,发放困难补助款20500元,转发省台联困难补助款18200元。和市其他涉台部门共同走访台资企业,参加台企协会组织的活动,了解台商所遇到的困难和问题,及时反馈信息到有关部门协调解决。为5名考入高中或高校的台籍学生出具台籍证明。在2009年省、市人大、政协全委会上提交集体提案2件,个人提案11件,省政协提案1件,内容涉及医疗、环保、城建、食品卫生、交通、旅游等方面,所提建议大部分被采纳,其中集体提案《加强对农民特别是返乡农民工培训》被评为优秀提案。与市民革联合邀请市农林局开展镇台两地农业交流合作调研,形成书面材料报市政协。(刘 迅)

【提出加强农民特别是返乡民工培训工作的建议】 在2009年1月市政协六届二次会议期间,市台联就如何加强农民特别是返乡民工的培训工作提出建议:组织上要重视,将农民培训置于城乡就业和职业培训工作中统筹考虑,明确牵头部门综合管理农民职业培训工作的职能。各相关部门要做好农民工服务和培训工作。各级财政在资金安排上要给予支持,同时通过优惠政策引导社会资金举办培训工作。鼓励各类教育培训机构主动参与农民工培训工作,建设一批农村劳动力培训基地。鼓励教育培训机构与用人单位合作,建立伙伴关系,实现培训与输出的良性互动。引导各类培训机构开拓市场,促进培训市场的产业化。内容上要有吸引力、针对性,通过农业技术培训,掌握农业实用技术;对于想进城务工的农民,要加强劳动力转移技能培训,使他们掌握实用技能;对于想从事农作物经营或自主创业的农民,要加强经营能力、法律法规方面的培训。减免农民工的培训费;对农村低保对象、残疾人、低收入农民和失地农民等生活确有困难的农民参加培训,进行补贴或奖励;推荐农民工参加职业技能鉴定,鉴定机构视情况适当降低收费标准;为农民工创业提供资金技术支持,减免农民工返乡创业的税费。(刘 迅)

镇江市归国华侨联合会

【概况】 2009年,镇江市有归侨侨眷6万多人,其中归侨195人。全市侨联做好海外联络,接待来自美国、英国、马来西亚等国家和地区的17批100多名客人。促成外商在丹徒区投资观光农业、矿山开发和与丹阳企业的合作。接待由62人组成的台湾侨联总会访问团到镇江访问。

开展“送温暖、暖侨心”慰问活动,全市各级侨联走访慰问困难归侨侨眷、结对帮扶对象和侨界重点人士100多户,发放慰问金、慰问品价值10万多元。参加市委、市政府组织的“两消除”“爱在镇江·慈善一日捐”活动,通过政策帮扶、项目帮扶、资金帮扶帮助句容白兔镇唐庄贫困户。主动配合、解决20多起涉及归侨侨眷拆迁的问题。接待上访群众60人次,处理来信10多件。编辑《镇江侨联》4期、《侨联工作简报》22期。

2009年4月21日,市侨联相继召开五届四次常委、全委会议,传达学习全国“两会”精神、中央书记处对侨联工作的重要指示精神和王兆国在中国侨联七届六次全委会议上的重要讲话精神，听取审议市侨联工作报告，表彰2008年度全市侨联宣传信息工作先进集体和个人。侨界人大代表、政协委员在“两会”上提出《应对金融危机，鼓励创业富民，重视和促进民营经济发展的建议》《关于加快镇江市主城区改造步伐的建议》等提案、议案、建议20多件。在镇江市庆祝中国人民政治协商会议成立60周年大会上，两项提案被评为优秀提案。市侨联《对优化镇江留学归国人员创业环境的调研》《解侨困、引侨富——在新农村建设中做好为侨服务工作的调研》两篇调研报告被省侨联评为优秀调研成果。

侨界人大代表、政协委员参与市人大、政协组织的视察和侨法检查活动，10多名市侨界政协委员参加市政协组织的委员述职活动，市侨界政协委员朱坚强参加市政协首次委员接待日活动，侨界人大代表参加“代表接待选民日”活动。

2009年7月徐晓元、居春霞出席在北京召开的第八次全国归侨侨眷代表大会，赵杰文、王禄宝、朱坚强被中华全国归国华侨联合会、国务院侨务办公室授予全国归侨侨眷先进个人称号，徐晓元被中华全国归国华侨联合会授予全国侨联系统先进个人称号。（印钢林）

【提出优化镇江留学归国人员创业环境的建议】 2009年，市侨联就如何优化镇江留学归国人员创业环境，进行调研并提出对策建议：1. 提高政府服务功能，健全海外留学归国人员到镇江创业发展服务机构，成立镇江市留学人员（或华侨华人专业人才）人才评估委员会，完善海外高层次人才的评价认定制度。2. 用“沿江牌”“高铁牌”和借江苏省《留学人员沿江创业带实施方案》政策，加快驻外人才服务机构建设，设立人才招聘工作站或联络处，适时出台镇江市针对海外高层次人才的特殊扶持和资助办法，吸引留学归国人员到镇江创业。3. 充分利用镇江市现有省级以上高新技术企业167家、高新技术产品584个，全市现有各级技术中心、工程技术研究中心48家，国家博士后科研工作站6家，已经成立的镇江大学科技园，促进留学生创业园与镇江市高等院校、科研院所以及相关企业的多学科、多领域、多种形式的合作。4. 制定并落实优惠政策，对留学人员的高新技术成果、专业技术、专利、商标等无形资产参与项目投资的，其价值占注册资本的比例可给予更加优惠的政策；设立留学人员创业扶持基金，对优秀留学人员项目采取借贷资金、贷款担保、贴息、资金入股、创业前期补贴等各种形式进行资助。（印钢林）

镇江市残疾人联合会

【概况】 2009年，镇江市残联成立20周年。全年接待来访261人次，来信47件，其中重点做好重大越级上访3批60余人的思想工作。11月，市残联理事长王联东带领京口、润州两区理事长参加市电台“行风热线”节目，直接解答残疾人群的问题。

在国家关工委等4部门举办的“青年中国·第四届全国青少年艺术展评”中，镇江市盲人盛涛获成人组二胡项目银奖。在“省第七届残疾人艺术表演大赛”上，镇江市送演4个节目，其中京剧《芦苇荡》获一等奖，盲人吉他、二胡独奏均获三等奖。举办镇江市第三届残疾人运动会。

全年市残联在市以上新闻媒体用稿件60余件。超额完成省下达的“三助一给”项目任务。“助明”贫困白内障手术250人，“助听”聋儿35人，“助行”矫形器装配25人，“一给”精神病人免费服药2800人。开展阳光系列助残就业服务活动，帮助新增就业580人，职业技能培训555人次。40246人换发第二代残疾人证件。6个县级51个乡镇残疾人组织换届，基层组织建设全部达标。市残联建立市残疾人基础信息采集领导小组办公室，组织市、县、镇三级培训工作，结合换发残疾人证，进村入户，采集信息48372人，建立数据库，实现内部信息资源共享和协同办公。

在京口区试点向特困残疾人发放护理补贴。购买195个公益性岗位安置残疾人。培育和建设普惠加特惠的残疾人社会保障体系，对符合条件的贫困残疾人应保尽保，并对保障标准上调15%。9452名无固定收入的重度残疾人得到生活救助。全市276个福利企业8595名残疾职工全部参加4项保险，参加社会保险的残疾人11589人。98%的农村残疾人参加新型农村合作医疗保险。6个辖市（区）全部被命名为江苏省“白内障无障碍县（市、区）”和“社区康复示范县（市、区）”。（孙 萍）

【服务（康复）中心建设】 2009年7月，镇江市残疾人综合服务中心在南徐路西延段开工建设。作为市政府为民办实事项目，政府划拨1.33公顷土地、规划用地13300平方米。可建设用地12600平方米，建设规模为15120平方米，其中地上建筑面积约10000平方米，主体大楼六层，地下层为配电房、空调、水泵房等，面积约600平方米。计划2010年春节前大楼主体封顶，7月1日投入使用。

2009年5月22日，位于御桥巷3号的润州区残疾人康复中心正式投入使用，建筑面积为1800平方米。扬中市康复中心计划2010年1月竣工投入使用，建筑面积有2100平方米，地址位于扬中市港中北路18号。被列入“丹阳市政府实事工程”的丹阳市残疾人康复中心建设选址立项，计划建筑面积7200平方米，占地0.58公顷，地址位于丹阳市健康路。句容市政府采用资产调换的方式，将句容质监局3000平方米的办公大楼调换给句容市残联作为康复中心使用，已搬迁到位，地址位于句容市人民路8号。丹徒区残疾人康复中心立项已批准，计划建筑面积1600平方米，地址在三山卫生院。京口区残疾人康复中心租用位于市靳家巷33号的现房，租用期限为30年，建筑面积1200平方米。（孙 萍）

【庇护托养机构建设】 2009年，扬中市远东残疾人庇护工场、句容市残疾人阳光花园，通过省残联考核验收，确定为2009年度省级残疾人托养示范性机构。另3个市级残疾人托养机构（市启聪园、句容阳光家园、丹徒江心农疗站）已建成。

扬中市远东残疾人庇护工场位于扬中市油坊镇，是由扬中市残联与镇江远东电讯电机有限公司共同兴办的一所非营利性机构。建于2009年9月，占地2500平方米，拥有建筑面积300平方米，改造及设备投入30余万元。工场配备医教2人，后勤服务2人，采用日间照料模式，吸纳安置20名智力残疾人，提供保护性就业训练。句容市残疾人阳光家园，租赁市特教学校场地，房屋500平方米，生活、生产、活动用地1200平方米，投入资金30万元，安排医教、后勤人员5人，首批吸纳智障及精神残疾人22人。（孙 萍）

【扶贫帮困】 2009年，全市创办4个省级残疾人示范基地，8个市级基地，扶持各类残疾人710人。经批准句容黄梅镇水蜜桃种植扶贫基地为省级示范基地，该基地100公顷32户，周边5个村57名残疾人受益，采用残联加协会加残疾人的运作模式，以资金费用减免等扶持措施，解决销售等困难。扬中市依托东福基地、向阳柳编、东福养殖安置35人，带动40多户增收。扬中市政府开展“双联四送”活动扶持残疾人；丹阳市开展“光明工程”助残活动；句容市残联作为“决胜小康，脱贫攻坚”的挂钩单位参与

帮扶残疾人;丹徒区残联参加“春晖”行动,扶持2100人。（孙 萍）

【残疾人医疗康复工作】 2009年组织相关部门和专家对各辖市(区)6岁以下残疾儿童康复训练情况进行评估,对康复训练配套经费落实和使用情况进行检查。

2009年3月,在大市口广场举行“江苏省第十个爱耳日宣传活动”,省残联肖敏副理事长与市人大常委会副主任陈苏出席,赠送50台价值4万元的助听器给聋人代表,有关专家还深入社区宣传、咨询、义诊。丹阳市为600名社区群众检查听力。

为低视力人群配镜、助视器210例,为35名盲人配备定向行走器具,帮助70名智残儿童训练,培训家长60人;帮助120名肢体残疾人康复,辅助器具服务1200件。发放康复手册14000本。实施“国家彩票公益金”项目,为贫困残疾人配发辅助器具1820人。（孙 萍）

【阳光系列助残就业服务活动】 2009年3月15日,市及各辖市分别在当地劳动力市场举办专场残疾人劳动力招聘会,镇江主会场有15个单位进场,提供100个岗位,辖市分会场提供300个岗位。全年新增残疾人就业580人,其中按比例分散安置263人,集中安置154人,个体从业163人。省残联和省劳动厅命名的14家省级残疾人职业培训示范基地中,扬中市残疾人竹编培训中心和江苏神牛公司入选。镇江市残联由于助残就业工作突出被省残联评为二等奖。

句容市华阳镇、扬中市对残疾人自强创业进行就业调查。扬中52名创业的残疾人中有4人资产超千万元,扬中张红俊和句容张金梅创业事迹报市政协列为典型交流,张红俊被授予“全国残疾人自强模范”称号。（孙 萍）

【职业技能培训和比赛】 2009年,市残联与市劳动和社会保障局联合举办市第四届残疾人职业技能比赛。设计算机、工艺美术、服装、手工制作5大类,17个比赛项目,其中室内摄影、封面摄影、家具制作、刺绣、美发、盲人按摩、水彩绘画为第一次设项,在各辖市(区)均设分赛场。赛时近半个月,比赛采用竞赛与培训相结合,先培训后比赛,并与劳动职业技能鉴定挂钩。11月参加省第四届职业技能比赛,市30多名选手获5金、6银、1铜及6名新秀奖、6名拼搏奖,在13个省辖市中总分名列第四,奖牌数位列第三,11人获省级技术能手称号。2009年建立创业职业培训基地10个。555人次参加电脑、服装及农村技术培训。57人次参加盲人保健按摩培训,创建省级示范盲人按摩机构1个,新增盲人按摩点9个,43人参加盲人计算机培训。（孙 萍）

【残疾人体育事业】 2009年,市政府奖励镇江籍残奥选手:2008年北京残奥会盲人门球银牌得主中国好盲人门球队主力队员之一的句容籍许娟、脑瘫足球队员丹阳籍徐国俊分别被奖励奖金10万元与2万元。9月举办市第三届残运会,各辖市(区)233名残疾人选手参加,其中1989年1月1日后出生的青年选手43人,占运动员的18.5%;女运动员58人,占24.9%,比赛设田径、乒乓、游泳、举重、羽毛球、盲人门球六大项144小项,决出133枚金牌。句容籍67.5公斤级肢残运动员胡鹏2009年6月在内蒙古呼和浩特市举行的全国残疾人举重锦标赛上夺得冠军,刷新全国纪录;12月,他入选国家队出征在印度班加罗尔举行的2009年世界轮椅运动会,胡鹏以185公斤成绩夺得举重成人组和青年组两枚银牌。11月,镇江市组团参加省青少年田径锦标赛,11名运动员获13金、6银、2铜,获团体总分第一。还组团参加省智障人特奥会,获2金、14银、8铜。（孙 萍）

【全国第19个助残日活动】 2009年助残日活动主题是“关爱残疾孩子,发展特殊教育”,5月17日在城市客厅举行助残捐赠活动,慈善总会赠送13万元助学金用于孩子生活补贴,50万元用于购置语言训练设备。市文明办等部门联合举办《大爱镇江——沟通从“手”开始》活动。金山景区“手语导游工作站”揭牌,50多名聋人成为市第一批接受手语导游的旅游团。市旅游学校导游专业手语选修课开课,50名学生参训。

各辖市(区)举办走访、庆祝晚会、捐赠、志愿者助残等活动。丹阳市举行100辆轮椅捐赠仪式。扬中市委、市政府主要领导看望特教中心师生。丹徒在茅山老区宝堰镇举行近3万元家电和用品捐赠仪式。（孙 萍）

镇江市红十字会

【概况】 2009年镇江市红十字会开展人道救助工作,开展骨髓造血干细胞捐献,为“莫拉克”台风灾区募捐,开展青少年大病救助工作,开展红十字宣传,普及救护知识,推动志愿服务和青少年工作,以实际行动诠释“人道、博爱、奉献”的红十字精神。市红十字会投入3万元,建立镇江市红十字会网站(http://www.zjhszh.com)。结合“5·8”世界红十字日、红十字博爱周,在《镇江日报》发表“凝聚人道力量重建美好家园——纪念汶川地震一周年”和《弘扬红十字精神,发展红十字事业——纪念第62个世界红十字日》,在《镇江日报》以《凝聚人道力量推动志愿服务》为题进行宣传,报纸发行量达到21万份。在各类报刊发表文章40余篇。编印6期《红十字简报》,进行红十字工作交流。办理登记捐献遗体累计180余例,实现捐献10余例,其中2009年登记23例。（吴贤当）

【博爱送万家】 2009年1月19日,镇江市红十字会开展“红十字博爱送万家”活动,在上级红十字会和民营企业家的支持下,购买价值37万余元的棉被、棉衣、大米、食油等生活物资,救助全市迎江、鱼巷、江滨新村等40多个社区的特困群众、麻风病休养员等弱势群体。句容、丹阳、丹徒、扬中等辖市(区)红十字会对困难户进行救助和慰问。润州区红十字会与卫生局对辖区内10个特困户进行慰问,发放慰问金3000余元。市红十字会系统连续8年开展博爱送万家活动。

市红十字会支持社会福利院、市特教中心价值4.9万元的大米、食油、儿童服装等生活物资。支援甘肃庆阳市红十字会价值47万元的棉被、帐篷、日用品等生活物资,用于当地救灾。红十字会社会儿女服务队募捐4万余元,与四川绵竹板桥镇70多名孤寡老人结对帮扶。（吴贤当）

【骨髓捐献】 2009年市红十字会集中采集造血干细胞血样标本570人份,该工作自2002年开始已持续8年。其中市红十字会采集372人份、句容红十字会采集114人份、扬中红十字会采集84人份。全市入库血样标本总数达10048人份,19名志愿者捐献造血干细胞。镇江市骨髓捐献工作位于全省前列,获得2009年省红十字会“目标管理考核单项工作突出贡献奖”。（吴贤当）

【青少年大病救助工作】 在民营企业江苏广庆电子材料有限公司支持下,市红十字会于2009年8月6日举行青少年大病救助金发放仪式。救助活动针对镇江市近年来没有得到过救助,因大病致贫的16个家庭,其中有白血病患者家庭8户,再生障碍性贫血家庭2户,心脏病家庭6户。每户救助5000元。市红十字会与媒体专程赴江苏省人民医院看望句容白血病患儿马超，资助1.5万元。共计发放救助金额10万元。

句容红十字会募捐款物115.9万元，救助困难群众3000余人，其中白血病学生15人、重病学生7人、大病群众20人，人均救助5500元。（吴贤当）

【为“莫拉克”台风灾区募捐】 2009年8月上旬，“莫拉克”台风重创海峡两岸，造成重大损失。根据江苏省红十字会《关于为遭受“莫拉克”台风袭击的灾区开展募捐的紧急通知》精神，市红十字会、市台办联合向全市各界发出紧急呼吁，市红十字会及时公布捐赠热线和账号，多次组织志愿者开展街头募捐，与市台办合作举办广场募捐晚会。募得善款40余万元（其中丹阳红十字会14万元、丹徒红十字会1万余元）通过省红十字会捐往灾区。句容红十字会募捐61.73万元、扬中红十字会30万元，也分别通过相应途径捐往灾区。（吴贤当）

【首届“博爱杯”红十字好新闻评选】 2009年8月，市红十字会组织各新闻单位，参加江苏省记者协会、省红十字会联合举办的首届“博爱杯”红十字好新闻评选活动。《京江晚报》记者孙霞《一份弥足珍贵的“祖孙”情》文章获文字类作品一等奖，高义刚、牛国富、赵彬《大爱在镇江》作品获电视类作品一等奖，市红十字会获组织奖。吴贤当《浅论红十字文化与卫生文化在社会服务中的作用》论文获中国医院文化论坛（2009）优秀奖，《新年登记捐献眼角膜的女人》文章获2009年度江苏红十字好新闻奖。（吴贤当）

【预防艾滋病专题宣传】 2009年12月1日，是第22个世界艾滋病日，市红十字会、市卫生局、市疾控中心、镇江火车站、润州区卫生局共同在火车站广场开展预防艾滋病宣传活动。江苏科技大学、红十字志愿者170余人，医务工作者60人参加宣传活动，发放宣传资料4000余份，发放安全套1200只，发放环保购物袋1200个，设置展板50块、横幅15条，为500多名群众咨询服务。丹徒区红十字会配合卫生、公安等部门开展对58家娱乐场所、275名性服务工作者进行艾滋病高危人群行为干预，发放宣传资料1000余份，发放安全套100余盒。京口区红会组织会员到街头宣传艾滋病知识，发放宣传资料500余份，预防艾滋病咨询200人次。（吴贤当）

【红十字志愿服务】 2009年12月20日，市红十字会召开首届镇江市红十字志愿者代表大会，健全完善红十字会志愿者服务组织。市红十字会常务副会长蒋宗宁作关于《凝聚人道力量，提升服务理念——全面推进红十字志愿服务工作》的报告。会议表彰一批志愿服务先进集体和优秀志愿工作者。为配合市文明交通宣传行动，市红十字会组织红十字黄丝带志愿者上街开展“迎国庆、讲文明、树新风”文明交通宣传活动。（吴贤当）

【红十字救护培训工作】 2009年，市红十字会结合“世界急救日”和市内重大活动（防灾减灾日宣传活动），在大市口广场等场所开展群众性救护知识普及培训。

救护培训工作主要针对中外合资企业、在校大学生和机动车驾驶员等开展。全年对中外合资企业举办6期培训班。在镇江高专大学生中长期开设救护知识与技能培训。全市救护培训14053人次，其中镇江市红十字会培训近1000人，丹阳市红十字会初训驾驶员2600人、复训800人，扬中市红十字会培训急救员40人。润州区红十字会结合“世界急救日”对相关人员开展心肺复苏操作演练。市红十字急救中心在市民中开展普及培训9653人次。（吴贤当）

【学校红十字青少年工作】 2009年市红十字会结合“六一”儿童节，“5·12”汶川地震一周年等纪念日，开展为贫困学生献爱心做实事活动。

在省红十字会的支持下，慰问韦岗小学，赠送总价值8.69万元的运动服、运动裤、棒球帽、帐篷、学习用品等。在“5·12”汶川地震一周年之际，市红十字会与市中山路小学二（六）班、五星电器、莎莉文蛋糕店共同开展“让爱点燃希望——向灾区小伙伴献爱心义卖活动”。小学生通过自己制作蛋糕、手捧红十字募捐箱上街募捐，当天募捐3146元。

市红十字会在全市各类学校发动“爱心一元捐”活动。江苏大学附属学校、市第六中学等捐款4.8万余元。扬中红十字会和教育局联合开展“爱心一元捐”募集3万元，全部用于救助白血病学生和特困生。市红十字会组织医务人员，连续9年为市特教中心学生进行免费体检，建立健康档案。句容市红十字会通过立项，争取省红十字会配套资金20万元和香港、江、浙、沪同乡会的援助，加快和完善无障碍博爱学校建设。（吴贤当）

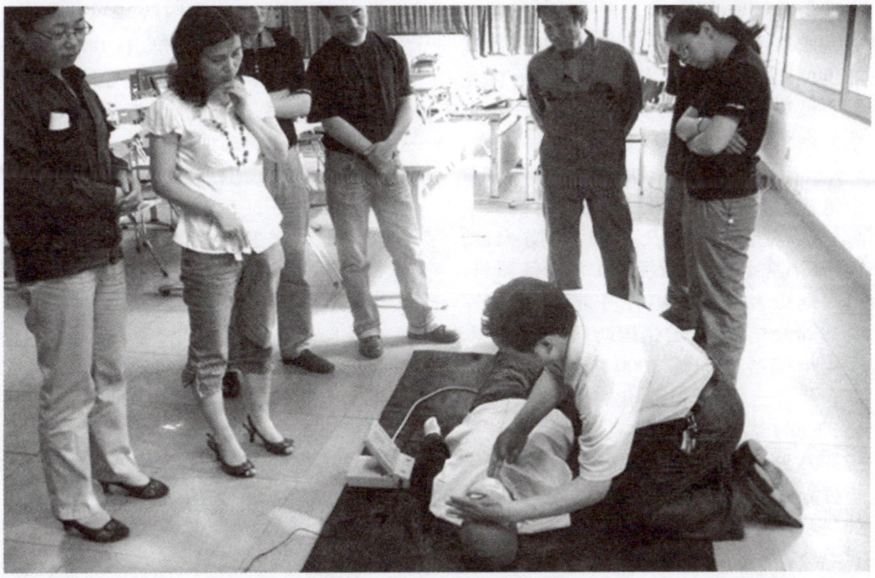

镇江市红十字会培训救护员现场指导 （吴贤当）

人民武装

【概况】 2009年，镇江军分区加大思想政治建设、军事斗争常态化准备、依法从严治军、党委班子和干部队伍建设力度。开展当代革命军人核心价值观教育，打牢官兵高举旗帜、听党指挥、履行使命的思想政治基础，确保军分区各项工作任务完成。

落实常态化战备工作，修订完善14个非战争行动方案，组织召开战备工作规范化建设观摩会。抓紧军事训练，先后完成基层武装部长、军分区人民武装部机关干部、参谋业务骨干和军分区党委委员集中训练任务；落实《民兵军事训练大纲》，民兵专业分队训练3700人次，6次组织应急救援行动演练。增强应急力量建设，建立103支5710人的民兵应急分队，配备400多万元抗洪、防火、防化（防有害化学物质污染）等装备器材，提高遂行多样化军事任务能力；改善军事基础设施建设，增强国防园保障功能，全年承接各类训练7000人次。民兵武器仓库“三化”（科学化、制度化、经常化，下同）达标建设，句容市人民武装部指挥办公大楼竣工，扬中市人民武装部指挥办公大楼进入装修阶段。适应兵员征集政策调整改革要求，完成19名士官、1252名新兵和首次女兵公开征集任务，扬中市征兵办公室被国防部评为全国征兵工作先进单位。

围绕单位全面发展、安全发展要求，开展“学法规、用法规、守法规”活动，“四个秩序”（学习秩序、战备秩序、工作秩序、生活秩序）不断正规。抓好重点人员、重要目标、敏感时节和训练中的安全管理，突出抓好营门卫兵执勤规范，持续开展酒后驾车和违章行车问题专项治理。投资40余万元，加强信息安全保密防护设施和武器仓库“三化”建设，安全监督检查力度加大，被省军区表彰为达标先进单位。严格落实“三防四反”（防案件、防事故、防失泄密，反渗透、反心战、反窃密、反策反）责任制，密切军地隐蔽斗争协作，全区保持安全稳定。

突出后勤战备常态化建设，开展“后勤专业岗位练精兵”活动。坚持党委科学理财，组织票据账户资金、“小金库”专项治理，开展增收节支活动，改进车辆维修、油料消耗和办公开支办法。制定《军分区职工管理细则》，加强职工的教育管理。做好军分区招待所拆迁工作，完成兑换选址、经费补偿、住户清理、职工分流等事宜。开展装备“三化”管理达标创优活动，完成年度首长机关和民兵训练的枪支弹药保障任务。

对全市退役士兵就业情况进行调查摸底，并对辖市（区）退役士兵免费职业技能培训工作进行专项督查。干休所工休人员教育管理到位，开展部所挂钩帮带活动，“两高期”（高龄期、高发病期）服务保障工作扎实有效，老干部住房、医疗保健、车辆使用等条件改善。干休二所第二老干部党支部被表彰为全国先进离退休干部党支部。

党委班子和干部队伍建设得到加强，开展党委班子岗位练兵活动，逐个单位进行考核验收。推进民主集中制建设，两级党委班子科学决策、民主决策和依法决策水平提高。召开军分区党委十一届十二次全体（扩大）会议，总结2008年部队和民兵预备役建设情况，部署2009年工作任务。

组织协调驻军和民兵预备役参加镇江植树造林、迎新年万人长跑活动。开展“双带双扶”（带头创业致富、带动共同致富，扶助贫困村和贫困户、扶助贫困小学和特困学生，下同），在“送温暖、献爱心”活动中，共捐款2.61万元。围绕“有理、有利、有情、有节”的军地交往新思路，牵头协调部队，推进镇江双拥“八大工程”，实施驻军支持地方跨越发展的“百个连队帮创优美村、百支医疗队服务到基层、百名团以上干部结对帮贫困、百台机械参与大工程、百座营区文明当标杆”行动。配合市委宣传部完成“奋进60年·镇江发展成就展”。

总结宣传镇江市推进军民融合实现双赢的先进经验以及镇江市建立野战军供新保障体系的做法，在《中国国防报》一版头条报道；介绍丹阳市江南生物科技有限公司总经理、女民兵姜小红扶贫帮困、带领乡亲勤劳致富事迹，在省军区“双带双扶”总结表彰会上发言。围绕国防后备力量建设的现实问题开展调研，形成一批理论研究成果，遂行多样化军事任务政治工作能力提高。

（刘晓平 朱湘威）

【中共镇江军分区第十二次代表大会】 2009年11月5日，中国共产党镇江军分区第十二次代表大会召开。会议审议通过军分区政委王树均所作的党委工作报告，审议通过军分区政治部主任李江苏所作的纪律检查委员会工作报告，选举产生中共镇江军分区第十二届党的委员会和新一届党的纪律检查委员会。王树均在会上作题为《深入贯彻落实科学发展观，不断推进军分区全面建设科学发展》的工作报告，提出今后五年军分区和民兵预备役建设的指导思想、奋斗目标和主要任务，市委书记许津荣到会讲话。军分区党委领导毕伟国、管晓阳、白连生，军分区十一届党委委员和来自各单位的61名代表出席会议。军分区司令员甄邢兵致闭幕词。

（刘晓平）

【战备工作和兵役机构规范化建设】 2009年5月，镇江军分区采取先行引路的方法，在京口区人民武装部开展战备工作和兵役机构规范化建设，从战备工作需要建立完善的六个方面内容以及兵役机构建好一支素质全面的征集队伍、制定一系列切实可行征集制度、配备一套齐全配套的体检设备、健全一个好的征集场所等十个方面，对人民武装部系统抓战备常态化和兵役机构规范化建设进行统一和规范，推动该军分区战备和征兵工作。（王东浩）

【徐德学、褚益民、王洪光、许援朝、李笃信先后视察调研】 2009年3月26日，南京军区副政委徐德学；4月9日，南京军区政治部主任褚益民；6月23日，南京军区副司令员王洪光先后到军分区检查指导工作、调研民主集中制建设情况。8月5日，江苏省军区司令员许援朝；11月20日，省委常委、省军区政委李笃信先后到军分区检查指导军事斗争常态化准备、民兵预备役建设、军分区党委班子岗位练兵、干休所建设、党管武装、双拥共建等工作。（刘晓平）

【首次开展高校应届毕业生预征工作】 2009年5月，镇江市首次在江苏大学、江苏科技大学、镇江高等专科学校等5所院校开展应届高校毕业生预备征集工作，共347名大学毕业生填写《应届毕业生预征对象登记表》，其中普通本科74人，高职高专273人。（刘晓平）

【全民国防教育】 2009年，镇江市结合新中国成立60周年和国庆阅兵，开展全民国防教育。对学生国防教育情况进行专题调研。军分区政治部主任李江苏的《对加强和改进学生国防教育几点思考》，被总政评为优秀稿件，并被省军区推荐为全军政工网建言献策"金点子"奖。9月，开展第九个全民国防教育日活动。结合征兵工作，在镇江高校大学生中开展国防教育活动，激发大学生参军报国的热情。（刘晓平 朱湘威）

【"革命老区行"组稿会】 2009年6月8日至10日，《解放军报》和南京军区宣传部联合在镇江军分区组织"革命老区行"组稿会。组稿会25名成员来自南京战区所属的各省军区和警备区宣传处。组稿会成员在镇江期间参观丹徒宝堰新四军江南抗日指挥部旧址，听取丹徒区双拥工作汇报。8月5日，《解放军报》以《茅山儿女竞风流》为题，用半个版面报道镇江人民以崭新的姿态，奏响新世纪和谐发展强音，再创城乡四个文明建设新辉煌的事迹。（刘晓平 朱湘威）

【《镇江市军事志》公开出版发行】 2009年11月20日，《镇江市军事志》公开出版发行。《镇江市军事志》编纂工作从2001年11月开始，历时8年。全书设序、概述、大事记、军事环境、军事组织、战事、部队建设、国防动员、后备力量建设、兵役、人民防空、国防教育、双拥、军事人物以及附录、编纂始末等篇章，共106余万字。上溯公元前538年，下限2005年，集镇江古今军事史料，反映镇江军事历史与现状，镇江人民反对封建统治、反抗外来侵略，为建立和保卫人民民主政权的斗争业绩。着重记述驻镇部队在现代化、正规化建设中取得的成绩，以及社会主义建设与改革时期人民武装建设。各辖市（区）人民武装部共六部志书也相继公开出版发行。

（刘晓平 朱湘威）

武 警

【概况】 2009年，武警镇江市支队实现"脱贫赶队"，实现"两个确保"（确保部队内部安全稳定，确保中心任务圆满完成）。该支队被武警总部评为连续20年实现"三无"（无执勤事故、无行政责任事故、无案件）单位。

抓好中国特色社会主义理论体系武装，开展培育当代革命军人核心价值观主题教育和庆祝新中国成立60周年系列活动。加强经常性思想工作，组织"深知兵真爱兵"和"四个正确对待"（正确对待组织、正确对待自己、正确对待进步、正确对待走留）等教育，做好一人一事思想工作，开展警营文化活动，推进政治环境建设。四中队代表支队参加总队文艺会演获一等奖。支队文艺演出小分队多次下基层巡回演出，开展"兵写兵、兵演兵"活动。举办第十二届篮球比赛，10支代表队参加。开展争创先进中队、争当优秀士兵活动，27名官兵记三等功，142名战士被评为优秀士兵。

落实勤务制度，规范执勤秩序，落实"三员一兵一组"（作战勤务值班员、网络查勤员、领班员、哨兵、三人应急小组）执勤模式和"三防"（防袭击、防营区被端窝、防武器被抢夺）措施，开展"三个一遍"（对执勤目标检查鉴定一遍、到目标单位及上级走访一遍、对执勤情况分析研究一遍）和"三共"（共建、共管、共保安全）活动，整治15处执勤隐患，推进信息化和"四防一体化"（人防、物防、技防、联防）建设。全年出动兵力2300余人次，完成各类临时勤务142起，连续26年实现执勤无事故。依据新大纲推进部队军事训练，开展岗位练兵活动，部队遂行任务能力提升。参加总队岗位练兵竞赛，8名同志进入单项前十，16名同志受总队表彰。

开展"条令学习月""学法规、守法规、用法规"活动和"迎大庆、树形象、保安全"作风纪律教育整顿，修订完善《干部教育管理规定》《士官教育管理规定》等制度规定，整治各类隐患162处。落实兵器室联管联控，保证枪弹管理安全。12月23日，武警镇江市支队机关新址土方工程动工。（施伟伟）

【扑灭山林大火】 2009年1月27日18时15分，武警镇江市支队接总队命令：句容北山发生山林大火，过火面积超过6.67公顷。该支队受领任务后，立即启动应急预案。支队长周江春带领110名官兵携带灭火器材奔赴火灾现场。在现场防火指挥部的统一指挥下，以大队长、股长、中队长为组长、以班为战斗单元，结合地形分别采取以老带新、分片包干、先明后暗、一线平推等战法，突击队带灭火机和灭火弹在前负责灭明火，其余人员在后负责清理余火。经过1小时50分钟，扑灭明火5处，清除余火面积约2.67公顷，完成灭火任务。（施伟伟）

【居民生活用水应急保障】 2009年6月11日，镇江市润州区李家大山小区4000余名居民，因市政自来水主供水管道破裂，导致生活用水无法正常供应。武警镇江市支队接到市委、市政府的命令后，支队长周江春、参谋长贡银锁带领20名官兵奔赴一线，连续工作2小时18分，送出饮用水3000余箱，保障了该地居民的生活所需。（施伟伟）

军事院校和医院

【镇江船艇学院】 2009年，镇江船艇学院以教学训练为中心，完成教学评价工作。研究学院的办学思路、办学定位等发展问题，坚持"特色办学，突出重点，内涵建设，创新发展"的办学思路，为部队培养和输送军事人才。突出培育当代革命军人核心价值观重点，坚持抓好优良传统教育、"四项重大教育"（理想信念教育、历史使命教育、战斗精神教育、社会主义荣辱观教育）和"三热爱"（热爱祖国、热爱船艇、热爱边防海岛）教育。开展"自觉培育核心价值观、争当优秀革命军人"系列活动，组织国庆阅兵军乐团

7名成员事迹报告会。学院先后投入300余万元实施军事文化环境建设。成立院史编研办，建成学院政工网，编印学院宣传画册，摄制爱院教育片，拓宽教育渠道。建好特色文化队伍，举办运动会和校园文化节等。

按实战标准和部队需求培养“打赢”人才，完成课堂教学和实践性教学任务。推进教改项目建设，修订专业人才培养方案、课程标准，开展“优化一堂课”教学竞赛，举办军事案例教学创新研究等研讨，多个教改项目分获军队教学成果一、二、三等奖和总后优秀奖。数门课程分别被评为全军、总后优质课程。开展科研项目研究，其中2项成果获军队科技进步三等奖，1项成果获全军后勤学术研究优秀成果二等奖，2项课题获国家社科基金资助。出版专著、论文集6部，发表学术论文350余篇，其中核心期刊70篇，被SCI（科学引文索引）、EI（工程索引）、ISTP（科技会议录索引）检索收录25篇。

持续开展预防犯罪、防间保密工作。针对保密工作的不足，开展针对性教育和逐人逐户的清查整改。重视“三无”（无事故、无案件、无政治性问题）工作，建成安保技防系统。全年没有发生政治性问题、刑事案件和严重责任事故。对办公楼、学员宿舍楼以及水电管网、院区干道实施改造，建成专家楼，加强军事文化环境建设。新建、维修或改造多个实验室和教学楼、室内军体馆、西校区运动场等，升级校园网络系统、教室多媒体系统，图书馆建设位全军前列。（李红杰）

【中国人民解放军第359医院】 2009年，中国人民解放军第359医院全年门急诊16.5万人次、收治7306人次、手术4807次，全年医疗毛收入8159万元，比上年增长17%。该院被上级表彰为新闻宣传工作先进单位和战备训练先进单位。

举办基层干部理论轮训，落实经常性政治教育，深化创新理论学习。开展主题教育活动，组织参观茅山新四军纪念馆，培育“忠诚于党、热爱人民、报效祖国、献身使命、崇尚荣誉”的当代革命军人核心价值观。开展医德医风教育和以反商业贿赂为重点的预防职务犯罪专题教育，增强医务人员拒腐防变能力。举办第四届体育运动会，评比十佳医护人员。

推进竞争上岗，加强人才引进、培养和使用。3位退休老主任、2名聘用医师被聘用为科主任。聘用医务人员与军人同培养同使用，福利待遇同标准，9名聘用医生被聘为住院总医师和主治医师，并选送5名聘用医生、护士外出进修培训。

提升卫勤保障能力。完成体系部队年度体检任务，组织“健康军营行”活动，先后派出3批专家组下部队巡诊，贴补军免费用867万余元。举办新大纲集训、识图用图培训和登山军事训练竞赛，医疗队完成演习演示任务，并在涉外演习中为军区部队赢得荣誉。该院研制的战备智能药箱获军队科技进步三等奖。

医疗中心工作有起色。开展“三基”（基本知识、基本理论、基本技能）训练，加强医务人员的在职教育培养，组织护士礼仪培训。开展“医疗质量和安全整顿月”活动，完善各项医疗规章制度，整顿规范医疗秩序和流程。推进科室优化整合，选送技术骨干外出进修。骨科开展专业细分，强化专病专治，开展省内首例人工颈椎间盘置换手术。口腔科实施整体搬迁，开展种植牙技术。组织专家分别到句容的行香、宝华、边城和大港新区的姚桥、石桥等乡镇、社区和革命老区义诊5次，送医送药5万余元。

投入900余万元，完成8个病区装修和变电所兴建，实施口腔门诊整体搬迁和门诊部局部改造，完成营区整体规划，启动医疗大楼附属楼工程。

（文建明）

人民防空

【概况】 2009年，镇江市人防办（现市民防局，下同）加快“防空防灾一体化”进程，修订完善城市防空袭预案，启动全市人防应急机动指挥所的建设工作，完善城市人口疏散地域建设工作。8月28日组织一次城市人口紧急疏散演练。完成“9·18”防空警报鸣放任务，警报试鸣的一次鸣响率100%，音响覆盖率达到98%以上。全市人防工程建设提前一年完成省政府下达的“十一五”人防工程建设目标任务。

2009年，镇江市征收人防易地建设费6500万元，人员经费由市地税局代征，完成年度目标；人防工程开发利用率90%，实现产值超2000万元，平战结合收入250万元。

宣传《中华人民共和国人民防空法》《江苏省实施〈中华人民共和国人民防空法〉办法》等法律法规。开展人防知识教育进社区、进企事业单位、进党校政校、进特教中心活动。7～9月，举办“镇江市第二届防空防灾知识竞赛”“平战结合，服务镇江”防空防灾主题宣传月等活动，提高人防工作的社会知晓率和满意率。加强宣传载体建设，建立完善镇江防空防灾信息网（http://jszjfda.gov.cn/srfb/）。在中央电视台七套节目《和平年代》栏目播出专题片《地下城市》，反映镇江人防工作。全年被《中国人民防空》《人防科技》等国家级以上刊物采用文章6篇。全年共执法巡查129次，立案11件，依法追缴人防经费2500万元。

2009年，对江苏申华、永隆地产等20余家房地产企业实施扶助，共缓缴和分期缴纳人防易地建设费2000余万元。5月28日，斜桥街至山门口地下人行通道正式投入使用。在行政审批中，实行

斜桥街地下过街通道人防工程 （刘 坚）

一次性告知，一站式服务，将行政审批事项从15项削减到5项；对结建防空地下室和易地建设的审批，由原来的7个工作日改为4天办结；若材料齐全、符合规定，则当场办结。镇江市行政服务中心人防窗口审批事项办结率为100%，提前办结率为98%。（刘　坚）

【斜桥街地下过街通道投入使用】2009年5月28日，斜桥街地下过街通道正式投入使用。该通道由江苏省第二建筑研究设计院设计，2009年1月6日通过竣工验收。地下通道设有自动扶梯、花岗岩楼梯及50多家商铺，与八佰伴商场联通，通道内商铺面积700平方米，暖通、空调、水电、消防等设备齐全。该通道4个出入口的自动扶梯每天运行16个小时，并根据季节变化进行适当调整。（参见2009年版《镇江年鉴》第78页）

（刘　坚）

【专题研究全市防空防灾一体化建设问题】2009年7月31日，镇江市召开市委常委议军会议，就推进全市防空防灾一体化建设进行专题研究。会议针对全市人防工作的职能不够明确，人防部门在推进防空防灾一体化建设方面缺乏刚性政策支撑的实际，强调要依据要求，做好以下工作：一是由政府牵头，人防办配合，尽快研究明确相应的人防职能，完善防空防灾一体化建设的组织体系，赋予各乡镇、街道及重要经济目标防护单位人武部门相应的人防职能，明确专人负责。二是发挥人防部门在专业队伍、设备、组织指挥系统和军地双重管理等方面的优势，对全市防灾救灾相关资源进行相应的整合，发挥人防工作的综合协调及相关的组织管理作用。三是推进《江苏省实施〈中华人民共和国人民防空法〉办法》实施。依法结建人防工程和收取易地建设费，推进城市地下空间开发利用，发挥人防工程的平时作用。

（刘　坚）

【组织城市人口防灾应急疏散演练】为提高群众防空防灾技能，增强城市综合防护和应急能力，2009年8月28日，镇江市人防办组织部分居民进行城市人口疏散演练。句容市白兔镇上荣村是镇江市2008年建成的城市人口疏散地域。该次演练以模拟索普集团化工泄漏为背景，组织城市居民向句容市白兔镇上荣村人口疏散基地疏散。演练包含两个方面内容：一是接到疏散命令后的行动，二是城市人口紧急疏散时的组织与保障。整个过程分四个阶段：一是传达任务，二是宣传发动，三是紧急疏散，四是总结完善。

上午9时，参演居民分散在索普集团附近村庄，组成20个疏散小组。9时30分，集结地上空试鸣警报响起。3分钟后，居民全部登上大客车，开始往城市人口疏散地域进发。车队沿丹徒路、学府路、经十二路、沿江公路、312国道至镇荣公路、白兔镇，最后到人口疏散地域上荣村，行程约60公里。警车、警报车、救护车、各种抢险抢修车和通信车等车辆紧随其后，沿途始终保持着通信联络。接收安置也组成20个小组，对280多名疏散人员，按照户对户、组对组、社区对自然村的方法，进行对口交接。象山镇和谏壁镇的280多名居民参加演练活动，配合转移疏散的保障人员70多人，出动近20台各种类型的保障车辆。

（刘　坚）

【镇江人防工作专题片在中央电视台播出】2009年12月15日22时37分，中央电视台七套节目《和平年代》专栏播出《地下城市》专题片，反映近年来镇江市人防工作的建设情况。该片从播放抗日战争时期中国重庆遭受日本空袭轰炸，到"9·11"美国世贸大楼遭受恐怖组织袭击，引出大国防的话题，再由大国防话题引出近年来镇江市人防的各项工作，主要从以下四个方面进行表述：一是镇江市根据"防空防灾一体化"要求启动地下空间开发利用规划；二是人防部门加大指挥体系建设力度，使其更加适应防灾应急需要；三是探索军地联手共建"两防"，将防灾应急进行融合；四是人防部门适应形势变化，探索防空防灾应急演练的新路子。（刘　坚）

双拥共建

【概况】2009年，镇江双拥推出"八大工程"和"五百行动"。召开春节军政座谈会暨双拥"八大工程"动员会，给军地各相关单位下达"八大工程"目标任务。17位常委、副市长到联系点部队走访慰问、现场办公，帮助部队解决实际问题。市委党校县处级干部培训开设"双拥和国防教育"课，开通镇江双拥国防教育网（http://www.zjgfw.gov.cn），辖市（区）和一些基层社区开设"双拥网"，各级政府网站均开设"双拥专题"。对重点"窗口"单位的拥军服务工作督查，强化"窗口"单位的拥军服务意识。召开社区双拥现场会，推广京口区宗泽路和京口路两个社区"有氛围、有阵地、有制度、有实事"以及社区双拥网、百米双拥长廊等经验。

2009年起，镇江市对转业干部安置实行"积分考核、双向选择"改革，对团职转业干部实行量化考核积分安置，对营职以下干部实行"指令性计划、考试考核、双向选择、保底安置"。随军家属安置改变以市级单位安置为主的做法，实行"属地安置、均衡负担"的新举措，主要由驻军所在的辖市（区）负责安置到位。军人子女就学按照"就近、从优"的指导思想，由市教育局和市双拥办联合行文，明确市区14所地理位置好、教育质量高的中小学校接受部队干部子女入学，规定"对凡学区范围内的军人子女，均不得收取规定以外的任何费用"。

2009年，镇江市接待全国双拥办调研组的调研活动，承办某集团军三省九市双拥联席会和全省双拥办主任会，开展辖市（区）新一轮省级双拥模范城争创工作检查，接受省双拥考评组的考评，代表江苏出席全国军民迎新春双拥晚会。

军地互办20件实事，其中2件需跨年度实施，其他18件提前办结，总投入3000万元。以市财政为投资主体，市建设局、交通局、供电公司、干道办、自来水公司等单位共同出资1200多万元建成预备役二团训练中心。市规划局、市建设局、镇江供电公司、市华润燃气公司、市自来水公司等提供服务，支持镇江船艇学院、山西省军区镇江干休所改扩建工程。镇江高专出资20万元支持73045部队信息化工程建设，江苏大学、江苏科技大学为共建部队设立科技拥军奖励基金，江苏大学、江苏科技大学、镇江高专、市委党校、市劳动局、镇江高等机电职业学校为驻军举办10多期各类讲座和培训班，京口区为镇江船艇学院教练大队新建计算机培训中心，扬中市向驻军赠送科技练兵器材。句容市、丹徒区出资近300万元支持部队修建"双拥路"。丹阳市、丹徒区、润州区、镇江新区、市人防办等帮助驻军新建文化活动中心、电教中心和学习室。73016部队出动人员、机械支持南山风景区西入口工程建设。镇江军分区、镇江船艇学院、73056部队、359医院、武警支队等部队参与驻地新农村建设，先后派出农机、家电、医疗、文艺等小分队不定期为农民提供各种服务。73056、73667、73045、73860、73018、73855等部队先后派出数千名官兵帮助驻地村庄清洁，支持驻地争创优美村。

4月8日，《解放军报·内参》专题介绍镇江连续14年指令性安置随军家属的经验做法。镇江在中国双拥网采用稿件量居全国地级市第一，在《江苏双拥简报》用稿量连续9年全省第一。9月28

日，《中国国防报》报道丹徒区10任书记接力固长城的事迹。4月13日，《中国国防报》头版刊登扬中市大全集团31年无条件接收606名退役士兵的经验。3月12日，中央电视台《和平年代》栏目优秀复转军人系列节目，专题播出退伍军人企业家、飞达集团董事长朱国平事迹的电视片《鹰击长空》。 （吴 琼）

【双拥“八大工程”】 双拥“八大工程”即：绿色通道工程、宣传教育工程、政策更优工程、互办实事工程、“六进”强基工程、典型示范工程、爱民奉献工程、成果展示工程。2009年1月19日，镇江市召开2009年度军政座谈会暨双拥“八大工程”动员会，动员全市军地双方投入双拥“六创”，并出台《市委常委副市长双拥工作职责》，建设军地联系的绿色通道，市双拥领导小组印发《镇江市双拥“八大工程”目标任务》。 （吴 琼）

【开展“五百行动”】 2009年6月8日，驻镇部队召开政治部（处）主任双拥座谈会，形成《驻镇部队为镇江跨越发展作系列活动实施意见》，主要是开展“五百行动”，即：百个连队帮创优美村、百支医疗队服务到基层、百名团职干部结对帮贫困、百台机械参与大工程、百座营区文明当标杆。7月27日，驻镇部队首长第一次联席会，讨论通过意见。市双拥领导小组、镇江军分区联合发文，要求驻军各部队投入“五百行动”。有80个连队与78个村（社区）结对共建，97名团职以上领导干部帮扶97名困难群众。73016部队出动20多台推土机、挖掘机，40多名技术骨干参与南山风景区重点工程建设；镇江军分区、镇江船艇学院、73056部队、359医院、武警支队等部队参与驻地新农村建设，派出农机、家电、医疗、文艺等小分队为农民提供服务。73056、73667、73045、73860、73018、73855等部队派出数千名官兵帮助驻地村庄清运垃圾、清理渠道、清洁家园。

（吴 琼）

【第九届省级双拥模范城创建通过考核验收】 2009年是辖市（区）新一轮省级双拥模范城考核命名之年，全市各级各地都将迎检纳入年度工作目标任务、成立争创迎检工作领导小组、制定争创迎检计划，对汇报材料、电视录像、图片汇编、基层现场等方面作出安排。一年来，市级通过召集辖市（区）双拥办主任例会相互交流迎检情况、增强透明度。通过无记名投票、现场考核、综合排名，于10月29日向省双拥领导小组申报。12月1～2日，江苏省考评组到镇江考核评估各辖市（区）创建情况，听取市级考核情况汇报、抽查扬中市创建情况。2010年5月5日，丹徒区、句容市、京口区、扬中市、丹阳市获命名，润州区双拥办、市人力资源和社会保障局、73056部队政治部获江苏省双拥模范单位称号，岳国锡、韦志明、徐翔、周月明、张志宏、陈文水被评为江苏省双拥先进个人。7月28日江苏省召开命名表彰大会。 （吴 琼）

驻军支持镇江跨越发展“五百行动”交流会 （吴 琼）

【2009年双拥十件大事评定】 经镇江市双拥领导小组评定，《镇江日报》、镇江电视台、镇江电台同步公布2009年双拥十件大事：（1）1月19日，市委书记许津荣、市长刘捍东主持召开常委、副市长、市双拥领导小组成员、驻军团以上单位主官参加的双拥“八大工程”动员会。（2）1月21日，镇江市军地领导张庆生、王树均赴京参加全国双拥晚会，受到胡锦涛等中央政治局常委的集体会见。（3）1月1日，镇江船艇学院学员四队被评为镇江市首届“大爱之星”。（4）4月22日，镇江双拥国防教育网开通。随后，6个辖市（区）陆续开通双拥网，市和辖市（区）政府网站均开设“双拥专栏”。（5）8月11日，市双拥领导小组、军分区作出决定，提议在部队中开展“五百行动”。(6)7月21日到31日，市委、市政府17位常委、副市长，分别深入部队联系点走访慰问听意见，现场办公解难题。（7）2月份起，全市655名退役士兵参加免费职业技能培训。（8）丹徒区10任书记接力固长城、大全集团31年无条件接收606名退役士兵、丹阳市退伍军人企业家朱国平的事迹，先后在《中国国防报》和中央电视台突出宣传。（9）全年，双拥活动进企业、进乡村、进机关、进学校、进社区、进连队。（10）11月12日至13日，某集团军三省九市双拥联席会第六次会议在镇江召开。 （吴 琼）

【解放军镇江船艇学院学员四队被评为“大爱之星”】 2009年1月1日，解放军镇江船艇学院学员四队被评为镇江市首届“大爱之星”。该队当好“三队一兵”（爱国爱乡宣传队、便民利民服务队、急难险重突击队，让人民群众放心的优秀子弟兵），扶残助残23年不断线。1983年，该学员四队在与驻地京岘山村共建文明村时，了解该村徐来顺、徐建明两位残障青年情况，主动援助，组成“送温暖小组”，设立“助残基金”，制定扶残计划。徐建明在帮扶下，经营建明商店，走上自立。26年来，帮扶徐建明、徐来顺的责任和义务从未中断。四队官兵累计为两位残障人士义务理发240余次，陪护看电影450场，洗澡千余次，观看船艇学院开展的各类文艺晚会60多场。该队先后被镇江市表彰为“拥政爱民标兵单位”“扶残助残先进集体”和“双拥好连队”，被江苏省表彰为“扶残助残先进集体”和“军民共建文明单位”，被总后勤部表彰为“学雷锋先进集体”和“拥政爱民先进单位”，被民政部、总政治部表彰为“全国拥政爱民先进单位”。 （吴 琼）

政　法

责任编校：严志清

综　述

【概况】 2009年，全市政法机关围绕保增长、保民生、保稳定工作大局，在服务大局、维护稳定、矛盾调处、法治建设和队伍建设上取得新进展，为全市跨越发展创造和谐稳定的社会环境和公正高效的法治环境。

全市政法机关维护社会稳定的能力和水平增强。国家安全人民防线建设加强，加大统筹协调和情报信息收集力度，严密防范和严厉打击境内外各种敌对势力、敌对分子和邪教组织违法犯罪及渗透破坏活动。以新中国成立60周年安保工作为主线，强化各项工作措施，在全国“两会”“3·12”“4·25”“5·1”“6·4”等敏感时期，未发生危害安全和政治稳定的重大政治事件，未发生重大暴力恐怖事件，未发生影响社会稳定的重大群体性事件，未发生社会反映强烈的重大恶性刑事案件和治安灾害事故，未发生涉警公共危机事件。全市刑事案件和“八类”案件发案率比上年分别下降0.9%和3.2%，连续五年保持“双下降”，破案率双上升。人民群众对社会治安的满意率保持在98%以上。

全市政法机关服务跨越发展的能力和水平增强。全市法院受理各类民商事一审案件27460件，比上年增长12.56%，审结25618件，增长13.13%；受理各类行政一审案件398件，增长5.29%，审结386件，增长4.04%。开展清理执行积案活动，受理各类执行案件15268件，办结14286件，执结标的额17.91亿元。各级检察机关依法查办大案要案，立案查办贪污、贿赂等职务犯罪案件80件83人，上升15.9%；查办渎职侵权犯罪案件15件16人，上升87.5%，反贪、反渎案件数增幅均居全省首位，为国家挽回直接经济损失1600余万元。公安机关开展打击传销、假币、诈骗等经济犯罪，完成公安部交办的“世界通”特大非法传销案件的侦破工作，成功破获镇江有史以来一次性缴获冰毒最多的“8·17”特大团伙贩毒案。

全市政法机关公正文明执法的能力和水平增强。2009年，全市政法干警违法违纪率在全省继续保持较低水平。市检察院被最高检授予全国先进单位、全国文明接待检察院称号，全市法院系统涌现三个全省法院“规范司法行为示范点”，润州公安分局被公安部授予“全国优秀公安局”和“全国县级公安机关执法示范单位”称号。（李平波）

【全市政法工作会议】 2009年2月11日召开，会上总结工作，表彰先进，分析形势，明确任务，安排部署2009年的全市政法工作。全年全市政法工作会议有三大亮点：一是各辖市（区）委书记首次参加会议，二是市委书记许津荣首次代表市委市政府与各辖市（区）委书记和市综治委成员单位主要领导签订2009年度社会治安综合治理责任书，三是市委政法委员会首次通报表扬2008年度“十佳规范执法示范单位（部门）”和“十佳规范执法先进个人”。（李平波）

社会治安综合治理和平安建设

【概况】 2009年，全市58个镇（街道）政法综治工作中心建成率、集中率均达100%，中心服务接待大厅建成率达77.5%。基层综治办、公安派出所、司法所、人民法庭、交警中队等全部达到规范化建设要求。全市二级以上公安派出所占39.7%，54个司法所全部建成省级“规范化司法所”。867个村（社区）“十位一体”综治办全部实现人员、场所、制度、经费“四到位”，平均配备7名工作人员，社区和驻村民警全部配备到位。推进暂住证登记“一证通”制度、流出地流入地结对管理等新机制，全市登记流动人口33万余人，暂住人口登记发证率达99%，私房出租户责任书签订率100%。加强预防青少年违法犯罪工作，在全省率先开展重点青少年群体管理帮扶活动，全面推进“未成年人零犯罪地区”创建活动，“12355”青少年服务台、“新镇江青年”团建等工作产生影响。针对校园周边存在的突出治安问题，开展多次集中整治行动，取缔一批“黑网吧”、歌舞游戏厅和非法图书音像制品摊点。在全省首创并推广学校内部维护稳定“一岗双责”制度，落实长效管理措施。注重对刑释解教人员、社区矫正对象等重点群体的教育、管理和管控工作，通过“双基”安置、服刑人员释前就业教育培训、心理矫治等特色工作，有效降低重新犯罪率。全市593名刑释解教人员重新犯罪3人，比率仅为0.5%，1609名社区矫正对象无一人重新犯罪。开展“无毒社区（村）”创建，活动覆盖率、达标率均为100%。突出网络监控，聘请179名网络引导员，处置负面舆情和热点信息。

镇江市被中央综治委授予2005～2008年全国社会治安综合治理优秀地市称号。市公安局润州分局获全国社会治安综合治理先进集体称号。镇江市被省综治委评为2009年度省社会治安综合治理先进市，句容市、扬中市被省综治委评为省社会治安综合治理先进市。镇江市被授予省“五五”普法中期先进市，市法制宣传教育领导小组被授予全国五五普法中期先进集体，丹阳市、句容市同时被授予省“五五”普法中期先进市。丹徒区“平安先锋工程”被省委政法委评为全省政法工作创新奖二等奖。

（李平波）

【维护社会稳定】 2009年，开展“无邪教地区”创建活动，全市破获“法轮功”案件4起，抓获涉案人3名，8名重点对象全部实现教育转化，没有发生严重影响社会稳定、严重危害国家安全的重大事件和有影响的邪教组织活动事件，建立社会稳定风险评估和化解机制，全市群体性事件发生数比上年有所下降，且没有一起激化升级。以化解积案为重点，做好信访工作，开展“大接访”活动。全年上级交办的23件信访积案息访22件，45件重点信访案件息访44件；市信访部门确定的72件重点信访案件息访率达91.7%。在“两节”“两会”、庆祝建国60周年等敏感时段，强化稳控措施，每日分析报告社会稳定和治安形势，执行相关情况“零报告”制度，进京、赴省上访批次和人数呈下降趋势，进京访积案化解率100%。完成国民党主席吴伯雄到镇江考察、镇江旅游节开幕等一批重大活动的安保警卫任务。

2009年，推进22个系列的基层平安创建活动，坚持“七有”工作标准和“部门承包”工作方式，创建活动成效和影响力逐步扩大。全市新创省级“平安家庭”创建示范村（社区）6个，示范户12个；市级规模企业参加创建率达85%，首批100家重点企业中已命名“平安企业”63家；娱乐场所三星级以上“平安场所”达到57家；市级“平安校园”创建达标率超过50%，有26所学校正在申报省级“平安校园”；有2家医院首批创成省级“平安医院”；“镇江—常州”铁路区段第二次创成全国“平安铁路示范区段”，镇江铁路段连续第三年被命名为全省“平安铁路区段”；“平安港口”“平安通信”“平安金融”“平安交通”等创建活动的覆盖率达100%。（李平波）

【矛盾排查化解】 2009年，对5类矛盾纠纷（可能影响社会稳定的、因征地拆迁改造引发的、因企业关停倒闭裁减人员引发的、环境污染问题引发的、可能引发赴省进京上访的）、5类治安混乱地区（刑事案件多发地区、治安复杂地区、运输物资易被盗抢路段、存在治安隐患的学校及周边地区、外来人员聚集的城中村）、4方面突出治安问题（多发性侵财与涉黑涉恶犯罪、易涉众型犯罪、易燃易爆物品各环节存在的安全隐患、农村地区盗窃违法犯罪）以及6类高危人群（刑释解教、监外服刑、邪教、吸毒、社区矫正、社会闲散青少年）进行全方位、多层次的排查。全市排查矛盾纠纷3378件，化解3217件，成功率达95.2%；排出治安混乱地区6个，治安重点问题15个，并整治好转。排出高危人员17264人，对其中1886名重点对象，逐一落实管控措施。在全省率先建立包括3大方面、16项具体指标的调处绩效考核体系，推进辖市（区）、镇（街道）两级调处中心规范化建设，总结推广扬中市在“访调对接”工作、县级调处中心建设等方面的经验做法，提高调处针对性和成功率。成立城区医患矛盾调处中心，成功调解重大医患纠纷32起，人民群众对调解工作的满意率提升。全市各类社会矛盾纠纷调处率达99.5%，成功率95%。

（李平波）

【防控体系建设】 2009年，先后开展打黑除恶、打击盗窃自行车、“防盗抢、防诈骗”百日行动、禁赌等一系列专项整治行动，净化社会治安环境，遏制违法犯罪高发势头。抓获违法犯罪嫌疑人2749名，破获刑事案件9950起。完成公安部交办的“世界通”特大非法传销案件的侦破工作。刑事案件和“八类”案件发案率下降0.9%和3.2%，连续5年保持双下降，破案率上升。人民群众对社会治安的满意率保持在98%以上。

推进“五大技防工程”，建成各类监控系统4165套，安装探头2.8万个，其中新建监控系统1120套、探头6853个，初步建成纵横交错、触角灵敏、防范严密、覆盖城乡的技防网络。启动“技防入户工程”建设，加大对技防设施的安全检查和维护力度，对507套存在问题的监控系统进行维修升级，在138处监控盲点区域补装探头129个，为重点区域的574个探头落实“补光”措施。全市技防镇（街道）建成率和规范化运行率、重点单位技防到位率100%，技防村（社区）建成率达95%，技防一条街、技防小区建成率超过90%，实现技防设施的全覆盖。老居民住宅小区防范设施改造完成80%，新小区人防、物防、技防建设一次性达标率为100%。全市通过技防侦破案件1008起，预防案件431起，抓获犯罪嫌疑人395名，分别增加2.1倍、2.9倍和1.4倍。

推进“社巡合一”新型警务模式，将社区警务与巡防工作有机结合，增强对重点时段、重点区域、重点部位的巡防密度。加强治安岗亭规范化建设，实行24小时全天候值守，真正实现警务前移。以“军警民”联防活动为载体，加强武警和驻镇部队官兵参与巡防工作的沟通协调，并在重点地段实行武装巡逻。借助群防群治“红袖标”工程，有机整合社会面义务巡防力量，建立社区（村庄）义务巡逻、街头路面巡防、治安守望等“三支力量”，规范化开展巡防活动，筑牢维护社会平安的第一道防线。2009年，市区社会面巡防力量现场抓获违法犯罪嫌疑人2618名，破案7068起，分别增长8.13%和9.2%。市、区、镇三级建立专职巡防队伍，在市区新招聘88人成立2支保安便衣队，城区每天社会面巡防人员达3000余名。（李平波）

公 安

【概况】 2009年，镇江市公安局紧扣“保增长、保民生、保稳定”的总要求，自觉服务大局，主动服务民生，切实维护社会和谐稳定。市公安局被评为2009年度全市社会治安综合治理和平安创建先进集体，被市维护稳定工作领导小组评为国庆系列活动安保工作先进集体，经文保支队被评为全国打击盗窃破坏电力电信广播电视设施违法犯罪专项斗争先进集体，科技处被公安部评为科技强警示范城市建设工作先进集体，监管支队被公安部评为全省唯一的公安监管战线亲民爱民先进模范集体，润州公安分局获得全省公安系统唯一的全国社会治安综合治理先进集体，市公安局办公室档案科被评为江苏省巾帼文明示范岗，新区公安分局大港网上派出所被省厅推荐为建设和谐警民关系典型，经验在全省推广。

全市社会治安保持持续平稳平安。刑事发案稳中有降，其中全部刑事案件及杀人、伤害等重大刑事案件发案比上年分别下降1.1%、1.8%，严重影响群众安全感的“飞抢”案件得到有效遏制，比上年下降1.4%。全年破获刑事案件1.5万余起，全部刑事案件和杀人、伤害等重大刑事案件破案率比上年分别上升0.4%、3.5%；抓获刑事作案成员7699人，移送起诉4141人，比上年上升1.9%。

市公安局指挥中心暨办公用房全面投入使用，为公安工作实现跨越发展提供良好条件。京口、润州、新区、扬中被授予“科技强警示范区县”称号，108个基层所队建成示范所队。加强执法规范化建设，执法理念更加明确，执法行为更趋规范，执法效果更为显著。全市有29个一、二级派出所，占全市派出所比例位居全省前列，市看守所为全省唯一对外开放看守所。镇江市公安局被评为“五五”普法先进单位，在行政执法案卷评查中获优秀奖。

结合公安服务职能，优化各项服务举措，提升服务经济社会发展水平。研究出台《镇江公安机关服务企业发展推进软环境建设八条措施》。道路交通、火灾事故稳中有降，比上年分别下降0.7%、19%，全市连续6年未发生重特大火灾事故。通过打击涉众型经济犯罪，挽回经济损失6.7亿元。在服务对象评议市级机关重点处室活动中，经文保支队获得全市第一名。全年办理出国出境证件3.4万份。行政服务窗口全部办结的审批事项近1万件，比上年增长45%。

2009年，有126个集体、938名民警受到表彰。消防支队李黎丽被授予全国“三八红旗手”，胡雪林当选首届“江苏省十大爱民民警”，张宝华当选“全省优秀政法干警”。特警支队夺得全省拉动集结和技能比武团体总分第一，交巡警支队夺得全省千万驾驶人再教育知识竞赛电视总决赛集体二等奖。开展大走访爱民实践活动，主动捐款147.5万元，帮助群众解决一大批生活困难。市局领导带头走访省、市党代表，人大代表和政协委员，征求社会各界意见建议1810条。全面落实党风廉政建设责任制，扎实推进廉洁警队建设。（王 超）

【完成国庆60周年安保任务】 2009年，镇江市公安局把国庆60周年安保作为全年工作主线，全警动员、全力以赴，圆满完成各项安保任务。各级、各部门落实稳控、安全防范、安全生产及大型活动安保等工作责任和措施，形成党委政府重视、公安机关主抓、全社会参与的安保工作合力。启动每日研判机制，密切关注、全面掌握各种新动向，主动进攻、跟踪出击，广泛搜集涉稳信息1.6万条。抽调25名特警队员远赴新疆执行维稳任务。国庆期间，各类安保活动部署周密，措施扎实，做到万无一失。（王 超）

【严厉打击违法犯罪活动】 2009年，镇江市公安局坚持主动进攻，不断提升驾驭社会治安局势的水平。开展打黑除恶工作，摧毁黑社会性质组织2个、恶势力团伙83个，抓获涉黑涉恶犯罪嫌疑人210名。开展集中查控嫌疑车辆统一行动，提高卡口堵控发现疑人疑车的能力。启动打击“飞抢”预案，诸警种快速联动，现行抓获“飞抢”犯罪嫌疑人56名，破获“飞抢”案件130起。启动“防盗抢、防诈骗”百日行动和社会治安整治行动，清查、检查各类场所8.1万家次，抓获违法犯罪嫌疑人3327名，查破各类案件1.2万起。查破赌博机案件191起、查处涉案人员337名、收缴赌博机6370台、取缔游戏室442家。推进禁毒工作，侦破13起百克以上的贩毒案件，其中千克以上贩毒案件3起，摧毁6个重大贩毒团伙。（王 超）

【市公安局指挥中心暨办公用房投入使用】 2009年9月21日，镇江市公安局举行指挥中心暨技术用房揭牌升旗仪式，标志着市公安局新办公大楼正式投入使用。该大楼位于镇江市南徐新城九华山路9号，工程始建于2008年5月，于2009年9月21日投入使用，建设时间跨度16个月。工程总投资2亿元，占地7.07公顷。按照功能划分为指挥大楼、治安楼、刑侦楼、后勤楼。指挥中心接处警大厅位于1号楼五楼，集中警用地理信息系统、视频图像监控系统、GPS警用车辆定位系统、应急处置辅助决策系统、“110、122、119”三台合一接处警系统。其中应急处置辅助决策系统为全省首创、市公安局自行研发。同时，市公安局出入境服务大厅、档案窗口也迁至新办公大楼。（王 超）

【开展“大走访”活动】 2009年，镇江市公安局开展“大走访”爱民实践活动。出动警力1.5万人次，走访单位11200家，走访家庭16200户，为生活困难群众捐款147.5万元、捐赠生活资料8200余件，发放宣传画、贺年卡9700张；出台服务企业政策74项，排查矛盾纠纷4650起，成功调解和处置3800起；接访涉法涉诉信访案件1620件，整治治安隐患和治安乱点870个，向群众发还被侵财物价值43.1万元。市公安局领导主动上门听取反映，征求社会各界意见建议1810条，改善工作作风。（王 超）

【刑事犯罪活动特点分析】 2009年，镇江市社会治安形势继续保持平稳态势。刑事案件仍高位运行，全年立刑事案件2万余起，杀人、伤害、强奸等暴力犯罪案件时有发生，侵财、经济、涉毒等刑事犯罪活动出现新特点：（1）侵犯财产案件比较多，立案数占刑事案件总量的90%以上。其中，盗窃案件1.7万起，比上年下降3%。撬盗保险箱案件增多，大都发生在公路沿线的工业企业。盗窃车内物品案件呈现全天候、全季节发案特点，公共场所附近、沿街路面发案集中。以烟酒、现金为目标的盗抢沿街商店、超市案件增多。（2）从破获的“世界通”等非法传销案件看，非法传销活动的经营方式网络化，宣传手法更具欺骗性和诱惑性，受害群众增多，社会危害性加大；此外，合同诈骗、信用卡诈骗、假币类犯罪仍较突出。（3）毒品犯罪案件上升，缴获毒品量是上年的3倍，跨区域大宗毒品贩运活动突出。（4）外来人员、社会闲散人员犯罪增多，主要实施侵财犯罪，有少数人铤而走险实施暴力犯罪。（王 超）

【全市道路交通事故分析】 2009年，镇江市发生道路交通事故553起、死亡290人、受伤451人，直接经济损失230万元，比上年分别下降0.7%、0.7%、0.2%、22.7%。事故主要特点：（1）机动车重点违法行为交通肇事突出，引发事故的主要违法行为是未按规定让行、超速行驶、无证驾驶、酒后驾驶、违反交通信号通行，引发道路交通事故287起，致161人死亡，分别占总数的55.8%、58%。其中，超速行驶、酒后驾驶交通肇事死亡数同比呈上升态势。（2）驾驶客车、低速农用车交通肇事呈上升态势，其中，驾驶客车交通肇事223起、死亡99人，比上年多27起、15人；驾驶低速农用车交通肇事16起、死亡10人，比上年多5起、1人。此外，驾驶电动自行车交通肇事呈增多趋势，肇事121起，致5人死亡、21人受伤。（3）公路交通事故多发，发生事故361起，致226人死亡，分别占事故总数和死亡人数的65.2%、78%。（王 超）

【赵立源创作的诗歌《人民警察的色彩》获奖】 2009年，全国公安文联主办的“难忘2008”全国公安民警诗歌散文大赛评选结果揭晓，镇江市维稳办副主任、市公安局党委委员、办公室主任赵立源创作的诗歌《人民警察的色彩》获现代诗歌类作品一等奖第一名。此次大赛共有9000多篇作品参赛。经初评选出2000篇作品进入复评，最后205篇作品进入终评。经由公安系统内外知名作家、诗人、编辑组成的终评委员会的评审，有9篇作品获一等奖，其中3篇作品为现代诗歌类一等奖，赵立源的作品为其中之一。（王 超）

【消防工作和部队建设】 2009年，全市消防部队以新中国成立60周年消防安全保卫为主线，开展人员密集场所专项治理等7个专项行动，组织监督检查9849人次，检查单位5212家，督促整改火灾隐患3495处，培训人员20272人次。参与处置火灾、各类抢险救援和社会救助1466起，出动警力3025车次、13705人次，抢救遇险群众315人，保护财产价值4896万元，成功处置“3·11”

京沪高铁员工宿舍倒塌事故。强化车辆装备建设，投入700余万元购置通信指挥车、32米登高平台消防车、12吨大功率水罐消防车、综合保障车各1辆、五十铃水罐消防车4辆，改造移动充气车、泡沫液供给车各1辆。推进信息化建设，支队承担的《连续实景三维影像在城市消防中的运用研究》科技项目通过省科技厅评审验收。抓好化工集中区消防规划和消防队站建设，全省现场会在新区召开。加强公共消防基础设施建设，占地4.53公顷的市灭火救援应急中心开工建设，高标准建成丹阳导墅、滨江乡镇消防站。深化社会面消防宣传教育，历时2年，在全省率先建成消防博物馆，获评“全国消防科普教育基地”。支队被市政府授予“镇江卫士”“市级文明单位”称号。丹徒大队被评为全省公安系统青年文明号，特勤中队被授予“江苏省工人先锋号”。扬中大队、句容大队、丹徒大队分别被地方党委政府授予“江州卫士”“句容卫士”“丹徒卫士”称号，新区大队被评为2009年度镇江新区服务创优先进集体。有97人次立功受奖，防火处处长李黎丽获全国“三八红旗手”称号。（董万青）

【全市火灾情况分析】 2009年（统计时间：2008年12月21日至2009年12月20日），全市发生火灾183起，死亡6人，伤4人，直接财产损失158.37万元。火灾起数比上年下降19.03%，直接财产损失上升36.58%，死亡人数增加2人，伤人数增加3人。全市火灾形势总体保持平稳，连续6年未发生重特大火灾事故。全年万人火灾死亡率和亿元地区生产总值火灾损失率分别为0.022、0.1，低于省控标准的0.025和0.3。主要特点：住宅、宿舍仍是造成人员伤亡的主要场所，发生67起，造成4人死亡，4人受伤，直接财产损失35.85万元，分别占36.61%、66.67%、100%、22.64%。弱势群体伤亡比例较高，有6名老人、儿童、残疾人伤亡，占60%。电气线路故障是引发火灾的主要原因，发生78起，占42.62%。（董万青）

【镇江消防博物馆被评为“全国消防科普教育基地”】 2009年9月24日，镇江消防博物馆被公安部消防局、中国科协科普部、中国消防协会评为第三批全国消防科普教育基地。

镇江消防博物馆位于润州区京畿路，总投资650万元，建筑面积530平方米。此处建筑是中华民国首批老邮政局之一，共分三层，一层为多媒体互动体验区（包括消防常识挂图、火场模拟疏散逃

镇江消防博物馆（董万青）

生体验、结绳自救演示、灭火器分类展示、消防标识展示、消防知识互动抢答等），二层为主展区，三层为多媒体影视教育厅，主要播放消防主题影视教育片。主展区分三个区域，一是序厅；二是古、近代消防，展现镇江消防历史百年沧桑演变（包括近代镇江火灾视频展示、金山寺火劫幻影成像、马拉蒸汽消防车、救火五义士浮雕、救火龙、镇江自来水厂、救火会以及近代消防设备展示）；三是现代消防，展示新中国成立后镇江消防日新月异的新面貌和新时期消防官兵的成绩（包括灭火和抢险救援事例、消防规划展示、喷淋模拟设施、现代器材装备展示）。其重要展项有：闻名遐迩的金山寺史上历经8次火劫；五义士勇救燮源昌桐油号火灾不幸牺牲，“见义勇为、舍生忘死”的消防精神世代传承；镇江第一个自来水厂专供消防用水；拥有最早的消防组织——西津古渡街救生会，鼎盛时期发展到17家救火会。（董万青）

检　察

【概况】 2009年，全市检察机关受理提请批准逮捕各类犯罪嫌疑人2216人，经审查批准逮捕1905人；受理移送审查起诉4194人，提起公诉3567人。正确实施宽严相济刑事司法政策，不批准逮捕307人，不起诉68人，对当事人达成和解的57件轻微刑事案件依法从宽处理。化解社会矛盾纠纷，受理群众来信来访1129件次，妥善处理涉检信访531件，依法化解各类集体访、告急访10次。推行不批捕、不起诉、不抗诉说理等柔性办案方式，创新建立律师介入化解涉检矛盾纠纷工作机制，检察环节连续七年未发生进京访。

全年立案侦查贪污贿赂犯罪案件80件83人，立案侦查渎职侵权犯罪案件15件16人，反贪、反渎立案数增幅均位居全省首位。所查案件中，大案率92.6%，科局级以上干部占42.4%，通过办案为国家挽回直接经济损失1600余万元。查办市水利局原副局长曾万余（副处级）受贿案，丹阳市体育局原局长张玉芳受贿案，丹徒区交通局原局长王志坚受贿案，市环保局新区分局环境监察大队原大队长张宝林等4人环境监管失职、受贿案等。开展预防职务犯罪工作，配合市委调整市预防职务犯罪工作领导小组，对市预防职务犯罪协会进行换届。两级检察院对21个工程建设项目开展预防，涉及建设资金75亿余元。向案发单位发出预防检察建议49件，帮助落实预防措施90项。完成预防调查报告30篇，其中44项预防对策建议得到采纳，3份预防调查报告分别被评为全省“十佳预防调查”和“优秀预防调查”。接受申请对2126家单位、1884名个人进行行贿犯罪档案查询，处置有行贿犯罪记录的个人1名。

全年依法监督公安机关立案40件89人，撤销不当立案34件80人，建议行政执法机关向公安机关移送案件线索39件。对侦查工作中的违法情况提出书面纠正意见53件次，纠正漏捕126人，纠正漏诉72人。依法提出、提请刑事抗诉9件，比上年上升125%。提请、提出民事抗诉18件，提出再审检察建议8件。督促、支持相关主体提起民事诉讼案件20件，帮助挽回国有资产损失

副市长李小平、检察长蒋伟亮为首个乡镇检察室揭牌 （康 珺）

450余万元。对监管部门在执法中的违法违规情况提出纠正意见122件次，提出不予提请呈报减刑、假释、暂予监外执行85人、应予提请3人，建议对监外罪犯收监执行22人。加大对监管人员职务犯罪的查处力度，湾山地区检察院立案查处省句容监狱五监区原副教导员戎霖受贿案。

全省检察长座谈会在镇江召开。全市检察机关开展直接立案侦查案件扣押、冻结款物专项检查活动、看守所监管执法专项检查活动、监狱清查事故隐患促进安全监管专项活动、刑事审判法律监督专项检查活动，集中纠正一批执法工作中的不规范行为。

全市两级检察院有9个集体和13名个人受到省委、省政府和省检察院的表彰，有11个集体和4名个人受到市委、市政府的表彰，其中，全市检察系统被评为市文明行业，市检察院被评为市"五五"普法中期考核先进单位、市社会治安综合治理先进单位、全市跨越发展有功单位，市检察院民行处和开发区院被评为全省检察机关"严格规范执法，确保司法公正"先进集体，丹阳市检察院被评为全国先进基层检察院并获全省政法工作创新三等奖，该院侦查监督科被评为"全国巾帼文明岗"，扬中市检察院被评为全省先进基层检察院，润州区检察院干警秦彪被评为"全国模范检察官""江苏省杰出人民检察官"，开发区检察院干警邹成志被评为全省"十佳侦查监督办案能手"。全市检察干警连续第七年未发生违法违纪现象。 （康 珺）

【服务和保障经济平稳发展】 2009年，市检察院制定《关于在检察工作中保障和服务全市经济平稳较快发展的意见》，指导两级检察院围绕保障经济平稳较快发展履行法律监督职能。建立风险排查研判机制，排查可能影响经济发展和社会稳定的风险隐患，向地方党委、政府报送风险排查研判报告90余份，得到省、市领导批示18次，推动相关部门开展专项整治。建立重大敏感突发事件应急预警处置机制，及时在检察环节消除各类敏感案件或者重大突发事件造成的风险隐患，妥善处理易引发极端事件的苗头性问题6件。 （康 珺）

【关注民生】 2009年，两级检察院围绕群众反映强烈的突出问题，在涉及群众切身利益的相关领域开展专项行动，立案查办涉农职务犯罪案件36件38人，安监系统职务犯罪案件15件15人，拆迁领域职务犯罪案件9件9人，粮食系统职务犯罪案件6件6人，环保系统职务犯罪案件4件4人。关注刑事被害人的权益保护问题，开展特困刑事被害人司法救助工作，句容、京口、开发区院分别联合有关部门建立相应的救助机制，并向6名特困刑事被害人发放救助金近8万元。畅通群众诉求渠道，开通"12309"全市统一举报电话，落实检察长巡访、接访制度，开展"举报宣传周"活动，设立乡镇检察工作站等派驻机构。 （康 珺）

【检察工作触角向农村延伸】 2009年，市检察院制定《关于加强涉农检察工作服务农村改革发展的意见》《关于对乡镇庭所等基层执法环节加强法律监督的意见》，稳妥地向农村延伸检察工作触角。在全市各重点乡镇设立检察室1个，检察工作站33个，工作联系点14个，接待并受理群众申诉举报76件，参与化解农村社会矛盾纠纷94件。句容市院驻后白镇检察服务站针对该镇土地流转不规范、农村集体资产流失严重的现象，建议、督促镇政府成立该市第一家乡镇农村土地流转交易服务中心、出台《农村集体资产管理暂行办法》。 （康 珺）

【推进职务犯罪案件审查逮捕制度改革】 2009年，市检察院制定《关于直接立案侦查案件审查逮捕工作的若干规定(试行)》，与市公安局在全省首次共同协商制定《关于镇江市人民检察院提讯基层检察院报请逮捕的犯罪嫌疑人的若干规定》，规范直接立案侦查决定逮捕权上提一级后的工作流程。7月开始，全市各基层检察院直接立案侦查的案件均由市检察院审查决定逮捕。 （康 珺）

【推进反贪情报信息工作】 2009年，市检察院制定《关于进一步推进全市检察机关情报信息工作的意见》及一系列配套方案，建立起全省检察机关种类最多、信息量最齐全的基础信息库，信息量达54类800余万条。11月7日，最高人民检察院反贪总局局长陈连福专程到镇江调研反贪情报信息工作。 （康 珺）

【创新案件监督管理工作机制】 2009年，市检察院在全省检察机关率先制定《案件监督管理工作流程(试行)》，明确案件监督管理部门的工作定位和职责范围，由案管部门统一对侦监、公诉案件收案，实现受理刑事案件的统一归口管理。将人民监督员制度试点工作纳入案件监督管理之中，邀请人民监督员旁听自侦案件讯问、庭审，并回访当事人，实现对执法办案工作的内部监督管理和外部监督制约的有机结合。全年两级检察院案件监督管理部门发出案管建议448份，建议业务部门向侦查机关发出纠正违法通知书26份；组织人民监督员开展监督活动50余次，有7件"三类案件"和5件"五种情形"案件接受监督。 （康 珺）

【开展全市检察机关"人大代表、政协委员联络月"活动】 2009年11～12月，市检察院组织开展全市检察机关"人大代表、政协委员联络月"活动，两级院邀请各级人大代表、政协委员视察检察工作、召开座谈会20余次，走访代表、委员30余次，书面通报检察工作并征求意见1200余人次，促进各级人大代表、政协委员对检察工作的了解、监督和支持。 （康 珺）

审 判

【概况】 2009年，镇江法院系统认真履行审判职责，各项工作取得新进展和新进步。全年受理各类案件53904件，办结50939件，比上年分别上升13.44%和13.44%，结案率94.5%。其中，市中级法院受理各类案件9461件，办结9219件，比上年分别上升4.16%和5.16%，结案率97.44%。两级法院有36个集体和58名个人受到省、市级以上表彰，其中市中级法院被评为江苏省实施妇女儿童发展规划先进集体、全省法院司法警察阅警业务技能演练先进集体、全市社会治安综合治理先进单位，市中级法院民一庭被省高级法院记集体三等功、被团市委授予市级青年文明号，市中级法院办公室被评为全省法院能动司法服务"三保"（保增长、保稳定、保民生）先进集体，丹阳市法院被省高级法院记集体一等功、授予全省法院服务"三保"先进集体，经济开发区法院被省高级法院授予信访工作先进集体、被市委市政府授予维稳信访工作有功单位，润州区法院被省高级法院记集体二等功、其法院文化建设被省委政法委授予"政法工作创新奖"，市中级法院法官张蕾被评为全国巾帼建功标兵、江苏省杰出人民法官，朱宝华被评为全国优秀女法官。

全年受理刑事一审案件2301件，审结2259件，比上年分别下降1.83%和1.91%，判处人犯3340人。严厉打击严重刑事犯罪，依法审结句容白兔加油站抢劫杀人案等严重侵犯人身权、财产权犯罪案件1363件2279人，邪教组织犯罪案件2件6人，涉黑案件4件11人，毒品犯罪案件120件142人。从严惩处职务犯罪，审结贪污、贿赂等职务犯罪案件80件85人，其中县处级3人。全年判处拘役、管制和适用缓刑1434人。

全年受理民商事一审案件27460件，审结25618件，比上年分别上升12.56%和13.13%。审结商品房预售、建设工程施工、保险、租赁、信用卡纠纷等各类经济合同纠纷案件14606件，解决争议标的26.78亿元。审理企业破产案件25件，盘活企业资产9092.79万元，协助主管部门安置职工3160人。审结"镇江香（陈）醋"集体商标侵权案等知识产权案件101件。

全年受理行政一审案件398件，审结386件，比上年分别上升5.29%和4.04%，对22件违法具体行政行为进行纠正。强化行政诉讼协调和解工作，处理因土地承包、房屋拆迁、劳动保障等引发的矛盾纠纷，促进"官民"关系和谐。配合政府法制部门抓好行政执法人员的业务培训，推进行政首长出庭应诉活动，健全司法建议与信息反馈机制，促进行政审判与行政执法的良性互动。

全年受理执行案件15268件，执结14286件，执结标的17.91亿元，比上年分别上升26.03%、25.37%和29.88%。开展集中清理执行积案专项活动，落实"五定一包"清案责任制，逐案列表挂图作战，优化执行资源，健全完善执行威慑联动机制，全力解决重点案件，清案工作取得明显成效。通过查封扣押、公开拍卖财产等强制执行方法和"放水养鱼"、执行和解等柔性执行措施，最大限度地实现债权人的合法权益。重视对拖欠工程款、农民工工资和涉及特困群众案件的执行，协调好保护权益与维护稳定的关系。

民商事案件调撤率63.1%，比上年增加6.16个百分点；刑事自诉案件调撤率82.76%，增加6.83个百分点。推进"诉调对接"工作，全市法院均成立诉调对接办公室，并设立18个人民调解工作室，促进诉讼调解与社会大调解机制的有效衔接。全年邀请人民调解员参与调解案件2075件，为人民调解组织举办法律培训92场次，指导解决纠纷321件。

全市两级法院均成立依法服务"三保"工作领导小组，制定相关规范性文件，认真研究判断宏观经济形势变化对审判工作的影响，润州法院建立"法官联系企业工作站"，京口法院设立"法企联系工作点"，经济开发区法院举办"经济与法"论坛。全市法院主动联系企业520余家，提供法律咨询服务630余次，培训企业员工1852人次，发放《防范经营风险60项提示》等各类宣传资料4000余份；编印《服务"三保"案例选编》5000册并赠送相关企业，为企业提供案例指导。妥善审理和执行涉及"三保"的各类案件，依法支持企业摆脱发展困境，促进经济平稳回升。 （张传军）

【依法保障和服务企业发展】 2009年初，镇江市中级法院制定出台《关于当前金融危机形势下依法保障和服务企业发展的十八条措施》，主要包括六个方面内容：一是开展与企业挂钩联系活动，深入企业调研，加强法制宣传和法律培训，重点给予法律指导。二是开辟涉企诉讼"绿色通道"，为企业提供有效的司法保障。三是慎用善用财产保全措施，采用"活保全"措施，为企业"留出路""给活路"，保障企业正常生产经营活动。四是强化调解优先原则，注重均衡各方利益，处理企业涉诉纠纷，为企业营造适度宽松的司法环境。五是在案件执行过程中，采用"放水养鱼""分期履行""债权转股权"等"柔性"执行方式，促成当事人双方达成执行和解，帮助有发展潜力而暂时困难的企业渡过难关。六是结合办案中发现的企业经营管理中存在的普遍性、苗头性问题，向相关企业发送司法建议，促进企业健康稳定发展。全市法院注重审理和执行涉及企业发展的各类案件，为企业挽回经济损失上亿元。

（张传军）

【参与社会治安综合治理】 2009年，镇江市两级法院加强与政法部门及基层组织的协调、配合，实现非监禁刑执行与社区矫正工作的有效对接。加强对未成年人权益保护和青少年犯罪预防工作，3家基层法院成立独立建制的少年案件审判庭。通过构建网络预防、法制教育、法律咨询和延伸帮教4个平台，形成以学校为阵地、家庭为基础、社区为依托的青少年维权工作网络。对全市群体性矛盾较为突出的纠纷进行排查梳理，妥善调处群体性纠纷50多起。 （张传军）

【完善便民利民措施】 2009年，镇江市两级法院均成立诉讼服务中心，实行导诉导访、法律咨询、诉前调解、法官约见、判后答疑等"一站式"服务。推行上门立案、预约开庭、电子签章、假日法庭等便民举措。创新巡回审判工作，完善巡回审判网络，实行就地立案、就地调解、就地开庭、就地宣判，及时解决基层群众涉诉纠纷。全市法院设立巡回法庭10个，固定巡回审判点18个，全年巡回审判1808次，审结案件1745件。

（张传军）

【拓宽民意表达沟通渠道】 2009年初，镇江市中级法院建立网上发言人制度，对"中国镇江"门户网站"镇江论坛"内市民提出的涉及法院工作的意见和建议，实行在线处理和回复，及时沟通交流，全年回复市民提问169个。开展全市法官结对百名人大代表、走访百家骨干企业、帮扶百户特困家庭的"三百"活动。在全市镇村和街道社区设立196个民意联系点，主动收集民意、梳理民意、分析民意和落实民意，为人民群众办实事、解难事。发挥人民陪审员作用，全年全市154名人民陪审员参与审理案件2072件。 （张传军）

【加强审判管理工作】 2009年初，镇江市两级法院将案件质量评查、审限跟踪管理、报结案等职能一并归入审判管理办公室，充实审判管理人员，完善审判管理机制，做到职能归位、人员到位、岗位职责不缺位。市中级法院出台《全市法院庭长审判管理工作考核实施细则》等制度，强化庭长审判管理职责。加强案件质量监督评查工作，从全市法院挑选出95名业务骨干组成兼职评查员队伍。定期对审判运行态势进行分析研究，并对审判业绩予以考评通报。全市法院审判质效稳步提高，12项质效指标在全省法院排名实现升档进位。（张传军）

【实行知识产权“三审合一”改革】 2009年3月，江苏省高院和重庆高院成为全国高级法院首批进行知识产权“三审合一”改革试点的法院。2009年7月1日起，镇江市中级法院和经济开发区法院实行知识产权“三审合一”改革试点，由知识产权庭统一受理和审理知识产权民事、行政和刑事案件。镇江市中级法院和经济开发区法院具体承担知识产权“三审合一”改革试点工作。实行知识产权“三审合一”改革能有效整合审判资源，提高审判效率，统一裁判尺度，增强司法权威。（张传军）

【建立法庭监督指导新机制】 2009年3月，镇江市中级法院尝试建立法庭监督指导工作新机制，构筑法庭业务指导新平台，确定中级法院民一庭和民二庭不再负责法庭监督指导工作，而由法庭指导办公室集中开展全市法庭案件的二审审理工作和其他监督指导工作。2009年，全市11个法庭审判绩效全面上升，新收各类民商事案件7734件，比上年增长5.3%；审结7727件，结收案比为99.91%，上升0.22个百分点，调撤率为61.67%，上升5.13个百分点。（张传军）

【开展警示教育专项活动】 2009年，镇江市中级法院围绕廉洁司法，开展警示教育专项活动。通过召开反腐倡廉工作会议，组织干警观看反腐倡廉专题片、到镇江监狱接受警示教育，增强干警廉洁意识。贯彻执行“五个严禁”，通过公布举报电话、随案发放监督卡、邀请座谈等方式，自觉接受社会监督。开展“廉洁司法示范庭”创建活动，排查廉政风险节点，加大对热点岗位和重点环节的监督力度。在审判执行部门设立廉政监察员，加强对法官日常司法活动的监督。全面推进廉政文化建设，浓厚勤政廉政氛围。全市法院全年未发生违纪违法案件。（张传军）

司法行政

【概况】 2009年，全市司法行政机关发挥法制宣传、法律服务和法律保障各项职能作用，开展“法律助企百日行”专项法律服务活动，开展“创十类百优、促科学发展”主题竞赛活动，举办全系统首届“聚合力、展风采”体育文化节，开展“提高落实执行力”和“脱贫攻坚两消除”活动，着力维护社会稳定、服务经济发展、保障改善民生，着力提升队伍素质和工作效能。市法制宣传领导小组被授予“全国五五普法中期先进集体”称号，镇江市获省“五五”普法中期表彰“先进市”称号。市司法局和丹阳市、句容市、丹徒区司法局被省司法厅命名为“依法行政合格单位”。市直司法行政系统被市委、市政府授予文明行业称号。丹阳市司法局被授予“江苏省优秀县（市、区）司法局”称号、扬中市三茅镇司法所等9个基层司法所被授予“江苏省优秀司法所”称号。

市委、市政府召开大调解工作推进会，“城区医患纠纷人民调解委员会”和城区医患纠纷调解中心挂牌运行，立案调解纠纷44起，调解成功33起。与市发改委、统计局、综治办、社会矛盾纠纷调解指导办联合在全省率先出台《镇江市社会矛盾纠纷调处成功率指标考核办法》，并严格实行考核。编印《镇江市社会矛盾纠纷调解工作流程和格式文本》，规范调处中心运作。联合省监狱管理局与市劳动部门开展服刑人员释前就业培训。受理各类矛盾纠纷11499件，调处矛盾纠纷11450件，调解成功11326件，调解成功率98.5%，其中，两级调处中心直接受理调处3804件，调解成功3736件，调解成功率98.2%，有效发挥“第一道防线”作用。

2009年，市政府出台《关于进一步预防和减少社区矫正对象重新犯罪的意见》，实施风险评估和分类管理。加大心理矫治力度，5个辖市（区）实现具有国家心理咨询师资格的心理矫治志愿者镇（街）全覆盖，6个辖市（区）建立社区矫正协会。全市招聘社区矫正专职工作者31人。加强与公检法部门的联合督查，接收矫正对象1087人，解矫1001人，在册矫正对象1653人，无一人重新犯罪。

2009年，加强刑释解教人员信息化管理和集中排查，推广“双基”模式，与省监狱管理部门联合出台《镇江地区监狱和镇江市刑释安置帮教部门联合开展服刑人员释前就业培训教育工作的实施方案》，建立镇江地区监狱服刑人员释前就业培训机制，被《法制日报》报道并向全国推广。全年全市新接收刑释解教人员1138人，重新犯罪率0.26%；安置1083人，安置率95.2%；帮教率100%。

市司法局召开全市“五五”普法工作推进会。在全省率先开设“法制大讲堂”，邀请法学专家、学者先后举办《司法与民意》《科学发展观与中国法治建设》等法制宣传系列讲座。实施“普法驻村、入厂、进校园润民工程”。举办“五五”普法优秀项目巡展。开展“万人普法需求大调查”，做精做优“镇江普法网”。召开“全市网络普法成果展评大会”。出台市级民主法治村（社区）量化考核标准。打造法制教育示范学校、法治文化示范点、法制宣传教育基地、法制宣传教育示范企业等70个普法典型，形成百花齐放的普法格局。11月21日，《法制日报》的《“五五”普法巡礼》专栏刊登镇江市法制宣传教育的成果《网络普法上演大合唱——镇江开辟法制宣传教育新天地》。

2009年，市司法局和市律师协会召开以“应对金融危机，防范和规避风险”为主题的法律需求恳谈会。出台《积极应对金融危机，全力服务镇江发展新跨越的意见》，组建“防范企业经营风险律师专家团”对企业进行巡诊。开展“公证卫士为企业护航”主题实践活动。联合市总工会、经贸委等部门为全市大中型企业举办《积极应对金融危机，促进企业持续发展》专题讲座。全年全市律师担任法律顾问3220家，办理法律事务11648件；公证机构办理公证35921件；司法鉴定机构出具鉴定文书2841份。

市司法局出台《关于进一步加强全市法律援助工作的意见》《镇江市法律援助服务标准》等一系列文件制度。以开通“12345”为民服务热线为契机，加强“12348”法律援助服务平台建设。建立典型案例及时报告和志愿者律师值班制度。开展法律援助便民服务专项活动，人民群众满意率达95%。央视以《平安镇江——“没钱打官司”》为题报道镇江市法律援助工作，镇江市派出的“1+1”法律援助志愿律师徐祥接受中央电视台记者采访，在全国打响法律援助工作品牌。2009年，全市办理法律援助案件1965件，接待群众来访咨询5372人次，维护困难群众合法权益和社会的公平正义。（王勇）

【法律助企百日行活动】 2009年3月起，全市司法行政系统开展以构建涉企矛盾调处大会战、组织涉企法律服务大会诊、实施涉企法律援助大帮扶、开办涉企法制宣传大讲堂“四大”平台为主要内容的“法律助企百日行”活动。活动中，全市组织企业矛盾纠纷排查744次，调处矛盾纠纷1100件，调处成功1039件，防止群体性事件114件、3106人次；律师业走访企业4299家，出具风险提示和法律意见书1688件，为企业调处劳资纠纷1465件，代理案件4144件；全市法律援助机构接待涉企法律咨询528次，办理涉企法律援助案件436件。

（王 勇）

【举办防范和规避风险法律需求恳谈会】 2009年3月27日，市司法局和市律师协会在一泉宾馆举行主题为“防范和规避风险”的法律需求恳谈会。镇江市省“知名律师”和“十佳律师”代表与江苏恒顺、索普、中电电气、江苏银行镇江分行、镇江供电公司等重点企业的负责人或高层主管企业家，就当前形势下企业面临的法律需求和法律风险防范等问题进行探讨。会议期间举行“十佳律师牵手十大企业”结对仪式，市供电公司等企业代表与“十佳律师”分别在结对服务协议书上签字，并就律师服务企业的具体内容和时间表作明确约定。市经贸委、国资委、外经贸局、人行等4家经济主管部门有关负责人参加此次恳谈会。（王 勇）

【市司法局与市中级法院签订协议合力规范司法鉴定工作】 2009年，市司法局与市中级法院签订协议，明确在市中级法院设立“鉴定采信率指标联系点”，建立司法鉴定工作联席会议制度，司法局及时向法院通报市鉴定机构、鉴定人员违纪行为；市中级法院每月向市司法局鉴定管理部门通报司法鉴定结论的采信情况，及当事人对相关鉴定工作的投诉或意见，规范镇江市法医、物证、声像资料类司法鉴定活动。（王 勇）

【市律协召开三届二次理事会会议】 2009年3月10日，市律师协会召开三届二次理事会会议。会议研究决定市律协6个工作委员会和6个业务委员会主任、副主任人选，通报聘请市律协名誉会长和顾问事项。会议决定聘请市委常委、政法委书记黄宝荣，市政府副市长曹当凌为市律师协会名誉会长；聘请市律协原会长苏建春为协会顾问。市司法局党组书记、局长、市律协会长殷敏主持会议。（王 勇）

【成立城区医患纠纷人民调解委员会】 2009年3月26日，城区医患纠纷人民调解委员会成立。该调委会是在市司法局、市公安局、市卫生局共同指导及协调下，依法受理和调解京口、润州及镇江新区三个城区范围内患者在就医过程中发生的患者与医疗机构、患者与医护人员之间民事纠纷的群众性组织。调委会下设的城区医患纠纷调解中心为日常办事机构，具体负责医患矛盾纠纷调处工作。7月18日，镇江市第一家医患纠纷调解中心——城区医患纠纷调解中心正式成立运行。（王 勇）

“防范和规避风险”恳谈会会场 （陈昌琪）

【镇江市一律师入选“1+1”中国法律援助志愿者行动】 2009年7月10日，镇江市金银河律师事务所律师徐祥入选由司法部、团中央联合启动的“1+1”中国法律援助志愿者行动，被派遣到四川省金堂县从事为期一年的法律援助志愿服务。2009年7月30日，徐祥参加在北京人民大会堂举行的“1+1”中国法律援助志愿者行动启动仪式暨新闻发布会，并在央视播出的《法律服务动车行——突围法律援助》节目中，接受央视记者现场采访，介绍自己赴四川金堂县开展法律援助志愿活动情况。（王 勇）

【丹阳成立全市首家社区矫正心理教育中心】 2009年4月16日，全市首家社区矫正心理教育中心在丹阳市云阳桥社区揭牌成立。中心设立咨询接待窗口、专家辅导室、心理测试室、个别咨询室、音乐治疗室、心理调节健身室和集中辅导室，聘用7名国家级心理咨询师担任心理矫正志愿者。（王 勇）

【《社会矛盾纠纷调处成功率指标考核办法》出台】 2009年，市发改委、统计局、综治办、社会矛盾纠纷调解指导办、司法局在全省率先联合出台《镇江市社会矛盾纠纷调处成功率指标考核办法》。《办法》规定社会矛盾纠纷调处成功率指标实行百分制考核，由数量考核、质量考核和日常考核三部分指标构成，分别占40%、45%、15%。12月，由五部门组成的考核小组，对辖市（区）、镇街两级党委、政府上年度社会矛盾纠纷调处工作绩效进行考核，考核结果作为市委、市政府对各辖市（区）完成“社会矛盾纠纷调处成功率”指标任务的依据。

（王 勇）

【举办司法系统首届“展风采、聚合力”体育文化节】 2009年9月27日，全市司法行政系统首届“展风采、聚合力”体育文化节开幕，全系统有310余人投身此次体育文化节活动，来自市司法系统、各辖市（区）局（办）和市律协9支代表队的97名选手开展乒乓球、卡拉OK和象棋三项比赛，市直律师代表队、句容市司法局代表队、新区司法办代表队获乒乓球比赛团体前三名，另有15人次分别获乒乓球、卡拉OK和象棋个人赛的一、二、三等奖和冠、亚、季军，同时产生全市司法系统十佳歌手。（王 勇）

【江苏省司法警官高等职业学校】 江苏省司法警官高等职业学校是江苏省唯一一所以培养监狱劳教人民警察、基层司法工作者、安全防范技术以及司法信息技术等专门人才为主的政法类学校。学校位于镇江市桃花坞路一区14号，占地15.6公顷（含南京市龙潭校区建设用地9.7公顷），校舍总建筑面积61544平方米。教职工总数179人，其中民警154名，工人25名，专任教师103名，具有硕士以上学位教师28名,讲师51名,副高级以上职称教师14名,有江苏省“333高层次人才培养工程”首批中青年科学技术带头人1名。

现有全日制五年制高职教学班56个,在校生总数2929名,开办刑事执行(监所管理、社区矫正方向)、法律事务(基层法律服务方向)、安全防范技术(安全防范管理、安全防范技术方向)和司法信息技术(监所信息管理方向)等4个专业6个方向。学校承担全省司法系统在职人民警察的教育培训任务。

2009年,面向全省招录新生490名。2009年五年制高等职业教育第一届毕业生就业率达97.52%,考取全省司法行政系统人民警察的毕业生有298名,占毕业生总数的62.1%。

2009年5月,学校通过省教育厅和省教育评估院组织的全省五年制高职专业建设水平评估,其中刑事执行专业被评为优秀,法律、司法信息技术、安全防范等三个专业被评为合格。实验实训保障能力增强,学校全年计投入近500万元,建成网络综合实验室,改造完成300米塑胶田径运动场和警体障碍训练运动场2个项目工程。6月,学校120名学员参加在苏州举行的全省处置监狱突发事件汇报演练活动。

2009年,组织民警初任、警衔晋升、军队转业干部、党支部书记、岗位技能提升等各类培训班12期,完成1737人次的教育培训任务。组织4期计315名科监区长和军队转业干部开展现场教学活动。学校全年组织或配合在上海、山东、浙江、南京等地举办的苏沪浙鲁赣五省市联合培训班5期,江苏监狱系统科监区长有80人次参训。同时,学校还将两年来“监区长学校”参训学员的优秀论文汇编成《警苑锦文》,供全省监狱系统民警学习交流,扩大教育培训成果的惠及面。

2009年投入科研经费近88万元,其中用于科研奖励13万元,全校教师中有30人次参加省市级学术研讨会、教材通稿会和课题论证会;有62篇论文在省级以上刊物发表;完成研究课题12项,其中部级2项,省级1项,局级7项,承担新科研课题9项;新开发《财务辅助系统》计算机软件1项;编写出版《监狱信息化技术与应用》《调解实务教程》《服刑人员管理技术》等校本教材8本,在编教材9本;科研成果获奖14项,其中,获中国法学会奖2项,获省司法厅奖2项,获省监狱管理局奖7项,获长三角论坛奖1项。

2009年,通过公务员招考引进研究生3名充实教师队伍。有5名教师取得高校讲师任职资格,1名教师取得副教授任职资格,4名教师考取在职研究生,6名教师取得心理咨询师资格,派出29名教师参加业务进修培训;有8篇论文参加“监狱警察精神网络论坛”活动,并被省监狱管理局采用;组织“212监狱系统高层次人才”申报工作,有10名教师获学校推荐。全年计有17人次获省级表彰,有75人次获校级表彰,形成以德从教、以德治学的良好氛围。(高汝成)

【镇江监狱】 2009年,镇江监狱连续实现11个监管安全年,再次被评为省“三共”(共建、共管、共保安全)活动先进集体,被评为“平安监狱行动”优胜单位。监狱全年办理提请减刑1293件,假释233件,推行“阳光狱务”;监狱重视刑事激励、狱政激励、情感激励的综合运用,调动罪犯改造积极性。

2009年,镇江监狱落实司法部《教育改造罪犯纲要》。罪犯法律道德常识教育合格率、普法教育获证率均达95%以上。以新中国成立60周年为契机,开展爱国主义系列教育,开展纪念改革开放30年“七个一”活动,激发罪犯爱国热情,加速改造步伐。开设扫盲、小学、初中等教育课程,罪犯刑满前脱盲率达100%。激励罪犯参加高等教育自学考试,全年有217人次通过246门课程考试。探索习字监区、绘画监区和书香监区等特色监区建设,推进文化育人。推进教育信息化,实行有线电视、监内广播、罪犯教育网“三合一”运作模式,定期制作播出教育专题片。开展心理健康教育,做强团体心理教育活动,做优《心路导航》电视栏目,做精心理健康专题广播。完成门诊咨询242人次,视频、电话咨询47人次,团体咨询14场次216人次。设立17个监区心理健康辅导站,全监100名民警心理咨询师全部挂钩包干到监区每名罪犯。普及新犯入监评估,深化中期评估,制订“一人一案”的个别矫正方案。强化出监评估,向社会有关职能机构提供每名罪犯的出监评估报告和社会安置、帮教建议。落实《江苏省监狱系统新收犯收监分流指导手册》,探索实践“三期”“三级”“四循环”的新犯集训模式,确保每名新犯在心理健康教育、集训教育、入监表现三方面考核全部合格。

2009年,镇江监狱有9个集体、38人次受到厅局以上表彰,被评为监狱系统首家省级廉政文化示范点,再度被授予镇江市文明单位称号。加强队伍专业化建设,制定人才培养计划,出台措施鼓励民警学习,推荐民警申报加入“212”高层次人才队伍,与扬州大学联办心理学本科班,规范专业技术职称评聘工作,民警中取得国家二、三级心理咨询师资格的占19.8%,“六大核心专业”的占71.4%,“579”学历教育目标提前完成。开展“反腐倡廉制度体系框架构建年”活动和“严格自律守法纪勤勉务实保安全”警示教育月活动,抓好节日党风廉政建设,有关做法被《江苏法制报》专题报道。(杨景旭)

【镇江市公证处】 2009年,市公证处办理证件19900多件,提供法律咨询7000多人次,帮助当事人起草、修改和完善合同文本和法律文书达4000余件,避免直接经济损失700余万元,办理涉外及涉港、澳、台公证文书2800多件,未出现错、假、伪证。被镇江市委市政府授予“2009年跨越发展有功单位”“镇江市文明单位”称号。(张晓淑)

仲 裁

【概况】 2009年事业单位分类改革中,明确镇江仲裁委员会是具有准司法性质的公益性事业单位,3月18日正式下文,确认镇江仲裁委员会秘书处为社会公益一类。

2009年,镇江仲裁委员会办理仲裁案件213件,涉案标的额1.53亿元。涉案类型有商品房买卖合同纠纷、房屋拆迁纠纷、金融保险合同纠纷、物业合同纠纷、建设工程施工合同纠纷、居间合同纠纷、租赁合同纠纷等。全年无被法院撤销及不予执行案件。受理案件数量和标的额都超过预定的工作目标,仲裁事业呈现出良好的发展态势。(朱 明)

【镇江仲裁委员会换届】 2009年4月22日,镇江仲裁委员会召开三届一次会议,审议通过第二届仲裁委工作报告和第三届仲裁员名单。市政府常务副市长陈照煌任镇江仲裁委员会主任,孙晓南、金国使、顾其荣任副主任,金国使任秘书长(兼),李少华任副秘书长。换届后的新一届仲裁员有以下特点:一是人员结构进一步优化,由上一届的188人精减到172人,其中继续聘任的仲裁员有83人。二是体现专家办案的特点,在第三届仲裁员名单中,大学教授26人,在工商消协、科技、外经贸、房地产、建筑、金融保险、交通、工商联等行业选聘专家59人。三是适应镇江外向型经济发展需要,增加来自香港、台湾地区的仲裁员。四是适应办案需要,法律专业人士占绝大多数。包括各级立法机关法律专

家、各级法院原民事审判庭庭长、市各主要律师事务所资深律师以及相关执法部门的法制处长。（朱 明）

【推行仲裁法律制度】 2009年，镇江仲裁委员会充分利用新闻媒体、报刊的影响力宣传仲裁法律制度。在《镇江日报》开辟仲裁专栏，分期刊登《积极推行仲裁法律制度，努力开创镇江仲裁工作新局面》和《息争解纷的镇江仲裁》等宣传文章。通过典型案例宣传仲裁，增强镇江仲裁的社会影响力，扩大仲裁的知名度。通过讲授仲裁法律制度和散发资料的方式进行宣传。与工商部门联合印发《关于进一步推行仲裁法律制度的意见》。7月，举办以仲裁法律为主要内容的企业负责合同管理人员培训班，并组织仲裁知识考试。镇江仲裁委有30%仲裁员是专职律师，加上兼职律师的仲裁员，超过50%，95%以上的仲裁案件都有律师参与。11月20日召开律师界仲裁法律制度推行工作座谈会，就加强仲裁宣传，提高办案质量，改善机构建设，推进镇江仲裁工作发展进言献策，提出中肯的意见和建议。（朱 明）

【审理拆迁案件】 2009年，全市实施大规模拆迁改造，拆迁争议较多，案件审理难度较大，影响案件审理进度。案件承办人员坚持服务发展大局，坚持法律基本原则，从解决实际问题出发，协调、现场办案，作出相关裁决，全年受理拆迁案件11件，全部在法定的期限内结案，保证拆迁工作依法顺利进行。（朱 明）

【开发商"一房两卖"被裁承担双倍赔偿】 2009年5月，申请人王某到镇江仲裁委员会申请仲裁，因某开发公司将其已购房屋"一房两卖"的行为，请求裁决该开发公司承担双倍赔偿的责任。仲裁庭通过庭审，查明该开发公司为解决资金周转矛盾，在已经将房子卖给别人的情况下，与王某签订虚假购房合同，套取王某购房款长达一年多时间，构成欺诈，应该承担双倍赔偿责任。虽然最高法院的司法解释规定的惩罚幅度为"不超过已付购房款一倍的赔偿"，但考虑到房价上涨的幅度和开发公司的过失给王某实际造成的损失情况，决定依照上限对开发商予以惩罚：解除双方签订的《商品房买卖合同》，开发公司返还王某已付房款及利息，赔偿交通费等相关经济损失，并承担等同于王某已付房款金额的赔偿责任，使购房人的合法权益得到维护。（朱 明）

典型案例

【镇江市水利局原副局长曾万余受贿案】 2009年7月14日，镇江市人民检察院以涉嫌受贿罪对镇江市水利局原副局长曾万余立案侦查，7月29日决定逮捕，10月15日向镇江市中级人民法院提起公诉。经审查查明：2001年至2009年6月，被告人曾万余利用担任镇江市水利局副局长的职务便利，在工程承接、工程款支付、基建工程管理、行政执法等方面为他人谋取利益，先后非法收受他人所送的财物计价值人民币37.97万元。镇江市中级人民法院经公开开庭审理，于2009年11月18日依法作出一审判决，以被告人曾万余犯受贿罪，判处有期徒刑十年六个月，并处没收财产人民币15万元。（康 珺）

【镇江市丹徒区交通局原局长王志坚受贿案】 2009年5月23日，镇江市丹徒区人民检察院以涉嫌受贿罪对镇江市丹徒区交通局原局长王志坚立案侦查，6月9日决定逮捕，8月24日向镇江市丹徒区人民法院提起公诉。经审查查明：2004年12月至2009年5月，被告人王志坚在担任镇江市丹徒区交通局局长期间，利用负责发包、管理工程、拨付工程款、人员进编的便利条件，先后19次非法收受他人财物计36.9万元，并为他人谋取利益。镇江市丹徒区人民法院于2009年9月30日经公开开庭审理，依法作出一审判决，以被告人王志坚犯受贿罪，判处有期徒刑十年，并处没收财产人民币10万元。（康 珺）

【镇江市环境保护局新区分局环境监察大队原大队长张宝林、镇江市固体有害废物管理中心原主任丁春生环境监管失职、受贿案】 2009年6月9日，央视《经济与法》栏目对镇江新区大港街道甸上村仲家宕口被企业偷倒工业固废的情况进行曝光。镇江市经济开发区人民检察院以涉嫌环境监管失职罪于7月29日对镇江市固体有害废物管理中心原主任丁春生立案侦查，8月11日决定逮捕，10月28日提起公诉；于2009年8月3日对镇江市环境保护局新区分局环境监察大队原大队长张宝林立案侦查，8月13日决定逮捕，10月30日提起公诉。经审查查明：2006年6月至2009年6月，被告人丁春生在担任镇江市固体有害废物管理中心主任期间，在查得江苏钛白集团有限公司、镇江高鹏药业等企业向镇江新区大港街道甸上村仲家宕口内非法倾倒危险废物酸渣等污染物后，未正确履行职责检查、督促上述企业进行整改治理，致使上述企业长期向该宕口倾倒污染物。2006年3月至2009年3月，被告人张宝林担任镇江市环境保护局新区分局环境监察大队大队长期间，在负责对镇江高鹏药业有限公司、镇江市大港福盛化工厂等企业排污申报审核、日常环境监察、环境污染信访案件的调查处理等环境监管工作中严重不负责任，不认真履行职责，致使镇江新区大港街道甸上村仲家宕口长期被上述企业偷排污染物。至案发时，宕口内污染物已达10余万吨，严重污染环境，造成重大环境污染事故和恶劣的社会影响。经有关部门评估，该宕口环境污染处置费为

镇江市仲裁法律制度推行工作座谈会会场（朱 明）

2484 万元，镇江新区管委会为消除宕口污染已花费 127 万元。同时查明，2007 年 2 月至 2008 年 1 月，被告人丁春生利用职务便利，先后 14 次非法收受有关企业的财物计价值人民币 1.75 万元，为其谋取利益；2007 年至 2009 年 3 月，被告人张宝林利用职务上的便利，13 次非法收受被监管企业的财物共计价值人民币 6.18 万元，为其谋取利益。镇江市经济开发区人民法院分别经两次公开开庭审理后，于 2009 年 12 月 29 日分别作出一审判决，以被告人张宝林犯环境监管失职罪，判处有期徒刑一年；犯受贿罪，判处有期徒刑五年，并处没收财产 3 万元，数罪并罚，决定执行有期徒刑五年六个月，并处没收财产 3 万元；以被告人丁春生犯环境监管失职罪，判处有期徒刑一年，缓刑一年；犯受贿罪，免予刑事处罚。

（康　珺）

【李松等四人抢劫案】 2009 年 5 月 11 日，镇江市中级人民法院对李松等 4 名被告人抢劫案作出一审判决，以犯抢劫罪判处被告人李松、李应明死刑，剥夺政治权利终身，并处没收个人全部财产；被告人李明亮有期徒刑十二年，剥夺政治权利三年，并处罚金人民币 10000 元；被告人何帮年有期徒刑八年，剥夺政治权利两年，并处罚金人民币 10000 元；被告人李松、李应明、李明亮连带赔偿受害人焦某的家属经济损失计人民币 446231 元。

2008 年 11 月下旬，被告人李松提议并纠约被告人何帮年、李应明、李明亮预谋以杀人灭口的方式实施抢劫，先后购买尖刀、手套等作案工具，寻找对象，伺机作案。2008 年 11 月 27、28 日，被告人李松、李应明、李明亮、何帮年两次作案未遂。30 日晚 23 时许，被告人李松、李应明在镇江市丹徒区缪家甸镇荣公路边搭乘被害人焦某驾驶的出租车，当车行至丹徒新城谷阳大道京江发动机厂路段时，持刀刺戳其胸部，致其死亡，后劫得被害人焦某人民币 300 余元及价值人民币 500 元手机 1 部。经法医鉴定，被害人焦某被他人运用单面刃锐器刺戳右侧颈部致颈动、静脉破裂，失血性休克死亡。

镇江市中级法院经审理认为，被告人李松、李应明、李明亮、何帮年以非法占有为目的，采取暴力手段劫取他人财物，其行为均已构成抢劫罪。遂根据他们在共同犯罪中所起的作用，依法作出上述判决。

（张传军）

【"镇江香(陈)醋"集体商标侵权案】 2009 年 8 月 17 日，镇江市中级法院对镇江市醋业协会诉镇江市恒仙调味品有限公司及王某侵犯注册商标专用权纠纷案作出一审判决：镇江市恒仙调味品有限公司于本判决生效之日起十日内赔偿镇江市醋业协会经济损失 25000 元，驳回镇江市醋业协会对王某的诉讼请求。

2007 年 5 月 14 日，镇江市醋业协会获准注册"镇江香醋"集体商标、"镇江陈醋"集体商标，注册有效期为自 2007 年 5 月 14 日至 2017 年 5 月 13 日止。恒仙调味品公司非镇江市醋业协会会员亦未被许可使用"镇江香醋""镇江陈醋"集体商标。但恒仙调味品公司于 2007 年 11 月份即已开始在其生产的"兴田"牌陈醋产品上使用印有"镇江陈醋"字样的商品标识，与镇江市醋业协会"镇江陈醋"注册商标相同。2008 年 10 月 8 日，恒仙调味品公司法定代表人与王某签订承包协议一份，约定由王某承包恒仙调味品公司进行生产经营，承包期暂定一年，自 2008 年 10 月 10 日至 2009 年 10 月 9 日止。2008 年 10 月 8 日起，王某在其承包经营期间，在其生产的香醋和陈醋产品标识上继续使用"镇江香醋""镇江陈醋"字样，并销往南京等地。2008 年 11 月 6 日，句容工商行政管理局执法人员对恒仙调味品公司依法检查，查封仓库内涉及侵权的货物，并据此作出行政处罚决定书，责令王某改正并罚款 20000 元等。

镇江市中级法院审理后认为，镇江市恒仙调味品有限公司构成对"镇江陈醋"注册商标专用权的侵犯。由于王某承包经营恒仙调味品公司并不改变企业性质，在其承包经营期间对外所产生的债权债务在公司存续的情况下仍应由恒仙调味品公司承担，遂依法作出前述判决。

（张传军）

【徐伟刚等 12 人诉镇江市松盛土地综合开发有限责任公司等排除妨碍案】 原告徐伟刚等 12 人系镇江市松盛园小区第 7 幢楼房的住户。松盛园小区由被告镇江市松盛土地综合开发有限责任公司（以下简称"松盛开发公司"）开发建设，该公司于 2005 年 5 月 26 ~ 28 日向原告交付所售松盛园小区房屋。2005 年 6 月底至 7 月初，松盛开发公司在该小区第 7 幢楼和第 8 幢楼之间，靠第 7 幢楼南侧安装一组健身游乐器械。原、被告对于该设施的安装，事先并无约定。小区业主陆续入住后，使用运动器材和儿童游乐器械的居民越来越多，严重干扰原告正常的生活和休息。原告遂向被告就设施安装地点提出异议。2006 年 10 月，业主委员会对设施去留等问题作讨论，最终通过拆除设施等问题的决议，并于同年 11 月 19 日将决议寄给松盛开发公司，要求开发公司于接信后 15 个工作日内拆除 7 号和 8 号楼之间的体育娱乐设施并恢复绿化，并要求将拆除的器材安装到小区中心广场。由于业主委员会人员变动未能正常履行职能，运动游乐设施亦未拆除。原告遂诉至镇江市京口区法院，要求判令被告松盛开发公司拆除松盛园小区第 7 幢与第 8 幢楼房间的运动游乐设施，并恢复该地块绿化。

镇江市京口区法院审理后认为，本案是因健身器材安装选址不当，居民不文明使用等问题引发的纠纷。所涉器材安装地点，原规划为绿地，该绿地属于业主共有，而松盛开发公司擅自改变绿地性质安装运动游乐器械，选址安装行为明显不当。对原告的日常生活休息，以及小区业主对建筑物专有部分以外的共有部分享有的共有和共同管理的权利造成侵害，构成侵权。因此，对原告要求拆除运动游乐设施，并恢复该地块绿化的诉讼请求予以支持。遂于 2008 年 12 月 7 日依法作出一审判决：被告镇江市松盛土地综合开发有限责任公司于本判决生效后二十日内拆除镇江市松盛园小区第 7 幢与第 8 幢楼房间的运动游乐设施，并恢复该地块绿化。

被告松盛开发公司不服一审判决，向镇江市中级人民法院提起上诉。镇江市中级人民法院审理后认为，原审法院所作判决并无不当。鉴于运动游乐设施的公益性特点，松盛开发公司在拆除镇江市松盛园小区第 7 幢与第 8 幢楼房间的运动游乐设施后，应尽快与松盛园小区业主协商择地重新安装运动游乐器械。据此，于 2009 年 4 月 13 日依法作出"驳回上诉，维持原判"的终审判决。

（张传军）

综合经济管理

责任编校：毛向阳

发展规划管理

【概况】 2009年，镇江市贯彻中央、省应对金融危机的一系列决策部署，明确赶超目标，狠抓“千亿投资、百亿财政”，“四大建设”有力推进，全面完成国民经济和社会发展的指标任务。

市发改委组织起草《镇江市“十二五”规划编制工作方案》，报市政府批准印发。组织开展规划前期研究，根据经济社会发展需要，在公开征集和广泛征求意见的基础上，拟定全市25个重点研究课题，明确部门任务分工，并加强督促协调，为科学编制规划奠定基础。研究“十二五”发展思路，谋划镇江市长远发展。在有序推进市级规划编制工作的同时，加强对辖市(区)规划的指导，确保全市规划协调有序开展。

落实服务业三年翻番行动计划，引导服务业优化结构、提升层次。加快集聚区建设。申报省级服务业集聚区，指导句容科创园、西津渡文化产业园和港口物流集聚区完成规划编制，其中句容科创园、西津渡文化产业园规划通过省发改委论证。加大服务业投入。突出抓好服务业重点项目建设，35个服务业重点项目全年完成投资70亿元，其中竣工或基本建成项目14个，占40%。强化政策扶持。围绕全市服务业三年行动计划确定的重点领域，筛选产业层次高、示范带动性强的项目，给予市服务业引导资金扶持。西津渡文化产业园等12个项目获得1728万元国家和省专项资金支持。支持新兴产业发展。紧抓扩大内需机遇，组织市重点项目争取资金支持。累计上报16个工业类项目，其中第二批新增中央预算内投资计划项目8个，索普等4个项目获得国家资金3200万元支持；华东工程塑料等8个项目争取中小企业新增中央资金。二重等10个项目被列入江苏省100个重大产业项目，润州区和扬中市分别被授予省船舶动力和省电力电器特色产业基地称号。对接产业调整振兴规划。深入学习国家发布的十大产业调整和振兴规划以及省十二大产业调整和振兴规划。结合镇江市产业现状，提出多项对接措施，分别对全市光伏、新材料、生物、风电、新能源、稀土、化工、化肥、水泥、船舶、电子信息、新能源汽车及新兴产业进行专题调研，科学提出发展规划。制定镇江市《关于实施科学发展评价考核工作的意见》，全面对接省考核评价办法，并结合镇江实际，突出镇江市发展阶段性特点和要求，将固定资产投资、财政一般预算收入以及外向型经济等经济指标的进档升位纳入考核内容；将“双创”、全民创业等六个文件及市委、市政府阶段性重大工作部署纳入考核内容；对各辖市(区)考核指标确定不同的目标值和赋予指标不同的权重两个方面，实施差别化考核。

(秦艳贞)

【《镇江市新能源产业发展规划》编制完成】 2009年，镇江市对接国家、省新能源产业调整和振兴规划，经过调研、广泛收集资料，8月完成《镇江市新能源产业发展规划》，规划期为2009~2012年，展望期到2015年。明确提出：重点推进太阳能光伏产业、风能装备制造产业规模化发展；发展核能装备制造和生物质能产业；开展智能电网、新能源汽车等领域关键技术和产品的研发，使新能源产业成为镇江市新一轮经济发展的战略先导产业和未来经济发展的支柱产业之一。

(智宝定)

【《镇江市秸秆综合利用规划(2009~2015年)》编制完成】 为加快镇江市农作物秸秆资源综合利用，促进资源节约型、环境友好型社会建设和生态市建设，镇江市编制完成《镇江市秸秆综合利用规划(2009~2015年)》。规划在调研分析镇江市秸秆资源潜力和利用现状的基础上，提出秸秆综合利用的指导思想、基本原则、重点领域和任务，整理收集秸秆综合利用的后备项目，并明确秸秆利用的工作目标：到2010年底全市基本实现露天禁烧，秸秆综合利用率达到95%；到2012年底全市基本建成秸秆收集储运体系，基本形成布局合理、多元利用的秸秆还田、环保利用和产业化综合利用格局，秸秆综合利用率96%；到2015年底秸秆综合利用率97%，其中秸秆机械化还田、生物质热解发电及原料加工利用等是发展的重点领域。

(唐艺荣)

【2009年度江苏省社会发展水平综合评价镇江位居第五】 2009年，镇江市推进经济和社会的协调发展、全面发展、可持续发展，在江苏省社会发展水平综合评价中，镇江市综合评价指数115.63，居全省第五位。全省前5名为苏州、无锡、南京、常州、镇江。

社会发展水平评价内容包括人口发展、生活水平、公共服务、社会和谐四个领域。评价方法是通过多级综合，将反映社会发展基本特征的若干指标，统一为综合反映社会发展水平的总指数。全省社会发展指数以上年为基期计算，主要反映社会发展的进程。各市社会发展综合指数以当年各省辖市平均为1计算，主要用于各市之间社会发展水平的比较。评价数据由省有关部门和各市提供，经省发展和改革委和省统计局认定后运用。

(秦艳贞)

【谏壁电厂一工程获国家发改委核准】 2009年4月14日国家发改委核准，省、市重点项目谏壁电厂“上大压小”1×100万千瓦机组扩建工程推进到得突破性进展。5月28日举行开工仪式，项目总投资约40亿元，2009年全年完成投资约15亿元。（参见第15页）

（智宝定）

【2009中国镇江(上海)金秋系列招商活动】 该活动于2009年11月26～28日在上海举行，包括1场集中签约活动和5场专题活动。沪镇交流合作恳谈暨项目集中签约仪式由市发改委牵头组织，商业地块推介活动由市国土资源局牵头、北部滨水区项目恳谈会由市水投公司牵头、投资说明推介会由镇江新区牵头、对接世博（上海）农业招商活动由市农林局牵头。

26日，中共中央政治局委员、上海市委书记俞正声，中共上海市委副书记、上海市市长韩正等在上海市委办公楼贵宾厅会见了镇江市委书记许津荣、市长刘捍东等镇江市党政代表团主要成员，双方达成共识，表示将进一步加强合作，努力构筑优势互补、合作共赢的发展平台，将镇江打造成上海的西花园。在集中签约仪式举行前，市长刘捍东就“对接上海加速融合”做主题演讲。

本次活动共推进内资项目74个、外资项目17个，其中36个内资项目、11个外资项目签订正式合同。26个项目参加集中签约仪式，协议利用内资181.3亿元，合同利用外资4.3亿美元。到会重点客商87人，包括来自美国、德国、日本、韩国、澳大利亚和中国香港、中国台湾等国家和地区的客商，日本丰田、三井物产、韩国新世界、美国朗润、上海农工商、华润置地、上海绿地、上海豫园等国内外知名企业也参加会议。

（秦艳贞）

【应对危机“扩内需保增长”】 2009年镇江市利用国家实施4万亿元投资的有利时机，狠抓“千亿投资、百亿财政”。将中央和省有关扩内需、保增长、促发展的政策汇编成册，印发全市《扩大内需动态》51期。围绕保障性安居工程、农村民生工程、基础设施建设、社会事业发展、产业调整和振兴规划等扩大内需重点领域争取资金支持，全市53个项目共获得国家、省各类扶持资金5.17亿元，为项目建设提供资金支持。利用国家实施的财政政策和适度宽松的货币政策的宏观环境，筹措资金、深化改革、推进开放。组织召开全市企业债券工作会议，指导和推进企业债券发行，镇江城投10亿元、丹阳城投6亿元和镇江新区经济开发总公司14亿元企业债券顺利发行，镇江交投、镇江水投、镇江城投（二期）、索普醋酸三期、扬中城投和句容福地等76.3亿元企业债券报国家发改委审核，全市债券发行工作取得历史性突破。成立5家中小企业金融服务中心，“淡马锡”融资模式为540家中小企业发放贷款31亿元。成立8家农村小额贷款公司。新增7家创业投资公司。利华国际在纳斯达克上市，募集资金2500万美元。

（秦艳贞）

【镇江市对口支援四川省绵竹市板桥镇地震灾后恢复重建】 2009年是援建项目推进年。在“5·12”汶川大地震一周年之际，全面竣工板桥医院和幼儿园、板桥大道西延段，以及相关道路工程。8月份板桥小学交付使用，确保灾区学生在新学期回到永久性校舍学习；11月底第一个完成江苏工业园区内的顺武路建设；绵竹大西街小学、板桥康宁安置房工程基本建成。第四批援建项目板桥安置房开工建设，板桥农贸市场及绵竹城东新区道路完成前期工作，于2010年1月开工建设。由镇江市出资，当地政府负责用以工代赈方式建设的34个农民集中居住点的基础设施进展顺利，完工18个，正在实施16个。城镇区重建101户、维修加固76户，农房重建共5443户，完工5122户。

2009年，镇江指挥组2人分别被省援建指挥部表彰为优秀党务工作者和优秀共产党员，2人被省指挥部表彰为援建工作先进个人，2人分别被绵竹市表彰为优秀青年和安全生产先进个人，3人被绵竹市表彰为劳动模范，指挥组党总支被省指挥部党委表彰为党建工作先进集体。

（秦艳贞）

【经济技术协作工作】 2009年，镇江市筹措对口支援、扶贫资金705万元，牵头洽谈和签约经济技术合作项目37个。

对口支援帮助西藏达孜县发展经济和社会事业。资助400万元援建的西藏达孜县工业园区延伸段、农牧民安居工程、广电中心、唐嘎乡江苏希望小学等项目均已竣工。市公安、检察、卫生、红十字会等部门出资105万元援助建设达孜县公安局规范化建设项目、检察院办公自动化及设备购置、县城金虎大道改扩建工程、广电大楼附属工程、达孜县人民医院增添设备等项目。镇江网友还在网上发动捐赠10万元。实施智力援藏，选派2名医生赴达孜县医院进行为期一年的诊疗工作。

推进与陕西渭南挂钩协作。组织全市近100家企业200余人参加在西安召开的第13届东西部投资贸易洽谈会（简称“西洽会”）。镇江市作为江苏省的重点布展城市，全省50个展位中有25个。镇江市在西洽会上完成各类合作项目37个，总金额30.23亿元，有两个项目参加江苏省重点项目集中签约，总投资1.45亿元。实施扶贫项目和帮困活动，投入150万元援建渭南市合阳县王村镇供排水工程项目、白水县杜康镇供排水工程项目、蒲城县马湖农田灌溉工程项目、富平县薛镇沟龙道路建设工程项目、渭南市商务信息中心建设。通过对口援建项目的实施，修乡村公路4.5公里，解决6个村的人畜饮水问题，直接受惠群众13500多人，灌溉农田3160公顷。帮助当地果农脱贫增收。组织协调扶贫水果在镇江的销售，销售渭南苹果700多吨，价值近400万元。

完成对口支援三峡库区的各项任务。京口、润州、镇江新区共同筹措无偿援助资金60万元，与其他市共同援建的湖北秭归县第二人民医院外科大楼已基本完工并即将投入使用。帮助果农销售脐橙450余吨，价值200多万元。

2009年，先后9次参加长江三角洲16个城市、南京区域19个城市组织的区域经济年会、协调会和考察交流活动。参加长三角城市经济协调会第九次市长会议，开展关于“长三角金融合作”“长三角医疗保险合作”和“长三角会展合作”课题工作。参加长三角经济协调会办公室和上海市长宁区政府举办的“携手长三角、聚焦大虹桥”论坛系列活动。在南京经济区第十五届市长联席会议上，副市长陈建设在会上作“建设更高水平的区域一体化交通体系，推进南京都市圈加快发展”的专题发言。镇江市与南京区域其他城市共同签署《推动泛长三角合作，促进区域协调发展备忘录》。3月，南京都市圈城市为共同应对金融危机，镇江市与其他城市共同联办南京都市圈商贸旅游巡展活动，这场以“畅享消费，乐游十城”为主题的南京都市圈商贸旅游业巡展在镇江市大市口广场开展。整个展览以城市为分区，表现出各城市的资源特色，全面展示各城市的商业网点、街区、企业，以及最具特色的旅游景点等。先后参加2009年南京重洽会联办城市推介会、第五届中国（南京）国际软件产品博览会、2009年南京台湾名品交易会、2009南京名特优新产品博览会等活动。12月初，参加南京都市圈第七届发展论坛，深入探讨都市圈和镇江市的现代服务业发展前景。

（吴　敏）

国有资产监督管理

【概况】 2009年，镇江市20家出资企业全年完成销售收入101.46亿元，首次突破百亿元大关；实现利润在一月亏损6909万元的情况下，后11个月环比逐月上升，全年盈利4.8亿元；资产总量截至年末为908.3亿元，比上年增长31.2%，净资产413.1亿元，增长30.5%。

市委、市政府为发展壮大市属国有投资机构，发挥投资平台作用，通过资产注入、划转、持股等多种方式先后将中房、房投、燃气、自来水、污水处理、镇江宾馆等企业资产（股权）、旅游园林类资产、城市建设类资产、土地资产注入相关投资公司。截至2009年6月底，市属国有投资公司资产总量达603.7亿元，负债总额301.83亿元，净资产301.87亿元，提前半年实现市政府预定的400亿元资产总量的目标。在壮大规模实力的基础上，加大资本市场直接融资力度。市城投公司拟发行总额不超过20亿元的二期企业债券，国投公司拟发行不超过12亿元的企业债券，在省发改委审批；水投公司拟发行20亿企业债券，索普集团拟发行6.3亿元企业债券，在国家发改委申批。密切银企关系，大幅增加银行融资。市国投公司累计为索普集团、恒顺集团、交投公司、城投公司、大东纸业、飞驰汽车、润扬大桥提供融资支持总额度15.5亿元。市国投公司增资诚信担保公司4000万元，使之成为亿元担保企业，全年可完成担保业务8亿元；市国投公司参股并牵头创立的天润典当公司于5月投入运营，实现当年批准，当年开业，当年盈利的快速度。为促进镇江市中小企业和地方经济发展构筑重要的融资与担保平台。

全年明确11个单体投资超亿元，总投资达116.2亿元的重大项目，要求2009年实际投资48.4亿元，到11月末，累计完成投资82.26亿元，其中，2009年投资任务完成51.22亿元，超过年度投资计划。11个重点投资项目中，索普醋酸造气项目竣工投产；大东纸业搬迁工程年内开始；华晨华通与新科动力合资总投资5000万美元项目正式签约，资金已到位；华地购物中心、恒顺商业广场进入收尾，2010年1月开业；汽车制造厂引进福建正兴集团投资11.8亿元，实施年产百万辆新型混合动力摩托车及250万套汽车车轮项目，达成合作意向；索普60万吨醋酸三期，恒顺二期扩产12.5万吨香醋，大港四期等项目做好开工前准备。

全市国有企业把保发展，保稳定作为首要任务，加强国资运行监管，全力提升运行质量。一是把季度分析改为月度分析，加强对企业主导产品销量、资金回笼、资金周转、用电量等主要生产经营情况监测，做到异常情况早发现，有关问题早解决。建立"一企一策"的协调服务机制，重点企业由市国资委领导亲自带队，现场办公，督促企业强化管理，开拓市场，挖潜增效。二是加大激励约束机制，出台《镇江市市属国有投资公司运营管理和绩效考核暂行办法》，从评估目标、项目监管、财务监管、绩效评估、绩效激励等五个方面对市属国有投资公司的运营管理和绩效考核进行规范。与市纪委、市监察局联合下发《镇江市企业国有资产损失责任追究暂行办法》，加强对国有资产损失责任追究力度。三是完成国有产权登记工作。累计完成登记市本级国资投资企业114户。其中：市属出资企业24户，出资企业子企业90户；申办占有登记109户，变动登记5户。实收资本合计69.93亿元，其中：国有资本26.09亿元，占37.5%；法人资本17.23亿元，占24.7%，对国有出资企业国有股应分配利润进调查登记，加强国有股应分配利润管理。统计评价工作获省国资委系统一等奖。

严格按照国务院国资委、财政部3号令等法规规定，完成三明集团和大港通达钢材、华晨华通公司和华通阿伦公司、镇江汽车制造厂、天慧房地产、土木建设监理、恒生广告等6家企业国有产（股）权进场转让工作，涉及总资产74587.04万元，总负债50841.31万元，成交金额10652万元。抓紧改革遗留问题扫尾工作。协调解决恒泰实业、华耀制药、润鑫百货、焦山片区拆迁、罐头厂、华铝、汽车铸造厂、大件运输、鑫通运输、商业大厦、食品厂、儿童食品厂、市场公司、五交化、钢材市场等企业改革遗留问题。对赛博电子、色织总厂、电容器厂等重点破产企业抓好后续完善工作，完成人员分流，按照司法程序有序推进破产终结。色织总厂、赛博电子经公开拍卖、完成资产处置，进行清算分配，完成司法程序；汽车钢圈厂破产重组基本结束；纺机厂关闭歇业；纸箱厂、丝绸供销、纺机公司等破产终结。全年共分流人员2467人，分流清算组留守人员43人，移交在职职工档案1674份，离退休职工档案3945份。对金河纸业153名符合定补协保人员实施二次分流安置。按市政府要求，市国投公司承担国企改革专项资金的筹集使用工作，市国资委制定《市属国有企业改革专项资金筹集使用的实施办法》，明确改革资金的筹集渠道和管理使用程序，至年底已多渠道筹集改革专项资金15975.48万元，由市国投公司支付镇江市儿童食品厂等16家企业的职工经济补偿，社会保险及拆迁补偿费用1379.95万元，支付劳动保险代理机构费用4900万元。继续做好不良金融债权回购工作，与信达公司洽谈成功大东纸业等9家企业金融债权回购协议，回购本息1.2亿元，支付回购金300万元，占回购债权的2.5%，为企业实际增资1.17亿元。对市属改制企业资产保全情况进行全面摸底调查。147户按规定办理资产保全手续的改制企业中，14户企业已发放职工经济补偿金，解除资产保全；50家企业用价值2.29亿元的77.41万平方米土地资产进行保全；38家企业用价值2.04亿元的24.21万平方米的房屋资产进行保全；45家企业用价值2.66亿元的股权和设备进行保全，并对万方公司等12家退城进区，老城区改造的改制企业办理保全资产置换手续，涉及职工22100人，涉及资产6000余万元，有效维护职工合法权益。对未办理资产保全手续的企业，督促其在限定期限内办理，把保全资产的适用范围延伸到离休人员医疗统筹和专项费用，保养和抚恤人员的生活费，定期救济金，扩大职工权益的保障面。

对恒泰实业、汽车铸造、商业大厦、无专公司、汽车钢圈、京江饭店等集访矛盾比较突出的重点企业，会同行办抽调精干力量组织驻厂工作组，实行领导包案、挂牌督办，限期解决的办法，维护职工合法权益，指导帮助企业恢复秩序，稳定局势，基本解决职工集访问题，企业运营秩序基本恢复正常。加强机关和企业党建和党风廉政建设。制定企业国有资产评估项目核准和备案、权力节点监控办法等制度，加强权力运行的监督约束。推进工程领域专项治理，廉政文化进企业，提升反腐倡廉建设水平；指导恒顺集团、捷诚车载、镇江宾馆等监管企业党委班子调整工作；开展国企民企党建统筹共建活动，加强基层党组织建设；深化开展平安企业二轮创建、精神文明建设、脱贫攻坚两消除等工作；开展"红歌颂祖国"歌曲大赛、"爱在镇江""慈善一日捐""我为跨越发展作贡献""细节彰显城市文明主题行动"等活动。

（沈忠华　李昌元）

【强势推进央企招商工作】 2009年，市委、市政府决定把央企招商列为打造千亿产业，实现千亿投入的重要举措和"保增长、促发展"六大机制之一，明确由市国资委牵头组织实施。市国资委围绕全年力争完成央企招商100亿元的目标，

表 11-1

2009 年镇江市国有及国有控股企业基本情况表

地区\指标	企业数(家) 合计	其中:大中型	国有资产总量(万元)	在职人数(人)	年人均工资(元)
市直	45	14	3956511.54	14217	27301.62
丹阳市	6	3	17141.10	4849	18438.56
句容市	35	0	24486.96	1960	11655.27
扬中市	3	1	1414.46	583	15692.87
丹徒区	37	1	96724.94	1337	14901.50
润州区	7	1	2339.56	258	30139.59
新区	7	1	59886.88	600	16935.70
合计	140	21	4158505.44	23804	22996.54

(钱月新 张培工)

表 11-2

2009 年镇江市国有及国有控股企业资产负债结构表

单位:万元

分类	资产总计		负债合计		净资产		国有资本金	
	全市	市直	全市	市直	全市	市直	全市	市直
工业企业(17 家)	1365452.47	1184327.99	1032848.19	868487.60	332604.28	315840.39	126823.86	99677.02
投资公司(10 家)	7354393.81	7292024.92	3691791.44	3663965.01	3662602.37	3628059.91	291834.52	262660.52
贸易及餐饮(21 家)	123299.02	33060.77	113796.26	26121.05	9502.76	6939.72	17084.56	10699.79
房地产业(9 家)	128427.32	27395.84	125344.11	24117.08	3083.21	3278.76	16199.12	5729.70
服务及其他(83 家)	1013594.42	548281.05	699656.93	416367.48	313937.49	131913.57	79076.32	37981.56
合计	9985167.04	9085090.57	5663436.93	4999058.22	4321730.11	4086032.35	531018.38	416748.60

(钱月新 张培工)

表 11-3

2009 年镇江市国有及国有控股企业经济效益指标表

单位:万元

分类	营业收入		利润总额		上缴税金		净资产收益率(%)	
	全市	市直	全市	市直	全市	市直	全市	市直
工业企业(17 家)	546925.95	471748.98	277.51	10881.07	19502.44	17184.45	-1.15	2.45
投资公司(10 家)	18399.86	17663.36	22777.27	22998.35	3421.32	3352.29	0.73	0.74
贸易及餐饮(21 家)	114109.84	32969.00	873.47	670.32	852.26	513.72	7.69	8.01
房地产业(9 家)	36362.30	6230.59	203.37	376.94	2514.44	357.81	1.34	12.20
服务及其他(83 家)	423229.95	281724.21	13511.45	232.20	20226.56	11503.06	1.02	-7.31
合计	1139027.90	810336.14	37643.07	35158.88	46517.02	32911.33	0.76	0.86

(钱月新 张培工)

表 11-4

2009 年镇江市国有资产监管企业经济效益指标表

单位:万元

企业名称	资产总计	净资产	营业收入	利润总额	上缴税金	工业增加值
镇江市诚信担保有限责任公司	12438.72	10241.65	497.69	48.75	0	0
镇江市能源开发总公司	6322.01	6270.07	0	-117.37	0.36	0
江苏恒顺集团有限公司	369383.96	55194.78	181251.40	4414.74	5808.01	12982.00
镇江市交通投资建设发展公司	2003741.76	776381.31	108.64	83.45	83.58	0
江苏索普(集团)有限公司	801126.75	180492.54	347358.36	5693.04	9139.94	56916.00
江苏省镇江市路桥工程总公司	81960.80	2051.87	107410.55	658.48	3974.75	0
镇江华润燃气有限公司	68475.74	37641.69	46877.57	8568.79	3170.53	13791.01
镇江市水利投资公司	1576863.12	916668.56	162.89	-734.83	0	0
镇江大东纸业有限公司	77967.44	51253.56	53638.69	1835.94	3480.07	11853.60
镇江市城市建设投资集团有限公司	3571107.36	1903095.42	17377.92	25164.18	3257.89	1528.55
镇江市公共交通总公司	21219.37	5379.03	13491.09	-426.65	515.98	3781.81
镇江飞驰汽车集团有限责任公司	8010.65	-1301.89	12424.68	-251.50	232.32	1149.10
镇江港口有限责任公司	43348.84	36703.90	95.76	-3199.84	41.15	0
镇江镇扬大桥投资经营管理有限公司	36985.33	-16930.81	13.92	-3344.03	0	0
镇江宾馆	4112.41	-1214.32	2068.82	-151.56	120.43	0
镇江金河纸业有限公司	17195.19	-13740.33	102.44	-3183.95	1.68	0
镇江市自来水公司	89703.10	48148.87	11009.35	205.35	1053.33	6816.92
江苏太白集团有限公司	51476.50	15985.68	57841.08	2730.57	3969.56	13169.30
江苏捷诚车载电子信息工程有限公司	69428.25	20955.32	48106.64	2231.17	817.95	8300.00
镇江船山石灰石矿有限公司	172015.00	98095.29	102991.93	8032.55	11293.42	30980.00
合计	9082882.30	4131372.19	1002829.42	48257.28	46960.95	161268.29

(钱月新 张培工)

加大央企招商力度，寻求与央企对接合作，推进央企招商工作。相继拜访航天科工等40多家央企，邀请中远集团等20多家央企领导到镇江考察洽谈，全年共有10个央企投资项目签约，投资总额220亿元。继续洽谈的10个项目，单体投资均超过10亿元。

（沈忠华　李昌元）

【华地项目建成开业】 香港华地集团投资建设的华地项目——镇江八佰伴商场至2009年年底全部竣工，总投资1亿美元以上，建筑规模13.88万平方米，是省内单体面积最大的商场。商场以现代时尚百货和大超市为主体，附属休闲、娱乐设施配置齐全，是香港华地集团在内地投资的最新一代产品，成为镇江市大市口繁华商圈最新的商业地标，引领镇江市商贸服务企业业态水平有较大提升。（沈忠华　李昌元）

【华地项目推进镇江市商贸进入新一轮竞争】 2009年，华地项目进入镇江市以后，激起市商贸企业新一轮竞争。镇江百盛商城、新世纪商厦以做精、做优、做强企业为目标，实施一系列商品贯标，环境布局调整；淘汰竞争力退化的品牌，引进国内外知名品牌，优化商品结构，提升企业档次。商业城引进100多个国际国内知名品牌；新宴春酒楼为打造特色餐饮，在丹徒新区建成食品加工厂，使"蟹黄汤包""水晶肴蹄""锅盖面"等地方传统名牌食品，实现批量化、标准化生产；长江乳业建成新牧场，饲养乳牛达到1500头规模，形成"奶牛饲养——沼气工程——饲料种植"的农业循环经济模式；万方公司开拓"龙脑"豆制品产业，将"龙脑"豆制品销售市场拓展到省内外各大超市；商业大厦A楼重新装潢改造；镇江大酒店进行升级改造。

（沈忠华　李昌元）

【大东纸业退城进区】 2009年，市国投公司投资大东纸业3.9亿元，回购外资股权，偿还债务，使大东纸业由中外合资企业转制为国有独资企业，推进企业退城进区，搬迁工作于4月26日破土动工，7月2日打下第一根柱，完成投资6.8亿元，厂区主要建筑已建成，设备安装到位，年内部分投产，逐步达到年产7.5万吨特种纸设计生产能力。公司与中国诚通集团合资合作洽谈成功，共同出资30亿元，实施50万元特种纸扩产项目，打造国内最大的特种纸生产基地。

（沈忠华　李昌元）

【市国有资产投资经营公司成为百亿资产规模公司】 2009年，市政府、市国资委为将市国投公司打造为市政府产业经济投融资的重要平台，将市三个行业管理办公室及所属单位的206486.14平方米房产，1383967.63平方米土地注入市国投公司，同时，将索普集团30%、恒顺集团100%、港口公司100%、路桥公司100%、冷藏汽车厂100%、船山矿20%、华通机械93.8%、太白集团14.46%、捷诚公司8.18%的国有股权转由国投公司持有，使国投公司账面资产达近百亿元。与2008年相比，资产规模扩张14.8倍；公司参（控）股企业由19户增至31户。持有企业国有股本总额由6.57亿元增至近70亿元左右，土地房屋资产实现零的突破，迅速增至220公顷，近30亿元左右。（沈忠华　李昌元）

【镇江市城市建设投资集团有限公司成立】 公司于2009年12月30日挂牌成立。公司性质为国有独资，由市国资委履行出资人职责，归口市建设局管理。注册资本10亿元，总资产350亿元，土地资产866.67公顷。该公司是受市政府委托的市重大城市基础实施建设项目的投融资资金主体和国有资产运作主体，负责投资项目的资金调度、效益评估、经营管理；负责市政府委托收储的相关土地的前期开发；负责市政府授权范围内国有资产的经营、管理；参与新老城区的综合开发和历史街区的保护工程。该公司以市城投公司为母公司，下属市西津渡建设发展有限公司、市地产开发总公司、市房地产物业管理有限责任公司等9家控股、参股子公司。

（沈忠华　李昌元）

【镇江市加强市属国有投资公司的运营管理与绩效考核】 《镇江市市属国有投资公司运营管理与绩效考核暂行办法》于2009年7月1日起实施。该办法明确，市政府每年下达各投资公司年度综合经营目标，各投资公司根据市政府下达的任务，结合自身发展规划提出预案，经主管部门审核后，由市国资委会同财政、发改委、国土等部门会审，报市政府审定。办法指出，对投资公司实施的投资建设项目实行分类管理，由市国资委会同财政和主管部门共同实施；对市政府确定的具有社会公共服务和经济发展功能的投资项目实行登记管理，投资公司应确保完成；对符合主营业务范围、自身投资能力许可、经济效益较好的自主经营性投资项目实行备案管理；对跨产业特别是"非主业、非控股、非本地"的对外投资实行核准管理。高风险的委托理财、股票基金和期货交易等金融衍生产品投资项目禁止准入，投资公司对外投资链条原则上不得超过三级。办法要求投资公司编制年度融资偿债计划，单笔3亿元以上的融资举债、超过正常融资成本以及需要市财政担保的亿元以上融资项目，须经主管部门会同财政、国资部门联审，并报市政府批准；除国有出资单位互保外，一般不得自行对外担保抵押，确有需要的须报国资委核准，1亿元以上的须报市政府批准；涉及合并分立、改制上市、发行债券、股权投资、资产处置、重组整合、员工持股，以及10万元以上的捐赠、赞助等重大事项，须报经主管部门，由市国资委审核后报市政府批准。办法明确，投资公司经营者实行年薪制，年薪收入由基本年薪、绩效年薪和特别贡献奖三部分组成，具体考核兑现和管理工作由国资委会同主管部门实施。市财政和审计部门拥有对投资公司绩效考核的监督权和否决权。

（沈忠华　李昌元）

国土资源管理

【概况】 2009年，镇江市有效保障发展用地，全年办理征转用地总面积1866.67公顷，争取用地计划800公顷；办理各类项目供地588宗，总面积1040公顷。执行土地节约集约利用的规定和要求，全市亿元GDP（地区生产总值）建设用地占用59.53公顷以内，亿元GDP建设用地占用率下降7%以上，集约用地水平显著提高。开展闲置空闲土地清理工作，追缴历史拖欠的土地出让金7.05亿元；采取收回、调剂等措施，全市处置闲置土地76宗，面积431公顷。

有效增加经营性用地供给。通过土地招商等形式，培育土地市场。全市土地上市交易626.59公顷，成交额82亿元；其中市区经营性用地上市交易227.27公顷，成交额53.6亿元，面积和成交金额比上年分别增长64%和73.8%；加强保障性住房用地供应，全市提供保障性住房用地67.33公顷。规范土地收储和抵押融资，市土地收购储备中心完成收储前期开发土地114公顷，新增贷款12.87亿元，还贷5.28亿元，总融资规模达20.75亿元；全市办理土地抵押登记2479件，抵押总金额332亿元。市政府下发《关于规范和促进市区土地成片开发整理的意见》《关于下达解决已出让地块上的拆迁遗留问题工作任务的通知》和《关于完善镇江市市土地利用管理双向约定制度的意见》，规定上市土地前期开发的数量、时序、内容、条件和主体等要求,加强土地上市的计划性和规范性,促进土地市场的规范有序运行和历史遗留问题的解决。

耕地保护责任履行工作通过省国土厅、省农委和省统计局的中期考核。丹阳市、丹徒区、句容市、镇江新区推进“万顷良田建设工程”,镇江新区试点工程经省国土厅批准率先实施。各地开展城乡建设用地增减挂钩,全年共复垦新增耕地306.8公顷,新增挂钩指标97.67公顷。全市开展土地“卫片执法”“十日清查”和“土地执法模范县”创建等专项行动,加强与纪检监察、公安、检察等部门的协调联动,启动土地违法责任追究移送工作,全年立案查处各类国土资源违法案件414件,涉及土地面积666.67公顷。2008年度“卫片执法”工作通过国土资源部和国家土地督察南京局的验收,丹徒区、京口区被评为创建“土地执法模范县”工作先进单位,各获奖励用地计划10公顷。开展矿山动态巡查工作,加强对矿山企业日常监督管理。全年立案查处非法盗采案件80起,证据保全扣留挖掘机等设备86台,价值5000余万元,罚款300万元,判刑4人,刑事拘留6人,取保候审2人,行政拘留1人,打击非法偷采、盗采行为,巩固整规和限采成果。

完善征地保障制度,严格征地程序,保障被征地农民利益。创新信访工作制度,建立并落实领导干部包案制、信访办理结果网上公示制、纪检跟踪督查制、信访干部轮岗制等行之有效的信访工作制度,开通“12336”举报电话和“12345”服务热线。市国土资源局受理初信初访260件次,办结率、报结率均为100%。开展地质灾害防治工作,按照市委、市政府“青山绿水两年行动方案”,国土部、省国土厅累计划拨专项补助资金2041万元。全市启动废弃矿山整治项目80个,完成34个;市政府城建重点项目之一的何家门89号地区地质灾害综合整治工程通过市级竣工验收;润州岩岗宕口废弃矿山整治项目被评为江苏省优秀工程,竣工验收资料被推选为江苏省样板;丹徒长旺宕口整治工程在全国矿山整治工作会议上受到高度评价。全市81个地质灾害隐患点顺利度汛,润州区被评为全国地质灾害群测群防“十有县”(即有组织、有经费、有制度等)。

《镇江市土地利用总体规划大纲》通过国土资源部审查;句容、扬中市级规划大纲已通过省国土厅审查并批准,丹阳市级规划大纲已报省国土厅审查,丹徒规划大纲也已编制完成。扬中、新区基本农田专项规划已经省国土厅批准通过。镇江市矿产资源规划、主城区山体保护利用规划和基础测绘规划都已进入审批程序。国土资源法制建设全面推进。市政府出台《镇江市农村宅基地管理暂行办法》《镇江市地质环境保护办法》等规范性文件。第二次土地大调查有序推进,全市数据库成果已上报国家二调办审验;完成村庄地籍调查和农村集体土地所有权、宅基地使用权登记发证试点工作;规范土地登记,全市共发证20664本;市国土局被省国土厅评为地籍管理先进单位。参与数字镇江建设,全市GPS D级控制网建设成果已上报省级验收;及时更新基础地理信息系统,累计完成城乡一体化数据更新维护700公顷、基础测绘数据更新维护680公顷,新的基础地理信息系统投入使用。市国土局成立审计机构,内部审计工作得到加强。

市国土资源局及京口分局创建成镇江市文明行业;开展“人民满意国土资源所”创建工作,18家国土资源所被评为市先进所、7家被评为省优秀所,全市的优秀比例达到26.8%。 (严华万)

【万顷良田建设工程启动】 2009年,按照省国土资源厅万顷良田建设工程试点方案精神,镇江市迅速启动万顷良田建设工程。镇江新区试点工程经批准率先实施,试点区总面积3733.33公顷,规划新增耕地面积263.8公顷,置换挂钩指标551.8公顷,是全省规模最大、预期收益最好的试点项目之一。通过近一年的规划建设,总面积160万平方米的安置区工程已全面开工建设,丁岗片区首期200公顷土地整理工作已完成规划设计和招投标等工作。 (严华万)

【开展土地“卫片执法检查”工作】 2009年,根据国土资源部统一部署,通过卫星遥感监测影像(卫片)反映的新增建设用地情况,市国土资源局对丹徒区、京口区、润州区和镇江新区范围内的2008年度的新增建设用地情况进行执法检查。共监测卫星图斑355个,涉及用地426宗、面积1683.96公顷,其中新增建设用地340宗、面积1469.15公顷,发现违法用地63宗、面积149.39公顷。市委书记许津荣、市长刘捍东对土地卫片执法工作多次指示,推动违法用地查处整改工作;市监察局、国土局主要负责人联合约谈辖市(区)主要领导,有效提高基层党委、政府抓好土地执法工作的责任意识和紧迫意识。通过有效措施,对涉及的违法用地全部依法查处整改,通过国土资源部和国家土地督察南京局组织的验收。 (严华万)

【《镇江市土地利用总体规划大纲》通过国土资源部审查】 2009年12月,市国土资源局组织编制的《镇江市土地利用总体规划大纲(2006~2020年)》通过国土资源部组织的审查。审查认为,镇江市大纲编制基础工作扎实,指导思想明确,技术路线清晰,土地利用调控目标和布局安排符合镇江市资源环境特点和经济社会发展实际。根据本轮大纲,镇江市到2010年新增建设用地总量4609.23公顷,到2020年新增建设用地总量为1.29万公顷;到2010年耕地保有量(义务量)为16.66万公顷,到2020年耕地保有量(义务量)为16.63万公顷;到2010年耕地保有量(任务量)为16.43万公顷,到2020年耕地保有量(任务量)为16.04万公顷;到2020年基本农田保护面积指标为13.90万公顷。(严华万)

【《镇江市征地补偿和被征地农民基本生活保障办法》出台】 2009年,镇江市根据《江苏省土地管理条例》《江苏省征地补偿和被征地农民基本生活保障办法》等法规、政策规定,经市政府常务会议研究通过,出台《镇江市征地补偿和被征地农民基本生活保障办法》。按照“被征地农民生活水平不降低、长远生计有保障”的要求,在原试点方案的基础上,提高征地补偿标准,界定保障对象的范围。 (严华万)

【《镇江市农村宅基地管理暂行办法》出台】 2009年,为加强农村宅基地管理,合理利用农村集体土地,保护耕地资源,改善农村居住环境,经镇江市政府常务会议研究出台。该办法倡导集约用地的建设模式,在市和辖市城市规划建成区范围内,停止新批独门独院宅基地。鼓励通过兴建多层、高层农民公寓或农民新村双拼联排等引导农民进行集中居住安置。有条件的地方可开展农村居民合法宅基地使用权和房屋置换城镇住房保障试点,实现农村居民向城镇居民的身份转换。农村宅基地的使用应当与旧村改造、土地整理相结合,优先利用村内空闲地、老宅基地和其他非耕地,严格控制占用农用地,禁止占用基本农田。严格控制在规划撤并村庄内翻建住房,禁止新、扩建住房。 (严华万)

【第二次土地大调查取得阶段性成果】 2009年,镇江市完成农村土地调查3844.4平方公里、城镇土地调查345平方公里,农村土地调查、城镇土地调查和基本农田调查上图工作全部完成,全市数据库成果上报国家第二次土地大调查办公室审验。 (严华万)

【市国土局被十部委评为先进集体】 2009年10月，国土资源部、发展改革委、工业和信息化部、公安部、监察部、财政部、环境保护部、商务部、工商总局、安全监管总局联合下发《关于通报表扬整顿和规范矿产资源开发秩序工作先进集体和个人的决定》，市国土资源局被评为先进集体。《国务院关于全面整顿和规范矿产资源开发秩序的通知》下发以来，镇江市做了大量工作，整顿和规范矿产资源开发秩序工作取得明显成效。市政府与各辖市（区）签订矿山关闭目标责任状，开展两轮禁采关闭工作，其中2009年关闭采矿企业43家，采石宕口91个。全市只保留开山采石企业26家，其中部、省、市级发证企业10家，辖市（区）发证16家。 （严华万）

工商行政管理

【概况】 2009年，全市工商系统以开展“红盾保民生护企业促发展”主题活动为主线，制定27条服务发展措施，兴办10件实事，促进经济发展。截至年底，全市共有私营企业28929家，从业人员45.83万人，注册资本616.53亿元，分别比上年增长13.6%、7.8%、32.8%；个体工商户97938户，从业人员16.2万人，注册资金44.54亿元，分别比上年增长13%、17.9%、26.5%。2009年全市新开业私营企业4828家，从业人员5.5万人，注册资本103.96亿元，分别增长22.6%、50.7%、65%；新开业个体工商户18179户，从业人员30072人，注册资金15.3亿元，增幅22.7%、30.6%、47.1%。注册资本亿元以上的私营企业52家，注册资本总额81.44亿元，从业人员1.1万人。全市共有企业集团及集团分支机构406家，其中企业集团95家，资本总额79亿元；资产5000万元以上（冠省级以上行政区划）的75家，资本总额61.75亿元，分别占集团总数的78.9%、78.2%。从企业集团控股母公司看，国有控股企业集团12家，资本总额17.5亿元，分别占集团总数的12.6%、22.2%；集体控股的16家，资本总额3.9亿元，分别占集团总数的16.8%、4.9%；私人控股的64家，资本总额56.62亿元，分别占集团总数的67.4%、71.7%；外资控股的3家，资本总额0.98亿元，分别占集团总数的3.2%、1.2%。从数量上看，私营企业集团已占据半壁江山。私营企业、个体工商户拥有注册商标9900余件，占全市注册商标总数的64%，其中知名商标256件，著名商标98件，驰名商标18件。质量、技术品牌逐步成为私营企业形象和实力象征。2009年全市新设立登记外商投资企业202家，投资总额33.68亿美元，注册资本18.42亿美元，外方认缴16.18亿美元，分别增长35.9%、21.1%、15.2%。投资总额1000万美元至5000万美元的74家，5000万美元以上的18家。新注册外资企业大项目逐渐增多，独资企业约占70%。投资总额超过1000万美元的企业共92家，增长26%，其中外国法人独资、外国自然人独资、台港澳法人独资及台港澳自然人独资63家。合资企业数量明显增多，共新增合资企业51家，增长42%。涉及高科技、环保能源发展的大项目显著增加，新设飞机零部件制造项目、光伏能源开发及城市生活垃圾发电等新科技制造企业16家，累计43家，占历年总数的37.2%。外资金融保险公司分支机构在镇数量增加明显，新注册分公司5家，累计11家，大新银行（中国）有限公司镇江分行成为镇江首家外资银行。

制定《股份有限公司联动登记办法》，将股份有限公司登记权限下放至各直属局、分局，实现属地登记部门和市局机关登记联动；继续推行登记公示、工作联系卡、登记绿色通道等便民服务措施，行政服务效能进一步提高；主动跟踪服务大项目建设，实行许可项目预备登记、一个项目一份告知、非主要材料承诺后补等措施和快速反应机制，有效加快大项目登记落户；推进行政审批制度改革，对新设立企业登记注册实行“一表制”审批模式，凡涉及许可的行政部门，全部采取“一表录入、全程共享、联审会办”的工作流程，使原本需要填写的几十张申报表简化为几张表，需要填写的几百项信息内容简化为几十项，10～15个工作日才能办完的所有审批事项，全部缩减到5个工作日以内，工作效能环比提高80%。登记注册窗口全年受理各类办件3万件，办结率100%，镇江工商局被评为全省工商系统企业登记“依法行政、优质服务”先进集体，连续获得市行政服务中心优胜服务“红旗窗口”称号。

为准确把握金融危机对企业发展造成的影响，有针对性地提供帮扶措施，4月，全市工商系统开展大规模的“民营企业联系帮扶”暨企业发展情况调研活动，逐户了解企业发展状况，收集企业发展需求，向企业宣传政府保增长、促发展的有关政策。两个月内走访企业1018家，收集问题380个次，解决问题270个次。根据调研结果，结合部门职能，制定落实科学发展观支持与服务经济发展27条举措和推进镇江发展新跨越兴办10件实事。

贯彻落实《中华人民共和国食品安全法》，组织食品经营店业主、大型超市负责人、农贸市场主办方、广大消费者开展培训19场次，培训人数5000人，发放食品流通许可证573件。实行食品经营票账合一管理制度，加强对食品批发户的出货单管理，将经销食品信息录入监管系统，录入有效数据10万条，辐射城乡绝大部分商品。检查食品经营单位2.65万家，取缔无照食品经营单位308家，下架退市不合格食品630.5公斤。开展食品、成品油、服装、钢材等商品专项质量监测，完成食品速测4025件、商品抽检585批次。推进“无传销村（社区）”“无传销学校”和“无传销家庭”创建活动，形成齐抓共管、群防群治、长治久安的良好机制，全市开展区域性清查行动246次，查处传销窝点187个，遣返参与传销人员2012人，帮助解救传销上当受骗群众97人。全年查处商标侵权案件69件。召开虚假违法广告整治联席会议，开展不良文化广告整治，下达违法广告责令整改通知书234份，责令停播（刊）通知书117份，查处各类违法广告案件40件。开展烟花爆竹市场、网吧和游戏室、无照经营、安全生产督查等专项整治，查处无照经营近300户。

（黄　莉）

【全面推行行政指导制度】 2009年，镇江工商局推行以“服务发展助导制、巡查监管劝导制、执法办案疏导制、依法维权引导制”为主要内容的行政指导制度，把执法重点放在打击传销、制假售假、垄断及限制竞争等严重经济违法行为上，对市场主体的一般违法行为，多做说服教育和引导规范工作。推行行政指导，能较好地处理监管与服务关系，提高市场主体依法经营自觉性，减少违法违规行为。制定并发放《开业风险提示书》，为返乡人员提供创业指导，避免盲目决策造成投资损失；发放《商标注册建议卡》，提醒企业从成立之初即抓好商标的培育和发展；发放《房东告知书》，通过规范出租行为，堵住无照经营源头；发放《行业违法行为行政提示书》，对行业企业生产经营中普遍存在的问题进行归纳总结，提出整改意见。全年累计发放各类行政指导文书2000余份，指导和规范企业960家。 （黄　莉）

【创新有形市场监管体制变驻场制为巡查制】 2009年，为进一步提升有形市场监管效果，镇江工商局对市场监管体制进行调整，取消驻场管理制，在城区工商所成立“市场长效管理”专项巡查组，实行市场流动巡查制。巡查组配备专人、专项交通工具以及食品安全快速检测箱，专职负责市场长效管理，重点抓好市场内证照管理、食品检测及安全管理、限塑令执行、打击销售受保护野生动植物违法行为，督促市场主办单位履行场内环境卫生、车辆停放、摊位摆放秩序等职责；督促市场消费者投诉站及时处理好一般性消费者投诉，就地受理，就地解决；负责做好开展文明城市、卫生城市、生态城市、星级文明市场等创建活动时期所有与市场有关的工作。通过实行有形市场专职巡查制，整合基层监管执法力量，促进基层工商职能的切实转变和到位。（黄　莉）

【商标注册实现持续增长】　2009年，镇江市新申请注册商标1291件，完成年度目标总数的106.7%，增长12%，注册商标累计10990件。新增中国驰名商标3件，驰名商标总数27件，集体商标3件，地理标志商标2件，江苏省著名商标140件，镇江市知名商标353件。围绕地区特色经济，发展产业集群商标，新增省级镇江香醋行业、丹阳眼镜行业、扬中电器行业品牌培育基地3个。全市商标发展呈现五个特点：商标注册主体多元化，其中私营企业和个体经营者注册商标1020件，占总数79%；农村专业合作社商标数增长迅速，共38件，增加30件。多件或多类别商标注册保护逐步得到重视，一次申请多件商标或一个商标同时申报几个类别的情况增加明显。农副产品和服务商标发展加快，新申请注册农副产品商标91件，累计1598件，农副产品商标平均以每年18%的速度递增；注册服务商标44件，增长18%，主要涉及餐饮服务、房地产和产品推销等行业。企业商标境外注册意识增强。全市22个定牌加工企业和产品出口企业，加大马德里国际注册和境外商标注册的投入，共在80多个国家申报商标120件，国际市场品牌保护力度得到进一步强化。（黄　莉）

【丹阳、扬中再次入选全国县域商标发展百强】　2009年，根据中华商标协会中企商标发展中心与《中国工商报》商标世界专刊联合统计并发布"2009年中国县域商标发展情况TOP100名单"，丹阳、扬中再次位居百强名单，分别列第19位、第53位。此次评选依据全国各县（市）行政区域内拥有的注册商标数、驰名商标数、著名商标数等数据，按照注册商标每件1分、著名商标每件100分、驰名商标每件300分累加总积分，按照积分先后顺序排列百强名单。

（黄　莉）

【《镇江市股权出质贷款操作办法》】2009年，由镇江工商局、中国人民银行镇江中心支行联合出台，这是全省地级市首家出台股权出质贷款操作办法。该办法对出质人和贷款人的权利义务、需要履行的相关手续和程序等进行详细规定，有望进一步帮助企业，尤其是中小企业解决融资难题。6月10日，中国建设银行镇江分行向镇江港口有限责任公司发放股权出质贷款1500万元，成为全市商业银行发放的首例股权出质贷款。全年各级工商部门共帮助企业办理股权出质登记10件，股权出质额1.2亿元。

（黄　莉）

【规范农村土地流转行为】　2009年，为有效配置农村土地资源，促进农业又好又快发展，镇江工商局、农林局结合当前全市农村土地流转现状和实情，制定并推广《镇江市农村土地流转合同示范文本》，具体包括《镇江市农村土地承包经营权转包（出租）合同》《镇江市农村土地承包经营权转让合同》《镇江市农村土地承包经营权入股合同》和《镇江市农村土地承包经营权互换合同》四类合同，通过明确流转形式、流转期限、流转土地用途、流转价格及支付方式，对农户转包、出租、入股、互换、转让土地承包经营权行为进行全面规范，从而有序理顺土地经营权流转合同双方的权利义务关系，具有较强的规范性和操作性。

（黄　莉）

【市广告协会获全国先进】　2009年，市广告协会坚持规范与引导相结合的原则，规范广告行业经营行为，同时通过建立设计专业委员会，开展优秀作品展览，加强创作人员交流，近3年内共有23件作品获江苏省等级奖项，12件作品获优秀奖，1件获全国优秀广告作品比赛银奖。市广告协会自2003年以来，连续三次被中国广告协会评为"全国先进广告协会"，协会副会长周逸民被授予先进工作者称号。（黄　莉）

物价管理

【概况】　2009年，市物价局以"促发展、推改革、稳价格、安民生"为主线，不断加强内部效能建设和价格管理工作。

为增强企业应对国际金融危机的能力，促进全市经济尽快复苏，年初分6个调研组对不同类型的经济实体进行调研，随后镇江市物价局制定《关于充分发挥价格职能作用促进经济发展的意见》，从八大方面实施价格帮扶措施。落实上级取消的收费项目和出台的收费优惠措施，全年取消、停征、减免、降低各类收费217项，为企业和社会减负超亿元。先后开展电力价格、农资价格和涉农收费、医疗服务和药品价格、"减负促企行"涉企收费、涉案财产价格鉴证执法和收费等专项检查，查处相关乱收费行为。从严控制涉企收费培训，严禁法定培训超标准收费，拒批不必要培训。汇编经梳理后的16项涉房收费，免费向房地产开发企业发放，增强企业抵制乱收费能力；开展"价格服务进企业"活动，全年免费为企业开展价格政策、知识培训18场次，培训人员1200多人次。全年在新农村致福网发布八大类48种涉农商品的价格信息33期；开展主要农产品收益底线调查，为政府实施惠农政策提供参考依据；调查秧草、无花果等特色农业的成本收益情况，引导农民调整种植结构。贯彻落实《江苏省涉案财产价格鉴证条例》，拓展司法、行政执法等领域的价格认证业务，完成刑事、行政、民事等涉案财产价格鉴证1714批次，标的4.88亿元。

抓住CPI长时间持续负增长和低位运行的时机推进资源性商品和社会公益服务价格改革：7月1日调整自来水价格；根据上级统一部署，八次调整成品油价格，价格水平整体上升；根据成品油市场价格的变动及时调整客运企业燃油费附加；重新测定热气供应成本，适时调整热气供应价格，缓解热气供需双方的价格矛盾；制定市区停车服务收费新管理办法，将按次收费改为按时收费，缓解市区停车矛盾；调整市区19条公交线路的票价，核定5条新公交线路的票价；在撤销二级公路收费站点的同时调整47条客运班线票价。

增设12家"12358"价格投诉联络站，推动22家企业进入江苏省价格诚信单位行列。结合春节、国庆等重大节假日开展市场价格整治活动，稳定节假日市场价格秩序。针对甲型流感疫情、成品油价格调整、"家电下乡"等特殊时段适时开展专项价格检查。全年出动市场检查人员480人次，检查单位3000余家次，发放整改通知书30余份。全年查处各类价格违法案件150件。价格监测中心定性为行政管理类事业单位，监测工作经费列入财政预算。优化调整价格监测点的布局，新增15个监测点，价格监测数据更加全面。全年向市相关部门报送价格监测数据1152组。调研生猪和

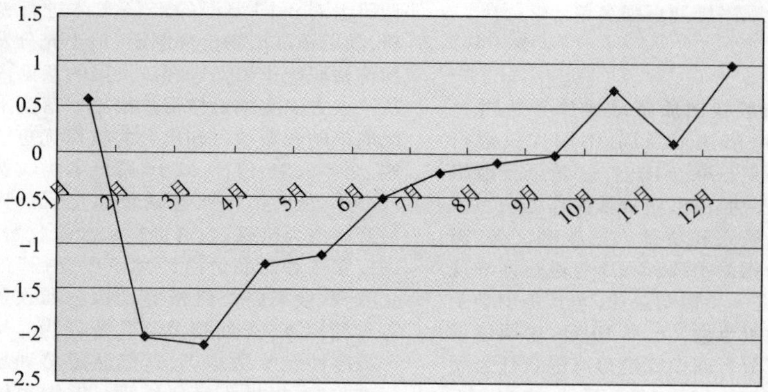

图 11-1　　2009 年镇江市区居民消费价格总水平走势图　　（余殿福）

猪肉价格情况，建议市政府采取措施调控生猪养殖，稳定生猪及猪肉市场价格。

为减轻成品油价格上涨带给出租车的经营压力，7 月召开出租车运价与成品油价格联动听证会，制定联动方案。上调水价的同时对城市特困户和低保户实施 7 吨/户·月水的价格救济措施，确保他们不因水价调整增加生活负担。调整和完善 81 项医疗服务收费，年降低患者负担 210 万元。改革民用燃气管道设施工程安装费收取办法，自 2010 年 1 月 1 日起该项费用纳入商品房建设成本，不再向居民收取。宣传小麦最低收购保护价政策，并及时督查落实情况，规范收购行为。对 124 万平方米定建房实施成本认证，平均核减成本 100 元/平方米。监审民办教育收费等 14 个定、调价项目的成本，从 9.60 亿元的总成本中核减掉 4785.8 万元，核减幅度约为 5%。数字电视收视维护费对困难群体减半收取，清理整顿广电网络延伸服务收费。督促基层医疗机构和社会零售药店严格落实国家基本药物最高限价政策，推动基层医疗机构基本用药全部零差率政策实施。

居民消费价格总水平自四月份起基本呈逐月回升态势，全年平均上涨 -0.4%，实现年度价格宏观调控目标。

2009 年，市物价局获省价格系统依法行政先进单位等荣誉。　　（余殿福）

【CPI 全年运行态势】　2009 年市区居民消费价格总水平大致为前降后升的态势。前三个月延续上年走势依然逐月下降，一月尚为正值 0.6%，二月大幅度下降到 -2.0%，三月继续下降直达谷底 -2.1%；四月开始好转，回升至 -1.2%，五至九月持续好转，九月结束长达八个月的负值运行；十月持续回升，并形成一个高峰 0.7%；十一月有所下降，回落到 0.1%；十二月重返回升，明显上涨，形成一个新高峰 1.0%；全年平均上涨 -0.4%。　　（余殿福）

【应对经济危机促发展】　为帮扶企业化解经济危机压力，尽快实现全市经济复苏，2009 年 2 月 25 日，镇江市出台《关于充分发挥价格职能作用促进经济发展的意见》，做好八方面工作：一是着力帮扶。帮助化解价费矛盾，调优结构；出台和争取扶持性价格政策；发挥价格监测优势，适时提醒企业回避价格风险；减少对企业的检查次数和行政干预。二是清费减负。狠抓上级取消涉企收费项目和市出台的涉企优惠措施落实，清理整顿涉企收费，取消和降低部分检验检测、涉企培训和中介服务等收费项目和标准。三是促进产业结构优化。对不符合国家产业政策和“三高”行业，实施高价政策；降低现代服务业在水、电、气等方面的价格；适时上调污水处理费标准，开征部分乡镇污水处理费。四是调整资源价格。择机调整自来水价格，实施阶梯式水价，出台再生水价格管理办法；细化落实燃油税费改革各项配套措施，完善客运企业价格补贴联动机制。五是服务大项目。帮助“千百亿工程”企业降低商务成本；化解大项目落户、筹备、基建、投产过程中的价费矛盾；扎口管理园区收费，强化开发园区收费优惠措施落实。六是提升消费能力。化解群众在医疗、教育、住房、养老等方面的支出压力，增强消费能力；整治明码标价，推行明码实价，查处价格欺诈等不正当价格行为，营造放心消费市场环境。七是推进农村改革。监管土地流转价费，探索土地流转最低保护价、片区指导价管理方法；强化粮食保护价收购等惠农、补农价格政策落实；运用价费政策扶持农村“三大合作组织”发展；发布农产品价格信息和成本收益信息。八是支持城市建设。整合认证资源，做好城市重点建设工程中的土地价格及房屋拆迁价格评估工作，协调和化解因拆迁可能引发的社会矛盾。在价格部门和市其他部门的应对下，全市经济逐步好转。　　（余殿福）

【主要粮食作物收益增加明显】　2009 年国家为确保农民收益再次提高粮食最低收购价，粳稻、小麦最低收购价分别为每百斤 95 元、83 元，分别较上年增加 13 元、11 元，增幅分别为 15.9%、15.3%；镇江市每百斤平均出售价分别达 99.64 元、82.43 元。2009 年农资价格不同程度下降。镇江市各地国产尿素市场零售价 2008 年为 2.30 ~ 2.40 元/公斤，2009 年为 1.80 ~ 2.10 元/公斤，降幅为 13.04 ~ 20.83%；国产复合肥（含量 45%）市场零售价上年为 3 元/公斤，2009 年 2.50 元/公斤，降幅 16.67%。全年农户种粮收益增加明显。得益于粮食收购价格提高、农资价格下降种植成本降低等因素，粳稻、小麦亩均现金收益分别为 619.5 元、201.3 元，分别比上年增长 14%、7.9%。2009 年，农户获得各级政府补贴收入合计亩均 126.82 元，比上年增长 25%。　　（姜欣宇）

【水、油、电价格改革】　2009 年 7 月 1 日，按照“十一五”水价改革方案，镇江市实施第一步改革措施，居民生活、工商服务业、建筑、特种行业用水的最终到户价分别由每吨 2.63 元、3.04 元、3.28 元、3.73 元调整到 3.05 元、3.61 元、3.90 元、4.45 元。其中，污水处理费居民生活用水上调 0.20 元/吨，其他用水上调 0.40 元/吨；水资源费上调 0.04 元/吨。同时实施居民生活用水“阶梯式”水价模式。合理核定再生水价格，促进水的循环运用。成品油价格全年五次上调三次下调，0 号柴油和 90 号、93 号、97 号汽油的最高零售价格分别由年初的每升 4.79 元、4.62 元、4.90 元、5.18 元上升到 6.12 元、5.92 元、6.27 元、6.63 元，累计分别上涨 1.33 元、1.30 元、1.37 元、1.45 元。11 月 20 日起，江苏镇江发电公司和国电江苏谏壁发电公司的上网电价分别由每千瓦时 0.4138 元、0.4108 元上调至 0.4330 元、0.4300 元。　　（陈迎春　余殿福）

【取消、停征、减免收费为社会年减负超亿元】　2009 年 1 月 1 日起，镇江市义务教育借读费、保存人事关系及档案收费、暂住证（卡）工本费等 51 项行政事业性收费取消，为社会年减负 1019 万元。9 月 1 日起，铁路无人道口安全监护费、税务登记证工本费等 17 项收费取消和停征；道路交通安全教育费、税务中介服务收费等 23 项收费标准降低；31 项收费对初创中小企业、新办造船企业、农民合作专业组织减免，为社会年减负 9640 万元。全年取消、停征、减免、降低各类收费 217 项，累计减负 10659 万元。（黄 伟）

【实施停车服务收费管理新办法】2009 年 10 月 1 日，《镇江市市区停车服务收费管理办法》出台。明确停车服务收费实行市场调节价、政府指导价和政府定价三种价格管理形式。制定收费标准体现四个原则：等级收费，调节停车供需矛盾；城市中心区域高于非中心区域，道路高于非道路，白天高于夜间；综合考虑社会平均成本和供求关系；兼顾国民经济与社会发展要求以及社会各方面承受能力等因素。收费标准分为三个等级，以大市口区域为中心，向外依次降低收费等级。同时规定停车不超过 15 分钟免费。（张 涛）

【规范和服务房地产市场】为增进房地产企业抵御金融危机的能力和规范放开后的普通商品房的价格行为，2009 年 3 月 25 日，镇江市出台《关于进一步运用价格职能服务房地产市场健康发展的通知》，从五方面进行规范和服务：全面整顿各类涉房收费，减轻房地产开发经营成本；加强对商品房价格动态监测，引导房地产企业正确决策；严格政策性住房价格管理，确保保障性住房优惠政策落到实处；逐步建立商品房价格管理制度，规范房地产市场价格行为；服务与规范并举，促进房地产市场健康稳定发展。（张照强）

【加强市场价格监管】2009 年，镇江市物价局加强市场价格监管，一是出台《关于加强镇江市市场价格检查工作的意见》，从明确重点检查路段、明确重点检查内容、提高检查频率、加强检查工作督查等方面对价格检查工作作创新。二是增设 12 家价格投诉联络站，使总数达到 22 家，基本覆盖市区主要大型商场、超市，社会力量监督价格更加方便。三是推动 22 家企事业单位成为省级价格诚信单位，使全市省级价格诚信单位总数达到 40 家，价格诚信水平上新台阶。四是在做好常规市场价格监管的同时，结合家电、汽车、摩托车等商品下乡，开展相关下乡商品的价格检查。五是为保障家电以旧换新政策的实施，进行家电以旧换新价格政策的监管。（陈光宇 余殿福）

【为企业提供价格服务】2009 年，镇江市物价局选择 14 家超亿元企业作为价格服务联系点，开展价格政策、价格信息、价格鉴证、价格维权的“四直通”服务；印发《关于对进区企业在建项目开展价费服务的通知》，对新区重点项目开展价费跟踪服务，并明确服务重点、服务内容、服务方式，责任到人；对产生矛盾较多的水、电、气等价格，上门为企业做好解释工作，并采取专题汇报、召开协调会、征求意见会、发放比照表、提供周边开发区价格信息等多种方式，化解价费矛盾。（赵学敏）

【参与拆迁价格评估】2009 年，镇江市物价局发挥价格部门价格评估技能优势，整合全系统价格评估资源，参与城市拆迁价格评估，承担滨江旅游专线、大市口商贸中心 A、B 地块、“青山绿水”改造等重点城建工程的拆迁价格评估工作，全年累计完成 5500 户、40 多万平方米、17.8 亿元的拆迁工作量，保障城建重点工程拆迁工作顺利进行。（蒋 炎）

【选举新一届价格协会理事机构】2009 年 3 月，市价格协会召开第二次会员代表大会暨第二届理事会第一次会议。会议审议通过会长刘德俊代表第一届理事会所作的工作报告和协会章程修改草案，选举产生新一届理事机构。市物价局副局长田先华当选为新一届协会会长，凌继宁、臧腊坤、殷建国、臧鹏刚当选为副会长，徐福海当选为协会秘书长，会议聘请镇江市物价局党组书记、局长朱晓法为名誉会长。（徐福海）

质量技术监督管理

【概况】2009 年，全市质监部门根据市政府《关于创建全国质量兴市先进市的实施意见》，明确创建目标和要求，制定实施计划，分解目标任务，有效地推动全市各地区、各部门创建工作的开展，做好迎接省级质量兴市考核验收的各项准备。加大创建名牌工作力度，新增江苏名牌产品 27 个、江苏质量奖 2 个。探索建立企业质量信用评价机制，出台《镇江市工业企业质量信用评价办法》和《镇江市质量信用等级评价管理办法》，率先在全省质监系统启动质量诚信体系建设，进行“红黑榜”制度试点，省质监局总结并推广镇江市的试点经验。

加强重点企业和重点产品的质量监控，2009 年，全市共组织农资、建材、家具、装饰材料、机械、纺织服装、眼镜、灯具等产品 1171 批次省以上产品质量监督抽查，合格 1100 批次，合格率 94%，质量指数为 99%，均高于全省平均水平。

针对全市三大主导产业、五大优势产业和十大产业集群，开展分类重点指导，引导龙头企业发挥示范作用，提升优势产业发展质量和集聚水平。大力推进标准化工作创新，组织指导“全国醋酸（乙酸）标准化工作组”挂牌成立、醋酐标准工作组、酿造食醋标准工作组落户镇江；指导恒顺集团承担“全国食醋分技术委员会”秘书处工作。指导 5 家企业起草国家标准、2 家企业起草行业标准。推进农业标准化工作，新培育建立 2 个国家级示范区、3 个省级示范区和 4 个市级示范区。上报省级农业地方标准 48 项，市级农业地方标准项目 31 个。“枫泾猪养殖技术规程”等 7 项省级地方标准已获立项，“五峰迎春茶”等 11 项省级地方标准通过审查备案发布，为发展优质、安全、高效农业打下良好的标准技术基础。

2009 年，全市新安装水、电、气三表 115386 只，首检率 100%，抽检合格率 100%。开展能源计量工作，全市 89 家重点耗能企业基本做到按国家标准建立能源计量检测和管理体系，18 家省级以上重点耗能企业有 5 家通过计量体系确认、13 家通过计量保证确认，金东纸业、索普集团成为江苏省能源计量标杆企业。重点耗能企业共配备能源计量器具 4511 台，配备率 96.1%，准确度达标率 100%。全年完成计量保证确认企业 5 家，累计 78 家；计量合格确认 105 家，累计 1196 家。

组织开展食品、农资、汽配、建筑材料、排水管、手机、电子计价秤等 15 个专项检查行动。全市系统共出动稽查人员 9800 人次，检查生产销售单位 2169 家，受理举报投诉 296 件，查办案件 390 起，大要案 27 起，涉案货值 3000 多万元，移送公安机关案件 15 起，有效地净化市场环境。

以全面宣传贯彻《中华人民共和国食品安全法》为契机，加强食品生产加工环节的安全监管。严把市场准入关，新发证企业 43 家。加强日常巡查，共出动人员 1419 人次，巡查企业 400 余家。组织乳制品、食品添加剂、淀粉制品、蔬菜、水果制品生产企业农药残留等专项监督检查。出台《食品生产加工企业分类分级分等实施办法》，明确每个企业的监管等级，分类分级分等监管工作走在全省质监系统前列，食品生产企业监管长效机制初步形成。

开展特种设备安全执法、安全治理和安全宣教“三项行动”。推进特种设备标准化建设，落实企业安全主体责任。加大设备检测检验力度，在用特种设备定检率 100%。开展冶金、起重机械、压力元器件等特种设备的专项整治，加强对重点单位、重点场所和重点设备的现场监督检查。共检查特种设备生产使用单位299家，检查各类特种设备636台，发现和消除隐患329个，防范重特大事故的发生。

2009年，市质检所省级低压成套开关设备检测中心取得国家3C产品指定检验资质。丹阳国家眼镜检验中心组织召开“镜片光度测量仪器”国际标准直属工作组会议。市计量所研制成功对一体化流量计进行压力试验的耐压试验装置。

镇江质监局探索权力监督机制，加强重要权力节点监控，先后出台关于加强行政执法、行政许可权力运行关键节点监控的实施意见，初步构建具有镇江质监特色的惩防体系，为推动依法行政、阳光行政提供有力保障，得到副省长李小敏的肯定。

镇江质监系统在全市形成“以廉为荣、以贪为耻”的良好氛围。扬中局、丹徒局、城区分局、市计量所、市质检所被列入第三、第四批市级廉政文化建设示范点。至此，全市系统9家单位全部被评为镇江市级廉政文化示范点，实现示范点建设的“满堂红”。

2009年，镇江质量技术监督系统（含丹阳、句容、扬中、丹徒）被授予镇江市文明行业称号，市计量所、质检所、省特检院镇江分院被授予镇江市文明单位称号，镇江市计量所再次被授予全国文明单位称号。 （戴 韵）

【“两免费”检定活动】 2009年，镇江质监局共为全市130家菜市场免费检定各类在用衡器7238件，在用衡器受检率100%、CQS建档率100%；为全市430家农村基层卫生服务站免费检定在用计量器具1094件，免费检定覆盖面100%，在用计量器具受检率100%、CQS建档率100%，促进“平安市场”和“平安医院”的建设，为经营户、农村基层卫生服务站减轻负担50余万元。 （戴 韵）

【“镇江香（陈）醋”参加“中－欧地理标志产品互认和双边保护”试点】 2009年，镇江质监局协助镇江香（陈）醋参与“中国－欧盟地理标志产品互认和双边保护”试点。通过研究论证，总结提炼符合欧盟地理标志产品要求的论据要素，组织进行保护效果统计评价和出口量与价值评估，修订《镇江香醋国家标准》和《产品说明》《单一文件》等互认材料，组织专家应对欧方质疑，严谨确认互认材料。镇江香（陈）醋成为江苏省质监系统唯一被列入保护试点的项目，将与全国其他9个中国地理标志保护产品在欧盟互认注册，享受与欧盟27个成员国地理标志保护产品同样的专门保护。 （戴 韵）

【食品监督抽查合格率高于全省平均水平】 2009年，在省级产品质量监督抽查中，镇江市获证企业生产的食品465个批次，合格431个批次，监督抽查合格率92.69%，产品质量指数99.50%，均高于全省平均水平。其中，镇江市大米、食用植物油、小麦粉、酱油、乳制品、豆制品等与老百姓生活密切相关的食品抽查合格率均100%。 （戴 韵）

【说理式执法在全省推广】 2009年4月15日，全省质监系统法制工作暨说理式行政执法经验交流会在镇江召开，国家质检总局法规司、省法制办领导对该局的说理式执法工作给予高度评价，镇江质监局《说理式执法纪实片》由省法制办在全省行政执法部门中推广。 （戴 韵）

食品药品监督管理

【概况】 2009年，《镇江市2009年食品安全工作目标和意见》出台，以目标分解表形式把食品安全责任落实到各级政府和相关部门，每月以食品安全联络员会议的形式检查督促各项任务完成情况，并在年底组织对各辖市（区）和重点部门进行年度工作综合评价。开展食品安全专项整治。先后开展生猪定点屠宰、非食用物质及食品添加剂专项整治、夏季高温季节和中高考期间食品安全专项整治、学校食堂和校园周边食品摊点专项整治等。推进食品安全示范县创建，句容市于5月创成第二批省级食品安全示范县，丹徒区被列为第三批争创单位。公布2009年度《镇江市食品安全状况报告》，开展元旦、春节、五一、中秋、国庆等节假日食品安全巡查，切实保障群众饮食安全。宣传贯彻《食品安全法》及其实施条例，加强体制职能调整过渡期监管，从6月开始，累计发放餐饮服务许可证512张。开展全市农产品质量检验检测资源调研，形成近万字的调查报告，制定《镇江市食用农产品检验资源共享实施办法》。开展保健食品基本情况调查和确认工作，在全市范围内开展餐饮卫生监督管理情况调查，形成餐饮环节监管现状调研报告。

开展基层药械质量、非药品冒充药品、零售药店拉网式检查以及狂犬疫苗及人血白蛋白、计生药械、化学制剂原料药等整治活动。累计出动执法人员10600人次，检查涉药（械）单位3880家（次），立案查处各类违法案件273起，查处假劣药品涉案货值80.46万元，取缔无证经营户14家，向公安部门移送涉嫌构成刑事犯罪案件2件，1起案件被公安部确定为挂牌督办案件。累计出动专项检查1910余人（次），监测各媒体广告1431余条次，向工商部门提请查处违法广告27次，查处违法药品保健品广告161个，对夸大适应症宣传的3个药品提请省食品药品监管局采取强制暂停销售措施。全年完成药品检验1326批次。

加强药械日常监管，登记备案一类医疗器械生产企业2家，一类医疗器械产品注册、重新注册28件，核发各类许可证件220件，变更许可事项254件，注销178件，完成20个品种注册核查和抽样。开展GMP认证前指导20余家次，江苏七〇七药业、厚生药业、江苏云阳药业通过GMP复认证现场检查。组织15次GSP认证现场检查，对175家零售药店进行复认证，对102家认证满2年的零售药店实施跟踪检查。完成4家药品批发企业GSP复认证工作。累计出动检查人员3800余人（次），检查药品经营企业1774家（次）、制剂和原料药生产企业55家（次）、医疗器械生产企业91家（次）。在两家药品注射剂生产企业试点推行质量受权人制度。药品零售企业安装远程监控系统937家。制定《规范检验室建设工作指导意见（暂行）》及其评定细则，2家药品生产企业检验室创成规范化检验室。建立外地中药饮片销售企业登记制度，进一步规范全市中药饮片市场。联合镇江存仁堂医药连锁有限公司开展家庭过期失效药品回收活动，累计回收过期失效药品31箱，5100个批次，货值3.6万元。构建市场退出机制，依法注销药械经营企业178家，收回15家药品经营企业GSP证书。加强药品不良反应监测工作，累计上报ADR报告2627份，新的严重的ADR报告632份，占报告总数的24.06%，居全省第四。 （姜玉才）

【药品质量安全专项整治】 2009年，镇江食品药品监督管理局结合镇江实际，全市范围内开展药品质量安全专项整治，解决群众关心的热点、难点和焦点问题。

开展基层药械质量大检查，以农村和城乡结合部为重点地区，以高风险药品、擅自添加药物活性成分药品、假冒知名品牌药品为重点品种，以零售药店和基层医疗机构为重点对象，以严厉打击擅自添加药物活性成分药品、制售假劣血液制品及生物制品等高危药品、制售假冒国内外知名品牌器械产品、制售假药、过期药品、虚假广告药品、中药制剂、诊断试剂等八项检查为重点内容。累计出动执法人员7987人次,检查单位2905家(次),没收物品总值20.1万元,取缔无证经营15家,向公安机关移送涉嫌构成犯罪案件2起。

开展非药品冒充药品专项整治工作,登记涉嫌非药品冒充药品产品272批次,涉嫌违法情形中涉及标注适用症72批次,仿冒药品与包装15批次,宣传功能主治183批次,添加药物成分2批次。

开展零售药店拉网式检查,对全市752家零售药店进行检查,通过查看药品来源、检查药品质量、查药品经营行为等,着力解决药品零售企业存在的从非法渠道购进药品、未按GSP经营药品等问题。累计下发责令改正通知书34份,当场处罚23件,立案8件。

开展狂犬疫苗、人血白蛋白专项检查,重点检查辖区内药品批发企业、二级以上医疗机构和疾病控制中心的人用狂犬病疫苗、人血白蛋白的购进、运输、使用、储存等情况。

开展计生药械市场专项整治,按照市人口和计划生育等七部门联合下发的《镇江市计划生育药械市场专项整治行动实施方案》要求,成立专项整治领导小组,制定行动方案,着重检查无证生产、经营计划生育药械,生产、制售假劣计生药械和违法经营终止妊娠、促排卵等药品的行为,重点检查计划生育药具供应站、各门诊部和性保健品店及零售药店,对5家性保健品店和药店的无证经营计生药械等违法行为分别进行调查处理。

开展化学制剂原料药专项检查,督促辖区内11家药品生产企业对生产、使用的原料药进行自查,共计涉及原料药115个品种,化学药品制剂71个品种。在此基础上,主要对原料药购进渠道、是否有批准文号、质量验收、储存保管、出入库记录等环节和资料进行检查,未发现违法使用无批准文号的化学原料生产制剂现象。 (姜玉才)

【医药产业健康快速发展】 2009年,镇江市出台《关于促进镇江医药产业平稳健康快速发展的实施意见》,成立促进地方医药产业发展领导小组,明确优化行政审批程序、加大药品注册环节帮扶力度、引导企业实施人才战略等16项帮扶措施,选择索普集团国家Ⅰ类新药"双环铂"等总投资9.86亿元的18个重大项目作为局领导和相关处室挂钩帮扶项目。截至2009年底,投资2亿元的鱼跃医疗器械有限责任公司高清晰数字化X射线机项目已获成功,5600平方米生产车间已使用;投资2亿元的"双峰—格雷斯海姆"项目产品已投产;投资3200万元的吉贝尔"尼群洛尔"国家一类新药项目产品已销往全国各地。全市医药产业在金融危机的冲击下,产销两旺,保持良性的发展势头。 (姜玉才)

安全生产监督管理

【概况】 2009年镇江市贯彻落实《安全生产法》《江苏省安全生产条例》,落实各级安全生产责任,开展专项整治和隐患排查治理,提升应急救援能力,加大安全文化普及和宣传教育力度。

事故起数和死亡人数实现连续八年"双下降"的目标。2009年,全市共发生各类安全生产事故766起,死亡327人,分别比上年下降6%和0.6%,事故死亡人数占省政府下达控制指标的99.7%,实现事故起数和死亡人数连续8年"双下降"。

道路交通等重点行业领域安全形势平稳。2009年全市道路交通事故553起,死亡290人,分别下降0.7%;火灾183起,死亡5人,分别下降19%和上升25%;农机事故3起,死亡2人,分别下降25%和33.3%;工矿商贸企业事故27起,死亡30人,分别下降3.6%和持平。其中:危险化学品行业和烟花爆竹企业没有发生安全事故;建筑业事故3起,死亡6人,分别下降50.0%和14.3%;非煤矿山事故2起,死亡2人,分别持平和下降50%。

较大以上事故明显减少,考核指标完成情况良好。2009年全市共发生较大事故2起,分别为道路交通事故一起和中铁三局事故一起,分别下降50%和38.5%。有关工作和亿元GDP(地区生产总值)死亡率、十万名员工职工死亡率、道路交通万车死亡率等相对指标全部达到与省政府签订的目标管理责任状要求。经省安委会考核验收和综合评比,镇江市获省安全生产先进集体,这也是镇江市自2005年以来连续5年获得一等奖。

宣传和普及安全生产法律、法规,点评事故隐患和案例,通报隐患治理情况等,营造全社会"关爱生命、关注安全"良好氛围。利用"安全生产月"活动、开展职业卫生健康知识咨询、送法到基层活动、走进直播室、开设网站、创办电子周刊、知识竞赛、在电台举办"安全时空"等多种形式进行宣传。镇江新区把安全常识的教育与中小学日常教育结合起来,编制《镇江新区中学生安全知识读本》,落实各中学聘任安全辅导员,实现安全从娃娃抓起。全市2009年依法培训企业负责人、安全管理人员1600余人,各类特种作业人员12500余人。

制定《2009年镇江市安全生产工作要点》。市政府与各辖市(区)政府、镇江新区管委会及20个部门签订《安全生产目标管理责任书》,市安监局进行督促检查,要求将控制指标层层分解,主体和监管责任层层落实,每个季度向社会公布各地、各部门管辖内事故情况。扬中市和润州区的主要领导多次带队对辖区内重点单位和场所进行安全检查,查出隐患现场办公,将整改责任落实到人,不走过场。

2009年是国务院确定的"安全生产年",根据国务院安委会和省政府、省安委会关于开展安全生产"三项行动"和"三项建设"工作部署和要求,市安委会落实工作方案。消防支队将丹徒长城大酒店等21家重大火灾隐患单位进行挂牌督办,逐一指导制定整改方案,督促落实整改责任和资金,确保按序时进度整改到位。全市自查自改企业25807家,查出隐患28412条,完成整改27470条,整改率96.7%以上。当年列为市级(重大二级以上)挂牌督办的14个重大隐患,全部完成整改。9月1日省电视电话会议以后,市政府下发通知,部署开展国庆前的安全生产大检查,确定16个方面的重点范围和7大类内容,参加检查的人员、被检查的单位、发现的隐患和问题、交办整改的程序和时间要求,都要签字确认,逐一落实,作为责任追究的依据之一。公安、消防、交通、建设等部门加大检查的密度和执法的力度,9月中旬以后,报纸上刊登安全检查的动态文章,电视台连续几天播放警示标语,做到自查、互查、抽查、检(督)查和"回头看",执行"一患一档"和"零隐患报告"制度。国庆期间,镇江市工矿商贸企业未发生较大以上生产安全事故。

全年检查企业1816家,查处职业危害隐患1450处,发出761份整改通知,下达停产整改指令53份,查处一批违法违规企业。有1120多家企业将存在职业危害岗位上的职业危害因素或有毒物质名称、可能产生的职业危害及其后果、防护措施要求等,设置醒目规范的警示标志。

2007年镇江市成立危险化学品事故应急救援中心和非煤矿山应急救援中心,每年组织学习和演练。重新修订《镇江市重特大安全事故应急救援预案》和

10个子预案。2009年组织市级应急救援演练活动3次(索普集团毒气泄漏事故300人远距离转移、供电系统事故、长江危化品运输船舶事故),建成重大危险源预测预警系统。从调查笔录开始,所有资料根据调查进度上专网,接受有关部门的适时监督。 (夏 军)

【市安监支队优化执法环境】 2009年,针对镇江市范围内一些规模较大的造船企业陆续恢复生产,在国际金融危机的大环境下,企业的规模、用工、生产结构上都有较大的调整和变化。市安全生产监察支队主动上门服务,送法到企业。自2009年2月中下旬以来市安监支队执法人员先后走访镇江船厂、胜华船舶、索普船厂、五峰山船厂、亚星船厂等五家船舶修造企业,向企业负责人了解节后恢复生产的情况,并就企业有关安全生产管理工作进行交流与沟通,向他们宣传安全生产相关的法律法规、安全生产管理知识,同时就每个务工人员的安全教育培训、特种操作人员持证上岗、安全生产管理人员持证上岗等情况向企业和施工队明确责任和义务。

(夏 军)

【中铁24局劳务工租用房发生垮塌】 2009年3月11日1时45分,中铁24局在丹阳市吕城惠济村租用的房屋发生垮塌,造成11人死亡,20人受伤。事件发生后,省委、省政府高度重视,省委书记梁保华、省长罗志军要求迅速组织力量,抢救被埋人员,全力救治伤员。省委常委、常务副省长赵克志,副省长史和平率省有关方面负责人及时赶往现场指挥抢救,镇江和丹阳市党政领导及有关部门人员第一时间赶赴现场施救。省、市派出医疗救护专家赶赴医院,抢救伤员。

(夏 军)

【举办危险化学品安全生产论坛】 2009年4月9日,市安全生产协会危险化学品专业委员会举办危险化学品安全生产论坛,60多家危险化学品企业负责人和有关人员参加此次活动。会上,江苏索普(集团)有限公司、优利德(江苏)化工有限公司、江南化工有限公司、李长荣综合石化工业有限公司、丹化醋酐有限公司等五家会员单位代表分别就危化品生产企业开展安全标准化、实施岗位安全应急卡、建立企业专家检查制度、推行安全生产全员化、创建安全诚信企业做专题交流。 (夏 军)

【举办企业安全生产主体责任论坛】 镇江市安委会办公室于2009年7月2日举办2009年镇江市企业安全生产主体责任论坛。镇江市有关部门、各辖市(区)安监局分管领导及处(科)室负责人和部分企业负责人共70多人参加论坛。在论坛上,4名获奖代表进行交流发言,多方面探讨落实企业安全生产主体责任的新思路、新举措。与会者达成共识:开展落实企业安全生产主体责任活动,以构建企业安全生产长效机制为目标,促使企业自觉加大安全生产投入、改善安全生产条件、抓好隐患整改,从而有效防范安全生产事故,提高企业的安全生产水平。 (夏 军)

审 计

【概况】 2009年,全市审计机关开展审计和审计调查项目298个,查出违规金额63734万元、损失浪费金额5592万元、管理不规范金额253729万元,应上缴财政金额10547万元,减少财政拨款或补贴金额566万元,调账处理金额32898万元,查处"小金库"30个。提出审计建议534条,被采纳443条。提交审计专题、综合性报告和信息754篇,被批示采用760篇(次)。向社会公告审计结果32篇。向司法机关和纪检监察部门移送案件线索8条,6人受到刑事处罚。

全年审计工作把预算执行审计作为重中之重来抓,共查出预算编报不真实资金1960万元、未按规定征收及缴纳预算收入12313万元、违规改变资金用途19926万元、政策性税收流失6367万元、超预算列支1703万元、账外资产2437万元、财政收入核算不实32017万元。审计中坚持把揭露问题与规范管理结合起来,拓展审计深度和广度,并与财政部门共同抓好跟踪落实,促进审计查出问题的整改到位。

全年共完成固定资产投资审计项目75个,核减工程款12399万元,上缴财政资金622万元。市审计局全年突出政府重点建设项目拆迁资金使用情况审计和四川省绵竹市板桥镇灾后援建项目跟踪审计,如实反映资金管理使用情况和存在的问题,对加强管理提出建设性意见。

围绕新农村建设、社会事业可持续发展和涉及群众切身利益的问题,加大对专项资金的审计和审计调查力度,共完成专项资金审计和审计调查项目64个。市审计局组织辖市(区)审计局完成农村新五件实事专项资金审计、市政府还贷二级收费公路债务及里程情况审计、2007年以来政府投资保障性住房情况专项审计调查等一批重点项目的审计工作,并根据市本级财政专项资金整合情况,选择农业开发专项资金、公共卫生事业发展专项资金、企事业解困专项基金、住房保障专项基金等4项政府性资金开展跟踪审计,对提高财政资金的使用效益起到一定的促进作用。

市审计局联合市纪委、市委组织部对7个辖市(区)经济责任审计工作情况进行全面调查,总结经验、查找不足,推进各辖市(区)经济责任审计工作的开展。与市委组织部、市编办在全市范围内启动实施党政正职"三责联审"这项全新的工作,形成强大的监督合力,共同推进全市惩防体系的建设。 (王利平)

【经济责任审计】 2009年,全市审计机关接受省审计厅授权和组织部门委托,完成经济责任审计项目86个,其中市级14个,辖市(区)72个,共查出违规金额2.22亿元,管理不规范金额2.18亿元。在广泛征求意见、多次讨论修改的基础上,制定《2009年市属部门(单位)领导干部任期经济责任审计工作方案》《规范任期经济责任审计报告和审计结果报告的意见》,进一步规范经济责任审计工作。市审计局对扬中市原市委书记和原市长、镇江经济开发区原党工委书记、江苏大学原党委书记等5名省管领导干部和6名部门领导进行离任经济责任审计,对市发改委、体育局、经济协作办公室等3名领导干部进行任期经济责任审计。在全年经济责任审计中,市审计局既重视对领导干部政绩和管理方面经济责任的反映,也重视对领导干部廉洁自律方面的反映,不仅关注领导干部本部门情况,同时也关注其下属单位情况。通过审计及延伸审计,发现存在在下属单位列支本部门费用等问题,下属单位则普遍存在部门预算执行不够严格、财政资金使用效益不高、固定资产管理不够健全、单位改制不规范等问题。对存在的问题,市审计局除在经济责任审计报告中客观反映外,还对相关部门和单位提出整改意见。 (姚卫东)

【财政预算执行审计】 2009年,市审计局对参与市直预算执行的市财政局、镇江新区和市地税局进行审计,并延伸审计市教育局等9家行政事业单位部门预算执行情况。通过对预算收支和执行结果的分析对比,反映市直2008年预算执行较好、当年实现收支平衡等情况;通过对收入和支出的审计,对借出2400万元企业改制资金到期未收回、上级安排的部分专项资金未及时拨付、部分财政资金管理不够规范、国库集中收付制度执行中存在盲点、汶川地震后未严格控制公车购置支出等问题提出整改意见。审计结果得到市政府的高度重视，市长刘捍东在《关于2008年度本级财政预算执行和其他财政收支审计结果的报告》上批示"请市财政局牵头落实各市属单位的整改措施、请市审计局将对各被审计单位的审计意见分别报送市政府分管市长"。各责任部门和单位针对存在的问题进行整改，并向市审计局和财政局作出整改情况说明。整改情况在市人大六届第十七次会议上作专题报告，市审计局提出的4条审计建议，得到市人大财经委的肯定。（张 菁）

【扩大内需100亿资金专题审计】 2009年3月至12月，市审计局按照省审计厅要求，参与全省扩大内需100亿资金专题审计，结合审计调查，对镇江市政府投资保障性住房情况、高效设施农业资金、农业保险补贴、农村文化设施建设投入、支持企业扩大生产经营各类财政性补贴资金和支援绵竹地震灾区恢复重建等项目的共计21445.83万元进行专题审计。审计客观评价省级财政扩大内需所拨资金对镇江市现阶段经济发展的作用，反映资金收支管理中的问题，对从土地出让金净收益中少提取1136万元廉租住房保障资金、部分专项资金未及时缴入财政专户管理等问题提出整改意见，引起各有关方面的重视。（张 菁）

【政府采购绩效审计】 2009年，市审计局组织句容、扬中、丹徒3个辖市（区）审计局对2006年至2007年政府采购绩效进行审计，从预算及计划编制执行、采购方式选择和执行、行业管理和监督，单位政府采购管理等环节对政府采购资金的筹集、使用和管理的绩效情况进行重点审计。审计中发现有些地区和部门对政府采购预算编制不够重视，随意编报项目，导致采购的随意性时有发生，如有的地区2006年和2007年采购预算额仅占同期实际采购金额的1.39%和3.84%；还发现市直工程类政府采购中的一般设备、办公消耗品等未纳入采购范围，对定点供应商的管理还不够完善等管理方面的问题。市审计局针对存在问题提出8条审计建议，得到市财政局的重视，先后制定有关完善专家库、供应商管理等方面的规范性文件。

（张 菁）

【四川省绵竹市板桥镇灾后援建项目跟踪审计】 2009年，市审计局分别在3月、5月、9月和12月4次对四川省绵竹市板桥镇灾后援建项目进行跟踪审计，审计重点是全额援建的板桥小学、幼儿园、卫生院等7个工程项目，审计主要内容是灾后恢复重建政策措施落实情况，灾后恢复重建规划和援建方案的落实情况，对口援建项目的确立、实施、管理和建设情况；援建资金的筹集、分配、管理使用情况。截至2009年12月25日，市援助板桥镇灾后重建资金专户到位资金15583.17万元，其中：2008年度财政预算安排6060.3万元，2009年度财政预算安排4396.3万元，慈善基金专户转入5126.57万元。中组部直接拨入特殊党费2341万元。资金用于农民居住房1632.9万元、农民安全过冬200万元、农民住房重建贷款担保金907.27万元、农民住房恢复重建5443万元、农民集中居住点基础设施配套252.1万元、教育卫生装备等403.26万元、全额援建项目7970.28万元。经审计，核减工程成本338.49万元。针对审计中发现的项目建设管理中的问题，市审计局及时发出审计建议书11份，提出审计意见17条，援建指挥组重视整改工作，已落实审计建议15条，有效降低援建项目的建设成本。（王 冰）

【社会保障资金审计】 2009年，市审计局加大对医疗保险基金的审计。一是在对医疗保险基金实行计算机审计的基础上，加大医保信息系统数据与养老、民政等信息系统数据的比对分析工作，发现有78名参保人员已死亡，但医保卡仍处于启用状态；有9名参保人员在死亡后，仍由统筹基金支付门诊费用的问题。二是加大对医保定点医务所（室）的审计，发现定点厂矿医务所（室）普遍存在内部管理制度不健全等问题，比较突出的违规违纪行为是以药换药、以药换物、违规自行采购药品和不能提供药品的合法来源等。针对发现的问题，市审计局要求基金管理部门进行整改，对其中定点医务所（室）管理中存在的问题，提出对全市定点厂矿医务所（室）进行一次集中清理检查，重新核定其社会医疗保险定点医疗机构资格的意见。（田茂松）

【农业综合开发资金效益审计】 2009年，市审计局组织所辖丹阳市、句容市、扬中市和丹徒区审计局对市第七期农业综合开发项目进行审计，并对项目的经济效益、社会效益和生态效益进行延伸审计调查。审计涉及2006年至2008年三个年度的67个项目，涉及总投资38368.38万元，按资金来源划分，中央财政投资5230.00万元，省财政配套资金8631.15万元，市级财政配套资金1250.95万元，县级财政配套资金1159.00万元，自筹资金22097.28万元。审计发现项目实施后改善农业基础设施，提高农业生产能力，优化产业结构，产生辐射效应，促进农民增收。但是，审计也发现存在少数项目未能按期完成、部分地区项目施工质量不符合设计要求、工程施工单位无资质挂靠、部分项目建成后维护管理不到位、少数项目工程由于与原有的实施不配套影响项目效益的发挥、部分有偿资金回收不及时、部分项目没有按计划完成、各地财政部门没有按规定办理呆账的核销手续等问题。针对审计调查中发现的问题，市审计局向有关部门提出整改意见。（宋道清）

【政府投资保障性住房专项审计调查】 2009年，市审计局对市本级及句容市2007年以来政府投资保障性住房情况进行专项审计调查，重点是廉租房项目建设立项、分配、资金保障等3个方面。通过对按土地出让金净收益、住房公积金增值收益提取的廉租房资金的分析，对廉租住房的立项、土地划拨、物价核准、建造合同的查证，以及调阅的市房管局局长办公会议记录和镇江市的房产档案，发现存在市房管局自行处置廉租住房、国土和住房公积金部门7000多万元的资金未正确归集、部分廉租房价格畸高等问题。市审计局将审计调查情况向市政府汇报，市政府召开专门会议，要求市房管、财政、国土等部门就审计调查提出的问题进行整改，至2009年底，整改工作基本到位。（周文华）

【拆迁资金审计】 2009年，根据市政府要求，市审计局对沪宁城际铁路镇江配套工程建设项目、市滨江旅游专线东西段工程、三路一河一地块（凤凰山路、长山西路、润旺路、团结河及凤凰家园安置房地块）建设项目拆迁资金使用情况进行审计。审计拆迁量为2418户，拆迁建筑面积226126.7平方米。审计中发现镇江市建设项目拆迁中普遍存在以下问题：一是拆迁主体不合规，根据国家相关拆迁规定，拆迁主体应为拥有拆迁许可证的项目建设单位，而实际拆迁操作中拆迁主体为拆迁房屋所在地的地方政府或政府部门。二是房屋面积确权缺乏严格的管理，有的由地方政府房屋管理部门确权认可，有的由实际负责拆迁的地方政府部门确认，有的由工程项目部确认，人为造成标准掌握上的差异。三是项目建设主体管理监督不到位，建设单位在对房屋面积确权、拆迁协议签订、补偿资金审批等重点环节没有严格把关，缺乏有效监督。四是部分拆迁资料不真实，不完整，一些评估资料内容造假，逆拆迁程序后补拆迁资料。五是拆迁间接成本较高，由于地方政府直接介入拆迁，不仅要支付给拆迁事务所拆迁安置代办费，还要支付给地方政府部门一定的拆迁管理费，造成拆迁间接成本较高。针对存在的问题，市审计局提出规范拆迁运作程序、实行“拆管分离”、督促张榜公示、加强拆迁现场监管、规范评估市场、加强审核力度、建立诚信档案等审计建议。市政府根据审计建议出台相关的拆迁政策，加强对拆迁安置权力节点的监控，保障拆迁安置工作的顺利进行。

（耿广英）

【公路债务审计】 2009年，市审计局对被省政府列入撤销的镇江葛村收费站、122省道丹阳收费站、扬中大桥收费站、句容天王立交桥收费站和五里墩收费站等5个二级收费站涉及的公路里程和债务进行审计，同时延伸审计镇江市公路管理处涉及本项目的部分内容。经审计，镇江市撤销的二级收费公路里程为326.31公里，1990年至2008年年底累计债务余额192120.09万元，截至2009年2月28日累计债务余额194457.03万元。此次审计，全面反映镇江市境内二级收费公路收费站点的人员状况、收费公路里程和债务余额，为市政府制订《关于全市取消政府还贷二级公路收费工作指导意见》提供依据。（刘爱平）

【太湖水污染治理专项资金审计】 2009年，市审计局按照省审计厅的统一要求，组织所辖丹阳市、句容市审计局，对2008年第一期省级太湖水污染治理专项资金进行审计，并对相关单位的使用、管理情况进行延伸审计。镇江市太湖水污染治理项目共7个，即丹阳市新桥镇群楼村集中农村生活污水治理设施工程，丹阳市农村分散生活污水处理吕城镇工程、访仙镇工程和延陵镇工程，丹阳市天工纸业有限公司环保治理设施升级改造暨废水“零排放”工程，句容市城北填埋场垃圾渗沥液预处理工程和句容市城乡收运体系项目。项目计划投资1976万元，其中省级专项资金392万元、自筹资金1584万元。实际完成投资1931.09万元，其中省级专项资金392万元、自筹资金1539.09万元。审计结果表明：资金拨付渠道流畅，建设单位基本能够做到专款专用，大部分工程已完工并投入使用。但在工程建设管理上存在着少部分工程未进行公开招投标、未实行工程监理制度、结算票据有少量白条等问题。审计建议财政部门和各项目督办单位应严格招投标、工程监理、竣工验收和工程审计制度，确保资金的专款专用，充分发挥专项资金的效益。

（宋道清）

【人防工程易地建设费专项审计】 2009年，市审计局对2008年人防工程易地建设费的收缴和使用情况进行专项审计。审计结果表明：市人防办2008年度总计收人防易建费5514.56万元，所收资金全额纳入市财政专户，资金主要用途为大市口地下过街通道规划一期工程——斜桥街至山门口通道2538万元和市政府行政中心大楼人防工程1500万元；市人防办对自建工程的报批和验收均按规定程序执行，2008年32家单位立项人防自建工程，建筑面积15.26万平方米，当年25家单位实现自建，建筑面积8.63万平方米，10家已通过竣工验收，建筑面积2.21万平方米。（洪定康）

【内部审计】 2009年，全市内部审计以推进内部审计转型与发展为主题，围绕本单位的工作重点，开展各项审计工作，全年共完成各类审计项目4401项，查出损失浪费金额5961万元，促进增收节支4510万元，纠正违规2290万元，提出建议被采纳2261条，发现案件线索3起，向司法机关移送3起，建议给予行政处分4人，在促进单位内部管理、提高经济效益等方面发挥一定的作用。

（陆才喜）

【审计信息化建设】 2009年，市审计局拓展和完善审计管理系统（OA）功能，在OA平台上增加手机短信提醒模块，实现待办待阅公文的手机短信自动提醒；增加审计业务论坛模块，为系统内审计人员开辟内部交流平台；完善档案管理模块功能，实现OA档案数据的批量输入和输出。《镇江审计》网站按照政府对各部门门户网站进行整合的要求，率先完成网站平台的建设和原网站数据的迁移，实现网站管理的规范。举办两次审计署AO（现场审计实施系统）培训认证考试，提前两年达到审计署提出的培训考试指标要求。（陈亚平）

【创新审计工作制度】 2009年，市审计局以提升审计机关依法审计能力为核心，创新审计工作制度，审计工作呈现良好发展局面。一是制定、完善加强权力节点监控、推进绩效审计、完善建设项目跟踪审计、加强审计信息化建设、加强对基层审计机关的业务指导、加大教育培训力度、深化市本级预算执行审计管理、加强审计项目进度管理、开展审计工作综合考核等10个方面的意见和办法，使审计工作质量进一步提高。二是《2009年度审计项目计划安排》首次提交市政府常务会议讨论，并经市政府第11次常务会议决定，年度审计项目经市政府常务会议讨论通过将形成制度化，从而增强审计工作的严肃性和项目计划的约束力。三是改进审计执法方式，对审计中发现的少缴税费、违规收费、挤占滞留财政资金等问题移送相关职能部门进行处理，全年共出具移送处理书6份，移送处理金额6103.41万元。四是在全市审计机关审计组实行特约纪检员制度，进一步加强对权力的制衡和约束。五是创建库藏档案的目录数据库和全文数据库，实现在局域网上快捷检索、查阅，被评定为全省档案管理“五星级”工作单位。

（王利平）

统　计

【概况】 2009年，全市统计系统以提高统计能力、提高统计数据质量、提高统计公信力为中心，拓展统计功能，推动统计创新，充分发挥统计在服务经济社会发展中的重要作用，为实现镇江跨越发展、后发先至提供更多统计服务。

表11-5　**2009年镇江市内部审计情况统计表**　单位：万元

名　称	审计单位（个）合　计	财政财务收支审计	经济效益审计	经济责任审计	基本建设审计	专项资金审计	其　他	查出的损失浪费金额	促进增收节支金额
合　计	5418	1423	333	625	2236	243	558	6268	5101
市本级	4401	965	321	491	1987	197	440	5961	4510
辖市（区）	1017	458	12	134	249	46	118	307	591

（姜爱贵）

突出重点,加强监测,围绕全市中心工作进一步提高统计服务水平。及时向党政领导提供决策依据。充分发挥统计调查优势,快速实施经济预警监测,全年共开展各类常规调查和专项调查28项,加强对工业、投资、贸易、就业、收入、消费等状况以及社会热点的信息收集、研究和分析,完善"短、中、长"统计预测分析报告机制。全年完成统计分析103篇、统计信息170篇、领导专报11期、季度国民经济情势分析及预测报告4期;其中获市委、市政府主要领导批示30篇。及时向社会各界提供优质的统计服务。对镇江统计网站举行改版升级,丰富完善栏目和内容,并在镇江政务网上及时上传大量的各类统计数据和统计分析等信息。策划编印"两会"服务画册,受到代表和委员们的普遍欢迎。调整改版《2009年镇江统计年鉴》,增订相关历史数据,并在2009年度全国市(县)级统计年鉴综合评比中获二等奖。以庆祝新中国成立和镇江解放60周年为契机,组织全市统计系统、各相关部门历时半年时间整理撰写镇江60年来经济社会发展的文字和数据,编印120余万字的《镇江六十年》历史文献,弥补镇江市历史资料的缺失,丰富统计资料的内容。

规范要求,强化考核,切实加强统计法制工作和统计基层基础建设。出台《关于地区生产总值核算权力节点监控实施办法》。在镇江统计网站上对组织作风建设、反腐倡廉建设等六个方面实行党务公开。有效开展统计督查和统计监审工作。印发《2009年全市统计法制工作要点》和《2009年镇江市统计督查、统计监审工作计划》,组织全市统计系统学习《统计违法违纪行为处分规定》和新《统计法》。对丹阳市政府、镇江新区管委会进行统计督查,对7个乡镇统计工作进行监督检查,对全市186家单位(项目)进行专项检查,共查出统计违法行为15件,其中立案查处10件。制定出台《2009年镇江市统计基础工作指导意见》和《2009年镇江市统计教育培训计划》,举办各类业务知识培训班33期,参加培训人员1970人,全市有610人通过统计从业资格考试。 (吕联泰)

【第二次全国经济普查】 2008年全市第二次经济普查结束。全市共普查登记第二、三产业法人单位29750户、产业活动单位32428个和个体经营户130546户,与2004年第一次经济普查相比,分别增加6830户、5935个和12222户。镇江市第二、三产业单位和个体经营户从业人员数为162.25万人,与2004年第一次经济普查相比,增加36.57万人。(参见第365页) (吕联泰)

【第六次人口普查试点】 2009年5月,国务院印发《关于开展第六次全国人口普查的通知》,标志着全国第六次人口普查工作全面正式启动。9月,镇江市承接第六次人口普查国家专项试点任务,这次试点涉及丹徒区和丹阳市的城镇、城郊、农村区域的6个村(居)委会。试点经历组建机构、抽调人员、培训、宣传发动、摸底、登记、复查审核、编码等阶段,共调查登记户数3497户,人口11053人,其中出生102人,死亡50人,为2010年全国第六次人口普查工作顺利开展积累经验。 (吕联泰)

【第二次全国R&D资源清查工作】 为了解全市科技发展水平和科技创新状况,为"十二五"科技发展政策和相关产业发展政策的制定提供参考,镇江市按照国家统计局、科技部、国家发改委等单位部署,于2009年10月27日下发《关于认真开展第二次全国R&D资源清查的通知》(镇政办发〔2009〕203号),全面开展第二次全国R&D(研究与试验发展)资源清查工作。此次清查涉及镇江市国民经济中R&D活动相对密集行业的法人单位,清查的标准时点为2009年12月31日。R&D清查的主要内容包括人员数量、R&D经费支出及来源情况、各类研发机构的基本情况、技术引进、消化吸收和技术改造情况、政府给予研发活动的税收减免情况等。 (吕联泰)

【科学发展目标考核统计监测】 2009年,市统计局特邀省统计局对全市部门、县(区)综合统计人员进行科学发展评价考核统计监测业务培训和专门指导。严把数据出入关口,反复审核与认定科学发展评价考核数据,保证数据质量与省级部门的对接;考核监测同步开展。协助发改委研究制定2009年度各地、各部门科学发展考核目标任务,并通过市政府办公室2009年1号文件印发各地、各部门。上半年,又对各地、各部门目标任务进展情况开展定期监测,并通过"两办"印发。 (吕联泰)

【生态市(县)统计监测工作】 为全面、及时、准确反映镇江市生态市(县)创建工作开展情况,镇江市依据环保部以及省统计局有关生态市(县)目标考核标准,于2009年初制定《镇江市生态市(县)建设统计监测报表制度》,其中生态市分为3大类22个指标,生态县分为3大类27个指标,对全市生态市(县)建设开展季度统计监测。前三季度,首度发布《镇江市生态市(县)建设统计监测报告》,全面分析镇江市生态市(县)建设取得的进展、面临的困难和存在的突出问题,得到市常务副市长陈照煌重要批示。同时参与、协调市直各部门、市局各专业做好生态市(县)统计数据采集、评估及提供工作,健全完善统计台账,2009年市统计局被市委市政府评为生态市建设先进单位。 (吕联泰)

人事·劳动·社会保障

责任编校：戴　芸

人　事

【概况】　2009年，全市新增各类人才4.22万人，其中高层次900人，本科以上6500人，硕士800人以上；人才总量33.8万人，其中高层次人才1.41万人。举办第二届中国镇江发展新兴产业项目与人才对接洽谈会和中国镇江“双高”(高层次、高技能)人才对接洽谈会系列活动，开展赴美国、英国等海外人才招聘活动，在美国、加拿大、英国、日本建立7个海外人才联络处。全年引进31名外国专家执行16项引智项目，引进18名清华博士到8家企业，开展12个项目研发。

2009年，制定“千百亿工程”、信息软件、新能源等产业人才引进和培训计划。开展“人才服务进千企”活动，集中走访企业1000多家，逐步建立人事部门进企业常态化工作机制。全市留学人员创业园4家，建立丹阳、句容、扬中市级留学人员创业园，创业园新创办留学人员企业37家，吸引高层次人才50余名。全年入选江苏省高层次创业创新人才引进计划18个，获省政府1700多万元项目资助；获得国务院批准享受政府特殊津贴4人，成功申报省“六大人才高峰”第六批人才项目资助计划6个，争取省博士后科研资助项目2个；申报资助各级留学人员创业创新项目20个，获省、市资助资金3200万元。创建丹阳迈村省级引智示范基地和大全集团省级引智示范单位。

2009年，全市举办人才集市290场，提供就业岗位25万个次，组织赴外招聘会55场，形成“一周双市(周三、周六)、专场招聘、大型招聘、网络招聘”的招聘格局。10月举行2009年金秋大型人才交流大会，包括机械、教育、管理、机电、制药、保险、文秘等行业的180余家企事业单位提供4600多个就业岗位。推进综合人力资源外包服务，截至年底市直代理人数3.58万人，库存人事档案5.74万份，人才派遣总量4000余人，与900多家用人单位签订人力资源服务外包协议，与19家外地中介机构签订人事服务代理协议，为21家单位成功猎头89人次。组织实施1.2万余人次、2.4万余科次人事考试，市直建成20余类40个专业的人事人才考试题库，提供20多家单位45次命题服务。举办赴美国经济管理与自主创新境外培训、应对金融危机大型公开课和4期“人才讲坛”。开展专业技术人员公需科目继续教育网上培训3969人次。推进职称社会化评价，全市评审高级职称1200人、中级职称2640人。8月28日，江苏省苏南人力资源市场主体工程竣工，该工程坐落于镇江市丁卯桥路和宝塔山路的交叉口，占地0.69公顷，建筑面积为1.75万平方米，市场大楼主楼11层，高达45米，辅楼5层，地下室1层。江苏省苏南人力资源市场定位在立足镇江，面向苏南，融入长三角，建立统一规范的人力资源市场。

2009年，评选表彰18名全市人民满意的公务员和10个人民满意的公务员集体。招录党政机关公务员256人。开展公务员“一法两例”(《中华人民共和国突发事件应对法》《行政机关公务员处分条例》和《中华人民共和国政府信息公开条例》)培训，培训公务员15709人。建立完善市级机关岗位责任制，选派100名年轻公务员到基层挂职。会同组织部门实施“一村一社区一名大学生”三年计划，选聘211名大学生赴村(社区)任职。开展镇江市退休人员“庆祝镇江解放60周年”戏曲会演等活动。

开展事业单位分类改革，完成381家市属事业单位的分类，推进生产经营类事业单位转企改制。启动实施事业单位岗位设置管理工作。推行事业单位公开招聘制度。开展新一轮市县政府机构改革。完善机构编制实名制管理，全年市直机关事业单位新进工作人员382名，财政供养人员继续保持负增长。

实施军转干部安置方式改革，市区首次采用“指令性计划、考试考核、双向选择、保底安置”的安置办法，11月13日，举办首次军队转业干部双选会，市区57名营职以下干部中，48人在机关双选，9人在企事业单位双选。全市完成130名军队转业干部的安置任务。

（汪　涌）

【第二届中国镇江发展新兴产业项目与人才对接洽谈会】　2009年3月20～4月20日，为促进市产业结构升级与人才结构优化，实现产业集群、产业链与人才集群、人才链的互动和对接，吸引高层次人才到镇江市创新创业，先后开展网上对接洽谈、中国镇江发展新兴产业西安人才招聘会、驻镇高校产学研项目对接会等系列活动，征集新兴产业和支柱产业项目88个，项目总人才需求402名，其中博士28名、硕士105名、本科生269名；组织61家企业参加西安人才招聘会，现场提供各类人才需求560名，其中博士22名、硕士138名、紧缺专业本科以上人才390名，西安部分重点大学5000余名毕业生参加招聘会，收到简历2299份，达成初步意向204人，签约23人。

（汪　涌）

【第二届百名海外博士江苏行镇江对接洽谈活动】　2009年11月14日，洽谈会在一泉宾馆举行，来自美国、加拿大、日本、澳大利亚等9个国家的124名海外博士与会，他们具有五年以上工作经验，自带新技术、新项目，与市71家单位进行洽谈交流，洽谈项目120个次，41个项目达成初步意向，3名海外博士确认正式开展合作，15个项目申报市“331计划”（《镇江市引进培育创新创业领军人才三年（2008～2010年）行动计划》）。市人事局召开海外组织机构负责人座谈会，并与中国旅美科技协会、美国硅谷信息企业协会、加拿大中国专业人士协会、北美信息企业协会、全日本中国人博士协会、中国旅美专家教授联合会等6家海外组织机构签订《海外高层次人才联络机构合作协议》，形成6个海外引才联络点。（汪　涌）

【镇江籍院士家乡行】 2009年3月27日，市人事局组织镇江籍院士家乡行活动，邀请7名镇江籍院士重返家乡，建言献策。7名院士是：中科院、工程院院士王越，中科院、发展中国家科学院院士汪尔康，发展中国家科学院院士董绍俊，中科院、发展中国家科学院院士于渌，中科院院士吴宏鑫，中科院、工程院院士李德仁，工程院院士孙家广。镇江市委、市政府举行“推进镇江发展新跨越——镇江市政府高级顾问”座谈会。院士们结合科研经历和感受，讲解国家最前沿的经济、科技知识和符合镇江产业发展导向的新兴产业培育、传统产业改造、现代服务业加快发展等规律，开阔地方经济发展的思路和视野。院士们参观考察江苏大学、镇江新区高创中心，与镇江新区、江苏大学、江苏科技大学以及大全集团、索普集团、太白集团等重点企业负责人进行座谈。江苏大学聘请汪尔康担任特聘院士，江苏捷诚车载电子信息工程有限公司请李德仁、吴宏鑫两位院士现场技术指导。孙家广院士对其与大全集团的合作项目进行现场检查指导。（汪　涌）

【“高校毕业生就业服务年”活动】 2009年，开展“高校毕业生就业服务年”活动，登记未就业高校毕业生1393人，为1071人推荐就业岗位，成功推荐就业859人，免费培训1102人次，免费进行综合素质测评772人次，安置困难家庭毕业生50人。镇江籍毕业生年终就业率90%。开展创业培训500多人次。推出促进毕业生就业的十大措施。通过固定集市、毕业生专场、大型招聘、网络招聘、百家企业高校行等方式，举办各类招聘会110场，提供就业岗位12.6万个次。在全市建立省级高校毕业生就业见习基地13家，组织467名未就业毕业生进入基地上岗见习3个月，见习结束后，用人单位录用420人，录用率90%。评选表彰10名大学生创业明星，开展创业指导进校园活动，举办《创业成功的三大要素》等公益讲座。开展大学生创业“保姆式”服务，市直一对一帮扶大学生47名，全市扶持200名以上大学生创业。帮扶对象是有创业意愿、准备在市区（京口区、润州区和镇江新区，下同）创业的大学生和2008年以来已经在市区创业的大学生。帮扶内容包括帮助有创业意愿的大学生解读市创业优惠政策，从创业立项、工商登记、贷款融资、市场营销、税收优惠等各个环节提供“一条龙”服务。开通镇江市大学生创业网，建立大学生创业“一站式”服务窗口，完善创业园、创业孵化基地、实践基地等服务体系。推广“五免”服务，免费开放人才测评，实现本地生源本地就业服务零成本。开展未就业毕业生登记，优先安排困难家庭毕业生参加就业见习、参加就业技能培训、提供就业信息，确保不挑岗位保底就业。每周六在人才市场周末集市开辟高校毕业生就业服务专区现场指导。（汪　涌）

镇江籍院士家乡行活动合影　（宋建设）

【领军人才集聚工程实施】 2009年9月11日，市委、市政府向正式签约落户镇江市的首批34个创新创业领军人才（团队）颁发总额4090万元的资助资金，其中资助金额最多的人才（团队）达300万元，第二批已接受200多个项目申报。经过对首批申报的182个海内外人才（团队）的层层评审筛选和公示，以及与引进单位的对接洽谈，最终确定首批引进资助34个创新创业领军人才（团队），其中创业类项目23个，创新类项目11个，涉及新能源、新材料、先进制造、电子信息、生物医药等高新技术领域。这34个人才（团队）带动引进172名高层次人才，其中院士2人，博士87人，硕士52人。（汪　涌）

【镇江市企业博士后科研工作站建设】

2009年，出台《镇江市博士后科研工作站工作规范》。全市新增省级博士后科研工作站13家，分别是：江苏索普集团、江苏南自通华电气集团、丹阳市精密合金有限公司、江苏鱼跃公司、句容宁武化工公司、江苏稳润光电公司、江苏华阳金属管件公司、江苏丹化集团有限责任公司、江苏天工工具有限公司、江苏吉贝尔药业有限公司、镇江市电站辅机厂、华鹏集团、江苏太白集团。全市有企业博士后科研工作站23家，其中国家级10家。各博士后工作站招收博士后研究人员8人，在站博士后研究人员14人。各设站企业对博士后研究项目投入1200万元，在站博士后共发表论文6篇，申请专利3项，产生经济效益3000万元。市博士后项目研究投入累计达4200万元，参与承担科研项目60余项，申请专利12项，在国内外刊物上发表学术论文70多篇，产生直接经济效益1.6亿元。（汪　涌）

【市直事业单位分类改革】 2009年，先后出台《关于市属事业单位分类改革的意见》《关于实施市属事业单位分类工作的通知》，提出改革工作方案和分类的原则标准和方法步骤。经主管部门申报类别、事业单位分类改革领导小组办公室初审、市政府分管领导复核，完成市属事业单位分类。其中，行政管理类63家、社会公益类241家、生产经营类54

家,拟定撤销19家。在分类定位基础上,按照职能情况、服务范围及业务特点,划分行政管理和公益服务职能,完成16家事业单位撤销归并工作。严格控制人员编制,对行政管理类和社会公益一类、二类事业单位新补充工作人员按自然减员的70%,社会公益三类按50%控制,主要用于引进高层次或紧缺专业人才,一律通过公开招聘。生产经营类事业单位收回全部空编1108个。

(汪 涌)

【义务教育学校实施绩效工资】 2009年,镇江市全市范围内义务教育学校全面实施绩效工资。19041名义务教育学校在职教师9月份的绩效工资及10918名义务教育学校退休人员基本退休费和新的生活补贴在9月10日之前全部发放到位。(汪 涌)

【人事重要权力节点监控机制建立】 2009年,全面梳理人事重要权力,排查出重要权力的节点(工作中的重要环节)。确定公务员考录、调任,事业单位公开招聘,军队转业干部和随迁随调家属安置,机关事业单位科级职位职数核准,推荐市以上政府和省以上系统表彰对象,国家省、市有突出贡献中青年专家选拔推荐,享受国务院政府特殊津贴人员选拔,职称评价,各类考工人事考试,财政专项资金管理使用等12项权力、28项节点。事业单位公开招聘工作作为市级监控重点上报市纪委,其他11项作为市人事局监控重点。对行使人事行政权力的责任人,未履行职责的明确具体处理方法。全年组织对人事重要权力节点,现场监督36场次,专门监督48人次,邀请人事监督员参与重点工作监督74人次。(汪 涌)

【市级机关事业单位社会化用工规范化管理】 2009年,针对机关事业单位编制外用工逐年增多,产生的部分单位未依法用工、员工工资福利经费保障机制不健全等问题和矛盾,通过调研市直机关事业单位编外用工情况,形成专题调研报告,系统分析全市编制外用工的特点、问题。市人事局牵头,联合组织部、机构编制委员会办公室、财政局、劳动和社会保障局下发《关于加强市级机关事业单位社会化用工管理的意见》,规范市级机关事业单位的社会化用工行为,保护用工双方单位的合法权益,消减用工中的矛盾和问题,推进机关工勤及事业单位用工改革。意见明确社会化用工范畴、分类控制原则,提出社会公开招聘、单位自主招人、人事部门和主管部门加强指导监督的用人导向,规范社会化用工的合同签订、工资待遇、社会保险、人员管理等要求,强化财政、工资监管和纪律追究等保障措施。(汪 涌)

【建立公务员年度考核与工作性津贴挂钩制度】 2009年底,镇江市建立公务员年度考核与工作性津贴挂钩制度。从2010年1月开始,按市(区)级机关在职人员平均工作性津贴的30%每月提取年度绩效考核奖金。各部门根据年度考核结果发放奖金,对称职以上等次人员全额发放;优秀等次人员增发10%;基本称职等次人员减发50%;不称职等次人员不发放。因个人原因不参加年度考核或参加年度考核不定等次人员不发放,考核年度内受警告处分人员,减发50%。发放方案按人事管理的范围报组织人事部门同意后实施。(汪 涌)

【实行事业单位公开招聘工作新机制】 2009年,市属事业单位新进工作人员全部实行公开招聘。组织市属事业单位开展各类公开招聘活动9次,全市80家次事业单位参加,公开招聘录用221人,为330人办理聘用合同鉴证。市直实行聘用制单位和人员达到96.2%和97.5%。对公共管理类等常规性的职位,由人事部门统一牵头面向社会集中公开招聘;对教育、卫生等行业专业性较强、需求集中的职位,主管部门牵头组织,有关部门全程参与指导监督公开招聘;对引进应届硕士以上研究生或紧缺专业毕业生的需求,经人事部门核准备案后,可参与人事部门组团赴高校毕业生就业市场公开招聘;对高层次和岗位、专业要求特殊的人才需求,可通过考核直接引进。针对集中公开招聘的特点,制定《事业单位公开招聘关键权力节点监控办法》,确保招聘工作透明公正。

(汪 涌)

【开展调查研究】 2009年4月,结合学习实践科学发展观活动,建立领导牵头重大课题调研制度,以"调研月"形式开展10项专题调研,包括:全市人才队伍结构分析报告、镇江市人才政策落实情况的调研报告、关于收费改革后部分事业单位运转情况影响的调研报告、津补贴规范后的相关问题及对策、市直卫生医疗机构人员编制调研报告、探索镇江特色的军转安置新路、关于市直机关事业单位编外用工情况的调查报告、引进国外智力 服务跨越发展、服务企业 服务基层 服务发展——"人才服务进千企"活动综述、镇江市2009年重点产业人才需求目录。其中,全市人才队伍结构分析报告、津补贴规范后的相关问题及对策、探索镇江特色的军转安置新路、关于市直机关事业单位编外用工情况的调查报告已转化为相关政策文件。

(汪 涌)

劳 动

【概况】 2009年,全市新增城镇就业5.5万人,完成年计划的137.5%,新增农村劳动力转移3.69万人,完成年计划的123%,城镇登记失业率2.35%,控制在3.5%目标值以内。

出台《鼓励创业促进就业工作意见》《应对金融危机稳定就业局势实施意见》《创业扶持资金使用管理办法》等一系列扩大就业、稳定就业、鼓励创业的政策措施。设立1000万元创业扶持引导资金,新增2000万元创业贷款担保基金,个人创业贷款最高额由5万元提高到20万元,由再就业资金全额贴息,劳动密集型小企业由100万元提高到200万元,贴息50%。扩大失业保险金的支出范围,全年支出就业再就业资金1.02亿元,比上年增长10%,惠及城乡劳动者10万多人;发放创业贷款2489万元。

2009年,市政府依托京口区建立市区大学生创业园。全年入库人员360人,组织开展创业培训5期,培训人员135人,接待咨询人员近200人。基本建成市和辖市(区)创业指导服务中心,市区所有街道、乡镇和社区基本建成创业服务所(站)。

实施下岗返乡农民工、大中专毕业生、失业人员三类重点人群的就业援助计划:建立返乡农民工五大帮扶机制,开辟大学生就业服务"绿色通道",实施就业困难人员"六清"申报登记制度,即通过调查登记摸清就业困难人员家庭状况、失业原因、困难原因、技能特长、培训愿望、就业需求。组织开展"一对一"就业援助系列活动,帮扶3057名就业困难人员稳定就业;为1.2万名灵活就业困难群体发放社保补贴2869.44万元;新增220个公益性岗位,安置城乡就业困难人员220名;全市连续48个月保持零就业家庭"动态为零",返乡农民工基本实现再就业。

组织开展"春风行动2009"全市联动"千企万岗"农村劳动力转移招聘会、"迎新年、送温暖"困难群体就业招聘会、"大、中专职技校毕业生专场供需洽谈会""南北劳动力交流"等系列专场招聘活动;组织开展对口就业援助招聘周活动,并赴四川地震灾区绵竹市板桥镇举办招聘。全年举办各类招聘会 81 场次,其中专场招聘会 14 场,进场单位 4189 家次,提供就业岗位 7.1 万个次,求职报名人数 4.6 万人。

全市开展各类职业技能培训 12.9 万人次,各类技工院校开展社会培训 2.4 万人次。协调落实高技能人才专项经费 215 万元,为 150 家企业的 2309 名职工发放高技能人才奖励和资助 170 多万元,全市新增企业内高技能人才评价企业 15 家,总数达 39 家;组织开展职业技能竞赛活动 36 场次,产生高级技工 358 名,技术能手 40 名、技师 30 名。全市培养高级以上技工 7125 人,完成年计划的 182%,其中新培养技师、高级技师 2288 人,完成年计划的 143%。全市完成职业技能鉴定 4.45 万人次,完成年计划的 139%,发放国家级职业资格证书 3.62 万份,完成年计划的 139%,全省职业技能鉴定质量大检查,镇江市列第四名。

实施"充分就业市"创建三年行动计划,修订创建评估指标体系,细化 44 项具体创建指标,建立创建工作责任制。组织开展充分就业标兵社区创建和充分就业辖市(区)创建活动,全市建立充分就业标兵 46 个,充分就业辖市(区)创建率达 86%。

加强劳动合同及用工管理。实施新的《就业失业登记管理办法》,开展农民工劳动合同签订"春暖行动",制定规范企业裁员行为办法。全市完成劳动合同备案 25.41 万人,为 125 家企业办理综合工时和不定时工时制,各类企业劳动合同签订率达 98%。

开展"依法用工服务年"和"两网化建设提升年"活动,构建两网化(网络化、网格化)示范标准、联动执法、预警防范、服务指导四大体系,全市立案查处违法案件 1113 件,责令补发工资 2132 万元,督促参保 1.52 万人,补缴社保费 1534 万元。全市仲裁实体化建设率 100%,实现机构、编制、人员、经费保障、网络运行"五到位",基础设施投入 100 多万元。全市仲裁机构受理各类劳动争议 5067 件,增长 31%,审结 4860 件,其中调解 3278 件,撤诉及其他方式结案 526 件,调撤结案率 78%。完善全市预防和解决工资拖欠联席会议制度,开展工资集体协商"要约行动",增加一线职工工资收入,全市审查工资集体合同 2148 份,增长 68%。在省劳动和社会保障厅组织的劳动保障工作综合考核评比中,镇江市劳动和社会保障局获全省综合考核一等奖、争先进位特别奖,8 项工作成果获开拓创新奖。

(范国富)

【镇江市被列为国家创业型城市建设重点联系城市】 2009 年 9 月,镇江市被国家人力资源和社会保障部确定为国家创业型城市建设重点联系城市。创建的主要目标和任务是:通过 2 年左右时间,建立和完善推进创业的组织领导体系、政策扶持体系、创业培训体系、创业服务体系和目标考核体系"五大体系",使城镇和农村劳动人口创业活动参与率分别达 20% 和 17%;新创私营企业和个体工商户数分别增长 40% 和 30%;创业对就业和对企业成长的贡献率分别达 30% 和 80%;创业者和社会各界对创业环境满意率达 85% 以上;创业效率和促进创业工作成效的指标全省领先、全国先进;辖市(区)全部达到国家级创业型城市创建标准,85% 以上的街道(镇)达到创业型街道(镇)标准。 (范国富)

【鼓励创业促进就业工作意见出台】 2009 年,市政府印发《关于切实做好鼓励创业促进就业的工作意见》:一是把全员创业活动指数、创业活动对就业的贡献率、创业活动对企业成长的贡献率、创业环境满意度等作为建设创业型城市主要指标,设立 1000 万元创业扶持资金,其中 2009 年安排 400 万元,2010 年安排 600 万元,2 ~ 3 年后建成一批创业示范园、示范街、示范村,培育百名创业典型,扶持千名劳动者成功创业,带动万人以上就业。二是将创业担保贷款扩大到所有符合条件的城乡劳动者,增加 2000 万元创业担保贷款基金,增加 1 ~ 4 家经办银行,新发放的创业担保贷款利率上浮 1 ~ 3 个百分点,财政全额贴息。对持再就业优惠证人员自主创业、从事个体经营的,在规定限额内依次减免营业税、城市维护建设税、教育附加和个人所得税,并对企业吸纳失业人员给予税收政策扶持。三是对吸纳就业困难人员的企业缴纳社会保险,全额给予企业缴费部门社保补贴。四是对新能源、新材料、新技术企业每引进一名普通高校本科以上学历毕业生,并签订一年以上劳动合同,分别一次性给予企业和大学生个人 3000 元和 1000 元补贴;农村零转移家庭贫困劳动力享受城镇就业创业扶持政策;对认定的就业困难群体自主创业从事个体经营的一次性给予不超过 1000 元的创业实物补贴。五是将大中专毕业生、城镇失业人员、城乡新成长劳动力、农村劳动力以及返乡创业农民工纳入免费创业培训范围;依托职业学校、各类专业培训学校,建立创业培训基地,对确定为省、市级创业培训示范基地,给予奖励。六是建立政府目标考核机制,成立市和辖市(区)创业就业工作联席会议制度。全市全年开展创业培训 6916 人,完成年度目标的 230%,扶持创业 3653 人,完成年度目标的 183%,创业带动就业 1.8 万人。 (范国富)

【《镇江市创业担保贷款管理办法》出台】 2009 年,市劳动和社会保障局、财政局、人事局、中国人民银行镇江支行、银监会镇江监管分局联合制定并实施《镇江市创业担保贷款管理办法》,对城乡劳动者,重点是城镇登记失业人员、大中专技职校毕业生、返乡农民工给予创业担保贷款支持。率先在全国建立创业担保贷款"绿色通道"和城乡创业担保贷款"互通共享"机制即农民进城创业可申请创业担保贷款,大中专毕业生、城镇下岗失业等人员到农村从事涉农项目创业可申请农民创业担保贷款。创业担保贷款申请额一般为 2 万元 ~ 5 万元;参加创业培训,并提供抵押、质押的,贷款额度可提高到 10 万元;规模较大的贷款额度可放宽到 20 万元,贷款利率在中国人民银行公布的贷款基准利率基础上,上浮 1 ~ 3 个百分点,由再就业资金全额贴息。劳动密集型小企业吸纳下岗失业人员就业的,每吸纳 1 人可提供最多 10 万贷款,最高贷款额不超过 200 万元。全市设立创业担保贷款基金总规模 4000 万元,其中市区 3300 万元,丹阳市 400 万元,句容市 200 万元,扬中市 100 万元,各银行可按 1 : 5 的比例放贷,全市创业担保贷款最高可放贷 2 亿元。社区、村当年实际到期足额回收一笔贷款,奖励 200 元;乡镇、街道奖励标准为所辖社区、村奖励总额的 20%;经办银行对回收率分别达到 90%、94%、98% 以上的,分别奖励当年实际回收贷款金额的 0.5%、0.6%、0.7%。全市全年累计发放创业担保贷款 2267 万元,发放总额比上年增长 30%,其中个人贷款 1962 万元,人均贷款额 4.4 万元,增长 36.3%。

(范国富)

【应对金融危机稳定就业形势的意见出台】 2009 年,市劳动和社会保障局会同市财政局和地税局制定实施《关于采取积极有效措施稳定就业局势的实施意见》,采取 8 项稳定就业、扩大就业的政策措施:一是失业保险基金结余较大的地区,可在 1 ~ 2 年内将失业保险企业缴纳部分的费率一次性从 2% 降到 1%,生育保险费率从 0.9% 降至 0.6%,工伤保险实行浮动费率,降幅在 50% 以内。二是允许困难企业在一定期限内缓缴社会保险费,缓缴期限最长不超过 6 个月,对历史欠费无力清偿的 2009 年内可继续签订缓缴、补缴协议,不加收滞纳金。三是对承诺不裁员或少裁员的困难企业，由失业保险基金给予社会保险补贴和岗位补贴，补贴期限最长不超过6个月。四是鼓励困难企业通过开展职工在岗培训等方式稳定职工队伍，在岗培训资金由企业职工教育经费列支，不足部分由就业专项资金支持；对连续5年按时足额缴纳失业保险费的困难企业，职工在岗、转岗技能培训，由失业保险基金安排培训补贴。五是允许企业在运行困难的情况下依法适度调整工资支付标准，缓解暂时困难。六是对生产任务不均衡的出口加工型、劳动密集型企业可以实行综合计算工时制；对一些企业管理人员、非生产性值班人员，可以实行不定时工作制，帮助企业依法合理减少人工成本支出。七是对不得不进行裁员困难企业，在与工会或职工平等协商一致后，可签订分期支付或以其他方式支付经济补偿协议。八是明确困难企业界定条件和范围。全市缓缴困难企业社会保险费733万元，降低生育保险费率减少企业缴费近2000万元，运用失业保险基金为2538名困难企业职工代缴社会保险1541万元，为51家困难企业3087名职工发放岗位补贴483万元，为125家企业办理综合工时和不定时工时制。

（范国富）

【大学生创业扶持资金使用管理办法出台】 2009年，市劳动和社会保障局、财政局、人事局联合制定《镇江市市区大学生创业扶持资金使用管理办法》，设立创业扶持资金，从市就业再就业资金中列支，暂立项1000万元，其中2009年400万元，2010年600万元。创业扶持资金主要用于：创业孵化基地补贴，新建的最高补贴30万元，改建的最高15万元；创业带动就业补贴，企业和个体工商户每吸纳5名以上就业困难人员就业的补贴2000元；高新技术企业吸纳高校毕业生就业补贴，每引进一名普通高校本科以上毕业生就业的，分别给予企业和大学生个人3000元和1000元补贴；大中专毕业生初始创业补贴，对初始创业的大学生，稳定经营6个月以上，补贴1000元；大中专毕业生就业见习补贴，进入市级见习基地见习的未就业大中专毕业生，每人每月给予300元生活费补贴；困难群体创业实物补贴，从事个体经营和合伙经营的就业困难群体，一次性给予不超过1000元创业实物补贴；创业示范基地奖励，对创业示范街道（乡镇）、创业示范社区（村）、创业示范培训基地给予一次奖励。

（范国富）

【新的就业、失业登记管理办法实施】 2009年，出台《镇江市就业和失业登记管理暂行办法》。办法明确企业、个体经济组织、民办非企业单位、国家机关、事业单位、社会团体等组织招用劳动者和与劳动者终止或者解除劳动关系的有关管理规定，以及劳动者从事个体经营或灵活就业和在法定劳动年龄内、有劳动能力且有就业要求的本地常住户籍劳动者，及进入本地就业的非本地户籍人员进行就业、失业登记的有关要求。办法重点对就业登记、失业登记、失业人员档案管理、就业失业登记证管理四个方面作出详细规定。新的办法将原来劳动者申领的就业登记证和登记失业人员持有的再就业优惠证，两证合一，统一免费发放就业失业登记证，劳动者可以凭证享受相应的就业再就业优惠政策。办法规定各级就业管理服务机构定期开展劳动力资源调查，健全和完善就业、失业统计制度，建立劳动力资源管理数据库，完善台账管理。

（范国富）

【《创业孵化基地认定和管理办法》实施】 2009年实施，明确重点培育和支持市场型、楼宇型、门面型和加工型4种类型创业孵化基地。市场型孵化基地，要求面积不少于1000平方米，经营项目相对专业化，主要用于对外经营和商品买卖等创业项目；楼宇型孵化基地标准为，多层写字楼，面积不少于1000平方米，主要用于代理、经销、广告、生产等创业项目；门面型孵化基地，要求至少10个以上独立门面集中组成，每个门面不少于10平方米，主要用于经营、销售、服务类项目；工业加工型孵化基地，要求以培育年营业收入100万元以下小企业为主，具有滚动孵化功能的场所，场地面积5000平方米以上，厂房10000平方米以上，入驻企业10家以上，安排就业200人以上。经评估认定的市级创业孵化基地，给予资金补贴，标准为：新建的最高补贴30万元，改建的最高补贴15万元，补贴资金额度与吸纳符合条件的创业人数挂钩。同时可享受国家规定的相关税费减免政策和创业贷款等政策。个体工商户最高可申请20万元贴息贷款，劳动密集型企业可申请200万元创业贴息贷款。符合条件的下岗失业等人员进入孵化基地自主创业的，3年内每户给予不超过1000元的租金补贴。全市全年培育、认定市级创业孵化基地7个、创业培训基地9个。

（范国富）

【镇江大学生创业网站开通】 2009年，镇江大学生创业网站开通，网址为http://www.zjsdxscyw.com。网站为镇江大学生创业提供信息发布载体和交流互动平台，设有创业园简介、新闻动态、创业指南、网络培训、网上办理、创业家园、创业论坛等栏目，与市人才在线网、就业信息网、各大高校就业指导网链接，及时发布大学生创业动态、创业政策、创业项目、创业点子、创业论坛等综合性信息。主要功能有：创业指南，发布创业动态信息、创业政策和办事流程等；创业宣传，宣传创业成功典型事迹，为准备创业者提供创业启示等；创业技巧培训，提供一些创业投资、风险防范、商务礼仪等方面的技能技巧知识；创业指导服务，主要为准备创业者提供创业指导、创业定位、团队组建、项目投融资等讯息查询服务；求职招聘服务，实时发布市场招聘、人才库、创业培训等方面的信息；在线服务，为准备创业者提供在线创业指导和服务；互动交流，设立创业论坛、活动会议等内容。网站发布政策、法规、动态等信息300多条，上网点击人数逾千人次。

（范国富）

【特别职业培训计划实施】 2009年，市劳动和社会保障局、发改委、财政局联合出台《关于贯彻落实特别职业培训计划的实施意见》，明确从2009年至2010年，依托各类职业培训机构，集中对四类重点人群开展专项培训措施，给予培训补贴。一是对困难企业在职职工开展职业技能提升培训和转业转岗培训，考核合格取得就业培训结业证书，每人补贴50元～100元；取得初、中级职业资格证书，每人分别补贴200元、300元，补贴资金从失业保险基金中列支。二是对失去工作的返乡农民工、农村劳动力、被征地农民和外地到镇江务工的在岗农民工开展职业技能培训或创业培训，补贴资金从就业专项资金或相关专项资金中列支。三是对城镇失业人员，包括进行失业登记的大、中专毕业生，开展3～6个月的中短期技能培训和创业培训，补贴办法按照原有的再就业培训相关要求执行。四是对新成长劳动力开展6～12个月的技能储备培训，补贴办法参照再就业培训相关要求执行。全市各级劳动保障部门共培训困难企业职工13563人、返乡农民工19965人、失业人员41044人、新成长劳动力7078人；发放特别培训补贴35.24万元，发放农民工培训券164万元，失业人员培训补贴688万元；培训后困难企业职工稳定就业率达98%，就业再就业率达60%，自主创业率达30%。

（范国富）

【社区创业奖励政策实施】 2009年，市劳动和社会保障局、财政局联合制定并实施社区扶持创业奖励政策。将市区街道劳动保障所工作经费由每年 3.5 万元提高到 4 万元,社区由每年 1 万元提高到 1.5 万元,新增的 5000 元专项用于创业服务工作。街道、乡镇、社区平台工作人员须对有创业愿望的人员提供创业培训、创业项目、创业场地、创业贷款、创业政策、创业开办等方面帮扶服务,凡成功扶持 1 名下岗失业人员、大中专技职校毕业生、被征地农民等创业的给予 500 元奖励,对所扶持的创业实体每吸纳 1 名劳动者就业再给予 200 元奖励。全年市区乡镇、街道、社区共帮扶成功创业 159 人,经考核兑现社区创业奖励经费 79500 元。 (范国富)

【农民工劳动合同签订"春暖行动"】 2009 年,市劳动和社会保障局在全市范围内开展农民工劳动合同签订"春暖行动"。按照"劳动必须签合同,用工必须交保险"的原则,将劳动合同和社会保险扩面同步推进。市、辖市(区)、乡镇(街道)和社区(村)四级联动,开展劳动保障法制和维权宣传,发放维权手册;成立 10 个检查组,重点对农民工集中的建筑、交通、水利施工企业和制造、餐饮服务等农民工密集型企业开展专项检查,督促施工单位严格签订劳动用工合同。劳动保障部门还与公安、总工会、新闻媒体等部门开展联动执法活动,即时快速处理拖欠农民工资、侵害农民工合法权益的案件。市及市辖(区)各级劳动部门深入 969 家企业进行指导,帮助 4086 名职工补签、完善劳动合同。 (范国富)

【《集体合同审查办法》实施】 2009 年实施,规定用人单位与职工签订或变更集体合同后,10 日内报劳动保障部门审查。重点是对集体合同签订的主体资格、签约程序和合同内容等方面合法性的审查。15 日内审查完毕,发送集体合同审查意见书达用人单位。劳动保障部门对集体合同有异议的,告知用人单位和职工方,双方就异议事项重新进行集体协商,修改后重新报劳动保障部门审查。集体合同生效时间,以劳动保障部门送达审查意见书的日期为准。用人单位自集体合同生效 10 日内,以书面形式向全体职工公布。各级劳动保障部门建立集体合同登记、审查和统计制度,并定期向社会公布集体合同审查情况。全年全市审查集体合同 4864 份,审查工资集体合同 2148 份。 (范国富)

【企业裁员报告制度实施】 2009 年,市劳动保障部门针对国际金融危机对部分企业生产经营的影响,制定实施企业裁减人员报告制度。规定企业因暂时生产经营困难,依据《中华人民共和国劳动合同法》,确需裁员 20 人以上,或不足 20 人但占企业职工总数 10% 以上的,提前 30 日向工会或全体职工说明情况,听取工会和职工的意见后,向劳动保障部门报告裁减人员方案。裁员方案必须阐明裁员理由、工资支付及社会保险缴费情况、工会和职工对裁员的主要意见、企业用工、裁员情况、实施时间、经济补偿金标准和资金准备情况。劳动保障部门审查后 3 个工作日内向企业出具行政建议书,并对实施裁员企业进行政策指导和服务,对裁员企业不按时支付被裁员工经济补偿金的,进行及时查处,就业、社保在办理企业解除劳动合同等相关手续时必须查验裁员行政建议书。全年全市报告批量裁员 411 人次,少于周边城市。 (范国富)

【企业劳动关系监测预警制度建立】 2009 年,市劳动和社会保障局建立劳动关系监测预警制度。预警信息按照轻重、缓急程度分为黄色、橙色和红色三类。黄色警示的单位,列为重点帮扶对象,劳动保障部门每月组织人员至少联络帮扶 2 次,直到黄色警示解除。对橙色警示单位,将列为重点监察对象,安排专职监察员实施重点监察,依法处置各类违法行为,每月至少上门 2 次。对红色警示单位,列为重点维稳对象,劳动保障部门会同有关部门及时赶赴现场,组织人员及时处理,控制事态恶化。同时建立信息监测分析报告制度,每月对警示信息和处理情况进行快报分析处理。全年全市各级网格兼职监察员和协理员监测预警单位 5480 家,对 602 家用人单位发出警示信息 1381 条,调解一般性或轻微劳资纠纷案件 3236 起,全市确立重点帮扶单位 527 家,重点监察单位 61 家,重点维稳单位 14 家,发布劳动关系信息分析评价报告和网格信息快报 72 篇。 (范国富)

【劳动争议仲裁实体化建设】 2009 年,镇江市成立市劳动争议仲裁院,从劳动和社会保障局系统内调剂解决编制 5 人,安排办案专项经费 180 万元,建设总面积超过 200 平方米的劳动争议仲裁庭和调解庭,配备质证控制系统和视频观摩系统。各辖市(区)全部成立劳动争议仲裁院,全市劳动争议仲裁实体化率 100%。开发使用劳动仲裁软件系统,从立案、审理到结案全程网络化、信息化处理。镇江市劳动争议仲裁机构实体化建设获全省考核评比一等奖。全市全年受理各类劳动争议案件 5067 件(含上年结转案件),结案 4860 件,结案率 96%,为劳动者追回经济损失 5580 万元,为用人单位追回经济损失 984.24 万元。 (范国富)

【开展"依法用工服务年"活动】 2009 年,市劳动和社会保障局在全市开展"依法用工服务年"活动,开展举报投诉专查、日常巡查和劳动保障书面审查,集中开展以清理整顿人力资源市场秩序、劳动合同签订、社会保险扩面征缴和农民工工资支付等为主要内容的专项执法检查,加大重大违法案件和突发事件查处和应急处置力度,依法规范企业用工行为。全年受理各类举报、投诉 1673 起,接待法规政策咨询 6819 起 10228 人次,投诉、举报案件查处率 100%。全市检查用人单位 8355 家,立案查处违法案件 1696 件,结案率达 100%。指导督促用人单位补签劳动合同 24395 份,责令用人单位为 9091 名职工补发工资 2172.8 万元。 (范国富)

【开展"深入千家走访,结对百人创业"活动】 2009 年,市劳动和社会保障局结合学习实践科学发展观活动,在全局系统组织开展"深入千家走访,结对百人创业"活动,每名党员干部走访 5~10 户居民家庭,全局系统入户走访家庭 1060 户,确定 159 名创业帮扶对象,由每名党员干部一对一帮扶。成功帮扶创业 99 人,创业带动就业 315 人,帮助参加免费创业培训 52 人,帮助落实创业项目 100 人,帮扶落实创业场地 90 人,帮扶办理创业贷款 53 人 163 万元,帮助创业开办 99 人。 (范国富)

【开展"两网化建设提升年"活动】 2009 年,市劳动和社会保障局出台"两网化"工作标准和"两网化"考核办法,成立全市联动执法指挥中心,建立劳动监察网格联动执法网络,开展网格联动执法专项检查,建立网格信息预警评价发布体系,开展定点联系企业制度,每名专兼职监察员年内定点联系企业不少于 10 家,协理员联系企业不少于 5 家,走访网格内用人单位 2 次以上。镇江市两网化工作再次获得全省考核一等奖,全市两网化覆盖率 100%,采集用人单位劳动保障信息 11662 条;组织实施劳动合同全覆盖、社保扩面专项检查等 6 次,处理突发集访事件 82 起。开展劳动法律法规现场咨询 65 场,与 1790 家用人单位建立定点联系,与 4220 家用人单位建立双向联络,培育劳动保障诚信和劳动关系和谐企业 478 家,送法进企业 11609 家。全年发放各类劳动法律法规宣传资料 8.08 万份,全市劳资纠纷案件

比上年减少22%，越级上访事件比上年减少60%。（范国富）

农村劳动力转移

【概况】 2009年，全市新增转移农村劳动力3.69万人，完成年计划123%；培训农村劳动力3.57万人，完成全年目标的119%。全市组织“春风行动2009”全市联动“千企万岗”农村劳动力转移招聘会，开展各类针对农村劳动力转移就业的招聘会84场，提供就业岗位68257个，为农村劳动力提供免费职业介绍52978人次，达成就业意向22179人。各辖市（区）和乡镇劳动保障所利用春节后农村劳动者集中求职的时间，举办乡镇招聘会42场，通过举办招聘洽谈会、就业推荐等方式，提供免费政策信息咨询和职业介绍服务。大市口街道劳动保障所被全国妇联、北京奥组委、全国妇女“巾帼建功”活动领导小组命名为“全国巾帼文明岗”。开展以“密切南北劳务对接，促进农民持续增收”为活动主题的“镇江—连云港南北劳务对接招聘月”活动。分别于5月19日、6月16日、9月4日在连云港市举办三场大型招聘会，先后有近3000家用人单位向该地区提供服务员、缝纫工、电子装配工、操作工等18个工种2000多个就业岗位，近6000名求职者与镇江市用人单位达成就业意向协议。全市全年吸纳苏北地区劳动力14163人，其中连云港地区劳动力9924人。

2009年，镇江市制定出台《全面推进村级劳动保障平台建设工作意见》。截至年底，市区（含丹徒区）所有行政村建立村级劳动保障平台，其他辖市50%以上行政村建立村级劳动保障平台。村级平台由村委会领导和管理，业务上接受辖市（区）劳动保障部门、乡镇劳动保障服务所指导和考核，名称统一命名。固定的服务场所面积不少于20平方米，配备相应的电脑、电话、办公桌椅、资料柜、信息发布栏等办公和服务设施，站长由村书记或村委会主任兼任，同时配备1～2名工作人员。全市全年650个行政村全部建立村劳动保障服务站，实现村级劳动保障平台全覆盖。

2009年，市劳动和社会保障局制定下发《关于实施全市100个经济薄弱村贫困劳动力培训计划的通知》，针对重点人群分类开展普惠技能培训和创业培训，计划用三年的时间对全市100个经济薄弱村的8204名农村劳动力进行一次免费的技能培训和创业培训。通过推动产业发展、发展高效农业、推进新农村建设拓宽农民就业渠道。（范国富）

【返乡农民工五大帮扶机制实施】 2009年，镇江市下发《关于建立返乡农民工帮扶机制的实施意见》：一是实施就业帮扶。引进劳动密集型重大项目、加快农村小型基础设施建设，增加就业岗位；引导企业不裁员或少裁员，稳定就业岗位；定期举办返乡农民工专场招聘会；健全就业奖励机制，对年内帮扶“零转移家庭”成员实现稳定就业的机构，给予200元/人的奖励。二是实施创业帮扶。将就业再就业资金使用范围扩大到农村、农民，组织返乡农民工参加免费创业培训；提供创业指导、项目开发、创业孵化、跟踪扶持等“一条龙”服务。三是实施培训帮扶。围绕市场需求和产业调整等，开展订单、定向培训、职业技能培训、农村实用技术培训，提高返乡农民工的工作技能；推进校企合作，将返乡农民工培训纳入培训券补助和职业技能鉴定“以奖代补”范围。四是实施社保帮扶。对在工地参加养老、医疗等社会保险的返乡农民工，帮助做好社保关系的转移接续；对符合享受失业保险待遇条件的农民工，将生活补助金及时足额发放到位；确保农民工工资按时足额发放。五是实施生活帮扶。加强对土地承包经营权流转的管理和服务，妥善安排返乡农民工子女入学，加强返乡农民工的疾病预防控制工作，做好返乡农民工计划生育服务工作。镇江市返乡农民工基本实现再就业。（范国富）

【农村零转移家庭贫困户就业援助机制建立】 2009年初，市劳动和社会保障局制定下发《关于切实做好农村零转移家庭贫困户就业援助工作的通知》，要求在全市建立农村零转移家庭贫困户就业援助机制。一是建立农村零转移家庭贫困户“就业援助跟踪服务卡”制度，对登记在册的农村零转移家庭及时提供有针对性的就业服务和就业援助，实行动态管理；二是建立农村零转移家庭户就业绿色通道：为每位家庭成员制订一份符合其特点的转移就业计划，发放一套就业政策宣传资料，告知免费就业服务承诺，进行一次面对面的专门职业指导，提供一次免费职业技能培训机会，推荐一批有效的就业岗位信息；三是健全奖励机制，确保农村零转移家庭贫困户“动态清零”。倡导镇一企挂钩、村一企挂钩等形式，加强农村劳动力转移就业基地建设。加大政府购买公益性岗位力度，实行托底安置。市镇村劳动保障服务平台基本实现在零转移家庭贫困户申报认定后的一个月内，确保实现一人转移就业。（范国富）

【开展“131”就业帮扶】 2009年以来，各级劳动保障部门开展“131”就业服务工程，帮扶失地（失水）农民（渔民）转变观念实现就业。即利用各级劳动保障服务平台对辖区（内）失地农民进行一次个性化职业指导，提供三次有效的就业岗位信息，提供一次免费的职业技能培训。贴近农民的定向式培训和专场招聘会实现培训、就业的“无缝对接”，截至年底，全市被征地农民就业率平均为88.4%。（范国富）

社会保障

【概况】 2009年，全市基本养老、基本医疗、失业三大保险覆盖率均在96%以上。基本养老保险新增参保5.1万人，完成年度目标的170%，参保人员62.7万人；社会医疗保险参保250万人，医保人口覆盖率92.3%。全市社会医疗保险参保250万人，比上年底净增3万人，全社会人口覆盖率提高到92.3%，其中市区超过95%；基金征缴14亿元，其中统账医保11亿元，分别增长9%、17%。参保人员制度内个人负担下降到12%，居民医保综合补偿率提高到65%。全市各类社会保险基金征缴54.09亿元，其中养老保险基金收入28.57亿元，比上年增长14.7%；市区收入14.14亿元，增长13.43%；全市征缴医保基金10.7亿元，增长22%，其中市区征收7亿元。全市没有发生社保基金违规行为。基本构建起以城镇职工基本养老保险和城乡居民社会养老保险（新型农村养老保险）为基础，以城乡老年居民养老补贴制度为补充的社会养老保障体系。市政府出台《新型农村社会养老保险制度指导意见》《市区城乡居民社会养老保险暂行办法》。全市各辖市（区）均建立老年养老补贴制度，城乡老年居民10.8万人享受到政府养老补贴。全市9856名被征地农民转入基本养老保险。

开通与上海、南京等地的医保异地就医结算通道。实施建筑业居民医保“破年参保”制度，实施新型农村合作医疗保险与居民医保并轨，城郊30多万农民享受医保“同城同待遇”，市区20万大中小学生实现持卡就医结算。开展以“保护您的肝脏”为主题的第二轮退休人员健康体检。全市统账结合医疗保险参保70.5万人，净增3600人；城乡居民医疗保险（含新型农村合作医疗保险）

参保178.28万人,净增1.53万人,农民工参保14.67万人。

2009年,全市失业保险参保42.89万人,征缴基金1.59亿元。全市增加失业保险基金支出3700万元,其中安排困难企业社保补贴和岗位补贴3000万元,培训补贴和技能鉴定补贴700万元,运用失业保险基金为2538名困难企业职工代缴社会保险1541万元。

2009年,出台《镇江市建筑业农民工参加工伤保险暂行办法》,开通建筑业农民工工伤保险办理“绿色通道”,动态实名制管理,实行“全员参保、全额缴费、全项待遇”。全市工伤保险实现参保49.2万人,其中市区农民工参加工伤保险1.8万人,征缴建筑业农民工工伤保险基金350万元。

降低生育保险费率,大幅度提高生育保险待遇,增设新生儿医疗支付项目和产前检查项目。全市生育保险参保32.6万人。

实现事业单位养老金收支两条线管理,市区1.06万名事业单位离退休人员养老金实行社会化发放,社会化发放率100%。全市企业退休人员养老金人均月增资130元,人均月养老金1215元,其中市区增资134元,人均1282元。提高居民医保住院费报销比例,由50%~90%提高到70%~90%,年最高支付限额提高到15万元。参加全省企业退休人员庆祝新中国成立60周年歌咏大赛,获优秀组织奖和优秀表演奖。举办三期企业退休人员营养健康知识讲座,退休人员1100多人参加。全年开展企业退休人员社区服务34121人,新办理退休4000人,收缴新办退休人员档案1360份。针对困难企业,实施社保费缓缴政策,缓缴困难企业社会保险费733万元,降低生育保险费率直接减少企业缴费近2000万元。 (范国富)

【城乡居民社会养老保险制度实施】 2009年,镇江市把实施居民社会养老保险制度列为首件政府为民办实事项目,制定《镇江市市区居民社会养老保险暂行办法》,推进城乡居民社会养老保险(新型农村养老保险)。市城乡居民社会养老保险包括:1.参保对象覆盖城乡所有年满16周岁,男未满60周岁、女未满55周岁,没有参加企业职工基本养老保险和机关事业单位养老保险的城镇和农村居民。2.采取个人缴费与政府财政补贴相结合的办法,缴费比例为8%,可在上年度全省在岗职工平均工资的20%~60%间自主选择缴费基数,多缴多得。全年个人年最低缴费额为438元。3.财政补贴多,养老待遇由政府财政补贴养老金和个人账户养老金组成,个人缴费全部纳入个人账户,政府直接补贴到参保人员养老金待遇。缴费年限满15年不足20年,政府补贴每满一年每月补贴6元养老金;满20年不足25年,每满一年每月补7元;满25年不满30年,每满一年每月补8元;满30年,每满一年每月补9元。据此测算,参保人员退休后享受的养老金待遇,政府补贴部分约占70%,个人账户部分占30%。4.转接方便,居民户籍迁出市区时,个人缴费本息可以全额带走;生活遇到困难时,个人缴费本息可以全额支取;因特殊情况终止参保时,缴费本息可全部支取;居民身份发生变化时,可与其他社会保险制度转接。截至年底,全市城乡居民养老保险(新型农村养老保险)制度建设率100%,参保31.97万人,参保率66.7%。 (范国富)

【机关事业单位离退休人员养老金社会化发放】 2009年,市劳动和社会保障局、财政局、人事局共同下发文件规定从4月1日起,市直事业单位离退休费实行社会化发放。事业单位养老保险费和离退休费实行收支两条线管理,养老保险费由差额缴拨改为全额缴纳,离退休人员离退休费由社保经办机构委托银行实行社会化发放。纳入社会化发放的支付项目为国家、省规定的基本离退休费、职务岗位津贴、综合补贴和离退休职工遗属困难补助费,其他福利待遇不纳入社会化发放范围。截至年底,全市纳入社会化发放2万余人,社会化发放率87%,其中市直纳入社会化发放5400多人,社会化发放率100%。 (范国富)

【被征地农民基本生活保障转“城保”】 2009年,全市新增安置被征地农民15169人,除第一年龄段(不满16周岁的人员)外,9040人参加基本生活保障,2952人参加企业职工基本养老保险,当年新增被征地农民保障参保率为99.88%;全市被征地农民安置108263人,其中,基本生活保障参保人数79811人,企保参保人数9856人,保障总覆盖率86%。全市被征地农民养老金标准从每月280元调整为330元,实现与城市低保标准的接轨,二、三、四年龄段(第二年龄段为女性满16周岁不满35周岁,男性满16周岁不满40周岁;第三年龄段为女性满35周岁不满45周岁,男性满40周岁不满50周岁;第四年龄段为女性满45周岁不满55周岁,男性为满50周岁不满60周岁;第五年龄段为女性满55周岁,男性满60周岁及其以上人员)生活补助费标准分别提高10%左右。参与修订《征地补偿和被征地农民基本生活保障办法》,做好南徐新城、金山湖主体工程、高速铁路、城际铁路、镇大公路等54个征地项目失地农民、失水渔民等失地人员的个人账户资金测算、人员复核等工作,调整被征地农民基本生活保障待遇。 (范国富)

【《建筑业农民工参加工伤保险办法》实施】 2009年实施,规定从事建筑工程的镇江市和外地建筑施工企业,必须按照工程造价的1.5‰缴纳工伤保险费,为工程建设所使用的农民工参加工伤保险。工伤保险费由市工程社保办从建设工程已征收的社会保障费中代扣。民工工伤保险的有效期自建设工程开工之日起,至工程施工合同约定的竣工之日止。建设工程施工需延长的,可报请备案后相应延长,延长期一般不超过工程施工合同约定的15%,最多不超过6个月。在参保期间,农民工发生工伤事故的,由企业提出认定申请,经劳动保障部门认定工伤的农民工,可依法享有相关工伤保险待遇,在医疗期结束或病情稳定后,建筑施工企业到劳动保障部门办理医疗费报销等工伤保险待遇支付手续。工伤农民工经治疗伤情稳定后存在残疾、影响劳动能力的,建筑施工企业须申请办理劳动能力鉴定,并按鉴定等级享受规定的一次性伤残补助金等工伤保险待遇。2009年,全市建筑施工企业农民工参加6万多人,支付工伤保险待遇150多万元。 (范国富)

【镇江市提高市区参保职工生育保险待遇】 2009年7月1日起,镇江市大幅度提高市区参保职工的生育保险待遇,分四个方面:1.提高生育津贴补偿标准。生育津贴标准由上年度在岗职工月平均工资50%提高到100%,增加对企业的补偿。2.提高生育医疗费定额标准。顺产增加700元,剖宫产增加1000元,剖宫产率提高10个百分点。3.增设新生儿医疗支付项目。新生儿出生7天以内,符合基本医疗保险诊疗项目和药品目录的医疗费用,3000元以下的,由生育保险基金支付;3000元以上部分,生育保险基金支付50%,营养补助费标准由当地上年度职工平均工资的1%提高到2%,减轻参保职工经济负担。4.增加产前检查项目。规定在支付给生育女职工600元产前检查费不变的基础上,将第一类、第二类产前检查列入报销范围。 (范国富)

【组织参保女职工免费健康体检】 2009年8~11月底,市劳动和社会保障局组织开展企业生育保险参保女职工健康普查工作。普查对象为2009年6月30日前市直企业参加生育保险的女职工以及在领取失业救济金期间的原参加生育保险的女职工。体检检查内容为五项，分别是妇科双合诊检查、宫颈脱落细胞检查、阴道分泌物常规检查、乳腺常规检查、妇科超声检查等。负责检查的医疗机构为市第一人民医院、第二人民医院、第四人民医院。普查费用按照每人110元标准确定，从生育保险基金中列支。全市6万多名参保女职工参加体检。 （范国富）

【医疗保险市区统筹】 2009年，国家新医改方案明确要求"2011年基本实现医疗保险的市级统筹"。镇江市自1995年在全国率先启动医保改革，形成"两基本（统账医保、居民医保）一救助"的医疗保障格局，但总体上医保制度建设存在分散、多头、待遇落差较大的问题。市政府9月出台《关于推进医疗保险市区统筹的意见》，推进医保政策、经办、管理三统一。自2010年1月1日起，实行市区（含京口、润州、丹徒区和镇江新区）范围内统一的医保制度、统一的经办管理、统一的信息系统，实现市区包括医疗救助在内的医疗保障各险种的完全统筹。一是统一制度政策。各辖区全部按照市区现行医保政策执行，统一筹资和待遇水平。将丹徒区和镇江新区"新农合"（新型农村合作医疗）制度整体并入市区居民基本医疗保险制度，30多万名城郊农民将享受医保"同城同政策同待遇"。同时按照医疗救助办法的规定，全面实现医疗救助制度与基本医疗保险的衔接，即对所有救助对象先由救助资金资助纳入医保制度，再对个人负担部分进行"即医即助"。二是统一基金管理。各辖区各项医保基金收入和医疗救助基金收入纳入市财政专户统一管理。三是统一信息系统。市区各类医保参保人员全部实行同一信息系统下的统一管理；市医保信息系统与丹徒区、镇江新区各定点医疗（药）机构联网；所有参保人员统一使用医保卡就医和转诊。 （王 翔）

【与上海、南京的医保异地就医结算开通】 自2009年6月1日起，镇江市开通沪镇医疗保险双向异地直接结算。首批开通对象为统账医保（职工医保）离退休人员，包括异地安置长住上海（以户口迁入上海市为准）、投靠上海直系亲属且连续居住满一年以上（以办理上海市临时户口或暂住证为准）两种情况。镇江市参保人员异地就医时，统一执行上海医保报销范围及标准（包括药品目录、诊疗项目及医疗服务设施等），报销时按照镇江医保标准，不降低报销比例。就医后发生的医疗费用，直接在上海医保机构"刷卡"报销，应由医保支付的费用将直接支付给本人。镇江市是省内第一个与上海实现医保异地直接结算的城市。

10月起，镇江市开通与南京医保的异地就医联网结算。镇江市参保人员中的长驻南京人员，因大、重病等经批准需要转南京就医人员，可申请办理在南京的异地就医联网结算，然后凭本人及代办人员的身份证到江苏省医保中心医疗管理科办理就医手续，并领取江苏省异地就医卡。长驻南京人员包括：异地安置（以户口迁入长驻地为准）在南京的参保人员；投靠南京直系亲属，连续住南京时间6个月以上的参保人员；在南京固定地点工作或学习，连续住南京时间6个月以上的参保人员。扩大镇江市在南京的就医结算医院。已办理异地就医结算的参保人员，可选择在南京市的江苏省人民医院、江苏省中医院、江苏省肿瘤医院、南京军区总院、南京市第一医院、南京市鼓楼医院等6家医院进行异地就医结算。在南京异地就医时，医疗保险待遇实时享受，待遇标准执行镇江政策，就医流程和服务规范执行南京医保规定。医疗费用应由个人负担的部分，由个人直接支付给就医医院。镇江市是全省第一家参保人员在南京异地就医可同时享受门诊和住院结算的城市。

截至年底，镇江市有1443名参保人员办理上海、南京异地就医结算登记，办理异地就医结算的有2700多人次，医保基金支付费用374万元。上海参保人员在镇江市直接就医结算168人次，医保基金支付费用72万元。 （王 翔）

【个人账户向家庭账户拓展】 镇江市作为全国医保制度改革试点城市，个人账户积累期比其他城市长3~5年，但人均结余与全省平均水平相当。近年来受在岗职工平均工资和退休金连年增加的影响，个人账户年划入额和积累量也在逐年提高。2008年镇江市将个人账户分设为一、二级，初步解决积累不够、有积累的发生较高费用后一次性被释放的问题。从2009年7月1日起，镇江市率先在全国出台将个人账户向家庭账户拓展的新政，规定个人医保账户新增助保、助医、助贫、助个人支付、助健康五项功能，参保人员可用积累的个人账户资金为自己或家人缴纳保费、支付医疗费用、抵冲个人支付、参加健康维护"套餐"等，使个人账户资金在家庭成员间"共享"。自7月1日起，开通定点医疗机构社会医疗保险"健康维护"项目，其中，江苏大学附属医院（江滨医院）为心功能维护、肾脏维护、类风湿维护、痛风维护、妇科维护、乳房维护、健康套餐，镇江市第一人民医院为心血管维护、消化系统维护、骨系列维护、肾部维护、妇科维护、肿瘤维护、糖尿病维护、血液维护、呼吸道维护、乳房维护、健康套餐，镇江市第四人民医院为妇科盆腔系统维护、乳房维护以及其他妇科类、心理类健康维护，镇江市中医院为中医药预防。参保人员凭个人身份证、医保卡，至上述定点医院选择相应的项目参与健康维护。《21世纪经济报》《中国劳动保障报》《新华日报》《现代快报》等媒体作专门报道。全年1912名参保人员办理二级账户资金划转业务，合计转出二级账户资金195.7万元，人均转出资金1000元以上，最多的一人从二级账户中转出10000元。1040人转出用于参加"健康套餐"，其中在中医院配膏方的有794人，转出资金100.64万元；176人转入本人或直系亲属的一级账户用于"助医"，178人转出用于为家人"助保"。 （王 翔）

【学生医疗保险新政策实施】 自2009年9月1日起，镇江市实施学生医疗保险新政策，惠及包括丹徒区、镇江新区在内的市区20万名大中小学生。政府对所有参保学生统一财政补助，补助标准由原每人20元提高到30元。学生个人缴费50元，仍然执行"享受机关事业单位儿童医疗统筹待遇及企业劳保医疗待遇的居民子女由负责其医疗待遇的单位承担一半"的规定。城乡低保户、特困职工家庭的学生以及孤儿的个人缴费部分，由社会医疗救助资金全额承担。大学生的个人缴费原则上由本人和家庭负担，有条件的高校可对其缴费给予补助。春季入托（幼）的幼儿，按参保整年度标准缴费，自缴费之日起享受医疗待遇。

新政策大幅度提高参保学生保障待遇：一是新增加普通门、急诊补偿待遇。学生在其定点社区卫生服务机构发生的普通门、急诊费用，由居民医保基金补偿40%。二是扩大门诊特病补偿待遇。门诊补偿的特病病种扩大到慢性肾衰竭肾透析、恶性肿瘤、精神病、血友病、再生障碍性贫血、慢性肝炎和器官移植抗排异治疗等7种，由居民医保基金补偿50%；这7种门诊特病因病情需要在原户籍地发生的医疗费用，视同本地二、三级医疗机构发生的费用给予补偿，不降低补偿比例。三是提高住院费补偿比例。参保学生在本市定点医疗机构（含二、三级定点医疗机构和定点社区卫生服务机构）所发生的住院医疗费用，分次结算。其中，300元以上至1万元、1万元以上至3万元、3万元以上，分别由居民医保基金补偿70%、80%、90%，年度内医保基金最高补偿15万元。白血病患者转外就诊时不降低补偿比例。四是按每人15元标准建立大学生门诊补充保障。对参加门诊补充保障的大学生发生的规定的门诊费用再行补偿30%。所有参保学生统一使用医保证历卡定点就诊。自9月1日起，参保学生就近选择一家社区卫生服务机构，作为年度内唯一门、急诊医保定点结算的医疗机构。参保学生患病时直接持医保卡就诊，所发生的医疗费用直接用卡结算，无需先垫付费用再到医保中心办理报销。享受计划生育独生子女"三免"政策待遇的学生，医疗保险规定外的医疗费用以及医保基金按规定补偿后的个人支付部分，仍由原承担其医疗待遇的单位，按计划生育独生子女政策待遇的有关规定执行。凡未参加学生医保的学生，父母所在单位不予报销其应由医保基金支付的费用。

（王　翔）

【城乡居民医疗保障待遇提高】 2009年，提高城乡居民医疗保障待遇措施包括：一是从3月1日起，对市区参保居民在定点社区卫生服务机构住院时的补偿比例，由原分段报销50%～90%提高到70%～90%。参保居民自2009年1月1日起发生的住院费按新标准给予二次补偿。二是在全市建立居民医保医疗费用"二次结报"制度，凡当年度居民基本医疗保险基金结余超过10%的辖市（区），统一进行"二次结报"。从4月1日起至6月30日止，统一对市区参保居民进行2008年度医疗费用的"二次结报"，即对参保居民2008年度内发生的已按规定报销的住院费用，在已报销的基础上再补报20%。通过"二次结报"，居民医保基金增加支出412.41万元，参保居民人均住院费用结报率提高到62.52%，加上门诊补偿，综合受益水平位居全省前列。三是从4月1日起，完善居民医保（新型农村合作医疗）定点医疗机构管理办法。明确三级综合医院、三级专科医院和二级医院、一级医院（社区卫生服务中心、乡镇卫生院）目录外用药比例分别控制在15%、10%和5%以内；住院平均可报销费用分别达80%、88%和92%以上，可报销费用低于规定比例的，超过部分经办机构不予支付。（王　翔）

【农民工医疗保险参保新政策出台】 2009年，全市农民工参保达14.67万人。镇江市完善、出台多项农民工参保新政策，对外来流动人员医疗保险全覆盖。新政策包括：

一是在全国率先试行居民医保"破年参保"新政，缓解小企业临时用工参保难问题。针对居民医保"按年度参保"给部分人群参保带来政策障碍，自3月1日起，对小企业、流动性强的临时用工人员，由单位组织集体破年参保。实行集体破年参保的单位包括：小规模（用工10人以上但低于30人的）、进行间歇性生产运营、人均收入低于省社会平均工资60%以下的企业用工人员，季节用工、短期用工的企业单位用工人员，从事建筑安装业、饮食服务业、美容美发业、休闲娱乐业、出租车营运及汽车维修业、环境卫生绿化维护业、装潢材料销售业等没有固定劳动关系的临时用工人员，宗教等特殊群体。

二是在全国率先尝试建筑业农民工"滚动参保"新政。自7月1日起，联合建设等部门，采取"期前筹集基金，期间参保保障、期后结算平衡"的方式，对建筑施工企业农民工参加基本医疗保险实行"滚动参保"。凡在京口区、润州区、镇江新区、南山风景区内从事新建、改建、扩建等建设工程活动的建筑施工企业，应以建设工程为单位，为该工程所使用的农民工参加基本医疗保险。建筑农民工参加医疗保险实行人员动态管理。有效期限自建设工程开工之日起至建设工程施工合同约定的竣工之日止。建设工程工期因特殊原因确需延长的，经批准后给予一次性顺延。

三是实行返乡农民工医保无障碍转接，确保返乡农民工不断保。市医保局3月初制订下发《关于加强返乡农民工医疗保障工作的通知》，对农民工返乡后医疗保险参保、异地关系接续、异地险种变更等问题作出专门安排。凡镇江籍农民工在外参加居民基本医保或新农合的，回镇江后一律可无障碍接续、险种变更，缴费保龄也可在补缴保费差额后进行累计。回镇江后产生的医疗费用可先在外地报销后，再按市医疗费用报销规定结算；或先在镇江市报销，再持报销凭证去外参保地报销。对回镇江后尚未参保的返乡人员，市医保部门开辟绿色通道，及时补办参保手续。省劳动保障厅全文转发要求全省各地学习推广。

（王　翔）

【公开披露医保定点医药机构费用价格信息】 2009年，镇江市建立社会医疗保险费用价格信息披露制度，定期通过网站等多种途径，对定点社会性一级医疗机构、定点零售药店的费用和价格信息进行公开披露。披露内容包括：定点社会性一级医疗机构（基层医疗机构）门诊均次费用、住院均次费用，单病种费用，常用诊疗项目的名称、单价；定点零售药店销售常用药品价格的名称、规格、生产厂家、单位、最高售价、零售价、让利幅度等。镇江市从2009年起试行由新定点药店自愿公开承诺，对所有参保人员实行5%～15%的"团购让利"政策。8月26日，市医保局通过市政府、医保局等网站对市区22家定点社会性一级医疗机构和15家零售药店的费用价格信息进行公开披露，重点披露门诊均次费用和部分医保常用药品价格信息。新华网配发评论《网上晒医药费，好》，认为"镇江的做法更有了借鉴意义"。

（王　翔）

【制订医保定点医药机构设置规划】 2009年，市医保局制订《镇江市市区医疗保险定点医药机构设置规划（2010～2015）》。利用现有医药卫生资源，在优先选择非营利性医疗机构进行定点前提下，发挥营利性医疗机构的作用，实现定点单位的合理布局和优化配置。至2015年，形成总量控制、结构平衡、布局合理、类型多样、运行健康、管理高效的社会医疗保险定点医疗服务体系。参保人评价高、集体推选的单位，在软硬件条件达标的情况下首选定点。建立奖惩、竞争机制，优胜劣汰。镇江市区（含京口、润州、丹徒和镇江新区）总人口约115.3万人。各类医疗保险定点单位237家，其中医院44家、社区卫生服务机构52家、门诊部（诊所）8家、厂矿医务所室108家、零售药店25家。平均每5439名参保人员拥有1家定点医疗机构，平均每46120名参保人员拥有1家定点零售药店。（王　翔）

【自费保障政策建立】 制度外个人自费部分增长快，成为参保人员医疗负担的重要组成部分。镇江市虽因采取门诊与住院于一体的综合保障方式，参保人员医保制度内个人负担比例要略低于全省平均水平，但"费用向制度外转移"现象也逐渐突出，自费费用及占总费用的比重均呈逐年递增态势。自2010年1月1日起，镇江市实施自费补充保险暂行办法。参保对象为市区范围内所有参加统账结合基本医疗保险的用人单位及其职工和退休人员，以及其他参加统账结合基本医疗保险的人员（含一至六级革命伤残军人）、参加离休人员医疗统筹的离休人员。缴费标准为在职人员为年工资总额或退休人员为年退休金总额（一至六级革命伤残军人、离休人员为上年省社平工资)的0.3%,由市医保经办机构于每年的1月1日前统一从个人账户中一次性全额代扣,个人不需要另外缴纳参保费用。统账医保退休人员在从个人账户划扣自费医疗补充保险金的同时,自2010年起取消每年缴纳的48元大病统筹金,但仍正常享受规定的大病统筹待遇。

自费医疗补充保险金的支付范围和标准为:参保人员在住院期间使用超出《镇江市社会医疗保险药品报销目录》以外的自费药品(在国家药典所规定范围内)、采用超出《镇江市社会医疗保险诊疗项目目录》以外的自费诊疗项目、使用未纳入基本医疗保险报销范围而需参保人员自费的医用耗材、人工器官所发生的医疗费用,由自费医疗补充保险金补偿40%。参加本市特殊医疗保险补充保险的劳模、公务员等人员,先享受自费医疗补充保险待遇,同时享受特殊医疗补充保险待遇。

因下列情形之一发生的自费医疗费用,自费医疗补充保险金不予补偿:门诊(含门诊慢性病、门诊特殊病种)、急诊费用;在非定点医疗机构住院就医;生育、计划生育及因工(公)负伤类的医疗;至定点或非定点零售药店购药;与入(住)院疾病治疗无关的用药、诊疗及人工器官安装、医疗耗材使用等所发生的医疗费用。此外,在参保年度期间新参保人员、重新参保人员但未续保至本年1月1日的,自次年1月1日起参加自费医疗补充保险并享受相应待遇。 (王 翔)

【医保报销政策完善】 2009年完善医保报销政策缓解大、重病参保人员医疗费用负担。一是提高6种人工器官和医用耗材的医保报销最高限价。自2010年1月1日起,将心脏起搏器细分为单腔或双腔心脏起搏器、三腔心脏起搏器两种,最高限价从20000元提高到单腔或双腔25000元,三腔50000元。将各种血管支架中的主动脉支架最高限价提高到50000元,其他血管支架(含冠脉支架、肾动脉支架等)仍为10000万元。另外4种最高限价调整后,经皮穿刺肿瘤深部微波热凝治疗术用微波刀5000元,血液灌流器(含管路)1000元,脊柱创伤系统(脊柱内固定系统)10000元,人工膝关节15000元,比原来有较大幅度提高。二是对参保人员使用人工器官、体内置入材料的费用改为视同普通医疗费用报销。从2010年起,镇江市参加统账医保、居民医保的人员因病情需要,经治疗单位同意安装的人工器官、体内置入材料(如心脏起搏器、心脏瓣膜、人工晶体、人工喉、人工关节等)的医疗费用,在镇江市医疗保险规定的最高限价内,视同普通医疗费用,分别按照统账医保或居民医保的规定进行结算。同时简化审批手续,对参保人员因病情需要安装人工器官、体内置入材料的,只需经治疗单位同意,可直接用医保卡结算费用,不需要再到医保经办机构办理审核批准手续。三是将自费诊疗项目纳入特殊医疗补充保险住院自费报销范围。从2010年起,劳模、拔尖人才、公务员等参加特殊医疗补充保险的人员住院时使用的超出《镇江市社会医疗保险和工伤保险药品目录》以外的自费药品(在国家药典所规定范围内),采用超出《镇江市社会医疗保险诊疗项目目录》以外的自费诊疗项目、使用未纳入社会医疗保险报销范围而需参保人员自费的医用耗材、人工器官所发生的费用,由特殊医疗补充保险资金支付40%。 (王 翔)

【统账医保费改为"五险合一"地税征缴】 2001~2009年,市区征缴医保基金37.6亿元,平均每年增长14%。从2009年10月1日起,市区统账结合(职工)基本医疗保险费改由地税部门征收,实行"五险合一"统一征缴,不再需要到市医保中心(包括中国银行代收网点)缴纳。截至年底,建立"五险合一"征缴数据软件平台,完成信息比对企业1333家、涉及职工7.51万人,并移交地税征缴。各医疗保险参保单位应于当月15日前足额缴清医保费,逾期未缴的,按照《社会保险费征缴暂行条例》及《镇江市社会医疗保险办法》的规定,由地税部门按日加收2‰的滞纳金,滞纳金并入基金。另外,离休人员、一至六级伤残军人的医疗统筹金及退役士兵安置金征收方式不变,仍由市医保中心继续征收。对以个人身份直接参保或委托代理单位参加统账医保的人员,其医保费仍由市医保中心负责征收,征收方式和地点不变。第一批1054家参保单位正式实行,市医保中心通过网站、信函等方式履行告知义务。 (王 翔)

【离休人员个人医疗费用账户提高至5000元】 2009年,市区有2075人享受离休人员医疗统筹待遇,全部实行社会化管理。2010年市区离休人员医疗统筹标准提高到每人22000元,参保单位按此标准直接交至市医保经办机构(包括已实行地税征收单位)。划入离休人员个人医疗费用账户由原4000元提高至5000元,往年结余部分可用于支付本人自付、自费费用。离休人员统一执行本市医保药品目录和诊疗项目目录,使用药品目录中注★、★★、★★★的药品,不再按比例支付,改为全部报销;用于抢救的非目录药品费用报销40%;床位费最高报销标准提高到50元/床日。使用诊疗项目中目录的乙类诊疗项目,个人先自付比例由15%降为10%。在定点社区卫生服务机构门、急诊的一律免收诊疗费。 (王 翔)

【医疗保障制度改革10项重点工作】 2009年,镇江市出台《深化完善镇江市医疗保障制度建设2009~2010年工作重点》。10项重点工作:一是统一全市医保制度框架。在全市推进形成以"两基本一救助"为核心、商业保险等其他形式为补充的多层次医疗保障制度。将丹徒区、镇江新区的"新农合"整体纳入市区居民医保制度,各辖市实现城镇居民医保与"新农合"制度的并轨运行。二是完善统账结合和居民(新农合)医保制度。探索统账结合基本医保个人账户改革,促进个人账户向"家庭账户"过渡。居民医保(新农合)对所有普通门诊均实行按比例补偿;探索建立缴费年限与待遇享受相挂钩的激励机制。2010年,各级财政对居民医保(新农合)的补助标准不少于每人每年120元。三是实行医疗救助与医保一体化。将社会医疗救助经办统一到医保平台。对救助对象实施门诊、住院一体化保障方式,实现同步结算、即时救助。2010年,财政安排的救助资金提高到人均不少于6元。四是推进"全民医保"。将环卫、物管、客运行业等边缘群体纳入医保。探索"破年参保""滚动参保"等新途径,推进流动性农民工参加医疗保险。到2010年年底,以辖市(区)为单位,全社会各类医保人口覆盖率提高和稳定在95%以上。五是完善医疗保险待遇支付政策。探索谈判机制和付费制度改革,完善以"就诊人头"为核心的复合式医保费用支付方式,发挥医保基金"团购"医药服务功能。基本药物全部纳入医保药品目录,报销比例明显高于非基本药物。六是提高统筹基金报销比例。通过扩大支付范围、提高报销比例、实行"二次补偿"、控制医药费用中的自费占比等办法。到2010年,全面取消城镇职工医保最高支付限额,职工医保制度内报销比例达80%,城镇居民医保和新农合实际住院补偿比率分别达60%和45%以上;居民医保(新农合)最高支付限额提高到当地居民(农民)人均纯收入的8倍以上。七是推进异地就医联网结算。以异地安置的退休人员为重点,依托省级异地就医结算平台,推进全市医保异地联网结算工作。市及各辖市(区)2009年实现与南京、上海等城市的异地联网结算;2010 年年底前实现与省内城市间的异地就医结算。八是整合城乡医保经办资源。实行城乡基本医疗保险行政和经办管理的统一。加快建立覆盖城乡的医疗保险公共服务体系,完善以医保经办机构为管理主体,街道社区劳动保障所(站)为服务平台的经办网络。九是加强医疗机构定点管理。制定医疗保险区域定点规划,完善公立医院改革中的医保定点管理。建立全市定点医疗机构、定点药店统一监管机制,完善定点医疗机构年报、年检制度、信用等级管理和医药费用信息公开制度。对所有社会性一级医疗机构(诊所)的医保定点资格,实行每三年综合评定和确认一次的动态管理办法。十是加强医保信息系统建设。发展网上申报办理医保业务、网上或电话委托缴费等社会化服务功能,在全市范围内实行网上异地费用结算、网上转移变更、医保信息共享,实现医保服务和网络的全覆盖。推进医保信息系统与医疗卫生信息系统等的资源共享。(王 翔)

【"基本医疗服务包"扩大到 60 岁以上救助对象】 自 2010 年 1 月 1 日起,市区"服务包"救助对象的年龄由年满 70 岁以上扩大到年满 60 岁以上,3000 多名救助对象可享受免费社区门诊服务。"服务包"救助对象在本人定点社区发生的基本医疗门诊费用,先享受各项费用减免后,再按社会医疗保险的有关政策结算,其中属于个人支付的部分,由"服务包"救助资金补助,个人不需付费。同时,自 2010 年 1 月 1 日起,调整市区社会医疗救助资金筹集标准,由原来每人 4 元(按市区总人口计算)提高到每人 6 元,仅此一项新增财政补助支出 1500 万元。对 70 岁以上老年居民参加居民医保的个人应缴费用,由政府财政资金全额进行补助;"5060"(女性年满 50 周岁,男性年满 60 周岁)老年居民的个人应缴费用由救助资金支付一定比例。(王 翔)

【退休人员免费健康体检】 镇江市自 2007 年底开始集中组织开展"访老问医送温暖"活动,在全国率先为所有参保退休人员进行第一轮免费健康体检,市区 10.35 万名退休人员享受免费体检。2009 年起,对市区 11.5 万名退休人员组织实施以"保护您的肝脏"为主题的第二轮免费健康体检,总人数比第一轮体检时增加 1.1 万人。本轮体检根据镇江市疾病谱的实际变化情况,经过项目筛选与调整,设有与肝病检查相关的 9 个项目,包括 AFP(酶标法)、B 型超声检查(肝、胆、胰)、肝功能(谷丙、谷草)、HbsAg、血糖、血脂(甘油三酯、胆固醇)、内科、外科、心电图,凭医保卡到定点社区卫生服务中心进行体检。根据体检工作安排,第二轮退休人员免费体检分两批进行。9 月 1 日到 9 月 30 日期间为第一批,为 70 岁以上退休人员进行体检。2010 年集中安排 70 岁以下退休人员体检。首批 1.45 万名退休人员享受免费体检。(王 翔)

【医保制度网上民意调查】 2009 年 1 月,市医保局就职工医保制度设计模式网上调查。市医保局设计调查方案,就我国现行两种主要医保制度模式作背景介绍。调查结果显示:25.96% 的受访者表示对职工医疗保险"板块式"和"分道式"的区别"清楚",表示"初步了解"的占 59.62%,"不了解"的占 14.42%。在被问到"您对镇江市医疗保险'分道式'统账模式评价如何?"时,表示"满意,需要坚持"的占 8.65%,表示"满意,但要完善改进"的占 59.62%,表示"无所谓采取何种模式"的占 19.23%,表示"应该采取'板块式'"的占 12.50%。对于"您认为镇江市医疗保险'分道式'统账模式下一步主要应在哪个(些)方面进行改革突破"? 认为应该"降低个人自付段(即起付标准内)比例"的占 27.96%;认为应该"提高统筹基金支付段报销比例"的占 25.00%;认为应该"限定医疗机构自费费用占医疗费用比重"的占 24.67%;认为应该"扩大个人账户使用范围"的占 22.37%。不少受访者对镇江市医保制度改革发展提出具体建议。(王 翔)

【市、县两级医保系统联动开展"服务强化年"活动】 2009 年,市、县两级医保系统以学习实践科学发展观活动为契机,全系统联动开展"服务强化年"活动,从强化全员服务意识、推进社会化管理服务、依托社区卫生服务平台、规范经办服务流程、优化定点医疗服务、加强经办机构窗口建设、不断创新服务载体、强化服务规范制度建设、加强经办队伍建设等 9 个方面,细化出台 30 条新措施,开展《带着思想来工作》系列读书活动、文明单位创建、争当"四好"等活动。市医保中心获全省医保经办工作先进单位、全省医保业务档案管理先进单位,并被命名为市级文明单位。推行定岗定责管理,先后梳理明确 43 个职位、71 项职责和 404 项时序性工作,对各岗位日常和月、季、年(半年)工作任务进行量化、分解,明确完成时限,严格责任追究。加强经办机构能力建设,针对关键环节开展自查评估;规范文件办理及加强督查,加强信息系统操作权限管理;落实"数据质量年"活动实施计划及工作安排,建立统计指标分析体系,定期监测分析并向全市通报基金运行和医保覆盖率;按照档案要求对历年来业务资料重新进行整理归档。开展医保制度运行调研,针对医保运行热点难点问题确定年度 26 个调研课题,研究对策措施;在国家核心级期刊上发表论文 10 余篇。全年《镇江日报》头版报道医保新闻 20 条,《镇江信息》和镇江市政府网站采用医保信息 80 条,镇江市多项创新工作被中央电视台、香港凤凰卫视中文台、《新华日报》等主流媒体进行专门报道。开展"访老问医送温暖""把政策和温暖送到病床前"活动,组织退休人员免费体检。开展"我与医保"征文活动。(王 翔)

农 业

责任编校：严志清

综 述

【概况】 2009年，市委、市政府制定《关于加快推进农村改革发展的实施意见》，出台《关于发展现代高效农业的实施办法》《关于推进农村"三集中"的实施办法》《关于发展壮大村级集体经济的实施办法》《关于稳定农村土地承包关系加快建立土地流转有形市场的实施办法》《镇江市农村宅基地管理暂行办法》《关于加强农村基层党组织建设的实施办法》《关于创新农村金融制度的实施办法》等12个配套文件，各辖市（区）制定出台50多项政策意见或实施办法，建立健全镇江市2009～2012年间的农村改革发展政策体系，这是近20年来第一次比较集中地出台"三农"工作系列政策。召开全市农村工作会议、全市脱贫攻坚"两消除"动员大会、全市高效农业发展现场推进会等，动员部署工作，促进全市"三农"跨越发展。健全定期督查通报机制，创建镇江市《农村改革发展快讯》，每周一期，反映各地农村改革发展的典型经验，并以此为重要手段，分四大类定期通报全市"三农"工作情况。一类是每月一次通报各地农村改革发展30项主要指标完成进度，揭示"三农"工作存在的主要问题；二类是每季度汇总通报全市"三百"行动进展情况，分析突出问题，提出对策建议；三类是逢双月汇总通报农业重大项目建设进展情况，以大项目推动农业大投资；四类是每季度汇总通报新一轮农村实事工程40项主要项目实施状况。以定期督查和汇总通报的形式，推动各地各部门对照年度目标和跨越发展的要求，做好农业农村各项工作。

2009年，全市"三农"工作在多方面再创新佳绩，迈上新台阶，提升在全省的位次。一是多项指标在全省进档升位。小麦总产33.05万吨，比上年增长5.4%；水稻单产567.1公斤，增长5.97%，这两项的增幅均居全省第一。农民人均纯收入9642元，增长10.8%，连续五年实现两位数增长，增幅列苏南第一，绝对增量列全省第四，增幅首次高于城镇居民收入增幅0.8个百分点；新增设施农业和高效农业占比分别列全省第二、第三位；秸秆综合利用、气化炉、农机跨区作业、稻鸭共作、土著菌养殖等特色工作，走在全省前列。二是农村改革力度增强。农村合作经济组织"三年计划"提前一年完成，全市"三大合作"（农民专业合作、农村土地股份合作、农村社区股份合作）组织总数达1240家；土地流转交易市场实现辖市（区）、镇全覆盖，新增土地流转面积0.83万公顷，累计达3.18万公顷；金融支农力度加大，8家农村小额贷款公司投入运营。三是"三农"投入创历史新高。全市各级财政投农资金近11亿元，其中投向高效农业1.2亿元；"三资"投农资金总额近40亿元；对上争取资金5.6亿元，比上年增长55.56%；竞争立项项目带动效应明显。四是农村"三集中"（工业向园区集中、农业向适度规模经营集中、农民居住向新型社区集中）有序推进。开工建设农民集中居住点61个，建成面积297.76万平方米，有大幅度增长。五是脱贫攻坚"两消除"任务圆满完成。市和辖市（区）两级全年累计帮扶项目241个，投入帮扶资金6970.74万元，100个经济薄弱村平均每个村获各类帮扶资金53.3万元，34663名贫困人口，除进入社会统筹外，其余每人平均获各类帮扶资金648元。截至2009年底，全市完成"全面消除年集体可用财力15万元以下经济薄弱村和年人均纯收入2500元以下的农村绝对贫困人口"目标任务。六是受到省及省以上表彰多。在省委、省政府重奖的全省30家高效农业建设先进县（市、区）中，丹阳市和丹徒区各获奖金100万元；在全省表彰的50个农业农村政策创新奖中，镇江市有4项，总数列全省第四位。 （石铁流）

【镇江农科所】 2009年，全所承担科研课题87项，其中新增项目40项，新增项目合同经费1173.7万元，比上年增加573万元，增幅49%；到账经费691.9元，增长29%。全所科技产业年销售6000多万元（含品牌销售），增长20%，利润575.5万元。

粮油新品种有3个新品系（新组合）通过省生产试验并申请审定，5个新品系（新组合）参加省区域试验，新选育出的杂交中籼稻新组合镇籼优184与II优084相比，产量高、品质好且表现稳定，镇稻11号、镇稻13号优质、高产、食味优良。镇稻12号通过省品种审定，优质籼型不育系"镇籼1A"通过江苏省鉴定，强化辐射技术育种、功能稻米选育和利于秸秆全量直接还田的脆秆型水稻新品系选育等特色领域的研究。优质食味、高产、早熟晚粳稻新品种——镇稻10号获镇江市科技进步一等奖。2个油菜新品系参加省中间试验，2个油菜新品系参加国家中间试验。镇麦05185以两年省区试验平均产量第一，进入江苏淮南小麦生产试验，并晋升国家区试。1个小麦品种参加国家小麦预试。3个参加江苏淮南小麦预试。镇麦168被列入江苏省向农业部主推的5个小麦品种之一。应时鲜果研究针对草莓优良品种苗期病害严重的生产难题，开展"红颊""章姬"等草莓杂交育种技术研究以及与高产壮苗有关的苗龄、颈粗、碳氮水平研究；桃、梨、葡萄等果树新型栽培技术研究进展顺利，果品的产量和品质提高。新引进2个优质猕猴桃品种、11个蓝莓品种和5个薄壳山核桃品种，并启动配套栽培技术的研究；跟踪调查从日本引进的化感植物"草紫藤"在当地的适应性及生长情况。植保新技术研究中传统植保科研如病菌抗药性监测等得到加强；开展大棚草莓病害全程生防试验、土壤覆膜加米糠高温处理对草莓连作田土壤中病原菌菌落群体的抑制活性分析和TX-4菌株对南方根结线虫生防试验；启动秸秆快腐菌的筛选、功能土著菌种群结构及产业化应用技术研究和功能性食品开发研究等。水稻超高效种子处理剂恶线清的研制与推广应用获镇江市科技进步三等奖。蔬菜花卉研究中结球甘蓝、西兰花、西洋南瓜等育种继续保持良好的发展态势。5个甘蓝新品种、新组合参加省级区域试验，表现较好。选育出2个花青素含量较高的萝卜新品种。石竹、羽衣甘蓝等花卉育种进展顺利，有2个羽衣甘蓝申报省级品种鉴定。有机农业研究中丘陵山区果园害虫的收集、分类、鉴定取得明显成效；开展草莓花蓟马的调查和药剂防治研究；桃、梨、葡萄等果树主要病、虫害的化学和生物防治技术研究进展良好。

农科所在句容市境内华阳镇和白兔镇新建"农业科技示范中心"和"农业科技创新中心"两个新的农业科技试验、示范基地，农业科技示范中心（华阳园区）功能定位为现代农业综合示范园区，规划面积133.33公顷。农业科技创新中心（白兔园区）即将开工建设。该园区为粮油作物、蔬菜花卉等新品种、新技术创新中心，总占地面积33.33公顷。绵竹园区果树长势良好。应时鲜果种植以及发酵床养猪等养殖技术受到欢迎。开展现代农业技术培训，参训人数500多人。援建地区绵竹农业局与畜牧局技术干部、优秀农民入园跟班学习。

2009年，全所科技人员在句容、丹阳、丹徒、京口、金坛、溧阳、宜兴等地建立科技服务点近20个，开展科技培训现场会30多场次，培训农民5000多人次。参与省"挂县强农富民"工程、"远程教育致富新农村"工程和句容市"脱贫攻坚"等主题帮扶活动，进展顺利。

2009年"万山红遍"挂牌以覆盖省内大市为重点，在扬州、淮安及镇江市境内新挂牌园区9个，新增挂牌面积473.33公顷，"万山红遍"园区面积746.67公顷。免费让合作社使用省级著名商标"万山红遍"销售应时鲜果，贴牌销售面积达88.33公顷，使"万山红遍"品牌影响力扩大。

全年发表论文86篇，比上年增长10%，其中学报级34篇，增长89%，发表论文总量和人均发表量均列全省各农区所第一。申报专利21项（其中发明专利10项），申请植物新品种保护4项，获品种和专利授权13个，增长18%，其中镇麦6号、镇稻10号、镇稻8号、镇稻11号、Ⅱ优镇46、镇恢46、镇恢41等7个品种获植物新品种保护，授权专利6件（其中发明专利5件）。编制市级地方标准6项，获农药新品种登记3个。镇麦9号实施江苏省内独占许可，转让收入128万元。水稻超高效种子处理剂恶线清的研制与推广应用、20%井冈·咪鲜胺可湿性粉剂和42%咪鲜·甲硫灵可湿性粉剂3项科研成果通过鉴定。

赵亚夫分别获全国科技特派员工作先进个人、50位新中国成立以来感动江苏人物、全国扶贫先进人物、建国60年来江苏省十大杰出科普工作者、建国60年来江苏省有突出贡献农技人员等称号。（王敬根）

【高效农业规模化】 2009年，全市争取省级项目支持，加强规划和政策引导，加大财政扶持力度，开展重点农业项目竞争立项，发展规模农业、设施农业、品牌农业。全年新增高效种植业面积1.49万公顷（其中设施农业面积3867公顷）、高效渔业面积2113公顷，累计总面积分别达到6.04万公顷（其中设施农业9887公顷）、7800公顷，分别比上年增长33.6%（其中设施农业62.4%）、37.2%。生猪、肉禽、蛋禽、奶牛规模养殖比重分别达到63.7%、93.4%、76.4%、91.7%，分别增加8.3、4.4、17.1、4.9个百分点。（刘常珍）

【重点农业项目竞争立项】 2009年，镇江市政府推出高效农业重点项目竞争立项工程。经过调查取证、项目筛选、方案确定、宣传发动、集中开标、现场勘察、方案答辩等过程，历时三个月，11个单位中标。1月15日，举行2009年重点农业项目签约仪式，中标产生的11个单位分别为：句容市茅山镇丁庄老方葡萄合作社、句容市后白镇古村彩叶苗木合作社、句容市天王镇农林环艺彩叶苗木专业合作社、句容市高庙茶场、句容市鑫海园生态农业开发公司、扬中市环岛农业开发有限公司、丹徒区横塘湖农业生态开发有限公司、丹阳市御龙生态农业发展有限公司、丹阳市云阳镇眭巷青虾蟹业养殖专业合作社、江苏吉贝尔药业有限公司、润州区平山生态农业观光园。11个重点农业项目计划总投资5553.98万元，其中市政府财政扶持资金660万元。11个项目单位实际投入资金5605.3万元，完成结构调整面积349.5公顷，带动农户1970户，其中有10个项目全部完成项目建设内容，1个项目完成工程量的60%。（刘常珍）

【农业项目招商】 2009年9月24～26日，镇江市组织50余家农业企业、农民专业合作组织、规模生产基地、种养大户参加在无锡举办的第11届江苏省农业国际合作洽谈会，300余个系列农产品进行展销，4个项目参加省重大项目签约仪式，总投资达4700万美元，其中有3个项目投资超过1000万美元。2009年11月24～29日，镇江市在上海浦东举办2009年中国镇江对接世博（上海）农业招商周活动，以镇江农业"对接世博，融入上海"为切入点，以举办专题活动和走访重点客商为主要形式，围绕"镇江现代农业——投资者的希望田野"主题，举办中国镇江农业项目发布会，发布项目86个，集中签约农业项目30个，其中单体投资全部超过5000万元、投资额超过1亿元的项目达到15个，合同利用外资达到1.09亿美元，三项指标均创历史之最；围绕"'五子登科'——镇江农业的精彩盛宴"主题，专题举办优质农产品上海市场对接会，签订农产品贸易总额20亿元，全市有10家农产品生产单位被上海有关超市、卖场、机关企事业单位授予农产品生产基地或供应基地；围绕"请到镇江乡村来"主题，举办镇江农业观光旅游（上海）推介会，沪镇两地35家旅行社参加推介会，20家上海旅行社与镇江市11家农庄、9家旅行社签订农业观光旅游合作协议，总投资3亿元的句容后白经济实业总公司与上海卓智实业有限公司签订的乡村游俱乐部项目是农业招商周期间投资额最大的签约项目。（刘常珍）

【农产品质量建设】 2009年，全市新建无公害农产品产地21个，面积1.09万公顷，累计认证无公害农产品产地228个，总面积达11.37万公顷，占耕地面积的63%，无公害家畜存栏27.5万头，无公害家禽存栏2453.2万羽，建设绿色食品基地1.67万公顷，有机农产品基地1.07万公顷。新增无公害农产品、绿色食品、有机农产品51个，总数达到518个，其中无公害农产品213个、绿色食品134个、有机农产品171个。加强农业标准化建设，全市累计制定133项农业地方标准、562项农业企业标准；启动建立53个农业标准化示范区，其中20个建成并通过验收，标准化项目涉及40多种农产品，标准化养殖120万头（只），标准化种养面积超过6万公顷。推进农产品品牌建设，丹徒区正东生态农业发展中心生产的正东牌金针菇、丹阳市荣鑫农牧发展有限公司生产的武阳牌生猪获江苏省名牌农产品证书，有效期为2009年12月至2012年12月。（刘常珍）

【农业合作经济组织1240家】 2009年，全市新增农业合作经济组织670家，总数达到1240家，提前一年完成农村合作经济组织三年目标任务。其中农民专业合作组织新增490家，总数达947家（工商部门注册登记的841家），成员11.26万人，带动农户23.71万户；土地股份合作组织新增145家，总数达238家（工商部门注册登记的34家），入股农户2.86万户，入股土地面积达0.55万公顷；社区股份合作组织新增35家，总数达55家，入社社员为2.61万人。全市有6家合作社被评为2009年江苏省100家"四有"农民专业合作示范社建设单位，分别为：句容市天王镇戴庄有机农业专业合作社、扬中市三叶秧草专业合作社、丹阳市延陵镇蛟龙湖渔业专业合作社、丹徒区上党墅农茶叶专业合作社、京口区京元果品专业合作社、润州区润星蔬菜专业合作社。（刘常珍）

【休闲观光农业园区总数达192个】 2009年，全市休闲观光农业园区总数192个，建成观光农业示范点14个，其中国家级农业旅游示范点5个、省级休闲观光农业示范点4个、省级农家乐专业村5个。全年休闲观光农业园区接待游客343万人次，比上年增长2.58%。（刘常珍）

【农业生产遭受台风危害】 2009年8月8～11日，全市农业生产遭受第8号台风"莫拉克"影响，受灾总面积（在田作物产量损失一成以上）达到5967公顷，其中成灾总面积（农作物产量损失三成以上）2273公顷，绝收总面积（农作物产量损失八成以上）426公顷。受灾作物中水稻受灾1493公顷、玉米受灾1847公顷、蔬菜瓜果类受灾773公顷，造成经济损失1659万元。（刘常珍）

【举办第二届"金山翠芽"茶叶节】 2009年4月26日，以"树地理标志，品金山翠芽"为主题的中国镇江第二届"金山翠芽"茶叶节在镇江市举行，镇江市"金山翠芽"获准农产品地理标志登记，成为江苏省首个种植业农产品地理标志。活动中市民免费品尝金山翠芽、茅山长青、吟春碧芽等地产名特茶，现场观看金山翠芽、茅山长青、吟春碧芽等茶艺表演，"金山翠芽"地理标志有奖知识问答及"金山翠芽"包装设计评选，举行"茶业品牌发展高层论坛"。"金山翠芽"农产品地理标志的获准，有利于保护镇江市"金山翠芽"品牌，体现品牌自身应有的价值，也为"金山翠芽"茶叶市场的监督管理和执法提供依据。（刘常珍）

【举办地产优质品牌大米现场品尝活动】 2009年12月26日，由市农林局主办的地产优质品牌大米品尝暨市场推介活动在大市口广场举行，活动以"镇江地种镇江稻，镇江人吃镇江米"为主题。参展的8家本地稻米加工企业，向市民展示"镇稻"系列品种大米、"野山小村"牌有机大米、"原始人间"牌大米等地产品牌大米，并煮熟请市民现场品尝。活动的举办提高广大市民对本地优质大米的认识，推进优质水稻良种推广应用步伐，提高地产品牌大米市场占有率。（刘常珍）

农业资源开发

【概况】 2009年，全市农业综合开发治理面积6593.3公顷，总投资20372.4万元，财政资金7410万元，其中中央财政资金2307.5万元、省级财政资金3735万元、市级财政配套资金285.25万元、县级财政配套资金1082.25万元，自筹资金12962.4万元。

2009年，国家立项开发的土地治理项目总投资4904万元，财政资金3715万元，其中中央财政资金1857.5万元、省级配套资金1299.5万元、市级配套资金174.75万元、县级配套资金383.25万元，自筹资金1189万元。改造中低产田4326.7公顷，其中丹阳市1066.7公顷、句容市1426.7公顷、丹徒区1300公顷、扬中市533.3公顷。新建渠系建筑物3410座，新建中沟级以上建筑物289座，修建排灌站52座，修建机耕路93.034公里，开挖疏浚渠道15.93公里，衬砌渠道72.12公里，绿化造林33.3公顷，技术培训13854人次。通过综合治理，全市新增灌溉面积786.7公顷，改善灌溉面积2266.7公顷；新增除涝面积533.3公顷，改善除涝面积1426.7公顷；新增节水灌溉面积1526.7公顷；增加农田林网防护面积966.7公顷；增加优质农产品种植面积4326.7公顷；控制水土流失面积5.26平方公里。扶持农技服务站13个，完善农产品质量检测体系3个。项目区新增粮食生产能力635万公斤，新增油料生产能力58万公斤，新增其他农产品生产能力227万公斤，新增种植业总产值2564万元，项目区农民年收入增加总额2113万元。

2009年，全市经国家立项开发建设的产业化经营补贴项目5个，其中扶持农民专业合作组织项目3个，分别为"丹徒区千亩扬子江扣蟹培育基地扩建项目""扬中市年产100吨中华绒螯蟹养殖基地扩建项目"和"句容市年产200吨中华绒螯蟹养殖基地改扩建项目"；农产品加工项目2个，分别为"丹阳市5000吨富维B醋加工扩建项目"和"句容市年产80万只樱桃谷肉鸭深加工扩建项目"。产业化经营补贴项目总投资1682.4万元，其中中央财政资金225万元、省级配套169.5万元、市级配套资金10.5万元、县级配套资金45万元，企业自筹资金1232.4万元。项目建设新增总产值7694万元，新增利税838.24万元，新增固定资产2188.72万元，带动农

2009年4月26日，举办镇江第二届"金山翠芽"茶叶节 （屠元有）

户3692户，安排劳动力1805人，年直接受益农民增加收入总额725.28万元。

2009年，全市经国家立项开发建设的产业化经营贷款贴息项目8个，其中中央贴息项目单位3个，分别为恒丰食品有限公司、丹阳市同乐面粉有限公司和丹阳市花王花卉园艺公司，贴息225万元；省级贴息项目单位5个，分别为扬中市江洲工艺品有限公司、扬中市恒邦工艺品有限公司、丹阳市江南面粉有限公司、丹阳市正大油脂有限公司和丹阳市江南生物有限公司，贴息200万元。

全市2009年度土地治理省级科技推广项目4个，分别是有机水稻栽培技术研究与推广、克服草莓连作障碍关键技术的推广、丘陵山坡地水蜜桃新品种、新技术示范推广和稻－菜轮作高效种植模式示范与推广，治理面积633.3公顷，财政资金66万元，分别在句容市天王镇、白兔镇、黄梅镇与丹徒区宝堰镇。

全市经省立项的丘陵山区农业综合开发高效农业基地项目13个，分别为句容市华阳盛园农业生态园项目、句容市白兔镇应时鲜果及观光农业基地项目、句容市绿泉庄生态农业基地项目、句容市茅山镇中药材苗木基地项目、句容市林场优质茶叶和经济林果基地项目、句容市方山茶场有机茶生产基地项目、句容市戴庄有机农业生态园项目、茶叶科技示范生态观光基地项目、镇江市十里长山生态农业示范园项目、“吟春碧芽”茶第二核心区基地改造扩建项目、丹阳市后巷镇天福生态园基地扩建项目、丹阳市瑞清生态农业科技示范园扩建项目和镇江市高效科技农业示范园扩建项目。项目总投资13295万元，财政资金2754万元，其中省级财政资金2000万元，市配套资金100万元，县级配套资金654万元；自筹资金10541万元。建设各类花卉苗木、蔬菜、经济林果等高效农业基地1633.4公顷，其中句容市1066.7公顷、丹徒区200公顷、丹阳市366.7公顷。完成土石方70.7万立方米，修建塘坝6座，修建排灌站13座，输变电线路配套17.69公里，修建渠系建筑物655座，修建衬砌渠道31.172公里，埋设灌排管道1.08公里，修建机耕路99.835公里，新建喷灌和微灌113.3公顷，新建钢架大棚53.5公顷，新建连栋大棚日光温室1公顷，新建棚架219.3公顷，新建简易分级包装流水线3条，新建茶叶加工生产线8条，新建良种种苗1486.7公顷，新建无性系茶树种苗152公顷。技术培训9000人次，推广新技术3项，吸引“三资”10400万元。（范云中）

表13-1

2009年镇江市农业综合开发项目情况表

单位：公顷、万元

项目名称	总投资	财政资金						自筹	建设面积	备注（建设地点）
		小计	中央	地方配套						
				小计	省级	市级	县级			
土地治理项目	4904	3715	1857.5	1857.5	1299.5	174.75	383.25	1189	4326.7	－
	1190	840	420	420	315	－	105	350	1066.7	丹阳市
	390	300	150	150	112.5	－	37.5	90	400	云阳镇
	260	200	100	100	75	－	25	60	266.7	吕城镇
	260	200	100	100	75	－	25	60	266.7	延陵镇
	280	140	70	70	52.5	－	17.5	140	133.3	珥陵镇
	1679	1310	655	655	543.25	－	111.75	369	1426.7	句容市
	728	560	280	280	238	－	42	168	533.3	后白镇(规模)
	260	200	100	100	85	－	15	60	266.7	茅山管委会
	260	200	100	100	85	－	15	60	266.7	白兔镇
	351	270	135	135	101.25	－	33.75	81	360	赵庄林苗场
	80	80	40	40	34		6			后白镇(科技园区)
	1515	1165	582.5	582.5	291.25	174.75	116.5	350	1300	丹徒区
	728	560	280	280	140	84	56	168	533.3	荣炳盐资源区(规模)
	260	200	100	100	50	30	20	60	266.7	宝堰镇
	195	150	75	75	37.5	22.5	15	45	200	上党镇
	195	150	75	75	37.5	22.5	15	45	200	辛丰镇
	137	105	52.5	52.5	26.25	15.75	10.5	32	100	江心镇
	520	400	200	200	150	－	50	120	533.3	扬中市
	520	400	200	200	150	－	50	120	533.3	八桥镇
丘陵山区高效农业基地项目	13295	2754	－	2754	2000	100	654	10541	1633.4	－
	7295	1554	－	1554	1200	－	354	5741	1066.7	句容市
	1535	286	－	286	220	－	66	1249	200	华阳镇
	900	260	－	260	200	－	60	640	200	白兔镇
	1228	208	－	208	160	－	48	1020	133.3	郭庄镇
	423	156	－	156	120	－	36	267	100	茅山镇
	1500	260	－	260	200	－	60	1240	200	句容林场
	525	104	－	104	80	－	24	421	66.7	方山茶场
	514	130	－	130	100	－	30	384	100	天王镇
	650	130	－	130	100	－	30	520	66.7	高庙茶场
	20	20	－	20	20	－	－	－	－	镇江农科所
	3000	600	－	600	400	100	100	2400	200	丹徒区

续表 13-1

项目名称	总投资	财政资金						自筹	建设面积	备 注（建设地点）
		小计	中央	地方配套						
				小计	省级	市级	县级			
	3000	600	–	600	400	100	100	2400	200	丹徒区新城管委会
	3000	600	–	600	400	–	200	2400	366.7	丹阳市
	1200	240	–	240	160	–	80	960	133.3	埤城镇
	600	120	–	120	80	–	40	480	100	后巷镇
	600	120	–	120	80	–	40	480	100	后巷镇
	600	120	–	120	80	–	40	480	100	司徒镇
产业化经营补贴项目	1682.4	450	225	225	169.5	10.5	45	1232.4	–	–
丹徒区千亩扬子江扣蟹培育基地扩建项目	267.4	70	35	35	17.5	10.5	7	197.4	–	–
丹阳市5000吨富维B醋加工扩建项目	400	120	60	60	45	–	15	280	–	–
扬中市年产100吨中华绒螯蟹养殖基地扩建项目	340	70	35	35	26.25	–	8.75	270	–	–
句容市年产200吨中华绒螯蟹养殖基地改扩建项目	270	70	35	35	29.75	–	5.25	200	–	–
句容市年产80万只樱桃谷肉鸭深加工扩建项目	405	120	60	60	51	–	9	285	–	–
产业化经营贷款贴息项目单位	425	425	225	200	200	–	–	–	–	–
恒丰食品有限公司	86	86	86	–	–	–	–	–	–	–
扬中市江洲工艺品有限公司	40	40	–	40	40	–	–	–	–	–
扬中市恒邦工艺品有限公司	40	40	–	40	40	–	–	–	–	–
丹阳市江南面粉有限公司	55	55	–	55	55	–	–	–	–	–
丹阳市正大油脂有限公司	35	35	–	35	35	–	–	–	–	–
丹阳市同乐面粉有限公司	45	45	45	–	–	–	–	–	–	–
丹阳市江南生物有限公司	30	30	–	30	30	–	–	–	–	–
丹阳市花王花卉园艺公司	94	94	94	–	–	–	–	–	–	–
省级科技推广项目	66	66	–	66	66	–	–	–	633.3	–
有机水稻栽培技术研究与推广	24	24	–	24	24	–	–	–	133.3	句容市天王镇
克服草莓连作障碍关键技术的推广	15	15	–	15	15	–	–	–	66.7	句容市天王镇、白兔镇
丘陵山坡地水蜜桃新品种、新技术示范推广	12	12	–	12	12	–	–	–	200	句容市黄梅镇
稻—菜轮作高效种植模式示范与推广	15	15	–	15	15	–	–	–	233.3	丹徒区宝堰镇
合 计	20372	7410	2307.5	5102.5	3735	285.25	1082.25	12962	6593.3	–

（范云中）

种植业

【概况】 2009年，镇江市种植粮食17.62万公顷，比上年增长0.2%；粮食平均单产6689公斤/公顷，增长4.68%；粮食总产117.87万吨，增长4.85%。

播种夏粮7.07万公顷，比上年增长1.7%；单产4758公斤/公顷，下降0.56%；总产33.64万吨，增长5.3%。

播种秋粮10.55万公顷，比上年下降4.61%；单产7985公斤/公顷，下降0.68%；总产84.24万吨，增长4.7%。其中：种植水稻9.60万公顷，与上年持平；单产8700公斤/公顷，增长1.6%；总产83.5万吨，增长1.6%。

全年种植油菜2.95万公顷，比上年减少4.41%；油菜子单产2141公斤/公顷，减少1.2%；总产6.31万吨，减少5.57%。

茶园面积4398公顷，比上年增长2.95%；茶叶总产1261吨，增长2.94%；实现产值1.89亿元，增长20.38%。果品面积6882公顷，增长6.39%；果品总产4.56万吨，增长16.92%；产值2亿元，增长5.82%。蔬菜面积3.45万公顷，增长3.3%；蔬菜总产87.44万吨，增长3.2%；产值19.14亿元，增长3.35%。花卉苗木面积3546.7公顷，增长11.46%；产值3.13亿元，增长39.1%。桑园面积1032公顷，减少15.6%；饲养蚕种1.67万张，生产蚕茧684.7吨，蚕茧总产值1278万元。中药材面积566.7公顷，增长30.79%，产值0.24亿元。（刘常珍）

【粮农获得直补资金1.4亿元】 2009年，镇江市发放种粮农民直接补贴资金14448.77万元，其中水稻直补面积9.63万公顷，发放补贴资金2889.2万元；农资综合直补面积11.17万公顷，发放补贴资金11559.57万元。

（刘常珍）

【镇江茶叶在第八届“中茶杯”名优茶评比中获奖】 2009年7月1～6日，第八届“中茶杯”全国名优茶评比活动在杭州举办，镇江市获22个奖项，是历届评比获奖最多的一次，其中10只茶样获特等奖，占全国绿茶特等奖总数的12.3%，占江苏省获绿茶特等奖总数的37%，分别为：句容市赵庄林苗场的句曲牌金山翠芽、句容市方山茶场的翠竹牌金山翠芽、句容市苏南茶业有限公司的苏南牌玉雪白茶、镇江市五洲山茶场的五洲牌金山翠芽、句容市林场的句林牌宝华玉笋、丹阳市龙庆茶文化研究中心的龙庆牌风美剑毫、丹徒区春沁茶叶专业合作社的墅山牌金山翠芽、江苏吟春碧芽股份有限公司的吟春碧芽牌吟春碧芽、江苏省句容市张庙茶场的茅山长青牌茅山长青、句容市下蜀茶场的金翠牌金山翠芽。（刘常珍）

【举办第七届“三山杯”名特茶评比活动】 2009年4月19日，镇江市举办第七届“三山杯”名特茶评比活动。活动收到全市20多家茶叶生产单位选送的12个品名名特茶产品，共31只茶样，参评茶类种类、茶样数量和生产单位均为历届最多。评比采取六因子（风格、色质、香气、滋味、汤色、叶底），内质、外形双密码方法进行，评出7只茶样获特等奖，8只茶样获一等奖。获特等奖的是：江苏吟春碧芽股份有限公司的吟春碧芽牌吟春碧芽、镇江市五洲山茶场的五洲牌白茶、句容市赵庄林苗场的句曲牌金山翠芽、丹徒区春沁茶叶专业合作社的墅山牌三山香茗、句容市高庙茶场的容宝牌金山翠芽、镇江市南山茶林研究所的南山滴翠牌金山翠芽、句容市俞山茶场的碧螺春；获一等奖的是：句容市边城镇金荣生态茶叶种植园的白茶、句容市龙山茶场的荣华牌茅山长青、丹徒区上党墅农茶叶合作社的墅香牌白茶、句容市窑业年根茶场的年根牌碧螺春、句容市下蜀窑业茶场的窑业牌碧螺春、丹徒区谷阳茶场的金谷阳牌金山翠芽、句容市茅山茶场的金茅牌茅山翠眉、丹徒区上党曹付茶场的曹付牌三山香茗。（刘常珍）

【15个产品被评为2009年镇江市名牌农产品】 根据《镇江市名牌农产品评选认定办法（试行）》规定，获2009年镇江市名牌农产品的有：扬中市三叶咸秧草有限公司的三业牌咸秧草、丹阳市嘉贤米业有限公司的嘉贤牌大米、句容市乡亲饮品有限公司的桑菓缘牌桑果、丹阳市练湖乳品有限公司练湖牌鲜牛奶和酸牛奶、镇江市雨泰茶业有限公司的雨泰牌绿茶、句容市白兔镇柏生草莓专业合作社的柏生牌草莓、句容市恒祥面粉有限公司的恒轩牌面粉、镇江新区联创水产科技示范园的京北湖牌鲟鱼、句容市下蜀窑业茶场的窑业牌绿茶、扬中市花红盛食品有限公司的花红盛牌咸秧草、扬中市神农野生蔬菜专业合作社的食里香牌马兰（茶、干）、丹阳市乐开怀渔业专业合作社的乐开怀牌中华绒螯蟹、江苏新时代农业科技有限责任公司的原始人间牌大米、江苏扬子江生态产业有限公司的田柔子牌大米、镇江高冠食品有限公司的润叶牌秧草和菊芋。有效期为2009年11月至2012年11月。（刘常珍）

【农作物病虫草害防治】 2009年，全市开展农作物病虫草害防治达59.33万公顷次，分别挽回水稻损失32.3万吨、小麦3.54万吨、油菜子0.89万吨，分别占水稻、小麦、油菜子收成的39%、9.8%、12.7%。加大推广吡蚜酮、骄子、甲维盐等高效低毒新农药应用力度，全市应用面积达15.67万公顷次，比上年增长17.8%；推进病虫草害防治专业化建设，全市全程承包专业化防治示范面积达666.7公顷，专业化防面积达3.3万多公顷。开展对加拿大一枝黄花等外来生物的防除，春秋两季防除面积225.5公顷，占发生面积的98%，有效控制加拿大一枝黄花等外来生物的扩展蔓延。（刘常珍）

【全市蔬菜质量安全合格率为99.7%】

2009年，镇江市农产品质量安全检测机构按照蔬菜例行检测要求，每月对全市8家超市、12家农贸市场、14个基地、1家批发市场进行定期定点抽检，在“元旦”“五一”“十一”等节日及7月、8月、9月重点月份，实行每月抽检两次。抽检蔬菜样品21553个，合格率为99.7%，其中：基地抽检样品4115个，合格率100%；批发市场抽检样品150个，合格率98%；农贸市场抽检样品16765个，合格率99.7%；超市抽检样品523个，合格率96.2%。同时，根据检测结果做好源头追查工作，对抽检不合格产品生产基地，要求菜农整改，对菜农进行安全用药技术培训，强化田间管理，规范用药行为，严把基地蔬菜“准出关”；对批发市场、超市、农贸市场的不合格产品，工商、农林部门紧密合作，整顿市场，严把市场蔬菜“准入关”。（刘常珍）

养殖业

【概况】 2009年，全市畜牧生产保持稳定，生猪和家禽、奶牛生产略有增长，山羊生产呈现萎缩现象。实现五肉产量6.99万吨，比上年增长6.72%。出栏肉猪55.19万头，降低4.78%，其中三元杂交猪20.61万头，占37.34%。出栏家禽1408.63万羽，增长15.09%。出栏山羊4.46万只，下降2.62%。奶牛存栏5581头，下降5.4%；牛奶总产1.82万吨，下降3.7%。

渔业发展保持上升势头，全市养殖面积2.51万公顷，比上年增长1.62%，其中特种水产品养殖面积1.55万公顷，增长10.7%；水产品总产8.89万吨，增长4.9%；渔业总产值15亿元，增长3.45%。新增休闲渔业企业67家，总数达167家，垂钓面积853.3公顷；推广运用微孔增氧技术面积286.7公顷，池塘水循环利用面积113.3公顷。（刘常珍）

【十家企业获江苏省畜牧生态健康养殖示范基地牌匾】 2009年，镇江市有十家企业获首批江苏省畜牧生态健康养殖示范基地牌匾。分别为：镇江长江乳业有限公司、镇江市希玛牧业有限公司、润州辰光畜牧良种场、镇江市有为科技有限公司、江苏农林职业技术学院实习训练基地、句容天元牧业有限公司、扬中市江洲牧业有限公司、丹阳市农牧发展有限公司、丹阳市荣鑫农牧发展有限公司、丹阳市练湖现代奶牛牧场。（刘常珍）

【开展重大动物疫病防控】 2009年，镇江市重大动物疫病防控工作以强制免疫预防为重点，实施春、夏、秋季集中防疫三大行动，推广禽流感二价苗、牛A型口蹄疫苗、猪蓝耳病弱毒苗，全年免疫高致病性禽流感3100万羽次、猪口蹄疫120万头次、牛口蹄疫2万头次、羊口蹄疫8万头次、高致病性猪蓝耳病100万头次、猪瘟100万头次，免疫密度常年保持100%，有效控制疫病的发生和传播。加强养殖企业防疫监管，规范养殖生产档案，在禽流感、牛A型口蹄疫、甲流感防控工作中，严格监管养殖和运输环节，采取奶牛暂停调运、疫情监测和封闭管理等措施，严控疫情。开展农业血防综合治理，推进国家农业血防项目实施，普查易感牲畜4574头，保持零阳性，治理有螺环境300公顷。（刘常珍）

【举行长江渔业资源增殖放流活动】
2009年6月23日，镇江市以“增殖水生资源·养护长江生态”为主题的水生生物资源增殖放流活动在长江镇扬汽渡举行。向长江放流胭脂鱼、河豚、鲥鱼、中华鲟、黄颡鱼等十个鱼类品种300万尾，价值38万余元。增殖放流活动对恢复

长江水生生物资源、巩固长江春禁成果起到促进作用。 （刘常珍）

林 业

【概况】 2009年，全市围绕创建国家生态城市，推进绿色镇江建设，加快绿化造林步伐，加强森林资源保护和合理利用，森林覆盖率20.7%。全市造林面积5174公顷，其中：用材林3748公顷、经济林656公顷、防护林666公顷，村庄绿化达标150个。建设防火通道360公里，全市林区达10米/公顷的防火通道建设要求。全市发生森林火警9起，过火面积15.93公顷，受害面积0.26公顷。办理林地征占用手续15起，征占用林地面积37.1公顷。松材线虫病清理防治面积2745.5公顷，防治率达100%。

（刘常珍）

农业机械

【概况】 2009年，全市农业机械总值（原值）达8.5亿元，比上年增加1亿元；农机总动力达139.4万千瓦，增加4.3万千瓦；拥有农用大中型拖拉机2602台，净增613台，配套机具达4687部，配套比达1∶1.8；小型拖拉机保有量为20066台，其配套机具达40392部，配套比达1∶2.01；稻麦联合收割机达1933台，净增115台，其中高性能净增211台；油菜收割机达358台，净增25台；插秧机达1804台，净增438台，其中乘座式插秧机34台，净增25台；农机作物秸秆还田机4374台，净增2450台。此外，粮食烘干、排灌、植保、农副产品加工、农田基本建设、设施农业等机械都有增长。全市跨区作业联合收割机达2104台次，机收面积14.42万公顷，创收1.1亿元。

全市农业生产的耕翻、播种、植保、收割四项农业机械化综合作业水平为78%，提前一年完成“十一五”规划目标任务，其中机耕达92%；机械化种植水平：三麦达96%，水稻种植机械化达70%，比上年增长11%，其中水稻机插率23%；机械化收获水平：三麦达98%，水稻达94%。油菜机械水平也有较大幅度提高，机收油菜0.24万公顷。农机服务项目和领域不断扩大与延伸，农产品加工、烘干、保鲜、贮运及果蔬茶、花卉、林、牧、副、渔等各行业的机械化水平提高。

全市整顿和规范农机生产、销售、修理等市场秩序及经营行为，促进农机安

2009年6月23日，镇江市长江渔业资源增殖放流活动 （屠元有）

全生产，开展农机培训和职业技能鉴定工作，保障农机化事业持续、快速、健康的发展。全市上道路拖拉机检验6251台，变拖安全检测2100台，联合收割机年检1012台，核发拖拉机牌照647副，驾驶人培训考试185人次。发生道路外农机事故3起，死亡2人，轻伤1人，未发生重特大农机道路交通事故和农机责任事故。 （赵 凯 刁野军）

【新技术新机具推广】 2009年，镇江市以农机购置政策推进农机化新技术、新机具的推广和运用。市级财政农机购置补贴13种机具，中央及省级购机补贴资金2700万元，市级购机补贴资金450万元，县级购机补贴资金860万元，补贴机具6761台。

全市发展插秧机440台（其中乘座式插秧机25台），其中丹阳324台、句容19台、扬中9台、丹徒74台、京口3台、新区11台；机插秧面积由上年的1.69万公顷增加到2.22万公顷。加大机直播稻有序种植的指导力度，全市机械化种植面积由上年的6.09万公顷扩大到6.8万公顷。

全市新增步进式插秧机415台、乘座式插秧机25台、农用大中型拖拉机613台、联合收割机235台（其中半喂入式联合收割机211台）、油菜播种机29台、油菜联合收割机49台、精少量播种机128台、高效植保机械963台、烘干机1台、增氧机529台、投饵机544台、秸秆打捆机13台、果蔬保鲜设备20套、茶叶杀青机37台。 （赵 凯 刁野军）

【农机服务体系建设工作】 2009年，全市加快推进农机服务的市场化、产业化，出台加快农机服务组织发展的政策措施；结合创建“四有”农机服务组织，推进全市农机服务组织的发展，扶持发展各种农机服务组织、农机协会、农机中介组织和农机大户，新创建各类新型农机服务组织52个；全市拥有各类农机服务组织244家，其中农机专业合作社65家，农机化经营服务总收入达13.8亿元；加大对农机服务组织的财政扶持，市级财政在2008年对8个农机专业合作组织分别给予2万元的补贴基础上，2009年再拿出30万元对15个农机专业合作组织进行补贴；做好农业机械维修行政审批核查和报废更新调研工作，在做好农业机械维修技术合格证发放管理和监督工作的基础上，开展农机维修市场行政审批核查和报废更新调研；建立健全维修网点管理台账；对1350名农机操作人员进行职业技能鉴定。

（赵 凯 刁野军）

【农作物秸秆综合利用】 2009年，全市以推广秸秆利用新技术作为重点，推进秸秆机械化还田。夏秋期间，全市投入大中型拖拉机2100台、手扶拖拉机14069台，秸秆还田面积11.4万公顷；重点推进秸秆工业化造粒。全市组建秸秆颗粒化利用公司1家，建成秸秆造粒加工点24家；由村级组织牵头，整村推进秸秆气化炉技术，秸秆沼气化利用、秸秆造肥、堆沤及腐熟还田、果园覆草、秸秆养菇等多种形式利用；实施秸秆禁烧全覆盖，全市推广秸秆造粒设备35台套，推广秸秆气化炉1785台，建设整村推广示范点15个，新增秸秆捡拾打捆机13台，各类秸秆还田机1278台，秸秆还田率达50%，秸秆综合利用率达85%。

（赵 凯 刁野军）

表 13-2

2009年镇江市农业机械化情况一览表

项　目	单　位	2008 年	2009 年	净　增	增长(%)
一、农机总动力	万千瓦	135.1	139.4	4.3	3.18
其中:柴油机动力	万千瓦	74.98	79.78	4.8	6.40
电动机动力	万千瓦	51.33	51.59	0.26	0.51
二、大中型拖拉机	台	1989	2602	613	30.82
小型拖拉机	台	19289	20066	777	4.03
大中型拖拉机配套农具	部	3746	4687	941	25.12
小型拖拉机配套农具	部	38515	40392	1877	4.87
三、主要农机具拥有量					
稻麦联合收割机	台	1818	1933	115	6.33
其中:自走式	台	1576	1585	9	0.57
玉米联合收割机	台	3	3	0	0.00
油菜联合收割机	台	333	358	25	7.51
机动脱粒机	台	40882	36874	-4008	-9.80
专用水稻直播机	台	218	220	2	0.92
机动插秧机	台	1366	1804	438	32.06
其中:乘座式	台	9	34	25	277.78
秸秆还田机械	台	1924	4374	2450	127.34
粮食烘干机	台	40	36	-4	-10.00
四、农机作业水平					
农机化综合水平	%	76.00	78.00	2.00	2.63
1. 机耕面积	千公顷	143.2	147.2	4	2.79
机耕水平	%	91	93.58	2.58	2.84
2. 机播面积	千公顷	131.03	128.89	-2.14	-1.63
机播水平	%	62.26	63.62	1.36	2.18
其中:机种水稻面积	千公顷	65.96	72.37	6.41	9.72
其中:机插水稻面积	千公顷	15.65	24.01	8.36	53.42
机播水稻面积	千公顷	50.31	48.36	-1.95	-3.88
水稻机械种植水平	%	63	69.86	6.86	10.89
机播三麦面积	千公顷	61.96	56.48	-5.48	-8.84
3. 机收面积	千公顷	162.29	164.09	1.8	1.11
机收水平	%	77.11	78.94	1.83	2.37
其中:机收水稻面积	千公顷	91.81	90.89	-0.92	-1.00
机收三麦面积	千公顷	67.28	69.63	2.35	3.49
秸秆还田面积	千公顷	100.36	121.27	20.91	20.83
4. 机械植保面积	千公顷	169.13	163.56	-5.57	-3.29
机械植保水平	%	79.43	77.8	-1.63	-2.05

（赵　凯　刁野军）

综 述

【概况】 2009年，镇江市水利系统广大干部职工做好重点水利项目前期工作，确保项目储备充足。镇扬河段三期整治工程可行性研究及项目环境影响评价报告、水土保持报告编制完成，通过水利部水利规划设计总院初步审查；句容河上段综合整治工程初步设计报告完成，镇扬河段世业洲左汊2009年度应急治理工程、和畅洲左汊口门控制加固工程、扬中河段夹江马家港至思议港段整治工程、京口区老鼠山河泵站工程及丹徒区世业镇九龙提水站工程等五个项目可行性研究报告完成。大中型病险水闸除险加固规划编制完成，市级水系规划编制工作形成规划初稿，"十二五"水利发展规划思路研究完成。

2009年，除北部滨水区外，市水利重点工程投资超过5亿元。长江治理方面，投资1456万元完成镇扬河段世业洲左缘进口段护岸工程。小水库除险加固方面，2005年度10座、2006年10座及2007年6座小水库除险加固工程全部建成，19座完成竣工验收，6座完成水下工程阶段验收；2008年批复下达的14座小水库除险加固工程基本完成，11座通过水下工程阶段验收；2009年度批复的14座小水库除险加固工程中5座正式开工。水利血防工程方面，镇江新区水利血防工程基本建成。地方基建项目方面，丹阳市迎丰河闸拆建工程全部完成，水下主体工程通过阶段验收，投资529万元；丹阳晓墟河撇洪工程中的撇洪西河投资2700万元。丹徒区长山站除险加固工程、谏壁抽水站运河侧引河整治工程和句容市北江河整治工程三个区域治理项目进行招投标、施工图设计等工作，投资1500万元。 （陆智国）

【水利工程管理】 2009年，谏壁抽水站、九曲河水利枢纽被评定为省一级水利工程管理单位，京口闸、北山水库、扬中长江堤防工程等评定为省二级水利工程管理单位。丹阳、扬中等地探索农村河道长效管理的新机制，取得成效。 （陆智国）

【小水库管理】 2009年，小水库规范化管理初见成效。全市有在册水库的6个辖市（区），按照镇江市《关于切实加强小型水库管理工作的通知》精神，落实人员和管护经费，每座小（1）型水库管护经费达1.8万元，小（2）型水库达1.0万元。年内批复的14座小水库除险加固工程中5座正式开工。凌塘、句容、二圣桥、墓东等4座水库除险加固工程获2009年首批中央扩需项目近亿元的资金支持，扩需项目年底全面竣工。 （陆智国）

北部滨水区建设工程

【金山湖景区】 自2006年金山湖整治工程启动以来，随着退渔还湖工程逐步实施，金山湖水面基本形成，金山湖景区成为北部滨水区建设的形象和亮点工程。试办引河清淤工程提前完成，试办引河南路提前贯通；金山湖桥桥面贯通；征润洲泵站提前完成主体部分，2010年春节前泵站具备抽排水能力；江南桥闸站提前完成水下主体工程；周边配套道路环湖路和外环路一期工程按期完成，二期工程10月份提前开工建设；金山湖东景区中，D景区提前于五一劳动节建

除险加固后的丹徒区凌塘水库 （水 轩）

成对外开放，E区提前于十一国庆节建成对外开放，C景区（景观长堤）已具备对外开放条件，西景区主体和绿化基本完成，除配套设施外基本具备对外开放条件。演艺广场大型数字化音乐喷泉成为新的景点和亮点，受到各界的高度赞誉。（陆智国）

【滨江旅游专线】 滨江旅游专线全线贯通是北部滨水区2009年建设任务的重中之重，项目包括滨江旅游专线东、西段道路及风光带工程。

滨江旅游专线东、西段道路工程：东段道路西起北虹桥，东至焦山，长1014.24米；西段道路南接东吴路，东至旅游专线中段道路起点，长827米；道路红线宽20米，行车道14米，人行道各3米，道路采用2车道支路Ⅱ级标准，设计行车速度30公里/小时。项目自4月8日开工建设，于9月28日全线贯通。项目总投资14932万元。

滨江旅游专线东、西段风光带工程：风光带东段工程沿道路南北两侧布置，南接住宅小区，北临长江，占地面积8.6公顷。该段作为整个风光带东部门户与焦山隔江相望，成为浮玉引航主题区。风光带西段工程沿道路西侧布置，占地面积16.39公顷，成为三国风韵主题区。该项目实施后与中段道路及风光带相贯通，形成以焦山、北固山为主核，内江岸线为纽带，集游览观光、休闲娱乐、体育健身于一体的大型综合公园。（陆智国）

【金泉花园安置房】 金泉花园和滨江花城小区是北部滨水区拆迁集中安置工程。金泉花园一期12万平方米和2万平方米商业配套全部建成交付安置，二期地块计6万平方米，除两栋小高层外已全面封顶，并完成主体验收；3号地块即滨江花城，按照要求改多层为高层、小高层，总面积约23万平方米，完成其中21栋小高层（11层）的桩基施工，其中部分已完成主体框架5层。2009年金泉花园实现拆迁安置196户370套安置房。百花洲路和临江路作为安置房的配套市政工程，提前完成竣工通车的年度目标。其中百花洲路建设仅用时3个月，创造北部滨水区道路建设的最快速度。（陆智国）

【内江控水工程】 2009年，内江控水工程包括：引航道水利枢纽工程、焦南闸扩建工程、焦南坝缺口封堵工程以及运粮河节制闸工程。引航道水利枢纽工程已完成水下主体工程的施工任务，累计完成砼浇筑8.7万立方米、钢筋制作安装8000吨；完成9闸的闸门安装任务；主要设备已制作完成并进场，管理房工程开工建设。焦南闸扩建工程提前完成全面建设任务，竣工投运；运粮河闸站征地拆迁、渔民补偿及施工场地的三通一平等前期工作于10月完成并开工建设。（陆智国）

【内江清淤工程】 镇江城市防洪内江清淤工程是内江整治的重点，是北部滨水区建设的焦点。一期工程于2009年9月16日开工，工程采用绞吸式挖泥船施工，清淤总面积3.43平方公里，清淤方量约710万立方米，项目投资3.22亿元。2010年春节前全面完成清淤施工任务。内江清淤项目的实施将有效解决城区防洪、内涝问题，改善城市水环境。（陆智国）

【重点拆迁项目】 2009年，北部滨水区既定拆迁目标30万平方米提前实现，其中安置房二期全面完成拆迁和征地交地工作。滨江旅游专线东、西段拆迁提前一个月完成。征润洲村和金山湖桥拆迁完成。亚美达船厂协议签订，顺利签订大东搬迁协议，推进省交通工程公司和象山油库的搬迁。（陆智国）

【融资工作】 2009年新增贷款35亿元，与各大国有银行、商业银行合作，提前完成融资目标。开展申报发行七年期20亿元企业债券工作，申报材料报送至省发改委审批。优化水利投资公司资本结构，通过调增公司土地资产，水利投资公司总资产达到150亿元。（陆智国）

农村水利

【概况】 2009年，全市完成各类土方2015万立方米，占年度计划任务的118%；完成各类建筑物1550座，占年度计划任务的103%；新建改造塘坝510座，占年度计划任务的102%；修建防渗渠道91公里，占年度计划任务的113%；完成圩堤加固30公里55万立方米，治理水土流失面积15平方公里。（陆智国）

【农村河道疏浚】 2009年，市政府制定下发《镇江市2009～2012年河塘疏浚整治工程实施方案》。全市完成县乡河道疏浚142条，疏浚土方667万立方米，占计划任务的111%；疏浚村庄河塘1550个，完成疏浚土方687万立方米，占计划任务的122%。其中，丹阳市和扬中市具备省农村河道疏浚整体考核整体验收条件，其他地区规划内农村河道疏浚工程完成进度在90%以上。（陆智国）

【农村饮水安全】 “十一五”期间计划解决全市48.55万人口的农村饮水不安全问题，其中2009年度计划解决18.16万人。市政府制定《关于加快镇江市乡镇区域供水工程的实施意见》。丹阳市2007年度农村饮水安全项目建设完成，解决6.24万人的饮水不安全问题。句容市2009年度农村饮水安全项目因省批复较迟尚未完成外，其他地区年度计划完成或超额完成。（陆智国）

【小型泵站改造】 2009年，编制《农村小型泵站更新改造规划》，并经省、市审查通过。根据规划，全市计划于2015年前更新改造泵站1767座2344台套，总装机11.11万千瓦，其中2009年度完成小型泵站更新改造175座，总装机容量14721千瓦。截至年底，全市小型泵站更新改造计划任务全部完成。（陆智国）

【水土保持工作】 2009年，完成水土保持小流域治理面积15平方公里。编制《镇江市水土保持规划》，确定全市水土保持重点监督防治区域，制定出台《镇江市水土保持方案审批办法》；对句容市建华管桩二期工程、丹阳市恒神碳纤维项目等一批本地有影响的重点项目实行跟踪管理，控制新增人为水土流失。（陆智国）

城市水利

【概况】 2009年，北部滨水区建设一号工程的引航道水利枢纽工程实现通行目标，“青山绿水行动”一号工程的古运河综合整治工程正式开工；诚信拆迁事务所完成拆迁总量22万平方米，安置拆迁户1800多户。市水利部门多次夺取全市城管考评第一，并获全年考评优秀；连创省市文明单位称号。市城市水利管理处获2009年度跨越发展有功单位、全省水利工程管理先进集体、北部滨水区建设先进集体等荣誉。

引航道水利枢纽工程实现通行目标。2009年3月完成桩基和地连墙基础工程，9月10个闸墩全部浇筑完成，转入设备安装和公路桥箱梁架设阶段。年底完成全部9孔的闸门安装施工，2010年春节前实现公路桥通行目标。2009年的主要建设内容：一是管井增至158

口，每天排水量约4万立方米，解决闸塘降排水和基坑管涌、流沙难题；二是基础工程施工采用泥沙分离、后注浆工艺，突破各个技术瓶颈，解决泥沙含量、沉渣厚度、单桩竖向承载力等各项技术难题；三是闸墩浇筑实施连续大体积浇筑，创造省水建公司月浇筑砼1.4万余立方米的历史记录，解决温控难题；四是管理房进场施工，设备生产安装有序推进。五是创建省文明工地，创全市水利工程唯一。

古运河综合整治工程正式开工。2009年12月29日举行工程开工典礼；对古运河中段（周家河口—经十二路4.2公里）及其支流周家河、四明河进行综合整治，水利工程、生态景观、污水截流一并实施。以“流动运河”为主题，打造“景观之河”“生态之河”“文化之河”。在古运河中段建设“一场、两带、四园、六桥、六埠”（一场为运河广场，两带为人文景观带、自然生态带，四园为虹桥揽古、梅溪烟雨、仓廪临流和夹岗岚浮，六桥为枫林桥、千秋桥、虹桥、丁卯桥、借桥、锦波桥，六埠为虹桥港埠、借桥埠、归客岩埠、锦波桥埠、大运门埠、夹岗浮埠）。作为一期工程的古运河中段水工部分实现正式进场施工。此外，古运河上段完成京口饭店段滑坡整治验收和特教中心操场段滑坡治理工程。

城市水利管理水平大幅提升。结合古运河主城区沿线双井路片区改造、一人医建设、苏南人力资源市场等建设项目，完善古运河风光带建设。开展运粮河整治前期工作，拟于2010年实施整治工程。完善虹桥港绿化，对3.2万平方米风光带绿化进行补植。风光带管理所添置3条飘浮物打捞船。应对处理暴雨等突发情况，采取水体调控、加强河面卫生保洁等措施，及时恢复古运河水质和卫生面貌。闸管所全年开泵2914台时，创历年新高。实现全年水质无劣化的目标；设置水质监测分析室，从定性到定量分析，实现科学调控。

城区防汛工作准备充分，人员措施到位。完善和运用防汛应急预案、工程隐患处理流程。密切观测塔山桥南的沉降地段。用好城区水情自动测报系统。闸管所完成京口闸安全鉴定，委托供电部门对三闸变压器进行安全检测，并进行京口闸2台水泵和电容柜的大修、丹徒闸启闭机和变压器的中修；新购置一台50千瓦移动电站。城区通江闸站管理

竣工的焦南闸工程 （水 轩）

立足“安全、达标、先进”的目标，落实省专家提出的26条整改意见。完善内江控制运行方案，为未来内江统一化、专业化管理打下基础。

水政管理和执法监察工作重心由审批向服务转变。全年纠正水事违法行为30余起，查处十余起，维护城区的水事秩序。落实全省“百湖执法大检查”专项活动，参与打击非法采砂。（徐雪峰）

防汛防旱工作

【概况】 2009年汛期，镇江经受了8号台风“莫拉克”和7次暴雨的袭击，全市骨干河道、水库等工程未发生重大险情，全市317公里的江港洲堤防、在册101座水库、64条骨干河道、9座大中型闸站及各类小型穿堤建筑物的防汛防旱责任落实到位，各级防办汛期实行24小时值班。依法开展河湖清障和打击非法采砂。市水政监察支队共出动执法人员1780人次，水上执法巡查286次，出动执法艇221航次，执法航行时间630小时，查处非法采砂船69条，拆除非法采砂机具26台套，发放《严禁采砂告知书》100份。《镇江市城市防洪应急预案》《镇江市防御台风预案》《镇江市抗旱预案》经市政府批准实施，市防办组织中型水库防洪应急预案修订和水雨情调度应急预案修订工作。做好防汛物资储存和抢险队伍建设，共储存草包40.7万只、编织袋114.9万只、木材500.1立方米、土工布6.1万平方米、铁丝16.7吨、块石1.64万吨，组织防汛抢险队伍550个、17533人，其中民兵抢险队227个，河道及管理单位抢险队91个，水库抢险队59个，专业抢险队1个，确保防汛需要。对全市雨水情监测站网进行优化，增设监测站点，建成市防汛会商视频会议系统，实现雨水情信息测、报、送和自动报警的实时性，防汛防旱现代化水平提高。

（陆智国）

水政水资源管理

【概况】 2009年，全市水利系统围绕提高执法与服务能力目标，切实做好水政水资源等工作。3月22日开展第17届“世界水日”及第22届“中国水周”宣传活动。参加省水利厅、省水政监察总队组织的集中打击长江非法采砂行动。部署“百湖执法大检查”，开展“流域性河道管理范围内建设项目专项检查”。市水利局联合市其他职能部门开展八大行业节水行动。建立辖市（区）节水管理网络和八大行业单位节水行动管理网络。对太湖流域节能减排项目申报调查，省财政下达补助金额120万元。组织对省水资源费补助江苏船山矿业股份有限公司采场渗水技改工程、镇江锚链厂水循环利用、镇江发电有限公司零排放工程等3个省级节水项目进行验收。出台《镇江市城市地下水资源管理办法》，理顺与区水利局地下水管理关系。制定《镇江市城市节约用水管理办法》并由市人民政府颁布实施。（陆智国）

工 业

责任编校：姚丽华

综 述

【概况】 2009年，镇江市拥有规模以上工业企业2886家。从地区分布看，丹阳市1135家，扬中市468家，句容市427家，丹徒区324家，京口区150家，润州区184家，镇江新区198家；从体制结构看，国有企业42家，集体企业166家，股份合作制企业5家，股份制企业1536家，三资企业663家，其他企业474家。

工业产销平稳增长。全市规模以上工业企业完成工业增加值790.03亿元，比上年增长15.3%；县域工业发展快于市区，辖市工业增加值增幅为16.2%，高于市区1.8个百分点，其中最高为扬中，增长17%；其次为丹阳，增长16.5%。规模工业实现销售、利税、利润增幅分别为14.5%、16.0%和17.3%。

全年完成工业投资624.7亿元，比上年增长36.5%，增幅居江苏省第二位。京口区、丹徒区、丹阳市、扬中市四个辖市（区）进入全省投资增幅前20强。其中：京口区完成58.3亿元，比上年增长41.4%；丹徒区完成83.6亿元，增长41.4%。丹阳市完成152.4亿元，增长39.8%；扬中市完成72亿元，增长39.8%。全市完成技术改造506.1亿元，增长26.4%，有3043家企业围绕结构调整和高新技术产品产业化，实施技术改造项目3154个。

工业用电持续增长。全市工业用电量累计完成117.14亿千瓦小时，比上年增长4.15%，列全省第10位；比苏南平均增幅高0.35个百分点，比全省平均增幅低0.99个百分点。

“千百亿工程”实现突破。五大支柱产业规模以上企业实现销售2515亿元，比上年增长23.3%，占全市规模以上工业83.6%，比上年提升1.02个百分点；50强工业企业销售收入占全市规模以上工业比重达到47.1%；销售超百亿企业实现零突破，达到3家；销售超70亿元企业7家，比上年增加3家；销售超10亿元企业37家，增加6家。

推进节能降耗。全年完成重点节能及循环经济项目38个，节约能源合计46.2万吨标准煤；建立市级循环经济试点企业15家；完成清洁生产审核企业43家。全年，全市单位地区生产总值能耗0.853吨标准煤/万元，比上年下降4.6%；规模以上单位工业增加值能耗1.274吨标准煤/万元，下降11%。 （欧旭丹　高　飞）

表15-1　**2009年镇江市工业总产值前50家企业表**

序号	企业名称	所属地区	序号	企业名称	所属地区
1	金东纸业（江苏）股份有限公司	镇江新区	19	江苏鸿泰钢铁有限公司	京口区
2	大亚科技集团有限公司	丹阳市	20	镇江国亨塑胶有限公司	镇江新区
3	江苏飞达工具股份有限公司	丹阳市	21	镇江鼎胜铝业股份有限公司	京口区
4	镇江奇美化工有限公司	镇江新区	22	江苏鑫海铜业有限公司	丹阳市
5	大全集团有限公司	扬中市	23	华鹏集团有限公司	扬中市
6	江苏天工集团有限公司	丹阳市	24	江苏南自通华电气集团有限公司	扬中市
7	江苏沃得机电集团有限公司	丹阳市	25	中化镇江焦化有限公司	丹徒区
8	镇江联成化学工业有限公司	镇江新区	26	辉煌硅能源（镇江）有限公司	扬中市
9	江苏索普（集团）有限公司	京口区	27	江苏建华管桩有限公司	句容市
10	镇江江南化工有限公司	镇江新区	28	国电江苏谏壁发电有限公司	京口区
11	江苏镇江发电有限公司	丹徒区	29	镇江强凌电子有限公司	润州区
12	中电电气集团有限公司（扬中）	扬中市	30	大力神科技集团	丹阳市
13	金海宏业（镇江）石化有限公司	丹徒区	31	江苏晶谷米机有限公司	丹阳市
14	镇江国亨化学有限公司	镇江新区	32	江苏省镇江船厂有限责任公司	润州区
15	中国国电集团公司谏壁发电厂	京口区	33	中储粮镇江粮油有限公司	京口区
16	丹阳龙江钢铁有限公司	丹阳市	34	镇江新区中信铜材厂	镇江新区
17	江苏环太集团有限公司	扬中市	35	沃得重工（中国）有限公司	丹徒区
18	句容市宁武化工有限公司	句容市	36	优利德（江苏）化工有限公司	镇江新区

续表 15-1

序号	企业名称	所属地区	序号	企业名称	所属地区
37	镇江中船设备有限公司	润州区	44	句容市中容铜业有限公司	句容市
38	镇江美驰轻型车系统(第二)有限公司	镇江新区	45	镇江韦岗铁矿有限公司	润州区
39	江苏金华厦电气有限公司	扬中市	46	镇江市碳素制品有限公司	镇江新区
40	汽巴精化(江苏)有限公司	镇江新区	47	江苏利华铜业有限公司	丹阳市
41	镇江市三明集团公司	镇江新区	48	江苏长丰科技集团有限公司	丹阳市
42	丹阳市江南面粉有限公司	丹阳市	49	江苏太白集团有限公司	镇江新区
43	镇江南帝化工有限公司	镇江新区	50	江苏鹤林水泥有限公司	丹徒区

（统计局）

表 15-2

2009 年镇江市工业企业产品销售收入前 50 家企业表

序号	企业名称	所属地区	序号	企业名称	所属地区
1	金东纸业(江苏)股份有限公司	镇江新区	26	国电江苏谏壁发电有限公司	京口区
2	大亚科技集团有限公司	丹阳市	27	江苏建华管桩有限公司	句容市
3	江苏飞达工具股份有限公司	丹阳市	28	大力神科技集团	丹阳市
4	镇江奇美化工有限公司	镇江新区	29	江苏晶谷米机有限公司	丹阳市
5	江苏天工集团有限公司	丹阳市	30	镇江强凌电子有限公司	润州区
6	大全集团有限公司	扬中市	31	中储粮镇江粮油有限公司	京口区
7	江苏沃得机电集团有限公司	丹阳市	32	中化镇江焦化有限公司	丹徒区
8	镇江联成化学工业有限公司	镇江新区	33	沃得重工(中国)有限公司	丹徒区
9	江苏索普(集团)有限公司	京口区	34	汽巴精化(江苏)有限公司	镇江新区
10	江苏镇江发电有限公司	丹徒区	35	丹阳市江南面粉有限公司	丹阳市
11	镇江国亨化学有限公司	镇江新区	36	镇江美驰轻型车系统(第二)有限公司	镇江新区
12	镇江江南化工有限公司	镇江新区	37	镇江市三明集团公司	镇江新区
13	中电电气集团有限公司(扬中)	扬中市	38	江苏省镇江船厂有限责任公司	润州区
14	金海宏业(镇江)石化有限公司	丹徒区	39	优利德(江苏)化工有限公司	镇江新区
15	丹阳龙江钢铁有限公司	丹阳市	40	镇江新区中信铜材厂	镇江新区
16	中国国电集团公司谏壁发电厂	京口区	41	镇江韦岗铁矿有限公司	润州区
17	句容市宁武化工有限公司	句容市	42	江苏金华厦电气有限公司	扬中市
18	江苏环太集团有限公司	扬中市	43	镇江中船设备有限公司	润州区
19	镇江鼎胜铝业股份有限公司	京口区	44	句容市中容铜业有限公司	句容市
20	江苏鸿泰钢铁有限公司	京口区	45	镇江南帝化工有限公司	镇江新区
21	江苏鑫海铜业有限公司	丹阳市	46	江苏长丰科技集团有限公司	丹阳市
22	镇江国亨塑胶有限公司	镇江新区	47	江苏鹤林水泥有限公司	丹徒区
23	江苏南自通华电气集团有限公司	扬中市	48	华东泰克西汽车铸造有限公司	镇江新区
24	华鹏集团有限公司	扬中市	49	镇江强灵照明有限公司	京口区
25	辉煌硅能源(镇江)有限公司	扬中市	50	镇江大东纸业有限公司	京口区

（统计局）

表 15-3

2009 年镇江市工业企业利税总额前 50 家企业表

序号	企业名称	所属地区	序号	企业名称	所属地区
1	金东纸业(江苏)股份有限公司	镇江新区	16	华鹏集团有限公司	扬中市
2	江苏镇江发电有限公司	丹徒区	17	金海宏业(镇江)石化有限公司	丹徒区
3	大亚科技集团有限公司	丹阳市	18	镇江中船设备有限公司	润州区
4	大全集团有限公司	扬中市	19	江苏晶谷米机有限公司	丹阳市
5	镇江奇美化工有限公司	镇江新区	20	辉煌硅能源(镇江)有限公司	扬中市
6	江苏飞达工具股份有限公司	丹阳市	21	句容市宁武化工有限公司	句容市
7	江苏天工集团有限公司	丹阳市	22	镇江中船瓦锡兰螺旋桨有限公司	润州区
8	镇江江南化工有限公司	镇江新区	23	江苏船山集团有限责任公司	润州区
9	中国国电集团公司谏壁发电厂	京口区	24	道达尔润滑油(中国)有限公司	镇江新区
10	江苏沃得机电集团有限公司	丹阳市	25	江苏建华管桩有限公司	句容市
11	中电电气集团有限公司(扬中)	扬中市	26	江苏鹤林水泥有限公司	丹徒区
12	江苏环太集团有限公司	扬中市	27	江苏鱼跃医疗设备股份有限公司	丹阳市
13	江苏省镇江船厂有限责任公司	润州区	28	镇江国亨化学有限公司	镇江新区
14	国电江苏谏壁发电有限公司	京口区	29	镇江美驰轻型车系统(第二)有限公司	镇江新区
15	江苏索普(集团)有限公司	京口区	30	镇江联成化学工业有限公司	镇江新区

续表 15-3

序号	企业名称	所属地区	序号	企业名称	所属地区
31	沃得重工(中国)有限公司	丹徒区	41	江苏星河集团有限公司	扬中市
32	海昌隐形眼镜有限公司	丹阳市	42	江苏银佳企业集团有限公司	扬中市
33	江苏南自通华电气集团有限公司	扬中市	43	江苏丹工实业总公司	丹阳市
34	镇江南帝化工有限公司	镇江新区	44	江苏汤始建华管桩有限公司	句容市
35	中化镇江焦化有限公司	丹徒区	45	江苏振光电力设备制造有限公司	丹徒区
36	镇江华润燃气有限公司	润州区	46	江苏太白集团有限公司	镇江新区
37	江苏吉贝尔药业有限公司	镇江新区	47	江苏肯帝亚木业有限公司	丹阳市
38	江苏四海混凝土有限公司	丹徒区	48	丹阳龙江钢铁有限公司	丹阳市
39	阿雷蒙紧固件(镇江)有限公司	镇江新区	49	大赛璐安全系统(江苏)有限公司	丹阳市
40	镇江万发化纤有限责任公司	丹徒区	50	丹阳龙江钢铁有限公司	丹阳市

(统计局)

表 15-4

2009 年镇江市工业企业利润总额前 50 家企业表

序号	企业名称	所属地区	序号	企业名称	所属地区
1	金东纸业(江苏)股份有限公司	镇江新区	26	辉煌硅能源(镇江)有限公司	扬中市
2	江苏镇江发电有限公司	丹徒区	27	海昌隐形眼镜有限公司	丹阳市
3	镇江奇美化工有限公司	镇江新区	28	镇江南帝化工有限公司	镇江新区
4	镇江江南化工有限公司	镇江新区	29	镇江华润燃气有限公司	润州区
5	大全集团有限公司	扬中市	30	江苏船山集团有限责任公司	润州区
6	江苏天工集团有限公司	丹阳市	31	江苏建华管桩有限公司	句容市
7	江苏飞达工具股份有限公司	丹阳市	32	阿雷蒙紧固件(镇江)有限公司	镇江新区
8	江苏沃得机电集团有限公司	丹阳市	33	江苏丹工实业总公司	丹阳市
9	中国国电集团公司谏壁发电厂	京口区	34	镇江强凌电子有限公司	润州区
10	大亚科技集团有限公司	丹阳市	35	江苏吉贝尔药业有限公司	镇江新区
11	江苏省镇江船厂有限责任公司	润州区	36	巨宝精密加工(江苏)有限公司	句容市
12	江苏环太集团有限公司	扬中市	37	镇江市振兴电力工程有限公司	丹徒区
13	金海宏业(镇江)石化有限公司	丹徒区	38	江苏南自通华电气集团有限公司	扬中市
14	中电电气集团有限公司(扬中)	扬中市	39	中化镇江焦化有限公司	丹徒区
15	国电江苏谏壁发电有限公司	京口区	40	江苏索普(集团)有限公司	京口区
16	镇江中船瓦锡兰螺旋桨有限公司	润州区	41	江苏蓝波船舶制造有限公司	润州区
17	镇江中船设备有限公司	润州区	42	大赛璐安全系统(江苏)有限公司	丹阳市
18	江苏晶谷米机有限公司	丹阳市	43	江苏天舜金属制品有限公司	扬中市
19	镇江国亨化学有限公司	镇江新区	44	句容市宁武化工有限公司	句容市
20	镇江联成化学工业有限公司	镇江新区	45	镇江金港磁性元件有限公司	润州区
21	华鹏集团有限公司	扬中市	46	江苏领先电子有限公司	丹徒区
22	江苏鱼跃医疗设备股份有限公司	丹阳市	47	江苏银佳企业集团有限公司	扬中市
23	镇江美驰轻型车系统(第二)有限公司	镇江新区	48	镇江佳扬系泊链有限公司	镇江新区
24	江苏鹤林水泥有限公司	丹徒区	49	江苏肯帝亚木业有限公司	丹阳市
25	道达尔润滑油(中国)有限公司	镇江新区	50	江苏太平橡胶股份有限公司	丹阳市

(统计局)

表 15-5

2009 年镇江市工业企业资产总额前 50 家企业表

序号	企业名称	所属地区	序号	企业名称	所属地区
1	金东纸业(江苏)股份有限公司	镇江新区	12	江苏恒顺集团有限公司	润州区
2	江苏索普(集团)有限公司	京口区	13	镇江奇美化工有限公司	镇江新区
3	大亚科技集团有限公司	丹阳市	14	中电电气集团有限公司(扬中)	扬中市
4	大全集团有限公司	扬中市	15	辉煌硅能源(镇江)有限公司	扬中市
5	江苏沃得机电集团有限公司	丹阳市	16	镇江鼎胜铝业股份有限公司	京口区
6	江苏镇江发电有限公司	丹徒区	17	巨宝精密加工(江苏)有限公司	句容市
7	江苏飞达工具股份有限公司	丹阳市	18	镇江中船设备有限公司	润州区
8	中国国电集团公司谏壁发电厂	京口区	19	国电江苏谏壁发电有限公司	京口区
9	江苏环太集团有限公司	扬中市	20	江苏船山集团有限责任公司	润州区
10	江苏天工集团有限公司	丹阳市	21	江苏宏达新材料有限公司	扬中市
11	句容台泥水泥有限公司	句容市	22	镇江联成化学工业有限公司	镇江新区

续表 15-5

序号	企业名称	所属地区	序号	企业名称	所属地区
23	江苏省镇江船厂有限责任公司	润州区	37	现代重工(中国)电气有限公司	扬中市
24	江苏晶谷米机有限公司	丹阳市	38	镇江大东纸业	京口区
25	华鹏集团有限公司	扬中市	39	大力神科技集团	丹阳市
26	金海宏业(镇江)石化有限公司	丹徒区	40	华东泰克西汽车铸造有限公司	镇江新区
27	镇江国亨化学有限公司	镇江新区	41	普莱克斯(镇江)工业气体有限公司	京口区
28	江苏星宝钢结构有限公司	镇江新区	42	江苏新韩通船舶重工有限公司	扬中市
29	江苏恒神纤维材料有限公司	丹阳市	43	江苏捷诚车载电子信息工程有限公司	丹徒区
30	江苏建华管桩有限公司	句容市	44	扬中市龙源港机制造有限公司	扬中市
31	中化镇江焦化有限公司	丹徒区	45	江苏丹化醋酐有限公司	丹阳市
32	江苏鹤林水泥有限公司	丹徒区	46	镇江华润燃气有限公司	润州区
33	镇江市自来水公司	京口区	47	镇江韦岗铁矿有限公司	润州区
34	江苏宏达新材料股份有限公司长江分公司	镇江新区	48	江苏天源华威电气集团有限公司	扬中市
35	江苏胜华船舶制造有限公司	润州区	49	江苏长丰科技集团有限公司	丹阳市
36	江苏蓝波船舶制造有限公司	润州区	50	镇江苏润高碳材有限公司	丹徒区

（统计局）

【镇江市机械电子冶金建材行业管理办公室】 2002～2009年，镇江市机械电子冶金建材行业管理办公室（以下简称行办）所属国有企业改革工作基本结束。到2009年底，先后有72家企事业单位完成改制改组，占应改制企业单位总数的96%，其中改制企业31家、关闭企业22家、破产企业19家。根据政府要求，改制企业均须办理资产保全。32家改制企业中，已办理保全资产22家，重组5家，货币安置的5家。涉及保全资产金额2.13亿元，职工人数1.17万人。

对改制企业中的国有资产、保全资产、土地、房产的处置和股权流转以及对其变现收益的使用进行监督管理，实现其保值增值。结合行业特点，制定下发改制企业实施退城进区、股权流转及资产处置等有关办事程序的规定。配合镇江市国资委进行改制企业的专题检查，对保全资产管理未到位的企业督促其整改，对实施退城进区的镇江新润机械有限责任公司、镇江斯伊格机械有限公司等8家企业进行保全资产的置换审查。对实施保全资产置换的镇江韦岗铁矿有限公司等2家企业规范行为。对镇江纺织机械厂、镇江电容器厂等严重资不抵债的企业关闭破产；对江苏华龙管业有限公司等实施改制出现严重问题的企业，依法收还股权；对经营管理出现严重困难的改制企业通过引进战略投资者，帮助其改革发展。行办成立后，为11家企业实施退城进区；8家企业进行保全资产置换；4家企业引进战略投资者，进行股权调整；关闭22家企业，破产19家企业；推进破产关闭企业14家，拍卖处置资产1.5亿元，组织拆迁“钉子户”3万多平方米，化解企业债务2亿多元，分流职工7453人，清退留守人员108人。

根据市委、市政府要求，在2009年6月30日前基本完成改革扫尾工作任务。1. 推进职工分流工作。截至6月底，共分流职工24人，其中江苏赛博牡丹电子有限公司分流13人，镇江电容器厂分流5人，镇江市广播电视配件厂分流3人，镇江市音响设备总厂2人，镇江光电元件厂1人。解决历史遗留问题7人，其中镇江市广播电视配件厂4人，镇江市音响设备总厂3人。2. 职工档案移交基本结束。共整理档案1300多份，补齐档案80多份，移交档案800多份。3. 推进重点企业关闭破产工作。镇江电容器厂资产成功变现；江苏赛博牡丹电子有限公司人员分流后续工作完成733名职工养保医保账户核对，450名职工补保；镇江纺织机械厂资产变现完成拍卖。4. 整合关闭破产企业留守小组。将镇江水泥厂、镇江第二建筑材料厂等单位留守人员撤并进入管理中心，镇江电容器厂留守小组减员，撤销镇江标准件厂留守小组，减少工作人员19人。其中镇江电容器厂6人，镇江标准件厂3人，镇江水泥厂2人，破产关闭企业管理中心8人。

完成两起较大的企业破产工作。一是在20天内分流镇江电容器厂319名职工，占应分流人数的94%。二是处置化解江苏赛博牡丹电子有限公司职工分流善后矛盾问题，在20天完成712名职工分流，占总进度97%。对733名职工的养老及医疗个人账户逐一核对测算。为450多名职工补缴养老及医疗保险中断、补保金额540万，解决职工保险中断补保问题。办理630名解除劳动合同职工停保手续。完成630名解除劳动合同职工、103名留职定补和协保人员、71名退休人员的信息采集、档案整理与移交。为600余名解除劳动合同职工当场办理发放断保证明、就业登记证、再就业培训登记、领取失业金等手续。按时发放50名留职定补人员生活费。

（钱仿瑾）

【镇江市轻工化工物资行业管理办公室】 2009年，镇江市轻工化工物资行业管理办公室（以下简称行办）在资金困难的条件下，推进企业改革扫尾工作。先后完成镇江市文教用品总厂、镇江市塑料五厂、镇江金山搪瓷有限责任公司、镇江塑料原材料公司、镇江建筑材料总公司五家企业分流安置工作，共分流人员200多人。同时压缩清算组留守人员近40人，移交职工档案1000多份。实施镇江恩华药业有限责任公司破产，镇江皮革制鞋厂有限责任公司破产重组成功。配合南山北水和“三铁”（城铁、高铁、地铁）建设，完成对镇江农药厂有限公司、镇江江南化工有限责任公司、镇江市通用器材总厂、镇江市家具总厂、镇江市钢模租赁经营有限公司、镇江市工贸总公司、镇江味精厂、镇江磷肥厂、镇江硫酸厂的拆迁，搬迁镇江市煤炭石油总公司、镇江市金生钢材市场管理有限公司。并完成镇江同立橡胶有限公司、镇江天元玩具制造有限公司、镇江恒泰实业有限公司退城进区工作，江苏七〇七天然制药有限公司整体搬迁，镇江吉贝尔药业有限公司的国家一类新药推向市场，通过“联合国履行禁止化学武器公约组织”对镇江江南化工有限责任公司附表三产品——亚磷酸二甲酯的生产设施现场核查工作。行办共接待群众来访约100多批次800多人，成立煤炭石油总公司调查小组，化解镇江市煤炭石油总公司、镇江市通用器材总厂、镇江市钢模租赁经营有限公司、镇江市工贸总公司、镇江市塑料五厂、镇江前进印刷厂、江苏金益集团公司等单位的矛盾。

完成"169""333"人才三期考核与四期推荐工作,新增1名科技骨干,3名学术带头人。组织开展镇江市第三届"大爱之星"评选工作,吴秋华被行办推荐为第三批"大爱之星"。党总支组织机关工作人员和部分企业老总外出学习,开展调研活动4次。

行办管理的离退休干部327人,其中党员干部193人,建立7个离退休支部。全年走访慰问老同志和遗属189人次,尤其对个别老红军"常走访、常看看"。深化工资协商工作,全系统13家符合条件的单位签订了合同,做好扶贫帮困工作,关心困难职工家庭、单亲家庭、因病因灾致困家庭。全年共建353户困难家庭档案,帮助48户困难职工领取特困证,帮扶9名优秀困难学子。

(储新民)

【镇江市纺织建筑煤炭行业管理办公室】 2009年,镇江市纺织建筑煤炭行业管理办公室(以下简称行办)原有50家下属企业,除煤炭系统九十年代末全行业关闭外,基本完成改制改革工作。其中改制19家,破产19家,关闭12家。

全系统改制企业实现销售收入30亿元左右,利税近亿元。其中江苏镇江建工建设集团公司面对国际金融风暴,在立足国内市场的同时,开拓海外市场,发挥滑模技术优势,巩固俄罗斯、越南、哈萨克斯坦等国际市场份额,开拓伊拉克市场,其中海外工程完成产值6.2亿元;该公司完成产值28.7亿元,比上年增长30%。

全系统改制企业加强质量管理,江苏镇江建工建设集团公司和镇江市第二建筑工程有限公司分别有4个工程和1个工程获得江苏省"扬子杯"优质工程奖,江苏华泰装饰工程有限公司参加建设的安徽宣化大酒店获国家优质工程银奖。

全系统继续推进改制工作。完成镇江市华建劳务有限公司的国有股权转让工作,标志着行办除煤炭系统政策性关闭外,其余企业基本完成改制任务。前期改制存在遗留问题的镇江纺织品采购供应站在年内清偿完毕主要债务。

全年接待上访职工2000余人次,煤炭系统职工配偶农转非问题、尘肺病职工待遇问题等得到解决。 (吴耀宗)

电力工业

2009年镇江市电力工业主要经济指标一览表

表15-6 单位:万元

项 目	电力、热力的生产和供应业
单位数(家)	24
从业人员平均人数(人)	6913
工业销售产值	930232
产品销售收入	905245
利税总额	218532
利润总额	147698

(统计局)

【中国国电集团公司谏壁发电厂】 2009年,中国国电集团公司谏壁发电厂(以下简称谏壁发电厂)深化"学习苏龙公司经验、学习陶建华事迹"活动,以"煤炭、电力、资金"三个市场为主攻方向,扭亏增盈,构建以安全生产为基础、燃料经营为保障、综合产业为补充的经营模式。推行大部制管理,归并调整设备检修、物资、合同、审计、信息、人力资源、党群工作等管理职能,出台《中层领导人员选拔任用标准》等管理标准。

全年,谏壁发电厂探索新型设备管理体制,通过加强点检力量等方式,强化设备管理部门管理职责,理清设备管理职责界面,推动实施机组设备系统点检定修制,设备检修部门只负责设备维护消缺和大小修工作;推广机组大小修与日常维护分块管理机制。策划机组检修项目、加强检修过程管理,完成7号~11号机组小修和12号机组中修。依靠调整运行方式、改造设备、运用新技术、新增脱硫系统等手段,持续推进设备节能减排,完成7号机A排高压调门改造、11号炉实施微油点火技术等项目。特别是7号、8号机组新增脱硫系统,全年二氧化硫排放总量比上年减少17782吨,降幅30%。及时发现并解决10号发电机转子线棒第8组堵塞的设备隐患等。截至2009年底,全厂连续安全生产2232天,继续保持环境、职业健康安全管理体系的认证资格,被中国华夏认证中心授予"荣誉客户"称号。

该厂和委托代管单位国电江苏谏壁发电有限公司(以下简称谏壁发电公司)合计完成的发电量实现连续20年超百亿千瓦小时,利税完成73656万元。获得中国国电集团公司四星级企业、教育培训工作先进单位、南京电监办2009年度电力安全生产工作先进单位、江苏省节水型企业、镇江市文明单位等称号。谏壁发电公司被中国国电集团公司评定为33万千瓦机组基建投产工程先进单位;工会获中国国电集团公司"优秀工会"、江苏省电力工会"先进基层工会"称号。谏壁发电公司11号机组获全国火电大机组(国产30万千瓦)竞赛一等奖和2008年度全国发电可靠性"金牌"机组称号;"加强燃料管理,掺烧性价比高的煤,降低燃料成本费用"项目获中国国电集团公司2009年度总经理奖励基金二等奖;"33万千瓦机组凝水精处理系统优化研究"获中国国电集团公司科技进步三等奖;化学运行专业QC小组获全国优秀质量管理小组称号。

(谢松山)

【谏壁发电厂推进企业转型】 2009年,该厂以"煤炭、电力、资金"三个市场为主攻方向,推进企业生产型向经营型转变。注重对外沟通联系,把煤炭企业、海运公司、电网公司、政府部门等作为走访沟通的重要对象。加强对重点矿点的走访联系,取得较好的合同兑现率。动态关注市场,多方收集信息,预测发用电形势,与江苏省经信委、调度中心、电力交易中心密切联系,关停的老机组电量计划内部替代实现10.68亿千瓦小时,保障发电机组全年电量计划和社会用电。该厂还向江苏省物价部门反映自身经营实际情况,争取政策支持。在2009年11月20日,国家发改委调低江苏上网电价时,谏壁发电厂免予调减,缩小与江苏省标杆电价的差距,增强市场竞争力。同时加强企业内部各部门、单位的沟通协调,提高性价比高的煤炭的掺烧掺配比例,降低煤炭成本。 (谢松山)

【谏壁发电厂构建煤炭保障体系】 2009年,该厂根据企业今后装机规模、百万机组发电和煤炭经营计划,与大型煤炭企业建立长效供应机制,掌控电煤资源。与大型煤炭集团签订中长期协议,稳固并拓展煤炭供应市场,完善煤炭保供网络;推进万吨码头和储煤场扩建、新建工作;申报已扩建的五万吨级码头对外开放计划,为开拓进口煤入厂渠道做准备。 (谢松山)

【谏壁发电厂100万千瓦机组扩建项目开工】 2009年4月14日,谏壁发电厂100万千瓦机组扩建项目获得国家发改委核准,于5月28日开工。该厂控制工程的安全、质量、造价、进度,以提高机组投产后各项经济技术指标为目标,履行工程的安全管理、质量管理、造价管理、工期管理责任，调动设计、制造、施工、监理等各参建单位，成立工程安委会、工程达标与创优等组织机构，按照季度、月度、每周例会和各专题例会的方式，将工程目标分解到各层各线。此项工程实现全年无事故；已完成的土建、安装项目验收合格率100%；完成烟囱结顶、锅炉大板梁就位等节点，满足机组按期投产的进度计划。 （谢松山）

【谏壁发电厂规范经营综合产业】 2009年，该厂将燃料、除灰、检修、物资的主营业务收回主业管理经营，保证主业发电生产经营系统的完整性；规范职工投资发电企业行为，将委托代管单位谏壁发电公司20%股权收归中国国电集团公司，理顺企业产权关系。在人力资源配置、市场开辟、体制机制创新等方面支持综合产业，依照"依托电力、服务主业、面向市场、多元经营"的发展思路运营综合产业。 （谢松山）

【江苏省电力公司镇江供电公司】 2009年，全市全社会用电量完成144.92亿千瓦小时，比上年增长5.25%，增幅居全省第11位；全市最高用电负荷220.42万千瓦，增长9.44%；最高日用电量4546万千瓦小时，增长8.24%。完成供电量123.35亿千瓦小时，增长4.94%；售电量113.09亿千瓦小时，增长4.96%。实现连续安全生产无考核事故记录1731天。截至年底，全市拥有35千伏及以上变电站（开关站）134座，主变压器230台，总容量1092.9万千伏安，其中500千伏1座、220千伏18座、110千伏62座、35千伏53座；35千伏及以上输电线路3575.994公里，其中500千伏线路310.64公里、220千伏1074.15公里、110千伏1054.913公里、35千伏1136.293公里。全市形成以220千伏电网为主网架，110千伏及以下输配电网覆盖全市城乡的电网布局。

11月20日，国家发改委调整电价，江苏省燃煤机组上网电价每千瓦小时下调0.58分，电网销售电价每千瓦小时上调3.1分，居民电价暂不调整。9月10日、16日上午，镇江供电公司组织开展应急发电与配网应急抢修演练，实战检验该公司应急组织保障体系、保电预案的可操作性，提升供电员工应对各种突发事件的风险防范和处置能力。2月5日，镇江供电公司自2005年后再次获得"全国文明单位"称号。3月13日，该公司被江苏省安全委员会表彰为首批2008年度江苏省安全生产诚信企业。2月18日，该公司开展"绿色电力，共建和谐"优质服务主题宣传活动，解答市民用电咨询，为居民客户办理用电业务，并发放居民交费指南、安全用电、绿色照明、节能节电等宣传手册。6月1日，公司建成"全国职工书屋示范点"并获全国总工会赠送图书一千册。 （黄 冰）

【镇江电网遭遇风灾】 2009年6月14日19时，镇江地区遭遇9级以上大风和强对流天气，镇江局部电网受到严重损毁。500千伏5291江晋线镇江段5基输电铁塔倒伏、1基受损；110千伏石港732、733同杆架设线路2基倒伏、1基受损；35千伏葛港线337、葛化线338线路2基输电铁塔倒伏；五船362线路18号至19号断线；全市10千伏及以上线路跳闸停电149条；400伏低压电网发生故障1207起。该公司启动镇江电网Ⅰ级应急预案，并开展抢修。至6月16日20:02，镇江地区220千伏及以下电网和供用电秩序恢复正常；6月27日，500千伏江晋线抢修完毕，恢复正常运行。 （黄 冰）

【镇江供电公司冒雪抢修保供电】 2009年11月15日夜间，受北方强冷空气影响，镇江市遭受罕见暴雪袭击，多处电力设施受损，尤其是句容市电力设施受损情况最严重，下蜀、宝华、亭子山区共有31条10千伏及以下线路出现故障停电，受损线路共25公里，断杆6根，断线5处。该公司启动应急预案，组织干部员工300余人投入抢险。句容市的31条受损线路均在第一时间抢修完毕。 （黄 冰）

【镇江供电公司开展服务"家电下乡"活动】 2009年3月28日和4月10日，镇江供电公司分别在句容市天王镇、丹阳市珥陵镇开展服务"家电下乡"活动。为向"家电下乡"提供电力保障，全年完成投资6亿元，为农村新建110千伏输变电工程12个，新建或改造10千伏线路310公里，新架10千伏配变700台，新增10千伏配电容量8万千伏安，改造低压台片超过3000个，新建、改造或维修400伏及以下线路449公里，农村居民接户线（进户线）改造近6000公里。 （黄 冰）

【220千伏绍隆输变电工程建成投运】 2009年11月30日，220千伏绍隆输变电工程建成投运。该工程的投运将改善镇江东部电网结构、增强供电可靠性，也为镇江新区大港片区经济建设提供电力基础。220千伏绍隆变电站位于镇江大港新区港南路，占地面积2.72公顷，动态总投资1.41亿元。该工程于2009年3月14日开工。变电站远景设计规模24万千伏安主变3台，本期建设24万千伏安主变2台，220千伏配电装置本期出线3回，远景8回；110千伏本期6回，远景14回；35千伏本期6回，远景12回。 （黄 冰）

【220千伏京口变扩建2号主变工程投运】 2009年11月11日上午，220千伏京口变电所2号主变本体受电，主变冲击成功。当晚18:30，全所扩建设备一次性启动投运成功。该扩建工程主要新增户内主变1台，动态总投资4318万元。220千伏采用内桥接线，110千伏出线5回，并拆除原有35千伏配电装置，新上马20千伏配电装置27台。该工程的投运可提高镇江东片区的供电可靠性。 （黄 冰）

【220千伏访仙输变电工程投运】 2009年12月20日，220千伏访仙输变电工程建成投运。该变电站位于丹阳市访仙镇，总投资6.12亿元，占地3.4万平方米，土建于2008年12月开工，电气安装于2009年9月开工。本期安装24万千伏安主变压器1台，220千伏出线10回，110千伏出线8回。 （黄 冰）

【220千伏南凤至水北环入殷庄变线路工程送电成功】 2009年3月3日，220千伏南凤至水北环入殷庄（茅山）变线路工程一次送电成功。该线路镇江境内全长10.84公里，分为茅南线和茅水线。茅南线长2.26公里，新立铁塔6基，双回路架设；茅水线长2.46公里，新立铁塔7基，四回路架设。 （黄 冰）

【110千伏银山输变电工程竣工投运】 2009年9月28日，110千伏银山输变电工程竣工投运。该变电站位于大港新区，总投资7230万元，为"万顷良田"工程提供电源。本期安装2台80兆伏安主变；110千伏进线2回，扩大内桥接线；20千伏出线20回、电容器4回、接地变2回，单母线四分段接线。银山变110千伏远景进线2回，本期进线2回。1回来自220千伏圌山变，1回支接于220千伏石桥变至五峰变电所线路。该工程建设规模远景为3台80兆伏安主变；110千伏两路进线两路出线，扩大内桥接线；20千伏出线30回、电容器6回、接地变3回，单母线六分段接线。 （黄 冰）

【镇江供电公司参演华东电网反事故演习】 2009年5月26日，镇江供电公司参演华东电网迎峰度夏反事故演习，检验和提高在用电高峰、灾害天气等情况下，各单位、部门之间的协调能力和应急能力。该公司专门制定《镇江供电公司防汛抗洪应急预案》《镇江供电公司防止供电设备事故应急预案》《镇江供电公司突发事件信息报告》《镇江市电网大面积停电事故应急预案》等预案。同时，首次采用调度员仿真培训系统和组织专业人员对演习全过程进行讲解、点评，并直接将演习范围扩大到企业用电客户。此外，出动应急发电车等参加演习。整个演习历时3个半小时，共有300多名工作人员参演。（黄　冰）

【江苏省电力建设第三工程公司】
2009年，江苏省电力建设第三工程公司有各类用工3932人，资产总额11.46亿元，部室15个，专业公司5个。该公司施工主要工程项目：国华徐州发电有限公司1×100万千瓦机组（上大压小）工程、福建晋江天然气发电有限公司4×39万千瓦燃气—蒸汽联合循环发电机组工程、江苏射阳港电厂"上大压小"2×66万千瓦超超临界燃煤发电机组、国电谏壁1×100万千瓦工程、山东海阳核电125万千瓦机组常规岛工程等，另有在施工的送变电项目30多个。

截至2009年，该公司共建成发电厂40余座，移交机组总装机容量2610万千瓦，建成一批全国重点工程：谏壁发电厂、华能南通电厂、云南巡检司电厂、江苏田湾核电站2×100万千瓦机组常规岛、国电泰州电厂1号机组等。2009年2月获"全国电力建设功臣单位"称号，全国仅有4家电力建设企业获此奖。创造11项全国施工企业新纪录，5个国家优质工程。（钱　俊）

【镇江华东电力设备制造厂】　2009年，镇江华东电力设备制造厂实现产值1.7亿元，利税1418万元，全员劳动生产率45万元/人·年，固定资产6100万元，超额完成江苏省电力公司下达的承包指标和企业年度奋斗目标。

该厂实现产品转型，由单一的电源产品转向电网产品。9月，管型母线产品进入江苏省电力公司电网系统内。同时加快原有产品的设计创新，石子煤分选系统获国家"实用新型"专利；高压变频调速装置获国家发明专利。石子煤产品和29000－54000（A）0大电流封闭母线产品被江苏省科技厅认定为高新技术产品。该厂以ISO 9001质量管理体系为标准建立内部管理模式，在2002年完成ISO 9001：2000质量管理体系转版工作的基础上，2009年9月通过ISO 9000：2000质量体系的复查，继续获得使用质量证书和标志。该厂在连续13年保持江苏省电力系统双文明单位的基础上，2009年获得江苏省电力公司文明单位标兵、"四好"领导班子和安全生产先进单位称号。（孔繁寅）

冶金建材工业

【镇江焦化煤气集团有限公司】　2009年，镇江焦化煤气集团有限公司实现销售收入22亿元，实现利税2.2亿元（其中上缴税款1.3亿元），实现进出口总额1.06亿美元。

为克服金融危机的困难，苏润高碳材股份公司（中化镇江焦化有限公司）调整产品结构，开拓国际国内市场，全年销售各类焦炭72.2万吨，其中出口30.5万吨。镇江苏润精工机械有限公司和江苏贝雷钢桥有限公司，提升钢桥生产能力，业务拓展到西南、西北、中南等地区和缅甸、柬埔寨等国，全年完成各类钢桥制作、安装58座，销售收入超过8000万元。镇江苏润物流有限公司完成910船、计100.23万吨吞吐量的码头装卸任务，完成产品和原料进出口装运量43.18万吨。镇江苏润能源贸易有限公司扩大化工产品、铸造焦和煤炭等传统品种的销售，并开拓燃料石油焦品种经营，销售收入和利税实现增长。

该公司与日本三菱合资建设的铝用阳极项目一期工程建成并投入试生产，生产合格生坯1000多吨，并装炉焙烧800多吨。在高资形成以碳材为中心，上游是中化镇江的特种焦炭，下游是苏菱阳极的各类石墨制品、铝用阳极、阴极等深度加工产品的产业链。此外，镇江苏润船用机械有限公司在安装调试结束后，进入试生产阶段。10万吨煅烧焦工程完成当年建设、当年烘炉、当年投产的任务。5万吨级码头的各项前期准备工作基本就绪。完成研发大楼装修，并于2009年10月25日迁入办公。

阴极石墨碳块产品的开发取得成果，主要质量技术指标达到国际先进标准；捣固焦炉消烟除尘系统改造取得成果，确定符合企业生产特点的烟气治理新方法，在行业内具有示范效应；脱硫废液提盐技改工作获得成功，解决脱硫液处理问题，提高能源综合利用效果；石墨化系统和焦粉装备系统完善性技术改造完成。成立江苏省高纯碳材料技术研究中心，加强科技创新和发展工作。（杨敬仁）

【江苏天工集团有限公司】　2009年，江苏天工集团有限公司实现销售收入65亿元，比上年增长22%；利润总额5.9亿元，增长23%；资产总额38亿元，增长19%；缴纳税金2.2亿元（含关税），比上年增长21%。该公司占地面积120万平方米，员工4000余人，拥有从矿业、特钢业到工具业一体化的整套科研、生产、销售体系。

该公司转变营销策略，转攻国内市场，在国内先后开设近60个工具销售网点；在韩国和中国昆山、广东东莞、台湾等地区增设工模具钢销售点；特钢产品首次被胜利油田领域使用。开发出国内畅销的所有模具钢品种，仅2009年上半年就开发出30多个模具钢新钢种。全自动控制SMX 650型液压径向1300吨精锻生产线竣工投产，此装备是中国第二台。建成投产与910可逆轧机相配套的两平两立工程。投入上千万元建成长度110米的连续退火炉，实现模具钢扁钢及圆钢大件连续退火，提高生产率。全年安全事故率比上年下降42.8%。

2009年，该公司获批设立博士后科研工作站、国家级中心实验室和一级计量单位。8月18日，水平连铸高品质稀土

表15-7　**2009年镇江市冶金建材工业主要经济指标一览表**　单位：万元

行　业	单位数（家）	从业人员平均人数（人）	工业销售产值	产品销售收入	利税总额	利润总额
采矿业	28	5976	292004	296510	35342	18274
非金属矿物制品业	203	32299	1592324	1524630	116466	50997
黑色金属冶炼及压延加工业	41	11327	1860612	1846140	95139	49249
有色金属冶炼及压延加工业	76	6323	658735	667641	25425	12429
金属制品业	384	41954	2315431	2319992	192668	118901
合　计	732	97879	6719106	6654913	465040	249850

（统计局）

表 15-8 **2009 年镇江市冶金建材工业部分企业主要经济指标一览表** 单位:亿元

企业名称	销售收入	纳税总额	利润总额	净利润
丹阳龙江钢铁有限公司	17.69	0.54	-1.01	-1.01
江苏建华管桩有限公司	17.06	1.08	1.67	1.46
中化镇江焦化有限公司	14.51	0.47	0.64	0.64
大亚人造板集团有限公司	6.99	0.63	0.69	0.63
句容台泥水泥有限公司	6.63	0.61	-0.17	-0.17

注:表内数据为2009年核定,下同。

(章存保)

高速钢的开发及产业化项目通过验收;2月19日,召开矿物直接还原冶炼工模具钢技术成果鉴定会。居2008中国金属工具制造行业效益十佳企业首位,并获2009年"中国优秀民营企业""江苏上市企业十强""中国工具行业最具竞争力领军品牌"等称号。作为江苏省首家"小贷"公司——天工惠农小额贷款公司在中央电视二台报道。 (严荣华)

化学医药工业

【江苏索普(集团)有限公司】 2009年,江苏索普(集团)有限公司完成工业总产值33.93亿元,实现销售收入34.33亿元,工业增加值5.69亿元,利税1.12亿元,利润5693万元。主要产品完成年度产量计划,全年共生产醋酸62.51万吨,醋酸乙酯23.98万吨,ADC发泡剂4.1万吨。

2009年12月4日,60万吨/年醋酸造气工艺技术改造项目建成投产。该项目计划总投资28.2亿元,于2006年2月17日经江苏省经贸委备案立项,2007年6月30日开工建设,2009年8月底基本建成并进入试生产,11月底所有工艺流程打通。该项目以煤为原料,采用水煤浆气化技术生产合成气,在分离出部分一氧化碳后,富余一氧化碳与氢气联产甲醇,实现煤资源的最大限度科学利用,属于国家鼓励发展的采用先进工艺技术的大型化工项目,被列入江苏省结构调整和产业升级重点技改项目计划。投产后将与该公司的醋酸、醋酸乙酯生产装置形成上下游一体、产品结构完善的煤化工产业链。达产后可年产一氧化碳2.76亿立方米,同时联产甲醇53.9万吨。可新增销售收入19.56亿元,利润3.9亿元,税金1.96亿元。同时竣工投产的还有每小时8万标方配套空分装置,该项目由美国普莱克斯公司投资8000万美元,为江苏索普(集团)有限公司定做的配套项目。 (孙汉武)

【优利德(江苏)化工有限公司】 韩国UNID(优利德)株式会社是韩国钾系列化学产品龙头企业。优利德(江苏)化工有限公司位于镇江新区银山路88号,2003年11月竣工投产,主要生产氢氧化钾、碳酸钾、盐酸、液氯、次氯酸钠(不包括危险化学品)。2008年,该公司销售收入7.03亿元,国内销售6.89亿元,纳税总额1.26亿元,利润总额1.72亿元,净利润1.51亿元。 (章存保)

【汽巴精化(江苏)有限公司】 以瑞士为总部的汽巴精化是世界精细化工业优秀企业,业务网络遍及全球120个国家,为纺织、塑料、油墨、涂料、纸张、汽车、建筑以及家用和个人护理产品提供色彩、保护、功能和耐用四大效能。汽巴精化(江苏)有限公司位于镇江大港镇港韩路1号,生产销售丁苯胶乳和其他用于造纸,纸板,油漆和地毯等工业所需的各类乳胶及精细化工产品(不含中国法律规定的化学危险品)。2008年,该公司销售收入6.95亿元,国内销售6.21亿元,纳税总额0.09亿元,利润总额-0.16亿元,净利润-0.16亿元。 (章存保)

【江苏太白集团有限公司】 2009年,江苏太白集团有限公司实现销售收入5.78亿元,利润总额2731万元,缴纳税金3426万元。该公司是全国钛白粉生产骨干企业之一,年产80000吨各类高档金红石型钛白粉、20000吨聚合硫酸铁。2005年,该公司响应政府"退城进区"的号召,搬迁到镇江新区。通过三年的建设,公司完成"二次创业"。公司新址位于镇江新区大港镇临江西路68号,占地面积23万平方米,产能8万吨。 (朱阳光)

【镇江李裕碳素有限公司】 2002年底,由镇江碳素有限公司与澳大利亚金属和碳素贸易有限公司合资组建,该公司位于丹徒区谷阳镇长山村,生产和销售各种碳素制品。2008年,该公司销售收入5.39亿元,国内销售4.84亿元,纳税总额0.29亿元,利润总额0.39亿元,净利润0.29亿元。 (章存保)

【道达尔润滑油(中国)有限公司】 法国道达尔集团是全球第四大石油及天然气公司。道达尔润滑油(中国)有限公司是道达尔集团的一家全资子公司,生产和销售道达尔润滑油产品。公司总部设在上海,在北京、广州分别设有办事处,在镇江市建有自己的调配工厂。2008年,镇江公司销售收入5.04亿元,全部内销,纳税总额0.88亿元,利润总额0.14亿元,净利润0.14亿元。 (章存保)

表 15-9 **2009 年镇江市化学医药工业主要经济指标一览表** 单位:万元

行业	单位数(家)	从业人员平均人数(人)	工业销售产值	产品销售收入	利税总额	利润总额
石油加工、炼焦及核燃料加工业	11	1376	443510	492055	50304	34895
化学原料及化学制品制造业	249	31512	5153838	5008805	366136	240375
医药制造业	19	2856	96655	89482	14821	8281
化学纤维制造业	5	796	93772	92191	10866	5571
橡胶制品业	33	3543	122514	110640	10114	5819
塑料制品业	110	9413	368345	366317	19828	7726
合计	427	49496	6278634	6159490	472069	302667

(统计局)

表 15-10 **2009 年镇江市化学医药工业部分企业主要经济指标一览表** 单位:亿元

企业名称	销售收入	纳税总额	利润总额	净利润
镇江奇美化工有限公司	53.73	8.57	-4.9	-4.9
镇江国亨化学有限公司	25.4	0.38	-2.37	-2.37
金海宏业(镇江)石化有限公司	21.4	0.22	0.88	0.88
镇江联成化学工业有限公司	20.84	1.47	-1.39	-0.99
镇江环太硅科技有限公司	12.97	0.08	2.16	1.89
镇江李长荣综合石化工业有限公司	5.8	0.21	0.2	0.19
镇江南帝化工有限公司	5.45	0.46	0.44	0.34

(章存保)

机械工业

【中电电气集团有限责任公司】 2009年,中电电气集团有限责任公司完成销售收入70亿元,比上年略有增长,净利润3.68亿元,全年完成货款回收的98%。

江西项目建设进展顺利,景新公司多晶硅项目土建、设备安装基本完成。12月29日,组建成立变压器产业的股份公司。3月27日,通过第三批国家知识产权试点工作验收。5月,被列为"南京信息化和工业化融合"重点示范企业。新型变压器公司生产的35千伏等级干式空心串抗电抗器一次性通过包括短路试验在内的各项试验,通过国家检测。10月25日,该公司研制的"SCLB10－315～2500/10环氧浇注干式电力变压器""SCB11－315～3150/20(10)双电压环氧浇注干式电力变压器""KBSGZY3－T－630～4000/10矿用隔爆型移动变电站""SRN11－800～4000/10耐高温配电变压器"等4项新品通过科技成果鉴定。该公司的上海光伏产业园规划占地60公顷,主要由中电电气(上海)太阳能科技有限公司和中电电气(上海)光伏有限公司组成。前者主要生产太阳能光伏电池组件,后者专业生产太阳能光伏电池片。 (陈 洁)

【华通动力合资合作初见成效】 2009年4月7日,江苏华通机械有限公司与新加坡淡马锡所属新科动力有限公司合资增资签约。此次股权转让及增资后,公司投资总额为4100万美元,注册资本为1368.8万美元,其中:江苏华通机械有限公司出资338.0936万美元,占公司注册资本的24.7%;外方出资1030.7064万美元,占公司注册资本的75.3%。合资后,公司总资产36784万元,净资产15452万元,企业员工900余人,占地面积140000平方米,生产摊铺、养护、拌和、混凝土机械产品四大类七十多个品种,名牌产品华通牌摊铺机、铣刨机、沥青搅拌设备连续多年销量较好。8月1日,江苏华通动力重工有限公司启动。新公司授权批准权限管理、各类合同管理程序、采购流程规范和薪酬制度改革等一系列新制度、新措施颁布施行,全年实现工业产值3.7亿元,回笼资金3.8亿元,销售收入3.5亿元,实现利税1744万元,增长30%以上,合资合作初见成效。 (林卫军)

【江苏沃得农业机械有限公司】 该公司成立于1996年,是江苏沃得机电集团有限公司所属四大支柱子公司之一,也是中国南方最大的联合收割机生产企业。产品主要有全喂入履带机、全喂入轮式机、拖拉机、半喂入玉米机。其中全喂入履带收割机连续三年全国销量第二。2008年,该公司销售收入6.21亿元,全部内销,纳税总额0.01亿元,利润总额0.43亿元,净利润0.43亿元。 (章存保)

【天工爱和特钢有限公司】 该公司由江苏天工工具有限公司投资,2005年9月建成投产,主要生产有色金属复合材料、新型合金材料及含钨、钴、钼等有色金属合金钢材料。2008年,该公司销售收入5.11亿元,全部内销,纳税总额0.06亿元,利润总额0.44亿元,净利润0.44亿元。 (章存保)

【江苏省机械工业供销储运总公司】 2009年,江苏省机械工业供销储运总公司确立"用创新发展保稳定、以狠抓管理保安全"的工作思路,加强内部管理,推进"二次创业"。深入市场调研,立足自身实际,于6月份投资组建由总公司控股的镇江市鸿鑫钢铁贸易有限公司,经营方向以供应船用板材和机械制造企业的钢材用料为主。该公司成立7个月,实现销售收入4200万元,利润23万元,促进企业良性发展。 (刘 洁)

表 15-11 **2009 年镇江市机械工业主要经济指标一览表** 单位:万元

行业	单位数(家)	从业人员平均人数(人)	工业销售产值	产品销售收入	利税总额	利润总额
通用设备制造业	286	32527	1923014	1825549	157415	86499
专用设备制造业	93	12773	675421	660777	75396	48508
电气机械及器材制造业	278	50825	4039570	3932507	367832	201187
合计	657	96125	6638005	6418833	600643	336194

(统计局)

表 15-12 **2009 年镇江市机械工业部分企业主要经济指标一览表** 单位:亿元

企业名称	销售收入	纳税总额	利润总额	净利润
江苏天工工具有限公司	18.95	0.28	1.51	1.51
沃得精机(中国)有限公司	6.01	0.51	1.01	0.91

(章存保)

船舶汽车工业

2009 年镇江市船舶汽车工业主要经济指标一览表

表 15-13 单位:万元

项 目	船舶、汽车等交通运输设备制造业
单位数(家)	291
从业人员平均人数(人)	36170
工业销售产值	2186292
产品销售收入	2092319
利税总额	172588
利润总额	99630

(统计局)

【镇江中船设备有限公司】 2009 年,镇江中船设备有限公司完成柴油机对外交验 431 台,比上年下降 4.2%;工业总产值 10.42 亿元,增长 4.9 %;主营业务收入 8.62 亿元,增长 0.8%;实现利税 2.0 亿元,下降 17.8%;利润 1.4 亿元,下降 18.1%。年末,公司有职工 954 人;在岗职工 935 人;专业技术人员 168 人,其中高级职称 42 人,中级职称 44 人,高级技师 14 人,技师 9 人。

2009 年,该公司新接订单 239 台。12 月,分别签订两套 8L27/38 和 6L23/30 主机动力集成打包合同,公司迈入动力集成打包市场领域。每月与沪东重机、中船三井召开三方经营例会,与沪东重机联合签约扬帆集团 57000 吨散货船主机和主发电机组等。军品市场共承接订单 8 台,并推出 8L21/31 新机型。完成备件货款回笼超 3800 万元。共收到服务信息 550 条,安排系泊试验和航行试验服务达 4500 人次。5 月,4 台军品发电机组按军方节点完工发运;6 月,首台低速柴油机 6S42MC7 交验;7 月,27/38 主机按期交付。

受金融危机对实体经济冲击的影响,客户退单、撤单、延单变更频繁,给全年生产计划统筹执行带来困难。公司以“保交机”为工作中心,调集各方面资源保障生产,生产计划大调整 12 次,小调整 74 次,涉及变更 1883 台次。完成设备大(项)修理 57 项,二保 217 台,各项技改任务 50 多项。全年未发生较大及以上安全事故,轻伤安全事故 2 起。

开展新技术、新领域研究,推进系统打包、海洋工程和核电站应急机组课题。11 月,完成 L23/30H 柴油机 NOx 排放满足 IMO TierⅡ的标准试验,通过九家船级社的现场认可,成为国内首家通过该项测试的生产企业。组织实施 L16/24、L21/31 提升功率的设计更新工作,6L21/31、8L21/31 主机和 L32/40 主机及发电机组等 38 项国产化开发工作列入计划,其中 26 项零部件计划、10 项技术准备、2 项技术储备等国产化项目陆续完成。完成 L23 机缸盖气阀导管孔“螺旋状振纹”、L27/38 气缸盖 φ5 深长孔加工、L16/24 曲轴攻丝模工装等多项攻关。

L32/44CR、DK36 大功率中速柴油机国产化研制项目立项实施,L16/24 中速船用柴油机性能改进获国家产学研合作项目立项。完成三项专利申请和两项专利授权,活塞环槽高频淬火工艺专利获得国家发明专利证书。与上海交通大学合作的科研项目混合式脉冲转换器涡轮增压系统研发与应用获 2008 年度上海市科技进步一等奖。新型中速柴油机国产化研制(一期)项目管理课题获江苏省及上海船舶工业公司现代化管理成果一等奖。L16/24 中速柴油机国产化及关键技术研究项目获得 2008 年度镇江市科技进步三等奖。船用中速柴油机扩能改造项目被列为重点产业振兴和技术改造 2009 年新增中央预算内投资项目。

新基地建设项目通过主体验收。在完成中、低速柴油机试验控制系统及配套设施等设备招投标的同时,实施在长江岸线新征用码头建设用地的洽谈,新征用 6.18 公顷土地。12 月,从韩国进口的 HPM - 25L 数控龙门五面体加工中心,从德国进口的 N50MC ×7500 曲轴车铣加工中心,从日本进口的 CFSR - 22.0 型 23000BHP 水力测功器等设备运抵新基地。实施二期国债项目和发电机二期项目竣工验收工作。老厂区扩能改造按计划实施。

2009 年,该公司获国家、江苏省、镇江市各类成果转化及技术改造专项目资金 5170 万元。争取集团公司利润返还 15332 万元。公司船用中速柴油机扩能改造项目被列为重点产业振兴和技术改造 2009 年新增中央预算内投资项目。

开展公司第三届职工生产技术运动会,设 12 个项目,181 位职工参赛。为遭受“莫拉克”台风袭击灾区开展募捐,捐款总额 43423 元。有 1 人被中船集团公司和国防邮电工会授予劳动模范称号,2 个集体分获镇江市“工人先锋号”“五一文明班”称号,3 名职工获市“五一技术能手”称号。新型中速柴油机国产化研制项目管理获 2009 年度上海船舶工业企业管理现代化创新成果一等奖,薪酬制度改革的设计与实践获该奖项的二等奖。该公司获得 2006 ~ 2008 年度镇江市文明单位、镇江市 2008 年度劳动关系和谐模范企业,并获 2008 年度镇江市投资和重大项目推进十佳单位、纳税十强企业;获得镇江市科技进步目标管理先进单位称号、2008 年度镇江市科技进步目标管理先进集体一等奖。被中船集团公司授予 2008 年业绩优秀单位。船舶配套产品扩能改造项目(大功率柴油机建设项目)获得 2008 年度镇江市“大项目推进奖”称号。 (刘文远 翁蓉晖)

【镇江中船设备有限公司所属参股投资公司】 2009 年,镇江中船设备有限公司所属参股投资公司生产经营情况如下:镇江中船日立造船机械有限公司(原正茂日立)完成工业总产值 0.81 亿元,增长 8.01%;主营业务收入 0.74 亿元,增长 6.1%;实现利润 733 万元,由亏损转为盈利。

镇江中船现代发电设备有限公司完成工业总产值 1.36 亿元,增长 25.7%;主营业务收入 1.36 亿元,增长 39%;实现利润 1973 万元,增长 113.1%。

正茂集团公司完成工业总产值 5.28 亿元,下降 4.8%;主营业务收入 5.6 亿元,下降 9.7%;实现利润 3366 万元,增长 63.1%。

镇江中船瓦锡兰螺旋桨有限公司完成工业总产值 5.0 亿元,下降 5.6%;主营业务收入 5.6 亿元,下降 9.7%;实现利润 1.5 亿元,增长 10.3%。

南京中船绿洲镇江船舶辅机厂完成工业总产值 1.75 亿元,增长 2.8%;主营业务收入 1.76 亿元,增长 4.31%;实现利润 4187 万元,增长 27.8%。

(刘文远 翁蓉晖)

【镇江中船设备有限公司新基地建设项目通过验收】 2009 年 5 月 11 日,中船第九设计院工程有限公司、镇江市建设工程质量监督站、镇江市规划局、镇江市抗震办、镇江市环球监理公司、镇江建工集团公司等单位对该公司新基地建设项目首批报建的总装试验车间、预装车间、集配中心和大件加工车间 4 座钢构厂房进行验收。新基地实际完成投资 3.5 亿元,累计建筑面积 47682 平方米的总装试验车间及辅机房、预装车间、集配中心和大件加工车间,在完成全部厂房的钢构屋架、檩条、行车轨道梁、屋面等安装工程后,通过主体验收。

(翁蓉晖)

【镇江飞驰汽车集团有限责任公司】 2009 年,镇江飞驰汽车集团有限责任公

表 15-14

2009 年镇江市船舶汽车工业部分企业主要经济指标一览表

单位:亿元

企业名称	销售收入	纳税总额	利润总额	净利润
镇江美驰轻型车系统(第二)有限公司	7.84	0.62	1	0.88
华东泰克西汽车铸造有限公司	6.77	0.11	0.14	0.14

(章存保)

司推进冷链物流建设,在2009第四届长三角低温冷藏物流(上海)高峰论坛上获2009年度长三角冷链物流技术装备行业旗舰企业称号,该公司连续四年获奖。同时开拓海外市场,产品销往日本、俄罗斯、美国等国家。

2009年,该公司为雅玛多(中国)运输公司提供100辆多功能货物配送车。"黑猫雅玛多宅急便"是日本最大的城市配送体系。上海世博会前,该公司进入中国市场进行前期准备,就配送车辆进行市场调研,选定镇江飞驰汽车集团有限责任公司作为唯一配送车辆整合制造商,用两个多月完成合同。

全程参与冷链运输的行业标准制定过程。加强和各大主机厂的合作,该公司获得安徽江淮汽车股份有限公司颁发的合作开发奖。 (黄 俊)

电子工业

【江苏捷诚车载电子信息工程有限公司】 2009年,江苏捷诚车载电子信息工程有限公司完成工业总产值4.6亿元,比上年增长2.16%;实现营业收入4.81亿元,增长6.53%;实现营业利润1880万元,增长21%。获得2009年江苏省平安企业称号、江苏省企业档案工作三星级单位称号。

全年完成290多个品种1000辆军品车的生产,其中新研项目100多项。承研四项军工工程及清华同方"环保车"、中石油管道车等多项重点工程项目,完成11个产品的公告申报工作。并进行200多个项目的技术方案论证、设计和招投标工作。同时,该公司开拓民用市场,通过国家广电总局组织的发射天线信号测试,取得中国广电入网许可证。

2009年,完成电源防雷装置、行程控制装置、随动跟踪装置、电磁屏蔽、车载大型设备装卸装置、锁孔防雨装置等专利申报20项,其中发明专利3项、实用新型专利17项。

5月,该公司通过军品质量体系监督检查和民品质量体系再认证。9月2~4日,参加第四届2009中国国际方舱技术与设备展览会,展出各种小型卫星通信车、防化车、雷达测试方舱、出土文物保护实验室车。10月21日,通过航天科工集团安全生产标准化达标验收。

投入资金近300万元,进行设备设施更新改造;年内新安装移交各类设备93台(套);淘汰存在安全隐患的设备13台。完善20项安全生产管理制度、19项设备能源管理制度、110项安全操作规程的修订、汇编工作。全年安全供电360万千瓦小时,自来水8万吨,天然气24万立方米。对全公司900台(套)固定资产设备,50台(套)特种设备及各类压力容器,6828米各类工业管道,5639米低压线路,近1000只配电柜(箱),5000只各类电气插座,近11000处接地点及接地跨接进行梳理、检查、完善。压力容器定检合格率100%,特种设备定检合格率100%。在盛夏高峰,发布合理利用压缩空气的规定和节电规定。通过镇江市能源利用监测站进行的"配电房经济运行"监测。

5月,开展管理部门中层干部竞聘上岗工作,管理干部队伍从原来平均年龄52.7岁降低到42.9岁,具有大专以上学历的从原来的26%上升到75%。并确立二级后备干部人才库,为32名后备干部建立健全个人信息档案。精简管理部门至11个。 (刘 健)

表 15-15

2009 年镇江市电子工业主要经济指标一览表

单位:万元

行业	单位数(家)	从业人员平均人数(人)	工业销售产值	产品销售收入	利税总额	利润总额
通信设备、计算机及其他电子设备制造业	133	34208	1438191	1343257	123141	79470
仪器仪表及文化、办公用机械制造业	44	17865	884865	933575	87096	64065
合计	177	52073	2323056	2276832	210237	143535

(统计局)

表 15-16

2009 年镇江市电子工业部分企业主要经济指标一览表

单位:亿元

企业名称	销售收入	纳税总额	利润总额	净利润
镇江默勒电器有限公司	11.35	0.57	0.05	0.05
镇江强凌电子有限公司	9.75	0.01	0.11	0.08
镇江西门子母线有限公司	6.58	0.56	0.79	0.72
现代重工(中国)电气有限公司	6.18	0.36	0.33	0.29

(章存保)

轻工业

【金东纸业(江苏)有限公司】 2008年,该公司销售收入91.44亿元,其中国内销售67.98亿元;纳税总额8.73亿元,利润13.01亿元,净利润12.24亿元。

(章存保)

【江苏恒顺集团有限公司】 2009年,江苏恒顺集团有限公司完成营业收入12.5亿元,首次突破十亿元,实现利税9784万元。其中主业调味品销售5.73亿元,产销食醋15万吨。完成恒顺工业园一期建设,实施退城进区,安置百余名富余人员,确保新老厂区平稳过渡。推进用人、用工、分配等为主体的企业内部机制改革,逐步确立现代企业制度。

主业调味品产业走强,进行品牌整合、队伍壮大、网络完善等措施,主业调味品出现连续8个月保持20%以上增幅态势。打造长三角·恒顺城,加强恒顺楼盘区域配套服务,建成恒顺实验小学,引进和建设法国欧尚超市项目。全年销售房屋面积16万平方米,销售额近8亿元,回笼资金6亿元左右。

在主业确立互为补充、错位发展的多格局态势。恒顺山西公司依托山西区域资源特色,形成老陈醋生产基地;恒顺重庆公司依托川味特色,成为豆瓣酱、火锅底料生产基地;恒顺万通、恒顺沭阳两家苏北公司,借助酱油规模生产优势,成为恒顺酱油生产基地。 (李美兵)

【江苏恒顺集团有限公司实施退城进区】 2009年5月8日,江苏恒顺集团有限公司最后一批行政部门从镇江市中山西路84号老厂区搬出,该公司退城进区完成,搬迁至丹徒新城的恒顺工业园内。

1959年3月,该公司中山路厂区在原镇江黄山园艺场的土地上开建,经过几次扩建后总占地3.63公顷,2006年在建设黄山北路时被征用0.53公顷,退城进区前有3.11公顷。年产镇江香醋能力2万吨,酱菜2000吨,酱油8000吨。该公司南徐厂区于1997年底建成投产,年产恒顺香醋4万吨,首次将计算机技术引入传统酿造行业,实施调味品行业"机械化、管道化、流水线"的产业升级,建立起传统酱醋的现代生产模式,是亚洲最大的食醋酿造生产厂。

2006年12月,为配合镇江城市建设,江苏恒顺集团有限公司开工建设恒顺工业园,2008年下半年建成。2008年12月开始,先后进行中山路和南徐路两个厂区内的酱菜车间、制醋车间、灌装车间、新品车间的搬迁。2009年4月下旬,进行集团行政管理部门的搬迁。

(李美兵)

【镇江大东纸业有限公司】 镇江大东纸业有限公司(以下简称大东纸业)是有近60年历史的大中型造纸骨干企业。1992年10月与印尼金光集团合资经营。2009年4月,镇江市国投公司回购金光集团在该公司的全部股权,大东纸业由中外合资企业变更为全资国有企业。该公司占地面积26万平方米,有员工1600余人,注册资本1.88亿元,总资产7.3亿元,年生产能力10万吨。2009年实现工业总产值6.088亿元,销售收入5.36亿元,利税总额3818万元,利润1860万元。

大东纸业有纸机可生产40多个品种、定量在21克~450克的各类纸张,主要产品有高档文化用纸、食品包装用纸和水印及彩色纤维防伪纸。该公司是国家税务总局唯一指定的水印防伪税务发票专用纸生产供应商。"SW"水印防伪发票专用纸先后获江苏省优秀产品(金牛)奖称号、江苏省高新技术产品奖。该公司于2009年获国家工业产品生产许可证(防伪材料);1998年12月、2002年6月分别通过ISO 9002和ISO 9001:2000质量管理体系认证;2008年12月,通过PEFC-COC森林管理体系认证;2009年7月,通过《食品用纸包装、容器等制品生产许可证》审核认证。其"幸运鸟"品牌被认定为江苏省著名商标。2006年被认定为江苏省高新技术企业。

2009年,根据镇江市委、市政府关于加快城市建设、改善城市环境的总体要求和城市建设总体规划方案,大东纸业于当年4月实施整体搬迁,落户镇江新区大港镇东方村,占地23.3公顷。整体搬迁工程总投资12亿元,全部建成后产能扩大到15万吨,实现销售收入10.02亿元,利税1.77亿元。一期投资7.11亿元,技改搬迁5台长网纸机、2台淋膜机、12000千瓦时发电机组;新建75吨、50吨循环流化床锅炉各1台,新建2万吨/日清水处理场和1.5万吨/日废水处理场各1座。 (张卫国)

表15-17 **2009年镇江市轻工业主要经济指标一览表** 单位:万元

行 业	单位数(家)	从业人员平均人数(人)	工业销售产值	产品销售收入	利税总额	利润总额
农副食品加工业	43	3564	527599	541765	14976	7772
食品制造业	16	3101	100970	104255	8581	4632
饮料制造业	7	725	54698	39580	1844	-1060
皮革、毛皮、羽毛(绒)及其制品业	102	11757	315436	294075	18774	8954
木材加工及木、竹、藤、棕、草制品业	15	15059	1110365	1138818	85558	32378
家具制造业	10	952	37643	37432	3364	1871
造纸及纸制品业	47	12425	1806907	1464583	201947	161146
印刷业和记录媒介的复制	42	3757	108671	101433	7667	3617
文教体育用品制造业	49	9148	346877	340021	25295	9731
工艺品及其他制造业	74	8728	321567	318652	24384	12443
废弃资源和废旧材料回收加工业	5	463	30839	29023	1568	757
合 计	410	69679	4761572	4409637	393958	242241

(统计局)

交通·邮政

责任编校：姚丽华

水陆交通综述

【概况】 2009年，镇江市完成交通基础设施建设投资75亿元，占年度计划113.6%，比上年增长25%。完成6项列入市政府重大建设的项目：京沪高速铁路镇江段、沪宁城际铁路镇江段、宁杭城际铁路镇江段、泰州长江大桥镇江段、镇江市综合交通客运枢纽、金港大道。交通重点工程质监覆盖率、公开招投标率100%，未发生重大质量安全事故。至2009年底，镇江市公路总里程达6732.5公里、公路密度达175公里/百平方公里。其中高速公路153.5公里、一级公路631.1公里、二级公路735.8公里、三级公路769.3公里、四级公路4442.8公里。公路客运站场33个，长江汽渡5个。内河航道总里程579.1公里，其中四级航道18.5公里、五级航道24.3公里、六级航道46.2公里、七级航道22.4公里、等外航道467.8公里。通航船闸1座。内河港口1个，码头泊位139个，码头总延长7544米。

镇江市交通基础设施建设快速推进。铁路：京沪高速铁路、沪宁城际铁路镇江段超额完成年度建设任务。宁杭城际铁路镇江段征地拆迁在沿线率先完成，进入无障碍施工。淮扬镇铁路预可行性研究通过铁道部审查。公路：国省干线公路一级化改造全面启动。金港大道14个月建成通车，该路是全市首条“数字公路”，是城市框架中的一条生态景观大道。泰州大桥及东接线工程征地拆迁工作基本结束，工程建设进度在沿线名列前茅。122省道句容城区段、238省道扬中八桥段等7个项目建成通车。104国道句容段、338省道镇江段等7个新开工、续建项目均完成序时任务。航道：《镇江市内河航道网规划》获镇江市政府批准。编制《苏南运河镇江段岸线利用规划》，完成谏壁三线船闸预可行性研究和丹金溧漕河整治初步设计。苏南运河“四级改三级”工程陵口先导段成为样板工程，丹阳、丹徒共计10.5公里航段开工建设。站场：用时5个月建成新南门汽车客运站，按期完成市政府下达的老站搬迁任务。镇江综合交通枢纽完成征地18公顷、拆迁26.9万平方米，沪宁城际铁路镇江站前广场地下层结构封顶，候机楼、汽车客运站、黄山西路等配套工程进展迅速。

全市农村交通事业快速发展。《镇江市乡道公路网规划》获江苏省交通运输厅批准。全市完成投资1.46亿元，新改建农村公路251公里、危桥43座。完成13道渡口标准化建设。新建乡镇客运站3个、候车亭143个。新开、改造城乡客运一体化线路31条、班车286辆。在村村通班车的基础上，74%的乡镇实现城乡公交覆盖。发展农村物流试点，鼓励农村发展专业货运组织，句容采取“专业合作社+标准化示范区+农户”物流经营模式，惠及农户151户、596人，鲜果年运量10万公斤，降低成本15%，被列为全省十大农村物流示范项目；江苏宏马物流有限公司采取“网络化运输企业+经纪合作组织+农业加工”的经营模式得到发展，在金坛、丹阳等多处设有分公司，交易量不断上升。

2009年，全市公路、水路交通服务业增加值达45.2亿元，比上年增长15.5%。全市境内公路客运量1.33亿人次，客运周转量80.16亿人公里，分别增长16.9%、17.6%；公路货运量0.87亿吨，货运周转量41.60亿吨公里，分别增长16.7%、16.8%。水路货物运输量665万吨，货运周转量15.9998亿吨公里，分别增长16.5%、19.5%；内河港口货物吞吐量1420万吨，增长5.1%。全市拥有营运载客汽车3941辆、64001座位，比上年分别增长7.1%和10.2%；营运载货汽车16094辆、105417吨位，分别增长22.1%和33.7%。新增货运船舶26艘共32914载重吨，艘数、载重吨位分别增长5.7%和22.7%。新增客运站点4个，总计达39个，增长11.4%；新增客运线路8条，总计达458条，增长1.8%。金山物流二期工程开工建设，扬中四通物流投入运营。争取铁道部支持，增开11个动车班次。开通镇江至禄口机场客运专线，城市候机厅投入运营。开通“114”电话售票查询平台，全市118个邮政网点实现联网售票，代售外地客票15000多张。建成集路网运行监控、养护应急处置、公共信息服务和行政执法监督为一体的公路管理与服务应急指挥中心，金港大道信息采集发布和车载无线视频监控系统建成。苏南运河镇江段视频监控实现航道与海事部门的联网衔接。镇江地方海事局获交通运输部高等级船员发证授权。发挥镇江船检品牌效应，为乡镇船厂引进浙商资金3亿多元；建造3艘万吨级海船，是乡镇船厂首次建造拥有自主知识产权的万吨级海船。公路、地方海事综合业务大楼投入使用。

2009年，地方铁路管理职能调整到交通部门。2009年1月1日起，镇江市停止征收养路费、航养费、货运附加费、客运附加费、运管费、“五小”车辆（小三轮客车、革新三轮机动车、手扶拖拉机、摩托车、畜力车）养路费6项交通规费。市政府出台《取消政府还贷二级公路收费工作指导意见》，全市辖区内葛村、天王、五里墩、122省道丹阳站、扬中大桥等5个二级公路收费站在规定时间内停征车辆通行费，拆除站点设施。扬中大桥纳入省道管养。出台《关于加强干线公路规划控制管理的意见》。在全省首家制定《行政许可示范文本》。吸取上海"钓鱼执法"事件教训，采取"举证稽查"，通过固定证据与证人证言相结合的办法，既打击"黑车"，又规范执法行为。410项交通行政处罚全部制订自由裁量标准，轻微违法免于处罚行为扩大到46种。推行权力网上阳光运行、向公众提供准确信息，举报投诉办结率100%。办理中国二重（镇江）重大技术装备制造基地、京沪高速铁路等重大项目的许可，市行政中心交通窗口受理件办结率100%。丹阳、句容创成省级路政示范县。市交通部门开展"平安交通建设"和"安全管理推进年"活动，全年排查安全隐患611个，整改率100%，安全形势保持稳定。新建公路安保工程和省级文明样板路、绿色通道各46公里，国省干线公路优良路率96.12%，超限运输率控制在5%以下。干线航道通航保证率达90%。3个项目通过部、省级科技立项，2个项目获市科技进步奖。

（卞贻辉）

【镇江市综合交通客运枢纽开工】 镇江市综合交通客运枢纽（沪宁城际铁路镇江站市政配套工程）位于镇江火车站铁路以南的李家大山区域，占地18公顷，拆迁总面积26万平方米，估算总投资25亿元，设置道路、广场、长途客运站、航站楼、公交首末站、出租车停靠站、地下停车库以及地下商业区等多种功能区，并按照"上进下出、左右贯通、铁公相连、人车分流"的原则，形成一个有机整体。该项目由镇江市交通局承建，镇江市交通投资建设发展公司实施建设。该项目于2009年6月22日正式开工，计划于2010年7月与沪宁城际铁路同步建成并投入使用。（张晓俊）

【宁杭城际铁路镇江段完成征地拆迁】 宁杭城际铁路起于南京南站，止于杭州东站，全长248公里。该铁路为客运双线，列车速度目标值350公里/小时、140对/日。估算总投资313.8亿元，其中动车组购置费19.8亿元。由铁道部和江苏省、浙江省合资建设，建设工期4年。工程建设由铁道部负责，征地拆迁由地方政府负责。镇江段位于句容市郭庄镇，长7.6公里，并在郭庄镇设站。2009年6月6日，镇江段征地拆迁工作已经全部完成，共完成征地面积26.5公顷，拆迁房屋105户、12900平方米，实现无障碍施工。（朱 海）

【泰州长江大桥镇江段开工】 2009年2月，泰州长江公路大桥镇江接线高速公路工程开工。镇江段全长24.3公里，全线采用高速公路标准。路线由扬中市东穿过，跨238省道及扬中市西南环相交处，向西于小泡沙西端跨长江夹江，经姚桥镇北，与五峰山通道接线相交于姚桥枢纽。在此处路线折向南，从界牌镇西穿过，跨丹界公路；向南跨越浦河进入常州境内。其中，项目起点至大港枢纽标段，设计速度采用100公里/小时，双向六车道，路基宽度33.5米、桥梁宽33.0米；大港枢纽至项目终点段，设计速度采用120公里/小时，路基宽度34.5米，预留八车道建设条件。项目估算总投资18亿元，建设工期四年。（朱 海）

资料链接：泰州长江公路大桥是江苏省"五纵九横五联"高速公路网的重要组成部分。项目起于宁通高速公路宣堡枢纽，在泰州市高港区永安洲镇跨越长江，向西于扬中小泡沙跨越夹江，经镇江姚桥镇进入常州境内，止于沪宁高速公路汤庄枢纽，全长62.088公里，由北接线、跨江主桥、夹江桥和南接线四部分组成，核准总投资93.7亿元，建设工期为5年半。全线设互通式立交9处，主线收费站1处，服务区1处。工程采用双向六车道高速公路标准，跨江主桥采用双主跨悬索桥桥型方案，主跨跨径为1080米，系世界第一，且为世界首创桥型。桥下通航净空高度不小于50米，净宽不小于760米，能满足5万吨级巴拿马货轮的通航需要。夹江桥采用多跨预应力混凝土连续梁桥，主跨为125米，桥下通航净高不小于18米，净宽不小于100米。

（朱 海）

【镇江市路桥工程总公司】 2009年，镇江市路桥工程总公司实现产值10.6亿元，利税4400万元，较上年有明显增长。全年中标28个，合同额15.8亿元。该公司抓住国家加快铁路、公路和机场等重大基础设施建设的机遇，完成镇大公路拓宽改造工程A1标、沿江高等级公路YJLM1、YJJ2标等镇江市重点工程，同时争取省内外项目，承建包括济徐高速、临连高速、328国道海安段、宁波绕城高速、广西隆百高速、福建201省道和308省道等多条高速、省道的部分标段。为保证工程的质量和工期，该公司推行以成本控制理念为主的项目化管理，优化资源配置，制定详细的三级市场开发战略，并在苏州、深圳等地成立分公司。

（杨 歆）

铁路运输

【概况】 铁路镇江站为一等客运站。2009年，该站始发旅客列车1对（1478/1477次，镇江至北京）。候车室总面积3469平方米、可容纳2032人，行包房面积1670平方米，站台6座、雨棚4座，日办理接发客、货列车127.5对，其中旅客列车107.5对。

镇江南站为二等货运站，主要办理铁路整车、零担、集装箱、危险化学品等运输。设有货场以及镇大支线（交接站、上埠站、大港站）。货场面积32.5万平方

表16-1 **2009年镇江市铁路主要运输任务和技术指标完成情况表**

项 目	单 位	计 划	实 绩	比上年(%)
旅客发送量	万人	595	562.96	4.27
货物发送量	万吨	195	207.9	3.77
运输收入	万元	62685	60942	5.32
日均装车	车	–	99	4.2
日均卸车	车	–	88	–29.6
货车静载重	吨/车	–	57.2	–0.8
货车停留时间	时/车	–	20.7	–1.8

注：1. 统计数据包括了镇江市行政管辖内所有车站。

2. 由于管理机制变化，装车、卸车、静载重、停时等计划指标未分劈到镇江地区各站。

（侯晓强）

米，设计能力249万吨。总面积达87612平方米，仓库4处，面积11000平方米，货位712个。车站有到发线13道，调车线8道，货物作业8道，专用线8道，调车机3台，大、小型装卸机械51台，最大起重能力36吨。

丹阳站候车室总面积1834平方米，售票房面积20平方米，行包房面积408平方米，仓库面积4413平方米。

镇江境内有四等中间站五个：下蜀站、高资站、六摆渡站、陵口站、吕城站。其中六摆渡站、吕城站办理货运业务，不办理客运业务。下蜀站、高资站、陵口站客货运业务均不办理。三山站于2009年5月15日撤销。（侯晓强）

公路运输

【概况】 2009年，镇江市干线公路建设完成投资17.5亿元，建成通车48.5公里。其中：金港大道、122省道句容城区段、241省道丹阳城区段、238省道扬中八桥段相继建成通车；104国道句容段、122省道丹阳段和句容段、238省道扬中段、241省道大泊至珥陵段、338省道镇江段、340省道丹阳段和句容段等续建和新开工项目均达到序时进度。推进干线公路建设项目前期工作，完成"十一五"计划内项目的前期工作，并超前开展"十二五"计划储备项目的前期工作。

公路部门加强公路预防性和日常性养护，修订完善公路小修保养考核办法，引入桥梁管理系统，加大路面病害处置和危桥改造力度。全年改造干线危桥9座，干线公路技术状况指数（MQI）值达91.6，优良路率达96.1%。新建省级文明样板路、绿色通道、安保工程各46公里。全市县道技术状况指数（MQI）值达86.5，优良路率达78%，乡、村道好路率达66%。

2009年，镇江市政府颁布实施《关于加强干线公路规划控制管理的意见》，将104国道、312国道、122省道、238省道等10条国省干线及句蜀公路、镇荣公路等重要县道纳入规划控制管理范围。同时，公路部门与国土、规划等有关部门实行涉路行政许可和规划建设项目会办制、联合审批制，定期组织督查整改，为有效解决干线公路两侧违规搭建、无序建设等问题，降低今后干线拓宽改造建设成本，提供法规和政策依据。组织开展"路政管理示范县创建年"活动，丹阳市、句容市通过江苏省交通厅公路局路政示范县创建考核验收。干线公路超限率控制在5%以下。全面建成集路网运行监控、养护应急处置、公共信息服务和行政执法监督于一体的可视化、数字化、智能化的公路管理与服务应急指挥中心，并同步建成金港大道信息采集发布和车载无线视频监控系统，提升区域路网运行监控效率。《系杆拱桥梁安全监测与评估方法研究》被列入江苏省交通运输厅科研项目计划，《镇江市域公路网规划研究》通过镇江市科技局结题验收。

2009年，镇江运管部门制订《镇江市城乡客运一体化指导意见》及《市区城乡公交线路布设及经营分工方案》，为客运管理体制调整后城乡客运一体化作前期准备。郭庄、新坝、茅山3个农客站基本建成。安装城乡客运一体化候车亭143个，丹阳结合241省道改造投资110余万元，建设12个标准化候车亭。占地7.7公顷、总投资1.8亿元的金山物流二期工程6月22日动工。占地9.8公顷、总投资0.8亿元的扬中四通物流11月投入试运行。句容开通郭庄、后白等四个乡镇镇村公交，并对句容至东昌等三条班线二次改造。丹阳开通司徒至前村等三条镇村公交线路。扬中新开行政中心至新汽车站公交班线。启动镇江至荣炳城乡客运一体化改造工作。全市新开或改造城乡客运一体化线路31条，城乡客运一体化车辆286辆，城乡客运一体化覆盖率74%，其中丹阳和句容100%实现城乡客运一体化。研究与高速铁路并行的道路客运班线的发展对策，寻找铁路运输空白点，在镇江至南京班线采用错时发车、优惠票价、发放乘车会员优惠卡办法，车辆实载率由33%提高到57%。开通镇江至禄口机场专线和江苏大学至南京的周末校园班车。优化镇扬城际公交运营管理，更新老旧车辆，新增加一批大容量公交车。

自主研发《智能化交通运输服务信息系统》，在市区8个重点路段安装视频监控设备，首次实现对市区客运市场的远程监管；自主开发驾培资料管理程序，实现教材和培训记录发放微机化管理。开发二级维护到期提醒程序，利用短信通知车主按期维护检测。全市118个邮政网点全部开通联网售票，首次开通电信"114/118114"售票信息查询，全年代售外地客票15000张；研制开发网上订票系统，通过互联网直接售票500多张。率先在全省实现驾培智能化系统与公安报名系统对接。申请人驾培报名时可同时完成公安驾驶证考试申请。全市33家驾校704辆教练车安装车载终端和管理机808台，启用学员结业、考试合格率统计汇总、教练员继续教育、教练车检测管理、培训场地登记等功能，实现对驾培行为的全过程监管，全年共审核开班46795人。

按照全省中等检测中心站建设标准，10月底完成市区综合性能检测站改造，新增一条环保检测线。开展汽车综合性能检测站信誉评定。制定《行政许可示范文本》，统一项目流程、文书格式及填制要求。开展《道路运输管理工作规范》全员培训，组织执法知识竞赛。实施道路稽查"运政在线"现场输入离线模式管理。按要求开展道路运输从业人员记分考核试点，及时反馈情况和建议。为解决行业安全管理流程不统一、权责不明晰的问题，在全省率先制定安全标准化规范，统一企业安全生产管理制度以及各环节和岗位操作标准，选择宝华物流等5家企业试点，把安全制度和责任落实到企业安全管理的每个细节，实现危险货物运输安全管理的系统化、标准化、规范化。（王鹤鹏　耿兴仁）

【取消政府还贷二级公路收费】 2009年，国家实行成品油价格和税费改革、取消政府还贷二级公路收费两项重大改革。镇江市从2009年1月1日起，全面取消汽车养路费征收，公路部门及时做好财务清理、资产处置、票据核销及档案资料整理移交等后续工作。全市138名公路征稽人员中，内部转岗99人，考入税务系统39人。2009年2月28日24时起，镇江市停止葛村、天王、五里墩、122省道丹阳站、扬中大桥等5个政府还贷二级公路收费站点收费，并按期完成收费站亭、大棚等设施的拆除，恢复站区道路畅通。葛村、天王收费站涉改人员分流全部结束，推进扬中大桥、句容五里墩等3个行管收费站人员分流。同时配合市审计部门完成撤站债务余额审计锁定工作。按照省、市政府改革文件关于税费改革后职能调整的要求，完成市公路超限治理检测站等三个公路机构的核增工作。（王鹤鹏　耿兴仁）

【金港大道建成通车】 金港大道（原镇大公路）由镇江市交通局承建，于2008年10月开工建设，2009年12月19日建成通车。该路按城市一级主干道结合一级公路建设标准建设，起于京口区左湖互通，向东南在上埠货场附近接上老路，沿老路向前拓宽，止于镇江新区通港路交叉口。道路总长14.5公里，路基宽60米，双向8车道，设计时速100公里/小时，两侧设置辅道，总投资约为13亿元。（参见第308页）（蒋慧　李文君）

【镇江市公路管理与服务应急指挥中心建成】 该中心地处丹徒新城，于2009年11月投入使用，主要负责全市2条国道、8 条省道计 454 公里的干线公路路网管理、服务、应急等工作。指挥中心充分整合公路信息资源，依托公路信息化基础平台，采用互联网技术、数据库技术、多媒体技术和全球卫星定位系统、多功能通信系统等现代化信息技术，是一个集区域路网调度、应急处置指挥、公共服务和执法监督为一体的公路管理服务平台。（蒋　慧）

【新南门汽车客运站投入使用】 新南门汽车客运站位于南徐路和官塘桥路交界处，由镇江市交通局、镇江市交通投资建设发展公司负责建设。该站 2009 年 5 月开工，9 月底竣工，历时 5 个月，位于解放路的镇江南门客运站同步搬迁。新南门汽车客运站总占地面积 3.4 公顷，总建筑面积 1.6 万平方米，主要包括 1.2 万平方米的主站房、4300 平方米的站前广场、公交始末站、出租车停靠站、停车场、修理保养车间等多项配套工程，总投资约 9500 万元。（张晓俊　耿兴仁）

【104 国道句容段改造工程启动】 该项目由句容市 104 国道改造工程建设指挥部负责建设，于 2009 年 12 月 28 日开工建设。改造工程总长 38.3 公里，其中新建 33.2 公里，老路拓宽改造 5.1 公里。全线按一级公路标准建设改造，双向四车道分离式路基，路基宽度 26 米，中间带宽度 2 米；全线新建桥梁 11 座，共计 1665 米；主要交叉 10 处，其中与 243 省道互通一处；设计行车时速 100 公里/小时，项目总投资约 9 亿元。（蒋　慧）

内河水路运输

【概况】 2009 年，《镇江市内河航道网规划》确定以苏南运河、丹金溧漕河、九曲河为骨干航道，香草河、常金北线、通济河等 9 条航道为主要航道，其他航道为补充的内河航道网。编制完成《苏南运河镇江段岸线利用规划》。完成《镇江市内河航道"十二五"发展规划》编制的前期准备工作。苏南运河"四级改三级"工程建设的土地勘察定界和土地指标完成申报。丹金溧漕河"五级改三级"航道整治工程可行性研究报告获批，并配合江苏省航道局及江苏省交通规划设计院开展前期调查，完成土地预审，形成初步设计方案。谏壁三线船闸项目建议书、预可行性研究报告由江苏省交通规划设计院编写完成。

开工建设苏南运河镇江辛丰泰山湾段航道整治工程和苏南运河镇江陵口镇—西战备河段，两项工程共计投资 1.3 亿元。苏南运河陵口先导段航道整治工程、绿化工程扫尾工作结束，通过工程审计，工程建设管理有序、规范。航道部门组织的《苏南运河镇江陵口先导段航道整治工程粉（质）砂土中地下连续墙锚杆加固技术研究》科研项目通过镇江市科技局组织的成果鉴定，申请一项专利。

2009 年，航闸养护计划项目总计 83 项，实际完成 1984.74 万元，所有项目至 2009 年 11 月底完成，工程质量全部达优。干线航道通航保证率 90%，船闸通航保证率 95%，优良闸次率 99%，航标正常率 99%。办理行政许可 7 起，"两铁"（京沪高速铁路、沪宁城际铁路）跨镇江苏南运河、九曲河行政许可项目取得进展，做好外来投资企业龙江钢铁有限公司 50 万吨铸件技改项目专用码头工程的行政许可。航道部门全年累计行政处罚案件 9343 起，累计实施轻微违法行为免于处罚 740 余起，未发现"三乱"（乱设卡、乱收费、乱罚款）行为和因执法错误引起的行政复议撤销和行政败诉案件。辖区航、闸安全畅通，运行有序，未发生一起超过 24 小时的堵塞事故。谏壁船闸全年安全开放 16732 闸次，船舶通过量 9547 万吨，货物通过量 5947 万吨。

2009 年，镇江辖区连续 53 个月未发生上报水上交通事故，创镇江市无上报事故最长纪录。全年未发生 1 起死亡 3 人以上的交通事故，事故指标严格控制在指标范围之内。地方海事部门处置各类险情 133 起，救助遇险船舶 58 艘次、遇险人员 26 人次，挽回直接经济损失约 930 万元，搜救成功率 100%。其中化解火灾险情 3 起，阻止丹阳某化工厂危险化学品大范围泄漏 1 起。保障镇江 2010 年度金山广场祈福迎春撞钟活动。

镇江地方海事全年共出艇巡航 1.35 万艘次，累计巡航时间 28338 小时，电视巡航和海巡艇巡航里程累计 145629 公里，及时排除航道重大险情 58 起；维护船队 8110 个、单船 13.73 万艘通过辖区，船舶货物通过量近 7000 万吨；完成谏壁二线船闸护坦改造、镇大公路桥和丹阳北二环桥拆除重建、"二重"集团一期内河码头勘探等维护工作，苏南运河"四级改三级"、城际铁路大桥、京沪高铁大桥施工处于维护之中。开通船舶建造许可受理一条龙服务通道，节省船舶开工时间；在船东、监理方同意的条件下，允许海船在长江上进行航行试验，共有 5 艘海船申请试验，节约成本支出近百万元；开通船舶抵押证书贷款登记的便捷服务通道，做到当天申请、当天办理、随到随办，有 4 家航运企业获得银行贷款 4750 万元；针对一些水运企业在经济危机下对安全生产投入不足的情况，制定操作性强的安全生产指导意见，从人力物力上保障安全投入，辖区水运企业未发生一起人员伤亡安全事故。镇江地方海事局牵线浙商到镇江建造海船累计共 14 艘。全市 11 家受理检验的船厂均配备专职质检员，船舶建造能力不断增强，硬质船台造船、分段制造、自动焊、二氧化碳保护焊工艺得到普及，内河船舶开始采用数控切割和分段建造工艺。共完成营运检验 927 艘次、建造检验 73 艘次、船舶图纸审批 299 套、船用产品检验 736 件。营运检验、船用产品检验数量较前年稳步增长，审图、建造检验数量比上年增长近一倍。

2009 年，镇江市海翔船员培训中心举办各类培训班 41 期，实施各类考试 40 期，参考船员 1758 人，为 1418 人办理船员注册，办理适任证书再有效 1033 人，比上年分别增长 300%、300%、175%、67%、86%。（袁　焰　陈　敏）

【《镇江市内河航道网规划》获批】 2009 年，《镇江市内河航道网规划》经镇江市人民政府镇政复〔2009〕16 号文批复通过。全市共有内河航道 70 条，总里程 597.19 公里。该规划确定以苏南运河、丹金溧漕河、九曲河为骨干航道，香草河、常金北线、通济河、句容河、高资河、大道河、便民河、太平河、新孟河为主要航道，其他航道为补充的内河航道网。其中苏南运河、丹金溧漕河为三级航道，计 61.8 公里；九曲河为四级航道，计 27.85 公里；通济河、常金北线、香草河、句容河、高资河、大道河（部分航段）、便民河（部分航段）为五级航道，计 88.75 公里；太平河、新孟河为六级航道，计 20.66 公里。（袁　焰）

【苏南运河镇江段"四级改三级"工程启动】 2009 年 6 月 1 日，苏南运河镇江辛丰泰山湾段航道整治工程开工建设，标志着镇江段"四级改三级"工程启动。该段工程北起丹徒辛丰镇，南到沪宁铁路桥，全长 4.08 公里，工程建设总投资 8000 万元。截至 2009 年底，完成水上方开挖 80 万立方米，占总工程量的 77%；完成挡墙基础砼底板 4000 米，占总工程量的 75%；完成重力式墙身浇筑 2500 米，占总工程量的 45%；完成地连墙墙身浇筑 1800 米，占总工程量的 88%。10 月 1 日，苏南运河镇江陵口镇—西战备河段开工建设，该段工程西起丹阳陵口镇，东到吕城西战备河，全长 6.39 公里，

工程建设总投资2亿元。至2009年底，开工建设的10.47公里两段航道共计完成投资1.3亿元。（袁　焰）

【谏壁船闸“水上雷锋服务台”获全国三八红旗集体称号】 谏壁船闸“水上雷锋服务台”设立于2003年3月，85%的成员是一线服务窗口女职工，全国人大代表、全国劳模、“五一”劳动奖章获得者王龙芳是雷锋服务台的带头人。她们常年挂牌上岗，立足岗位学雷锋，想为船民所想，急为船民所急，实施“五心、五勤、五主动”工作法，长期为过往船民做实事，解难题。继2006年被授予全国“巾帼文明岗”、2007年被评为江苏省交通行业十佳“五一巾帼标兵岗”后，2009年3月，又被全国妇联授予全国三八红旗集体称号。（袁　焰）

【镇江通过交通部海事局高等级船员考试发证资质评审】 2009年4月，交通部海事局评审组按照发证机关资质评审标准，对镇江地方海事局高等级船员考试硬件设施、船员技术档案管理等方面进行评审，认为镇江地方海事局考试发证设施设备完善、人员配置符合适任要求，考试发证流程规范，符合高等级船员考试发证资质要求。经交通部海事局批准，镇江地方海事局取得一、二等级船员考试发证资质。原本需赴外地考试的镇江籍船员可在镇江市参加高等级船员考试并获得证书。（陈　敏）

城市公共交通

【概况】 2009年，受金港大道、丁卯桥路改造等城市建设因素影响，镇江市东部区域公交线路进行大幅度调整。全年，镇江市公共交通总公司完成客运收入1.19亿元、客运量9300万人次、总行驶里程4335.3万公里。全年车次计划执行率96.13%，首末班准点率98.18%。年末有公共汽车800余辆，新增公交车125辆（其中大运量公交车50辆），城市万人拥有公交车13.31标台；有营运线路61条（含专线），线路长度890公里，日均运送乘客30万人次，资产总值2亿元，从业人员1929名。总公司下辖7个营运分公司、1个修理厂、1个机动车驾驶员培训中心；拥有4座停车场和2座附属加油站，面积7万平方米。全年涌现出“全国城市公共交通文明线路——4路线”“全国女职工建功立业标兵岗——5路线”和“全国青年文明号——61113车组”等优质服务线路和车组。

全年建设总投入2亿元，是前三年城市公交建设投入的总和。对4路、5路、19路、20路、102路、105路车辆进行整体更新，原来运行的近40辆老扬子中型公交客车全部下线，开通两条大运量公交线路，新辟和优化线路22条。南徐新城、镇江新区、丹徒新城三大公交停车场开工建设，北部滨水区、焦山景区、丹徒新城、镇江新区金港大道等十个公交枢纽站完成选址布点。开展创建“示范线、精品线、标兵车”等优质服务竞赛活动。

2009年，镇江市区有出租汽车1254辆，从业人员保持在3100人左右，年客运总量在3500万人次左右。全年举办培训班50期，培训人员3824人（次），查处各类违章368起。镇江市市政公用事业管理局加强部门联动协调，用半年时间提前完成原定两年时间完成的出租汽车新一轮更新，共更新出租汽车1254辆，总投入1.8亿元。在行业中全面推行“爱镇江、创品牌、树形象”主题实践暨星级服务评定活动。（陈　文）

表16-2

2009年镇江市公交线路一览表

路别		起点站		终点站	
		站名	服务时间	站名	服务时间
1W		丁卯开发区	5:40-18:50	迎江桥	6:10-19:25
2W		火车站	5:40-22:30	金山公园	6:00-23:00
3W		火车站	5:40-22:00	谏壁	5:40-22:00
4W		火车站	5:50-22:00	焦山公园	6:20-22:00
5W		京谷大厦	5:40-19:00	乔家门	6:00-19:30
6W		迎江桥	6:00-18:30	瑞丹花苑	6:00-19:00
8W		吉贝尔药业	6:00-18:30	金山公园	6:40-19:10
9W		二人医	5:50-18:10	谏壁	6:10-19:00
10W		党校	5:40-18:50	渡口	6:20-19:25
11W		李家山新村	5:40-22:00	我家山水	6:00-22:00
12WZ		宝塔山公园	6:00-18:10	三茅宫	6:40-18:55
14W		宗泽路停车场	6:00-18:40	二人医	6:35-19:20
15WZ		金江乡	6:00-18:00	南山风景区	6:35-18:35
16WZ		象山油库	6:10-18:10	南门汽车客运站	6:00-19:00
17W		林隐路停车场	5:45-18:00	龙门港区	6:25-18:40
18W		松盛园	6:00-18:20	江苏科大西校区	6:40-19:00
19W		火车站	5:40-22:00	长岗	5:40-22:00
20		红豆购物广场	6:00-18:00	新区小学	6:20-19:10
21	有人	迎江桥	5:40-18:20	上党农贸市场	5:50-19:25
	无人	迎江桥	6:30-18:30	上党	6:00-19:35
22	有人	我家山水	5:40-18:00	韦岗温泉	6:55-18:40
	无人	我家山水	5:55-17:40	小衣庄	6:45-18:45

续表 16-2

路别	起点站		终点站	
	站名	服务时间	站名	服务时间
23	梦溪嘉苑	5:40－18:30	高资中学	6:20－19:20
24	火车站	5:40－18:10	港务总公司	6:00－19:30
25W	我家山水	6:00－18:00	彩虹城	6:30－18:30
28W	红豆购物广场	6:10－19:00	鼎胜铝业	6:10－19:00
29	金山公园	5:50－18:20	东方村	6:20－19:30
31W	丁卯开发区	18:50－23:20	三茅宫	19:25－22:40
32W	宗泽路停车场	18:55－21:35	火车站	19:30－22:00
33WZ	党校	18:55－21:30	镇江中学	19:30－22:00
34WZ	金山公园	18:10－21:30	林隐路停车场	18:50－22:00
35WZ	丁卯美林湾	18:40－21:30	金山公园	19:15－22:00
36WZ	火车站	19:30－21:30	渡口	19:50－21:50
39WZ	党校	19:00－21:30	林隐路停车场	19:30－22:00
40	火车站	6:30－18:00	李长荣化工	7:15－18:40
101W	丁卯美林湾	6:00－18:20	三茅宫	6:20－19:00
102W	一泉村	5:50－18:00	南门汽车客运站	6:30－18:40
104W	金山公园	6:00－18:00	焦山公园	6:40－18:40
105W	党校	5:40－18:40	江苏科大西校区	6:15－19:15
106W	宗泽路停车场	6:00－18:20	三茅宫	6:40－19:00
113W	梦溪嘉苑	7:00－18:00	万科魅力之城	7:00－18:00
115W	渡口	6:00－18:00	金太阳装饰城	6:40－18:40
116W	丁卯开发区	6:10－18:00	松盛园	6:50－18:40
118W	松盛园	6:00－18:00	瑞丹花苑	6:30－18:50
123W	三茅宫	6:30－19:00	宗泽路停车场	5:50－18:15
126W	港务总公司	7:00－18:00	东方村	7:00－18:30
130W	红豆购物广场	6:00－18:00	三茅宫	6:30－18:30
133W	金山公园	7:00－17:00	焦山公园	7:45－18:00
135W	松盛园	6:00－18:20	农副产品批发市场	6:40－18:50
136W	镇江新区	7:10－18:10	东方村	7:10－18:40
138W	瑞丹花苑	6:30－18:30	瑞丹花苑	6:30－18:30
K201	三茅宫	6:30－18:00	公交江大枢纽站	6:30－18:00
K208	火车站	6:30－17:20	镇江新区	7:45－18:30
K218	京谷大厦	6:30－20:30	彩虹城	6:30－21:00
K219	南门汽车客运站	6:40－19:20	公交江大枢纽站	6:00－18:40
D1	火车站	6:10－18:40	公交江大枢纽站	6:10－18:40
D2	火车站	6:00－20:30	镇江新区	6:30－21:30
龙山线W	谏壁	6:30－18:00	龙山村	7:00－18:30
驸马庄专线	京谷大厦	6:30－18:30	彩虹城	6:30－18:30
丹徒新区夜班专线	火车站	19:00－22:00	瑞丹花苑	19:20－22:00
车管所专线	迎江桥	6:30－5:40	鼎胜铝业	7:20－18:30
三人医专线	京谷大厦	定班运行	三人医	定班运行
五峰山专线	港务总公司	定班运行	五峰山船厂	定班运行

注：1."W"为无人售票线，2."WZ"为中客无人售票线，3."K"为空调公交线，4."D"为大运量公交线。

（陈　文）

表 16-3

2009年镇江市新开通和优化公交线路一览表

	线路名称	开通时间	基本线路走向
新开通线路	36路	08－26	火车站－渡口
	39路	08－26	党校－林隐路停车场
	D1路	09－22	火车站－江苏大学
	113路	09－28	梦溪嘉苑－万科魅力之城
	40路	10－13	火车站－李长荣化工
	D2路	12－29	火车站－镇江新区

续表 16-3

	线路名称	优化时间	具体优化情况
优化线路	138 路	01－01	优化至谷阳镇、丹徒区医院运行
	K218 路	03－30	优化经九华山路至彩虹城
	驸马专线	04－18	优化沟通团山路、润兴路、千禧路至彩虹城
	车管所专线	04－26	优化至经十二路、沿江公路运行
	105 路	04－26	优化经南徐路西延至江科大西校区
	116 路	04－28	优化经东吴路至松盛园
	28 路	05－10	优化至经十二路运行
	29 路	05－15	延伸至金山公园
	23 路	05－26	延伸至梦溪嘉苑
	130 路	05－26	延伸至红豆购物广场（江滨路）
	33 路	08－26	延伸夜班线至党校
	35 路	08－26	优化从金山公园至美林湾
	18 路	09－21	优从松盛园至江科大枢纽站
	16 路	10－10	延伸至新南门汽车站
	102 路	10－10	优化至新南门汽车站
	K219 路	10－10	优化至新南门汽车站

（陈　文）

【开通两条大运量公交】 2009 年 9 月 22 日，镇江市第一条大运量公交 D1（火车站—江苏大学）开通。第二条大运量公交 D2（火车站—镇江新区）于 12 月 29 日开通，形成连接主城区与镇江新区的公交快速走廊。

D1 线共投放 28 辆大运量空调客车，其中 14 米级特大型三开门空调车 16 辆、12 米级大型空调车 12 辆。首班 6:10，末班 18:40，双向发车 418 车次/日，高峰间隔：3～4 分钟，平峰间隔：5～6 分钟，日客运量 3 万人次左右。D1 线线路走向：火车站—中山路—解放南路—正东路—学府路—江苏大学。

D2 线共投放 22 辆大运量空调客车，其中 14 米级特大型三开门空调车 12 辆、12 米级大型空调车 10 辆。首班 6:00，末班 21:30，双向发车 200 车次/日，行车间隔：5～8 分钟，日客运量 1 万人次左右。D2 线线路走向：火车站—中山路—解放路—正东路—梦溪路—丁卯桥路—金港大道—银山路—银环路—赵声路—兴港路—镇江新区（伯先故居）。

（陈　文）

资料链接：14 米级大运量公交车选用苏州金龙大容量、低地板、特大型三开门空调车，车长 13.7 米、宽 2.55 米、高 3.15 米，额定载客 130 人。采用无人售票，前门、后门上客，中门下客，上下车均为一级踏步，后门处配有导乘员为乘客提供服务。车内安装液晶电视、GPS 和 LED 显示屏，主要车窗采用可推拉式移动车窗，车内安装摄像仪、自动灭火装置、乘客门应急开启装置。（陈　文）

【《城市公共交通三年行动方案（2009～2011 年）》】 2009 年 5 月，镇江市制订《城市公共交通三年行动方案（2009～2011 年）》。争取到 2011 年全市建设形成以大运量公交为骨干、常规公交为主体、出租汽车及其他交通方式为补充的新一轮城市公共交通体系，实现全城“通达、方便、快捷、舒适”目标，提高城市公共交通的综合效益和生态效益，满足群众出行需要，促进城市公共交通和经济社会协调快速发展。（1）线路：形成大运量公交干线 5 条、常规公交线路 75 条以上，常规公交线路通过公交枢纽、换乘站点与大运量公交干线有机衔接。（2）车辆：城市万人拥有公交车辆达 15 标台，公交营运车辆达到 1000 辆以上，其中大运量公交车 100 辆以上。（3）站点覆盖：主城区出门 300 米、建成区出门 500 米～700 米有公交站点。（4）公交出行分担率：力争达到 30%，成为市民的主要出行方式。（5）公交场站建设：建成南徐新城、丹徒新城、镇江新区 3 大公交停车场及城铁站、高铁站、金山湖景区、焦山景区、行政中心、体育会展中心等 10 个枢纽站。（6）公交智能调度：建成城市公共交通智能调度营运中心，加大科技创新，推进公交信息化建设，实现公交营运调度、信息查询和服务监管网络化、智能化。（陈　文）

【推进公交场站建设】 2009 年，南徐新城、镇江新区、丹徒新城三大公交停车场开工建设，北部滨水区、焦山景区、城铁站、高铁站、行政中心、体育会展中心、丹徒新城、镇江新区金港大道等十个公交枢纽站完成选址布点，共落实公交场站总面积 12 公顷，是原有场站面积的 1.8 倍。南徐新城公交停车场占地 4 公顷，总投入 5100 万元，于 2009 年 4 月 1 日开工建设，当年底建成一期工程，具备停车功能，营运调度楼及辅助用房主体封顶，是全市规模最大、设施最先进、功能最完备的标准化公交停车场。镇江新区公交停车场占地 3.7 公顷，总投入 3500 万元。丹徒新城公交停车场占地 2 公顷，总投入 2000 万元。建成并启用江大、江科大西校区公交枢纽站，改变全市没有标准化公交枢纽站的历史，其余八个枢纽站均在加快配套建设之中。

（陈　文）

【优化公交服务线网】 2009 年，镇江市研究制订《城市公交营运服务线网优化方案》，8 月份实施到位，涉及公交线路 21 条，线网覆盖主城区及镇江新区、丹徒新城。新辟和优化 4 条夜班专线，延长 7 条夜班线路和 8 条白班线路的营运时间，每天增加对 6 路、10 路、19 路、丹徒新城夜班专线等 9 条线路、100 多个车次的运力投放；同时，通过强化营运调度，提高准时准点率，缩短乘客候车时间，方便市民夜间出行，培育新的客流增

长点,带动和促进城市消费。(陈 文)

【实行公交分季节空调票制改革】 2009年,镇江市自9月22日起实行公交分季节空调票制改革,即:春、秋季实行普通票价,夏季(6~9月份)、冬季(1~2月份)开启空调实行空调票价(加收1元),该项惠民措施涵盖市区所有的一票制空调线路。(陈 文)

【市区出租汽车新一轮更新完成】 2009年,镇江市更新出租汽车1254辆,公司由原来的19家整合为8家,每家公司车辆数均在100辆以上,公司规模和品牌效应明显增强。新车统一安装税控计价器、GPS、LED显示屏、新式顶灯和坐垫套,以公司为单位统一车身颜色和专用标识。新建出租汽车GPS调度管理两级平台,实现全城电话叫车、预约服务。以争创出租汽车星级企业、优质服务标兵车为重点,强化行业监管和服务。突出公司管理服务主体责任,建立服务质量目标风险考核制度,从规范管理、车容车貌、文明服务、安全运营、行业满意度等方面对公司和驾驶员进行全方位跟踪考评,实行每月讲评、季度汇总与年度总评,年底评定出三星级公司6家、二星级公司2家、优质服务标兵车92个。(陈 文)

【出租汽车行业爱心活动】 2009年,镇江市出租汽车行业组织"爱心送考""爱心献血""请您先行"等一系列公益活动。高考期间,共有420辆出租汽车免费接送考生1539车次、2060人次。全年帮助乘客找回失物694起,其中:手机317部、手提电脑13台、现金18.2万元、银行卡17张,总价值118万元。接收到锦旗33面、感谢信9封、表扬电话162次。共有见义勇为9起,助人为乐160起。出租汽车"爱心车队"获镇江市首届"大爱之星"称号,出租汽车"真情车队"获镇江市2009年度"网络爱心群体"称号。(陈 文)

邮 政

【概况】 2009年,镇江市(含辖市,下同)完成邮政业务总量37468.96万元,比上年增长12.00%;完成邮政业务总收入28959万元,增长19.35%(不含邮政储蓄银行)。其中镇江邮政局完成邮政业务总量15140.85万元,增长14.73%;完成邮政业务总收入13340万元,增长18.77%(不含邮政储蓄银行)。

全年,邮务类、速递物流类、代理金融类三大板块业务协调发展。全市完成邮务类业务收入10938万元,占邮政业务总收入比重的37.77%,比上年增长13.01%;完成速递物流类业务收入8174万元,占邮政业务总收入比重的28.23%,增长17.49%;完成代理金融业务收入9306万元,占邮政业务总收入比重的32.14%,增长30.70%。组织开展"爱心包裹""校园包裹""家乡包裹""军营包裹"等项目营销,扭转包裹业务持续负增长的局面。全市完成包裹业务收入736万元,增长4.99%。

加强营业网、投递网和信息化等核心能力建设。全市改造邮政营业网点26个、投递网22处,安装LED电子显示屏49个。完成中国邮政综合办公信息处理平台、投递信息系统、车辆管理信息系统、速递物流系统全国统版、中心局系统二期改造等工程建设以及镇江邮政局责任中心损益核算管理信息系统在全省邮政系统的推广工作。

加强财务管理,将损益核算延伸至各辖市局,提升企业精细化管理水平。在促进业务发展的基础上,从集中管理、资金流向和程序规范等方面加强营销费用的管控。压缩非生产性成本支出,从严控制招待费、会议费、办公费、通信费和水电费等。对全市材料物资、低值易耗品和小型设备等实行集中统一采购,降低企业运营成本。组织开展员工素质提升工程,重点抓好中层管理人员培训、基层管理者的学历教育、一线营业员和营销骨干人员培训等工作。强化安全生产管理。制定《镇江邮政局驾驶员管理及月度安全绩效考核办法》《镇江邮政局机动车管理办法》。组织开展储汇资金安全大检查和驾驶员安全行车专题教育活动。根据江苏省邮政公司和镇江市公安、银监部门的统一要求,完成自助设备、自助银行安防达标建设工作。

完成镇江市邮政速递物流分公司的组建工作,成立市区营业部和各辖市速递物流营业部,推进速递物流市县一体化经营。在江苏省邮政公司的统一组织下,完成市县局机构改革和管理人员竞聘上岗工作。推进和完善以损益核算为基础的实体化运作,在企业内部确立模拟市场化运作外加宏观调控的日常管理模式。在全省邮政系统率先实行名址信息中心的实体化运作,并将其作为一个责任中心进行绩效考核。

开展文明行业创建工作,镇江邮政系统获镇江市文明行业称号。解加平被评为全国邮政系统先进个人、镇江市第二届"大爱之星"新闻人物,树立解加平"致富邮路"品牌形象,"致富邮路"被评为江苏省邮政企业精神文明建设"十佳"新事。开展"学东四、创优质、树示范、强基础"活动,组织学习北京东四邮局"视用户为亲人""三心一全""微笑+三声"的服务理念。镇江邮政局解放路投递部被命名为江苏省邮政投递优质服务示范窗口。实施营业网点职工小家建设工程,建成2000平方米的职工及老干部活动中心。(高向阳)

【江苏省邮政速递物流有限公司镇江分公司】 2009年,江苏省邮政速递物流有限公司镇江分公司实现业务收入8069万元。该公司成立于2008年12月30日,是在原镇江邮政局速递局和物流局的基础上,正式组建的现代化物流企业。公司下设综合部、市场经营部、网运和质量监控部、计划财务部四个职能部室及市区、丹阳、句容、扬中四个营业部,共有从业人员317人。公司依托邮政实物流、信息流、资金流"三流合一"的优势,借助覆盖全球200多个国家以及国内遍布城乡的网络资源,提供物流服务。公司旗下拥有的"EMS"和"中邮物流"品牌秉持"迅速、准确、安全、方便"的服务方针和"帮客户赢"的服务理念,赢得行业和消费者的认可。(赵须军)

【丹阳市出台加快"户箱工程"建设实施意见】 2009年10月1日新的《中华人民共和国邮政法》正式实施后,为加快邮政投递"户箱工程"建设,完善邮政基础通信设施,方便群众用邮,丹阳市出台《关于加快我市邮政"户箱工程"建设的实施意见》(以下简称《意见》)。《意见》明确新建住宅楼房通邮设施建设的管理职责和审批验收权限,同时要求加快对现有住宅楼房通邮设施的改造步伐,确保实现"一户一箱",新建的城镇居民住宅楼、住宅区(包括经济适用房和各乡镇拆迁安置房)信报箱覆盖率确保达到100%。(高向阳)

【《国家图书馆》特种邮票发行】 2009年9月9日,镇江邮政局与镇江市文化局在镇江市图书馆联合举办《国家图书馆》特种邮票首发活动。当日,国家邮政主管部门发行《国家图书馆》特种邮票1套2枚。为配合《国家图书馆》特种邮票的发行,镇江邮政局利用"镇江的金山文宗阁是清朝分藏《四库全书》七阁之一"这一史料,制作《国家图书馆》首日封、邮折、《四库全书与镇江》等集邮品在现场销售,并举办"镇江地方题材邮票"研讨会,前往参观选购邮票、邮品的集邮爱好者达四百多人。(于海建)

信息化建设

责任编校：毛向阳

综　述

【概况】 2009 年，镇江市信息产业稳步发展，电子制造业实现平稳较快增长，软件业发展步入快车道，“数字镇江”建设取得实质进展，招商引资工作取得丰硕成果。全年信息产业实现销售收入 359.56 亿元，比上年增长 42%。其中软件业营业收入 65.8 亿元，增长 118.1%；电子制造业销售收入 239.56 亿元，增长 22%；信息服务业（含软件业）业务收入 120 亿元，增长 71.4%。信息产业增加值 97.7 亿元，增长 54.5%，约占全市 GDP（地区生产总值）的 6.1%，增长 1.6%。（陶迪明　朱　虹）

【无线电管理】 截至 2009 年 12 月底，全市有 14 个单位新设和增设专用无线电台 120 部，撤销、报废各类无线电台 1814 部，收回频率 45 个，换发电台执照 1482 份。全市有注册无线电发射设备 7925 部，移动电话 1811146 部（含新增移动电话 624845 部），无线市话 189213 部。累计各类无线电发射设备总量为 2008284 部。

全年开展执法检查 34 次，处理违章 10 起、设备 45 部；实施监听监测 2828 小时，完成 5 个业务频段的监测任务，发现并查清不明电台（信号）12 个，受理并排除干扰 1 起，检测无线电发射设备 632 部。（王洪富）

【完成国家统一考试的无线电监管反作弊任务】 2009 年，根据国家和省教育、无线电管理、公安等部门的统一部署，镇江市无线电管理办公室承担国家的研究生入学、公务员招考、普通高校招生、大学英语四六级、司法、医师资格、大学生“村官”招考、一二级建造师、成人高校招生等 11 项统一考试的反无线电作弊监管工作。先后动用监测、测向，技术压制，通信和取证等技术设备 156 台（部），出动车辆 60 多台次，出动人员 170 多人次，掌控考场电磁环境，发挥无线电监管工作的作用。其中，在研究生入学、医师职业资格、英语四六级、一二级建造师等考试期间，共发现并有效技术压制作弊信号 11 个，查获场外无线电作弊案情 4 批 9 人，收缴作弊无线电发射设备 4 套、接收工具 16 件。（王洪富）

【完成联合国禁化武组织到镇江核查的无线电保障任务】 2009 年 5 月中旬，联合国禁止化学武器公约组织派出专家组，对镇江市江南化工厂进行视察核查。根据市政府要求，市无线电管理办公室落实无线电监管保障的工作任务，提前准备预指频率和相关应急的无线电通信设备，事前又对被核查厂区和专家驻地的电磁环境进行监测，做到人员、车辆、设备三到位。核查期间，做到现场全时段跟踪服务，完成无线电监管保障任务。（王洪富）

【完成全国青少年无线电通信锦标赛无线电保障任务】 2009 年 7 月下旬，全国青少年无线电通信锦标赛在镇江市举办，应竞赛组委会要求，市无线电管理办公室做好赛事无线电相关保障工作，协调用频和呼号管理、检测参赛设备、提供裁判通信支持。为保障不同竞赛地点的裁判之间通信，还专门开设两处临时中继台，提供无线对讲设备和通信。根据竞赛新增要求，现场检测竞赛用无线电设备 492 部。完成此次比赛无线电保障工作。（王洪富）

信息化应用

【概况】 2009 年，全市形成一批信息化带动型企业和以信息技术为特征的高新技术产品，推进一批信息技术应用项目，实施以信息化带动“数字镇江”工程等信息化亮化工程。2009 年完成首批全国农村信息化综合信息服务试点城市的目标任务。（陶迪明　朱　虹）

【“数字镇江”建设】 2009 年，镇江市“数字镇江”建设深入开展。一是推进全市信息化建设项目。出台《关于加快“数字镇江”建设的意见》，召开全市“数字镇江”建设推进大会，通过各部门共同努力，“数字城管”开通，公安警用全市空间地理信息系统运行，财税库银联网系统全面升级改造，“五险合一”系统正在整合等。二是电子政务实现整合和深入应用。以“中国镇江”政府门户网站为主站，各单位网站为子站，实现政府各部门网站的整合与外包。建成集行政许可、行政处罚、电子监察和法制监督于一体的行政权力网上公开透明运行系统。加快推进政府协同办公系统建设，实现业务办理网上协同开展和公文传输无纸化。三是开展重点信息系统的整合。组织开展全市空间地理信息系统、全市视频监控系统和“城市一卡通”工程的整合。四是加强统筹规划与管理。与国家信息产业研究院共同制订《数字镇江南徐新城规划与设计研究》建设方案。加强信息化项目建设管理，起草《镇江市信息化项目建设资金管理办法》。五是加快推进“两化”（工业化、信息化）融合。建设公共服务平台，加快推进企业信息化进程。开展典型示范，引导企业利用信息技术改造和提升传统产业。申请国家、省、市"两化"融合项目，2009年获省"两化"融合建设资金1250万元，同时连续三年获得国家"倍增计划"项目贴息。六是网络与信息安全工作加强。制定下发《镇江市2009年网络与信息安全工作要点》，召开全市网络与信息安全工作会议，开展全市政府信息系统安全检查、测试，保障"两会"期间和国庆期间的网络与信息安全。（陶迪明　朱　虹）

【"数字镇江"示范工程——南徐规划】2009年，镇江市信息产业局与国家信息产业研究院（工信部下属单位）合作，并签订合作协议。制定"数字镇江"顶层设计总体框架，主要包括网络等基础设施建设，数据标准与交换体系、信息安全等支撑环境，四大基础数据库等信息资源整合、开发、共享，数据管理、挖掘和决策支持，信息产业发展，信息技术广泛深入应用等方面。结合南徐新城城市定位，贯彻实践"数字镇江"顶层设计思想，研究提出数字南徐建设规划。以"数字镇江"顶层设计为指导，以空间基础地理信息系统为基础，突出应用重点，包括新城规划展示、城市运行管理、城市公共服务诸方面，打造数字城市的亮点工程。应用先进适用信息技术和产品，使数字南徐成为代表国内领先水平的数字化示范工程。（陶迪明　朱　虹）

【全国农村信息化试点工作完成】2006年年底，镇江市被原国家信息产业部列入首批全国农村信息化综合信息服务试点城市。通过三年建设，2009年完成目标任务。构建四级农村综合信息服务组织体系；搭建镇江市农村综合信息服务公共平台；组建信息员、咨询专家、农民经纪人队伍；实现全市605个行政村全部建有信息服务点，建成20个示范镇、100个示范村、50个示范企业、10个信息化体验中心；利用流动的信息大篷车和固定场所，对农民开展培训，3年共培训农民3万多人次。2009年"数字化大棚"智能化控制系统被确定为厅、市合作项目，将润州区福农园艺示范园建成"智能化大棚"试验区和省级智能农业示范工程，并形成标准推广，实现高效农业产业化。（陶迪明　朱　虹）

【洪京一检查镇江市农村信息化试点工作】2009年2月6日，工业和信息化部信息化推进司副司长洪京一到镇江检查农村信息化试点建设工作。重点听取镇江农村信息化试点建设情况的汇报，同时参观农村公共上网点和智能化大棚建设应用情况。洪京一对镇江农村信息化试点建设工作给予肯定，希望镇江农村信息化建设工作加强宣传，探索长效运行机制，为农民增收服务。（陶迪明　朱　虹）

【省经济和信息化委员会调研镇江市"三网融合"建设情况】2009年9月24日，省经济和信息化委员会"三网融合"调研小组一行3人到镇江调研"三网融合"建设情况。针对"三网融合"推进工作，提出以下建议：具体明确或组建项目推进的牵头部门，统筹规划、科学实施；从传输、内容、接入方面选择有基础的市、县先行融合试点，边试点边总结，结合国家法律等层面的融合，全面推广实施；将推进"三网融合"和地方信息产业发展有机结合起来，形成互动，促进技术创新和产业发展。（陶迪明　朱　虹）

【市政府与三大通信运营商分别签订战略合作框架协议】为加快推进镇江市国民经济和社会发展信息化建设，2009年6月23日，副市长冯士超代表市政府分别与江苏电信公司、江苏移动公司、江苏联通公司签订战略合作框架协议。市政府将在今后镇江市信息化工作中，在政策、资金等方面对江苏电信给予支持；支持江苏移动在当地加快TD网络等基础设施建设和产品推广；支持江苏联通加快战略转型和在镇江的业务发展。江苏电信将发挥其在网络提供和运营、技术支撑、服务培训等方面的优势，根据镇江市的总体规划和部署，在原有固定投资的基础上，加大在镇江市信息化领域和服务性行业通信建设等方面的投资力度。江苏移动将镇江作为重要战略合作和业务发展重点支持区域，加大通信建设和信息服务领域投资力度，利用其强大的网络优势，配合政府推进信息化及信息产业发展。江苏联通将通过在信息化基础设施建设、信息产业及信息服务业发展、信息技术推广、信息服务"三农"等领域的合作，促进镇江市信息化发展水平和信息产业规模持续走在全省前列。（陶迪明　朱　虹）

【调研重点骨干企业】从2009年2月下旬开始，历时一个月，市信息产业局深入江苏恒宝、捷诚车载、大全集团、绿扬电子、亿华科技、金钛软件等全市40家电子产品制造、软件业重点骨干企业进行专题调研，提供政策及相关服务。通过调研，全面了解掌握各企业生产经营情况，以及金融危机对企业的影响，为企业提供面对面的政策指导和服务，帮助企业排忧解难。同时掌握一批优质项目，为建立项目储备库，申报国家和省级专项资金打下基础。（陶迪明　朱　虹）

【"数字镇江"和网络与信息安全工作会议】2009年3月8日在碧榆园召开。会议提出加快"数字镇江"建设要抓统筹规划、资源整合、信息安全、关键环节、典型样板，重点做好强基工程、政务工程、惠民工程等。在网络与信息安全工作上，要建立联席制度，加强组织领导，落实工作责任制，重点做好六方面工作。并邀请国家电子政务标准化专家组成员范小平作"数字城市发展战略与实践"学术报告。（陶迪明　朱　虹）

【部署国庆期间网络与信息安全工作】2009年9月7日，镇江市部署国庆期间网络与信息安全工作。一是加强组织协调，保障全市网络与信息安全工作有序开展；二是做好新中国成立60周年国庆期间网络与信息安全保障；三是组织好政府信息系统安全检查；四是加大宣传培训力度，建立完善信息安全应急体系。全市各部门、各单位落实信息安全责任制，按照"谁主管谁负责，谁运行谁负责，谁使用谁负责"的原则，做到领导到位、机构到位、人员到位、责任到位、措施到位，保障全市国庆期间网络与信息安全。（陶迪明　朱　虹）

【加强公务人员网络信息安全工作】为加强镇江市网络与信息安全工作，普及信息安全基础知识和基本技能，2009年9月18～22日，市信息化办公室、市人事局共同组织开展全市行政机关公务人员信息安全知识培训考试，提高公务人员的信息安全防范意识，保障政府信息系统的网络与信息安全。（陶迪明　朱　虹）

软件业

【概况】2009年，全市软件业销售收入65.8亿元，比上年增长118.1%，位居全省第四。全市新增软件类企业53家，增长130%；新增CMMI认证企业18家，增长50%；通过ISO 27001信息安全管理认证的企业从零开始，新增20家；新登记软件产品70个，超过前8年的总和；全市软件园区建成面积25万平方米，是2008年的5倍。2009年6月，由市政府出台《关于加快镇江市软件业发展的意见》，在设立扶持资金、鼓励企业发展、资助人才培训等方面制定政策措施，对镇江市软件产业的快速发展起指导和促进作用。市信息产业局于2009年2月编辑《信息产业发展政策汇编》,分为“信息化和信息服务业政策”“电子制造业政策”“软件和集成电路产业政策”三个篇章,收集国家、省、市信息产业发展方面的相关政策共43项,免费发放到各辖市(区)信息产业主管部门和相关企业。

(陶迪明 朱 虹)

【争取省级现代服务业(软件产业)发展专项引导资金获重大突破】 2009年,镇江市申报省级现代服务业(软件产业)发展专项引导资金项目20个,其中11个项目获得资助资金3500万元,是省项目资金总额2亿元的17.5%,仅次于南京和苏州,位居全省第三。项目资助资金总额超过前8年争取资金的总和,为实现镇江市软件产业跨越发展注入活力。 (陶迪明 朱 虹)

【镇江市组织园区企业参加南京软博会】 2009年9月3~5日,第五届南京(国际)软件博览会在南京国际展览中心举行,镇江软件园、京口软件园、润州软件园、扬中软件园、丹阳软件园、宝华软件园、金钛软件园等7个园区以及恒宝股份、大全集团、江苏瑞蚨通等13家企业参展。镇江展区展示镇江市软件产业发展所取得的成就,为园区、企业提供展示、交流的平台,同时获得最佳展位设计奖。 (陶迪明 朱 虹)

【中国镇江(西安)软件业招商和人才招聘推介会】 2009年6月25日,由镇江市政府主办,市信息产业局、市委组织部、市人事局、市外经贸局承办的“2009中国镇江(西安)软件和服务外包招商推介会”在西安举行。西安交通大学、西安电子科技大学、西北大学等8所知名高校,西电软件所、西安光机所等8家重点科研院所,以及西安三元数码、西安为华网络等52家软件企业近300人参加推介会和洽谈交流活动。会上,镇江各辖市(区)、镇江新区及有关软件企业与西安交大电子信息工程学院、西安电子科大智能生物信息研究中心、陕西思宇信息技术有限公司等单位共签订合作项目19个,引进中高级软件专业人才29名,其中包括博导、教授、副教授、博士等高级人才。市委组织部、市信息产业局负责人在会上介绍镇江市引进培育领军人才“331计划”的有关政策及镇江市软件产业发展环境和软件项目、人才需求情况。 (陶迪明 朱 虹)

【西安软件招商两个签约项目同日落户】 2009年10月18日,注册资金5000万元的江苏超创信息软件发展股份有限公司在镇江软件园举行综合楼奠基仪式,该公司是镇江市投资规模最大,集软件研发、人才培训、软件产业投资为一体的软件企业;采用全新体制、市场运营、资本运作的方式建立“镇江软件学院”。公司争取用三年左右的时间,在国内资本市场创业板块上市。同日,注册资金1000万元的江苏瑞蚨通软件科技有限公司在润州区创意产业园举行开业典礼。该公司是集应用软件产品研发及服务、软件服务外包和软件人才培训三大支柱产业为一体的综合性中日合资软件企业,是江苏省国际软件服务外包重点企业、润州区首家国际软件服务外包企业。该公司自主研发的内网监控系统等软件产品已经被多家单位采购并应用,可移动式无线远程心率实时监测系统等4个软件产品的研发工作启动。以上两个公司都是镇江市6月在西安举办软件业招商活动取得的成果。

(陶迪明 朱 虹)

【两个软件大项目与镇江签约】 2009年11月26日,在2009沪镇合作交流恳谈暨项目集中签约仪式上,浙大网新科技股份有限公司、上海睿泰科技有限公司与镇江分别进行合作意向签约和落户签约。浙大网新科技股份有限公司是国内软件外包排名第二、软件销售收入排名第八的上市公司,主要从事“智慧城市”、SAAS、智能交通、节能环保软件的研发、销售,2008年销售收入52亿元。经交流沟通,浙大网新意向在镇江注资成立公司,将基于SAAS模式的软件研发、全球市场推广、销售业务设在镇江,同时在智能传感网络、软件中高级人才的培养与引进方面和镇江开展紧密的合作,镇江市政府将支持和鼓励浙大网新在镇江建设和运营软件园区。上海睿泰科技有限公司是一家集软件研发、软件外包、管理咨询、网络教育、互联网服务等多项业务为一体的高科技企业,在上海、无锡、常州等地设有子公司,预计2012年销售收入超过4亿元。经过双方协商,睿泰科技有限公司将控股公司迁至镇江,注册资金5000万元以上,2012年争取在A股主板上市。

(陶迪明 朱 虹)

【镇江市软件业招商团赴日招商】 2009年12月6~10日,副市长冯士超率镇江市软件业招商团在日本开展一系列招商活动。此次招商活动,是镇江市开展的第一次软件业境外招商,达成合作意向12个,其中签订软件人才引进与技术合作项目5个,投资落户项目7个,软件业落户项目总注册资本7000万元,总投资超过5亿元。此外,招商团还拜会日本友盛贸易株式会社、日本纽康株式会社和日本三菱商事株式会社。

(陶迪明 朱 虹)

【镇江市“软件千企”工程推进大会】 为加快镇江市软件产业的发展速度,扩大产业规模,形成产业集聚,2009年11月18日,市政府召开“软件千企”工程推进大会,启动“软件千企”工程,提出到2015年软件类规模企业达到1000家、软件产业营业收入800亿元的目标,省经信委、镇江市政府有关领导以及企业代表近千人参加会议。

(陶迪明 朱 虹)

【京江软件园成为首批省级软件人才培训基地】 2009年,镇江市京江软件园成为首批通过省软件产业人才培训基地认定的培训机构。镇江京江软件园(京江软件园有限公司)是江苏省省级高创中心——镇江京口高新技术创业服务中心(京口软件园)的园中园,成立于2008年10月,是一家从事咨询服务、软件外包运营及软件开发等创业企业服务的企业,有员工102人,其中博士8人,研究生26人,本科以上学历占总人数的85%。该园集聚吸纳包括京江软件园、名通信息科技、启创网络工程等19家软件外包及信息服务企业。

(陶迪明 朱 虹)

信息产品制造

【概况】 2009年,全市电子制造企业230余家,全年实现销售收入239.56亿元,比上年增长22%,实现利税17.95亿元,增长35.9%,其中利润9.96亿元,增长25.1%。电子制造业工业总产值占镇江全部工业总产值的8.12%,增长1.09%,逐渐成为镇江的支柱产业。电子制造业出口出现回升,全年电子制造业出口交货值33.94亿元,在2008年下降12.7%的基础上增长46%。

(陶迪明 朱 虹)

【非晶硅薄膜太阳能电池项目落户京口】 2009年5月,总投资6亿美元的非晶硅薄膜太阳能电池项目签约落户京口区,该项目的建成对于提升京口发展层次、做大镇江光伏产业具有积极意义。由江苏绿洲新能源公司投资生产的非晶硅薄膜太阳能电池,运用高新技术,将太阳能电池“印”在玻璃、塑料或金属箔上,使用各种合金涂层来吸收阳光并产生电能。其效率与传统的太阳能晶硅电池基本相当,制造成本仅为传统晶硅电池的1/4,被认为是替代晶硅电池的新一代太阳能硅电池。薄膜电池的硅原料消耗量为传统硅片电池的1%左右,预计在今后3年内,每度"太阳电"的上网电价有望从4元降至1元,以接近煤电的价格优势,打开新能源市场,建成后年产能力达到200兆瓦。（陶迪明 朱 虹）

【大全北美太阳能公司成立】 2009年5月,江苏大全集团北美太阳能公司在"硅谷之都"——美国加州圣荷西市成立。公司着眼于美国市场的销售和台湾地区市场的开发,主要销售多晶硅料、晶片、晶棒及电池片。（陶迪明 朱 虹）

【瑞士埃那勾薄膜太阳能设备项目落户镇江新区】 2009年5月,瑞士埃那勾(Energosolar)太阳能有限公司与镇江新区签约,专业生产薄膜太阳能设备。瑞士埃那勾太阳能有限公司是全球最大的薄膜太阳能设备供应商之一。落户新区的项目由新区与瑞士埃那勾太阳能公司合作建设,一期总投资2400万美元,二期总投资增加到4000万美元。该项目主要为薄膜太阳能设备的研发、生产、销售和服务,到2010年底建成完整规模的设备制造中心,并具备研发及业务支持能力。预计到2011年,可实现年销售额2亿美元。（陶迪明 朱 虹）

【句容巨宝科技项目投产】 2009年7月,句容市开发区巨宝科技项目投入生产,该项目总投资6亿美元,从签约到开工建设只用27天,被誉为"巨宝速度"。巨宝科技是一家以生产笔记本电脑外壳为主的外资企业,为戴尔、索尼、华硕、苹果等世界名牌笔记本电脑配套生产外壳,日产能力1万套。（陶迪明 朱 虹）

【江苏省虹之谷动漫娱乐有限公司落户镇江新区】 2009年9月21日,镇江新区管理委员会、镇江市信息产业局、张家港市虹之谷卡通制作有限公司就该公司在镇江新区设立江苏省虹之谷动漫娱乐有限公司事宜,在镇江软件园举行三方合作签约仪式。该公司注册资本1000万元。主要从事卡通设计、动漫开发与制作、人才培训、动漫技术服务及动漫创意产业园咨询、服务等。到2010年,公司年销售收入有望达到3000万元。至2011年,公司将引进5个创意团队入驻动漫基地,以这些团队的创意为导向,在镇江建立一个动漫中后期制作加工中心,并开展动漫制作人才培训,至2012年为镇江培养500名以上动漫专业人才。该公司的成立,将带动镇江市动漫产业发展,为发展镇江动漫创意产业园、打造国家级动漫产业基地打下基础。（陶迪明 朱 虹）

【中国首个基于AVS标准的编解码芯片在镇江问世】 2009年12月,在中国电子视像行业协会主办的"2009中国音视频产业技术与应用趋势论坛"上,由唐桥微电子有限公司海归博士团队研发的国内外首创支持AVS标准的SoC编码芯片以排名第一的成绩,摘得2009中国音视频产业产品创新大奖。中国AVS专家组鉴定认为,该芯片不仅实现国内AVS编码芯片领域零的突破,而且其性能达到同行业国际先进水平,对于推动AVS在音视频产业的应用具有里程碑意义。镇江唐桥微电子有限公司2008年3月成立,是由镇江市引进的海归博士团队创办的高科技企业,主要从事多媒体数字芯片研发、设计、生产和销售。（陶迪明 朱 虹）

通信服务业

【概况】 2009年底,全市通信运营业务收入22亿元,比上年增长10%,全市固定电话总数110万户,移动电话总数230万户,百户家庭电话拥有量340部,互联网用户数34万户,互联网用户接入率为34%。（陶迪明 朱 虹）

【电信公司】 2009年,该公司以信息化服务为核心,移动、宽带和增值业务,ICT业务和号百业务,均衡发展。互联网手机网上用户累计达24.7万户。累计净增宽带用户6.2万户,净增用户数量增长20.5%。ICT业务以政府信息化、行业信息化、社区信息化为重点,融入移动元素,先后签约镇江市政府群网站、镇江市市级机关权力阳光等重点政府项目和司法E通、警务E通等行业应用,巩固集成领域的优势。实现"城市60%以上的主城区能提供20Mb/s带宽接入能力,农村60%以上的镇区能提供4Mb/s带宽接入能力"的目标。完成CDMA核心网、无线网的设备替换割接工作,移动网络实现独立运营及3G业务开放。经过大规模的建设,覆盖基本完成,新建宏基站180个,基站总数432个,新建CDMA室分系统50个,改造室分系统37个,新建WLAN热点331个,移动网络迅速与行业水平看齐,3G、宽带及无线宽带网络实现行业领先。

先后开展"全业务服务标准自查达标""服务社会、放心消费""服务社会、服务民生""基础服务攻坚"等系列专题活动,全面提升服务质量。实现全业务一单清、客户级账单,未经确认不开通收费类业务的管控初见成效。实体渠道基本具备实时服务,实现业务开通、关停立即生效和单业务办理"临柜5分钟",构建营业网点、电子渠道、自助服务、空中充值等多元化多渠道的服务体系。（谢月珍）

【市政府与中国电信江苏公司多方面开展战略合作】 2009年6月23日,镇江市政府与中国电信江苏公司在镇江签署战略合作框架协议。根据协议,双方将本着"政府主导、企业主体、行业推进、共同发展"的原则,在多个方面开展战略合作。一是加强信息化的规划,完善基础网络设施和平台,推进农村信息化应用发展,推进企业信息化应用发展,以信息化促进经济科学发展。二是加快全省性服务中心在镇江的工作,加大江苏电信融入镇江现代信息服务业的力度,以信息化促进产业调整升级。三是联合打造"阳光政府",推进"数字城市"工程,开展社区信息化建设,以信息化促进民生显著改善。四是服务"平安镇江"信息化工程,打造"绿色镇江"信息化工程,保障网络和信息安全,推进科教兴国战略,加强信息化知识培训。（谢月珍）

【电信公司开展互联网低俗之风整治专项行动】 2009年2月起,电信公司开展持续半年的互联网接入服务清理整顿专项行动。一是强化责任管理。强化内部管理责任,实施专人专岗负责制,对处理不及时、把关不严等原因造成的信息安全问题,追究相应人员责任以及领导责任。落实协同管理责任,针对虚拟主机和主机托管业务,落实各级代理商和服务商的安全管理责任,加强对最终用户的信息安全管理。二是强化ISP管理。严格执行"先备案,后接入"的原则,对所有ISP公司强化资质管理和备案管理。对ISP及其接入的所有网站进行全面清理,限期提供完整的资质证明、客户清单和备案信息,对于隐瞒、作假的情况根据情节将分别收回IP地址暂停服务器接入直至终止协议。三是强化日常管理。对客户提供的所有网站建立分级体系,根据级别加强日常巡查力度,一旦发现有害低俗信息,若该网站在客户提交的备案清单中,则暂停该信息对应的服务器的接入24小时,待清理并确认后再提供接入;若该网站不在客户提交

的备案清单中，直接收回该网站对应的IP地址，停止该服务器接入，域名永不接入。 （谢月珍）

【电信公司打造全覆盖移动网络】 2009年，该公司网络建设和网络优化同步进行，三个阶段两次行动实现移动网络的高效全覆盖和3G网络的基本覆盖。

第一阶段成功从联通方割接至电信，完成维护主体的转移。2月4日、6日，进行无线网BSC的预割接和正式割接，将BSC从原联通MSC割接至新建MGW，4个BSC全部对接成功。2月5日、13日完成与联通、网通、铁通的网间割接及固网割接。2月14日完成HLR割接工作，业务测试、话单验证、BSS接口测试全部正常。第二阶段成功实现移动设备替换工程并同步开通EVDO。4月2日凌晨，完成移动设备替换割接工程，原262个移动网基站MOTO设备全部替换为华为设备，实现PDSN/MGW，BTS与BSC的对接；同期新开6个基站代替原MOTO的直放站，开放EVDO点142个，初步实现镇江地区主要城区和主要干线道路3G网络的覆盖。第三阶段是大规模建设基站，基本实现全覆盖。通过2009年移动一期工程建设，新建180个宏基站，基站总数432个，实现移动网络全区全覆盖。

开展天翼网络优化的"跨越行动"和"春风行动"专项活动，先重点区域后一般区域深入优化，打造全覆盖、无缝隙的天翼网络。CDMA1X农村覆盖率提升6.59%，城区覆盖率提升4.9%，掉话率降低0.03%，MOS值≥3的比例提高20.49%，EVDO平均STMR值提高0.22DB，DBC申告速度提高0.11M。 （谢月珍）

【移动公司】 2009年，该公司开展网络优化工作，全网可承载登记用户数超过260万户，全年开通新建基站108个，新建室内分布系统81个，网络覆盖率99.5%，最佳语音质量98.77%，网络质量持续保持优秀。全年无规模性网络故障投诉。

2009年，该公司不断拓展业务范围，向用户提供主要包括：飞信、手机报、无线音乐俱乐部、号簿管家、139邮箱、手机上网、手机游戏、手机阅读等新业务，方便市民的工作和生活。同时，立足自身的网络优势、业务优势与服务优势，参与地方物联网和一卡通建设，为政府、交通等各行业提供一揽子信息化解决方案。

2009年，公司全年组织捐赠活动8场，累计捐助折合23.96万元。公司团委组织青年志愿者行动23场，累计为近2万名客户服务。一年来，公司获得多项荣誉：市公司团委获江苏省五四红旗团委创建单位称号，客服部话务中心被授予全国巾帼文明岗称号，三县主营业厅均获省巾帼文明岗称号，镇江营业厅被授予市级工人先锋号称号。

（张婷婷）

【移动千里眼】 2009年4月10日，移动公司推出统一平台、统一管理、统一服务的视频监控安防标准化产品——移动千里眼，产品将分散、独立的图像采集点进行联网，通过监控平台实现跨区域统一监控、统一存储、资源共享，为用户提供全新的高效管理工具，提高工作效率。在统一平台的基础上，移动千里眼产品可根据客户不同实际情况，进行号牌识别、智能侦测、监控统计等功能的二次开发。该产品已应用于建筑土地现场远程监控项目、全市园林信息化改造项目，市路灯管理处路灯视频监控项目，产生良好的社会效益。 （张婷婷）

【移动公司承建数字化城管项目】 2009年7月1日，该公司承建的数字化城管项目运行启动仪式在市城管局举行，镇江市副市长陈杰及政府部门相关负责人、公司总经理杨斌出席仪式。系统将镇江市94平方公里"罩进"管理网络，为"大城管"考核提供现代管理手段。 （张婷婷）

【TD—SCDMA网络建设】 2009年，移动公司加快TD—SCDMA网络建设，成立TD建设攻坚小组，克服工期短、工程量大、各方（市县、业主、厂商）协调复杂的难题。

3月4日14时30分，镇江首个3G视频电话成功拨通，副市长冯士超通过手机与江苏移动副总经理沈杰进行通话，画面清晰自然、信号稳定流畅。截至10月，该公司全面完成TD三期网络建设，建成51个宏站、230个室内分布系统，遵循边建设、边优化、边维护的原则，为用户提供TD网络质量。

市政府下发《关于加快TD—SCDMA网络建设及发展工作的通知》，从推进TD建设的部门分工与职责、加强TD建设的规划和管理等六个方面，明确要求全市各辖市（区）、各部门支持TD建设工作。 （张婷婷）

【政务信息化】 2009年，移动公司持续推进政务信息化进程，通过建设"一横一纵"的政务平台，搭建横向与市级116家党政部门和直属单位、纵向与省政府和辖市（区）政府互联的网络。项目包含政务专网、内网办公系统、内网门户、行政权力网上公开透明运行系统（权力阳光系统）、网站群、电子公章系统等子项目。同时，公司通过在区县、镇一级政府建设政务网，将公文无纸化办公推向农村，覆盖85%的乡镇。 （张婷婷）

【联通公司】 2009年是电信行业企业完成重组融合运营的第一年，也是融合后的镇江新联通全业务开局的第一年。镇江联通参与镇江政务信息化、农村信息化、企业信息化、教育信息化、社区信息化、移动信息化等众多信息化领域，对镇江当地的通信基础设施建设、镇江平安城市工程、视频监控及应急指挥信息系统建设等重点信息化工作给予支持。全年投入2亿多元资金，用于WCDMA网络的建设和优化，建成基站数量近400个，基本覆盖市区、县城及重点乡镇，基于WCDMA成熟的网络基础，可以提供最高7.2Mbps的速率，能够为用户提供上网卡、手机上网、手机音乐、手机电视、可视电话以及漫游服务。

2009年9月，江苏联通与镇江市政府签订战略合作框架协议，双方在信息化基础设施建设、信息服务业产业链发展、信息技术深化应用、加大农村信息化投入等四大领域展开合作，将镇江打造成为WCDMA信息服务业最为繁荣的区域之一，推进镇江平安城市、应急指挥系统等平台建设，加快农村信息化与城市信息化结合，而镇江联通3G业务正式投入商用，为这一系列合作架通桥梁。

（成　玺）

城市建设与管理

责任编校：毛向阳

综　述

【概况】 2009年，全市城乡建设共完成投资305亿元，完成拆迁586万平方米；市区完成投资近180亿元，完成拆迁380万平方米，投资量、拆迁量和建设工程量均为历史之最。

南徐新城建设快速推进，行政中心主楼、附楼和会议中心封顶，后勤服务楼完成桩基工程；体育会展中心会展馆和综合训练馆桩基工程完工，上部结构开工建设；建成白龙山南路（东段）、檀山东路（北段）、钱家山路（东段）等道路工程，新城路网框架初步形成。旧城改造全面展开，完成双井路等五大片区成片拆迁52.5万平方米。

禹山东路全线贯通，丁卯桥路快车道完成整治，形成连接主城东南部与镇江新区的快速通道。建成纬八路、江洲路、象山路（东段）。京口、谏壁和镇江新区三大污水处理厂以及高资、宝堰两个乡镇污水处理厂相继建成投入试运行，市区完成21公里雨污分流工程。坚持公交优先战略，2条大运量公交干线投入运营，基本建成南徐新城公交停车场一期工程，全年新增公交车125辆，新辟和优化公交线路22条。全面完成市区出租汽车新一轮更新，建成GPS调度管理中心，实现全城电话叫车、预约服务，市民出行更加便捷、更加舒适。建成城市照明控制中心，全市路灯设施实现智能化监控和管理。

实施“青山绿水”两年行动计划，完成虹桥港、光明河、玉带河等“黑臭河”的整治任务。改造街巷道路2.5万平方米，整治积水区22处、老住宅小区50万平方米。建成拆迁安置房60万平方米。完成水源口一级保护区内的征地拆迁。推进区域供水工程，市区新增受益人口近27万人。老码头文化创意产业园建成对外开放，西津渡历史文化街区基本形成成片保护成果。

完成11个省级环境整治试点示范村庄和1个特色村庄、10个市级环境整治试点示范村庄建设改造任务；做好康居示范村创建工作，丹阳市访仙镇草塘村等4个村庄通过省级康居示范村验收，丹阳市延陵镇黄固庄村等12个村庄通过市级康居示范村验收。

加强大拆迁形势下的拆迁管理，完善拆迁政策，规范拆迁实施单位和拆迁评估单位行为。推行润州区“三公开一监督”拆迁经验，真正做到阳光、公开、惠民、依法。

建筑业总产值突破300亿元，建筑外经累计签约总额1.67亿美元。质量安全管理稳步提升，在施工图审查、造价管理、质量监督、竣工验收等各个环节严格把关，全面提升工程质量，创省“扬子杯”优质工程15项、市“金山杯”优质工程65项。加强抗震设防管理，完成全市中小学校舍的抗震鉴定工作。

市区完成房地产开发投资61亿元，比上年上升7.6%，商品房销售332万平方米，增长143%。住房保障体系进一步完善，开工建设拆迁安置房228.5万平方米，竣工交付60万平方米。推进品牌战略，3家开发企业获得省优秀住宅奖，市城投集团等3家开发企业入选省房地产业综合实力50强。

市城投集团抢抓发展机遇，加强与各大银行的有效对接，完成开发银行11亿元、江苏银行10.8亿元、中国银行9.2亿元、建设银行3亿元等融资方案，全年银行融资达到75亿元，成功发行10亿元企业债券和10亿元信托基金，实现融资手段新突破，融资净余额达115.8亿元，为城市建设提供强有力的资金支持。（贾泽栋）

【京口污水处理厂试运行】 位于长江村，城东垃圾填埋场东侧，占地面积约12公顷，服务范围南到官塘镇，北至长江，西至焦山路（焦化厂铁路），东至横山路，包括丁卯片区、江苏大学，服务面积58.48平方公里，2010年服务人口可达14.5万人。工程总规模8万立方米/日，其中一期工程规模为4万立方米/日，尾水达到《污水综合排放标准》的一级A标准。项目于2008年5月开工建设，2009年6月30日通水试运行，共铺设污水管道9.4公里，投资约1.3亿元。项目建设单位镇江市水业总公司，设计单位中国市政工程华北设计院，施工单位江苏省建设集团公司，监理单位镇江江大工程建设监理公司。（张　宁）

【谏壁污水处理厂试运行】 位于谏壁工业园区，服务范围包括谏壁镇、京口工业园区、谏壁西古运河沿岸区域、丹徒区辛丰镇，服务面积42平方公里，2010年服务人口可达4.5万人。工程总规模4万立方米/日，占地9.8公顷，一期工程规模2万立方米/日（土建）和1万立方米/日（设备安装），尾水达到《污水综合排放标准》的一级A标准。于2008年5月开工建设，2009年6月30日通水试运行，项目投资8841万元。项目建设单位镇江市水业总公司，设计单位中国市政工程华北设计院，施工单位江苏省建设集团公司，监理单位镇江方圆建设监理公司。（张　宁）

【镇江新区第二污水处理厂试运行】 位于镇江新区化工园区北山路西侧，服务范围大港新区西部，含出口加工区、港区三期、绿色化工区、通港路以西范围、沿江公路以北新区部分。工程规划总规模为8万立方米/日，占地面积5.33公顷，一期规模2万立方米/日，采用水解酸化+具有除磷脱氮功能的活性污泥法(A2/O工艺)+深度处理(混凝沉淀+纤维转盘过滤)，尾水达到《污水综合排放标准》的一级A标准。一期工程总投资7269万元，于2008年年底开工建设，2009年10月进水试运行。项目建设单位镇江市水业总公司，设计单位中机国际工程设计研究院，土建部分施工单位溧阳建筑安装工程公司，安装部分施工单位江苏镇江安装集团公司，监理单位镇江市兴华工程建设监理公司。 (张 宁)

城市建设重点工程

【概况】 2009年，镇江市区共实施城建重点工程15项，总投资144.50亿元，完成年度投资74.48亿元。

南徐新城行政办公楼迁建工程主楼、附楼封顶，体育会展中心体育会展馆、综合训练馆桩基工程完工。

北部滨水区建设初见雏形。金山湖景区主体工程基本完成，引航道水利枢纽、运粮河节制闸工程进展顺利，滨江旅游专线建成通车。

市区旧城改造首次全面启动，实施双井路、中华路、长江路二期风光带、西津渡街区、大市口B地块等近60万平方米的旧城改造，累计完成近5000户民居及单位拆迁。

以禹山东路为重点，加快城市道路工程建设，禹山东路通车，丁卯桥路整治工程完工，第一楼街北延工程拆迁工作顺利完成。加快污水处理设施建设，京口、谏壁和镇江新区第二污水处理厂投入试运行，高资、宝堰污水处理厂完成土建工程。

民生项目建设进展顺利。完成街巷改造2.5万平方米和22处积水区整治。推进“青山绿水”两年行动计划，开展云台山、跑马山、宝盖山整治控制性详细规划设计，完成跑马山东片区5.7万平方米的拆迁任务。 (孙实泽)

【禹山东路建设工程】 自谷阳北路路口至左湖立交桥，长3.68公里，宽60米，总投资约9亿元。该道路是连接镇江新区大港片区与老城区的一条重要通道，建成后使大港片区与老城区的交通更加方便快捷，对拉开城市框架、疏解老城人口、改善道路周边投资环境、改善周边居民的出行条件具有极其重要的意义，同时对改善江苏大学周边环境，促进老丹徒镇建设也有着推动作用。该道路于2009年5月26日开工建设，2010年1月快车道基本贯通。项目设计单位镇江市规划设计研究院，施工单位镇江市市政建设工程总公司、江苏省交通工程有限公司，监理单位镇江建科工程监理有限公司。 (鄂丽琴)

【纬八路建设工程】 自谷阳北路至经十二路，长1.32公里，宽30米，总投资5567万元。该工程于2008年11月10日开工建设，2010年1月全面竣工。项目设计单位镇江市规划设计研究院，施工单位丹阳市政工程公司，监理单位江大监理公司。 (鄂丽琴)

【江洲路建设工程】 北起虹桥港桥，南接滨江路，长829米，宽12米，按城市支路标准建设，总投资1100万元，该道路的建成有利于道路沿线地块的开发利用，改善沿线居民出行条件，提高道路沿线周边地区的环境质量。该工程于2008年8月8日开工建设，2009年9月全面竣工。设计单位镇江市规划设计研究院，施工单位镇江市市政设施管理处，监理单位镇江市兴华工程建设监理有限责任公司。 (鄂丽琴)

新建的金山湖景区及道路 (于汇文)

城市规划

【概况】 2009年，市规划局紧扣全市重大项目和目标任务，完成规划编制400余项。南城：完成体育会展中心、第二人民医院迁建工程、新城商务办公区A区规划、南山西出入口及游览路网建设工程规划，新城市花园二期等安置房方案设计和檀山东路等七条道路规划。北水：完成滨江旅游专用线风光带、百花洲北段等七条道路及安置房小区规划和内江形态景观规划方案。城市交通：重点完成京沪高速铁路、沪宁城际铁路站场及周边地区城市设计，完成金港大道快速公交规划及禹山东路、焦山路等六条路网工程规划，完成镇江五凤口高架交通规划方案研究。市政基础设施：完成丁卯、谏壁等4个污水处理厂、生活垃圾焚烧发电厂和征润洲水源地保护规划。环境工程：重点完成云台山、磨笄山、古运河等14座山3条河“青山绿水”两年行动规划，完成沪宁高速官塘桥、扬溧高速312国道和润扬大桥金桥大道三个“城市出入口”整治规划方案。旧城和城中村改造，完成大市口AB地块、万达广场、双井路、千秋桥等10个片区旧城和10个城中村改造规划及江滨三期等老小区整治规划。控规和课题研究：完成西津湾城市设计导则和控规、伯先路片区控规和滨水区控规等，完成镇江市域空间发展规划研究、丁卯—三山地区发展战略及重点地区城市设计等课题研究。

坚持为大项目落户提供优质服务。对有意向的建设项目做好前期调查研究与沟通，项目一旦确定就启动绿色审批通道，从项目地块红线图、规划设计条件、相关报审图件资料等都指定专人帮助指导。将二重、中盐镇江盐化60万吨制盐项目和中储粮项目等66个大项目列为重点服务项目，明确责任领导、责任部门和联系人，在报审前后实行全过程、点对点的跟踪服务。

为落实市委、市政府提出的“保增长、保民生、保稳定、促发展”要求，对一批符合产业发展导向和政策的项目，尤其是民生项目，如双井路棚户区改造、中华路迎江路旧城改造片区、金山湖整治等20多个项目，在符合城市规划的前提下，特事特办，保证城市重点工程建设和民生项目建设的时效性。

根据全市地区发展不平衡的特殊情况，强化城乡规划工作从中心城市向市域延伸，指导各辖市（区）开展建制镇近期建设用地范围控制性详细规划的编制工作。在镇江新区"万顷良田"工程实施中，根据3个乡镇农业区划，科学合理划定拆迁村庄安置区，综合规划150万平方米住宅区，引导集中集约发展。

加强批后监管，坚持管理与服务并重。完善"一书三证"审批制度，特别是批后管理、规划核实和执法监察制度，实行"审、批、验"分开管理新机制。2009年全局核发建设项目选址意见书190份，核发建设用地规划许可证154份，核发建设工程规划许可证832份、建筑面积302万平方米。清理审核行政权力41项，2件行政诉讼和4件行政复议案件均被维持。完善市、区两级城乡规划管理体制。市政府下发《关于完善市区两级城乡规划管理体制调整的通知》将市镇村规划管理职能由市建设局调整到市规划局，市、区建设行政管理部门不再行使镇村规划管理职能。

围绕城市建设重点工作，夯实勘测和城建档案基础。完成基础地理信息数据即时更新和辛丰片区1:1000航测41平方公里，三山片区1:1000修测13平方公里等713项测绘项目；完成体育会展中心等106个勘察项目。审核建设工程档案852个单位工程，整理入库各类档案1.64万卷。完成《镇江市规划局信息化发展规划（2008－2010）》的编制，为今后的信息化发展确定总体蓝图。

全局系统完成4个市级科技项目和12个局级科技项目，有1个项目获国家级科技进步奖、2个项目获市级科技进步奖；20多个规划、勘测项目分别获省级、市级一、二、三等优秀设计奖。全年投入科技经费超过300万元。市规划局被市委、市政府评为跨越发展有功单位，并授予南徐新城区建设工程贡献奖、北部滨水区建设工程贡献奖等9个奖项。

（刘　俊）

【《镇江市城市消防规划（2007－2020）》获省优二等奖】 该规划由市规划设计研究院编制，结合镇江城市特点，增加历史街区消防、水上消防规划、森林消防、小城镇消防等内容，有较强的针对性。规划以消除消防隐患，提高消防救灾水平为出发点，具有较好的可操作性。2009年12月，该规划获江苏省城乡建设系统优秀勘察设计二等奖。（规划院）

【《镇江历史文化名城区保护与复兴城市设计》获省优二等奖】 该项目由东南大学规划设计研究院与市规划设计研究院共同编制。规划立足地区现状、历史与国内外城市相似案例的发展比较研究，采用以目标为导向的规划设计技术路线，借鉴国际经验与规划理论，在地区的历史文化保护、老城功能复兴与生活环境提升的三个方面明确规划设计目标；同时在系统化历史文化保护、区域化功能复兴整合与地区物质性空间规划设计三个方面，提出具体的、系统的地区发展策略、措施与方案，对该地区的空间结构调整、滨江特色塑造、历史文化保护以及旧城改造有着较好的指导作用。2009年12月，该项目获江苏省城乡建设系统优秀勘察设计二等奖。（史健洁）

【《镇江市城市三维可视化快速建模与浏览系统》分别获国家、省、市优秀奖】 镇江市城市三维可视化快速建模与浏览系统以数字高程模型（DEM）、数字正射影像图（DOM）、数字线划图（DLG）、数字栅格地图（DRG）为主要数据源，建立具有照片实景效果的三维地形数据库场景，具备坐标、高程、房屋门牌号码、用地性质、土地归属、住宅小区环境、绿地面积、地名库、道路名称、路灯形状及位置等信息，在规划、建筑、GPS导航、市政、交通、房产、旅游等领域应用中发挥重要作用。该项目由市勘察测绘研究院开发研究，于2009年9月获江苏省测绘科技进步二等奖，12月获镇江市科技进步二等奖、国家测绘科技进步三等奖。

（于正中）

【规划展示馆建成开馆】 2007年12月29日奠基，2008年12月28日主体工程完成，2009年12月30日开馆。坐落在南徐新城，北临南徐大道与新行政中心遥遥相望；西临枣林路南徐新中心区绿化中轴；东临南山风景区。占地1.5公顷，建设规模2.02万平方米，其中，上部建筑约1.40万平方米，地下室6155平方米，展示陈列面积1万平方米。总投资约1.1亿元，由市城投集团公司投资建设。该建筑分为地上四层，地下一层。地上部分由规划成果展示区、规划方案论证及公示区、参观人员服务区、办公等区域组成。地下部分由县（市）展区、临时展厅、设备用房和地下停车场等部分组成。（张炳林）

村镇建设

【概况】 2009年，全市村镇建设围绕村庄环境整治，加强农村基础设施和公共设施建设，着力改善村庄环境面貌。全年共完成11个省级试点村庄的环境整治和10个市级试点村庄的环境整治，其中4个村获省级康居示范村称号，12个村获市级康居示范村称号，完成18个农村污水处理项目，丹阳市埤城镇获市新型示范小城镇称号。

农村生活污水处理项目有序开展。根据省委、省政府"十一五"太湖水污染治理目标责任书要求，两年来，镇江市在农村生活污水集中处理建设上进行试点，共有37个村庄完成农村生活污水集中处理设施建设，其中接入城镇管网的16个，建设独立式处理设施的21个，总投入2000万元左右。独立处理的设施一般结合村庄的地形优势，采用无动力或微动力的生态处理＋人工湿地的处理模式。

2009年继续推进区域供水工程，投资6500余万元，新建、改建DN1000－DN50管道106公里。先后接手镇江新区姚桥、丁岗、石桥水厂，其中大路、姚桥水厂均已实施并网供水；向句容下蜀趸售供水；完成丹徒区石马、韦岗增压站及管道施工，做好高资水厂回购后的托管工作和高资片区的户表改造工作。在管网推进的同时，逐步完成村庄新用户的发展工作。（马　静）

【农村环境整治工作】 全市11个省级环境整治试点示范村庄和1个特色村庄全面完成整治任务，共完成道路建设2.65万米，铺设排水设施长度1.53万米，新增（建）垃圾箱（桶）149个，新增绿化面积5.75万平方米，新建公厕14座，清理乱搭乱建4255平方米，清理乱堆乱放347处，清理露天粪坑1776座，房屋出新10.03万平方米。村庄环境面貌大为改观，通过上级部门的验收。丹徒区世业镇世业村等4个村获省级康居示范村称号，丹阳市延陵镇黄固庄等12个村庄获市级康居示范村称号。（马　静）

【农民集中居住推进】 2009年，根据市政府《关于推进农村"三集中"的实施办法》要求，结合京沪高铁、常泰高速等大型基础设施建设和城镇周边村庄整治项目，镇江市稳妥推进农村"三集中"建设。其中，丹阳市开工集中居住在建项目16个，建筑面积139万平方米，工程投入22.18亿元；拆迁户数5269户，拆迁面积124万平方米。句容市开工集中居住在建项目3个，居住面积123万平方米，工程投入2.8亿元，拆迁户数1250户，拆迁面积22万平方米。

在"三集中"建设中，推广应用建筑节能等成熟的村镇适用技术。在农民拆迁安置小区中推广应用太阳能等节能项目，句容市宝华镇、丹阳市界牌镇、丹徒区高桥镇和辛丰镇等6个项目申报江苏省级节能减排(建筑节能)资金补助项目，项目落实到位后，将有4000户居民受益。（马　静）

市政公用事业

【概况】　2009年，市政公用局抓住城市建设大推进、大跨越所带来的发展机遇，全力推进市政公用事业跨越发展。

构建镇江新一轮城市公共交通体系，开通两条大运量公交线路，实现镇江大运量公交零的突破。南徐新城、镇江新区、丹徒新城三大公交停车场全部开工建设，北部滨水区、焦山景区、丹徒新城、镇江新区金港大道等十个公交枢纽站全部完成选址布点。全年新增公交车125辆，其中：大运量公交车50辆，城市万人拥有公交车达13.31标台，对8条线路车辆整体更新，新辟和优化线路22条，高质量完成省定科学发展评价考核指标和为民办实事项目。

制定符合镇江实际的出租车更新政策。上半年更新出租汽车1254辆，完成出租汽车新一轮更新，总投入1.8亿元，镇江市出租汽车选型和配置在全省地级市中处于领先，行业规范运营、文明服务、拾金不昧蔚然成风。

建成启用镇江市城市照明控制中心，对全市城市路灯照明设施实行全方位智能化监控和数字化管理。健全城市长效管理机制，加快市政公用基础设施建设改造，保持动态化、高水平管养，市区主干道亮灯率98.5%，道路完好率95.5%，养护工程质量合格率100%，在全年城市长效管理考核中获全市第一名。完成绿竹巷、文昌宫等75条街巷道路改造，面积2.5万平方米。完成南门大街、烈士路等路段的路灯专项改造工程，配合完成老小区改造，改善当地居民的人居环境和出行环境。

围绕镇江新一轮城市建设和"南城北水"的加快推进，开拓建设工程市场，市政行业承接城建重点工程及配套工程总量6亿元，完成工作量超4亿元。10月底，市政建设工程总公司被国家住房和城乡建设部评定为市政公用工程施工总承包一级资质，为全市同行业中首家获得一级资质的单位。

2009年，市政公用局获2009年度跨越发展有功单位、城市长效管理优秀单位等称号，5路线(三八班)获全国女职工建功立业标兵岗称号，出租汽车爱心车队被评为镇江市首届"大爱之星"，公交驾驶员吴云成被评为镇江市第二届"大爱之星"，市政公用局公用事业处获镇江市人民满意的公务员集体称号。

2009年，全市销售天然气1.5亿立方米，实现销售收入近5亿元；发展民用户1万余户，民用户灶前压力合格率100%。

2009年，市自来水公司完成售水量8033.14万立方米，比上年增长9.88%。水质全部达到国家新的卫生标准。按照"东进，南拓，西延"的战略构想，镇江市区域工作实现全覆盖的目标。大体形成东、南、西三大区域供水板块。（陈　文）

【市城市照明控制中心建成启用】2009年，中心建成启用。中心占地0.8公顷，建筑面积4100多平方米，完成总投入2000万元，新建的城市照明智能控制系统集光控、三遥、节能节电、防盗报警等功能于一体，对全市城市照明设施实行全方位智能化实时监控和网络化管理，达到提高管理效率、保障照明质量、实现节约用电、降低管理成本的目的，是全省城市照明功能最完备、配套最齐全的城市之一。（陈　文）

【市政工程建设完成工作量4亿元】2009年，市政总公司中标工程35项，在手工程4.3亿元，完成工作量4亿元，完成禹山东路、新区临江西路、白龙山路、丁卯桥路、四川援建八一路和希望路等工程。市政设施处完成工作量1.05亿元，完成北部滨水区临江路、丁卯纬六路、九华山支路、蛋山路、江洲路、凤凰家园道路等工程。路灯管理处完成工作量3700万元，完成凤凰山路、滨江旅游专线东段等路灯新建工程。（陈　文）

【街巷改造、路灯改造民心工程完成】2009年10月底，镇江市完成绿竹巷、文昌宫、桃花坞、花山湾、网巾桥等75条街巷道路改造，共实施道路改造面积2.5万平方米、排水管道4698米、路灯441盏。完成南门大街、烈士路、陈家门路等路段的路灯专项改造工程，共改造更新路灯110盏，新装"三遥"节点5座、控制箱3台，改善当地居民的人居环境和出行环境。（陈　文）

【自来水】　2009年，市自来水公司水费回收率99.25%，建安工程量1.98亿元，最高日供水量31.8万立方米，均创历史新高；管损率实绩为20.9%，管网水水质、水压综合合格率均为100%。

自2007年以来，公司共投入3000余万元完成33个片区的改造任务，全部完成全市的二次供水片区改造，解决二次供水片区普遍存在的水质差、收费不合理的现象，确保市民用水安全，改善居民的用水条件。加大水源地保护工程力度，完成水源地一级保护区基本工作。加强原水水质监控，强化水厂制水工艺，做好在线监测系统的维护，确保城市供水水质达标。金山水厂扩建工程开工，预计2010年底通水。

到2009年底，自来水公司已投入4.2亿元推进区域供水，实施主管道覆盖到各乡镇，共铺设供水管道DN1000—DN50管道418公里，新建泵站5座，供水总面积达到450平方公里，新增受益人口约26.9万人，区域供水普及率86%。

2009年，自来水公司相继接收镇江新区丁岗、姚桥、石桥和大路水厂，其中大路和姚桥实现并网供水，丁岗和石桥水厂暂时仍然沿用原水厂生产模式，并顺利实现向句容下蜀趸售供水。

按照"东进，南拓，西延"的战略构想，镇江市区域实现全覆盖的目标。大体形成东、南、西三大区域供水板块。东部板块：含大港港区及东部丁岗、姚桥、大路三镇。设增压泵站一座，日供水量约5万立方米，供水人口约12万人。南部板块：含丹徒区东部和南部乡镇(辛丰、黄墟、谷阳、上党、宝堰)。设增压泵站三座，日供水量约3万立方米，供水人口约15万人。西部板块：含丹徒区和润州区西部乡镇(高资、韦岗、石马及句容下蜀等区域)。设增压泵站一座，日供水量近期预计约1万立方米，供水人口约4万人。区域供水大格局已经基本完成。

2009年，市自来水公司以满分获2006~2008年镇江市文明单位称号、江苏省五一劳动奖状等。（蒋克俭）

【天然气】　2009年，镇江华润燃气有限公司实现从燃气供应商向燃气服务供应商的转型。公司从企业生产工作实际出发，从社会承诺服务、用气受理、企业收费行为、窗口服务人员的行为、公开电话服务和行政服务中心用气服务6个方面，规范服务行为、提高服务效率。全年在工程建设方面投入资金1.1亿元，组织实施314个工程建设项目，销售天然气1.5亿立方米，实现销售收入近5亿元;发展民用户1万余户,24小时维修及时率100%,民用户灶前压力合格率100%。到2009年底,全市有各类管道燃气用户14万余户,拥有天然气门站2座,天然气高、中压调压站5座,中、中压调压站4座,各类燃气调压设施近400余处,小型汽车加气站及母站各1座,高、中、低压燃气管线超过1000公里。(姜佩娟)

房地产开发

【概况】 2009年1月,市委、市政府针对2008年金融危机的困难局面,出台《关于完善我市房地产市场调控工作的意见》,颁布多项优惠政策。广大开发企业抢抓机遇,主动出击,市区完成房地产开发投资61亿元,商品房销售332万平方米,其中,住宅竣工面积148.05万平方米,比上年增长43.2%;住宅施工面积514.51万平方米,增长18.8%;住宅新开工面积183.67万平方米,增长21.6%;住宅销售面积237.84万平方米,上升135.3%。

全年市区房地产市场总体保持平稳、较快发展的态势。市政府的优惠政策出台后,3月市场开始回暖,二季度市场出现上扬,7、8月强力反弹,11、12月继续上扬,全年市场呈现典型的V字形曲线,尤其是11、12月商品房销售特别火爆,单月销售分别达到35.18万平方米和44.38万平方米,屡创单月销售历史新高。

加强对房地产开发项目的全过程监管,规范房地产市场秩序,全面推行房地产开发(电子)项目手册管理制度。开展全市房地产综合实力10强企业和优秀企业评选活动。推荐部分企业参加2008年度江苏省房地产业综合实力50强企业的评选,市城投集团和丹阳天怡获2008年度江苏省房地产业综合实力50强企业称号。市豪斯嘉房地产有限公司开发的驸马山庄、镇江瓯龙房地产开发有限公司开发的梦溪嘉苑以及江苏阳光置业发展有限公司镇江分公司开发的学府华庭获江苏优秀住宅称号。

2009年房地产市场运行中也存在着一些新问题,如房地产开发投资增速较慢;市场上中小户型、中低价位的商品房源较少,廉租房、经济适用房等保障性住房供应较少;房价上涨较快。(贾泽栋)

【《关于完善我市房地产市场调控工作的意见》出台】 2009年,为充分发挥房地产业在扩大内需中的积极作用,鼓励和支持住房消费,市政府出台意见,明确住房转让税收优惠,调整放宽土地出让金缴纳、开竣工时限,减轻开发企业税收负担,对资金确有困难的开发企业实施市政基础设施配套费分期缓缴等多项优惠政策,促进房地产市场健康稳定发展。(田 甜)

【镇江城投和丹阳天怡入选省房地产综合实力50强企业】 2009年,这两家单位入选江苏省房地产综合实力50强企业。镇江城投集团是镇江市建设局直属事业单位,实行企业化管理,注册资本10亿元,总资产350亿元,土地资产866.67公顷,开发建设的主要楼盘有紫金大厦、明珠大厦、长江渔港等。丹阳市天怡房屋建设开发有限责任公司成立于1984年,注册资本7000万元,是丹阳市首家被建设部评定为房地产开发一级资质的企业,先后开发建设海会新村、云阳新村、河滨新村、华南新村、兴隆苑、百合苑、乾泽园、景泽园、江南嘉园、句容新家园等十余处住宅小区。(田 甜)

建筑业

【概况】 2009年,全市建筑行业完成建筑业总产值313.51亿元,比上年增长19.6%;实现利税总额12.9亿元,增长12.3%;建筑外经累计签约1.67亿美元。专业企业占企业总数的59.1%,产值占全行业产值的33.3%,专业面已涵盖60个专业资质类别中的48个,承接工程的范围拓展。

全年有7家企业晋升一级资质,12家企业晋升二级资质,企业的市场开拓能力明显增强。

全市新增注册建造师258人,其中一级注册建造师33人,二级注册建造师225人,一定程度上缓解人才紧缺的矛盾。

全行业全年共创"扬子杯"工程18项、"金山杯"工程65项、新技术应用示范工程27项、优秀QC小组成果奖112项。(王丰琴)

【镇江建工建设集团有限公司】 2009年,公司累计完成施工产值28.7亿元,比上年增长30%,其中境外施工产值完成6.2亿元,居全市建筑企业之首;利税9953万元,增长31%。企业获2009年江苏省建筑业优秀企业、江苏省建筑业安全生产先进单位、江苏省建筑业外经十强第七名等称号。(贾泽栋)

【镇江索普建筑安装工程有限责任公司】 2009年,公司完成施工总产值4.1亿元,公司承建的烟草公司物流配送中心获江苏省"扬子杯"奖,公司承建的镇江市规划展示馆、镇江市口港局业务技术用房、镇江市一馆一院、飞龙新苑经济适用房项目一标段4项工程获2009年度江苏省级文明工地称号,公司被评为2009年度江苏省建筑安全管理先进单位、江苏省建筑业质量管理先进单位。规划展示馆工程QC成果获江苏省二等奖,获全国工程建设优秀质量管理小组称号。(贾泽栋)

【江苏地质基桩工程公司】 2009年,公司完成产值4.26亿元,代表性工程有:尼日利亚EWEKORO拉法基5000T/D水泥厂桩基(劳务)1094万元,镇江市体育会展中心土方工程及训练馆桩基2777万元,无锡市崇安寺二期地块桩基2850万元,无锡市新区科技商务中心桩基2818万元,淮安市第一人民医院门急诊及内科病房大楼桩基1508万元。公司获江苏省AAA级重合同守信用企业、镇江市和江苏省建筑业最佳企业、江苏省知名建设承包商以及镇江市建筑业科技进步先进单位等称号,并获镇江市建筑业新技术应用示范工程奖1项、QC成果奖3个。(贾泽栋)

【中交二航局第三工程有限公司】 2009年,公司实现六个新突破:即"合同订单"突破50亿元,创历史新高;施工产值突破30亿元;企业利润突破6000万元;全员劳动生产率突破300万元/人年;产品质量实现新突破,上海外高桥电厂三期扩建码头工程获中国电力集团优质工程奖,国道213线云南思茅至小勐养高速公路工程获国家优质工程银奖,京杭运河常州市区段改线工程获第九届中国土木工程詹天佑奖,湖南湘江株洲航电枢纽船闸工程获中交、中国水运工程优质工程奖,上海小洋山高泥滩围填工程获上海市港口协会优质工程奖,张家港宏泰通用码头内河港口无缝轨道安装质量控制QC小组被评为全国工程建设优秀质量管理小组,张家港宏泰通用码头内河港口无缝轨道安装质量控制QC小组、南通洋口港人工岛倒滤层质量控制QC小组被评为江苏省优秀QC小组;科技开发取得突破,首次获得部级科技进步二等奖。(贾泽栋)

【江苏华泰装饰工程公司】 2009年,公司完成建筑业总产值1.64亿元,工程竣

表 18-1 **2009 年度镇江市获江苏省“扬子杯”优质工程奖一览表**

序号	工程名称	施工单位	参建单位	监理单位	项目经理
		镇江市(13 项)			
1	镇江沃尔玛购物广场	镇江建工建设集团有限公司	–	–	万少华
2	江苏大学附属医院外科大楼	镇江第二建筑工程有限公司	宜兴市工业设备安装有限公司	镇江方圆建设监理咨询有限公司	仲高平
3	句容市行政中心办公楼	江苏正大置业集团建筑工程有限公司	苏州金螳螂建筑装饰股份有限公司	镇江方圆建设监理咨询有限公司	雷圣华
4	丹阳市土地市场服务中心综合楼	江苏云阳集团有限公司	福建省泉州远泰幕墙装饰工程有限公司丹阳分公司	–	曹建华
5	江苏省烟草公司镇江市公司物流配送中心	镇江索普建筑安装工程有限责任公司	–	镇江方圆建设监理咨询有限公司	王国庆
6	镇江实验学校教学综合楼	江苏广兴集团有限公司	–	–	冯恒安
7	丹阳市劳动和社会保障局综合服务楼	江苏丹建集团有限公司	–	–	尹　笋
8	镇江大港三期集装箱多用途泊位办公楼	江苏江都二建工程有限公司	–	–	童国春
9	长江新天地 2 号楼	江苏福世特建设工程有限公司	–	镇江建科工程监理有限公司	杜本军
10	扬中市交通职工学校教学综合楼	扬中市新城建筑安装工程有限公司	–	–	姚纪林
11	我家山水彩虹苑 7 号、8 号楼	江苏新源建筑工程有限公司	–	–	管维林
12	香江花城 41 号楼	中天建设集团有限公司	–	–	张永忠
13	馨海家园 1 号楼	镇江京河建筑工程有限公司	–	–	王丁川
		专业工程			
14	润扬长江公路大桥	–	江苏省交通工程集团有限公司	–	仲义正
15	220 千伏南凤变电站	江苏省电力建设第三工程公司	–	–	李建忠
		援建四川省绵竹市灾后重建工程			
16	四川省绵竹市板桥镇小学	镇江建工建设集团有限公司	–	镇江方圆建设监理咨询有限公司	毛正辉
		外市(无锡)			
17	江南大学蠡湖校区公益图书馆	镇江建工建设集团有限公司	宜兴市工业设备安装有限公司	–	孟庆东
		省外优质工程			
18	大连市开发区昌临商务大厦	镇江建工建设集团有限公司	–	–	李卫忠

(贾泽栋)

工项目交验合格率 100%、优良品率 75%。创中国建筑工程装饰奖 1 项、国家优质工程银质奖 1 项、全国建筑装饰行业科技示范工程科技创新奖 1 项、“紫金杯”省优秀工程奖 5 项、市“金山杯”优质工程奖 3 项、市“北固杯”优质建设装饰工程奖 8 项，获江苏省进沪施工先进企业、江苏省建筑业企业安全生产先进单位、江苏省建筑业最佳企业和优秀企业等称号。

公司承建的河北张家口市宣化区宣化世纪王朝酒店装饰工程获 2009 年全国建筑工程装饰奖，该工程还被国家工程质量奖审定委员会评为 2009 年度国家优质工程银质奖。该公司是 2009 年镇江市唯一一家获此殊荣的建筑装饰装修企业，也是自 2004 年以来连续六年第七次获得全国建筑工程装饰奖。

宣化世纪王朝酒店位于张家口市宣化区中山大街北侧，是集餐饮、娱乐、住宿、洗浴、会议为一体，功能全、标准高的四星级酒店。工程占地面积 4.43 公顷，框架结构，地上 12 层，地下 1 层，建筑高度为 48.4 米。装饰工程建筑面积 3.11 万平方米，工程造价 3980 万元，工程于 2007 年 4 月 18 开工，2008 年 3 月 26 日竣工。　(贾泽栋　曹为忠　陈　杰)

房产管理

【概况】　2009 年，市房管局出台《关于完善我市房地产市场调控工作的意见》，明确购房优惠政策，减轻开发企业的负担，促进住房消费。召开“提高品质，促进发展”的现场会，建立联席会议制度，协调解决房地产业发展的重大问题。出台实施《镇江市房地产市场风险突发事件应急预案》，全面开展房地产市场风险防范排查工作，取得房地产业发展的历史最好成绩。市区房地产开发完成投资 60.99 亿元，比上年增长 7.6%。商品房施工面积 604.09 万平方米，增长 12.2%，其中住宅施工面积 514.5 万平方米，增长 18.8%。商品房竣工面积 170.24 万平方米，增长 40.8%，其中住宅竣工面积 148.05 万平方米，增长 43.2%。累计批准商品房预售 238.78 万平方米，增长 13.31%。房地产交易量创历史新高。市区实现商品房累计合同销售 312.37 万平方米，增长 143.28%。其中实现商品住宅累计合同销售 21785 套，合同销售面积 263.4 万平方米，销售套数、面积分别增长 128.81% 和 132.21%。二手住宅交易套数为 15050 套，交易面积 123.61 万平方米，分别增长 197.43%、222.07%。办理商品房登记 1.08 万宗，面积 121.27 万平方米，成交金额 50.72 亿元，分别增长 23.93%、30.59%、45.12%；二手房交易登记 1.37 万宗，面积 114.09 万平方米，成交金额 31.45 亿元，分别增长 166.03%、179.29%、194.53%；办理抵押登记 1.76 万宗，面积 403.26 万平方米，权利价值 65.85 亿元，其中个人抵押 1.61 万宗，权利价值 44.51 亿元；办理二手房资金监管 257 宗，金额 8895.98 万元。完成私房发证 3.28 万户，面积 340.9 万平方米，单位发证2408户，面积348.3万平方米，发证数量是上年同期2倍。市区征收房产契税1.11亿元，房产营业税、所得税4984万元，房屋租赁税2865万元，物业维修基金归集4884万元。从9月1日起，基本建立“以租赁补贴为主，实物配租和租金核减为辅”的组合型住房保障模式。市区累计保障住房困难家庭3198户次，廉租住房保障家庭2102户。其中租赁补贴1777户、实物配租325户。完成年度廉租住房建设投资2801.98万元，廉租住房新开工建设190套、1.08万平方米，新筹集10套、0.03万平方米，完成省政府下达200套、市政府下达1.1万平方米的廉租住房年度目标任务；启动2009年廉租住房实物配租工作，实物配租214户，其中直接配租134户，结合危旧房改造配租80户。基本实现符合廉租住房保障条件的城市低收入家庭应保尽保。危旧房改造进一步加快。推进实施危旧房改造6处：双井路片区、中华路片区、迎江路片区、长江路北片区、千秋桥片区、新河街片区，拆除危旧房总面积65.45万平方米，计划总投资55.9亿元。前五个片区已进入实施阶段，共完成拆迁55万平方米。直管公房已完成110处2.25万平方米零星危旧房改造，总工作量约650万元，450户1200人居住条件得到改善。全力推进物业管理重心下移工作，出台《关于进一步加强市区物业管理工作的意见》，建立物业管理联席会议制度；构建区、街道、社区三级物业管理工作网络。永安·新城茗苑等3个项目获省优称号，中南世纪城（一期）等16个项目获市优秀物业管理小区称号。（蒋　荣）

2009年镇江市区商品房供需变化情况表（不含政策性用房）

表18-2　　单位：万平方米

	商品房	比上年（%）	商品住房	比上年（%）
批准预售面积	238.78	15.31	189.84	15.13
年末累计可售面积	184.38	-25.79	109.09	-37.71
实际登记销售面积	312.37	143.28	263.4	132.21
其中：预售	276.76	140.81	235.3	129
现售	35.61	164.37	28.1	163.11
成交均价（元/平方米）	4551	11.68	4279	14.14

（蒋　荣）

【镇江市区提高住房保障标准】 2009年，根据省相关文件精神和要求，镇江市出台《关于调整市区住房保障相关标准的通知》。从9月1日起，提高市区住房保障相关标准。低收入家庭人均月收入标准由原700元/人·月，调整为850元/人·月。低收入家庭人均住房建筑面积标准由原15平方米/人，调整为18平方米/人。廉租住房保障家庭租赁补贴标准：按建筑面积计算，最低收入家庭（低保、特困家庭）由原7.22元/人·月·平方米，调整为10元/人·月·平方米；低收入家庭由原5.87元/人·月·平方米，调整为8元/人·月·平方米。市区最低收入家庭实行实物配租和购房补贴相结合的保障方式。购房补贴额度：二人家庭每户补贴8万元，一人户家庭每户补贴6万元。（蒋　荣）

【《关于加快推进市区危旧房和城中村改造工作的实施意见》出台】 2009年5月出台，该意见明确指导思想、工作目标、改造原则、相关政策。计划用2年时间基本完成市区十大危旧房、十大城中村的拆迁安置任务，用3至4年时间完成建设和改造任务。2009年启动双井路片区、中华路片区等6处危旧房改造任务，启动一泉村、江滨村等5处城中村改造任务。2010年启动和平路片区、荣庆里片区等4处危旧房改造任务，启动征润洲村、金山村等5处城中村改造任务。（蒋　荣）

【《关于进一步加强市区物业管理工作的意见》出台】 2009年，为进一步加强市区物业管理工作，理顺监管体制，优化运作机制，改善人居环境，镇江市出台意见，按照“条块结合、以块为主”的原则，明确市、区两级职责，健全市房管部门、各区政府、街道办和职能部门共推市区物业管理工作机制。

意见规定，新建商品房住宅小区全面推行市场化的物业管理等级性有偿服务，并在所在地街道办指导下，由开发建设单位、前期物业服务企业和业委会三方组织做好物业管理续聘、新聘或业主自治管理的转换衔接工作；老住宅小区要结合环境综合整治逐步解决基础设施配套问题，提供相应完善的物业管理服务项目；对失管小区及零散居民楼，由街道办帮助成立业委会，指导选聘新的物业企业实施基本物业管理服务项目，或采取“楼幢管理”的模式提供管理服务项目；新建低价位拆迁安置房、保障性商品房等住宅小区，创造条件逐步推行市场化物业管理，暂不具备条件实行等级性有偿服务的，由开发建设单位按总建筑面积5元/平方米一次性补贴移交给街道办，街道办落实基础性有偿服务项目。意见还对完善配套设施、强化行业监管、规范收费行为、提升自治能力等方面作了明确规定。

意见的出台实施，将有效地解决市区失管小区、物业服务费收缴难和物业企业中途退出服务等“老大难”问题。（蒋　荣）

【建立物业服务企业信用档案制度】 2009年3月，为加强镇江市物业管理行业诚信体系建设，物业管理企业须向市房管局填报企业信用档案，填报内容涉及企业基本情况、现托管小区（大厦、工业园）及物业服务委托合同、信用良好记录、信用不良记录以及业主及业主委员会、相关单位投诉情况等七大项内容。经核实后记入企业信用档案，与物业管理企业投标资格预审、企业资质升级、年度创优工作挂钩。以此营造全市物业服务行业“有信者荣、失信者耻、无信者忧”的氛围，强化企业的社会责任感，引导企业诚信自律、依法经营，为广大业主提供良好的服务，促进全市物业管理行业健康有序发展。（蒋　荣）

【开展物业小区楼宇小广告专项治理】 2009年上半年，市房管局对市区范围内所有实施物业服务的住宅小区，以重点治理楼宇和楼道内的各类小广告、乱涂乱画，以及小区内不规范张贴宣传资料等现象进行专项治理。通过治理，进一步优化物业小区业主居住环境，提升小区物业管理服务水平。专项治理期间，市房管局对未按要求进行专项治理的物业企业，且小区内此类问题严重的或治理不到位被市城市管理协调委员会办公室检查考核扣分者，将利用企业的保证金，安排人员进行治理，同时取消该企业年终参与评先评优的资格，并视情况在有关媒体上通报批评，扣除一定数量的企业保证金。（蒋　荣）

城市管理

【概况】 2009年，市城管局投资4.13亿元的生活垃圾焚烧发电项目具备全面施工建设的条件，投资450万元的城东垃圾填埋场垃圾渗沥液预处理工程竣工投入试运行。主城区投资624万元，新建、改建、维修垃圾中转站6座、公厕30座，购置环卫设备一批。投资780万元建成数字化城管系统平台，通过省级验收。

市城管局强化城乡环境卫生管理，投资516万元，新增保洁员342人，消除卫生保洁盲区盲点277处。全市农村垃圾处置投入1.68亿元，21个乡镇通过全国环境优美乡镇省级考核，农村垃圾处置长效管理工作保持全省领先水平。投资204.2万元解决市区外来环卫务工人员法定节假日加班工资问题。全市全年环卫部门生活垃圾清运、处理量42万吨，其中市区19万吨。主城区新增道路保洁面积101万平方米。

市城管局强化城市容貌管理精品创建工作，龙吟坊商业街建成省级市容管理示范路。市区主次干道清除小广告31.5万张(处)，清除率90%。粉刷墙面20余万平方米，建成40个无乱贴乱画社区。投资2800万元，新增58幢高层建筑亮化工程。新增纳入控制单位15家，控制终端升级改造35处。

市城管局规范执法行为，确保快办快结。2009年共查纠各类违法违章行为45862起，办结简易案件13651宗、一般案件784宗；承办的人大代表建议5件和政协委员提案24件并全部办结，答复率、见面率、满意和基本满意率达100%。（戴劲松）

【市领导慰问环卫一线工人】 2009年1月22日(农历12月27日)，陈杰等市领导在碧榆园主持召开环卫工人迎新春座谈会，向全市环卫工人拜年。市领导详细听取环卫工人对环卫工作的建议和意见，并向广大环卫职工发放慰问金。自2004年以来，每年在春节来临之际，市领导都召开环卫工人迎春座谈会，与环卫工人一道吃年夜饭，向环卫工人发红包，并同台演出，共迎新春。（戴劲松）

【市容环境"四大整治"见成效】 自2009年3月开始，市城管局牵头在市区范围内开展占道经营、违法建设、户外广告和交通秩序等四大整治活动。市区开展集中整治和专项整治行动1585次。拆除违法建设2163起、9.87万平方米。拆除许可到期的大型户外广告257块、2.71万平方米。纠正违章占道经营行为2万多起，处罚整改占道摊点530多处，取缔非法马路菜市场13个。强化扬尘治理和渣土管理，发放整改通知书600多份，暂扣违规渣土车辆400多辆(次)，督促建设施工围墙5.48万米。2009年完成重大保障任务120多次，公安城管分局接处警136起，随队保障1530多次，出动警力2600多人次，治安警告3人，行政拘留6人。（戴劲松）

【深化行政效能建设】 2009年，市城管局启动修编环卫专业规划、户外广告专业规划、机动车洗车点规划，修订城市建筑垃圾管理办法，开展多轮次的市容、卫生、执法业务集中培训，全市12支执法队伍通过省级星级队伍评定验收；抓队伍建设，按民主集中制原则和干部任用制度，选拔调整一批年富力强的干部走上领导岗位，抓环卫队伍的稳定、执法队伍的效能、管理队伍的效率、考核队伍的公正和公安队伍的保障；抓制度建设，开展"学习型、服务型、文明型"机关的创建活动，完善机关岗位责任制、首问负责制、绩效考核制和责任追究制，新建目标任务完成倒逼机制、效能效率大督查机制和党政干部问责机制。（戴劲松）

【完善长效管理考评机制】 2009年，市城管局完善"大城管"考核机制。"大城管"考核与数字化城管平台有机融合，提高解决问题的快速反应能力。全年派遣案件28160起，整改率83.9%，解决重点难点问题261个，打造管理亮点192个，投入管理资金1.2亿元。纳入"大城管"考评的16家单位主动作为，通过加分，有13家单位达到优秀等次；完善市容环卫专业考核机制，坚持对基层单位的管理效能进行日考核、月通报制度，提高基层单位的管理责任心和业务工作的专业化。同时，建立占道经营、违法建设、扬尘污染整治的周报和日报制度；完善行政执法效能考核。建立责任区管理档案、沟通协调、整改反馈和排名通报等执法效能考评四项制度，实施保证金捆绑考核制度。全年下发整改通知书245份，涉及3189个问题，整改率79.3%。完善农村生活垃圾处置考核。推行农村卫生保洁责任区制度，推动优美乡镇创建，完善环卫设施和管理网络，全年投入资金超过5000万元，保持全省领先水平。（戴劲松）

【城管社会化宣传工作】 2009年市城管局开展"城管开放日""环卫一日保洁""党员奉献日""文明劝导"等活动，播发稿件280篇(次)，形成40多篇调研性理论文章，在省、市杂志上发表10多篇。城管窗口共受理各类办件1996件，即办件的办结率达100%，承诺件提前办结率达86%以上。（戴劲松）

【辖市(区)城管工作富有特色】 2009年，丹阳市开展相对集中行政处罚权工作，成立城市管理行政执法局，城市执法工作取得新突破。句容市重视农村垃圾处置工作，每月坚持召开各镇环卫工作例会，实施"推磨式"检查考核，农村环境面貌明显改观。扬中市改革环卫保洁模式，建立健全每日清扫、快速捡拾、督查考核协同运作的新机制。丹徒区整合力量强化城市长效管理工作，初步形成"众志成城齐努力，千斤重担众人挑"的城市管理新格局。京口区出台《关于建立快速查处违法建设工作机制的意见》等3个文件，落实防治违法建设的责任，提高快速查处能力。润州区15个社区创成无小广告社区，完成江南新村、桃园三期等老小区整治任务。镇江新区根据体制调整后的职能变化，致力于实施无差错管理，着力解决一批热点、难点问题，提升城区整体形象。（戴劲松）

综 述

【概况】 2009年，全市以创建国家生态市为目标，强化基础创建工作，创成全国环境优美乡镇21家，乡镇环境面貌显著改善；加快环境基础设施和生态修复工程建设，全市已建和在建的城乡污水处理厂达到34座；加强污染减排工作力度，完成二氧化硫削减4%、化学需氧量削减2.2%的年度目标任务；解决危害群众健康的突出环境问题，开展市区饮服行业专项整治、韦岗地区专项整治、金属熔炼企业专项治理、废弃采石宕口专项检查等10余项专项整治；服务经济建设，畅通环评（环境影响评价，下同）审批"绿色通道"，审批时间比法定时限缩短50%以上，配合财政局、发改委等部门争取中央、省级环保资金近1.7亿元，单独争取2260多万元。 （颜正清）

【服务经济发展】 2009年，市环保部门出台《关于当前经济形势下环保部门做好服务经济发展工作的通知》《关于做好2009年镇江市重点项目服务工作的通知》《关于印发〈镇江市建设项目环境影响评价文件会审制度（试行）〉的通知》等3个文件；市级、京口区、润州区的项目审批全部进服务中心窗口办理。坚持有保有压的环评政策，对重点项目简化办事程序，畅通环评审批"绿色通道"。市环保局班子成员及业务处室分工联系84个重点项目，提前介入，全程服务，审批时间较法定时限缩短50%以上。在大全新能源多晶硅、中国二重集团、中储粮大豆加工等项目的推进工作中做出令投资者满意的服务。指导企业申报环保专项资金，除配合财政局、发改委等部门争取中央、省级环保资金近1.7亿元外，还单独争取2260多万元，为生态建设和污染减排提供近2亿元的资金保证。 （戴 群）

【发展循环经济】 2009年，镇江市以科技进步为支撑，发展循环经济，推进产业结构优化升级，形成以高新技术产业为先导、基础产业和制造业为支撑、服务业全面发展的产业格局。2009年全市高新技术产业产值1050亿元，占全市规模工业产值的33.1%，比上年增长24.6%。服务业增加值超过600亿元，增长15%以上，占地区生产总值比重超过38%，加快形成节约、环保、高效的现代服务业体系。开展循环经济与清洁生产审核工作，太湖流域提标改造工程完成。 （汤 立）

【环保教育培训】 2009年，市环保局专门邀请环保部和江苏省环保厅领导对市各有关部门和辖市（区）领导进行环境保护和生态建设专题讲座，提升部门领导和地方领导的环保意识。组织75家重点排污企业法人进行环境保护专题培训，开展诚信排污企业创建活动，要求重点排污企业法人签订《诚信排污承诺书》，鼓励企业做到诚信为先、机制健全、制度严格、责任落实、管理规范、监督到位。 （陆 敏 李 媛）

【动员全社会共同参与环保活动】 2009年，在"6·5"世界环境日前后，镇江电视台和环保影院循环播放《焚烧秸秆害人害己》环保电视动漫片；在京口和润州社区开展环保"圆桌对话"座谈会；市环保局与市委宣传部、市教育局、镇江新闻网联合开展系列环保活动；在《镇江日报》开设环保专版，公布2008年环境质量公报和环境行为信息公开化部分评

2009年1月21日，镇江市召开生态市建设联席会议 （环保局）

级结果;发动社会团体开展减排工作万家巡、节能减排全民行动、绿色家园万人签名等系列活动,倡导全市居民节能减排、保护环境。 (陆敏 李媛)

【推进"双消除"脱贫村脱贫致富工作】 2009年,根据市委、市政府下达的脱贫攻坚目标,市环保局采取措施加大对"双消除"脱贫村的帮扶力度,组织专家现场调研,编制丹阳市皇塘镇积善村帮扶项目研究报告;建设两公顷无化肥、无农药高效农业作为帮扶示范项目。该项工作已投入近50万元,按时完成帮扶村脱贫任务。 (彭景志 曹念东)

环境管理

【概况】 2009年,市环保部门行政服务窗口审批环评文件192件,竣工验收项目92个,均按照要求进行审批,对不符合产业政策的项目坚决劝退;在全省环保系统率先实施建设项目环保审批情况分析会议制度,每季度就项目审批问题进行研究,推广丹阳市环保局对敏感项目进行批前公示等做法。

市环保系统在全行业开展精神文明创建活动。2009年7月,经市文明办初审,市环保系统申报单位全部达到创建标准,其中市直环保系统创成市级文明行业。 (戴群 吴锦利 颜正清)

【完善环境信访处置机制】 2009年,市环保部门以完善环境信访处置为重点,开展局领导带案下访和环保大接访活动,颁布实施《镇江市环境污染有奖举报实施办法》,在做好"12369"环保举报热线的同时,根据市政府的统一安排开通"12345"服务热线,环境信访处置能力得到提高。 (刘玲 叶佳周)

【企业环境行为信息纳入银行征信系统】 在2009年的企业环境行为信息公开化的评级中,全市共有参评企业875家,较2008年增加26家,经评定全市获得绿色环境标志的企业74家,蓝色企业645家,黄色企业117家,红色企业45家,黑色企业4家。环保部门将环境行为信息公开的评级情况纳入银行征信系统中,对红色、黑色企业进行信贷控制,遏制污染企业的再生产,促进企业自觉加强污染治理。 (张文辉)

【创新和完善环保工作机制】 2009年,市环保部门建立市局与分局、管理与执法、审批与监管协调统一的执法责任机制。新修订制度11项,废止规章制度和政策性文件2项。此外,新建立部门领导负责制、周事项通报制、环保工作月度分析制、内部信息公开制、项目会审制、财务审计制等10项制度。以岗定人,编制岗位说明书。重点落实首问负责制、服务承诺制、绩效考核制和失职追究制。因事设责,完善工作流程。结合各部门的各项工作职责和工作目标,通过梳理现有的工作流程和规章制度,对各项工作流程规范、补充、修订和完善。建立关键权力节点监控机制,在项目审批、排污收费等关键权力节点上完善监督机制,扩大政务公开范围,规范从建设审批到日常监管整个流程。

(吴锦利 颜正清)

【"权力在阳光下运行"工作】 2009年,市环保部门规范环保行政许可、收费、处罚等办事程序,规范行政自由裁量权,编印《镇江市环保局行政权力公开透明运行手册》,制作镇江市环保局行政强制措施流程,"行政权力阳光运行系统"(指环境行政权力:建设项目环境审批、污染防治设施拆除和闲置审批、排污许可证审批、危险废物管理审批、夜间施工许可、辐射安全许可证审批、环境行政处罚、排污费征收等运行流程的网上公开)实现网上运行。 (吴锦利 颜正清)

太湖流域水污染治理

【概况】 镇江市东部属湖西水系,流域面积1590平方公里。根据《江苏省太湖水污染防治条例》《太湖流域水环境综合治理总体方案》,以及镇江市政府与省政府签订的太湖水污染治理目标责任书,2009年,市政府编制下发《关于印发镇江市太湖水污染防治工作规则的通知》,明确镇江市太湖水污染防治的组织机构、成员职责、工作制度以及目标考核体制,并对2009年镇江市太湖水污染防治重点任务进行部署。丹阳市、句容市以及丹徒区的全部行政区域被列入太湖流域综合治理范围。至2009年底,镇江市140项重点工程基本完成,环境基础设施开始发挥减污效能;在入湖河道两侧开展农药和化肥零投放试点,建成7个氮磷流失生态拦截工程,形成生态沟渠塘10万平方米,拦截氮磷入湖。镇江市太湖考核断面水质逐步好转,达标率66.7%,较上年提升9.6个百分点。2009年是镇江市太湖流域水污染治理投入最大的一年,句容在太湖水环境治理中投入财政资金1.36亿元,增长11%;丹阳2.92亿元,增长86%;丹徒7791万元,增长394%。 (汤立)

【加快环境基础设施建设】 2009年,镇江市推进污水处理厂建设,太湖流域18座乡镇污水处理厂以及1个污水处理接管工程已全部到位(其中句容8个,丹阳6个,丹徒5个,总规模12.3万立方米/日),原有3座污水处理厂脱氮、脱磷等提标改造工程完成,配套支管网加紧延伸与接入,城镇污水的收集面与收集量增加。太湖流域18个镇村布局规划确定的农村居民点生活污水处理设施与6个自然村乡村生活污水生态净化处理设施全部建成;镇江市区与丹阳两个生活污水处理厂污泥焚烧项目投运;丹阳毛甲(二期)和句容天王徐家桥填埋场工程完工,新增库容62.37万立方米;市太湖流域12个建制镇、127个行政村的垃圾收运体系软硬件全部到位,实现农村生活垃圾日产日清。太湖流域11个水质自动监测站、新建的船舶垃圾收集站和船舶油废水回收站均完成建设任务,逐步发挥监控水质、防止水上污染的效用。 (汤立)

【开展全市太湖流域排污企业跟踪执法检查】 2009年,镇江市下发《关于镇江市太湖流域提标改造工作专项执法检查情况的通报》,对37家企业责令关闭,对42家企业责令停产整治,对17家企业要求及时办理验收手续。实施环境监察全覆盖,重点完善全市重点企业的"一厂一档"管理制度,落实工业污水处理厂及污染行业的提标改造和深度处理工作,做到太湖流域工业企业的稳定达标排放。 (汤立 叶佳周)

污染控制

【概况】 2009年,市委、市政府将"狠抓结构调整、加快产业升级、加强节能减排督查考核"作为全年工作重点,先后出台促进产业调整与优化等一批实施意见,将污染减排列入全市国民经济和社会发展年度目标,与各辖市(区)签订目标责任状。为推进减排工程建设,7月中旬,市委书记、市长带队对全市污水处理厂建设进行现场督查。市人大将减排工作作为年度执法检查重点内容,组织多次环境执法检查、视察活动,督促各级政府和相关职能部门切实重视和做好减排工作。市政协也高度关注减排工作,建言献策,对实施减排工作起到推动作用。

(胡纪全 袁桂珍)

【完成污染减排指标】 2009年，市环保部门编制镇江市减排项目计划，先后5次修订减排计划，最终确定全市实施化学需氧量减排项目39个、二氧化硫减排项目15个。根据项目完成情况测算，可削减化学需氧量7400.80吨、二氧化硫2.55万吨。市环保部门出台《关于加强污水处理厂环境监管的实施意见》，多次现场指导服务，确保国电谏壁发电厂7、8号燃煤机组脱硫改造工程通过国家和省的验收并形成减排量。此外，环保部门还与市政府办、纪检监察和建设等部门组成联合督查组，每季度到各辖市（区）现场查看减排项目实施进展情况，查阅台账资料，提出整改意见和要求，并通报督查考核结果。

（胡纪全 袁桂珍）

【开发区完善环境设施】 2009年，市环保部门召开贯彻落实《规划环评条例》座谈会，落实"十二五"期间各行业编制发展规划的环评工作。编制完成7个省级开发区区域环评，镇江港总体规划、镇江市土地利用总体规划的环评工作正在进行之中。出台《关于印发进一步加强开发区环境基础设施建设工作方案的通知》，对省级开发区基础设施建设大力推进，镇江新区、京口、句容等各开发区的基础设施建设取得较大的进展。开展化工园区专项检查行动，对镇江新区化工园区、丹徒经济开发区化工园区和索普化工基地进行全面排查，对存在问题的11家企业要求限期整改。

（刘 玲 戴 群）

【整治违法排污企业环保专项行动】 2009年，镇江市重点打击"两高一资"（主要指高耗能企业、高污染企业、资源性产品企业）行业环境违法行为，开展饮用水源保护区后督察和城镇污水处理厂、垃圾填埋场集中整治、涉砷企业和造纸行业后督察等，专项行动按方案序时进度要求完成各项任务。全市累计出动执法人员9450人次、检查企业3514家次，立案查处违法企业278家，责令关闭化工企业26家，关闭小轧石、小石灰窑21家。下达停产整治企业25家，受理"12369"环保投诉热线12987件，对110件重点环境信访案件跟踪督办，对存在一般环境违法行为的企业全部下发限期改正通知书。 （刘 玲 叶佳周）

【强化机动车尾气治理】 2009年，市政府出台《镇江市机动车排气污染防治实施细则》，在市区建成机动车排气检测站1个、稳态工况法检测线3条，机动车尾气污染防治工作取得进展。 （胡纪全）

【保障饮用水水源地安全】 2009年，市政府制订征润洲饮用水水源地保护工程实施方案，并专题研究金山湖应急备用水源地建设工作；下发《关于全市集中式饮用水源地保护专项督查情况的通报》，要求全市对饮用水水源一级保护区内已建的与供水设施和保护水源无关的建设项目、设施以及饮用水水源保护区内的排污口立即拆除、关闭或者搬迁。

（刘 玲 叶佳周）

【开展市区饮服行业专项整治】 2009年，镇江市在市区（含新区）范围内所有饮食服务业企业中开展环保专项整治工作，共调查433家，对其中109家不符合要求的责令整改，下达整改通知书，大部分企业完成整改任务。

（魏建国 叶佳周）

【开展韦岗地区专项整治和废弃采石宕口专项检查】 2009年，句容市、丹徒区、润州区等辖市（区）环保部门协同开展韦岗地区专项整治，对该区域33家小石灰窑、小轧石企业提出具体的治理意见，完成限期整改12家，关闭21家。同时对全市范围内废弃采石宕口进行拉网式集中专项检查，重点对采石宕口比较集中的句容市、丹徒区、润州区等地318个废弃采石宕口进行检查，对少数存在隐患的宕口进行现场调查，并监督整改到位。

（魏建国 叶佳周）

【开展金属熔炼企业专项治理】 2009年，镇江市下发《关于加强金属冶炼企业辐射安全管理的通知》，对全市金属熔炼企业的189名辐射安全管理人员进行专门的培训，对13家金属冶炼企业的辐射安全工作进行现场专项检查，对少数尚未配备辐射监测仪器的单位，依法下达《辐射安全监督意见书》，要求其立即安装到位并按规范进行辐射监测。

（孙前进 邵 峰）

环境质量

【概况】 全年城市空气环境、水环境和声环境质量总体比上年有所改善。市区环境空气质量良好以上天数比例达到92.7%，长江干流水质保持在优良状态，集中式饮用水源地水质达标率100%。但全市部分水域水污染问题、部分地区大气污染问题较为突出，环境质量改善依然面临较大压力。

（胡纪全 邹云娣）

【市区及主要城镇空气环境均优于国家二级标准】 2009年，镇江市区、丹阳市云阳镇、句容市华阳镇、扬中市三茅镇空气环境质量均优于国家二级标准，全市降水年均pH值为5.48，酸雨发生率为18.5%。

主要污染物年均浓度见下表：

表19-1 单位：毫克/立方米

	二氧化硫	二氧化氮	可吸入颗粒物
镇江市区	0.022	0.033	0.093
丹阳市云阳镇	0.037	0.034	0.083
句容市华阳镇	0.026	0.019	0.068
扬中市三茅镇	0.030	0.028	0.082
空气环境质量二级标准	0.06	0.08	0.10

（胡纪全 邹云娣）

【城市饮用水源水质达标率100%】 2009年，市区金山水厂和金西水厂两座集中式供水厂共用1个取水口，是镇江市的主要饮用水源地。丹阳市和扬中市的城市（镇）集中式饮用水亦取自长江，句容市集中式饮用水主要取自北山水库。全市各饮用水源地水质均满足Ⅲ类水标准。市区、丹阳市、扬中市、句容市饮用水源水质达标率均为100%。

（胡纪全 邹云娣）

【主要河流水质保持良好】 2009年，镇江市长江外江段保持Ⅱ类水质标准，总体水质为优。镇江市入江支流水质达标率100%，水质总体良好。京口闸至丹徒镇的古运河段水质总体上达到Ⅳ类水标准，表现为一定程度的有机污染，主要污染指标为氨氮、生化需氧量、溶解氧、挥发酚；大运河总体水质状况为轻度污染。丹阳市丹金溧漕河、扬中市各内港和内河、丹徒区捆山河和通济河等水质均满足水域功能区要求。句容河水质基本满足水域功能区要求。丹徒区和句容市的中小型水库水质良好，基本满足所要求的Ⅱ类或Ⅲ类水域功能。

（胡纪全 邹云娣）

【全市噪声环境均达到国家噪声标准】 2009年，镇江市区区域环境噪声平均等效声级昼间为52.2dB(A)，交通干线噪声平均等效声级为66.6dB(A)，满足交通干线噪声标准，声环境质量与上年度持平。

市区4类功能区环境噪声数值见下表：

单位:dB(A)

类　别	昼间	夜间	备注
功能区噪声1类区	52.0	42.9	满足国家1类区标准
功能区噪声2类区	54.6	46.0	满足国家2类区标准
功能区噪声3类区	56.6	47.7	满足国家3类区标准
功能区噪声4类区	61.3	51.9	满足国家4类区标准

城镇噪声情况见下表:

单位:dB(A)

地区	区域环境噪声(昼间)	交通干线噪声
丹阳市云阳镇	54.5	68.0
句容市华阳镇	52.2	62.3
扬中市三茅镇	54.5	69.2

声环境质量标准[GB3096－2008]见下表:

等效声级:dB

类别	功　能	昼间	夜间
0类	康复疗养区等特别区域	50	40
1类	居住、文教等区域	55	45
2类	商业贸易为主或居住、商业、工业混杂区	60	50
3类	工业、仓储为主区域	65	55
4类	4a类　公路、城市主次干道、内河航道等区域	70	55
	4b类　铁路干线两侧区域	70	60

(胡纪全　邹云娣)

【工业固体废物得到有效处置】　2009年,全市工业固体废物产生量455.91万吨,其中一般工业固废产生量452.09万吨,危险废物产生量3.82万吨。工业固废综合利用量426.39万吨,其中危险废物综合利用量2.45万吨,工业固废综合利用率93.52%,危险废物处置利用率100%。　(顾晓明)

【全市辐射环境保持安全】　2009年,全市电离辐射污染源主要有放射性同位素及射线装置应用项目,共有涉源单位43家,放射源312枚;射线装置单位118家,射线装置317台(套)。全市的辐射环境质量属天然本底水平,饮用水、环境土壤中天然放射性核素浓度及环境γ辐射水平和电磁辐射水平均在江苏省天然本底水平范围内。　(孙前进　邵　峰)

环境监测与科研

【概况】　2009年,镇江市环境数据监测与科研工作得到加强,申报市级科研课题3项、省环境监测科研基金申报科研课题2项。申报"市重大科技成果转化专项(A类)"1项,是市环保局首次申报市重大科技成果转化专项,标志着市环保部门将科研成果转化为环境污染综合治理,转向应用示范型研究取得进展。

(张文辉　邹云娣)

【完善污染源远程监控体系】　2009年12月初,全市安装数据监控点226个、视频监控点118个,其中市控监控点联网到位,现场监控点基本到位。市监控中心完成监控屏、网络存储器、大厅显示屏等设备的安装,并按照太湖流域监控系统升级的标准实施升级。监控系统第三方运行维护工作进展顺利,视频监控点完成第三方运营验收并开始运行,数据监控点准备市场招标,国控、省控重点污染企业按要求开展每季度一次的比对监测。　(王　金)

【开展生态专项调查监测工作】　2009年,根据《江苏省重要生态功能保护区区域规划》,编制《镇江市重要生态功能保护区生态调查与监测计划》,开展镇江市重点生态功能保护区植被覆盖率、植被种类、植被数量和多样性分析调查;进行野生鸟类的数量、种类、分布和生态环境调查,建立生态城市鸟类区系分布及种群数量数据库,编制《镇江市生态监测工作报告》《镇江市森林生态系统植被调查报告》《镇江市森林生态系统鸟类专项调查报告》《遥感生态环境状况评价专项报告》《2009年度镇江市生态环境状况综合评估报告》。　(邹云娣　巫颖越)

【探索水源地生态检测技术】　2009年,根据国家及省各项关于水源水保护的措施要求,开展水源水生物毒性水质监测工作,利用生物毒性检测技术进行最宽谱的快速检测,第一时间初步判定水体综合毒性,判断水质安全程度,建立生物毒性预警体系。经过对全市乡镇以上集中式饮用水源地生物毒性调查,镇江市水源地水质生物毒性光增益平均水平达13%,均为无毒。　(邹云娣　巫颖越)

【加强地表水环境功能区普查和酸雨普查监测工作】　2009年,镇江市重点加强对酸雨普查监测的质量控制,对可能影响监测质量的各个环节组织有关科室人员进行梳理,并从仪器日常维护和校准、采样容器、收样时间、样品分析、报告编制等各个环节逐一核查,通过多次带质控样品、进行仪器比对等将镇江市酸雨现状的分析纳入环境质量月报的内容,重点关注镇江市酸雨状况和成因。

(邹云娣　巫颖越)

【环保系统网站整合工作基本到位】　2009年,市环保局配合市政府门户网站整合的工作,环保网站进行全面改版,于8月正式投入运行。完成局内网的建设,局内部形成内、外网两套网络运行。内网的行政权力阳光运行中的行政处罚和行政许可已投入运行,办公自动化系统初步建成,进行试运行。

(朱发斌　李　丰)

旅游·园林

责任编校：毛向阳

旅　游

【概况】 2009年，全市接待国内外游客2301.26万人次，旅游综合总收入270.65亿元。实现全年“三个高于”的工作目标，即旅游接待人次比上年增长17.5%，高于苏南平均增幅4.3个百分点；旅游收入增长26%，高于全市地区生产总值增幅12.5个百分点；旅游项目总投入高于上年。全年新创四星级旅游饭店3家、三星级3家，国际饭店创五星通过省级调研，全市按照五星级标准新建(或改扩建)旅游饭店5家，新增金叶级旅游绿色饭店2家、银叶级旅游绿色饭店3家；金山创AAAAA级旅游景区通过省级验收并上报国家旅游局，句容茅山创AAAAA级旅游景区接受省级调研，北固山创成AAAA级旅游景区，全年新增A级以上旅游景区5家，新增2家全国农业旅游示范点、3家四星级乡村旅游点、1家江苏乡村旅游精品创建试点单位、1家江苏自驾游基地创建试点单位。组织开展“旅游项目推进年”活动，重点推进24个旅游建设项目，全年旅游项目投资总额达24.4亿元。市区“三山”综合改造进展顺利，北部滨水区滨江旅游风光带一期和南山西入口建设完毕，茅山总入口建设已进入装潢阶段，丹阳石刻公园和扬中江鲜城建设有序推进。组织各地涉及游旅项目的招商引资，在“迎接世博、对接上海”2009沪镇合作暨重大项目集中签约仪式上，市旅游局组织推荐的句容茅山翡翠国际度假村暨文化一条街项目签约，该项目是这次签约活动中唯一由市直部门牵头组织的重点项目，总投资1.5亿美元、一期投入3500万美元。全年争取国家、省级旅游发展专项资金660万元，增长32%，创历史新高。举办旅游工艺品创意设计大奖赛。在省旅游局主办的第二届旅游商品博览会上，市旅游局组织的展位数超过全省展位数的1/5，充分展示镇江市丰富的旅游商品和独特的旅游文化。组织赴义乌参加2009中国国际旅游商品博览会暨中国旅游商品大赛，镇江市推荐的“华山欢乐端午”太平泥叫叫(组合包装)系列获铜奖。

市旅游局围绕旅游跨越发展，深入调查研究，形成调研材料8篇，“大旅游”“城市即旅游，旅游即城市”“旅游融合发展”“培育新的旅游消费热点”等一些新思维、新观念、新点子化为促进旅游跨越发展的具体工作举措。市政府进一步完善《镇江市振兴旅游业发展三年(2008～2010年)行动纲要》相关配套政策，出台《镇江市区旅游接待奖励试行办法》《关于扶持旅行社做大做强的意见》《关于促进旅游宾馆业发展的意见》等加快旅游产业发展的办法措施。央视《走遍中国》栏目组拍摄7集镇江市专题旅游片，总播出时间630分钟；市场化运作“春风又绿江南岸”镇江市旅游节，市场化组织2009中华风味美食展；与句容市政府合作主办全国六大山地抗日根据地红色旅游联盟会议，发起成立全国六大山地抗日根据地红色旅游联盟；与杭州旅游集散中心合作开展杭州万人“满眼风光镇江游”启动仪式；首次发放旅游消费券，启动自驾旅游“护照”发行工作。与台湾澎湖县签订《旅游观光业合作备忘录》，首开两地包机直航双向旅游。

全年旅游投诉受理率、处理率和结案率均为100%，游客满意率95%以上。做好甲型H1N1流感防控、恶劣环境和重大社会事件情况下游客的安全保障工作，全年未发生重大安全事故。围绕纲要旅游人才“百千万工程”，组织开展导游资格考前培训、导游年审培训、《旅行社条例》培训等。在全省率先举办以创新为专题的饭店管理培训班和赴台境外旅游饭店高管培训班。完善旅游行政许可、行政处罚、加强权力节点监控等具体工作制度，对自由裁量权进行量化规范。

2009年，市旅游局获省旅游局绿色节庆奖、优秀旅游节庆奖、省首届乡村美食大赛优秀组织奖、省第二届旅游商品博览会优秀组织奖、2009年度江苏“12301”公益旅游热线数据采集工作先进集体、2009年度江苏旅游政务新闻报送工作优胜奖等称号。 (刘祖平)

【2009中国镇江市金山旅游文化节】 2009年9月27日举行。全国红色旅游工作协调小组办公室、省旅游局的领导以及来自北京、吉林、江苏等旅游部门和旅游景区负责人，省内各省辖市旅游局负责人和华东旅游报等17家媒体记者出席此次节庆活动。来自杭州的800名游客参加开幕式。该届旅游文化节的活动主要有：第九届中国镇江市金山旅游文化节开幕式，2009镇江市旅游工艺品创意设计大奖赛，全国六大山地抗日根据地红色旅游联盟会议，镇江市乡村美食大赛，杭州万人“满眼风光镇江游”启动仪式，2009镇江市美食节暨中华风味美食展以及各辖市(区)、市有关部门和单位举办的系列活动。 (刘祖平)

【2009“春风又绿江南岸”镇江市旅游节】 2009年4月18日开幕。龙舟赛、遥控航模表演、荡湖船等节目成为该届旅游节开幕式节庆活动的亮点。旅游节期间，全市各地陆续开展各具特色的系列节庆活动，如句容茅山旅游节“莓飞色舞”采摘活动、丹阳季子故里品牌保护宣

传、扬中江鲜美食节、京口横山踏青节、润州牛年祈福香会、镇江市相亲会等;金山、焦山、北固山、南山等景区也举办"金牛迎春""花漫浮玉""市花节""中日梅樱节"等游园活动。南京、盐城、常州、南通等8市旅游局,以及海南、湖南、四川、安徽等地的30多家旅行社到镇江祝贺。《香港商报》、上海教育电视台、浙江电视台、《华东旅游报》、中国新闻社、《新华日报》、人民网等数十家媒体报道旅游节开幕式。（刘祖平）

【上海世博·镇江市旅游】 作为上海世博会的重要旅游城市,镇江市主办制作《魅力东方迎世博——走进镇江市》专题节目,并于2009年8月15日向全球现场直播。推荐的"天下第一江山(镇江市·北固山)""千年江南第一渡(镇江市·西津渡)""千年醋都(镇江市·醋文化博物馆)"和"福孝圣地(镇江市·茅山/九霄万福宫)"入选长三角世博主题体验之旅示范点。5条线路10家景区被编入世博会"长三角"精品旅游推荐线路,5条线路10家景区入编江苏世博之旅精品旅游线路集锦。（刘祖平）

【与台湾的旅游交流合作】 镇江市与台湾澎湖县签订《旅游观光业合作备忘录》。2009年7月13日,首开两地包机直航双向旅游,首批互送旅游交流团成员104名,第一次开通大陆至澎湖的空中航线,第一次实现大陆赴台湾地区游客的落地签,第一次对开大陆飞澎湖的民航包机,第一次组织大陆与台湾地区旅游团组的双向互动。（刘祖平）

【全国六大山地抗日根据地红色旅游联盟】 2009年9月27日,市旅游局和句容市政府牵头成立全国六大山地抗日根据地红色旅游联盟,并主办第一次大会。来自全国红色旅游工作协调小组办公室和北京、吉林、河北、山东、山西、江苏五省一市的旅游同行齐聚镇江市,共谋旅游发展。中国人民对外友好协会会长陈昊苏和副省长张卫国发来贺信。全国红色旅游工作协调小组办公室副主任胡呈军、省旅游局局长周乃翔、中共句容市委书记童国祥为"全国六大山地抗日根据地红色旅游联盟结盟会址"揭牌。与会代表共同签署《全国六大山地抗日根据地红色旅游联盟宣言》。活动期间,六大山地抗日根据地推介各自的红色旅游资源,举办"茅山红歌会"演出活动;组织"重走铁军路、再忆铁军情"自驾游活动;考察红色之旅产品和线路等。此次活动被央视等主流媒体连续报道,全国"红办"发出简报。（刘祖平）

【镇江市乡村美食大赛】 2009年9月26日,市旅游局举办乡村美食大赛。来自全市30多家乡村旅游点的60多名厨师参赛。该次大赛从6月初开始,分三个阶段进行。一是征集期,主题为"村野觅香";二是入围期,主题为"群英荟萃";三是决赛期,主题为"五谷丰登"。决赛采取现场展示、市民品判、专家评审的方式,推出句容茅山容牌风香鹅等镇江市十大招牌农家菜和丹阳季子鱼头等镇江市二十道特色农家菜。（刘祖平）

【中华风味美食展】 2009年9月27～10月5日,市旅游局采取市场化运作方式,举办中华风味美食展,来自包括台湾地区在内的全国各地和印度等海内外77家商家参加展示、展销。活动期间,展示名优时尚菜肴、主题宴席、风味小吃以及酒类、饮品、调味品、干货、地方特色产品等。约有25万人次的镇江市民和外地游客光顾。（刘祖平）

【旅游消费券】 2009年2月26日,镇江市旅游消费券面向全市和国内部分城市发放。共计发放旅游消费券95万套,优惠总额9600万元,引起市民、社会、媒体的广泛关注,得到国家、省旅游局的好评。（刘祖平）

【贯彻《旅行社条例》】 2009年1月21日国务院第47次常务会议通过《旅行社条例》,自2009年5月1日起施行。市旅游局在抓好条例培训的基础上,按照规定,对全市83家旅行社换发新式旅行社经营许可证,做好旅行社质量保证金的清退及重新缴纳工作,根据省旅游局的授权对新开办经营国内旅游和入境旅游业务的旅行社进行审批,全面推广使用江苏省旅游合同(2009版)。（刘祖平）

园 林

【概况】 2009年,镇江市风景园林建设投入2亿多元,创历史之最,其中,投入约1.5亿元建成南山西入口景区,确保镇江市庆祝新中国成立60周年万人文艺会演成功举办。三山整治工程按照"挖掘历史积淀、提升景观文化、凸显山水特色、打造全新品牌"的要求,全面启动,有序推进。完成三山滑坡治理工程,实施完成金山荷花池广场改造、百花洲景区提档升级、完善镜天园景观环境;迁移象山散坟700多座,进行象山山体整治,鹤苑改造,启动金山文宗阁重建、北固山滨江茶楼等工程。

全市实施55项城市绿化重点建设工程,完成32项,其余23项在全面实施中,预计全年新增绿地约320公顷,其中公共绿地约76公顷,人均公共绿地面积将可达14.7平方米。辖市(区)推进创建省级园林城市工作,扬中已通过省检查组考核验收,句容全面启动申报创建园林城市工作,并组织实施江苏省第六届园博会镇江市园"东篱菊影"的建设和布展工作,获室外造园艺术一等奖,取得盆景、书画、摄影、赏石、插花等各项参展优异成绩。

完善景区"四化"管理检查考核实施办法和奖惩办法,坚持周抽查、月考核、季考评、年评比的长效管理制度。北固山建成国家AAAA级旅游景区,全系统连续八年安全无事故。制定《城市绿化长效管理考评办法》和《考评细则》,全面推行道路绿化社会化管理。借助长三角园林养护技术协作网,突出科技定位,开展病虫害防治和预测预报工作,举办长三角城市绿化技术论坛。国庆期间组织布置100余万盆(株)鲜花、32处立体花坛。坚持标本兼治、综合治理、以防为主的控违原则,建立并完善管委会、执法局、社区三级工作网络,全年共制止各类违章近86起,约5700多平方米,连续三年保持违法建设"零增长"。建立"社巡合一"的联防工作机制,成立信访工作接待室,实行领导接待日和专人值班制度,全年共接待处理来信来访196起,回复率100%,做到信访工作稳定扎实有效,初步建立权力阳光运行系统。坚持公开、规范、高效、优质、便民的服务宗旨,做到工作信息化、管理标准化、服务精细化,全年共受理行政办件227件,现场办结率、按期办结率、联审会办率、群众满意率均达100%。市园林局被市委授予2006～2008年市级文明行业。

通过创新促销形式和拓展促销路径,举办各类游园活动,实现全年游客量280万人次,收费游客量91.7万人次,门票收入2380万元。应对国际金融危机、甲流感等负面冲击,开展灵活务实的宣传营销,参加全国和区域旅游交易会,发放宣传资料7万余份,签订旅游合作协议400余份。举办"宁镇扬"区域旅游交流会,对接世博会走访上海各大旅行社,北固山入选上海世博会主题体验园示范园。举办第六届金山荷花展、"花漫金山"植物展、第十一届焦山桂花节、第十届市花节等10余个节庆游园活动,以节为媒,拉动市场。（南 山）

【南山西入口景区初具规模】 该景区位于九华山路东侧南山管委会檀山社区莲花洞村。规划用地面积14.18万平方米，建有南山石境、花坡剧场、晚秋坪、清越涧、梅花谷、莲花池、银杏大道等景观，以及游客服务中心、小卖部等服务配套设施。共种植乔灌木79种5300余株，栽植地被植物和水生植物150种9.40万平方米，叠置南山石8000余吨，建有小桥6座，广场、道路铺装1.30万平方米，生态停车场2个，面积5200平方米，以及观泉亭、翠远亭、临水漂台、花架等景观小品。该项目由杭州园林设计有限公司设计，苏州园林股份有限公司和杭州园林实业有限公司等单位施工，江苏山水集团有限公司和江大监理有限公司等单位监理。工程总投资1.50亿元，于2009年5月15日开工，9月30日竣工，并在此成功举办镇江市迎国庆60周年红色经典歌曲万人演唱会。（南　山）

【金山百花洲景区改造工程竣工】 经过3个多月施工，该工程于2009年10月28日基本竣工。工程投资约1000万元，新建水月轩、厕所、木平台码头、花架及长廊等600余平方米，修复虚花渡、溪月厅、门楼等古建筑，新建园路1250米，改造游园道路1000多米，广场铺装2700平方米，安装庭园灯、地灯175盏。种植鸡爪槭、樱花、琼花等17种景观树600余株，种植万年青、南天竹、绣线菊、兰花、八仙花、迎春等35种地被植物约6000余平方米。（南　山）

【大东滩绿地广场改造工程竣工】 该工程自2009年8月初开始施工，于10月底建成并对外开放。该工程共改造绿地面积1.28万平方米，新栽桂花、香樟、银杏、樱花等70余种景观树256株，种植花灌木5.40万株、地被6400平方米，新建彩色面包砖游步道1000米，大理石铺装广场约400平方米，木质铺装约200平方米，新设凉亭3座、木质坐椅20张、庭院灯和草坪灯32盏。通过地形改造和绿化造景，提升绿地广场的景观和品位，完善绿地广场的休闲功能，并与滨江旅游风光带景观相协调，为周边市民提供休憩锻炼场所。（南　山）

【金山荷花池广场改造工程竣工】 该工程为2009年市政府城建重点工程，9月20日竣工，总占地6300余平方米。建有2646平方米的旅游服务配套综合楼，1426平方米的地下停车场，4450平方米的绿地广场（其中铺装2400平方米），以及750平方米的荷花池和120米的城市干道。金山荷花池广场改造竣工后，改善金山风景区主入口及周边区域的景观环境，完善旅游服务配套设施，提升金山风景区的整体旅游形象，为金山争创国家AAAAA级旅游景区奠定基础。工程总投资2000余万元。（南　山）

【“东篱菊影”主题园竣工】 2009年9月22日，镇江市承建的第六届江苏省园艺博览会“东篱菊影”主题园在泰州建成。该园取自陶渊明诗句“采菊东篱下，悠然见南山”之意境，占地面积约8000平方米。主要景点有：听鹂亭、入口柴扉、梅兰竹菊石刻文化墙、330米竹篱围栏以及20余组置石景观等。同时，为了体现文化主题，营造隐逸意境，栽种各类乔灌木50余种，其中乔木23种800余株，灌木26种1800平方米，铺设草坪3200平方米，园路铺装340平方米，栽植小菊花350平方米1.50万株，布置艺菊、品种菊近20种230盆，布置草花500平方米2万株。听鹂亭掩映于绿树花草丛中，跌水、景石、陶艺、石刻等园林文化小品映带左右，山坡上乌桕、桂花、淡竹、木槿、石榴等景观树与红、黄、白、粉等不同色彩的菊花相映成趣，远处明净湖水若隐若现，恬淡自然，呈现一幅林深人家、隐逸惬意的诗景画境。该项目总投资近130万元。（南　山）

【焦山举办第十一届桂花节】 2009年9月15日，“中国移动杯”2009第十一届江苏省镇江市焦山桂花节媒体见面会在焦山风景区举行。本届桂花节活动由园林局主办，焦山风景名胜区管理处承办，焦山定慧寺、焦山碑刻博物馆、水尚旅游服务公司协办，中国移动通信集团公司镇江市分公司冠名。以“缘来焦山都是客”为主题，开展“五客一展”系列活动。

“桂客”——全国桂客特惠游。桂花节期间凡姓名含“桂”字的游客免费入园，凡在9月20日到11月20日出生的游客享受对折优惠。

“博客”——全国十大知名网站博客互动。以“游焦山”为主题，邀请国内知名网站顶级网络写手发动广大网友参与，在国内十大知名网站开设桂花节博客专栏。

“漂客”——全国知名网站竹筏漂流赛。招募全国知名网络媒体代表队十支，进行迷你竹筏漂流比赛，按比赛规则，决出前三名。

“骚客”——“焦山第一骚客”楹联有奖征集。以“焦山”“桂花”为主题征集楹联，通过新闻媒体、网络媒体向社会发布征集启事，发动海内外撰联高手和兴趣爱好者参与，并由评审小组评出一、二、三等奖。

“拍客”——“桂花香里识焦山”长三角拍客采风行。邀请长三角城市主流门户网站的记者、拍客齐聚焦山，共同记录桂花节的精彩瞬间。

“桂韵浮玉”艺术展。紧扣桂花节主题，在风景区大门、枫杨广场等主要游览区域布置“请君出对”“忆君缘桂”“惜君若桂”“邀君赏桂”等主题园林小品，烘托桂花节气氛。（南　山）

【《青春旅人——焦山篇》故事漫画出版发行】 2009年6月，该书由东方出版中心出版发行，是镇江市第一次以漫画形式推介市旅游景点。该书分“漫画焦山”“旅游指南”两大块，主要通过几个原创卡通形象将焦山富有魅力的重要旅游景点串联起来，形式新颖、通俗易懂。“漫画焦山”主要围绕三诏洞、瘗鹤铭、军事要塞等历史文化故事进行漫画创作，“旅游指南”主要介绍“游在焦山”“吃在焦山”等内容。该书由焦山风景区管理处委托常州西海漫画技术有限公司进行策划制作，第一次印刷一万册投放市场。（南　山）

【金山举办第六届荷花展】 2009年6月20日开幕。该届荷花展重点推出以“荷风夏渡”为主题的水上风情游，以“圣洁仙子”为主题的莲花摄影展和以“莲香荷韵”为主题的荷花美食节等特色活动项目。

荷花展分大池区、主题区、荷文化区三个部分，包括“荷花仙子”“莲年有鱼”“放牛娃”“藕形船”“品荷”“精品荷花”等七组主景小品，共展出缸荷、碗莲、塘荷近200个品种，缸荷千余缸，碗莲数百缸，塘荷万余平方米。为烘托整体荷花展的活动氛围，增强与游客的互动，金山还与《京江晚报》《江南时报》、“my0511”网站合作，共同举办荷文化征文比赛；与镇江市移动公司合作，联袂推出景点详情点播业务及宣传短信；特邀《镇江市日报》《京江晚报》小记者进行“荷风金山”采风活动，对荷花展期间的系列活动进行跟踪报道；在室内举办历届荷花展摄影获奖作品展览，以展牌形式介绍荷花的品种特性；秦淮人家酒店镇江市分店配合景区举办“莲香荷韵”夏季美食节，推出数十道以荷入菜的名品肴佳，开展尝荷、品荷文化活动，游客在品尝荷花美食的同时还可以欣赏“荷花仙子”的荷花舞。（南　山）

【焦山举办“清凉一夏”艺术展】 活动于2009年7月10日开始，历时两个月，主要通过挖掘古诗词中的避暑消夏文化，用园林小品的手法进行艺术表现，使园林小品与园林环境相协调。主题小品有“品茶”“钓趣”“梨园消夏”“清凉亭”等。入口门楣采用虚实结合的写意手法，表现荷花的清新高洁。“清凉亭”展现农家的纳凉场景。“品茶”以茶壶作为造景的视点，以茶解暑，茶香弥漫，可口怡人，带走炎炎夏日的暑气。“钓趣”表现夏季里常见的一种休闲垂钓画面，垂钓者戴着斗笠，挥动渔竿，欣赏池塘盛开的荷花，分享钓鱼的乐趣。“梨园消夏”，一边唱戏听曲，一边泡茶消夏。同时，景区还布置以江南民居窗格为元素的挂件，增添游园意趣，并布置彩叶草、孔雀草、万寿菊、海棠等2万余盆(株)。

（南　山）

【“JSTV－综艺”观众节在南山开幕】 2009年5月17日，由江苏广电总台综艺频道与南山风景区联合举办的观众节，在南山风景区举行。这也是园林部门首次尝试与媒体合作，走进景区宣传镇江市旅游。此观众节在全省13个城市举办，4月25日，南京举办首场，镇江市为第五场。举办方共计向市民发放5000张游园券。镇江市近千名游园市民现场参与射击、足球、套圈、投篮、涂鸦等娱乐活动及有奖答题活动。（南　山）

【南山第十届杜鹃花节开幕】 2009年4月28日在南山风景区招隐景区开幕。南山素以杜鹃驰名，南山风景区挖掘杜鹃文化，扩大杜鹃种植规模。开辟杜鹃观赏基地8公顷，栽种杜鹃2.5万余株，形成春鹃、春夏鹃、夏鹃三大类16个品种的杜鹃专类观赏园。为打造“烟雨南山 城市山林 休闲南山 天然氧吧”的旅游形象，放大南山杜鹃花的品牌效应，以花为媒、文化唱戏，本届杜鹃花节期间活动有杜鹃品种展示，以及南山征文、摄影大赛、南山风景区总体规划展示、市历史文化名城研究会十年成果展示和全省小记者南山采风等10余项活动。

（南　山）

【金山举办“金牛迎春”游园会】 2009年3～5月举办，活动主要以“牛”为题材。采用雕塑和花卉相结合的手法进行造景，突出“牛”的品质，主要场景有：“金牛迎春”“孺子牛”“无私奉献”“福牛墙”“牛到福到”“牛年吉祥”“耕之舞”等十五组园林花卉小品，形成既相对独立又相互呼应的景观空间，多角度弘扬牛的任劳任怨、坚韧不拔的精神和敦厚善良、无私奉献的品格。同时，注重自然景观与人文景观的结合，在景区主干道布置“牛年话牛”等民俗文化为载体的宣传牌，布置春令花卉5万余盆(株)，烘托金牛迎春的喜庆氛围。为增加游客的互动性，活动期间还与《京江晚报》《江南时报》、镇江市“my0511”网站等媒体进行合作，并与镇江市移动公司联袂推出景点详情点播业务及宣传短信，特邀《镇江日报》《京江晚报》小记者进行采风活动，提高新春游园活动的知名度。（南　山）

【焦山举办“花漫浮玉”艺术展】 2009年3～5月举办，该次展览分为室内展与室外展两部分。室内展设在乾隆行宫，以“百花争艳”为主题，集中展示省收藏家协会委员、市职工收藏协会烟标分会会长王荣的“傲霜斗雪”“花中君子”“水中芙蓉”“高风亮节”“十里飘香”“凌波仙子”“富丽堂皇”“花中之王”等十组400多枚花卉烟标。室外展则紧扣“牛”文化主题，在焦山大门口、待渡舫、索道站东侧草坪、鹤园、枫杨广场、碑林等主要景点集中布展“春耕”“锄禾”“春的希望”“奋进”“俯首甘为孺子牛”等园林花卉小品。并在游览道路和广场布置三色堇、雏菊、茶花等十几个品种的花卉1万余盆，营造春回大地、花漫浮玉的游览氛围。（南　山）

【南山森林防火通道开工建设】 2009年6月10日开工，是南山开发保护建设的重要工程之一，也是南山提升旅游品质、凸显资源价值的基础工程，总投资约5200万元。新建宽6.5米，长约8529.58米一级防火通道，其中东线2383.02米、西线2826.37米、南线3320.19米；宽4.5米二级防火通道7000米。2009年度实施建设东西线一级森林防火通道5210米，二级防火通道八公洞南路700米，均完成路面的铺装和沥青摊铺工作以及沿线管线的施工。计划2010年上半年完成沿线景观绿化工程并对外开放。（南　山）

【金山文宗阁重建工程启动】 为挖掘金山历史人文，提升景区景观品质，丰富景区旅游内涵，根据“三山”风景名胜区综合改造规划方案要求，2009年11月中旬，金山文宗阁重建工程启动。

金山文宗阁始建于乾隆四十四年(1779年)，毁于咸丰三年(1853年)，经嘉庆、道光两朝，历时75载。重建的文宗阁位于原金山风景区办公室处，为江南庭院式仿古建筑，占地约1286平方米，建筑占地面积约934平方米，主要包括门厅、御座房、休闲亭、长廊和主体建筑文宗阁。大门主入口朝南，整个建筑群落由南向北依次递进增高，门厅建筑面积51平方米，高4.3米；御座房建筑面积约89平方米，高9.8米；文宗阁建筑面积约320平方米，高13.5米，二层重檐。左右穿插以廊亭，富于变化，具有典型的江南古典园林特色。（南　山）

【第二届长三角城市园林养护技术和管理研讨会】 2009年11月21～22日，第二届长三角城市园林养护技术和管理研讨会在镇江市举行，长三角24个城市150余名园林绿化养护管理行业的代表参加会议。

此届研讨会由市园林局、市绿化管理站、上海绿化管理站、长三角城市园林养护技术与管理协作网共同筹办，主题是“园林让城市更精彩”。北京园林科研所副所长、总工程师李延明，太湖国家风景名胜区办公室主任、省住建厅风景园林处调研员张晓明，上海市园林科研所副所长崔心红等3位专家分别就《北京市节约型园林建设现状与思考》《镜头中的城市园林绿化》《城市湿地水生植物的科学应用与管理》作大会专题报告。来自上海、平湖、温州、合肥、无锡、常州、镇江等城市的8位从事城市园林养护管理的一线专家进行交流发言。大会还就节约型园林绿化、城市绿化资源综合保护措施的探讨、城市绿化养护作业机制及其管理等内容进行分组讨论，为提升长三角地区城市的园林绿化养护与管理水平、实现城市人居环境和城市园林绿化可持续发展共同探讨研究新途径、新办法。

（南　山）

【“三山”风景区综合改造工程启动】 根据国家及省、市的相关政策，2009年6月20日，镇江市启动三山国家级风景名胜区综合改造工程，其中三山斜坡地质灾害治理工作基本结束，金山百花洲改造项目于2009年9月底完成。其他项目：金山景区的镜天园改造工程、复建文宗阁及景观绿化项目；焦山景区的园路、水系、鹤园改造项目、焦山码头、焦山长廊、景观绿化等项目；北固山景区的茶室、西餐厅等项目的施工在进行之中。金山御码头及水族馆改造项目在进行招投标，北固山北固楼、地宫等项目方案在规划设计。该项目由杭州园林设计院有限公司设计，工程总投资估算为2.3亿元。（南　山）

商贸流通

责任编校：戴　芸

综　述

【概况】 2009年，全市社会消费品零售总额475.74亿元，增幅列全省第二、长三角16市第一。商贸业增加值185.7亿元，增长21.65%，增幅提高4.25个百分点。商贸业税收达18.43亿元，增长51.19%。

城乡市场同步发展。城市市场社会消费品零售总额达到407.8亿元，比上年增长19.1%。落实"万村千乡""家电下乡""汽车下乡"等政策，农村市场社会消费品零售总额比上年增长19.1%，近十年农村消费增幅首次与城市持平。

地区间差距拉大。镇江市区社会消费品零售总额231.25亿元，占全市社会消费品零售总额的48.6%，比重提高0.14个百分点。其中，京口区、润州区、镇江新区社会消费品零售总额分别达到121.9亿元、60.7亿元、25.6亿元，分别增长21.1%、21%、20%，均高于全市平均水平；丹徒区因新城市场尚未形成，且受主城区影响较大，社会消费品零售总额仅增长9.8%。丹阳市、句容市、扬中市社会消费品零售总额分别达到132亿元、60.3亿元、58.7亿元，分别增长20%、17.8%、19%，增速均低于主城区。

餐饮消费先抑后扬。一季度，受金融危机和物价下行影响，餐饮业出现负增长。4月以后，餐饮消费反弹，月度增幅连创新高。全年全市餐饮消费社会消费品零售总额40.77亿元，比上年下降8.2%。

批零贸易稳步增长。全年全市批发零售业社会消费品零售总额425.6亿元，增长19.1%，是消费的主要支撑。批发零售企业通过多种形式的促销活动，加大商品打折促销力度，扩大商品种类，优化消费环境，活跃消费市场；挖掘节日市场潜力，在抓好春节、国庆黄金周市场的同时，开拓"五一"、清明、端午等小长假和情人节、妇女节等小节庆市场。市经贸委等有关部门深入企业开展"送政策、送信心、送服务"活动，加强对市场运行情况的监控，建立重点商贸企业信息周报制度，及时了解掌握企业经营状况，定期进行市场分析，为政府和企业制定相关政策、措施提供参考。商业城、大润发、苏宁等骨干企业通过调整商品结构、引进品牌商品、增开商业网点、加大促销力度等措施，巩固市场份额，实现销售的稳定增长。扬中通达完成北拓工程，新增营业面积近万平方米，销售保持较高增长水平。

政策拉动效果明显。落实家电下乡、汽车以旧换新、家电以旧换新等拉动内需政策。全市核准备案家电下乡销售点491个，家电下乡产品销售8万台（件），销售额1.73亿元，补贴农民2038万元。全市家电以旧换新6家中标销售、回收企业22个网点，销售新家电5万台，销售额1.83亿元，核准补贴资金1431万元，回收旧家电5.25万台。仅国庆期间，家电以旧换新销售2000多台850余万元，带动家电销售增长46.38%。新世纪、五星电器、苏宁电器等家电下乡和以旧换新重点企业，销售大幅提高。全年汽车销售36.7亿元，增长57.9%。汽车以旧换新回收旧车1100辆，办结以旧换新60辆，发放补贴44.8万元。继续推进"万村千乡"市场工程，完成341家村镇农家连锁店建设，累计建成农家连锁店超过1000个，基本实现农村行政村和乡镇全覆盖。

商贸重点项目建设加快。全年商贸投入首次超过100亿元，达105.5亿元。年初确定24个重点商贸项目，一批大型商业网点和商业街区建设全面展开。丹阳欧尚超市、新区沃尔玛超市、润州凯迪隆家居广场等项目建成开业；华地百货、恒顺商业广场、新区市场群、华山路商业街、华东建材市场等项目建设顺利。推进大市口西南角商业中心项目，协调解决拆迁矛盾，按时完成清场、搬迁工作。加大第一楼街商业步行街招商力度，商铺开业率达70%；完成钢材市场与惠龙港的合并，11月18日，惠龙港钢铁物流正式开港。对九华山、江南汽修厂、虹桥港、黄鹤山、望京天地等小散乱家禽、果品市场取缔归并，促进农产品批发向农产品批发市场聚集。为推动镇江工业品城招商工作，向国家商务部、国家工商总局争取注册"中国工业品会展交易"平台，9月21日，与中国商业联合会、省经济和信息化委员会共同举办2009中国工业品博览会。推进菜市场建设改造工作，丹徒新城农贸、金星、四牌楼等3个菜市场新建改造完成。 （周军捷）

【大连万达广场项目落户镇江】 2009年12月29日正式开工，计划于2011年10月建成并投入使用。项目由镇江市交通投资建设发展公司引进，位于镇江市综合交通客运枢纽东侧，占地8公顷，总投资约25亿元。镇江万达广场将围绕镇江市综合交通客运枢纽，引进五星级酒店、四星级酒店、商务办公、商贸休闲、高档写字楼等，打造一个集商业、办公、购物、娱乐、高档商住公寓为一体的新型城市综合体和高端商务区。

（张晓俊）

【江苏省华茂贸易有限公司】 2009年，江苏省华茂贸易有限公司食糖销售5万吨，各类名酒销售5000万元。是五粮液在本地区的签约经销商，其下属镇江五粮液旗舰店获得模范优秀旗舰店称号。

公司及下属全资控股的苏客隆饭店有限责任公司在新河西岸改建体育场馆1所(华茂康体会所)，面积3000平方米；子公司镇江华茂酒业有限公司在解放路359号扩建酒类专营形象店600平方米，是镇江最大的酒类专营店之一；子公司江苏润华贸易有限公司扩建新厂房2000平方米，进行食用糖的分装，专供江苏苏果等大中型超市销售，5月正式生产，年内分装食糖5000余吨，公司打造自有注册品牌“和润华食品”，13个品类分别进入市场。各新改、扩建项目正式营业。子公司镇江烟花爆竹有限公司因镇江市烟花爆竹进一步开禁，销售比上年增长30%。投资参股的江苏白玫化工有限公司二期投产成功，元明粉产销规模扩大，年产销51万吨，比上年增长16%。因长江路以北改造“镇江第一景”工程需要，公司原长江路94号经营场所3000多平方米全部搬迁。被拆迁地块涉及其下属三个经营公司和100多名职工，公司妥善安置，经营不受影响，保证职工全部在岗。（李　建）

放心消费创建

【概况】　2009年是镇江市放心消费创建活动全面展开之年和目标攻坚之年。镇江工商管理等部门围绕职能履行，紧贴老百姓实际需求，创新手段，初步实现市委、市政府提出的“提前实现镇江市总体创建目标，率先完成全省测评体系指标”三年目标，创建工作位于全省前列。

通过定目标、定任务、抓督查、抓考核等措施，各级政府放心消费创建活动第一责任人意识得到全面强化，形成市、县(区)、乡镇(街办)政府主导、企业主体、群众参与、社会监督的三级创建组织网络以及市、县、乡三级督查考核体系。各级政府主动将放心消费创建工作纳入政府工作目标，统一规划、统一部署、统一检查，做到主要领导关心过问，分管领导具体主抓。各成员单位按照政府统一部署，履行创建职责，及时制定符合部门实际的创建方案，促进放心消费创建活动开展。

创建活动开展以来，全市因商品或服务质量引发的重特大事故为零；消费环境更加和谐，消费者满意度80%以上；商品质量抽检合格率90%以上；与老百姓生活密切相关的行业创建活动参与率95%以上；社区、行政村消费维权网络覆盖率100%，参创行业、企业维权网络覆盖率90%以上；消费者申投诉举报处理率100%，消费者满意率90%以上；形成全市联网的包括工商、质监、卫生、食品药品监管、农林、物价、金融等多部门在内的信用监管网络。通过推进重点行业、企业、特色区域放心消费创建，2009年全市共申报省级试点行业5个，试点企业12个；确定省级试点乡镇(街道)10个、市级试点17个、县级试点33个，区域创建参与率达60%。（黄　莉）

食品电子备案　（工商局）

【放心消费创建宣传】　2009年，为调动广大市民参与放心消费创建活动的积极性，提高活动的社会知晓率，市放心消费创建办公室围绕全市重大活动，制定详细的年度宣传计划，开展创建标识和“温馨提示语”宣传，设计制作以放心消费创建标识和主题口号为内容的宣传画10万张，在省、市级试点单位及市区主干道沿街店面进行张贴；开通手机短信平台，全年向120余万消费者发布消费警示12条；在镇江市电视台开办《消费点击》专题节目，以“放心消费、打造诚信”为主题，每周4次每次15分钟进行专题宣传；在市区1300多辆出租车电子显示屏上播放宣传口号；制作DVD宣传片在街道、社区巡回播放；组织消费维权、食品安全展牌到超市、乡村巡展等，通过形式各异、内容丰富的宣传，全市创建氛围日益浓厚，市民知晓率提升。

（黄　莉）

【放心消费市场综合整治】　2009年，各职能部门坚持“打防结合、标本兼治”的方针，围绕食品安全、产品质量、公用服务、农资农机等与老百姓生活密切相关的市场热点问题，组织开展各类关注民生专项执法行动。工商部门围绕食品安全和消费维权两条主线，严厉打击制假售假、违法广告、商标侵权等行为，共查处各类案件3019件；质监部门以落实新《特种设备安全监察条例》为契机，开展“质量和安全年”活动；卫生部门组织“蓝盾一、二、三、四号”行动，出动执法人员4800人次，检查食品生产经营和公共场所单位4380家；物价部门先后开展节日副食品、交通运输、农资、服装、电信、成品油、停车场、旅游景点等10余次价格(收费)专项检查；药监部门检查涉药单位3227家次，立案222件，没收物品货值22.24万元；文化部门出动执法检查人员12430多人次，检查网吧3100多家次，立案查处网吧违规案件7起；交通部门检查汽车维修企业46家，对未按规定出具维修记录或结算清单的8家维修企业实施处罚，通过组织开展多部门联合执法，净化消费环境。（黄　莉）

【建立健全消费维权网络】　2009年，全市共建立基层消协“一会三站”(消费者协会分会、消费者投诉站、“12315”联络站、工商法律法规服务站)1115个；在826个行政村、社区设立“12315”申诉举报联络站、消费维权投诉站，覆盖率99.2%；在行业、大型企业设立企业(行业)监督站338个，覆盖率89%；行业、企业参创单位覆盖率100%，比省级参创标准高5%，形成“以市政府为龙头、以市消协为主干、以辖市(区)消协为基础、以基层‘三站’为触角”的四级维权网络。各级消协组织和“12315”申诉举报中心全年共受理和调解消费者申诉3561件，解决率99.8%，为消费者挽回经济损失205.37万元。

（黄　莉）

【放心消费创建成效】 2009年，作为省级示范单位的月星九润广场、百盛商城等企业开展“八大信誉工程”“五心(放心、省心、安心、贴心、舒心)服务”等系列活动，在赢得社会声誉的同时，企业经济效益快速增长，年利润增长20%以上。全市共有省级创建活动示范、先进单位、行业、乡镇(街道)76个，市级先进单位3500家，县级先进单位6000家。全市流通领域585个批次商品质量监测合格率90%，生产领域1005个批次产品质量抽检合格率94.7%，兽药(渔药)质量抽检合格率99%，生鲜乳质量检测中三聚氰胺检测合格率100%。开展创建活动三年内，全市未发生一起群体性消费安全事故，消费投诉呈逐年下降趋势。市场环境改善，激发市民消费潜能，2008年、2009年镇江市社会消费品零售总额连续两年保持18%的增长速度，增幅位于全省前五位。 (黄 莉)

放心工程

【概况】 2009年，镇江市全年完成蔬菜播种面积3.45万公顷，比上年增长3.25%；上市蔬菜87.44万吨，增长3.20%；蔬菜总产值19.14亿元，增长3.36%。其中市区上市蔬菜11.6万吨，人均消费蔬菜400多克。

蔬菜基地建设。完成建设市政府确定的133.33公顷蔬菜生产基地。镇江新区13.33公顷蔬菜生产基地建设项目通过验收。丹徒区世业州33.33公顷蔬菜生产基地建设项目结束。丹徒区宝堰镇73.33公顷蔬菜生产基地建设项目进入最后阶段。市区对新建设的蔬菜生产基地实行种菜补贴，每亩补贴200元。京口、新区等完成菜地建设任务的辖区，菜农补贴发放到位。镇江新区6.67公顷钢管大棚通过验收，丹徒江心洲6.67公顷、京口3.33公顷和润州4公顷钢管大棚10月通过验收，丹徒区世业洲连栋大棚1.33公顷建设项目结束。市区钢管大棚390.67公顷，达到市区常年菜田面积的25%以上。全年新增高架防虫网4.67公顷，其中丹徒区世业州新增高架防虫网3.33公顷，京口区新增高架防虫网1.33公顷。市区防虫网栽培面积46.67余公顷，夏季种植防虫网毛菜200余公顷次，上市防虫网毛菜300多万公斤。

推进标准化生产。宣传《农产品质量安全法》等法律法规，发放上万份《种菜卖菜十不准》《禁止和推荐的农药》等宣传资料。开展技术培训，要求广大菜农严格按照安全生产规程使用农药。开展农业投入品专项整治，各辖市(区)农林局会同工商、质监、公安等部门，对菜区农药经营和用药情况开展拉网式检查。全年各辖市(区)出动行政执法人员300多人次，检查各类农资产品生产和经营企业100多家，未发现违法违规情况。7~8月，开展蔬菜农药专项执法检查，重点检查丹徒、润州等辖区经营网点和生产基地的农药经营及使用情况。按照《农产品质量安全法》要求，督促各生产基地和种植大户建立规范的生产记录，生产企业和专业合作组织按照统一规范要求，推进农业标准化建设。全年各辖市(区)制定和申报省市级产品和生产技术规程15个，申报无公害蔬菜产品8个，无公害蔬菜生产基地333.33公顷。

促进“科技兴菜”。润州区蔬菜研究所完成提纯复壮的寒青、镇研三号辣椒、早丰豇豆、元白萝卜，提纯种子600多公斤。引进千禧番茄、苏迪水果黄瓜、皮网文甜瓜等新品种20多个。推广镇研系列品种15个，推广面积333.33公顷。该所承担的冬春智能穴盘苗温室建设项目，大棚建设1500平方米，计划配置电热加温设施、补光设施、喷灌设施、测温测湿测光及自动化控制系统。京口区农业经济局引进红菜头、紫山芋、紫土豆等特色、耐寒蔬菜32种，推广东风神剑辣椒、法国番茄等品种6个，推广面积12余公顷。针对“粮改菜”面积扩大的情况，加强对新菜区菜农技术指导。丹徒区选出26名业务熟习、指导能力较强的农技人员作为技术指导员，挂牌上岗，重点对具有一定代表性和带动能力的600户蔬菜科技示范户进行技术指导服务，全年入户9000次以上。丹阳市推广适宜当地生产的新品种、新技术、新模式，确定云阳天元村(以种植番茄为特色)、皇塘鹤溪村(以种植皇冠夏白菜为特色)、访仙竹丽村(以种植乾隆水芹为特色)、陵口城墅村(以培育食用菌为特色)的4个特色专业村。全年各辖市(区)举办各类培训班20多期，农技人员、农户、基地及专业合作经济组织人员1000多人次参加。

加强检测力度。健全检测网络，形成以市级农产品检测中心为龙头，区级检测为骨干，基地检测为基础的检测体系。严格实施蔬菜产地准出检测制度，对各区生产基地检测点进行严格检查，建立健全检测台账记录。加强市场准入检测，督促农产品批发市场建立健全安全管理责任、检测检验、台账记录、不合格产品报告等项制度。加强行政监督检测，建立例行监测工作方案，实行月检月报制度，夏季半月检半月报制度。检测结果及时通报。全年各辖市(区)进行蔬菜农药残留快速检测26306批次，合格率99.6%。市农产品检测中心对市区8大类20多个品种800多个样品进行常规检测，合格率96.2%。加强检测工作考核。完善《蔬菜农药残留监测工作考核细则》，对各辖市(区)检测工作进行全面考核。

强化产销服务，各级蔬菜产销主管部门帮助蔬菜生产基地与市区各商场超市签订产销协议，通过场地挂钩形式，为产销双方搭建桥梁。扶持龙头企业，各辖市(区)为蔬菜生产企业提供政策、资金、技术等方面服务，扩大企业生产规模和标准化生产水平，带动周边农户。发挥农业协会“传、帮、引、带”作用及农民经纪人作用，把基地生产的蔬菜向周边城市销售。全市有蔬菜协会等专业经济合作组织18个，会员种植面积2333.33公顷，销售15.5万吨。与公安和税务部门配合，定期换发蔬菜运输车辆“绿色通道”证及农民自产自销证，既方便蔬菜运输又减轻农民负担。委托市蔬菜研究所编发《蔬菜病虫情报》12期，及时为菜农提供病虫害预报。构建通讯服务网络，建立登记、跟踪、反馈制度。 (邱洪潜)

【猪肉质量安全专项整治】 2009年，全市生猪进点屠宰51万头，市区“放心肉”上市15万头，进点屠宰15万头，县城以上城市生猪屠宰进点率100%。建立健全动物防疫责任制和责任追究制，市、县、乡政府及畜牧兽医管理部门逐级签订动物防疫责任状。按《畜禽屠宰卫生建议规范》进行生猪屠宰检疫，凭证入场、凭证出场；家禽交易市场继续实施检疫员驻场检疫制度，对外采猪肉供货单位实行动态管理，开展资质认定，集中查验。全市实施生猪产地检疫49万头，屠宰检疫51万头，检出病害猪肉产品42吨，检出率0.08%，检疫不合格生猪及其产品无害化处理率100%；查验外采猪肉4.3万头，处理不合格肉品246公斤。严格实施“瘦肉精”监管，加大检测力度，市区各屠宰场对外来生猪每天进行抽检，各农贸市场及超市每月抽检一次，抽检样品3240余份，检测合格率99.9%，对检出的阳性生猪按规定进行处理。出动生猪屠宰执法检查850人次，立案处理55起。

(刘常珍 戎沿华)

餐饮服务业

【概况】 2009年，镇江市餐饮业营业收入61.75亿元，比上年增长39%。餐饮协会会员单位中有7家新饭店和分店开张：金聚楼烤鸭大酒店投资兴建的“锦绣皇宫大酒店”开业；镇江大酒店股份有限公司参与联合打造的“壹公馆”精英会所和“本家韩国料理”启动；位于黄山路的“锦尚花”大酒店和朱方路的“福帝门”大酒店相继开业，“湘色满园”在黄山路和青年广场开两个分店。

4月21日，镇江市饮食服务行业协会和镇江市烹饪协会进行“两会”的改选，吴荣生、吕小健分别当选为镇江市饮食服务行业协会会长和镇江市烹饪协会会长。协会逐步收集厨师、服务员个人信息，初步建立起镇江市餐饮业技术人才管理服务网络，协会出简报7期，协会会费自给有余。

年初，全球金融危机，镇江餐饮行业作6个承诺：全行业加强合作、互通有无、始终坚持；企业困难自己解决，没有特殊情况绝不裁员；降低成本、减少浪费、开源节流、争取效益；开展全员练兵，提高员工的素质和技艺；开展回馈消费者活动，让利于民，刺激和鼓励消费，活跃餐饮市场；抓住建材价格低落的时机，搞好企业形象，增强企业后劲。春节前与京江晚报联合开展40家饭店为贫困家庭送208份“年夜饭”活动。

6月，镇江宴春酒楼的水晶肴蹄和镇江锅盖面省级非物质文化遗产申报成功，正在申报国家级非物质文化遗产；镇江锅盖面在10月天津举办的中华名特小吃品种的展示中获食品行业的最高奖项“金鼎奖”。《中国烹饪大典江苏卷镇江篇》编写、校对结束。

利用企业家联谊会的平台为会员单位介绍好的货源：如盱眙满江红龙虾、邵伯龙虾、无土空心菜等；根据会员单位的需要推荐高湖大豆油和餐饮点菜电脑系统；推荐强凌电子节能灯。参照其他城市的做法出台婚庆公司进场装饰的承诺书；组织部分店参加第一楼街和沃尔玛的招商。

坚持每两个月一次的厨师长交流，专题研讨“家宴改革”的相关事宜。名厨委正副主任李传信、潘小峰、鲁庆分别从“减少菜肴道数、提高菜肴品质、减少浪费、降低损耗”的角度，研讨家宴改革的必要性。要求各饭店厨师长在家宴改革中当主导者，引导消费。名厨委根据顾客的不同需求和酒店的档次，制定从680元一桌到1580元一桌的家宴菜单供各店、各位厨师长参考。名厨委邀请中国营养学协会会员、市营养学协会的营养师吴培清授课，讲解健康美食与餐饮业的关系。组织部分饭店负责人和名厨委代表参加由南京举办的沿江八城市的烹饪技艺交流活动。

（市饮协　市烹协）

【江苏沿江八城市餐饮行业协会会长、秘书长首届年会】 2009年2月25日，江苏沿江八城市餐饮行业协会会长、秘书长首届年会在镇江国际饭店举行。省烹饪协会秘书长彭冬生、黄铁南，南京、苏州、无锡、常州、扬州、南通、泰州、镇江八城市会长、秘书长，镇江经贸委、镇江新闻单位、0511777美食网40余人参加年会。各城市在会上交流工作，联名出台关于要求银联部门降低餐饮业刷卡手续费的会议纪要。（市饮协　市烹协）

【首届中国长江江鲜美食节】 2009年3月18日，首届中国长江江鲜美食节在扬中宾馆开幕，江苏省、浙江省、安徽省、江西省、湖北省、北京市、上海市五省两市参加美食节活动。市宴春酒楼、碧榆园、镇江大酒店、天慧园宾馆、毕士荣江鲜馆五个队参加江鲜菜肴的展示活动均获得“金牌江鲜宴”的称号。4月21～24日，全国第六届烹饪大赛总决赛在北京举行，全省十名选手参加决赛，市三名选手参加，市聚景缘热菜选手马淋惠获“全国最佳厨师”称号，天慧园冷拼选手谢庆荣获“全国优秀厨师”称号，金聚楼服务选手高飞获“全国优秀服务员”称号。9月16日，在中烹协名厨专业委员会主办、常州市烹饪协会承办的江苏赛区“味道2009，中国青年名厨大赛”中，市宴春酒楼代表队（团体）在12家团体中，夺得仅有的二枚特金奖中的一枚；宴春酒楼、汇萃园、观海楼、沪江大酒店派出的9名个人选手获金奖。（市饮协　市烹协）

【镇江市中、西式面点职业技能竞赛】 2009年9月2日，市总工会、市劳动和社会保障局、市饮食服务行业协会、烹饪协会、市旅游管理委员会宾馆分会共同举办镇江市中、西式面点职业技能竞赛，金聚楼陈金翠、碧榆园刘震、镇江宾馆周燕、汇萃园任华娣、国际饭店周金祥分获一、二、三、四、五名，这五位选手获“镇江市技术标兵”称号，前三位选手被推荐为“镇江市技术能手”的候选人。

（市饮协　市烹协）

烟草专卖

【概况】 2009年，烟草镇江市分公司全系统税利7.35亿元，比上年增长3.35%；利润5.19亿元，比上年下降12.84%；销量120064箱，增长2.38%；含税单箱销售收入20710元，增长5.3%。全系统销售卷烟品牌34个，规格78个（不含外烟），品牌集中度提高。全市全年销售全国20个重点骨干品牌的卷烟79890.36箱，占总销量的66.61%，增长7%。公司对部分经营规模比较小的客户实行两周一访订货方式。推行网上订货，网上订货零售客户数6400余户，网上配货29户，占总客户数的40%。市烟草专卖局收集科技创新思路23个，立项15个，上报省烟草专卖局立项2个，其中上报的“卷烟市场容量、需求特点、消费习惯调研”和“镇江烟草虚拟机房系统的研究与实现”项目，省烟草专卖局立项。市烟草专卖局机关党员与丹阳吕城运河村23户贫困户结对帮扶，包括党员捐款在内为贫困户捐款34200元，为运河村捐款140000元。公司全年捐款捐物35万元。（宦　丽）

【卷烟市场管理】 2009年，市烟草专卖局查获各类违法卷烟案件1035起，查获违法卷烟82662条，罚没款187万元。移送司法机关拘留判刑合计29人。查获“扬中08.11.8”和“丹阳09.1.15”两起符合国家烟草专卖局、公安部关于制售假烟网络案件标准假烟网络案件。丹阳市烟草专卖局通过两起涉案金额不足10万元的案件，根据线索查办出两起案值分别为132.4万元和126万元的网络大案。（宦　丽）

【用工分配制度改革】 2009年2月，市烟草局全系统全面启动以“定岗、定责、定员、定薪”为主要内容的人事用工制度改革，形成符合省烟草专卖局要求并切合镇江实际的用工分配制度改革方案。制定《镇江市烟草专卖局（公司）职工代表大会章程》及第一届职工代表大会筹建方案和第一届职工代表选举方案。6月18日，选举产生全系统第一届职工代表大会代表。6月30日，召开首届职工代表大会并全票通过镇江系统用工分配制度改革实施方案。制订下发详细的用工分配制度改革方案实施计划，分时间段、工作重点在市烟草专卖局机关和各县市烟草专卖局（分公司）同步推进，统一全系统机构设置，明确岗位职责，合理建设薪酬分配体系。全系统有5名业务操作类岗位的员工转为综合事务类岗位，部分年轻员工走上部门副职岗位。通过用工分配制度改革，全系统管理类岗位174人，业务操作类岗位409人，解聘65人，服务类岗位全部实行外包。

（宦　丽）

【物流中心启用】 2009年6月6日，市烟草公司新物流配送中心正式启用。该中心位于丹徒新城工业园区一路兴园路北头，2007 年 5 月奠基，建筑面积 12000 平方米，由东南大学建筑设计研究院设计，镇江索普建筑安装有限公司承建，总投资 6744 万元。中心为访销、仓储、分拣等多功能一体的现代物流，有 3 条分拣线运行，确保仓储、分拣、打码、运输等各环节之间的顺畅衔接，初步实现由传统商业仓储向现代物流的转型。

（宦 丽）

粮 食

【概况】 2009 年，全市国有粮食企业购销总量 126 万吨，其中收购粮食 56 万吨、销售粮食 70 万吨；与省内外实行粮食产销衔接，省内合同购销粮食 7.9 万吨，省外购进稻谷 4 万多吨。市政府出台《镇江市市级储备粮管理办法》，规范储备粮管理。加强对粮食市场行情的分析预测，适时、有序地安排储备粮轮换。开展粮食收购资格、收购行为、收购价格执行情况的监督检查以及市场粮油质量定期抽查。做好军粮供应工作。

落实国家小麦、稻谷最低收购价政策，全市收购稻谷 6.2 万吨、小麦 14.1 万吨，由于收购价格的提高，农民增收 4220 万元。推行粮食订单“一次收购、两次结算”的做法。在收购现场增添扒粮机、输送机等机械设备，减轻售粮农民的劳动强度；提供整晒场地、茶水供应等服务，方便农民售粮；对种粮大户实行上门验粮、预约收购。

全市粮食行业加强全行业的统计、会计等基础工作，粮油加工列统企业由上年的 28 家增加到 55 家，实行国有粮食企业盈亏季度通报制度，市直粮食系统实行会计主管人员委派制度、经济运行情况调研分析制度。推进国有企业改革，句容市完成国有粮食购销企业改革试点工作。全行业未发生重大安全事故。推进放心粮油工程建设，全面开展“放心粮油示范店”和“放心粮油销售店”创建活动。加强粮食行业协会建设，组织会员企业开展研讨交流活动。

开展放心粮油工程、“粮食银行”工程、创建和谐企业、脱贫攻坚“两消除”等为民办实事活动；保持军粮供应、粮食流通监督检查、放心粮油工程建设省内领先；实现粮食收购量，粮油加工销售收入、利税，国有粮食购销企业利润位次前移的“234”跨越发展目标。实行政务公开，推行行政权力网上运行；开展全市制米工技能比赛、《粮食流通管理条例》、世界粮食日宣传和走进《行风热线》等活动。为城市特困家庭捐赠爱心粮油，为农村贫困家庭捐款、捐物价值 8 万元。为种粮大户赠送“储粮丰产仓”12 个。市粮食局筹措资金近 100 万元，解决市直 17 家停产歇业企业职工的住房公积金问题，并适度提高内退、协保等弱势群体人员的生活待遇。

（王志新）

【完成粮食清仓查库工作】 2009 年，全市各级粮食部门历经六个月，出动人员 510 余人，清查库点 60 余个、仓廒 600 余间，清查各类粮食 40.3 万吨，完成粮食清仓查库各项工作。句容市粮食局获江苏省粮食清仓查库工作优秀组织奖，镇江市粮食中转库等 5 家单位获江苏省粮食清仓查库工作先进集体称号。

（王志新）

【粮食产业发展】 2009 年，全市粮油加工业销售收入 53.4 亿元、利税 4.07 亿元、利润 2.95 亿元，均比上年翻一番以上；国有粮食购销企业实现利润 619 万元，增长 63%。中国储备粮管理总公司投资 13 亿元建设的中储粮镇江粮油加工及仓储物流项目开工。投入仓库建设资金 2430 万元，修建仓容 4.4 万吨，中心库、骨干库、收纳库布局调整加快。规模化生产小麦膳食纤维、生物柴油、保健果醋等新产品，推进大豆多肽、小麦胚芽油等项目。

（王志新）

【“粮食银行”工程建设】 2009 年 2 月 26 日，省委常委、副省长黄莉新在省政府办公厅《信息简报》第 35 期上批示要求省粮食局总结推广镇江发展“粮食银行”经验。6 月 30 日，全市首批 5 家“粮食银行”开业；11 月 20 日，第二批 5 家“粮食银行”开业。从 10 家“粮食银行”开业运行情况看，粮油经营品种增加，经营数量扩大，粮油经营数量达 0.95 万吨，涉及农户 2 万户。“粮食银行”是粮食部门应用现代银行的经营理念和服务方式，为农民提供粮油储存、加工和品种兑换服务的一种新型服务模式，是现代粮食流通的一种新型业态。

（王志新）

卷烟物流配送中心 （宦 丽）

【放心粮油工程建设】 2009 年底，累计创建“放心粮油销售店”109 家，全社会放心粮油市场占有率 75%，放心粮油工程建设水平得到新提升。7 月，市粮食行业协会被中国粮食行业协会授予“全国放心粮油进农村、进社区先进单位”称号，这是继 2006 年、2007 年之后第三次获此称号。

（王志新）

供销合作社

【概况】 2009 年，全系统销售 161.21 亿元，消费品零售额 29.08 亿元，农资销售 8.05 亿元，农副产品收购 14.31 亿元。发展农资、生活资料等连锁网点 25 个，连锁经营额 51.86 亿元，总数达 3022 个；报表利润 2744 万元。农资经营份额提升 12 个百分点。全系统为农服务社累计 590 家，服务社行政村覆盖率达 95%，居全省系统前列，其中句容、扬中和丹徒实现行政村全覆盖。市供销合作社获 2009 年度全省供销合作社系统综合业绩考评二等奖，各辖市（区）供销合作社获得全系统单项奖 16 个。

（庄网锁）

【“统防统治”机制】 2009年，落实市级农资淡储旺供、救灾化肥储备制度，全年储备化肥4000吨。推进农作物防病治虫“统防统治”工作。市政府在上年拨给高效弥雾器100台基础上，增拨207台，于5月分配下发到各辖市（区）专业服务队。丹阳举办喷雾器使用培训班，60多名机手参加培训。丹徒组建全市首家农机植保专业合作社——高桥惠民植保专业合作社，完善农作物防病治虫设备管理和“统防统治”机制。全系统累计防治面积3.67万公顷。全年无服务质量投诉。（庄网锁）

【“银河培训工程”启动】 2009年，在中国农产品经纪人流通协会支持下，镇江市供销合作社成为全国供销社系统首批“银河培训工程”试点单位。市供销合作社推动全系统农民经纪人培训与“国家中小企业银河培训工程”对接，开展对农民创业者的创业知识和创业技能培训，对农民企业经营管理及专业技术人员的工商管理基础知识、法律法规、产业政策和企业信息化建设等方面的培训。针对农民经纪人分散在农村、长期在外奔波、组织培训难度较大的实际，与镇政府和村委会合作，送教下乡、巡回办班。全年培训农产品经纪人4314人，是上年全年培训数量的3倍，全部获得人力资源和社会保障部颁发的职业资格证书。镇江市供销合作社被全国供销合作总社确定为全国农产品经纪人星火科技培训示范点和职业技能鉴定工作示范站，农民经纪人培训获全国表彰，成为江苏省唯一连续三年受到全国表彰的单位。（庄网锁）

【“新网工程”建设】 2009年，市供销合作社建立“新网工程”（新农村现代流通服务网络工程）专项资金申报单位项目库，加强农资供应、农副产品收购、日用品消费、再生资源回收利用等连锁经营网络建设，升级和完善现有市场网络设施、功能。全系统7个项目申报成功，取得中央、省级财政补贴扶持资金250万元。初步构建起县城配送中心、乡镇超市、为农服务社、村级农家店覆盖全市城乡的连锁经营网络体系。（庄网锁）

【省、市、乡（镇）三级合作联社成立】 2009年，新建专业合作社42家，创建“四有”（有制度、有合作手段、有较大规模、有明显效益）专业合作社74家，其中11家获得省财政扶持的省级“四有”专业合作组织项目，19家列入全国供销合作总社“千社千品”富农工程，18家通过无公害农产品、有机农产品和绿色食品认证。句容市供销合作社上年注册成立全省首家专业合作联社——赵亚夫农产品专业合作联社，2009年升级为市级专业合作联社，在镇江城区设立名特优农产品展销中心。丹阳市供销合作社组建首家省级合作联社——江苏省联合惠农食用菌专业合作联社。句容宝华供销社成立全省系统首家镇级合作经济组织联合会。（庄网锁）

【2009海峡两岸（江苏）优质农产品展销会暨百家超市（市场）百佳农民专业合作社产销对接会】 2009年11月6～8日，展销会在南京举行，市供销合作社组织28家单位、76种农产品参展，参展的全部是供销社自办、领办的农业龙头企业和农民专业合作社。句容“捧花蜂业”、扬中“三叶秧草”等一批镇江市名优农产品参展。农展会落实签约项目8个，签约金额1.6亿元。市供销合作社获农展会优秀组织奖。（庄网锁）

【镇江市供销合作总社网站开通】 2009年6月，镇江市供销合作总社网站开通，网址：http://gxs.zhenjiang.gov.cn。网站版面设计分12大板块，分别为：动态新闻、信息公开、社会动态、城乡流通市场信息、服务“三农”体系建设、系统单位、公共服务、公共参与、下载园地、相关链接、社团组织、网站地图等。在八大主信息板块下，分别设相应多类子栏目信息，如：动态新闻下设4级子栏目，信息公开下设16级子栏目，社会动态下设9级子栏目，城乡流通市场信息下设7级子栏目，服务“三农”体系建设下设12级子栏目，系统单位下设8级子栏目，公共服务下设4级子栏目，公共参与下设6级子栏目。下载园地、相关链接、社团组织、网站地图等各设1级子栏目。网站及时、准确地宣传市委、市政府有关供销社工作的重要部署，宣传全系统在服务“三农”、发展经济、“三个文明”建设的重大举措、全系统取得的突出成绩和先进经验。网站信息总量达千条。（庄网锁）

【南京区域供销合作社经济协调会第18次主任会议】 2009年11月9～12日，由镇江市供销合作社承办的南京区域供销合作社经济协调会第18次主任会议举行，江苏、安徽、江西、湖北四省23个市级供销合作社主任参会，探讨交流新农村建设中供销合作社的发展方向和对策。会议以“抓住社会主义新农村建设的机遇，推动供销合作社跨越式发展”为主题，探索新时期供销合作社围绕“三农”工作，围绕新农村建设，不断转换经营方式，创新服务内容，拓展服务领域，加快发展农民合作经济组织。组织代表参观江苏省重点农业龙头企业丹阳江南食用菌有限公司、江苏省首家专业合作联社句容赵亚夫农产品专业合作联社等地。（庄网锁）

【开展脱贫攻坚“两消除”结对帮扶活动】 2009年，市供销合作社党委在大路镇宗张村开展脱贫攻坚“两消除”活动。结合该村实际情况，就脱贫项目逐个分析，落实花卉种植帮扶项目，细化帮扶措施，为大路镇宗张村筹措80万元资金，该项目产生效益35万元，村级经济收益15万元，该村当年实现脱贫攻坚“两消除”的目标。市供销合作社被市委、市政府授予脱贫攻坚“两消除”先进集体称号。（庄网锁）

石　油

【中国石油化工股份有限公司江苏镇江石油分公司】 2009年，镇江石油分公司全年销售总量35万吨，其中成品油零售量24.5万吨，成品油总销量增长2.19%。公司销售收入21.13亿元。江苏成品油管道完成30%工程量。

公司设立非油品业务部。6月末便利店开业36家。经营商品有饮料、烟酒等五大类，73座加油站全部销售燃油宝、代销彩票。西郊等6家门店的商品超过600种。销售香烟门店29家。年营业额达到60万元以上门店2家，50万元以上的5家。镇江地区单店日均营业额达到760元/站，其中日均超过1000元以上门店10座。临江西路站竣工开业，高家门和西郊2座加气站于11月开工，预计2010年上半年竣工。2009年是苏南管道建设的实施年。组建管道组和油库改造组，充实9名人员到管道工程，配置车辆等配套工具。5月以市政府名义召开镇江市管道建设协调会，下发执行文件。油库配套改造完成用地规划、工程规划，抗震、施工图、消防设计等审查以及质量注册等工作。12月18日、20日市政府组成成品油管道进展情况督察组督查。开展“百日安全无事故”活动，突出技防、人防抓好偏远小站防盗抢工作。组织对加油站每日夜查，督促加强防范。投入177万元，配发油站红外线报警装置85套，73座站安装视频监控，加固和更换防盗窗141.5平方米、防盗门14扇。加油站、油库、管道施工未发生任何安全事故。完成综合档案室改造，县片区所有档案实现集中管理，做好库存档案上架工作，近2年基建档案集中归档。组织内控、安全、加油及非油品销售技巧等培训105个2940人次，平均每个油站培训点3.5次、参加人数98人次。全程参与监督涉及管道工程招议标项目3次、加油站项目7次，在机关、库、站张贴廉洁文化宣传品150张，签订管道工程建设廉政责任书4份，发放管道廉政建设监督卡56张。帮扶困难、特困职工54人，发放救助资金39400元。开展"党员进万家"和贫困"两消除"活动，党员资助近20户贫困户。参加镇江市"慈善一日捐"等活动，募集资金21595元。（张 迎）

【中国石油天然气股份有限公司江苏镇江销售分公司】 2009年，中国石油镇江销售分公司固定资产1.1亿元，年销售汽、柴油18万吨。公司非油业轮胎、润滑油、便利店三大支柱共同发展，全年非油品销售比上年增长372%。公司有加油站46座，拥有2.5万吨成品油码头一座、10万立方米成品油储罐，陆路日发货能力1000吨，水路日发货能力8000吨。公司被镇江市安监局授予"安全生产先进集体"称号。公司油品季度、年度抽检合格率100%，全年无重大责任事故。公司确定2条加油船的整体报废，3座低效加油站关闭、停业、退租的方案。公司由2008年1座四星级加油站、3座三星级加油站，发展到2009年2座四星级标准加油站、6座三星级标准加油站。公司加大对员工的非油业务培训，进行润滑油、燃油精、轮胎等知识培训，组织学习非油品业务运作手册，召开非油业务经验交流会。制定、完善非油考核制度，下发非油业绩考核办法。公司培训新员工58人次；组织站长、安全员参加安监局、消防等部门培训68人次；组织开展加油站案例教育和应急管理培训工作。各加油站修订完善应急救援预案。全年开展各类专项检查11次，联合市安监局、消防等部门检查7次，查出问题87项，整改85项。规范工程施工作业管理，杜绝各类施工安全事故。（高 山）

【中国石油江苏长江项目】 2009年10月22日，中国石油江苏长江项目奠基仪式在镇江扬中市西来桥镇举行。长江项目规划依托镇江扬中市的优越港口条件和常州市发达的原料工业市场基础，建设成品油储备与物流中心、化工品物流集散中心和化工原料生产基地。规划建设成品油商业储备、大型燃料乙醇厂及乙醇汽油调配中心、成品油码头和物流中心，建设总长度约1000公里的成品油管线等。成品油物流中心和化工品物流中心计划于2010年开工建设，所有项目将总体规划、分步实施、陆续投用。项目预计投资约200亿元，整体将带动地方约300亿元投资。该项目将形成覆盖江苏全省的成品油和化工品配送枢纽，填补在镇江市场范围内炼化业务的空白，对于大力实施资源、市场和国际化战略，不断增强镇江地区能源供应保障能力具有重要意义。（高 山）

盐 业

【概况】 2009年，江苏省苏盐连锁有限公司镇江分公司（镇江市盐务管理局）全年购进各类盐产品31510吨，为上年同期的89.37%；销售各类盐产品33418.07吨，完成计划115.23%，为上年同期的102.88%。其中：食盐销售25320.37吨，完成计划115.09%，为上年同期的96.24%；小包装食盐销售15232.52吨，完成计划117.17%，为上年同期的100.77%；品种盐销售689.75吨，为上年同期的161.63%；工业盐销售8097.70吨，完成计划152.55%，为上年同期的123.15%。营业收入8097.9万元，完成计划115.68%，为上年同期的80.43%。利润158.27万元，完成计划91.56%。（毛清臣）

【经营管理】 2009年，国际金融危机、国内经济形势复杂多变，企业按照"调结构、扩总量、保增长、促发展"的工作定位，优化品种结构，开拓非盐经济，严格控制各项支出，完成上级下达的主要经营目标任务。结合苏盐连锁经营体系建设，公司组建成立市场营销部和非盐经营部，推动企业由管理型向经营型转变；开展"AAA"级食盐批发企业达标创建活动，实施丹阳盐库及办公区改造项目，高分通过中国盐业协会专家组的检查验收，被评为国家"AAA"级食盐批发企业。全市四家食盐批发企业全部成为国家"AAA"级食盐批发企业；推进ERP项目建设，A8协同办公系统和财务系统正式运行，提高企业信息化管理水平；开展安全生产大检查，实现全年安全生产无事故的目标。公司被评为镇江市2006～2008年文明单位。（毛清臣）

【盐政执法】 2009年，查处盐业违法案件44起，没收盐产品8.6吨，罚没款1.42万元。全市碘盐合格率、碘盐食用率和碘盐覆盖率列全省前列。坚持市场日常检查与专项整治相结合，重点检查农村地区、边界地区、城乡集贸市场、城郊结合部、熟食加工点和其他市场秩序不稳定地区；组织开展"元旦春节市场净化行动""五一端午市场净化行动""食盐保安护考行动""国庆联合执法行动""旺季秋风"行动等专项活动；围绕"全社会共同努力，持续消除碘缺乏病"活动主题，联合卫生等部门组织开展全国第十六个防治碘缺乏病日宣传活动，开展"食盐安全健康访万家""碘缺乏病防治知识有奖问答"、科学食用碘盐宣传进社区、进乡镇、进超市等活动。开展盐政法律法规、消除碘缺乏病和食盐安全知识的宣传教育活动。扬中市盐务局联合卫生部门开展扬中市首届硒科普知识宣传月暨第十六届防治碘缺乏病日活动；完善食盐违法行为投诉、举报处理制度，通过媒体、网络等渠道对外公布投诉、举报电话，及时受理、查处消费者投诉和举报案件。健全食盐质量追溯、购销台账、索证索票、不合格食盐退市等一系列制度。（毛清臣）

【连锁经营体系建设】 2009年，盐业体制即将改革，江苏省盐业集团在全省盐业系统提出整合三大业务板块（盐化生产、连锁经营、房产置业）的重大决策，针对盐业流通领域存在的集中度低、资源分散、流通成本高等问题，省盐业集团公司把全省盐业批发企业整合为苏盐连锁经营板块，组建成立苏盐连锁公司。2008年9月，在镇江地区组建成立江苏省苏盐连锁有限公司镇江分公司、丹阳分公司、句容分公司、扬中分公司。丹阳分公司隶属镇江分公司管理，句容、扬中两家分公司直接受江苏省苏盐连锁有限公司管理，党群关系受镇江分公司党委指导。2009年1月1日，苏盐连锁经营体系正式运行，加强物流配送设施建设和食盐营销网络建设，提高市场营销和物流配送效率，降低商品经营成本，为实现业务流程再造和推进食盐分装集中化、销售网络化、流通现代化、经营连锁化、管理信息化、效益最大化的现代化流通体系建设提供组织保证。（毛清臣）

对外及对港澳台经济贸易

责任编校：姚丽华

综　述

【概况】 2009年，镇江市完成商务部确认实到外资14.41亿美元，比上年增长19.9%。离岸服务外包合同额7208.5万美元，增长5.9倍；执行额4136.7万美元，增长13.4倍。进出口总额60.33亿美元，比上年下降19.2%；其中，出口35.41亿美元，下降16.8%；进口24.92亿美元，下降22.3%。新批境外投资企业14家，增长2.5倍；中方协议投资3648万美元，增长2.4倍。新签外经合作合同额3.17亿美元，增长3.5%；实现营业额2.7亿美元，增长5.4%；当年新派对外劳务5221人，增长1.3%；年末在外劳务11030人。

出台市级扶持外贸发展20条意见，在境内外参展、出口信用保险、“走出去”、退税质押贷款等方面给予财政扶持。全市企业参加境内外重大展会接近零成本，各辖市（区）也出台有关配套政策。全年上报及争取省以上各类外经贸鼓励扶持资金10084.3万元，比上年增长75.6%。全市出口信用保险投保额2.7亿美元，增长237%。建立“三外”（外资、外贸、外经）企业经济运行与风险防范实时监测机制，对全市36家重点外经贸企业实行领导挂钩“点对点”服务制。海关出台8项措施保外贸促出口；检验检疫出台9项举措取消640种商品检验费；金融推广“建行—淡马锡”中小企业融资模式，举办外贸专题“金融服务日”活动；国税加快出口退税进度，全年退税22亿元，比上年增长12.5%，先退税后核销扩大至50家企业。涉外部门出台提高投资贸易便利化水平的各项措施，提高企业受益面和受益效果。

全市新批新能源、新材料、光电子等新兴产业项目40个，合同外资6.35亿美元，占全市的22.91%。注册1亿美元的台泥投资性公司成为镇江首家外资投资性公司；利华国际成为镇江首家在美国纳斯达克上市的公司；新加坡新科动力收购华晨华通股权并增资5000万美元，是近年来全市最大的外资并购项目。台泥投资性公司、大新银行、沃得融资租赁、沃尔玛等金融、投资、商贸类现代服务业项目53个，合同外资8.5亿美元，增长47.76%，占全市比重30.6%。全市25个项目当年实到外资超千万美元，到位8.5亿美元，占全市六成。金东增资、台泥投资性公司、巨宝精密、绿洲新能源、庆祥半导体五个外资大项目当年到位资金5.3亿美元，占全市的36.6%。全市实到外资约占城镇固定资产投资中工业投资的26.2%，比上年提高近5个百分点。三资企业工业总产值突破千亿元，占全市的34.2%；工业增加值占全市的35.5%。缴纳涉外税收突破40亿元，增长11.8%，占全市的24.7%；地方税收4.96亿元，增长13%，其中营业税增长33.9%。

镇江市创建江苏省国际服务外包示范城市，京口区和润州创意产业园成为省级国际服务外包示范区，全市国际服务外包省级品牌累计达7个。全市建成各类国际服务外包载体面积22万平方米，其中镇江新区15万平方米、京口区4.7万平方米、润州区2.2万平方米。全市当年新增国际服务外包企业74家，累计110家；通过六项国际认证98个，其中CMMI（能力成熟度模型集成，应用于软件业项目的管理方法标准，下同）三级认证31个。赴美国、加拿大等国和中国南京、西安、香港开展专题招商，江苏超创、瑞蚨通、虹之谷动漫等20多家服务外包企业落户。瑞蚨通、润欣科技分别获得江苏省高层次创新创业人才引进计划服务外包专项扶持资金50万元。

全年共组织500多家企业参加广交会、华交会等境内外重大展销会，以及印度、中东等新兴展会，获得展位超过600个。20余家外贸企业进驻外贸商品内销专营商场。检验检疫、贸促等机构签发各类原产地证4万余份，签证额达15.3亿美元，减免关税近5000万美元。下半年起，全市每月出口稳定在3亿美元以上。丹阳市新材料产业基地被商务部和科技部联合认定为第三批国家科技兴贸创新基地。圣象、金东等9个品牌入选2009～2010年度“江苏省出口名牌”，全市省级以上出口品牌累计13个。全市22个定牌加工出口企业在80多个国家注册境外商标120余件。在全国率先向商务部和国家林业局争取应对《雷斯法案修订案》的支持，最终获得美国商务部同意暂缓实施，惠及全国1.4万家企业，包括镇江市近10家企业3亿美元的对美出口份额。全市8个部门和3家企业完成金东“反倾销、反补贴”首期问卷调查答复。

金东香港公司、圣象美国公司中方协议投资分别达到1487.2万美元和1450万美元。金东从香港进口的纸浆及设备零配件占到其进口的1/3；圣象对美出口逆势增长近5倍。当年新批境外投资项目中5个已实质性出资，出资额3263万美元，超过历年实际出资之和。新批项目以美国、日本、韩国等国家和中国香港为主要目的地。江苏克蒂纳日本公司成为镇江市首家“走出去”承接海外服务外包业务的企业。江苏省交通工程有限公司承建越南高速公路标段，合同额7926万美元；镇江建工集团有限公司承建越南新光水泥生产线，合同额1133万美元。 （章存保）

对外及对港澳台贸易

【概况】 2009年,全市完成进出口总额60.33亿美元,比上年下降19.2%,持续深于全国5.3个百分点,深于全省5.6个百分点。其中,出口35.41亿美元,下降16.8%,中止连续8月浅于全国、全省的状态,首次深于全国0.8个百分点,深于全省0.5个百分点;进口24.92亿美元,下降22.3%,全年一直深于全国全省10个百分点以上,分别深于全国11.1个百分点,深于全省12.8个百分点。

单月出口额从2月最低1.65亿美元,逐步攀升至7月3.34亿美元,此后虽有波动,总量一直维持在3亿美元以上。其中,9月创当年最高3.59亿美元。单月出口降幅从2月最低41.2%缓慢波动收窄,12月首次实现正增长6.7%。全市月均出口额2.95亿美元,比2008年月均减少5937万美元,比2008年1~9月危机前平均水平低6787万美元。出口商品量价齐跌,全市出口总量下降12.1%,均价下降12.8%。

单月进口1月最低仅1.27亿美元,有6个月低于2亿美元,另有5个月在2亿~2.6亿美元间徘徊,12月突破3亿美元。全年月均进口2.08亿美元,比2008年月均下降6000万美元,比2008年1~9月平均水平低9000万美元。

外资企业出口占比提高,内资生产企业恢复乏力。全市当年有进出口实绩企业1120家,比上年减少55家。1043家有出口实绩企业中,新增有出口实绩企业112家,比上年增长企业353家,下降企业578家。当年有进出口实绩的企业中,外资企业533家,出口下降9.9%,好于全市平均水平6.7个百分点;占全市比重55.7%,比上年提高5个百分点。内资生产企业405家,出口下降26%,占全市25.8%。外贸公司182家,出口下降20.9%,占全市18.5%。

重点企业出口大多下降,降幅好于全市平均水平。出口前10位企业合计出口12.88亿美元,比上年下降7.6%,好于全市9.2个百分点;占全市比重36.4%,比上年提高近4个百分点。上年出口超亿美元企业中,除金东、索普外,天工、焦煤、鼎胜2009年出口均不足1亿美元。

主销市场除美日外均有较大下滑,多数新兴市场总体平稳。全市出口超亿美元市场7个,较上年减少俄罗斯、土耳其、澳大利亚和中国台湾4个。主销市场中,对日出口增长6.63%,对美出口下降6.32%,均好于全市平均水平;对欧盟、东盟、中国港台地区及韩国出口降幅均超过20%。出口超千万美元的新兴市场中,对南亚的印度、巴基斯坦、孟加拉,南美的巴西、委内瑞拉,出口保持正增长;对非洲、中东出口降幅浅于全市平均水平。

纸张、眼镜、塑料等出口增长,机电产品占比逐年下降。全市出口超亿美元商品8种,比上年减少铝材1种。出口超千万美元的26类重点商品中,纸张、眼镜、塑料制品、锚链、船舶、通讯设备、电动机、医药品保持正增长。大宗商品出口降幅较大:工具下降27.2%、焦煤下降40.3%、铝材下降52.8%、钢材下降72.2%、汽车零部件下降34%。大类商品中,机电商品出口11.47亿美元,占全市出口总额32.4%,下降20.1%,自2005年以来占比不断下降约10个百分点;纺织服装出口2.81亿美元,下降12.6%;农副产品出口4879万美元,下降20.4%。

一般贸易增长乏力,来料加工逆势增长。全市一般贸易出口23.45亿美元,下降22.3%,占全市的66.2%,比上年下降4个百分点。加工贸易出口11.93亿美元,下降3.3%,好于全市平均水平13.5个百分;占全市的33.7%,提高4.2个百分点。以金东为主的来料加工逆势增长2.7%,占加工贸易的65.5%,提高3.8个百分点。全市外商投资设备进口1.95亿美元,下降38.6%,占外资企业进口总额的9.7%,下降1.4个百分点。

进口量增价减,四大进口主体全部负增长。当年有进口实绩企业416家,金融危机带来国际原材料价格下滑,成为拉低全市进口的重要原因,全市进口总量增长56.8%,进口均价下降53.8%。金东、奇美国亨、联成、辉煌环钛4个进口大户中,金东木浆进口量下降20.4%,均价下降31.4%,金额下降38%。辉煌(含环钛)硅料进口量增长58.1倍,均价下降83.2%,金额下降27.1%。奇美(含国亨)、联成的苯乙烯、一元醇等原料进口量与上年同期基本持平,均价下降33%,金额下降37.8%。

(章存保)

表22-1 **2009年镇江市辖市(区)进出口商品额完成情况一览表** 单位:万美元

地区	进出口		出口		进口	
	累计数	比上年增长(%)	累计数	比上年增长(%)	累计数	比上年增长(%)
合计	603273	-19.15	354113	-16.75	249160	-22.33
丹阳市	142775	-9.76	109988	-18.53	32787	41.25
外贸企业	20695	-0.47	14065	-28.77	6630	533.24
生产企业	41440	-25.01	38901	-25.94	2539	-7.10
三资企业	80640	-1.85	57021	-9.10	23619	21.55
句容市	32107	-11.98	19559	-29.67	12548	44.83
外贸企业	431	-13.97	203	-58.66	228	2180.00
生产企业	8565	13.05	5476	-7.56	3088	86.92
三资企业	23112	-18.62	13880	-35.13	9232	31.85
扬中市	40624	-28.28	17135	-24.25	23489	-30.97
外贸企业	2855	-6.45	2818	-7.39	36	300.00
生产企业	4546	-29.41	3616	-19.66	930	-52.04
三资企业	33223	-29.54	10700	-29.03	22523	-29.78
丹徒区	30339	-23.41	25089	-24.05	5251	-20.17
外贸企业	483	-59.65	483	-59.65	0	–
生产企业	13587	-37.95	12585	-32.72	1002	-68.62
三资企业	16270	-1.49	12022	-8.45	4248	25.49

续表 22-1

地 区	进 出 口		出 口		进 口	
	累计数	比上年增长(%)	累计数	比上年增长(%)	累计数	比上年增长(%)
京口区	39389	-37.43	36066	-35.29	3323	-53.94
外贸企业	19465	-37.50	19015	-36.91	450	-55.31
生产企业	11170	-36.38	10096	-41.15	1075	168.75
三资企业	8753	-38.55	6955	-17.57	1798	-69.04
润州区	41908	-27.76	29794	-24.76	12114	-34.22
外贸企业	28270	-12.66	19747	-16.58	8523	-2.00
生产企业	4802	-37.73	2937	-8.85	1864	-58.49
三资企业	8836	-50.72	7110	-44.02	1727	-66.98
镇江新区	232316	-26.46	92304	-5.61	140012	-35.81
外贸企业	1102	-35.89	746	-56.50	356	8800.00
生产企业	4496	-54.17	2228	-64.04	2268	-37.24
三资企业	226718	-25.51	89330	-0.62	137388	-35.95
镇江市直	43815	-75.19%	24178	-83.75%	19636	-29.35%
生产企业	43683	-75.22%	24090	-83.80%	19592	-28.89%
三资企业	132	-58.75%	88	17.33%	44	-82.04%

(张梅梅)

表 22-2

2009 年镇江市进出口商品 1000 万美元以上企业一览表

单位:万美元

企 业 名 称	出 口		进 出 口	
	累计数	比上年增长(%)	累计数	比上年增长(%)
金东纸业(江苏)股份有限公司	72605	7.08	118389	-18.31
镇江奇美化工有限公司	0	-100.00	38189	-40.41
镇江联成化学工业有限公司	236	-63.75	15288	-39.55
江苏泛华进出口有限公司	6667	-13.33	13004	33.65
辉煌硅能源(镇江)有限公司	6	–	12842	25.66
镇江国亨化学有限公司	0	-100.00	11878	-34.98
江苏索普(集团)有限公司	9109	-5.54	10232	-22.96
江苏飞达对外贸易有限公司	1146	-83.22	6964	1.95
江苏天工工具有限公司	5914	-56.28	6001	-57.18
巨宝精密加工(江苏)有限公司	94	-70.16	5994	222.08
句容市宁武化工有限公司	2897	-17.82	5773	13.00
大赛璐安全系统(江苏)有限公司	1478	-35.43	5723	-19.67
江苏苏润高碳材股份有限公司	5222	–	5484	–
镇江环太硅科技有限公司	118	-75.97	5409	-67.60
镇江鼎胜铝业有限公司	4979	-53.97	5218	-51.76
镇江美驰轻型车系统(第二)有限公司	3441	-27.98	4937	-32.45
圣象集团有限公司	4796	16.52	4929	12.71
江苏沃得植保机械有限公司	2917	-18.50	4741	-0.04
汽巴精化(江苏)有限公司	146	-26.26	4735	-2.95
江苏庆翔半导体有限公司	0	–	4242	–
正茂集团有限责任公司	3992	99.10	4022	100.00
都茂(江苏)机电科技有限公司	3743	1.63	3824	2.27
道达尔华东润滑油(镇江)有限公司	0	–	3791	-8.91
丹阳肯帝亚木业有限公司	3627	78.67	3627	78.67
镇江原源进出口有限公司	3486	-38.14	3486	-38.14
镇江焦化煤气集团有限公司	2644	-79.23	3377	-78.77
丹阳市海尚国际商务有限公司	3201	-7.08	3278	-8.89
镇江苏惠乳胶制品有限公司	2336	-13.32	3027	-16.59
江苏久正光电有限公司	1720	-52.95	2940	-59.59
华东泰克西汽车铸造有限公司	2743	-4.62	2878	-7.46
凯旋必机械工业(镇江)有限公司	10	-50.00	2820	23.41
江苏惠通集团有限责任公司	2609	27.14	2758	32.34
元鼎饰材实业(镇江)有限公司	2207	-0.85	2741	-1.15
镇江爱迪进出口有限责任公司	2698	-35.87	2719	-36.43
现代重工(中国)电气有限公司	1239	-23.33	2707	-29.23
江苏省镇江船厂有限责任公司	0	-100.00	2670	72.15

续表 22-2

企业名称	出口		进出口	
	累计数	比上年增长(%)	累计数	比上年增长(%)
丹阳建达塑胶工业有限公司	1498	-22.46	2578	-15.75
江苏福荣制衣有限公司	2248	-25.09	2489	-21.56
江苏索普化工股份有限公司	2440	7.35	2440	7.35
凯迩必液压工业(镇江)有限公司	0	-100.00	2403	-4.22
镇江市汉华进出口有限公司	2382	-33.01	2394	-34.30
镇江汇天国际贸易有限责任公司	2331	-17.05	2337	-16.86
镇江万新光学有限公司	1687	3.43	2293	8.52
江苏多多塑胶工业有限公司	1286	-0.77	2212	3.22
大亚车轮制造有限公司	2161	-39.86	2182	-39.32
优利德(江苏)化工有限公司	10	-94.68	2172	-70.39
丹阳市荣华贸易有限责任公司	2161	-13.80	2161	-13.94
江苏瑞美福实业有限公司	0	-	2019	304.61
江苏领先电子有限公司	811	18.22	1984	47.40
江苏飞达工具股份有限公司	1977	-53.81	1982	-53.96
镇江华星国际贸易有限责任公司	1888	-44.54	1948	-52.37
镇江强灵照明有限公司	1910	317.03	1910	273.78
华盟家饰工业有限公司	1799	-5.71	1884	-5.14
帝高力装饰材料(江苏)有限公司	1597	-	1814	-
镇江李长荣综合石化工业有限公司	99	-1.00	1805	80.50
罗地亚(镇江)化学品有限公司	1169	156.36	1746	117.71
镇江中船瓦锡兰螺旋桨有限公司	1290	-8.05	1732	-5.66
镇江德利纺织制品有限公司	1656	8.73	1656	8.73
镇江大邦进出口贸易有限公司	610	34.66	1498	27.27
柯诺(江苏)地板有限公司	1457	106.37	1489	94.39
阿雷蒙紧固件(镇江)有限公司	291	-34.31	1460	5.64
镇江中船设备有限公司	6	-97.87	1433	-56.81
镇江京友窗帘有限公司	1233	-24.12	1381	-17.40
镇江东亚碳素焦化有限公司	1313	4.12	1313	4.12
中粮包装(镇江)制盖有限公司	0	-	1308	-28.21
恒宝股份有限公司	418	-18.36	1304	-2.54
先进光电科技(镇江)有限公司	321	108.44	1292	105.08
镇江市瑞琪机械进出口有限公司	1267	-9.11	1267	-9.11
江苏华宇灯具有限公司	1229	11.73	1229	11.73
江苏宜达新材料股份有限公司	544	-25.38	1222	-45.18
镇江一马先制衣有限公司	1206	-8.43	1212	-7.97
丹阳市精益铝业有限公司	913	-27.25	1212	-4.27
江苏丹毛纺织股份有限公司	1045	-22.59	1193	-24.45
镇江市靓明光学有限公司	963	453.45	1178	224.52
江苏荣马进出口贸易有限公司	1172	74.66	1173	74.81
镇江茂源化工有限公司	1172	-40.30	1172	-41.22
江苏圆通汽车零部件有限责任公司	1154	-49.25	1169	-48.62
丹阳镇威汽配有限公司	973	12.49	1153	6.86
丹阳银球针纺服饰有限公司	1142	161.33	1142	161.33
镇江中船日立造船机械有限公司	1067	13.39	1068	13.50
江苏太平橡塑股份有限公司	912	-31.01	1066	-22.98
江苏胜华船舶制造有限公司	608	-	1045	237.10
凯美哈斯(江苏)化工有限公司	718	4.36	1033	7.83
句容骏升显示技术有限公司	908	60.42	1027	49.71
江苏美佳马达有限公司	1005	273.61	1026	273.09
镇江华玉化工进出口有限公司	974	21.45	1017	22.38
江苏东方光学有限公司	975	12.85	1011	10.73
双锋格雷斯海姆医药玻璃(丹阳)有限公司	636	-23.00	1006	-14.09

(张梅梅)

表 22-3

2009 年镇江市出口商品超亿美元国家(地区)一览表

单位:万美元

国别(地区)	累计数	比上年增长(%)	占全市(%)
美国	67994	-5.31	19.20
欧盟	56101	-24.08	15.84
日本	41531	6.12	11.73
东盟	33207	-21.95	9.38
印度	19103	3.34	5.39
韩国	16435	-31.35	4.64
中国香港	13084	-19.97	3.69
合　计	247455	-13.53	69.88

(张梅梅)

表 22-4

2009 年镇江市出口1000 万美元以上商品一览表

单位:万美元

商品名称	累计数	比上年增长(%)	占全市(%)
纸及纸板(未切成形的)	73793	9.58	20.84
手用或机用工具	16657	-27.15	4.70
服装及着衣附件	16601	-15.52	4.69
眼镜架及镜片	13805	20.81	3.90
纺织纱线、织物及制品	13397	-10.33	3.78
塑料制品	10714	4.99	3.03
锚链	5830	19.84	1.65
未锻造的铝及铝材	5352	-52.77	1.51
钢材	5082	-72.24	1.44
鞋类	4975	-27.05	1.40
汽车零件	4975	-34.03	1.40
电视、收音机及无线电讯设备的零附件	3596	13.77	1.02
电动机及发电机	3516	6.98	0.99
摩托车及自行车的零件	2957	-19.74	0.84
乳胶手套	2810	-10.54	0.79
通断及保护电路装置及零件	2807	-29.72	0.79
旅行用品及箱包	2588	-31.46	0.73
鬃刷	2443	-1.76	0.69
床垫、寝具及类似品	2265	-10.17	0.64
灯具、照明装置及类似品	2199	-3.80	0.62
医疗仪器及器械	1966	-12.28	0.56
船舶	1950	27.34	0.55
自行车	1801	-18.38	0.51
锁	1753	-48.02	0.50
医药品	1406	5.74	0.40
玻璃制品	1207	-36.06	0.34
合　计	206445	-12.60	58.30

(张梅梅)

表 22-5

2009 年镇江市进出口贸易方式一览表

单位:万美元

贸易方式	出口			进口			进出口		
	累计数	比上年(%)	占全市(%)	累计数	比上年(%)	占全市(%)	累计数	比上年(%)	占全市(%)
贸易方式	354113	-16.75	100.0	249160	-22.34	100.0	603273	-19.15	100.0
一般贸易	234488	-22.31	66.2	140097	-28.77	56.2	374585	-24.86	62.1
加工贸易	119296	-3.27	33.7	83288	-5.38	33.4	202584	-4.15	33.6
来料加工装配贸易	78095	2.68	22.1	54377	-9.97	21.8	132472	-2.92	22.0
进料加工贸易	41200	-12.84	11.6	28911	4.64	11.6	70111	-6.39	11.6
其他贸易	329	48.87	0.1	25775	-28.68	10.3	26104	-28.21	4.3

(张梅梅)

【9个品牌入选2009～2010年度“江苏省出口名牌”】 2009年8月，全市9个出口品牌入选2009～2010年度“江苏省出口名牌”，分别为：圣象集团“圣象”牌、金东纸业“太空梭”牌、堂皇集团“堂皇”牌、飞达集团“飞达”牌、天工集团“TG”牌、丰裕工具公司“丰佳/FENG JIA”牌、锋泰工具公司“锋泰/FENG TAI”牌、丹阳华昌公司“华昌/HC”牌、华久辐条公司“89”牌。全市省级出口名牌累计达13个。 （冯晓波）

【率先应对《〈雷斯法案〉修订案》】 美国《雷斯法案》是1900年经美国国会通过的野生动植物保护法。2008年5月22日，《〈雷斯法案〉修订案》正式生效。该法案分四个阶段实施，其中第三阶段从2009年10月1日开始，范围涉及加工或较为复杂的合成木制品出口，要求企业提供其木材供应的来源，对从事禁止规定行为的将提起诉讼和处罚，将大大提高镇江市木制品对美出口门槛。镇江市外经贸局率市重点木业出口企业负责人赴京，向商务部和国家林业局争取支持。最终促成国家林业局与商务部达成合作机制，国家林业局将与美方林业部门的3次商谈记录整理后，交商务部扎口与美方交涉；商务部和国家林业局还将联合开展全国木材加工重点企业调研。经过努力，美国商务部同意该法案暂缓实施，全国1.4万家相关企业获益，保住镇江市大亚等近10家企业对美出口约3亿美元市场份额。商务部委托江苏省公平贸易局书面表彰镇江市外经贸局。（冯晓波）

【首届外贸商品展销会暨指定专营商场】 2009年5月15日至7月底，镇江市举办2009年镇江外贸商品展销会，指定紫金大厦太平羽绒城为镇江外贸商品专营商场，首批20多家本地外贸企业参展，展销面积超过1000平方米。入驻指定专营商场的外贸企业均经过市外经贸局审核批准，具有产品生产能力或可以组织大量外贸商品。展销商品有服装、家纺、鞋帽、箱包、饰品、玩具、体育用品、家居用品、园艺用品、户外用品、婴儿用品，以及礼品、陶瓷等面向消费者的镇江特色出口产品。 （章存保）

利用外资及港澳台资

【概况】 2009年，全市完成商务部确认实到外资14.41亿美元，比上年增长19.9%。新批外商投资项目164个，增长12.3%；合同注册外资28.05亿美元，增长20.16%。新批及净增资3000万美元以上项目35个，比上年增加10个；其中，新批以及净增资亿美元项目有17个。

全市共新批新能源、新材料、光电子等新兴产业项目40个，合同外资6.35亿美元，占全市合同外资总额的22.91%。新批农业项目16个，合同外资14531万美元，占全市比重5.24%。新批制造业项目105个，合同外资17.77亿美元，占全市比重64.17%。新批服务业项目53个，合同外资84676万美元，占全市比重30.59%；其中房地产项目4个，合同外资18705万美元。

利用外资地区结构以港台欧美为主。全市新批中国香港投资项目53个，合同外资108517万美元；新批欧美地区投资项目40个，合同外资35565万美元；新批中国台湾投资项目37个，合同外资29037万美元；新批自由港投资项目15个，合同外资25618万美元。中国香港、欧美、中国台湾、自由港是全市外商投资最为集中的四个地区，确认实到投资共占全市的64.38%。 （洪 涛）

2009年镇江市外商及港澳台商直接投资情况统计表

表22-6 （商务部确认数） 单位：万美元

辖市（区）	实际到位外资		工商登记注册企业			
			合同注册外资		新注册企业数（个）	
	实际完成	比上年增长（%）	实际完成	比上年增长（%）	实际完成	比上年增长（%）
全市合计	144081	19.89	280457	20.16	164	12.33
丹阳市	17130	-14.70	54514	-1.34	34	-5.56
句容市	25446	0.34	47180	72.93	26	13.04
扬中市	11326	-15.94	10580	-37.75	9	12.50
丹徒区	13214	17.02	24659	-34.83	23	0.00
京口区	7619	-5.22	16919	-20.17	14	0.00
润州区	3392	-25.58	11524	-29.24	17	70.00
镇江新区	68201	78.30	114050	122.72	41	28.13

注：由于外资项目有共享、数据调整、未计算市直外资等原因，各辖市（区）数据之和与全市总数有误差。 （洪 涛）

2009年镇江市实际到位外资1000万美元以上企业一览表

表22-7 （商务部确认数） 单位：万美元

企业名称	实到外资
金东纸业（江苏）股份有限公司	35325.00
巨宝精密加工（江苏）有限公司	6950.00
江苏绿洲新能源有限公司	4339.99
江苏庆翔半导体有限公司	3150.00
新昌源化工（江苏）有限公司	3129.36
江苏台泥投资有限公司	3000.00
江苏铭创城市建设有限公司	2998.00

续表 22-7

企业名称	实到外资
丹阳飞达重工有限公司	2830.00
镇江环太硅科技有限公司	2018.00
镇江国亨塑胶有限公司	2000.00
沃得重工(中国)有限公司	1983.96
江苏仙林百里置业有限公司	1716.12
江苏长三角精细化工有限公司	1673.50
句容凯丽光电科技有限公司	1656.91
帝宝花园酒店(镇江)有限公司	1500.05
句容顺宝光电科技有限公司	1500.00
镇江红都灯具有限公司	1362.02
江苏金陵融锦饭店有限公司	1330.00
山特维克材料科技(中国)有限公司	1300.00
镇江道格拉斯农药化工研发有限公司	1290.59
镇江市中金重工科技有限公司	1215.38
百事利(江苏)重钢有限公司	1078.01
丹阳融侨房地产开发有限公司	1077.12
句容翡翠山庄生态农业有限公司	1062.03
江苏诺玛泰电力设备有限公司	1050.00
丹阳鹏鷁污水处理有限公司	1020.00
句容天工置业有限公司	1000.00

(洪　涛)

【薄膜太阳能产业链初具雏形】 2009年,镇江市围绕薄膜太阳能产业链,组织赴台湾经贸活动和赴欧洲新兴产业专题招商活动,联系上海、北京跨国公司办事处。落户薄膜太阳能产业相关联企业10家,首期总投资5.6亿美元,年产12套50兆瓦和3套24兆瓦电池设备;电池320兆瓦,地面大棚光伏电站15兆瓦,获得2.1兆瓦国家"金太阳示范工程"补贴,外方246万美元的配套资金到位。从薄膜太阳能设备制造、电池生产、透明导电氧化物镀膜玻璃、地面发电站、农业薄膜太阳能大棚等方面初步形成产业链。 (洪　涛)

国际服务外包

【概况】 镇江服务外包产业从2007年起步,当年底召开全市服务外包工作动员会,出台关于促进全市服务外包产业发展的意见和若干政策。经过两年时间,全市服务外包发展较快。2009年,全市新登记注册服务外包企业74家,累计110家;当年新通过六项认证企业65家,累计98家;通过CMMI认证企业32家,其中31家通过CMMI三级认证。全市当年新签服务外包合同额1.03亿美元,比上年增长151%;其中离岸外包合同额7208.47万美元,增长598.15%;服务外包执行额6060.52万美元,增长118%,其中离岸外包执行额4136.71万美元,增长1343.88%。服务外包的合同额、营业额以及离岸外包的合同额、营业额均居全省第五,增幅均居全省第二。

省级服务外包示范区——镇江软件园二期效果图　　(镇江软件园)

初步建成镇江软件园(一期)、京口软件园(一期)、润州创意产业园等一批服务外包载体,面积22万平方米。在建各类载体面积80万平方米。其中,总规划面积5.8平方公里的丁卯科技城、规划面积1.58平方公里的镇江软件园二期建设中,丹阳科技创业园、亿兆软件园等一批科创中心和研发大楼开工建设。全市涉及车船及软件研发方面的系统设计、系统集成、后台支持、辅助管理等离岸外包执行额占全市的85%。镇江亿华系统集成公司研发的特种工程船舶自动化控制及船用系统集成、江苏现代造船技术有限公司船舶数字化生产设计系统、惠龙港船用钢板供应链服务等在车船外包领域有较好表现。 (殷利春)

【江苏省国际服务外包示范城市创建】 2009年12月10日,镇江市入选江苏省国际服务外包示范城市,京口区和润州创意产业园入选江苏省国际服务外包示范区。加上2008年镇江软件园入选省级国际服务外包示范区,镇江机电高职校成为首批省级国际服务外包人才培训基地,润欣科技、亿华系统集成2家

表 22-8

2009 年镇江市服务外包情况表

单位:万美元

辖市(区)	服务外包合同额				服务外包执行额				登记企业数(家)			通过认证数(个)		
	总金额	比上年增长(%)	其中:离岸外包	比上年增长(%)	总金额	比上年增长(%)	其中:离岸外包	比上年增长(%)	累计数	其中:当年新增	比上年增长(%)	累计数	其中:当年新增	比上年增长(%)
全市合计	10331.70	151.00	7208.47	598.15	6060.52	118.00	4136.71	1343.88	110	74	105.56	98	65	132.14
丹阳市	430.48	–	279.92	–	370.93	–	279.92	–	3	3	–	8	6	200.00
句容市	0.00	–	0.00	–	0.00	–	0.00	–	2	2	–	2	1	–
扬中市	438.35	–	169.57	–	465.60	–	169.57	–	3	2	100.00	2	1	0.00
丹徒区	648.93	–	627.86	–	542.75	–	521.68	–	4	3	200.00	0	0	–
京口区	6101.71	571.26	4114.04	1519.13	2766.91	834.77	1642.99	17194.67	32	20	66.67	41	27	145.45
润州区	626.64	–	223.75	–	309.95	–	71.50	–	26	26	–	11	11	–
镇江新区	2085.58	95.83	1793.32	130.38	1604.38	209.81	1451.04	423.84	40	18	–18.18	34	19	35.71

注:1. 表中"–"处为上年同期无数据,2009 年无同比;

2. 统计日期按全省统一截至 2009 年 12 月 10 日。

(殷利春)

企业成为省级服务外包重点企业,全市国际服务外包省级品牌累计达到 7 个。

(殷利春)

【招才引智取得突破】 2009 年,镇江市共引进 4 个国际领军型人才团队、4 个创业创新高科技项目并上报市"331 计划"(《镇江市引进培育创新创业领军人才三年(2008~2010 年)行动计划》,即三年内每年引进 30 名左右领军人才和 10 个领军人才团队,下同)。其中,亚太科技张一熙教授团队被市领军人才办确定为"331 计划"首批优先资助对象,获得市专项扶持资金 150 万元。上报"江苏省高层次创新创业人才引进计划"服务外包专项 29 个人才(团队)项目,江苏瑞蚨通软件科技有限公司、镇江润欣科技信息有限公司分别获得省创新创业人才扶持资金 50 万元。

(殷利春)

对外经济技术合作

【概况】 2009 年,全市新签外经合同额 3.17 亿美元,比上年增长 3.5%;实现营业额 2.7 亿美元,增长 5.4%;新派劳务 5221 人,增长 1.3%,期末在外劳务 1.1 万人。3 月,召开对外劳务管理工作协调小组全体成员会议,明确"经营准入、人员素质、项目论证、宣传引导"四大关。8 月,为压缩非法中介的生存空间,实施对外劳务预报责任制,建立对外劳务镇(街道)联络员和村(居委会)信息员队伍,负责收集本地报名出国的劳务人员情况,预报至当地外经贸部门。

(冷建蓉)

【清理整顿市场秩序】 2009 年 8 月,镇江市对外劳务管理工作会议召开,印发《全市清理整顿对外劳务市场秩序专项行动工作方案》,部署全市对外劳务市场秩序清理整顿工作。

全市实有 31 家经营单位中,外派劳务有权企业 4 家,境外就业中介机构 2 家,对外工程承包有权企业 7 家,对外劳务国内职业中介企业 19 家。全市经营单位备案 141 家次,市外有权企业备案 122 家次;登记境外雇主 214 家次。

建立全市对外劳务人员、经营单位和境外雇主等基本数据库,在《镇江日报》上公布咨询和投诉电话,工商将问题企业列入"黑名单",公安局实施"警方告知",形成协调小组成员单位信息共享机制。

执行辖市(区)出具初审意见函以来,全市共备案初审对外劳务 957 人次,对外劳务人员办理出境人员意外伤害保险率 100%;培训、考核外派劳务人员 1000 多名;新项目论证制以来,7 次召开论证会,对 17 个对外劳务新项目进行论证。处理镇江建工集团有限公司赴俄罗斯劳务纠纷等突发事件。

(冷建蓉)

国际贸易促进工作

【概况】 2009 年,镇江市共签发出口货物一般原产地证 17631 份,比上年增长 12.9%;一般单据认证 160 份,增长 6.6%;国际商事证明书 1200 份,增长 23.3%;使领馆认证 898 份,增长 19.4%;代办 ATA 单证册 16 份。新增会员企业 105 家,增长 22%,会员企业总数 1190 家。组织国际展览项目 26 个,摊位 146 个,参展企业 136 家,组织出国团组 21 个;举办业务培训 11 期,参加学习 874 人次。

通过与企业签订服务承诺协议,将

表 22-9

2009 年镇江市对外承包工程劳务合作情况一览表

单位:万美元

地　区	合同额		营业额		对外劳务人数(人)		
	累计数	比上年增长(%)	累计数	比上年增长(%)	累计数	比上年增长(%)	期末在外人数
全市合计	31653.1	3.5	27016	5.4	5221	1.3	11030
丹阳市	1451.2	–3.5	1240.1	37.7	749	–1.1	2053
句容市	670.5	26.5	664.3	–16.6	415	3.8	1358
扬中市	0	0	0	0	0	0	0
丹徒区	1000	10.7	1216	0	390	3.4	1102
京口区	853	10.5	881	22.7	606	1.8	1396
润州区	949.4	3.1	523.7	15.9	352	13.5	690
新　区	0	0	0	0	0	0	0
市　直	26729	6.5	22490.9	9.8	2709	58.3	4431

(张朝春)

贸促会24项服务职能印发给企业。将国家、省、市对外经贸企业所有扶持政策编印成《外贸扶持政策汇编》，免费发给全市企业；编印《国际经贸资讯金融危机特刊》，剖析金融危机产生的背景、影响，提出应对措施。

2009年11月18～24日，组织50家五金建材企业100人赴印度孟买参加印度国际五金建材及电子零组件展，是市贸促会首次组织的百人出国参展团组。同时组织安徽、浙江部分地区的电子、机械等行业企业参展。参展行业范围扩大，由过去工具、汽配为主扩大到工具、汽配、服装、体育用品、电子、消费品、时尚用品、建材、照明、木工机械等十个行业。

通过实地核查、业务培训、座谈会、研讨会等形式宣传，有针对性地开展出证认证服务。8月1日起，中国贸促会正式开始签发区域性优惠贸易协定项下出口货物原产地证，为引导企业了解并用好自贸协定项下的优惠政策，配合贸促总会对企业进口成分进行核查，协助企业完成从网上注册到制作单据的整个过程。全年代办优惠制原产地证23份，在贸促会注册备案优惠制原产地证的企业25家。加强与江苏省贸促系统合作，整合翻译资源，提高对外认证翻译的质量和效率；与工商局、公证处等机构合作推广境外商标注册业务。

组织60家企业分别参加海峡两岸企业合作交流大会、中国欧盟峰会、江苏—吉林经济合作洽谈会等活动。拜访香港环球资源集团、香港贸发局、香港中华总商会、斯里兰卡国家商会等商会，走访法国中小企业协会、土耳其驻上海总领事馆等机构，邀请日本国环日本海经济交流协会到镇江访问。

（黄　蓓　王　璐）

境外及港澳台企业

【概况】　2009年，全市新批境外投资企业14家，增长180%；中方协议投资3648万美元，增长239.4%，增幅均居全省前三；当年实际出资3263万美元，超过历年实际出资之和，企业实质性投资步伐加快。

金东香港公司、圣象美国公司2个项目中方协议投资分别达到1487.2万美元和1450万美元。金东香港公司以对外原料采购为主要功能，兼顾对中国香港、台湾和东南亚出口业务。受金融危机影响，金东纸业全年进口总额下降45.9%，但从香港进口的纸浆、辅料及造纸设备零配件不降反升24.1%，总额1.2亿美元，占企业总进口的1/3。圣象集团美国公司设立后，实现对美出口2400万美元，比上年增长近5倍。

投资以现汇为主，投资层次提高。新批项目除大唐机械泰国泰昌隆公司、伊朗合众化纤公司2家以设备投资外，其余均为现汇出资。新批项目除伊朗合众化纤和省交通印度公司2家外，其余均设在美国、日本等国家和中国香港地区。江苏克蒂纳信息技术有限公司日本分支机构，成为全市首家"走出去"承接海外服务外包业务的企业。　（冷建蓉）

表22-10　**2009年镇江市新设境外及港澳台企业情况一览表**　单位：万美元

境外及港澳台企业名称	中方企业名称	国别（地区）	经营范围	投资总额	中方协议投资	出资方式	性质	批准日期
金东贸易（香港）有限公司	金东纸业（江苏）有限公司	中国香港	进出口贸易	1487.20	1487.20	现汇	贸　易	2009－01
伊朗合众化纤有限公司	镇江金浪潮化纤有限公司	伊朗	生产销售三维中空纤维	440.00	290.40	实物	非贸易	2009－03
圣象集团韩国有限公司	圣象集团有限公司	韩国	各类实木地板和强化木地板的进出口和销售	30.00	24.00	现汇	贸　易	2009－03
圣象集团美国有限公司	圣象集团有限公司	美国	各类实木地板和强化木地板的进出口和销售	1450.00	1450.00	现汇	贸　易	2009－05
泰昌隆国际股份有限公司	江苏大唐机械制造有限公司	泰国	造纸机械的生产、制造和销售	1000.00	130.00	实物	非贸易	2009－07
江苏省交通工程集团公司项目（印度）私人有限公司	江苏省交通工程集团公司	印度	承担各类项目工程承包、咨询服务	3.00	1.53	现汇	贸　易	2009－08
蓝箭电子股份有限公司	镇江蓝箭电子有限公司	美国	电子元器件、通讯器材的生产销售	100.00	100.00	现汇	非贸易	2009－08
江苏克蒂纳信息技术有限公司	江苏克蒂纳信息技术有限公司驻日本办事处	日本	海外接单、企业境外宣传、人才募集	－	－	－	贸　易	2009－09
香港天元投资实业有限公司	镇江天元轴承有限公司	中国香港	财务与投资、进出口贸易等	0.13	0.13	现汇	贸　易	2009－09
圣象集团（香港）有限公司	圣象集团有限公司	中国香港	各类实木地板和强化木地板的进出口和销售	20.00	12.00	现汇	贸　易	2009－09
句容春华秸秆加工厂香港有限公司	句容春华秸秆加工厂	中国香港	秸秆加工、销售、秸秆回收	64.50	64.50	现汇	贸　易	2009－12
TGT特殊钢销售公司	江苏天工工具有限公司	韩国	特殊钢以及五金工具的销售	100.00	70.00	现汇	贸　易	2009－12
华龙国际有限公司	镇江华远化工有限公司	中国香港	化工产品和五金产品的进出口贸易	5.00	5.00	现汇	贸　易	2009－11
镇江鑫晶汽车配件有限公司	香港盈科国际集团有限公司	中国香港	国际贸易进出口业务	12.90	12.90	实物	贸　易	2009－12
合　计				4712.73	3647.66			

（冷建蓉）

综　述

【概况】 2009年，镇江市港口生产完成货物吞吐量8712.8万吨，完成集装箱吞吐量28.07万标准箱，完成外贸吞吐量1370.1万吨；全年港口建设完成投资6.3亿元，建成泊位14个，其中万吨级以上泊位3个，新增码头通过能力近400万吨。全年港口安全形势稳定，口岸开放有序推进，港口服务不断加强。

《镇江港新民洲港区总体规划》获得交通部和江苏省政府批复，《镇江港高桥港区控制性详细规划》完成初稿。港口码头项目扬中港区兴隆作业区一期工程建成后试运行情况良好，二重集团万吨级重件码头、国电谏壁电厂5万吨级扩建码头等完工，二重集团1.5万吨级滚装码头和4万吨级件杂码头、江苏建华管桩3000吨级码头等泊位在建；大港四期工程可行性研究阶段的各项工作基本完成，环境影响评价等支持性报告专项审批全部结束；镇江焦化、新宇国际、镇江港盛、中盐公司、中船柴油机、江苏胜华造船等码头项目进行前期工作。港口公共设施项目镇江港危险品锚地通过江苏省港口管理局的竣工验收，高资海轮锚地建设中，定易洲锚地改造工程完成前期工作，扬中海轮锚地、高资河进港航道、扬中夹江进港航道工程的前期工作进展顺利。（冯　杨）

【镇江港大港三期工程通过竣工验收】

2009年4月17日，镇江港大港三期工程通过交通运输部竣工验收，投入使用。镇江港大港三期工程由国家发改委批准立项，是江苏省、镇江市重点工程项目，由国投交通公司和镇江港口有限责任公司合资设立的国投镇江港有限公司承建。工程总投资14.11亿元，于2005年3月开工，2008年7月全部完工，2008年5月开始试运行。大港三期工程是镇江港建设史上首次建设的大型专业化码头，它的建成反映了镇江港的现代化港口发展趋势，缓解镇江港货物吞吐量增长和现有公用泊位通过能力不足的矛盾，增强镇江港综合通过能力。

建成后的大港三期工程，占地面积133.3公顷，新建5万吨级集装箱泊位1个，3万吨级多用途泊位1个，7万吨级散货卸船专用泊位1个，5000吨江船装船泊位2个，码头岸线长1128米，设计年吞吐能力为1390万吨，集装箱运量40万标准箱。在工程陆续完工和试运行的同时，环境保护、安全设施、职业病危害防护设施、消防设施与主体工程同步建设，并分别通过国家有关部门的专项验收。（蔡顺忠　冯　杨）

【《镇江港新民洲港区总体规划》通过审批】 2009年4月27日，《镇江港新民洲港区总体规划》通过交通运输部、省政府联合审批。镇江港由高资、龙门、谏壁、大港、高桥、扬中、新民洲等七大港区组成。新民洲港区是镇江港的重要组成部分，是镇江市贯彻实施江苏省沿江开发战略的重要基础设施之一和发展沿江经济、改善产业布局的重要依托。2008年，为发挥新民洲港区为港口产业园及临港工业发展服务的功能，镇江市政府上报《关于审批镇江港新民洲港区总体规划的请示》。（冯　杨）

【镇江口岸应对甲型H1N1流感疫情】

2009年，镇江口岸为严防全球性甲型H1N1流感疫情传入，建立联防联控机制和互相协调工作网络。镇江海关加强对进口企业和报关企业的宣传力度，要求审单人员增强申报美国和墨西哥为原产国和贸易国的商品敏感性，对从墨西哥和美国疫情地区申报进口的活猪及其产品执行停止进口的规定等；做好现场防御疫情相关工作，制定启动相应预案，保证监管现场发现的问题及时上报。

镇江出入境检验检疫局在墨西哥传出疫情开始就部署防控方案，对主要的传播工具入境船舶采取紧急检疫监管措施，恢复健康申报卡制度，各船舶代理单位在船舶靠泊前48小时，将船舶及船员相关信息通过镇江电子口岸平台发送镇江口岸各查验机关。对来自疫区的国际航行船舶，实行在检验检疫机关指定地点接受检疫，未经卫生检疫确认合格前，除引航员及代理外，任何人员不得上下，货物不得装卸；发现有船员出现发热、头痛、咳嗽等症状的，一律在锚地接受检疫等措施。

镇江边防检查站对来自疫区的船舶严格船员的上下。引航站作为与疫区船舶的直接接触者，做好自身的防控，要求引航员登轮工作期间，减少与外方人员特别是来自疫区船员的物理接触，发现感染病毒人员及时报告。并要求全站职工做好自身防护。同时，镇江口岸实行零报告制度，确保口岸安全、镇江安全。（冯　杨）

【台湾直航首船抵达镇江】 2009年3月16日，"澎湖湾"号海轮在镇江港大港港区靠泊，这是镇江港的首次两岸海运直航。该船长106.84米，宽17.6米，总载重6327.4吨，装载沥青5235.97吨。镇江海关、海事、检验检疫、边防人员办理了镇江口岸首份台湾直航船舶进港入境手续。镇江港是大陆开放的63个、江苏省开放的12个对

"澎湖湾"号成功停靠镇江港 （冯 杨）

台直航港口之一，海上直航开通有利于镇江300多家台资企业的发展。镇江港将与台湾开放的13个直航港口开展合作。在海峡两岸海上直航开通前，货轮从台湾出发后必须先到日本石垣换单，再运抵镇江港，要花费2~3天时间。两岸直航开通后，省却换单手续，航程缩短，一天多时间就能抵达镇江港，节省费用1.2万美元。 （冯 杨）

【扬中港区兴隆作业码头一期工程投入使用】 2009年7月7日，镇江港扬中港区兴隆作业码头一期工程经过两年半建设，正式投入使用。首批外商独资企业诺伊费德船用设备有限公司的100多吨船用设备通过镇江港扬中港区兴隆作业区码头运往上海。

兴隆作业码头位于扬中经济开发区，是镇江规划建设的新港区之一，水运交通区位优势明显，是实施江海转运、与长江中上游中转联运的理想场所。码头以水陆中转物流中心为平台，建设大型集散基地，同时依托码头资源，形成原料进口、货物贸易、加工制造、成品出口的一条龙产业链。该码头由浙江盈都集团和镇江港口有限公司共同投资建设，一期工程总投资4.2亿元，占用岸线470米，建设一座3万吨兼靠5万吨泊位和一座3.5万吨兼靠5万吨泊位，年设计吞吐能力500万吨。该码头一期工程的投入使用，缓解扬中境内企业和产品进出中转时间长、成本费用高等问题。同时，建设年吞吐量300万吨的大型钢铁贸易中心，年吞吐量80万吨的大型木材和化肥市场。根据规划，二期工程将投资16亿元，建设两座5万吨兼靠7万吨的泊位，两座7万吨兼靠10万吨的泊位，年设计吞吐能力2000万吨。

（冯 杨）

【奇美公司二号码头通过验收】 2009年7月22日，江苏省级口岸检查机关验收组对镇江奇美油仓有限公司二号码头进行对外开放省级验收。验收组专家认为奇美公司二号码头具备对外开放条件，能保证国际航行船舶的正常停靠，同意该码头正式对外开放。至此，镇江口岸对外开放的码头泊位达30个。奇美公司二号码头对外开放有利企业加速发展。2008年底，该码头通过市级预验收。2009年，该公司在市级预验收基础上加强相关配套设施的整改和完善，最终通过验收。 （冯 杨）

港口生产经营和服务

【概况】 2009年，镇江港口企业抢抓货源组织、强化经营管理，化解国际金融危机影响。港口生产总体保持平稳运行态势，与上年比，货物吞吐量基本持平，外贸吞吐量涨幅明显，集装箱吞吐量小幅下降。全年港口生产的主要特点是：新增产能支撑作用明显，新揽货种拉动作用较大，煤炭、水泥等部分传统货种有不同程度下降。镇江港务集团有限公司完成货物吞吐量4218万吨，完成集装箱吞吐量19.7万标准箱，完成外贸吞吐量1130万吨，分别占镇江港总量的48.4%、82.5%、70.2%，发挥港口生产主力军作用，各港口企业、船代货代、外轮理货、船舶供应、外轮及船员服务等均取得较好业绩。 （冯 杨）

【镇江港口有限责任公司】 2009年，镇江港口有限责任公司履行股权管理职能，整合港口资源，港口生产经营和工程建设等取得成绩。按公司法和现代企业制度的要求，通过董事会、监事会，加强对各参股、控股企业的监管，重点在经营者选拔、经营业绩考核、利润分配、重大事项决策等方面加强监管，完善规章制度，规范运作。2009年，投资企业镇江兴隆港务有限公司在四季度开始试生产并有望在次年达产。

完成镇江港务集团和国投镇江港有限公司的重组，镇江港口有限责任公司确权为34.8%。调整镇江港务集团经营班子。整合新老港，为大港港区三期工程开放运营、释放生产能力创造条件。

推进大港四期工程。至2009年底，四期工程完成工程可行性研究阶段的各项工作，环境影响评价、防洪、通航等支持性报告专项审批结束，建行、中行、工行三家银行出具贷款承诺函，完成详勘，并开展初步设计阶段工作。工程拆迁完成60%。进行用地范围内土地平整，东片区开始施工。项目报批进入中咨公司评估和国家发改委核准阶段。

（吴春明）

【镇江港务集团有限公司】 2009年，镇江港务集团有限公司完成货物吞吐量4218万吨，比上年增长0.2%；完成货物自然吨2202.1万吨，下降5%；完成外贸量1130万吨，增长30%；完成集装箱量19.7万标准箱，增长2.5%，实现总收入5.54亿元。

实行散杂并举、本地货与外地货并举的多元化经营策略，探索打造矿石贸易平台，打造特色物流中心。与韦岗铁矿、索普、飞达等本地企业结为战略合作伙伴，成为全市临港工业的重要物流通道。实施集装箱多元化服务的经营策略，出台促进集装箱业务25项优惠措施，开拓集装箱箱源覆盖面，扩大镇江、常州各辖市区域市场和长江中上游的箱量份额。强化船舶停时、船舶作业停时和库场周转指标考核，实施单船、单货种效率考核，落实海关对外贸货物监管要求。加强客户分类评价，制定客户信用等级评价具体标准，出台《场存货物放行管理规定》及《主营合同管理办法》。全年外贸量首次突破1000万吨。继续保持全国最大元明粉中转基地，成为全国第三大硫黄中转港。

大港三期工程竣工验收，落实临时

靠泊外贸船舶监管措施，推进对外国籍船舶开放。推进新、老港资产整合，全年新增固定资产投资4134万元，购置9台装载机、10台自卸车、6台叉车以及煤炭抓斗，实施10千伏高压架空线路工程、龙门港综合楼和进港道路工程、大港606库加固防腐工程、部分场地局部改造和修复，缓解老港产能不足的矛盾。实施龙门港区滑板装船工艺、大港12号泊位的直取线改造、安装12号泊位皮带秤，解决货物动态称重问题。推行高杆灯照明节电器、LED等新光源、以及门机变频控制等产品的应用，推广场地区域分布照明方法，年内实施科技创新项目两个。

加强财务内控监管体系，加强资金成本管理，加强工程决算审计，通过国家税务总局专项税务稽查。强化生产过程成本控制，实行生产现场工艺线成本分析制度，推进门机、岸桥的单机考核。建立分级储备和社会储备物资采购储备体系。健全港口安全预案体系并组织各类演练活动。实施“人才强港”战略，承办镇江市港口卸船机司机职业技能竞赛、集装箱机械职工技能竞赛。试行职工带薪年休假制度，提高职工社保及住房公积金缴纳标准，实施虹桥街危房加固改造，推进“名师育高徒”活动和“职工书屋”建设，参加镇江市“红歌颂祖国”歌曲大赛。获江苏省劳动争议调解先进单位、镇江市劳动关系和谐模范企业称号。黄新来被评为中央企业劳动模范。大港分公司港池作业队浮吊班、轮驳分公司港拖1004轮获得全国水运系统安全优秀班组，集装箱分公司货运班获得江苏省级“工人先锋号”称号。年内有4个QC成果获得全国交通系统和江苏省优秀成果奖。

（蔡顺忠）

2009年镇江港务集团主要货种吞吐量表

表23-1

货种	吞吐量（万吨）	占全年总量（%）	比上年增长（%）
金属矿石	2875.09	68.16	1.95
水泥	18.75	0.44	-92.82
非金属矿石	387.14	9.18	24.76
煤炭及制品	383.43	9.09	-6.58
化学肥料及农药	44.09	1.05	-45.43

（蔡顺忠）

2009年镇江港务集团主要外贸货物吞吐量表

表23-2

货种	吞吐量（万吨）	占全年总量（%）	比上年增长（%）
金属矿石	539.55	47.72	65.18
水泥	9.62	0.85	-92.63
非金属矿石	176.71	15.63	23.04
化学肥料及农药	20.13	1.78	-49.03
化工原料及制品	29.97	2.56	40.91

（蔡顺忠）

【镇江港大港港区码头结构加固改造试点成功】 2009年11月19日，镇江港大港港区4号、5号泊位结构加固改造试点成功经验获交通运输部、江苏省交通厅肯定。根据交通运输部《关于沿海港口码头结构加固改造有关事宜的通告》，镇江港务集团有限公司于2008年1月先期开展大港港区4号、5号泊位结构加固改造，将码头原海轮靠泊能力2.5万吨级改造成7万吨级，成为全国首家内河港口码头结构改造试点工程。试点改造期间，该公司投资3482万元，采用新工艺、新技术，改造工程符合设计要求，试运行反映码头使用状态良好，质量评定为优良。（蔡顺忠）

【镇江港务集团有限公司职工书屋建成】 2009年11月26日，长江航运系统第一个职工书屋在镇江港务集团有限公司大港分公司揭牌。职工书屋是交通运输部长江航务管理局工会援建的10家书屋之一，书屋面积100平方米，分为图书收藏区、图书报纸杂志阅览区，共有图书2500余册，图书种类主要有政治哲学、工业技术、文化艺术、社会科学、生活保健、综合知识等。职工书屋实行计算机管理，是长江港口首个专供职工读书学习、提高技能的场所。（蔡顺忠）

【镇江中远物流有限公司】 2009年，该公司共代理船舶849艘次，代理船舶净吨373万吨，代理船舶货运量342万吨。完成散杂货代理280万吨，完成集装箱进出口总箱量42759标准箱。其中船代艘次比上年增长12%，船舶净吨、船舶货运量、进出口箱量、散杂货量分别比上年减少9%、10%、23%、9%。2009年，公司的一般经营项目除海运和陆海空联运进出口货物的国际货物运输代理业务外，还增加除危险品以外货物的仓储、分拨、配送、简单加工、集装箱堆存、转运以及自营和代理各类商品及技术的进出口业务。同时新增道路普通货物装卸、加工、包装、配送等业务及相关信息处理服务和有关咨询服务。（解蓓）

【江苏中外运有限公司镇江分公司】 2009年，该公司共代理海运集装箱23347标准箱，海运大宗散杂货232万吨，船务代理自揽船432艘次，航空快件22580票，空运普货440吨，代理铁路集装箱89车皮，报关9788票。该公司进行市场开拓，分工重点突破，对目标客户进行“捆绑式”服务，根据客户需求及时进行跟踪。运用这一模式开发庆翔电子、世德南化、藤枝铜箔，华茂电子等项目。该公司在开发新业务的同时，与金东纸业合作，在整体进口箱量下降的情况下，拓展其出口业务。在扩大出口箱量的同时，揽入一些二代公司箱量，使得水路货代总箱量与上年相比，仍然有较大的增长。海运大宗货业务和船舶代理业务抓住上半年铁矿石大量进口的机会，船货结合，联合营销，加强与中建材、中钢集团、厦门国贸、上海昌兴、溧阳申特等贸易商和货主的沟通协作，货代量和船舶代理量增长。空运业务开辟新业务和空运网络支持渠道，使普货的总量与上年相比有所增长。（闵杏华）

【江苏远东快鹿物流有限公司镇江分公司】 2009年，该公司完成进出口集装箱10184标准箱。其中代理进口集装箱5555标准箱，出口集装箱4629标准箱，内贸集装箱133标准箱，代理进口散货544614吨，出口散货9000吨，内贸纸浆30艘次118870吨。2009年，外贸集装箱市场竞争激烈，该公司开拓进出口及内贸大宗散货业务。（公司办）

【江苏中远国际货运有限公司镇江分公司】 2009年，该公司在全球金融危机影响下，全年完成集装箱吞吐量49106标准箱，完成集装箱出口实箱代理量24557标准箱，超过上年同期5.65%，超过2009年全年指标的30.83%。

（公司办）

【镇江中联理货有限公司】 2009年，该公司完成件杂货理货量44.65万吨，集装箱船舶理货量15.01万吨，集装箱装、拆理货量2.03万吨。理货到数率、数字准确率、委托方满意率、制单合格率均达100%。该公司运用集装箱业务操作管理信息系统，提升理货技术含量。同时，在镇江口岸率先实现与海关数据联网，提高数据传输的准确性和适时性，做到

集装箱理货无纸化管理和信息、数据共享。（公司办）

【镇江市外轮供应有限公司】 2009年，该公司面对全球金融危机造成的外轮和远洋轮购买力下降影响，延伸和扩展供船优质服务。依据各港口的具体情况使用不同的经营策略和经营模式，研究船舶的来向，调整商品结构，开发免税品除烟、酒以外的其他品种的经营，注重在精品、洗化和船用物料上进行突破，丰富免税品销售种类。全年供应船舶303艘，其中国轮119艘、外轮184艘，全年实现免税品、伙食销售额880万元。（公司办）

【中石化长江燃料有限公司镇江分公司】 2009年，该公司为镇江港区运输船舶服务逾万艘次，全年经营销售总量103561吨，比上年增长2%。该公司做好镇江、扬州和泰州三地的保税油业务，全年受供外轮56艘，涉及26个国家和地区。强化安全教育，开展安全培训教育，提高职工的安全预控技能。全年组织各类培训10期，参加人数100余人。全年未发生任何重大安全责任事故。（高　峰）

【镇江港务集团外轮服务有限公司】 2009年，该公司克服传统业务销售收入下降、对船舶服务单位增多的因素，开辟油舱清洗和扫舱业务，开拓新开放的货主码头对船舶服务市场，抓好港口三期码头船舶的服务经营，践行"船方至上、服务第一"的宗旨，保障码头的船舶服务功能。全年服务中外船舶（含内贸驳船）10023艘次，接收处理船舶垃圾40余吨，接收处理废污油水926立方米，实现营业收入410万元。（刘明顺）

港口运行和管理

【概况】 2009年，镇江口岸和港口安全生产形势稳定。深化"隐患排查治理"，共排查隐患1482项，整改1473项，整改率99.3%。强化港口外包工程项目、外租资产和外来劳动用工安全管理，强化危险货物港口作业资质管理，在沿江危险化学品港口企业中实施"岗位安全应急卡"制度。开展危险货物作业年度核验和安全学习培训，50多名港口从业人员参加各级安全知识培训，13家从事危险货物作业的港口经营人取得资质认可证。严格危险货物港口作业的申报审批制度，全年共受理审批危险货物港口作业船舶5940艘次，装卸各类危险货物523.9万吨。加强应急管理，督促企业按规定做好预案的演练演习工作，完成9个港口设施保安的重新评估和符合证书的换证工作，在全国港口中率先制定实施《镇江港全港保安计划》，20家港口企业参与的"平安港口"创建活动推进全港综合治理和平安建设。开展"安全生产月""安康杯""百日安全竞赛"等活动，开展安全生产大检查和强化现场巡查。

口岸开放管理不断进展。完成镇江奇美油仓有限公司二号泊位和扬中龙源港机公司码头对外开放的省级验收工作，推进大港三期工程、中储粮镇江公司和扬中兴隆港务公司等单位码头对外开放的前期工作。做好电子口岸的推广应用工作，全年办理危险货物港口作业申报审批5942票、国际航行船舶进口岸申请1155票、国际航行船舶电讯检疫11票、两岸直航船舶申请5票。电子口岸新建船舶实时信息系统（GPS）。组织协调五峰山船厂临时停靠修理外轮28艘，组织协调大港三期临时停靠外轮41艘次，接卸外贸货物77.5万吨；"一船一议"协靠船舶23艘次，装卸货物57.5万吨。开展"镇江港管理规范年"活动，完善港口管理制度。清理港口行政权力事项，启动实施权力阳光运行系统，建立高效、透明、廉洁的口岸和港口行政权力网上公开运行机制。制定《贯彻落实〈全面推进依法行政实施纲要〉五年规划》，调查港口码头建设经营情况，对扬中港区违法建设经营码头组织联合行政执法查处。做好港口行政许可工作，全年办理港口行政许可32件，压缩办理时限68%。（禹　杨）

【长江南京航道局镇江航道管理处】 2009年，该处航标维护工作完成73319座天，为年计划的103.5%；航道测量工作完成2123.7换算平方公里，为年计划的126.3%；航道维护尺度保证率100%；航标维护正常率1000‰。该处加强数字航道建设，航标实现遥测遥控，水位实现遥测遥报，航道信息发布实现实时发布，挖掘长江下游黄金水道的通航能力。全年上报临河建筑项目14个，增设专用标志16座，安装警示牌5块，召开相关码头航道验收会10次，完成各类专用标设置、扫床测量等工程。同时加强基本建设，筹措资金3000万元，上半年在北湖滨水区建成长江下游第一个景观化基地，配备宾馆化的趸船；在镇江新行政中心新建3500平方米的生产业务用房。连续获得江苏省口岸办先进单位、镇江市文明单位等称号，在南京航道局七个基层单位考核中，取得较好成绩。（沈彦军）

【长江引航中心镇江引航站】 2009年，该站共引领中外籍船舶5146艘次（含移泊1237艘次），引航里程90万公里，引航总吨5893万吨，净吨3158万吨，分别比上年增长17.9%、19.3%、43.4%、42.1%。其中镇江港3720艘次，引航总吨3449万吨，净吨1958万吨，分别增长17%、29%、28%。该站放宽船舶引领尺度，将镇江大港以下进江船舶吃水放大到10.80米、大港以上放大到10.50米，大港以下出江船舶吃水放大到10.50米。共安全引领"三超船"（超长、超宽、超吃水）等特殊困难船舶508艘次，先后引进最大吃水达10.80米的巴哈马籍"猎鹰"轮、载重吨最大达83688吨的图瓦卢籍"佘瑞沙大西洋"轮和船长最长达259米的马耳他籍"先锋天空"轮，保证船舶快进快出、大进大出。全年无安全事故、无服务投诉。该站被评为2006～2008年度镇江市文明单位，并继续保持"全国青年文明号""江苏省精神文明建设工作先进单位"等称号。11月9日，按照长江海事局《关于长江引航中心处级引航站内设机构设置的批复》要求，长江引航中心下发《关于设置镇江、南通、芜湖、太仓等四个引航站内设机构的通知》，批准镇江引航站设置两个内设机构，分别为综合办公室和引航业务科。（沈玉林）

【中国船级社镇江办事处】 2009年，中国船级社镇江办事处有在职人员12人，离休人员1人，退休人员4人（其中1人返聘留用），临时用工3人。业务收入1088万元。其中入级船舶检验收入189万元，非入级船舶检验收入228万元，产品检验收入671万元。基本完成年初制定的预算目标。全年始终把安全质量工作放在首位，加强重点船舶、重点水域及春运等重点时期的安全质量工作，完善单位内部管理。加强检验业务管理工作水平，对本单位承担的重点检验项目、高风险检验项目进行跟踪、指导，必要时请分社领导现场指导检验。实施对镇江当地船公司赴欧洲、美国、日本、新加坡等地船舶跟踪，促进船公司和船舶安全管理体系得到有效运行，全年未因ISM（国际船舶安全营运和防止污染管理规则）和ISPS（国际船舶和港口设施保安规则）审核出现问题而滞留。加强产品检验评审工作，对每个认可和日常检验申请进行评审，对各项检验全过程进行控制，加大监控力度。对重点工作进行重点控制，对需要技术协调的工作成立

项目组,统一协调、统一要求,案卷一次性合格率达100%。全年安全检验无事故、无投诉、无滞留。（王　平）

海　关

【概况】 2009年,镇江海关出台《支持促进镇江经济平稳发展八项措施》,从加快通关速度、减少物流成本、推广诚信管理等方面明确服务目标和措施。全年,镇江海关共处理报关单35971份,比上年增长2.9%;监管进出口货物1346万吨,比上年增长22.4%;监管进出境船舶2194艘次,增长19.4%;监管进出口集装箱103907标箱,降低12.9%;征收入库关税和进出口环节税32.11亿元,降低7%;审批进口减免税设备货值2.28亿美元,减免税额2.02亿元。镇江海关贯彻"依法行政,为国把关,服务经济,促进发展"工作方针,坚持综合治税,完成年度税收工作计划。推进海关监管场所整顿规范工作,镇江口岸27家海关监管场所分两批通过南京海关验收,健全完善"管得住、通得快"的口岸监管模式。开展"我与祖国共奋进、我为海关作贡献"主题教育活动,在江苏省海关中率先在党建领域开展"关地共建""关企共建",以信息化手段健全廉政工作制度,建立互联网门户子网站。

2009年,镇江海关出台《支持促进镇江经济平稳发展八项措施》,从加快通关速度、减少物流成本、推广诚信管理、扶持特色品牌、维护进出口秩序、发挥统计监测预警作用、完善服务平台、促进转型升级等八个方面明确具体的服务目标和措施,实现由管理式机关向服务式机关转变、由被动式服务向主动式服务转变、由协助式发展向融入式发展转变。12月4日,在镇江海关运作下,镇江市人民政府与南京海关签订《关于促进镇江区域经济发展的合作备忘录》,建立关市更加紧密的合作机制。2009年,镇江海关被评为"江苏省文明口岸先进单位""江苏省青年文明号""镇江市文明行业"。（曾　强）

【驻句容办事机构设立】 2009年4月16日,镇江海关驻句容办事点正式开办业务,使句容进出口企业在当地就可办理海关手续,享受"属地报关、口岸放行"等便捷通关措施。11月2日,经南京海关批复同意,镇江海关设立综合业务科,负责句容市的各项海关业务。（曾　强）

【拓展保税物流】 2009年4月22日,镇江海关启动镇江出口加工区拓展保税物流功能,使镇江出口加工区在原有基础上增加保税物流功能,开展研发、维修、检测等业务。年内镇江出口加工区进出区保税物流货值9100万美元,辐射区外关联加工贸易企业41家,延长镇江出口加工区产业链条,提升出口加工制造能力,成为镇江出口加工区业务发展新增长点。（曾　强）

【首家出口监管仓库设立】 2009年11月19日,镇江海关同意设立镇江惠龙长江港务有限公司出口监管仓库,这是全市首家出口监管仓库。该出口监管仓库位于润州工业园区,一期规划面积6000平方米,用于钢材、建材、有色金属、机械设备、精密仪器、医疗器械等物资的存储配送。出口监管仓库的设立,有助于企业对出口货物进行存储、保税物流配送、提供流通性增值服务。（曾　强）

【统计监测预警和服务水平提高】 2009年,镇江海关加强统计工作,发挥开展进出口监测预警工作为国家宏观经济发展服务的职能作用。年内,有25篇进出口监测预警专题分析文章被海关总署录用,有10篇被中央办公厅、国务院办公厅录用,其中《前3季度江苏口岸油菜子进口量成倍增长》《美国轮胎特保案对我省轮胎产业出口的影响及对策》等两篇文章分别获得国务院领导及江苏省政府领导重要批示,为国家宏观调控、应对金融危机提供依据和决策参考。（曾　强）

【镇江海关缉私分局】 2009年,该局共立刑事案件4起,案值633万元,涉税132万元,抓获犯罪嫌疑人4名;立行政案件24起,案值3284万元,涉税325万元。该局加大风险管理部门与情报部门配合力度,提高线索分析研判能力。针对全球金融危机以来走私重点物品变化,梳理重点税源商品,对高风险走私商品部署情报专项调研和经营,争取将风险线索转化成案件,提高成案率。开展打击走私进口减免税设备专项行动,重点对26家进口减免税设备企业进行调查。开展打击低报价格进口杜美丝和相关机械的专项行动,打击个别企业不法行为,规范企业经营行为。该局利用外界力量,将海关正面打击与反走私社会综合治理相结合,加强和当地政府、相关行业协会和反走私职能部门的联系协作,有组织的对重点区域、重点行业、敏感商品、不法企业进行整治、打击、清查,保障税收应收尽收。（徐高虎）

检查、检验、检疫

【概况】 2009年,镇江口岸各检查检验单位依法行政,保障口岸安全、高效与畅通。

镇江检验检疫局推出服务外贸经济发展九条措施和推进亿吨大港建设十条举措,开展"十百千万服务工程"和扶持农产品出口的"春风行动",对重点企业实施"一厂一策"式服务,对重大招商引资项目实行定人帮扶,对拟开放码头进行跟踪指导服务。获得江苏检验检疫系统岗位技能竞赛1个一等奖,4个二等奖,4个三等奖。

镇江海事局推出与航运企业共度时艰的十条具体举措和促进镇江市外贸增长五项措施,服务泰州大桥扬中夹江桥、二重码头、长江黄岗取水口水下取水管道抛填、北部滨水区清淤等涉水工程建设,提供技术帮扶和法规支持。

镇江边防检查站出台应对金融危机、服务镇江市外向型经济发展五项举措,承诺"随到随检、随处随检、24小时全天候、一站式服务",取消办理登轮证、登陆证、搭靠外轮许可证行政事业性收费。

长航公安局镇江分局打击物流犯罪、非法采砂、维护通航安全,整治"三无"(无船舶证书、无船员适任证书、无船名号)船舶,强化消防监管、严防重大火灾,强化港区交通管理、服务港口生产。（冯　杨）

【镇江出入境检验检疫局】 2009年,该局共检验检疫出入境货物36707批,货值252534.76万美元:其中出境34101批,货值131718.87万美元;入境2606批,货值120815.89万美元。与上年同期相比批次下降34.66%,金额下降31.32%:其中出境批次下降35.89%,金额下降30.37%;入境批次下降12.67%,金额下降32.34%。共检验检疫进出境不合格货物157批、占0.43%,金额14385.56万美元、占5.70%;其中出境34批、占0.10%,165.52万美元、占0.13%;入境123批、占4.72%,14220.04万美元、占11.77%。与上年同期相比,批次不合格率增长0.03%,其中出境批次不合格率下降0.07%,入境批次不合格率增长0.36%。发现动植物病虫害45种(一类3种,三类1种,其他41种):其中出境2种,其他共2种;入境44种,一类有小麦印度腥黑穗病菌、四纹豆象、双钩异翅长蠹共3种，三类有异尖线虫病共1种，其他共40种。发现病媒昆虫和啮齿动物4种：其中出境交通工具中截获家蝇、德国小蠊共2种；入境交通工具截获中华按蚊、淡色库蚊、家蝇、德国小蠊共4种。

该局开展24小时预约检验检疫共计753批次、1067人次、2114小时，24小时值班点共计加班485小时、307人次。共签发各类证单43785份：其中出境货物证单39660份、证书1681份；入境货物证单4125份、证书642份。与上年同期相比签发各类证单下降27.38%，其中出境货物证单办理各类优惠原产地证书共计16540份、5.47亿美元。其中普惠制产地证13583份、4.46亿美元；区域优惠原产地证书2957份，签证金额1.01亿美元；累计减免进口关税2735万美元。

全年推出服务外贸经济发展的九条措施和推进亿吨大港建设十条举措，开展"十百千万服务工程"活动和扶持农产品出口的"春风行动"，并推出系列帮扶、减免措施从政策投入、费用减免、简化程序、扶优扶强、破解壁垒、市场开拓等方面发挥职能作用，促进外贸发展。 （赵　鹏　李千荣）

【镇江国际质量技术服务园成立】 2009年6月8日，镇江国际质量技术服务园在镇江市京口区世纪大厦正式挂牌。镇江国际质量技术服务园按照现代国际服务外包园管理理念，建立配套服务机制和公共技术服务平台，发挥检验、认证、卫生处理等优势，建成国际检验服务外包产业基地。主要搭建四个服务平台：第一是进出口商品检验鉴定平台，第二是国际管理质量体系认证平台，第三是建立国境口岸疫情防控平台，第四个是搭建特色产业技术平台。镇江市京口区对入驻镇江国际质量技术服务园的企业给予政策优惠，享受镇江市和京口区科技服务业和服务外包的有关优惠政策。 （赵　鹏　李千荣）

【镇江出入境检验检疫局科技成果】 2009年，该局共申报科研项目36个，通过江苏省出入境检验检疫局评审9个，获得江苏省出入境检验检疫局立项6个，国家出入境检验检疫局立项1个，推荐国家出入境检验检疫局立项2个。申报行业标准23项，获得立项1个。完成课题6个，其中2个通过鉴定，完成结果登记；完成标准评审1个；递交鉴定申请4个，包括镇江市科技局立项课题1个。发表核心期刊论文20篇，包含国际核心期刊论文3篇。 （赵　鹏　李千荣）

【"百千万亿"服务工程】 2009年，镇江出入境检验检疫局推出《镇江检验检疫局"深化'检企牵手行动'，实施百千万亿服务工程"活动措施》（镇检综〔2009〕18号），提出"在服务10项市（区）重点工程上取得新成效，在重点帮助扶持100家中小企业扩大出口上取得新突破，在为1000家企业送法上门服务上取得新进展，在为全市进出口企业减负增效上取得新业绩，力争减收各类检验检疫费用达人民币1000万元"的目标，帮助进出口企业应对国际金融危机，走出困境，实现地方经济持续健康发展。 （赵　鹏　李千荣）

【句容报检签证工作点成立】 2009年3月8日，镇江出入境检验检疫局句容报检签证工作点在句容工业园区挂牌成立。该局在设立检验检疫办事处条件不具备的情况下，设立检验检疫报检签证工作点。新成立的检验检疫签证工作点调配6名工作人员，受理句容地区出入境货物的报检以及机电、轻纺产品的日常检验业务。到11月18日，共受理各类报检签证7300多批，货值2.1亿美元。按照国家扶持政策规定对大部分报检批实施减免收费，为句容各类企业报检共减免约二十多万元费用。开展24小时预约服务、中午值班办理报检受理和签证业务，设立各类业务窗口，为句容进出口企业提供全天候服务和全过程服务；与局本部共同推行分类管理、转变检验模式，降低企业成本，提高检验检疫通关放行速度。 （赵　鹏　李千荣）

【镇江出入境检验检疫局发展服务外包】 2009年，该局与日本认证检测机构COSMOS公司合作成立新亚信质量技术（江苏）有限公司，共同搭建面向全国的安全性认证检测服务外包平台，为出口企业取得产品国际市场通行证提供帮助。双方发挥各自领域的科技力量、人才资源，建立配套服务机制和安全认证公共技术服务平台，为镇江地区营造开放型经济发展环境。 （赵　鹏　李千荣）

【国家食品添加剂及调味品检测重点实验室建成】 2009年12月25日，镇江市首个国家重点实验室——国家食品添加剂及调味品检测重点实验室落户镇江出入境检验检疫局。该实验室是全国系统中首家专业化食品添加剂产品检测特色实验室，有2500平方米独立实验楼，配备有价值2000多万元的仪器设备，主要开展食品添加剂包括对非法添加物残留分析检测工作，并拥有以中科院院士作技术顾问，以国家出入境检验检疫局和江苏省政府学术技术骨干、高级工程师为主体的专业化检测和高素质科技开发团队。主要从事食品添加剂、调味品、食品包装材料及其他粮油食品（植物油、奶粉、木薯干、膨化食品等）理化分析、微生物检测，可承担实验室设计、检测人员培训、科研制标及相关技术咨询服务。 （赵　鹏　李千荣）

【镇江海事局】 2009年，镇江海事局围绕水上安全监督管理中心工作，推进"安全生产年""执法质量管理年""学习实践科学发展观"等活动。全年办理船舶签证93357艘次，到港海轮8264艘次，

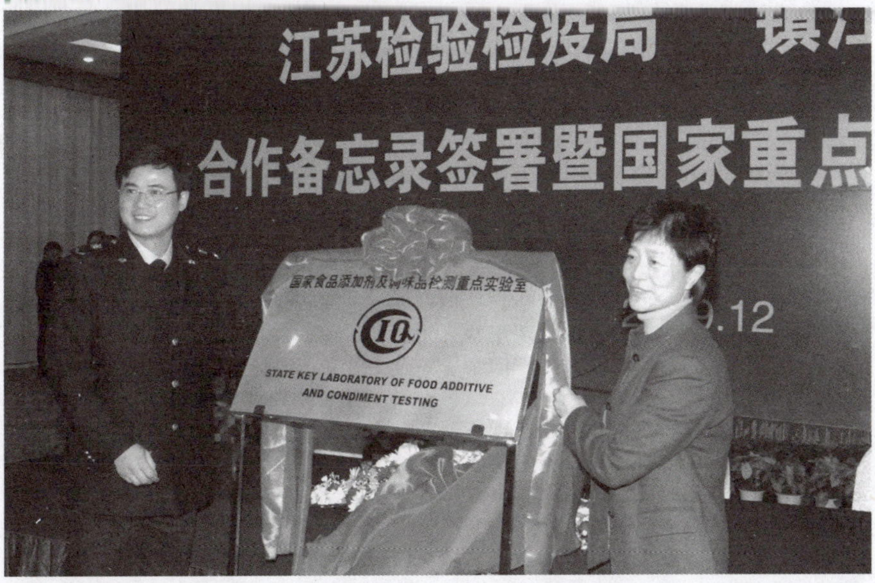

江苏省出入境检验检疫局局长王伟（左）与镇江市委书记许津荣为国家食品添加剂及调味品检测重点实验室揭牌 （赵　鹏　李千荣）

办理国际航行船舶进出口岸手续 2106 艘次，其中外轮 2011 艘次；到港国际航线超大型船舶 424 艘次。船舶总载货量 6504 万吨，其中危险货物 657.4 万吨。实施船舶安全检查 615 艘次，其中河船安检 435 艘次，滞留船舶 17 艘次；海船安检 153 艘次，滞留船舶 12 艘次；PSC（港口国监督检查，下同）检查 27 艘次，滞留 2 艘次；未发生经开航前检查的船舶被国外 PSC 检查滞留的现象。办理船舶登记 120 次；审批各类水工作业 48 起，监管辖区内修造船舶 81 艘次，其中接收修造船下水报备 17 次、试航船报备 37 次；监控过境试航船 69 艘次。组织实施维护 3529 艘次，施工水域安全无事故。（王　飞）

【镇江海事局确保水上交通安全】 2009 年，该局把握重点时段规律，完善尹公洲水域、江河交汇水域、桥区水域、施工水域四个重点水域的监管举措，强化客汽渡船、危险品船、超大型船、浮吊船和工程船五类重点船舶的安全监管。国庆期间，共投入执法人员 272 人次，监督检查进出港船舶 328 艘次，出动海巡艇 172 艘次、执法车 64 辆次，VTS（船舶交通管理中心，下同）监管船舶 11253 余艘次，维护大型船舶 107 艘次，保障近 25 万人次安全渡运，辖区安全无事故。编写《现场巡航执法实用操作手册》，突出现场执法，在“莫拉克”等强台风过境和日全食影响期间，辖区未发生等级以上事故，水上安全形势稳定。7 月，开展隐患整治排查活动，帮助企业分析排查风险 24 个，发送安全管理建议书 8 份，提出各类安全管理建议 47 条，检查船舶 881 艘，走访相关单位近 40 家，查出一般及以上安全隐患 197 个，其中 176 个得到及时处理，其余的 21 个安全隐患督促责任主体制定整改措施。保障超大型试航船“金陵 101”“金陵 102”“金陵 103”轮通过和畅洲北汊，首创 10 万吨级船舶通过该水域的纪录。（王　飞）

【镇江海事局加强水上应急待命救助工作】 2009 年，该局通过指挥中心与执法支队分设运行，将 VTS 监控与现场执法相结合，巡航质量提高，有效处置险情和事故，初步构建以指挥中心为中枢、以执法支队为主体的网格化动态管理模式。全年，长江镇江水域共发生各类水上事故险情 212 起，比上年下降 32.3%，涉及遇险船舶 350 艘，成功救助船舶 343 艘，沉船（含自沉 3 艘）7 艘，船舶救助成功率 98.0%；遇险人员 1360 人，成功救助遇险人员 1354 人，人员救助有效率 99.6%，比上年上升 0.8 个百分点。深化宁镇扬常泰应急联动机制，召开运河过江船舶安全管控例会，尹公洲航段一条龙船队横越前向指挥中心报告和主动通报船位比例，改善该航段通航秩序，降低事故险情发生几率。（王　飞）

【镇江海事局出台便利措施】 2009 年，该局出台与航运企业共度金融危机的十条具体举措和促外贸增长五项便利措施，推出海事许可业务加急、加快办理的便利措施，加强审批的跟踪和告知，以“零待时”为目标，为港航单位、行政相对人提供服务。2009 年到港国际航行船舶逆势反弹比上年上升 20%。为优先保障电煤油品船舶安全进出港口和通过镇江长江水域，镇江海事局推出“六优先”举措（优先办理签证和进出口手续、优先安排开航前检查和安全检查、优先安排锚地、优先安排起航、优先提供助航和信息咨询服务、优先安排安全维护），为电煤油品运输船舶开通水上“绿色通道”。（王　飞）

【镇江海事局支持地方经济发展】 2009 年，在泰州大桥扬中夹江桥等重大涉水工程施工期间，镇江海事局采取主动监管服务举措，防止小型船舶盲目夜航、冒雾航行，减少碰撞施工船、损坏建桥设施事故险情发生率。与二重集团（镇江）重型装备厂有限公司签订文明共建协议，根据二重码头生产特点，做好“三个服务”（加急服务、约时服务和安全信息咨询服务）。海事船艇连续 21 天坚守 12 小时以上，保障丹阳长江黄岗取水口水下取水管道抛填工程竣工。助推当地船舶制造工业发展，关注辖区船厂生产动态，推出作业前的方案审核和现场协调会制度，制定交通组织方案，保障“蓝波 1 号”“宝富”等船舶安全下水。制定《镇江市北部滨水区清淤工程海事监管方案》，明确专用执法船舶和工作组专用车等执法资源保障，编印发放相关通告千余份，配合其他执法单位清理滞留内江的船舶，走访清淤工程安全主管单位，对该水域 30 多艘开展清淤工程前期芦苇割运工作的农用船只和当地渔船提出安全管理建议，督促其增强水上安全防范意识和风险意识。（王　飞）

【镇江边防检查站】 2009 年，该站推出一系列亲民便民利民服务措施，履行边防职能，打击涉边违法犯罪，完成以边检执勤为中心的各项任务。全年共检查出入境（港）船舶 2001 艘次、人员 26748 人次；监护船舶 736 艘次，出动警力 19196 人次；签发各类证件 20271 份。该站连续 20 年被评为江苏省文明口岸先进单位，4 人被评为先进个人，并被镇江政法系统评为国庆安保有功单位。（王　刚）

【镇江边防检查站优化口岸通关环境】 2009 年，镇江边防检查站发挥“边检服务先锋队”品牌效应，在执勤检查现场设置“温馨提示”“边检须知”“快速通道”“亲情窗口”以及“办检百宝箱”，推出“登轮零待时、团聚全天候、便捷接送车、亲情会客厅”船员家属套餐服务和“边检英语 110”特色服务，提出“提高口岸通关效率、降低企业运营成本、取消边检相关收费、力推港口经济发展”的工作思路，兑现“随到随检，随出随检，24 小时全天候，一站式服务”承诺，开通“边检网上流转服务”业务，设立“办证预约专线”和车载式“流动警务室”，取消办理登轮证、登陆证和搭靠外轮许可证的行政事业性收费，简化工作程序，提升验放速度，提高通关效率，为企业提供便利、节约成本、减轻负担。（王　刚）

【长江航运公安局镇江分局】 2009 年，该局共破获案件 118 起，其中重大案件 73 起；抓获网上在逃人员 25 名，打击处理 40 人；查处治安行政案件 2279 起；处置群体性事件 22 起；查纠交通违章 2605 起。破获千万元的物流犯罪案件，收缴涉案金额 1300 多万元及作案轿车 2 辆。3 月，破获“2·7”杀人案。以国庆安保、“三保一创”（保畅通、保运输、保安全，创和谐通航环境。）、打击非法采砂、水上无线电通讯整治等专项活动为切入点，推动“平安港口”创建工作。开展消防监督管理和宣传，预防遏制重特大火灾的发生。开展道路交通安全宣传，查处交通违法行为 2600 多起。该局被评为“江苏省文明口岸先进集体”，镇江分局镇江派出所被授予一级派出所、交通运输部“三基工作”（抓基层、打基础、苦练基本功）先进集体，刑警支队被评为长航公安局“十佳集体”；泰州派出所所长林猛被评为交通运输部“三基工作”先进个人，刑侦支队长严培军被评为长航公安局十佳个人。（局　办）

财政·税务

责任编校：翁红霞

财　政

【概况】 2009年，全市各级财政部门贯彻落实市委、市政府"保增长、保民生、保稳定"的各项决策部署，各项工作取得显著成绩。全市完成财政总收入296.35亿元，比上年增长27.08%，完成一般预算收入101.57亿元，增长18.57%。

支持经济平稳较快发展成效显著。加大资金扶持力度，全年全市扶持经济发展支出总量25.15亿元，为企业争取省以上各类专项资金10.22亿元，其中争取省重点产业调整专项资金2.88亿元，占全省总量的16.28%，列全省第二。重点加大科技创新、人才引进和现代服务业投入，市级安排技术创新、新产品研发资金6000万元，"331"等创新创业人才引进资金1800万元。全市安排现代服务业引导资金5200万元。营造良好财税政策环境，争取省级专项资金1200万元，支持中小企业信用担保机构做大做强。为企业办理各类减免税近15亿元。在2008年停止和取消141项行政事业性收费的基础上，再次取消、停征和减免行政事业性收费71项，市财政为企业减负近7000万元。

民生支出需求得到有力保障。全市"三农"、教育、社会保障和就业、文化、医疗卫生等各类民生支出40.17亿元，比上年增长36.89%。加大支农补贴力度，兑现支农直补和农业保险补贴2亿元。支持实施中小学校舍安全工程，安排义务教育学校抗震加固专项资金500万元。安排资金3亿多元，确保义务教育绩效工资及时足额发放。安排公共卫生发展专项资金3600多万元，用于购买公共卫生服务、提升社区卫生服务能力。完善被征地农民基本生活保障政策，提高失地农民（失水渔民）保障程度。安排居民养老补贴资金900万元。支持全民创业，市区新增创业扶持和创业担保资金3000万元。扩大消费需求，全市发放家电、摩托车、汽车下乡补贴资金4334万元，落实购房契税新政，减征和补贴资金近1亿元，安排廉租房保障资金3161万元，全年向镇江市区1727户共4227人发放租赁补贴，购置廉租住房190套，累计配租廉租住房324套。2009年，预算安排6000多万元加大对老小区整治、积水区、危房改造等民生工程投入。落实中央燃油补贴和农民粮食补贴政策，全年发放补贴资金3899.9万元。引导城建资金投入，支持4大投资公司融资贷款165亿元。加大生态市创建投入，争取太湖治理二期省级专项资金1.06亿元，筹措1.2亿元支持污水截流、污水处理项目建设。拨付四川灾区对口援建资金1.4亿元。

财政体制机制创新步伐加快。市级"零基预算"改革全面推进，通过提高公

表24-1　**2009年镇江市财政收支情况表（按项目）**　单位：万元

项　目	2009年	2008年	增长（%）
财政总收入	2963528	2332006	27.08
其中：工商税收（总额）	1587347	1354648	17.18
耕地占用税	26064	14519	79.52
契税	60296	67777	-11.04
排污水资源费收入	11166	10772	3.66
教育附加	23340	21137	10.42
其他收入	858	38	2157.89
基金收入	1189467	740170	60.70

项　目	2009年	2008年	增长（%）
财政总支出	2342069	1721574	36.04
其中：一般公共服务	206117	178982	15.16
公共安全	106672	105759	0.86
教育	223628	181077	23.50
科学技术	37078	24743	49.85
文化体育与传媒	17560	14558	20.62
社会保障和就业	68700	54799	25.37
医疗卫生	64819	41456	56.36
环境保护	51706	22062	134.37
城乡社区事务	131681	117328	12.23
农林水事务	115328	73463	56.99
交通运输	22302	11917	87.14
工业商业金融事务	109967	84080	30.79
其他支出	50448	52700	-4.27
地震灾后恢复重建支出	5663	2250	151.69
基金支出	1128917	755834	49.36

（林　海）

表 24-2

2009 年镇江市财政收支情况表(按地区)

单位:万元

地　　区	财　政　收　入						财　政　支　出					
	财政总收入			地方财政一般预算收入			财政总支出			地方财政一般预算支出		
	2009 年	2008 年	增长(%)	2009 年	2008 年	增长(%)	2009 年	2008 年	增长(%)	2009 年	2008 年	增长(%)
全　　市	2963528	2332006	27.08	1015693	856600	18.57	2342069	1721574	36.04	1213152	965740	25.62
市　　级	1727440	1300660	32.81	560153	466140	20.17	1358500	978046	38.90	643396	512450	25.55
县　　级	1236088	1031346	19.85	455540	390461	16.67	983569	743528	32.28	569756	453290	25.69
市 本 级	1188280	835967	42.14	308688	260030	18.71	1070932	785016	36.42	439726	354085	24.19
市　　直	869065	568499	52.87	183621	158440	15.89	899016	646994	38.95	347596	275422	26.20
新　　区	319215	267468	19.35	125067	101590	23.11	171916	138022	24.56	92130	78663	17.12
京　　口	139292	146525	-4.94	83468	67758	23.19	55533	45349	22.46	50872	44678	13.86
润　　州	151442	144234	5.00	83196	68352	21.72	55420	41107	34.82	53763	40108	34.05
丹　　徒	248426	173934	42.83	84800	70000	21.14	176615	106574	65.72	99035	73579	34.60
丹　　阳	630234	550287	14.53	230015	200002	15.01	450185	368110	22.30	247206	209008	18.28
扬　　中	305851	256031	19.46	113403	95440	18.82	215471	160065	34.61	129564	105071	23.31
句　　容	300003	225028	33.32	112122	95018	18.00	317913	215353	47.62	192986	139211	38.63

(林　海)

用经费定额标准、整合政府性专项资金等手段,保障市级行政事业单位正常运转和履行职能,提高政府宏观调控能力。城区新一轮财政体制顺利实施,理顺市区财税分配关系,调动各级财政增收节支积极性。创新财政支出绩效评价机制,出台《财政支出绩效评价办法》等规范制度,选择 13 个民生项目进行绩效评价。推进重要权力节点监控,在全省率先出台政府采购权力节点监控办法,2009 年,全市政府采购预算总金额 27.51 亿元,实际支付总金额 23.85 亿元,节约资金 3.66 亿元,资金节约率 13.31 %。完善"零基预算"改革配套措施,市级国库集中支付单位和支付范围实现"全覆盖",全年办理集中支付业务 10.83 万笔,集中支付总量 86.03 亿元,业务量比上年增加 34 亿元,增长 62.66 %;累计开设公务卡 7619 张,全年刷卡 4.7 万笔,刷卡金额 7600 万元。市级纳入预算管理非税收入 56 亿元。

财政管理效益实现明显提升。强化增收节支意识,落实中央和省市厅行节约各项规定,2009 年全市各级党政机关共压缩行政开支 8967 万元,其中减少财政拨款 5165 万元,确保财政总预算和部门预算"双平衡"。完善财政"大监督"格局,市财政局牵头开展行政事业单位"小金库"专项治理,查纠违纪资金近 1000 万元,构建防治"小金库"长效机制。推进行政事业单位国有资产规范管理,启用国有资产管理信息系统,出台行政事业单位资产配置、使用、处置管理办法。加大预算信息公开力度,开展财政法制、政策宣传,推进财政权力网上公开透明运行,主动接受人大和社会监督,落实审计整改意见。建立健全住房公积金政策制度、资金安全、管理监督的有效控制体系。　(万　晶)

【财政一般预算收入达 101.57 亿元】 2009 年,面对金融危机、结构性减税、减费等压力,各级财政部门强化收入预测和税源监控,加强与各征管部门的协调,挖掘零散税种征收潜力,加大财政"两税"征管和清欠力度,促进全市财政收入规模壮大,结构持续优化。全市一般预算收入 101.57 亿元,增长 18.57%,超全省平均、列苏南第一,一般预算收入税收占比 81.6%,镇江市、句容市及扬中市被省政府授予"财政收入新增贡献单位"称号。全市收入超亿元的乡镇达 14 个。　(严明礼)

【推进新一轮市区财政管理体制改革】 2009 年,市财政局调动市区各级财政发展经济、培植税源的积极性,全年市区财政一般预算收入总量超过 56 亿元,占全市比重比上年提高 1 个百分点。规范市区收入预算管理级次,通过适度调整市级税源,将具有竞争性的部分工商企业下划区实行属地管理,将公共性、跨区域、难以区分属地的行业或企业地方税收划为市级税源统一管理,各区收入税源划分、组成更加明确,营造公平竞争环境,促进市区财政收入持续稳定增长和区域共同发展。新体制按照"财随事转"的原则,确保区级事权支出能够随财力增长得到保障,增强区级政府社会经济统筹发展能力,理顺市、区两级政府事权的支出责任,提升市、区两级政府社会公共事务管理水平和效率。　(林　海)

【支持企业应对金融危机】 2009 年,市财政局通过开展"金融危机对我市工业经济影响调查",广泛征集企业意见和建议,并采取有效措施帮助企业度过金融危机难关。一是积极为企业向上申报"2009 年省重点工业技术改造专项引导资金"项目、"2009 年省级中小科技型企业发展专项资金"等 12 项专项资金,获得省扶持资金近 4000 万元。二是及时拨付国家和省下达的拉动内需的项目资金。市财政局各业务处室和区财政之间进行协调,简化资金拨付程序,在财力有限的情况下,高效、合理地调度资金,保证资金足额、及时地拨付给项目实施企业和单位。全市有 400 多家企业和单位的项目获扶持资金 31373.74 万元,其中中央资金 22681 万元,省级资金 8692.74 万元。三是推动产业调整和振兴。全年为全市 20 个项目争取产业调整和振兴专项资金 1.92 亿元,户均 960 万元。20 个项目总投入 134 亿元,其中银行贷款 58 亿元,企业自筹 76 亿元。20 个项目建成投产后,预计年新增销售收入 233 亿元、税金 15 亿元、利润 32 亿元,将成为市经济实现跨越发展的新增长点。　(徐伟忠)

【构建"财税库银"联网"高速公路"】 2009 年,市财政局加大数据资源共享力度,财政、税务、国库、银行(简称财税库银)"四方"联手构建税款入库的"高速公路"和信息反馈的"快捷通道"。建立综合业务系统,升级现行系统构架和功能,拓展联网覆盖范围,使联网系统能够快速处理收入入库,及时拨付财政支出,迅速传输纳税人基本信息,实时反映收入明细。提高收入分析技术手段,会同人民银行设计按产业、分行业、分经济性质、重点税源企业的查询、汇总、分析系统,为政府及相关部门提供经济运行分析、产业布局调整、加快税源建设等方面的决策依据。强化内部信息传输操作管理及技术保障措施，确保信息传送准确、完整和安全。建立退库、调库审核制度、“财税库”按月对账制度及“财税库银”联席会议制度，及时协调解决财税收入的收纳、退库，财政资金拨付及“财税库银”网络运行中的问题，保障收支渠道畅通。　（朱永芳）

【完善农业开发资金管理机制】　2009年，镇江市第七期农业综合开发总投资3.84亿元，其中财政投入1.63亿元。全市新增粮食生产能力2.296万吨，新增总产值21991万元，直接受益农业人口3.81万人，取得良好的经济和社会效益。市财政部门落实五项制度：落实“三专”制度，对农业开发资金实行“专账核算、专人管理、专款专用”，严格按照农业综合开发财务、会计制度进行管理，按规定范围使用资金，严禁挤占挪用；落实县级财政报账制度，财政资金通过国库单一账户集中支付，坚持“四不”报账：不符合预算的不报、不符合报账程序的不报、票据不合法不合理的不报、报账手续不齐全的不报；落实资金配套制度，全年配套农发项目资金1022万元并足额按时到位；落实有偿资金回收制度，要求有偿资金使用单位必须办理抵押和担保手续，再办理借款合同，保证财政有偿资金借得出、收得回；落实监督检查制度，要求各辖市（区）及时将资金筹集、计划使用情况向项目所在镇、村公布，接受群众监督。市财政局每年对各地资金管理制度执行情况进行检查，同时聘请社会中介机构对项目进行竣工审计，主动接受外部监督。　（祝月娥）

【加大创业促进就业扶持力度】　2009年，市财政局出台扶持各类中小企业、农民创业、城镇下岗失业职工、转复军人、大中专毕业生、被征地农民、各类困难群体创业的优惠政策，加大资金投入力度，保证各项政策实施到位。累计安排全民创业资金1亿多元，其中安排中小企业发展担保资金3000万元，为全市近200家中小企业提供担保资金5.2亿元。安排农民创业小额担保贷款2000万元，为639个农户（含龙头小企业）提供担保贷款，促进农业经济发展，为农民致富提供经济支持；安排下岗失业等人员（含下岗失业人员、被征地农民、转复军人、大中专毕业生等）创业小额担保贷款4000万元，带动就业7000余人；安排用于下岗失业等人员创业扶持奖励补贴资金1516万元，给予符合条件的自主创业和灵活就业人员3年50%的社会保险补贴、有意愿创业的人员培训补贴、正在领取失业保险金期间的大龄失业职工自主创业奖励及下岗失业等人员创业小额担保贷款贴息及风险补偿等。　（周立平）

【推行“家电下乡”政策】　2009年2月1日，市财政局启动“家电下乡”活动。加大政策宣传力度，以送发政策宣传单、悬挂宣传标语等形式，让广大农民及时了解“家电下乡”的具体政策。借助网络、报刊、广播、电视、公示栏等多种载体宣传家电下乡补贴产品、销售企业及网点等，调动农民的积极性。加强政策及信息管理系统操作流程业务的培训。严把补贴审核关，按发票载明的产品销售价格的13%核定补贴金额，补贴资金在30个工作日内拨付至农民“一折通”账户。2009年，全市“家电下乡”指定店销售各类指定家电76000多台，销售总额1.69亿元，各级财政拨付补贴资金2045万元。　（张跃明）

【健全财政支出绩效评价体系】　市财政局从2006年起开展全市义务教育财政支出绩效评价试点、劳动再就业工程跟踪绩效评价、科技合作计划项目绩效评价。2009年，再次扩大财政支出项目绩效评价范围，对市直城市社区卫生、职业教育项目、老小区整治、医疗救助、人防工程加固改造、公务员教育培训、旅游发展专项、实训基地建设及专项设备配置、社区矫正项目等13个项目开展财政支出绩效评价，评价项目资金总量6.61亿元。此次绩效评价工作采取重大财政支出项目由财政部门负责组织评价、较大财政支出项目由部门负责组织评价、一般财政支出项目由单位自行评价的办法，使绩效评价工作更加科学高效、全面规范。　（钱树平）

【创新政府采购权力节点监控机制】　2009年，市财政局在全省率先出台《加强政府采购权力节点监控实施办法》，提升政府采购公信力。依托“三条渠道”，找准关键节点。通过分析流程找节点，全市组成8个检查组，深入政府采购各个流程和环节，摸清存在的突出问题；通过剖析案例找节点，侧重剖析“采购腐败”主要特点、形成原因及危害程度，提出预防腐败的有效途径；通过走访调研找节点，形成采购方式的确定与变更、文件的制作与发售等6大关键节点框架。实施三类监督，规范权力行为。强化民主监督，所有采购项目接受人大代表、政协委员和义务督察员的全程跟踪监督；强化领导监督，杜绝权力寻租行为，实行采购监管部门、分管领导层层把关、层层负责；强化专门监督，完善财政与审计和纪检监察部门联动的监督机制，把采购权力节点全面纳入审计监督的重要范畴。建立三项机制，保证监控落实。健全统筹推进机制，将节点监控和网上权力公开透明运行、财政支出管理和“金财工程”建设相结合，发挥动态监督整体效能；健全问责追究机制，重点对违反采购法律法规、质次价高等采购行为实施问责；健全检查考核机制，及时纠正和处罚不规范行为，确保采购检查考核的经常化、长效化。　（韩年庚）

【落实党政机关厉行节约十项要求】　2009年，市财政局落实中央和省、市厉行节约各项规定，严格对照压减比例核减部门开支。全市各级党政机关全年共压缩十项要求规定的行政开支8967万元，其中压缩财政拨款5165万元。全市公款出国（境）比上年减少团组13个，减少出国（境）人数31人，公款出国（境）支出下降29%，比前三年平均数下降54%；车辆购置及运行费用下降24%，比前三年平均数下降33%；公务接待费用和用电、用水支出分别下降13%和7%。　（欧阳荣）

【牵头实施“小金库”专项治理工作】　2009年，在各单位自查自纠的基础上，市财政局会同纪检监察、审计等部门对301家单位进行重点检查，查处“小金库”29个，查处违规资金958.7万元。在治理内容上，重点突出“财务收支与会计核算相结合”，着重摸清单位财务收支状况，对收入项目、来源及收取方式的准确性和真实性进行检查，看是否通过截留收入设立“小金库”；着重检查支出项目增减变动情况，核实各种租赁费、维修费、劳务费、会议费等支出，看是否通过虚列支出设立“小金库”；同时，加大对单位各种票据、银行账户的检查力度，看是否通过转出转回式设立小金库。在治理途径上，重点通过主动盘查与依据线索相结合，对检查范围内的重点领域、重点部门和重点单位采取有效措施进行检查，检查面不低于20%；同时设立并公布举报电话、举报信箱，做好举报的受理工作。在治理措施上，重点采取突击检查与长效监管相结合，对被查发现的“小金库”，除依法进行财务、税务等相关处理外，对责任单位和责任人员依法予以行政处罚，并依纪依法追究责任；深入分析“小金库”成因和危害，探索建立源头上防治“小金库”的长效机制。　（丁建松）

【开展住房公积金优质服务年活动】　2009年，市住房公积金管理中心围绕住房公积金优质服务年活动主题，优化服务环境，丰富服务手段，提升服务水平。推行职工个人账户集中管理、提取业务集中审批的“一站式”服务；启动公积金龙卡发放工作，规范公积金缴存有效凭证管理。实施住房公积金惠民新政，实行“低门槛广覆盖”的缴存政策，对首次缴存登记的单位，将缴存比例调整为8%～12%；降低使用首付比例，将公积金提取和贷款申请首付比例由原来的30%调低至20%。取消家庭使用限制，子女与父母共同购买自住住房，可共同申请公积金贷款。实行全市通贷和全国待遇共享，满足贷款条件的职工可向本市行政区域内任一公积金管理机构申请住房公积金个人贷款，在本市购买自住住房，夫妻一方在本市、另一方在全国其他城市工作的也可享受同城待遇。放宽拆迁提取条件，职工因拆迁购买自住住房提取公积金的，均可一次性申请提取。全年全市提取住房公积金10.19亿元，比上年增加4亿元，增长64.55%，共向8248户职工家庭发放公积金个人贷款16.46亿元，增加6.33亿元，增长62.54%，累计拉动住房消费面积718万平方米。（朱　贞）

国　税

【概况】 2009年，全市国税系统入库税收总额974513万元，比上年增加70240万元，增长7.77%。国税组织一般预算收入248482万元，比上年增加17510万元，增长7.58%。税收弹性系数0.58，全市宏观税负6.17%。

一、税种情况

1. 增值税：全年入库764961万元，比上年增加45982万元，增长6.4%（其中办理免抵调库90000万元，同比多调14500万元）。

2. 消费税：全年入库10808万元，比上年增加6311万元，增长140.32%。

3. 企业所得税：全年入库160072万元，比上年增加14444万元，增长9.92%。

4. 银行储蓄利息个人所得税：全年入库5361万元，比上年减少6460万元，下降54.65%。

5. 车辆购置税：全年入库33311万元，比上年增加9963万元，增长42.67%。

6. 海关代征256329万元，比上年减少5591万元。

二、国税月度收入情况

2009年，受全球金融危机影响，全市销售收入2593亿元，比上年下降8.16%，其中应税销售收入2297亿元，降低5.08%。从月度来看，各月应纳增值税呈先抑后扬态势，进入9月后，全市税收才扭转形势，实现平稳增长（见图24-1、图24-2）

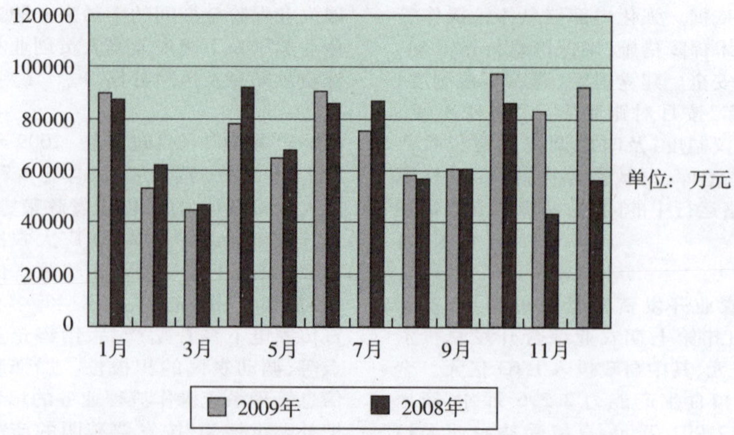

图24-1　2009年和2008年各月镇江市增值税净入库收入对比图

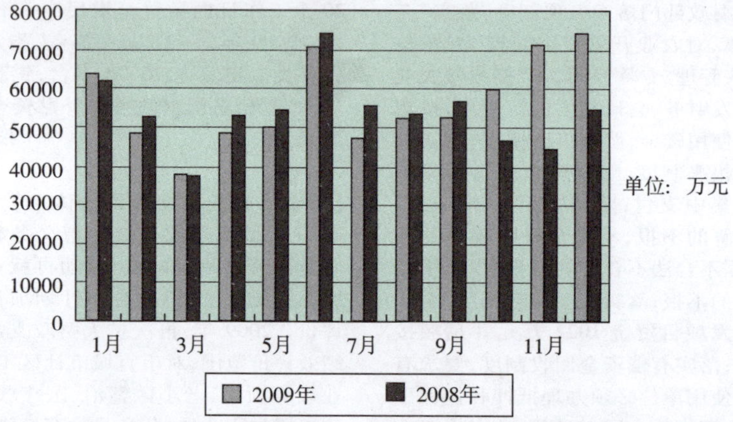

图24-2　2009年和2008年各月镇江市增值税直接入库收入对比图

三、地区间税收情况

丹阳、句容、扬中3辖市共完成考核收入523450万元，比上年增长12.81%，占全市考核收入的比重52.67%，比上年增加2.45个百分点。市区（含丹徒）完成考核收入470477万元，增长2.3%，占全市考核收入的比重47.33%，降低2.45个百分点。其中总量完成最多的是丹阳市，合计完成280868万元。

四、经济类型税收情况

2009年，全市外资企业直接入库195005万元，比上年增长12.89%，内资企业和港澳台企业分别增长5.04%、1.37%，个体税收因政策改变同比下降16.99%。

五、重点行业税收收入情况

2009年，全市增值税10大重点行业直接入库484967万元，比上年增长6.83%。10大重点行业占全部增值税直接收入的71.86%，同比上升1.31个百分点，其中6个行业表现下降，化学原料及化学制品制造行业下降最大，比上年降低18.11%，对全市增值税影响比较明显。（见表24-3）

2009年镇江市10大重点行业入库增值税税收情况统计表

表24-3　单位：万元

行　业	2009年	2008年	增长（%）
合　计	484967	453970	6.83
批发业	85676	42643	100.91
电气机械及器材制造业	76961	78598	-2.08
电力、热力的生产和供应业	68264	72168	-5.41
化学原料及化学制品制造业	61697	75341	-18.11
交通运输设备制造业	46120	42917	7.46
造纸及纸制品业	38091	25163	51.38
零售业	30271	24369	24.22
非金属矿物制品业	30151	34558	-12.75
通用设备制造业	25738	29483	-12.7
金属制品业	21998	28729	-23.43

六、增值税重点企业税收情况

全市2008年增值税直接入库在500

万元以上的168户重点企业，2009年合计直接入库317337万元，比上年降低9.89%，占全市增值税直接收入47.02%，比上年降低7.71个百分点。其中66家企业增收，102家企业减收。累计入库超亿元的有金东纸业（江苏）股份有限公司、镇江发电有限公司、中国国电集团公司谏壁发电厂和镇江奇美化工有限公司，分别入库32292万元、28813万元、12990万元和12099万元，合计入库86194万元，比上年增加26575万元，增长44.57%，其中镇江奇美化工有限公司增加9563万元。减收明显的江苏索普（集团）有限公司，比上年减少13701万元。

七、政策性减税情况

2009年1月1日起，全国执行结构性减税政策。全市固定资产抵扣等减税政策性因素合计影响增值税11.37亿元，高于年初预期10亿元。其中：固定资产抵扣7.61亿元，小规模纳税人税率下调影响0.66亿元，矿产品抵扣税率上调影响2.26亿元，供电公司征收率下调影响0.84亿元。实际共影响2009年增值税收入约8亿元，占全市增值税直接收入10.46%，占全市一般性预算收入的8.05%。其中受益最明显的是江苏索普（集团）有限公司，2009年固定资产合计抵扣增值税13868万元，占全部固定资产抵扣的18.23%。（巫晓政）

【税收征管】 2009年，国税推行税源税收风险管理，制定风险管理实施办法、工作规程和目标规划，初步建成税收风险指标库。实施税源管理辖市（区）局实体化建设，组建两级风险管理团队，开展税源联动管理，按月发布征管质量通报，征管质量指标排名保持在全省第一。进行机内数据信息核查和清理，全年发布预警信息1078余条。完成普通发票换版工作。开展普通发票风险应对，增加税收4100万元，弥补亏损1747万元。完成基层管理员平台的推广培训和整体上线工作，先后承担省国税系统监控决策系统数据审核模块修改、管理员制度创新、普通发票网络开具等试点工作。组织开展固定资产进项税额抵扣核查，增加税收4348万元。对4156家企业实施增值税纳税评估，增加税收1.23亿元。对占税收70%以上的42个主要行业建立增值税纳税评估模型。截至2009年底，推行增值税网上认证企业5395家，占一般纳税人的30%。对所得税税源按行业实施分类管理，全年发布风险信息3286户次，核减亏损3743万元，补税873万元。全市组织所得税专项评估，补征税款1600多万元。“两税”（增值税、消费税）评估增加的税收超过税收总额2%。（巫晓政）

【税收执法】 2009年，市国税局组织开展执法预警信息“零过错”竞赛，依托税收执法子系统强化税收执法责任落实。梳理5大类40个执法风险点开展执法风险管理，申辩信息准确率99.9%，位列全省国税系统第五。网络普法工作获镇江市优秀单位称号。开展税务稽查工作，全市稽查增加税收1.9亿元，占税收总量近1.95%，查处40万元以上的大要案6件。（巫晓政）

【纳税服务】 2009年，市国税局在全系统开展“纳税服务年”建设。围绕全市“千百亿工程”、中小型企业发展和涉及民生事项，出台“三项重点十八条措施”，促进经济运行质量回升。对八类税收优惠政策进行梳理，制成《税收优惠政策折页》5000套4万份，举办44场次3200户（次）企业税收政策导读。对八类1457户企业开展“一企一策”服务活动，定制《税收政策服务建议书》，提出建议1571条。贯彻增值税转型措施，制订八项措施支持外贸出口企业发展。全年兑现各类税收优惠38.5亿余元。在全省首家倡导“合格办税员”制度，免费培训1.2万余名办税员。全系统建立2.4万户纳税人基础数据库。办税员信息管理库与短信呼平台对接，对纳税人涉税事项进行宣传和提醒服务，全年发出信息5.8万余条。依托《基层管理平台》简化办税流程，188个涉税调查事项合并“减负”，1494个涉及数据项目不再重复采集，减并审批节点前移至办税服务厅，减少审批环节100多个。开设镇江国税纳税服务QQ群，开通局长网上在线访谈、“12366”咨询热线。在办税窗口投放使用纳税服务质量评价器，实行纳税人实时评价监督。国税局被中央文明委评为全国精神文明建设工作先进单位；被镇江市委、市政府评为镇江市人民满意的公务员集体和镇江市跨越发展有功单位。（巫晓政）

地　税

【概况】 2009年，全市地税系统组织各项收入首次突破100亿元。组织税收收入64.8亿元，比上年增加10.2亿元，增长18.7%。其中：市县级税收收入60.6亿元，比上年增加9.9亿元，增长19.5%；一般预算收入50亿元，比上年增加11亿元，增长28.4%，占全市财政一般预算收入的一半；征收社会保险费29亿元，平均征缴率99%；其他基金、费6.1亿元。

全市地税系统树立“经济决定税源，管理增加税收，服务促进发展”的税收经济观，发挥服务经济发展的职能作用，按照“符合政策坚决办，两可之间从宽办，不懂政策辅导办，所有减免及时办”的要求，落实税收优惠政策，全年办理各类减免税2.38亿元。出台《关于认真落实税收优惠政策扶持中小企业发展的通知》等文件，编印《镇江市地方税务局促进结构调整税收优惠政策80条》，扶持中小企业发展，促进产业结构调整。

围绕优化产业结构、推动地方税源

表24-4　**2009年镇江市地方税收分地区收入统计表**　单位：万元

收入地区			合计	市区	丹徒区	丹阳市	句容市	扬中市
地方各税		2009年度	647983	314558	62349	135496	72334	63246
		比上年增收	101868	45393	19319	12111	16325	8720
		比上年增长(%)	18.7	16.9	44.9	9.8	29.1	16.0
其中	市县级收入	2009年度	605548	291664	61071	124178	69468	59167
		比上年增收	98706	43538	19370	11258	16118	8422
		比上年增长(%)	19.5	17.5	46.4	10.0	30.2	16.6
	省级收入	2009年度	42435	22894	1278	11318	2866	4079
		比上年增收	3162	1855	-51	853	207	298
		比上年增长(%)	8.1	8.8	-3.8	8.2	7.8	7.9

（袁荣林）

表 24-5

2009 年镇江市地方税主要税种收入统计表

单位:万元

税种	合计	市区	丹徒区	丹阳市	句容市	扬中市
营业税	304807	162315	20795	56390	36961	28346
比上年增收	95230	58341	6390	12744	9871	7884
比上年增长(%)	45.4	56.1	44.4	29.2	36.4	38.5
城建税	53334	20862	5736	13343	4349	9044
比上年增收	6914	1137	1406	2416	707	1248
比上年增长(%)	14.9	5.8	32.5	22.1	19.4	16.0
企业所得税	73386	25562	20280	15861	6838	4845
比上年增收	-39420	-39310	10722	-10052	1386	-2166
比上年增长(%)	-34.9	-60.6	112.2	-38.8	25.4	-30.9
房产税	23207	9910	1902	6735	1847	2813
比上年增收	594	-136	-455	645	311	229
比上年增长(%)	2.6	-1.4	-19.3	10.6	20.2	8.9
土地使用税	35919	14458	3714	10445	4093	3209
比上年增收	3150	135	508	708	440	1359
比上年增长(%)	9.6	0.9	15.8	7.3	12.0	73.5
个人所得税	102674	55425	5334	21156	10687	10072
比上年增收	19431	14560	-954	4100	3046	-1321
比上年增长(%)	23.3	35.6	-15.2	24.0	39.9	-11.6

(袁荣林)

建设等方面主题,从税收与经济的角度出发,进行深层次调查与思考,形成《对优化产业结构,壮大地方税源,促进镇江跨越发展的思考》《二、三产业剥离的调查与分析》《和谐税源的起点》等系列调研报告,得到市委、市政府肯定和认可,市领导多次作重要批示。其中《二、三产业剥离的调查与分析》调研报告提出的建议,已经上升为政府决策。

推进依法行政,制定下发《创建依法治税示范单位实施办法》,在全系统开展示范点创建活动,扬中市地税局、市地税一分局和丹徒区地税局被评为江苏省依法行政示范单位,扬中市地税局作为全国唯一的县(市)级地税局在全国税收法制工作座谈会上交流发言,镇江市地税局和句容市地税局被镇江市评为依法行政示范单位。(黄继明　浦陆燕)

【成立全国首家纳税人维权协会】 2009 年 3 月,市地税局落实省局打造"维权 360°"服务品牌的决策部署,成立全国首家地方税收纳税人权益维护协会,引导、帮助纳税人维护其自身合法权益。在市区建立 10 个"纳税人之家",设置 100 个维权服务点,在优秀税务干部、大学教授、注册会计师、律师、大学生等各个行业熟悉财税的人才中,招募 1000 名维权服务志愿者,组建 20 个维权服务志愿团,定期走进市场、广场、工厂设点咨询,举办税收知识讲座,主动向纳税人宣传依法享有的权利,无偿帮助纳税人维护合法权益,构成由一个群众团体组织、十个纳税人之家、一百个纳税人维权服务点、一千名维权志愿者组成的"个、十、百、千"维权体系。国家税务总局以简报的形式对协会取得的工作成果和工作经验向全国税务系统进行介绍。(黄继明　浦陆燕)

【成立全国首家"星期六税收维权志愿团"】 2009 年 4 月,市地税局与江苏大学财经学院共同倡议,成立以在校涉税专业大学生为主要成员的"星期六税收维权志愿团",利用星期六休息时间开展各项涉税维权宣传活动。维权志愿团创造了地税维权服务品牌,扩大地税影响,深化纳税服务的内涵,树立镇江地税形象。"维权志愿团"项目被国家税务总局通报表彰为 2009 年全国税收宣传月活动优秀项目,这是镇江市地税局成立 15 年来第一次受到总局表彰的优秀项目。(黄继明　浦陆燕)

【推行涉税行政审批制度改革】 2009 年 7 月,市地税局按照"简化审批流程、提高办税效率、强化事后监督"的思路,对减免税审批、财产损失税前扣除、纳税人停(复)业、延期申报、延期纳税、发票购领等 16 项业务流程共 124 个涉税事项进行全面改革,构建"窗口受理、当场办结、内部流转、后续监督"的涉税审批工作模式。对现有的征管业务流程进行全面梳理,对不必要的管理环节,管理程序给予归并简化,将纳税人主动到税务机关办理的 7 大类 124 多个涉税事项全部由办税服务厅统一受理,将个体涉税审批全部下放到个体管理部门负责。只要纳税人提供的申请资料完整、准确,在形式和逻辑上符合规定要求,就认同涉税资料的合理、合法、真实性,便可在窗口当场得到审批和办结,其提供资料的真实性由管理分局启动事后调查程序予以监督。(黄继明　浦陆燕)

【举办全国第一届纳税人权益保护理论与实践高层论坛】 2009 年 9 月 20 日~22 日,市地税局邀请国家税务总局有关人士和国内著名财税理论专家以及北京、山东、福建、江西、内蒙古等地纳税人组织的代表 50 余人,就纳税人的权利、义务关系及体现,维护纳税人权益与纳税服务的关系,发达国家纳税人权益维护的状况等大家所关心的话题进行探讨和交流。(黄继明　浦陆燕)

【开展"走进企业、深化服务、共谋发展"大型调研活动】 2009 年 3 月,市地税局以"千名税干进千户,边听意见边服务"为主题,在全系统广泛开展大型调研活动,深入企业了解生产经营情况,收集纳税人的需求,听取纳税人的意见,解决纳税人的实际问题,帮助企业走出困境,树立发展的信心。整个活动中征集 200 多条意见和建议,对全局深化服务提供重要依据。(黄继明　浦陆燕)

镇江市水利局

2009年，镇江市水利事业在市委、市政府的正确领导下，紧紧围绕镇江“推进思想解放、推动科学发展”主题，各方面工作取得显著进展。北部滨水区预定目标圆满实现，农村水利建设任务超额完成，防汛防旱取得全面胜利，水利管理工作呈现新的气象，水利工作以“满堂红”的态势，昂然屹立在镇江跨越发展前列。先后荣获全省水利目标管理先进单位、全省防汛防旱先进集体、全省水利系统依法行政工作先进集体、江苏省老区开发促进先进单位、全省农村水利工作先进集体、全省水利新闻宣传先进单位、镇江市经济社会发展城市建设有功单位、镇江市投资和项目推进先进单位、镇江市生态市建设工作目标责任考核优秀单位、镇江市信访工作先进集体等荣誉称号。

防汛演练

金山文化广场

内江清淤工程

打击非法采砂

金山湖夕照

镇江市经济和信息化委员会

市委书记许津荣参加中国镇江民资招商集中签约仪式

镇江市经济和信息化委员会，是在整合原市经济贸易委员会、市信息产业局的职责基础上，参照省经信委工作职责而新组建的经济综合部门，主要负责统筹推进全市工业经济、民营经济、信息产业经济、循环经济等重点工作。面对新形势、新任务和新要求，市经济和信息化委员会将坚决贯彻市委、市政府的部署要求，进一步凝心聚力、团结拼搏、开拓创新，大力发展新兴产业，改造提升传统产业，强势推进节能降耗，切实加大淘汰落后力度，加快推进信息化和工业化“两化融合”，牢固确立争先、争位、争一流的理念，弘扬学习调研、开拓创新、优质服务、求真务实、团结和谐、勤政廉洁“六种优良风气”，着力打造学习型、服务型、效能型“三型”机关，为全力开创全市经济和信息化工作新局面、为镇江跨越发展作出新贡献！

市经信委朱云峰主任参加全市节能宣传周活动

创业项目发布会

市经信委“三定”方案实施大会

全市工业经济转型升级会议

镇江市地震局

2009年，市地震局贯彻省、市防震减灾工作联席会议精神，落实《2009年防震减灾工作目标管理责任书》的各项目标任务，切实履行防震减灾工作部门的职责。提前完成市地震监测台网中心项目工程，做好国庆60周年等节假日和重大政治经济社会活动期间的震情监视工作，及时处置句容有感地震和辖区内出现的“水井发热”等宏观异常现象，强化抗震设防要求管理和地震行政审批工作。配合有关部门积极推进校安工程和农村民居保安工程。开展形式多样的防震减灾知识宣传和地震应急演练活动。2009年，市地震局获全省防震减灾工作综合评比第三名。

市人大代表视察防震减灾工作，市委常委、市委秘书长李国忠（正面右二）参加视察活动

全国首个“防灾减灾日”，市政府副市长陈建设看望防震减灾宣传工作者

市地震局与镇江军分区、市应急办、人防办、广电局共同举办市第二届防空防灾知识电视竞赛，市政府副市长陈杰（前排右三）参加活动

中小学地震应急演练现场

2009年8月，全国地震应急指挥技术系统演练（江苏现场）在镇江地震台举行，市地震局局长冷国桂（中）等局领导及有关人员参加演练活动

市地震局编辑印发防震减灾宣传材料

行政服务中心地震局窗口全年受理行政许可事项，办结率达100%

2009年7月10日，省委副书记、省长罗志军到镇江调研。图为罗志军到镇江新区“万顷良田”建设工程丁岗项目区现场，实地了解工程建设情况

2009年8月24日，省人大代表专题调研镇江市“万顷良田建设工程”情况，市国土资源局局长雷志强汇报推进情况

镇江市国土资源局

2009年2月12日，省国土资源厅厅长、党组书记夏鸣应邀在全市领导干部新知识讲座上作题为《有效集聚资源，有序统筹发展》的专题讲座

2009年11月23日，市长刘捍东、副市长陈杰考察狮子山滑坡地质灾害综合整治工程现场

召开全市国土资源工作会议

在上海举办“2009中国镇江土地推介会”

市国土资源系统深入开展学习实践科学发展观活动。图为市国土资源局局长雷志强慰问挂钩贫困户

举办法律法规广场咨询活动

局长、党组书记刘海东（左二）向国家总局领导介绍镇江基层工商建设

开展食品速测技能竞赛

江苏省镇江工商行政管理局

检查“家电下乡”产品

副局长、党组副书记邓世安（右二）在打击传销广场咨询现场视察

奋进中的镇江市物价局

常务副市长陈照煌调研物价工作

2009年，面对严峻困难和挑战，镇江市物价局坚持以科学发展观为统领，主动顺应宏观经济形势的发展变化，力保经济平稳增长。出台了充分发挥价格职能作用促进经济发展的八条意见；全年共取消、停征涉企、涉民收费157项，为市直企业、群众减负6570万元，全市10659万元。稳步推进价格改革。较好的落实了国家8次成品油价格调整政策，撤销了境内所有二级公路收费站点，出台了镇江市区出租车运价与成品油价格联动方案；按照“十一五”水价改革实施方案，适时上调了城市供水价格，并对居民用水试行了阶梯式水价模式；2009年度实施差别电价总量达到58909万千瓦时，加价总额553万元。积极支持城市建设。重点围绕南徐新城、北部滨水区及大市口AB地块建设，累计完成5500余户、40万平方米、4.4亿元拆迁评估任务，实现了评估裁决、上访“零投诉”。完成了124万平方米定建房的价格审核任务，平均每平方米核减成本100元，核减率达5%。为镇江经济发展、城市建设作出了贡献！

局领导检查市场

领导走进“行风热线”

开展创业专题咨询，服务农村改革发展

物价干部参加义务植树

江苏省镇江市烟草专卖局
江苏省烟草公司镇江市公司

省烟草专卖局副局长樊剑峰（左三）视察镇江

2009年，镇江市烟草专卖局（公司）在市委、市政府和省局（公司）的正确领导下，围绕“卷烟上水平”中心任务，全面实施“三大战略”，弘扬“更快节奏、更高标准、更实工作、更好状态”的工作作风，坚定发展信心，积极应对挑战，深化体制改革，狠抓基础管理，有效推动镇江烟草又好又快的发展。全年共实现销量120064箱，实现税利7.41亿元，分别增长9.35%和7.93%。投资7000余万元的新物流配送中心全面启用，初步实现传统商业向现代物流的转变。卷烟打假力度进一步加大，全年查处各类违法卷烟案件1035起，查获违法卷烟8.2万条（其中假冒卷烟2.8万条），移送司法机关拘留判刑29人，成功破获两起符合国家烟草专卖局和公安部标准的假烟网络案件。以“定岗、定责、定员、定薪”为主要内容的人事用工分配制度改革取得阶段性成效。开展“四要”常态化建设暨增强执行力专题活动，有效推动机关效能建设。提炼富有镇江烟草特色的“山•水”企业文化以及12条核心理念。参与扶贫帮困、慈善募捐、结对帮扶等社会公益活动，累计捐款捐物和赞助270万余元。2009年获全市依法行政工作先进单位、法制工作先进集体、放心消费创建工作先进单位等荣誉称号。

局长、经理、党组书记胡龙海实地调研基层单位

局长、经理、党组书记胡龙海走访市场

组织党员干部实地走访了解结对帮扶对象情况

召开镇江烟草系统首届职工代表大会

华东片区卷烟打假协作会议在镇江召开

投资7000余万元的新卷烟物流配送中心2009年6月全面启用

市政协召开主席会议视察食品安全工作

党组书记、局长史国平（右二）带队帮扶医药企业

镇江市食品药品监督管理局

开展清理家庭过期药品回收活动

走进革命老区重温入党誓词

2009年，镇江市食品药品监督管理局围绕保障公众饮食用药安全的中心任务，坚持依法行政、科学监管、廉洁高效、服务为民，各项工作成效显著，监管事业进入建局以来的最好时期。

在食品安全方面，制发《2009年食品安全工作目标和意见》；开展非食用物质及食品添加剂、学校食堂和校园周边食品摊点等专项整治；句容市创成第二批省级食品安全示范县；积极宣传贯彻《食品安全法》及其实施条例；认真开展农产品质量检验检测资源调研等工作，全市未发生一起食品安全事故。

在药品安全方面，日常监管全面覆盖，开展基层药械质量、非药品冒充药品、零售药店拉网式检查等整治活动，累计出动执法人员10600人次，检查涉药（械）单位3880家次，立案查处各类违法案件273起，取缔无证经营户14家，向公安部门移送案件2件，1起案件被列为公安部挂牌督办案件。

在帮扶医药经济方面，出台《关于促进镇江医药产业健康快速发展的实施意见》，成立“促进地方医药产业发展领导小组”，明确16项帮扶措施，选择18个重大项目作为挂钩帮扶项目。全市医药产业在金融危机的冲击下，仍然产销两旺，保持了良好的发展势头。

在干部队伍建设方面，强化教育培训和管理，加强机关作风和党风廉政建设，推进文明创建和党建工作。荣获镇江市级“文明行业”“学法用法示范机关”“依法行政示范单位”“廉政文化建设示范点”等称号，吴文庆被评为“全国医药卫生系统先进个人”“镇江市人民满意公务员”。

举办安全用药家庭健康知识竞赛

开展扶贫攻坚两消除活动

集中销毁假劣药品

市科协成立50周年大会

全国科普日副省长何权品尝赵亚夫带去的有机米饭和发酵床猪肉

隆重纪念市科协成立50周年

21届科普宣传周广场活动

市科协向健康路街道赠送科普图书

2009年10月22日，市科协召开纪念市科协成立50周年大会。纪念活动以“坚持科学发展，提升服务能力”为主题，回顾50年来市科协的发展历程，总结经验，展示改革开放以后特别是市科协六大以来的发展成就，进一步树立科协组织“为经济社会发展服务，为提高全民科学素质服务，为科技工作者服务”的社会形象，进一步增强科协组织的凝聚力与科技工作者的自豪感和责任感，充分调动科技工作者的积极性和创造性。纪念活动期间，授予赵亚夫科学技术普及特别奖，表彰“十佳学会”“十大杰出科普人物”“十佳科普读物和科教片”“十佳科技小状元”，并开展“我与科协”征文活动，编印市科协50周年画册。

市科协组织日全食观测活动

扬中兴阳红薯专业合作社向市科协赠送锦旗

镇江市史志办公室

2010年4月7日，中国社会科学院副院长、中国地方志指导小组常务副组长朱佳木(中)到镇江调研

2009年，全市史志事业取得新进展。《中国共产党镇江史》(1949～1978)(第二卷)补充修改并进入审阅初稿阶段。庆祝新中国成立、镇江解放60周年，编印《京江画卷——纪念镇江解放60周年图册》，与市新四军研究会联合举行庆祝新中国成立60周年学术研讨会，邀请江苏大学、江苏科技大学及图书馆等有关专家、教授开展迎国庆党史学术交流活动，参加镇江电视台举办的《红歌颂祖国》大赛党史知识问答拟题和点评工作。

截至年末，《镇江市志(1983～2005)》编修完成资料收集92%，完成初稿80%。《镇江年鉴(2009)》出版并获第四届全国年鉴编纂出版质量评比综合特等奖。

组织开展史志工作"五进"(进广场、进社区、进军营、进学校、进农村)活动，镇江市史志办公室网站(http://szb.zhenjiang.gov.cn)建成开通。

2010年3月15日，全省市县年鉴工作座谈会在镇江召开

2010年1月，《镇江年鉴》在第四届全国年鉴编纂出版质量评比中获得综合特等奖

2010年1月26日，省党史工办主任崔广怀（右二）到镇江检查党史工作

2010年5月14日，镇江市史志办公室召开辖市（区）志稿研讨会

2009年，市史志办开展史志工作“五进”（进广场、进社区、进军营、进学校、进农村）活动

2010年4月，镇江市史志办公室全体人员参观皖南新四军军部旧址，接受革命传统教育

镇江市文化产

市“欢乐家园”（文心大舞台）广场文化活动
获第十五届“群星奖”（公共文化服务类）

“迷笛音乐节（镇江站）”现

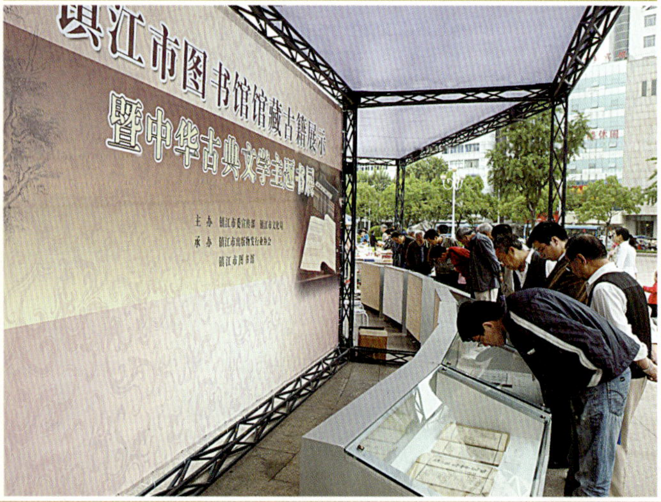

市图书馆古籍首次户外公开展示

民间绝技亮相西津渡

电新闻出版局

第二届中国故事节少儿故事会大赛在镇江举行

中国文选学资料中心挂牌

以镇江“醋文化”为背景策划、拍摄的电视剧《沉香》开机仪式

陆小波故居修缮竣工开放

镇江体育事业全面协调发展

镇江市全民健身月启动暨国家级全民健身活动中心揭牌仪式

江苏省群众体育工作会议在镇江举行

镇江市体育会展中心开工典礼

2009年，镇江市成功举办迎新年万人健身长跑、百日万人健步行、走青山看绿水南山大穿越等大型活动。建成国家级体育公园1座、省级体育公园2座。国家级全民健身活动中心正式命名挂牌。全年组队参加省和全国群众体育比赛活动132项次，获奖牌200余枚。总用地近46.67公顷的市体育会展中心6月28日开工建设。全年累计销售体育彩票3.3亿元，比上年增长26%。规划中的健康路运动休闲配套服务项目正式对外招商。

在第十一届全运会上，镇江籍运动员夺得5枚金牌、4枚银牌、2枚铜牌。召开全市备战省十七届运动会冬训动员大会，通过奥运会、全运会比赛共计带入省运会金牌14.5枚，金牌数名列全省第八位，创历史最佳。国家青少年曲棍球训练基地在扬中揭牌落户。承办2009年全国少年男子排球（甲组）比赛、首届长三角象棋精英赛、全国俱乐部女子篮球联赛（第二阶段）、全国象棋甲级联赛（江苏主场）等4项全国体育竞赛，江苏省“省长杯”女子高中组青少年足球比赛、第七届江苏省“红旗杯”象围棋公开赛等8项省级体育竞赛。组团赴希腊参加第43届国际青少年运动会。

镇江市体育局获国家体育总局颁发的2009年全民健身活动优秀组织奖，被江苏省体育局评为第十一届全运会参赛工作有突出贡献的单位、2009年度体育彩票工作先进单位。

“快乐健身与祖国同庆”活动暨万人健步走启动仪式

镇江市与韩国灵光郡进行足球友谊赛

镇江市妇女联合会

省妇联主席张京霞讲话

市委书记许津荣在会上作重要讲话

市委书记许津荣会前接见受表彰的“三八”红旗手标兵

市妇联主席胡云霞致闭幕词

2009年12月22至24日，镇江市妇女第十三次代表大会在一泉宾馆召开，来自全市各界的400名妇女代表和100名特邀代表参加了这一盛会。

大会以科学发展观为指导，全面总结了镇江市妇女“十二大”以来的成绩和经验，明确了今后五年镇江市妇女事业发展的目标和任务。会上审议并通过了《坚持科学发展 奋力开拓创新 团结带领全市妇女为推进镇江发展新跨越而努力奋斗》的工作报告；选举产生了市妇联第十三届执行委员会和领导班子；表彰了一批“三八”红旗手（标兵）和“三八”红旗集体（标兵）。会议向全市广大妇女发出 “争做时代新女性、共促和谐新发展、推进镇江新跨越”的号召。

这是一次隆重、热烈、团结、胜利的大会。这次大会鲜明的时代特征和丰硕的工作成果将载入镇江妇女运动的光荣史册，必将对镇江市妇女事业发展产生重大而深远的影响。

少先队员欢迎代表入场

第十三届市妇联领导班子

镇江市慈善总会

2009年市委、市政府机关“慈善一日捐”仪式，市委书记许津荣捐款

“慈善一日捐”仪式上，市长刘捍东捐款

2009年，镇江市（含辖市区）慈善资金总规模达到83868.19万元，其中合同认捐67011万元，账面实际结存资金16089.93万元；市本级慈善资金总规模达19459.35万元，其中合同认捐12300万元，账面实际结存资金6634.34万元。市慈善总会本级资金收入1650.66万元，救助支出474.61万元，救助3050人次。第五次开展“爱在镇江•慈善一日捐”活动，主题为“关爱青少年儿童白血病患者，募集青少年儿童白血病救助资金”。活动募集资金1217.39万元，其中市本级498.39万元。认捐企业发展到15家，认捐企业实捐资金615万元，实捐到位率100%。三年共到账资金1780万元。2009年，市慈善总会继续开展慈善助学“圆梦行动”、慈善助残“复明行动”“聆聪行动”、慈善助困“温暖行动”。

向乡镇敬老院赠送家电

《镇江市慈善资金助医办法》（修订稿）发布

向市特教中心、市残疾人康复中心捐赠语音助训设备

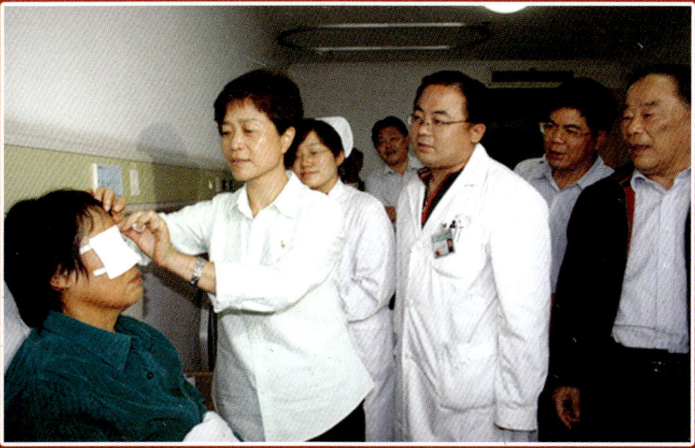

市委书记许津荣为实施白内障复明手术的盲人揭去眼罩

副市长曹当凌在市残联调研市残疾人综合服务中心建设工作

镇江残联实现新跨越

2009年镇江残联全面完成省、市政府重点“助残项目”，服务设施稳步进展。市残疾人综合服务中心工程建设12月封顶。全面建设残疾人社会保障体系，5761名无固定收入的重度残疾人得到生活救助，98%的农村残疾人参加新型农村合作医疗保险。辖市（区）全部被命名为省“白内障无障碍市（区）”和“社区康复示范市（区）”。帮助新增就业580人，职业技能培训555人次，被评为“全省按比例安排残疾人就业工作先进单位”。参加“江苏省第四届残疾人职业技能比赛”，获团体第四名。金牌数第三名。举办市第三届残疾人运动会。参加省残疾人青少年田径锦标赛，获团体第一。参加“省残疾人第七届文艺表演大赛”，获1个一等奖，3个三等奖。张红俊被评为“全国自强模范”。另有3名残疾人被评为镇江市第二届“大爱之星”。2009年镇江市残疾人工作全面进档升位。

市劳动局、市残联联合举办残疾人职业技能比赛

2009年9月成功举办市第三届残疾人运动会

镇江市产权交易中心

主 任 冯智皓

镇江市产权交易中心是省国资委指定的镇江辖区内唯一的国有产权交易机构，是市国资委直属事业单位。

“中心”为所有产权（物权、债权、股权、知识产权等）提供转让服务。依法开展政策咨询、信息发布、项目推荐、投资引导、招标竞标、产权鉴证、股权托管、设备调剂等服务活动。2002年以来，为配合全市国企改革，已为250余户企事业单位的产权转让提供了服务。

2004年以来，国务院国资委、省委、省国资委、市委市政府主要领导先后来“中心”视察、指导工作。《新华日报》《工人日报》《中国纪检监察报》等报刊多次刊登文章宣传报道“中心”的建设和发展情况。

2003年，“中心”通过ISO 9001：2000质量管理体系认证，2010年6月，通过ISO 9001：2008版转换工作；2004年，获“全省百强经纪企业”称号；2005年，被市委市政府授予“全市国有企业改革工作先进集体”；2006年，产权转让服务岗获全市党员示范岗称号，同时被市总工会授于“五一文明岗”称号；2010年，被市廉政文化建设领导小组评定为“市级廉政文化示范点”。

办公室

评标会

地 址：镇江市长江路电力路口新广电大厦裙楼四楼 电 话：(0511) 84445008 84446551
传 真：(0511) 84446555 网 址：www.zjcqjy.net

镇江市城市客运管理处

镇江市城市客运管理处1995年成立，地处林隐路1号，全市现有出租汽车公司8家，出租汽车总量1254辆，从业人员3000人，年客运量3200万人次，占城市公共客运总量的30%。

全市出租汽车硬件设施处于省内领先水平。截至2009年底，1254辆出租汽车全部更新换代，车型为上海大众畅达、北京现代伊兰特、东风悦达起亚远舰、赛拉图。更新后的车辆均统一安装税控打印计价器、GPS卫星定位装置、LED显示屏，并配发新型座垫套、服务证卡座等设施。

客管处服务大厅办理出租车营运证、从业人员服务证、出租车公司资质审验、违章处理、接待乘客投诉、失物招领、电话咨询等业务，实行“一站式”服务，服务宗旨是公开、规范、高效、便民。

书记、主任 刘英俊

客管处召开公司经理会议，讨论出租车行业出现的私下转让、不出具发票、副驾服装不统一等问题，集思广益，寻求解决办法

客管处组织出租汽车行业有关人员进行安全培训

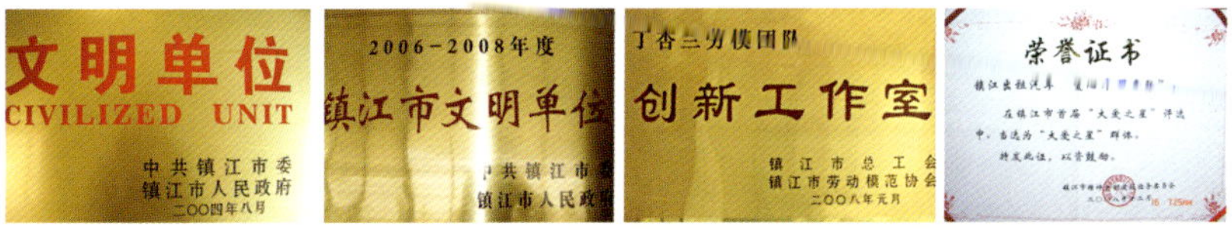

客管处、爱心车队、真情车队、雷锋车队联合在火车站广场举行为玉树地震灾区募捐活动

出租汽车行业开展“爱镇江、创品牌、树形象”暨推行星级服务评定活动启动仪式，市领导出席启动仪式

在全市出租车行业开展优质服务竞赛活动，表彰先进弘扬正气

镇江烈士陵园

市领导参观烈士纪念馆

镇江烈士陵园是国务院命名的全国重点烈士纪念建筑物保护单位，国家、省、市级爱国主义教育基地。近年来，市烈士陵园坚持“褒扬先烈、教育后人”的办园宗旨，坚持“服务社会、服务群众”的服务理念，以活动为载体，创新开展多种形式的特色爱国主义教育活动；以红色旅游为目标，立足陵园爱国主义教育基地建设，高标准规划，高起点建设，陵园园容园貌有了较大的变化；以“加强管理、提升形象”为重点，不断强化干部职工素质，提升管理水平，陵园工作不断取得新业绩。近年来，陵园先后获得“江苏省文明单位”“镇江市文明单位”“全国社区志愿服务活动示范单位”、省“七彩夏日——未成年人暑期系列活动”优秀活动场馆、市精神文明“十佳新事”、镇江市“首届优质服务品牌”、市“创优达标先进工会”“模范职工之家”“省级青年文明号”“五四红旗团支部”“省巾帼文明岗”等荣誉称号。

市领导为“北固壮歌”烈士诗文碑墙揭碑

“北固壮歌”烈士诗文碑墙

“北固红枫”烈士事迹宣讲团来到驻镇某部举办革命烈士事迹报告会

“北固红枫”烈士事迹宣讲活动

“国旗、国徽、国歌展览”活动

帮扶烈士家属

我是红色宣讲员——少儿英烈故事大赛

“我心中的镇江烈士陵园”摄影展

丹阳市财政局

省财政厅党组书记、厅长调研丹阳财政工作

2009年，面对全球金融危机的冲击，丹阳市财政部门在市委市政府的正确领导下，认真学习实践科学发展观和市委十一届六次、七次全委（扩大）会议精神，紧紧围绕“保增长、保民生、保稳定”工作大局，迎难而上，奋力拼搏，各项工作有力有序推进，在推动全市经济企稳回升和复苏过程中发挥了积极作用。全年完成财政收入63.02亿元，完成地方一般预算收入23亿元。丹阳市财政局获丹阳市党建工作创新奖；被评为丹阳市“五好”先进党支部、服务环境建设先进集体和市级机关目标责任制考核先进单位；获“2009年镇江市财政收入超100亿先进地区”称号；红歌比赛获丹阳机关组二等奖、镇江市财政系统一等奖。新桥财政所被命名为省级青年文明号；珥陵财政所、延陵财政所被评为镇江市文明单位。

中层以上干部在上市公司江苏鱼跃集团了解生产经营状况

召开领导干部述职述廉会议

每季度召开一次干部思想情况分析会

开展廉政专题教育

苏浙沪皖部分县（市）第十次财政工作座谈会

深入各镇（区）广泛宣传家电下乡政策

开展访贫慰问活动

丹徒区住房和城乡建设局

2009年，区建设局围绕全年重点工作和各项目标任务，加快城乡基础设施建设步伐，加大行业管理力度，推动各项工作全面进步。2009年，区建设局被评为区级机关综合考核十佳单位、信访稳定工作考核优胜单位、机关作风建设人民满意单位、先进单位等称号以及“满意服务在丹徒”评议全区第三名等好成绩。行政服务中心建设局窗口4次被评为红旗窗口，评出先进个人4人，并被评为年度优胜窗口。

召开全区建设工作会议

召开深入学习实践科学发展观活动动员会

在区政府广场举办地震知识宣传活动

召开纪念“七一”大会暨廉政讲座

机关工委在建设局召开“满意服务在丹徒”暨重点科室评议大会

丹徒区建设局、镇江市规划局丹徒分局、镇江市摄影家协会联合举办的丹徒区“规划建设”杯摄影大赛颁奖仪式在丹徒区规划展示馆举行，图中丹徒区建设局局长田志虹为获奖作者颁奖

丹徒区大港汽车轮渡管理处

书记、主任 张导平

大港汽渡位于镇江新区大港镇西侧，南面连接338省道、312国道及沪宁高速公路，北面通往扬州沿江快速、宁通高速、京沪高速公路及广大苏北地区。该渡口有职工120余名，14车渡汽渡船4艘，日均车流量2100余辆，日通过能力可达3000余辆。江南江北两边码头实施通道式计重收费，过渡车辆随到随渡，24小时为社会车辆提供安全、优质、快捷的渡运服务。

大港汽渡牢固树立科学发展观，以安全渡运、跨越发展、共创和谐为目标，强化安全渡运管理，坚持优质文明服务，在不断加强职工思想教育同时，深入开展文明单位创建活动，做到以创建促发展，以创建促提升，以安全、优质、快捷的渡运吸引社会车辆过渡，取得良好的经济效益和社会效益。大港汽渡先后被省、市、区政府和上级主管部门评为文明单位、安全生产先进单位和用户满意服务明星企业。

部署春运工作

失主（左一）送锦旗感谢大港汽渡职工拾金不昧

开展安全宣传活动

大港汽渡外貌

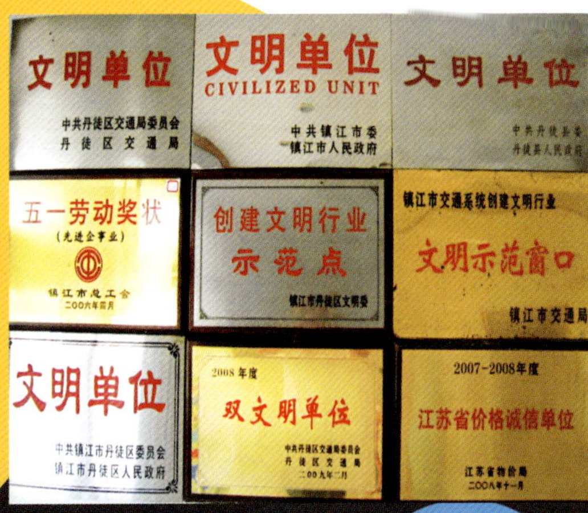

渡运车辆现场

镇江市规划局京口分局

积极参加上级组织的业务培训

镇江市规划局京口分局坚持以中共十七届三中、四中全会精神为指导，认真贯彻落实科学发展观，开展学习实践活动。严格依法行政，服务跨越发展。推进“规划进社区”活动，坚持“规划走出门，服务送上门”，为京口区重点建设项目做好服务保障工作。完成年度各项目标任务，被市规划局评为城乡规划工作先进单位、法制工作先进单位。狠抓党风廉政建设，改进机关工作作风，全力打造服务型、勤廉型机关。推进廉政文化建设，被镇江市廉政文化建设领导小组评为“第三批廉政文化建设示范点”。狠抓精神文明建设，开展文明创建活动，进一步巩固和深化精神文明建设成果，连续四次荣获省、市、区三级文明单位称号。

深入学习《城乡规划法》

深入开展学习实践活动（参加市局理论辅导）

深入开展规划进社区活动，宣传城乡规划，征求群众意见

京口区国有资产经营管理总公司

区领导参加开业仪式

国有资产经营管理总公司第一次党委会

京口区国有资产经营管理总公司成立于2010年5月，为京口区正科级事业单位。公司不仅对原江苏置业集团、商贸总公司、物资集团、工业总公司等4家单位的国有资产、集体资产依法进行经营管理，而且更注重于创建一个更大意义的发展平台，为京口区经济发展集聚新的资源，增加新的亮点。

企业指导方针

企业文化：厚德载物，厚积薄发

企业口号：和谐，团结，进取，惠众

国有资产经营管理总公司成立会议

镇江市国土资源局京口分局

副市长陈杰(右五)视察地质灾害降防治工作

国土资源部执法检查组抽查卫片执法

京口区委书记胡宗元(右)督察土地十日清查专项行动

京口区区长郭建(中)部署土地执法模范区创建工作

京口国土资源管理工作在区委、区政府和市国土资源局领导下，充分发挥保护资源、保障发展、维民权益、服务社会的功能和作用。2009年度被评为省地籍管理工作先进单位，省国土资源系统信访工作先进集体，省土地执法模范县（市、区）创建工作先进县（市、区），市整顿和规范矿产资源开发秩序先进集体，市国土资源管理工作优胜单位，市耕地保护工作先进单位，市国土资源执法监察工作先进单位，2006～2008年度镇江市文明单位、京口区文明行业。分局党工委连续四年被表彰为“五好”基层党工委。

区领导部署地质灾害防治工作

党工委书记、局长 顾永赋

京口区科学技术局

区领导视察蓝舶

区领导调研共青团农场

2009年全区科技工作深化贯彻落实科学发展观，以“保增长、调结构、促发展”为主线，以重大科技计划项目为抓手，加快提升区域自主创新能力，推动高新技术产业快速发展，取得了显著成效，为京口区经济、社会又好又快发展提供了强有力的科技支撑。2009年，组织上报各类科技计划89项，立项53项，其中国家级科技计划项目立项数创历年来新高，共获国家、省、市经费资助1800余万元。顺利通过了国家科技进步达标考核，实现“七连冠”。区科技局被省科技厅评为“院省合作”先进单位。

《科技进步法》专题讲座

参加西安科技项目洽谈会

召开东南大学项目对接会

南航专家考察鼎胜铝业

建成京口归国博士创业园

中煤省科技成果转化项目专家考察论证会

JSCN
江苏有线

江苏省广电网络公司镇江分公司

省公司董事长陈梦娟(右二)亲临启动仪式现场听取汇报

省公司及市领导启动按钮

镇江分公司党委书记、总经理　袁剑锋

2009年1月17日，镇江市有线数字电视整体转换全面启动，江苏省广电网络公司镇江分公司正式成立，江苏省广电信息网络股份有限公司董事长陈梦娟，与镇江市领导张洪水、卢章平、王萍、宋敬伟亲临仪式现场，共同启动按钮。

从1993年初建立镇江有线电视台起，到有线无线合并、市与三区广电网络整合，直到2008年底江苏全省网络整合完成、镇江市网融入全省广电网络大家庭，镇江广电网络经历了两度体制改革，实现了两步跨越。

有线数字电视整体转换，是镇江市政府2009年为民办实事项目之一，是镇江分公司成立后的首要重大职责与使命。镇江分公司党委、总经理室一班人，按照省公司"站在网络建设新高地，抢占网络发展新优势，引领网络未来新时代"的战略部署，在市委、市政府正确领导下，率领全体干部职工奋力跨越，赢得成立首年开门红。全年完成主城区的有线数字电视整体转换，并同步完成网络双向化改造，整转区域整转率达92%以上，使用互动机顶盒用户达26%。2009年度为民办实事目标基本完成，营业收入、利润、整转率和互动率等主要经济指标超额完成。

为了平稳而卓有成效地实施民生实事项目，镇江分公司全体员工负重奋进，付出了辛勤汗水和泪水，在镇江广电网络滞于全省之后的情况下，终以真诚争取到省公司对镇江的理解以及政策倾斜。据统计，连同网络改造、机顶盒成本等项目投资在内，省公司当年在镇江到位的投入资金近2亿元，名列全省地级市前茅，支撑了镇江广电事业健康向前发展；与此同时，形成具有镇江特色的整转和网改模式，网改速度和规模在全省均首屈一指。为此，全省双向网改造现场交流会在镇江召开，推广镇江网改经验。

2010年，镇江分公司将紧紧围绕市委、市政府跨越发展的战略，迎难而进，争分夺秒完成落实省公司下达的新一年度发展目标。开展2010"服务年"活动，构建运行维护、市场营销和服务三大体系；实施包括镇江大港、谏壁等乡村区域近5万户网改和数字电视整转，启动互动电视、付费电视和宽带数据等增值业务"三驾马车"，力争互动用户总数超过用户总数的1/3，互动率达34%；推广高清交互机顶盒，发展高清电视用户；全力发展宽带用户，形成广电宽带用户规模。

副市长王萍（右二）视察整转现场

数字电视现场受理点

数字电视机房

献爱心送温暖活动

数字电视整转现场人如潮涌

镇江市公安局

安全检查

配齐装备

防暴演练

赃车发还

专业巡防

回眸2009：镇江公安10大亮点

2009年，面对国际金融危机的严重冲击和维护社会稳定的严峻形势，镇江市警方按照全市经济跨越发展的总基调，围绕国庆安保、平安创建等重大任务，认真履行第一责任，主动服务第一要务，打赢了一场场硬仗，为“保增长、保民生、保稳定”作出重要贡献。市委书记许津荣对此给予高度评价：“我市公安干警尽职尽责，勤奋工作，为镇江跨越发展创造了规范有序，和谐稳定、平安宜民的社会环境，是一支能打硬仗的队伍，是党和人民群众信赖的队伍。”回眸2009年镇江公安工作，主要呈现出10大亮点。亮点1：服务跨越发展，“三比三赛”评选“十佳”；亮点2：全警拚搏奉献，国庆安保万无一失；亮点3：做强公安主业，“飞抢”案件全省最低；亮点4：公安“大走访”，促进警民和谐关系；亮点5：回应群众期待，建立打盗车专业队；亮点6：推行“社巡合一”，“零发案”社区近七成；亮点7：信息“大平台”，推动警务机制变革；亮点8：侦办“世界通”案，部局领导高度评价；亮点9：重治交通顽症，确保道路安全畅通；亮点10：提升队伍素质，先进典型不断涌现。

亲民爱民

服务发展

义务巡逻

镇江市人民检察院

全省检察长座谈会在镇江召开

最高人民检察院党组成员、纪检组长莫文秀(中排左四)、省纪委书记冯敏刚(中排左五)视察镇江市检察工作

2009年，镇江市检察机关积极履行法律监督职能，各项检察工作取得新成绩。全年批准逮捕各类犯罪嫌疑人1905人，提起公诉3567人，立案侦查职务犯罪案件95件99人。全市检察机关被评为市文明行业，市检察院被评为市社会治安综合治理先进单位、跨越发展有功单位，丹阳、扬中市检察院分别被评为全国、全省先进基层检察院，市检察院民行处和经济开发区检察院被评为全省检察机关“严格规范执法，确保司法公正”先进集体，涌现出“全国模范检察官”“江苏省杰出人民检察官”秦彪、全省“十佳侦查监督办案能手”邹成志等一批先进典型。

最高人民检察院反贪总局局长陈连福(左五)、省检察院党组书记、检察长徐安(左四)专题调研镇江市反贪工作

市人大常委会党组书记、常务副主任张甫雄(右二)率委员、代表视察检察工作

市政协主席郭礼荣率主席会议成员视察检察工作

镇江市预防职务犯罪工作领导小组召开第五次会议

“清和之声”合唱团在全省检察机关庆祝国庆60周年合唱比赛中荣获第一名

举办全市检察机关运动会

镇江市中级人民法院

省高院院长公丕祥到镇江专题调研

市人大领导视察巡回审判工作

“三省合一”模式审理首例知识产权案件

召开法院联系企业座谈会

2009年，镇江市中级人民法院认真履行审判职责，各项工作取得新进步，有36个集体和58名个人受到省、市级以上表彰。其中，市中级法院被评为江苏省实施妇女儿童发展规划先进集体、全省法院司法警察阅警业务技能演练先进集体、全市社会治安综合治理先进单位，京口和润州区法院被评为全省法院基层基础建设工作先进单位，丹阳市法院被省高院记集体[illegible]等功[illegible]授予全省法院服务“三保”先进集体，经济开发区法院被评为全省法院信访工作先进集体、全市维稳信访工作有功单位，市中级法院法官张蕾被评为全国巾帼建功标兵、江苏省杰出人民法官，朱宝华被评为全国优秀女法官。

法官上街义务法律咨询

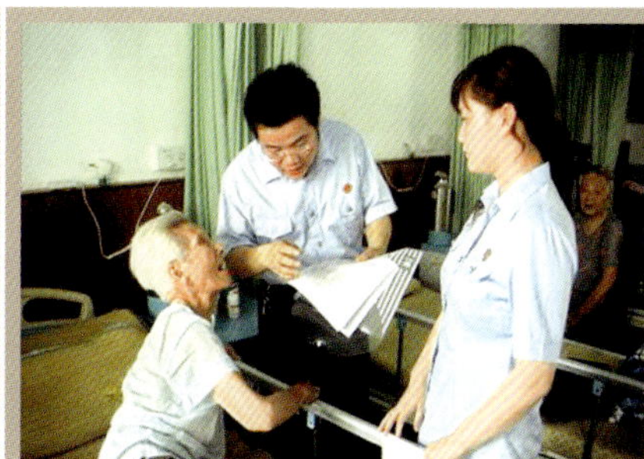

法官到病床前为当事人立案

党员法官帮扶到农家

镇江经济开发区法院

镇江经济开发区法院综合审判大楼

2009年12月4日全国法制宣传日，院长高国华与银行有关领导探讨如何防范金融风险

副院长袁泉带领业务庭负责人到丁岗厚角村拆迁现场开展法律咨询

镇江经济开发区法院深入推进社会矛盾化解、社会管理创新和公正廉洁执法三项重点工作，2009年度共受理各类案件3689件，审判绩效指标多项列省、市法院第一。其中，审判人员人均结案数408.7件，连续3年达全省法院平均数的3.3倍，成为全省最忙的法院。2009年，该院被镇江市委市政府授予维稳信访有功单位称号，被江苏省高级法院记集体二等功，一名法官被授予省级优秀法官称号。

新建的审判综合大楼融入了浓厚的文化元素，集东西方和古代近代法文化于一身，面对公众的法律文化、面对当事人的法庭文化和面对法官的廉政文化，三位一体。同时，利用墙体外立面和屋顶建成了全省国家机关及全国法院系统首家太阳能光伏发电站，体现了科技智能和节能环保理念。

民庭庭长林丽俊在姚桥巡回审判点为当事人做调解

2010年3月8日上午，女法官吴茜积极参与“镇江新区庆妇运百年法律咨询服务活动”

战国时期李悝汇编的中国第一部成文法典《法经》与中国古代文明

市政府组织召开全市消防工作会议

市长刘捍东为消防支队颁发“镇江卫士”奖牌

市政府隆重举行灭火救援应急中心开工典礼

武警镇江市消防支队

2009年，镇江市消防部队围绕市委、市政府跨越发展的总体目标，以国庆60周年消防安全保卫为主线，全面加强部队防火、灭火“两个”能力建设，确保全市火灾形势持续稳定。严格社会面火灾防控，扎实开展人员密集场所、商场、市场、消防控制室集中整治等7个专项行动，共检查单位5212家，督促整改隐患3495处，全市连续6年未发生重特大火灾事故；强化灭火救援能力建设，圆满完成国庆60周年消防安保、“3·11”京沪高铁丹阳吕城段员工宿舍倒塌事故等急、难、险、重任务；不断推进公共消防基础设施建设，占地4.53公顷的市灭火救援应急中心顺利开工建设，高标准建成丹阳导墅、滨江乡镇消防站；加强车辆器材装备建设，投入700余万元购置通信指挥车、32米登高平台消防车、12吨大功率水罐消防车、综合保障车各1辆、五十铃水罐消防车4辆，改造移动充气车、泡沫液供给车各1辆；深化消防宣传教育，宣传贯彻新《消防法》，历时2年，投入650万元建成全省首家消防博物馆；努力建设和谐警民关系，支队先后被市政府授予“镇江卫士”荣誉称号、市级文明单位，丹徒大队被评为“全省公安系统青年文明号”，特勤中队被命名为“江苏省工人先锋号”，防火处处长李黎丽获得全国“三八红旗手”荣誉称号，共有97人次立功受奖。

公安部消防局副局长王沁林视察指导消防工作

省政府对镇江市公众聚集场所消防安全专项整治工作进行督查验收

市长刘捍东率“八一”慰问团亲切慰问全体消防官兵

省消防总队政委陈益新检查镇江节日期间消防安全工作

召开全省化工集中区消防安全工作会议

积极参与组织处置丹阳“3·11”闲置厂房垮塌事故

丹阳市人民检察院检察长：景双彬

最高人民检察院党组成员、纪检组长莫文秀（右二）视察丹阳市检察工作

丹阳市 人民检察院

《人民日报》记者采访丹阳市检察工作

丹阳市人民检察院云阳检察工作站揭牌仪式

丹阳市创建“法治市”工作情况汇报会

丹阳市检察工作座谈会

召开丹阳市预防职务犯罪协会第二次会员大会

扬中市人民检察院

院党组书记、检察长倪艳平

院领导班子研究部署全院工作

2009年，扬中市检察院紧紧围绕全市中心工作，在服务大局中发展，在履行职责中奋进，在锐意改革中前行，用辛劳汗水和智慧取得了新的成绩，为扬中的政治稳定、经济发展、社会和谐作出了积极贡献。

维护稳定取得新成效。该院共受理各类批捕案件169件235人，审查后批准逮捕215人；受理各类起诉案件303件522人，审查后提起公诉510人。其中批捕抢劫、强奸、聚众斗殴、重伤害犯罪嫌疑人52人，批捕多发性侵财犯罪嫌疑人73件100人。在履行批捕职能的同时，开展送法下乡、检校共建活动，加强风险排查研判工作，畅通涉检信访渠道，向农村延伸检察工作触角，建立和完善维护稳定、化解社会矛盾长效机制。

反腐败斗争深入推进。全年共立案查处各类职务犯罪案件10件14人，其中贪污贿赂案件9件12人、渎职侵权案件1件2人，大要案率达100%。通过办案，为国家挽回直接经济损失210余万元。坚持惩防并举，结合办案开展重大工程建设和征地拆迁领域职务犯罪预防，加强预防宣传教育，推进预防工作社会化。

诉讼活动监督力度加大。重点监督纠正有罪不究、以罚代刑、错捕漏捕等问题，共监督侦查机关立案3件9人，纠正不当立案5件5人，追捕20人，追诉10人。立案民行申诉案件9件，建议提抗1件，促成和解3件。

队伍素质明显提升。该院始终注重干警素质的培养，通过加强干警思想政治教育，实行科学的人员管理机制，狠抓业务培训和学历教育等，打造出了一支规模相当、结构合理、素质较高的检察队伍。

2009年重要荣誉：

被省妇联授予省级“巾帼文明岗”称号；
被省纪委授予省级“廉政文化建设示范点”称号；
被镇江市检察院评为全市“先进检察院”；
被镇江市委评为密码工作先进集体；
被扬中市委表彰为对外新闻宣传先进集体。

扬中市委书记凌苏到检察院调研工作

召开学习实践科学发展观活动动员大会

举行检察人员宣誓仪式

举行新坝检察工作联络站揭牌暨联络员聘任仪式

三八妇女节前夕组织女干警开展法制宣传

丹徒区人民法院

院长施吉祥（中）代表丹徒法院领取市级“集体三等功”奖牌

2009年，丹徒区人民法院以科学发展观和“三个至上”（党的事业至上、人民利益至上、宪法法律至上）为指导，坚持中国特色社会主义司法理念，坚持服务大局的政治方向，努力为丹徒经济社会发展提供公正高效的司法服务。全年共受理各类案件5311件，审结4887件，分别比上年增加23.7%和13%。年内，法院通过省级“信息化促进司法规范化示范点”的验收，刑事审判庭被命名为省级“青年文明号”，法警队被命名为省级“司法警察工作示范单位”，民二庭、辛丰庭分别通过市级、省级“规范司法行为示范点”复核。丹徒区人民法院及民二庭获市级“集体三等功”称号，宝堰法庭被评为“市级廉洁司法示范庭”。

丹徒法院成为清华大学法学本科生、西北政法大学法学研究生实习基地

最高院、省高院领导视察丹徒法院宝堰法庭

丹徒法院成立诉讼服务中心

院长施吉祥带队帮助企业解法律难题

丹徒法院刑庭法官校园说法

丹徒法院举办反腐倡廉建设演讲比赛

丹徒法院巡回审判暖民心

丹徒法院召开廉政警示教育报告会

镇江市润州区人民法院

院长吴猛在全区党建现场会上介绍“红色课堂”党建品牌

全国人大代表、全国模范法官陈燕萍（右）参观润州法院启园，和同为全国模范法官的吴猛院长就文化建设提升队伍素质进行交流

2009年以来，润州法院以学习实践科学发展观为主线，创新能动司法工作机制，在服务“三保”大局和全区“跨越赶超、全面建设现代化新城区”中心任务上作出了新贡献；以强化司法管理为抓手，全面提高审判质效，在提升司法公信力上取得了新突破；以开展法院文化建设为载体，大力弘扬“公正勤廉、文明和谐、务实创优”润州法院精神，在推动审判事业科学发展上彰显了新特色。先后被省高院授予全省优秀法院、全省廉洁司法示范庭、全省法院调研工作先进集体、镇江市文明单位，被润州区委、区政府授予特别贡献单位。法院文化建设的重要载体——法律道德教育基地“启园”被评为镇江市“五五”普法优秀成果和2009年镇江市十佳普法新事，被市纪委授予反腐倡廉示范教育基地，被市关工委授予青少年法制教育基地，被市司法局授予法治文化示范点。同时，该院还分别在全国法院文化建设座谈会、全省人民法院联系企业活动现场交流会、全省法院纪检监察工作会议、全省法院系统综合治理及平安建设典型经验交流会、全省法企文化共建会等会议上，做专题经验介绍。文化建设带动法院全面建设的做法及经验受到最高法院领导的充分肯定。2010年5月，润州区党建工作现场推进会在润州法院举行，推广该院的“红色课堂”党建品牌。

法制讲座

企业工作站揭牌仪式

在全市法院率先成立诉讼服务中心

在杨家门社区设立少数民族法官法律服务站

定期开展执行风暴

南徐法庭开辟诉讼绿色通道为27名安徽民工追回拖欠工资

少年庭深入少教所对少年犯进行回访帮教

镇江经济开发区人民检察院

镇江市副市长、新区党工委书记李小平(右二)慰问开发区检察院干警

党组书记、检察长 朱国忠

团结奋进的领导班子

建立全市首个特困刑事被害人救助基地

2009年，开发区检察院在市检察院和新区党工委的正确领导下，坚持以开拓创新、勇争一流、攻坚克难、永攀新高的精神引领检察工作，着力打造检察品牌，为新区经济社会发展提供强有力的司法保障。

一年来，先后荣获江苏省检察机关“严格规范执法，确保司法公正”先进集体，江苏省检察机关通联工作先进集体、镇江市先进检察院、镇江市“十佳规范执法示范单位”、镇江市“廉政文化建设示范点”等称号。

开展举报宣传活动

帮助企业挽回损失获赠锦旗

开展阳光牵手助学活动

天翼
surfing
3G互联网手机
189
天翼 Live
天翼视讯
玩转3G
只爱天翼
中国电信
CHINA TELECOM
世界触手可及
用户至上 用心服务 Customer First Service Foremost
中国电信镇江分公司
客户服务热线 Customer Hotline 10000

中国移动通信集团江苏有限公司
镇江分公司

向市政府递交企业责任报告

移动爱心林揭牌

陪同冯士超副市长一行慰问访南村贫困户

参加3·15晚会受表彰

贴心服务进农村

动感地带音乐动力营活动现场

“新势力”我爱运动校园游乐会

5.17“3G业务”大型展示会在市民广场举办

镇江市政府领导在体验3G业务

推出“沃的下午茶”用户3G业务体验活动

“联通精彩在沃”少儿英语大赛

镇江市人民政府、江苏联通合作协议签约仪式

中国联通网络通信有限公司镇江市分公司

中国联通作为特大型国有通信企业，多年来充分发挥业务、网络、技术、服务等方面的综合信息服务优势，全方位服务镇江经济与社会信息化，有力促进了镇江现代服务业发展和产业结构调整，展示了大型国有企业的良好形象。

2009年是电信行业企业完成重组融合运营的第一年，也是融合后的镇江新联通全业务开局的第一年。这一年里，镇江联通投入2亿多元资金，用于WCDMA网络的建设和优化，目前已建成基站数量近400个，已基本覆盖市区、县城及重点乡镇。2009年9月，江苏联通与镇江市人民政府签订了战略合作框架协议，要将镇江打造成为WCDMA信息服务业最为繁荣的区域之一，积极推进镇江平安城市、应急指挥系统等平台建设，加快农村信息化与城市信息化结合，而镇江联通3G业务正式投入商用，使这一系列合作的顺利推进铺平道路、架通桥梁。镇江联通努力将WCDMA网络技术成熟、传输速率快的优势发挥好、运用好，在深度和广度上拓展信息化应用，不断完善网络建设，不断开发新业务，不断提升服务水平，不断支持镇江经济发展，为人民群众提供更多高效便捷的信息化服务，促使镇江的整体经济步入一个新台阶，为建成国际领先的宽带通信和信息服务提供商而不断努力、不断创新。

镇江联通“沃”3G正式商用启动仪式

镇江联通企业信息化演示活动

China unicom中国联通
iPhone 3G S
150,000个应用程序
150,000个惊喜体验
中国联通沃·3G精彩世界，带给您完美iPhone体验！
经典从未被遗忘 iPhone 3G S 荣耀绽放
镇江联通诚和大厦3G品牌店/丹阳联通新民东路营业厅/句容联通人民路营业厅/扬中翠竹北路营业厅等
iPhone（苹果）手机已同步上市，详情敬请垂询客服热线10010
沃·3G
精彩在沃
客服热线10010 充值专线10011
网上营业厅：www.10010.com 中国联通镇江分公司
手机营业厅：wap.10010.com
短信营业厅：编辑短信"0"或"10011"发送到10011

全面提升建设水平 全面提高教育

——京口区教育现

近年来，京口区委、区政府以科学发展观为指导，审时度势，科学谋划，坚持将教育事业放在优先发展的突出地位，坚持将推进区域教育现代化建设作为政府的重要职责，将其纳入“富民强区”和区域经济社会发展的总体布局，高端定位，强势推进，形成了社会各界关心、支持教育现代化建设的良好氛围，实现了教育现代化建设由教育部门主导向政府主导的转变，由学校层面建设向终身教育体系构建的转变，由办学条件改善向硬件建设与内涵建设同步提升的转变。全区围绕教育现代化建设目标，全面实施“优先发展、均衡发展、协调发展”战略，着力推进教育布局调整，优化教育资源配置，提升教育装备水平，促进教育改革创新，教育现代化实施水平不断提高。省区域教育现代化评估组认为，京口区教育事业发展快、质态好、品位高、亮点多。近年来，先后获得了省规范教育收费示范区、省幼儿教育先进区、省义务教育均衡发展先进区、省全面实施素质教育先进区和全国社区教育实验区的殊荣。

携手共创教育未来

质量

化建设集锦

中央电视台少儿频道《快乐体验》栏目小记者站在京口成立

义务教育学校的民乐特色教育

中山路小学学生参加《同一首歌》走进镇江大型演出

蔡振华指导八叉巷小学乒乓队员（左图）

五条街小学举办民族文化节活动（右图）

香江花城小学泥塑教师葛志仲赴德艺术交流现场展示（左图）

针对特殊儿童的情景教学（右图）

润州区教育局

市委书记许津荣视察全区教育安全工作

2009年，润州区教育事业紧紧围绕区委、区政府部署，以教育现代化建设为抓手，服务中心，抢抓机遇，改革创新，奋力作为，出色完成了全年各项目标任务。全区27所注册幼儿园中省标幼儿园达标率达100%。所有初中学校都是“镇江市无流生学校”，九年义务教育巩固率，初中毕业生毕业率、升学率，外来务工人员子女义务教育入学率，盲聋哑及智障儿童少年义务教育入学率均达100%。职高毕业生双证率达99%,职高就业率达98%以上，超额完成了市政府下达的目标任务。在2009年镇江市小学质量调研中，润州区各校质量相对均衡，中考人均总分、合格率以明显优势在市区名列前茅。各项教育事业获得丰硕成果：政府教育工作省级督导考核获得96分的高分，名列全省第一；教育现代化建设全省领先，荣获“江苏省教育现代化建设先进区”；同时获得“江苏省现代教育技术应用先进单位”“江苏省优秀教育门户网站建设单位”“江苏省幼儿教育先进县市”“江苏省关心下一代工作先进集体”“镇江市关心下一代工作先进集体”“镇江市文明单位”、全区“特别贡献单位”、全区“学习实践活动先进集体”、全区综合治理及平安建设先进集体、全区“拆迁工作先进集体”等多项荣誉称号。

江苏省区域教育现代化建设水平评估专家组视察润州教育

第25个教师节表彰大会

中山西路幼儿园『开心逗』早教中心亲子活动现场

“红歌颂祖国”演唱会

参观农业科普教育基地

句容市实验小学

校长、党总支书记 张双林

全国模范教师、江苏省小学数学特级教师、江苏省人民教育家培养对象曹慧

句容市实验小学是一所历史悠久、底蕴深厚、师资力量雄厚、成果卓著的江苏省名校。

学校现有70个班级，3710名学生，268名教职工。教师群体年轻化、专业化，现有特级教师2人，镇江市学科带头人、骨干教师16人，句容市学科带头人、骨干教师76人，省市级优秀教师50多人。

学校坚持“建有品位的学校，育有底蕴的人才，办高质量的教育”的办学目标，坚持“让每个学生充分发展，让每个家庭放心满意”的办学宗旨，坚持“发展教师，发展学生，发展学校”的指导思想，深入开展教改探索，全面推进素质教育。乒乓特色，声名卓著；文学科技，硕果累累；社团组织，百花齐放。学校立足“为孩子的幸福人生奠基”的办学理念，正向着“特色化，精品化、数字化、人文化”的发展目标不断迈进。

乒乓球比赛

2010年元旦文艺晚会“我的学校我的家”

经典诗文诵读汇报演出

学生参加省农运会开幕式表演

镇江市第一人民医院
ZHENJIANG FIRST PEOPLE'S HOSPITAL
江苏大学附属人民医院

镇江市

ZHENJIAN

江苏

市一人医向达孜县人民医院捐赠医疗仪器

2009年医院“十件大事”

1. 江苏康复医疗集团成功组建

以市第一人民医院为核心，由市一院、市二院、市四院、市一院新区分院及辖市（区）相关医疗机构组成的江苏康复医疗集团成立。

2. 明确提出打造“高品质的三甲医院”的奋斗目标

开展医院管理年活动、全面改善医疗服务专项行动、“以病人为中心”医疗安全百日专项行动等，确保质量和服务明显改善，满意度明显提高。2009年入出院诊断符合率99.71%，手术前后诊断符合率99.57%。

3. 加强党的建设，深入开展学习实践科学发展观活动

召开六届二次职工代表大会，院第一次妇女代表大会和第七次团员代表大会、推行党员学分制考核、积分制管理工作，开发“党员考核信息管理系统”。

4. 突发公共卫生事件应急处置能力加强

认真做好手足口病、甲型H1N1流感防控工作和各类突发事件的抢救工作。院感病例监测各项指标全部符合卫生部标准。

5. 业务工作量、经济效益再创历史新高

在全省医院成本核算软件评审中医院全成本核算软件评估报告获得全省最高分，并在全省得到推广，多次在全国相关会议上作经验介绍。2009年完成门诊总收入5.33亿元。

6. 医院大爱形象得到充分展示，社会行业形象明显提升

通过开展“康复大爱行动走进西藏”活动，设立救助白血病青少年儿童百万专项资金，参加市政府“脱贫攻坚，两消除”“献爱心、送温暖”等活动。医院先后获2000～2009年江苏省医院健康教育先进集体、江苏省医学计量工作先进集体等荣誉。急诊护理组被评为全国三八红旗集体，血液科、13病区护理组获省巾帼文明岗、援藏医疗专家组当选为市第二届“大爱之星”群体等多项荣誉。

7. 进一步完善制度建设，行风建设取得实效

深入开展党纪政纪、法律法规、案例警示教育和廉政温馨谈话。完善医德医风考核评价体系，建立医德医风档案。加强廉政文化建设。2009年医院共退红包102人次，计10.24万元。

8. 基本建设稳步推进，就诊环境进一步改善

内科医技楼工程完成地上4层，义士路环境整治工程拆迁工作基本结束。完成体检中心改造、门急诊大楼顶层亮化等工程，就诊改善明显环境。

9. 医院文化建设有声有色

举办全国医院文化经验交流现场会，举办庆祝中华人民共和国成立60周年——长三角地区癌症康复组织联席会，举办第三届文化艺术节。取得“赵超构”新闻奖全国一等奖、全国医药卫生系统文学艺术作品美术类一等奖等多项荣誉。

10. 专科建设进一步加强

先后派出20名医护人员赴德国、加拿大、台湾研修学习。多科室签订“指导科室”“指导专家”协议。血液科被评为江苏省临床重点专科。2009年全院申报各级各类课题96项，申报各类成果奖20项，获教育部科技进步二等奖1项、省厅医学新技术引进奖4项。

医务人员为白血病儿童捐款

第一人民医院

RST PEOPLE'S HOSPITAL

附属人民医院

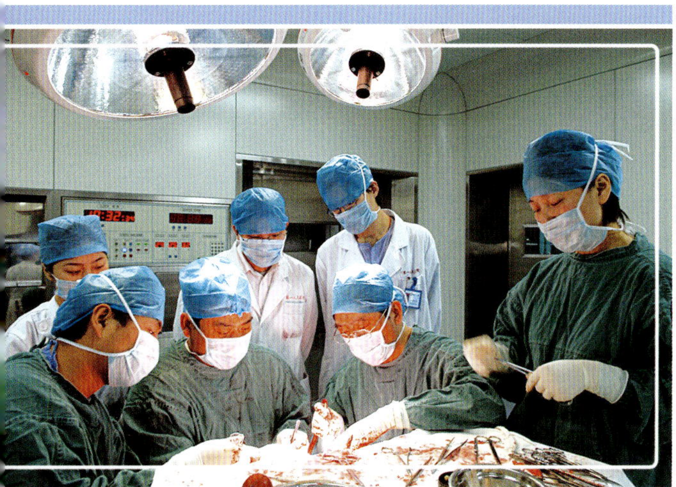

省级重点专科临床神经外科

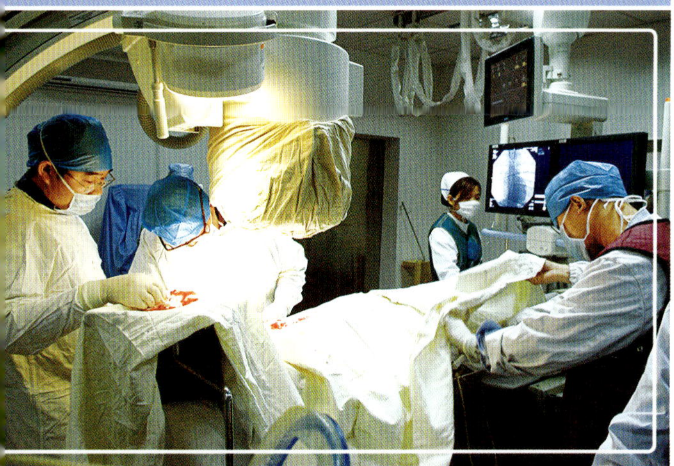

省级重点专科临床心血管内科

省级重点专科临床血液科

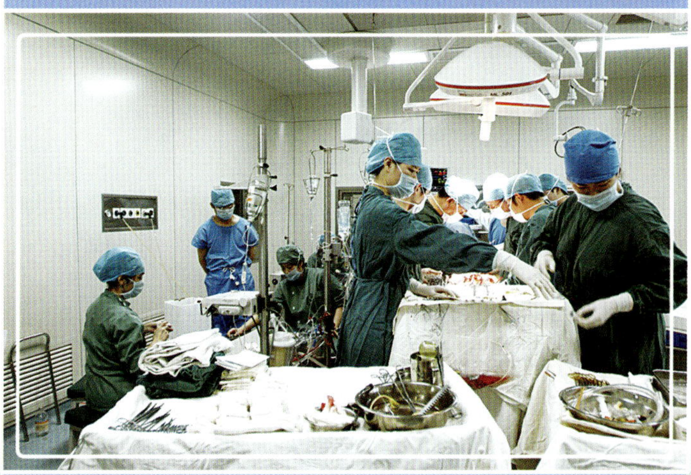

省级重点专科临床胸心外科

扬中市人民医院

院长 朱阳春

2009年，扬中市人民医院以科学发展观为指导，坚持“以人为本”，以提高医疗服务为抓手，以全面提高医疗质量为目标，内强素质，外塑形象，促进医院稳健发展。

医院全面深入开展改善医疗服务专项行动，强化“三基三严”训练，开展操作演练和技术比武，规范重点部门和关键岗位的消毒、灭菌、隔离与医疗废物管理等工作，顺利通过镇江市二级甲等医院复合评审，护理工作在江苏省抽项专项检查中获全省17家二级医院中综合排名第三的好成绩。成功承办卫生部2009年食管癌早诊早治培训班；食管癌早诊早治项目当年完成胃镜普查1610例，累计完成5000余例；与上海长征医院共同承担一项“十一五”国家科技支撑计划科研课题《胃癌高危人群的干预与评价》，进入实施阶段。

医院当年投入1300万元，添置了64排飞利浦高档螺旋CT、奥林巴斯电子胃镜等一批先进医疗设备；投入2000万元完成了门诊楼修缮改造和医院园林化建设，将医院基本建设提高到一个新的水平。成功举办建院60周年综合庆典，活动通过摄影、征文、儿童画比赛，编印画册、拍摄电视专题片、设立展版等形式，全方位展示了建院60年来医院的巨大变化。举办首届职工“文化周”活动，设医护礼仪、桥牌培训，摄影、书法、拔河比赛，PPT模板设计大赛，圌山郊游等活动，860人次参加了丰富多彩的活动。为群众普及健康知识，利用孕妇健康学校、流动健康学校、糖尿病健康学校，实施有针对性的健康教育；全年组织送医下乡大型义诊活动6次，服务群众1000余人；举办健康教育讲座60余次，受教育群众7000余人。

健康知识巡讲走进村头

承办“卫生部早诊早治培训班”

首届文化周——拔河比赛

中国平安 PING AN
保险·银行·投资

中国平安财产保险股份有限公司
镇江中心支公司

总经理张雪冰作2009年工作报告

分公司杨元总等领导到公司调研

2009年年终工作会议现场

获得2009～2010年度江苏省诚信单位称号

联合人行举办反洗钱知识培训

建党88周年党员活动

全国统一客服热线：95512

中国建设银行股份有限公司镇江分行

建设银行总行董事长郭树清视察建行镇江分行中小企业中心

2009年，中国建设银行股份有限公司镇江分行贯彻落实国家“保增长、扩内需、调结构”要求，不断加强金融业务创新，加快战略转型，提升服务质量，各项业务实现跨越式发展。全年实现拨备前利润7.35亿元，比上年增加2.12亿元，增长40.44%。一般性存款余额279.18亿元，新增88.60亿元。各项贷款余额212.31亿元，新增61.67亿元。全年中间业务收入3.49亿元，比上年增加1.13亿元。国际结算量18.46亿美元，结售汇9.82亿美元。中小企业持续发展。总行郭树清董事长莅临调研，中央及省市主流媒体先后集中报道，建行小企业“镇江模式”得到社会各界广泛认可。开展柜面服务百日竞赛活动，建立柜面服务长效机制，被镇江市委、市政府评为文明行业，市分行团委获江苏省五四红旗团委荣誉称号，员工鄂霖被评为镇江金融系统唯一的三八红旗手。

支持重点大项目建设

支持城市基础设施建设

与中广有线信息网络镇江分公司达成合作独家发行数字龙卡

联合阿里巴巴举办网络银行推介会活动

《信心江苏》大型媒体现场直播新闻行动

开展柜面服务百日竞赛活动

被江苏省消费者协会评为“诚信单位”

提供公积金金融服务

华夏银行股份有限公司

镇江分行

华夏银行镇江分行成立于2009年5月，隶属华夏银行南京分行，是近二十年来首家入驻镇江的全国性股份制商业银行。华夏银行镇江分行主动融入镇江经济和社会发展主流，秉承服务地方经济、促进地方发展的理念，借助长三角中心城市独特的区位优势，坚持“严、细、慎、实”的办行方针，加大公司、个人和同业业务三大市场的开发，积极建立基本客户群体，为广大客户提供丰富的金融产品和个性化的金融服务。

华夏银行镇江分行在积极拓展各项业务的同时，着力建设“规范、诚信、和谐”的企业文化，不断提升银行的社会形象。2009年，分行被权威媒体和社会公众评为“辉煌六十年 盛世新镇江---影响镇江的十大品牌”，被市公安局评为“内保工作先进集体”。

地址：镇江市解放路288号

电话：0511-88910990 传真：0511-88910928

网址：www.hxb.com.cn 服务热线：95577

行领导班子（左一：首席信用风险官 朱海永 左二：行长 王琪生 右二：副行长 何嵩华 右一：副行长 常震）

华夏银行副行长李翔和镇江市市长刘捍东为华夏银行镇江分行揭牌

华夏银行镇江分行开业庆典剪彩仪式

华夏银行镇江分行开业庆典

PICC 中国人保

人民保险 造福于民

公司介绍

总经理：戎 军

中国人民财产保险股份有限公司（简称“中国人保财险”）是中国人民保险集团公司（PICC）旗下标志性主业，有着50多年辉煌历史，几经变迁，已成为全国最大的国有财产保险公司，在国内外同业市场享有卓著声誉。公司实力雄厚、人才济济、网点众多、服务一流，PICC的品牌标志早已深入人心。2003年11月6日，作为中国保险第一股，人保财险在香港联交所成功挂牌上市，成为中国内地大型国有金融企业海外上市“第一股”。凭借综合实力，公司相继成为北京2008年奥运会、2010年上海世博会、广州亚运会保险合作伙伴。2008年6月26日，国际权威评级机构穆迪公司授予公司中国内地企业最高信用评级A1级。在2008年亚洲保险业竞争力排名中，公司被评为“亚洲最具竞争力非寿险公司”。

中国人保财险镇江市分公司经营除人寿保险以外的一切保险业务，承担着全市企业财产、家庭财产、运输工具等近2000亿元的巨额风险，尽心尽力为全市国民经济发展和人民生活安定保驾护航。公司现有一批长期从事保险业务经营的各类人才，为保户提供险种设计、防灾防损等各种保险专业化的服务。

投保专线：

95518

PICC 中国人民财产保险股份有限公司
PICC PROPERTY AND CASUALTY COMPANY LIMITED
镇江市分公司
ZHENJIANG BRANCH

2010

丹阳市新桥镇

1

新桥镇位于丹阳市东北部，是全国汽配之乡，江苏省第一批对外开放乡镇，镇江市唯一的省级社会发展综合实验区，有全国最大的汽配产业集聚区——兴新汽配产业集聚区。全镇总面积26平方公里，耕地面积1218公顷。辖8个行政村，1个社区居委会。年末总户数7599户，总人口3.2万人。2009年全年实现GDP32.7亿元，工业销售72.12亿元，财政总收入2.53亿元，全社会固定资产投入19.5亿元，同比分别增长38.6%、20.19%、33.4%、53.5%，实现农民人均纯收入17320元，被评为全国乡镇综合实力500强。先后获得全国文明镇、全国重点镇、全国千强镇、江苏省首批环境与经济协调发展示范镇、江苏省卫生镇、江苏省综合发展百强名镇等40多项国家及省级荣誉。

2

3

4

5

6

1 全国政协副主席张梅颖视察新桥

2 中央农办主任陈锡文视察新桥

3 省委常委、省政法委书记林祥国视察新桥

4 省委常委、副省长黄莉新视察新桥

5 省政府副省长徐鸣视察新桥

6 镇江市委常委、丹阳市委书记李茂川视察新桥

7 中小企业园

8 村景

9 新桥镇新农村建设一角

10 农民居住区一景

11 农民居住区公园

8

9

10

11

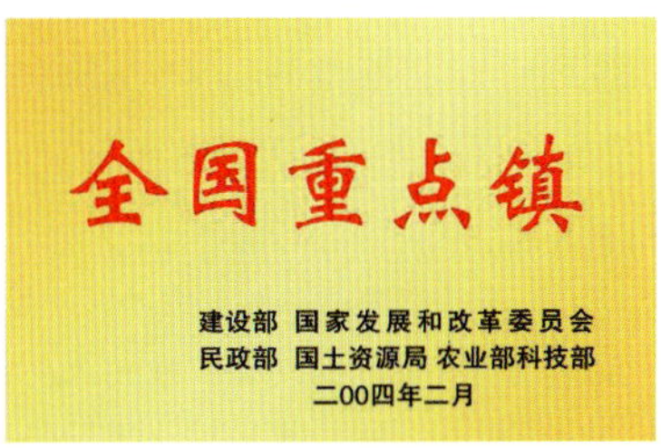

7

全国重点镇 全国民间文化艺术之乡 镇江市新市镇 丹

江苏堂皇集团有限公司

江苏中彩印务有限公司

江苏绿叶锅炉有限公司

皇塘镇位于丹阳市东南部，是丹阳“南大门”，东临常州25公里，西毗金坛12公里，距丹阳市区31公里、沪宁高速15公里、沿江高速5公里、南京禄口机场80公里、常州机场15公里、大港港口30公里，312国道、340省道横贯全境。

皇塘镇是“全国重点镇”、“中国民间文化艺术之乡”、“国家级星火技术密集区”、“江苏家纺名镇”，荣获“江苏省文明乡镇”等30多项省市级荣誉。全镇总面积80.54平方公里，集镇面积6.79平方公里，耕地面积4216公顷。辖18个行政村，2个社区居委会，年末总户数18950户，户籍人口51244人，外来人口1.8万余人。皇塘历史悠久，人杰地灵，早在周代就有先民定居，史记皇塘乃汉高祖刘邦之兄——荆王刘贾之封地，传说明太祖朱元璋曾欲建都于此。境

江苏皇马农化有限公司

江苏鑫海铜业有限公司

市皇塘镇

白龙寺风景区

内的白龙寺，兴建于南朝梁武帝时期，至今已有1470多年历史，更因乾隆皇帝御赐金匾、白龙娘娘的优美传说和得天独厚的自然景观而闻名遐迩。工业行业已形成家纺、机械电子、彩印包装、装饰板材、汽摩配件等多个行业，是“江苏省发展乡镇企业先进乡镇”、“镇江市经济发展十强镇”。2009年，完成地区生产总值29.62亿元，实现利税总额3.33亿元，实现财政总收入1.66亿元，农民人均纯收入达11079元。完成工业销售收入61.20亿元，工业增加值17.47亿元，完成全社会固定资产投入11.39亿元。全镇已形成食用菌、雪山草鸡、土元、花卉苗木、特种水产、无公害大棚蔬菜等六大特色农业示范基地，是全国最大的草菇生产基地，全省最大的金针菇和蛹虫草生产基地。

农民拆迁安置区

阳光花苑

休闲健身广场

文体中心

经济强镇·文化大镇

丹阳市 埤城镇

2009年2月，省委常委、副省长黄莉新(中)参观全国文明村——常兴村村庄绿化工作

丹阳市埤城镇位于丹阳市东北郊，全镇面积75平方公里。耕地面积3259公顷。辖12个行政村，1个居委会。年末总户数10806户，总人口37246人。“富裕、生态、文明、和谐”埤城建设取得新突破，获得“镇江市经济发展十强乡镇”、“镇江市高效规模农业十强乡镇”、“镇江市体育工作先进单位”、“镇江市特色文化之乡”、“江苏省体育强镇”等荣誉。埤城“东乡羊肉”被确定为镇江市非物质文化遗产保护单位。沃得精机（中国）有限公司获国家级高新技术企业认定，江苏沃得机电集团有限公司获镇江市知识产权试点单位，华宇灯具有限公司被中国进出口轻工业商会授予“中国桅灯出口基地企业”称号。

占地约1.5平方公里常麓工业园区

在新加坡上市的企业——江苏沃得集团

为落实园区建设的土地供求矛盾，埤城镇通过空心村拆迁、关闭采石宕口、关闭砖瓦窑厂等三项措施，置换土地13.33公顷

文体活动开展的有声有色

健身跑道

人武工作连续四年获镇江市征兵工作先进单位

丹阳市马相伯学校成立暨马相伯塑像揭幕仪式

烈士陵园

丹阳市新农村建设示范点——门楼村

丹阳市埤城镇文体中心大楼

中国桅灯出口基地企业江苏华宇灯具有限公司

江苏晶谷米机有限公司

丹阳市后巷镇

省委书记梁保华（中）到后巷镇视察

后巷镇位于丹阳市东北部，总面积63.9平方公里，户籍人口3.6万人。集镇面积达7平方公里。东距上海150多公里，西距南京80多公里，南接沪宁高速公路和京沪铁路，禄口机场、常州机场、大港港口近在咫尺，丹界公路、通港公路横贯全镇，镇常公路、常泰高速公路穿境而过。独特的地理交通优势，使后巷人在改革开放之初就抢占了发展先机。多年来，后巷镇始终坚持科学发展观，发挥优势，统筹规划，开拓创新，奋发作为，着力打造绿色后巷、生态后巷，实现了经济社会和谐发展。五金工具、基础材料、电子通讯、汽车配件四大特色产业凸现，成为世界上最大的高速工具钢和麻花钻生产基地，全球最大的汽车安全气囊生产基地，华东地区最大的电子接插件生产基地，经济总量连续多年保持镇江市乡镇首位。

召开“四个文明”和党的建设表彰大会

飞达集团

天工集团

滨江新城

丹阳市吕城镇

省委常委、副省长黄莉新（左三）视察吕城镇工作

中国纺织协会副会长孙瑞哲（左一）到吕城镇视察工作

丹阳市吕城镇地处丹阳市东部，是江南水乡名镇之一。全镇占地68平方公里，总人口5.2万人，下辖19个行政村，1个街道办事处，1个居委会。2009年，全镇完成GDP26.9亿元、工业销售52.9亿元，财政总收入2.3亿元，全社会固定资产投资15.16亿元，农民人均收入10980元，各项指标均保持较高增长。吕城镇拥有相当的技术基础，形成了以纺织服装、机械、化工、合金材料、粮油加工等产品为主导的工业结构体系。现有规模企业97家，新增7家。农业产业化高效规模化水平有了新的提高，第三产业依托经济的快速发展，已成为周边乡镇的三产贸易集散地。综合实力全面提升，社会事业协调发展。先后被评为全国千强镇、江苏省重点中心镇、江苏省文明镇、江苏特色文化之乡、江苏省体育强镇、镇江市环境优美乡镇。

江苏巍华合金材料有限公司

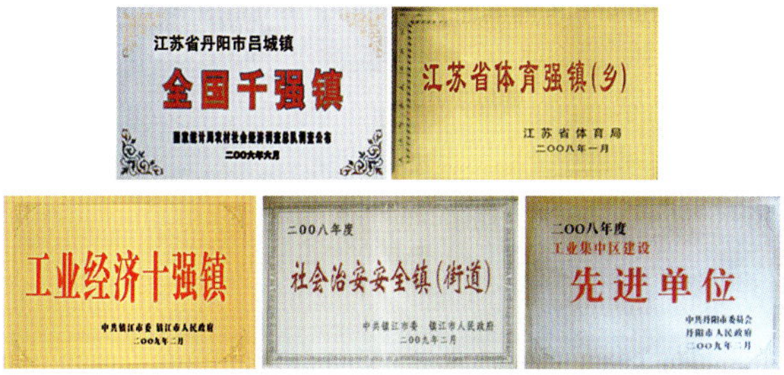

江苏丹毛高档时装生产项目开工典礼

丹阳恒兴建材机械有限公司

丹阳市正大油脂有限公司

丹阳市云阳镇

省委书记梁保华(右一)到云阳镇视察工作

省长罗志军(右四)视察鱼跃公司

丹阳市云阳镇是丹阳的主城区所在地，也是丹阳的经济、文化、信息中心，京沪高铁、沪宁高铁、沪蓉高速等交通干线均穿境而过，交通便捷，区位优势明显。全镇总面积103平方公里，辖27个行政村、18个社区居委会，年末总户数73448户，总人口196972人。2009年，全镇上下紧紧围绕市委、市政府对云阳镇的新定位、新要求，埋头苦干，克难奋进，经济社会发展保持了平稳快速态势。综合实力进一步增强，全年实现GDP48．9亿元、财政收入4．83亿元、工业销售收入84．8亿元；发展后劲进一步提升，分别完成合同利用外资1．83亿美元、实到外资4898万美元，同比分别增长327%和102%；城乡一体化水平进一步提高，高质量、高标准建成农民集中居住区20万平方米，如期创成全国环境优美乡镇，城乡面貌持续改善；各项社会事业进一步发展，按时完成脱贫攻坚“两消除”任务，社区硬件设施基本达标，社会保障体系日趋完善；软环境建设进一步完善，建立健全了各项管理制度，既实现了规范管理，又提升了管理和服务发展的能力。

丹阳市委常委、云阳镇党委书记任剑平接待群众咨询

副省长张卫国(右三)到镇检查指导学习实践科学发展观活动

丹阳市委、市政府在镇召开云阳高新板块发展座谈会

高新区科技创业园奠基

江苏恒宝股份有限公司

江苏鱼跃医疗设备股份有限公司数字式X光机生产线

润州区教育局

市委书记许津荣视察全区教育安全工作

2009年，润州区教育事业紧紧围绕区委、区政府部署，以教育现代化建设为抓手，服务中心，抢抓机遇，改革创新，奋力作为，出色完成了全年各项目标任务。全区27所注册幼儿园中省标幼儿园达标率达100%。所有初中学校都是"镇江市无流生学校"，九年义务教育巩固率，初中毕业生毕业率、升学率，外来务工人员子女义务教育入学率，盲聋哑及智障儿童少年义务教育入学率均达100%。职高毕业生双证率达99%,职高就业率达98%以上，超额完成了市政府下达的目标任务。在2009年镇江市小学质量调研中，润州区各校质量相对均衡，中考人均总分、合格率以明显优势在市区名列前茅。各项教育事业获得丰硕成果：政府教育工作省级督导考核获得96分的高分，名列全省第一；教育现代化建设全省领先，荣获"江苏省教育现代化建设先进区"；同时获得"江苏省现代教育技术应用先进单位""江苏省优秀教育门户网站建设单位""江苏省幼儿教育先进县市""江苏省关心下一代工作先进集体""镇江市关心下一代工作先进集体""镇江市文明单位"、全区"特别贡献单位"、全区"学习实践活动先进集体"、全区综合治理及平安建设先进集体、全区"拆迁工作先进集体"等多项荣誉称号。

第25个教师节表彰大会

江苏省区域教育现代化建设水平评估专家组视察润州教育

中山西路幼儿园『开心逗』早教中心亲子活动现场

"红歌颂祖国"演唱会

参观农业科普教育基地

中央电视台少儿频道《快乐体验》栏目小记者站在京口成立

质量

化建设集锦

义务教育学校的民乐特色教育

中山路小学学生参加《同一首歌》走进镇江大型演出

蔡振华指导八叉巷小学乒乓队员(左图)

五条街小学举办民族文化节活动(右图)

香江花城小学泥塑教师葛志仲赴德艺术交流现场展示(左图)

针对特殊儿童的情景教学(右图)

金 融

责任编校：翁红霞

综 述

【概况】 2009年，全市金融系统围绕“保增长、扩内需”的大局，执行适度宽松的货币信贷政策，融资规模大幅扩张，信贷投入仍为主渠道；各项存款高速增长，增幅居全省首位；各项贷款快速增长，信贷结构优化调整；贷款质量稳步提升，经营效益稳定增长，金融支持全市经济的跨越发展力度进一步加大。

年末，全市金融机构本外币各项存款余额1814.16亿元，比年初增加528.4亿元，同比多增283.78亿元，增长41.1%，增幅列全省第一位，高于全省平均水平9.68个百分点。其中，企事业存款超常规增长，余额591.72亿元，比年初增加216.8亿元，增量是上年同期的7.5倍；储蓄存款稳定增长，余额855.39亿元，比年初增加162亿元，同比多增4.55亿元；其他存款规模进一步扩张，余额364.66亿元，比年初增加150.52亿元，同比多增95.37亿元。存款增速逐季放缓，其中，一季度各项存款高速增长，新增存款414.25亿元；二季度各项存款增速平稳，新增存款163.64亿元；下半年各项存款开始回落，下降49.5亿元。各项存款活期化特点明显，新增活期存款180.25亿元，同比多增156.55亿元；活期存款增量占比47.58%，比上年增加34.55个百分点。

年末，全市银行融资总量1794.3亿元，比年初增加569.65亿元，同比多增348.03亿元，增长46.51%，增幅同比提高24.42个百分点。融资结构呈现以下特点：一是各项贷款仍为融资主渠道，年末余额1348.25亿元。二是银行承兑汇票、信用证、保函三项或有资产业务高速增长，三项或有资产业务余额402.81亿元，比年初增加183.21亿元，同比多增116.89亿元，增长83.43%。三是部分商业银行在下半年信贷规模紧张的形势下，通过卖出贷款、信托理财等方式，为企业新增融资8.22亿元。

年末，全市金融机构本外币各项贷款余额1348.25亿元，比年初增加382.59亿元，同比多增237.5亿元，增长39.62%，增幅列全省第七位，高于全省平均水平3.55个百分点。其中外汇贷款持续增加，年末余额9.02亿美元，比年初增加2.48亿美元，同比多增3.3亿美元。

从贷款结构看，中、长期贷款快速增长，全年新增中、长期贷款186.78亿元，同比多增124.51亿元；短期贷款增势趋缓，全年新增短期贷款155.49亿元，同比多增97.62亿元，但四季度以来增速放缓，新增9.6亿元；票据融资高开低走，在一季度暴发性增长后，持续回落。全年新增票据融资30.29亿元，同比多增10.79亿元，二季度以来大幅回落，下降66.11亿元。

从贷款投放机构和区域分布看，新增贷款机构间分布趋于均衡，四大国有银行和农发行信贷投放较多，占全部新增贷款的65.98%。县域新增贷款占比下降，市区新增贷款218.59亿元，占全部新增贷款的57.13%；三辖市新增贷款164亿元，占新增贷款的42.87%，占比下降5.73个百分点。

从信贷投向看，新增贷款主要投向制造业、水利环境和公共设施管理业、批发零售业、租赁与商务服务业、交通运输仓储和邮政业，分别新增贷款108.08亿元、54.6亿元、48.88亿元、30.02亿元和18.6亿元，占全部新增贷款的67.98%。中小企业贷款较快增长，年末，中小企业贷款余额745.28亿元，比年初增加214.6亿元，增长40.4%，高于贷款平均增幅0.78个百分点。涉农贷款增势回升，全年新增148亿元，增长40%，高于贷款平均增幅0.38个百分点。个人贷款大幅增长，年末余额232.78亿元，比年初增加92.55亿元，同比多增75.33亿元，其中个人房贷增势迅猛，全年新增67.95亿元，同比多增55.1亿元。地方融资平台贷款增量较大，年末，在本地银行贷款余额204.62亿元，增加119.81亿元，增长141.27%。

全市金融机构贷款质量稳步提升，经营效益压力加大。不良贷款余额和不良贷款率呈“双降”态势。年末，按五级分类口径，全市各银行业金融机构不良贷款余额29.79亿元，比年初下降1.79亿元；不良贷款率2.21%，下降1.06个百分点。

全市金融机构拨备前账面利润38.47亿元，比上年增长12.5%。受2008年非对称加息和银行议价能力下降的影响，金融机构利差收入有所减少。2009年，利差收入42.93亿元，同比减少0.68亿元。中间业务收入12亿元，增长72.41%。

2009年，全市保险公司承保各类风险5440亿元，其中财产险公司承保3960亿元，参保人数1190万人次，人寿保险公司承保1145万人次。处理各类理赔案件21.83万件，赔付10.52亿元，其中财产保险公司理赔14.81万件，赔付5.64亿元；人寿保险公司理赔7.02万件，给付4.88亿元。

2009年，全市股票交易较为活跃，基金市场持续低迷。全市各证券营业网点股票交易额1445.04亿元，比上年增加617.81亿元；股民保证金余额17.01亿元，比年初增加8.51亿元。基金呈现净赎回态势，市场仍然较为低迷。全市各银行累计代理基金认购、申购32.69亿元，同比下降23.3亿元；累计代理基金赎回35.91亿元，下降17.6亿元；基金净赎回3.22亿元。

2009年，全市现金收付量增加，现金流通呈净投放态势。全市现金收付量6508.72亿元，比上年增加395.79亿元，增长6.5%。其中，现金支出3309.46亿元，增加204.92亿元，增长6.86%；现金收入3199.26亿元，增加190.87亿元，增长6.44%；现金净投放110.20亿元，增加14.05亿元，增长20.51%。

2009年，全球性经济危机影响加深，全市经常项下外汇收支同比下降，资本项下收入同比小增，资本项下支出同比增幅明显。全市涉外收入53.04亿美元，比上年降低8.79%，货物和服务项下39.9亿美元，降低13.16%，其中，货物贸易项下34.77亿美元，降低19.18%；服务贸易项下5.13亿美元，增长75.46%（注：新版国际收支统计系统个别统计科目调整，转口贸易从货物贸易项下调整至服务贸易项下）；资本项下11.58亿美元，增长4.78%；对私收入1.08亿美元，降低7.7%。全市涉外支出27.01亿美元，降低16.36%，货物和服务贸易项下支出24.03亿美元，降低20.66%，其中，货物贸易项下19.44亿美元，降低31.29%；服务贸易项下4.59亿美元，增长130.28%；资本项下2.01亿美元，增长83.82%；对私付汇0.75亿美元，增长33.93%。国际收支顺差26.03亿美元，与上年基本持平。

2009年，全市各外汇指定银行累计结汇44.91亿美元，比上年下降5.12%，其中，货物贸易项下结汇31.26亿美元，下降12.56%；服务贸易项下0.92亿美元，增长28.48%；资本项下11.15亿美元，同比上升24.62%。全市各外汇指定银行售汇16.55亿美元，下降32.66%，其中，货物贸易项下9.51亿美元，下降47.97%；服务贸易项下1.47亿美元，同比微降0.21%；资本项下4.86亿美元，增长14.11%。结售汇顺差28.36亿美元，增长24.64%。（*施光群*）

【货币信贷管理】 2009年，人民银行镇江市中心支行贯彻适度宽松的货币政策，加强对金融机构的货币政策传导。完善对接平台，促进政银企合作制度化、长期化。配合市委、市政府组织“政银合作”联谊会和“千企百亿”银企对接活动，其中，镇江市政府与工商银行等5家省级金融机构分别签订总额达500亿元的战略合作协议；市8家金融机构与201户企业签订总额达119.3亿元的授信合作协议，比上年增长73%。创立“金融服务日”品牌，每月选择一天，确定一个主题开展专场银企对接活动，推动金融机构、担保公司为企业尤其是中小企业提供融资服务。全年与市金融办、经贸委协作，分别以民营企业、应收账款质押、中小企业、“三农”、开放型经济等7个主题开展专题活动，缓解企业发展中资金“瓶颈”制约。会同发改委建立“项目与银行”对接机制，保证重点项目的信贷资金需求。

运用再贴现工具，调整信贷产品结构。全年累计办理再贴现2.75亿元，其中商业承兑汇票再贴现1.85亿元。宣传推广镇江建行“淡马锡”中小企业融资模式，分别与科技、工商部门联合推动应收账款质押融资、股权质押贷款、专利权质押贷款3个信贷产品，创新中小企业信贷产品。开展科技型企业、微小企业贷款风险补偿资金申报工作，全年市各金融机构共获补偿资金1052万元，比上年增长192.22%。配合市政府出台《关于改进和加强中小企业融资服务工作的指导意见》，支持中小实体经济发展。年末，全市中小企业人民币贷款余额754.28亿元，增长40.40%。推动创业担保贷款发展，修订完善《镇江市创业担保贷款管理办法》和《镇江市市区劳动密集型小企业吸收下岗失业人员贴息贷款管理办法》，扩大创业贷款担保基金规模，加大对劳动密集型企业贷款的扶持力度，推进民生金融发展。推动担保行业加快发展，稳步推进省百亿元中小企业担保贷款项目。（*施光群*）

【银行业监督管理】 2009年，镇江银监分局坚持窗口指导，引导各银行业金融机构全面落实“区别对待、有保有压”的信贷政策，通过召开监管例会、下发监管意见书、签订责任状、约见监管谈话及召开县域座谈会等形式强化监管政策传导，出台《关于银行业金融机构贯彻落实扩大内需政策促进经济平稳发展的工作意见》等文件，督促辖内各银行机构正确处理好“保增长”与“防风险”的关系。

组织开展“合规文化建设提升年”活动，以构建银行业案件防控长效机制为重点，通过开展案件风险排查、组织银行业金融机构进行案件风险排查“回头看”和专项督查、组织开展合规文化培训和征文、编印《镇江银行业金融机构防控操作风险实务手册》等方式，提高辖内银行业依法合规经营意识和成效。加强信息风险科技管理，协同推进“平安金融”创建活动，配合市政府开展处置非法集资工作。2009年，全市银行业实现“零案件”的良好局面。

加强现场检查。组织开展大型银行房地产开发贷款持续跟踪现场检查、大型银行新增贷款检查计17个检查项目，派出17个检查组，投入现场检查工作日3943个，检查机构数75个，提出整改意见90条，责成有关银行业金融机构处理责任人35人次。

加强非现场监管。开展监管评级，编制机构概览，修订非现场监管报表统计制度和办法，开展信息系统升级培训，组织实施监管员走访制度。组织召开信贷、信用卡业务等专题风险提示情况通报会，全年下发监管风险提示7份。编制非现场监管统计月报和季报，建立数据质量督查和纠错制度，对3次重大数据差错的机构进行通报。

深化银行业改革，督促农发行镇江市分行改进贷款流程，加强信贷管理。开展大型银行贯彻落实五年发展规划试评价活动，督促大型银行分支机构加快资源整合步伐。关注农行镇江市分行股份制改革进程，推进“三农”金融事业部制改革，开展惠农卡及农户小额贷款试点工作。推进全市邮政储蓄银行代理网点转型，完成52个代理网点更名、换牌和换证工作。督促各农村中小法人金融机构规范部门设置。推进丹徒联社组建农村商业银行。配合做好设立丹阳保得村镇银行、组建句容茅山村镇银行的各项准备工作。配合市政府金融办跟进了解全市6家农村小额贷款公司开业后的业务经营情况。

加强监管调研，先后开展银行业面临的主要风险、房地产贷款中亟须关注的问题、高速增长的中长期贷款潜在的问题、信贷企业经营情况及小企业金融服务专营机构建设情况等专题调研，上报各类调研信息107篇，被银监会及江苏银监局录用33篇。

做好引进新型银行基础工作，加强与股份制银行和外资银行沟通联系。2009年，华夏银行镇江分行、上海浦东发展银行镇江支行、民生银行镇江支行三家股份制商业银行入驻镇江，首家外资银行——大新银行（香港）镇江分行开业，筹建招商银行镇江分行。

组织全市银行业金融机构开展“客户大走访 银行再行动”活动。2月20日至4月30日，全市11家银行业金融机构走访客户3706家，占全市银行业金融机构法人客户总数96.79%。确定贷款增加类和保持类企业3417家，占法人客户总数89.24%，贷款余额713.41亿元，占法人客户贷款总额73.40%，比年初增加131.67亿元，增长22.63%。

中小企业金融服务工作成效显著。贯彻镇江市政府《关于改进和加强中小企业融资服务工作的指导意见的通知》，参加金融服务中小企业研讨会。重新修订《中小企业金融服务工作考核评价办法》。全市6家银行(工行镇江分行、农行镇江分行、中行镇江分行、建行镇江分行、交行镇江分行、江苏银行镇江分行)挂牌成立中小企业金融服务专营机构,扬中农村合作银行在江洲支行成立小企业金融服务示范行。各银行业金融机构累计与38家担保机构签订合作协议。2009年,全市银行业中小企业贷款余额比上年增加214.6亿元,贷款增幅高于全部贷款平均增幅0.78个百分点。

依法规范行政许可事项。下发《关于报送镇江市银行业金融机构行政许可事项年度计划的通知》,实行行政许可事项"年度计划一次申报、分次办理"的方式。全年审批行政许可事项141件,其中:机构升格9件、机构迁址51件、机构临时停业9件、机构终止营业2件、批准设立自助银行1件、批准法人机构修改章程2件,核准任职资格67人次。

推进银团贷款业务,督促协调镇江市银行业协会制定并共同签署《镇江市银行业银团贷款合作约定》,成立银行业银团贷款业务专业组织,通过推动银团贷款分散大额信贷风险。全年组建大型银行银团贷款项目13个,银团贷款签约额28.85亿元,银团贷款余额51.77亿元,银团贷款项目数、签约额均创历年之最。 (董振兴)

【加强金融生态建设】 2009年,人民银行镇江市中心支行健全金融生态建设工作协调机制。与市综治办联合开展平安金融创建活动。推进辖区金融生态县创建工作。在2009年江苏省金融稳定工作协调小组的评选中,丹阳市被授予全省首批"金融生态示范县"称号,扬中市被授予"金融生态达标县"称号,镇江市金融稳定工作协调小组连续两年被授予"金融生态县创建工作先进单位"称号。加强金融风险监测、预警和处置机制。完善风险监测指标体系,关注适度宽松货币政策背景下银行机构潜在的贷款集中风险。会同经贸委建立88家工商业企业"保重点、防风险"实时监测制度,按周对重点企业授信、信贷风险及资金运营情况等进行实时监测,协调解决福仕特化工、江苏晶谷米机集团公司等企业融资困难,帮助其走出困境,促进实体经济健康发展。重点关注辖区农业银行、农业发展银行等重点金融机构的改革工作,加强监测反馈。农村信用社改革稳步推进,扬中农村信用合作联社成功改制为江苏扬中农村合作银行。推动小额贷款公司试点工作,市政府出台《关于加快发展农村小额贷款组织的工作意见》和《镇江市农村小额贷款公司管理暂行办法》。全年开业小额贷款公司8家,贷款余额5亿元。

拓展征信应用机制。规范贷款卡发放核准行政许可行为,全辖核发贷款卡1578张,6073家企业通过贷款卡年审,年审率91.7%。推进征信系统在农村金融机构的应用,实现企业和个人征信系统在辖区农村金融机构全覆盖。推进信用评级工作,4家担保机构和135家企业参与评级,构建"信用评级+授信"的联动新模式。推广应收账款质押登记公示系统应用,建立"政府推动、人行引导、银行实践"工作机制,将推动应收账款质押融资业务发展和推广应收账款质押登记公示系统应用有机结合,相关经验做法在全省"应收账款质押融资推进月"启动会议上作交流,并在全省推广。2009年末,公示系统开设常用户18户,比年初增加13户,全市应收账款质押融资余额39.02亿元,增长145%。

完备反洗钱工作机制。开展反洗钱非现场监管,完成对银行、证券、保险业的23家金融机构的评估。依法对镇江市农业发展银行、中国人寿财产保险、申银万国证券等开展反洗钱现场检查,并对农发行未尽职履行大额和可疑交易报告行为进行处罚。发挥与海关、公安等部门反洗钱协调机制的作用,有效支持海关3起涉嫌洗钱犯罪走私案件和公安部门"世纪通"传销案的侦办工作。

规范综合执法工作机制。加大对银行业金融机构执法检查力度,改进执法方式,提升执法效能。分别对市农发行、交通银行和工商银行等3家金融机构的账户管理、银行卡、现金管理、人民币收付、金融统计、外汇综合业务、国际收支申报等多项业务进行综合执法检查。检查发现金融机构违法违规问题10余类,具体问题100多个,并依法对农发行罚款7万元、交通银行给予警告的行政处罚。组织单项执法10多次,涉及征信管理、人民币装帧、国库经收等业务,维护金融市场秩序。 (施光群)

【外汇管理】 2009年,人民银行镇江市中心支行依法开展各类行政许可审批。全年受理办结外商投资企业外汇登记、外汇变更475笔,预收货款、预付货款、延期付款等贸易信贷审批302笔,外债登记、提款登记、还本付息、结汇审批219笔;各类转增资、再投资19笔;经常项下共发放出口核销单11.82万份;受理办结进口付汇核销17351笔、金额17.11亿美元;出口核销5.64万笔、金额35.83亿美元。多举措便利对外贸易和投资活动。出台《关于贯彻金融"国九条"进一步改进当前外汇服务的工作意见》。制定并实施外汇服务30户重点涉汇企业联系制度,改进出口收结汇联网核查,完善企业贸易信贷登记管理,简化服务贸易对外支付手续,下放资本项下10项业务、经常项下1项业务的审批权限,为各类涉汇主体提供个性化、专业化服务,提高外汇服务效率。

加强外汇资金流入流出的监管。开展贸易收付汇核查系统企业开户和档案信息清理工作,共录用1370家开户企业信息,覆盖近两年有进出口业务的全部企业。上线运行直接投资外汇业务信息系统境外投资模块(ODI模块),改进境外直接投资外汇管理方式,便利企业、银行及会计师事务所办理业务,完善境外直接投资外汇收支统计监测。做好外汇金宏工程系统上线工作,深化贸易信贷网上申报,提高数据报送的及时性和准确性。做好外币清算业务停办工作,打击外汇违法违规行为。 (施光群)

【金融服务】 2009年7月,人民银行镇江市中心支行开通《镇江金融服务网》(http://jrw.zhenjiang.gov.cn/),为全市企业、居民搭建网上金融服务新平台。加强与新闻媒体和社会公众的主动沟通,建立新闻通气会制度。加强金融统计基础工作,平稳完成新旧统计集中系统过渡,加强数据质量审核。组织落实大中小企业贷款等各项统计制度,强化对经济金融统计实时监测信息反馈,为政府、银行、企业经营提供信息支持。强化金融统计管理,制定《镇江市金融统计工作制度》《镇江市金融统计信息披露操作规程》等制度,签订《镇江金融统计信息共享协议书》,规范统计信息披露流程。

加强现代化支付体系建设。推广"网上对账"系统,完成中央银行会计核算对账系统(V1.0版)上线及ABS 5.1配套升级换版,与辖区内各金融机构逐日对账,防范因对账滞后所造成的资金风险。加强结算管理与服务,建立对大小额支付系统、同城交换系统及支票影像系统运行情况的季度通报制度。继续推进"快通工程"(完善农村支付结算渠道),确定辖内丹阳市为"快通工程"示范区创建试点城市,推进农村地区金融基础设施建设,扩大农村地区支付结算服务领域。加强银行卡管理协调,处理银行卡收单业务不规范问题,完善银行卡受理环境。推广集中代收付业务,电信、移动、自来水、劳动就业管理中心等6家单位入网集中代收付。

加强国库服务体系建设。做好预算收入、支出及退付等业务,确保各级库款报解"零在途""零差错"和"零遗漏"。全年办理各类国库业务139.44万笔,未出现任何资金风险。加强国库集中支付建设，全市883个预算单位纳入集中支付体系。完成江苏省国库信息统计分析数据集中系统的二期开发，通过总行科技司和国库局的联合验收。升级市财税库银联网系统，实现辖区全覆盖和财政直接支付业务的信息化。开办"五保户供养金"从国库直接支付业务，取消中间环节。推进辖内POS机刷卡缴税，缩短缴税时间，确保税款安全。加强对辖内国债发行、兑付机构的监督与管理，完成全年13期凭证和电子式国债发行、兑付工作。

加强货币发行和现金管理，推进发行库管理标准化、制度化、规范化、程序化建设。做好现金发行工作，编制《2009年发行基金需求计划》，加强对旺季现金的预测，保证现金券别的合理搭配。加强人民币收付业务管理，继续开展现金出纳差错及钱捆质量达标活动。加强反假货币宣传，完成全市40家反假货币宣传服务站建设工作。加强对点钞机具的测试监督，全年收缴假币8.6万张，金额141.19万元。组织开展货币识别师、鉴别师培训考试工作，全辖区234人参加考试，209人通过，通过率89.31%。

（施光群）

【镇江市诚信担保有限责任公司】 镇江市诚信担保有限责任公司成立于1999年6月，是由镇江市、辖区政府和多户民间资本共同投资组建的股份制企业，专为全市中小企业特别是民营企业提供融资担保服务。公司坚持"政策性服务，市场化运作"的原则，实行保本增值，微利经营，独立核算，自负盈亏。1999年，公司注册资本500万元，2009年达1亿元，其中国有资本占64.35%。10年来，公司为400多户民营企业提供16.56亿元的贷款担保。公司支持群众创业，支持民营企业做大做强，支持地方发展特色经济，如丹阳市的眼镜、汽车配件、工具，丹徒区的轴承、漆刷，扬中市的电力电器、新能源等，支持外来投资者发展，如浙江、福建到镇江的招商引资项目。

2005～2009年，由公司担保而获得贷款的企业销售收入94.26亿元，利税14.19亿元，吸纳就业12.64万人。2009年，公司担保的148家中小企业中新增销售收入4.98亿元，新增利税8900万元，新增就业5800余人。全年公司完成担保业务量5.21亿元，比上年翻一番，创历史最高水平。

公司的合作银行实现"全覆盖"。除原来与江苏银行、交通银行合作以外，2009年新增与镇江市工商银行、建设银行、中国银行、农业银行和民生银行的合作签约并相继开展合作业务。2009年，公司对较大项目的担保大幅度提高。在2009年的担保贷款中，单笔在300万元以上的有53笔，担保额3.47亿元，分别比上年增长2.1倍和1.9倍。

2009年，公司参加全市担保机构信用等级评定工作，经联合信用评估公司南京分公司的调查、审核和专家评议，评定公司的信用等级为A级，比两年前评定晋升了三个档次，并由市人行对外公布。（宋洪琪 车 宁）

银 行

【中国农业发展银行镇江市分行】 2009年末，全行各项贷款余额77.7亿元，比年初增加36.83亿元，增长90.10%；商业性贷款净投放16.56亿元，其中，商业性短期贷款净投放7.4亿元，完成行长目标责任计划的147.93%；各项存款旬均余额8.97亿元，增加3.19亿元，完成行长目标责任计划的124.09%；中间业务收入66.13万元，增加10.13万元，完成行长目标责任计划的103.33%；账面利润1.32亿元，完成利润计划的185.87%。

信贷结构调整取得显著成绩。全行按照拓宽领域、增加投放、平衡结构、预防风险的原则，把调整和规范整合传统购销信贷业务作为抓手，坚持以履行粮油信贷的基本职能为出发点，把支持中央和地方储备增储及轮换业务和小麦最低收购价收购作为重点，在控制风险的前提下，坚持优胜劣汰原则，支持粮油企业自主收购。拓展和提升新业务发展，报批丹阳市界牌镇新农村建设农民集中居住区及土地整理项目和扬中市区域供水项目等中长期贷款项目。扩大支持大亚科技集团有限公司、江苏花王园艺有限公司、丹阳市江南面粉有限公司等一批产业化龙头企业以及镇江祥益面粉有限公司等一批农业小企业，为全行信贷业务的持续发展注入活力。全年商业性贷款余额30.30亿元。

完善风险防范机制。全行在强化粮油购销企业结算资金占用清理的基础上，加大信贷结构调整，加强内部风险控制，建立贷款风险监测、预警、事后监督、补偿机制等体系，完善风险提示跟进制度，强化事后监督程序，有效控制风险。3月，江苏省分行将全省涉及中央储备粮油的贷款业务并至镇江市分行委托市行统一管理。镇江市分行主动加强跟踪服务和工作配合，制定服务和监管方案，做好中央储备粮油贷款划转的准备工作。8月末，完成省内部分中央储备粮油贷款统一承贷工作，划转贷款36.22亿元。

中间业务拓展实现新突破。全行依托信贷业务和客户的持续增长，推进本外币业务一体化，打破保险代理业务单打一的现象。各支行挖掘和提升项目支持的综合效益，拓展代理结算、保函、信用证、承兑等各类业务。3月，市分行在全省率先开办保函业务，为中储粮镇江公司开办第一笔付款保函，并相继办理银行承兑汇票和国际结汇业务。同时，在句容市支行进行粮食收购企业收购资金委托邮储银行代理结算试点，与工行联合举办网上银行和金山牡丹卡业务推介会，得到企业的积极响应。

内部管理基础不断夯实。全行以两个基础管理为手段，狠抓制度落实和监督机制的建立。市分行成立内部监督委员会和大额采购工作领导小组，使重大事项审议、大额费用审批、大宗物品采购等实现公开监督。建立县级支行副行长兼主管述职点评制度、市分行副行长资产安全检查上报制度等。加强案件专项治理。以"争先创优"为契机，促进企业文化建设。（俞立新）

【中国工商银行股份有限公司镇江分行】 2009年年末，镇江工行人民币各项存款比上年增加58.86亿元，人民币贷款增加57.28亿元，其中个贷新增19.34亿元，是上年的5倍；中间业务收入2.41亿元，增长30%；拨备前利润7.9亿元，增长22.7%。

资产业务规模快速扩张。重大项目营销取得突破性进展，成功营销江苏镇江发电有限公司10亿元项目营运期贷款、谏壁电厂3亿元项目前期贷款、市城投公司7.4亿元城市基本建设项目贷款等，获得二重集团18亿元银团贷款项目中（重大技术装备出海口基地一期）6亿元的最多承贷份额。

中间业务收入大幅增长。突出转型产品的营销，向企业提供"顾问＋融资"综合并购业务，开拓并购重组、投融资顾问、贷款承诺费市场。突出重点客户和重点产品营销，推出外汇掉期业务，实现代客理财业务、外汇资金业务和外汇中间业务的同步发展。突出灵通快线、基金投资等各类个人理财产品特色，加大传统个人结算业务营销。突出牡丹灵通卡、信用卡、网上银行等组合产品优势互补的综合服务功能，以银行卡分期付款业务为切入点，带动银行卡业务收入的大幅增长。

经营结构调整成效明显。抓大不放小，在增加对大型优质企业、重大战略产业项目、城建项目贷款投放的同时，拓展小企业信贷业务。4月，设立小企业金融服务中心，成立小企业专业化支行，推进专业化经营。全年新增小企业贷款10.34亿元，比上年增长34.71%。业务结构持续优化，中、长期贷款占比45.88%，比上年提高0.35个百分点，活期存款占比54.74%，比上年提高11.24个百分点。客户结构逐步优化，全年新开信贷户125户，对公结算账户净增2168户，新增个人中高端客户10226户。

不良贷款持续双下降。加强风险监测和预警，严格控制新增贷款劣变。采取专人、专案、专责项目化管理，灵活运用还本免息、法律诉讼、重组转化等清收处置方式，突出重点，同步推进，实现清收处置成果最大化。全年清收处置不良贷款5777万元，其中现金清收2527万元，转化清收918万元，呆账核销2332万元。年末，全行不良贷款额9934万元，比年初减少456万元；不良贷款率0.5%，下降0.19个百分点。新增贷款不良率连续10年控制在核定风险线内。

投行业务快速增长。依托公司业务平台，在风险可控的前提下，镇江工行增加有效信贷投入，通过资产业务的增加带动投行业务的发展。重点发展投融资顾问、银团贷款、企业信息服务业务，将投行业务引入到综合化服务当中。针对每户企业每笔贷款的品种、期限、利率、还款安排等要素，帮助客户设计符合企业现金流的债务管理方案，定期为企业提供金融信息资讯、财务咨询和合理化建议，帮助企业提高资金周转效率、降低财务成本，提高投行业务服务水平，实现银企互惠共赢。全年投行业务收入7875万元，比上年增加2288万元，增长41%；投资银行收入占公司中间业务收入68.39%，比上年提高18.58个百分点。

国际贸易融资业务快速发展。通过走出去、请进来，举办联谊会、茶话会、国际业务产品推介会等活动，加强与重点客户及潜在客户的沟通，保障企业动态需求得到及时反馈和响应。引导支行和客户叙做一年期的付汇理财通业务，通过设计个性化的产品，帮助企业降低付汇成本，获取超额收益。确定营销目标客户，直接上门向企业财务主管宣传NRA（境外企业境内开户）业务的运行模式和管理优势，并到现场协助指导解决开户过程中遇到的各种问题，为企业开立NRA账户，实现NRA账户交易零的突破。进口开证业务量99022万元，比上年增加37615万元，增长61.2%。重新开启外贸企业代理开证业务。年末，国际贸易融资业务表内累计发生额35.5亿元，与上年持平；表外贸易融资发生额9.9亿元，增长49.4%。

加强和改善对中小企业信贷服务。小企业贷款保持较高的发展质态，不良贷款率0.67%。通过对全辖小企业情况进行调查，摸清小企业的行业特点、数量、注册资本、资产负债、生产销售、产品等基本情况，为客户量身定做一企一策、一企多策的“一揽子”“一条龙”服务方案。围绕目标客户的应收账款和上下游订单的融资需求，盯住产品链、供应链、交易链，推广保理、应收账款质押、贸易融资、商品融资、动产质押、银行承兑汇票、贴现等融资产品，形成完善的小企业金融产品套餐体系，以满足不同类型小企业客户的融资需求。注重采取差异化营销策略，本着“边发现边培育，边培育边发展，成熟一户，办理一户”的营销思路，实施梯度推进、滚动发展。

2009年7月30日，市工行承办金融服务推介活动　　（李　欣）

深入推进县域支行改革。镇江工行推进丹阳、句容、扬中支行的县域支行改革试点工作。基于对当地产业和本行相关行业政策的分析，确定丹阳支行以眼镜产业和汽车零部件产业、扬中支行以工程电器、句容支行以房地产板块分别作为各自的重点发展方向。加大资源倾斜，适度调增县域支行费用总量，实行差异化人力资源配置政策，推广直通式绩效考评办法。推进授信转授权，将总、省行明确的授信审查审批方面所有可以转授权的权限全部或部分转授给重点县支行，采取“先一类支行，后二类支行”的方式，丹阳支行先行全部、全额转授权限，扬中、句容支行转授部分权限，等级和押品价值审定（含重评）由县域支行在转授权范围内自行审批。提供技术支撑，为县支行减压，集中上收县域支行部分报表，推行网点远程授权，3个县域支行25个网点，通过运行改革全部远程授权，使网点营业经理得到“释放”，增强营销力量。（陈学荣　杨惠民）

【中国农业银行股份有限公司镇江分行】 2009年，市农行坚持份额、储蓄战略核心地位和各类存款全面发展，呈现“与年初比本外币、对公与储蓄齐增，与历史比增量翻番，与系统比位次前移、增速超省行平均、份额勇夺第一”的特点。年末，各项存款余额363.02亿元，新增93.5亿元，增长35%，比上年多增加46.5亿元。总量份额20.01%，增量份额17.7%，双居全市同业第一，三个县行增量份额均居同业第一。其中储蓄存款余额190.3亿元，新增35.2亿元，增量份额居全市同业第一；对公存款余额172.7亿元，新增58.3亿元，超前5年增量总和。存款日均增量85.7亿元，增长176%。

狠抓存款基础客户营销。开展“千户工程”、企业货款回笼、重点客户综合回报和个人VIP客户“三优一增”（优先、优质、优惠，增值）服务，不断扩展存款增长的客户源。新增日均存款百万元以上账户217个、日均存款16.5亿元；160个重点客户日均存款51亿元，新增24亿元。构建源头性资金循环管道。以存款关联产品和渠道业务营销打通资金流的体内循环管道：抓住城建大发展机遇，强抓土地、政府投融资平台、城建工程、拆迁款和补偿金的综合回流。通过理财业务促进资产保值增值带动存款发展；以代发工资、卡和电子银行产品吸纳闲散资金，第三方存管业务带动证券保证金存款增加2.3亿元和卡存款新增

8000万元；以16户现金管理上线锁定乡镇财政存款和茅迪、沃得集团等流量丰富的集团客户资金流。推行机构性存款名单制营销。坚持国库集中支付、非税收入、乡镇财政为重点，推广银财通，争抢财政业务份额，对16个乡镇国库集中支付市场实行覆盖、扬中支行争得财税库行联网客户资源3000多户、全行累计代收非税资金44亿元。强化与担保、证券、农信社等同业合作，新增同业存款5643万元，完成全年目标113%。围绕社保资金保管、社保"五险"合一、基本养老保险个人账户做实、新型农村社会养老保险推广四项改革，加大社保农保业务拓展力度。年末，机构类存款44.4亿元，新增8.6亿元。深挖渗透新兴性存款。竞争丹阳城建、新区经济发展公司、扬中城投公司、索普集团企业债发行资金监管业务，吸纳资金6亿元，占全市企业债发行总额20%。全市8个小额贷款公司有6个基本账户落户市分行。丹阳、润州支行成功营销旅行社质量保证金存储项目。

新增贷款投放超200亿元。贯彻"保增长、扩内需、调结构"宏观政策，强化市场和客户细分，加强与信贷政策、资本(产业)转移、银政企合作对接，加强重点投向投量和授权授信执行，提升运作效率。加大"三大两高一优"(大市场、大系统、大项目，高端、高效，优质)客户拓展力度，新增实体贷款16.5亿元、新增AA级优良客户67户。新增项目贷款主要投向房地产和城市基础设施项目，全年对22个项目批贷48.9亿元，对14个项目实施贷款14.2亿元，其中累放房地产项目12.8亿元，房地产贷款总量占比52%，居同业第一。新增流动资金重点投向制造业、化工、造纸、工程电器、学校医院等8大行业，新增17.3亿元。创新政府融资平台项目跟踪营销、中小企业专业营销、个人贷款全员营销和三农贷款产品营销模式，全年对市交通投资公司等10家政府融资平台发放贷款12.8亿元，贷款余额19.9亿元。建立小企业金融服务中心，推进"1+7+80"(一个小企业服务中心、7个支行、80个客户经理)专营模式，优化流程与定价、创新应收账款与存货质押方式，中小企业贷款128.36亿元，增加20.49亿元。年末，银行信用余额289.4亿元，其中贷款余额222.8亿元，增加35.2亿元，增长18.7%。县域涉农存贷款增速高于全行平均水平。年末，县域存款213亿元，新增52.6亿元，分别占全行的59%和56%；贷款119.3亿元，新增28.1亿元，分别占全行的53%和80%。发行惠农卡31.7万张，向1.38万户农户授信2.46亿元，贷款余额5439万元，惠农卡和农户贷款业务对全市46个乡镇、619个行政村实行全覆盖，其中惠农卡农户覆盖率61%、激活率99.8%、保有存款1.33亿元，均居全省农行系统首位。

业务转型继续深化。年末，网点转型面65%，标杆网点导入面100%。柜面业务转移率91.7%，业务离柜率70.9%，分别提高3.86和10.37个百分点。星级客户增长率33.18%、二星以上客户发卡率78.96%，均超额完成省行目标。新增贷记卡3.16万张，信用卡每万元消费收入33元，电子银行六项指标全面超额完成年度任务，贷记卡运营质量、网银季有效率、新增转账电话注册客户年有效使用率、自助设备运行率均列全省前列。国际结算20.7亿美元，比上年增加1.6亿美元，完成省行目标103.3%，办理国际贸易融资1.7亿美元。代理保险手续费收入783.7万元，增加315.7万元，完成全年任务104.5%；新增第三方存管客户7737户、新增银行期货转账285户、新上银财通系统16个，沉淀资金1.3亿元，新开企业年金4户，托管现金到账634.2万元，完成年度任务158.6%，托管养老金2320万元，完成年度任务132%。中间业务收入1.94亿元，完成省行目标的112%，增幅居全市同业第一。

经营效益大幅提升。以价值创造为核心，强化对营运、资金、风险、税务和资本成本的全面监测，加快闲置和不良资产处置步伐。年末，全行计提减值准备4.5亿元，比上年增加1.8亿元；拨备覆盖率74%，提高28.8个百分点。拨备前利润5.64亿元，拨备后利润3.7亿元，综合利息收回率99.57%，提高9.68个百分点。　　　　　　　　(解志忠)

【中国银行股份有限公司镇江分行】2009年，镇江中行以"扩规模、调结构"为切入点，大力发展资产业务，本外币贷款余额、新增均列同业第一。年末，本外币存款余额266.63亿元。贷款余额226.38亿元，比上年增加69.69亿元。从贷款币种看，人民币贷款余额192.36亿元，增加63.11亿元；外币贷款余额4.98亿美元，增加0.97亿美元。从信贷投向看，资金重点投向城市基础设施建设、园区、房地产、个人零售贷款等方面和领域。不良资产余额比上年减少2.07亿元，不良贷款率1.10%，下降1.81个百分点，实现"双降"。账面拨备前利润增长6.51%；EVA(经济增加值)增长20.98%。营业净收入增长9.13%。连续5次获江苏省文明单位称号，连续7次获镇江市文明单位和文明行业称号。在"辉煌60载，盛世新镇江"系列评比中，被评为影响镇江六大金融机构第一名。

2009年5月30日，镇江中行成立中小企业业务中心。镇江中行的中小企业业务新模式，以"钻石团队"的专业化营销和"信贷工厂"标准化流程管理为核心，针对中小企业客户融资需求"短、频、快"的特点，提供高效的一站式办理流程，凭借专业的个性化服务、快速的审批机制，在3~5个工作日内完成审批手续。年末，镇江中行中小企业贷款余额6.09亿元，增加4.36亿元，增长251.52%。

推出"财富小管家"理财品牌，为高端财富客户提供丰富的产品组合、专业的理财服务，满足高端客户需求。2009年先后推出十多期专属理财产品及产品组合，并创建《财富小管家》理财刊物，提供理财资讯及专享优质服务。

推广自主创新型理财产品"周末理财"业务，利用客户资金，填补周末资金利用空档，为客户提供周五至下周一的短期理财产品，为客户创造较活期存款利息高近三倍的收益，获得市场和客户的高度认同。2009年"周末理财"交易额近百亿元，提升客户资金使用效率。

2009年12月，镇江中行联合八佰伴国际购物中心推出中银八佰伴联名信用卡。具有八佰伴贵宾卡功能的贷记卡，不仅具有普通贷记卡的核心功能，同时享受八佰伴贵宾服务，包括消费折扣和积分回馈等各项优惠。

融资宝产品为市民创业提供支持。2009年7月，镇江中行为帮助市民创业，满足一些急需资金却没有融资渠道的客户需求，推出融资宝产品。市民以房产作为抵押，通过方便快捷的流程后即可在信用额度内循环使用贷款。全年为近400名客户发放1.9亿元的创业资金。

开展投资银行业务。年末，镇江中行与镇江市城市建设投资公司、交通建设投资公司、句容福地签署代理发行企业债券协议，金额达59亿元；为镇江新区经济开发总公司代理发行7年期、金额达14亿元的企业债券，占镇江市金融机构代理发债总金额的68.52%。举办"银企携手、共迎复苏"银企恳谈会。7月20日，镇江中行在碧榆园举办"银企携手　共迎复苏——中国银行服务外向型经济银企恳谈会"。特邀南京大学国际经济贸易系教授马野青博士做题为"次贷危机、金融危机与中国外贸发展"的讲座，马野青从次贷危机的成因及次贷危机引发的全球金融危机入手，阐述金融危机对世界经济贸易及中国经济贸易的影响，展望2009年世界与中国经济贸易发展，提出促进中国外贸复苏的对策建议。全市约100家进出口企业的总经理或财务负责人及政府相关部门领导共120人参加会议。

首家开展与小额贷款公司的合作。镇江中行探索金融机构合作方式，创新金融机构融资产品，成功营销叙做全省首家小额贷款公司——丹阳市天工惠农小额贷款公司融资贷款业务，实现在全省中行中首笔小额贷款公司金融机构额度占用费的收取。天工惠农小额贷款有限公司是江苏省首家成立的小额贷款公司，主要从事面向"三农"的信贷业务，经营效益好，风险管控能力强，政府支持度高。

开展服务质量年系列活动。镇江中行推动以服务领先为最终目标的诚信服务建设，从改善服务环境和设施、提高员工服务技能等方面入手，以客户需求和价值创造为主要任务，拓展服务内涵，提升服务质量。在全行实行服务承诺和问责制，把二线为一线服务、全员为客户服务落在实处。在各网点全面配备大堂经理和保安人员，做好业务分流和业务推介工作，减轻柜面压力。做好服务延伸工作，通过建立客户档案，为客户提供个性化服务。在中行省辖"95566"客服电话的投诉通报中，镇江分行连续两年实现服务质量零投诉。 （宗 琳）

【中国建设银行股份有限公司镇江分行】 2009年，建设银行镇江分行贯彻落实国家"保增长、扩内需、调结构"要求，加强金融业务创新，加快战略转型，提升服务质量，各项业务实现跨越式发展。全年拨备前利润7.35亿元，比上年增长40.44%，同比多增2.12亿元。

实施重点市场战略，成功营销镇江市财政、事业单位离退休人员工资及教师阳光津补贴等项目，持续开展以50万元以上公司及机构类结算账户为重点的营销竞赛活动。建立网点百名核心客户营销服务机制，做大做优个人高端客户。年末，一般性存款余额279.18亿元，比上年增加88.60亿元，增长46.49%。其中储蓄存款余额127.51亿元，增加29.74亿元，增长30.42%；企业存款余额151.67亿元，增加58.86亿元，增长63.42%。各项贷款余额212.31亿元，增加61.67亿元，增长40.94%。其中，公司类贷款余额172.21亿元，增加51.73亿元，增长42.94%；个人类贷款余额40.10亿元，增加9.94亿元，增长32.95%。中间业务收入3.49亿元，增加1.13亿元，增长47.88%，市场占比32.60%。全年国际结算量25.15亿美元，结售汇10.02亿美元。信用卡客户数比年初增加3.02万户，消费额19.19亿元，增加8.31亿元。借记卡比年初新增发卡14.51万张，借记卡存款余额16.32亿元，增加4.70亿元，借记卡消费额16.93亿元，增长129.4%。

中小企业业务持续发展。优化审批流程，实行限时承诺服务。承办镇江市政府第六个金融服务日活动，成功营销省内首笔小额无抵押贷款、省内单笔金额最大的网络银行贷款。5月6日至7日，董事长郭树清到镇江调研小企业业务，并与江苏康欣医疗设备有限公司等10家中小企业负责人进行会谈，听取中小企业对建行金融服务的意见和建议。年末，小企业贷款客户673户，比年初增加121户；贷款余额33.17亿元，新增11.81亿元。

出台《风险管理工作考评办法》《基层营业机构内控等级评定办法》等内控管理制度。开展信贷政策重点检查，组织"客户大走访，银行再行动"活动。运用授信业务风险监测系统、到逾期贷款监测系统等管理工具，加强信息预警，持续监控逾期、欠息贷款，优化信贷资产结构。年末，不良贷款率0.77%，比年初下降0.44个百分点，不良贷款额16354万元，下降1811万元。全年处置不良资产8259万元，不良资产现金回收5683万元，超值现金回收1567万元。顺应国家扩内需、保增长的宏观调控要求，围绕市委、市政府千亿投资目标，组建任务型营销团队，实施四大板块（大能源企业及项目、优质制造业及房地产、城市基础设施建设、文教卫事业法人及优质中小企业）百亿项目、十大重点项目营销计划，集中资源投放大企业、大项目、大客户和优质中小企业，优先保证城市基础设施、先进制造业、能源、大型优质外资企业、国家重点项目配套生产企业。全年公司类非贴现贷款新增实现四大行第一，对市委、市政府确定的重大项目承贷金额80亿元，其中向城市基础设施类企业投放31亿元，大力支持地方经济发展。

营销银团贷款，成功组建镇江交投"338"省道及镇江城投公司"城东路网"银团贷款各10亿元，参贷金额各为3.5亿元；参与金东纸业外债置换、沪宁城际市政配套、二重集团（镇江）重大技术装备出海口基地一期建设等项目3个，银团参贷金额5.76亿元。发行江苏省建行系统内规模最大的基础设施股权类理财产品——镇江市红星工程建设有限公司7亿元信托理财产品。为大亚科技集团股份有限公司、江苏恒顺醋业股份有限公司、江苏沃得机床和江苏沃得植保机械等公司发行1.96亿元非保本浮动收益型信托理财产品。企业年金业务实现零突破。争办到镇江居民养老保险等四个社保项目独家代理资格。

渠道建设成果丰硕。网点购置、装修16个，投入4935.5万元，为历年来投资最大的一年，其中网点购置2638万元，装修费用（不含设备）2297.5万元，新增贵宾理财中心3个，完成3个网点的迁址改造。大力推行网点二代转型工作。自助设备比年初新增7台，自助银行比年初新增3家，交易额100.11亿元。网点集约化经营水平大幅提高，网点单产2.28亿元，亿元以上的网点53个，比年初新增8个。其中5亿元以上网点4个，比年初新增2个；3亿元以上网点11个，比年初新增3个；2亿元以上网点18个，比年初新增6个。

服务质量有效提升。把柜面服务列入"一把手"工程，实行"5S"（整理、整顿、清扫、清洁、素养）管理，美化网点的服务环境。聘请市旅游学校的优秀教师开展"驻点培训"，提高员工的服务意识。重组神秘人检查队伍，对全辖网点柜面服务进行全覆盖检查，固化检查频率，细化检查细则和检查手段，确保检查过程和结果标准化。开展柜面服务百日竞赛活动，建立柜面服务的长效机制。被镇江市委、市政府评为文明行业，市分行团委获团省委"江苏省五四红旗团委"称号，鄂霖被评为镇江金融系统唯一的"三八红旗手"。

风险控制能力持续提高。开展强化会计基础管理，重塑银行三铁（铁账、铁款、铁规章）形象工作。推进会计基础等级管理工作，对42个二级单位、1个规范化单位进行复查、验收，4个新申报单位通过省分行一级验收。深化柜面员工操作技能等级管理工作，制定柜员操作技能等级管理实施细则和实施方案，考核合格率98.37%。开展规范单位结算账户为主题的专项整治活动。推进对账工作，企业短信银行电子对账签约完成率103%，对账单回收率99.96%。全年基层实现机构"零案件、零事故"。

（吴丹青 梅 涛）

【交通银行股份有限公司镇江分行】 2009年，交通银行镇江分行应对金融危机，指标完成率和年度综合考核均居全辖（江苏省分行，下同）三甲行列，实现交总行"跑赢大市、争先进位"目标，各项业务实现全面、健康和快速发展。完成省行43项考核指标，其中个贷增量、"展业通"增量、人民币存款平均余额增量、各项存款增量、个人网银动户数、电子银行分流率、住房按揭净增量等7项业务发展均超过计划200%以上。

年末，人民币各项存款余额143.99

亿元，比年初增加45.09亿元，完成年度计划的204.96%，增长45.6%。其中储蓄存款余额40.16亿元，增加8.32亿元，完成年度计划的112.39%，增长26.13%。对公存款余额103.83亿元，增加36.78亿元，增长54.85%。人民币实质性贷款余额108.04亿元，增加31.14亿元，完成年度计划的173.01%，增长40.49%。其中个贷余额15.33亿元，增加6.42亿元，完成年度计划的278.96%，增长72.05%，"展业通"贷款余额6.09亿元，增加3.32亿元，完成年度计划的236.89%，增长119.86%。外币存款余额4158万美元，增加581万美元，完成全年计划的193.67%。国际结算76684万美元，完成年度计划的103.63%，增长13.77%。按照五级分类，正常类贷款余额增加33.64亿元，占比96.35%，增长5.02%；关注类贷款额余额减少2.03亿元，占比1.88%，降低3.31%；后三类余额1.95亿元，减少8072万元。不良贷款占比1.77%，降低1.71%。个贷不良率0.22%，持续多年居全辖最低水平。全年实现经营利润33576万元，拨备后利润32793万元，增加7190万元。

交行抓住镇江市区域经济快速发展的有利时机，出台公司业务"525"工程、国际业务"5432"工程和个金业务7项主要任务计划，分阶段开展"开门红""金牛行动""腾飞行动""迎国庆业绩大阅兵"等系列竞赛活动，加大营销力度，对公存款与资产业务紧密联动，增强结算往来资金沉淀和代发工资户的开立，形成存贷款业务的两翼齐飞。

重视中小企业的发展，成立分行小企业信贷服务中心和6家支行级小企业信贷服务中心，完善组织架构和专业化建设。与中介机构、政府部门、开发园区等加强合作，与当地信誉高、资质好的中介机构签订合作协议，挖掘零售信贷优势资源。推进省行创新业务，在丁卯钢材市场开展"联贷联保"业务，发放贷款近亿元，拓宽交行小企业信贷市场。年末，零售信贷余额21.62亿元，比上年增加9.94亿元，增长85.2%。零售贷款占全行贷款的20%，占比提高5%。

强化对公对私财富管理的力度，确立"以转型业务为切入点，大力发展对公对私优质客户，迅速壮大中高端客户群"的发展思路，取得较好成绩。个人金融业务，重点发展沃德和交银理财客户，加大交叉销售及第三方存管业务的营销，截至2009年末，交行沃德标1客户1210户，比年初增加426户，增长54.3%，交银理财达标客户9235户，增加3706户，增长67%。沃德和交银客户资产总额32.6亿元，增加7.2亿元，占分行个人管理资产总额的60%，此类中高端客户储蓄余额22.8亿元，占分行储蓄总额56.78%，占比增长11.24%，成为交行个金业务和储蓄业务的最大支持力量。公司业务重点创造蕴通财富品牌，设立专职产品经理，向客户推介该类公司理财产品，主动挖掘客户需求，为客户量身定做财富管理方案，形成诸多新型业务。与首家蕴通供应链核心企业镇江港务集团签约，签订蕴通账户4户，与交通银行国际信托有限公司首次合作发放1亿元信托贷款，签订20亿元企业债券的代理和监管业务合同，成功营销1200家企业年金业务，办理323万美元的福费廷业务和首笔速汇金业务，销售6000万元对公理财产品。

年末，全行共有自助服务区及自助单机点28个，自助设备113台。客户分流率达50.52%，增长15.94%，完成年度计划的212.2%，全辖排名第二。网银交易金额693亿元，企业网银新增动户数336户，个人网银新增动户数16941户，位居全辖三甲行列。电子银行收入520万元，增加100万元，计划完成率157.58%，电子银行总绩效排名全辖第二。

加大对重大基础设施和优质工程项目的信贷支持，主动从高风险信贷客户中减退20户1.41亿元，对市级政府投融资平台客户和对受惠于国家实施投资拉动扩大内需政策的电力行业、水泥行业、机械行业，优选项目和客户加大投入。前十大对公贷款户均为市骨干龙头企业或市重点优质项目，新增贷款13.53亿元，占对公新增贷款总额的74.96%。加强对负债业务的结构调整，加大对保证金存款的压降，保证金存款从最高的41.1亿元下降到27.6亿元。加强贷款的动态监控，定期出具客户经理贷后尽职情况报告，加大资产质量责任追究和考核。

正常类贷款余额和占比持续上升，关注类贷款持续下降，个人贷款质量继续保持在领先的水平。制定清收方案，明确重点清收目标客户，每月制定具体项目和要求，每周梳理进度情况，重点对存量有问题贷款采取"一户一策"措施，责任到人。全年对公完成清收9360万元，完成年度计划的128.2%，其中压缩7户，核销6789万元不良资产，现金清收2572万元，不良贷款户由年初20户下降到13户；个人不良贷款客户下降23户，存量不良贷款压缩101.7万元，创造分行清收最好成绩。加强内控体系建设，强化各条线的专项检查和分行综合性检查，重点是会计操作环节、网点"三防一保"（防火、防盗、防抢，保资金安全）、计算机系统、信贷风险等检查，仅会计条线，开展覆盖所有营业网点现场检查18次，发现问题31个，完成整改30个，整改率99.25%，通过风险操作系统，下发整改通知书513份，整改率100%。

加强负债成本管理和控制，开展结算存款的营销，通过理财产品组合等方式降低资金成本，分行负债结构中，除去保证金存款因素，活期存款占比51.8%，上升4.4%，减少利息支出603万元。加强资产业务的定价管理，开展"双十"（授信利率上浮10%，成本压降10%）行动，提高上浮贷款占比，压缩下浮幅度，实现资产的高收益。

加强优质文明服务。在镇江行风办和银行业协会的检查评比中位居金融行业前列，客户满意度得到较大提升，在省分行组织的全辖客户满意度调查中，分行以8.59分排在全辖第二。营业部被评为总行级青年文明号，丹阳支行党支部被交总行党委评为先进基层党组织，镇江分行办公室被交行总行评为档案工作先进集体，这是全国交行系统所有省辖分行中唯一获此荣誉的；被市人行评为人民币质量管理先进单位，是全市金融系统中唯一一家达标单位，被市银行业协会评为银行业文明服务规范单位。分行营业部、南门支行、丹阳车站路支行被评为镇江市巾帼文明示范岗。在镇江市开展的"辉煌60年，盛世新镇江"群众投票评比中，分行获"最具影响力的六大金融机构"称号。（林　忠）

【中国邮政储蓄银行有限责任公司江苏省镇江市分行】 2009年，镇江邮储银行贯彻宏观调控和监管政策要求，加快推进有效发展和业务转型，加强风险防控、资源整合和队伍建设，全面提升管理层次、创新能力、服务质量和品牌形象。健全收入增长机制，在风险可控的前提下加大活期储蓄业务、公司业务、信贷业务的投入和发展力度，通过集约化管理和动态调整，在人力资源、费用资源、激励资源配置上，将有限资源向高效业务、经营一线和增量业务倾斜，提高资源使用效率。

年末，全行实现金融业务总收入15835万元，比上年增长54.55%，完成计划（13640万元）116.09%。其中，储蓄业务收入10094万元，增加696万元；信贷业务收入2489万元，增加2333万元；公司业务收入668万元，增加622万元；其他业务收入2584万元。储蓄存款余额80.2亿元，比年初增加8.27亿元，增长11.5%。活期储蓄存款19.56亿元，占比24.39%；定期储蓄存款60.64

亿元，占比75.61%。储蓄卡发放71.28万张，比年初增加15.4万张，增长27.56%；卡存款余额10.89亿元，卡均存款1527.78元。ATM共布放122台，全年卡交易笔数385.55万笔，交易额95.6亿元，分别比上年增长22.54%、46.54%。对公存款余额11.99亿元，增加11.78亿元。活期存款占比88.43%，定期存款占比11.57%。贷款余额4.91亿元。其中，小额贷款余额2.32亿元，比年初增加1.22亿元；额度项下个人商务贷款余额1.23亿元；二手房贷款余额1.09亿元；全款交易后按揭贷款余额40.4万元；存单质押贷款0.27亿元。2009年代理销售国债1.93亿元，代理保险4.57亿元，代收代付业务金额16.15亿元。国内汇兑开发汇票77.62万笔，金额15.72亿元；国内汇兑兑付42.82万笔，金额5.29亿元。国际汇兑开发汇票0.02万笔，金额657.37万元；兑付汇票0.006万笔，金额27.13万元。西联汇款开发汇票0.02万笔，金额182.41万元；兑付汇票0.1万笔，金额900.92万元。

邮政储蓄银行镇江市分行共设有123个储蓄网点，其中一类网点21个，二类网点50个，代理网点52个；邮政金融从业专职人员664人，兼职人员115人，共计779人；从事金融业务3年以上人员有528人，占比67.78%，3年以下人员251人，占比32.22%。

三大版块业务融合发展。基础金融业务发展坚持"存款立行"的思想，加大营销力度，优化存款结构，发展个人负债业务，拓展中间业务和支付结算业务。信贷业务发展统筹兼顾，细分市场，通过多种渠道开展宣传，扩大贷款业务的知名度。与农村经济合作组织、村委会合作，加快信用村镇建设，借助市场管委会、行业协会、工商等部门力量，拓宽个人贷款业务发展渠道。向总行争取地方项目融资贷款，成功投放2亿元沪宁城际铁路镇江站银团贷款、10亿元丹阳新农村基础设施建设专项融资，有力地支持镇江市地方经济建设。公司业务发展以银团贷款、项目融资为契机，获镇江市交通投资建设发展公司银团贷款资金2亿元，丹阳市城建交通投资有限公司新农村专项融资款8.3亿元，通过集中营销和详细的客户分析，成功销售3000万元"月月升"理财产品。参加财政、社保项目竞标，确立财政类客户的重点营销。镇江市财政客户日均余额6800万元，扬中市乡镇村级财政项目日均余额1000万元，句容市新农保项目余额8500余万元。

2009年6月26日，邮储银行镇江市分行成立中小企业服务中心，中心隶属于市分行信贷业务部，专门从事中小企业贷款工作。对全区中小企业进行调研和行业分析，把经济开发区作为重点调查对象，通过走访工商税务部门，了解企业的经营情况，掌握中小企业行业分布与企业现状，筛选出效益较好的中小企业作为目标客户。年末，全区中小企业账户218户，对公存款余额8956万元。

开展多渠道业务宣传。通过与镇江电视台、镇江广播电视中心、《京江晚报》、市公交公司等多家单位合作，长期开展邮储银行形象宣传和业务宣传。11月，在全市主要乡镇制作以存款业务、贷款业务为主要内容的100多块墙体广告，扩大邮储银行的知名度和美誉度，2009年，分行获"辉煌六十年 盛世新镇江——影响镇江的十大品牌"称号。

加强合规文化建设。2009年，以风险合规管理为中心，以"服务发展，固本强基，稳中求进"为指导思想，遵循"联系实际、全员参与、持续改进"的原则，加强风险管理，降低信用风险，降低合规风险，健全制度，规范流程，加强业务培训和专门技能培训，降低操作风险。推动工作质量标准体系的建立，逐步建立风险管理的长效机制，营造良好的合规文化氛围，提升风险合规管理水平。

强化网点基础设施建设。2009年，对全区（镇江市区、丹阳市、扬中市、句容市）10个一类网点进行迁址、扩建、改造工作，完成省分行下达的建设任务，建设网点的开工率与开工数均列全省前列。拓展ATM、POS、商易通、电话银行业务，提高服务水平，减轻柜面压力。至12月末，全区布放ATM机122台（其中离行式11台），POS机119台，商易通1475台，发展电话银行注册客户13331户。

（夏毅力 毛惠珠）

【华夏银行股份有限公司镇江分行】 华夏银行于1992年在北京成立，1995年3月实行股份制改造，成为一家全国性股份制商业银行。2003年9月，华夏银行公开发行股票（股票代码：600015），成为全国第五家上市银行。2005年10月，华夏银行引进战略投资者，与德意志银行签署全面长期战略合作协议。截至2009年末，华夏银行在全国各大中城市设立28家分行、1家二级分行、3家异地支行，营业机构349家，员工1万余人，形成"立足经济发达城市，辐射全国"的机构体系。与境外1400多家银行建立代理业务关系，建成覆盖全球主要贸易区的结算网络。

2008年9月12日，华夏银行股份有限公司镇江分行由中国银行业监督管理委员会批准筹建，位于镇江市解放路288号，2009年5月22日开业。开业以来，镇江分行主动融入镇江主流经济，秉承"服务地方经济、促进地方发展"的理念，坚持"严、细、慎、实"的办行方针，致力于加强内部管理，夯实队伍基础和业务基础，重视市场营销平台建设和为客户提供丰富的金融产品和个性化的金融服务。年末，全行一般性存款余额15.18亿元，各项贷款余额9.79亿元。镇江分行贯彻国家信贷政策，扶持中小企业发展，为中小企业融资探索新的方式，先后为镇江市钢材市场钢贸企业以联贷联保方式解决流动资金8000余万元。服务"三农"经济，参与银团项目5亿元，支持镇江新区"万顷良田"建设项目。分行个贷业务、国际业务、理财业务等全面启动，完成上级行下达的各项阶段性经营计划。华夏银行镇江分行在拓展各项业务的同时，建设"规范、诚信、和谐"的企业文化，不断提升银行的社会形象。2009年，分行获"辉煌六十年 盛世新镇江——影响镇江的十大品牌"称号，被市公安局评为内保工作先进集体；分行组队参加首届镇江市银行业服务技能电视大赛获"超级柜员"称号。

（方永忠）

【上海浦东发展银行镇江支行】 上海浦东发展银行镇江支行隶属于南京分行，位于镇江市解放路318号，2009年5月31日领取营业执照。立足镇江经济，以"做大主营、防控风险、提升管理、力保效益"为重点，全面推进业务经营。6月19日，浦发银行镇江支行在碧榆园举办开业庆典暨银企合作签约仪式。与城投、水投、交投、新区城投、大亚科技、奇美化工、金东纸业和沃得机电8家企业签订银企合作协议。

年末，各项存款余额23.3亿元，其中对公存款21亿元，储蓄存款2.3亿元，存贷款业务总量均列新设立的股份制银行前列。主营业务均衡性较强。年末，人民币日均存款23.32亿元，均衡率达100%，其中，对公存款日均22亿元，储蓄存款日均1.32亿元。各项贷款日均24.41亿元，均衡率90%，其中，公司贷款日均24.39亿元。对公有价值客户114户，其中优质客户81户。个人贵宾客户176户，其中钻石客户33户，白金客户143户；三方存管客户670户，吸收存款2589万元。存贷利差率4.67%，高于南京分行平均水平。资产盈利能力较强，考核利润3295万元。各项贷款保持较高品质，无不良贷款，全年未发生重大差错和案件事故。

支持镇江市中小企业的发展，为企业客户提供优质的金融服务。6月，联合丹阳市政府、丹阳市人民银行举办银企洽谈会，丹阳市28家中型企业代表参加会议，标志着浦发银行中小企业信贷业务全面启动。6月26日，浦发银行组织“防抢劫”应急处置演练活动。在仿真情景演练中，员工的实战能力得到锻炼和提高，与公安部门的联动得到增强，技防效果得到全面测试。组织“防抢劫”演练，浦发银行在镇江金融系统开先河。（祝 越）

【中国民生银行股份有限公司镇江支行】 2009年5月，中国民生银行股份有限公司镇江支行筹建，位于镇江市长江路7号，9月10日试营业，9月29日开业。截至年末，各项存款余额20.36亿元，其中大公司存款余额18.95亿元，中小企业存款余额0.42亿元，储蓄存款余额0.99亿元。人民币各项贷款余额14.08亿元，其中大公司贷款余额10.92亿元，中小企业贷款余额3.1亿元，个人贷款余额0.06亿元。

票据贴现业务稳步增长，贴现收益率水平逐步提高。年末，累计票据贴现28亿元，其中，直贴14亿元，转贴现14亿元。创立民生银行中小企业金融服务品牌，通过集中专业化销售、系统性推进、优势类产品重点营销服务构建中小企业发展核心竞争力。推广商贷通业务，丰富个人贷款业务的品种结构，有效拉动个人贷款规模的增长。截至年末，个人贷款余额625.47万元，其中，商贷通贷款615.73万元。9月29日，中国民生银行镇江支行与镇江市政府联合举办中小企业金融服务日活动，现场与镇江新区中小企业投资担保有限公司等5家担保公司签订总金额计3.9亿元的担保合作协议，与江苏广兴集团等10家中小企业签订总金额约1.6亿元的授信协议。成功发行首笔公司信托理财产品，发行金额为10亿元，用于镇江市城市投资集团有限公司所属镇江市西津渡和长江路北侧棚户区改造项目，为市政建设服务，同时也为政府融资拓展新渠道。（路 璐）

【大新银行（中国）有限公司镇江分行】

大新银行（中国）有限公司是由香港大新银行于2008年8月1日注册成立的外商独资法人银行，总部位于深圳。镇江分行位于镇江市解放路59号，为大新银行（中国）有限公司在江苏和安徽两省的总部。

2009年11月24日，经中国银行业监督管理委员会批准，大新银行（中国）有限公司镇江分行对外营业，并参加了第二届中国（南京）金融博览会。本着“以客为本、切合所需”的理念，分行以地方重点建设项目、骨干企业和中小企业等为重点对象，凭借国内国际贸易融资、工业厂房抵押贷款、商用楼宇按揭贷款、中小企业现金管理等特色产品，树立全新形象，为客户提供优质、体贴的金融服务。截至2009年末，大新银行（中国）有限公司镇江分行存款13340万元，对企业信贷授信9000万元。

（徐建辉 董娅玲）

【江苏银行镇江分行】 2009年，是江苏银行“2年打基础，3年新跨越，5年跻一流”的关键一年，面对全球金融危机影响深入、银行同业竞争加剧等不利经营环境，全行贯彻落实科学发展观，主动适应宏观调控和形势变化，开拓市场，强化内部管理，推进业务转型。经营效益实现新跨越。镇江分行存、贷款余额是成立时的近2倍，中间业务收入是成立时的310倍，国际结算量是成立时的20倍，拨备前利润是成立时的5倍。

2009年，各项存款余额132.4亿元，比上年增加38.6亿元，增长41.2%，比上年提高17个百分点。各项贷款余额90.8亿元，增加26亿元，增长41 %，提高22个百分点。本地存款市场份额7.34%，其中储蓄存款市场份额增长0.37%；本地贷款市场份额6.73%，增长0.03%。各项贷款中，公司贷款占比93.5%，小企业贷款占比11.6%，零售贷款占比6.45%。银团贷款带动异地金融机构贷款4.5亿元，对外卖出贷款1.05亿元，为镇江当地企业销售聚宝系列产品3.67亿元。直接和间接对本地贷款新增35.2亿元，增长54.4%。

中间业务快速推进，收入渠道趋向多元化。减轻资本占用，加快中间业务发展。全年分行报表口径中间业务净收入3152万元，比上年增加1504万元，增长91.3%。资产质量明显改善。2009年，分行存贷款净利差从2月末的最低点4.56%上升到4.63%，实现报表口径拨备前利润2.04亿元，调整后拨备前利润2.37亿元，比上年增加4568万元，增长24%。全年清收不良贷款7810万元，核销不良贷款2503万元，处置抵债资产3000万元，不良贷款占比3.97%，比上年下降0.45%。优化网点布局。2009年，镇江分行按照“现代、高效、舒适”标准不断优化市区网点布局，合并低效网点，加快县域机构建设，加快网点标准化改造，加大自助银行、自助终端投放力度。全行共有网点38个，离行式自助银行1个，标准化改造装修网点24个，逐步配置大堂经理，每个网点均投放先进自助终端，新开句容支行，实现3个县级市县域机构全覆盖。截至年末，县域支行网点共有6个。

大力发展银团贷款业务，先后联合南京银行、上海银行等向镇江城投集团发放银团贷款共12.05亿元，实现中间业务收入922.5万元，作为主牵头行向江苏索普集团12亿元的银团贷款筹备工作进入实质阶段。

国际结算业务逆势增长。国际结算业务起步较晚，在国际金融危机影响加大、镇江地区进出口下降20%多的情况下，2009年国际结算量5.2亿美元，比上年增加1亿美元，增长19.2%。

（贾小静 刘耀成）

【镇江市农村信用合作社联合社】 2009年，镇江市农村信用社系统开拓城乡市场，加大支持“三农”和中小企业力度，转换经营机制，强化风险管理控制，开展案件防控治理，各项业务持续、稳健发展。

年末，全市农村信用社各项存款余额210.03亿元，比年初增加41.9亿元，增长24.92%，同比多增14.98亿元，增幅同比上升2.87个百分点。各项贷款余额165.48亿元，增加32.01亿元，增长23.98%。其中，农村工商业贷款78.91亿元，增加14.99亿元；农业贷款余额58.33亿元，增加8.84亿元。余额存贷比78.79%。按五级分类计算，不良贷款余额7.01亿元，减少0.63亿元；占比4.24%，比年初下降1.49个百分点。抵债资产1.2亿元，增加3425万元。营业收入12亿元，比上年减少6000万元；营业支出10.2亿元，减少4000万元；利润总额1.4亿元。

组织辖市（区）联社（农村合作银行）转化“围绕体制机制创新，推动内设机构改革工作”“完善农村合作金融风险控制与管理系统”等重点工作成果。根据部门设置及职责分工调整、符合业务流程化管理和风险控制的要求，发挥前台的营销服务职能、中台的风险控制职能和后台的保障支持作用。组织协调辖市（区）联社（农村合作银行）学习借鉴南京市六合区农村信用联社的经营管理考核体系和风险控制管理系统，完善全系统经营考核机制、风险管理体系和绩效考核办法，推进全辖操作风险控制系统上线，加快建立以事后监督为中心、全方位覆盖的操作风险控制系统。

组织资金取得突破。坚持以客户为中心，做大城区市场，做强农村市场，拓展客户市场，召开组织资金分片经营分析会，加大激励考核力度，采取适用性强的组合式营销策略。加大中间业务拓展力度，加强对市场信息的收集，依靠科技抓存款，加大圆鼎借记卡发放力度，拓展

POS特约商户，加大银行承兑汇票的签发力度，稳步做大代理业务。结合国庆60周年、省联社成立8周年和全省农村信用社存款超6000亿元，加大宣传推介力度，提升行业对外形象。开展文明优质服务。牵头辖市（区）联社（农村合作银行）与广电部门合作，宣传推介农村信用社。辖市（区）联社（农村合作银行）采取多种方式加强与地方媒体的合作，以规范的服务和优良的行业形象赢得客户信赖，促进存款持续增长。一季度末，全市农村信用社存款余额突破200亿元，存款增长创历史最高水平。

加大信贷投放力度。结合区域经济的特点，研究信贷投放的对策。市农联社合理把握支农贷款投向，支持农民致富奔小康、特色农业上规模和中小企业发展。强化信贷产品创新，研究制定圆鼎易贷通、合作经济组织、小企业联保等制度。开展小企业贷款专营试点工作，扬中农村合作银行江洲支行成立镇江农村合作金融机构中首家小企业金融服务示范行。加强银企对接，开展“客户大走访、银行再行动”活动，对走访的2312户客户进行分类，明确信贷支持的重点。优化贷款流程，完善授信管理，提高办贷效率。改进利率定价机制，对中小企业贷款和票据业务尝试实行差别利率，对信用等级好、有一定销售规模、有市场竞争力的中小企业实行优惠利率，增强信贷投放的针对性。采取小额农贷、联保贷款等信贷方式，大力支持农户购买化肥、农药、农膜、种子等农用生产物资，支持全市农村备耕生产。市联社总结分析农民创业担保基金贷款存在的问题，研究落实工作措施。支持农业产业结构调整、高效农业规模化经营、农业龙头企业做优做强及农民专业合作社发展，采取“宜社则社、宜户则户”的灵活信贷政策，加大专业大户贷款的投放力度，加大对农民返乡创业的授信和贷款支持力度。

开展重点业务风险排查，对信贷风险、会计、贷款核对、大额存款风险进行专项检查。加大对贷款风险的监控和管理，加强对企业增量贷款和新增贷款客户信用等级的真实性检查。做好贷款五级分类的调整，降低贷款风险。在网点逐步推行专职风险审查岗，从源头上提高风险防控水平。市联社组织实施县级法人单位财税库银横向联网系统升级改造工程。组织辖市（区）联社（农村合作银行）按季开展财务状况分析研究，提高财会核算水平。加强资金统筹和运用能力，加强不生息资产管理。规范财务行为，推行费用集中管理。加强对风险点和关键控制点的审计，开展145个审计项目，查出1408个问题，提出审计建议411条，下达整改通知书139份。加强安全保卫物防技防设施建设，加大安全保卫检查力度，构建安全防控体系，全年安全无事故，全系统有1个集体和1名个人被市公安局记三等功、3个集体和2名个人被市公安局表彰。 （倪献国）

保 险

【概况】 2009年，全市保险机构增至51家，其中保险公司42家，保险中介代理机构8家。全市保险专业网点306个，兼业代理网点847个。保险从业人员12590人，其中正式员工2190人，保险营销员8700人，兼业代理人员1700人。全年保费收入40.76亿元，比上年增长24.08%。其中，21家财产保险公司保费收入8.40亿元，增长19.31%；21家人寿保险公司保费收入32.36亿元，增长25.39%。

发挥社会管理职能。全年较好地完成政府交办的政策性农业保险。通过行业内部协调，对市区道路交通事故保险理赔服务中心进行资源整合，联合办公，提高理赔效率，服务中心年接案1.5万余件。由于机动车交通事故责任强制保险（简称交强险）出现巨额亏损，严重影响全市财产险公司的经营效益，因而一度出现摩托车、拖拉机等出险率居高不下，机动车交强险投保难。针对社会反映，行业协会沟通协调，在全省率先采取按公司市场份额比例，共同承保交强险的方法，使全市所有财产险公司共同承担社会责任，及时化解群众投保难问题。

表25-1 **2009年镇江市财产保险业务统计表** 单位：万元

单位		承保金额	保费收入											同比增长（%）	赔款支出		市场份额（%）
			企财险	家财险	交强险	机车险	运输险	责任险	保证险	人意险	健康险	其他险	累计		累计	赔付率（%）	
中国人保	市区	8715825	1559	-117	2816	9275	404	585	9	205	4	1087	15827	26.5	9101	57.5	–
	丹阳	5768830	1330	8	1666	5614	189	418	0	243	0	532	10000	17.5	6232	62.3	–
	句容	2572288	211	14	585	1731	23	259	0	49	1	404	3277	4.4	4027	122.9	–
	扬中	2450048	267	13	386	1183	95	122	79	77	0	153	2375	7.4	1766	74.4	–
	合计	19506991	3367	-82	5453	17803	711	1384	88	574	5	2176	31479	19.4	21126	67.1	37.5
太保财险	市区	5109755	664	-2	830	3019	608	77	-21	929	22	607	6733	-13.7	3631	53.9	–
	丹阳	1792404	508	-4	536	1829	14	3	-1	211	5	0	3101	39.6	2212	71.3	–
	句容	253312	115	-1	174	485	3	4	-4	145	2	6	929	23.2	713	76.7	–
	扬中	930714	712	11	356	1377	222	36	0	54	8	3	2779	19.4	1260	45.3	–
	合计	8086185	1999	4	1896	6710	847	120	-26	1339	37	616	13542	3.3	7816	57.7	16.1
平安财险	市区	1107700	100	-17	1131	3128	123	16	–	30	20	32	4563	56.5	2214	48.5	–
	丹阳	469978	380	4	309	857	43	60	–	103	43	137	1936	23.6	976	50.4	–
	句容	165318	143	0	122	316	12	12	–	24	10	42	681	21.2	371	54.5	–
	扬中	167017	56	3	152	365	2	8	–	11	4	87	688	27.2	363	52.8	–
	合计	1910013	679	-10	1714	4666	180	96	0	168	77	298	7868	40.9	3924	49.9	9.4
天安保险	市区	665513	123	8	185	492	15	5	-8	152	29	7	1008	7.3	375	37.2	–
	丹阳	41341	7	0	58	165	0	0	-8	6	0	–	228	36.5	88	38.6	–
	句容	89433	22	1	74	121	1	0	0	26	1	–	246	-0.1	156	63.4	–
	扬中	328490	137	7	49	117	27	29	50	43	4	–	463	2.9	177	38.2	–
	合计	1124777	289	16	366	895	43	34	34	227	34	7	1945	7.8	796	40.9	2.3

续表 25-1

单位		承保金额	保费收入											同比增长(%)	赔款支出		市场份额(%)
			企财险	家财险	交强险	机车险	运输险	责任险	保证险	人意险	健康险	其他险	累计		累计	赔付率(%)	
大众保险	市区	200586	59	4	95	410	10	3	–	11	–	-5	587	65.8	237	40.4	–
	丹阳	57745	20	–	69	198	–	1	–	1	–	2	291	64.4	248	85.2	–
	句容	5090	1	–	12	26	–	0	–	0	–	0	39	44.4	31	79.5	–
	扬中	71589	17	–	56	188	7	1	–	4	–	20	293	18.2	194	66.2	–
	合计	335010	97	4	232	822	17	5	0	16	0	17	1210	50.1	710	58.7	1.4
中华联合	市区	556619	42	21	999	2248	2	5	–	60	13	14	3404	3	4184	122.9	–
	丹阳	309639	59	0	463	1079	–	7	–	39	7	–	1654	-7.0	1594	96.4	–
	句容	111564	4	-2	251	318	–	–	–	6	2	–	579	-1.0	842	145.4	–
	扬中	71438	6	1	206	415	–	–	–	12	3	–	643	6.0	557	86.6	–
	合计	1049260	111	20	1919	4060	2	12	0	117	25	14	6280	0.1	7177	114.3	7.5
永安财险	市区	651568	107	–	357	757	47	32	–	174	–	115	1589	12.3	805	50.7	–
	丹阳	28625	9	–	47	94	–	0	–	6	–	–	156	-55.2	168	107.7	–
	句容	52985	9	–	59	151	–	8	–	32	–	–	259	-22.9	197	76.1	–
	扬中	40739	4	–	32	81	–	10	–	30	–	–	157	-27.6	154	98.1	–
	合计	773917	129	0	495	1083	47	50	0	242	0	115	2161	-6.7	1324	61.3	2.6
太平财险	市区	269834	46	0	352	879	42	2	0	58	0	14	1393	26.5	640	45.9	1.7
安邦财险	市区	85336	4	3	365	535	2	-1	–	4	–	3	915	-40.4	3071	335.6	–
	丹阳	43198	–	–	134	296	0	0	–	0	–	–	430	-5.9	255	59.3	–
	句容	22575	6	–	50	69	0	0	–	2	–	–	127	-47.1	128	100.8	–
	扬中	59719	11	–	165	331	3	1	–	2	–	–	513	112.9	219	42.7	–
	合计	210828	21	3	714	1231	5	0	0	8	0	3	1985	-19.8	3673	185.0	2.4
华安财险	市区	34672	1	0	18	34	2	0	0	0	0	46	101	-7.3	53	52.5	–
	丹阳	8397	–	–	–	–	–	1	–	–	–	–	1	-80	1	100.0	–
	合计	43069	1	0	18	34	2	1	0	0	0	46	102	-10.5	54	52.9	0.1
都邦财险	市区	478306	195	6	263	646	64	5	–	28	–	–	1207	-22.7	937	77.6	–
	丹阳	323185	75	–	179	365	2	1	–	53	–	–	675	74.4	293	43.4	–
	合计	801491	270	6	442	1011	66	6	0	81	0	0	1882	-3.4	1230	65.4	2.2
阳光财险	市区	150543	26	2	149	508	2	27	–	13	–	3	730	17.7	356	48.8	–
	丹阳	40021	22	–	49	168	–	1	–	1	–	–	241	-19.1	250	103.7	–
	句容	9928	3	–	15	56	–	–	–	–	–	–	74	111.4	21	28.4	–
	扬中	17266	5	–	25	100	–	–	–	4	–	–	134	13300	6	4.5	–
	合计	217758	56	2	238	832	2	28	0	18	0	3	1179	23.6	633	53.7	1.4
大地财险	市区	104074	14	–	52	152	13	19	–	49	–	15	314	-63.3	419	133.4	–
	丹阳	97583	17	–	122	350	6	–	–	16	–	–	511	20.2	483	94.5	–
	句容	48004	0	–	70	253	0	–	–	0	–	–	323	7	155	48.0	–
	扬中	18895	4	–	22	91	4	–	–	0	–	–	121	-52.2	122	100.8	–
	合计	268556	35	0	266	846	23	19	0	65	0	15	1269	-30.8	1179	92.9	1.5
中银保险	市区	2287836	379	35	926	2492	53	36	0	157	0	215	4293	65.9	3798	88.5	5.1
华泰财险	市区	375017	34	0	106	315	12	52	–	33	–	–	552	33	184	33.3	0.7
国寿财险	市区	205524	14	18	280	590	0	6	0	23	0	50	981	-40.7	1173	119.6	–
	丹阳	126512	5	3	288	411	0	14	0	1	0	4	726	536.8	139	19.1	–
	句容	129687	16	7	216	351	0	0	0	8	0	1	599	768.1	126	21.0	–
	扬中	122995	7	7	189	384	8	2	0	5	0	13	615	731.1	65	10.6	–
	合计	584718	42	35	973	1736	8	22	0	37	0	68	2921	52.8	1503	51.5	3.5
渤海财险	市区	49830	14	0	66	132	0	0	0	0	0	7	219	-57.2	236	107.8	0.3

续表 25-1

单位		承保金额	保费收入											同比增长（%）	赔款支出		市场份额（%）
			企财险	家财险	交强险	机车险	运输险	责任险	保证险	人意险	健康险	其他险	累计		累计	赔付率（%）	
民安财险	市区	445817	144	1	144	506	100	0	0	327	0	0	1222	–	131	10.7	1.5
安诚财险	市区	760393	57	2	329	746	15	59	0	54	0	0	1262	–	176	13.9	1.5
长安责任	市区	194148	12	0	157	244	22	8	0	17	0	0	460	–	34	7.4	0.5
永诚财险	市区	302160	22	–	300	417	6	22	–	1	–	–	768	–	8	1.0	0.9
合计	市区	22751056	3616	-36	9920	27525	1542	958	-20	2325	88	2210	48128	17.8	31763	66.0	–
	丹阳	9107458	2432	11	3920	11426	254	506	-9	680	55	675	19950	24.2	12939	64.9	–
	句容	3460184	530	19	1628	3877	39	283	-4	292	16	453	7133	13.2	6767	94.9	–
	扬中	4278910	1226	42	1638	4632	368	209	129	242	19	276	8781	22.5	4883	55.6	–
	合计	39597608	7804	36	17106	47460	2203	1956	96	3539	178	3614	83992	19.3	56352	67.1	100.00

（镇保协）

表 25-2

2009 年镇江市人寿保险业务统计表

单位：万元

单位		保费收入							同比增长（%）	给付金额			退保金额	承保人次	市场份额（%）
		合计	其中							理赔给付	其他给付	合计			
			首年新单	首年期缴	续收	直销	营销	代理							
中国人寿	市区	53555	33277	6181	20278	6461	24164	22930	22	1653	11532	13185	8886	2900400	–
	丹阳	57477	31438	9234	26039	1252	33511	22714	15.5	1851	9922	11773	5688	953239	–
	句容	23666	14764	3910	8902	914	11937	10815	17.6	879	3846	4725	1802	1343418	–
	扬中	28282	15105	4181	13177	470	16765	11047	8.5	1037	6976	8013	2549	619901	–
	合计	162980	94584	23506	68396	9097	86377	67506	16.6	5420	32276	37696	18925	5816958	50.37
太保人寿	市区	11434	5343	2448	6090	464	7554	3415	-10.2	479	3555	4034	2140	3812155	–
	丹阳	4498	2595	771	1903	259	2516	1723	-4.8	89	343	432	695	609861	–
	句容	4652	2419	712	2233	55	2879	1718	22.1	93	122	215	201	458269	–
	扬中	4033	2480	846	1554	129	2190	1715	27.2	119	136	255	332	613712	–
	合计	24617	12837	4777	11780	907	15139	8571	0.7	780	4156	4936	3368	5493997	7.61
平安人寿	市区	23476	11396	3022	12080	1387	15054	19666	39.3	468	773	1241	1048	9185	–
	丹阳	21715	10541	2796	11174	–	13926	–	16.3	432	713	1145	968	5759	–
	句容	7630	3704	982	3926	–	4893	–	119.3	153	249	402	342	2187	–
	扬中	5869	2849	756	3020	–	3764	–	100	118	195	313	261	1509	–
	合计	58690	28490	7556	30200	1387	37637	19666	39.9	1171	1930	3101	2619	18640	18.14
新华人寿	市区	7974	4187	2647	3787	202	4027	3745	41.2	83	951	1034	1115	11312	–
	丹阳	596	201	201	395	–	596	–	59.8	23	20	43	40	787	–
	句容	780	242	242	538	–	780	–	70.7	25	19	44	40	932	–
	扬中	1077	490	490	587	–	1077	–	131.6	27	38	65	57	1322	–
	合计	10427	5120	3580	5307	202	6480	3745	50.2	158	1028	1186	1252	14353	3.22
泰康人寿	市区	11299	7956	1707	3343	175	4454	6670	-4.8	177	1371	1548	5482	9133	–
	丹阳	4838	3818	670	1020	–	1998	2840	76.1	18	0	18	72	4141	–
	句容	3583	3019	281	564	–	902	2681	109.4	10	0	10	43	2606	–
	扬中	3085	3079	8	6	–	20	3065	652.4	9	1	10	0	1736	–
	合计	22805	17872	2666	4933	175	7374	15256	36.2	214	1372	1586	5597	17616	7.05
太平人寿	市区	7031	4697	1847	2334	683	1913	4435	-11.5	110	–	110	455	8122	–
	丹阳	634	268	265	366	3	631	–	40.6	9	–	9	14	934	–
	句容	562	253	251	309	–	562	–	21.9	11	–	11	18	714	–
	合计	8227	5218	2363	3009	686	3106	4435	-7.2	130	0	130	487	9770	2.54

续表 25-2

单位		保费收入							同比增长（%）	给付金额			退保金额	承保人次	市场份额（%）
		合计	其中							理赔给付	其他给付	合计			
			首年新单	首年期缴	续收	直销	营销	代理							
民生人寿	市区	2647	1968	1160	679	7	936	1704	53.4	21	16	37	89	3180	–
	丹阳	187	28	26	159	–	187	–	-11.4	9	–	9	10	94	–
	句容	196	102	101	94	–	196	–	34.2	–	–	0	12	321	–
	扬中	236	96	93	140	–	236	–	36.4	–	–	0	2	176	–
	合计	3266	2194	1380	1072	7	1555	1704	80.2	30	16	46	113	3771	1.01
合众人寿	市区	898	611	412	287	3	356	539	-42.8	–	–	0	–	11170	–
	丹阳	1709	1600	847	109	0	182	1527	78.5	–	–	0	–	6554	–
	句容	1038	863	572	175	3	259	776	458.1	–	–	0	–	9412	–
	扬中	107	107	107	0	0	0	107	–	–	–	0	–	0	–
	合计	3752	3181	1938	571	6	797	2949	38.2	0	0	0	0	27136	1.16
生命人寿	市区	2158	1967	544	191	–	513	1645	-0.9	3	–	3	43	1297	–
	丹阳	73	22	22	51	–	73	–	-65.2	–	–	0	1	45	–
	句容	230	128	108	102	–	230	–	25.7	–	–	0	1	298	–
	扬中	295	178	143	117	–	295	–	-12.5	–	–	0	–	423	–
	合计	2756	2295	817	461	0	1111	1645	-5.2	3	0	3	45	2063	0.85
中宏人寿	市区	1009	478	478	531	0	1009	0	47.9	85	0	85	32	6380	0.31
华夏人寿	市区	2655	1740	2363	915	32	1478	1145	-42.7	9	–	9	1041	1221	–
	丹阳	1299	1299	–	–	–	1299	–	121.3	–	–	0	–	2176	–
	句容	361	361	–	–	–	361	–	533.3	–	–	0	–	794	–
	合计	4315	3400	2363	915	32	3138	1145	-18.2	9	0	9	1041	4191	1.33
嘉禾人寿	市区	1150	910	256	240	13	512	625	-47.2	15	13	28	199	5805	0.36
海康人寿	市区	1119	1119	541	0	0	0	1119	-53.8	1	–	1	60	765	0.35
国泰人寿	市区	1213	1121	0	92	0	326	887	1294.3	1	–	1	1	623	0.37
正德人寿	市区	9526	9495	955	31	47	135	9344	–	12	–	12	444	6139	–
	丹阳	67	67	67	–	–	67	–	–	–	–	0	–	409	–
	合计	9593	9562	1022	31	47	202	9344	743	12	0	12	444	6548	2.96
长城人寿	市区	215	166	166	49	–	215	–	–	1	–	0	7	294	–
	句容	53	53	53	–	–	53	–	–	–	–	0	–	83	–
	合计	268	219	219	49	0	268	0	230.9	1	–	1	7	377	0.08
阳光人寿	市区	3149	3149	1333	0	0	936	2213	–	–	–	0	84	2332	0.97
华泰人寿	市区	603	603	463	0	0	505	98	–	1	–	1	4	2351	0.19
信泰人寿	市区	747	747	747	0	0	28	719	–	–	–	0	96	767	0.23
人民人寿	市区	2889	2889	0	0	18	0	2871	–	–	–	0	–	16108	0.89
合计	市区	144747	93819	27270	50927	9492	64115	83770	25.6	3119	18211	21329	21226	6808739	–
	丹阳	93093	51877	14899	41216	1514	54986	28804	18.3	2431	10998	13429	7488	1583999	–
	句容	42751	25908	7212	16843	972	23052	15990	39.7	1171	4236	5407	2459	1819034	–
	扬中	42984	24384	6624	18601	599	24347	15934	28.1	1310	7346	8656	3201	1238779	–
	合计	323575	195988	56005	127587	12577	166500	144498	25.4	8031	40791	48822	34374	11450551	100.0

（镇保协）

全年承保各类风险5440亿元，其中财产险公司承保3960亿元，参保人数1190万人次，人寿保险公司承保1145万人次。处理各类理赔案件21.83万件，赔付10.52亿元。其中财产保险公司理赔14.81万件，赔付5.64亿元；人寿保险公司理赔7.02万件，给付4.88亿元。

（褚和平）

【中国人民财产保险股份有限公司镇江市分公司】 2009年，公司实收保费和保费收入双双迈上3亿元台阶。保费收入31479万元，比上年增长19.4%；实收保费32142万元，增长24%，完成全年计划27805万元的115.6%，超计划序时15.6个百分点。在市场主体增加到21家的情况下，公司市场份额37.5%，与上年同期持平，增量市场份额37.6%。财产险保费收入6781万元，车险保费收入23257万元，农险保费收入1441万元。商业车险业务增量市场占比40%。丹阳支公司成为苏中地区首个保费收入超亿元的县级支公司。意外险、船舶险业务分别比上年增长46.1%和29.4%，企财险、责任险、信用险等业务也有所增长。索普集团、中电电器等一批重大业务成功续保。在新工程、大项目招标中屡中头标。工程险业务净增实收保费261余万元。其中谏壁电厂扩建1×1000MW超临界机组工程险项目保费收入高达160余万元。交叉销售业务实现“产代寿”业务0.72万元，“产代健”业务202万元，“寿代产”业务3.2万元，“健代产”业务225.6万元。组建司控业务团队，对新车、出租车业务实行专营，营业车队和公务车业务实行专管，业务人员实行客户经理制。

优化服务保障，政策性农险继续稳步推进。全年为全市农业生产经营提供6.7亿元的风险保障，赔付731万元。在传统农业的基础上开办商业性林木保险，在高效特色农业保险方面尝试开办蔬菜大棚保险。参与农险示范县创建活动，推进农网建设。年末，在55个乡镇建立“三农”保险服务站，678个村建立“三农”保险服务点。24小时服务专线“95518”全年话务量310534个，上升10.4%。专线曾连续8个月在监控考核中获全省第一。在总公司2009年“天天向上”学习竞赛综合测试中，获全国系统第七。直属营销服务部被总公司评为全系统标杆团队。2009年，公司为全市提供风险保障1951亿元，比上年增加487亿元，增长33.3%。全年累计赔付支出21126万元，增加7223万元，增长47%。车险累计赔付支出18771万元，增加8005万元，增长74.4%。其中，商业车险增加3457万元，交强险增加4548万元。非车险赔付支出2355万元。在“6·14”强对流天气灾害发生后，公司迅速启动防汛预案，组织查勘理赔，为保户提供及时主动的服务。

加强内部管控，精细化管理稳步推进。加强承保风险的评估和对风险隐患的排查分析，及时调整相关的承保政策，推行差异化手续费政策，抓好对未决赔案和理赔管控的落实，建立复勘复审制度。全年查处虚假骗赔案18起，挽回经济损失88万元。非车贷险追偿收入32万元，在全省系统列第7位。实行车险见费出单，现金净流量大幅增加。百元保费现金净流量10.3元，比上年增长41.1%。实现无现金收付工作，有效防范财务风险。推行预算管理，强化费用分类管理，贯彻落实规范经营，开展财务业务数据真实性自查工作。推广流程标准化管理平台。加强合规经营管控，定期开展自查自纠。参与新《中华人民共和国保险法》的宣传推广工作，维护投保人的权益。

（刘海燕）

【中国人寿保险股份有限公司镇江市分公司】 2009年，公司深入贯彻落实科学发展观，拓宽人寿保险服务领域和覆盖面，各项工作取得新突破。公司全年保费总收入16.30亿元，比上年增长16.6%，市场占有率50.37%，列镇江寿险系统第一位。全年累计给付保险金额3.77亿元。发展群众需求高的养老、医疗等各项保险，加强财务资源管控，将有限的资源用于业务发展、员工福利和促进公司可持续发展方面，实现财务收支平衡，经营效益显著。组织开展“牵手国寿，共迎华诞”客户服务系列活动，推广“2009微笑柜面”活动，继续开展“国寿1+N”客户服务，提升国寿品牌形象和客户满意度。获总公司级“青年文明号”称号。

发展新农村合作医疗、计划生育系列保险、建工险、民政优抚对象保险等政策性业务，履行社会责任。推进保险进学校、进农村、进社区。开展以建国建司60周年为主题的首届文化节活动。公司获全市“影响镇江的六大金融机构”“江苏省放心消费创建活动示范单位”“镇江市文明行业”“江苏省档案目标管理四星级单位”等称号，1人被评为总公司“百朵金花”先进个人。

（张小军）

【中国太平洋财产保险股份有限公司镇江中心支公司】 2009年，公司完成保费收入13542万元，比上年增加432万元，完成全年计划108%，市场份额16.1%。其中，非车险保费收入4936万元，车险保费收入8606万元。赔款支出7816万元，赔付率58%。

利用品牌优势，加大重大项目的攻关力度。公司承担金东纸业、大全集团、中电集团、泰州大桥、崇启大桥、联诚化工、宏达化工、辉煌多硅晶、鼎胜铝业等企业项目保险。在镇江市组织实施的建工人意险、高危行业雇主责任和公众责任险招标中，成为主承保公司。发展车商、银行、邮政代理等渠道业务，重点开拓4S店和汽车销售商等。

创新服务手段，以客户为中心，完善客户服务体系。建立和完善员工诚信服务制度。从业务承保到理赔，制定规范的流程和严格的服务标准。增加查勘人员和车辆，保证快速理赔。加强理赔队伍建设，重新设置理赔岗位，制定相应岗

中国人寿镇江市分公司举办客户大拜年活动　（赵文静）

位职责。对理赔内勤人员实行理赔差错问责制，签订服务承诺书，增强理赔人员责任心。建立客户投诉和监督机制，不定期对查勘人员抽查，加强管控监督，提升理赔人员素质和技能。利用电台、报纸、广播等多种媒体公布公司服务承诺。2009年，公司获镇江市“影响镇江十大品牌”、总公司2008年度合规达标单位称号，被江苏保监局评为2008年全省保险行业行风建设先进单位，2007～2009年公司连续三年被消费者协会评为省级诚信单位。在镇江市举办的全市十佳企业评选活动中，成为唯一的榜上有名的保险企业。（金 怡）

【中国太平洋人寿保险股份有限公司镇江中心支公司】 2009年，公司坚持规范经营，诚信服务，全年保费收入2.46亿元。其中，个险业务保费收入1.51亿元，超过年度计划3000万元，连续两年进入亿元营销标准保费行列。银邮业务保费收入8571万元，团险业务保费收入907万元。解决理赔案件1732件，赔付金额780万元，其中意外险赔付179.03万元，健康险赔付133.84万元，寿险赔付467.13万元。全年解决客户投诉3件，未发生重大恶性投诉和群诉。

参加市政府组织的反商业贿赂、反洗钱活动、平安金融创建活动、放心消费创建活动及与街道工委会共同维护治安等活动。11月，公司与市人口计生委、市计生协会联合举行镇江市“博爱工程—生育关怀行动”启动仪式，向全市女性孤儿赠送300万元的意外综合保障，成立首批计划生育志愿者队伍，向32名计生困难家庭代表赠送筹集所得的1.6万元善款，向困难家庭聋哑女孩赠送学习用品以及意外伤害保险保障。公司多次被评为消费者信得过单位、诚信服务先进单位和社会治安综合治理先进单位。（谢 琳）

【中国平安财产保险股份有限公司镇江中心支公司】 2009年，公司围绕“健康超越”政策方针，坚持以效益为中心，推行精细化、差异化管理，保持业务快速发展。全年保费收入7868万元。比上年增长40.9%，市场份额9.4%。其中：车险保费收入6380万元，占总保费81%；财产险、意健险保费收入1488万元，占总保费19%。紧抓市场切入点，创建并完善相应的经营模式和管理工具。实行目标客户信息认领制度，结合客服节和中秋、国庆等节日做好客户回访工作，通过一系列售后服务等工作为续保做好铺垫，加强大项目、新项目的资源投入，保证项目平台建设的稳定性和持续性。加强传统渠道的维护，拓展新代理点，维护好金融银行业、专业代理公司等良好合作关系，加大车行4S店的拓展力度，在拓展新车业务的同时，尝试与车行建立客户资源共享合作关系，促进客户的二次开发。组织好内外宣传工作，对内增强服务意识，提高服务技能，营造“客户至上、服务领先”氛围，对外扩大宣传范围，提高平安在当地影响力，强化平安产险服务竞争优势。（信 丁）

【中国平安人寿保险股份有限公司镇江中心支公司】 2009年，公司秉持“服务大局、勇担责任、团结协作、为民分忧”的行业精神，开拓创新，拓展业务渠道，推动业务增长。全年保费收入5.87亿元，比上年增长39.9%；各类赔付给付案件1887件，赔付给付金额3101万元。营销服务部19个，员工5000余人。严格执行各项法规制度，推广规范经营。依法履行审批备案程序，注重合规经营，诚实守信，组织各类培训，提升员工的自身素质，通过品质管理办法杜绝代理人在展业过程中侵害客户利益的各种侵害行为，明确各种侵害行为的对应处罚措施，最大程度保护客户权益，保证客户知情权。

建立完善的内控制度。坚持诚信服务，树立企业品牌形象。注重客户服务。从售前培训、理赔服务到投诉处理、客户回访等各个环节，公司制定完善的规章制度，为客户提供完善的服务。镇江地区设立的4个各类服务网点均开通“一柜通”服务，便于客户在一个柜台前办完所有的手续。安排优秀的营销员为客户提供及时、专业、标准化的服务。开通平安网上缴费功能。公司承诺在理赔申请材料齐全的情况下，对一般理赔申请在10个工作日内确定理赔结果。（狄建华）

【天安财产保险股份有限公司镇江中心支公司】 2009年，公司坚持“合规、效益、创新”的发展目标，在合规经营的基础上追求效益，提升管理的执行力，增强集体效益意识，把精细化管理贯穿经营管理的全过程，优化人力资源配置。树立天安“化险为夷、补天爱人”的企业形象。全年保费收入1945万元，比上年增长7.8%，其中非车险689万元，占比35.37%，增长13.85%。保费收入占市场份额2.3%，21家财险公司排名第9位。共结赔案1000.15万元，赔款支出796万元，赔付率40.9%。（任淑丽）

【新华人寿保险股份有限公司镇江中心支公司】 2009年，公司核心业务高速发展，业务品质持续向好，各渠道续期指标保持高位稳定。全年保费收入10427万元，比上年增长50.2%，其中个险业务保费收入6480万元，增长31.1%。代理期缴、团体短险保险比重大幅提高，业务结构得到优化。

为客户提供快速、高效的理赔服务，有效实现效益与价值的增长，形成具有高内含价值的可持续发展的业务模式，表现在新契约期缴业务快速发展、续期业务形成良好的滚动效应，强化服务意识，提高服务水平。全年支付各类赔款158万元，件数269件，理赔时效平均4天。以风险管理和控制为重点，完善治理结构，强化执行力，加强合规内控建设和信息化建设，注重培育良好的合规文化，形成有利于风险管控的内部环境，健全风险控制制度体系。在国内寿险市场率先采用“保额分红”方式，形成独具特色的分红产品体系，赢得稳固市场地位。年度红利保持相对平稳，满足客户相对合理的预期，在保障生命健康的同时实现保额和财富的递增。（骆 婷）

【大众财产保险股份有限公司镇江中心支公司】 2009年，公司保费收入1210万元，比上年增长50%，实收保费1207万元，支付赔款710万元。狠抓基础工作管理。制订各项考核办法和管理细则。围绕预算目标，降本减亏。提倡厉行节约，控制行政开支。重点抓承保环节，每月打出续保清单分析，要求业务人员是第一核保人，筛选业务质量差的续保业务，主动出击拓展非车险项目，创新销售渠道。在镇江市21家财产险公司中，每次检查均获好评。在市政府组织的平安金融创建活动中，公司是首批合格单位。（沈雪暖）

【泰康人寿保险股份有限公司镇江中心支公司】 2009年，公司保费收入22805万元，比上年增长36.2%，承保17617人次，支付各类赔款1372万元。

个人保险保费收入继续位列全省第五。丹阳营销服务部升格为丹阳支公司。市区营销服务本部和丹阳支公司分别连续七年和连续五年位列全省四级机构十强，2009年丹阳支公司保费收入名列全省第三，创历史新高。丹阳支公司陵口营销服务部、后巷营销服务部双双入围全国县域保险“丰收杯”竞赛活动。上半年，公司开展“泰康进万家”活动，将保险送到各镇各村，为农村老百姓提供优质的服务。下半年，在捐资的乡镇、学校、社区设立3所泰康图书室，为当地老百姓增加扩充知识、充实生活的空间。

加强诚信教育，以诚信优良的服务参与市场竞争。对业务人员进行法律法规培训,从制度上规范业务人员销售行为,在业务大幅度增长的前提下,契约品质得到持续改善,13 个月年度继续率85.36%,名列全省第二。加大从业人员培训力度,提高服务人员综合素质,改进服务质量,对客户提供专业、高效、周到的服务。 (张敏泉)

【中华联合财产保险股份有限公司镇江中心支公司】 2009 年,公司各项业务稳步发展,业务质量逐渐改善,业务人员队伍相对稳定,转型初见成效。全年保费收入 6280 万元,其中车险保费收入5979 万元,非车险保费收入 301 万元,与上年基本持平,在镇江 21 家财险公司中名列第四。各项赔款支出 7177 万元。 (徐小卫)

【太平人寿保险股份有限公司镇江中心支公司】 2009 年 1 月,公司获江苏分公司批准成立保费部,设置负责人和综合内勤,将续收作为公司的第三条业务线大力发展。公司个人保险和银行保险13 个月、25 个月继续率均达成指标,其中两项超过总公司精算假设,两名续收专员入围总公司高峰会。公司个险业务以传统险的销售为主导,进入全系统前2000 名系列培训 23 人次。注重对内勤员工的培训,不断提升工作技能,为公司业务的发展提供强有力的后援支持体系。年末,公司个险、银保、续收三条业务线保费收入 8227 万元。 (郭 青)

【民生人寿保险股份有限公司镇江中心支公司】 2009 年,公司完善内控体系,建立健全工作机制,坚持以个人期缴业务为主多渠道发展业务的思路,强化基础管理,加强后援建设,业务稳健发展。

全年保费收入 3266 万元,续期保费收入 1072 万元,13 个月继续率达 73%、25 个月继续率达 94%。银保期缴保费768.2 万元,计划达成率 192.1%;趸交保费实际达成 679.9 万元,超额完成总公司下达的全年计划,继续保持较好的业绩增长。全年受理理赔报案 124 件,支付 29 万余元理赔款。理赔时效:10日内结案率 90 %,平均结案时间 5 天。其中:简易案件共计 31 件,按照简易案件处理流程,资料齐全,1 个工作日内结案;大额送赔款上门 2 件。 (顾芬花)

【阳光财产保险股份有限公司镇江中心支公司】 2009 年,公司保费收入 1179万元,其中财产险 58 万元,交强险 238万元,机车险 832 万元,其他险 51 万元。市场份额 1.4%,保费收入比上年增长23.6%。赔款支出 633 万元,赔付率 53.7%。

完善队伍建设,公司下设综合管理部、业务管理部、直销团队 2 个、专属渠道团队 2 个以及丹阳营销服务部、句容营销服务部、扬中营销服务部 3 个四级机构。发挥集团优势,有效整合产、寿险等保险资源,提升业务管理水平和产品销售水平,实施产寿联动。实行出单、理赔两条线垂直管理,由省分公司直接对员工进行考核管理。加强企业文化建设。 (傅 荟)

【中宏人寿保险股份有限公司镇江营销服务部】 2009 年,镇江营销服务部全年保费收入 1009 万元,保险金额 18881万元,分别比上年增长 48% 和 55%。在为 6380 名客户提供保险服务的同时,严格按照保险合同履行保险责任,主动、及时、准确处理理赔案件,全年给付金额85 万元。树立首家中外合资保险公司的品牌形象,坚持诚信规范服务,做到每单必访,客户回访率 100%。在保险行业组织的第三届诚信服务创优活动中,考核评比综合评分列全市人寿保险公司第二,外(合)资公司第一。强化内部管理,提升员工素质,增强公司内涵品质。154 名营销员全部持资格证和展业证上岗,9 名内勤人员中有 6 人执有国际金融保险管理证书,其中高级 3 人、中级 1人、初级 2 人。在经营活动中自觉遵守行业自律的各项规定,连续三年在行业内未收到投诉。在公司系统的年度社会关怀慈善活动中,有两名营销员在活动中义卖筹款达成款位于全国公司系统前列,获"城市爱心使者"称号。(周禹岑)

【中银财产保险有限公司镇江中心支公司】 2009 年,公司秉承"奋勇争先、追求卓越"的企业精神,构建"尊重、协作、敬业、执行"的核心价值观,依法合规,诚信经营。全年保费收入 4293 万元,列镇江地区财产险公司第五位。 (许再文)

【中国人寿财产保险股份有限公司镇江中心支公司】 2009 年,公司围绕"质量效益年"建设的中心任务,依法合规经营,实现粗放式经营向精细化管理的平稳过渡。对外实行行业自律,对内加强经营管理,完善建章立制,有效提升管理对经营的合规约束作用,合理把握"效益与规模""结构与节奏"的辩证关系,实现稳健经营,公司的可持续发展能力提高。全年保费收入 2921 万元,比上年增长 52.8%,在市场排名居第六位。

加强客服建设,提高管理对业务的支持能力。加强企业文化建设,提高公司的综合竞争能力。通过 e 路通的推广使用,检验并提升理赔工作质量。在员工中开展"向第一天那样去工作"等系列读书竞赛活动。贯彻"增强合规意识、提升业务技能"的指导思想,开展对员工的政策法规的系列培训和对销售人员的险种、业务技能的系列培训。严把合规经营底线,专项治理打击"三假"(假数据、假保单、假赔案)、反洗钱等,开展平安金融创建等工作。 (王映霞)

【安诚保险股份有限公司镇江中心支公司】 安诚财产保险股份有限公司是中国西南地区首家全国性中资财产保险公司,注册资本 10 亿元,总部设在重庆,由重庆市城市建设投资公司、重庆渝富资产经营管理有限公司、重庆城建控股(集团)有限责任公司等国有大型重点企业(占股 92%)及实力雄厚的民营企业共同出资组建。

安诚保险股份有限公司镇江中心支公司成立于 2009 年 1 月 19 日,公司位于镇江市中山东路 381 号中山大厦 7楼。秉承"精细管理、算账经营、逆向思维、创新发展"的经营方针,承担镇江江天汽运集团有限公司项目保险,全年保费收入 1262 万元。 (丁 琰)

【阳光人寿保险股份有限公司镇江中心支公司】 2009 年,公司保费收入 3149万元,完成全年计划的 177.5%。期缴保费收入 290 万元,趸缴保费收入 1900 万元,团险完成交叉销售 59.91 万元,年保费额在省分公司系统内名列前三。开展系列回馈客户的感恩活动,拓展新的客户资源。开拓农行、邮储、工行等多个银行保险渠道。公司提升客户服务质量,提高工作效率,完善服务品质,加强客服人员的综合素质,让众多的客户在接受公司服务的同时加深对阳光品牌的认同。综合管理过硬。公司合规经营,落实平安金融创建,建立一整套适合公司发展的管理体系。 (吴启秀)

【永诚财产保险股份有限公司镇江中心支公司】 永诚财产保险股份有限公司是由中国国电集团公司等国内实力雄厚的大型电力企业集团和产业投资集团共同发起组建的全国性股份制财产保险公司,2004 年 9 月,经中国保险监督管理委员会批准成立,总部设在上海。2009 年3 月 16 日镇江中心支公司筹建,5 月 27日取得保监会保险业务许可证,6 月 12日取得营业执照,7 月开业。

公司秉承"以人为本,用心做事"的核心价值观,以"诚信"为基本原则,开拓保险市场,遵守立法机关和监管机关制定的相关法律法规,通过广播、电视等媒体宣传永诚，树立公司品牌。2009年保费收入767.5万元，赔付率1%。

（胡建女）

证 券

【华泰证券股份有限公司镇江中山东路证券营业部】 2009年，证券市场在新股重新开闸、国内外经济逐渐复苏的背景下，稳步从谷底回升。沪深股市流通市值在总市值中的占比达2/3左右，实现A股全流通。营业部完成股票基金市场份额0.487‰，镇江地区市场份额37.79%。新增客户数约4000户。

明确组织架构，加快推进营业部向理财型转变。2009年，营业部面临更为激烈的市场竞争，其他各类券商加快抢占瓜分镇江地区市场的速度，大打佣金价格战，纷纷以极低的佣金率和发展不规范经纪人队伍争夺营业部客户。部门功能继续细化，将前台划分为“紫金私人顾问”和“紫金大管家”两大团队，团队职能除涵盖原有的现场、非现场、基金、营销团队外，根据公司对营业部理财转型的要求和部署，按照服务客户的划分（钻石卡、金卡、理财卡）和提供服务等级的不同做出重大调整。做好紫金理财体验式服务工作。根据服务客户的类别，给不同团队分配客户，要求团队员工每天通过短信及电话直销给客户。做好紫金理财体验式服务的介绍和推荐工作。在开户环节上，对每名新开户客户发放相关宣传资料统一定制套餐，并通过各种形式回访。从活动反馈的结果来看，体验式服务工作稳步推进，建立各类响应7005人次，客户大多反应良好，有的客户为能享受更高级别的体验服务，主动新增资金。10月30日，营业部设立创业板业务开通办理小组，由总经理担任组长，负责创业板市场交易开通的相关组织部署工作，下设业务办理专员、投资者教育专员、风控专员等岗位，进行业务分工，分别具体负责创业板业务受理、客户知识普及和风险揭示、督促检查及事后跟踪等对投资者适当性管理工作。制定工作方案和创业板工作应急预案，明确工作目标，根据自身客户规模、结合CRM（客户关系管理系统）系统里的客户类别，通过电话、公司短信平台分期分批通知客户，有步骤、有计划的进行工作推进，防止出现客户拥堵杂乱的现象。年末，营业部开立创业板账户5530户。

（史 薇）

【申银万国证券股份有限公司镇江营业部】 2009年，营业部加强自律管理及诚信建设。严格遵守法律法规和监管部门的各项要求，规范地开展各项业务，不参与恶性的市场竞争，不采取不规范的举措开拓业务。做好投资者教育、信息披露等各项工作，依法合规开展业务。在句容市独家设有句容证券营业部从事相关业务。全年营业部交易总量299亿元，比上年增长50%，开放式基金日均保有量近亿元，新增开户数2100户。

（陆晨阳）

【南京证券有限责任公司镇江中山东路证券营业部】 2009年，镇江营业部以科学发展观为指引，外部开拓市场，内部提升增效，较好地承担“理财中心、服务中心、营销中心”的角色，完成公司年初下达的各项指标。营业部交易量288亿元，比上年增长57.47%；手续费收入3846.80万元，增长50.03%；利润2991.90万元，增长71.26%。客户托管市值11.54亿元，客户代买卖证券款2.83亿元，客户总资产14.37亿元。新开客户2630户，营业部总客户18221户。基金保有份额6935.23万份，金额7397.14万元，创历史新高。期货交易量151.66亿元。

（常 斌）

【光大证券股份有限公司丹阳中新路证券营业部】 2009年，营业部股票基金权证交易量471.92亿元，比上年增长65.82%，新增开户4500户，增长28.57%，市场占有率0.42‰。

完善营业部的服务流程和考核体系，强化员工服务意识，根据员工服务能力、服务效果进行业绩考核。将客户分类与员工建立联系，为不同类别客户提供差异化服务产品。改善客户服务水平，改善营业部经营环境，加强投资者教育工作。营业部安排总经理、总监对大客户进行一对一的服务，定期进行回访和交流，对一般客户主要从加强咨询服务上入手。建立内部晨夕会研讨机制。在研究所咨询的基础上，结合大智慧机构版利用资金流分析系统，及时提供贴近市场的建议供投资者参考。开办股民课堂，举办投资报告会、投资者沙龙活动。从2月开始，营业部坚持每周六定期开办股民课堂，讲解基础知识、投资分析、新业务介绍以及风险揭示。截至年末，开课42次，参加听课的投资者达2000多人次。举办2次大型报告会，与会人数达600人。营业部不定期举办投资者沙龙活动，参加交流的投资者达400人次。

加强营销队伍管理和银行渠道合作。营业部对人员进行精心的配置，由总经理、营销总监负责和支行行长、公司部、个金部领导的业务对接和联系，安排4名客服人员带领经纪人分区域加强银行网点的维护和服务。合作的银行渠道由年前的80家增加到100家。与农行镇江分行、中行丹阳支行推出联合营销活动，共营销客户1600户，新增资产3500万元。全力投入创业板管理工作，开展账户规范工作。在创业板推出前夕，营业部全体员工逐个电话通知客户前来营业部办理创业板开户。年末，营业部创业板签署客户数5044户，占营业部合规账户18.05%。加强内部管理，每周安排全体员工学习公司下发的各项管理制度和业务流程。对每项业务推广前先进行内部讨论和考试，使营业部业务管理更加规范，业务宣传和推广保持高效发展。

（李晓君）

民营经济

责任编校：戴 芸

综 述

【概况】 2009 年，全市私营企业和个体工商户 126867 户，净增 14753 户，其中：全市私营企业 28929 户，净增 3470 户，增长 13.6%；个体工商户 97938 户，净增 11283 户，增长 13%；私营、个体经济注册资本（金）661.07 亿元，净增 161.57 亿元，增长 32.3%。全市新增私营企业 4828 户、个体工商户 18179 户、私个注册资本（金）119.26 亿元。2164 家全市规模以上民营工业企业销售收入 1796.9 亿元，增长 18%；利税 138.12 亿元，增长 16%；利润 74.26 亿元，增长 16.8%。全社会民营投资完成 495.62 亿元，增长 29.3%，其中规模以上民营投资完成 449.57 亿元，增长 22.5%。全市民营经济实现增加值 929.68 亿元，增长 14.2%，占全市地区生产总值的 55.6%，比上年提升 1.1 个百分点。 （欧旭丹）

【镇江安徽商会成立】 2009 年 12 月 15 日，镇江安徽商会成立。改革开放以来，安徽人到镇江多数从就业起步发展到创业，一部分发展壮大成规模企业，从事生产经营、商贸流通、餐饮服务、建材建筑、地产开发、广告设计等多个行业。在镇江投资兴业的安徽籍企业、个体工商户及安徽企业驻镇江机构近千家，从业人员超过 5 万人，居住人员超过 10 万人。镇江安徽商会为此成立。首任镇江安徽商会会长艾学平表示，商会成立后，将进一步促进在镇江的安徽籍人士和企业间的合作与发展，搭建联络乡情、增进友谊、互相支持、共同发展的平台。发挥团队优势，提升徽商整体形象，赢得更多发展机遇。2010 年 4 月 18 日，镇江安徽商会在镇江一泉礼堂召开第一届会员、理事会暨成立大会，全国各地的异地安徽商会会长、秘书长，部分安徽的市政府代表，镇江市政府有关部门、商会、行业协会代表，130 多家会员单位代表参会。

镇江安徽商会会徽

（肖尚明 吴士琪）

表 26-1

2009 年镇江市个体工商户基本情况统计表

行业分类	合计			其中：本期开业		
	户数（户）	从业人员（人）	资金数额（万元）	户数（户）	从业人员（人）	资金数额（万元）
合 计	97938	212497	445430.04	18179	80072	152972.67
农、林、牧、渔业	849	1786	25249.97	337	746	16272.50
采矿业	68	743	1143.60	4	18	295.00
制造业	11923	38133	79860.47	2147	6472	17852.36
电力、燃气及水的生产和供应业	28	75	459.30	2	4	15.00
建筑业	358	850	3772.00	72	154	805.00
交通运输、仓储和邮政业	6180	6784	33466.35	526	591	3674.89
信息传输、计算机服务和软件业	196	280	836.83	67	108	286.13
批发和零售业	59066	128942	210428.42	11590	65716	92389.35
住宿和餐饮业	6963	14906	37885.55	1075	2413	8366.52
金融业	2	2	10.00	–	–	–
房地产业	199	310	548.06	109	165	285.30
租赁和商务服务业	842	1348	5368.54	270	412	2173.69
#广告业	72	134	365.20	16	26	74.50
科学研究、技术服务和地质勘察业	26	46	107.18	8	12	49.10
水利、环境和公共设施管理业	11	20	125.80	3	7	43.00
居民服务和其他服务业	10412	16816	39634.92	1913	3131	9394.83
教 育	9	11	57.80	2	2	5.00
卫生、社会保障和社会福利业	84	120	269.20	8	14	28.00
文化、体育和娱乐业	720	1323	6201.05	46	107	1037.00
其 他	2	2	5.00	–	–	–

（朱 伟）

表 26-2 **2009 年镇江市私营企业基本情况统计表**

行业分类	合计				其中：本期开业			
	家数（家）	投资者人数（人）	雇工人数（人）	注册资本（万元）	家数（家）	投资者人数（人）	雇工人数（人）	注册资本（万元）
合　计	28929	55310	402997	6165257.19	4828	8171	46873	1039649.40
农、林、牧、渔业	610	1018	4882	146163.81	207	275	1624	65141.80
采矿业	28	56	536	6665.66	2	3	23	2080.00
制造业	12893	23573	275638	2852319.12	1655	2756	23164	319779.50
电力、燃气及水的生产和供应业	42	123	716	35203.47	1	1	8	27.60
建筑业	1651	3661	26977	554925.41	372	591	3721	81489.00
交通运输、仓储和邮政业	712	1464	9370	108842.49	120	217	951	12089.80
信息传输、计算机服务和软件业	693	1230	2708	51809.49	91	177	465	11375.00
批发和零售业	8201	15455	47727	1120840.38	1630	2756	9643	265467.40
住宿和餐饮业	349	585	6101	24391.55	40	76	871	6909.00
金融业	47	202	278	115489.00	11	29	74	42230.00
房地产业	678	1580	6858	615401.82	121	203	1115	101904.80
租赁和商务服务业	1494	3267	7925	290987.96	334	624	1849	83689.50
#广告业	328	645	1139	18777.70	54	94	260	2980.00
科学研究、技术服务和地质勘察业	450	1148	5134	147563.25	114	246	1993	29728.00
水利、环境和公共设施管理业	78	195	966	33351.00	14	25	112	8646.00
居民服务和其他服务业	814	1427	5507	49536.08	81	126	449	5338.00
教　育	15	30	122	1173.00	4	13	32	246.00
卫生、社会保障和社会福利业	15	23	303	1600.30	1	1	1	10.00
文化、体育和娱乐业	158	273	1249	8963.40	30	52	779	3498.00
其　他	1	–	–	30.00	–	–	–	–

注：注册资本也包括出资金额。

（朱　伟）

政策与管理

【概况】　2009 年，制定出台《2009 镇江市民营经济工作要点》《关于加快全市中小企业信用担保体系建设的意见》《关于进一步促进中小企业发展的实施意见》等文件。市民营经济发展办公室（以下简称民发办）配合市人大、市政协组织开展《中小企业促进条例》《关于进一步促进全民创业的若干意见》等政策落实检查工作，会同纪委等部门开展“优化环境，支持中小企业发展”的调研活动，形成专项报告，对存在的问题提请和督促相关部门限期整改。落实两批取消和停止、减免的收费政策，全年减免企业收费 1.07 亿元。组织企业对部门服务的满意度以书面形式进行反馈，“企业难题”办结率 85%，企业满意率超过 95%。全年为民营中小企业争取国家和省级各类扶持资金近 5000 万元。

2009 年，组织召开第一次全民创业联席会议。开展“民企万人”培训活动，市经贸委组织指导各类机构实施 1.5 万人（次）民企经营管理人员培训。开展“百人千企”活动，重点组织服务机构、辅导专家走进校区、园区、社区、创业基地开展巡诊辅导。5 月，组织 9 名省辅导专家与润州区小企业创业基地内的 30 多家企业签订合作协议，免费进行调查建档、专家预诊、集中会诊和跟踪辅导。全市建成管理规范、有一定规模的小企业创业基地 15 个，入驻企业近 800 家。全市新增省级重点培育基地 7 个，累计 14 个；新增省级示范基地 3 个，累计 4 个。市经贸委在全市经贸系统组织机关干部全年走访民营中小企业 1500 多户，现场协调解决各类问题 1000 多个，发放政策汇编 5000 多册。

2009 年，市经贸委联合人行、银监会等部门推广完善“建行—淡马锡”中小企业融资新模式，向 540 户中小企业发放贷款，贷款余额近 35 亿元。工行、农行、中行、交行等主要金融机构相继成立中小企业信贷专营部门。市经贸委内部成立推进中小企业创业板上市办公室。建立创业板上市的“百企”后备资源库，组织专家对近 40 家上市基础较好的重点企业诊断咨询。截至年底，冰城电材申报材料，证监会已受理。组织实施《关于加快全市中小企业信用担保体系建设的意见》，成立担保协会。全市有担保机构 27 家，注册资本 18.5 亿元，比上年底增长 59%；全年为近 800 户中小企业提供贷款担保 25 亿元，担保额增长 59%。全年新增注册资本过亿元担保机构 6 家，累计 11 家。会同人行、银监等部门开展“金融服务日”活动，举办镇江市中小企业融资洽谈会、“千企百亿”银企对接、“百亿元再担保”等系列活动，推动银企有效对接和合作深化，为民营企业协调解决资金 150 多亿元。启动“镇江市中小企业融资担保集合平台”试点工作，组织市中小企业担保中心、诚信担保公司、新区担保公司、扬中担保公司和丹阳阳光担保公司等 5 家担保机构建立镇江市中小企业融资担保集合平台，为近 20 家企业提供贷款担保“一站式”服务。

2009 年，实施《镇江市“十一五”中小企业社会服务体系建设指导意见》，基本形成以市、辖市（区）、乡镇（街道）中小企业服务中心为主，联合社会各类机构联动参与的三级服务体系。连续两年开展中小企业服务需求问卷调查，形成报告后印发给全市服务机构。健全“保增长、调结构、促发展”实时监测协调机制。选择以民营企业为主的 110 家企业建立日报、周报、月报制度。建立健全部门联系协调机制和联席会议制度。组织 120 多家民营企业参加第六届中国国际中小企业博览会、第四届跨国零售集团采购会、“江苏产品万里行”武汉展、2009 中国（江苏）装备产业配套对接洽谈会等多个展销会，签订合同、达成销售意向近百个，涉及金额 50 多亿元。组织全市乡镇（街道）经济服务中心主任及百家民营中小企业信息主管，和阿里巴巴网站推进中小企业电子商务工程，重点推广“诚信通”“出口通”，帮助企业拓展国内外市场。镇江奥力聚氨酯、丹阳琪瑞德等一大批民营企业的出口订单几乎全部来自网上业务。邀请产业专家、金融专家等免费为企业开展专家讲座。（欧旭丹）

【《关于加快全市中小企业信用担保体系建设的意见》出台】 2009年，镇江市首次出台《关于加快全市中小企业信用担保体系建设的意见》（镇政办发〔2009〕36号），是扶持促进全市中小企业信用担保体系建设重要文件。《意见》要求通过壮大担保机构资本实力、规范担保机构运作、推进担保机构与金融机构互利合作、加强服务和监管，强化中小企业融资服务。市政府明确从2009年起，设立初始规模500万元的“中小企业信用担保专项资金”，主要用于对市区担保机构的风险补偿和考核奖励。（欧旭丹）

【产业招商】 2009年，市经贸委成立产业招商办公室，推进“产业”招商功能。改版招商网站，增加数据库模块；扩大信息收集范围，与浙商资本投资促进会等中介机构联系，了解外地客商投资需求和动向。3～4月，扬中市举办第六届江鲜美食旅游文化节，开展民营经济发展推进月活动。5月7～8日，2009镇江新区“银山之春”投资洽谈会邀请来自18个国家和地区的337名中外客商，发布28个招商项目，签订内资合同项目25个，合同内资58.4亿元，其中总投资10亿元以上内资项目3个；6月8日，润州区在宁波举行“聚焦历史名城，共享滨水之都——中国镇江北部滨水区大型推介会”。丹阳市继7月内资招商月和浙江招商活动之后，10月下旬，以推介特色产业园区为重点，先后召开中国丹阳眼镜产业合作发展洽谈会、江苏丹阳（厦门）投资合作恳谈会和江苏丹阳（福州）投资合作座谈会，推进在手项目50个以上。全年全市组织招商小分队活动800多次，近3000人次参与招商，接触客商3500余人次，获取招商项目信息近700个，涉及金额近450亿元。（欧旭丹）

【镇江市获十大中国民营经济最具活力城市称号】 2009年，在第二届中国城市民营经济活力调研成果发布会暨中国民营经济活力城市峰会上，镇江市获十大“中国民营经济最具活力城市”称号。此次大会由中国民（私）营经济研究会、中国城市经济学会等组织。评选从经济、社会、服务三个方面24项指标入手，在全国除直辖市、港澳台地区外的城市进行，候选城市数百个。（欧旭丹）

【镇江市润州小企业创业基地获国家无偿资助】 2009年，镇江市润州小企业创业基地的综合大楼项目获得2009年度国家中小企业专项资金200万元，这是镇江市小企业创业基地首次获得国家无偿资助。该项目总投资1880万元，建成后是建筑面积2.2万平方米的小企业创业大楼，内设办公区、商务区、技术检测中心、专家公寓等设施，同时购置电子电器加工及检测仪器，组建小型的技术服务平台，为创业小企业服务，预计可以入孵企业200家。（欧旭丹）

【14家民企被确定为第二批江苏省科技型中小企业】 2009年，全市14家民营企业被确定为第二批江苏省科技型中小企业，这些企业科技管理体系健全、自主创新能力强、产品技术含量高，有较强的竞争力、较好的市场前景。包括：镇江忆诺唯记忆合金有限公司、江苏镇安电力设备有限公司、镇江雅迅软件有限责任公司、镇江市诚翔电器有限责任公司、镇江远东环保机械设备厂、镇江电磁设备厂有限责任公司、江苏惠通集团有限责任公司、江苏华伟佳建材科技有限公司、丹阳市华东工程塑料有限公司、江苏超力电器有限公司、江苏南自通华电气集团有限公司、江苏天源华威电气集团有限公司、镇江育达复合材料有限公司、江苏佳誉信实业有限公司。（欧旭丹）

【12家民企获准新设江苏省博士后科研工作站】 2009年，12家民营企业新设立江苏省博士后科研工作站。分别是：江苏南自通华电气集团有限公司、丹阳市精密合金有限公司、江苏鱼跃医疗设备股份有限公司、句容宁武化工有限公司、江苏稳润光电有限公司、江苏华阳金属管件有限公司、江苏丹化集团、江苏天工集团有限公司、江苏吉贝尔药业有限公司、镇江市电站辅机厂、华鹏集团、江苏太白集团。建立博士后科研工作站便于加快建立以企业为主体的技术创新体系，促进产学研结合。（欧旭丹）

【5家民企登中国电气工业百强榜】 2009年11月11日发布第十届中国电气工业100强企业榜，全市5家民营企业入选。大全集团有限公司在百强排名中名列第4，中电电气集团有限公司、江苏南自通华电气集团、华鹏集团公司和江苏华厦电气实业集团分别位列第24、43、52和88名。五家扬中企业跻身全国电气工业百强，体现市装备制造业，特别是扬中电力电器产业基地加速发展。（欧旭丹）

【民企6件专利获第六届江苏省专利奖】 2009年，镇江市民营企业6件专利获第六届江苏省专利奖，项目涵盖化工、机械、光电等领域，分别是：江苏中容电气有限公司“变压器漆包扁线生产工艺方法”、镇江华晨华通路面机械有限公司的“沥青摊铺机熨来板智能加热装置”、江苏稳润光电有限公司的“白光发光二极管的制造方法”、江苏国泉泵业制造有限公司的“双密封室液下泵”、江苏华强电力设备有限公司的“脉冲自洁式空气过滤器”和江苏宏达新材料股份有限公司的“有机硅高温胶原料甲基混合环体脱除微量水的方法及装置”。（欧旭丹）

【4家担保机构通过评级】 2009年，江苏省中小企业局与人民银行南京分行联合开展2009年度中小企业信用担保机构信用评级，镇江市4家担保机构跻身全省担保机构发展的第一方阵。其中镇江新区中小企业投资担保有限公司信用等级被评为AA⁻级，句容市中小企业信用担保中心、扬中市投资担保有限公司、镇江市诚信担保有限责任公司被评为A级。人民银行将对信用等级在A级以上的担保机构，在扩大合作范围、新增授信额度、放大担保倍数等方面加大扶持力度。（欧旭丹）

【7家企业参展第六届中博会】 2009年9月22日至25日，在境内唯一为中小企业提供服务的大型国际性综合展会——第六届中国国际中小企业博览会暨中西中小企业博览会上，镇江强凌电子有限公司、江苏皇晶家纺有限公司、江苏金神牛家具有限公司、句容市捧花蜂业专业合作社、江苏元景假日旅游用品有限公司、扬中江洲工艺品有限公司、镇江新鹏翔皮业有限公司等7家特色企业参展。参展展位10个，现场达成合作协议28个，涉及金额5亿元，其中合同金额6500万元。新加坡客商与句容市捧花蜂业专业合作社签订蜂业综合开发项目，意向投资金额达1.6亿元。（欧旭丹）

【“动力100”中小企业信息化推介会】 2009年8月26日，市经贸委牵头组织并联合中国移动镇江分公司举办2009年“动力100”中小企业信息化推介会。镇江玛维司达建筑材料有限公司、镇江市正恺电子有限公司等40家中小企业高管和信息化主管出席会议。移动公司针对中小企业开发的信息化应用产品和技术，将帮助中小企业加快信息化进程，提高生产效率，降低管理成本，拓展市场空间，获得更大效益。镇江东方电热有限公司、镇江船山模架厂、镇江泛华钛业有限公司等5家企业与中国移动镇江分公司签订合作协议。（欧旭丹）

【开展中小企业创业板上市“百企培训”】为拓宽中小企业融资渠道，2009年6月12日，全市举办中小企业创业板上市“百企培训”，邀请专家对各辖市（区）、市相关部门负责人、全市100户拟争取在创业板上市的资源库企业负责人进行为期半天的专题辅导。深圳证券交易所上海中心、江苏金茂国际投资咨询有限公司、华泰证券、江苏法德永衡律师事务所等中介机构的专家分别就创业板市场定位与特点、创业板上市与政府政策导向、创业板IPO实务解析、创业板上市规则与上市中的法律问题等作讲解并进行现场答疑。（欧旭丹）

【三大产业集群入选省第一批特色产业集群】2009年，全市20个管理规范、产业特色鲜明的产业集聚区工业增加值302亿元，比上年增长21.2%；营业收入1075亿元，增长20%；利税99亿元，增长20.7%。集聚区吸纳企业4105家，从业人员35.3万人。在全省百家重点培育产业集群中，镇江市9家产业集群上榜，其中：丹阳眼镜、汽摩配件和扬中工程电器3个产业集群入选全省首批30个特色产业集群。（欧旭丹）

【民企参加首届中国（江苏）装备产业配套对接洽谈】2009年，在国家工信部与江苏省人民政府共同主办的全国首个装备制造产业专业展会——2009中国（江苏）装备产业配套对接洽谈会上，镇江市的沃得重工（中国）有限公司、大全集团等18家装备制造企业参展，设立32个展位，展览面积近300平方米，参展产品涉及机床及工具、工程机械、电力设备、汽车及零部件等，代表全市装备制造业的发展水平和成就。参展企业签约项目52个，合同总额10.8亿元；洽谈项目108个，涉及金额近30亿元。（欧旭丹）

民营经济协会

【概况】2009年，镇江市民营经济协会设市直、新区、招商市场、装饰城4家分会，会员单位包括丹阳市民营经济协会、扬中市民营经济协会、句容市民营经济协会、京口区民营经济协会、润州区民营经济协会，会员近10万。12月，镇江市民营经济协会被中国个体劳动者协会评为全国个私协会先进单位，镇江市民营经济协会副会长王敬宝被评为全国个私协会先进工作者。2009年2月26日，市民营经济协会发出“百树成林、奉献绿色”主题倡议，动员广大民营企业家参与植树造林、美化家园活动。3月14日，在北部滨水区建立首个民营企业家育林园，启动民营企业家“植树造林爱国日”活动，首批20多家骨干民营企业近百名员工在基地种植广玉兰等树苗100余株。（黄莉）

【搭建融资互助平台】2009年4月28日、6月5日、6月24日，市民营经济协会举办镇商论坛，分别邀请北京金蓝盟企业管理顾问公司首席顾问、企业管理专家姜玉军，著名企业管理专家谢继东，南京大学商学院副院长，金融专家裴平等人为民营企业家做讲座报告，全市近千名企业家代表参加讲座。2月20日至4月30日，与工商、银监部门联合组织全市工行、农行、中行、建行、交行、江苏银行、农信社、邮政储蓄等银行业金融机构，集中对民营企业开展“家访”活动，调查企业融资需求，为企业资金供应保障做好前期调研。“家访”对象主要包括列入市政府“防风险、保重点”的生产型企业和符合国家产业政策、有市场、有技术、有发展前景的100余家生产型中小企业。开通手机短信融资平台。凡有融资需求的企业，将需求内容发至短信平台，在符合贷款资质条件的情况下，由协会和诚信担保公司出面担保向银行进行低息贷款。召开民企高端用户金融峰会。7月23日，与江苏银行镇江分行联合主办“2009镇江民营企业高端用户金融峰会”，向企业介绍银行信贷的有关政策和银行新开发的金融产品，全市100多位民营企业家、财务总监、金融专家参会，现场签订合作意向11份，协议融资800余万元。通过融资互动平台，帮助全市100余家会员企业获得银行贷款4亿元。（黄莉）

【成立民营企业扶贫帮困基金】2009年8月，市民营经济协会成立扶贫帮困基金，宗旨和任务是：致富思源、富而思进、尊老爱幼、扶危济困。基金主要由会员企业自愿捐赠，专款专用，接受理事会与会员企业监督，用于扶助协会的帮扶对象及其他社会弱势群体。截至年底，基金接受会员企业捐赠5万元，向3名扶贫对象发放首笔扶贫款1万余元。在各级协会中开展以“关爱弱势群体、构建和谐社会”为主题的“送温暖”活动，在春节、中秋节、重阳节等节假日走访敬老院35个，慰问特困会员100余人，赠送慰问品、慰问金10余万元。（黄莉）

【指导创业活动】2009年2～5月，联合镇江工商局、镇江市经纪人协会举办新春首场人才招聘会、失地农民就业招聘会、下岗工人再就业招聘会、大学生就业洽谈会等专场招聘会9场次，组织1000家民营企业进场招聘，提供工种151个，工作岗位17400个，进场应聘人员32011人，达成用人意向7790份，实际录用4500人。5月27日，组织22家民营企业赴徐州参加全省“红盾保民生护企业促发展”南北对接大型就业招聘会，提供就业岗位318个，其中适合大学毕业生就业的技术岗位和管理岗位176个，达成就业意向173人，现场签订录用协议23份。（黄莉）

【举办第二期民企接班人培训班】2009年7月15日，联合民营经济关工委举办镇江市第二期民营企业接班人培训班，为期3天，全市100名民营企业接班人参加培训。培训班分两个阶段，第一阶段为理论教学，主要包括“腾飞六十年”“金融危机下的企业发展”“两个务必”“工商企业管理研究”等理论课程；第二阶段为拓展训练，在扬州茱萸湾拓展训练基地进行热身破冰、摸石头过河、空中断桥、空中单杠、相依为命、攀岩、团队桥等团队训练科目。（黄莉）

民营企业选介

【大全集团有限公司】大全集团（原名江苏长江电气集团）成立于1965年，是国家级大型企业集团、全国民营企业500强、中国机械工业100强和中国电气工业领军企业，在江苏扬中市、南京江宁开发区、重庆万州区、北京高新区建有四大产业基地，有23家子公司、7200名员工。2009年订单83.1亿元，比上年增长58%；产值77亿元，增长34%；销售70.2亿元，增长46%；利润7.7亿元，增长107%；上缴税收3.63亿元，增长13%。近三年累计纳税近10亿元，连续多年成为镇江市纳税最多的民营企业。

公司涉足高低压成套电气、元器件、新能源（多晶硅及太阳能电池）、交通技术、环保等产业领域。中低压成套电器、电缆桥架、封闭母线、直流开关设备的生产规模、技术装备、产品档次全国领先。先后获得“中国驰名商标”“中国名牌产品”和“国家免检产品”称号。一期产能超过4000吨的重庆万州多晶硅项目，国内首家采用全自动、全封闭、全循环工艺，主要技术指标、运营质量达国际先进水平。交通技术产业覆盖高速铁路牵引供电系统所有主要产品，成为国内一流的高速铁路系统集成制造商。与德国西门子、德国默勒、美国伊顿、瑞士赛雪龙、丹麦安凯特等国际知名企业合作，成立7家合资公司。公司是国家创新型企业、国家重点高新技术企业，中国电气工业自主创新名列前茅，拥有国家级企业技术中心、国家级博士后科研工作站、国家级电气检测站、企业院士工作站，科技研发人员600余人，博士、硕士以上高级专业技术人员120多人，科技开发能力和技术装备水平居于国内同行业前列，每年有近20项具有完全自主知识产权的新产品问世，累计申报各类专利250多项。

2009年，集团在中国电气工业百强排名中名列第四，被评为2009年度中国电气工业竞争力10强，获第二批"国家创新型企业"和首批"江苏省创新型企业"称号。集团发展电气、新能源、交通技术三大产业。电气产业超前对接、领先研发智能电网领域，20多个新品推向市场；国内首家采用全自动、全封闭、全循环工艺的大全多晶硅，一期扩建1800吨项目成功投产，各项质量指标和运营效益均达国际先进水平；自主研发的风电变频器打破国外同类产品的市场垄断；交通技术产业频频中标国内重点工程，与武广高铁的国产化配套任务顺利完成，奠定中国一流高速铁路系统集成制造商的地位。 （胡圣海）

【江苏飞达集团】 江苏飞达集团成立于1992年4月18日。2009年，江苏飞达集团工业总产值80.77亿元，增长0.34%；利润总额5.86亿元，下降15%；资产总额46.3亿元，增长5.7%；缴纳税金7300万元，下降49.8%，从业人数3715人。集团主营业务范围包括钻头工具、特钢、中板等，其中主导产品中板2009年产品收入46.86亿元。飞达重工于2003年4月注册成立，注册资金1.3亿元。位于江苏省丹阳市，水陆交通便利，临近最大的国内钢材消费市场（华东地区）。飞达重工一期工程于2006年6月底正式投产，年设计生产能力为120万吨。飞达重工生产宽度范围为1600毫米~2100毫米，厚度范围为6毫米~60毫米，牌号为Q235B的热轧普碳中厚板。2500毫米和2800毫米轧制宽度为宽幅配置。2009年，江苏飞达集团加快飞达重工二期工程产能200万吨项目建设，钢结构厂房全部建设完成，完成设备定购。

江苏中德新能源有限公司是江苏飞达集团的控股子公司，是一家集研发、生产、销售为一体的光伏行业高新技术企业。公司成立于2009年4月。8月，江苏中德新能源后巷生产基地落成。公司注册资本金2000万美元，主要从事晶体硅太阳能电池，晶体硅太阳能电池组件及应用产品的研究、制造、销售和售后服务。公司光伏产业园占地36.67公顷；总投资20亿元人民币，计划建设200MW高效电池片生产线、300MW的电池组件封装线、100兆瓦光伏发电站。 （刘 娟）

【镇江液压件厂有限责任公司】 镇江液压件厂有限责任公司成立于1976年，专业化生产全液压转向器、摆线液压马达及相关的配套阀类产品，是中国生产该产品历史最早、产销量最大、品种最多的厂家，也是国内液压件行业的重点企业之一。1996年股份合作制改制，2000年实施二次改制，2004年规范为有限责任公司。现有员工1400人。公司产品主要配套于工程机械、农业机械。全液压转向器产销量中国第一世界第三，国内市场占有率60%以上，摆线液压马达60%以上外销出口到发达国家。公司加大技改投入，扩大产能，形成月产全液压转向器6万台，摆线液压马达4万台，关键零件转定子副8万件的能力。2009年在国家拉动内需促进经济增长的政策拉动下，全液压转向器市场需求上升，全年生产全液压转向器47.7万台，比上年增长21%。受国际经济危机影响，摆线液压马达外销市场下滑，全年生产摆线液压马达18.2万台，比上年下降32%。全公司实现销售收入28178万元，与上年基本持平；利润5436万元，增长5.7%。资产总额3.97亿元，增长2.3%，缴纳税金2522万元，因所得税率调整，比上年下降12.3%。公司建立液压铸造基地，开发液压制动器、行星齿轮箱等一批新产品。2008年公司在润州工业园区征地15.33公顷，实施公司的整体搬迁技改项目。2009年，第一幢1.4万平方米液压转向器加工车间竣工验收。第一、二、三联合厂房及变电所全面开工，预计2010年底完成全部一期工程，为退城进区企业搬迁做好准备。 （刘正敏）

【镇江东方电热科技股份有限公司】 镇江东方电热科技股份有限公司2009年8月31日由镇江市东方制冷空调设备配件有限公司整体变更设立。公司下辖珠海东方制冷空调设备配件有限公司和合肥东方制冷空调设备配件有限公司二个全资独立子公司、拥有54.35%股权的中外合资镇江东方电热有限公司以及重庆、武汉、青岛三个分公司和芜湖办事处。公司年末实有员工926人，销售收入37974.71万元，比上年增长41.00%；实现利润5030.04万元，增长116.58%。全年公司生产各类电加热管1172.70万支，PTC电加热器386.84万支，除霜电加热器12.88万支；四氯化硅冷氢化用电加热器47台（套），四氯化硅冷氢化用电加热器芯16台（套），其他工业电加热器352台（套）。

2009年5月，镇江东方电热科技股份有限公司被认定为符合国家四部委联合新制定的《高新技术企业认定管理办法》标准的"江苏省高新技术企业"；2009年度获国家知识产权局授权实用新型专利13个，外观设计专利5个；与江苏大学合作的"304奥氏体不锈钢电加热器表面耐热防腐层的制备和技术"科研成果2009年12月通过中国机械工业联合会鉴定，确认为"具有创新性和明显的应用价值，查新表明，该技术填补国内同类产品的空白"，"奥氏体不锈钢耐热防腐电加热器"获"江苏省高新技术产品"称号。9月江苏省证监局正式批准镇江东方电热科技股份有限公司进入上市辅导期。公司拟于2010年初正式向中国证监会递交创业板上市报告，这将是镇江市首家申报创业板上市的企业。公司控股的中外合资镇江东方电热有限公司2009年度获授权专利5个，发明专利1个，实用新型专利3个，外观设计专利1个；参与制定即将颁布实施的防爆电加热器国家标准的起草。与东南大学、江苏工业学院合作的"超干密集填料工业电加热器系列产品的开发与应用"科研成果，3月通过中国石油和化学工业协会鉴定，确认为"总体技术特别是电加热核心技术达到了国际先进水平"，10月获得中国石油和化学工业协会"科技进步奖一等奖"，"高干密集填料电加热器"获"江苏省高新技术产品"称号；"多晶硅生产过程氯氢化关键加热系统开发及产业化项目"获2009年江苏省科技成果转化资金项目资助800万元。 （韦秀萍）

【镇江韦岗铁矿有限公司】 镇江韦岗铁矿有限公司是全国地方铁矿委员会副主任单位，全国冶金矿山十佳厂矿，全国矿产资源合理开发利用先进单位，江苏省三会副主任单位，江苏省重点黑色金属矿山，位于镇江市西郊19公里的蒋乔镇韦岗，243省道经过矿区，长江高资港、宁镇公路、312国道和沪宁高速公路均距矿区10公里以内。矿山于1976年开始建设,1988 年投入试生产。公司职工 1153 人,下设 3 个管理部室,12 个分公司(含 5 个分公司、5 个全资子公司、2 个中外合资企业),在伊朗某矿山占有股份,在印尼合作建有矿石加工厂。企业涉及矿业、冶金、温泉、建材、港口物流等多个行业,主要产品均通过 ISO 9001:2008 质量管理体系认证。

2009 年,公司生产稳定,自产铁矿石 47.2 万吨,自产铁精粉 12.26 万吨;进口矿石 80.7 万吨,加工铁精粉 74.09 万吨;销售铁精粉 123.6 万吨;生产阴极铜 354.16 吨;生产铜精粉 979.67 吨;生产标酸 3.51 万吨;综合利用尾砂生产标砖 1201.18 万块;运输公司完成运输总量 243.58 万吨;温泉年接待客人 10 万人次,营业额 582.32 万元;德龙港务完成吞吐量 203.76 万吨,营业收入 1772 万元。该公司全年实现销售收入 9.02 亿元,工业总产值(现价)9 亿元,利税 4045 万元,利润 1010 万元。职工年人均工资 36839 元。全年工程建设投入资金 5896 万元。公司投入近 1000 万元实施深部接替勘查工程,12 月底完成全部实物工作量,矿区深部(-500 米~-800 米)铁矿石查明资源量预计约 1000 万吨。公司投资建设冶金千吨铜项目,2008 年 12 月 28 日项目破土动工,2009 年 6 月 26 日开机试生产。公司与瑞士国际冶金资源有限公司合资成立中外合资镇江中瑞冶金资源有限公司,项目按 100 万吨/年规模规划设计,分两期建设,一期建成 60 万吨/年生产线。5 月 25 日,中瑞资源奠基。12 月 1 日,国际工程部正式挂牌成立,分伊朗、印尼、墨西哥、秘鲁四个工作组开展工作。国际工程部组织出国技术人员进行针对性培训,28 人接受培训。公司在印尼开始建设 50 万吨选矿厂,在伊朗某矿山占有 65% 的股份。公司全年无重大安全生产事故,无重大环保污染事故,产品质量保持稳定。 (毛 卉)

【江苏鹤林水泥有限公司】 江苏鹤林水泥有限公司创立于 2003 年 9 月,地处丹徒区高资镇,注册资金 2 亿元,占地 33.5 公顷,有两条新型干法水泥生产线及配套的纯低温余热电厂、铁路专用线和长江码头等。2009 年,公司年产水泥 410 万吨,比上年增加 1.4 倍,产值 8 亿元,增长 97.5%,销售收入 7.9 亿元,利税总额 8000 万元,是国家水泥生产重点骨干企业。公司通过 ISO 9001 质量管理体系、ISO 14001 环境管理体系、OHSAS 18001 职业卫生安全管理体系认证。公司产品进入京沪高铁、沪宁城铁、宁杭城铁、南京地铁等国家、省重点工程。三期日产 5000 吨熟料新型干法水泥生产线立项并完成项目环评,5 公里的输送皮带长廊暨 5 万吨级专用码头升级改造工程进入实施阶段。公司三期及配套项目全部建成后,公司年水泥产量将达 800 万吨,年产值 22 亿元,上缴税收 2.0 亿元以上的规模。公司开展清洁生产审核和能源审计工作,成为低能耗、低污染、高效益的行业标杆企业。公司被评定为环境保护"绿色"企业、劳动和谐企业、镇江市跨越发展有功单位、省市重合同守信用企业。 (盛新军)

【江苏吉贝尔药业有限公司】 江苏吉贝尔药业有限公司成立于 2001 年 11 月,有职工 382 人。2009 年,江苏吉贝尔药业有限公司完成工业总产值 2.549 亿元,比上年增长 11.42%;销售收入 2.459 亿元,增长 8.5%;利税总额 9174 万元,其中实际利润 4787 万元。公司在 2009 年度被评为江苏省医药行业诚信企业、被江苏省人事厅批准为博士后科研工作站、镇江新区率先发展十强企业、治安保卫工作先进集体,"吉贝尔"商标被评为镇江市知名商标。化学药品第 1.5 类尼群洛尔片获得国家新药证书及生产批件、6 月投放市场;化学药品第 2 类加替沙星滴眼液及中药 8 类地锦草胶囊获得新药证书及生产批件。公司完成江苏省科技成果转化项目的立项工作——国家首个一类复方抗高血压新药尼群洛尔片关键技术的开发与产业化,该项目获政府 650 万元资助,全年拨款 350 万元。年末,员工工资上调 29%。公司全年向镇江市慈善总会捐款 40 万元。 (黄新明)

【镇江影剧服装工艺厂有限责任公司】 镇江影剧服装工艺厂有限责任公司是由镇江影剧服装工艺厂于 2000 年改制成立。该厂创建于 1956 年,原厂名曾为:镇江灯彩合作社、镇江戏具工艺厂、镇江影剧服装工艺厂。改制后公司是国内规模最大的影视、舞台、广场表演服饰研制单位,产量、销售收入和利税等各项主要经济指标连续 20 年居全国同行业之首,公司通过 ISO 9000 质量体系认证。厂址位于镇江丁卯开发区,占地 1.8 万平方米,建筑面积 1.2 万平方米,员工 520 人。该公司主产品"霓裳牌影视服饰"是江苏省名牌产品,该产品的霓裳商标连续四届(1998~2009 年)被江苏省工商局认定为江苏省著名商标。为 1500 多部有影响的影视剧、舞台剧如《红楼梦》《三国演义》《水浒传》《雍正王朝》《英雄》《阿依达》《图兰朵》等制作服饰道具。几乎为所有国家级、省级大型庆典活动,体育盛会制作表演庆典服饰,如:国庆 50 大庆、香港澳门回归庆典、世界大学生运动会、全运会、北京奥运会开闭幕式及上海世博会。

2009 年,公司销售收入 8271 万元,利润 411 万元,纳税 137 万元。公司为《孔子》《西游记》《西津渡》《梦回大唐》《西施》《长恨歌》、韩国 MBC 电视机构的《宣德女王》《伽也将军》及香港东亚运动会、长沙省运会等 100 多部电视剧、舞台剧、运动会制作表演服饰和道具。公司自筹资金 400 万元,在厂区范围内建成六层 4000 平方米的产品研发办公大楼并投入使用,专门用于产品的开发、研制、展示。 (徐 毛)

【镇江市诚翔电器有限责任公司】 镇江市诚翔电器有限责任公司 2003 年由原镇江市电工器材厂(1979 年成立)改制,是国家电力公司、国家机械工业局定点生产高低压输配电设备和电力安全产品的专业工厂,是江苏省高新技术企业、江苏省专利百强企业、江苏省文明单位、江苏省重合同守信用企业、中国高压开关行业协会理事单位。工厂地处镇江市高新技术开发园区,占地 30 万平方米,职工 300 余人,工程技术人员 180 人,其中 63 人具有中高级以上职称。年生产能力 1 个亿。2009 年,公司受经济危机和国家宏观经济政策的影响,产销增长幅度降低、增速减缓,全年完成工业产值 4006 万元,销售收入 3956 万元,利税 269 万元,各项指标与上年基本持平。公司主导产品包括:高低压成套电器设备、高压元器件、"五防"安全及农网电器等四大系列 100 多个品种。箱式柜、真空断路器、程序锁、真空接触器、隔离开关、低压抽屉柜等系列产品通过国家或省级鉴定,12 个产品获国家专利,4 个产品获国家级新产品称号,1 个产品被列入国家级星火计划,13 个产品被评为江苏省高新技术产品。XGN2-12 箱式金属封闭开关柜获得江苏省科技进步奖,程序锁被评为江苏省优质产品,KYN28A 中置柜获江苏省优秀新产品(金牛奖)。 (高 琴)

【锦绣皇宫大酒店】 锦绣皇宫大酒店是由最初的镇扬菜馆发展而来。1984 年,镇江开设第一家私人饭店——镇扬菜馆,1993 年投资兴建 4 层楼面 800 平方米的金聚楼烤鸭大酒楼,1994 年成立镇江餐饮业第一家民营公司——金聚楼烤鸭有限公司,1999 年扩大规模,2001 年在北京前门附近开办镇江金聚楼烤鸭大酒店分店,2002 年底,通过对与原发动机厂的改制经营,成立金江机械有限公司并承诺承担全部债权债务。2009年5月20日，镇江市京口锦绣皇宫大酒店正式营业，酒店位于江苏省镇江市学府路87号，总建筑面积1.6万平方米，总投资8000多万元，酒店中、高级管理层65人，获初级技术职称的员工32人，获中级技术职称的员工16人，获高级技术职称10人，获特级技术人员7人。酒店第1层为大堂吧、宴会厅，2～4层有40多间风格各异的豪华餐饮包房及多功能厅，酒店可同时接待1400多位宾客就餐。5～6层为65间客房，7～8层设4室2厅总统套房，大小会议室3个。二号楼设15个标准房和单间房。附属楼1～3层为桑拿休闲区。部门由原先单个扩大到多个，人数从20多名扩大到300多名。酒店邀请香港博思贝格国际教育团体金牌讲师对员工进行培训，中高层领导赴青岛丽景酒店学习先进管理知识。7月，由京口区劳动社会保障部门组织"锦绣皇宫杯"员工技能比赛活动；每月至少接待一次建材团购大型活动；12月多次接待大中型企事业年终总结会等。酒店吸纳下岗职工100多人次，培训在职实习生100多人次，参加公益活动。免费为员工提供一日三次工作餐；扩大员工宿舍，宿舍里安装空调、电视、配备门卫保洁；建起公共卫生间、淋浴间、开水间，组织员工开展联谊活动。2009年(5～12月)酒店销售收入1815万元，利润总额363万元；资产总额7364万元；缴纳税金130万元(含关税)。

(杨　静)

·小资料·

民营企业信心指数及生存环境调查

调查样本，广东省和北京地区的企业数位居前列，均占到被调查企业数的17%，其次是河南、山东、江苏，分别占9%、9%、8%。

(一) 广受冲击，订单剧减，信心犹存，梦系下年

80%以上的企业感受到经济危机负面影响，其中表示受到的影响为"非常大"和"有一定影响"的企业比例分别为16%和65%。2009年一季度，广东民营税收收入总体同比下降12.6%。民营出口结束高增长态势，同比增速仅为0.5%，比2008年同期下降20.3个百分点。企业反映受到最主要影响是销售订单大量减少，61%的企业对此表示关注和担心。根据调查结果，近90%的企业明确表示预计经济危机将在未来一两年内结束。

(二) 行业难入，贷款难借，优惠难享

超过80%的企业表示在开设新项目、进入新领域的时候，有一定的困难或存在很大困难。以天然气开采为例，国家有关文件明确表示民营企业可以进入，但有关部门制定具体政策时，却设置一个难以逾越的门槛，就是企业注册资本要达到40亿元以上。国有企业垄断也许是行业准入难的重要原因。调查结果在一定程度上证明这一点，反映所在地区基本上没有企业进入石油、电信等垄断行业的企业有将近一半。贷款难借是行业难入又一表现。有一半民企得不到任何银行贷款，有13%的企业表示银行贷款在资金总额中所占比例在10%以下。四大商业银行，9家股份制银行，114家城市合作银行都不愿意贷款给这些企业。73%的企业反映近两年来没有享有过政府、银行等部门提供的融资优惠政策。

(三) 政策虽多，税负仍重

税费负担一直以来是民企发展的另一重障碍。调查显示：一方面，民营企业普遍表示享受多种类型的财税优惠政策。以"优惠税率、税收减免和税收抵免"三种优惠最为广泛，受惠企业比例分别为40%、27%和15%。另一方面，财税政策对民营企业的支持仍然需要大力加强。仍有高达75%的企业抱怨"非公36条"颁布后，税负没有感觉减轻。

(四) 服务改善，救市存疑，融资最缺

超过60%的企业对政府在企业融资、技术创新以及土地使用等方面提供的服务改观表示肯定，认为服务"改观非常大"和"比以前好一点"的企业分别占6%和55%。但企业针对此次经济危机中，政府一系列的"救市"措施给企业带来的正面影响的判断存在分歧。感受到正面影响的企业和认为"基本上没有影响"的企业几乎各占一半。原因可能在于政府在实施"救市"政策时实行一刀切，造成不少传统劳动密集型的中小企业没有受益，反受冲击，而这些企业吸纳大量农村劳动力，对保就业影响巨大。调查表明，政府提供融资服务是第一重要的，超过60%的企业表示希望国家构建多层次资本市场，尽快推出创业板市场；希望更多发展企业债券市场，让有条件的中小企业发行公司债券；希望壮大风险投资事业，让保险资金、银行资金、社会资本都可以参与风险投资基金的设立；希望完善产权交易市场相关政策，引导中小企业通过产权交易渠道以股权融资和项目融资等方式筹集民间或海外资金。

(伊　铭)

科学技术

责任编校：严志清

科技综述

【概况】 2009年，全市科技工作围绕“千百亿工程”，重点实施省市工业科技支撑计划和科技成果转化专项资金项目计划，加强支持新能源、新材料、新医药等领域的关键技术和产品研发、产业化，全市高新技术产业产值首次突破1000亿元，达1063.1亿元，比上年增长24.6%，占全市规模以上工业的比重33.1%，比上年提升3个百分点。

2009年新批准立项省级以上各类科技计划项目302项，其中有10个项目获省科技成果转化资金项目立项，33个项目获省科技支撑计划立项，全年争取上级拨款资助2.09亿元，创向上争取资金数之最。启动实施薄膜太阳能电池、风电、核电、交通载运、新型功能材料、生态循环农业、节能减排等7个市级重大科技专项，专项资金达2700万元，新立重大项目22个，平均支持额度超过100万元。其中对绿洲光伏“非晶硅薄膜太阳能电池”、圣睿太阳能科技“微晶/非晶叠层太阳电池”等重点项目，每项扶持资金达到300万元。

2009年，全市科技部门帮助企业落实优惠政策，经税务部门认定企业研究开发费用所得税前加计扣除7718万元，高新技术企业享受所得税减免1.6亿元。根据《江苏省银行贷款增长风险补偿奖励资金管理办法》，为企业争取2008年度科技项目贷款风险补贴专项资金补助36万元。全市取得重要科技成果61项，其中获国家技术发明二等奖1项、国家科技进步二等奖2项，省级科学技术奖励项目11项；由江苏丹化集团有限责任公司联合中科院福建物构所和上海金煤化工新技术有限公司开展技术攻关的世界首个年产20万吨煤制乙二醇工业示范项目，成功生产出合格的乙二醇产品，标志着我国在世界上率先实现煤制乙二醇成套技术的工业化应用。

2009年12月，省级镇江大学科技园升级为“镇江国家大学科技园”，新增两家省级科技孵化器，全市科技孵化企业面积超25万平方米。全年新建企业院士工作站4家，省高技术研究重点实验室1家，省科技公共服务平台2家，省级工程技术研究中心10家。对市检验检疫局建设的国家级检测平台，安排100万元经费进行扶持；对京口区创业园科技公共服务平台建设，安排200万元进行支持。镇江润州高新技术创业服务中心被科技部认定为国家高新技术创业服务中心。

2009年，镇江市出台《2009年产学研合作工作意见》，全年共举办大型综合产学研活动19场，签约科技合作协议257项。推进“331计划”，引进34个创新创业团队。获国家“千人计划”和“省高层次创业创新人才引进和培育计划”立项40名。评选出2009年度“重大成果”2项和“杰出人才”2名并给予重奖。

2009年，全市科技进步贡献率达52.5%，科技进步综合实力位居全省第五，并连续第七次被科技部评为全国科技进步先进市，所辖丹阳、扬中、句容市被评为全国科技进步先进(县)市。

（王　强）

科技管理

【概况】 2009年，全市科技管理工作以争创全国科技进步先进市为统领，以市科技进步目标考核为抓手，推进“十一五”科技规划实施。年初，市委、市政府召开全市科技创新大会，部署推进科技创新工作，组织争创全国科技进步先进市。6个辖市(区)全部通过全国科技进步考核。加强科技进步统计监测工作，完善市科技统计中心职能，被评为全省科技统计工作先进市。（张　松）

【科技管理机构】 2009年，各辖市(区)均设立科技局、知识产权局，镇江新区经济科技局调整为经济发展局，其中内设科技管理科，负责区内科技工作。各乡镇、开发(园)区均配置科技助理，专职负责科技工作。市及各辖市(区)科技局下设生产力促进中心、科技情报所、创业中心、产业基地管理办公室等机构，辅助开展科技管理和服务。全市有专职科技管理工作人员200多人。4月，市科技局“国际科技合作处”更名为“科技合作处”，将“科技成果及技术市场处”有关开展国内科技合作的职能并入，统筹开展国内外科技合作与交流。（张　松）

【软科学计划管理】 2009年，全市组织申报省级软科学研究计划项目26项，立项7项，争取经费14万元。委托研究项目采取定向方式并经规范程序后组织。一般研究项目采取申报评审方式组织，申报项目必须符合《2009年度镇江市软科学研究计划项目选题指南》确定的选题。指南提出国际金融危机影响、自然灾害应急机制、科技创新人才培养、新建铁路项目推进作用分析、省级园区科技创新能力发展、物流结构调整与振兴、知识产权战略、重大项目知识产权审查、观光农业与新农村建设和民营经济发展等10个研究课题，有21家单位申报。经专家评审，确定江苏大学、江苏科技大学、市经贸委、市气象局和市生产力促进中心作为研究项目承担单位，下达研究经费50万元。全年完成省、市软科学研究项目共28项，产生研究论文43篇，有12项研究成果被相关部门采用。

（何锦润）

【科技与人才目标责任管理考评】 2009年初，市政府下发《2009年科技进步目标管理工作任务书》，在年底对22个被考核单位和53名领导干部（其中党政主要领导32名，行政分管领导21名）进行考核，评选出科技进步目标管理先进集体一等奖7个、二等奖9个，科技与人才工作优秀领导干部3名，党政领导科技与人才工作目标责任制考核先进个人16名。（张 松）

【举行专利权质押贷款银企签约仪式暨专利权质押学术报告会】 2009年12月19日，镇江市26家创新型企业与6家银行举行专利权质押贷款银企签约仪式。138件专利被质押给6家银行，取得银行2010年度1.3亿元授信。签约仪式上，江苏银行镇江分行首批2550万元专利权质押贷款正式发放。

（方立东）

科技合作

【概况】 2009年，全市科技系统征集企业技术需求1558项并汇编成册，拜访科研院所80多家，收集科研院所科技成果1700多项。全市举办19场大型综合产学研活动，669家企业与476名参会专家进行现场对接，展示院校科技成果1324项，发布技术需求1558项，签约科技合作协议257项。组织各类高校院所的专家进行"企业行"97次，深入企业405家，组织387家企业开展各类"企业院校行"142次，签约197项。（陈群峰）

【2009中国镇江（西安）科技合作洽谈会】 2009年4月5日在西安举行，西安地区重点高校院所的领导及有关专家教授60多人出席会议。全市40多家企业分别与西安的10所高校院所进行项目对接洽谈。大全集团有限公司等企事业单位分别与西安交通大学等高校科研院所签订科技合作协议13项，签约的协议主要集中在电子信息、生物工程、机械、新材料和化工等高新技术领域，项目总投入13亿元。（陈群峰）

【镇江市与南京工业大学签订科技与人才合作协议】 2009年7月6日，合作签约仪式在镇江市碧榆园会议中心举行。根据协议，双方将以市场为导向，重点在化学工程、生物化工、新材料、机电一体化等领域进行合作。合作形式包括：促进和引进南京工业大学在镇江创办专业研究院所等科研机构和实体；促进南京工业大学有关院系与市重点高新技术企业共建院士工作站、重点实验室、工程技术研究中心，增强企业技术创新能力；鼓励企业成为南京工业大学产学研合作基地；鼓励南京工业大学科研人员携带高新技术成果到镇江创办、合办高新技术企业或以技术入股等形式与镇江有关企业合作开发、生产高新技术产品；鼓励双方联合申报国家和省重大科技项目；聘请南京工业大学知名专家担任市政府科技顾问。（陈群峰）

【镇江市5个项目在省第二届产学研合作成果展示洽谈会上集中签约】 2009年9月20日，镇江市组织高清晰数字式X射线机、核动力蒸汽发生器、超级稻机械化收获装备、油菜联合收割机等23个产学研项目参加"江苏省第二届产学研合作成果展示洽谈会"。有5个项目分别与南京航空航天大学、上海交大、机械科学研究总院、中国人民解放军海军工程大学、中南大学在洽谈会上集中签约，项目涉及总投资8.1亿元，建成后每年新增销售44.3亿元。（陈群峰）

【镇江—东南大学科技成果展示洽谈会】 2009年9月25日在镇江市召开。东南大学各院系40多名院士、专家和教授与镇江市150家高新技术企业及各有关部门负责人就电子信息、新材料、新能源和电气、生物医药以及机械自动化等5个专题进行洽谈，达成初步合作协议40余项。"东南大学—镇江工业技术研究院""东南大学—镇江智能电网研究中心""东南大学科技成果转化镇江工作站"、辉煌硅能源（镇江）有限公司与东南大学共建院士工作站等12个项目在洽谈会上集中签约。洽谈会期间，东南大学集中展示162项贴近镇江市产业结构和新兴产业发展的最新科技成果。

（陈群峰）

【2009镇江新区—武汉高校科技成果转化对接洽谈会】 2009年12月3日在湖北武汉市举行，发布镇江市企业技术需求50项，华中科技大学等武汉地区高校发布最新科技成果信息500余条。镇江新区、镇江市科技局分别与华中科技大学和武汉理工大学签订共建华中科技大学国家技术转移（镇江）中心和武汉理工大学国家技术转移（镇江）中心的合作协议，镇江新区、镇江冈山电子有限公司与湖北工业大学签订共建湖北工业大学模具检测（镇江）中心合作协议。20家企业与武汉四所高校签订26项合作协议及合作意向，项目涉及新材料、光电子、汽车零部件、机电一体化等产业领域。（陈群峰）

【2009中日韩农业发酵技术推广会】 2009年9月3～5日在镇江市举行，引进国内外发酵床养殖、发酵饲料、发酵肥料等新技术10多项，8名日韩专家进行技术推介，日韩专家分5个小组到企业进行技术交流和合作洽谈。镇江市将研发应用"发酵床养殖和发酵饲料"的饲养新模式，完善发酵床养殖技术，提高其综合经济效益。（王志强）

2009中日韩农业发酵技术推广会会场 （陈群峰）

科技计划

【概况】 2009年,全市科技部门组织实施市级以上科技项目1200多项,其中国家和省级项目302项,争取省以上科技拨款2.09亿元,在各省辖市中居于前列。入围国家和省科技计划的项目中,新兴产业项目占项目总数45%左右。用于薄膜太阳能、交通载运、新型功能材料等重大项目的科技拨款占60%以上,项目平均支持额度超过100万元,重点项目资助额度达300万元。188个在研省级项目,年新增产值64.03亿元、利税12.43亿元、出口创汇2.94亿美元;在核心期刊发表论文1011篇(其中SCI收录196篇、EI 327篇),出版专著14本;申请专利1689件(其中发明专利632件),授权专利566件(其中发明专利103件),取得软件著作权81项,获得技术标准110项(其中国家标准23项);开发成功新产品、农业新品种、新装置、新工艺、工程化成果等840项,项目成果获国家、省科技进步奖80项;通过项目实施,引进、培养和留住一大批高层次创业创新人才,其中博士562人、留学归国人员93人,外籍人才57人。 (张 松)

【科技投入】 2009年,全市各级政府加大科技投入,用于科技投入的财政资金达3亿元,获得省以上科技拨款2.09亿元,全社会科技投入50亿元,R&D(研究与开发,下同)经费支出占地区生产总值的比重达1.92%,大中型企业R&D经费投入26亿元以上,企业研发投入占销售收入比重1.7%。 (张 松)

【10个项目列入2009年省科技成果转化专项资金项目】 2009年,全市10个项目被列入省科技成果转化专项资金项目,获省财政专项资助8550万元,镇江市立项数列全省第六,项目的平均资助金额高于全省水平。10个项目总投资额超过13亿元,达产后年新增销售额60亿元,年新增利税2.3亿元,项目拥有授权专利38项,其中发明专利28项;已申请专利37项,其中发明专利35项。

(徐光陆)

表27-1 **2009年度镇江市列入省工业科技支撑计划项目一览表**

序号	项目编号	项 目 名 称	承担单位	省拨款(万元)
1	BE2009118	海上风电吊装和运输专用工作船研发	江苏现代造船技术有限公司	40
2	BE2009119	用于平板显示的各向异性导电膜(ACF)研究开发	镇江爱邦电子科技有限公司	40
3	BE2009120	面向国际国内IPTV标准的网络电视软硬件关键技术与终端样机	镇江唐桥微电子有限公司	60
4	BE2009121	北斗二代卫星接收机双频基带芯片研制	江苏科技大学	40
5	BE2009122	1000t造船门式起重机(2×400t)+400t	江苏沃得起重机有限公司	60
6	BE2009123	基于纳米硅薄膜的高灵敏度超微压压力传感器	江苏大学	40
7	BE2009124	高强高模碳纤维生产专用关键精控牵伸(成套)装备及技术	镇江奥立特机械制造有限公司	60
8	BE2009125	用于标记生物大分子核酸和蛋白质的高纯度荧光试剂研究开发	慧盛科技研发(镇江)有限公司	40
9	BE2009126	大型飞机用多规格高性能7xxx系铝合金焊接工艺的研究	江苏科技大学	40
10	BE2009127	大飞机用亚微米颗粒增强铝基复合材料开发与制备	江苏中欧材料研究院有限公司	40
11	BE2009128	有机高分子发光器(P-LED)和P-LED显示屏的开发和产业化	德晶电子(江苏)有限公司	60
12	BE2009129	KS1200A/1200V集成大功率双向晶闸管	江苏威斯特整流器有限公司	60
13	BE2009130	柔性太阳能电池及柔性显示产品用超薄不锈钢基材的精密成型研究	江苏呈飞精密合金股份有限公司	60
14	BE2009131	核电蒸汽发生器用抗振条	丹阳市龙鑫合金有限公司	40
15	BE2009185	飞机用高强韧铝合金的研发	江苏豪然喷射成形合金有限公司	200
16	BE2009186	精密复杂长寿命模具用钢关键技术开发	江苏长丰材料科技有限公司	200
合计				1080

(丁文斌)

表27-2 **2009年度镇江市列入省科技成果转化专项资金项目一览表**

序号	项 目 名 称	承 担 单 位
1	千吨级PAN基碳纤维开发与产业化	江苏恒神纤维材料有限公司
2	2MW及以上直驱风电机组柔性并网变流器的研发及产业化	江苏南自通华电气集团有限公司
3	多晶硅生产过程氯氢化关键加热系统开发及产业化	镇江东方电热有限公司
4	大型复杂精密检验工装和汽车匹配主模型的研发与产业化	江苏申模数字化制造技术有限公司
5	超长寿命多功能精密摆线液压件的关键技术开发与产业化	镇江液压件厂有限责任公司
6	国家首个一类复方抗高血压新药——尼群洛尔片关键技术开发与产业化	江苏吉贝尔药业有限公司
7	小麦胚芽、麸皮高效增值全利用关键技术开发与产业化	丹阳市江南面粉有限公司
8	高清晰数字式X射线机关键技术开发及产业化	江苏鱼跃医疗设备股份有限公司
9	混合动力车用内联模块型高功率镍氢电池系统的研发及产业化	江苏奇能电池有限公司
10	TFT-LCD用高档液晶材料开发与产业化	江苏和成化学材料有限公司

(徐光陆)

表 27-3

2009 年度镇江市科技成果转化专项资金项目一览表

序号	项目名称	承担单位
1	MEMS 近红外光谱仪关键技术开发及产业化	江苏惠通集团有限责任公司
2	360 度翻转救生/救助艇用柴油发动机开发和产业化	镇江四洋柴油机制造有限公司
3	高适应性低排放车用柴油机电子控制系统的研发与产业化	镇江恒驰科技有限公司
4	车载贴片电容基座关键技术及其产业化	镇江冈山电子有限公司
5	NiTi 基形状记忆合金及表面原位生成氧化膜的开发与产业化	镇江忆诺唯记忆合金有限公司
6	OLED 关键原材料三苯胺及衍生物合成技术研发及产业化	镇江市海通化工有限公司
7	秸秆捡拾成型打捆机的关键技术与产业化	江苏美佳马达有限公司
8	大中型秸秆热解气化技术应用及研发	镇江蓝天新能源科技有限公司
9	高纯度水飞蓟宾原料及其水飞蓟宾自微乳化片关键技术开发与产业化	江苏中兴药业有限公司
10	农药中间体新型 3 - 氨基 -4 - 甲氧基乙酰苯胺清洁生产工艺开发	江苏福仕特集团化工有限公司
11	水泥行业节能减排技术的综合利用与示范	江苏鹤林水泥有限公司
12	利用工业废渣—尾矿开发新型绿色建材的关键技术集成应用研究与示范	镇江韦岗铁矿有限公司

（徐光陆）

【加强科技基础设施建设】 2009 年，江苏申模数字化制造技术有限公司、江苏长丰材料有限公司、江苏荣昌化工有限公司、江苏中欧材料研究院有限公司，分别与阮雪榆、陈蕴博、柯伟和柳百成等 4 名院士领衔的科研团队签订长期合作协议，在"数字化制造技术""高端模具材料及制品""高性能水性无毒防腐蚀涂料""载运工程材料"等高科技领域共建 4 家企业院士工作站。全市有企业院士工作站 9 家，新增省级高技术研究重点实验室 1 家、省级科技公共服务平台 2 家。其中由江苏大学联合江苏沃得集团等企业组建的智能农业装备高技术研究重点实验室，获省科技厅资助 300 万元，将围绕农业装备监测与控制技术、性能及检测技术、数字化设计与开发技术三个方向展开研究；开发一批战略目标产品，创制智能化监控装置及仪器，突破智能农业装备领域国外技术封锁。

（居秋生）

【实施科技惠民工程】 2009 年，在江苏福仕特集团化工有限公司实施"清洁生产工艺开发"项目，在鹤林水泥、韦岗铁矿等企业启动 3 项节能减排重大科技专项，安排科技经费 120 万元，带动企业投入节能减排资金 7170 万元。启动实施"农民和异地民工及异地安置医保一卡通示范工程""生物质能热电示范工程"等省级社会发展科技示范工程；在人口健康、生态环境、人居环境、公共安全等重点领域开展应用性研究，组织市级社会发展科技计划项目 30 余项，下达指令性计划 21 项，安排科技经费 147 万元，下达指导性计划 75 项。（居秋生）

【加强企业研发机构建设】 2009 年 12 月，市政府出台《镇江市 2010 ~ 2012 年研发机构和检测机构建设意见》，提出用三年时间，在提升全市优势产业的基础上，重点在新能源、新材料、生物技术及医药、电子信息和先进制造等新兴产业，新建 30 家研发机构和检测机构，其中研发机构 20 家、检测机构 10 家。到 2012 年，全市研发机构和检测机构总数累计达 50 家以上。全年组织申报省级工程技术研究中心 42 家，新认定市级工程技术研究中心 39 家，全年省、市工程技术研究中心的新增数量是前三年的总和。全市 76% 的大中型企业均建有研发机构。为支持和鼓励企业创建省级以上研发机构，市本级科技经费首次对新立项的省级科技基础设施项目给予补助，安排配套经费 335 万元。（居秋生）

高新技术产业化

【概况】 2009 年，全市高新技术产业产值 1063.1 亿元，比上年增长 24.6%，占全市规模工业产值的 33.1%。其中国有企业产值 46.9 亿元，占全市高新技术产业产值的 4.4%；民营企业产值 559.7 亿元，占全市高新技术产业产值的 52.6%；三资企业产值 413.4 亿元，占全市高新技术产业产值的 38.9%。全市高新技术产业销售收入 1002.4 亿元，增长 26.2%，占全市规模工业销售收入的 33.4%；利税 84.5 亿元，增长 27.1%，占全市规模工业利税的 33.5%。

（丁文斌）

表 27-4

2009 年度镇江市按新标准认定高新技术企业一览表

序号	企业名称	所在地	序号	企业名称	所在地
1	丹阳市新美龙汽车软饰件有限公司	丹阳市	13	江苏明月光电科技有限公司	丹阳市
2	江苏新通达电器有限公司	丹阳市	14	江苏太平橡胶股份有限公司	丹阳市
3	丹阳市法拉电子有限公司	丹阳市	15	江苏联东化工股份有限公司	丹阳市
4	江苏沃得农业机械有限公司	丹阳市	16	江苏圆通汽车零部件有限责任公司	丹阳市
5	丹阳锅炉辅机厂有限公司	丹阳市	17	江苏吟春碧芽股份有限公司	丹阳市
6	江苏冰城电材股份有限公司	丹阳市	18	江苏南自通华电气集团有限公司	扬中市
7	江苏启迪合金有限公司	丹阳市	19	江苏大全封闭母线有限公司	扬中市
8	江苏上一道科技股份有限公司	丹阳市	20	江苏银佳企业集团有限公司	扬中市
9	江苏天工工具有限公司	丹阳市	21	江苏中电输配电设备有限公司	扬中市
10	丹阳四达化工有限公司	丹阳市	22	江苏中电变压器制造有限公司	扬中市
11	海昌隐形眼镜有限公司	丹阳市	23	镇江正汉泵业有限公司	扬中市
12	江苏洪昌科技股份有限公司	丹阳市	24	江苏华威线路设备集团有限公司	扬中市

续表 27-4

序号	企业名称	所在地	序号	企业名称	所在地
25	江苏金波新材料科技有限公司	扬中市	54	镇江液压件厂有限责任公司	润州区
26	江苏星河集团有限公司	扬中市	55	江苏省镇江船厂有限责任公司	润州区
27	镇江万奇电器设备有限公司	扬中市	56	镇江铁科橡塑制品有限公司	润州区
28	江苏金华厦电气有限公司	扬中市	57	江苏荣基重工科技有限公司	润州区
29	向荣集团有限公司	扬中市	58	江苏大通重工有限公司	润州区
30	扬中市江南砂布有限公司	扬中市	59	正茂集团有限责任公司	润州区
31	镇江大全伊顿电器有限公司	扬中市	60	镇江江南化工有限公司	镇江新区
32	镇江锋芒磨具有限公司	扬中市	61	镇江市东方制冷空调设备配件有限公司	镇江新区
33	镇江苏惠乳胶制品有限公司	扬中市	62	镇江中船现代发电设备有限公司	镇江新区
34	江苏裕太防爆电加热器有限公司	扬中市	63	江苏安特耐科技有限公司	镇江新区
35	江苏威腾母线有限公司	扬中市	64	江苏恒顺达生物能源有限公司	镇江新区
36	江苏中容电气有限公司	句容市	65	双峰格雷斯海姆医药包装(镇江)有限公司	镇江新区
37	江苏农林职业技术学院绿苑实业总公司	句容市			
38	江苏山水园林建设有限公司	句容市	66	镇江大成硅科技有限公司	镇江新区
39	句容骏升显示技术有限公司	句容市	67	镇江恒驰科技有限公司	镇江新区
40	镇江育达复合材料有限公司	句容市	68	镇江赛尔尼柯电器有限公司	镇江新区
41	镇江市诚翔电器有限责任公司	丹徒区	69	镇江市港南电子有限公司	镇江新区
42	江苏领先电子有限公司	丹徒区	70	镇江市裕久精机制造有限公司	镇江新区
43	江苏钱潮轴承有限公司	丹徒区	71	镇江新区澳华测控技术有限公司	镇江新区
44	中化镇江焦化有限公司	丹徒区	72	江苏奥雷光电有限公司	镇江新区
45	镇江通达电子有限公司	丹徒区	73	江苏镇钛化工有限公司	镇江新区
46	镇江金钛软件有限公司	京口区	74	镇江江大科茂信息系统有限责任公司	镇江新区
47	镇江四洋柴油机制造有限公司	京口区	75	镇江康飞机器制造有限公司	镇江新区
48	镇江中福马机械有限公司	京口区	76	镇江市大港通达铜材有限公司	镇江新区
49	江苏现代造船技术有限公司	京口区	77	镇江市江南矿山机电设备有限公司	镇江新区
50	镇江鼎胜铝业股份有限公司	京口区	78	镇江益林金刚石工具有限公司	镇江新区
51	镇江市亿华系统集成有限公司	京口区	79	江苏正丹化学工业有限公司	镇江新区
52	江苏惠通集团有限责任公司	京口区	80	镇江三维输送装备有限公司	镇江新区
53	镇江震东电光源有限公司	京口区	81	江苏辉能电气有限公司	镇江新区

(丁文斌)

【获科技部创新基金项目立项 34 个】 2009 年,全市组织国家科技型中小企业创新基金项目 69 项,涵盖光机电一体化、电子信息、新能源与高效节能等 6 个技术领域。江苏稳润光电有限公司承担的"照明用白光 LED"等 34 个项目(见下表)列入国家创新基金科技计划项目,争取经费 2380 万元,是 2008 年争取国家创新基金项目经费总数的一倍。在立项的 34 个项目中,有 4 个是国家创新基金重点项目,单个项目经费均超过 100 万元,最多的经费达到 150 万元;有 5 个是国家创新基金初创期项目,单个项目平均获经费 32 万元;有 25 个项目为国家创新基金一般项目,单个项目平均获经费 68.8 万元。

表 27-5 **2009 年度镇江市列入科技部科技型中小企业技术创新基金项目一览表**

序号	项目编号	项目名称	承担单位	国家拨款(万元)
1	09C26213200862	OLED 关键原材料三苯胺及其衍生化合物关键合成技术	镇江市海通化工有限公司	60
2	09C26213200903	高弹性耐腐蚀环保型眼镜支架专用材料	江苏启迪合金有限公司	70
3	09C26213200865	高速重载交流大功率电力机车用辅助压缩机组	江苏德厚机电有限公司	60
4	09C26213200880	高内压一次成型钛合金管件	句容通用管业有限公司	70
5	09C26213200885	欧Ⅳ清洁汽油生产用全馏分加氢异构脱硫催化剂	江苏佳誉信实业有限公司	70
6	09C26213200906	高耐热低膨胀系数碳纤维乙烯基酯复合材料及制品	镇江育达复合材料有限公司	50
7	09C26213201068	通信 3G 用微波电缆组件的开发与产业化	镇江恒吉昌电子有限公司	60
8	09C26213200876	高强高模碳纤维生产专用关键精控牵伸(成套)装备	镇江奥立特机械制造有限公司	60
9	09C26213201011	轧辊轧制一次成型高性能螺旋叶片	镇江市邦禾机电装备有限公司	80
10	09C26213200884	配电网有源滤波及静止无功补偿装置	镇江中茂电子科技有限公司	50
11	09C26213201004	用于低振动高刚度金刚石锯片基体的金属塑料复合材料	镇江益林金刚石工具有限公司	70
12	09C26213201044	新型多用途多元形状记忆合金	镇江忆诺唯记忆合金有限公司	90
13	09C26213200929	风力发电专用智能化低压断路器	江苏辉能电气有限公司	70
14	09C26213200875	采用太阳能空气集热器和太阳能房对城市污水处理厂污泥的资源化处置技术及成套工艺设备的研发	镇江同盛环保设备工程有限公司	80

续表 27-5

序号	项目编号	项　目　名　称	承担单位	国家拨款（万元）
15	09C26213200951	防治快速积污导致的输变电设备污闪的相关技术及产品——用于防止快速积污闪络的大盘径硅橡胶伞裙	镇江江冠电力设备有限公司	70
16	09C26213201022	通信机房新风节能与净化系统研发与产业化	江苏香江方大节能软件有限公司	60
17	09C26213201029	可重构分布式复合控制光伏并网逆变器	江苏兆伏新能源有限公司	70
18	09C26213201076	高效能油净化自动装置	镇江市长江机电设备厂	70
19	09C26113201104	HZL－Ⅱ型大型电站环境噪声综合治理关键技术及装备	江苏中能电力设备有限公司	70
20	09C26213200838	西部地下卤水资源开发用QJL型防结晶卤水采集泵	镇江万钧力能源成套设备有限公司	70
21	09C26213200889	大型高频臭氧发生器(臭氧产量:20kg/h)	江苏康尔臭氧有限公司	70
22	09C26113203912	面向3G基站的宽频带天馈浪涌保护器	镇江华坚电子有限公司	75
23	09C26113203914	核电站用仪表阀门国产化	江苏海纳机电集团有限公司	65
24	09C26213203808	高耐磨铜合金材料制备及应用	镇江汇通金属成型有限公司	85
25	09C26213203836	FD型2MW级风力发电用柔性母线系统	江苏向荣母线有限公司	75
26	09C26213203689	基于目标的版本化文档管理系统	镇江星浪科技产品有限公司	30
27	09C26213203763	纳米硅线大功率锂电池负极材料	镇江科捷锂电池有限公司	30
28	09C26213203778	基于多级混合编码及软内核引擎的工作流系统	镇江微博信息技术有限公司	30
29	09C26213203797	基于PMML的数据挖掘软件系统	镇江金全软件有限公司	30
30	09C26213203835	数控激光并联机床	镇江惟真激光技术有限公司	40
31	09C26213203688	高性能冷挤压成型铝镁合金管件	江苏华阳金属管件有限公司	130
32	09C26213203745	照明用大功率白光LED	江苏稳润光电有限公司	150
33	09C26213203749	1000MHz宽带实时数字荧光示波器	江苏绿扬电子仪器集团有限公司	110
34	09C26213203853	西部地下卤水资源综合开发用快速清除结晶采卤泵	镇江正汉泵业有限公司	110
合　计				2380

（丁文斌）

【国家自主创新型企业与创新型试点企业】 2009年，大全集团有限公司被认定为第二批国家自主创新型企业（第二批共111家创新型企业，其中江苏省6家）；中电电气集团有限公司被确定为第三批国家创新型试点企业（第三批共182家创新型试点企业，其中江苏省7家）。（丁文斌）

【5家企业获省第二批农业科技型企业认定】 2009年，江苏省认定的省级农业科技型企业中，江苏山水建设集团有限公司、镇江天和生物技术有限公司、镇江市丹徒区正东生态农业发展中心、江苏耕耘化学有限公司、镇江恒欣肥料科技有限公司等5家企业榜上有名。此次上榜的5家企业涉及园林绿化、饲料添加剂及兽药、种植、农药、肥料等行业，主要品牌产品年销售额合计2.4亿元，拥有自主品牌产品10个，拥有自主知识产权31项，其中专利25件，年研究与开发经费1625万元。通过省级农业科技型企业的培育，为促进全市现代农业发展、高效农业规模化、“农业增效 农民增收”提供技术支撑。（王志强）

表27-6

2009年度镇江市获省级创新资金项目一览表

序号	项目编号	项目名称	承担单位	省拨款（万元）
1	BC2009255	商用汽车缓速器智能控制系统开发与产业化	镇江海普电子科技有限责任公司	20
2	BC2009256	核工业用高膨胀耐核辐照防火密封胶的研制与开发	海龙艾默生(镇江)能源科技有限公司	30
3	BC2009257	公安车管综合收费系统	镇江精英软件科技有限公司	20
4	BC2009258	脱水蔬菜光电视觉检测机	镇江市润州普金光电子科技应用研发中心	30
5	BC2009259	高密度多功能车载DVD激光读取头开发及示范生产线	镇江晶鑫电子科技有限公司	30
6	BC2009260	配电网有源滤波及无功补偿装置	镇江中茂电子科技有限公司	20
7	BC2009261	高承载低成本代木纸模托盘关键技术研发	镇江海特包装科技有限公司	30
8	BC2009262	数控激光并联机床研发与制造	镇江惟真激光技术有限公司	20
9	BC2009263	内置大功率LED光源光生物反应器	江苏元洲生物工程有限公司	30
10	BC2009264	特种耐磨铜合金材料及产品研发和应用	镇江汇通金属成型有限公司	30
11	BC2009265	高清晰度视频车型实时分类系统	江苏科海智能系统有限公司	20
12	BC2009266	版本化文档管理系统	镇江星浪科技产品有限公司	20
13	BC2009267	基于3G通信的流媒体资源服务器系统	镇江畅联通信科技有限公司	20
14	BC2009268	气压式自动喷雾器	丹阳市北吉模塑有限公司	20
15	BC2009269	新型光扩散膜技术开发及产业化	丹阳博昱科技有限公司	20
16	BC2009270	HLA－G免疫组化癌症诊断试剂的技术和产品开发	丹阳枫叶生物科技发展有限公司	20
17	BC2009271	全自动高速听装包装生产线	丹阳仅一包装设备有限公司	30

续表 27-6

序号	项目编号	项 目 名 称	承 担 单 位	省拨款(万元)
18	BC2009272	大型电站环境噪声高效综合治理关键技术及装备	江苏中能电力设备有限公司	20
19	BC2009273	DWTZ-70机车辅助压缩机组的研制	江苏德厚机电有限公司	20
20	BC2009274	超低硫清洁汽油生产关键技术-NCC汽油加氢催化剂	江苏佳誉信实业有限公司	30
合 计				480

(丁文斌)

表 27-7

2009年度新增省级高新技术产品一览表

序号	产品编号	产 品 名 称	企 业 名 称	所在地
1	091181G0033N	雄狮立式包装机	丹阳仅一包装设备有限公司	丹阳市
2	091181G0034N	多列充填包装机	丹阳仅一包装设备有限公司	丹阳市
3	091181G0039N	大功率LED光源及路灯	丹阳市鹏飞路灯照明有限公司	丹阳市
4	091181G0032N	YL膨胀玻化微珠保温防火砂浆	江苏华伟佳建材科技有限公司	丹阳市
5	091181G0035N	生物柴油	江苏洁美生物能源有限公司	丹阳市
6	091181G0037N	"低噪音、高灵敏度"汽车真空泵	江苏梅花机械有限公司	丹阳市
7	091181G0036N	4LZ-3.5履带自走全喂入式联合收割机	江苏沃得农业机械有限公司	丹阳市
8	091181G0038N	辊涂金属墙板节能环保技术	镇江市广厦铝业科技有限公司	丹阳市
9	091181G0062N	棉型记忆休闲面料	丹阳市丹祈鱼跃纺织有限公司	丹阳市
10	091181G0063N	高效节能台车式燃气热处理炉	丹阳市江南工业炉有限公司	丹阳市
11	091181G0094N	沥青混凝土路面增强抗裂纤维	江苏恒神纤维材料有限公司	丹阳市
12	091181G0095N	油田固井用水泥基多功能复合材料	江苏恒神纤维材料有限公司	丹阳市
13	091181G0096N	无刷电机型汽车电动助力转向器	江苏超力电器有限公司	丹阳市
14	091181G0097N	高频低阻长寿命铝电解电容器	丹阳法拉电子有限公司	丹阳市
15	091181G0098N	耐电晕聚酰亚胺薄膜烧结铜扁线	江苏冰城电材股份有限公司	丹阳市
16	091181G0099N	高效节能变压吸附制氧设备	丹阳方蓝流体控制金属制品有限公司	丹阳市
17	091181G0100N	微发泡聚丙烯轻质环保板材	丹阳市华东工程塑料有限公司	丹阳市
18	091181G0155W	隐形眼镜多功能护理液	海昌隐形眼镜有限公司	丹阳市
19	091181G0156W	软性亲水接触镜	海昌隐形眼镜有限公司	丹阳市
20	091181G0157W	隐形眼镜润滑液	海昌隐形眼镜有限公司	丹阳市
21	091181G0158W	医用手术显微镜高精度棱镜	丹阳弘业电子有限公司	丹阳市
22	091181G0159W	医用内窥镜光学系统超细长圆棒透镜	丹阳弘业电子有限公司	丹阳市
23	091181G0160W	高分辨率观察系统超软材料透镜(H-FK61A)	丹阳弘业电子有限公司	丹阳市
24	091182G0020N	DQV-X(ZN-12)-12/T630-20DQS-12型SF6全绝缘充气环网柜(断路器方案)	江苏大全长江电器股份有限公司	扬中市
25	091182G0021N	ZGS-Z.F-1600/35(DQF)风力发电用组合式变压器	江苏大全长江电器股份有限公司	扬中市
26	091182G0011N	KFM3-1H塑料外壳式断路器	江苏大全凯帆电器有限公司	扬中市
27	091182G0012N	KFM3E-4H塑料外壳式断路器	江苏大全凯帆电器有限公司	扬中市
28	091182G0013N	KFW3-2万能式断路器	江苏大全凯帆电器有限公司	扬中市
29	091182G0016N	分相动态无功补偿及谐波治理装置	江苏亮都电气有限公司	扬中市
30	091182G0022N	ZQSC-2500/35(33)环氧浇注干式牵引整流变压器	江苏中电设备有限公司	扬中市
31	091182G0018N	SRNQY-10000~63000/110耐高温Vv接线牵引变压器	江苏中电输配电设备有限公司	扬中市
32	091182G0014N	一次风粉优化分配及在线监测系统	镇江柯林韦尔电力有限公司	扬中市
33	091182G0015N	智能化软测量磁耦合驱动生物反应器	镇江科海生物工程设备有限公司	扬中市
34	091182G0010N	弹张封闭便捷式照明母线槽	镇江万奇电器设备有限公司	扬中市
35	091182G0019N	LDA空气型风能母线槽	镇江西门子母线有限公司	扬中市
36	091182G0017N	移动式智能高效射流自吸泵	镇江远大泵业有限公司	扬中市
37	091182G0056N	MK-Ⅱ型直热式节能不锈钢丝退火机	江苏麦凯机电制造有限公司	扬中市
38	091182G0052N	WLH空气型风电母线槽	江苏威腾母线有限公司	扬中市
39	091182G0053N	LB1型照明母线槽	江苏威腾母线有限公司	扬中市
40	091182G0046N	高强双卡套式管接头	江苏星河集团有限公司	扬中市
41	091182G0048W	252kV气体绝缘金属封闭高压开关设备	现代重工(中国)电气有限公司	扬中市
42	091182G0049W	126kV气体绝缘金属封闭高压开关设备	现代重工(中国)电气有限公司	扬中市
43	091182G0050W	HMS24户内交流金属铠装移开式开关设备	现代重工(中国)电气有限公司	扬中市
44	091182G0054N	xEnergy低压开关柜	向荣集团有限公司	扬中市
45	091182G0055N	EB系列密集型母线槽	向荣集团有限公司	扬中市
46	091182G0045N	高分子涂层橡胶医用导尿管	扬中金祥乳胶制品有限公司	扬中市

续表 27-7

序号	产品编号	产品名称	企业名称	所在地
47	091182G0047N	HTKC-3BF 高强固体母线槽	扬中市江城电器设备有限公司	扬中市
48	091182G0051N	柔软薄型丁腈医用制品	镇江华扬乳胶制品有限公司	扬中市
49	091182G0082N	700LSY-7 型盐田专用输卤涡壳泵	镇江正汉泵业有限公司	扬中市
50	091182G0083N	模压型蛋糕模制品用硅橡胶专用料	江苏宏达新材料股份有限公司	扬中市
51	091182G0084N	导电用高性能硅橡胶	江苏宏达新材料股份有限公司	扬中市
52	091182G0085N	固体封闭高效防水耐腐蚀母线槽	镇江市丰华电器制造有限公司	扬中市
53	091182G0086N	节能环保高效开、闭式水循环冷却集装装置	镇江市清源科技工程有限公司	扬中市
54	091182G0087N	高效净化节能齿环式滤袋除尘器	镇江纽普兰环境工程有限公司	扬中市
55	091182G0088N	高纯次磷酸钠	江苏省丹爱化工有限公司	扬中市
56	091182G0089N	四羟甲基硫酸磷尿素初缩体	江苏省丹爱化工有限公司	扬中市
57	091182G0090N	用于防止快速积污闪络的大盘径硅橡胶伞裙	镇江江冠电力设备有限公司	扬中市
58	091182G0143N	高强度苯并噁嗪玻璃布层压板	中电电气(江苏)绝缘新材料有限公司	扬中市
59	091182G0144N	中温快固化 DMD 环氧预浸料	中电电气(江苏)绝缘新材料有限公司	扬中市
60	091182G0145N	FD 型空气风电母线槽	向荣集团有限公司	扬中市
61	091182G0146W	环保型(移动式)石子煤等压排放系统	江苏瑞能电力设备有限公司	扬中市
62	091182G0147N	CTC 纸包绝缘换位导线	江苏金苇新能源科技有限公司	扬中市
63	091182G0148N	JW-BOX0707B 太阳能电池接线盒	江苏金苇新能源科技有限公司	扬中市
64	091182G0149N	干式变压器横流式不锈钢冷却风机	江苏金苇新能源科技有限公司	扬中市
65	091182G0150N	JW-BOX0707 太阳能电池接线盒	江苏金苇新能源科技有限公司	扬中市
66	091183G0025W	低活性马氏体钢管配件	江苏华阳金属管件有限公司	句容市
67	091183G0026W	DN200*SCH10S 铜镍合金 B10 弯头	江苏华阳金属管件有限公司	句容市
68	091183G0027W	S31803 双相不锈钢 DN150 SCH40S 弯头	江苏华阳金属管件有限公司	句容市
69	091183G0024N	"山水"草坪根茎	江苏山水园林建设有限公司	句容市
70	091183G0030N	单面涂漆漆包扁线	江苏中容电气有限公司	句容市
71	091183G0031N	高剥强节能衬布	句容三泰服饰辅料有限公司	句容市
72	091183G0028N	环氧沥青黏结层 HLN-3010	句容市宁武化工有限公司	句容市
73	091183G0029N	淀粉接枝聚醚-3748A	句容市宁武化工有限公司	句容市
74	091183G0023N	轨道交通用高阻燃、低烟密度纳米改性 SMC	镇江育达复合材料有限公司	句容市
75	091183G0057N	节能修复纳米抗磨润滑油	江苏汇众石油化工有限公司	句容市
76	091183G0060N	汽油临氢改质催化剂	江苏佳誉信实业有限公司	句容市
77	091183G0058N	预加氢处理催化剂	江苏佳誉信实业有限公司	句容市
78	091183G0059N	DSO-FCC 汽油全馏分加氢异构脱硫催化剂	江苏佳誉信实业有限公司	句容市
79	091183G0061N	自粘层单面涂漆的自黏性漆包扁线	句容市金鑫联合铜材厂	句容市
80	091183G0091W	新型螺旋型节能灯 SGU24-20W	江苏晟煌电子照明有限公司	句容市
81	091183G0092W	可调光螺旋型节能灯 SSE-23/T2	江苏晟煌电子照明有限公司	句容市
82	091183G0093W	螺旋型节能灯(射灯)DES-18/R	江苏晟煌电子照明有限公司	句容市
83	091183G0151N	换位组合导线	江苏中容电气有限公司	句容市
84	091183G0152N	聚酯亚胺轴向组合导线	江苏中容电气有限公司	句容市
85	091183G0153N	海洋工程用铠装漂浮输送胶管	江苏华龙橡胶制品有限公司	句容市
86	091183G0154N	PRWV-35(72.5)/200 系列熔断器	江苏省句容市京昌电气有限公司	句容市
87	091112G0004N	KYN28A-24 户内交流金属铠装移开式开关设备	江苏镇安电力设备有限公司	丹徒区
88	091112G0006N	BMT 平面配流摆线液压马达	镇江大力液压马达有限责任公司	丹徒区
89	091112G0041N	汽车整车匹配主模型	江苏申模数字化制造技术有限公司	丹徒区
90	091112G0043N	特种焦化焦	中化镇江焦化有限公司	丹徒区
91	091112G0044N	石油铸造焦	中化镇江焦化有限公司	丹徒区
92	091101G0118N	叉车转向连杆轴承	江苏希西维轴承有限公司	丹徒区
93	091101G0119N	桥梁拉索用推力关节轴承	江苏希西维轴承有限公司	丹徒区
94	091101G0120N	桥梁拉索用向心关节轴承	江苏希西维轴承有限公司	丹徒区
95	091101G0124N	高耐磨铜合金材料	镇江汇通金属成型有限公司	丹徒区
96	091101G0125N	电梯曳引机蜗轮用锌合金材料	镇江汇通金属成型有限公司	丹徒区
97	091101G0136N	JTS 氨法湿式脱硫装置	镇江金锐环保设备有限公司	丹徒区
98	091102G0002W	FS-I 核工业用高膨胀耐核辐照防火密封胶	海龙艾默生(镇江)能源科技有限公司	京口区
99	091102G0003W	FS-E 核工业用弹性耐核辐照防火密封胶	海龙艾默生(镇江)能源科技有限公司	京口区
100	091101G0005N	高清晰度视频车型实时分类系统	江苏科海智能系统有限公司	京口区
101	091102G0067N	FP-C 环保型防火涂料	海龙艾默生(镇江)能源科技有限公司	京口区

续表 27-7

序号	产品编号	产品名称	企业名称	所在地
102	091102G0068N	FB-I耐核辐照不燃防火板	海龙艾默生(镇江)能源科技有限公司	京口区
103	091102G0069N	FC-I耐核辐照防火灰泥	海龙艾默生(镇江)能源科技有限公司	京口区
104	091102G0071N	10t挂车方圆轴/四式车轴	镇江市宝华半挂车配件有限公司	京口区
105	091102G0072N	LGB型挂车支承装置	镇江市宝华半挂车配件有限公司	京口区
106	091101G0110N	压电陶瓷触摸按键	江苏惠通集团有限责任公司	京口区
107	091101G0111N	环保NP棉毡	镇江立达纤维工业有限责任公司	京口区
108	091101G0114N	KJ101矿用监控分站	镇江中煤电子有限公司	京口区
109	091101G0115N	KJ101-45甲烷传感器	镇江中煤电子有限公司	京口区
110	091101G0116N	矿用继电器箱	镇江中煤电子有限公司	京口区
111	091101G0117N	矿用信息传输接口	镇江中煤电子有限公司	京口区
112	091101G0131N	半刚性容器箔	镇江鼎胜铝业股份有限公司	京口区
113	091101G0137N	离子膜法烧碱	江苏索普化工股份有限公司	京口区
114	091101G0138N	新型超细ADC发泡剂	江苏索普化工股份有限公司	京口区
115	091111G0007W	HX-1/4波长同轴传输天馈避雷器	江苏华兴通讯科技有限公司	润州区
116	091111G0009N	BMP1型轴阀配流摆线液压马达	镇江大地液压有限责任公司	润州区
117	091111G0040N	全数字化宽幅铝箔轧机	镇江市宏业科技有限公司	润州区
118	091101G0076W	LXH1000/1300型沥青路面铣刨机	镇江华晨华通路面机械有限公司	润州区
119	091101G0077W	ZJY5090TYH路面养护车	镇江华晨华通路面机械有限公司	润州区
120	091101G0078W	ARC300E沥青混合料冷再生搅拌设备	镇江华晨华通路面机械有限公司	润州区
121	091101G0079W	ZJY5255GJB、ZJY5256GJB型混凝土搅拌运输车	镇江华晨华通路面机械有限公司	润州区
122	091111G0070N	石子煤真空清理系统	镇江华东电力设备制造厂	润州区
123	091111G0074W	HX-N型射频同轴连接器	江苏华兴通讯科技有限公司	润州区
124	091101G0112N	通信3G用微波电缆组件	镇江恒吉昌电子有限公司	润州区
125	091101G0008N	色母粒专用金红石型二氧化钛	江苏镇钛化工有限公司	镇江新区
126	091101G0001N	3G基站保护专用DIN型变阻式宽频带避雷器	镇江华坚电子有限公司	镇江新区
127	091101G0042W	高干密集填料工业电加热器	镇江东方电热有限公司	镇江新区
128	091101G0064N	复合稀土铜锌铝形状记忆合金	镇江忆诺唯记忆合金有限公司	镇江新区
129	091101G0065N	未来软件房屋专项维修资金管理系统软件V1.0	镇江未来软件有限公司	镇江新区
130	091101G0066N	户外环境降温降尘系统	镇江同盛环保设备工程有限公司	镇江新区
131	091101G0075W	柴油机燃料调合用生物柴油BD100	江苏恒顺达生物能源有限公司	镇江新区
132	091101G0080N	LW-122铝合金机轮轮毂	江苏豪然喷射成形合金有限公司	镇江新区
133	091101G0081N	小尺寸高精度宽温频3225晶片	镇江市港南电子有限公司	镇江新区
134	091102G0073N	商用汽车缓速器智能控制系统	镇江海普电子科技有限责任公司	镇江新区
135	091101G0101N	柴油机电子控制单元	镇江恒驰科技有限公司	镇江新区
136	091101G0102N	天然气发动机电子控制单元	镇江恒驰科技有限公司	镇江新区
137	091101G0103N	新型植物细胞发酵罐	镇江格瑞生物工程有限公司	镇江新区
138	091101G0104N	N-KFD通讯设备用插孔连接器	镇江华坚电子有限公司	镇江新区
139	091101G0105N	四元凹槽式宽频带美化天线	江苏安特耐科技有限公司	镇江新区
140	091101G0106W	尼群洛尔片	江苏吉贝尔药业有限公司	镇江新区
141	091101G0107N	低振动高刚度耐磨阻尼金刚石切割片	镇江益林金刚石工具有限公司	镇江新区
142	091101G0108N	QGB潜水推流式搅拌器	江苏国泉泵业制造有限公司	镇江新区
143	091101G0109N	MW卧式排污泵	江苏国泉泵业制造有限公司	镇江新区
144	091101G0113N	HFC6 568-14K船用发电机	镇江中船现代发电设备有限公司	镇江新区
145	091101G0121N	水晶双面铜版纸	金东纸业(江苏)股份有限公司	镇江新区
146	091101G0122N	高含氮量钒氮合金材料	江苏金昱钒氮科技有限公司	镇江新区
147	091101G0123N	配电网有源滤波及静止无功补偿装置	镇江中茂电子科技有限公司	镇江新区
148	091101G0126N	喷射成形7055铝合金XX-X发动机壳体	江苏豪然喷射成形合金有限公司	镇江新区
149	091101G0127W	高性能偏苯三酸酐	镇江正丹化学工业有限公司	镇江新区
150	091101G0128W	高性能对二乙基苯	镇江正丹化学工业有限公司	镇江新区
151	091101G0129N	自取力混励磁式稀土永磁工频发电机	镇江东方康驰电机制造有限公司	镇江新区
152	091101G0130W	新型智能化船用转角屏配电板	镇江赛尔尼柯电器有限公司	镇江新区
153	091101G0132W	丙烯腈-丁二烯橡胶-苯乙烯共聚物ABS	镇江奇美化工有限公司	镇江新区
154	091101G0133W	聚甲基丙烯酸甲酯	镇江奇美化工有限公司	镇江新区
155	091101G0134N	KYN28-24/2500-31.5铠装移开式交流金属封闭开关设备	江苏华峰电器控制设备有限公司	镇江新区

续表 27-7

序号	产品编号	产品名称	企业名称	所在地
156	091101G0135N	奥氏体不锈钢耐热防腐电加热器	镇江东方电热科技股份有限公司	镇江新区
157	091101G0139W	高精度硼硅玻璃易折曲颈安瓿	双峰格雷斯海姆医药包装(镇江)有限公司	镇江新区
158	091101G0140W	低硼硅玻璃管制硅化镀膜注射剂瓶	双峰格雷斯海姆医药包装(镇江)有限公司	镇江新区
159	091101G0141N	柴油轿车真空伺服制动器用真空泵	镇江市永泰汽车配件制造有限公司	镇江新区
160	091101G0142W	高强度铝镁合金母线槽	江苏江威电气有限公司	镇江新区

(丁文斌)

表 27-8　**2009 年度镇江市获省级自主创新产品一览表**

序号	产品名称	承担单位	地区
1	工业锅炉湿式烟气脱硫除尘一体化装置	丹阳锅炉辅机厂有限公司	丹阳市
2	大功率 LED 光源及其路灯	丹阳市鹏飞路灯照明有限公司	丹阳市
3	高刚度优质复合麻毡板	丹阳市新美龙汽车软饰件有限公司	丹阳市
4	超低温 LNG 船用奥氏体不锈钢管配件	江苏华阳金属管件有限公司	句容市
5	核电用奥氏体不锈钢管配件	江苏华阳金属管件有限公司	句容市
6	环保节能新型 LED 桅灯	江苏华宇灯具有限公司	丹阳市
7	无氟聚醚 NJ－4502	句容市宁武化工有限公司	句容市
8	室外环境降温系统	镇江同盛环保设备工程有限公司	镇江新区
9	KJ101N 煤矿安全监控系统	镇江中煤电子有限公司	京口区
10	节能修复纳米抗磨润滑油	江苏汇众石油化工有限公司	句容市
11	20% 井冈·咪鲜胺可湿性粉剂	江苏省绿盾植保农药实验有限公司	句容市
12	42% 咪鲜·甲硫灵可湿性粉剂	江苏省绿盾植保农药实验有限公司	句容市

(丁文斌)

【5 家企业被认定为江苏省首批创新型企业】 2009 年,全市组织 9 家企业申报江苏省第三批创新型试点企业。其中恒宝股份有限公司、江苏稳润光电有限公司、大全集团有限公司、中电电气集团有限公司、丹阳市精密合金厂有限公司等 5 家企业经过试点被认定为江苏省首批创新型企业。　(丁文斌)

【省级科技孵化器总数达到 10 个】 2009 年,镇江市丹徒环保科技服务中心和扬中市科技创业服务中心被认定为省级科技企业孵化器,使得全市省级以上科技企业孵化器的总数达到 10 个。全市每个辖市(区)都至少拥有 1 家省级以上科技企业孵化器,实现镇江市省级以上科技企业孵化器的全区域覆盖。全市孵化场地总面积 34 万平方米,其中孵化企业面积近 26 万平方米;孵化器内企业总数 390 多家,从业人员 8100 多人。　(丁文斌)

科技成果

【概况】 2009 年,全市科技成果鉴定 140 项。全年获国家科技进步二等奖 3 项、国家技术发明二等奖 1 项,获省科技进步奖 14 项,其中一等奖 1 项,二等奖 3 项,三等奖 10 项。在省级项目中,农业项目 3 个,工业项目 7 个,社会发展项目 3 个,软科学项目 1 个。项目有自主知识产权的占 86%,授权专利 53 件,申请专利 10 件,动植物新品种审定 1 件。受理市科技进步奖申报项目 121 项,评出获奖项目 61 项,其中一等奖 5 项,二等奖 17 项,三等奖 39 项,获奖项目中农业项目 8 项,占授奖总数的 13.1%;工业项目 24 项,占授奖总数的 39.3%;社会事业项目 29 项,占授奖总数的 47.6%。　(徐光陆)

【技术市场交易增长 10.9%】 2009 年,全市科技服务业总收入 12.24 亿元,比上年净增 4.2 亿元。全年技术合同成交金额再创新高,认定登记技术合同 1087 项,成交总金额 49679 万元,增长 10.9%,平均每份技术合同成交金额达到 45.7 万元。技术开发、技术咨询、二类技术合同成交金额比上年有所增长,其中技术服务合同成交金额 16084 万元,技术开发合同成交金额 31305 万元,技术转让合同成交金额 1839 万元,技术咨询合同 450 万元。涉及技术秘密、专利、计算机软件著作权等知识产权的技术合同计 198 项,成交金额 8450 万元。全市有 42 项各级政府科技计划项目成果进入技术市场,技术合同成交金额达到 22759 万元,占全市技术合同成交总额的 45.8%。　(徐光陆)

【18 人(团队)获省高层次创新创业人才引进计划资助】 2009 年,省委组织部、省科技厅、省人事厅联合开展"高层次创业创新人才引进计划",全市有 18 名高层次创业创新人才列入引进计划,获每人 100 万元的资助。自主创业与企业引进人才 14 人,分别是江苏中欧材料研究院有限公司陈蕴博院士(团队)、镇江唐桥微电子有限公司孙翼(团队)、丹阳市新美龙汽车软饰件有限公司尹玉玲(团队)、江苏兆伏新能源有限公司孙耀杰、镇江科捷锂电池有限公司崔立峰(团队)、镇江绿洲光伏科技有限公司陈宝兴、江苏环能通环保科技有限公司李溪(团队)、镇江阿图电子有限公司李虹宇(团队)、江苏文华新能源有限公司周细文(团队)、江苏汇众石油化工有限公司李小红、圣睿太阳能科技(镇江)有限公司斯科特·波顿、江苏超力电器有限公司孙普、丹阳市华东工程塑料有限公司宋承、江苏文光车辆附件有限公司宗学文。引进服务外包人才 2 人,分别是江苏瑞蚨通软件科技公司高昀、镇江润欣科技信息有限公司杨合。现代农业人才 2 人,分别是句容市九龙药材有限公司程志红、镇江市江冠食品科技有限公司李再贵。　(徐光陆)

【"2009 年度镇江市自主创新重大成果奖与自主创新杰出人才奖"评选】 2009 年,全市开展自主创新重大成果奖与自主创新杰出人才奖评选活动,授予句容市宁武化工有限公司的"高性能环氧沥青复合材料"项目、镇江市丹徒区正东生态农业发展中心的“高效工厂化生产珍稀食用菌”项目“2009年度镇江市自主创新重大成果奖”，授予江苏巍华精密合金有限公司总经理万柏方、江苏大学附属医院主任医师严金川“2009年度镇江市自主创新杰出人才奖”；给予自主创新重大成果每项20万元的奖励，给予自主创新杰出人才每人10万元奖励并享受市劳动模范待遇。（徐光陆）

【4个省科技成果转化资金项目通过省级验收】 2009年8月18日，镇江市2005年度立项的4个省科技成果转化专项资金项目通过省科技厅组织的专家组验收。这批通过验收的项目分别是：恒宝股份有限公司承担的微处理器IC卡操作系统开发及产业化，大全集团有限公司承担的电弧调控数字断路器关键技术开发与产业化，江苏天工工具有限公司承担的水平连铸高品质稀土高速钢的开发及产业化，镇江金钛软件有限公司承担的金钛任务流目标管理软件。项目资金总投入为5.59亿元，其中专项资金投入6416万元。三年实施期内，实现销售收入39.8亿元，利税4.4亿元；申请专利75件，其中发明专利38件；获授权专利51件，其中发明专利16件；登记软件著作权18项。（徐光陆）

【开发利用稻麦秸秆制造空心结构板专利技术】 2009年，丹阳市广胜木业有限公司成功自主开发利用“稻麦秸秆、废旧木材、废旧塑料混合物”为原料制造空心结构板的技术和设备，并批量生产，成为江苏地区农村建设用房隔墙的指定用材，同时丹阳市广胜木业有限公司还参与“空心刨花板”和“废弃木质材料”回收利用管理规范两个国家标准的起草和制定。（方立东）

【中国首个基于AVS标准的编解码芯片在镇江问世】 （参见第168页）

表27-9

2009年度镇江市获国家技术发明奖一览表

序号	奖励等级	项目名称	完成单位	主要完成人员
1	二等奖	基于神经网络逆的软测量与控制技术及其应用	江苏大学等	戴先中　孙玉坤　刘国海　马旭东　张凯锋　朱湘临

（徐光陆）

表27-10

2009年度镇江市获国家科技进步奖一览表

序号	奖励等级	项目名称	完成单位	主要完成人员
1	二等奖	温室关键装备及有机基质的开发应用	江苏大学等	毛罕平　李萍萍　郭世荣　陆春胜　胡永光　左志宇　胡建平　卜崇兴　卢道庆　宋丽萍
2	二等奖	节能环保型球团链篦机关键制造技术及应用	江苏大学等	杨继昌　朱圣财　张永康　冯爱新　司乃潮　任旭东　张西良　李伯全　吴体常　吴　强
3	二等奖	混合式脉冲转换涡轮增压系统研发及在四冲程大功率柴油机上的应用	镇江中船设备有限公司等	顾宏中　邓康耀　郭中朝　杨世友　崔　毅　郇静川　李宗立　霍荣康　李树生　陈　华

（徐光陆）

表27-11

2009年度镇江市获江苏省科技进步奖一览表

序号	奖励等级	项目名称	完成单位
1	一等奖	高效紧凑节能的新型板翅式换热器关键技术及工业应用	南京工业大学、无锡宏盛换热器制造有限责任公司、江苏惠利特环保设备有限公司
2	二等奖	BMP奥必特高效液压马达的开发与产业化	镇江大力液压马达有限责任公司、江苏大学
3	二等奖	动力机械燃烧理论与燃烧系统的研究及应用	江苏大学、无锡油泵油嘴研究所、常柴股份有限公司、常州常发动力机械有限公司、扬州柴油机有限责任公司
4	二等奖	外源性一氧化碳释放分子对创伤后严重炎症反应的抑制作用及分子机制	江苏大学附属医院
5	三等奖	KFM3-3塑料外壳式断路器	江苏大全凯帆电器有限公司
6	三等奖	高效节能节水渣液泵	江苏国泉泵业制造有限公司、江苏大学
7	三等奖	节能耐腐蚀钢制电缆桥架	镇江万奇电器设备有限公司
8	三等奖	铁道提速货车转向架用高分子复合材料斜楔主摩擦板的开发与产业化	镇江铁科橡塑制品有限公司
9	三等奖	高效低污染施药的关键技术研究及应用	江苏大学、苏州农业药械有限公司、现代农装科技股份有限公司
10	三等奖	家蚕对核型多角体病毒的抗性和分子育种	江苏大学
11	三等奖	基于数据挖掘的医学图像识别及其临床应用研究	江苏大学
12	三等奖	能源经济系统的非线性分析及可持续发展战略的研究	江苏大学
13	三等奖	草莓优异种质资源挖掘、创新与应用	江苏省农业科学院、东海县农业技术推广中心、镇江市草莓协会
14	三等奖	悦达牌YD5070ZYS全密封后压缩环保型垃圾车	江苏悦达专用车有限公司、东南大学、江苏科技大学、盐城工学院

（徐光陆）

【《发酵床环保养猪新法》获第13届中国电影华表奖优秀科教片奖】 中国农业电影电视中心与镇江市合作拍摄，以镇江市使用发酵床养殖技术的企业为模本，展示发酵床养猪技术全过程的数字电影《发酵床环保养猪新法》，获2009年第13届中国电影华表奖优秀科教片奖。由镇江市首先研发的发酵床养殖技术具有省水、省劳力、省饲料，提高猪的抵抗力和猪肉品质，增加经济效益，无粪尿污染物排放、无环境污染等优点。

（王志强）

【“新型射流式节水灌溉设备的完善与中试”成果通过鉴定】 2009年2月22日，江苏大学等单位承担的国家农业科技成果转化资金项目“新型射流式节水灌溉设备的完善与中试”通过由中国机械工业联合会组织的科技成果鉴定，研究成果达到国际先进水平，其中隙控式射流喷头居国际领先水平。项目完善射流式自吸喷灌泵的设计理论与方法，研发出结构新颖、体积小、重量轻、效率高的喷灌泵机组；申报国家发明专利10件，已获授权2件；喷灌产品已达年产13万只（台）的能力，新增产值2978万元，利润320万元。产品经河南、安徽、黑龙江、内蒙古、四川等地几十家用户使用，运行稳定、性能可靠。 （新朋勃）

【21个专利产品入选2008年度江苏省中小企业专利新产品】 2009年3月，江苏省中小企业局公布“江苏省中小企业专利新产品”名单，镇江市共有21件专利产品入选，其中11件为发明专利，10件为实用新型专利。其中江苏稳润光电有限公司的“白光发光二极管”在第八届中国国际发明展览会上获铜奖。

（方立东）

【世界首创“煤制乙二醇”成套技术通过成果鉴定】 2009年3月18日，中科院福建物质结构研究所与江苏丹化集团、上海金煤化工新技术有限公司联手，成功开发的“万吨级一氧化碳气相催化合成草酸酯和草酸酯催化加氢合成乙二醇”（简称“煤制乙二醇”）成套技术，在丹阳通过中国科学院组织的成果鉴定，标志着我国在世界上率先实现全套“煤制乙二醇”技术路线和工业化应用。该项拥有自主知识产权的世界首创技术，将有效缓解我国乙二醇产品供需矛盾。

（方立东）

知识产权工作

【概况】 2009年，全市设立600多万元专利专项资金，重点用于人才培养、企业知识产权战略推进、专利申请资助和发明专利授权奖励及知识产权行政执法。市政府出台《关于加强知识产权工作的指导意见》和《专利权质押贷款管理办法》，举办银企专利质押授信和贷款签约仪式，推动商业银行开展专利质押贷款业务。全市专利申请超100件的企业有15家，专利申请达8608件，比上年增长17.3%。其中发明专利申请1341件，增长18.4%；专利授权4046件，增长56.8%；每百亿元地区生产总值专利授权数和发明专利申请数分别达253.4件和83.61件。丹阳市通过国家知识产权试点城市和省知识产权示范单位考核验收，扬中市通过省知识产权示范单位验收，京口区增加1名专职工作人员并安排了专利专项经费。全市有5个项目获得省知识产权战略推进计划支持，21家企业获得市级计划资助，大亚科技集团有限公司和江苏文光车辆附件有限公司被评为全国企事业知识产权试点单位。全市组织实施各类培训近100次，培养企业知识产权工程师390人，培训总人数超过4000人，有5人通过培训取得专利行政执法资格，市知识产权局被评为全国知识产权培训工作先进集体。全年受理各类专利纠纷案件咨询30多件，对符合条件的正式立案10件，其中结案3件，移交省知识产权局处理6件；初步探索专利维权援助机制，丹徒区设立首笔维权援助资金10万元。市知识产权局被评为全国执法工作先进集体，陆介平被评为全国知识产权和公安系统执法保护先进个人。 （何锦润）

【11个专利项目获第六届江苏省专利奖】 2009年，在第六届江苏省专利奖评选活动中，镇江市11个专利项目获奖，其中金奖1个，优秀奖10个。该批获奖项目都是技术含量高的发明专利，涵盖化工、机械、光电等领域。该届全省专利奖评出10件专利金奖和100件优秀奖，金奖项目获省财政8万元奖励。

（何锦润）

【开展“雷雨”知识产权联合执法专项行动】 2009年，市知识产权局、工商局、版权局和质监局联合开展“雷雨”知识产权执法专项行动，对市内19家大型商贸企业，包括百货商场、超市、家电卖场和药店带有专利标记的商品、注册商标、图书音像制品开展执法检查，检查商品2万多种，有专利标记商品462种，查出问题专利标记商品132种，涉及商品2876件，查处虚假专利广告宣传3则，出动执法人员60多人次。对苏宁公司镇江各分店店长以上的管理人员进行商贸企业知识产权管理专场培训。同时，丹阳、扬中、句容等市也开展“雷雨”行动。 （何锦润）

【镇江市首例专利行政诉讼案件】 2009年9月27日，镇江市知识产权局立案受理专利权利人丹阳巨雷制造有限公司诉丹阳市金钟设备有限公司侵犯其“渔具座箱（3）”外观设计专利权纠纷一案，经调查取证和口头审理，认定金钟设备有限公司侵权行为成立，于10月22日向其送达《专利纠纷处理决定书》，责令其停止侵权生产和销售行为，销毁被控侵权的产品、生产模具和专用设备。丹阳市金钟设备有限公司不服，于11月2日向镇江市中级人民法院提起行政诉讼，要求撤销镇江市知识产权局于2009年10月21日作出《专利纠纷处理决定书》的诉讼请求。12月16日，镇江市中级人民法院公开审理此案。12月18日，镇江市中级人民法院再次开庭，作出宣判，认为镇江市知识产权局所作出的行政处理决定程序合法，事实清楚，证据充分，适用法律法规正确，驳回原告的诉讼请求。该行政诉讼案件是镇江市首例专利行政诉讼案件，也是镇江市中级人民法院试点知识产权“三审合一”改革后公开审理的首例知识产权行政诉讼案件。 （何锦润）

防震减灾

【概况】 2009年，市地震局落实《2009年镇江市防震减灾工作目标管理责任书》的各项目标任务，履行防震减灾工作部门的职责，提前完成市地震监测台网中心项目主体大楼土建工程，全力做好国庆60周年等节假日和重大政治经济社会活动期间的震情监视工作，及时处置句容有感地震。及时处置市民反映的丹阳埤城镇城中村菜场路34号居民家中水井发热、丹阳市珥陵镇潘园村深井喷出浅层天然气等2起非地震宏观异常现象，完成异常调查报告2篇。完善地震宏观观测网，强化抗震设防要求管理和地震行政审批工作，稳步实施中小学校舍和农村民居防震安全工程，新建地震应急避难场所，开展形式多样的防震减灾知识宣传和地震应急演练活动。1月在淮安市盱眙县召开的江苏省2009年度市县防震减灾工作综合评比会上，镇江市获得全省防震减灾工作综合评比第三名，苏丹徒18井获全省数字水位测项评比第一名，苏句容16井获全省水化测项评比第二名，其他参评测项全部获得优秀成绩。

2009年，市地震局制定完善《办理流程图》《行政处罚流程图》《市级机关行政权力目录》《处罚自由裁量权参考标准》《镇江市地震局行政权力网上公开透明运行实施方案》《关于落实“大力推进中介服务市场化”工作的实施计划》《镇江市地震局关于违反优化经济发展环境相关政策规定的处理办法》《镇江市地震局行政执法责任制实施方案》等规章制度。开通市地震局网上权力阳光运行系统，对外服务窗口设置AB岗。市地震局首次参加市体育会展中心、沪宁城际铁路镇江市配套工程等重大项目的调研或初步设计专家评审会。市行政服务中心地震局窗口工作人员严把建设工程抗震设防要求管理关，全年受理行政审批事项106件，均按承诺时限办结，办结率达100%。（黎建新）

【“市地震监测台网中心”项目建成】 “市地震监测台网中心”位于镇江市官塘桥显阳村，该项目总占地面积0.67公顷，市财政投入300万元用于主体大楼土建，于2008年12月18日开工建设，2009年8月竣工。主体大楼楼高3层，总建筑面积1800平方米，9月进入项目装修阶段，2010年1月底完成装修任务。这是镇江市首个功能较全，集“地震监测”“应急指挥”“科普宣传”三位于一体的综合性防震减灾工程。（黎建新）

【应对句容有感地震】 2009年11月13日在南京市江宁区与句容市交界处发生里氏3.4级地震，句容市郭庄镇震感较明显。地震发生后，市地震局启动有感地震应急预案，开展地震应急工作。有关人员按照预案迅速到岗，加强震情值班，编发《震情简报》，做好接听市民咨询电话和解释工作。召开震情紧急会商会，并通过有关媒体将“江苏省近期不会发生破坏性地震”的会商意见向市民通报，消除地震带来的社会恐慌。（黎建新）

【地震监测和震情保障】 2009年，市地震局制定《镇江市地震局2009年震情监视和短临跟踪工作方案》《镇江市有感地震短信发布范围暂行规定》。完成两套测震仪器标定工作，取得可靠的固定参数，保证观测资料的连续性，市地震台测震仪运转率达99%以上。市地震监测台网记录到近震33个、地方震2个，镇江境内记录到2次小震活动，分别是5月23日4时52分，在安徽蚌埠固镇、五河和市辖区交界地区发生的里氏2.6级地震；11月13日17时55分，在江宁区与句容市交界处发生的里氏3.4级地震。全年发送震情短信57批次，速报地震2个，编发《旬报表》36期、《震情通报》12期、《震情监视报告》4期。协助市政府完成大市口A地块群楼爆破现场测试任务，递交《镇江大市口A地块群楼爆破拆除流动地震观测报告》。市地震局新增3个宏观观测点，全市有地震宏观观测点14个。市及各辖市（区）地震局、各监测台（站）均实行24小时全天候震情值班和领导带班制度。全年召开5次震情趋势会商会。市地震局编写的《江苏省2010年度地震趋势研究报告》在全省评比中获优秀奖第一名。（黎建新）

【中小学校舍和农村民居防震安全工程实施情况】 2009年，市地震局与住建、教育等部门协作，推进中小学校舍和农村民居防震安全工程的实施。句容市为农民建房提供符合抗震要求的设计图纸，对83所中小学校的所有校舍进行拉网式安全检查，对存在隐患制定整改措施。扬中市对41.3万平方米校舍进行抗震鉴定，对不符合抗震设防要求的15万平方米校舍采取加固措施。丹徒区制定从2009年起用3年时间解决校舍安全问题计划。京口区完成所有校舍安全评估鉴定报告和工程实施方案制定工作，并完成7所学校2万平方米校舍加固和拆建工作，拆除违法建筑6.2万平方米，拆除空斗墙、危房40余万平方米。润州区对26所学校校舍进行全面排查，并由有关部门出具鉴定报告，拆除不符合抗震标准校舍10740平方米，加固校舍7780平方米，新建校舍3000平方米，拆除违建2.3万平方米，投入2亿元实施大西路、中华路、何家湾等片区危旧房、空斗墙拆除改造工程。全市加固改造学校23所，拆除并新建校舍64幢。京口、润州两区加强斜坡地质灾害治理工作。中小学校舍和农村民居抗震设防不达标状况有所改善。（黎建新）

【地震应急救援】 2009年初，由市地震局、发改委、民政局、教育局等部门组成的检查考核小组对辖市（区）政府签订的《2008年镇江市防震减灾工作目标管理责任书》落实情况进行专项督查。4月，组织召开全市防震减灾工作联席会议，市政府与6个辖市（区）政府及镇江新区管委会签订《2009年镇江市防震减灾工作目标管理责任书》。在完善镇江市原有地震应急预案体系的基础上，将此项工作延伸至乡镇、街道，市各区级、乡镇级预案体系基本形成，初步形成纵横向一体化的网络格局。8月，配合省地震局在江苏现场——镇江市地震应急指挥中心进行现场工作系统联动演练并与市教育局联合，在丹阳市、句容市、扬中市、丹徒区、京口区、润州区均举行不同层面地震应急模拟演练，演练1200余次。12月底，全市建成丹阳开发区、句容葛仙湖公园、扬中城北公园、扬中城西公园、丹徒新区广场、丹徒实验学校、镇江新区人民公园等地震应急避难场所7个，并对已建地震应急避难场所在设施、功能、标志牌等方面进行初步完善。润州区规划出具备应急避难基本条件和功能的广场、绿地、空地、学校等作为地震应急避难场所，留待下一步建设完善。建立丹阳市、句容市、扬中市、丹徒区应急志愿者队伍人数逾千人，应急装备、物资得到更新、充实。丹阳市、扬中市各新添1辆地震应急车辆。丹阳市、丹徒区新配置帐篷、发电机、导航仪、无线对讲系统、救援防护装备。扬中市落实添置应急器材专用资金和粮食储备，并与有关商城、商厦签订物资储备协议。（黎建新）

【防震减灾知识宣传】 2009年，市地震局学习贯彻修订后的《中华人民共和国防震减灾法》，开展专题辅导。结合纪念“5·12”汶川大地震一周年，组织开展全市防震减灾法律知识竞赛活动和防震减灾强化宣传月等活动。在市人民银行、市红旗小学等单位举办地震科普知识讲座6场。11月，组织市地震应急志愿者服务队到南京基准地震台参观学习。开展防震减灾科普示范学校创建工作，镇江实验学校、丹阳市六中、丹阳司徒中心小学、句容华阳中心小学和丹徒实验学校等5所学校创建工作通过省级验收，被省地震局、省教育厅、省科协授予“江苏省防震减灾示范学校”称号。市地震局选送《面对地震大家谈》一书和纪念《中华人民共和国防震减灾法》颁布10周年展板分获第二届江苏省防震减灾优秀科普作品三等奖和优秀奖，选送《居安思危，防患未然，全力做好震害防御和地震应急工作》《“5·12”汶川大地震发生后的一些反思》等文章被选编进《第二届长三角科技论坛防震减灾学术分论坛论文汇编》。（黎建新）

气　象

【概况】 2009年，镇江市气象局承担镇江市行政区域内气象工作的政府行政管理职能，依法履行气象主管机构的各项职能。结合省气象局部署重点建设预报员培训基地,10 月承办全省第一批气象业务培训;重点建设预报员远程网络培训平台,利用远程通信网络,提供教育培训服务,使培训活动在统一目标和完善的流程下实施。全年采取多种形式对气象信息员进行培训。句容市政府在财政上给予支持,除承担培训费用外还给信息员发放一定数额的通信费补助;扬中气象局与农林部门合作,结合秋播技术培训,了解农业气象服务需求,建立信息相互交流机制。 (陆海泉 居小虎)

【气象服务】 2009 年,全年发布《重要天气报告》49 期,《专题天气报告》23 期,《专项天气报告》56 期,《气候评价》17 期,《气候变化咨询报告》1 期。发布数量和质量都超过往年。2009 年,在遭受第八号台风"莫拉克"重创中,启动防台抗台三级应急响应。

公众气象服务。开展与媒体合作活动,年内接待各媒体记者 500 多人次,重点加强防灾减灾气象服务的针对性,做到主动、及时和准确。公共气象服务方面通过电台、电视台、报纸、网站、声讯台和手机短信平台等媒体发布气象消息,向市民解释天气现象,发布重要天气及灾害性预警信号等,全年发布预警信号 36 次,发送手机短信 150 万人次。

农事专题服务。2009 年,上报《农业气象情报》12 期、《镇江农业气象病虫害预测预报》4 期、《生态与农业气象》17 期、《灾情快报》6 期、《作物产量预报》3 期、《农业气象灾害》7 期、《气象灾害评估报告》3 期;全年重点把气象信息员向全市种植养殖大户延伸,调研种植合作社和种植大户的信息,了解大户和专业合作社的所在地域、种植规模、品种等信息以及对气象服务的需求。全市有 800 余名涉及水稻、小麦、葡萄、水蜜桃、草莓等多种特色农业的种植、养殖大户成为兼职气象信息员并纳入日常管理、登记在册,分门别类录入短信服务平台,按不同品种气象指标、要素开展有针对性的群发短信气象服务。在张小虎美人指葡萄园内安装小气候观测仪,进行大棚内外气象要素对比观测;重点启动茶叶、蚕桑、柑橘、葡萄、水蜜桃等特色农业专项气象服务。

气象应急服务。2009 年,完善《镇江市气象局突发事件应急预案》,开展与政府应急办公室、农林、国土、卫生等相关部门的应急联动,强化地质灾害气象预警和森林火险等级气象服务,构建重大安全事故气象应急服务联动机制。召开由市海事、交通、港口、水利、农林、电力、公用、安监等部门应急办负责人参加的镇江市首次气象灾害应急服务座谈会。

气象科技服务。2009 年首次在全市范围内开展建设项目雷击风险评估工作,在防雷收费减免和产品采购方面,成立防雷工作收费减免审批小组和防雷生产资料采购管理小组,下发相关工作机制,对全市防雷减灾技术服务基本装备、归档资料要求进行统一。

(陆海泉 居小虎)

水 文

【概况】 2009 年,江苏省水文水资源勘测局镇江分局下辖国家防汛指挥系统镇江水情分中心、江苏省水环境监测中心镇江分中心以及湖西和句容 2 个水文水资源监测中心,全市建有水文(位)站 9 个,雨量站 11 个,地下水位站 11 处,水质监测断面 137 处,另还有多处地方管理的汛期报汛站点。分局常年担负镇江市境内主要江河湖库的水位、流量、降水、蒸发、水质、泥沙及水土流失等信息的监测收集、分析评价工作,建立和管理全市水文数据库,进行暴雨洪水、长江潮位的分析预报,为政府防灾减灾决策提供水文技术支撑。开展全市江河湖库水功能区划分及地下水水量和水质监测并编发水功能区水质通报和水资源简(公)报。继续开展"文明单位"创建工作,被授予 2006 ~ 2008 年市级"文明单位"称号。再次通过省水利厅组织的建设项目水资源论证乙级资质单位资质延审和测绘乙级资质申报。镇江水环境监测分中心升级改造工程,完成准备工作,2010 年可完工交付使用。由市水文分局完成的《太湖湖西山丘区降雨径流关系分析》课题获省水利科技优秀成果二等奖,一项测绘成果获 2009 年度江苏省优秀测绘工程三等奖。 (傅太生)

【水文监测】 2009 年,市水文分局全面完成水文测验工作,完成水文监测站年数如下:降蒸 19 个站年、水(潮)位 10 个站年、流量断面 6 处;浅层地下水逐日水位站 4 个站年、五日水位站 3 个站年、水温站 2 个站年;深层地下水逐日水位站 5 个站年、十日水位站 4 个站年、水温站 3 个站年。 (傅太生)

【水环境监测】 2009 年,镇江市重点加强重要城市供水水源地、入河排污口和市界断面的水质监测工作。采样监测省、市划分的水功能区 122 个。每月 5、15、25 日对 5 个饮用水源地采样监测,全年深、浅层地下水 6 口监测 2 次。根据省水文局《关于开展太湖地区引水抗旱水质水量专项监测工作的通知》,从 2 月 11 日至 2 月 26 日,对两个水质断面每天采样化验。对 10 个企业进行 3 次退水监测,开展谏壁闸邻近水域及入河排污口水质水量监测工作,9 月根据要求对金东纸业(江苏)有限公司排污口进行监督水质监测。6 月 25 日,分中心启动《镇江水文分局突发性水污染事件应急监测预案》,对赤山湖上游支流发生水污染事件开展水质应急监测工作。全年共设地表水质监测站点 137 个、排污口站点 13 个、地下水 6 个,共监测 30 个项目,取水样 1000 多个,获得水质数据 15000 多个。编制《水功能区水质通报》12 期,《深层地下水动态监测季报》3 期,完成《2008 年度镇江市水功能区水环境质量通报》《2008 年镇江市水资源公报》和《镇江市 2008 年深层地下水动态监测报告》的编制。

(傅太生)

【水文情报】 2009 年,镇江市加强水情分析工作并将其制度化,以水情简讯、水情分析等多种形式定期或不定期向省水文局、市防汛防旱指挥部和各辖市(区)防汛防旱指挥部(内网)提供镇江及周边地区的水情形势,汛期时向水利部、省水文局、市防汛防旱指挥部办公室发送水情报文 5284 份,接收水情报文 33341 份,错报率为 0%,迟报率为 0%,未发生报文漏报现象,全市水情传输连续 8 年无错报。

通过镇江水文信息网、电话及短消息等方式为有关领导部署防汛防旱工作提供决策依据。全年编发水情简讯(含旱情分析)16 期、水情分析 9 次、水情报表 154 份、短消息 200 多次(4000 多条),通过电话回答有关咨询 160 余次。

(傅太生)

【长江潮位预报】 2009 年从 6 月中旬到 9 月中旬,市水文分局前后运用镇江潮位预报方案对镇扬汽渡长江潮位进行 26 潮次预报作业,合格率 92.3%,预见期从 24 小时到 48 小时,预报误差小于 0.10 米的达 65.3%。 (傅太生)

教　育

责任编校：毛向阳

综　述

【概况】 2009年，镇江教育实现两大历史性跨越：一是提前一年完成“十一五”教育发展目标。全市幼儿入园率97%，九年义务教育普及率100%，高中阶段毛入学率103.7%，高等教育毛入学率42.60%，全市人均受教育年限14.50年。二是提前一年全面完成“十一五”教育改革发展任务，用四年时间走完五年发展、提升之路。全面完成基本教育现代化创建任务。继2007年丹阳市、扬中市率先通过省县域教育现代化建设水平评估之后，2009年11月，其他4个辖市（区）都以省县域教育现代化16项指标全优的成绩通过省级评估（16项指标全优的地区在全省已通过教育现代化评估的26个县市区中仅有5个，镇江占4个）。镇江市以全省第10位、苏南地区最困难的财力，和苏南发达地区同步完成县域教育现代化的创建任务。自20世纪90年代中期启动教育现代化创建工作以来，经过15年的努力，实现由乡镇教育现代化到县域教育现代化的跨越。

全市教育系统开展学习实践科学发展观活动。针对制约全市教育发展的6大突出问题，制定54条整改措施。同时为民办实事13件，废止、完善、新建、拟建各类文件31个。2009年，创新中青年干部培训班办学模式，通过集中培训授课、外出参观考察和研讨交流考核等形式，使来自机关、市属学校（单位）的19名优秀年轻干部开阔视野，提升素质。开展“镇江市第三批名校长”评选活动，经过基层推荐、现场答辩、专家审核等环节，18人当选为第三批名校长。全面启动第二轮学校三年发展规划。2009年，全市在考生总数减少758人的情况下，本二以上达线人数5200人，较上年又有增长；市区本二以上达线人数在上年过千人的基础上又增加几十人。各学科奥林匹克竞赛也有新突破。镇江机电高职校在全省技能大赛中，获奖数列全省第一，综合排名居全省第五。出台《关于进一步加强职业教育主动服务地方经济社会发展的六条意见》，制订配套实施方案。全年培训转移农村劳动力3万人。社会教育在成功创建13个省级社区教育中心后，又指导京口区成功创建成“国家级社区教育实验区”，填补镇江市的空白。全市有外来务工人员子女近4万人，凡需接受义务教育的，全部安排在公办学校就读，享受与当地学生同等待遇。教育部2009年4月到镇江市进行专项调研并给予高度评价。

推进教师队伍建设“三三三”工程。继续开展“城乡教师手拉手”活动，实施“千校万师支援农村教育”工程，先后选派100多名教师赴连云港等苏北农村支教，深入开展“专业技能大练兵”活动，徐杰、金燕2个劳模团队创新工作室和10个名师工作室全部启动运转。学科教师参加各类优质课评比，20多节课获得省一等奖。在省第八期教研课题申报中，全市有6项获得省重点立项，19个课题被省立项，与上年度相比，均有大幅度提高。出台《镇江市市直义务教育学校教职工绩效考核试行办法》，建立重能力、重实绩、重贡献的分配激励机制。全市共投入5.79亿元，在省内率先兑现义务教育阶段29959名教师的绩效工资。

市教育考试院实现高考、成考、自考等重大考试零事故的目标，省考核各类指标全优秀。教育局制定《2009年市区小学升初中工作意见及市区民办初中招生工作意见》，落实热点高中招生计划50%的分配指标和降10分要求。完成30所现代化小学、初中，32所第四批“学生行为规范示范校”、23所第二批“学生行为规范示范校”复评、96所市级绿色学校、24所省“和谐校园”等的评估验收工作。推行学校安全“一岗双责”制度。召开专题工作会议，落实“人防、物防、技防”措施，健全安全工作长效管理机制。

（裴　伟）

【教育经费】 2009年，全市教育经费总投入330981万元，比上年276683万元增加54298万元，增长19.62%。其中：国家财政性教育经费总投入244818万元，比上年197656万元增加47162万元，增长23.86%。2009年，全市教育经费总支出334541万元，比上年277380万元增加57161万元，增长20.61%，其中：工资福利支出155247万元，对个人和家庭补助支出53936万元，商品和服务支出48994万元，其他资本性及基建支出76364万元。（焦叶飞）

教师队伍

【概况】 2009年，全市有教职工25858名，专任教师22106名，其中中等职业学校教师1667名，普通高中教师3900名，普通初中教师6732名，小学教师8831名，幼儿园教师870名，特殊教育教师106名。

中等职业学校教师学历达标率92.02%，普通高中教师学历达标率99.11%，普通初中教师学历达标率99.56%，小学教师学历达标率99.96%，幼儿园教师学历达标率99.46%，特殊教育教师学历达标率100%。教师学历达标率位于全省前列。

有教授级高级教师15人，中学高级教师3477人，占专任教师的15.7%。中等职业学校教师有正高级职称2人，副高级职称437人，占26.3%；普通高中教师中学高级职称1171人，占31.7%；普通初中教师中学高级教师职称1687人，占25.8%；小学教师中学高级教师职称166人，幼儿园教师中学高级教师职称6人，特殊教育教师中学高级教师职称10人。具有副高级以上职称的教师比例大幅度提高。

全市教师男性为12409人，女性为13449人。30周岁以下教师6113人，占23.6%；31～50周岁的教师有16117人，占62.3%；51周岁以上教师有3628人，占14%。年龄和性别结构合理。

2009年，经过层层评选，刘建中等1084人被命名为镇江市第五批中青年骨干教师。镇江市外国语学校潘晓芙、江苏省镇江中学徐杰、句容市实验小学的曹慧等3人被省教育厅确定为“江苏人民教育家培养工程”培养对象。

（孙和平　王健盛）

【教师节庆祝表彰大会】　2009年9月10日，市委、市政府召开第25个教师节庆祝表彰大会。

大会向全国教育系统先进集体、全国模范教师、全国教育系统先进工作者、全国优秀教师、全国优秀教育工作者、江苏省优秀教育工作者颁发荣誉证书。大会还表彰感动教育十大社会人物和镇江市优秀教育工作者167名、镇江市中小学德育先进工作者80名、镇江市师德标兵10名、镇江市师德先进个人30名，以及镇江市“三大”活动先进集体50个、镇江市“三大”活动优秀组织奖2个、镇江市优秀学科群体100个、关心教师的好领导30名、关心教师的好干部30名。

（孙和平）

【在全省率先实施义务教育学校绩效工资】　2009年，镇江市在全省率先实施义务教育学校绩效工资，义务教育学校教师平均工资达到当地公务员平均水平，涉及教职工近3万人。据统计，2009年全市义务教育学校绩效工资共支出9.6亿元。全市各义务教育学校根据教育部门制定的《义务教育学校教职工绩效考核办法》制定相应的考核细则和办法，经教代会讨论通过，作为奖励性绩效工资考核发放的依据。经过考核，全市共发放奖励性绩效工资1.97亿元。

（孙和平）

基础教育

【概况】　2009年，全市幼儿、小学、初中在优质学校就读比例分别达到70%、80%、80%以上，普通高中100%达到省三星级学校以上标准，一半为省四星级学校。12所参加首次省星级高中复评的学校全部一次性通过材料复审。一批义务教育阶段学校通过首批市现代化学校评估验收。新增省优质幼儿园39所，全市省优质园比例均达到60%以上；5所特殊教育学校全部达到省特殊教育合格学校建设标准，其中3所学校被评为省现代化特殊教育示范学校，市特教中心获全国特殊教育先进学校称号。丹阳市、京口区被评为江苏省全面实施素质教育先进县，继丹徒区、润州区被评为江苏省幼儿教育先进县（市、区）后，所有辖市（区）成为幼儿教育先进县（市、区）。

全市义务教育共免除课本费3530万元，惠及22.5万人；发放助学资金3091万元，受益29668人；为近870名大学贫困学生办理生源地助学贷款，发放贷款453万元。

（吴铁俊）

【普通高考】　2009年，全省普通高考录取率较2008年减少4个多百分点，全省考生增加3.8万人，全市考生减少758人，全市本二以上达线人数5200人。学科奥林匹克竞赛成绩有新突破，2010届全市有107人次获得省一等奖，比上年增长33.8%，其中2人次获得国家级一等奖。学科教师参加各类优质课评比中，20多节课获省一等奖，比上一年度明显增加。

（吴铁俊）

【加强未成年人思想道德建设】　2009年，为教育引导广大中小学生参与爱国主义教育活动，推动“做一个有道德的人”主题活动深入发展，镇江市未成年人道德建设办公室开展“弘扬和培育民族精神月”和“我爱我的祖国”等纪念新中国成立60周年系列教育活动，组织“五好”小公民参加“我的祖国”读书征文活动，“向国旗敬礼、做一个有道德的人”网上签名寄语、“做一个有道德的人”主题实践活动创新案例和图片评选及中小学主题班（队）会展播等活动。镇江市教育局、丹阳市教育局、扬中市教育局等3家单位关工委获全国优秀组织奖。镇江市教育局被评为江苏省未成年人思想道德建设先进集体。在全省庆祝新中国成立60周年的中学生知识竞赛中，省丹中代表队取得第三名。

（裴　伟）

【完善中考招生考试制度的改革】　2009年是镇江市中考近年来改革内容最丰富的一年，体育考试方案变革，英语口语听力自动化考试实施，中考进行网上阅卷。为促进教育的均衡发展，市教育局制定《2009年市区小学升初中工作意见及市区民办初中招生工作意见》，2009年高中招生，根据国家、省文件要求，落实热点高中招生计划50%的分配指标和录取工作；同时明确自2010年开始市区民办初中将施行电脑派位的招生制度改革等。

（裴　伟）

2009年镇江市区小学教育教学工作研讨会　（教育局）

职业教育

江苏省五年制高职教育专业建设水平评估考察意见反馈会（教育局）

【概况】 2009 年，全市教育部门举办的职业学校共有 8 所，其中 6 所为国家级重点学校，2 所为省级重点职业学校，中职（含五年制高职）在校生近 4 万人，共开设 14 大专业门类近 60 个专业。建成职业教育省级以上实训基地 10 个（国家级 2 个，省级 8 个）；省级以上示范专业 35 个；省级课程改革专业实验点 13 个，课程改革实验学校 5 所；职业学校国家职业技能鉴定站（所）6 个。职业学校教师学历达标率 92.83%。具有硕士学位教师占比 10%；“双师型”教师占专业教师的比例达 70%；培养省职教领军人才 3 人，全国教学名师 2 人。职校毕业生双证率获取率 98%，毕业生一次就业率达 96% 以上。

2009 年，镇江机电高职校 13 个五年制高职教育专业通过省评估院专家评估。京口区创建成“国家级社区教育实验区”，句容职教中心通过江苏省四星级中等职业学校的评估验收，创成 3 个省级社区教育中心、5 个省级社区教育示范乡镇（街道），1 个省级农科教示范基地。推荐评选职业教育和社会教育省级先进单位 6 个（含 1 个企业）。先进个人 10 人（含企业 2 人），省职业学校和谐校园 3 所。建成国家级职教实训基地 1 个，省级 1 个。争取省级实训基地建设项目 2 个、创业创新基地项目 2 个。配合市发改委编制“十二五”职业教育项目 5 个，力争 4 个左右进入规划序列。创成新一轮省级示范专业 7 个、课改实验学校 3 所、课改实验点 3 个。

职校招生 16357 人，完成省教育厅下达镇江市招生计划的 100.3%。牵头编印《镇江市 2009 年中考指南》，牵头组织市区 2009 年中考高中阶段招生政策咨询会；组织全市职业学校开展退役士兵职业技能教育培训，384 人在教育系统参加培训。 （林雨生）

【职业学校师生技能大赛】 2009 年，全市职校系统有近 800 名师生参加 9 大类 27 个项目省技能竞赛，5 人获一等奖，28 人获二等奖，81 人获三等奖。镇江机电高职校参加省技能大赛获奖数列全省第一，综合排名居全省第五。职业学校参加省创新大赛，4 件学生作品获得一等奖，其中高职 3 件，中职 1 件。

（林雨生）

【镇江机电高等职业技术学校】 该校是经江苏省教育厅批准成立的一所全日制高等职业技术学校。2009 年，与镇江市旅游学校合并。2010 年，更名为镇江高等职业技术学校。

表 28-1 **2009 年镇江市区各类职业学校基本情况表**

学校名称	主管部门	单位性质	业务归口	建筑面积（单位：平方米）	正式教职工（单位：人）		全日制在校生数（单位：人）
					总数	教师数	
镇江机电高等职业技术学校	市教育局	全额拨款	教育	75000	347	294	5848
镇江市旅游学校	市教育局	全额拨款	教育	30000	119	106	1779
镇江市第三职教中心	润州教育局	全额拨款	教育	54600	123	102	1143
镇江卫生学校	市卫生局	全额拨款	教育	20136	69	44	1346
镇江市体育运动学校	市体育局	全额拨款	教育	50000	38	35	161
镇江市建设学校	市住建局	自收自支	教育	11380	36	23	235
镇江市电子工业学校	市国资委	自收自支	教育	11000	40	23	706
镇江市化工职工中专校 镇江市化工技校	市国资委	自收自支	教育人社	5000	19	13	450
省司法警官高等职业学校	省监狱管理局	全额拨款	教育	26785	174	95	2989
镇江技师学院	市人社局	全额拨款	人社	56000	160	88	4500
省交通技师学院	省交运厅	全额拨款	人社	73834	125	82	5500
镇江市冶金技工学校	市国资委	自收自支	人社	20000	46	42	1500
镇江市农村机电技校	市农机局	全额拨款	人社	5000	16	11	100 余
镇江联合机械工业学校 镇江市机械技工学校	–	改制民办	教育人社	2880	6	4	147
镇江市江天汽车技校	–	民办	人社	5941	31	17	327
镇江市振华职业技术学校	–	民办	教育	7000	–	聘用	63

（教育局）

学校占地面积17.9万平方米，建筑面积10.6万平方米，固定资产总值2.13亿元，各类设备设施总价值3993万元；专任教师352名，高、中级职称共计225名（其中副教授16名）；有五年制在校生4286名；有机电、艺术旅游、电子电气、信息技术、财经商贸、化工六大类专业群，有数控技术、机电一体化技术、计算机应用技术、软件技术、应用电子技术、会计、电子商务、商务英语、室内设计技术、广告设计与制作、应用化工技术、动漫设计与制作、旅游管理等13个五年制高职专业。有群众文化艺术、数控技术应用、商贸专业、中西式烹饪、旅游服务与管理、计算机应用技术专业（五年）、机电一体化（五年制）等7个省级示范专业，建有国家级数控专业技能型紧缺人才培养培训基地、省级机电一体化专业实训基地、省级旅游管理专业实训基地、江苏省国际服务外包人才培训基地、江苏省镇江软件人才实训基地、国家职业技能鉴定所。2009年12月，省教育厅公布江苏省五年制高职专业建设水平评估结果，镇江机电高等职业技术学校的应用化工技术、室内设计技术、软件技术、动漫设计与制作、旅游管理、商务英语、机电一体化技术、电子商务、数控技术、会计、广告设计与制作等11个转业为合格专业；应用电子技术、计算机应用技术等2个为优秀专业。（许大宏）

高等教育

【概况】 2009年，全市有普通高等学校5所，其中省属院校3所、市属高校1所，民办高校1所，另有江苏大学京江学院、南京财经大学红山学院、江苏科技大学南徐学院3所民办二级学院。各高校专业齐全，涵盖工学、理学、医学、文学、管理学、经济学、教育学、法学、历史学等学科门类。有本、专科学生79999人，教职工9353人，其中专任教师5040人。有博士研究生657人、硕士研究生5981人，研究生导师1043人。有成人高校在校生26750人。高校占地525万平方米，藏书731.99万册。（裴 伟）

·江苏大学·

【概况】 2009年，江苏大学设有24个学院，全日制在校生35000余人，其中各类研究生近7000人，留学生200余人。设有76个本科专业，涵盖工学、理学、医学、管理学、经济学、法学、文学、教育学、历史学等9大学科门类。拥有8个博士后科研流动站，5个博士学位授权一级学科，33个博士点，100个硕士点，2个国家重点学科，1个国家重点（培育）学科，3个江苏省一级学科国家重点学科培育建设点，4个江苏省一级重点学科，1个教育部重点实验室，10个江苏省重点学科，11个江苏省重点实验室、工程中心，18个工程硕士授权领域和工商管理硕士（MBA）、临床医学硕士专业学位授予权。拥有一所三级甲等附属医院、江苏大学出版社，设有教育部科技查新工作站。《江苏大学学报（自然科学版）》《排灌机械》为EI来源期刊。

2009年，全校有3项成果获国家级科学技术奖，3项成果获国家级教学成果奖，教育部"长江学者特聘教授"实现突破，连续两年获批国家杰出青年基金，新增一批国家特色专业建设点、国家创新人才培养基地和国家级教学团队。入选江苏省一级学科国家重点学科培育建设点3个，新增临床医学硕士专业学位和2个工程硕士授予权。获批国家自然科学基金46项、国家社科基金5项。中澳先进光电分子功能材料国际联合研究中心获科技部和澳大利亚政府联合批准设立。召开第二次科技工作会议和第二次本科教学工作会议，提出学校科技工作的奋斗目标以及创建"本科教学质量名校"的理念、思路和举措。在第十一届"挑战杯"全国大学生课外学术科技作品竞赛中，学校第三次获"优胜杯"。2009届毕业生就业率继续保持在95%以上，学校获全国高校毕业生就业工作先进集体称号。江苏大学董事会成立大会举行，服务地方经济建设的"1863"按计划推进。现代化的新图书馆全面建成，数字化、节约型校园建设初见成效。美国和加拿大校友会分别在华盛顿与多伦多成立。以学生陈静真实故事改编的电影《小城大爱》在全国公映。江苏江滨医疗集团成立，在全国率先试点探索公立医疗机构规模化、集约化发展的新模式。（贾敬远 卞丽华）

【三项科研成果获国家级科技奖】 2009年，由教授毛罕平、李萍萍等完成的"温室关键装备及有机基质的开发应用"、教授杨继昌等完成的产学研合作成果"节能环保型球团链篦机关键制造技术及应用"两项目获2009年度国家科学技术进步二等奖，教授孙玉坤作为第二成果人完成的"基于神经网络逆的软测量与控制技术及其应用"获2009年度国家技术发明二等奖。（卞丽华）

【三项教学成果获国家级教学成果奖】 2009年，由研究员袁寿其主持完成的"以'4C能力'为核心的流体机械创新人才培养体系的创建与实践"、教授孙玉坤主持完成的"地方高校电气类专业主要技术基础课程改革与实践"和教授李萍萍主持完成的"构建复合载体、强化工程能力、培养创新型工学研究生"等3个项目，获第六届高等教育国家级教学成果二等奖，获奖数量达到国内同类院校领先水平。（卞丽华）

【高层次人才队伍建设取得突破】 2009年，教授周明入选长江学者特聘教授，研究员施卫东、教授赵玉涛、教授张弛入选2009年度"新世纪百千万人才工程"国家级人选，教授毛罕平入选国务院学科评议组成员，教授张弛获国家杰出青年科学基金200万元资助，标志着江苏大学在国家级高层次人才培养和师资队伍建设方面取得新突破。（卞丽华）

【科技创新能力】 2009年，江苏大学召开第二次科技工作会议，明确科技工作新一轮发展的战略思路、奋斗目标和具体措施。全年科研总经费2.6亿元，比上年增长13%，纵向经费突破8000万元，其中国家级项目经费占53%。中澳先进光电分子功能材料国际联合研究中心获科技部和澳大利亚政府联合批准设立；能源发展与环境保护战略研究中心获批为江苏省首批13个高校哲学社会科学重点研究基地之一；流体机械（泵）节能技术研究及工程应用团队获批为江苏高校优秀科技创新团队。新增省级重点实验室、工程中心2个。全年获省部级奖66项。三大索引收录论文1095篇，其中SCI收录289篇，增长47.4%。申请国际发明专利6件，授权国家发明专利83件，增长31.7%。新建产学研联合体30家，与170余家企业建立产学研战略联盟。（卞丽华）

【人才培养】 2009年，江苏大学新增国家级教学团队1个、国家特色专业1个、国家级人才培养模式创新试验区1个。2009届本科生学位授予率达91.56%。2009届本科毕业生就业率达96.23%，学校获全国高校毕业生就业工作先进集体称号。获国家和省博士后科研资助项目45项，获全国优秀博士学位论文提名奖1篇，省优秀博士学位论文4篇、优秀硕士学位论文12篇。在第十一届"挑战杯"全国大学生科技作品竞赛中，学校第三次获"优胜杯"。在第二届全国大学生节能减排科技竞赛中，学校获特等奖，在国际和全国大学生数学建模以及全国大学生英语竞赛中，学校又

分别获特等奖和一等奖。江苏省“十佳青年学生”评选连续6年榜上有名。 （卞丽华）

·江苏科技大学·

【概况】 江苏科技大学是省部共建的一所以工为主、特色鲜明的普通高等学校，是江苏省重点建设高校，教育部本科教学工作水平评估优秀学校。学校设有13个学院，48个本科专业及方向，有1个博士学位授权点，27个硕士学位授权点，8个工程硕士培养领域，1个农业推广硕士培养领域，10个高校教师在职攻读硕士学位专业。拥有3个国家级特色专业建设点，1个国防科工委重点建设专业，4个省级品牌、特色专业，5个省级品牌、特色建设专业；拥有1个江苏省“国家重点学科培育建设点”、1个省一级学科重点学科、5个省重点学科、3个省部级重点实验室、2个省级公共技术服务平台，3个省级实验教学示范中心，5个省级实验教学示范中心建设点；5门省级精品课程，1个省级优秀教学团队。

学校有镇江东、南、西3个校区和张家港校区，以及北京研究院、上海研究院、浙江研究院和驻上海办事处，占地166.67公顷。2009年，学校有教职工1950余名，其中专任教师1040余名。有在校研究生2300余人（含专业学位研究生），普通本科生20800余人。中国人民解放军在校设立后备军官选拔培训工作办公室，有340余名国防生在读。学校有纸质图书157.9万册，电子图书53万种。学校设有各类奖助学金20多项，年奖助学总金额近1600万元。 （张彦同）

【“质量工程”建设】 2009年，江苏科技大学启动校级优秀教学团队建设，新增省级优秀本科教学团队1个；新增国家级特色专业建设点1个，累计3个；新增2个省级实验教学示范中心建设点，1个被推荐申报国家级实验教学示范中心；首次进行校级双语教学示范课程立项建设，推荐申报省级精品课程7门；新增省级精品教材1部，3部教材列为省级立项建设精品教材；新增省级教改项目4项；获省级教学成果一等奖1项；遴选4个校级人才培养模式创新实验基地立项建设项目。 （张彦同）

【科研平台和基地建设】 2009年，江苏科技大学强化质量管理体系建设，通过科研质量管理体系复审；不断推进科研基地和科研平台建设，江苏省高效焊接工程中心、江苏省蚕桑种植资源基因库设立在该校，国家蚕桑产业技术体系建设在该校启动，并将体系建设办公室设在该校。 （张彦同）

【科技经费总量】 2009年，江苏科技大学实到科技经费突破1亿元。纵向科研计划项目到款3372万元。签订横向合同158项，到款2290万元；各科技实体签订合同88项，到款4565万元。 （张彦同）

【科技项目和成果】 2009年，江苏科技大学申报各级各类理工类计划项目158个，获得立项资助36个。其中国家自然科学基金、科技部、农业部项目9个，省自然科学基金项目、科技厅、教育厅项目23个。申报各级各类人文社科类计划项目141个，获得立项资助27个，其中省部级以上项目24个。2009年获得总装备部、工信部、交通部以及浙江省等省部级以上重大科技项目5个，新承担军工科研项目11个。2009年获得各类科技成果奖励15个，其中工信部国防科技进步三等奖2个，江苏省科技进步三等奖1个。 （张彦同）

【师资队伍建设】 2009年，江苏科技大学做好各类优秀人才的选拔、推荐和申报工作，3人被遴选为“333人才工程”第三层次培养对象；2人获省“六大人才高峰”项目资助；69人考取博、硕士研究生，2人进入博士后工作站学习，有22人获得博、硕士学位；1人获国家留学奖学金资助，9人获得省政府留学奖学金资助，创历年新高；1人被评为全国优秀教师。 （张彦同）

【研究生教育】 2009年，江苏科技大学深入实施研究生教育创新工程，设立3个企业研究生工作站，有省研究生科技创新计划项目5项、省研究生教改研究立项课题2项、省优秀硕士论文1篇。特种经济动物饲养专业1篇博士学位论文入选2009年全国优秀博士论文提名论文。 （张彦同）

【各类大学生竞赛活动】 2009年，江苏科技大学先后有20多个团队、80多名学生在全国、全省大学生科技、文化、体育等竞赛活动中获奖。其中在全国大学生“挑战杯”大赛中，获全国二等奖1项、三等奖3项，省级三等奖1项。学校再次获江苏省大学生暑期社会实践活动先进单位称号。 （张彦同）

【获省高校和谐校园称号】 2009年，江苏科技大学把和谐校园创建工作和学校的建设发展紧密结合，全面有序地推进学校物质文明、政治文明和精神文明的协调发展，构建和谐校园，制定出台《江苏科技大学文明单位评选表彰办法》，开展校级文明单位的评选活动，通过常态管理、动态考核，形成学校精神文明建设的长效机制。2009年获省高等学校和谐校园称号。 （张彦同）

·镇江市高等专科学校·

【概况】 2009年，学校实现“党员干部受教育、科学发展上水平、师生员工得实惠、培养人才作贡献”的总体目标，群众满意率达100%。在规范管理、提高质量的基础上，以特色专业建设为龙头，加强重点课程和精品教材建设，2门教材分别列为省级精品教材和省级立项建设精品教材。纵向获批和校内立项课题40多项，结题30多项，《镇江高专学报》获评全国高校科技期刊优秀编辑质量奖。现代化教学设施和实验设备总投入100多万元，建成覆盖全校的技防网络。通过国外进修、国内高访加强教师培训和学历进修工作，培养教学名师，引进高层次人才，超前实现“十一五”师资队伍建设的规划目标。全年基建总投入4000多万元，新食堂、浴室启用，实验大楼即将封顶，明确教学、实训、运动、生活等功能板块，形成生态校园、文化校园的格局。人才培养质量得到社会认可，坚持人文素质与专业技能并重，全面实施素质教育，招收新生2647人，2009届毕业生初次就业率达73%，终就业率达96.96%，两名学生分别获团中央、全国学联主办的“中国大学生十佳自强之星”和“第四届中国母亲河奖”提名奖。 （朱洪春）

【学报在2009全国高校科技期刊“三优”评比中获奖】 中国高校自然科学学报研究会公布2009年全国高校科技期刊优秀编辑质量奖、优秀编辑工作者及优秀编辑学论著评比活动中的获奖单位及个人名单，《镇江高专学报》获中国优秀编辑质量奖，胡菲被评为全国高校科技期刊优秀编辑工作者，一篇编辑学《女性编辑心理压力的成因及对应策略》论文获优秀编辑学论著二等奖。 （朱洪春）

【大学生社会实践工作】 2009年，在教育部高等教育司主办的第二届全国大学生节能减排社会实践和科技竞赛中，艺术设计系学生田野、管理系学生陈浩、电子与信息工程系学生王毅撰写的《关于当前节约型社会与资源合理利用的调研报告》被评为三等奖；该校获江苏省大中专学生志愿者暑期“三下乡”社会实践活动先进单位称号。（朱洪春）

·江苏农林职业技术学院·

【概况】 2009年，学院建筑面积有33.4万平方米，形成以校本部为主体、江苏农林科技示范园、江宁校区和茅山园区为辅翼的“一主三区”发展格局。设有10个教学单位，58个专业方向，建有草业研究中心等4个科研机构，在校学生12435人。学院有教职工697人，其中副高以上职称171人（教授、研究员21人），双师型教师比例达71%。学院坚持农林职业教育的办学方向，确立以服务“三农”为宗旨，以就业为导向，以能力培养为核心，走产学研一体化之路的办学理念，在改革办学体制、创新人才培养、做强实训基地和做优社会服务等方面形成特色。

2009年，围绕“推进科学发展，建设一流国家示范校”的主题，《植物保护》课程被评为国家精品课程，《猪生产》被评为动物教指委精品课程，13门院级精品课程通过验收；《植物保护》和《园林树木》被评为省精品教材，《作物栽培》被评为全国农业职业教育精品教材；制定《江苏农林职业技术学院2010~2015年师资队伍建设规划》《江苏农林职业技术学院2010~2020年专业建设发展规划》。全年录取新生3118人，招生扩至12个省、市；毕业生就业率为99.57%。全年争取省、市各类项目12个，获得经费530多万元；申报专利6件，获授权4件；无土草坪高效栽培及配套技术研究与应用成果获得神农中华农业科技成果二等奖。档案工作通过省四星级标准测评。学院研发楼通过竣工验收。茅山园区新校区两栋教学楼、八栋学生宿舍、一栋学生食堂和超市等建筑进入施工阶段。投资40万元加强对学生食堂的设施改造，改善就餐环境，投资200万元对南校区宿舍楼进行全面出新整修。2009年获全国普通高校毕业生就业工作先进集体、江苏省平安校园、农业部现代农业技术培训基地、科技富民贡献突出单位、江苏省高校科技工作先进集体等称号。全年有46所院校前来考察交流。（陆帅帅）

【示范校建设】 2009年是江苏农林职业技术学院国家示范性高职院建设的收尾年。按照院《国家示范性院校建设任务书》，经过三年的努力，如期完成建设任务。其中作物生产教学工场、园林植物栽培教学工场、园林工程教学工场、畜牧教学工场、植物保护实训中心、植物工厂化育苗技术实训中心、园林规划设计实训中心、动物疾病防控技术实训中心和动物教学医院等“硬件”建成；以人才培养模式创新、课程体系改革、绩效考评机制、示范辐射效应等为核心内容的“软件”建设实现预期的目标。示范校建设完成投资1.8亿元。（陆帅帅）

【举办“农业职业教育人才培养模式论坛”】 2009年，由江苏农林职业技术学院牵头组织举办“农业职业教育人才培养模式论坛”活动，来自全国24所农业职业院校的80余名代表参加，其中9所农牧院校代表作主题发言。副院长李振陆作“项目式教育，双轮驱动，课题化管理——创业人才培养的创新实践”主题发言。（陆帅帅）

【实施“5111”富民强农工程】 “5111”富民强农工程，即发展壮大5大产业，推广10项实用技术，培训1万农民，帮扶10个特色村。2009年，江苏农林职业技术学院重点工作对象是工程的“挂县强农富民”对接点泗洪县。“5111”工程的实施，取得明显的经济和社会效益。省委、省政府“挂县强农富民”工程启动仪式指定在该院的挂钩点泗洪举行，工程推进现场会选择在该院召开。在上级进行的年终检查考评中，该院位列“三甲”。省委学习实践科学发展观简报专题介绍。新华社、《农民日报》《新华日报》等作报道。（陆帅帅）

·金山职业技术学院·

【概况】 2009年，学院设有机电系、建筑系、计算机系、管理系、外语系、基础部，开设23个专业，学制三年，面向全国招生。2008年被省教育厅、省公安厅评为省级安全文明校园，被省建设厅评为园林式单位。2009年，学生周仁翰获江苏省优秀学生干部称号，陈艳梅、高铃萍获国家奖学金，周婷等56人获国家励志奖学金，杨玉洁等244人获国家助学金。12月，张春冬、姜慧超被评为2009年度江苏省大中专学生志愿者暑期“三下乡”社会实践活动先进个人。葛笑薇在第二届镇江高校校园歌手联盟大赛中获得优秀歌手奖。（金　山）

【赴四川灾区社会实践】 2009年1月9日，金山职业技术学院社会实践队完成为期一周的赴四川灾区学习和实践工作。2月26日，该院举行赴四川灾区社会实践报告会，实践队员将他们真实的所见所闻向全院师生描述。大家为报告的内容感动，被图片震惊，更为地震救灾中体现的“大爱无言”“有爱就有希望”“众志成城”的民族精神鼓舞。3月，该院实践队员受江苏省扬中职业教育中心等单位的邀请，多次将他们的所见所闻、所感所悟进行宣讲。（金　山）

【技能培训】 2009年，金山职业技术学院通过多种渠道组织和引导各系主动与行业、与省市劳动部门寻求合作，开展形式多样、内容丰富的技能训练、技能鉴定和技能大赛等活动，着力强化技能操作和实践动手能力。4月举行全国大学生英语竞赛（NECCS）预赛，这是中国唯一全国性的大学生英语综合能力竞赛，竞赛提倡“重在参与”的奥林匹克精神，该院李梦娇、张敏获2009年全国大学生英语竞赛一等奖，夏芳芳、刘艳获二等奖，牛佳等四位同学获三等奖。4月中旬举办首次普通话水平测试，近900名师生参加考试。5月中下旬，举行首次网络管理员（ATA）考证工作。6月中旬与12月初，机电系完成中级维修电工的考证工作。（金　山）

【就业工作】 2009年5月上旬、11月下旬，金山职业技术学院分别举办2009届毕业生校园专场招聘会。招聘会有上海引统餐饮管理有限公司、本尼数字产品（无锡）有限公司、松下能源（无锡）有限公司等50多家国有企业、民营企业和外资企业参加，行业涉及电气、机械制造、电子、金融、商贸、物流、建筑工程等多个领域，提供技术、管理、商务、营销等就业岗位近千个，为学生就业开辟渠道。经过初试、复试，该院毕业生基本实现全部就业。（金　山）

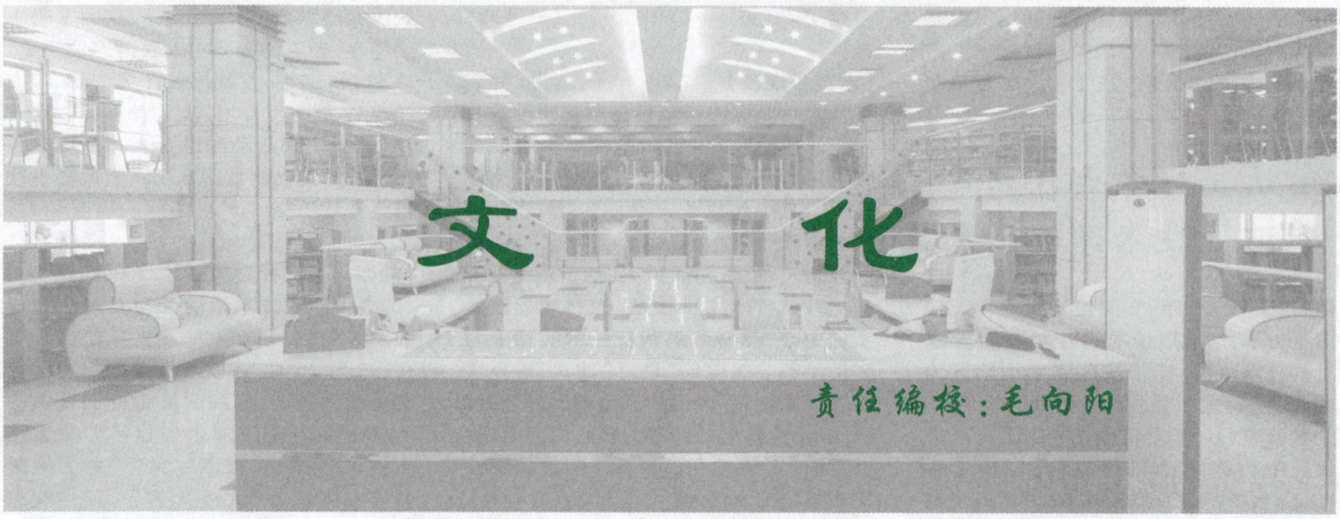

综 述

【概况】 2009年，镇江市以“彰显名城文化，文化繁荣镇江”为总体战略，以“文化事业强、文化产业强、文化队伍强”为奋斗目标，探索文化营销城市之路，推进镇江文化发展新跨越。市文化局获全国“2008～2009年度查处侵权盗版案件有功集体”二等奖；被评为2009年度江苏省“三下乡”活动先进集体，2009年江苏省文化市场行政执法先进集体，镇江市2009年度安全生产工作先进集体和镇江市放心消费创建活动先进集体。

开展“文化嘉年华”活动。举办第二届文化嘉年华活动，以“文化嘉年华，从镇江出发”为主题，在4～6月开展46项活动，提升公众的文化视野和生活品位，集聚城市消费人气，扩大城市知名度。

举办迎“国庆”系列文化活动。围绕庆祝新中国成立60周年，策划、开展系列文化活动。承担“红色经典、火红镇江——万人歌会”现场演出的组织策划、方阵指导和宣传文化系统方阵的排练，举办“多彩镇江，舞动激情——舞蹈大赛”；举办“光辉的历程——庆祝中华人民共和国六十华诞图片展”“祖国万岁——王若冰暨共和国将军书画联展”“共和国不会忘记——万名学生茅山社会实践活动”“庆祝新中国成立60周年美术作品展”，放映电影《开国大典》《集结号》。

提供公共文化服务。指导和督促乡镇文化站和村（社区）级文化活动室达标建设。全市乡镇（街道）文化站建设达标率100%，605个行政村全部建成村文化活动室。整合多方资源，鼓励社会捐赠，2009年实现“农家书屋”行政村100%全覆盖。2009年2月，市图书馆免费开放。完成韦岗战斗陈列室扩建和韦岗战斗胜利纪念碑维修工程的项目立项和申报手续。完成市艺术剧院新院址规划和建设用地拆迁。

“文心公益行动”内容丰富。全年“文心讲堂”举办6场，“文心剧场”演出20场。“文心影院”播放90多部优秀影片，送电影走进京口消防大队、江苏大学。“文心收藏”现场为镇江市收藏爱好者鉴定藏品。成立“文心艺术团”，开设“文心书画培训”、开办走近“瘗鹤铭”少儿书法讲习班。

繁荣文化艺术创作。以彰显区域文化为核心，通过多种艺术表现形式打造文化精品，取得一定成效。音乐剧《水漫金山》获省“五个一”工程奖。完成电视连续剧《沉香》、人文纪录片《诗话镇江》、数字高清电影《佛之舍利》的拍摄。专题片《瘗鹤铭》于2009年4月27、28日晚在央视十套《探索·发现》栏目首播。镇江画院画家杨雷创作的《湖湾馨风》、庄道静创作的《潮·美甲》两幅作品入选第十一届全国美展中国画展。完成有氧话剧《三国·龙凤呈祥》的创作、生产和演出。举办镇江市首届小戏小品大赛。

加强文化遗产保护。推进第三次全国文物普查工作。开展“文物宣传周”活动。陆小波故居对外开放，陆小波墓地环境整治完毕。《大运河镇江段遗产保护规划》编制完成并通过省级评审。推进铁瓮城遗址保护规划。制订梦溪园修缮扩建方案并开始实施。配合沪宁高铁、中储粮等城市建设、泰州过江通道等大型项目做好考古发掘工作。全程介入、配合做好双井路片区、中华路片区、新河一条街、小街片区的文物保护工作。开展焦山摩崖石刻保护工程。

做好古籍保护工作，市图书馆被文化部评为第二批全国古籍重点保护单位，9种古籍新入选国家级珍贵古籍名录；完成“非遗”普查工作报告；开展第三批国家级非物质文化遗产代表性传承人申报工作，刘善教、姚恭林等5人被文化部公示为第三批国家级非物质文化遗产代表性传承人；“清曲”“茅山道教音乐”等10个项目入选省第二批非物质文化遗产名录项目推荐名单，在全省名列前茅；组织开展第三批国家级非物质文化遗产名录项目申报工作，全市共有董永传说、南乡田歌等16个项目申报第三批国家级非物质文化遗产名录项目；开展“文化遗产日”“我们的节日”传统文化活动，举办“仲夏时节话端午”知识讲座、“南北民间绝技展演”等活动。

推进文化产业快速发展。加大产业引导力度，组织实施全省第二批文化产业引导资金项目申报工作，共推荐申报18个项目，获省级文化产业引导资金670万元，比上年增长123%，增幅位居全省前列。提升大市口文化娱乐商圈，引导扶持，在大市口文化娱乐商圈发展嘉乐迪KTV、金麦霸娱乐总会、红磨坊KTV、至尊练歌房、晨风网吧、迅雷网吧、暴风雪网吧及久英世纪电玩竞技城等9个文化娱乐项目。促成华地百货项目投资方与广东大地影院发展有限公司达成合作协议，在该商城（现为八佰伴）顶层建设一座经营面积2500平方米，设有6个影厅的“大地影城”。截至2009年底，在大市口文化娱乐商圈范围内，有书店7家、歌舞娱乐场所18家、网吧16家、电子游艺娱乐场所7家，成为全市文化娱乐经营场所密度最高的区域。

重点打造西部历史文化商圈。指导西津渡建设发展有限责任公司建成消防博物馆、西津渡观音文化展示馆和中国救生文化展示馆，指导市水利局古运河管理处在京口闸辟建古运河陈列馆。推进西津渡民俗文化街区建设，吸引烙铁画艺术家盛珏开设“宝葫芦”烙铁画工作室、剪纸艺术家李佩璜开设“艺馨阁”剪纸工作室、机绣艺术家黄正凤开设“正凤绣坊”机绣工作室、唐老一正斋膏药传人唐正北开设“唐老一正斋”。推进“‘超越神话’金山大剧院”建设并投入运行。

发展文化旅游。成立“文心文化旅行社”，开辟“珍藏镇江”特色旅游线路（名人故居游、红色经典游），主要景点有赵伯先故居、冷遹故居、梦溪园、镇江民间文化艺术馆、陆小波故居、赛珍珠纪念馆和新四军四县联合抗日会址、茅山新四军纪念馆、韦岗伏击战战场遗址等。

推出一批文化创意产品。文化创意产品初成系列：镇江博物馆推出“镇江二十四景”“杏园雅集图”“八大山人花鸟手卷”骨瓷礼品，“鸭形尊复制品”、《菩提树叶绘十八罗汉图册》等近30种文物复制品。市图书馆、镇江画院相继推出线装书《昭明文选》《诗画镇江》，镇江民间文化艺术馆推出《白蛇传》文化月饼、“《白蛇传》邮票镇纸”“华容道——益智游戏《救许仙》”“竹编茶具、酒具”。焦山碑刻博物馆推出“瘗鹤铭丝巾”“焦山碑林珍藏邮册”。市文物商店推出“文化嘉年华”主题扑克牌。

营造良好文化市场环境。转变政府职能，降低准入门槛，建设服务平台，扶持和推动更多社会资本进军文化产业。发挥行业协会的自律作用，支持、指导行业协会开展工作，为文化市场繁荣构建政策、信息和环境平台。全年出动执法人员9847人次，检查经营单位2101家次，重点开展查处无证照电子游戏经营场所集中执法专项行动、网吧市场专项整治、“非法电子游戏、动漫、网络游戏经营活动”的查处行动。开展“扫黄打非”行动，围绕国庆60周年，重点开展对非法政治性出版物的查缴和封堵。加强校园周边环境净化工作，推进版权保护，打击侵权盗版行为，营造良好的文化市场环境。举行“2009诚信江苏与新闻出版”新闻出版系统诚信演讲大赛镇江赛区的比赛，推荐5个印刷单位和3个发行单位分别参加第二届“双优诚信”印刷企业和第三届“双优诚信”书店评选推荐活动。开展“镇江市首批新闻出版行业文明单位评选活动”，向省推荐文明单位标兵1个、文明单位5个。

（文　嘉）

【文化嘉年华活动】 2009文化嘉年华以“文化嘉年华，从镇江出发”为主题，在4～6月开展46项活动，提升公众的文化视野和生活品位，集聚城市消费人气，扩大城市知名度。“迷笛音乐节（镇江站）”“DV创意短片大赛”“镇江首届涂鸦艺术节”“实验电影周”赋予城市一种前卫动感；“文化嘉年华形象大使征集”“镇江歌咏节”“中国南北民间绝技展演”集聚民间草根的文化力量；“《瘗鹤铭》今探”“好山好水读好书”读书节系列活动，线装本《昭明文选》《诗画镇江》以及《文心画廊》等书的出版在传承中彰显文化经典的魅力；开幕式“激情是我们共同的舞台”专场文艺演出、京剧《曹操与杨修》、舞剧《一把酸枣》、话剧《两个人的法式晚餐》、扬剧《马娘娘》等为市民呈现舞台精品艺术；中国故事节少儿故事会、专题片《瘗鹤铭》在央视播出等，通过高端平台、品牌赛事和名人效应的传播，有效扩大城市影响力；电视连续剧《血色沉香》、原创话剧《三国·龙凤呈祥》、茅山“韦岗伏击战”动感影院、镇江博物馆数字高清影院、“文化嘉年华”网站等，用现代科技元素催生文化新业态，培育文化产业新的增长点。

（文　嘉）

【文心公益行动】 2009年，继续开展“文心公益行动”，以免费的形式传播文化知识，体现文化关怀。“文心讲堂”先后邀请马未都畅谈《盛世与收藏》、余秋雨论《生命因阅读而宁静》、上海图书馆馆长吴建中教授讲《世博文化解读》、于丹教授讲《阅读经典，感悟成长》、早期教育专家张雅莲教授讲《寻找孩子成长的力量》、上海电视大学教授鲍鹏山讲《孟子：道德与革命》。“文心剧场”每两周举办一次，先后举办中国著名钢琴演奏家、原上海音乐学院副院长王建中教授《钢琴作品赏析音乐会》，江苏省特色文化团队《康盛剧社》展演，《红星闪耀——上海东方绚彩女子乐坊专场演出》，《冬日阳光——上海音乐学院教授吴登民师生古典吉他专场音乐会》等近20场演出。“文心影院”每周末免费放映电影，还派出文心流动电影放映队，送电影进乡镇、社区、学校和部队。全年共放映《长江七号》《开国大典》《集结号》《建国大业》《南京！南京！》等90多部优秀影片。“文心收藏”5月17日在宝庆银楼举行，邀请瓷器鉴定专家张浦生，国家文物鉴定委员、书画鉴定专家鲁力等五位专家，现场为镇江市收藏爱好者鉴定藏品。成立“文心艺术团”，分为“合唱团”“民乐团”“舞蹈团”“国标舞团”“古筝团”“戏剧艺术团”。开设“文心书画培训”，开办走近“瘗鹤铭”少儿书法讲习班。

（文　嘉）

【有氧话剧《三国·龙凤呈祥》】 自主创作、生产有氧话剧《三国·龙凤呈祥》，2009年6月23～27日在北京保利剧院成功首演，7月13日登陆北京解放军歌剧院连演11场。搜狐、网易、腾讯等几十家网站，对该剧进行跟踪报道。8月6日，新华社以《有氧话剧〈三国·龙凤呈祥〉为何叫好又叫座?》为题发专电；8月17日，《中国文化报》头版以《镇江：用戏剧营销城市》为题给予高度评价。该剧在江苏省优秀新剧目评比展演中获得一等奖，优秀导演奖2个、优秀表演奖4个、表演奖5个、舞美设计奖2个、服装设计奖2个。

（文　嘉）

【镇江市首届小戏小品大赛】 2009年，“镇江市首届小戏小品大赛”从3月开始面向全国征稿，北京、山东、苏州等省内外的60余篇作品应征。经评选，小品《如此智慧》《高桥村的笑声》获创作演出金奖，小品《香在无心处》、小戏《水儿和鱼儿》获编剧金奖，同时还评选出优秀表演奖、组织奖等奖项。10月15日，在镇江影剧院举行颁奖晚会暨汇报演出。

（文　嘉）

【“超越神话”金山大剧院建成】 列入市委、市政府《镇江市市区文化产业重点项目建设三年（2008－2010年）实施意见》的“超越神话”金山大剧院项目，2009年11月27日晚对外营业。该项目位于金山寺对面，占地5270平方米，建筑面积7500平方米，总投资1.6亿元。市文化经济发展中心与无锡中住集团共同出资组建项目运作主体——镇江市金山“超越神话”大剧院有限公司。市文化局向省、市争取政策对该项目进行扶持，争取省级文化产业引导资金120万元、市级文化产业引导资金50万元。目前，金山大剧院运营情况良好，每晚上座率达九成。

（文　嘉）

【镇江市首次非物质文化遗产普查】 启动于2006年5月的镇江市首次非物质文化遗产普查工作于2009年8月完成。市文化局成立“非遗”普查工作领导小组，设立普查办公室，组建调查小组，分别深入乡间田头走访艺人，开展田野调查，获取第一手资料，共搜集线索2271条，调查项目1266个，走访民间艺人1046位，确立主要传承人614人，共积累文字材料164.4万字、照片6000余张、音频80多小时、视频近100小时。

在普查的同时，镇江完成县区、市、省和国家“四级‘非遗’保护体系”的建设，对外公布各级“非遗”保护名录305项，其中县区级208项、市级64项、省级

27 项，白蛇传传说、恒顺香醋酿造技艺、秦淮灯彩、封缸酒酿造技艺、古琴艺术（梅庵琴派）及扬剧等 6 项被列入国家级“非遗”保护名录，并遴选 600 多个“非遗”项目编纂《镇江市“非遗”普查汇编》。 （文 嘉）

【5 人入选第三批国家级“非遗”项目代表性传承人】 第三批国家级非物质文化遗产项目代表性传承人推荐名单 2009 年 5 月公布，镇江市 5 人入围。刘善教被确认为传统音乐类“古琴艺术”（梅庵琴派）代表性传承人，筱荣贵、姚恭林被确定为传统戏剧类的扬剧代表性传承人，陈柏华被确认为传统美术类灯彩（秦淮灯彩）的代表性传承人，许朝中被确认为传统技艺中的“酿造酒传统酿造技艺（封缸酒传统酿造技艺）”代表性传承人。 （文 嘉）

【市文艺学校恢复办学】 镇江市文艺学校恢复办学并于 2009 年 9 月 1 日开学。招收三年制舞蹈专业学生 33 名，市艺术剧院、旅游学校分别派出师资负责专业和文化课程的讲授。市文艺学校创办于 20 世纪 60 年代，以开设戏曲学员班为主，曾培养一大批文艺人才，目前仍活跃在镇江市文化艺术一线。“文革”后，文艺学校因诸多原因曾一度停办。1996 年，镇江“四团一校”合并成立镇江市艺术剧院，对外仅保留文艺学校的牌子。市文艺学校恢复办学后校址设在市旅游学校内，与江苏省戏剧学校联合办学，依托省戏校的招生计划和教学资源优势，通过增挂“省戏剧学校镇江分校”的牌子、开设“镇江班”等形式，提升镇江市文艺学校的办学水准。 （文 嘉）

【电视连续剧《沉香》开机】 2009 年 6 月 6 日，电视连续剧《沉香》开机仪式暨媒体见面会在丹徒新区恒顺工业园内醋博物馆举行。

《沉香》将江南名城镇江作为场景主发生地，以镇江“醋文化”为背景，讲述在一个动荡的年代里，一个传统商家的传奇经历。该剧是一部蕴涵浓厚地域文化特色的电视剧，既有着对人性的深度挖掘和思考，又展示城市的人文风情与厚重历史。该剧是镇江市文化产业三年行动纲要重点建设项目之一，由市委宣传部、市文化局、江苏恒顺集团和北京世纪春天影视文化传媒有限公司联合投资。2010 年 3 月 16 日，该剧更名为《血色沉香》，在中央电视台 8 套和镇江电视台播出。 （文 嘉）

文学艺术

【概况】 2009 年，市文联以科学发展观为指导，领导和团结全市广大文艺工作者推动镇江文艺发展繁荣。组织的《大爱镇江》报告文学创作活动在全国产生影响。“魅力新镇江”摄影创作活动全景展示镇江的跨越发展。

美术、书法、民间文艺、摄影等艺术门类在全国性文艺奖项评比中成绩突出。庄道静中国画《潮・美甲》、杨雷中国画《湖湾馨风》、沈荣水彩画《尺璧寸阴》、魏志晖壁画等 4 件作品入选第十一届全国美术展。庄道静的《暇》获得 2009 年百家金陵中国画展金奖。宇文家林获得第三届中国书法兰亭奖，这是他连续第二次获得该级别的奖项。并获得由中国书法家协会主办的“翁同龢书法奖”。阚爱萍书法论文《对女性书法的关注和思考》获中国书协论文优秀奖。吴林森创作的民间故事《糖心山芋》、韩荣庆创作的邮票拼贴画《温总理情系汶川灾区》获得第九届中国民间文艺山花奖。袁曾亭彩色作品《夜的眼》、佘佳虎彩色作品《韵律》入选中国第十三届国际摄影艺术展展览。一次有两幅作品入选国际影展，在镇江市尚属首次。市作家协会全年出版中长篇小说、散文、随笔等 20 多部，其中王川创作的散文集《云雀之声》在罗马尼亚大使馆举办首发式，其《美丑大典》《白发狂夫》分别入选“中国美术文献网络出版总库”和“当代文学精品文库”，他创作的人物传记《狂石鲁》，有全国十多家文艺报刊发表图书简介和评论文章。首部文学丛书《朱方文丛》出版。以庐山长篇小说《风雨西津渡》改编的电视连续剧《西津渡》开机拍摄。市文联根据“大爱镇江”主题，组织人员创作《大爱镇江》《渔夫的故事》《奶奶让我有家》《心灵的彩虹》《最爱的地方》《千般愿》《绿色呼唤》等 7 首歌曲。

启动“镇江风”文艺家风采系列展示活动。实施第二期文艺新秀工程培养计划，完善文艺新秀培养机制。举办两场文艺新秀美术书法作品展和创作研讨会，举办文艺家读书班、新秀专场音乐会、创作成果展示点评等活动。启动建设镇江市优秀中青年文艺人才库。完成镇江市第六届文学艺术奖评选工作。《读屏时代的协作》等 12 件作品获得镇江市文学艺术奖，《梨园娃》等 24 件作品获得文学艺术奖提名奖。 （殷启茹）

【“魅力新镇江”摄影创作活动】 2009 年，市文联会同镇江日报社、市广电局联合开展“魅力新镇江”摄影大赛。大赛从 1 月开镜，历时 10 个月，全市广大摄影工作者拍摄大量优秀摄影作品，真实记录镇江市推进跨越发展实践。大赛征集到摄影作品 1000 余件，评选出优秀获奖作品 100 件，国庆期间在新建成的南山西入口广场举办“魅力新镇江”摄影展，260 多件作品参展。 （殷启茹）

【镇江市第六届文学艺术奖评选】 2009 年 11 月 6 日，镇江市第六届文学艺术奖评审会议召开。经过评审投票，《读屏时代的写作》等 12 件文艺作品获市第六届文学艺术奖，《梨园娃》等 24 件作品获文学艺术奖提名奖。本届评选的参评作品为市专业和业余作者于 2006 年 1 月 1 日至 2008 年 12 月 31 日发表的文学、戏曲、音乐、舞蹈、美术、书法、摄影、民间文学、影视等 9 个艺术门类的文艺作品。 （殷启茹）

【“新春音乐会”民乐专场】 2009 年 1 月 29 日，由市文联和市音乐家协会主办的“新春音乐会”在江苏大学梦溪校区学术报告厅举行。演奏者都是具有一定民乐演奏水平，并在省内外演艺界崭露头角的镇江籍青年。其中有曾获得过 2007 年中国音乐“金钟奖”、江苏选拔赛金奖二胡演奏者蔡超。演员们用古筝、笛子、琵琶和二胡等民乐演奏《茉莉芬芳》《春到湘江》《三门峡》《鹧鸪飞》《草原英雄小姐妹》《送你一枝玫瑰花》等 12 首乐曲。 （殷启茹）

【“春之旋律”声乐专场音乐会】 由市文联、市音乐家协会主办，市艺术剧院等八家单位协办“镇江风”文艺家风采系列展示活动精品之一，“春之旋律”——余军、陈正霞、汪蕾声乐专场音乐会于 2009 年 5 月 29 日晚在市青少年活动中心剧场举行。演唱会有民族唱法表演，也有美声歌喉展示。演唱作品包括《祖国，慈祥的母亲》《玛依拉》、西方音乐经典作品《啊，我的太阳》《乘着歌声的翅膀》和《为艺术，为爱情》等。音乐会全部使用钢琴伴奏，由青年钢琴家朱源源担任伴奏。 （殷启茹）

【宇文家林再获中国书法兰亭奖】 2009 年 12 月 28 日，第三届中国书法兰亭奖作品展在河南省平顶山市开幕。镇江市书法家协会副主席、《镇江日报》编辑宇文家林获得二等奖。这是宇文家林第二次获得中国书法兰亭奖，也是江苏省唯一的两次兰亭奖获得者。在 2006

年举办的第二届中国书法兰亭奖评选中，宇文家林获艺术奖二等奖。

（殷启茹）

【吴林森、韩荣庆获第九届中国民间文艺山花奖】 第九届中国民间文艺山花奖颁奖晚会，于2009年10月31日在浙江省宁波市鄞州区体育馆举行。镇江市民间文艺家协会主席吴林森创作的新故事《糖心山芋》和邮票拼贴画画家韩荣庆创作的《温总理情系汶川灾区》获第九届中国民间文艺山花奖。中国民间文艺山花奖是中国民间文艺的最高奖，是由中国文联和中国民协联合颁发的国家民间文艺大奖。2001年，《糖心山芋》获中国文化部颁发的"蒲公英奖"演出、创作金银奖，此次作重大修改；韩荣庆创作的《温总理情系汶川灾区》在上年曾获中国民间艺术精品博览会金奖。

（殷启茹）

【《云雀之声》首发式和《王川个人画展》在罗使馆举行】 2009年2月20日，镇江市作家王川新作《云雀之声》首发式和《王川个人画展》在北京罗马尼亚驻华大使馆内举行。《云雀之声》首发式和《王川个人画展》作为中罗两国建交60周年系列纪念活动的一部分，罗马尼亚驻华特命全权大使为此举办酒会。王川是第一位同时在使馆内举办首发式和个人画展的中国作家和画家。百余名外国使节、历届中国驻罗大使、中央单位的官员和教授、学者及记者出席首发仪式。王川应邀签名赠书，并接受中国国际广播电台记者采访。（殷启茹）

群众文化

【概况】 2009年，全市文化系统以开展文化嘉年华活动为契机，推进基层文化设施建设，组织开展丰富多彩的群众文化活动。

重点文化工程加速推进。全市建成42个乡镇文化站、10个街道文化活动中心、597个行政村文化室、229个社区文化室。加强基础文化站（室）的利用，丹阳市皇塘镇文化站、句容市宝华镇文化站、扬中市油坊镇文化站、丹徒区高桥镇文化站、润州区蒋乔镇文化站被评选为全省优秀文化站，丹阳市吕城镇周忠欣等7人被评为全省优秀文化站站长。文化共享工程建设取得进展，丹阳、扬中、丹徒、句容等四个辖市（区）县级支中心建成开放。

组织国庆60周年系列庆祝活动。在全省庆祝新中国成立60周年群众歌咏活动优秀合唱团队和组织奖评选活动中，镇江市文化馆文心合唱团、扬中市三茅镇合唱团、润州区中华路小学教师合唱队被省文化厅评为优秀合唱团队，镇江市文化馆、扬中市文体局获优秀组织奖。市文化局承担市委、市政府主办的"红色经典、火红镇江——万人歌会"镇江市纪念新中国成立60周年万人演唱会市直宣传文化系统合唱方阵的排练及演出任务。举办国庆60周年"镇江歌咏节合唱比赛、卡拉OK比赛"，全市60个合唱团队、145名选手参加比赛。举办"多彩镇江、舞动激情"镇江市国庆60周年舞蹈大赛，全市共158支代表队、近3000人次选手参赛。扬中市举办大型红色歌会，丹徒区举办"红色经典、激情丹徒"国庆60周年歌咏大会和文艺会演，京口区举办"红色经典、盛世欢歌"广场文艺演出、红色经典影片展播月，新区举办庆祝新中国成立60周年"红歌颂祖国"千人大型广场赛歌会等。

举办2009年镇江市文化嘉年华活动。丹阳市举办"凤舞江南"首届丹阳市民间文化艺术节；扬中市举办首届合唱艺术节、第三届元宵晚会、第十六届全民运动开幕式文艺演出；丹徒区举办庆祝五一国际劳动节文艺晚会；京口区举办"双拥欢歌"广场文艺演出；润州区举办2009年润州区文化体育节暨润州区全民阅读月系列活动启动仪式、文化辅导员志愿者进社区授旗仪式；镇江新区举办"巾帼展风采"文艺演出、首届老年文艺会演等。

公共文化服务水平不断提升。文化惠民打造特色品牌，"文心大舞台"（欢乐家园）定期举办广场演出，"文心剧场"每月举办两场公益演出，"文心讲堂"定期举办名家公益讲座。2010年5月，"文心大舞台"获全国第十五届群星奖（公共文化服务类）殊荣。扬中市在利用文化大篷车开展"欢乐社区行"的基础上，开展文化"乡村行"送文艺下乡活动。京口区继续打造"魅力京口"广场文化活动品牌。润州区依托区图书馆举办"润心讲堂"开讲式暨首届润州区农民（居民）读书演讲比赛。

组织开展送电影、送科普图书、送戏下乡（简称"三送"）活动。市文化馆承办2009年镇江市"三送"活动启动仪式，送戏下乡8场；丹阳市送戏下乡156场，送图书下乡9000册；句容市送戏下乡80场，送图书下乡67000册；扬中市送戏下乡60场，送图书下乡8500册，并为城乡群众免费放映优秀电影；丹徒区送戏下乡42场；京口区送戏下乡16场；润州区送戏下乡12场，送电影下乡180场；新区送戏下乡15场。

加强文化辅导员进社区包片辅导制度，全市195人进入128个社区实行包片辅导制度。京口区、润州区制订群众文化辅导员包片辅导的制度规定。文化活动进社区覆盖率不断扩大。2009年，全市组织各类文化活动进入91个社区，文化活动进社区覆盖率达61%。

（文　嘉）

【群众文艺创作】 2009年，镇江市群众文艺创作内容丰富，形式多样，成绩突出。市文化馆选送的故事《糖心山芋》获第二届中国故事节少儿故事会大赛"山花奖"、表演优秀奖、最佳辅导奖；市文化馆等选送的故事《花生米案件》获第二届中国故事节少儿故事会大赛创作金奖、表演金奖、最佳辅导奖，表演者洪博文获"故事大王"称号；京口区选送的故事《不敬牛郎》获第二届中国故事节少儿红色故事会大赛表演银奖、辅导银奖；句容市选送的故事《茅山小号手》获第二届中国故事节少儿红色故事会大赛表演铜奖；丹阳市选送的故事《送你一双旱冰鞋》获第二届中国故事节少儿故事会大赛表演优秀奖。

丹阳市选送的鼓乐合奏《曲阿鼓韵》、舞蹈《小骑手》、课本剧《半截蜡烛》、音乐剧《谁动我们的城市雕塑》及美术、书法、摄影等7件作品获省第五届少儿艺术节小学组、中学组一等奖；句容市选送的拉丁舞《快乐拉丁》、书法《唐诗对联》获省第五届少儿艺术节小学组一等奖；扬中市选送的舞蹈《小鱼钓鱼》及美术、书法等9件作品获省第五届少儿艺术节幼儿组、小学组、中学组一等奖；丹徒区选送的征文《一日无书、百事荒芜》获省第五届少儿艺术节中学组一等奖；京口区选送的舞蹈《欢乐的小裁缝》《青梅竹马谣》及摄影、征文等2件作品获省第五届少儿艺术节小学组一等奖；润州区选送的舞蹈《小兵梦》及美术、书法等5件作品获省第五届少儿艺术节小学组、中学组一等奖；新区选送的书法《鸟语花香》获省第五届少儿艺术节小学组一等奖。

（文　嘉）

【第二届中国故事节少儿故事会比赛】 2009年6月1日，由中国民间文艺家协会、镇江市委宣传部主办，《民间文学》杂志社、镇江市文化局承办的第二届中国故事节少儿故事会比赛在市文心剧场举行。来自北京、上海等18个省、市、自治区的20名小选手同场竞技。最终镇江小选手洪博文和河南小选手詹雅淇摘取该届故事会表演金奖，获"小故事大王"称号。江苏王晓、汤爱军创作的《花

生米案件》获本届故事作品金奖。颁奖晚会上，中国民间文艺家协会将中国《民间文学》故事基地牌匾授予镇江。（文 嘉）

【丹阳决定编修《丹剧音乐集成》】 丹剧有近300年历史，因编演地方大戏《耆糠记》，一举唱响。丹阳市戏剧总团曾被文化部命名为“天下第一团”。2009年，丹剧《啷当》又被列入江苏省非物质文化遗产保护项目。为加强对丹剧的抢救和保护，使后人更好的传承和发展这一优秀地方剧种，9月丹阳市文化局决定编修《丹剧音乐集成》，并作为建设“文化丹阳”的一项重要工程。（文 嘉）

【首届端午裹粽子大赛】 2009年5月25日，扬中市新坝镇体育馆举办民俗文化活动——新坝镇首届端午裹粽子大赛。全镇共12支代表队参赛，五一村的选手们夺得“快手奖”，双新村选手夺得“巧手奖”，向阳村选手以单个粽子0.8公斤的绝对重量夺得“粽子王”。比赛同时举办民俗工艺品展、庆祝新中国成立60周年书画作品展。次日，中央电视台一套“朝闻天下”、四套“中国新闻”及江苏卫视等对活动进行报道。（文 嘉）

文化产业

【概况】 2009年，镇江市开展文化产业招商活动，全年文化产业招商项目启动或完成15个，签约项目总投资41.3亿元，签约项目总投资41.3亿元。包括茅山新四军纪念馆的《韦岗战斗》动感影院、茅山红色旅游接待中心、旅游纪念品市场建设；镇江博物馆的《佛之舍利》高清数字影院、老故事餐吧、馆藏文物仿制品开发；文化馆的“文心剧场”冠名合作；艺术剧院的“有氧话剧《三国·龙凤呈祥》”、艺术学校合作办学等。

2009年4月，制定《镇江市游艺娱乐场所发展规划(2009－2011年)》，提出镇江市市区三年内将有序发展54家具有一定规模的游艺娱乐场所的市场规划目标。2009年下半年，做好全市文化产业的单位统计范围、指标体系、统计口径、实施办法等相关方案的制订工作，全市文化产业的统计制度成型，2010年起付诸实施。在此基础上，市政府提出全市文化产业增加值占地区生产总值的比重指标，对各辖市(区)政府和市政府相关部门进行年度目标考核。（文 嘉）

【争取政策扶持】 2009年，镇江市向省政府推荐文化产业引导资金资助项目18个，总投资达39.12亿元，涉及文化旅游、文艺演出、广播影视、工艺美术、文物仿制品、新闻出版、文化创意等多个文化产业领域，项目投资主体既有国有也有民营，文化产业进入一个爆发式增长新阶段。6个项目获得省级文化产业引导资金670万元，获资助的项目数量比上年度翻一番，金额增长123%，增幅位居全省前列。（文 嘉）

【重点文化产业项目发展】 2009年，镇江市促成市中心区域“华地”大型商业开发项目投资方与广州大地影院发展有限公司达成在该商业楼盘中开设“大地影城”的合作协议，该五星级影城建筑面积2000余平方米、拥有6个厅，计划于2010年5月开业；引导支持投资商在大市口区域开设规模歌舞娱乐场所1家、大型网吧1家、大型游艺娱乐场所1家、在东门展销馆开设大型歌舞娱乐场所1家、大型游艺娱乐场所1家。2009年底，在以大市口为中心半径500米范围内，有五星级多厅影城1家、书店7家、歌舞娱乐场所17家，网吧16家，游艺娱乐场所6家，初步形成大市口文化娱乐商圈的特色和规模。

引导西津渡民俗文化街区和特色博物馆区项目建设。指导西津渡建设发展有限责任公司在开发建设项目中增加文化产业含量，实施的文化产业项目有：省级非物质文化遗产展示中心、镇江近代史展示场馆、影视拍摄和制作基地、老码头文化创意园区等。2009年，西津渡历史风貌街区被评为江苏省文化产业示范基地。

推进金山宝地“超越神话”大剧院建设。该项目位于金山寺对面、“金山宝地”旅游文化商业街区域内，占地5270平方米，建筑面积7500平方米，总投资1.6亿元，建设主体为无锡中住集团有限公司，于2009年11月建成并投入运营。

引导扶持新兴文化产业。通过市文化局引导，2009年11月，江苏“虹之谷”动漫创意有限公司落户镇江，该公司的原创动漫电视片《茅山小道士》的项目申报、内容制作等前期工作已经开始。同时，江苏名通信息科技有限公司、启创网络工程有限公司等企业创制的网络游戏产品也陆续投放市场。（文 嘉）

【首届文化产业招商会】 2009年12月1日，镇江首届文化产业招商会暨签约仪式在北京国际饭店举行。14个文化产业招商项目签约，投资总额41.3亿元。这是镇江市首次进京进行文化产业招商活动，项目规模、投资总额和招商成果均为最大，标志着镇江市文化产业进入发展的快车道。11月初，镇江市委宣传部从全市各地各部门上报的56个文化产业项目中筛选出20个项目进京招商。这20个项目依托镇江独特的文化地域优势，瞄准文化产业发展的重点方向，以广阔的市场空间和项目活力为支撑，投资总额达112亿元。其中正式签约项目9个，投资总额15亿元，分别是江苏文化科技产业园皇业寺景区综合开发、江苏可一文化产业园、圌山瑞福新文化生态山庄、长江文化主题公园·迷笛、九润国际五星级影院、钱柜自助式KTV、户外电视频道一期大屏、西津湾不夜城——“镇江号”游轮、老镇江民俗文化风情区——“老码头文化园”东片区开发。意向签约项目5个，投资总额26.3亿元，分别是金山文化主题园区、纯色影视艺术学校、大型网络游戏“西津渡”、黄鹤山文化休闲园区、米芾书法精品高仿开发。（朱巍巍）

【三部作品获省“五个一工程”优秀作品奖】 2009年，镇江市三部作品获江苏省第七届“五个一工程”优秀作品奖，获奖数量较上届有突破。数字电影《小城大爱》和报告文学《飘舞的黄丝带》均根据镇江为挽救“爱心天使”陈静而“满城尽飘黄丝带”的真实故事创作的。《小城大爱》由李岚清题写片名，先后在大学生电影节和央视六套播出，社会反响良好。音乐剧《水漫金山》运用现代舞台艺术和多种表现手法，求新、求变、求美，满足现代人多元化的艺术欣赏需求。（朱巍巍）

图书馆事业

【概况】 2009年，镇江市公共图书馆事业取得新发展。全市有6个公共图书馆参加第四次全国公共图书馆评估定级，全部进入国家等级馆，其中市图书馆、丹阳市图书馆为一级馆，扬中市图书馆、丹徒区图书馆、京口区图书馆、润州区图书馆为二级馆，京口区图书馆、润州区图书馆首次参评。

古籍保护工作取得突破，市图书馆被命名为全国古籍重点保护单位，16部古籍入选国务院颁布的首批《国家珍贵古籍名录》，58部古籍入选省政府颁布的《江苏省珍贵古籍名录》(其中镇江博物馆2部)。完成全市古籍普查工作，拥有古籍3310种、178317册，其中，市图书馆2074种、165195册，丹阳市图书馆

211 种、2260 册，句容市图书馆 10 种、39 册，扬中市图书馆 25 种、64 册，丹徒区图书馆 119 种、580 册，江苏大学图书馆 567 种、10168 册，市博物馆 300 种、3376 册，张云鹏故居 4 种、11 册。启动首批镇江市珍贵古籍名录公布工作。

（徐苏文嘉）

【镇江市图书馆】 2009 年 2 月 1 日市图书馆向社会公众免费开放，全年接待读者 67.59 万人次，比 2008 年增长 20%。全年分编新书 30018 册、11385 种，视听文献 1946 张、994 种。

做好全市古籍普查，完成国家、省级古籍申报工作，共有 5 部古籍被评为国家珍贵古籍，56 部古籍被评为省级珍贵古籍。资源共享工程完成 3 个支中心、14 个基层点的建设任务。

承办“文化嘉年华”相关活动。成功举办“好山、好水，读好书”镇江读书节系列活动；4 月 14 日线装本《昭明文选》举行首发式；邀请易中天、钱文忠、王蒙、张继刚、余秋雨、于丹先后走进“文心讲堂”，与市民一起阅读经典，品味文化；开展“好山、好水，读好书”上联征集和“读经典抒情怀”网络征文大赛。5 月 23 日，图书馆精选部分有代表性、且不同版本的珍贵古籍进行为期一天的首次户外公开展示，这种形式的古籍展示在省内尚属首例。

8 月中旬，首届全国公共图书馆讲座工作会议在北京召开，市图书馆应邀参会，并做大会交流发言，“文心讲堂”的讲座品牌打造受到来自全国各级图书馆同行的关注。

8 月 29 日，中国文选学资料中心在市图书馆挂牌成立。来自中国文选学研究会和中国香港、中国台湾、日本等各地《昭明文选》研究专家参加活动，中心的成立不仅为海内外专家学者建立起长期的联系，而且与市图书馆原有的“中国文心雕龙学资料中心”双璧辉映，成为镇江古籍品牌建设的又一亮点。

5 月 25 ~ 31 日开展服务宣传周活动，分别以“庆祝新中国成立 60 周年”“积极开展全民阅读活动”等为主题。12 月 1 ~ 31 日开展以“倡导全民读书、建设阅读社会”为主题的“全民读书月”活动，内容包括教授鲍鹏山“孟子：道德与革命”报告会，教授葛声“冬季如何养生”报告会，庆祝中华人民共和国 60 周年大型图片展等。

发动 70 多所学校的 4 万多名学生及百多位教师参与红领巾读书征文活动，市图书馆获省文化厅颁发的“红读”活动优秀组织奖。

举办第八届“图书馆”杯少儿棋类大赛，报名参赛人数激增到 426 人，比上年多出 100 多人，为历届之最。

2009 年，市图书馆被国务院授予“全国古籍重点保护单位”称号，被文化部评为国家一级图书馆，被市委、市政府评为市级文明单位。

（徐苏文嘉）

【江苏大学图书馆】 2009 年，全年借还图书 104 余万册次；阅览室接待阅览读者 44 万余人次；完成 8054 人次的毕业生离校工作；全免 2009 届毕业生逾期费共计 5000 元；完成 2000 余篇硕、博士论文的提交工作；装订期刊合订本 2876 册，典藏 2007、2008 年装订的期刊合订本共 6025 册；通借通还图书 13000 余册次，完成 153 个全省高校通用借书证的发放及管理工作，接待江苏省各高校读者 51 人。

全年完成中外文图书 4.9 万余种，9.5 万册的采访、订购；完成 6000 余册电子图书、3200 余种 4007 册中文期刊、300 份报纸，200 余份外刊的订购和调整；完成图书 3.7 万种、9.6 万册、期刊 4.6 万种册，5 万册的验收；完成中外文图书编目 4 万余种，完成 30 个中外文数据库的续订和增订以及调整；完成纸版书、学位论文 9.4 万册、电子版学位论文 1275 篇的分编工作；下载、整合 260 本电子书。

结合第 14 个世界读书日开展以“书与人生”为主题的精品图书和电子资源的宣传、以“书趣”为主题的大学生征文评选等活动；配合国庆 60 年庆祝活动开展“新中国六十年”“国庆盛典”等橱窗图片宣传和爱国主义精品图书的网上推荐。延续品牌活动“‘书山’的问候——2009 年新生大型咨询活动”。

图书馆全年外出培训 27 人次，5 人获得江苏省知识产权工程师资格，成为镇江市知识产权后备人才。在市图书馆学会征文活动中，共 6 篇获奖，其中一等奖 2 篇。

新图书馆土建、内部装修、周边绿化基本结束，各种设备进入最后调试、使用培训、验收阶段。标识系统方案、窗帘制作、新图书馆物业管理办法已启动招标程序。新馆有“3 部 1 所 1 室”，即“资源建设与数字化部”“读者服务部”“系统与后勤保障部”“科技信息研究所”“图书馆办公室”。

完成科技查新 1564 项，合同金额 110 万元。新站查新量列教育部 57 所查新站第 2 名，成为国内最有影响的查新站之一。参与教育部科技查新工作站《科技查新规范》的制订、修改工作。2009 年 12 月成立镇江亿百特科技信息服务公司，全年完成对外服务项目 2 个，提交专利查新、分析等各类报告 14 份，累计合同金额 43 万元。赴省、市企业开展专利培训讲座 6 次，参加人数达 600 多人次。

获批“图书馆学、情报学与档案学”校级重点建设学科；申报各级各类课题 14 项，获批 6 项；在国家级社会科学基金项目申报上实现零的突破，《欧美图书馆学博士学位研究课题分析》获得国家哲学社会科学基金的资助。Jalis 三期项目《镇江市高校信息资源共享系统》获得省教育厅 15 万元资助。

全年核心期刊以上发表论文 20 篇，其中 CSSCI、CSCD、SCD 收录论文 13 篇。编著的《高校信息素质教育丛书》获得 2009 年校级精品教材二等奖和江苏省文化厅第二届图书馆学情报学学术成果三等奖。

加强情报学重点学科的内涵建设，建立校外专业实习基地 2 家，研究生就业基地 3 家。第一届研究生已有 4 名同学毕业。完成第 3 届情报学研究生招生工作，录取 10 名新生。承办组织“首届‘海峡两岸大学图书馆合作发展论坛’镇江分会”等图情学术报告 5 次，邀请 7 名台湾图书馆界专家到校讲座。

由江苏大学图书馆创办的《图书情报研究》杂志全年出刊 4 期，继年初取得 CNKI 网络版刊号，先后被《中国学术期刊网络出版总库》《中文科技期刊数据库》全文收录。开通使用 CNKI 期刊网上采编平台和学术不端文献检测系统。

完成 154 篇原文传递并建库；完成 3273 个单位和个人的 SCI、EI 等收录，引用分析报告。

（徐苏文嘉）

【江苏科技大学图书馆】 2009 年度共购进中文图书 74588 册，261 万余元，外文图书 425 种，474 册；中文现刊 1300 多种，1988 份；外文现刊 132 种；报纸 70 种，142 份；拥有电子数据库 25 个（cnki 系列、万方系列、Ei、ScienceDirect、Springerlink、Ebscohost、国道外文、超星、维普等），学术搜索平台 1 个（读秀）。

2009 年共验收中文图书 74588 册，外文图书 425 种 474 册。分编加工中文图书 32343 种 74275 册；回溯加工随书光盘 1741 种 3267 张，无数据图书 100 册。分编加工外文图书 592 种 733 册，光盘 21 张，翻译外文书名 425 种。典藏分配、入库新书 81129 册。修补破损图书 4430 多册。

2009 年共入藏图书 81129 册，期刊合订本 3435 册；提供 2120 份现刊和 142 份报纸供读者阅览。

截至 2009 年底，该馆的书刊文献总量为 1424972 册。

表 29-1

2009 年江苏科技大学图书馆文献入藏与分配情况一览表

种类		东校区	南校区	西校区	张家港校区	小计	合计
图书	中文	35211	15900	4600	24944	80655	81129
	外文	474	–	–	–	474	
期刊合订	中文	2257	647	331	–	3235	3435
	外文	200	–	–	–	200	
现刊	中文	1168	442	378	–	1988	2120
	外文	132	–	–	–	132	
报纸		55	48	40	–	143	143
数据库		25					25

表 29-2

2009 年江苏科技大学图书馆书刊借阅情况一览表

地点	图书流通(册次)		文献阅览(人次)		
	借书	还书	图书	期刊	电子文献
东校区	147700	149800	29900	20300	8300
南校区	29800	29900	15000	7800	14700
西校区	44500	43300	29900	15800	–
合　计	222000	223000	102900	38800	–

表 29-3

2009 年江苏科技大学图书馆数据库使用情况统计表

数据库种类	使用量		备　注
	下载次数	检索次数	
中国知识资源总库系列	468496	837743	–
万方数据系列	118851	63956	–
中文科技期刊数据库	106924	209449	全省排名第 8
国道外文数据	3501	4666	–
读秀学术搜索	28522	85568	–
ScienceDirect	44472	34506	–
Ei Village	439367	29358	–
EBSCO host	15159	121411	–
SpringerLink(期刊)	5872	35423	–
合　计	1231164	1422080	–

(徐 苏 文 嘉)

全年共外借图书 222000 册次，归还图书 223000 册次，书刊阅览 102900 人次，电子文献阅览 38800 人次。

新生入馆教育 4100 多人次。办证 5217 多张，退证 4096 张，挂失 422 多人次，补(换)证 309 多人次。组织实施 2009 年图书馆研究与开发项目的申报、评审工作，评选出 3 项研究课题进行立项资助，完成 2008 年度各立项课题的专家鉴定和结题工作。开展江苏科技大学第 17 届青年教师论文交流会图书馆优秀论文评选和分会场的交流活动。收到论文 5 篇，评选出优秀论文 1 篇。全馆在各类会议及刊物上发表学术论文 49 篇。在研课题 3 项：省现教 1 项，校高教 1 项，校人文社科 1 项。

文献检索及教学工作：网上原文传递 27 篇，其中期刊论文 25 篇，会议论文 1 篇，学位论文 1 篇；完成校查新课题 3 个，为学校查收查引 105 篇，其中 SCI23 篇、EI41 篇、ISTP19 篇、CSSCI4 篇，被引 28 篇。完成 55 个专业 3632 名本科生、8 个学院研究生 435 人、工程硕士 12 个点 211 人的文献检索课教学工作。

(徐 苏 文 嘉)

【镇江高专图书馆】 2009 年，全年购图书 17423 册，坚持每天中午增开 8 个窗口为读者开放，每周六对读者开放，阅览室每周开放 79 小时。完善图书馆科研情报服务档案，继续做好校学科带头人的定题跟踪服务工作，主动定期为各系部学科带头人提供符合他们课题学科需要的情报资料。及时做好补证、退证工作，办理省高校通用图书借书证二期及本年度毕业生的离校工作及新生的借阅证制作工作。

重视对镇江地域文化及学校特色文献资源的开发研究，建设《沈括研究数据库》，完成该项数据库结构平台及数据资料的收集、分类、加工，并对学校师生开放使用。数据库收录沈括的著述和关于沈括及《梦溪笔谈》研究的各类文献资料共4000多条，约2G的信息量。包括文本资源、图像资源、音频资源、视频资源等，填补1994年前有关沈括研究的论文空白。建设沈括研究所专题网站："《梦溪笔谈》与沈括"。网站重点收录沈括研究所的章程、研究动态、研究成果及沈括生平、沈括故里、沈括著作研究等有关资料。

开办"学生计算机应用维护及信息检索与创新能力"提高班5期，就计算机日常维护与常见故障处理方法、计算机系统的组装与常用工具软件的安装和使用、防病毒软件的安装和使用、图书馆常用工具软件的安装和使用、图书馆各类资源的使用方法、大学生需掌握的软件上机实践及实时指导与答疑。（徐　苏　文　嘉）

文博事业

【概况】 2009年，镇江市文博系统坚持"保护为主、抢救第一、合理利用、加强管理"的文物工作方针，文物工作取得进步。全市推进第三次全国文物普查工作，以第七批全国重点文物保护单位的申报、四至六批省级以上文物保护单位暨第七批国保申报预备名单的两线划定、大运河镇江段遗产保护规划的编制、陆小波故居的竣工开放、老城区综合改造中的文物保护、南朝陵墓石刻维修和环境整治等重大项目为重点，提升文物保护水平。

镇江博物馆以重大活动为载体，推动整体工作大发展，完成文化嘉年华活动工作任务，开展"爱上博物馆"——镇江博物馆第二届文化嘉年华活动，承办2009中国镇江吴文化国际学术研讨会。社教品牌渐收成效，开展"七彩夏日""走进博物馆，了解镇江城""我讲历史给同龄人听"等系列活动。

茅山新四军纪念馆完成申报扩建韦岗战斗旧址陈列室立项报批工作，建成韦岗战斗胜利互动影院，加速推进生态养殖基地项目规划和建设，年接待观众135万人次，团体讲解率达100%。新征集革命文物170余件。成功举办"动感烽烟 梦回沙场"——《韦岗伏击战》首映仪式活动。

焦山碑刻博物馆继续打造焦山碑林及"瘗鹤铭"品牌，做好摩崖石刻防风化保护的科研课题，开展"百名书法家游书法之山"和"瘗鹤铭今探"系列活动。与《书法报》报社联合，成功举办第一届"瘗鹤铭"杯全国少儿书法大赛，扩大镇江市"瘗鹤铭"品牌的影响，推动镇江市书法研究的发展。（徐　征　文　嘉）

【"三普"第二阶段工作结束】 2009年，全市组织推进第三次全国文物普查工作，完成第二阶段各项工作任务。对已完成的田野调查进行查漏补缺、复核评估；承办省文物普查分片座谈会；举办普查数据采集专业软件培训活动；召开"三普"工作推进会；完成丹阳、句容、扬中、丹徒普查单元的验收工作。省文物局在丹阳举行省级验收试点工作。截至2009年12月，全市共新发现文物692处、复查745处、消失文物408处。

（徐　征　文　嘉）

【"国保"单位的申报】 2009年，市政府调整文物保护工作领导小组成员，市文化局成立项目推进小组；市政府召开申报工作专题会议并下发《关于做好全市第七批全国重点文物保护单位申报工作的通知》。2009年11月镇江市24处"国保"预备名单按质按时上报，完成第七批全国重点文物保护单位的申报工作。（徐　征　文　嘉）

【新增全国重点文物保护单位】 2007年5月21日，国家文物局下发文件，对大运河沿线与大运河有关的文化遗产进行介绍，镇江的虎踞桥、江河交汇处、新河街一条街、西津渡古街榜上有名。这4处均为"京杭大运河"文化遗址的拓展项目。2009年11月，省文物局文件明确这4处文物单位与大运河一道成为全国重点文物保护单位，镇江市的全国重点文物保护单位由原来的4处增加到9处，增长比例在全省名列前茅。

（徐　征　文　嘉）

【"两线"划定】 2009年，市政府成立四至六批省级以上文物保护单位暨第七批全国重点文物保护单位申报预备名单的保护范围和建设控制地带的划定工作领导小组，并召开成员会议，市文化局与规划部门和各市文化部门协调，通过实地踏勘，反复研究，坚持科学、合理、有效的原则，确定范围，全市划定37处文物保护单位的保护范围和建设控制地带，2009年11月上报省建设厅和省文物局批准。（徐　征　文　嘉）

【《大运河（镇江段）保护规划》】 2009年4月底《大运河（镇江段）保护规划》完成初稿。5月7日，市政府召开领导小组暨市级专家论证会，形成修改意见。6月27日，规划通过省文物局组织的专家评审，并在其后获省文物局批准。根据国家文物局的要求，规划同时由地级市政府颁布实施，规划上报市政府等待公布实施。（徐　征　文　嘉）

【推动不可移动文物保护工作】 2009年，市文化局主持或参与制订《杨一清墓的修缮暨环境整治方案》《广肇公所修缮方案》《郭礼征故居修缮方案》《瓦木公所修缮方案》等文保单位的修缮方案；完成和指导相关部门对老气象台的除险抢修工程、解氏宗祠的修缮工程、工部局旧址的修缮、德士古火油公司的复建、城隍庙戏台的修缮等一批文保单位修缮工程；启动梦溪园周边环境整治工程，年底前完成各项前期准备工作；向建设局呈送《关于对第一楼街北延段建设需加强文物保护建议》函，使道路建设和铁瓮城遗址保护进行衔接。（徐　征　文　嘉）

【协调文物保护与经济建设的关系】 2009年，市文化局协调处理老城区综合改造工程中的文物保护和经济建设工作，原址整体保护新河街一条街，原址保护中华路片区、双井路片区和小街片区的文物（文控）保护单位暨《关于公布镇江市老城区不可移动文物名录的通知》中的240处文化遗产。（徐　征　文　嘉）

【考古取得丰硕成果】 2009年，镇江市参与京沪高铁、沪宁城际铁路、宁杭城际铁路、中储粮等重大建设工程的考古工作。先后完成沪宁城际铁路高资乌龟山、丹阳高楼村墓地、镇江唐宋罗城遗址的发掘，宁杭城际铁路溧水墩头村土墩墓发掘、中储粮镇江粮油有限公司建设项目考古勘探与发掘等项目。

配合城市建设开展考古工作。双井路片区的考古先后发现拖板桥、漕河、京口驿、黄花亭、转般仓等重要遗迹，特别是拖板桥、漕河和转般仓遗迹作为运河沿线保留下来的珍贵遗迹，对我国大运河文化遗产保护与申遗具有十分重要的价值。另外，还开展永隆2期、钻石铭苑2期、江南世家2期、中轩丽苑、万科、大码头遗址等项目的考古。出土文物标本157件。（徐　征　文　嘉）

【县级博物馆提升】 2009年，丹阳市总前委纪念馆获得县级博物馆展览展示能力提升工程补助，并投入近500万元重新布展，对外开放，取得良好的社会效益。（徐　征　文　嘉）

【陆小波故居修缮工程】 2009年5月

10 日完成陆小波故居的修缮工程、陆小波生平事迹展和陆小波故居陈列的布展工程、陆小波墓冢的迁移修缮工程。5 月 18 日，市委、市政府举行陆小波故居修缮竣工开放仪式。至年底，累计接待省政协、省民建、京江中学校友会等社会各界人士近 7000 人次，取得很好的社会效益。 （徐 征 文 嘉）

【韦岗战斗互动影院】 茅山新四军纪念馆投资 186 万元新建韦岗战斗互动影院，2009 年 6 月 17 日，在韦岗战斗胜利 71 周年纪念日举办“动感烽烟 梦回沙场——《韦岗伏击战》首映仪式”。 （徐 征 文 嘉）

【江南土墩墓博物馆】 江南土墩墓博物馆暨江南文物工作站在 2009 年 10 月底开工建设，年底之前主体建筑封顶。该馆计划占地 1.67 公顷，展厅及附属设施占地 6000 平方米。它的建成将使土墩墓的价值和内涵得到充分展示，将成为镇江市有着突出地域特点的专题馆和土墩墓研究的中心基地。 （徐 征 文 嘉）

【成立消防博物馆和古运河陈列馆】 2009 年，西津渡建设发展有限责任公司和镇江市消防支队在老邮局辟建的消防博物馆对外开放，使镇江市又增加一个专题博物馆。市水利局古运河管理处在京口闸辟建古运河陈列馆。 （徐 征 文 嘉）

【举办市三国演义学会第四次学术研讨会】 镇江市三国演义学会 2009 年上半年完成换届，并举办纪念孙权入驻铁瓮城 1800 周年暨镇江市三国演义学会第四次学术研讨会。大会特邀中国三国演义学会常务副会长兼秘书长、四川省社会科学院文学研究所原所长、研究员、博士生导师、研究《三国演义》的全国著名专家沈伯俊先生做题为《面向新世纪的三国演义研究》的学术报告，另外还有 12 名专家进行现场交流研讨发言。这次研讨会共收到论文 20 多篇，编印《纪念孙权入驻铁瓮城 1800 周年暨镇江市三国演义学会第四次学术研讨会论文集》。 （徐 征 文 嘉）

【2009 中国镇江吴文化国际学术研讨会】 2009 年 11 月 26 ~ 28 日在镇江召开，此会由江苏省吴文化研究会和镇江市文化局主办，镇江博物馆和丹阳市文化局承办。参加会议的国外代表有来自德国、日本、韩国的专家，国内代表包括北京、山东、安徽、上海、江苏、浙江、江西、湖北八省市。其中有中外著名的商周考古专家、国家夏商周断代工程首席专家、北京大学教授李伯谦、社科院考古研究所所长、研究员王巍。大会收到吴文化研究论文 30 余篇。 （徐 征 文 嘉）

【文物保护优秀工程评比】 2009 年 8 月 5 日，在省文物局组织的第二届江苏省文物保护优秀工程评比中，镇江市三个项目获奖。其中焦山炮台遗址维修保护工程获优秀工程奖，陆小波故居维修保护工程获工程组织奖，赵伯先故居维修保护工程获特别贡献奖。项目和数量均居全省第一。 （徐 征 文 嘉）

历史文化名城研究与建设

【概况】 2009 年，镇江市历史文化名城研究与建设取得进展。举办第十次学术研究会，开展“南朝齐梁萧氏故里”的专题学术研究，进行《民国江苏省会镇江研究》，参加省内外学术研究交流活动，开展咨询服务工作，举办“名城新星”座谈会，出版发行《招隐景区》《文苑》旅游手册。 （花 木）

【举办第十次学术研究会】 镇江市历史文化名城研究第十次学术研讨会暨 2009 年年会于 2009 年 3 月举行。发表论文 54 篇 48.39 万字。内容涉及“名城保护与建设研究”“文史研究”“人物研究”和“人文精神研究”等五方面，主要论文有：钱永波《试论镇江城市形态的利弊与对策》，昌方海《再现满眼风光北固楼——打造“镇江第一景”的新亮点》，王根生《镇江城市发展主轴线研究——以西部生活发展轴线为例》，王玉国《认真贯彻“条例”，依法保护名城》，高曾伟《镇江南山风景区废弃采石宕口的整治与综合开发》，时强《让百姓放心，对历史负责——也谈镇江城市形象面面观》，乔长富《镇江文史札记四则》，尹卫东《转变句容旅游发展模式，打造环南京休闲度假带》等。会间，对名城保护、建设和研究等方面还提出 46 条意见和建议。 （纪 东）

【开展“南朝齐梁萧氏故里”专题学术研究】 2009 年，市历史文化名城研究会组织“专题研究组”，开展对“南朝齐梁帝王故里”的学术研究，坚持以历史文献和历史地理为依据，并与考古、文物、实地考察相结合的研究方法和途径。研究中，以《南齐书》《梁书》《南史》的记载为直接证据；以《宋书》《晋书》《隋书》《旧唐书 · 地理志》《新唐书 · 地理志》的有关史料为佐证；对照清《历代舆地图》和《中国历史地图集》；参阅全国性志书和当地志书；引证考古图文资料；并进行实地考察。经过反复研究论证，然后作出判断：齐梁帝王故里，就州域而言，在当时的南徐州（治所京口），辖区是今镇江、常州、无锡等地；就县域而言，则从当时的原武进陵口到武进永安陵、建陵、修陵、金牛山等大部分地区，这些地区都在今丹阳市，只有万绥等小部分地区在今常州新北区；而就齐梁萧氏故里的地望而言，应当说就在今丹阳市境内。“齐梁帝王故里在常州已是定论”的说法，应是不符合历史情况的。研究中，考虑到丹阳、武进古今相传的实际情况，提出可以

2009 中国镇江吴文化国际学术研讨会 （徐 征 文 嘉）

表述为“齐梁帝王故里在今常州西北丹阳境内”或“在今常州西北、丹阳东北地区”。将此研究成果编印为《齐梁萧氏故里研究》一书，由江苏大学出版社出版发行。此项成果获得市第八次哲学社会科学优秀成果一等奖。

为扩大影响，分别向省、市各媒体和省内外专家、学者，《辞海》编辑部等相关单位推介该项成果。（纪　东）

【《民国江苏省会镇江研究》】 2009年，市历史文化名城研究会成立《民国江苏省会镇江研究》课题组，在2008年搜集资料、专题研究、完成“民国江苏省会镇江研究报告”的基础上，2009年课题组成员完成“民国江苏省会大事记”“行政、机构、人事”“城市、园林、交通建设”“民族工商业的发展”“教育、文化、艺术、体育、卫生等社会事业”“地质、蚕桑、农业等科技事业”“军事”“韩国临时政府在镇江”等专篇，将在2010年出版。（纪　东）

【参加省内外学术研究交流活动】 2009年，市历史文化名城研究会参加在南京召开的江苏省炎黄文化研究会二届四次学术研讨会。这次研讨会的主题是“弘扬地方优秀文化，建设共有精神家园”。本会论文有：王玉国《弘扬镇江地域文化，建设名城精神家园》，徐苏《树立镇江地域文化的新坐标》，杨再年《传承六朝齐梁文化，建设共有精神家园》，吴晓峰《弘扬地域优秀文化，建设共有精神家园——镇江六朝文学与文化艺术研究回眸与展望》，李金坤《“华山畿”故事发生地新考》，张大华《北固山：中国宋词第一山》。

参加在扬州第八届文选学国际学术研讨会。本会论文有：钱永波、昌万海、纪东《南朝齐梁萧氏故里研究》，吴晓峰《从〈文心雕龙〉的事、义论到〈文选〉的事、义观》，李金坤《〈辨骚篇〉“博徒”、“四异”终究是“褒词”——李定广先生〈求新须先求真〉商榷文之商榷》，任罡、殷爱玲《关于建立“中国文选学资料中心”的意义与实践》。

参加在安徽师范大学召开的2009《文心雕龙》国际学术研讨会暨中国《文心雕龙》学会第十届年会。本会论文有：钱永波、昌万海、纪东《坚持优良学风的典范——再读祖保泉〈文心雕龙解说〉有感》，李金坤《又一部难能可贵的‘文心学’力作——孙蓉蓉〈刘勰〉与‘文心雕龙’考论读札记》，吴晓峰《从〈文心雕龙〉的事、义论到〈文选〉的事、义观》，任罡、殷爱玲《典藏文心文选，追味六朝遗音——镇江市图书馆并创“文心”与“文选学”两大资料中心》。（纪　东）

【开展咨询服务工作】 2009年，市历史文化名城研究会受市规划设计研究院的委托，组织专题组完成镇江规划展示馆古代、近代部分展示建议方案。受西津渡建设发展有限责任公司委托，经过专题研究对原工部局旧址设置“镇江近代通商口岸展示馆”提供图片、文字、史料和布展方案。

完成民国江苏省会镇江展示馆建议方案。镇江历史文化名城研究会依据“民国江苏省会镇江研究”的大量资料，突出孙中山在《建国方略》中的“镇江”专节，以唯物史观客观、全面地展示民国省会时期的成败得失，帮助人们了解历史，并引发人们对“朝代兴替”的思考。（纪　东）

【举办“名城新星”座谈会】 市历史文化名城研究会从2009年7月开始，对全市50强企业中选择纳税、利润分别为亿元以上的企业和名牌、旅游、商业、农业等有代表性的企业共14家，采取上门走访的办法，逐家进行座谈，现场参观考察。并与镇江日报社、京江晚报社、镇江电视台联合进行这项活动。经过两个多月的调研访谈，形成《镇江“名城新星”座谈会企业书面发言材料》。《镇江日报》、镇江电视台等新闻媒体适时进行宣传报道。

9月，在一泉宾馆金山厅举行“庆祝新中国60华诞，镇江‘名城新星’座谈会”。一批“名城新星”企业家代表应邀参加会议。会上，谏壁电厂、江苏索普、金东纸业、大亚科技、中船设备等企业负责人作交流发言。介绍他们创业、创新、创优发展的艰辛历程，畅谈为国、为民、为企业奉献的人生价值，展现企业兴盛的人文精神。还有8家企业董事长、总经理作书面发言。（纪　东）

【出版发行《招隐景区》《文苑》旅游手册】 市历史文化名城研究会与市南山风景名胜区管委会、市园林局联合编辑的《招隐景区》《文苑》旅游手册由江苏文艺出版社于2009年9月出版发行。第一次出版印刷5000册。出版发行后，得到市委、市政府领导的关注和赞扬。（纪　东）

赛珍珠研究与纪念活动

【概况】 2009年，镇江市赛珍珠研究会有会员100多人。编写赛珍珠纪念文集和通俗读本。向国家图书馆及研究会发出征集函，希望征集一、二两辑《赛珍珠研究文集》。发挥纪念馆宣传与交往的主阵地作用，利用多种形式开展宣传。《诗话镇江》纪录片摄制组、《京杭运河两岸行》纪录片摄制组分别到纪念馆拍摄各一天，有关内容在中央电视台和台湾东森台播出。重视网络宣传，人民网、新华网、搜狐网、网易网等10余家网站用“镇江为赛珍珠立传”等标题作充分报道。赛珍珠研究会网站成为赛珍珠研究交流的平台。利用珍珠广场橱窗开展宣传。配合支持市老专家艺术团在珍珠广场和纪念馆演唱自己创作的《怀念歌唱赛珍珠》。继续帮助市二中办好赛珍珠国际班。促进驻镇高校开展赛珍珠研究，5月29日，江苏科技大学外国语学院赛珍珠研究所成立。至此，市区3所高校都成立赛珍珠研究机构。9月，组团先后赴扬州、杭州，学习崔致远纪念馆、司徒雷登故居的建设管理、开展活动和发展旅游的经验，并进行交流。开发赛珍珠纪念品。以“赛珍珠的中国故乡”为主题的风光明信片由国家邮政局发行，是镇江市开发的第五种赛珍珠主题邮品。这套风光明信片共5枚，内容分别为赛珍珠故居、珍珠广场、珍珠路及珍珠桥、博爱广场，由镇江市赛珍珠纪念馆设计。烙铁画家盛珏为纪念馆定制一批烙有赛珍珠头像的木板挂件和葫芦。收集海内外各地赛珍珠研究信息，不定期印发《赛研信息》（简报）。（裴　伟）

【《文化人桥——赛珍珠》出版】 赛珍珠研究会组织编写《文化人桥——赛珍珠》，旨在向广大青少年和相关行业人员介绍赛珍珠。赛珍珠研究会决定组织3名会员组成写作班子，经过半年多的努力，三易写作提纲，六次改稿，于2009年9月由江苏大学出版社出版。全书三章39节，文字量5万字，100多幅照片。在省新闻出版局进行的全省出版质量抽查中，此书获优秀评价。《文化人桥——赛珍珠》是继刘龙、王玉国编写的《赛珍珠——写中国题材获诺贝尔文学奖的美国女作家》（黄山书社，1993年）之后，镇江市又一部系统全面介绍赛珍珠一生经历、辉煌成就和情感生活的通俗读本。在写作过程中，作者重视倾听各方意见，将书稿发给专家阅读，召开专家论证会进行讨论。书稿形成后请读者阅读评点，作者倾听读者意见，根据中小学学生读者的阅读需求进行修改。《文化人桥——赛珍珠》为彩印本。受到蒋树声、李肇星、洪博培等重要人士关注，并题词、赠书、回信致谢。洪博培大使在致“赛珍珠纪念馆全体员工”的署名信中说,"非常感谢你们寄给大使馆的图书,这是一件非常有意义的礼物。"新华网、《中国教育报》《文学报》刊登书讯。

（裴 伟）

【赛珍珠纪念馆开馆一周年】 2009年10月18日,赛珍珠研究会在赛珍珠纪念馆报告厅举行赛珍珠纪念馆开馆一周年暨《文化人桥——赛珍珠》首发式。位于润州山路6号B幢的赛珍珠纪念馆开馆以来,截至10月8日,共接待游客5189人,其中美国、英国、德国、日本、法国、荷兰、加拿大、韩国、菲律宾、泰国、越南等13个国家外宾528人;港澳台和上海、北京、辽宁、湖南、河南等20个省市游客486人;江苏省其他城市参观者692人;镇江市市民3462人。2009年5月王蒙到镇江讲学之余,参观赛珍珠故居和纪念馆,并题词"最难忘的是文学和友谊"。纪念馆对每本书进行分类整理、编号。纪念馆共收藏各种版本的赛珍珠原著192本,收录散见于报刊、网站的各种研究赛珍珠资料354篇。征集海外发行的赛珍珠邮票1套,赛珍珠英文图书著作3册,影印新中国成立前大陆发行的赛珍珠著作中译本8册。此外,承办导游手语培训公益活动,取得良好社会效益。市政府、市历史文化名城研究会有关领导,市有关部门负责人,曾经对纪念馆予以支持的企业家和沈括故居、赵伯先故居、冷遹纪念馆、陆小波故居、赛珍珠故居、张云鹏故居的有关人员,《文化人桥——赛珍珠》全体创作、设计、编校人员,润州区金山街道办、京口区图书馆、润州山社区负责人,参加书稿评价活动的获奖师生代表等应邀参加开馆纪念仪式。还有台湾夏尚澄夫妇和宿州学院赛珍珠研究所有关人员。市委常委、常务副市长陈照煌对赛珍珠研究会的工作给予肯定,并就打造赛珍珠名人品牌、发展文化产业、促进"赛珍珠大地之旅"、以《文化人桥——赛珍珠》等为抓手开展全民阅读活动,提出要求。（裴 伟）

赛珍珠纪念馆开馆一周年暨《文化人桥——赛珍珠》首发式 （裴 伟）

【新版《辞海》修订赛珍珠词目】 2009版《辞海》(上海辞书出版社)对1999版赛珍珠词目进行修订。一是补。前版是"自幼随父母长期侨居中国",新版在"中国"后补"镇江、南京等地"。二是删。前版中"作品大多取材于中国,但歪曲中国人民形象",新版删"但歪曲中国人民形象"。三是改。前版是"在中国大学教过英语"。新版改为"在南京金陵大学、中央大学教授英语"。将"写过五十多部作品"改为"写有85部作品"。四是增。在介绍赛珍珠作品数量和主要作品篇目之间加"同情并支持中国人民抗日战争"一句。彩色版配晚年赛珍珠头像照片。与1989、1999版相比,此次修订文字量最多。2009版《辞海》"赛珍珠"词目:"赛珍珠(Pearl Buck,1892～1973)美国女作家。生于传教士家庭,自幼随父母长期侨居中国镇江、南京等地。在南京金陵大学、中央大学教授英语。1922年起从事文学创作,写有85部作品,大多取材于中国。同情并支持中国人民抗日战争。主要作品有《东风、西风》《大地》《儿子们》《分家》《龙子》《市民》《帝国的妇女》等。还曾翻译中国小说《水浒传》等。获1938年诺贝尔文学奖。"

（裴 伟）

【赛珍珠在"中国缘·十大国际友人"评选中获提名奖】 "中国缘·十大国际友人"评选活动由中国国际广播电台发起并联合中国人民对外友好协会和国家外国专家局共同主办,由国际在线网站承办,评选采取网友投票与专家评审相结合的形式。入围条件包括:在20世纪上半叶,为中华民族的解放事业和民主进步事业作出过贡献乃至牺牲生命的国际友人及新中国成立后在各方面为中国的发展进步贡献力量的国际友人。以描写中国的作品而获得诺贝尔文学奖的赛珍珠以1354912票而获提名奖,位列第三。应中国国际广播电台邀请,镇江市赛珍珠研究会派员作为赛珍珠"中国故乡"镇江市代表,出席2009年12月8日下午在北京人民大会堂西大厅举行的"中国缘·十大国际友人"颁奖活动。颁奖活动上,主办单位代表、十大友人或其亲属、部分驻华使节等应邀给镇江市赛珍珠纪念馆题词。

（裴 伟）

【伦道夫-梅康学院访问镇江】 2009年5月26日,赛珍珠大学时的母校美国弗吉尼亚州伦道夫-梅康学院(原名梅-康女子学院)师生一行12人,在全国美国文学研究会会长刘海平教授陪同下,到镇江"寻找赛珍珠足迹"。在镇江参观访问期间,访问师生参观赛珍珠故居、赛珍珠纪念馆、赛珍珠中学时的母校——市第二中学,以及珍珠广场、珍珠桥和珍珠路,参加江苏科技大学外国语学院赛珍珠研究所揭牌仪式,并与市赛珍珠研究会负责人座谈。 （裴 伟）

新闻出版

责任编校：毛向阳

综　述

【概况】　截至2009年12月底，镇江市有1家出版社、7种报纸、14种期刊、33种连续性内部资料出版物、9个报刊（社）驻镇记者站、472家印刷企业、414家出版物发行网点。全市新闻出版业有从业人员16240人，出版业年营业收入9998.4万元，与上年基本持平；发行业年销售收入3.22亿元，比上年增长18.8%。印刷业工业总产值36.93亿元，增长6.8%，工业增加值10.81亿元，销售收入31.99亿元，减少1.3%。减少原因是华东联合制罐有限公司由于厂址搬迁，生产经营受到严重影响，销售收入2009年仅实现销售4472万元（2008年为30174万元），减少85.4%，如排除这一因素，2009年的实际销售收入应比上年度有所增长；实现利润42675万元，增长26%。从业人员14407人，增长7.5%。

镇江市新闻出版（版权）局组织2009"诚信江苏与新闻出版"新闻出版系统诚信演讲大赛镇江赛区比赛，19名来自全市新闻出版行业一线的工作者参加比赛，2名选手参加省决赛分获二等奖、三等奖。组织5家印刷单位和3家发行单位分别参加省第二届"双优诚信"印刷企业和第三届"双优诚信"书店评选推荐活动。组织开展申报评选2007～2009年度江苏省新闻出版行业文明单位和文明单位标兵活动，推荐文明单位标兵1个，文明单位5家。　（文　嘉）

【农家书屋管理】　农家书屋工程建设是政府公共文化服务体系建设的重要组成部分，是新闻出版部门直接服务于新农村建设的重要举措。镇江市农家书屋工程建设开始于2006年4月，通过政府主导、社会参与、农民管理的发展模式，2009年，全市新建农家书屋132个（含1个自然村）。截至2009年底，全市612个行政村建成农家书屋615个，其中丹阳市232个、扬中市85个、句容市153个、丹徒区89个、京口区11个、润州区15个、镇江新区30个，实现农家书屋所有行政村全覆盖。

2009年开展镇江市首届"我为农家捐本书"社会捐赠活动，首批社会各界捐赠的1万余册爱心图书，赠送给茅山老区10个行政村的农家书屋。举办两期农家书屋管理员培训班，对京口区、润州区、镇江新区、丹徒区150余名农家书屋管理员进行专业业务培训。在全市范围内开展农家书屋读书征文活动，润州区举办农（居）民读书演讲比赛，各辖市（区）的图书馆逐步介入农家书屋的管理中。组织全市媒体记者对镇江市农家书屋建设管理使用情况进行采访，写出专题报道《农家书屋：在希望的田野上》《私家书房汇入"农家书屋"洪流》等高质量的报道，扩大农家书屋的影响。12月在全市开展农家书屋建设评先评优工作，向江苏省新闻出版局推荐农家书屋建设先进集体2个，先进个人2名，先进农家书屋10个，优秀农家书屋管理员9名。　（文　嘉）

出版管理

【概况】　2009年，镇江市报刊审读关注报刊宣传导向，关注报刊围绕中心服务大局，关注报刊反映社会热点难点问题，规范报刊出版秩序，促进报刊质量提高，服务报刊业发展。全年共编印《镇江报刊审读与管理》16期。　（文　嘉）

【印刷业管理】　2009年，镇江市新闻出版（版权）局以"公开、规范、高效、便民"为宗旨，实行服务内容、办事程序、申报材料、承诺期限、收费依据、收费标准"六公开"。为镇江日报社等6家单位、2个出版项目、4个印刷项目申报第二批江

表30-1

2009年镇江市公开发行报纸一览表

报纸名称	刊　号	刊　期	地　址	联系电话
镇江日报	CN32－0015	日　报	镇江市中山东路4号	85010029
京江晚报	CN32－0064	日　报	镇江市中山东路4号	85010029
江苏声屏·镇江广播电视	CN32－0082/04	周　报	镇江市中山西路94号广电大楼	85222812
丹阳日报	CN32－0070	周六报	丹阳市开发区东方路报业大厦	86983009
江苏大学报	CN32－0809/G	半月报	镇江市学府路301号	88780023
江苏科技大学报	CN32－0821/（G）	旬　报	镇江市梦溪路2号 江苏科技大学教三大楼606室	84401042
镇江高等专科学校报	CN32－0838－（G）	20　天	镇江市学府路61号	88962919

（文　嘉）

表 30-2

2009 年镇江市公开发行期刊一览表

期刊名称	国内统一连续出版物号	刊期	地址	联系电话
金山	CN32－1035/I	月刊	镇江市正东路 141 号	84402821
蚕业科学	CN32－1115/S	季刊	镇江市四摆渡中国农科院蚕业研究所	85616835
中国蚕业	CN32－1421/S	季刊	镇江市四摆渡中国农科院蚕业研究所	85616593
江苏船舶	CN32－1230－U	双月刊	镇江市正东路 37 号	84422493
农业装备技术	CN32－1646/S	双月刊	镇江市学府路 71 号	84403490
排灌机械	CN32－1171－TH	季刊	镇江市学府路 301 号	88797778
江苏实用心电学杂志	CN32－1484/R	双月刊	镇江市解放路 438 号	85021159
江苏大学学报(自然科学版)	32－1450－N	双月刊	镇江市梦溪园巷 30 号	84446934
江苏大学学报(社科版)	32－1655－C	季刊	镇江市梦溪园巷 30 号	84446934
江苏大学学报(医学版)	32－1434－R	季刊	镇江市梦溪园巷 30 号	84446934
江苏大学学报(高教版)	32－1075－G	季刊	镇江市梦溪园巷 30 号	84446934
江苏科技大学学报(社科版)	32－1422－U	双月刊	镇江市梦溪路 2 号	84401105
江苏科技大学学报(自然科学版)	32－1608－C	季刊	镇江市梦溪路 2 号	84401105
镇江高专学报	CN32－1511/G4	季刊	镇江市学府路 61 号	88962117 13952922976

(文　嘉)

表 30-3

2009 年驻镇江市记者站一览表

记者站名称	地址	邮编	联系电话
江苏工人报镇江记者站	镇江市梦溪路 5 号	212003	84413010
江苏法制报社镇江记者站	镇江市学府路 3 号	212001	84492776
新华日报社镇江记者站	镇江市政府大院	212001	84425718
扬子晚报镇江记者站	镇江市梦溪路 4 号 3－205 室	212000	84491110
江苏电力报镇江记者站	镇江市电力路 182 号	212001	84021202
江南时报镇江记者站	镇江市中山西路 98 号外贸大厦 3 楼	212004	13852900926
镇江日报丹阳记者站	丹阳市行政中心	212300	86565099
镇江日报扬中记者站	扬中市政府机关大院	212200	88327790
镇江日报句容记者站	句容市华阳镇	212400	87272273

(文　嘉)

苏省文化产业引导资金，提供指导、协调等服务，镇江日报社的数字报业出版项目获得资助资金 150 万元。组织镇江日报社、江苏中彩印务有限公司等 4 家单位的高新项目，申报进入新闻出版总署发展项目库工作。

截至 2009 年底，全市有产值 5000 万元以上印刷企业 14 家，其中亿元企业 6 家。(文　嘉)

【发行管理】 截至 2009 年底，镇江市共有出版物发行单位 414 家(其中出版物批发单位 10 家，零售单位 404 家)，比 2008 年度减少 35 家。其中：市区减少 14 家(由于城市拆迁，邮政书报亭减少 27 家，新华书店门市减少 1 家，民营书店增加 14 家)、丹阳市减少 16 家(邮政书报亭减少 3 家，民营书店减少 13 家)、扬中市减少 2 家、句容市增加 1 家、丹徒区减少 4 家。

全市出版物经营单位从业人员 1271 人，增长 2.7%；实现销售收入 32245.5 万元，增长 18.8%，其中：出版物批发单位及其所属零售部门实现销售收入 27434 万元，增长 21.3%，出版物零售单位实现销售收入 4811.5 万元，增长 6.2%。(文　嘉)

【版权管理】 2009 年，镇江市新闻出版(版权)局开展“4·26 世界知识产权日”系列宣传活动。举办《如何有效进行著作权保护及著作权登记方法》培训班，参加知识产权局、工商局等单位组织的宣传活动 4 次，制作版权保护漫画宣传展牌 12 块，参加宣传展出并在市图书馆少儿馆长期展出；向全市部分中小学发放《镇江市“创新与未来——青少年知识产权保护知识竞赛”》试卷 2000 份。举办镇江市“青少年版权保护读书活动暨版权保护知识答题活动”，全市 17 所中小学，近 3000 名学生参加答题活动。组织学生参与“全国青少年版权保护知识竞赛”，全省 5 名学生荣获一等奖，其中镇江市 4 名，市版权局获国家版权局颁发的组织奖。

打击侵权盗版行为。开展打击网络侵权盗版专项行动，联合公安、电信部门共查处关闭非法网站、中止私服外挂网络游戏 40 起。处理省版权局转来的违法网站“音乐无限久久听歌”涉嫌网络侵权案件；接受北京网络游戏《天龙八部》、福建天晴数码有限公司网络游戏《魔域》等权利人投诉，分别对安徽炎黄公司、常州微子网络科技有限公司出租服务器空间、监管不严造成租用服务器侵权等行为，进行调查处理。

开展“扫黄打非”专项行动，加大对全市出版物市场和印刷活动的日常监管，开展校园周边文化环境专项治理、音像市场专项整治，打击非法印刷专项行动等，全年出动检查人员 28080 人次，收缴非法出版物 6394 册，非法音像制品 90426 张。2008 年审结的“9·25”著作权侵权案，三名被告 2009 年分别被刑事判决，为此镇江市版权局和京口区公安分局治安大队被国家版权局授予全国查处侵权盗版案件有功集体二等奖。

(文　嘉)

镇江日报社

【概况】 2009 年，镇江日报社在新闻宣传的质量、报业经营的品质、从业人员的素质上有新的提升。全年经营收入7000多万元。《镇江日报》日均发行量3.6万份,《京江晚报》5.4万份。

年初,《镇江日报》的《做一个勇于担当的镇江人》等“开局三论”,《京江晚报》的《牛年人勤春来早 争分夺秒谋跨越》《春天的愿景》等一系列鼓舞人心、催人奋进的专栏和专版,对开局之初的全市工作起到引导与鼓劲作用。《镇江日报》推出《跨越发展先锋》栏目,集中反映跨越发展先进个人、先进集体的典型事迹。选派记者随镇江市党政代表团赴合肥学习考察,《镇江日报》推出“跨越发展看合肥”系列报道;《京江晚报》推出系列特别报道“合肥启示录”。年终专稿扣住跨越发展的主题,多角度展示跨越发展给镇江市带来的多层面变化。《镇江日报》推出“2009镇江跨越发展特别报道”,并配发评论员文章。《京江晚报》推出“跨越发展半月谈”,以三人谈的形式,选取不同的视角,就镇江市的跨越发展摆事实、说变化、谈感慨、作评价、描远景。

注重新闻报道的策划,打好战役性宣传报道。两报开设《创生态市 建文明城》专栏,加大对镇江市生态市建设和文明城市建设的宣传。对全市开展的秸秆禁烧工作,两报予以策应和配合。《京江晚报》多次召开专题策划会,组织记者深入丹徒、丹阳的农村实地调查,推出20多个包括整版及版面头条的秸秆禁烧新闻报道。整体报道得到市领导的肯定和表扬。《京江晚报》还与市文明委联合发起招募和组织“市民督查员”开展文明督查行动。《细节的眼光》栏目突出关注公共文明,评点城市中点滴不文明之处。

《镇江日报》开设“人间大爱”专版,宣传社会各界人士的善举、义举。整合社会资源,开展一系列扶贫助困社会活动,弘扬大爱精神。《京江晚报》联合相关部门,推出“为贫困家庭送年夜饭”和“社会儿女”给空巢孤老拜年活动,使290多个贫困家庭和50多位空巢孤老得到关爱。《京江晚报》在植树节前,从社会招募150名“播绿志愿者家庭”,共同参与南山“巾帼林”大型公益植树活动。

从民生角度,两报推出一批深度解读性报道,如《关注我市返乡农民工节后再就业系列报道》等。针对企业退休人员养老金上调、失业人员临时增发补助、房地产调控工作意见等新政的出台,报纸及时把这些利好消息传递给广大读者,延伸阅读空间,给读者留下较为深刻的印象。

两报通过《新闻观察》《细节的眼光》等栏目,对市民反映强烈的燃气初装费、城东片区空气污染、滨江风光带毁绿、火车票难求、市区出现病(死)猪等问题,通过追根溯源、跟踪报道,掌握舆论的主导权,引起市领导及相关部门的高度重视,促使涉及民生的问题得到较好解决。全年两报共发《内参》9篇,为政府掌握舆情、正确决策、促进和谐提供参考。

年初,《镇江日报》进行改版,新增和充实《视角》《人间大爱》《新闻观察》等专版、专栏,建立特约评论员队伍。《镇江日报》推出《小陈进乡村》《咱的眼睛看社区》等一批记者个人专栏。年底《京江晚报》进行改版,优化创新报头、报眉设计,统一版式,扩大容量,增加新闻服务类版面和栏目。

2009年,镇江日报社有50多篇稿件被新华社、《新华日报》《新民晚报》等国内主要新闻媒体采用。通讯《镇江:悄然无声中初显强劲之势》发表在《新华日报》头版头条。

年初“金山网”更名为“镇江新闻网”,并进行改版,优化网页布局,强化新闻特色,加强与手机报订户的互动,在网站发布手机互动新闻。镇江新闻网站日均点击率5万左右,比两年前增加近一倍,独立IP约7000左右,其中50%来自于外省市,境外网民读者由3.8%增加到7.86%,网站人气在镇江市位排前三名。手机报月订户达到8万份,全年收入130万元,经营收入仅次于宁、苏、锡、常,在全省位列第五,人均拥有量排全省首位。

“数字报业推进项目”取得新进展。与“北大方正”合作,启用文韬新闻采编系统v6.0,在报纸采编流程管理方面走在华东地区前列。

全年出版《镇江画报》6期,在版式上力求出新出彩,精选图片,保持稿件的原创性,大力展示“大爱镇江”风采,全方位反映镇江市跨越发展、昂扬向上的精神风貌。

镇江日报社相继出台《社好新闻评选办法》《签约记者(编辑)薪酬考核发放办法》《社外宣报道奖励办法(试行)》《突发公共事件新闻报道应急实施方案》《社党委(社委)议事决策规则》,修订印发《社专业技术职务聘任实施办法》。

选派记者赴全国“两会”、深入汶川灾区援建工地、随镇江市党政代表团合肥学习考察等异地采访活动,锻炼新闻队伍。开展脱贫攻坚“两消除”活动,与句容市白兔镇马里村结成帮扶对子,为村民修建道路和帮助建立高效农业园。在全社设立扶贫济困基金,组织党员捐款2万多元,26个贫困户、49人得到资助。

在2008年度省好新闻评比中,镇江日报社共有16件作品获奖,其中一等奖2件,二等奖7件,三等奖7件,数量和质量都明显高于往年。在2008年度全国及江苏省报纸副刊好作品评选中,两报共有13件作品获奖,其中2件作品获全国报纸副刊作品年赛一等奖,2件作品获江苏省报纸副刊好作品一等奖。3件作品获赵超构新闻奖,其中一等奖1件。报社获镇江市文明单位等称号。时英当选全国三八红旗手,杨镇海入选“省五个一批”人才。 (邹永东)

【组建市民督查员队伍】 2009年3月底至4月初,《京江晚报》热线新闻部联手市文明办共同向社会招收两批市民督查员共64人,分成四个小组,选举团长和三名副团长。开展对申报文明单位、窗口单位、农贸市场等督查,全年督查活动145次,撰写督查手记报告250余篇,拍摄照片300多张,反应重点问题50多个,均落实解决。市民督查员的行动,在镇江市创建文明城市活动中产生良好影响,发挥应有的作用,受到被督查单位、部门及市委市政府主要领导的肯定和好评。 (邹永东)

【成立首支特约评论员队伍】 2009年5月6日,《镇江日报》成立首支特约评论员队伍,14名成员由专家、学者组成,充实和加强评论力量,全年特约评论员发表评论21篇。 (邹永东)

【数字报业项目获省150万元文化引导资金】 2009年5月,镇江日报社首次向江苏省政府申报省文化产业引导资金补贴项目——镇江日报社数字报业推进项目,根据报社数字报业“十一五”规划,结合报社在报业数字化建设的实际情况,在较短的时间内,完成项目的可行性方案,以及项目申报所需要的一切材料。经过省级相关单位的评审和现场考察,该项目获150万元江苏省文化产业引导资金补贴。 (邹永东)

【镇江报业网络传媒有限公司成立】 顺应新闻事业改革大潮和报业发展的需要,从创新媒体体制机制入手,抢占发展新机遇。通过资本运作的方式,镇江日报社与江天集团合资打造的新媒体实体——镇江报业网络传媒有限公司,2009年12月29日挂牌成立,成为镇江市、也是江苏省首家社会资本参股的股份制传媒企业,媒体改革迈出新步伐。

(邹永东)

【"美丽的镇江我的家"新年大型歌舞晚会】 2009年12月26日，由镇江日报社主办，市艺术剧院承办，"美丽的镇江我的家"新年大型歌舞晚会，在市体育馆举办，特邀中央民族歌舞团到镇献演。演出开场前，镇江日报社为在"辉煌60年 盛世新镇江"系列评选展示活动中脱颖而出的28家单位颁发铭牌。（邹永东）

【新中国成立60周年报道】 《镇江日报》《京江晚报》在2009年10月1日前后，推出十大重点工程巡礼、万人演唱会和焰火晚会等报道，图文并茂地展示镇江发展新成就。通过《新中国成立60年"时代变迁"》系列报道、《镇江英烈》专栏、《鲜花祝福，献给共和国——"我的生日是国庆"》特别策划、"新中国60周年"特别报道等，反映60年来镇江城市的发展、人民生活的巨变。推出"魅力新镇江"摄影大赛，生动形象地展示新镇江各个方面的成就。（邹永东）

【镇江解放60周年报道】 在2009年4月23日前后，《镇江日报》和《京江晚报》以"红色的旋律 红色的记忆""4·23难以忘却的记忆""忆峥嵘岁月 谋跨越发展"等系列报道及《48小时，再现镇江解放光辉时刻》《我们生在"4·23"我们与镇江共成长》等专版，再现当年镇江解放的历史场景，展现镇江60年发生的历史巨变。《镇江日报》还邀请部分先烈的后人在市烈士陵园举行清明节主题活动，组织"革命电影回顾周""老镇江风情展""镇江解放亲历者见证者重走渡江路"等活动。（邹永东）

【"四大建设"报道】 2009年，《镇江日报》和《京江晚报》围绕大项目建设、城乡建设、生态建设、民生建设"四大建设"，开展一系列报道。"两报一网"对央企招商全力推进、重点项目的开展、沪宁城铁镇江站建设、双井路棚户区改造、征润洲水源地保护工程、帮扶返乡农民工等展开报道，既有动态的消息也有分析性、解释性报道。"十大城建工程巡礼"系列报道，将城建报道推向高潮。《京江晚报》通过《共建美好家园》专栏，"大拆迁开启镇江大跨越"等系列报道，加大对"大拆迁"工作的宣传引导，将政府的政策、措施宣传到位，使市民对城市拆迁有更多的理解和支持。两报利用专版、专栏，对大市口A地块成功爆破作系列报道。（邹永东）

【汶川大地震周年纪念报道】 2009年在"5·12"汶川大地震发生一周年之际，《镇江日报》推出"探访镇江对口援建板桥镇系列报道"和《难忘"5·12"，因为有爱我们坚强》等专版，《京江晚报》组织"社会妈妈""社会儿女"，发动社会力量，将温暖送给灾区的孤寡老人和贫困孤儿。（邹永东）

【先进典型报道】 2009年《镇江日报》推出"鲜花，献给百姓英雄"系列报道，回访12年来见义勇为的"百姓英雄"；《京江晚报》推出人物特别报道《朱哥走，纳税人自发为他送行——追记市行政服务中心国税干部朱国祥》。弘扬社会正气，两报连续报道为抓捕毒贩而英勇负伤的大市口派出所副所长郦旭东的事迹，塑造"好人王大姐""英雄奶奶王爱宝""最美护士周好"等一批来自社会各方面的"大爱"人物典型。两报用专版、专栏及评论等形式，对"创业先锋"作大篇幅报道。（邹永东）

【"睿智"讲堂】 为加强采编队伍建设、浓厚学习氛围，帮助从业人员开阔视野、活跃思想、更新知识、加强修养，进一步提高综合素质，镇江日报社开办"睿智"讲堂。2009年3月6日，"睿智"讲堂首次开讲，邀请南京大学新闻传播学院院长助理、副教授巢乃鹏博士，走进报社，为采编人员作《融合发展：新媒体与传统媒体的竞争与合作》的讲座。（邹永东）

【"新春心愿 阳光行动"】 从2009年1月12日起，《镇江日报》发起组织"新春心愿 阳光行动"，得到社会广泛支持，历时10天，社会各界捐款捐物总额近5万元，共帮助116户困难家庭实现心愿，体现"奉献一片爱心，温暖困难家庭"的主题。（邹永东）

【"有难大家帮——我为环卫工送保障"活动】 2009年7月，《京江晚报》热线新闻部主动策划，联手市总工会、市城管局，发起"有难大家帮——我为环卫工送保障"活动。借助全国总工会推广的"职工互助互济保障平台"，发动全社会力量，共同帮助市区环卫工人每人建立一份职工互助互济重大疾病和遭遇意外伤害综合保障。此次活动共吸引包括市领导在内的数百市民参与，使市区900多名环卫工人得到保障。（邹永东）

【"社会妈妈"助养四川板桥儿童】 2009年4月3日至5月11日，《京江晚报》热线新闻部和市妇联发起助养四川板桥地震灾区贫困学童的倡议，镇江市"社会妈妈"承诺三年助养一位学童3600元，共计助养50位学童。"5·12"汶川大地震一周年前夕，20多位"社会妈妈"代表及记者共赴四川板桥，看望助养孩子并送去18万元的支票。镇江"社会妈妈"的大爱之举引起多方关注，不仅镇江、四川两地媒体给予报道，《人民日报·海外版》也对此举给予报道。（邹永东）

【"社会儿女"为四川板桥孤老捐赠零花钱】 2009年9月底至10月25日，由《京江晚报》热线新闻部全程策划，联手市委宣传部网络处、市妇联、镇江交友网、镇江新闻网、名城镇江网、镇江网友之家"爱心家园"、安利（中国）镇江公司等，共同推出《"社会儿女"为四川板桥孤老"送上零花钱，温暖老人心"》活动，活动历时一个月，共有200多位"社会儿女"为70位板桥孤老送上600元/人/年捐款。10月25日，由7人组成的爱心小分队将42000元捐款、70只红红火火的中国结，以及安利公司捐赠的70床棉被送往板桥。同时举行捐赠仪式网络直播。在镇江的几十名"社会儿女"代表集中在镇江日报社收看网络直播，并现场与板桥老人认亲互动、亲切对话。双方现场气氛热烈，场面感人。绵竹市和板桥镇政府负责人激动地称，这是大地震以来的首个赴川的市民与孤老结对团，在当地引起轰动，孤老倍感亲切和温暖，社会反响强烈。（邹永东）

【蒋乔乡土文化农家乐】 为弘扬蒋乔地域内的传统文化，传递蒋乔丰富的人文信息，彰显蒋乔乡土文化魅力，2009年7月28日至8月底，《京江晚报》与蒋乔镇政府联手策划推出"蒋乔乡土文化农家乐"系列活动，在历时一个月的时间里，举办《嶂山摘鲜果、观马灯之旅》、祭先烈、听山歌、尝野味、观狮舞、泡温泉的《韦岗红色之旅》、市民VS村民的《秀山健身之旅》，深受市民欢迎，共有200多位市民报名，参加三站四场活动。8月30日，来自各方的专家、学者及村民、市民代表汇聚蒋乔嶂山村，就如何将乡土文化与现代农业更好地结合，形成特色文化经济项目，开拓农民增收致富新渠道，如何推进乡土文化农家乐有效长期发展，出谋划策、共商发展大计。（邹永东）

广播电视

【概况】 2009年，镇江广播电视局（总台）以舆论宣传为中心，正确把握舆论导向，全面服务镇江发展；整合地域资源，打造区域优质传媒；整合技术资源，打造现代科技传媒;整合人力资源,打造现代活力传媒;整合产业资源,打造现代融合传媒。

《新闻镇江》《行风热线》等优秀栏目取得良好社会反响,新中国成立60周年暨镇江解放60周年、践行科学发展观、跨越发展新镇江等重大主题宣传亮点频现;首届"大爱镇江新闻人物颁奖典礼"、《魅力东方迎世博》走进镇江、"山水见证60年"系列专题片、"古城尽披国旗红""绿色出行看世博——穿越长三角"新闻行动、全省首家"三农"频率开播等活动,展示城市主流媒体的影响和活力;镇江电视台连续五届获江苏电视新闻繁荣奖,2009年度在江苏卫视的用稿量每月都保持在前三位,在省电视台以上媒体用稿达880多条,在中央电视台《新闻联播》用稿17条。镇江电台在省电台以上媒体用稿232篇,其中中央电台用稿60多篇。

镇江电台《关注十分》获省优秀栏目称号;市广电总台在全国和省以上新闻评比中获一等奖10多个,如镇江电视台纪录片《老肖》获第十一届中国电视外宣"彩桥奖"的"金牌节目奖"和2009年度第三届"纪录中国"铜牌节目,《水煮甘露寺》《水墨凤凰》获得第二届中国旅游电视艺术周优秀旅游电视节目一等奖,《古渡容怀》获得江苏电视主持播音一等奖,《烈火中永生》获江苏省电视专题一等奖,《心路——寻找失落的家园》获江苏省长纪录片一等奖,电视专题片《大爱在镇江》获省首届博爱杯红十字好新闻一等奖,电视专题《田间寻歌》获江苏省电视少儿节目一等奖,《心手相连一家亲》获省现场直播类广播特别奖,通讯《西津渡,用文化吸引你》获江苏省广电报刊类一等奖。

投资6.5亿元的新广电中心竣工启用,有线数字电视整转达12万户,完成市委、市政府部署的有线电视村村通目标任务,进军新媒体领域,全年安全播出无事故;市场化运作拍摄的数字电影《小城大爱》由李岚清题名并在央视电影频道播出,广电手机报、镇江传媒网开通,突破金融危机的影响,广电经营创收逆势上扬,比上年增长10%。

2009年是镇江广电部门依法行政和管理年。市、县两级广电部门拆除非法"小耳朵"13000多台,查处非法销售"小耳朵"窝点101个,非法生产厂家6家,与相关部门联合执法91次;先后关停违规视听栏目20个,视听网站15个,有力地遏制低俗之风在网上扩散;镇江电台建立绩效挂钩的分配体系,镇江电视台实施中层干部公开竞岗竞聘改革,广电报社实行以岗位绩效考核为主要内容的奖金分配制度改革。呈现出机制优化、团队奋进的良好局面。 (姚福军)

【镇江新广电中心】 2009年12月28日,镇江新广电中心启用。整个工程按照扬子杯省优工程、甲级智能化建筑和数字化广电大楼的标准进行设计和施工建设。项目占地面积约2公顷,建筑规模为59200平方米。工程总投资约6.5亿元,其中征地拆迁2.3亿元,土建、安装、装修等费用2.4亿元,广播电视工艺设备及机房建设费用7000万元等。工艺用房有:电视演播中心、电视播控中心、电视编辑制作中心、广播播控中心、广播直播制作中心、广播电视安全播出指挥调度中心及高清演播车等。建成后的新广电中心,技术和工艺水平在全国地级市中属一流水平。镇江广电中心大楼采用双帆建筑造型,与周边环境自然和谐,寓意镇江广电人"负重奋进、追求卓越、扬帆远航"。 (姚福军)

【第二届"大爱镇江"新闻人物颁奖】 2010年1月1日晚,由镇江市委、市政府和凤凰卫视主办,市委宣传部、市文明办、市广电总台联合承办的第二届"大爱镇江"新闻人物颁奖晚会举办。晚会以"中国航空发动机之父"吴大观和历经67年回国路的抗日远征军老兵经乘国,离开故土镇江、报效祖国的人生轨迹,烘托出"家国情怀"的叙述主题。现场大屏幕以对"大爱之星"人物和群体事迹的现场访谈和纪录短片的形式,先后讲述吴大观、眼盲心亮的五保老人李毛、智勇擒凶的好的哥李巧生、英雄奶奶王爱宝、自强不息的脑瘫男孩赵正元、"最美女护士"周好及"0511爱心家园"网友群体等动人故事。随着一段又一段感人肺腑的讲述,一位位"大爱之星"的相继亮相,现场千余名观众爆发出经久不息的掌声。凤凰卫视知名主持人杨锦麟结合城市的新旧变迁阐述"大爱镇江"的内涵。应邀参加晚会演出的台湾歌手齐秦和"民歌天后"汤灿合唱一曲紧扣大爱主题的歌曲《爱的直航》。这届的大爱镇江新闻人物颁奖典礼,不仅反映镇江大爱之城的凡人善举,宣传镇江人民的大爱精神,还展现2009年镇江人民争先进取、创业创新的精神和镇江一年来跨越发展的成果。 (姚福军)

【对接世博 宣传镇江】 2009年8月15日上午,"魅力东方迎世博——走进镇江"大型直播活动在市金山公园芙蓉楼举行,镇江"亮相"东方卫视。围绕"城市让生活更美好"这一主题,上海世博局以东方卫视为主平台,联合长三角城市圈各主要城市,推出"魅力东方迎世博"大型直播活动。镇江是系列活动中的第十站。此次直播共分4个章节,每节30分钟。东方卫视、镇江电视台新闻综合频道和腾讯网同时直播,主直播点位于金山公园芙蓉楼,分直播点分别是一泉草坪台、芙蓉楼外平台和塔影湖上画舫。从水漫金山传说到现实景点,全方位介绍镇江悠久的历史、丰厚的文化底蕴、十字黄金水道等独特的人文和优越的地理环境,向全国观众展现镇江良好的城市形象。市长刘捍东在接受东方卫视记者采访时,阐述镇江最近一些重大工程的建设情况和如何抓住世博会的机遇,加速对接上海、融入长三角,同时,介绍镇江的旅游特色,并向全国观众发出邀请。镇江市委常委、宣传部长张洪水将"魅力东方迎世博"的旗帜转交给直播活动的下一站常州。在演出现场,还举行世博请柬赠送仪式,5位幸运的镇江市民代表接受上海世博局赠送的请柬,于2010年畅游世博。

2009年10月19日上午,"绿色出行看世博,青山绿水看镇江"穿越长三角联合行动在镇江举行,自发报名参加活动的200多名网友从金山湖畔出发,经北水骑行至南城,用实际行动倡导绿色出行的理念,这也是"穿越长三角——绿色出行看世博"联合行动的第六站。这次"绿色出行看世博"镇江站的活动主题是青山绿水看镇江。在活动现场,市委书记许津荣阐述打造镇江"山水、生态、宜居"的城市理念,她希望借助上海世博会这一平台,让公众认知镇江这座有着悠久历史和文化底蕴的城市,让人们来游览这座真山真水的绿色之城。穿越长三角联合行动启动仪式结束后,镇江网友和市民种下2010棵树,共建"世博林";组织幼儿园的小朋友们亲手绘制环保袋,为城市勾勒一幅"青山绿水"美好的绿色画卷等系列活动。 (姚福军)

【宣传新中国成立暨镇江解放60周年】 2009年,镇江市广播电视总台推出系列专栏和活动,宣传新中国成立暨镇江解放60周年。镇江电台先后推出纪念镇江解放60周年大型特别系列报道"百万雄师过大江""新镇江档案",大型系列访谈"国庆说国庆"、大型直播"中国心镇江情"等,使整个新中国成立60周年的宣传报道出新出彩,形成强势。镇江电视台从"4·23镇江解放日"开始,开设"胜利"栏目;围绕新中国成立60周年策划"寻访建国功臣""建国的故事""红色拉歌会"、系列访谈"记忆"等报道。国庆前夕,"红遍镇江""红色景点推介"和"我爱北京天安门"系列特别新闻行动，将新中国成立60周年的报道推向高潮。镇江广电报以“新中国成立60周年”专版形式，反映不同年龄、层次、不同行业领域有代表性的人物经历，折射出60年来生活的变迁、家乡的巨变、观念的更新。（姚福军）

【报道镇江跨越发展】 2009年，镇江市广播电视总台推出系列专栏和活动，镇江跨越发展报道形成强势。镇江电台开设《跨越发展先锋》专栏，报道近20个创业典型人物，为推进镇江发展新跨越鼓劲造势；镇江电视台在《新闻镇江》栏目中开设“跨越先锋”“名城之星”和“跨越发展20问”等系列报道，从不同角度、不同行业详尽报道镇江跨越发展一线上的先进人物和创业事迹；《镇江广播电视报》重点推出“跨越发展先锋”等主题，报道先进典型的先进事迹，展示时代风采。（姚福军）

【报道全国和全市两会】 2009年，镇江电视台派出报道组专程赴京，在《新闻镇江》中开辟《直通全国两会》专栏，《今晚九点半》策划《关注两会聚焦民生》栏目。镇江电台在《新闻早报》中开设“要闻”“观点”“数字”“人物”等栏目，《关注十分》则“带着民声上两会”，就人民群众关心的问题结合两会进行深入报道。（姚福军）

【舆论引导】 2009年是西藏民主改革50周年，镇江电台策划推出系列报道“携手浇灌格桑花”，介绍镇江市和西藏达孜县结对挂钩的成果；对“5·12”汶川大地震一周年和有关防震减灾纪念日的报道都作精心策划，从多个角度反映灾后重建的情况；在生态市创建活动宣传中，开设固定专栏，突出禁止秸秆焚烧主题；同时，对日全食、禁止酒后驾车、防暑降温、镇江—澎湖直航、防控甲型H1N1型流感等都作深入及时的报道，正确进行舆论引导工作。镇江电视台《今晚九点半》加大舆论监督力度，一年来解决和调解群众反映的矛盾纠纷3000余件；“5·12”汶川大地震一周年，推出“再访板桥行”；《镇江.com》以网络新闻集萃的方式对网络舆论进行有效引导，主动介入网友活动。广电报关注重大事件的报道，引导舆论，增强新闻宣传的影响力。（姚福军）

【电影《小城大爱》】 2009年，镇江市广播电视总台、江苏大学和北京银河星光文化传播有限公司三方联合投资出品的彩色故事片《小城大爱》由李岚清题名在镇江市首先公映后，又被央视看中在CCTV-6播出。《小城大爱》是镇江市广电总台也是镇江市首部根据真实故事改编、使用城市实名拍摄的电影故事片。讲述的是江苏大学学生陈静倾注爱心帮助生病同学，她的故事感动镇江市民。后来当陈静自己也不幸患上白血病时，全市掀起拯救爱心天使的“黄丝带行动”。剧中大量配角和群众演员全部由镇江的非职业演员本色出演，具有地域特色。电影通过重大事件中所表现出来的生命对生命的尊重，生命对生命的热爱，生命对生命的挽救，是对这个时代精神的感人演绎。《小城大爱》不仅获2009年度江苏省“五个一”工程奖，还成功入选国家广电总局向全国推荐的优秀影片片目。（姚福军）

【三农广播】 2009年8月4日，在镇江“三农”广播第一个收听示范点润州区蒋乔镇嶂山村，市委副书记张庆生按下“三农”广播开播键，镇江“三农”广播专业频率开播，这是全省第一家“三农”广播专业频率。“三农”广播采用中波，是镇江发射功率最大的频率，覆盖全镇江地区及周边其他城市的一些地区，使全市150万名农民有自己的话语平台。作为专门为全市农民服务的广播，“三农”广播每天播出大量涉农新闻资讯、政策解读、农业科技、市场信息和文化娱乐等内容。全套节目突出指导性、服务性、可听性和公益性。在办好一套广播频率的同时，出版一张“三农”服务导报，开设一个镇江“三农”服务网站，举办一批“三农”服务活动。赵亚夫等44名农业专家被聘为镇江“三农”广播科技专家组人员。（姚福军）

【《镇江广播电视报》改版】 自2009年元旦起，《镇江广播电视报》从报头设计、出版样式到采编内容全新变脸，由4开36版样式改为装订成册的周刊样式，并每周用数码机打码，结合电视抽奖送奖品，提高市民关注度。（姚福军）

【拍摄《山水见证》】 用镜头记录沧桑巨变，用画面见证山水奇迹，由镇江市委宣传部、市城投公司和镇江广电总台联合推出的“如意江南杯”20集外宣系列片——《山水见证》，2009年8月18日在西津古渡举行开机仪式，这是镇江市首次采用电视系列片的方式，影像见证历史、记录山水。“如意江南杯”《山水见证》外宣系列片共20集，由红、绿、蓝三色内容有机串联，每个板块、每个人物都以历史+今天+未来作为一条隐性红线贯穿，或以人物带故事，或以事件带人物，皆具独特的视角和切入点。该系列片在镇江各辖市（区）台巡播，江苏卫视国际频道播出，并延伸到欧美国家。（姚福军）

【深化人事制度改革】 2009年4月27日，市广电局制定下发《关于镇江电视台中层管理人员竞争上岗的意见》，明确竞争上岗的岗位、人员范围和所有的程序设置。实施电视台中层管理人员竞争上岗工作。经过竞争上岗后，拟任职人员的平均年龄为43.7岁，比原任职人员平均年龄47.1岁降低3.4岁，大学本科学历人员增加3人。所有上岗人员均签订聘职承诺书，对聘用期的工作提出具体的目标。（姚福军）

【推进广播电视村村通工程】 2009年，镇江市计划开通20户以上通电未开通有线电视的自然村100个，新增有线电视用户2.5万户。实际全市开通20户以上通电未开通有线电视的自然村103个，新增有线电视用户3.5万户。（姚福军）

广电网络

【概况】 江苏省广播电视信息网络股份有限公司镇江分公司（简称江苏省广电网络公司镇江分公司）于2009年1月17日挂牌，是镇江市广播电视网络的唯一运营机构，其职能是负责镇江市广电网络的建设、开发、经营和管理，对主城区有线电视用户实行统一管理。到2009年底，共有有线电视用户18万户，1466个光节点，实现市、县、镇、村四级光纤联网。

2009年4月25日，公司开展“党员进整转现场”活动，发挥共产党员先锋模范作用。5月20日，组织镇江电视台、镇江电台和《镇江广电报》记者对老小区数字电视整转进行体验式采访，让记者亲身体验有线数字电视整转工作。

2009年为民办实事项目镇江主城区有线数字电视整体转换和网络双向化改造工作基本完成。

2009年镇江市互动电视用户数达到2.5万户，互动率26%，居全省第二位。（冯 涛）

【镇江市有线数字电视整体转换暨省广电网络镇江分公司成立】 2009年1月17日，2009年度市政府为民办实事项目——镇江市有线数字电视整体转换启动暨江苏省广播电视信息网络股份有限公司镇江分公司揭牌仪式举行。

2003 年，国家广电总局制定《我国有线电视向数字化过渡时间表》，明确要求，东部地区县级以上城市要在 2010 年底前关闭模拟电视信号。利用省广电网络整合的契机，镇江市广电网络融入全省统一整合的网络平台，并引进资金 1.8 亿元，全面启动有线电视网络双向化改造，确保有线数字电视整体转换能顺利实现。（冯 涛）

【主城区有线数字电视整体转换基本完成】 到 2007 年底镇江市区共有有线电视用户约 18 万户，其中农村用户 3.5 万户，2008 年和 2009 年主城区拆迁 1.8 万户。主城区真正需要整转用户数为 12.8 万户，2009 年完成 92% 的数字电视整转，整转户数达到 11.8 万户，超过国家广电总局整转率 90% 的考核标准。2009 年镇江市政府为民办实事项目市区有线数字电视整体转换及网络双向化改造基本完成。

为了不增加用户负担，每户网改成本在原先 300 元的基础上再增加 60 元，省公司投资增加 800 万。包括网络改造、机顶盒成本等各种项目投资在内，省广电网络公司在镇江到位资金 1.8 亿元，在全省名列第二，从而极大支持镇江广电事业的发展，成为镇江发展数字电视的有力支撑。（冯 涛）

【双向网改造平稳推进成为全省亮点】 2009 年，广电网络镇江分公司共完成 12.5 万户网改，其中"南改北"8.5 万户，推进速度快。抽样统计，在镇江市最早进行"南改北"老小区江滨新村片区，拥有 8000 多户居民，入户改造率 91%。镇江分公司网络双向化改造做法得到省公司高度评价，并于 2009 年 11 月初在镇江召开双向网改造现场交流会，推广镇江分公司的网改经验。（冯 涛）

【圆满完成安全传输任务】 2009 年，全国人大、政协两会召开，国庆 60 周年，澳门回归 10 周年等一系列重大活动和重要节日的安全传输保障任务十分繁重。广电网络镇江分公司落实各项技术措施和应急预案，提高妥善应对突发事件和灾难性事故的能力，确保不发生重大技术事故和人为责任事故。

2009 年，镇江分公司在大规模拆迁面前，主动抢修恢复线路，抢修次数达 500 多起。（冯 涛）

【征寻"60 户高清数字电视家庭"活动】 2009 年国庆前夕，广电网络镇江分公司推出面向市区数字电视用户征寻"60 户高清数字电视家庭"活动。

获悉中央电视台第一套节目等 10 套高清数字电视节目于 2009 年 9 月 28 日进行全国播出，镇江分公司提前做好各项技术保障等准备工作，并推出自 9 月 26 日起，在市区数字电视用户中征寻"60 户高清数字电视家庭"活动。报名条件是镇江市区已经整转的互动电视用户，家里有大屏幕液晶彩电（推荐 42 寸以上），有一定消费能力，追求时尚并自购高清机顶盒一台的家庭。28 日，征寻到的 60 户家庭共同见证高清数字电视时代的历史瞬间。

为让广大市民先睹为快，镇江分公司还与五星电器、苏宁电器和新世纪商厦共同举办"观国庆大阅兵高清电视展示"活动，市民可到以上家电商场，观看国庆阅兵。（冯 涛）

【推出全家福套餐节目】 2009 年，为满足人民群众多样化、专业化和个性化需求，镇江有线数字电视推出全家福套餐节目，每月花费 5 元，多看 54 套付费节目，订购率达到 19%。（冯 涛）

【整转过渡阶段保留 13 套节目】 按国家规定，整转结束的区域保留中央、省、市共 6 套模拟电视节目供用户收看。为让镇江市民逐渐适应，平稳推进整转，广电网络镇江分公司向上级争取政策，整转结束的区域可以保留 13 套模拟电视节目，是江苏全省在整转过渡期中节目套数保留最多的地级市。（冯 涛）

【镇江广电网络波分项目率先上马】 波分是一个利用激光传输的大容量的高科技平台，技术含量高，传输手段先进，是先进的光传输技术。2009 年 4 月，广电网络镇江分公司在全省第一个建设市、县波分项目。经过 3 个月的紧张工作，完成 192 公里 12 芯光缆的市、县波分环网，机房站点建设也顺利推进。扬中市的新平台数字电视的广播和互动信号已经从市、县波分开始传送，下一步将通过波分给句容传送信号。此外，镇江分公司还配合省公司运维中心对省干线波分设备、波分电源进行扩容改造，完成新设备的试验工作。（冯 涛）

图书发行

【概况】 2009 年，镇江新华书店完成图书销售 7900 万元，实现利润 184 万元，比江苏凤凰新华书业服务有限公司（简称集团公司，下同）下达的目标数 149.22 万元，增长 23.21 %，国有资产保值增值率达 4.8%，完成集团公司下达的指标；人均创利 1.04 万元，比目标数增长 8%。镇江新华书店被评为 2006～2008 年镇江市文明单位、2007～2009 年江苏省新闻出版行业文明单位。（王永萍）

【开展主题读书、征文活动】 2009 年是新中国成立 60 周年，镇江新华书店与市文明办、市教育局、团市委、市妇联共同举办"祖国在我心中"读书征文活动，征文活动以"祖国在我心中"为主题，要求各辖市（区）中小学生要认真阅读《复兴之路——纪念中华人民共和国成立 60 周年》等相关优秀图书，以"祖国，我为你骄傲""我是祖国未来的接班人"等写作视角，抒发少年儿童对伟大祖国好的热爱之情，唱响共产党好、社会主义好、改革开放好、伟大祖国好的时代主旋律。活动收到征文 649 篇。

扬中新华书店在当地宣传部的关心支持下，联合教育局、机关工委、团市委，在青少年中广泛开展爱国主义教育读书活动，发行读书活动用书《祖国在我心中》1.86 万册。

句容新华书店与当地宣传部、教育局、广电局等有关单位联合举办"句容市全民读书节""书城杯有奖征文"等活动，吸引广大读者参与。发行读书活动用书《英雄中国》价值 33 万元，获得全国青少年读书活动发行先进单位称号。（王永萍）

【"校园人文行"活动】 2009 年，镇江地区各新华书店在青少年读者中倡导"享受阅读"的理念，举办形式多样的读书报告会、校园人文行等活动。2009 年仅镇江新华书店就邀请曹文轩、葛冰、沈石溪、商晓娜、伍美珍、彭懿、梅子涵七位儿童文学作家和凤凰卫视当家花旦沈星走进镇江校园，在全市的 28 所小学及江苏大学作巡回讲演及签售活动，受到学校和学生的欢迎，取得较好的社会效果和经济效益，签售图书近 34 万元。（王永萍）

【"快乐阅读"征文活动】 2009 年，为丰富学生寒暑假生活，鼓励学生阅读优秀读物，镇江新华书店与京口、润州两区教育局及新区社会发展局合作，在寒暑假期间联合举办面向三区近 5 万多中小学生的"阅读优秀课外读物丛书有奖征文活动"，学生阅读中外优秀读物，并撰写读后感。此项活动已开展四年，仅 2009 年寒暑假就收到征文 6000 多篇，是历次征文活动中来稿最多的一次。销售优秀作品 7 万多元，该活动已成为镇江新华书店的品牌活动之一。（王永萍）

【假日营销、图书展销】 2009年，为丰富节日图书市场和广大市民的文化生活，镇江新华书店先后在元旦、春节、“五一”“六一”“十一”、世界图书日、寒暑假等节假日举办专题书展、音像展销活动，如举办2009年春（秋）季教辅图书展销、店庆（集团公司）10周年“悦读狂欢”特惠销售，开展“满50元赠送10元购书券”活动，庆“六一”少儿图书九折优惠展等，还开展一系列专题展销活动，有“百家名社庆贺江苏新华书店成立10周年精品图书展”、凤凰版精品图书展销、生活保健、旅游类等时令畅销书展等。全年各类营销活动销售近300万元。

丹阳新华书店为更好地为读者服务，营销活动做到月月有计划，周周有活动。春节期间系列营销销售码洋比上年上涨20%；“三八”节期间，开展女性精品图书展，当天的销售码洋就达十几万元；“五一”特价书市年年举办，很受广大读书爱好者的喜爱。

句容新华书店以每年两季的“中国－南京春（秋）季图书展销会”为突破口，利用顾问型销售＋推销型销售的策略，取得春季采购突破百万，名列全省第三的业绩。（王永萍）

【开展流动售书、“大墙书市”方便读者】

2009年，全市各新华书店变坐商为行商，更好地为读者服务，一是走进机关、学校、企业、社区、广场、会议进行流动售书，方便读者选购；二是为特殊读者服务，如镇江新华书店与句容监狱、边城监狱、二监取得联系，不定期举办“大墙书市”，为特殊读者——犯人服务，这对配合监狱对犯人的文化素质教育，促进犯人世界观的改造起到作用。句容书城还在句容监狱设立分销点，为服刑人员解决买书难的问题，年销售额约10万元。

（王永萍）

【网点建设】 2009年，凤凰镇江书城建设选址确定。拟建凤凰镇江书城位于镇江市中山东路2号康兴商城，占地面积6985平方米，建筑面积29000平方米，为地上六层和地下两层全框架结构建筑，投资估算2亿元，由江苏凤凰新华书业股份有限公司投资建设。新书城将建成一流的多功能市民文化消费和休闲中心，经营项目包括现代化图书卖场、文体用品、电子产品、音像及电子出版物、儿童乐园、青少年教育培训中心等，并配套建设大型地下停车场。新书城预计2010年7月开工，争取2012年建成开业。

丹徒新城新华书店选址确定。根据丹徒新城规划，拟建中的新华书店位于行政文化集中区的龙山路玉兰小区南大门西侧。它的东侧有江苏省大港中学和在建中的炎黄职业技术学院；它的西侧有区政府及教育、文化、广电等办公区域。紧邻繁华的商业中心。拟建中的新华书店1500平方米，共三层，投资约700万元。预计2010年6月投入使用。

中心门店实施装修。2009年9月，镇江新华书店对其中心门店——中山东路书城进行全面装修改造，改善读者购书环境，装修后的书城营业面积将达到3000平方米，扩大营业面积近1000平方米，预计2010年2月竣工营业。

（王永萍）

【新华书店品牌形象提升】 2009年，“我为农家捐本书”大型公益活动由市委宣传部、市级机关工委、市文化局、新闻出版局、市总工会、市妇联、团市委、市文联、市社科联、市出版物发行协会等10家联合主办，镇江新华书店承办。该项工程被列入宣传部践行科学发展观、为民办实事的一项重要工作。4月27日，10家主办单位在市城市客厅举行启动仪式，在启动仪式上，镇江市作家、驻镇部队、机关代表、书店及网民代表捐赠2208册图书和5000元购书款，镇江新华书店捐书1000册。活动中，镇江新华书店在市区各网点还设立接受捐书点，同时随镇江电视台“走进社区”节目组走进社区，发放“爱心倡议书”，接受居民捐赠。这一公益活动得到社会各界响应，纷纷捐书、捐款，支持农家书屋建设，此项活动共接收捐赠图书10000余册。2009年镇江新华书店又捐建1个“农家书屋”，捐赠图书1000多册，价值14000多元，还为6家农家书屋配供10多万元图书、书架。镇江新华书店已捐建7家“农家书屋”。继续资助20名贫困生完成学业的同时，在全国助残日前夕，镇江新华书店执行董事刘强专程到京口区特教中心，代表书店向该校的智障学生捐赠5000多元的图书。组织干部员工围绕省集团公司十年变化和对未来的思考展开讨论，还广泛发动员工结合本单位、本人、家庭等变化情况，撰写文稿，畅谈身边的变化、自己感受最为显著的变化，有37名员工参加征文活动。举办地区“谈变化，话未来”演讲比赛，2人代表镇江地区参加集团公司举办的“谈变化，话未来”演讲比赛，获得第3名的好成绩。参与市新闻出版局举办的“诚信江苏，新闻出版”演讲（预赛）比赛，3名选手分获一、二等奖。（王永萍）

表30-4

2009年全市新华书店经营情况一览表

店名	销售总额（万元）	册数（万册）	利润总额（万元）	利税总额（万元）	劳动生产率（万元/人）	年末固定资产原值（万元）
镇江	6797.81	435.40	167.61	398.25	56.18	797.23
丹徒	1019.93	142.13	19.18	61.61	33.99	572.21
丹阳	4715.49	350.21	175.17	542.54	78.59	2297.76
句容	3203.20	332.08	139.67	303.37	56.20	543.07
扬中	1856.05	216.23	76.45	190.30	50.16	769.32
合计	17592.48	1476.05	578.08	1496.07	57.68	4979.59

（王永萍）

卫 生

责任编校：毛向阳

综 述

【概况】 2009年，镇江市被省政府确定为全省医改综合试点城市，被国务院立为12个医改试点城市之一。构建以公立医院改革为核心、其他四项改革（基本医疗保障、基本药物制度、基层医疗卫生服务、基层公共卫生服务）同步推进的镇江医改新模式，制定《关于深化医药卫生体制改革的实施意见》和相关配套文件，组建康复医疗集团、江滨医疗集团，制定集团章程，成立医院理事会、监事会、集团领导班子。口腔医院实行股份制改革试点，出台改革实施方案。推进国家基本药物制度实施。成立基本药物工作委员会，出台实施基本药物制度工作方案，7个辖市（区）全部纳入省实施国家基本药物制度试点地区。京口区、丹徒区、镇江新区完成基层医疗卫生机构人员编制核定。镇江医保制度改革取得重大突破，中央电视台8月10日《新闻联播》报道镇江完善医保政策，对低保和特困人群实行医疗和慈善救助的成功做法；《健康报》6月29日、30日在头版作《镇江医改十五年：且行且探索》的连续报道。药品集中招标采购中心组织医疗机构药品、卫生材料集中招标采购各一次，药品集中招标采购总额为6.25亿元，卫生材料集中招标采购9282万元。有效应对甲型H1N1流感疫情。市长刘捍东在《政府工作报告》中对卫生改革，特别是公立医院改革、卫生基本建设、甲流感防治等取得的成绩给予肯定。江大附院4万平方米门急诊医技综合楼竣工。市一院内科医技楼工程完成投资5000万元，完成地面土建5层。新二院迁建工程完成地面2层。中医院门诊综合楼投资近3000万元，主体封顶。血站采供血大楼完成桩基工程。医保结算中心6月搬迁新址办公，口腔医院10月完成改造搬迁，三院结核病楼及负压病房投入使用。

全市新农合参合人口达158.31万人，参合率99.88%，人均筹资140元，总筹资额2.22亿元。全年补偿285.6万人次，其中住院补偿8.33万人次，补偿5000元以上的6937人次，万元以上的2266人次，最高补偿额15万元。参合人员住院医药费用实际补偿比40.37%，可结报费用补偿比47.51%，比上年提高7.31和8.05个百分点。在全省率先实行新农合市级定点医疗机构转诊制度，建立考核评价机制。市属三区、句容市、扬中市开展新农合单病种付费试点。按照卫生部试点要求，推进居民医保与新农合“两保合一，并轨运行”试点，基本完成卫生部试点任务。在全省率先实施国家重大妇幼卫生项目。制定农村孕产妇住院分娩补助、增补叶酸预防神经管缺陷、“两癌”筛查等项目管理方案，完成农村妇女39941名宫颈癌和36833名乳腺癌的免费检查，对117名农村孕产妇实施人均400元的住院分娩补助，对12158名农村妇女免费增补叶酸预防出生缺陷。全市孕产妇和7岁以下儿童保健管理率分别达到97.34%和96.54%，新生儿疾病筛查率达96.61%，孕产妇和婴儿死亡率分别下降至5.49/10万和3.07‰。全市投入改厕资金3085.12万元，新增无害化卫生户厕61567户，全市完成无害化卫生户厕52.04万户、普及率78.77%，累计完成卫生户厕60.75万户、普及率达91.96%，位居全省第四；建成省、市级卫生村56个。

全市完成查螺1.3亿平方米，药物灭螺2030万平方米；查病7.7万人，连续三年无急感病人，获全国血防先进集体称号1个，先进个人称号6个。完成肺结核初治涂阳836例。完成艾滋病高危人群监测15.9万人次，吸毒人群美沙酮治疗471人，现有维持治疗率达75.9%；对1530家娱乐场所实行高危行为干预，干预覆盖率95%。完成儿童麻疹疫苗强化免疫接种31万人次，接种率97.1%。建立高血压、糖尿病等慢性病档案9.85万份，规范管理率86%。落实农村基本公共卫生服务项目资金1921万元，实际到位率100%，全市项目完成率100%。

完成卫生监督体系评估任务，市卫生监督所取得省级示范达标称号。根据《中华人民共和国食品安全法》，完成食品卫生安全监管职能交接工作，代发食品卫生许可证898份，全市未发生重大食物中毒事故。结合政府大城管考核机制，建立城市与农村卫生长效管理体系，在市大城管考核中取得优秀成绩。率先开展卫生执法“全程式、说理式”执法活动，创新“在执法中说理、说理中指导、指导中服务、服务中监督”的全新工作模式，得到省卫生厅、省卫生监督所和市政府法制办的肯定。

实施“科教兴卫”工程，省级重点专科建设取得新成绩。江大附院普外科、心内科和市一院血液科3个专科经省卫生厅重新确认为省级临床重点专科，江大附院烧伤科确定为省级临床重点专科建设单位，确认省级学科带头人10个。

加强对医疗机构执业准入、监管和校验管理工作，组织对全市8所二级综合医院进行复核评价与第二周期的等级医院评审，市第二人民医院，丹阳市、句容市、扬中市人民医院通过二级甲等综合性医院评审。组织全市799名临床类和中医、中西结合类医师实践技能考试和641名医师资格考试综合笔试工作，完成389名医师和708名护士执业资格审核、注册工作。做好全科医师规范化培训,首期25名全科医师规范化培训班开班。推进平安医院建设,成立城区医患纠纷人民调解委员会,立案医疗纠纷40余起,调处结案33起。江大附院、市第一人民医院通过省平安创建协调小组的考核,成为江苏省首批省级平安医院。镇江卫校继续保持"进口旺、出口畅"的办学态势,急救中心举办"120"急救学校,中心血站无偿献血开创新纪录,医学会开展学术活动67场次。

卫生行风工作围绕群众看病就医的突出问题,纠建并举,制订《镇江市医疗机构工作人员服务规范(试行)》,开展创建"人民满意医院窗口"和"无红包科室"活动,建立医德考评制度,加大问责督查力度。组织10所二级以上医院出院病人问卷函调,综合满意度为90.32%,提升1.05个百分点。在全省60家医院综合满意度函调中,江大附院排名第10名,第一人民医院第14名,中医院第28名。

完成学习实践活动的各项任务。在群众满意度测评中,对局党委学习实践活动开展情况的满意率为93%,较满意率为7%。机关作风建设得到加强,局疾控处被市委、市政府评为镇江市人民满意的公务员集体。市第一人民医院援藏医疗队被评为镇江市第二届"大爱之星"群体。江大附院护士周好被评为镇江市第二届"大爱之星"个人。开展"大爱镇江·慈善一日捐""献爱心、送温暖"捐款活动,市直卫生系统共捐款90.6万元。36家单位被授予文明单位称号,10家申报单位均以高分通过市级文明单位考核验收,丹阳、句容、扬中、京口卫生系统被评为市级文明行业,市第一人民医院被中央文明委授予全国精神文明建设工作先进单位称号。做好省"333工程"、市"169四期工程"培养对象的申报工作,市直卫生系统现有省"333工程"培养对象9名,市学术技术带头人16人,市科技骨干38人。新增全国"巾帼文明岗"1个,省级"青年文明号"4个,省级"青年岗位能手"2人、省级"新长征突击手"1人。12万字的《镇江市志》卫生篇和50万字的《镇江市卫生志》基本完成。 (魏 晴)

【卫生机构、床位和人员】 2009年,镇江市有各级各类卫生机构874个,比上年少37个,其中医院30所,卫生院70所,妇幼保健院(站、所)6个,疾病控制中心7个,卫生监督(检验)机构7个,其他卫生单位15个;其他部门诊所、医务室、卫生所和社区卫生服务站739个。

床位:全市实有病床8726张,增加82张,其中医院病床6111张,增加101张,占全市病床总数的70.03%。综合医院、中医院和卫生院分别有病床4230张、699张和2270张,分别占病床总数的48.48%、8.01%和26.01%。

人员:全市有卫生人员16290人,减少841人,其中卫生技术人员13449人,减少804人,占人员总数的82.56%,全市每千人拥有卫生技术人员4.38人。全市有执业(助理)医师5137人,注册护士4445人,每千人拥有执业(助理)医师和注册护士分别为1.67人和1.45人。隶属于卫生部门的146个卫生机构有卫生人员14231人,增加285人,占人员总数的87.36%。其中卫生技术人员、其他技术人员、管理人员和工勤人员分别为11489人、615人、930人、1197人,分别占人员总数的80.73%、4.32%、6.54%、8.41%。 (朱月兰)

【卫生收支情况】 财政拨款:2009年,镇江市医疗卫生机构共争取到财政拨款40006.06万元,增加10508.76万元,增幅35.63%。其中:医疗机构的财政补助21661.45万元,增加7741.92万元,增幅为55.62%,其中中医医疗机构财政补助4036.38万元,增加2115.06万元,增幅达110.08%;卫生机构的财政拨款18344.61万元,增加2766.84万元,增幅为17.76%。筹集国债资金2726.19万元,用于基层卫生机构改善基础设施建设。

收入情况:全市医疗机构实现收入297548.96万元,增加59936.18万元,增长25.22%。其中:业务收入272083.62万元,增加51077.78万元,增幅23.11%。在业务收入构成中,医疗收入138311.63万元,增长22.5%;药品收入129230.36万元,增长22.76%。药品收入占业务收入的比重为47.5%,与上年基本持平,其中,城市医院的药占比最低,仅39.4%。全市卫生机构实现事业收入18486.93万元,增加902.73万元,增幅5.13%。

支出情况:全市医疗机构共形成支出287818.05万元,增加53929.41万元,增幅23.06%,支出增幅低于收入增幅2.16个百分点。其中:工资福利支出73347.26万元,增幅19.14%;商品和服务支出185169.85万元,增幅20.5%;对个人和家庭的补助支出10481.87万元,提高48.96%。全市卫生机构共支出37253.46万元,增加支出2255.27万元,增幅6.44%。

工作量完成情况:全市医疗机构共完成门急诊工作量1007.79万人次,增加24.25万人次,增长2.47%。实际出院人数21.20万人次,增加1.80万人次,增长10.19%。实际开放总床日为291.78万床日,实际占用总床日数221.09万床日,病床使用率达75.77%,病床周转次数26.41次。

均次费用:门诊均次收费水平为138.01元,其中药品费78.84元。每床日平均收费水平581.04元,其中药品费225.16元。出院者平均医药费用6058.21元,其中药品费2347.68元。

(吕 娟)

疾病预防控制与卫生监督

【概况】 2009年,镇江市法定传染病报告数6534例,发病率为219.6/10万,比上年增长0.5%。市第三人民医院建成使用传染病负压病房。报告手足口病3800多例,共收治手足口病700余例,应急监测采集样本125例,检测出阳性74份,重症病例32例。丹阳市又被确定为第二轮全国艾滋病综合防治示范区国家重点建设示范区。对8月龄~14岁儿童开展麻疹疫苗强化免疫接种,全市接种310710人,接种率97.1%,超额完成省规定的95%的指标,获省一等奖;完成50家计划免疫示范化门诊建设,示范化门诊占门诊总数的60%。建立高血压、糖尿病等慢性病档案9.85万份,规范管理率达86%。完成6000多份死亡医学证明书和2500张肿瘤报告卡收集和数据分析。完成356名麻风病现存者和130余名死亡及失访患者的调查工作。

按人均不低于10元标准,落实农村基本公共卫生服务项目资金1921.48万元,每人达到12.4元。建立"五小"(小浴室、小吃店、小餐饮、小理发、小旅馆,下同)行业卫生考核机制。检查考核694家"五小"店,发出整改通知书55份,出具《大城管考核专题通报》16份。公布考核成绩,推动监管工作。完成餐饮单位非法使用食品添加剂、病死病害猪肉两项整治任务,累计核发卫生许可证2766份,其中新发证239份(市区120份、新区119份),核证1527份(市区739份、新区788份),监督单位1.22万户次,覆盖率100%,餐饮单位监督频次5次以上,完成32次重大活动保障,保障实现零事故目标。处理卫生投诉案件75起,开展各类专项执法检查37项,出具卫生监督文书1620份,实施行政处罚254起(一般程序67起、简易程序187起),查获各类违规健康相关产品1200

多件，销毁假冒伪劣、过期产品4500多公斤。开展蓄电池、放射诊疗等卫生专项整治活动，累计督查整治502家，对15家存在违反职业卫生严重的企业责令限期整改，对6家存在违反《放射诊疗管理规定》行为的医疗机构进行立案查处；对19家职业危害的新建、改建和扩建项目进行危害因素评价；完成职业危害因素监测172家；接受职业病诊断申请207人次，确诊尘肺等职业病65人。根据江苏省卫生厅要求，启动实施公共场所量化分级管理工作，全市共完成1260家量化分级初评，对829家公共场所实施卫生监督量化分级评定，其中A级单位10家、B级437家、C级382家。

（耿锁龙）

【甲型H1N1流感防控】 2009年4月底，我国出现甲型H1N1流感疫情。5月初，市政府成立市防控甲型H1N1流感工作协调小组，建立联席会议制度，市及各辖市（区）卫生行政部门成立防控领导小组，建立防控指挥、应急处置、联防联控网络，组建应急队伍，落实应急物资储备，强化人员培训，组织开展甲型H1N1流感的防治知识讲座、业务培训、医疗救治指导工作。启动发热门诊并规范预检分诊制度。按照《预检分诊管理办法》要求，设立专门的感染性疾病科或发热门诊和隔离观察室，确定甲型H1N1流感重症和危重症病例定点收治医院。明确甲型H1N1流感疑似和确诊病例的转运机构和转运规范。市政府安排730万元防控专项经费，用于定点收治医院负压病房、ICU病房建设、治疗设备配置，市急救中心添置负压救护车，市疾控中心流感网络实验室投入使用。各辖市（区）落实防控经费179万元。9月初，甲流感疫情不断升级，落实应急值守制度，及时规范处置疫情。成功处置省农林职业技术学院等多起发生在学校内的聚集性暴发疫情。累计报告甲流感确诊病例440例，收治危重病人24例，死亡2例。共接种甲流感疫苗14.6万人，疫苗使用率97%。 （耿锁龙）

【组织甲型H1N1流感防控应急演练】

2009年5月22日，镇江市卫生局组织市疾控中心、市第三人民医院、润州区疾控中心相关人员，在市第三人民医院西广场开展甲型H1N1流感应急演练。演练前编制脚本，设置假定情景，从密切接触者的排查、流行病学调查、医学隔离观察、转运、病例的诊断、报告、应急响应、结束等整个流程进行模拟演练，历时一个半小时。有100多人参加观摩。

（耿锁龙）

【启动血吸虫病疫水监测预警预报】

2009年，镇江市在长江沿线设立15个疫水监测点。按照省疫水监测要求指定专人，在规定的时间、地点，每月一次进行投放、回收哨鼠、哨螺。确定专人看管，防止哨鼠逃逸、鼠笼搁浅、丢失，并做好监测点情况记录。为鼠笼配制遮阳板防止哨鼠因遭烈日暴晒和暴雨冲淋造成非正常死亡，有效封闭鼠笼，防止哨鼠逃逸。在5次哨鼠、哨螺的现场投放中，发现1次共两个点的哨鼠解剖疫情阳性，及时预报，并加大对该区域的血防查治病和宣教工作力度，有效避免下水作业人员急感病例的发生。 （耿锁龙）

【完成卫生监督体系建设省级评估】

2009年，根据江苏省卫生厅、省发改委、省财政厅统一部署，镇江三部门联合成立评估组织，制订计划，加强培训。各级卫生监督机构对照评估标准，从内部管理到业务等各项工作进行完善，把体系评估要求与业务管理有机结合，使标准融入日常管理，实现卫生监督管理的标准化、规范化，把创建的过程变为全面规范、促进管理的过程。同时加大投入，累计投入400多万元装备硬件。完善基础管理台账资料。11月中旬统一申报。12月中下旬，江苏省卫生厅组织专家进行评审，市卫生监督所获达标示范称号，丹阳、扬中、京口、丹徒获达标称号，句容获基本达标称号。卫生监督体系建设达到“职责明确、行为规范、执法有力、保障到位”的目标。镇江市的创建达标活动为全省参与单位最多、最全的城市，在全省卫生工作会上作交流发言。

（耿锁龙）

【率先建立大中型餐饮业食品原料自检制度】 2009年，镇江市在全省率先建立卫生监管长效机制，督促企业加强自身管理水平，制定印发《大中型餐饮单位和学校食堂推行食品快速检测工作实施方案》，在全市大中型餐饮单位和部分学校食堂开展采购食品部分常规项目快速检测工作。有8家餐饮单位和11家学校食堂配备相应的快速检测设备，对有机磷、氨基甲酸酯类农药残留、食用油脂过氧化值和酸价、大米新鲜度、注水肉、吊白块、甲醛及亚硝酸盐等常规检测项目可自行检测。提高餐饮单位食品原料质量。实行自检制度，可规范餐饮单位食品生产经营行为，强化业主的卫生法律意识和行业自律能力，提升餐饮业（食堂）自我保护和防范能力，保障人民群众的食品安全。 （耿锁龙）

爱国卫生

【概况】 2009年，镇江市以城乡卫生长效管理和疾病防控工作为重点，开展爱国卫生运动、全面整治城乡环境卫生，推进病媒生物防治，开展全民健康教育，完成文明城市、生态市创建任务，促进城市卫生水平提高。 （施清泉）

【卫生长效管理】 2009年，镇江市依托“大城管”和城乡卫生长效管理考核平台，结合爱国卫生运动，组织机关、企事业单位、学校、社区居民开展城乡环境卫生整治活动。一是9月开展以“三清”（清死角、清乱放、清乱贴）为重点的环境卫生大清扫活动。市委、市人大、市政府、市政协领导带头上街打扫卫生，各地、各部门、各单位参与“万人大清扫”爱国卫生运动。组织开展部门单位及小区环境卫生大清扫活动，做到点面结合，扩大成果。据不完全统计，此次活动共清除积存和建筑垃圾1300多吨、死角16000多处，擦洗路栏等路旁公共设施5万多平方米。二是依托“大城管”格局，继续与市城管局一起推动城市长效管理机制运行，每月对城区5个区、14个部门的考核结果计分排名，并在媒体和网络上公布，运行中进行市区职能捆绑、考评内容细化、数字化平台任务收发、城区网格式管理等方式考核，市领导参加每月的市容检查和点评，考核结果每半年目标管理兑现一次，年度考核结果作为政府目标管理考核依据之一，提升城区的市容环境卫生管理水平。2009年接受“大城管”考核12次，接受检查单位370余家，受理整改通知书单位285家，整改通知书办结率100%，在上半年、下半年和全年考核中市卫生局获优秀等级，被授予镇江市2009年度城市长效管理综合考评优秀单位。三是建立健全城乡卫生长效管理和全国生态市创建考核机制，3月成立考核办，加大对辖市（区）的督查、考核、整改力度，截至12月共对4个区考核10次、对3个辖市考核5次，考核单位678家，问题单位二次督查复审459家，按要求进行整改，城乡卫生长效管理水平不断提高。四是丹阳市在取得“国家卫生城市”称号后，着力建立健全长效管理机制，加强综合治理，巩固创建成果；句容加强环境卫生整治行动，长效措施落实制度化、常态化；扬中开展环境卫生综合整治行动，启动国家卫生城市创建工作。各地农村“组保洁、村收集、镇中转、市（县）处理”的工作机制有效运行，基础设施不断加强，督查组织网络不断健全，农村环境卫生明显改善。

（施清泉）

【生态市创建】 2009年，全市卫生系统对生态市创建中所承担的医疗污水处理设施建设、医疗固体废弃物处置、农村改厕、卫生镇（村）创建四大指标任务都提前并超额完成，45个建制镇完成医疗污水处理设施建设，32个非建制镇也全面完成；医疗固体废弃物规范处置由规定的50个农村社区卫生服务中心扩大到全市77个，全市所有医疗单位均实行按床位核定收取处置费用；全市共投入改厕资金3085.12万元（含上级部门投入资金），新增无害化户厕61567户，超省下达4.9万户任务数的25.65%，累计完成无害化户厕52.04万户、普及率78.77%，累计完成卫生户厕60.75万户、普及率达91.96%，居全省第四；省、市级卫生镇创建目标全面完成，建成省、市级卫生村56个，是创建任务的1.87倍。（施清泉）

【除“四害”长效管理】 2009年，镇江市在开展以灭鼠、灭蟑为重点的春夏季除“四害”活动的基础上，将除“四害”长效管理作为重要考核指标纳入“大城管”考核和对辖市（区）的考核体系进行考核。1～12月共检查除“四害”长效管理相关单位783家，下达整改通知书564家单位，要求整改。同时投入除“四害”经费41万元，用于各区购置除“四害”灭杀药物、落实长效管理措施和市考核办除“四害”长效管理督查考核，市及各区共购置并投放蚊、蝇缓释杀虫剂6.5吨，其中市级投放3.5吨。扬中、句容两地于10月下旬通过省爱卫办组织的省“灭蝇先进城市”复查考核。（施清泉）

【健康教育活动】 2009年，市卫生局围绕“普及健康素养、提升防病能力”目标，开展媒体宣传、活动宣传、重点人群宣传三项行动，开展全民健康教育和传染病防控宣传活动：一是全市加大在报纸、电台、电视台等各大媒体正面宣传的力度，利用“12320”公共卫生公益电话，中国镇江网、镇江卫生信息网以及镇江市和各辖市（区）疾控中心、卫生监督所网站等专业网站进行健康教育和传染病防控宣传，扩大宣传覆盖面。二是开展“居民健康素养促进行动”“健康教育社区（农村）行”“亿万农民健康促进行动”“省健康促进学校”创建、“全民健康生活方式促进行动”等健康教育活动。4月，结合爱国卫生月和健康教育宣传月活动，由市爱卫办牵头，市委宣传部、市卫生局等六部门共同启动镇江市健康素养促进行动。9月在各地举办农民健康素养基本知识与技能选拔赛的基础上，举行镇江市农民健康素养基本知识与技能竞赛市级决赛，扬中代表队获第一名，并代表镇江市参加省级大赛，获组织奖。全市组织“健康镇江社区（农村）行”讲座近40场，协同教育部门新建省、市级健康促进学校35所，其中省级金牌学校3所、银牌学校2所、铜牌学校20所、市级10所，建成15个市级健康“一二一”健康生活方式示范社区和8个亿万农民健康促进行动示范乡镇；完成句容、润州省城乡居民健康素养监测试点工作；市爱卫办获“庆国庆60周年江苏省卫生美术摄影书法作品展览”组织奖；市疾控中心获健康教育工作业务报表质量评比一等奖；第一人民医院等3家医院和3人被省爱卫办分别授予医院健康教育先进集体和先进个人称号。三是针对甲型H1N1流感形势，全市建立防控、救治网络防控工作督查及社区、学校疫情后进驻和对口支援制度，卫生工作者深入学校、社区（乡镇），贯彻国家和省、市有关甲型H1N1流感防控预案，实行点对点、面对面的健康教育。全市共组织开展包括甲型H1N1流感在内的各类防病专题讲座40多次，制作甲型H1N1流感防控展板30余块、巡展宣传10余次，印发各类防病宣传折页、宣传单40多万份，指导市民科学防治疾病。

（施清泉）

农村、社区、妇幼卫生

【概况】 2009年，镇江市基层卫生和妇幼保健工作以实施基本药物制度为契机，推进基层卫生机构运行机制改革，健全农村卫生服务体系；以完善新型农村合作医疗为重点，提高新型农村合作医疗运行质量；从社区卫生服务机构升级达标建设入手，提高社区卫生服务机构服务能力；以推进基本公共卫生均等化和实行重大妇幼卫生项目为突破口，为农村居民提供9大类22项基本公共卫生服务，为15岁以下人群补种乙肝疫苗，提高城乡居民的健康水平。丹徒区上党镇东沛社区卫生服务站乡村医生吴英才被卫生部授予全国优秀乡村医生称号。（陈宏 徐庆）

【发展完善新型农村合作医疗制度】 2009年，镇江市实施新农合信息业务系统升级改造，句容市通过省级验收。强化新农合定点医疗机构监管，出台《镇江市新型农村合作医疗定点医疗机构管理办法》及《考核评分标准》，在全省率先实行新农合市级定点医疗机构转诊制度，建立考核评价机制。市属三个区、句容市、扬中市开展新农合单病种付费试点。按照卫生部试点要求，推进居民医保与新农合“两保合一，并轨运行”试点工作，完成卫生部试点任务。全市新建、改扩建乡镇卫生院8个、村卫生室115个。100%的乡镇卫生院（中心）能够提供“六位一体”的综合性卫生服务。

（陈宏 徐庆）

【实施国家基本药物制度】 2009年，镇江市政府成立基本药物工作委员会，出台实施基本药物制度工作方案，所有7个辖市（区）全部纳入省实施国家基本药物制度试点地区，成为全省唯一全面实施国家基本药物制度的省辖市。调整社区卫生服务机构药品目录，与国家、省基本药物目录接轨。确定基本药物代采购机构5家、配送企业7家和实施基本药物制度基层医疗卫生机构83家。一是加强政策培训。对基层医疗卫生机构配备使用进行动员部署，同时对有关定点医疗机构相关工作人员进行业务培训。二是确保价格同步。对定点社区卫生服务机构和定点医务所室及部分一级医疗机构的相关药品数据库进行统一维护和调整。三是强化落实督查。对市区二、三级定点医疗机构和部分一级定点医疗机构的落实执行情况进行跟踪督查，在年终考核时作为一项重要内容进行现场督查，记入被查单位总分。

（陈宏 徐庆 龚舒琴）

【社区卫生服务能力建设】 2009年，镇江市政府出台《关于进一步推进社区卫生服务发展的意见》，城市社区卫生服务财政补助标准提高到人均20元，实施社区卫生服务中心（乡镇卫生院）升级达标工程，新建和改扩建社区卫生服务中心10个。100%的社区卫生服务中心提供“六位一体”的综合性卫生服务。累计建立居民健康档案88.4万份，计算机管理率达到84.4%，其中60岁以上老人建档20.9万份，建档率94.8%。京口区、润州区全面实行收支两条线管理，下达零差率补助资金2762万元。全市社区卫生服务机构完成预防保健服务量已占总量的89.9%，门急诊人次占城市居民就诊总量的50.2%，比上年均有较大增幅。社区卫生服务机构人均门急诊和住院费用为三级医院的50%。润州区官塘社区卫生服务中心被评为省级示范中心。（陈宏 徐庆）

【强化妇幼保健工作】 2009年，市卫生局加强母婴保健技术服务监管。开展计划生育药械市场专项行动、妇幼保健机构院内感染防控检查和爱婴医院复核评估。举办信息系统操作培训班，实行出生医学证明网上放号制度，规划妇幼保健管理流程，实现全市妇幼卫生信息实时传送和网上监控。全市孕产妇和7岁以下儿童保健管理率分别达到97.34%和96.54%，新生儿疾病筛查率96.61%，孕产妇和婴儿死亡率分别下降至0和3.07‰。 （陈宏 徐庆）

医政管理

【概况】 2009年，镇江市以"提高医疗质量、保障医疗安全、改善医疗服务"为重点，开展医院管理年和"医疗质量万里行"活动。强化医疗护理核心制度的落实，开展病历和处方书写质量专项检查，组织全市453名医务人员参加"三基"理论抽考。开展"以病人为中心"医疗安全百日专项检查，及时召开检查情况通报会，提出整改意见，督促改进。组织医疗事故典型案例分析讨论会，吸取经验教训。组织全市医务人员学习医院管理法律法规，在全省医院管理法律法规知识竞赛中获集体二等奖，江大附院袁国跃获个人一等奖，丹阳陵口卫生院李兴兰获个人二等奖。 （倪晓琴）

【医院工作情况】 2009年，医院诊疗人次数（不含诊所）：镇江市总诊疗人次1298.07万人次，比上年增长14.72%，人均诊疗次数4.23次，其中门、急诊人次为1252.46万人次，增长15.58%。综合医院、中医院和卫生院的门、急诊人次分别为497.49万人次、100.24万人次和378.06万人次，分别增长10.11%、19.11%、15.80%。

住院人数：全市住院人数22.16万人，增长11.86%，人均住院次数为0.07次。其中综合医院、中医院和卫生院的住院人数分别为13.56万人、1.58万人和3.87万人。

病床使用情况：全市病床使用率为75.77%，增长6.13个百分点。其中医院病床使用率为88.15%，综合医院、中医院和卫生院的病床使用率分别为90.3%、70.63%和40.00%。

平均住院日：镇江市出院病人平均住院日9.9天，与上年基本持平。其中医院平均住院日10.5天，少0.2天；综合医院、中医院和卫生院平均住院日分别为9.8天、11.4天和7.8天。

（朱月兰）

【医疗质量】 2009年，镇江市根据《江苏省医院复核评价与评审办法（试行）》和《江苏省医院评价标准与细则》，开展二级及以上医院住院病历质量和处方质量专项检查工作。共抽取480份住院病历和1500张门诊处方。其中：内科病历112份，外科病历96份，妇产科病历85份，儿科病历83份，中医内科病历50份，中医外科病历54份。对100份重度缺陷病历和不合格处方进行逐一点评和通报。制定《镇江市医师记分考核管理办法（试行）》，加强对临床医师的医疗质量和医疗安全考核，建立健全医疗质量与安全的长效管理机制。继续推进医疗责任保险制度，与江大附院等8家医疗机构签订2009年医疗责任险保单，及时完结医疗纠纷赔偿案件，做好医疗纠纷、事故的理赔工作。组织医政管理人员赴浙江台州考察临床路径管理模式，并根据卫生部《临床路径管理指导原则（试行）》和印发的各病种临床路径，全市二级以上综合医院全部实行临床路径管理。制定《镇江市二级医院护理工作评价标准（试行）》，建立医院护理工作评价制度。制定全市表格式护理病历书写细则，在全市二级及以上医院全面推行表格式护理病历。举办国家级继续医学教育项目"和谐护患关系构建与优质服务"研讨班。举办护理管理人员培训班，共有211名护士长参加培训，为基层医疗机构培训81名专科护士。全市二级及以上医院获得省级以上专科护士证书的有37名。加强对医院药事工作的监督管理，成立全市医院药事质控管理组织，组织专家对全市二级及以上医院药事工作进行督查。完成全市99所医疗机构麻醉药品和精神药品购用印鉴卡审核工作。 （倪晓琴）

【惠民服务】 2009年，镇江市做好市区三级医院对口支援县（市）医院和县（市）医院对口支援乡镇卫生院工作。开展"卫生三下乡"活动，派出医学专家走进丹徒送医下乡，市卫生局被评为2009年度全省"文化科技卫生三下乡活动"先进集体。加强惠民医疗服务体系建设，落实优抚对象的医疗优抚措施。全市开设惠民医院5所，开放惠民床位204张，惠民医疗点24个，惠民门诊45个。完成对西藏达孜县人民医院、四川绵竹板桥镇卫生院对口支援任务。

（倪晓琴）

【中医工作】 2009年，镇江市实施《镇江市中医机构"十一五"建设发展规划》，完成省发改委、省中医药局对镇江市中医药服务体系建设和扬中市中医院、丹阳市中医院、句容市中医院发展规划的调研。启动中医药适宜技术推广工作，开展培训40余场，确定培训病种10个，县（区）中医机构、各乡镇卫生院（社区卫生服务中心）和村卫生室（社区卫生服务站）三级医疗机构有400余人接受培训，丹阳市被列为江苏省中医药适宜技术推广示范点。江苏省中医药特色社区卫生服务中心建设单位京口区健康路社区卫生服务中心、润州区七里甸社区卫生服务中心的创建工作通过市级评审，报省中医药局复审。扬中市三茅镇社区卫生服务中心被批准为第四批江苏省中医药特色社区卫生服务中心建设单位。11月，句容市创建"江苏省农村中医工作先进市"通过市级评审。句容市中医院的针灸理疗科和扬中市中医院的脾胃病专科分别入选国家中医药管理局农村医疗机构中医特色专科专病建设单位。江大附院被省中医药局确定为首批江苏省综合医院示范中医科建设单位。全市有1名中医师被评为全国基层优秀名中医，2名中医师获省名中医专家称号，4名中医师入选省名老中医药专家学术经验继承指导老师和继承人。30名农村中医临床人员入选江苏省农村优秀中医临床人才系统培养工程。

（倪晓琴）

【科研教学】 2009年，镇江市组织申报国家级自然基金课题12项，省级自然基金课题35项，省卫生厅重点医学科研项目10个，省中医药局中医药科技项目14个，镇江市科技局社会发展项目10个。有78项医学科研课题获得各级科技主管部门立项，其中省自然基金资助项目7个、省卫生厅立项课题13项、省中医药局立项课题7项、市科技局立项课题31项、市卫生局立项课题20项。受理申报省卫生厅新技术引进奖18项，获二等奖7项。申报省、市科技进步奖20项，获镇江市科技进步一等奖1项，镇江市科技进步二等奖4项，镇江市科技进步三等奖7项。足额下拨2009年度的744万元专科建设经费、67万元人才培养经费。实施"农民健康工程"中关于提高乡镇卫生院服务能力、农村卫生人员技术水平的各项培训任务，完成593名各类农村卫生技术人员年度培训任务，其中：全科医师271人、社区护士173人；内、外、妇产科骨干52人、乡村医生97人。对90名中医中专学历人员、417名乡村医生学历补偿教育人员进行跟踪管理。招收24名乡镇卫生院（社区卫生服

务中心）本科毕业的临床人员，在镇江市第一人民医院开展为期三年的全科医师规范化培训学习。（倪晓琴）

【加强院内感染控制】 2009年，镇江市加强医院院感科组织建设，全市二级以上医院院感专职管理人员100%持证上岗。组织院内感染管理专家重点对全市部分二级医院和民营医院的重点科室（新生儿室、重症监护病房）、洗手设施、个人防护、集中消毒供应等方面进行检查。全市二级以上医院全部实现全院集中消毒供应。推行院感预防、控制标准、操作规程。选定2所三级医院和2所二级医院参加全省的"病区环境清洁SOP"和"医院常用物品消毒SOP"试点工作。（倪晓琴）

【维护参保人员合法利益】 2009年，市卫生局对14家新定点的医药机构进行医疗保险政策培训；对43家社区卫生服务机构药品全品种管理的操作进行培训，对30家定点医务所室和按一级医疗机构结算的医疗机构的药品全品种管理的操作进行培训；对2008年年底结算时超总控费用较多的有关社区卫生服务机构进行医疗保险政策培训；对2008年37家社区门诊慢性病费用审核进行反馈，并再次进行慢性病政策培训；对所有参加医保集中供药的定点医疗机构和供药单位进行新的医保集中供药信息管理系统培训。做好政策执行过程中的信访解释工作，接受上门、电话咨询8400余人次，协调处理医患矛盾68起，处理群众来信来访22例。结合医保政策的调整，特别是居民医疗保险二次结报工作的实施，在做好43家社区卫生服务机构有关居民医疗保险（含学生医疗保险）政策业务培训的同时，对定点社区的执行情况进行专项督查，处理执行中的矛盾和新问题，完善管理措施，维护参保人员权益。（龚舒琴）

【居民基本医疗保险实行二次结报】 2009年，提高居民医保报销待遇，医保结算中心制定下发"对居民基本医疗保险2008年度医疗费用进行二次结报"的具体操作办法，明确规定可结报费用范围和报销方式。要求以定点社区卫生服务中心为单位，根据网络反映的居民已报销信息造册发放。同时，工作人员对有关定点社区卫生服务机构进行政策宣传，加强对二次结报的全过程实施跟踪监管和业务指导，确保居民医保医疗待遇可报销率达到规定标准。（龚舒琴）

【推进沪镇两地医保费用异地结报工作】 2009年6月1日，镇江市针对异地安置及工作的参保人员医药报销手续繁琐的投诉这一问题，在进行前期调研的基础上，在江苏省率先与上海市实施医药费用异地报销。根据两地医保政策要求，调整结算程序，制定《镇江市医疗保险异地就医省内联网结算经办服务规程（试行）》，进行两地人员和费用信息核对确认，在此基础上做好参保个人政策宣传，邮寄到人，发放到户。完成医保信息中心中的异地结算中心数据库中药品、诊疗项目、医用材料库的维护工作，按照江苏省医保中心的有关要求，对部分二、三级定点医疗机构和丹阳、句容、扬中三市的医保部门进行药品、诊疗项目、医用材料等数据库的维护培训工作。2009年委托上海报销1348名离退休人员医药费，报销2602人次，6～12月报销372.96万元。报销上海长住镇江人员费用168人次，71.94万元。10月20日起，实现南京市部分医院联网结算，已办理转移南京刷卡人员95人，费用1.37万元，医保内费用7698.96元。（龚舒琴）

特色专科

【镇江市第一人民医院血液科】 该科对常见、罕见及疑难血液病能进行快速、准确诊断和有效治疗，多个项目处于国内先进或省内先进水平，个别项目达到国内领先水平，是镇江市临床重点专科，2009年被评为江苏省临床重点专科。该科拥有江苏省卫生厅"科教兴卫"工程医学重点人才2名、江苏省"333"高层次人才培养工程2名、首批中青年科学技术带头人2名、镇江市"169"工程学术技术带头人2名、科技骨干1名、江苏省有突出贡献的中青年专家1名和镇江市有突出贡献的中青年专家2名、江苏大学博士研究生导师1名、硕士研究生导师1名。（魏 晴）

【江大附院烧伤整形科】 2009年，该科被确立为省级临床重点专科建设单位，集门诊、病房、科研、教学于一体，从事烧伤救治和整形美容临床工作，病人收治向周边省、市辐射，成为江大附院的特色专科之一。烧伤整形科拥有医护人员25人，其中具有高级职称3人，中级职称6人；博士生导师1人，博士2人，硕士4人。该科拥有独立的整形美容中心、烧伤整形病区，大型诊疗设备10多件，床位35张。

近5年科室承担一项国家自然基金课题、两项省自然基金课题、五项校市级课题的研究，获省科技进步二等奖一项、市科技进步二等奖两项，发表论文近30篇，其中SCI收录的11篇、中华级5篇。

该科进行各种烧烫伤、电烧伤、化学性烧伤、吸入性损伤的治疗，特别是大面积烧伤的抢救成功率和婴幼儿烧伤的治愈率均处于国内领先水平；整形美容方面能开展各种烧伤创伤后的疤痕治疗、各种先天性畸形的修复，并可开展各种面部美容手术、隆胸、吸脂等整形手术、激光美容手术；各种复杂手外伤的治疗、神经肌腱的修复手术、断指再植手术。在重特大爆炸事故处置上有较丰富的经验。（魏 晴）

【镇江市第三人民医院结核科】 2009年，该科有医护人员36名，医生13名，护理人员23名。其中，主任医师2名，副主任医师3名，主治医师3名，研究生3名；护理队伍中中级以上职称7名，专科护士6名。科主任潘洪秋主任医师是联合国中国及江苏省全球基金耐多药肺结核专家组专家、江苏省中西医结合学会呼吸系统专业委员会常务委员，在省级以上刊物发表论文15篇，主持国家级、省级科研立项6项。参加国家"十一五"传染病防治重大专项《耐多药结核病的免疫治疗项目》和《耐药肺结核中医药治疗方案研究》（2008年），填补国内空白。副院长严金二是江大传染病教研组副主任，镇江市全球基金耐多药肺结核专家组专家。先后在省级刊物发表论文10篇，主持或参与市以上科研4项。参与国家"十一五"传染病防治重大专项《耐多药结核病的免疫治疗项目》和《耐药肺结核中医药治疗方案研究》工作。该科先后选派5名中青年骨干到上海医科大学、江苏省人民医院、南京军区总医院等进修学习。

该科有病床数45张。除开展肺结核、骨结核、肠结核、淋巴结核、结核性脑膜炎等结核病诊治外，上世纪90年代逐步开展纤维支气管镜肺泡灌洗、肺组织活检等技术。年门诊量6000多人次，年住院病人近700人次。病人除来自镇江本地外，还来自全省及安徽、江西等地区。该科是医院两大支柱专科之一，各种结核病的治疗有效率90%以上，初治肺结核的治愈率95%，复治肺结核治愈率85%。该院拥有CT、DR、B超等专业开展所需设备和PCR TB－DNA检测仪、BACT ALERT 3D结核菌快速培养仪，纤维支气管镜、肺功能仪等专用设备。2009年在原结核病实验室的基础上，建成结核菌涂片和培养负压实验室。（魏 晴）

体 育

责任编校：毛向阳

综 述

【概况】 2009年，镇江群众体育、竞技体育、体育产业、体育设施建设等各方面有较好发展，全市体育事业全面协调可持续发展。举办迎新年万人健身长跑活动，百日万人健步行、“走青山看绿水”南山大穿越、市区十大广场健身风采展示和丹阳千人腰鼓、扬中千人秧歌等大型活动。培训各级社会体育指导员7期1724名。新建和更换健身路径点80余处，安装小篮板500只，建成国家级体育公园1座、省级体育公园2座。全年组队参加省和全国群众体育比赛活动132项次，共获奖牌200余枚。有49个单位(站点)20名个人分别受到省体育局和国家体育总局的表彰，有1人受到总书记胡锦涛接见。在全运会上，镇江籍运动员夺得5枚金牌、4枚银牌、2枚铜牌。备战省十七届运动会，召开全市备战省十七届运动会冬训动员大会，通过奥运会、全运会比赛带入省运会的金牌14.5枚，金牌数名列全省第八位，是全市历届省运会带入金牌最多的一次。参加全省年度比赛，获金牌34.5枚，总分1041分，金牌数列全省第八位。全年命名56所市级体育传统项目学校，组织全市中小学体育教师参加全省“万名体育教师”培训，有12名教练员参加国家体育总局、省体育局组织的教练员培训班。扬中市第一中学成功申报中国曲棍球青少年队训练基地。8月底，中国扬中青少年曲棍球训练基地揭牌，国家少年女子曲棍球队在扬中成立，并进驻训练基地。承办2009年全国少年男子排球(甲组)比赛、首届长三角象棋精英赛、全国俱乐部女子篮球联赛(第二阶段)、全国象棋甲级联赛(江苏主场)等4项全国体育竞赛，江苏省“省长杯”女子高中组青少年足球比赛、第七届江苏省“红旗杯”象棋围棋公开赛、江苏省“省长杯”男子初中组青少年足球比赛、江苏省车辆模型比赛、江苏省业余无线电通信赛、江苏省青少年排球比赛(男子乙组)、江苏省少儿围棋比赛、江苏省体育传统项目学校乒乓球比赛等8项省级体育竞赛。

健康路健身活动中心被国家体育总局批准命名为国家级全民健身中心，挂牌并争取到扶持资金100万元。6月28日，总用地约46公顷，投资近17亿元的市体育会展中心开工建设。全年累计销售电脑型体育彩票2.42亿元，即开型体育彩票0.88亿元，共计销售3.3亿元，比上年增长26%。镇江市体育局被国家体育总局评为2009年全国群众体育先进单位、全民健身活动优秀组织单位，被江苏省体育局授予第十一届全运会输送贡献奖。 （刘 剑）

【对外体育交流】 2009年6月22～27日，镇江市青少年代表团一行12人，赴希腊雅典参加第43届国际青少年运动会，由镇江市外国语学校学生组成的男子篮球队参加与韩国、西班牙和加拿大三个国家少年队的比赛，通过比赛，促进交流，增进友谊。

2009年9月23～27日，镇江市足协职工足球访问团一行16人，应韩国益山市邀请，对韩国益山市和灵光郡进行为期5天的交流访问。访问期间，代表团参加4场友谊赛，取得一胜两平一负的成绩。代表团还分别与益山市、灵光郡政府及足球协会有关官员就推动彼此交流、发展足球运动等事宜深入交换意见。 （刘 剑）

群众体育

【概况】 2009年，镇江市群众体育工作以建设与小康社会相适应的全民健身服务体系为目标，新增健身点80个，安装健身器材822件。其中金山湖广场、江滨新村社区体育公园和宝盖山顶的健身工程已成为亮点工程和精品工程。安装小篮板500只，建成国家级体育公园1个、省级体育公园2个。举办元旦迎新年万人健身长跑活动、“走青山看绿水”百日万人健步行活动、8月8日全市城乡广场(公园)百队万人健身项目展示表演活动、“健身大家学”万人公益教学活动、镇江市全民健身月启动仪式暨国家级全民健身中心揭牌、“科学健身、全民健康”健身知识宣传讲座活动等六大活动。全年组织市级培训7期，新增社会体育指导员1724人。选派70名社会体育指导员参加省体育局的社会体育指导员的再培训。组织开展社会体育指导员“十佳百优”评比活动。对全市1322个健身点进行重新登记和规范。新委派社会体育指导员100名。开展“十佳百优”健身站点评比活动。新增省级城乡社区健身俱乐部1个、市级6个、区级15个，使全市有省级城乡健身俱乐部2个、市级12个、县区级53个、镇(街道)253个、村(社区)456个，做到基层健身组织全覆盖。新增协会1个，全市体育协会达30个，其中有30个晨晚练点被省体育局授予先进站点称号，市冬泳协会被评为省优秀体育协会，市行云户外俱乐部被评为省优秀体育俱乐部。2009年，全市各协会、俱乐部组织活动130余项次，直接参加活动近万人。组队参加省第三届乒乓球业余联赛、舞龙舞狮比赛、省第二届农民体育节和沿江城市大联动等46项次省级、全国的比赛和活动，并取得较好的成绩。和残联共同举办市第三届残疾人运动会。 （刘 剑）

【迎新年万人健身长跑活动】 2009年1月1日，镇江市迎新年万人健身长跑活动在市体育场举行，来自机关、学校、部队、企事业单位、街道和乡镇的120个单位、180个方阵近万人参加长跑活动。市委书记许津荣宣布迎新年万人健身长跑活动开幕，并为长跑活动发令。长跑队伍自体育场出发，沿健康路、解放路、至长江路，全程2000米。 （刘 剑）

【承办全国青少年无线电通信锦标赛】

2009年7月29日，全国青少年无线电通信锦标赛在镇江市落幕。比赛设成年、青年、少年、儿童四个组别，来自全国86支代表队700多名无线电爱好者参加为期4天的比赛。镇江市派出7支队伍35名选手参赛，取得三项第一和一项第二。镇江实验学校代表队获得对讲机常规通信儿童组团体第一名，镇江实验学校代表队吴昊宬/陈哲获得对讲机常规通信赛男子儿童组第一名，陈哲获得通信知识赛儿童组第一名，朱丽媛/王瑶获得对讲机常规通信赛女子儿童组第二名。 （刘 剑）

【四所俱乐部成为国家级青少年体育俱乐部】 2009年2月16日，市小新星青少年体育俱乐部（依托扬中市实验小学）、镇江新区旭日青少年体育俱乐部（依托新区实验小学）、镇江市京口区羿鸣青少年体育俱乐部（依托香江花城小学）、丹阳市阳光青少年体育俱乐部（依托丹阳市青少年校外活动中心）等四家俱乐部被国家体育总局命名为国家级青少年体育俱乐部，四所俱乐部3年内将分别得到国家、省体育行政部门12万元经费扶持。 （刘 剑）

【华东地区体育舞蹈友好城市公开赛】

2009年4月18日，由镇江市体育舞蹈协会主办的华东地区体育舞蹈友好城市公开赛在市外国语学校举行，来自江苏、安徽、上海两省一市22支代表队近700名体育舞蹈爱好者同场献技。比赛设摩登舞系列、拉丁舞系列、交谊舞系列和团体舞系列。 （刘 剑）

【首次举办龙舟赛】 4月18日，2009“春风又绿江南岸”镇江旅游节开幕。当天，镇江市举行首届“水利杯”龙舟赛。龙舟赛是该届旅游节的重头戏，有恒顺集团、润阳房产、阳光保险、冬泳联队4支队伍参加。比赛安排在北部滨水区举行，起点设在原8号码头，终点为春江潮广场附近水面，赛程500米。比赛采用国际标准龙舟，每队有20名划手、1名鼓手、1名舵手参加。 （刘 剑）

【“健身大家学”活动】 为提高市民科学健身的水平，使更多的人掌握更多的健身技能，镇江市体育局和市级机关工委发起“健身大家学”活动。从2009年5月16日起，每天在市体育局门前广场开展健身项目教学活动。全年共举办太极拳、木兰扇、健身气功·五禽戏、健身操和健身秧歌等10期公益教学活动，每天早上有200多名市民自发参加学习。全年累计参加健身大家学活动的市民近3万人次。 （刘 剑）

【全民健身月启动暨国家级全民健身中心揭牌】 2009年6月5日，镇江市全民健身月启动仪式在市体育馆广场举行，国家级全民健身中心揭牌仪式同日举行。启动仪式现场面向市民开展国民体质测试，由专业的医生坐诊，针对市民体质状况给出合理的健身处方，受到市民欢迎。现场还进行健身操、瑜伽等健身项目展示活动，并向市民免费发放600多张健身卡。 （刘 剑）

【万名老年人健步走活动启动】 2009年6月10日，由市老年体协举办的“快乐健身与祖国同庆”暨镇江市万名老年人健步走活动在市体育场启动。启动仪式上，来自市直单位和老年人体协指导中心的500多名老年人展示腰鼓、太极拳、木兰剑、功夫扇等传统健身项目。启动仪式结束后，1500多名老年人在体育场上参加健步走活动。各辖市（区）也同步举行健步走活动，全市有1万多名老年人参加健步走活动。

（刘 剑）

【“全民健身日”暨百日万人健步行系列活动】 2009年8月8日，市体育局、市级机关工委在春江潮广场联合举行镇江市“全民健身日”系列活动暨“走青山看绿水”百日万人健步行活动启动仪式。

当日是我国首个“全民健身日”，也是第一个以全民健身方式享受生活的节日。在春江潮广场沿线，1000多名市民穿着运动衫，排列百人健身方阵，展示健身项目。在大市口广场、润州广场、市体育局健身广场等市区主要广场举行各种晨练健身活动：健步行、健身技能展示、健身家庭趣味运动会、大众健身排舞展示、养身剑、健身秧歌、舞龙展示、健身大家学等。 （刘 剑）

【国家级绿色社体家园项目落户新区】

2009年9月12日，占地300公顷、总投资超过20亿元，由江苏国信资产管理集团与镇江新区合作的国家级绿色社体家园综合项目落户镇江新区。该项目位于大港西南部，地块为丘陵地形，高低起伏，北临338省道，常泰高速穿越该地块东部，马迹山位于该地块南部。这里交通便利、自然环境优越，适合建设康体休闲项目。该项目将主要建设球类体育项目、青少年运动项目和部分时尚体育项目，具体项目有草地门球、草地木球、网球、信鸽公棚、风筝放飞场、青少年轮滑基地、攀岩基地、健身健美、体育舞蹈等。在此基础上，镇江新区还将配套建设具有酒店商住、购物休闲功能的康体小镇，计划投资3亿元~5亿元，建成后将是江苏省第一个国家级绿色社体家园。

（刘 剑）

【千人南山大穿越活动】 2009年9月20日，“走青山看绿水”南山大穿越活动从南山“城市山林”牌坊启程。市级机关干部职工，“镇江网友之家”“名城镇江”“大市口论坛”的网友，冬泳协会会员、“菜菜鸟”户外俱乐部会员、“大爱镇江”志愿者，及外国友人等1000多人参加此次活动。“名城镇江”网“行云户外”俱乐部率先登山，穿越活动耗时2小时左右，全程穿越南山约6公里。

（刘 剑）

【江滨新村社区体育公园竣工】 2009年9月26日，四牌楼街道江滨新村社区体育公园竣工落成。社区体育公园由四牌楼街道文体中心、江滨游泳馆、江滨门球场、江滨大地幼儿园南围墙以及原小河改造后组成。总占地面积8800平方米，总投资150万元。建成后的社区体育公园新增半幅篮球场、轮滑场、健身舞广场、健身步道、休闲广场、园林小品等设施，成为全市规模最大、功能最全的敞开式社区体育公园。 （刘 剑）

【市群芳健身俱乐部获全国健身秧歌及健身腰鼓大赛三奖项】 2009年10月30日，全国健身秧歌及健身腰鼓大赛在连云港东海县结束，镇江市体育局选送的镇江市群芳健身俱乐部获中年组规定套路一等奖、自选套路二等奖和优秀组织奖等三个奖项。本次大赛共有从全国挑选的30余支队伍参加青年、中年、老年等组别的角逐。 （刘 剑）

【“双十双百”评选活动揭晓】 由市体育局组织的“双十双百”社会体育指导员和晨晚练健身站点评选活动于2009

年11月初揭晓。有110名社会体育指导员、107个晨晚练健身站点获得表彰。其中,社会体育指导员之星10名,最佳晨晚练健身站点10个,我最喜欢的社会体育指导员100名,优秀晨晚练健身站点97个。到2009年底,全市有晨晚练健身站点近1400个,社会体育指导员总数为5628人,每万人拥有社会体育指导员已经达到18人以上,在全省名列前茅。 (刘　剑)

【网球协会成立】 2009年11月14日,镇江市网球协会举行成立大会。会上宣布市网球协会网站开通,通过市网球协会章程,选举市委常委、常务副市长陈照煌为协会会长。据不完全统计,全市有近300名网球爱好者,句容市、镇江新区已成立网球协会或网球俱乐部。市区也拥有多名专业教练和多个网球俱乐部,特别是磊式网球俱乐部2008年以来成功组织4次季度赛和跨市的邀请赛,促进镇江市网球运动水平的提高。镇江市网球协会个人会员117名,单位会员23个。 (刘　剑)

【"合理营养、体力活动与体质健康"讲座】 2009年4月17日,省体科所所长、研究员盛蕾应邀在市级机关小礼堂做"合理营养、体力活动与体质健康"的专题讲座。盛蕾根据机关公务员工作、生活特点讲现阶段机关公务员普遍存在体质健康的一些问题,重点介绍日常生活中如何进行营养搭配、合理膳食,介绍体力活动水平与体质健康的关系,指导大家如何进行体育锻炼,增强体质。市级机关100多人聆听讲座。 (刘　剑)

【参加香港国际武术节】 2009年3月10日,第七届香港国际武术节武术套路大奖赛在香港结束,来自100多个国家和地区的5000多名运动员参加比赛,镇江市武术队一行7人应邀参赛,夺得剑术、刀术、拳术、器械对练等项目10块金牌。 (刘　剑)

【朱春华获全国铁人三项锦标赛50岁以上组金牌】 2009年全国铁人三项锦标赛系列比赛的最后一站赛事在河北省秦皇岛市北戴河举行,镇江市冬泳协会铁人三项队派出四名队员参赛。此次比赛期间的狂风暴雨给选手增添了难度。镇江市冬泳协会选手朱春华与30名同组对手竞争,获女子50岁以上组的金牌。 (刘　剑)

【刘荣喜获"江苏门球球王"称号】 2009年10月4日,庆祝新中国成立60周年首届江苏省门球球王争霸赛在海安县拉开战幕,来自全省各地的70名门球选手参加比赛。经过两天半共136场角逐,选出前八名选手。丹阳市刘荣喜获江苏省门球球王称号,成为江苏省第一位获此殊荣的门球选手。 (刘　剑)

竞技体育

【概况】 2009年,镇江市竞技体育工作以备战省十七届运动会为主,竞技竞赛、业余训练、人才培养等各项工作都取得成绩。市运动校、乒校的田径、排球、乒乓球项目3名队员和丹阳女足3名队员调进省专业队。扬中女子曲棍球队5名队员入选国家少年曲棍球集训队,射击运动员江婷入选国家集训队。全市在省体校和各单项训练基地长期集训队员有40多人。在第十二届全运会上镇江市输送的薛飞、王伟新、纪耀娟、潘丽琴、史艾婧等13名队员在田径、击剑、女足等7个项目的比赛中,夺得5枚金牌、4枚银牌、2枚铜牌,是镇江市运动员历届全运会对江苏贡献最大的一届。2009年,在全省各市人才输送奖和突出贡献奖排名中,镇江市均列全省第八位;备战省十七届运动会工作扎实有效,完成省十七届参赛队伍的组建、注册工作,召开各承训单位的项目分析、研讨会,市备战省十七届运动会工作领导小组先后到丹阳市、句容市、扬中市调研、督促省运会备战工作。

全年参加省年度比赛,镇江市共夺得金牌34.5枚,总分1041分,金牌数名列全省第八位。通过奥运会、全运会比赛,带入省运会金牌共计14.5枚,金牌数列全省第八位,创历史最佳。推进体教结合工作,召开全市体育传统项目学校工作会议,命名56所市级体育传统项目学校,并制定《镇江市体育传统项目学校考核办法》和《省级体育传统项目学校年度经费资助办法》,鼓励学校开展青少年体育特色活动。与教育部门联合组织全市242名体育教师参加全省"万名体育教师"培训。争取省、市两级专项经费资助镇江实验学校改造足球训练场,资助市第九中学新建手球训练馆,资助扬中市第一中学新建标准曲棍球场;体育后备人才基地创建成果显著,扬中市第一中学成功申报中国曲棍球青少年队训练基地。中国扬中青少年曲棍球训练基地揭牌,国家少年女子曲棍球队在扬中成立,并进驻训练基地。这不仅是竞技体育的做强做大,同时也提升城市知名度。

表32-1　**2009年镇江市承办各类体育比赛一览表**

承办时间	承办比赛名称	比赛规模
3月13~20日	全国少年男子排球锦标赛	全国各地15支代表队参赛,参赛运动员、教练员、裁判员共计285人
4月18日	八城市象棋邀请赛	来自丹阳、常熟、宜兴、武进等8个市区的30多名象棋选手参赛
6月6~7日	首届长三角中国象棋精英赛	浙江、江苏、上海、镇江4支队伍参赛,比赛只设团体赛
8月12~14日	江苏省青少年男子乙组排球赛	淮安、徐州、苏州、镇江、连云港、南京、南通、常州等8个城市派队参赛
8月16日	江苏省少儿围棋赛	全省19支代表队的240多名小棋手参赛
9月9日	全国象棋甲级联赛江苏队对黑龙江队比赛	江苏队和黑龙江两支甲级联赛队伍参赛
9月10日	2009年全国青年女篮联赛C组决赛	来自江苏、北京、沈部、湖北、广东、哈药、山东、八一等8支代表队参赛
10月3日	"江苏乒协杯"少儿联赛	来自徐州、淮安、泰州、盐城、连云港、扬州、南京和安徽芜湖等地的100余名10岁以下的小乒手参赛,江苏恒顺集团共派出40名运动员参赛
10月24~17日	江苏省桥牌等级赛	来自全省各地的76支桥牌队近500名选手参赛

(刘　剑)

表 32-2 **2009 年镇江籍运动员参加各类体育竞赛获奖一览表**

比赛名称	比赛时间	比赛地点	获得奖项
国际射联世界杯系列赛	4~5 月	韩国昌原、中国北京、德国慕尼黑	殷雯获得韩国站、北京站女子 10 米气步枪金牌，获得韩国站、慕尼黑站女子 50 米步枪三姿赛金牌
全国"创新杯"少儿乒球赛	7 月 13 日	南京市	陶奕廷、宦玺祯获得儿童男子丙组单打季军
江苏省少儿围棋赛	8 月 16 日	镇江市	韩瑾睿获得儿童男子甲组冠军，吴馨一获得儿童女子甲组冠军
江苏省青少年男子乙组排球赛	8 月 14 日	镇江市	镇江队获得第三名
第十一届全国运动会	9 月 16 日	山东青岛	王伟新获得男子重剑冠军
第十一届全国运动会	10 月 21 日	山东济南	薛飞获得女子 5000 米冠军
第十一届全国运动会	10 月 23 日	山东济南	薛飞获得女子 1500 米冠军
江苏省少年儿童游泳锦标赛	11 月 14~16 日	常州市	尹鸣皓、郑宵宇、孔繁卿、周迺敦获得男子 15~17 岁组 4×100 米混合泳接力第一名
国际乒联职业巡回赛波兰公开赛	11 月	波兰	范瑛获得女子单打和女子双打两项冠军

（刘 剑）

青少年体育俱乐部又添新成员，创建扬中市第二实验小学和丹阳市新华体育俱乐部两所省级青少年奥林匹克体育俱乐部，全市共有省级青少年奥林匹克俱乐部 8 个、国家级青少年体育俱乐部 14 个。市体育局召开表彰大会，对国家高水平后备人才基地创建工作先进集体和个人进行表彰；体育竞赛组织工作安全顺利，成功承办 2009 年全国少年男子排球（甲组）比赛、首届"长三角"象棋精英赛、全国象棋甲级联赛等，丹阳承办美国对约旦的国际男篮挑战赛、全国俱乐部女子篮球联赛以及省长杯女足比赛，扬中承办两个组别的省级曲棍球赛，句容承办省长杯男足比赛，丹徒承办全国无线电通信锦标赛和省通信赛。

代表镇江市参与竞标的句容市文体局，12 月 15 日通过竞标最终获得 2010 年全国历史文化名城乒乓球比赛的承办权，并与国家体育总局乒羽中心签订竞赛承办协议。（刘 剑）

【为体育传统项目学校授牌】 2009 年 4 月 28 日，镇江市体育传统项目学校工作会议召开，为 11 所省级和 45 所市级体育传统项目学校授牌。此前，镇江市只有市八叉巷小学一所国家级体育传统项目学校。在体育传统学校创建中，又有 11 所学校成为省级体育传统项目学校，45 所学校成为市级体育传统项目学校。体育传统项目学校创建工作在学校素质教育和体育后备人才培养上发挥重要作用。（刘 剑）

【国家少年女子曲棍球队入驻扬中】 2009 年 8 月 31 日，镇江市迎来第一支"国字号"球队，国家少年女子曲棍球队在扬中成立，并进驻扬中曲棍球训练基地。自 2004 年镇江市曲棍球训练项目落户扬中以来，扬中曲棍球项目取得突破，2006 年获全国青少年"六人制"锦标赛普通中学组冠军；2007 年获省青少年比赛乙组冠军、甲组亚军和全国体校组第三名，2 名运动员入选国家女子青年队；扬中成为首批国家曲棍球奥林匹克后备人才基地之一。2008 年，5 名运动员入选国家少年队。2009 年初，扬中市一中被批准为中国曲棍球协会青少年训练基地。（参见第 303 页）（刘 剑）

【累计带入省第十七届运动会金牌 14.5 枚】 江苏省第十七届运动会将于 2010 年 10 月在常州市举行。镇江市代表团通过奥运会、全运会上的表现，累计带入省第十七届运动会 14.5 枚金牌，创镇江市省运会历史上带入金牌最好成绩。其中，北京奥运会上镇江籍射箭运动员陈玲获得团体亚军，带入 1.5 枚金牌；十一届全运会镇江籍运动员薛飞、王伟新、纪耀娟、潘丽琴、史艾婧获 3 项个人冠军、1 项集体球类项目冠军，带入 10 枚金牌；2009 年冬季项目（短道速滑）年度比赛带入省运会 1 枚金牌；2006~2009 年，向省优秀运动队输送 21 人，带入 2 枚金牌。（刘 剑）

【市体育局获第十一届全运会输送贡献奖】 2009 年 11 月 27 日，江苏省足球运动协会表彰在十一届全运会足球比赛中作出重要贡献的集体。镇江市体育局获江苏省足球协会颁发的第十一届全运会输送贡献奖。市体育局输送 7 名足球运动员参加全运会比赛，其中成年女足 1 人、青年女足 3 人、青年男足 3 人。（刘 剑）

【召开备战省十七届运动会冬训动员大会】 2009 年 12 月 8 日，镇江市召开备战江苏省第十七届运动会冬训动员大会。副市长王萍，市体育局、教育局相关领导，各辖市（区）分管领导和体育部门主要领导、分管领导，各承训单位中层以上领导，运动员、教练员代表等近 200 人参加会议。会议分析镇江市备战省运会面临的形势，明确"金牌、总分超上届，力争排名位次再前移"的省运会目标任务，并重点布置做好 2009 年冬训工作的具体措施。会上，还对第十一届全运会表现优异的运动员和在体育后备人才基地建设工作中作出突出贡献的人员进行表彰。（刘 剑）

【镇江市体育科学学会成立】 2009 年 12 月 15 日，镇江市体育科学学会成立，审议并通过镇江市体育科学学会章程（草案）、镇江市体育科学学会理事名单（建议名单），选举产生副理事长、常务理事、秘书长、副秘书长人选。学会常设办事机构为办公室，学会设立体育社会科学专业委员会、运动训练学专业委员会、运动医学专业委员会、运动心理学专业委员会、体育信息专业委员会、体质研究专业委员会、学校体育专业委员会等 7 个专业委员会。（刘 剑）

体育产业

【概况】 2009 年，镇江市体育产业工作以体育彩票销售为主，开展健康路运动休闲配套服务项目，做好新体育中心建设、招商和运营设计工作，体育产业形成规模。3 月，健康路健身活动中心被国家体育总局批准命名为国家级全民健身中心。8 月，市五环俱乐部并入市体育馆。12 月，整建制划转工作全部完成。根据《市区文化产业重点项目建设三年实施意见》的要求，完成健康路运动休闲配套服务项目的整体规划，编制招商手册，参加北京的文化产业招商，参与南徐新城区建设，对体育中心规划及建筑方案进行优化设计；做好体育工艺设计，确保体育功能定位准确、性能完善；协助完成体育中心的各项前期审批工作，包括交通评审、环境评审、消防评审等；组织考察调研，派专人分别去山东、浙江、南京等地考察了解场馆建设情况。6 月 28 日体育会展中心开工建设。2009 年，完成体育会展馆、综合训练馆桩基工程，开工建设地下室，初步拟定体育中心的运营可行性报告。全年累计销售体育彩票 3.3 亿元，其中电脑型体育彩票 2.42 亿元，即开型体育彩票 0.88 亿元，超额完成全年任务。市体育局被江苏省体育局评为 2009 年体彩工作先进单位。

（刘　剑）

【体育会展中心景观设计方案通过评审】 2009 年 6 月 15 日，该设计方案通过评审，由南京林业大学教授、博士生导师王浩等 5 名园林、景观专家组成的评委小组进行评审。副市长陈杰参加景观设计方案评审会。该设计方案配合体育会展中心建设，对体育会展中心室外环境及其南面体育公园的景观进行设计，并为体育会展中心周边的环境建设提供实施依据。

镇江市体育会展中心景观区域总占地面积约 50 公顷，参加设计方案的五家设计单位根据设计要点、地形地貌及周边环境，并结合各自的设计理念设计出五个方案。最终方案由中国西南设计院黎佗芬建筑设计大师设计，景观设计方案体现生态理念、体育理念、人文理念和科技理念，以综合训练馆为核心，创造一个开放、活泼的公共环境，突出服务市民的开放式公园特征。

镇江市体育会展中心景观区同时将延续和发展南徐新城的景观轴线，将体育场和蛋山作为轴线的对景和节点，处理好体育公园区域与场馆区域之间的关系，在景观上与场馆区域形成衔接过渡。合理利用现有的蛋山山体在整体景观中的重要作用，处理好生态型入口广场，在景观上与蛋山融为一体，使建筑与山林和谐共生，形成全新的绿色生态型体育公园体验。沿主干道设置体育会展广场、斜坡绿化，以绿化、铺装、雕塑小品等体现体育中心的空间多样性和人文内涵。保护、利用好现有水体、山体景观，同时处理好与南山风景区、周边城市干道、公共设施的衔接关系。（刘　剑）

【体育会展中心开工建设】 2009 年 6 月 28 日，镇江市体育会展中心开工建设，工程总用地约 46 公顷，总造价近 17 亿元，预计 2011 年底完工。

新建的体育会展中心以“镇江魂”为总体构思，形象设计为一个整体，以代表吴越文化、海洋文化、南方文化的蓝色飘带和代表楚汉文化、大陆文化、北方文化的红色飘带为标志，两大飘带在南山脚下交汇融合。在造型手法上突出飘带整体的飘逸感和流动感，红色飘带从空中越过，蓝色飘带从平台下穿越，形成飘逸起伏的建筑形象。

该项目位于南徐新城区，涵盖一场两馆。体育场可容纳约 3 万人，建筑面积约 5.40 万平方米，场内包括周长 400 米的标准环形跑道、标准足球场及各类田赛场地，可举办地区性综合型运动会和国际、国内单项体育比赛。

体育会展馆建筑面积 7.98 万平方米，分为体育馆和会展馆。体育馆可容纳观众约 6000 人，可以满足篮球、排球、手球、体操等比赛要求。会展馆可容纳 3×3 米的标准展位约 1000 个。

综合训练馆建筑面积 4.07 万平方米，内设网球馆、羽毛球馆、游泳跳水馆、乒乓球馆及赛后使用单元场地，可以提供健身、舞蹈训练、拳击、跆拳道等体育项目的培训和练习。其中游泳跳水馆可容纳观众约 1000 人，建有 50×25 米十道标准比赛池一个、25×21 米跳水池一个、50×16 米六道游泳训练池一个。

该项目还利用蛋山山体规划建设体育公园，除按公园标准建设绿地移植树木外，还将修复和改造蛋山山体，使之成为可容纳攀岩、轮滑、慢跑等大众健身活动的特色公园。（刘　剑）

【体育彩票销售突破 3 亿元】 2009 年，市体育彩票工作围绕市政府和省体育局下达的目标任务，采取强化目标管理、加强队伍建设、加大营销力度、加大宣传投入、提升服务水平、拓展网点渠道等一系列措施，“保增长、保份额”。全年累计销售体育彩票 3.3 亿元，其中电脑型体育彩票 2.42 亿元，即开型体育彩票 0.88 亿元，比上年增长 26%，超额完成全年任务。体彩总销量全省排名第八，体育彩票和福利彩票市场份额占有率全省排名第二。（刘　剑）

【市五环俱乐部并入市体育馆】 根据《市区文化产业重点项目建设三年实施意见》的要求，结合健康路健身活动中心被国家体育总局批准命名为国家级全民健身中心的契机，2009 年 12 月，市五环俱乐部整建制划转并入市体育馆。同月，结合全市文化产业招商工作，完成以体育馆为核心、覆盖五环俱乐部的健康路运动休闲配套服务项目的规划工作，项目围绕“运动、休闲、健康、城市新生活”的主题，计划推出经营类项目和开发类项目两大类四个项目，编制招商手册，参加北京文化产业招商会。2010 年重点推进经营类项目，即五环俱乐部和综合训练馆的改造开发。（刘　剑）

表 32-3

2009 年镇江市电脑体育彩票中大奖一览表

时　间	销售站点	期　号	奖金(万元)	玩　法
6 月 17 日	11748	09069	500	超级大乐透
10 月 18 日	11725	09162	500	7 位数
11 月 3 日	11511	09171	500	7 位数

（刘　剑）

社会生活

责任编校：戴　芸

民政工作

【概况】 2009年，全市民政基础设施建设项目21个，其中新建项目13个，包括优抚类6个、福利类9个、社区类1个、事务类4个，其他1个。项目计划总投资1.98亿元，当年完成投资8795万元，其中财政投入7195万元，吸引社会资金1600万元。总建筑面积8.05万平方米，建设各类福利机构床位2050张。由市民政局直接组织实施的有6项：市儿童福利院新建工程是被国家民政部和发改委列入“十一五”规划的“蓝天计划”资助项目，总建筑面积4000平方米，工程总投资720万元，设置床位200张，4月16日开工建设，9月16日工程主体结构封顶。市救助管理站暨流浪未成年人保护中心新建工程建筑面积3600平方米，工程总投资1200万元，设置床位200张。凤凰岭饭店改造暨军休四所建设工程建筑面积1.11万平方米，工程一期投资1800万元。改造后新增建筑面积1500平方米，可一次性容纳160人的会议、600人就餐和110人住宿。市烈士陵园改造项目包括烈士骨灰纪念堂、纪念碑塔和烈士墓改造三项工程，计划总投资550万元，烈士骨灰纪念堂和烈士墓改造已经完工，完成投资300多万元。市军供站经改造装修后通过全国军供站正规化建设25周年考核验收。为改善市社会福利服务中心老年医护条件实施的老年病房建设已投入使用。丹阳市投资500万元建设市级社区服务中心，吸引民间资本筹建养老机构——红叶颐馨园，该项目占地6.67公顷、计划投资5600万元，设计床位1000张；京口区总投资3000万元、建筑面积9430平方米的区综合示范性养老机构于12月6日开工建设；丹阳市新建开发区敬老院和扬中市扩建三茅镇敬老院被列入民政部“霞光计划”项目建设，项目总投资2060万元，总建筑面积9051平方米，新增床位280张。全市7家农村敬老院（句容4家，丹徒3家）实施省“关爱工程”项目12个，总投资713.8万元。

保障困难群体基本生活。首次按照低保标准自然增长机制要求提高低保标准。从7月1日起，全市城市低保标准由原来的每人每月330元统一提高到不低于350元，占上年度城镇居民人均可支配收入的22%。全市农村低保标准为每人每月220元～350元，占全市上年度农民人均纯收入的33%。截至年底，全市有城市低保家庭6920户、14536人，占非农人口的1.1%，全年发放低保金2960.61万元，人均月补差182元；全市农村低保家庭13933户、30052人，占农业人口的1.95%，全年发放低保金3182.26万元，人均月补差96.2元。实施无固定收入重残人员生活救助。截至年底，全市有符合救助条件的重残人员9452人，其中城市1103人，农村8349人，其生活救助金实行社会化发放，共支出2188.3万元。实施城乡困难群众临时生活救助。全市筹集临时救助资金163万元，全年实施临时救助2697人次，累计发放救助资金102.553万元。配合实施住房保障，按照人均月收入700元的标准开展城市低收入家庭认定工作，市区接受申报1860户，已通过认定910户。实施适度普惠性节日慰问补助。春节前，为全市农村低保对象、农村五保对象、享受国家抚恤补助的优抚对象等各类困难群众发放一次性生活补贴667.56万元。按照不低于100元/人的标准为城市低保对象发放慰问金598.35万元。全市农村敬老院床位总数发展到6084张，全市有5226名五保供养对象，其中集中供养3725人，集中供养率达71.28%。供养标准不断提高，集中供养标准3303元，分散供养标准2402元，平均供养水平每人每年3043元。

落实各项优抚政策。推进抚恤补助标准自然增长机制，增长比例普遍上调2～5个百分点，调整标准比上年又有较大幅度提高。全市投入200万元，启动第二轮以特困优抚对象危破房维修改造为主要内容的“关爱功臣”行动。全市义务兵优待金标准达到或超过城镇居民可支配收入的30%，实行城乡一体化发放。对75名新评、调残、换证的残疾军人和机关工作人员及人民警察、带病回乡人员进行审核、体检、鉴定和报批。启动“慰烈工程”，集中解决散葬烈士墓问题。

完成安置任务。全市接收退役士兵1247人，自谋职业率100%。新接收安置军队离退休干部23人。全市普遍调整退役士兵安置补助标准，丹阳市率先实行城乡一体化安置。

推进老龄事业发展。组织起草《加快我市老龄事业发展的实施意见》，完成《镇江市基本养老服务体系建设“十二五”规划》（征求意见稿），为全市老龄事业发展提供政策支持。以社区居家养老服务为基础，推进社区居家养老服务中心（站）、托老所建设，全年新建77家，其中市区新增10家，总数84家。组织实施慈善助老项目，由市、区慈善机构出资，委托“老来乐”家政服务公司为市区（含丹徒区）770名低保、高龄、重度残疾、空巢、困难老人提供居家养老上门服务。分3次开展养老护理员培训，培训护理员131名。全市有5家专业养老服务机构（镇江市社会福利服务中心、丹阳市社会福利院、句容市社会福利院、扬中市社会福利院、镇江新区社会福利中心）通过省民政厅组织的示范性养老服务机构建设检查验收，被命名为江苏省示范性养老机构。

管理专项社会事务。全市7家婚姻登记机构全部通过全国婚姻登记规范化建设合格单位验收。各地加大平坟还田和公墓清理力度，镇江新区平迁境内散坟7.1万多穴，建设可容纳4万穴的北山公益性公墓以及4处安息堂、2处散坟集中点，累计投入近8000万元。全年新增新社会组织80个，注销登记4个，撤销登记53个。全市民政部门登记各类新社会组织1384个，备案登记873个。全年新办福利企业22家，停办14家，办理变更认定手续354家，安排残疾人就业120人。（殷建容）

【开展首个“5·12”全国“防灾减灾日”系列活动】 2009年5月12日是全国首个“防灾减灾日”，全市组织开展宣传教育活动。下发90套5大类3000张挂图和11000册宣传手册，送进社区、农村、学校、企业、机关。5月7日，市综合减灾工作领导小组办公室牵头，市民政、国土资源、卫生、地震、气象、人防、红十字会等部门联合在大市口城市客厅广场举行防灾减灾宣传活动。5月12日，市水利部门在润州区举行“江堤管涌”防汛抢险预案演练。下午2时28分，市区67所学校的73000名学生，在各自校区开展防震减灾紧急疏散演练活动。4月29日，丹阳市地震、教育和民政等部门共同举办防震紧急疏散演练活动。句容市开展城市人口紧急疏散演习，2所幼儿园的小朋友在家长陪同下，转移到指定的2个乡镇。扬中市三茅镇勤丰社区获“全国综合减灾示范社区”称号，成为市首家获此称号的社区。（殷建容）

【农村社区综合服务中心建设完成】 2009年，市政府拨款504万元对2008年建成的农村社区综合服务中心给予补助。除4家农村社区综合服务中心因拆迁原因，土地需重新规划外，全市其他600个农村社区全部建成。全年新建、改建和整合资源建成的97家农村社区综合服务中心，总面积69976平方米，平均每个社区769平方米，总投入7264.5万元，市政府下拨补贴资金299万元。（殷建容）

【6家单位获全国和谐社区示范单位称号】 2009年，京口区、润州区、镇江新区和扬中市的街道、乡镇示范单位创建率100%，示范社区创建率90%。10月19日，在苏州市召开的全国和谐社区建设工作会议上，镇江新区大港街道、句容市崇明街道、镇江新区大港街道港南花苑社区、润州区金山街道西津渡社区、京口区四牌楼街道江滨新村第一社区、丹阳市云阳镇云阳桥社区等获得全国和谐社区示范单位称号，扬中市、京口区获得全国和谐示范城区（市）称号。镇江市受表彰单位数量占全省受表彰总数的九分之一。（殷建容）

【镇江市首次开展大规模城乡退役士兵职业技能免费培训】 2009年，全市有653名2008年冬季退役士兵参加各类专业技能培训，参训率93%，其中参加中、高级职业技能培训295人；参加短期培训358人，“双证”（毕业证或结业证，职业技能证）获取率100%，推荐就业率98%，用人单位满意率95%。全市制定《镇江市开展退役士兵职业技能培训实施方案》，规定从2008年冬季开始，凡镇江市接收的城乡退役义务兵、复员士官和选择自谋职业、自主创业的转业士官都可以参加政府组织的免费职业技能培训。培训形式以中、高级职业技能培训为主，包括全日制成人高等学历教育、普通高等学历教育和短期职业技能培训。参加中、高级职业技能培训的，按每人每年7500元安排资金，参加全日制成人高等学历教育、普通高等学历教育的，按每人每年9000元安排资金，参加短期职业技能培训的，按每人每年750元安排资金。（殷建容）

【福利彩票销售增幅较大】 2009年，全市福利彩票销售1.61亿元，销售总量比上年净增4000万元，增幅33.22%。其中电脑彩票销售1.44亿元，增长36%；“刮刮乐”销售1732万元，增长24%。销售总量、电脑彩票、“刮刮乐”销售均达历史新高，为全市筹集福彩公益金近2000万元。市区、丹阳、句容、丹徒彩票销售均创历史新高，市区、丹阳彩票销售首次突破5000万元，丹阳市进入全省福彩销售10强县行列，位列第8。（殷建容）

【镇江市军队离休退休干部第四休养所成立】 2009年7月31日，镇江市军队离休退休干部第四休养所成立，民政局下属全额拨款事业单位，核定编制9名，实际在编3人，办公地点设在镇江市中山东路城隍庙街6号（镇江凤凰岭饭店院内），其主要职能是为军队离休退休干部提供相关服务与管理。该所集老干部活动与工作人员办公于一体，功能齐全，设有棋牌室、书画电子阅览室、健身室、乒乓球室、中小型会议室、影像室等，年内接收军队退休干部21名。（殷建容）

人口和计划生育

【概况】 2009年，全市人口自然增长率控制在2‰以内，计划生育率保持在99%以上，新生儿出生缺陷发生率降至9‰，出生人口性别比保持正常，群众满意率90%以上。市人口和计划生育委员会被国家人口计生委、全军人口计生领导小组授予全国军民共建人口和计划生育工作先进单位称号。

2009年，全市免费发放育龄妇女健康服务证，推行优生保险，实施孕前准备指导。丹阳、扬中等地将优生保险、孕前优生检测纳入政府免费服务项目。各级定点医疗机构实施出生缺陷二级干预工作，服务新婚夫妇近20000对。

2009年，全市农村计生奖励扶持标准由原每人每年600元提高至720元，兑现农村奖励扶持、特困扶持政策资金748.73万元，运用公益金慰问救助计生特困家庭278户。各级计生协会开展真情服务惠万家——生育关怀行动，帮扶15000多户困难计生家庭。

2009年，全市计划生育“世代服务”体系全面覆盖城乡，建成市、县（区）、乡（镇）级世代服务中心46家，建立城市街道、农村社区服务阵地825个，投入5600多万元，城乡总创建率100%，在全省提前一年实现全覆盖。全市3个镇、30个村、300户家庭被命名为省级示范镇、村、户，星级示范村（社区）创建率90%以上。合格、优秀的基层协会总比例80%以上。

2009年，全市建成婚育新风一条街90个、人口文化广场59个，农村人口文化大院462个、新家庭文化屋302个，人口文化园区覆盖全市80%的建制村。联合市文明办将“关爱女孩行动”拓展至农村留守女童群体。开展“迎华诞、颂国策”主题人口文化百日宣传活动。《我领到福啦》《奥运有你》《乐土》《童年时光》等作品获中国人口文化促进会“关注人口 共建和谐”人口文化美术摄影展优秀奖，《飘舞的黄丝带》获全国首届生命的钥匙电视纪录片铜奖。开展避孕节育/生殖健康/家庭保健促进行动，服务计生群众逾50万人次。句容市、丹徒区分别通过国家级计划生育优质服务先进单位、江苏省计划生育优质服务先进单位评审验收。（王玉明）

【《镇江市关于对持〈独生子女父母光荣证〉的企业退休职工实行一次性奖励的实施意见》出台】 2009年3月，市政府发布关于对持《独生子女父母光荣证退休的企业职工实行一次性奖励进行集中调查登记的通告》,9月,出台《镇江市关于对持〈独生子女父母光荣证〉的企业退休职工实行一次性奖励的实施意见》(镇政发〔2009〕93号)。《意见》明确,对1996年1月1日以后由镇江市各级劳动保障部门批准、按企业职工基本养老保险规定办理退休手续,且退休时未享受独生子女奖励待遇的持《独生子女父母光荣证》企业退休职工给予一次性3000元奖励。符合条件、已死亡的持证退休职工的一次性奖励金补发给其配偶或子女等法定继承人。终身无子女的退休职工参照享受。按照《镇江市人口与计划生育实施办法》,已享受一次性奖励2000元的,予以差额补足。2010年以后退休的持证职工,属企业支付的在办理退休手续时,由企业直接发放;属财政支付的在办理退休手续后,由劳动保障社保经办机构直接将一次性奖励金划入奖励对象的养老金银行账户。（王玉明）

【开展阳光计生行动】 2009年6月,全市人口计生系统试点推广阳光计生行动,行动以完善人口计生政务公开、民主评议、社会监督为重点,依法、及时、准确地面向社会公开涉及群众切身利益的生育、奖励、征收等政策,在农村开展"请农民兄弟姐妹评计生"活动,在城市开展"请流动人口评计生"活动,向社会公布举报咨询电话(12356)、监督电话(84432494)、网上投诉咨询信箱。（王玉明）

【"提高出生人口素质社会行动计划"为民办实事项目实施】 2009年2月9日,市政府印发《镇江市提高出生人口素质社会行动计划》(镇政办发〔2009〕42号),以为民办实事项目的方式在全市范围内实施出生缺陷零级干预、孕前一级干预,服务新婚夫妇16400对,孕前指导普及率达95%以上。各定点医院在城区开展以孕前筛查、诊断为主要内容的出生缺陷二级干预,产前诊断唐氏、先心等疾病3434例。政府免费为群众办理2402例,推行优生筛查保险8357份,通过一年干预全市新生儿出生缺陷率较2008年下降2.37‰。（王玉明）

【人口文化百日宣传系列活动】 2009年7月25日~10月31日,围绕"和谐社会·人文计生·幸福家庭"主题,开展人口文化百日宣传系列活动。人口发展六十周年征文活动和书法摄影比赛,展示新时期人口计生的崭新风貌;"你的健康知多少""成功生养教"系列知识讲座,深入社区、军营、企业巡讲400余场。各级人口计生部门开展宣传活动:"辉煌三十年"大型图片展、"和谐计生、文化共建——草根文艺唱计生"巡回文艺宣传、"迎华诞、颂国策"人口计生知识竞赛活动。（王玉明）

【计划生育药械市场专项整治行动】 2009年4月至10月,市人口计生、工商、质监、卫生等7部门共同实施计划生育药械市场条线整治和联合行动,查处无证经营计划生育药械企业15家,下发督查意见130家,警告15家,责令改正30家,罚款3.7万元,没收违法所得1000元。查处无证经营成人"性用品"企业和个体工商户27户、无证广告主和发布者7户,下发督查意见161户,警告74户,责令改正178户,罚款6400元,没收违法所得31万元。（王玉明）

【全市人口计生信息化建设升级改造】 2009年初,省人口计生委统一部署各市进行信息系统升级和数据线路改造,12月底,全市所有乡镇、街道建成并运行《江苏省人口和计划生育综合信息平台》《江苏省人口信息管理系统》《江苏省流动人口信息管理系统》,全市户籍人口入库率97.36%,扬中市和丹徒区被省人口计生委授予全省人口计生信息化建设先进单位称号。（巫斌）

老龄工作

【概况】 2009年底,全市60岁以上老人47.9万人,占总人口的17.9%,其中80岁以上老人6.95万人,约占老年人口的14.5%。100岁以上老年人113人。做好《十二五基本养老服务体系建设规划》的编制工作。市养老服务协会培训养老护理员3批131人,参与全市民办养老机构的检查验收工作。

2009年,结合科学发展观学习实践活动,确定加强居家养老服务推进老龄事业发展的调研主题,调研报告收入市民政局科学发展观学习成果。4月,国务院参事魏津生到镇江调研老龄工作,市老龄办专题汇报市老龄工作情况和困难。完成5件人大代表涉老议案和4件政协委员涉老提案的答复工作,并为市民盟集体提出的涉老提案的办理工作向市政府提出答复建议。扬中市老龄办《构建充满活力的老龄工作新体系》、丹阳市老龄办《政府扶持财政兜底—丹阳实现村村有老年活动室的目标》两篇经验材料被《江苏省老龄工作经验材料汇编》收录。（季必宏 陈信）

【社区居家养老服务中心建设】 2009年,全市新建77家社区居家养老服务中心并通过省检查验收,省77万元居家养老服务中心建设补贴资金到位,市补给市区的30万元资金到位。全市社区居家养老服务中心(站)84个,其中,丹阳市34个,句容市19个,扬中市11个,京口区9个,润州区5个,镇江新区6个。句容市建成城市社区养老服务中心3个,农村养老服务中心16个。镇江新区筹备"虚拟养老院"服务模式试点工作。京口区与社康老来乐家政服务公司联手,在健康路街道成立养老服务中心,并在街道下属的12个社区全部设立养老服务站,由家政公司和社区服务人员根据老人的需求共同为老人提供服务。（季必宏 陈信）

【慈善资金助老行动】 2009年,市老龄委与市慈善总会共同颁布《慈善资金助老的实施办法》,明确慈善资金助老服务的条件和对象、服务的申请与审批程序、服务内容、标准及方式、服务机构的确定、资金的分担与结算等。明确为市区70周岁以上执行城乡低保的空巢老人及60周岁以上执行城乡低保重病重残老人每人每月提供200元20小时服务,对同等条件的农村老人每人每月提供100元10小时服务的标准。慈善助老行动服务受助对象770名。为京口区首批受助老人及委托服务机构颁发"慈善助老服务卡"。并与全国联锁的社康老来乐家政服务中心签订助老服务协议,为京口、润州的133名困难老人提供服务,除正常家政服务外,中心还开通"95105151"助老免费服务热线24小时接受老年人的服务求助,帮助20余人次。京口区利用睦园社区居家养老服务中心的服务人员为22名困难老人提供服务。（季必宏 陈信）

【提高普惠制老年人的福利水准】 2009年,全市90岁及以上老年人尊老金由每人每年200元上调为每人每年400元,百岁老人长寿补助从每人每月150元提高到300元。市区1854人(其中百岁及以上42人)享受尊老金,市本级财政发放金额52.512万元,加上区配套资金,市区发放金额121.62万元,重阳节前全部发放到位。截至12月底,镇江市所辖4个区60岁以上老年人中有325324万人次享受城乡困难老人居民养老生活补助,市本级财政发放金额

1843.417万元。安排冬季助浴活动，将助浴专项资金提高到5万元，扩大冬季助浴的困难老年人的范围。

（季必宏　陈　信）

【开展老年人文体活动】　2009年，市老龄办与市人事局于5月在市青少年活动中心的文心剧场举办市首届退休人员戏曲会演，出演节目48个，参演人员250多名，评出优秀节目17个。省老龄办和省文化厅在重阳节期间联合举办全省老年文艺会演，镇江市选送5个节目参加省评选均获奖，丹阳市老龄办选送的男声独唱《西部放歌》获一等奖，卫生局等单位选送的老年时装表演等4个节目获三等奖，市老龄办获优秀组织奖。市老龄工作委员会主办、镇江市老年书画协会承办镇江市老年书画作品展，收到作品386件，展出国画和书法作品128件。10月23日，市老龄办与市人事局在南山西入口联合举办全市性老同志游园活动，以“喜庆重阳，寿比南山”为主题，分为：参观南山西入口、老同志“我运动、我健康”健身项目展示、老同志“红歌颂祖国”文艺表演、非物质文化遗产图片展、民间艺术家技艺展示5个部分，参加活动的老同志近千人。5月与市门球协会共同组织第四届民政杯老年门球比赛，16支代表队，近200名老年门球队员和裁判员参加。9月与老年体育协会共同选送老年汽排球、老年门球参加比赛，其中汽排球获银奖，门球获铜奖。

（季必宏　陈　信）

民族工作

【概况】　镇江市是少数民族人口散杂居地区。有回、蒙古等41个少数民族，居民1.62万人，约占全市总人口0.57%，人口比例列全省第二位。全市有清真饮食习惯的回、维吾尔、撒拉、塔吉克、东乡等10个少数民族的人口近万人。全市少数民族中共党员954名，占全市中共党员总数的5.05%。

2009年，全市民族工作以各民族“共同团结奋斗、共同繁荣发展”为主题，围绕实现镇江新跨越的奋斗目标，以市政府名义下发《关于开展全市民族团结进步模范创建活动的实施意见》，统一部署全市三个阶段创建活动，多种形式宣传党和国家的民族政策。帮扶民族聚居地少数民族脱贫致富和民族村新农村建设，协调相关部门将少数民族低保优惠政策纳入《镇江市扶贫攻坚实施意见》统筹。加强社区民族工作的指导和城市少数民族流动人员的服务。8月14日，市民族宗教事务局会同市急救中心在丹徒世业镇卫星民族村组织开展“关爱少数民族同胞健康科普宣传年”活动，免费为少数民族同胞检查身体、传授急救知识，免费发药200余份。9月23日，镇江市少数民族宗教界“和谐颂——祝福祖国”文艺会演在第一楼街步行街中心广场举行，近1000人观看演出。9月30日，镇江市民族宗教事务局在国务院第五次全国民族团结进步表彰大会上获全国民族团结进步模范集体称号，是全省民族工作部门唯一受到国务院表彰的单位。市民族宗教事务局民族处被市委、市政府授予“跨越发展有功单位”称号。

（曹祥清）

【镇江市第六个民族团结进步宣传月启动】　2009年4月30日，市委宣传部、市民族宗教事务局在市中心城市客厅广场联合举行民族团结进步宣传月启动仪式暨《党和国家民族政策宣传教育提纲》广场咨询活动。京口、润州、丹徒三个辖区的宣传、民族工作干部及少数民族代表；市穆源民族学校、民族实验小学，三个省级民族工作示范社区、省民族工作联系点大市口街道代表约200余人参加活动，发放《党和国家民族政策宣传教育提纲》近千份。

（曹祥清）

【镇江丹阳六中首届内地新疆高中班毕业】　2009年6月11日，镇江丹阳六中首届新疆高中班首届毕业40名学生，38人上二本以上分数线，2名学生加入中国共产党。新疆维吾尔自治区内地新疆学生工作办公室发来贺信。

（曹祥清）

【规范公民变更民族成分工作】　2009年8月12日，市民族宗教事务局、市教育局、市公安局联合向各辖市（区）民族宗教事务局、教育局、公安局下发《关于严格执行变更民族成分的有关规定的通知》，对变更民族成分的原则、程序、要求作进一步的明确，规范变更民族成分的审核、审批程序。按照“谁主管，谁负责”的原则，将变更民族成分管理和认定工作明确到部门，落实到具体人员。

（曹祥清）

【镇江社区少数民族数字化管理在全省社区民族工作会议上推介】　2009年12月25日，京口千秋桥社区少数民族数字化管理的运行在全省社区民族工作会议上作经验交流。少数民族民族数字化管理，即以社区为单位对辖区内少数民族居民的姓名、年龄、性别、族别、文化程度、就业状况、家庭结构、急需协调解决的困难和问题、对民族工作的意见和建议等方面的情况进行拉网式调查摸底，对掌握的第一手资料，按照“少数民族人员动态管理表”和“少数民族家庭统计表”两种统一表式进行分类登记，录入电脑，实行数字化、动态化管理。镇江市民族宗教事务局在调研基础上，结合各镇、街道具体实际，发掘社区民族资源，调动各方面积极性，探索社区少数民族工作新路、完善社区民族工作机制、健全工作网络。三个省民族工作示范社区（千秋桥社区、江一社区、杨家门社区）成效显著。

（曹祥清）

【市民族团结促进会召开二届一次代表大会】　2009年12月27日，市民族团结促进会召开二届一次代表大会，选举产生新一届理事会领导机构。会议审议并通过《镇江市民族团结促进会第一届理事会工作报告》和修改后的《镇江市民族团结促进会章程》。会议选举产生市民族团结促进会新一届理事会领导机构，谈大洋当选市民族团结促进会会长。

（曹祥清）

宗教工作

【概况】　2009年，全市宗教工作开展争创和谐寺观教堂活动。指导辖市（区）和市宗教团体组织以“祝福祖国”为主题的群众性爱国主义教育活动。会同公安、安全、旅游部门在全市宗教活动场所开展平安创建活动。金山江天禅寺、山巷清真寺、丹阳新桥基督教堂、句容市茅山道院、扬中市基督教堂、润州道院、新区绍隆寺、京口区丹徒镇基督教堂被评为江苏省模范宗教活动场所。11月5日，茅山道院印宫灵官殿暨六十甲子神像开光，南京、常州、镇江的香客代表以及工商企业界人士1000余人参加仪式。指导市基督教两会（三自爱国运动委员会和基督教协会）、市伊斯兰教协会、市道教协会、市佛教协会完成换届。省伊斯兰教协会培训中心落户新古润礼拜寺。

（丁开明）

【全国人大常委会副委员长桑国卫考察宝华山隆昌寺】　2009年4月6日，全国人大常委会副委员长、农工党中央主席桑国卫考察全国重点寺院宝华山隆昌寺。桑国卫一行参观隆昌寺大雄宝殿、戒台、铜殿、无梁殿、祖堂和禅堂，在方丈室与法师们交谈。

（丁开明）

【副省长张卫国视察焦山定慧寺茗山法

师纪念堂】 2009年10月5日上午，副省长张卫国前往焦山视察全国重点寺院定慧寺及茗山法师纪念堂。张卫国察看正在修缮的唐代建筑风格的大雄宝殿、修旧如旧的海云丈室和新建的禅堂讲经堂；参观考察茗山法师纪念堂主堂、生平事迹陈列厅、实物展示厅及影视厅。对定慧寺几年来的发展变化给予充分肯定。 （丁开明）

【中国国民党主席吴伯雄参访金山江天禅寺】 2009年5月31日下午，由中国国民党主席吴伯雄率领的中国国民党大陆访问团一行参访金山江天禅寺。金山寺住持心澄法师向吴伯雄赠送“和谐万福”书法横幅。 （丁开明）

【市基督教“两会”召开代表会议】 2009年3月26日，市基督教三自爱国运动委员会第六次代表会议暨市基督教协会第八次代表会议召开。会议审议通过市基督教“两会”工作报告和章程，选举产生新一届市基督教“两会”领导班子，尹素华牧师当选市基督教三自爱国运动委员会主席、市基督教协会会长。 （丁开明）

【市伊斯兰教协会第六次代表会议】 2009年4月28日，市伊斯兰教第六次代表会议在古润礼拜寺召开。会议审议通过市伊斯兰教第五届委员会《工作报告》；讨论修改《镇江市伊斯兰教协会章程》；选举产生镇江市伊斯兰教协会第六届委员会、常务委员会及新一届领导班子。沈成钧当选会长。 （丁开明）

【市道教协会第四次代表会议】 2009年5月26日，市道教协会第四次代表会议在镇江召开。会议审议通过《镇江市道教协会第三届理事会工作报告》和《镇江市道教协会章程修改说明》，选举产生第四届理事会理事11名、常务理事9名。杨世华当选为镇江市道教协会会长。 （丁开明）

【市佛教协会第七次代表会议】 2009年7月28日，市佛教协会第七次代表会议召开。会议审议通过《市佛教协会第六届理事会工作报告》和修改后的《镇江市佛教协会章程》，选举产生市佛教协会第七届理事会领导机构。金山江天禅寺方丈心澄法师当选为市佛教协会会长。 （丁开明）

【市伊斯兰教协会名誉会长马瑞柏先生归真】 市伊斯兰教协会名誉会长、原会长马瑞柏先生因病医治无效，于2009年5月19日17时55分复命归真（去世），享年89岁。5月21日下午，市伊协在山巷清真寺举行简朴庄重的者那子（殡礼），近百名中外穆斯林参加葬礼。马瑞柏先生生前曾担任省政协第五、六届委员，省伊协第三届副会长，市伊协第二、三、四届会长，第五、六届名誉会长。 （丁开明）

【茅山道院杨世华道长应邀赴英参加信仰与保护环境大会】 2009年11月2日至4日，世界宗教与环境保护基金会（ARC）和联合国开发计划署（UNDP）联合举办的信仰与保护环境大会在英国温莎堡召开。江苏省道教协会会长、镇江市道教协会会长、茅山道院杨世华道长应邀参加盛典，并代表中国道教界发言，阐述中国道教协会的远期环保规划和发展计划。ARC创办人菲利普亲王和联合国秘书长潘基文向中国道教在内的十大宗教的30多个宗教社团颁发证书，嘉奖他们制定保护地球长远规划。 （丁开明）

【宝华山隆昌寺举办2009传戒法会】 2009年11月5日，历时一个月的宝华山2009传戒法会在隆昌寺结束。来自美国、泰国、马来西亚、新加坡等国家和中国台湾、香港及内地十余个省份的656名男女新戒弟子参加法会。隆昌寺始建于南北朝（公元502年），有“律宗第一名山”美誉，是近代最大的传戒道场。 （丁开明）

【香港汉荣书局石汉基先生向金山寺隆昌寺捐赠《贝叶经》】 2009年11月27日上午，全国政协委员、香港汉荣书局董事长、总经理石汉基先生捐赠珍贵佛教经典《贝叶经》仪式，分别在千年古刹金山寺、隆昌寺举行。《贝叶经》是佛教现存藏经中最珍贵的文化瑰宝，也是研究古代东方哲学、艺术、历史的珍贵史料。此次捐赠金山寺、隆昌寺各一部南传佛教藏经巴利文版《贝叶经》系石景宜、石汉基父子多年珍藏，皆为泰文字母拼写的巴利文贝叶经，更系贝叶经的珍品，被国学大师季羡林称之为“稀世珍宝”。 （丁开明）

关心下一代工作

【概况】 2009年，市关工委在5月成立老专家科技指导组，邀请江大关工委、市老区开发促进会、市老专家协会参加，聘请8位老农科专家作为成员。全市各级关工委建立236个农业科技指导咨询组织，参加农业科技普及推广活动的老科技人员1195人，接受培训的青年18990人次。

市关工委联合市文明办于6月25～26日举办全市校外辅导站工作研讨班，各地村、社区关工委和辅导站负责人等50余人参加。丹阳市关工委连续办6期，450余人参训。至年底，全市办各种类型的校外辅导站1217个，对村和社区的覆盖率94.2%，其中丹徒区、丹阳市、扬中市、京口区的覆盖率100%；参加校外辅导的“五老”7359人，全年辅导学生73076人。

3月，市关工委组织各辖市（区）对预防和减少青少年违法犯罪工作开展全面调研，全市有未成年人31.13万人，其中外来21757人，占总数7%；有315名未成年人犯罪，其中外来者犯罪184人，占犯罪总数58.4%；全市组建914个关爱工作团，有8833人参加；创建未成年人犯罪村、社区792个，占村、社区总数84%。全市组织569人宣讲法制课1586场次，受教育青少年近20万人次。各级关工委组织705名“五老”对313家网吧、1393个营业性电子游戏机室依法进行义务监督。

全市关工委系统全年筹措扶贫助学款497万元，受助贫困家庭学生5800余名。各级各工委协助有关部门解决1197名孤残弃儿童的监护和生活困难问题；对21672名留守儿童，帮助落实“代理家长”或临时监护人；解决3万余名流动儿童就近入学问题。江大关工委毕业生就业服务组3月28日在校体育场举行校友企业招聘会，邀请全国22家由校友开办的企事业单位到母校招聘应届毕业生，现场签约22人，达成意向188人。 （莫仲钧）

【开展“迎国庆、颂祖国、我为祖国添光彩”主题教育活动】 2009年，全市关工委组织开展暑期活动756项，28953名大中小学生参加。全市组织707名报告员编写讲稿554篇，宣讲778场，受教育青少年19.5万余人次。市教育局关工委在全市200余所中小学、17万学生中组织开展《我的祖国》读书征文活动。京口区关工委开展“五星红旗我为你骄傲”征文活动，收到征文722篇，择优汇编成书。镇江新区关工委和文明办联合举办“祖国在我心中，立志成才”征文活动，在收到的308篇征文中评出10篇优秀征文，由作者现场演讲。句容市关工委在农村青年和企业青工中分别开展以“自主创业”和“爱岗敬业”为主题的演讲比赛。全市关工委系统普遍开展教唱红色歌曲活动，参加歌唱和比赛的青少年34728人次。市关爱校外活动实践中心举办“怀揣20元钱完成4项任务”的体验教育夏令营活动，35名大中小学生。（莫仲钧）

【结对共建校外教育辅导站】 2009年，市关工委协同江大关工委、江大流体中心与丹徒区上党镇关工委结对共建其益村潘甲辅导站，签订共建协议。省关工委向全省转发推广市关工委上报的经验材料。3月9日，市关工委又在上党镇召开校地结对共建辅导站工作会议，组织江大、江科大、镇江高专、省农林职业技术学院关工委分别与丹徒区、京口区、丹阳市、句容市关工委签订校地结对共建辅导站协议。至9月底，京口区结对共建辅导站达26个，占村、社区总数的38%。扬中市八桥镇丹爱化工厂关工委和三茅镇华胜电器有限公司分别与所在地长胜村和新胜社区结对共建辅导站。（莫仲钧）

【开展农村青年科技致富工程活动】 2009年9月15日，市关工委在句容召开全市第三次农村青年科技致富现场推进会，听取句容市关工委开展青年致富工程情况和经验介绍。近几年来，句容市有254名老科技工作者参与致富工程结对帮扶活动。市关工委参观考察华阳镇家边村青年农民经营的养鸡场等4个种、养殖现场。11月10日，省关工委向全省转发推进会材料，要求各地推广镇江市关工委的做法。（莫仲钧）

【故事老人鲍元瑞义务宣讲】 扬中市关工委委员、市老干部报告团副团长、全国关心下一代优秀工作者、八十高龄的“故事老人”鲍元瑞自1995年9月走上青少年思想道德教育讲坛以来，至2009年底，坚持义务讲课14个年头，宣讲1863场，听讲的青少年、革命军人和社会各界人士690629人次。2009年宣讲135场，受众38758人次。其中，纪念渡江战役60周年专题宣讲99场，受众2.5万余人次。14年来自编讲稿57篇、60余万字。（莫仲钧）

【镇江高校第九次“百名教授老区行活动”】 2009年12月26日，由市关工委、老区开发促进会组织协调，江苏大学、江苏科技大学、镇江高专和江苏农林职业技术学院关工委共同承办的镇江高校第九次“百名教授老区行”科技、文化、卫生“三下乡”系列活动在丹徒区上党镇古洞村和薛村举行。4所高校关工委向该镇59名特困生发放29500元扶贫助学款，并向镇、村校外教育中心辅导站捐赠3000余册人文科技图书，江科大关工委向59名特困生加送有爱心小礼包。4所高校的130余名离退休教授、专家、干部和部分大学生及在职员工提供各种科技知识与技能咨询148人次、法律咨询8人次、健康咨询与检测服务371人次、剪纸艺术教授42人次、维修家电29台、书写春联2180副。（莫仲钧）

【一批老同志受到省、市表彰】 2009年9月，省委组织部、老干部局联合召开全省离退休干部党支部、先进离退休干部个人表彰大会，镇江市教育局关工委常务副主任陈自立、京口区关工委常务副主任钟程发、句容市关工委科技指导组成员六定国受到表彰。江苏大学关工委副主任陆一心、润州区关工委主任王仁进、句容市关工委常务副主任颜振东、扬中市关工委常务副主任施韶贵等从事关心下一代工作的7名老同志受到市委组织部、老干部局的表彰。在2009年镇江市精神文明建设指导委员会主办的第三届“大爱之星”评选活动中，勇斗持刀行凶歹徒、救护川籍打工妹的76岁高龄的润州区金山街道黑桥社区关工委常务副主任王爱宝当选“大爱之星”，86岁的镇江市关工委名誉主任、全国和省关心下一代优秀工作者、全国离退休干部先进个人宋亚欣获“大爱之星”入围奖。（莫仲钧）

慈善工作

【概况】 2009年，全市（含辖市、区）慈善资金总规模83868.19万元，其中合同认捐67011万元，账面实际结存资金16089.93万元；市本级慈善资金总规模达19459.35万元，其中合同认捐12300万元，账面实际结存资金6634.34万元。市慈善总会本级资金收入1650.66万元，救助支出474.61万元，救助3050人次，募集收入和救助支出双增长。市慈善总会获“全国先进社会组织”称号，市慈善助医“阳光工程”获中华慈善总会“中华慈善突出贡献奖”。

2009年3月，会同市委宣传部、市民政局开展评选表彰“镇江市首届慈善之星”活动，授予江苏索普集团有限公司、金东纸业（江苏）股份有限公司、江苏恒顺集团有限公司、江苏船山集团有限公司、大亚科技集团有限公司、镇江江南化工有限公司、江苏太白集团有限公司、镇江韦岗铁矿有限公司、天工国际有限公司、镇江焦化煤气集团有限公司、镇江奇美有限公司、江苏大港股份有限公司等十二家单位镇江市首届“慈善之星”称号。在《镇江日报》和市电视台等有关媒体开设慈善专栏。镇江慈善总会网站持续内容更新。（薛文婷）

【慈善资金募集】 2009年，第五次开展“爱在镇江·慈善一日捐”活动，主题是“关爱青少年儿童白血病患者，募集青少年儿童白血病救助资金”。活动募集资金1217.39万元，其中市本级498.39万元。认捐企业发展到15家，认捐企业实捐资金615万元，实捐到位率100%。三年共到账资金1780万元。重点骨干企业成为慈善捐赠的主力军。“慈善一日捐”、企业认捐、公众捐款、积存资金增值已成为市慈善资金较稳定的收入来源。（薛文婷）

【慈善助困“温暖行动”】 2009年，持续开展慈善助困“温暖行动”，即对身患癌症、肾衰竭、白血病及器官移植等重大疾病的患者和意外事故不幸者，在调查核实、审核公示的基础上，及时给予2000至3000元的一次性医药费救助。全年市本级慈善总会支出助困资金32.88万元。（薛文婷）

【慈善助医办法完善】 2009年，贫困住院病人制度内自费负担部分慈善救助比例由60%提高到80%；门诊癌症放化疗、肾衰竭血透自费负担部分，慈善救助由60%提高到80%。由原来的住院救助扩大到门诊乡镇卫生院和社区卫生服务中心（站）救助，门诊救助标准是贫困患者制度内自费负担部分的40%。经过上述配套措施，“六种对象”（参见2009年年鉴）住院治疗个人实际负担的制度内医药费只占到总额的6%左右。全年市级慈善总会支出12.78万元。办法实施两年来，3614人次获得救助，共支出资金44.79万元。一批贫困病患者实现病有所医，及时治疗，负担减轻。（薛文婷）

【镇江市青少年儿童白血病慈善救助】 2009年1月1日，镇江市青少年白血病救助资金建立，总额1000万元，救助办法4月1日实施。办法规定：本市市区年龄在18周岁以下的青少年儿童白血病患者（并适当放宽至18岁以上在校读书的学生），根据家庭类别（低保、低保边缘、普通家庭），放化疗阶段分别给予5万元、3万元、2万元的慈善资金救助；对进行异体干细胞移植的救助对象，按家庭经济类别分别给予30万元、20

万元和10万元的慈善救助。两个阶段的救助可累加实施。镇江市在外地、外地在镇江市的在校大学生均可参照执行。21名青少年儿童白血病患者受到救助，支出资金143.14万元，其中市本级慈善总会支出56.16万元。根据救助办法，其中3名造血干细胞移植患者得到一次性30万元以上救助。（薛文婷）

【慈善助学"圆梦行动"】 2009年，继续开展慈善助学"圆梦行动"，资助贫困家庭大学、高中和职高阶段贫困生入学经费，资助从小学到大学阶段所有孤儿学生生活费；扩大救助面，提高救助标准。大学新生每人一次性救助3000元；贫困高中、职高新生每年一次性救助入学经费1000元；大学孤儿学生每人每年救助3000元。全年市本级慈善总会支出资金88.5万元。（薛文婷）

【慈善"敬老行动"】 2009年10月出台《镇江市慈善资金助老服务实施办法》，由慈善资金出资为680名城乡低保重残、身边无子女照应的老人分别提供20和10小时的家政服务，由专门家政服务公司和服务人员上门为贫困老人提供家政服务，每人每年服务费用分别为2400和1200元。7月中旬，市慈善总会出资22.61万元，赠送市区18家乡镇敬老院每家3.5匹柜式空调一台、266升厨房用冰柜一台、32寸大彩电一台，每个房间赠送电风扇一台。12月，由市、区两级慈善资金出资52万元，为市区865名集中和分散供养的五保老人每人赠送羽绒服一件、保暖内衣两套、多孔暖被一床，每人花费620元左右。所赠商品均为一级正品。（薛文婷）

【其他救助行动】 2009年，配合完成省慈善总会"心蕊工程"等有关救助项目，从2008年这项工程开始起成功完成18名先天性心脏病患儿手术，人均手术费近3万多元，患儿家庭承担10%，其余由省、市和辖市（区）三级慈善总会支付。向台湾"8.8"台风灾区捐赠20万元。继续开展慈善助残"复明行动"，"聆聪行动"。2008、2009两年对市区150名低保及低保边缘家庭的贫困老年白内障患者施行"复明"手术。手术费、材料费18万元，全部由市慈善资金支付，其中2009年支付6万元。市慈善总会向市特教中心和市残疾人康复中心各捐赠一套进口语音助训设备，总价值45万元。对社会上发生的重大疾病、车祸、火灾及其他意外不幸事故提出救助的通过调查核实，及时给予救助。市、区两级慈善总会应急性救助98人，支付资金23.08万元。市区慈善超市支出24万元。（薛文婷）

人民生活

【概况】 2009年，全市在岗职工平均工资34209元，比上年增加3251元，增长10.5%，其中：市区38394元，增加3864元，增长11.2%；丹阳市30461元，增加2859元，增长10.4%；扬中市30544元，增加3447元，增长12.7%；句容市27914元，增加2414元，增长9.5%。在全市在岗职工平均工资中：企业单位28225元，增长7.2%；事业单位45077元，增长16.1%；机关单位60018元，增长11.9%。

据200户城市家庭抽样调查显示：2009年，城市居民人均可支配收入20949元，比上年增长10.4%；人均消费性支出为13031元，增长6.7%。其中：食品类支出5193元，增长5.3%；衣着类支出1473元，增长39.8%；教育文化娱乐服务类支出1859元，增长14.3%；家庭设备用品及服务类支出1072元，增长6.0%；医疗保健类支出727元，增长9.0%；交通和通讯类支出900元，增长2.3%；居住类支出1250元，下降3.3%；其他商品和服务类支出557元，增长3.0%。

据580户农村家庭抽样调查显示：2009年，农民人均年末住房面积48.4平方米，农民人均纯收入9642元，比上年增长11.4%，农民人均生活消费支出7056元，增长7.3%。其中：食品类支出2731元，增长5.7%；衣着类支出462元，增长7.6%；居住类支出997元，增长28.8%；家庭设备、用品及服务类支出430元，增长9.1%；交通通讯类支出816元，增长6.9%；文教娱乐用品及服务类支出1016元，下降8.2%；医疗保健类支出419元，增长2.9%；其他商品和服务类支出186元，增长55.2%。（吕联泰）

2009年城市每百户居民家庭耐用消费品拥有量一览表

表33-1 单位：每百户拥有量

品名	单位	年末拥有量
家用汽车	辆	5
摩托车	辆	20
助力车	辆	72
洗衣机	台	104
电冰箱	台	103
彩色电视机	台	179
家用电脑	台	80
组合音响	套	29
摄像机	架	10
照相机	架	51
钢琴	架	2.5
其他中高档乐器	件	10.5
微波炉	台	96
空调器	台	175.5
淋浴热水器	台	99
消毒碗柜	台	9
洗碗机	台	0.5
健身器材	套	5
移动电话	部	182

注：本表根据对580户家庭抽样调查资料统计（吕联泰）

2009年农村每百户居民家庭耐用消费品拥有量一览表

表33-2 单位：每百户拥有量

品名	单位	年末拥有量
洗衣机	台	89
电冰箱	台	87
空调机	台	95
抽油烟机	台	33
吸尘器	台	4
微波炉	台	46
热水器	台	85
自行车	辆	172
摩托车	辆	70
汽车（生活用）	辆	4
电话机	部	103
移动电话	部	183
彩色电视机	台	158
黑白电视机	台	12
摄像机	架	3
影碟机	台	51
照相机	架	15
家用计算机	台	34

注：本表根据对200户家庭抽样调查资料统计（吕联泰）

【城市居民家庭居住条件状况】 据200户城市家庭抽样调查显示：居民住房成套率达87.0%，人均住房建筑面积35.2平方米。按建筑面积分：人均8～12平方米1户，人均12～16平方米7户，人均16～20平方米9户，人均20～24平方米17户，人均24～28平方米23户，人均28～30平方米10户，人均30～35平方米41户，人均35平方米以上家庭92户。按房屋产权分：租赁公房和租赁私房、自有房分别占6.0%和94.0%。居民无卫生设备户数与有厕所无浴室户数占7.5%，浴室与厕所齐全户数占92.5%。家庭拥有空调设备户数占91%，使用管道煤气户数占73.5%。（吕联泰）

辖市(区)

责任编校:傅雪元

丹阳市

【概况】 全市总面积1047.44平方公里,耕地面积5.23万公顷。辖13个镇、1个开发区、1个练湖管委会,有54个居民委员会和224个村民委员会。2009年年末总户数287355户,总人口808223人(男402149人,女406074人),其中非农业人口202175人。全年共完成地区生产总值502.21亿元,增长12.73%。财政总收入63亿元,增长14.5%。地方财政一般预算收入23亿元,增长15%。城镇居民人均可支配收入20799元,增长11.2%。农民人均纯收入10058元,增长10.9%。

2009年,全市工业销售突破千亿元,达1040.04亿元,增长17.4%;完成增加值240.92亿元、利税78.7亿元,分别增长16.5%、16.8%。全社会固定资产投资200.11亿元、工业性投入152.43亿元,分别增长40.1%、39.8%。新批新兴产业项目89个,恒神碳纤维被列入全省100个重大产业项目计划。光伏产业迅速起步,新材料产业园被列为"国家科技兴贸创新基地"。组织实施各类科技项目180项,其中列入省重大科技成果转化项目3项,获扶持资金3200万元。新认定省级以上高新技术企业17家、高新技术产品20个,高新技术产业产值达218.92亿元,增长25%。第七次被评为"全国科技进步先进市",通过"全国知识产权示范市"验收。利华国际在纳斯达克成功上市,丹化科技实现定向增发,大亚、城投公司成功发行债券,太平橡塑、江苏冰城、丹毛纺织进入上市辅导期。社会消费品零售总额128.51亿元,增长16%。欧尚超市开业,贤桥广场奠基。启动建设海会寺、文化科技产业园等特色景区,开发生态游、乡村游等特色旅游,实现旅游收入59亿元,增长18%。筹建村镇银行1家,新增投融资组织2家、担保公司8家,年末金融机构各项贷款余额354.6亿元,增长34%,被列为省"首批金融示范市"。粮食总产量47.7万吨,增长4.5%。复垦整理土地1167公顷,新增耕地133公顷。规划建设各类农业园区23个,新增高效农业面积5807公顷,新增镇江市级以上品牌农产品5个。

全年完成122省道大亚木业段、新区公园、垃圾填埋场(二期)、220千伏丹凤变等工程,基本完成疾控中心大楼、齐梁路、241省道城区段、北二环改造工程,实施122省道城区段、北二环大桥、南二环大桥、简渎河整治等工程,在建京沪高铁丹阳北站、沪宁城际丹阳站、常泰高速丹阳段、吕城跨铁路大桥等。成立行政执法局。6个镇通过环境优美乡镇省级考核,太湖流域断面监测达标率提高23.8%。二氧化硫、化学需氧量排放总量分别削减174吨、814吨,万元地区生产总值能耗下降4.7%。绿化造林2920公顷,森林覆盖率20.9%。全市新增"三大合作"组织181个,流转土地3780公顷,新建农民集中居住点22个,完成拆迁100万平方米。

全年签约总投资超亿美元项目10个,完成注册合同外资5.5亿美元,实际利用外资1.71亿美元。引进高层次归国创新创业人才团队16个,新增省级博士后科研工作站2个。完成进出口总额15.41亿美元,其中出口11.67亿美元。完成外派劳务合作合同额1451万美元,新增外派劳务749人。新增个体工商户3500户、私营企业1153家、注册资本32.68亿元。实际利用民资232.59亿元,其中市外民资118亿元。

全年转移农村劳动力12284人,新增城镇就业11020人。疏浚河道107.2公里,清淤村庄河塘860个。建设经济适用房1.2万平方米。改造无物管楼房126幢。更新城乡客运车辆36辆。基本建成镇级污水处理厂7座。长江引水工程完成总体进度的70%。川气东输工程完成高压管线主体建设。残疾人综合服务中心初步完成选址和规划设计。丹阳被确定为省"重大传染病综合防治示范区""农产品质量安全示范市"。

全市深入开展"脱贫攻坚两消除"行动,落实帮扶资金2000万元,46个经济薄弱村、7559个贫困户实现脱贫。新增各类保险参保人数6.7万人,基本实现城乡养老、医疗保险全覆盖。发放慈善金651万元、城乡低保资金1053万元。完成义务教育阶段教师绩效工资改革,通过省农村义务教育债务化解验收,被评为省"全面实施素质教育先进市""规范教育收费示范市"。"九狮图"等3项文化遗产被列入省级非物质文化遗产名录,通过"全国文化先进市"复查验收。人民体育场完成改造出新,被评为全国"农民体育健身工程先进市"。 (史志办)

【组织机构及领导成员名单】

中共丹阳市委员会

书　记　李茂川
副书记　王常生
　　　　裔玉乾(2009.12～)
　　　　聂刚健
　　　　过利平(～2009.01)
常　委　张仁海　沈岳方
　　　　许　文　刘正泰
　　　　周爱仙(女)
　　　　白连生(～2009.03)
　　　　任剑平(2009.03～)

李　刚(2009.03～　)
蒋明辉(2009.03～　)
刘汉平(2009.03～　)

丹阳市人大会常委会

主　任　冷书成
副主任　陈步荣　金国平
　　　　韩效平
　　　　刘云珍(女)

丹阳市人民政府

市　长　王常生(　～2009.12)
代市长　裔玉乾(2009.12～　)
副市长　张仁海　马耿良
　　　　张红娣(女)　王金祥
　　　　李　刚(　～2009.04)
　　　　任剑平(　～2009.04)
　　　　沈留海(2009.04～　)
　　　　李忠法(2009.04～　)
　　　　张刘荀(2009.04～　)
市长助理　张刘荀(　～2009.04)
　　　　　张鸿宾(2009.04～　)

政协丹阳市委员会

主　席　王　健(女)
副主席　徐三保　李金连
　　　　荆国南　刘友群(女)
　　　　徐　翔　钱留梅(女)
　　　　杨志峰

中共丹阳市纪律检查委员会

书　记　许　文(2009.01～　)

丹阳市人民法院

院　长　姚　强(　～2009.04)
代院长　陈　敏(2009.04～　)

丹阳市人民检察院

检察长　朱　毅(　～2009.04)
代检察长　景双彬(2009.04～　)

（史志办）

【李茂川被评为年度最受关注地方领导】　在2009年人民网“年度最受关注地方领导”评选活动中，镇江市委常委、丹阳市委书记李茂川当选最受关注县级城市领导。他是镇江地区唯一入选的县级城市领导。评选结果是人民网根据全国5000多名副省级、地市级及县级行政区划的党政主要领导姓名在人民网、《人民日报》及其子报子刊自2009年1月1日至2009年12月20日期间出现的频率次数进行排名得出的。此次共评出50名最受关注地级城市领导和50名最受关注县级城市领导，并于2009年12月在人民网上进行公示。（史志办）

【丹阳市获最受关注中国特色魅力城市荣誉】　2009年，由世界品牌组织、美中经贸投资总商会、和谐社会全球合作组织联合推选的新中国六十年最受关注“中国特色魅力城市200强”公布，丹阳市名列其中，江苏省仅有昆山、丹阳两个县级市入选。此次评选是在入围的220个中国城市中，从历史特色、文化特色、产业特色、投资环境特色等方面，经过独立问卷调查、统计数据分析、考察团实地调研、网上公众推选和权威专家函评等程序挑选出来的。（史志办）

【江苏文化科技产业园揭牌仪式暨天地石刻园建设工程奠基典礼】　2009年11月15日，江苏文化科技产业园(中华齐梁文化旅游区)揭牌仪式暨天地石刻园建设工程奠基典礼在丹阳市埤城镇举行。中宣部、文化部、国家发改委、国家旅游局、镇江及丹阳市有关领导出席仪式，20多个中央、省、市新闻媒体参加采访。江苏文化科技产业园(中华齐梁文化旅游区)是丹阳市2009年实施的重点工程项目，也是丹阳市委、市政府为弘扬历史文化，加强文化遗产保护，发展文化旅游产业，促进地方和社会全面发展，利用本地独特资源和区位优势，打造的一个文化旅游产业综合基地。该项目将以齐梁文化为核心，以科技创新为支撑，以自然人文遗产为依托，考虑旅游、休闲、商贸的综合功能，通过创意策划，建设凤凰湖文博园区、长溪谷养生社区、水晶山生态林园区等八大功能区，与历史文化共同构成文化集群，展示丹阳各个方面的文化魅力，打造中华齐梁文化旅游区。产业园已签订低碳生态循环经济示范镇区、建设生态农业等合作协议10个，意向投资总额35亿元。

天地石刻园是江苏文化科技产业园总体规划项目的重要组成部分，它以丹阳重要的历史文化遗产资源——南朝陵墓石刻为平台，以加拿大籍华人吴杰森捐赠的6000多件石刻为烘托，借助周边环境，建造世界唯一的石刻文化景观。天地石刻园建在凤凰湖水域北侧半岛上，占地面积15万平方米，建筑面积1.5万平方米，建筑主体为媒体展厅、观赏长廊、室外庭院、喷雾广场和石刻漂流等，周围的建筑群体包括旅游接待中心、文博园等。（史志办）

【京沪高铁丹阳北站开工建设】　2009年11月5日，京沪高速铁路丹阳北站正式开工建设。京沪高速铁路丹阳段全长20.58公里，丹阳北站位于丹阳新区东南部，云阳镇颜巷村塘西自然村南，距市行政中心约6公里，距老城中心区约10公里。丹阳北站站房建筑面积6000平方米，主体高度22.3米，宽28米，总长158米。站场规模为2台4线，其中基本站台1座，宽8米，中间站台1座，宽8米，长均为450米。铁路正线2条，到发线2条。站房为“线侧下式”，即落地侧式站房。丹阳北站总投资2.38亿元，其中站房及相关工程投资1.34亿元，丹阳投资9146万元。（孙晓方）

【丹阳市三项目列入省非物质文化遗产名录】　2009年，丹阳市又有“九狮图”“九里季子庙会”“丹阳啷当”等三项目被列入江苏省非物质文化遗产名录。丹阳市被列入省级以上非物质文化遗产名录的项目共七个。之前，封缸酒酿造技艺、董永传说、乱针绣、天鹅绒织造技艺等四项被列入省级非物质文化遗产名录，其中封缸酒酿造技艺被列为国家级非物质文化遗产名录。（史志办）

【丹阳市新发现文物点334个】　2009年，为配合第三次全国文物普查，丹阳市从2008年启动有史以来规模最大的一次文物普查活动。通过野外调查，新发现文物点334个，其中具有重大影响的是葛城遗址等古遗址21处、后巷镇清代敦厚堂大院等保存完好的古建筑37处、以埤城镇夏墅村大同寺晋代古井为代表的古桥古井111处。年代最久远的是位于司徒镇的“八仙墩”“狮子墩”商周时期的古遗址群。后巷和埤城两地新发现的民居“敦厚堂”(徐家大院)和“朱家后大院”，分别为此次普查中发现的丹阳地区保存最好的清代民居和规模最大的民居建筑。（史志办）

【丹阳市海会寺重建工程奠基】　2009年11月18日，丹阳市举行海会寺重建奠基仪式。海会寺始建于明万历八年(公元1580年)，在佛教界有着举足轻重的影响。20世纪90年代以来，丹阳市各界以人大议案、政协提案等形式陆续向市委、市政府表达要求恢复海会寺的愿望。市委、市政府把海会寺重建列入政府重点工程项目加以推进。根据海会寺的历史和现状，在吸纳各方人士建议的基础上，重建的海会寺位于云阳镇丝绸路，将以明代寺院建筑风格为理念，并吸收古今文化、城市山林特色，集宗教、休闲、旅游于一体进行规划设计，以万善塔为寺院背景，中轴线由东向西北逐次展开，取意“紫气东来”，依次为三门殿、天王殿、大雄宝殿、藏经楼、方丈楼，建筑面积达6万余平方米。（倪国义）

【丹阳市农保与镇江两医院实现网上实

时结报】 2009年10月1日，丹阳市农村合作医疗保险与江苏大学附属医院（镇江江滨医院）、镇江市第一人民医院（镇江市康复医院）实现网上实时结报。镇江市有8家医院为丹阳市农村合作医疗保险住院定点医疗机构，丹阳市农村合作医疗办公室经过3个多月的筹备，最终确定江滨医院和康复医院作为农村合作医疗网上实时结报定点医院，并成功实现结报系统联网。从10月1日起，丹阳市所有参保农民到这两所医院住院就诊，出院当天就可以完成医药费的报销。 （史志办）

【镜片膜层耐疲劳试验设备填补国内空白】 2009年10月30日，经过中国标准化研究院、浙江大学等眼镜光学领域专家的全面鉴定，丹阳国家眼镜产品质量监督检验中心研制的镜片膜层耐疲劳试验设备被认定为填补国内空白的重大科技成果。此前，国内一直缺乏对眼镜镜片膜层耐疲劳项目的检测设备，相当一部分镜片出口企业因此出口受阻。丹阳国家眼镜产品质量监督检验中心自2008年起，投资50万元对镜片膜层耐疲劳项目进行研发，2009年9月研制出相关检测设备，使国家眼镜产品质量监督检验中心的眼镜检测能力得到完善。 （卢坚峰）

2009年丹阳市各镇（区）党政主要领导名单

表34-1

镇（区）	书　记	镇长（主任）
云阳镇	任剑平	贡　涛
司徒镇	赵立群	孙国林
延陵镇	盛嘉华	陈海虹
珥陵镇	曾金森	荆健康
导墅镇	张荣海	汪　涛
皇塘镇	林丹如	黄俊杰
吕城镇	聂美红	吴晓东
陵口镇	徐国庆	殷　军
访仙镇	符卫国	杭春云
新桥镇	符红海	杨文军
界牌镇	王东良	汤建俊
后巷镇	沈留海	丁耀斌
埤城镇	吴国庆	王　华
开发区管委会	李　刚	李　刚
练湖管理区	刘宝祥	朱林荣

（史志办）

句容市

【概况】 全市总面积1385平方公里，其中耕地面积46985公顷。2009年年末常住人口61.71万人，比上年增加0.48万人。年末户籍总人口57.95万人，比上年增加0.13万人。有31个少数民族。辖10镇、1个省级经济开发区、3个旅游风景区管委会、14个农林场圃，以及38个社区居民委员会、153个村民委员会。

全年实现地区生产总值215.12亿元，按可比价计算，比上年增长13.1%。人均地区生产总值（按常住人口计算）34996元。三次产业增加值比例由上年的10.2∶56.4∶33.4调整为10∶55.5∶34.5。实现财政总收入30亿元，增长33.3%；一般预算收入11.21亿元，增长18%。服务业增加值占地区生产总值比重提高1.4个百分点。建成全面小康，跻身全国百强。全社会固定资产投资127.06亿元，增长41.6%。新增注册民营企业900家，新增个体工商户3900户，新增民营个体注册资本30亿元。实现城镇居民人均可支配收入20533元，农民人均纯收入8835元，分别增长11.2%和10.4%。

全市实现农林牧渔业增加值21.6亿元，比上年增长5%。粮食总产量达32.45万吨，增加1.9万吨，增长6.2%。其中夏粮6.37万吨，增长11.8%；秋粮26.07万吨，增长4.9%。粮食面积为4.86万公顷，增加0.05万公顷；棉花面积为0.16万公顷，减少0.01万公顷；油料面积1.71万公顷，减少0.06万公顷；蔬菜面积0.49万公顷，增长32.4%。依托白兔、天王、后白、郭庄、茅山等高效农业集聚区，优化“苏南10万亩经济林果带”产业布局，加快建设农科所农业综合示范园、嘉汉苗木园等高效农业园区，形成一批高效设施和生态循环农业，新增高效农业5067公顷，其中设施农业1254公顷、千亩以上基地44个，开发规模连续四年居镇江市第一。新增农业项目115个，完成三资投入10.07亿元；新认定农业龙头企业17家，发展无公害农产品、绿色食品、有机食品17个。完成宁常、宁杭高速绿化带改造升级，新增造林面积2267公顷，其中成片造林1867公顷，森林覆盖率达28.1%。新增“三大合作”组织151家，会员1.2万人。建成市农产品质量检测站，开工建设旅游农

2009年丹阳市各镇（区）经济社会发展基本情况一览表

表34-2

镇（区）	土地面积（平方公里）	耕地面积（公顷）	户籍总人口（人）	地区生产总值（亿元）	财政收入（万元）	到账外资及港澳台资（万美元）	外贸进出口总额（万美元）	农民人均纯收入（元）	参加农村社会养老保险（人）
司徒镇	121.29	6497	60784	27.72	22524	346	11128	8870	18122
延陵镇	116	6527	65897	18.81	9681	618	3750	8802	20535
珥陵镇	83.65	4635	52157	13.68	4737	37	592	9218	15850
导墅镇	80.56	4724	50546	26.47	8533	46	1740	10060	12767
皇塘镇	80.54	4035	51244	31.05	15614	182	6074	11079	10869
吕城镇	67.89	4021	51004	26.4	20356	28	5813	10980	11519
陵口镇	64.5	3814	45049	14.72	4730	183	1913	10283	13152
访仙镇	79	4285	51574	18.92	8433	291	3526	10092	14968
新桥镇	26	1281	22430	34.41	20497	279	7553	18580	5695
界牌镇	23.5	990	21824	29.33	21983	1002	2984	17320	5770
后巷镇	63.89	2484	36168	72.25	38202	3727	25736	13780	11002
埤城镇	75	3259	37144	27.53	12065	1400	8354	9680	8495
云阳镇	103	5133	196247	48.6	44296	4898	20180	10360	17399
练湖管理区	18.34	400（水域面积）	8771	9.45	6573	49	2175	11230	161

（史志办）

产品展销中心，完成句容、二圣、春城湖3座中型水库和11座小水库除险加固工程。

全年规模以上工业增加值110.57亿元，比上年增长14.7%；销售收入445.14亿元，增长23.1%；利税33.29亿元，增长37.2%。光电子、运动器材、新材料、建材四大主导产业实现产值174.4亿元，增长20.3%，开发区创成省光电子产业集聚区。宁武化工、台泥水泥等规模企业相继扩能。全市完成工业技改投入73.5亿元，增长27%。新增规模以上中小企业30家，唐邦机电上市取得实质性进展。全年新认定国家高新技术企业6家、省级高新技术产品21项、自主创新产品和重点新产品8项；设立省级博士后科研工作站2个、省级企业技术研究中心2家、科技创业园1家，均实现零的突破；创成省级工程研究中心4家；中容电气创成中国驰名商标，填补句容市空白。引进省高层次创新创业人才项目和镇江市“331”领军人才项目5个。研发投入占地区生产总值比重达1.5%，科技进步贡献率达51.3%，创成“全国科技进步先进市”。

全年工业投入88亿元，增长34%。规模以上工业项目竣工103个，开工88个，总投资58.7亿元，其中超亿元项目19个。全年实际利用外资2.78亿美元，跻身全省15强，其中开发区利用外资占全市比重提高至55.9%，全省排名前移14位。全年新批外资项目29个，平均单体规模提高18.8%；进出口总额3.21亿美元，其中进口首次突破1亿美元。美尔顿车业、北新建材、百利车业等大项目开工建设，巨宝科技、立成强机械、建华PC棒、毅马五金等项目建成投产，三鑫科技、天工总部、英华物流等项目成功落户。

全年服务业实现增加值72.87亿元，增长15%。成立市乡村旅游协会，编制完成《全市乡村旅游总体规划》，举办茅山旅游文化节、宝华“泡山节”等推介活动，承办全省首届“乡村旅游高层论坛”，茅山、宝华山、句容怡景湾度假村(南山农庄)入选“世博之旅”精品线路。全年接待国内外旅游人数520万人次，比上年增长20.9%。旅游业务总收入41亿元，增长64%。茅山风景区生态停车场、游客接待中心、主入口景观广场等工程即将竣工；宝华山风景区南大门风光带、隆昌寺环翠楼等工程相继启动。句容宾馆、曙光国际大酒店挂牌四星，世茂城市综合体、美加国际度假村加快建设。房地产市场日趋活跃，商品房销售87.6万平方米，增长148%。“万村千乡”工程深入实施，家电下乡政策效应明显。社会消费品零售总额60.33亿元，比上年增长17.8%。江苏银行句容支行、盛邦农村小额贷款公司挂牌成立。

全年市财政直接投资超过15亿元，推进84项重点工程，工程量和投入量连续三年超历史。五大板块建设全面推进，开发区建成华阳西路西延伸段、巨宝路、西五环等6条园区道路，完成绿化、路灯、截污管道等配套建设，幸福花园安置小区主体封顶，海关、商检等机构入驻园区；临港工业集中区建成“四纵两横”园区道路，沿江高等级公路全线通车，污水处理场一期投入使用；宝华新城启动“一核四片区”建设，宝四路、宝五路等8条道路竣工通车，亭华路、汤龙公路市政化改造等6条道路开工建设；空港新区开发成功破题，空港大道一期、朝阳路正式贯通；茅山风景区红庙村整体搬迁，句曲中路、大茅路、太极路等道路提标升级。全市新、改建公路269.7公里，投入量居镇江辖市首位。122省道句容城区段、340省道句容先导段建成通车，104国道句容段开工建设，122省道新塘至北三环段双向十车道改造、疏港公路等战略性工程启动。

全年完善对接南京城市发展战略各类规划近20个。全市拆迁面积55.8万平方米，新建安置房56万平方米，整治老街小巷100多条、住宅小区13个，改造危旧房1万平方米，5万平方米经济适用房交付使用。完成房家坝片区拆迁，新改扩建通宁路、学府路、华阳南路南延、崇明中路东延、河滨南路东延等10多条城市道路。33座城区公厕完成改造并免费开放。实施“千张椅子进城区”工程，完善40多个休闲小广场。铺设城乡区域供水主管网168公里，天然气主管网实现城区全覆盖。建成房家坝城市防洪工程，玉清河、杜家山水系活水工程，句容河橡胶坝工程。

全年转移劳动力1.1万人，培训1.4万人次，新增城镇就业7453人，帮助3801名失业人员实现再就业，城镇登记失业率控制在3%以内，就业“惠民套餐”模式在全省推广。全年新批民营企业900家、个体工商户3900户，累计注册资本首次突破百亿元。城乡居民储蓄存款余额首次突破百亿，年度人均储蓄新增2600元。建成农村公路150公里，改造危桥92座。“村村通”工程进展顺利，集中居住点通达率50%，更新学生接送车辆50辆，启用50个便民候车亭，建成茅山、郭庄客运站。完成天王变、和平变、春城变工程，新改建高压配电线路138公里，改造农村低压线路696公里。

全市城镇医疗、养老、失业等各类保险参保率均达96%以上，新型农村合作医疗参保率达99.6%，在全省率先实施城乡医疗保险并轨。全面推行新型农村养老保险，覆盖率达80%。首创学生大病救助机制，救助大病学生24名，救助资金53.2万元。筹资150万元，对8000余名重点民政对象实施医疗救助。发放重残人员生活救助费760万元、重点优抚对象遗属生活补助199万元、城乡低保金1032万元，发放65岁以上收入无保障老人定额生活补贴1838.8万元。五保户集中供养率达70%。新成立11家基层慈善分会，全市累计募集善款9000余万元，救助困难群众2000多人次。实施“脱贫攻坚”帮扶活动，31个帮扶村和9400多户贫困人口成功脱贫，全面完成“两消除”目标任务。

全市教育现代化创建通过省级评估。职教中心扩建工程全面完成，通过省四星级职校验收；河滨路小学建成招生，崇明小学主体工程完工，市三中初中部整体迁入原双语学校。强化公共卫生体系建设，人民医院病房大楼二期工程主体竣工，宝华卫生院建成全国首家数字化卫生院，新改、扩建茅山等5个卫生院，全市119个村卫生室基本医疗设施配备到位，基本形成覆盖城乡的“15分钟健康服务圈”。建成全国白内障无障碍市。启动公共卫生应急机制，有效防控甲型流感疫情。建成11个镇级计生服务机构、161个村级世代服务室。

全年关停并转化工企业10家，30余家企业违法排污行为受到严肃查处。全面完成太湖流域提标改造及整治年度任务，集中式饮用水源地保护得到加强。完成秸秆禁烧、边城地区大气污染综合整治等专项行动，打击非法盗采，关闭盗采宕口241个、轧石企业22家、砂石加工点33个。创成全国环境优美乡镇5个、省市级生态村12个、绿色社区3个、绿色学校22所。镇级污水处理厂全部投入试运营，全市污水日处理率提高至80%。配备农村保洁员1487人，初步建立农村卫生长效管理机制，农村环境面貌逐步改善。改造文昌路、玉清路、华阳北路延伸段绿岛，提升葛仙湖公园、新世纪广场、玉清广场等绿化景观，新增城市绿地面积37.7万平方米，城市绿化覆盖率达41%。新增清洁生产企业18家，万元地区生产总值能耗下降4.4%，全年化学需氧量、二氧化硫排放量分别削减678.8吨、1049吨，空气质量良好以上天数达345天。

李巧生获全国道德模范提名奖和江苏省道德模范称号，赵亚夫入选新中国成立以来感动江苏人物，完成萧绩墓石刻修复工程，城上村遗址入选全国文物普查重要新发现，茅山道教音乐入选首批省级非物质文化遗产名录。

(丁　阁)

【组织机构及领导成员名单】

中共句容市委员会

书　记　童国祥

副书记　尹卫东　孙昌桂(女)

常　委　商　震　朱建禾　王永京

张映桥　章壮钧　秦德明

张德军　张宇轩

句容市人大常委会

主　任　童国祥

党组书记　杨庆荣

副主任　杨庆荣　郭道贵　易立富

王良喜　吴小香(女)

句容市人民政府

市　长　尹卫东

副市长　商　震　高庆华

周春芳　王　琴(女)

石继纲　彭良豪

陆金火(2009.04～)

市长助理　陆金火(　～2009.04)

朱凯生(2009.04～　)

政协句容市委员会

主　席　王远根

副主席　徐之宝　黄　培　王　林

谢荣洲　倪定胜

王道银(女)

中共句容市纪律检查委员会

书　记　王永京

句容市人民法院

院　长　卜士凡

句容市人民检察院

检察长　毛康林　(丁　阁)

【央视《走遍中国》栏目组走进句容】2008年10月16～29日，中央电视台国际频道《走遍中国》摄制组到句容茅山、宝华山风景区，围绕“神奇军号声”和“律宗文化”等方面作半个月的专题拍摄。该节目于2009年1月21日、23日20:00在央视国际频道播出，对宣传句容特别是茅山和宝华山旅游、人文历史、宗教、民俗文化起到重要推进作用。(丁　阁)

【句容市举办首届“茅山·宝华山杯”全国象棋冠军邀请赛】2009年5月16～19日，首届“茅山·宝华山杯”全国象棋冠军邀请赛在茅山风景区举办，此次比赛是句容市人民政府与中国象棋协会联合主办。特邀胡荣华、李来群、吕钦、许银川、柳大华、徐天红、赵国荣、于幼华、陶汉明、洪智、赵鑫鑫11位全国象棋个人赛冠军参加。经过四天的角逐，许银川、洪智、于幼华分获前三名，吕钦、徐天红、许银川分别获最佳拼搏奖、最佳风尚奖和最佳构思奖。中央电视台、《扬子晚报》等媒体进行跟踪报道，新浪网对部分场次比赛进行直播。(丁　阁)

【句容市巨宝精密加工(江苏)有限公司投产】2009年7月27日，总投资6亿美元的巨宝精密加工(江苏)有限公司正式投产。该项目由仁宝、巨腾等世界知名企业共同投资，总投资6亿美元，总注册资金1.8亿美元。2008年10月，巨宝科技项目正式签约。11月，巨宝精密加工(江苏)有限公司动工建设。2009年5月，建成29万平方米一期厂房，主要从事镁合金、铝镁合金、塑胶件笔记本电脑外壳以及新型电子元器件等配套件的生产、研发和销售。2009年7月举行竣工投产庆典仪式，副省长张卫国代表省政府出席庆典并讲话。(丁　阁)

【句容市跻身全国百强县行列】2009年7月，由中郡县域经济研究所、县域经济基本竞争力评价中心牵头主办的2009年全国县域经济科学发展交流年会召开，会议公布第九届全国县域经济基本竞争力与科学发展评价报告，句容市跻身全国百强县行列，排名第94位。共有2001个县域经济单位(不包括县级辖区)参加。评价报告以2008年各项公开资料为基础，通过县域经济基本竞争力、科学发展评价等两大类20多个指标对比，最终确定全国百强县排名。(丁　阁)

【句容市举办江苏省首届乡村旅游发展高层论坛】2009年9月20～21日，句容市在省农博园禾木山庄举办首届江苏省乡村旅游发展高层论坛，国家旅游局政策法规司司长张坚钟，省政府副秘书长张吉生，省旅游局局长周乃翔，全省各市、县旅游局局长以及专家学者100多人参加。参加论坛的人员参观圣妙农庄、怡景湾度假村和省农博园。国家旅游局政策法规司司长张坚钟、台湾乡村旅游协会会长郑建雄、南京旅游职业学院烹饪工艺与营养研究所顾问周妙林等专家发言。(丁　阁)

【宁句一体化发展研究会成立】2009年10月30日，宁句(南京、句容)一体化发展研究会成立，并召开第一次会员大会。研究会重点在发展规划、城市建设、产业发展、发展要素等方面与南京的对接上加强研究，提出可操作性意见和建议。(丁　阁)

2009年句容市各镇党政主要领导名单

表34-3

乡　镇	书　记	镇　长
华阳镇	王素俊	潘　云
黄梅镇	侯华锋	桑学军
宝华镇	陈善乐	嵇晓群
下蜀镇	王吉武	刘冬友
边城镇	张广新	周　俊
白兔镇	孙卫军	王　涛
郭庄镇	徐胜宝	纪文华
后白镇	王大金	查兆娣
天王镇	周奇恒	徐龙喜
茅山镇	金　伟	高志祥

(丁　阁)

表34-4

2009年句容市各镇经济社会发展基本情况一览表

乡　镇	土地面积(平方公里)	耕地面积(公顷)	户籍总人口(人)	地区生产总值(万元)	财政收入(万元)	到账外资及港澳台资(万美元)	出口总额(万美元)	农民人均纯收入(元)	参加农村社会养老保险(人)
华阳镇	116	3487	43046	183580	31582	1008.35	35075	9010	9271
黄梅镇	120.68	3742	45020	147059	5370	1002.90	126434	8910	8861
宝华镇	100	1098	23835	73500	11559	4128.52	5697	9080	4406
下蜀镇	122	2341	40075	183400	33511	3510.17	9100	9020	33400
边城镇	109	2953	35309	125872	9921	58.08	36700	8840	28397
白兔镇	115	4479	40517	130561	8498	501.00	125627	8910	–
郭庄镇	117	4629	53118	181842	7345	723.85	110846	8810	15338
后白镇	143.28	4766	50559	169604	10440	601.00	138520	8850	–
天王镇	131.54	4605	55734	171537	4905	1005.50	8329	8820	44878
茅山镇	81	2952	28922	72934	3986	50.00	4205	8830	18299

(丁　阁)

扬中市

【概况】 全市总面积331平方公里,耕地面积9946公顷,比2008年减少344公顷。2009年年末总户数11.01万户,总人口27.66万人,其中男13.65万人,女14.01万人,人口自然增长率-2.23‰。辖5个镇、1个省级开发区、86个行政村、2324个村民小组。2009年实现地区生产总值213.48亿元,增长14.2%,财政总收入30.59亿元,增长19.5%;三次产业比重为3.5∶59.0∶37.5。全年实现社会消费品零售总额58.7亿元,增长19.0%。城镇居民人均可支配收入23227元,增长11.6%;农民人均纯收入11210元,增长11%。年末金融机构各项存款余额220.1亿元,城乡居民储蓄存款余额128.7亿元,年末城乡居民人均储蓄存款46675元,增加8861元。

全年实现农业总产值12.3亿元,增长6.6%。粮食总产量10.68万吨,增长2.8%。新增设施农田面积23公顷。实施适度规模经营,梓阳植物园、观赏鱼基地等项目推进,全市新增高效农田面积1000公顷,高效农业总面积达3067公顷。建成市、镇、村三级土地流转市场,新增土地流转面积733公顷,新建农民专业合作、土地股份合作、社区股份合作组织82家,共有"三大合作"组织132家。全市共有无公害产品、绿色食品和有机食品20个。全面完成"千河疏浚"任务,累计整治村庄河塘1267条,土方210万立方米。完成造林面积661公顷。

全年实现工业增加值136.69亿元、工业销售453.4亿元、利税45.74亿元,比上年分别增长29.1%、29.35%、30.48%。工程电器、新能源、装备制造三大主导产业完成产值359.6亿元,占全市工业经济总量的71.5%,被命名为"江苏省电力电器特色产业基地"。全年完成社会固定资产投资94.05亿元,增长41.7%其中工业性投入72亿元,增长39.8%,销售超亿元企业达58家,比上年增加6家;超10亿元企业7家,大全集团销售突破70亿元。实施超亿元工业项目20个,文德新能源、新韩通重工等超10亿元项目进展顺利;中国石油长江项目、宝源华东物流园等超100亿元项目落户。中电电气被列为国家创新型试点企业,华鹏集团获得一枚"中国驰名商标"。完成经济开发区布局和管理体制调整,出台《关于进一步加快开发区发展的实施意见》;全年投入近9亿元,完善基础配套设施,累计拆迁550户,腾地267公顷。全市新增民营企业638家,新增个体工商户1591户,新增注册民营资本19.9亿元,吸纳民资40亿元,全年民营经济实现税收13.79亿元,增长18.9%,实现增加值163.5亿元,增长18.4%,占地区生产总值的比重为76.6%。

全市新批外资项目8个,实际利用外资1.13亿美元,全年完成进出口总额4.06亿美元。兴隆港码头投入试运营,四通物流一期工程基本建成。

编制完成城市总体规划、新老城区控制性详细规划,开展滨江新城城市设计,土地利用总体规划大纲获省政府批准。服务泰州长江公路大桥建设,征地拆迁全面完成,大桥南塔、南锚锭基本竣工,夹江桥及沿线高架建设进展顺利。人民医院大楼完成改造,卫生监督所大楼、残疾人康复中心基本建成,疾控中心建成国家认可实验室。238省道改线工程新坝段、开发区段路基工程结束,迎江大道、新城路、长江路、昌盛路东延、庆丰公路基本建成,对扬中大道(大桥至永勤河段)实施大、中维修。更新改造城区雨污水泵站10座,新建改造排涝站44座。区域供水主岛主干管网铺设到位,新坝镇、三茅镇、八桥镇、开发区实现集中供水。全年完成商品房施工面积66.77万平方米,商品房竣工面积24.99万平方米;商品房现房销售面积24.11万平方米,其中住宅面积21.24万平方米;商品房现房销售额14.98亿元,其中住宅销售额13.3亿元。

"四城同创"(国家环保模范城市、国家级卫生城市、全国生态市、国家级园林城市)深入推进,建成中电大道、外环南路、扬中大道绿色景观带和城西公园等园林绿化工程,全年绿化投入1.5亿元,完成城乡绿化造林661公顷,新增城区绿化面积43万平方米,省级园林城市创建通过专家组考核。新坝镇、三茅镇、油坊镇、八桥镇"全国环境优美乡镇"通过验收。万元地区生产总值综合能耗0.489吨标煤,下降4.2%;全年减排化学需氧量148吨;二氧化硫排放量减少54吨,提前完成"十一五"节能减排任务。

全市高新技术产业完成产值266.4亿元,占规模工业的比重达61.6%;全年新认定高新技术企业10家;承担科技部国际合作项目1个、中小企业创新基金项目11个、省重大科技成果转化项目3个。新增院士专家工作站1家、博士后科研工作站3家,连续六次被评为全国科技进步先进市。科技创业中心基本建成,省配电设备产品质量监督检测中心等项目有序推进。

出台《扬中市被征地农民基本生活保障实施意见》《扬中市历史被征地农民基本生活保障实施办法》。低保标准城镇提高到每人每月350元、农村每人每月250元。新增转移农村劳动力1800人,登记失业率控制在1.3%。农村基本养老保险参保人数90430人,覆盖面85.7%;新型农村合作医疗保险参保人数179879人,覆盖面99%;城镇职工"五项保险"参保率均在98.8%以上。全年改造农村危房97户,共发放慈善救助资金306万元。设立贫困重症青少年关爱基金,慈善基金规模达到1亿元。

全年取消和停止行政事业性收费项目、政府性基金60项,年政策性减轻税负1.8亿元;刑事案件发生率比上年下降15.3%,社会治安群众满意度达98.9%。建成行政权力网上公开透明运行和电子监察系统,规范行政权力运行,通过"省级依法行政示范点"复检。全年受理各类行政审批事项2.8万余件,提前办结率71%。办理各类建议和提案420件,满意率达100%。 (蒋 敏)

【组织机构及领导成员名单】

中共扬中市委员会

书 记 凌 苏
副书记 孙乾贵 冯锦跃
常 委 施健华
沈大银(2009.03~)
顾小俊 唐崇林
王继兰 朱晓阳
马建生(~2009.03)
蔡 敏
黄宝红(2009.03~)
宋卫东(~2009.03)

扬中市人大常委会

主 任 赵根林
副主任 施祝生 徐新华
陈来娣(女) 蒋金龙
丁海基

扬中市人民政府

市 长 孙乾贵
副市长 施健华 唐崇林
沈大银(~2009.04)
谢庚龙(2009.04~)
戴少华
蔡 萍(女)
鄂有阳
宋武平(2009.04~)

政协扬中市委员会

主 席 戴正春
副主席 王子龙 吴昌荣 常 云
汤树良 张万龙

中共扬中市纪律检查委员会

书　记　顾小俊

扬中市人民法院

院　长　余新优

扬中市人民检察院

检察长　景双彬（　～2009.04）
　　　　倪艳平（2009.04～　）

（蒋　敏）

【中国石油江苏长江项目在扬中奠基】 2009年10月22日，预计投资100亿元的中国石油江苏长江项目落户扬中。中国石油江苏长江项目总体规划依托扬中市的港口条件和常州市的原料工业市场基础，建设成品油储备物流中心、化工品物流集散中心和化工原料生产基地。该项目的实施，能够形成覆盖江苏全省乃至华东地区的成品油和化工品配送枢纽，填补中国石油在江苏炼化业务的空白。（参见第192页）（蒋　敏）

【扬中市首次入选中国十佳"资源节约型、环境友好型"中小城市】 2009年10月17日，扬中市在跻身全国中小城市科学发展百强第31位的基础上，首次入选中国十佳"资源节约型、环境友好型"中小城市，名列第五位。近年来，扬中市推行绿色地区生产总值，优化产业结构，推进循环经济，有效保护生态环境，全市万元地区生产总值综合能耗远低于全国、全省及镇江市平均水平，提前完成"十一五"期间地区生产总值能耗下降20%的目标任务。（蒋　敏）

【举行庆祝扬中解放60周年系列活动】 2009年4月22日，扬中市各界集会纪念扬中解放60周年。扬中市先后举办"扬中60年"实物图片展、大型歌咏晚会、国庆烟火晚会、"五星红旗我为你骄傲"征文等庆祝活动，出版《扬中不会忘记》大型画册，激发全市人民"爱祖国、爱家乡"的豪情。（蒋　敏）

【泰州长江公路大桥扬中境内工程建设】 2009年，泰州长江公路大桥累计完成投资36.55亿，征地拆迁全面完成，跨江大桥南北主塔顺利完成，南北锚碇基本结束，工程进展顺利。扬中市境内五个标段中，南塔封顶；南锚碇主体工程已完成；南引桥标段的桩基基本完成；镇江一标段（互通段）完成总工作量的64%；夹江桥段钻孔桩已完成，T梁、连续梁承台、上梁结构施工完成总工作量的53%。（蒋　敏）

【238省道改线工程】 238省道改线工程起于大桥收费站以东，途经新坝镇、三茅镇、开发区、八桥镇，过扬中二桥经西来桥镇，止于扬中与常州交界处，全长约39.78公里（含预留二桥长度3.13公里）。2009年，贯穿八桥镇的238省道A1标段，全线完成水稳碎石施工，具备通车条件，两侧各18米绿化工程全部完工；A2标段（起点至三栏公路）和A4标段（三跃港至东兴港）路基工程已结束，符合正常通车条件；进展相对缓慢的A3标段（泰州大桥互通终点至三跃港）、A5标段（东新港至红星河），完成水稳结构的施工。（蒋　敏）

【国家少年女子曲棍球训练基地落户扬中】 2009年8月31日，国家少年女子曲棍球队正式入驻扬中市，这是扬中市第一支"国字号"球队。自2004年扬中市少年女子曲棍球队组建以来，曲棍球项目在扬中市迅速发展，成为扬中市竞技体育的一个亮点，多次在全国以及省级赛事中取得优异成绩，已有2人晋级国家青年队，5人入选国家少年队，5人入选省少年队。12月31日，国家少年女子曲棍球专业训练场——扬中市曲棍球场正式竣工并投入使用，占地近1公顷，建筑面积6000余平方米，成为江苏省县级市中唯一拥有达到国际一流标准的曲棍球场。（蒋　敏）

【新韩通"宝富号"巨轮下水】 2009年6月10日，新韩通船舶重工建造的5.7万吨散货船"宝富号"巨轮下水。该轮为镇江造船史上吨位最大轮船。2009年，扬中市船舶装备制造产业发展迅速，形成以新韩通船舶重工为龙头，涵盖内河与海洋的船舶制造企业群，催生威和船舶设备有限公司、龙源港机等一批实力较强的船舶制造企业，产业链条涉及船舶基板机械、船用工程电气、涂料、管道等10多个领域，年产值达50亿元。（蒋　敏）

【大全集团等成为中国电气工业百强】 2009年11月11日，第十届中国电气工业100强榜单出炉。其中，大全集团位列第4位，中电电气集团有限公司位列第24位。2009年，扬中市工程电气产业依托科研院所，向电厂电器、船用电器、铁路电器、核电以及新能源电器五个领域发展，在联合抱团中实现优势互补、裂变升级。（蒋　敏）

【扬中市发展促进会成立】 2009年1月28日，扬中市发展促进会成立，成为扬中市联系在外优秀扬中籍人士的桥梁和纽带。扬中市发展促进会成立以来，相继举办北京论坛，成立南京分会。通过这一平台，以包信和、马伟明、施正荣、徐留平为代表的在外扬中人充分发挥各自的优势，为家乡发展牵线搭桥、献计出力。（蒋　敏）

2009年扬中市各镇党政主要领导名单

表34-5

乡　镇	书　记	镇　长
新坝镇	朱晓阳	文层耕
三茅镇	马家胜	翟德智
油坊镇	王成明	林成春
八桥镇	于德祥	祝寒冰
西来桥镇	陈泰鸿	陈　兵

（蒋　敏）

2009年扬中市各镇经济社会发展基本情况一览表

表34-6

乡　镇	土地面积（平方公里）	耕地面积（公顷）	户籍总人口（人）	地区生产总值（亿元）	财政收入（万元）	到账外资及港澳台资（万美元）	外贸进出口总额（万美元）	农民人均纯收入（元）	新增农村社会养老保险（人）
新坝镇	49.2	1996.9	47160	52.56	66000	1916.45	7344	14307	932
三茅镇	77.16	2234.22	106934	40.95	84000	1814.05	31105	11280	1520
油坊镇	45.93	2207.96	41993	22.49	17600	2059.49	11472	11099	1510
八桥镇	34.58	1582.09	33439	12.80	11600	17.68	588	10075	1297
西来桥镇	19.15	852.07	17576	6.73	4850	–	187	8439	400

（蒋　敏）

【中国职业装博览馆开馆】 2009年5月16日,由宜禾股份有限公司出资兴建的全国首家职业装博览馆——中国职业装博览馆在扬中市开馆,填补中国职业装行业的空白,为研究中国职业装发展历史,发展和传承职业服饰文化提供科学发展的阵地,为职业装行业相互学习和对外交流搭建新的平台。中国职业装博览馆分为古代馆、当代馆、科技馆三大分馆,分别从中国职业装的发展演变历史、当代世界职业装的繁荣现状以及科技给予职业装的人文关怀等三个主题展示和弘扬职业装的文化积淀。

(蒋 敏)

【扬中市档案馆成为镇江市首家国家二级馆】 2009年12月12日,受国家档案局委托,省档案局测评组经过现场检查、综合评议打分,认定扬中市档案馆达到国家二级档案馆标准,成为镇江市首家国家二级馆。有着近50年历史的市档案馆全面记载扬中市社会发展的历程。自2008年新馆建成后,市档案馆的软硬件条件均得到提升,重点提高重要珍贵档案和民生档案所占比重。在加强对馆藏档案开发开放的同时,市档案馆还为市民提供免费查询服务,年均查档近2000人次。 (蒋 敏)

【《扬中年鉴》创刊】 2009年8月19日,扬中市政府召开《扬中年鉴》创刊工作会议,正式启动《扬中年鉴(2009)》(创刊号)编纂工作。《扬中年鉴》由扬中市政府主办,扬中市史志办公室负责编纂。作为扬中市首部年鉴,《扬中年鉴(2009)》通过图文并茂的方式,记录扬中市2008年度发生的大事、要事,以此展示扬中,宣传扬中。全书基本结构分为类目、分目、条目三个层次,内容包括全市概况、农林水利、交通、经济、文化等30多个方面,涉及120多个单位部门,资料要素齐全,内容丰富。《扬中年鉴》(创刊号)全书约75万字,计1217个条目、118幅随文图照、127张随文表格,2009年底编纂基本完成,于2010年4月正式出版发行。 (蒋 敏)

丹徒区

【概况】 全区总面积610.5平方公里,其中耕地面积2.73万公顷。辖7个镇、2个园区和丹徒新城管委会,计88个村民委员会和14个居委会,另设有丹徒经济开发区,有农林场圃7个。2009年年末全区总户数101431户,总人口281416人,其中非农人口70820人。年内出生1970人,出生率7.03‰;死亡1919人,死亡率6.85‰。全区人口自然增长率0.18‰。

全年完成地区生产总值144亿元,比上年增长13.5%,人均地区生产总值5.10万元,增长18.06%。全社会固定资产投资125亿元,其中规模以上固定资产投资100亿元,分别增长34.4%和30.3%。一、二、三产比例调整为5.5∶60.5∶34。财政总收入24.8亿元,地方一般预算收入8.48亿元,分别增长42.8%和21%。

全区4个万亩、26个千亩工程全面建成,新增高效农业2000公顷、设施农业666.67公顷,农业适度规模经营面积达4533.33公顷。长山生态农业园被命名为全国绿色农业示范基地。新增农村"三大合作"组织78个,流转土地1333公顷,带动农民增收786万元。农业综合开发投入4800万元,治理面积1300公顷。

全年实现定报工业销售收入340亿元、利税32.5亿元、增加值90亿元,分别增长21%、42.1%和15.3%,其中利税增幅位列全市第一。全年完成规模以上工业性投入76.6亿元,增长42.9%。新增规模以上企业55家,销售超亿元企业达71家。沃得重工、捷诚车载等科技型企业增势强劲。江苏申模院士工作站获准设立,辛丰成为全省首批创新专业镇,谷阳环保科技创业中心建成投运。新认定国家火炬计划重点企业1家、高新技术企业5家、省级工程技术中心5个,新立市以上科技项目32项,获助科技专项经费2497万元。实现高新技术产业产值70亿元,增长48.6%。

丹徒新城建设加速,农工商商业街建成,世纪联华丹徒店正式营业。风景城邦、魏玛假日、圣地雅格等一批精品楼盘销售情况良好。辛丰龙恩木屋度假村被列为国家级农业旅游示范点。全年实现服务业增加值49亿元,完成社会消费品零售总额31亿元,分别增长14.1%和19%。

全区年初确定的144个项目,竣工53个,在建47个,完成投资85亿元,增长40%。二重一期投入30亿元,重装码头基本建成,压力容器厂房进入试生产,二期工程即将开工;腾跃工程机械、铝用阳极、华龙管业等重点项目竣工投产,CAD模具、真空制盐、高纯石墨碳材等优质项目进展良好,氢能产业园等一批重大项目成功签约,国家航天育种镇江基地落户世业洲,航天科工、谷阳湖开发等项目顺利推进。

全年新批注册1000万美元以上外资项目9个,完成工商注册合同外资2.4亿美元,实到外资1.33亿美元,增长17.7%;吸纳民资33.4亿元,增长17.5%。实现外贸进出口额3.1亿美元,完成外经合同额1000万美元,营业额1316万美元,新增境外劳务输出690人次。

区属电机厂、玻纤厂等8家企业完成改制,长城大酒店事转企改制取得实效,引进大新银行、莫泰连锁酒店等新型业态。区人民医院扭转连续10多年运行困难的被动局面。农村商业银行组建工作开展,丹徒广泰农村小额贷款公司正式挂牌运营。实施国家拉动内需专项7个,争取上级财政支持2.7亿元。盘活存量土地258.4公顷,争取各类用地指标186.53公顷。成功组建丹徒建设投资公司,与国家开发银行江苏分行、上海民生银行建立全面合作关系,保障冷遹路、高新园区基础设施等重点工程建设。

全区新办民营企业346家、个体工商户1267户,新增注册资本6.57亿元。吸纳民资33.4亿元,增长17.5%。新增定报规模企业40家,新增工业总产值超亿元企业6家。

全年完成拆迁30万平方米。338省道拓宽改造等重大工程全面铺开。沿江高等级公路、瑞山路东延、辛黄线二期等重点道路竣工通车,冷遹路续建、谷黄公路一期等工程加快推进,城际轻轨丹徒站规划建设全面启动,苏南运河"四级改三级"前期工作如期完成。新城公交枢纽站开工建设,上党、上会、宝堰客运站相继建成。完成新城自来水管网改造工程。新增人防工程4360平方米。新启动农民集中居住点16个,建成面积32.6万平方米。辛丰村跨入全省"百佳"新农村行列。推进"万顷良田建设工程"试点工作,在全市率先创建土地执法模范区工作。

开发区精细化工园、重装产业园建设加速推进,循环利用、清洁生产成效显著,通过ISO 14001环评体系认证复审。世业洲水系景观工程竣工交付,内环北路、海事综合基地二期工程加紧施工。高新技术产业园基础设施工程全面实施,6平方公里核心区框架基本拉开。谷阳等镇级工业集中区开工建设标准厂房2.1万平方米。

全区新增绿化面积1020公顷,森林覆盖率达23.6%。开展西部区域环境综合整治、化工行业专项整治,强化节能减排,坚决淘汰落后产能,化学需氧量、二氧化硫排放量分别削减2.2%和4%,单位地区生产总值能耗下降4.7%。秸秆禁烧被列为全省秸秆综合利用示范区。世业、高桥、谷阳、上党4个镇通过全国环境优美镇省级技术考核，建成省、市生态村32个。

全年新增就业岗位5322个，扶持弱势群体就业634人，城镇登记失业率控制在2.2%。转移农村劳动力6589人，带动农民人均增收232元。全区零就业家庭实现“动态清零”，21个经济薄弱村和5548名贫困人口全面脱贫。全年城镇居民人均可支配收入20650元，增长12.2%；农民人均纯收入9100元，增长13.4%。全年确定的提高城镇居民低保标准、社保扩面工作、改善农村居民生活和生产环境、扩大新型农村合作医疗等10件为民办实事项目基本完成。

开展以“树文明新风、建美好丹徒”为主题的精神文明创建活动，举行国庆60周年歌咏大会和文艺会演。油画《江南五月天》入选“全国群众文化美术书法大展”。承办全国无线电通信锦标赛。新建农村文体广场25个。与中国书法家协会、故宫博物院、央视书画频道合作建设米芾书法公园，资料征集、创建工作提前完成。创成市级文明行业、文明村镇、文明单位70个。区交巡警大队民警赵宇振被中央文明办、中国文明网评为全国“我身边的好人”。义务教育学校教师绩效工资全部兑现，丹徒高级中学扩建组建工作如期完成，通过区域教育现代化建设省级考评验收。引进领军型团队1个、硕士研究生以上高层次人才32名。在全省率先建成人口计生优质服务体系。（李柏生　刘　芳）

【组织机构及领导成员名单】

中共丹徒区委员会

书　记　丁　懂
副书记　陈　琳（女）
　　　　孙沛然（正县级，援藏）
　　　　陈可可（2010.02～　）
　　　　唐洪生（　～2010.02）
常　委　许志涛　张国金
　　　　张纪成（　～2010.02）
　　　　尹卫民　李幸福
　　　　张映桥（2010.02～　）
　　　　韩宏亮（援藏）
　　　　叶向东　凌荣春
　　　　杨　军

丹徒区人大常委会

主　任　张锦荣
副主任　冷安康　丁国芳
　　　　戴登庆　王卫方（女）

丹徒区人民政府

区　长　陈　琳（女）
副区长　张纪成（　～2010.02）
　　　　张映桥（2010.02～　）
　　　　杜秀芹（女，～2009.04）
　　　　徐新祥　殷利民
　　　　杨伟民　赵志强
　　　　陈发荣（2009.04～　）
　　　　汤锁洪（2009.04～　）

政协丹徒区委员会

主　席　毕增立（女）
副主席　黄河图　殷红林
　　　　李文敏（2009.05逝世）
　　　　郭祥明　江　灿
　　　　冷顺康（2009.12～　）

中共丹徒区纪律检查委员会

书　记　许志涛

丹徒区人民法院

院　长　施吉祥

丹徒区人民检察院

检察长　高春荣

（李柏生　刘　芳）

【丹徒区跨入省全面小康县区行列】 2009年7月29日，省统计局、省发改委、省委研究室发布的《2008年江苏省县级全面建设小康社会进程监测统计报告》显示，丹徒区全面小康通过省级验收，跨入省全面小康县区行列。2008年，丹徒区有24项全面小康指标达到或超过省定目标值。其中，人均国内生产总值43422元，城镇居民人均可支配收入18486元，农民人均纯收入8020元，城镇职工基本养老、失业、医疗三大保险覆盖面均超95%，环境质量综合指数82.4分。（陆　萍　刘　芳）

【“二重”基地二期投资合作协议签约】 2009年9月27日，镇江市政府与中国二重集团正式签订二重重大装备制造基地二期项目投资合作协议。二期项目将建设一个年产核电产品4.5万吨、化工不锈钢容器及换热器产品约4000吨、海洋工程产品7万吨、大型海上风力发电机及海上风力发电机安装平台1万吨的重大技术装备制造基地。二期项目新增固定资产投资不少于25亿元。（陆　萍　刘　芳）

【中国米芾书法公园落户丹徒】 2009年7月30日，中国书法家协会与丹徒区政府签订协议，为中国米芾书法公园进行命名，成为国内唯一主题性书法公园。规划建设中的中国米芾书法公园，位于丹徒十里长山的西北侧，占地总面积约40.5公顷，园区内建筑面积约1万平方米，首期投资约6000万元。公园建设将以弘扬米芾书法文化为核心，以丹徒山水文化为延展，集展示、创作、交流、培训、旅游和休闲等功能于一体，将其建成文化产业和休闲产业相结合的现代服务业基地。《中央数字电视书画频道与丹徒区政府建立文化发展战略合作关系协议》也同时签订，中央数字电视书画频道将在中国米芾书法公园内设立拍摄基地，双方共同打造书画艺术及作品展示、创作、培训、竞赛、研究、交流、贸易的高端平台。同时，北京故宫博物院与丹徒区人民政府就建设中国米芾书法公园、出版《米芾书法全集》等相关文化产业合作事宜签约，即将出版发行的《米芾书法全集》，共收集北京故宫博物院、台湾故宫博物院、上海博物馆，以及美国、日本、中国香港等地的米芾墨迹、篆刻帖和散落于其他丛帖中的刻帖130余种，共16册，它将是迄今汇集米芾书法作品最多的书法专集。该书的出版发行，具有较高艺术价值，填补米芾书法出版的空白。（陆　萍　刘　芳）

【丹徒区被评为全省质量兴市活动先进区】 2009年2月8日，丹徒区被江苏省名牌战略推进委员会授予“2008年全省质量兴市活动先进区”称号。丹徒区开展质量兴区工作以来，创成2个省级名牌、13个市级名牌，拥有江苏省著名商标4个、镇江市知名商标18个、江苏省信用产品6个，150多家企业通过ISO 9000质量体系认证，10余家通过ISO 14000环境体系认证，强制性产品认证率达到100%，质量兴区活动取得明显成效。（黄羽田　刘　芳）

【十里长山生态农业有限公司获“国家级绿色基地”称号】 2009年8月9日，中国绿色食品发展中心、中国绿色食品协会、中国农科院农业项目办公室、农业部机械化推广总站等单位，联合授予镇江市十里长山生态农业有限公司“国家级绿色农业示范基地建设单位”称号，该公司成为江苏省首家获此称号的企业。总投资3.2亿元的十里长山生态农业有限公司，自2008年9月成立以来，完成投资4000万元，建成核心区面积333公顷，辐射带动面积667公顷，是集高效农业、生态旅游、动态养老为一体的现代化农业示范园区。2013年将完成全部项目投资3.2亿元。（黄羽田　刘　芳）

【丹徒秸秆综合利用示范区建设通过省级验收】 2009年，丹徒区被省农林厅确定为秸秆综合利用示范县（区）建设单位。为加强秸秆禁烧和综合利用工作，区政府出台《丹徒区政府关于农村秸秆禁烧和综合利用的实施意见》,明确对秸秆工业化利用、机械化还田、堆腐还田、养畜、秸秆气化和秸秆制沼气等综合利用项目给予财政补贴;并成立由发改委和环保、农林、农机、财政、公安、交通等部门参加的区秸秆禁烧和综合利用工作领导小组;通过多种形式加强秸秆禁烧和综合利用的宣传,群众对秸秆禁烧和综合利用知晓率达95%以上。全年通过果园覆草、茶园铺草、墒沟埋草、堆腐还田、在田作物覆盖、秸秆气化、秸秆制沼气、商品有机肥、秸秆养畜等多种形式,共利用秸秆1.07万公顷、7.4万吨,占秸秆总量的38.14%,加上机械还田处理秸秆利用率53.44%,秸秆总利用率达91.5%,完成秸秆综合利用示范县任务指标。2009年12月,通过省农委对丹徒区秸秆综合利用示范区考核验收。

(张　明　王海青　刘　芳)

【航天育种基地落户丹徒世业洲】 2009年12月19日,中国空间技术研究院航天育种中心负责人在丹徒区为中国航天育种镇江基地正式授牌,标志着华东地区首家大规模、专业型太空育种基地正式落户丹徒世业洲。航天育种是利用返回式航天器等所能达到的空间环境对植物的诱变作用产生有益变异,在地面选育新种质、新材料,培育新品种,把普通种子送往太空,使其在太空中的独特环境下进行变异的育种法。基地规划面积67公顷,投入1000多万元,建成34公顷,其中太空育种面积6.7公顷。通过太空种子种出来的果蔬优势明显,市场销售较好。

(黄羽田　刘　芳)

【全省第一个水产合作联社在丹徒成立】 2009年9月26日,全省水产行业第一个农民专业合作联社"镇江丹兴水产专业合作联社"在宝堰镇成立。该合作联社由丹徒区江心洲绿源水产养殖专业合作社、丹徒区欣意龙虾养殖专业合作社等11个水产专业合作社组成,注册资金150万元,养殖规模达1000公顷,入社农户1100户、社员2356人。该合作联社本着"民办、民管、民受益"的原则,以服务成员、谋求全体成员的共同利益为宗旨,按照章程采取统一养殖结构、统一品种、统一标准、统一品牌、统一生产加工、统一物资采供、统一信息化服务、统一销售"八个统一"的方式,充分发挥规模优势、品牌优势,提高市场竞争力。入社养殖户全年人均纯收入平均增加1000元,并带动周边养殖户2826户,带动周边养殖面积666.67公顷,周边养殖户全年人均增收200元。

(张　明　殷厚成　刘　芳)

2009年丹徒区各镇(区)党政主要领导名单

表34-7

镇(区)	书　记	镇长(主任)
高桥镇	赵永斌	段　炼
辛丰镇	朱　毅	孙　铁
谷阳镇	徐申峰	张　宾
上党镇	程道云	陈静(女)
宝堰镇	洪　伟	蔡　扬
高资镇	陈　静	陈波涛
世业镇	赵玉华	殷一斐
江心洲园区	窦云峰	朱　峰
荣炳盐业区	季道远	冯顺林

(刘　芳)

京口区

【概况】 全区总面积124平方公里,耕地1640公顷。辖2个镇、4个街道、2个场圃、1个省级工业园区,共10个行政村、67个社区。2009年年末总人口362439人,119081户。实现地区生产总值208亿元,比上年增长13.8%,人均突破8000美元。财政总收入13.7亿元,地方财政一般预算收入8.3亿元,同口径增长23%。全社会固定资产投资145亿元,增长45%,增幅全年保持全市第一。合同注册外资16000万美元,实际到位外资8065万美元,吸纳民资39亿元。城镇居民人均可支配收入21964元,农民人均纯收入10400元,分别增长12%和12.5%。

全年社会消费品零售总额122亿元,比上年增长22%,增幅列全市第一。第一楼街步行街、龙吟坊商业街日渐兴旺,九泰药业建成运营。八佰伴购物中心、欧尚超市即将开业,双井路如意江南、百富商业中心、滨江时代广场加快建设。苏宁广场项目已进场开始地质勘探。帝宝花园大酒店、大润发京口店成功落户。

全年实现定报工业增加值56亿元,销售210亿元,利税16亿元,分别比上年增长13.8%、10%和6%。全社会工业投入57亿元,增长47%,增幅位于全省第13位。索普60万吨醋酸造气、普莱克斯空气分离项目竣工投产。中储粮加工仓储物流、谏壁电厂100万千瓦机组项目建设进展良好。宝华半挂技改、鸿泰技改、绿洲新能源、科捷锂电池、金海岸公用码头项目开工建设。正兴车轮及新型混合动力摩托车项目正式落户。全区引进"三资"开发农业2.8亿元,新增农村"三大合作"组织8家,在全市率先完成脱贫攻坚任务。新增高新技术企业9家,实现高新技术产业产值73亿元,占规模以上工业比重34.8%。引进创新创业领军人才、团队9名,全区有博士以上高级人才22名。申报各类科技项目76个,专利授权184件,争取上级科技扶持资金1500万元,通过省科技进步先进区考核验收。京口软件园实现销售收入1.6亿元,新增服务外包企业20家,国际服务外包合同签约总额4177万美元,接包合同执行金额1776万美元,分别增长253%和102%,均列全市第一,获"江苏省国际服务外包示范区"称号。

2009年丹徒区各镇(区)经济社会发展基本情况一览表

表34-8

镇(区)	土地面积(平方公里)	耕地面积(公顷)	户籍总人口(人)	地区生产总值(亿元)	财政收入(万元)	到账外资及港澳台资(万美元)	外贸进出口总额(万美元)	农民人均纯收入(元)	参加农村社会养老保险(人)
高桥镇	40.2	1250	20041	5.7	4846	561.9	4500	9590	12422
辛丰镇	76.2	2724	48688	22.83	14300	1465.3	8529.4	10725	34634
谷阳镇	46.75	2013.2	25684	10.44	10302	1478	14411.8	10128	10620
上党镇	112.63	4065	49847	19.5	8377.9	751	1219	9212	13036
宝堰镇	40.19	1538	25283	6.19	3584	80	–	9135	15907
高资镇	100.52	1753.8	42963	37.08	12400	2739.7	3143	11224	2815
世业镇	44	1504.4	14403	3.67	3703	1452	–	9325	5697
江心洲园区	13.46	411	8207	1.89	3350	259	2863	8852	5630
荣炳盐业区	45	1532	20135	5.66	3315	500	1735	8750	4935

(刘　芳)

园区建设再上新台阶。谏辛公路、华诚路建成通车，污水处理厂建成运营。新民洲“一纵二横”道路基本建成，农民新社区、园区行政服务中心开工建设。

成立大学生创业园，扶持创业659人，被团中央授予青年就业创业见习基地。新增城镇就业6672人，转移农村劳动力736人，免费技能培训7930人。新增社会养老保险扩面7932人，征缴基金1.18亿元，在全市率先完成城乡低保并轨，实现居民养老保险制度全覆盖。实施12年免费特殊教育，恒顺实验小学建成使用，落实校舍安全工程三年规划，完成30%校舍改造任务，通过省区域教育现代化创建考核，被评为“全国社区教育实验区”和“全省素质教育先进区”。建成各镇（街道）、村（社区）世代服务站（室），实现计生优质服务全覆盖，获全省人口计划生育优质服务先进单位称号。建成区国民体质监测中心，实现社区（村）全民健身点全覆盖。区图书馆通过省级考核。先后有8人次获“国家一级美术师”“全国戏剧大赛优秀表演奖”荣誉。

全年拆迁120万平方米。大市口商贸中心AB地块、双井路棚户区改造、滨江旅游专线、禹山东路、中储粮加工物流一批大体量拆迁项目当年启动、当年完成，实现“拆得快、拆得省、拆得稳”的目标。建成安置房9.92万平方米，安置被拆迁户1136户。实现城乡环卫保洁全覆盖，城市长效管理考评全市第一。拆除违法建设5.2万平方米。整治江滨新村三期老小区40.3万平方米，创成15个无乱贴乱画小区。象山镇通过“全国环境优美乡镇”省级验收。完成绿化造林366.67公顷。完成老鼠山河、玉带河疏浚整治工程。花山古城遗址公园正在加快建设。实施减排项目14个。土地复垦复绿46.67公顷，京口区被评为“全省土地执法模范创建工作先进区”。

京口区被评为首批“全国和谐社区建设示范城区”和“全省未成年人思想道德建设工作先进区”，被江苏省信访工作领导小组命名为“全省信访工作‘三无’县（市、区）”，实现全省社会治安安全区“六连冠”，连续27年无责任退兵，通过“全省双拥模范示范区”验收，全区被命名的民主法治（村）社区，创建率居全市第一，江一社区被评为“国家级和谐示范社区”，大市口街道被评为“全国城市体育先进社区”，《京口年鉴（2009）》再次获得“全国年鉴编纂出版质量评比”综合二等奖，区婚姻登记管理处被评为“全国婚姻登记规范化单位”，公安京口分局被评为“全省公安机关‘三基’工程建设先进集体及执法质量优秀单位”，米山社区被评为“省级廉政文化示范点”。（罗其富）

【组织机构及领导成员名单】

中共京口区委员会

书　记　胡宗元
副书记　郭　建　孙国平
常　委　胡云霞（女）　徐建锋
　　　　姚敬源　魏春林
　　　　倪兆顺　何光荣

京口区人大常委会

主　任　胡宗元
副主任　戴善民　徐　军
　　　　严柳生　郑苏真（女）

京口区人民政府

区　长　郭　建
副区长　胡云霞（女）　徐建锋
　　　　蒋嵩峰　余国根
　　　　曹丽虹（女）　马国进

政协京口区委员会

主　席　贾国祥
副主席　朱长龙　谢志荣
　　　　姜厚荣　陆春生
　　　　沈成钧

中共京口区纪律检查委员会

书　记　姚敬源

京口区人民法院

院　长　尉利亚

京口区人民检察院

检察长　柳建华

（许俊超　段广凤）

【京口区获“全省未成年人思想道德建设工作先进区”称号】 2009年，京口区以“社会育人、活动育人、环境育人、家庭育人、团队育人”五大工程为抓手，以建立健全“学校、社区、家庭三位一体教育格局”为重点，全区未成年人思想道德建设成效明显，被评为“全省未成年人思想道德建设示范区”。主要做法：制定出台《关于加强和改进思想道德建设实施意见》，区财政每年将未成年人思想道德建设资金纳入预算。全区文体活动阵地免费向青少年开放，烈士陵园、梦溪园等10处场馆挂牌作为全区青少年思想道德建设的校外活动基地，热心青少年教育的青年志愿者、法律志愿者队伍不断壮大，仅“五老”骨干队伍达8000人。在全区范围内外来务工人员适龄子女全部入学，对436名特殊群体、弱势群体家庭子女进行“结对双帮”，其子女无一人失学、辍学，无一人有严重不良行为和违法犯罪。开展社会文化环境净化工程，制作《京口区网吧管理名录》，配备120名义务网吧监督员，该区法院建立预防青少年犯罪网站，江科大社区创办社区法律学校。广泛开展温馨楼栋、“双合格”家庭、“五好文明家庭”等各类创建评比活动，每年暑期青少年活动在300场次以上，参与活动的青少年3万人次。大学山社区设立青少年心理咨询站3个案例获首届江苏省未成人思想道德建设创新案例评选三等奖，市实验小学“沈括少年科学院”被命名为全国社区青少年科技工作室，健康路街道获江苏省关心下一代工作先进集体称号。（罗其富）

【中储粮镇江粮油加工及仓储物流项目开工建设】 2009年2月22日，由中国储备粮管理总公司投资13亿元的中储粮镇江粮油加工及仓储物流项目在谏壁镇粮山村的长江边开工建设。中储粮镇江粮油加工及仓储物流项目是国家2008年拉动内需新增1000亿国债投资项目之一，该项目包括油脂加工、仓储和物流三大体系建设。项目全部建成后，将形成年销售50亿元以上，年加工大豆100万吨、年精炼和分提食用油脂84万吨、储备油料40万吨、储备油脂20万吨和年港口吞吐量300万吨的油脂产业链。同时将成为中储粮系统在长三角地区油脂加工的重要基地、粮油物流中心和国家粮油宏观调控的重要载体。（罗其富）

【京口区被认定为江苏省国际服务外包示范区】 京口区拥有国际服务外包企业45家，并呈现出鲜明的产业特色。一是以京江软件园公司、名通信息科技等重点企业为代表的软件开发国际外包产业发展迅速。二是以大元生物和蓝德特药业等新型企业为代表的新药中间体研发外包产业加速崛起。三是以亿华系统集成、金舟软件等龙头企业为代表的船舶设计管理研发外包产业崭露头角。累计投入3亿元、总面积达5万平方米的京口软件园、归国博士创业园、蓝舶科技园、江科大科技园等4大服务外包特色园区建成，其中京口软件园一年内集聚软件服务外包企业20家，完成销售1.6亿元。2009年，全区国际服务外包合同签约总额4177万美元，增长253%，接包合同执行金额1776万美元，增长102%，均列全市首位。在2009年12月10日召开的江苏省国际服务外包示范城市及示范区授牌大会上，京口区被认定为江苏省国际服务外包示范区。（罗其富）

【古城遗址休闲公园开建】 古城遗址休闲公园是市委、市政府"青山绿水"两年行动系列工程之一，建设单位——京口区城乡建设投资中心，总投资1.2亿元，由浙江东华园林建筑规划设计有限公司设计。该工程于2009年12月开工建设，2010年5月1开园。公园遵循"保护为主、生态优先、以人为本、以史为魂"的设计理念，整体布局呈现出"一轴穿四区"的特点。"一轴"即：以现状古城墙遗址道路为主轴线，似一条巨龙贯穿整个区域，成为园区的景观主控制轴线。园区各景点依主轴线的明暗分布或聚或散、或高或低、或大或小。四区包括：主入口古城文化广场区(位于花山路的北端)，南园文化休闲区，北山康秋休闲区(位于东吴路南端)和东场古思游乐区。 (罗其富)

【双井路旧城改造项目——"如意江南城"奠基开工】 2009年9月28日，双井路旧城改造项目——"如意江南城"奠基开工。双井路旧城改造项目是全市规模最大的旧城改造项目。项目总投资40亿元，总用地面积约20公顷，涉及拆迁户3017户，拆迁面积18万平方米。预计总建筑面积65万平方米，其中住宅约35万平方米，大型商业及服务办公设施约25万平方米，建成后将有3500户、超过11000人入住，并配备25万平方米商业服务设施。项目建成后，将成为镇江最具现代时尚、最有人文特色、最近滨水景观、最佳宜居环境的现代化城市综合体(HOPSCA)。 (罗其富)

【大市口商贸中心综合改造项目全面启动】 该项目于2009年5月31日全面启动，9月底全面完成拆迁任务。该项目位于全市中央商务圈的核心位置，由大市口西南角地块(A地块)和客运南站地块(B地块)两部分组成，规划总占地约6公顷，拆迁总户数500户，拆迁面积14万平方米，总投资约50亿元。其中A地块由中山路、解放路、市政路三条路合围而成，以市公安局、交通银行、京江饭店、新华影剧院、华联商厦等企事业单位和经营户为主，投资主体为市国土资源局和市经济贸易委员会；B地块由健康路、经折巷、水陆寺巷、解放路合围而成，以居民户为主，占拆迁户数的90%，投资主体为市建设局。A地块内的华联商厦；市公安局1号、2号、5号、6号楼；京江饭店等6幢楼于2009年11月6日成功爆破拆除，爆破拆除面积达4.4万平方米，被誉为"江苏第一爆"，楼高11层的原交通银行大楼于2009年12月5日实施机械拆除。 (罗其富)

【非晶硅薄膜太阳能电池项目开工】 2009年7月31日，由江苏绿洲新能源有限公司投资6亿美元的非晶硅薄膜太阳能电池项目在京口工业园区开工建设。非晶硅薄膜太阳能电池项目为国家重点鼓励和大力扶持的新能源类项目，也是市级重点产业项目，更是京口区近年来引进的最大外资项目。该项目由8位海归博士组成的团队共同投资建设，计划分三期运作，形成年产200兆瓦规模，所生产的单节非晶硅薄膜电池稳定转化率可大于7.5%，达到国内最高、国际领先水平，其中一期计划投资1.5亿美元，年产40兆瓦，2010年投产；二期计划投资2.3亿美元，年产80兆瓦，2011年投产；三期计划投资2.2亿美元，年产80兆瓦，2012年投产。 (罗其富)

【新型混合动力摩托车及车轮项目落户京口】 该项目于2009年10月20日签约落户京口工业园区，总投资11.8亿元，占地23.33公顷，计划分两期建设。其中：一期投入6亿元，新上10条新能源摩托车整车组装线及3条钢制车轮生产线，2009年底开工建设，2010年底建成投产，将形成年产30万辆新能源摩托车及120万套车轮的生产能力，实现年销售8亿元、利税4000万元。二期投入5.8亿元，新上20条新能源摩托车整车组装线及3条钢制车轮生产线。项目全部建成后，将形成年产100万辆新能源摩托车及250万套车轮的生产能力，实现年销售30亿元、利税1亿元。 (罗其富)

【金港大道竣工通车】 金港大道是原镇大公路拓宽改造工程，2008年10月开工建设，2009年12月19日竣工通车。该工程按城市一级主干道结合一级公路标准建设，道路全长14.5公里，双向8车道，共征地53.8公顷，拆迁11万平方米，路基土方完成400多万立方米，建设桥梁14座，总投资约13亿元。金港大道是全市"三横九纵"路网体系中最重要的"一横"，连接镇江主城区、谏壁化工区、京口工业园区、大港开发区、大港港区和扬中市。起点为京口区的左湖互通，向东南在上堍货场附近接上老镇大公路，沿老路向前拓宽，终止于新区通港路交叉口。金港大道是全市第一条全封闭、全互通的城市道路，第一条数字公路，第一次在公路建设中引入辅道概念，第一条预留城市快速公共公交的道路，全路段实施数字监控，标准之高创全市干线公路建设新纪录。(参见第159页) (罗其富)

【禹山东路工程开工】 禹山东路工程于2009年6月1日开工建设。该工程西起谷阳北路，东至金港大道左湖立交桥，为市区重要的东西向主干道之一。道路全长3600米，道路路幅宽45米，规划红线宽60米。全线双向6车道，按照城市主干道II级标准建设，设计行车速度60公里/小时，工程估算总投资近9亿元。工程分南、北两段实施，南段长约1.4公里，北段长约2.2公里，其中南段与古运河相交，新建桥梁一座。(参见第171页) (罗其富)

【京口区被评为首批全国和谐社区建设示范城区】 2009年10月19日，在全国和谐社区建设示范单位命名表彰大会上，京口区获首批"全国和谐社区建设示范城区"称号。近年来，京口区始终将和谐社区建设作为城区工作的主题，围绕"居民自治、管理有序、服务完善、治安良好、环境优美、文明祥和"的和谐社区建设总目标，成立全市第一家专业养老服务机构——天颐居家养老服务中心，率先构建集就业帮扶、慈善救助、大病救治于一体的社区救助体系。投入数百万元，推进"大防控"体系建设，率先在全市完成"十位一体"综治办建设，连续五年被省委省政府评为"社会治安安全区"，江科大社区获"全国绿色环保社区"称号。先后建成京口美术馆、图书馆、文化馆、折子戏剧场等"十大文化项目"，相继建成6个镇(街道)文体活动中心，新建全民健身点200多个，全民健身广场15个。全区建成省级"民主法治社区"11个，市级"民主法治社区(村)"71个，所有社区成为区级"民主法治社区"，建成率居全市首。 (罗其富)

【京口区成为全国社区教育实验区】 京口区社区坚持教育"三结合"，即与社区建设相结合、与群众广泛参与相结合、与满足群众需求相结合，利用、拓展和开发各类教育资源，社区教育取得发展。京口区社区培训学院作为省级培训学院，获得"江苏省职业教育与社会教育先进单位"称号。所辖6个镇(街道)均建成市级社区教育中心，其中四牌楼街道创建为省级社区教育中心。2009年4月12日，京口区通过教育部成教司的评审，成为"全国社区教育实验区"，是全国98家"全国社区教育实验区"之一，也是镇江市唯一的"全国社区教育实验区"。 (罗其富)

【金泰源夕阳红康乐中心开工】 2009年12月5日，京口区示范性养老机构——金泰源夕阳红康乐中心项目开工建设。该项目位于象山镇景阳山社区新民采石场三宕口旧址，占地0.81公顷，总建筑面积1万平方米，绿化面积2480平方米，总投资3000万元，拥有标准老年公寓房108间，亲子家庭式老年公寓48套，可同时容纳300名老人寄养、康乐，餐厅、娱乐、办公、医疗护理用房一应俱全，配套建设室外体育运动场所3000平方米。该项目是区政府2009年十大为民办实事项目之一，建成后是全区规模最大、档次最高的现代化养老机构，可妥善解决老年人的养老问题。（罗其富）

2009年京口区各镇（街道、场圃）党政主要领导名单

表34-9

镇（街道、场圃）	书记	镇长（主任、场长）
象山镇	陈跃生	李牧
谏壁镇	朱定明	陆炳西
正东路街道	虞军	谢根龙
健康路街道	张立明	郎德虎
大市口街道	刘平	姚峰
四牌楼街道	王永平	林黎明
共青团农场	仇洋	顾明华

（许俊超　段广凤）

润州区

【概况】　全区土地总面积132.68平方公里，其中耕地面积1489公顷，茶园面积222公顷，果园面积200公顷，另有淡水养殖面积766.7公顷。辖蒋乔镇1个镇；七里甸街道、宝塔路街道、和平路街道、金山街道等4个街道；镇江市黄山园艺良种场、镇江市水产养殖试验场、润州茶场等3个场圃；江苏镇江润州工业园区及镇江润州民营经济发展管理委员会，共15个行政村，51个社区。2009年财政总收入15亿元，地方一般预算收入8.3亿元。地区生产总值148.5亿元，增长13.4%。规模以上固定资产投资130亿元，增长56.3%。

全年高效农业新增160公顷，其中设施农业110公顷，新增高效渔业70公顷。新认定无公害农产品1个、基地20公顷，建设市级以上农业标准化示范区10个，拥有农业龙头企业省级1家、市级6家、省级品牌4个；“三资”投入3.02亿元、开发项目17个；平山生态农业观光园通过市级验收，蔬菜研究所异地新建即将竣工，蝴蝶兰基地成为全国农业科技创新大会示范点。新增农村三大合作组织14家，累计29家。“百村百企百亿”村企实质性挂钩合作比例达82.6%。实施治江工程440米，改造塘坝8座，疏浚河道19条、25万立方米。严格查处违法用地63宗173.33公顷，全年报批用地215公顷，其中点供18.2公顷。

全年完成全口径工业销售185亿元、利税17亿元，均高于上年。184家定报企业实现增加值40.5亿元、销售160亿元，分别增长12%、1%；亿元销售企业新增3家，累计23家，销售、利税占定报工业比重达59.6%、74.9%，铁科橡塑等企业发展较快，8家企业进入市工业50强。对接产业振兴规划，6个项目分别列入省船舶产业规划、装备制造业规划、100个重大产业项目。

惠龙港国际正式开港开业，成为中国钢材期货最大交割库；举办中国工业品博览会；西津渡文化产业园基本获批为省级集聚区，超越神话金山大剧院正式开业。区省级服务外包示范区获批，信息软件业成为省级产业集群，瑞蚨通、睿泰等软件骨干企业落户。全年完成社会消费品零售总额59.92亿元，增长19.4%；规模以上服务业投入95亿元，增长68.1%。

全年28个在建大项目完成投资26亿元，占年计划114%，其中8个市重点项目完成投资计划130.9%；15个大项目竣工或部分竣工，竣工率80%；13个大项目开工建设，新项目开工率92.9%，其中5个当年竣工投产。

全年到位外资5204万美元，自营出口3亿美元；新增个体工商户2240户、私营企业576家、注册资本10.2亿元，吸纳到位民资35亿元。对接“南城北水”，开展“聚焦历史名城、共享滨水之都”专题招商，沪浙闽等地客商纷至沓来，4个城市商业综合体项目落户，其中万达广场开工；推进二次招商，玄武饭店等一批知名品牌加快落户。央企湘电风电等4个重大项目有望落户。

全年基础设施建设总投资近10亿元；完成控制性详规调整和报批，110千伏金桥变投入使用，12个项目拆迁6.6万平方米、平整土地67公顷。中船柴油机等15个在建项目推进顺利，省船舶动力特色产业基地挂牌，新批工程技术中心5家；保税仓库获批，提升港口物流集聚区功能。中小企业园开工，园区产业结构优化，税收贡献在全区占比提升4.4个百分点。

创建国家级高创中心，全国科技进步先进区创建进展顺利，江苏省科普示范城区通过验收。组织实施市级以上科技项目105项，争取资助1800万元；新认定省级高新技术企业5家、产品9项，新批企业技术中心3家，获市级以上重大科技成果转化资助800万元；专利授权550件，增长39.6%。有4个高层次创新创业团队入选市“331”计划、4人入选市“169”工程学术技术带头人、1人获得省服务外包人才专项资金。

全年市场化运作土地54.5公顷，筹集建设资金8.84亿元。实施城铁站场配套及338省道润州段拓宽、扬溧高速南出入口等工程建设，对庄泉、何家湾城中村进行改造，推进丁卯桥路、天桥路出新整治，完成近1万平方米危旧房、空斗墙改造年度任务。保障北部滨水区“五全”工程和南徐新城及“两铁”等省、市重点城建项目征地742公顷、交地378公顷，竣工道路6条。

全面对接城管重心下移，新增区、镇（街道）财政投入1000万元，健全“统一

2009年京口区各镇（街道、场圃）经济社会发展基本情况一览表

表34-10

镇（街道、场圃）	土地面积（平方公里）	耕地面积（公顷）	户籍总人口（人）	地区生产总值（亿元）	财政收入（万元）	到账外资及港澳台资（万元）	农民人均纯收入（元）	城镇居民人均可支配收入（元）	参加农村社会养老保险（人）
象山镇	43	219	56000	37.50	17800	2042万美元	10752	21984	1700
谏壁镇	28.71	492	31710	16	8750	1470万美元	10297	–	新农保659
正东路街道	5.77	10.67	59400	5.53	758.92	10.70万美元	9980	22400	150
健康路街道	5.40	–	88916	–	12599	4.40万美元	–	–	–
大市口街道	4	–	66329	8.95	457.03	5万欧元	–	1500	居民3420
四牌楼街道	3.50	–	59455	–	10422	–	–	–	–
共青团农场	22.50	446.40	1388	0.77	601	300万美元	5450	10000	110

（罗其富）

领导、分级负责、条块结合、以块为主”的管理体制,建立人员到位、经费到点、奖惩分明的工作机制;开展“保清洁、清占道、灭死角、控违建”等系列整治,实现城区260多处盲点盲区及城郊、农村保洁全覆盖,规范市区户外广告设置,开展渣土运输治理,完成4个老小区23.9万平方米改造,投入近1000万元推进三茅宫杆线下地,累计零补偿拆除违法建筑808宗、2.89万平方米。

全年单位地区生产总值能耗下降提前完成“十一五”任务,化学需氧量减排25吨,生态市创建区本级任务基本达标。实施黑臭河、违法排污、韦岗地区大气环境等专项整治,推进虎头山、狮子山、古运河“青山绿水”行动。开展绿化造林361公顷,全区森林覆盖率、城市绿化覆盖率分别达21.5%、41%。加强饮用水源地保护,拆迁155户、2.87万平方米。实现秸秆零焚烧、综合利用率100%。

坚持和完善“依法、阳光、惠民、和谐”拆迁政策,开展“万人看拆迁、促发展”主题实践活动,推行“三公开一监督”新模式,创造单周签约1646户、单日签约579户记录;推进安置房建设,6个小区开工69.67万平方米,竣工50.85万平方米。

全年新增城镇就业6181人,扶持创业453人,转移农村劳动力941人,登记失业被征地农民就业率83.9%,投入巨资将禁捕区663名渔民安置到位。累计参保人数、社保基金征缴分别完成105%、114%,老年居民养老补贴发放4953人,新型居民养保参保860人。新农合参保率达100%,累计报销782万元。城乡低保应保尽保,发放保障金1551万元。“慈善一日捐”募集善款204万元,企业认捐冠名慈善基金2000万元,发放救助100多万元。农村79户133人实现“脱贫攻坚两消除”。廉租房实物配租97套,发放保障金201万元;依托城市建设解决低收入家庭住房保障约1500户,折合资金约2.5亿元。

全年投资近5000万元的四大卫生基础设施主体竣工。区图书馆达国家二级标准,建立区级国民体质测试中心,健身工程村(社区)全覆盖,获“全国群众体育先进街道”称号;西津渡社区被评为国家级和谐示范社区。（润　志）

【组织机构及领导成员名单】

中共润州区委员会

书　记　庄兆林
副书记　王冬生　王明龙
常　委　缪杏沛　范永放
　　　　戴非平　毛　健
　　　　董和建　胡新春

润州区人大常委会

主　任　王惠亮
副主任　朱贵玉　夏雨林
　　　　罗秀龙　易丽娟(女)

润州区人民政府

区　长　王冬生
副区长　戴非平　高亚明　蔡文龙
　　　　许向阳(女)　彭忠东
　　　　刘凯成　胡新群

政协润州区委员会

主　席　姚元龙
副主席　周建华　徐邦义　蒋卫东
　　　　祝中昊　蔡　飞

中共润州区纪律检查委员会

书　记　范永放

润州区人民法院

院　长　吴　猛

润州区人民检察院

检察长　叶志发　（润　志）

【润州区举办2009中国工业品博览会】 2009年9月21～23日,为期3天的2009中国工业品博览会在江苏镇江国际工业品城举办。博览会由中国商业联合会、省经济和信息化委员会、省中小企业局、镇江市政府联合主办,润州区政府、镇江市经贸委协办,镇江国际工业品城承办。国家和省市领导、嘉宾共1300多人出席仪式。中国国际贸易促进委员会、中国轻工业联合会等10个国家级协会参加博览会。博览会以“展示、交流、合作、发展”为主题,共设400多个展位,来自20多个省(区、市)的400多家企业前来参展。博览会共签订各类合作协议580个,涉及金额31.6亿元。其中,合同265个,金额10.6亿元;合作意向315个,金额21亿元。展会期间有2万多人次到场参观、洽谈和采购。（润　志）

【全省首家“法制道德教育基地”在润州开园】 2009年8月6日上午,全省首家“法制道德教育基地——启园”在润州区人民法院落成。省高院和市有关方面领导出席。公园共有66块碑刻,其中44块道德美德故事碑刻,表达兄弟谦让、家庭和睦、夫妻恩爱、邻里友好、诚实守信等主题,另外22块碑刻主题是古代官员和老一辈革命家两袖清风、执法如山的故事。新落成的启园不仅是公众理想的休憩场地,也是人们了解法院、弘扬法治精神的新场所,并成为润州区关工委、团委、教育局等九家单位的共建基地。（润　志）

【全省首家“三农”广播专业频率开通】 2009年8月4日,全省第一个“三农”广播专业频率正式开播。开播仪式上,赵亚夫等44名农业专家被聘为镇江“三农”广播科技专家组人员。“三农”广播采用中波1224频率发射,功率10千瓦,是目前镇江发射功率最大的频率,覆盖全镇江地区及周边一些地区。作为专门为全市农民服务的广播,“三农”广播每天播出涉农新闻资讯、政策解读、农业科技、市场信息和文化娱乐等内容。（润　志）

【首家“新镇江青年”团支部在润州挂牌】 2009年6月29日,由镇江市公安机关团组织牵头建设的全市首家“新镇江青年”团支部在润州区宝塔路街道电力路社区挂牌。支部集聚吸纳辖区外来务工流动团员61名,根据支部团员的分布情况,本着便于联络活动的原则,设立5个团小组。“新镇江青年”团支部,主要承担三大职能:一是发挥教育凝聚职能。二是发挥服务维权职能。三是发挥服务平安创建职能。（润　志）

【蒋乔镇举办“蒋乔乡土文化农家乐”系列活动】 2009年8月,由蒋乔镇与京江晚报社共同组织策划举办的“蒋乔乡土文化农家乐”系列活动,历时一个多月取得成功。蒋乔镇临近市区,境内山清水秀,以果品、茶叶、苗木为主的现代生态高效农业特色明显,乡土文化底蕴深厚,流传着白蛇传、二乔出嫁等一批古老传说,拥有嶂山马灯、燕子窝山歌、燕子窝狮舞、秀山号子等非物质文化遗产,风俗民情独特,具有开发特色农家乐的潜力。（润　志）

【湖南岳阳君山区与润州区缔结友好区】 2009年12月1日,素有“洞庭明珠”之称的湖南省岳阳市君山区党政代表团在区委书记赵岳平的带领下到润州参观考察,并与润州区缔结为友好区。君山区北靠长江,南临洞庭,全区总面积718.2平方公里,人口22.8万人,农副产品出产丰富,是典型的“鱼米之乡”,其自然环境与润州有不少相似之处。（润　志）

【惠龙港公用码头开港及物流基地开业】 2009年11月18日,坐落在润扬长江公路大桥南桥头堡出口处的江苏镇江惠龙港公用码头正式开港，同时，中国国际钢铁物流基地开业仪式和中国钢铁物流标准示范实验基地成果展示也在惠龙港举行。国务院有关部门领导和沙钢、永钢、日钢、重钢、南钢、天钢、马钢、浙江物产、天津物产、江苏苏美达等国内众多大钢厂（企业、行业协会）负责人出席庆典仪式。镇江惠龙长江港务有限公司于2003年由省发改委批准立项，由镇江中油京惠石油化工有限公司和南非红枫贸易有限公司合资兴建，惠龙港国际钢铁物流股份有限公司是经国家工商总局注册的省重点物流企业。惠龙长江港务有限公司主要依托惠龙港公用码头进行传统的运输、配送，同时进行销售、加工，使港口成为一座多功能的综合性港口。两个项目总投资17亿元，总规划占地100公顷，建设3000吨～10万吨码头泊位10个、铁路接卸货站1座。港口常年可航行5万吨巨轮，长江深水航道三期整治工程结束后10万吨级海轮也可乘潮进出惠龙港。项目一期工程已建成码头泊位8个，钢材加工生产线11条，库房3.5万平方米，交易配套用房4万平方米。惠龙港国际钢铁物流基地是中国钢材期货已核准的最大交割库、江苏省现代服务业集聚区、江苏省钢铁物流基地、中国AAAA级物流企业。与此同时，它还被国务院发展研究中心、中国物流采购联合会、中国钢铁工业协会认定为“中国钢铁物流运营模式及其支撑技术标准实验示范基地”。（润　志）

【江苏瑞蚨通软件科技有限公司开业】　2009年10月18日，江苏瑞蚨通软件科技有限公司在润州区民发委开业。该公司是润州区首家国际软件服务外包企业，集科技软件产品服务、国际软件服务外包、软件人才培训为一体。公司前身是由驻日本东京的ApplyLoad总公司注资100万元人民币，于2007年成立的一家以软件产品开发和国际外包服务作为两大支柱产业的计算机研发公司。（润　志）

【润州区成立困难职工帮扶中心】　2009年6月，润州区总工会成立困难职工帮扶中心，帮扶中心的主要职责是开展技能培训服务，为下岗职工、失业人员再就业提供帮助；为合法权益受到侵害的困难职工、劳动模范提供法律咨询和法律援助；为特困职工提供生活救助等。至年底，帮扶中心培训职工362人，慰问职工391人，发放慰问金11万元，提供法律咨询和法律援助21人次。（润　志）

【润州区侦破“2·18”贩毒案】　2009年2月24日，润州分局禁毒大队经过耐心分析、艰苦侦查、循线追踪，侦破“2·18”省厅挂牌督办的禁毒大案，分别在丹阳钢铁厂、丹阳眼镜市场抓获贩毒嫌疑人雷某、邓某、汪某（均为湖北省崇阳县人）和周某、张某（均为溧水县人）等5人，当场缴获毒品海洛因514.9克。（润　志）

2009年润州区各镇（街道、管委会）党政主要领导名单

表34-11

镇（街道、管委会）	书　记	镇长（主任）
蒋乔镇	贾　晟	张庆松
七里甸街道	马云明	张春平
宝塔路街道	吴福平	徐心田
和平路街道	董文生	祝昌镜
金山街道	吕朝霞	强益铭
民营经济管委会	王志庭	田　伟

（润　志）

表34-12

2009年润州区各镇（街道、管委会）经济社会发展基本情况一览表

镇（街道、管委会）	土地面积（平方公里）	耕地面积（公顷）	户籍总人口（人）	财政收入（万元）	到账外资及港澳台资（万美元）	农民人均纯收入（元）
蒋乔镇	38.2	620	19015	37900	709.6	10040
七里甸街道	20.42	27.59	26895	25412	1291.7	10725
宝塔路街道	7.03	–	74811	31683	141.8	–
和平路街道	26	84.35	48337	15061	50.6	10835
金山街道	6	–	59148	7656	55	–
民营经济管委会	3.4	0.7	3496	11998	377.8	–

（润　志）

镇江新区·开发园区

责任编校：杨正宏

综 述

【概况】 2009年，镇江市7家省级开发园区新批外商投资项目93个，实际到位外资（商务部确认数，下同）109635万美元，比上年增长30.4%，占全市实到外资比重76.1%。全社会固定资产投入440亿元，占全市比重43.5%；基础设施投入101.4亿元，增长81.5%。一般预算收入33.41亿元，增长64.4%，占全市比重32.7%。进出口总额37.65亿美元，下降20%，占全市比重62.4%；出口18.32亿美元，下降6.2%，占全市比重51.7%。工业产品销售收入1872亿元，增长39.4%，占全市比重62.4%；规模以上工业增加值437亿元，占全市比重55.3%。

（李 昕）

表35-1

2009年镇江市省级开发园区情况统计表

开发园区名称	实际到账外资（万美元）					地方一般预算收入（万元）					全社会固定资产投入（亿元）	
	当年数	增长率（%）	占当地比重（%）	全省排位 2008年	全省排位 2009年	当年数	增长率（%）	占当地比重（%）	全省排位 2008年	全省排位 2009年	当年数	全省排位
镇江经济开发区	68698	67.1	–	13	5	137067	34.9	–	23	26	200.4	6
丹阳经济开发区	5309	-47.5	30.9	51	75	56066	39.5	24.4	53	59	47.7	82
句容经济开发区	14723	-4.4	57.9	35	34	36218	97.3	32.3	85	82	37.2	98
扬中经济开发区	6468	68.6	57.1	85	68	36816	183.1	32.5	101	81	36.3	99
丹徒经济开发区	6397	-20.8	48.4	60	66	42706	128.5	50.4	79	72	54.6	69
京口工业园区	5570	58.1	73.1	86	74	11520	124.9	13.8	109	120	33.7	102
润州工业园区	2470	22.1	72.8	97	95	13686	130.1	16.5	110	119	29.8	109
合 计	109635	30.4	76.1	7	6	334079	64.4	32.7	11	11	439.7	11

开发园区名称	进出口总额（万美元）					出口额（万美元）					工业产品销售收入（亿元）				规模以上工业增加值（亿元）		
	当年数	增长率（%）	占当地比重（%）	全省排位 2008年	全省排位 2009年	当年数	增长率（%）	占当地比重（%）	全省排位 2008年	全省排位 2009年	当年数	增长率（%）	占当地比重（%）	全省排位	当年数	占当地比重（%）	全省排位
镇江经济开发区	232620	-26.8	–	14	16	92625	-5.5	–	22	22	892.1	29.8	–	16	198.5	–	13
丹阳经济开发区	40937	0.6	28.7	42	48	32842	-3.9	29.9	41	46	342.8	35.1	36.3	43	76.7	32.2	41
句容经济开发区	16622	0.0	51.8	62	66	8334	-19.0	42.6	68	85	126.2	41.0	28.7	90	30.3	27.4	78
扬中经济开发区	27652	-26.9	68.1	85	54	6061	-27.6	35.4	87	96	167.2	70.4	42.0	71	41.4	39.0	59
丹徒经济开发区	14440	-36.7	47.6	119	73	11505	-35.6	45.9	113	68	168.4	29.8	48.8	70	40.7	45.3	60
京口工业园区	18770	55.6	47.7	74	64	17398	44.4	48.2	61	57	86.1	55.2	41.0	109	24.5	43.2	92
润州工业园区	25457	11.8	60.7	120	57	14446	-0.1	48.5	110	61	88.7	207.5	54.3	106	24.7	60.0	91
合 计	376498	-20.0	62.4	6	8	183211	-6.2	51.7	8	8	1871.5	39.4	62.4	10	437	55.3	9

注：1. 2009年7月，江苏省商务厅调整经济开发区统计指标，减掉业务总收入、基础设施投入等2项指标，增加工业产品销售收入、规模以上工业增加值、全社会固定资产投入等3项指标。其中，2009年全社会固定资产投入和规模以上工业增加值没有同比数据。

2. 镇江经济开发区实际到账外资数含市直企业。

（李 昕）

【市"1+5"文件精神落实】 2008年12月，市委、市政府出台《关于加快和促进开发区建设发展的意见》等6个指导性文件（参见2009版《镇江年鉴》第300页。简称"1+5"文件，下同），对开发园区考核评价、人事编制管理、运行机制、领导薪酬、机构级别、土地节约集约化使用、行政审批等方面作出重大改革。2009年1月，市政府下发《全市开发区工作相关部门目标任务》，对2009～2010年全市经济开发区30项目标任务进行分解，把目标任务落实到各辖市（区）及省级经济开发区和市15个委办局。市外经贸局会同市有关部门推进经济开发区"1+5"文件目标分解任务落实，引导各省级经济开发区加快体制机制创新步伐，加大建设投入，完善园区功能，提高项目承载能力。年内，各经济开发区均成立开发总公司，实行档案身份、全员聘用、绩效考核、末位淘汰等制度；直接从事招商人员比例都在20%以上；确定辖市（区）开发园区领导班子基本年薪；经济开发区控制性详规完成修编并进入报批。开发园区科技孵化器面积20万平方米。镇江大学科技园被认定为国家级，镇江出口加工区拓展保税物流功能，扬中"一关三检"（镇江海关、镇江检验检疫局、镇江边防检查站合署办公，下同）通过验收，丹徒依托循环经济试点申报一批项目获得省级资金支持。各辖市（区）相继出台促进经济开发区发展的配套办法和措施。京口区将原500万元注册资金的工业园区发展公司，通过政府和事业单位注资形式，组建拥有5000万元注册资金的开发总公司；扬中市先后成立拥有注册资金为2亿元和10亿元的经济开发区投融资公司。

（李　昕）

镇江新区

【概况】 镇江新区总面积218.9平方公里，常住人口21.7万人，下辖3个镇和2个街道，享有国家级开发区相应经济审批权限和行政级别。2009年，镇江新区完成地区生产总值200亿元，比上年增长14%（镇江新区口径，下同）。

2009年，镇江新区工业企业实现工业总产值694.6亿元，比上年增长15.5%；实现销售收入612.8亿元，增长11.92%；实现利税55.62亿元，增长2.82%；实现利润43.38亿元，增长0.09%，其中定报工业企业实现销售收入502.78亿元，增长9.14%；实现利税50.5亿元，增长2.87%；实现利润40.11亿元，增长0.41%。完成全社会固定资产投资200.4亿元，增长32.2%；完成全社会工业投资132.75亿元，增长39.6%。全年民营经济完成产值190.8亿元，增长28.9%；实现销售收入185.46亿元，增长27.2%；实现利税13.45亿元，下降25.56%。全年新增区属规模以上工业企业30家。完成财政总收入31.92亿元，增长19.35%；其中一般预算收入13.71亿元，增长34.9%。完成财政总支出17.26亿元，增长25.07%；一般预算支出9.29亿元，增长18.04%。

2009年，镇江新区引进外资项目59个，引进总投资1亿美元以上和近亿美元内外资项目（含增资）17个。实际到账外资6.82亿美元（商务部确认数），增长78.3%；进出口总额23.26亿美元，下降26.8%，其中出口额9.26亿美元，下降5.5%。实际利用内资58.01亿元。

截至2009年底，镇江新区在建项目69个（总投资500万美元或5000万人民币以上），总投资173.5亿元。其中外资项目40个，总投资14.84亿美元；内资项目29个，总投资72.6亿元。2009年新开工36个，总投资97.65亿元，注册资本35.26亿元。新竣工30个，总投资34.48亿元，注册资本14.94亿元。

2009年，镇江新区新开工建设项目61项，单位工程174个，工程造价11亿元，建筑面积117万平方米。全年在市招标办办理公开招标的项目69项，工程总造价9亿元；在镇江新区办理小型工程招投标手续75项，工程总造价9000万元。

全区完成国有土地登记发证3280份、房产抵押近1271份，抵押金额5.82亿元，面积46.77万平方米。农村集体土地登记发证103份。税费征收1240万元。完成各类土地报批面积533公顷。全年完成拆迁面积100万平方米。抢抓国家实施适度宽松的货币政策机遇，通过银行等金融机构筹融资72.88亿元。

全区完成造林面积近608公顷，8个行政村达到新农村建设村庄绿化合格村标准，全区森林覆盖率达20.12%。

2009年，镇江新区农民人均纯收入9385元，比上年增长13%。新增农村社会养老保险参保近8000人，农村合作医疗参保率96.3%。加快推进社会事业建设。完成大路中心小学综合楼、石桥中心小学综合楼、姚桥中学操场、儒里中学校门建设改造任务。推进义务教育阶段教师绩效工资改革。区内11所中小学基本达到省教育现代化标准。学前教育毛入园率、小学巩固率、初中巩固率分别达93%、100%、99.8%，初中毕业生升学率98%，19周岁人口高等教育入学率56%。创省级幼儿园5所、市级绿色学校1所、市级学生行为规范示范校2所、市级体育传统学校4所、市A级食堂2所、市级社区教育中心4家。6人分别被评为江苏省、镇江市优秀教育工作者。镇江新区基本完成卫生服务中心的全覆盖。完成改厕40632户，改厕普及率达95.6%；实现了人口计生宣传、服务体系100%全覆盖，人口增长继续保持在较低水平，全区年均计划生育率100%，人口出生率控制在4‰以内，孕前一围产期保健率95%，免费优生检测率85%，免费服务经费落实率100%，计划生育村（居）民自治率95%，流动人口管理服务率90%，依法管理、优质服务和群众满意率90%。大综合文化站建设率80%，村级文化机构实现100%全覆盖。新增健身场地13个，公共体育设施面积30.4万平方米，人均1.5平方米。各类艺术团体、体育组织77个，社区（村）健身队伍占95%以上，举办各级各类文艺演出活动近百场次。挖掘并保护文物资源，绘制《镇江新区非物质文化遗产分布地图集》，公布区级非物质文化名录36条，东乡羊肉烹制技艺和华山庙会被列入省级非物质文化遗产名录。完成市级文物保护单位赵氏佳城工程修缮建设，赵伯先故居修缮工程获省优秀工程特别贡献奖。2009年，大港街道被评为全国和谐社区建设示范街道，港南花苑社区被评为全国和谐社区建设示范社区，镇江新区达到全国和谐社区建设示范区标准。

2009年，镇江新区新增注册民营企业、个体工商户749家。镇江新区人力资源市场召开招聘会43场、农民工专场招聘会6场，达成初步就业意向4000人，新增农村劳动力转移1883人。开展"双置换"（农民宅基地换城镇住房、土地换社保）试点，推进农村集中居住区建设。完成社会保险新增缴费4680人，完成新增拉动基金收入1375万元。建成港南社区、渣泽社区、丁卯社区、银山社区等7个居家养老服务站，镇江新区通过江苏省首批示范性养老机构验收；发放低保金226.02万元，集中供养五保对象118名，供养率71.1%，集中供养水平年人均5280元。城乡居民养老保险覆盖率60%，老年居民养老补贴发放率100%。全年立案受理各类劳动争议案件380件，处理结案345件；受理集体劳动争议10件，接待上访群众2200余人次，通过仲裁处理为劳动者追回经济损失421.8万元。实施新农村建设带头人科学发展能力培训工程，通过全区55个远程教育站点，对35名村党组织负责人和28名村委会主任进行以增强科学发展能力素质的集中培训。4个贫困村基本完成脱贫任务，脱贫285户、516人，脱贫率分别为94%和92%。（新区办）

【利用外资跻身全省第一方阵】 2009年，镇江新区确认工商注册实际到位外资6.82亿美元，比上年增长78.3%；绝对值在全省省级开发区中名列第五位，比上年上升近10位。镇江新区加强基础设施建设，全年固定资产投入达204.4亿元，在全省省级开发区中名列第六位。镇江新区管委会将招商引资“抢引进”列为全年5大类37项重点工作之首，以新一轮产业规划为引领，改革招商管理体制，多措并举加大招商引资工作力度。举办广东招商调研活动、2009“银山之春”投资洽谈会、现代服务业招商香港推介会和新一轮发展规划北京汇报会等一系列专题招商活动。引进外资项目59个，其中增资项目18个；引进总投资1亿美元以上和近亿美元内外资项目（含增资）17个，其中8个已领取营业执照。实际利用内资58.01亿元，其中有总投资30亿元的新世纪盐化集团项目、累计总投资13亿美元的7个薄膜太阳能项目、两个分别投资近亿美元的航空零部件项目，以及一期投资1.5亿美元的益华商业广场项目等。形成从TCO玻璃、关键设备到电池比较完整的产业链条；引进航空部件、航空照明系统等5个项目，总投资32.5亿元。为镇江科创园核心服务区一期项目、池彬物流仓储项目、亿都家居建材城项目等争取各类资金7700多万元，比上年增长100%。（王 芸）

【组织新一轮发展战略规划】 2009年，镇江新区按照全市发展总体布局，结合长三角一体化、大交通格局、产业结构变革带来的区位优势和发展形势，组织新一轮发展战略规划。包括：苏州工业园区规划设计院所做《镇江新区（大港片区）概念规划及核心区城市设计》，规划范围为大港片区所辖三镇一街道（丁岗镇、大路镇、姚桥镇和大港街道），规划面积203平方公里，规划人口55万人，其中核心区规划面积6.67平方公里；东南大学建筑学院做《镇江科技城概念规划与科学西园城市设计》，科技城规划位于镇江中心城区东部的镇江经济开发区内，是镇江丁卯—三山地区的中心地带，占地19.5平方公里，其中横山科学园由东园（镇江软件园）与西园组成，东园以研发、孵化、配套等载体建设为主，西园为东园功能发展延伸区，位于镇江软件园西侧，占地199.5公顷；与上海毕博公司规划确定产业发展方向，包括新能源、绿色化工、装备制造和现代服务业4大产业13项重点。

在空间与产业规划完成的基础上，镇江新区2009～2013年将完成全社会固定资产投资2000亿元，前三年完成1000亿元，打造“两城五区十园”。两城：镇江科技城、滨江产业新城；五区：科技创新核心区、低碳经济示范区、特色产业集聚区、生态和谐样板区、效能建设先行区；十园：大学科技园、光伏产业园、航空产业园、车船装备园、民营创业园、现代物流产业园、工程技术创新园、绿色社体家园、国际化学工业园、静脉产业园。其中丁卯片区建设镇江科技城，建设目标为镇江城市东翼知识创新密集、文化氛围浓郁、配套设施先进、辐射范围广泛、生态环境优美、最具发展活力和潜力的新坐标；大港片区建设滨江生态产业新城，目标是以先进制造业为主体，以现代服务业为支撑，集物流、商贸、居住以及旅游休闲为一体，人文气息浓郁、生态环境优美的现代滨江新城。（王 芸）

【完成新一轮机构和干部人事制度改革】 2009年8月1～20日，镇江新区进行新一轮机构和干部人事制度改革。为实现跨越发展提供坚强的组织保证和人才支撑，并根据“1+5”文件（参见2009版《镇江年鉴》第300页）要求，充分精兵简政和激发开发区体制活力，防止任何形式的体制回归。通过改革，科级以上领导职数从76个减少到43个，减幅为43.4%；机关工作人员从239人精简至159人，减幅为33.4%。选人用人采取双向选择的方法。

对招商资源重新整合，成立招商中心，下设办公室、5个招商局和2个驻外办事处和投资服务局。高新技术创业服务中心与原高新技术产业开发园区管理局合署实体化运作。推进机关公务用车制度改革，减控行政成本，实施驾驶员分流安置，实现平稳过渡。（彭 鹏）

【万顷良田安置房工程开工建设】 镇江新区万顷良田安置房工程总投资约38亿元，占地106公顷，分A1、A2、A3、A4、A5等5个地块8个标段实施，由镇江佳丰、常州营特、深圳建设、无锡嘉锡、镇江伟益、常州新立、江苏武房、镇江国信等8家有资质的开发企业开发建设。建设内容主要包括300幢总建筑面积154万平方米的住宅楼、1万平方米的幼儿园和“邻里中心”。工程于2009年9月开工建设，计划于2010年底前竣工交付。每个小区均设有物管用房、社区用房、地下室、人防工程等相关配套设施。其中“邻里中心”建筑面积4.1万平方米，主体四层、局部二层。店面包括菜场、便利店、饭店、洗浴、商铺等。

万顷良田工程是镇江新区根据省国土厅实施万顷良田工程试点方案，着眼于破解城乡二元经济结构、用地矛盾突出等瓶颈制约而实施的一项保障发展、惠民利民的系统性工程。工程土地整理总规模为3727公顷，涉及镇江新区丁岗、姚桥、大路等3个镇、18个行政村、人口2.2万人，需拆迁7727户，拆迁面积120万平方米。万顷良田工程通过农用地及未利用土地的开发整理可新增耕地263公顷，建成连片高标准农田，促进现代农业发展；通过居民点和独立工矿用地拆迁可增加农用地552公顷，拓展出城市建设和产业发展空间。（参见第111页）（曹建霞）

【镇江国家大学科技园创建成功】 镇江国家大学科技园由江苏大学、江苏科技大学、镇江市人民政府、镇江新区管委会于2007年3月共同组建，2008年11月通过江苏省科技厅和教育厅的省级认定。截至2009年底，园内在孵企业58家，其中直接由高校师生创办、领办和与高校合作的企业有43家；园区企业吸纳2000多人就业，其中大专以上占60%以上。园区企业累计申请国家专利216项，获得授权121项。2010年1月13日，科技部、教育部联合下文认定镇江大学科技园为国家级大学科技园。至此，镇江国家大学科技园成为全国76家国家大学科技园之一，其中江苏有9家，分布在南京、苏州、无锡、常州、镇江和徐州六市，总量仅次于北京（13家）和上海（10家）。

国家大学科技园是以具有较强科研实力的大学为依托，将大学综合智力资源优势与其他社会优势资源相结合，为高等学校科技成果转化、高新技术企业孵化、创新创业人才培养、产学研结合提供支撑的平台和服务的机构。

（朱 敏）

【集聚高层次创新创业人才】 2009年，镇江新区组织25名人才申请省高层次创新创业资助，其中5人被省人才办确定为2009年度“江苏省高层次创新创业人才引进计划”引进人才；组织30人申报省高层次创新创业人才引进计划项目，其中有7人进入项目实地考察阶段，占全市的35%；43人申报市“331工程”（镇江市创新创业领军人才集聚工程）创新创业人才资助，其中10人获得首批双创引进人才资助，资助总额1920万元，占全市46.9%。推荐13人申报镇江市“169学术技术带头人培养工程”市科技骨干评选,16名人才申报市学术技术带头人评选。区内稳润光电、吉贝尔药业、太白集团等3家企业建立省级博士后科研工作站。引进国内知名专业从事软件服务外包人才培训的中智科技集团。与江苏大学合作设立江苏大学镇江工程技术研究院,在汽车零部件、农业装备、新材料、光电子、生物医药等领域,引进高新技术产业化项目,协助孵化相关技术和企业。 (刘高院)

【镇江新区经济开发总公司融资突破70亿元】 镇江新区经济开发总公司通过银行融资、BT、发行企业债券、股权信托等方式寻求战略合作,为开发建设提供资金保障。与银行等金融机构合作,累计实现融资总规模140.25亿元。2009年,通过审批68.55亿元,实际到位59.08亿元,财政拨款及土地收入9亿元,BT项目等量到位资金4.8亿元,全年完成筹融资72.88亿元。其中经国家发改委批准,12月21日总公司成功募集并发行14亿元一期企业债券(参见下一条目)。 (王 芸)

【发行2009年镇江新区经济开发总公司企业债券】 该企业债券由镇江经济开发区经济开发总公司发行,共14亿元,7年期,为固定利率债券,票面年利率为6.50%,采用应收账款质押担保方式。14亿元募集资金中4.8亿元用于镇江科创园(软件园)核心服务区一期工程项目,6.4亿元用于开发区关闭矿区地质环境治理及生态环境恢复工程,其余2.8亿元用于补充企业营运资金。2009年12月21日,全部债券在发行首日售罄。 (王 芸)

【镇江新区中小企业投资担保有限公司】 2009年,该公司为115家中小企业提供278笔总额7.25亿元担保资金扶持,比上年增长15.6%;期末担保余额4.94亿元。与江苏省再担保公司合作,实施1.13亿元再担保项目。新增建设银行、工商银行、民生银行、农村信用联社四家合作金融机构,合作银行家数达到10家。公司信用等级由A级提升到AA-级。公司注册资金由1亿元增资到1.1亿元。获国家、省、市政策性专项补贴422.75万元。全年提取风险准备金712.65万元。 (张建宪)

【镇江高新技术创业服务中心】 2009年,镇江高新技术创业服务中心新引进孵化企业31家,在孵企业总计85家,毕业企业18家。在孵企业实现产值21815.6万元,销售收入21748万元,利润总额1854.60万元,上缴税收793万元,出口创汇82万美元,产值、销售、利润总额、税收和出口创汇分别比上年增长44.01%、45.27%、37.99%、42.12%、28.05%。毕业企业完成工业产值6.9亿元,实现销售收入6.5亿元,利润总额7923万元,上缴税收4512万元,分别比上年增长5.18%、11.26%、2.37%和81.5%。组织和辅导园区企业申报各类科技计划项目65项,其中国家级科技计划项目9项,省级以上科技计划项目41项,市科技计划项目15项,获得无偿拨款1290万元。组织企业申报高新技术企业获批2家,省高新技术产品获批10项、获得CMMI-Ⅲ级资质认证企业3家、获得ISO 27001认证企业9家;组织企业申请专利136项,其中发明专利35项,授权专利59件。与东南大学签约,在镇江新区建东南大学镇江工业技术研究院和智能电网研究中心。与上海交大合作,设立上海交通大学国家技术转移中心镇江分中心;依托大学科技园,与江苏大学合作设立镇江工程技术研究院。与江科大、信息产业局签订软件应用人才实训基地合作框架协议和共建软件学院协议。吸纳民营资本,与江苏大学合作创立超创信息公司,开展软件人才培养、软件开发及投资业务。 (朱 敏)

【镇江出口加工区】 2009年,镇江出口加工区实现进出口额3602万美元,比上年增长162%;完成工业性投资2.77亿元;全年实现工业产值1.506亿元;增长108%;销售额1.527亿元,增长106%,其中先进光电产值和销售额增长750%。保税物流进出区货值10567万美元。4月22日正式拓展保税物流功能,形成以镇江出口加工区为中心的“一日游经济圈”。5~12月实现税收总额4031万元,8个月实现税收是加工区建区前5年税收总额的54.5倍。新批项目4个,全部为光伏产业项目。 (任晓锋)

【2009镇江新区“银山之春”投资洽谈会】 2009年5月8日举办。洽谈会期间,镇江新区签约外资项目15个,投资总额10.5亿美元,合同外资3.22亿美元,项目平均投资总额和合同外资分别达7000万美元和2150万美元,是上届洽谈会外资签约项目平均水平的1.3倍和1.2倍;签约内资项目25个,合同利用内资58.4亿元,项目平均合同利用内资2.35亿元,是上届洽谈会水平的3.72倍。 (顾 珣)

【圣睿高效能薄膜太阳能电池模组项目】 圣睿高效能薄膜太阳能电池模组项目由圣睿薄膜太阳有限公司(B.V.I)与镇江新区经济开发总公司在镇江出口加工区内合作建设,主要从事高效能薄膜太阳能电池模组的研发、生产、销售和服务。该项目一期总投资3600万美元,注册资本1200万美元,2009年3月初开工。建筑总投资4500万元,用地6.7公顷,标准厂房及附属用房建筑总面积1.7万平方米。到2010年底将安装年产能为96兆瓦的生产设备,2011年底通过技术改造和制程改善将年产能提高到120兆瓦,到第三年该项目可实现年销售额1.8亿美元、税前利润5500万美元。 (葛小梅)

【新世纪盐化氯碱项目】 2009年6月,江苏省新世纪盐化集团有限公司年产30万吨氯碱、50万吨精细化学品项目在镇江新区国际化工园区开工建设。该项目总投资50亿元,占地67公顷,项目分两期建设,一期投资20亿元,2010年底达产。达产后可实现年销售30亿元、利税2.5亿元。 (葛小梅)

【年产20万吨精制苯项目】 该项目由香港新昌源国际投资集团投资建设,一期总投资9800万美元,注册资金为5900万美元,占地17.3公顷,年生产加工能力粗苯20万吨、环己烷8万吨,达产后可实现年销售28亿元、利税5亿元。一期项目2009年3月开工建设,预计2010年5月试生产。 (葛小梅)

【大东纸业项目】 (参见第156页)

【镇江均和重工项目竣工】 该项目由上海均和集团和香港汇通集团共同出资,总投资为4980万美元,注册资本为3000万美元,占地10公顷,生产船用舱口盖。该项目2008年5月开工,2009年6月竣工投产。项目达产后,年产船用舱口盖5万吨,年总产值9800万美元,可实现利税1946万美元。 (葛小梅)

【金港大道、通港路、临江西路改造工程完工】 2009年,镇江新区重点打造金港大道(通港路—港中路段)、通港路、临江西路三路改造出新工程。三条道路总长11公里,总投资达1.37亿元,建设内容包括路面、绿化、路灯、交通设施改造。工程于10月15日开工建设,12月30日完工,创造了镇江新区新的建设速度。三条道路的智能化交通系统、高标准生态景观、沥青柔性路面、LED节能环保路灯,是镇江新区建设发展的新标杆。金港大道(原镇大公路)全线通车后,城

市快速公交D2线开通。D2线为大运量公交线,是镇江火车站与大港之间的往返线。 (曹建霞)

【推进高效农业项目建设】 2009年新增高效农业种养面积813公顷,完成市下达任务的101.3%,其中新增设施农业面积204公顷,完成任务的103%;新增高效渔业面积167公顷,完成100%;完成农业适度规模经营933公顷,完成任务总量的101%。围绕高效农业发展规划,重点推进省滩涂开发总公司万亩水产开发项目、姚桥千亩鲟鱼养殖、薛港村百亩蔬菜基地建设、宗张百亩鲜切花基地等重点项目建设。其中千亩鲟鱼养殖、百亩蔬菜、鲜切花种植等项目投产达效。 (束镇雯)

【新竹河水利血防整治工程完工】 新竹河水利血防整治工程是镇江新区2009年重点建设的水利工程,该河道位于镇江新区西南片丘陵地区,南起金港大道,北至长江,全长3公里,河道总汇水面积为12.16平方公里。工程总投资2170万元,建设内容以清淤整治及硬质化护坡为主,局部边坡无法稳定的进行加固处理,同时对沿线涵洞出水口进行改造,整治后的河道不仅能满足水利、血防要求,而且可以加强两岸企业的生产用地安全,同时改善周边生态环境。 (嵇庆才)

【镇江新区坝塘水库除险加固工程通过市级验收】 坝塘水库位于镇江新区丁岗镇境内,始建于1962年,集水面积0.62平方公里,加固后总库容20.64万立方米,是一座以防洪、灌溉为主的小型水库,工程总投资140万元,建设内容包括大坝、涵洞、溢洪道改造,并增设必要的管理设施,工程于2008年11月1日开工建设,2009年12月25日通过水下工程阶段验收。 (嵇庆才)

【平安法治新区建设】 2009年,镇江新区实现平安新区建设"五连冠"和法治建设新突破。组织开展打黑除恶、春季侦防会战、防盗抢防诈骗、社会治安整治、打击国省道沿线盗抢犯罪、反假币'09行动等各类专项斗争,破获各类刑事案件837起,破案率达48.3%;其中破获"八类"案件17起,"八类"案件破案率100%。破获大港"4·8"入室抢劫杀人案、丁卯"4·17"绑架案、"6·9"重大环境污染案。全区各级调解服务中心受理矛盾纠纷794件,调解成功768件,调解率100%,调处成功率96.7%。

推广天网智能远程防盗报警系统、平安E家和技防进村入户到田头活动,投入技防建设经费1900余万元,建成5个派出所监控中心,全区技防镇(街道)、技防村建成率100%。构筑群防群治网络,在镇(街道)建立30人以上的专职巡防中队,各镇(街道)成立专职巡防中队,农村地区建立专职保安联防队伍,启动群众性义务巡防"红袖标工程"。开展平安企业、平安工地、平安校园、平安市场等18项平安建设系列创建活动,人民群众对社会治安综合治理和平安建设活动的知晓率和参与率达95%。开展社区矫正、安置帮教和预防青少年违法犯罪工作,全区136名社区矫正对象重新犯罪率为零,刑释解教人员帮教率100%,安置率90%以上,在校中小学生犯罪率连续八年为零。推进"法治镇(街道)""法治单位""民主法治村(社区)"等系列创建活动,大路镇和镇江新区工商分局被表彰为市首批依法行政示范单位,武桥村、港南花苑等5个村(社区)被评为省民主法治示范村(社区),所有村(社区)被命名为市民主法治村(社区)。 (徐 鹏)

【镇江新区婚姻登记服务实现零投诉、零错登目标】 镇江新区开展"满意在婚姻登记处"活动,加快婚姻登记信息化建设,实现网上在线登记服务。2009年,全区在线办理结婚登记2038对、离婚登记275对、补领婚姻登记50对、办理收养登记13对,实现婚姻登记零投诉、零错登目标。镇江新区婚姻登记处被命名为全国婚姻登记规范化示范窗口。 (束镇雯)

【大港街道获全国和谐社区建设示范街道称号】 近年来,大港街道投入500余万元推进全国环境优美乡镇、全国文明城市和生态市的"三创"活动。新增民生财政支出300余万元,改造并完成银山、伯先两个社区用房的达标建设;投入100余万元,实施港南花苑社区环境综合整治,改善农村生活环境。2009年,大港街道农村合作医疗保险参保人数达2.5万人,实现参保全覆盖;全年转移劳动力612人,新增就业818人,实现农民人均纯收入10283元。全年完成规模工业项目投入19.1亿元,21个内外资项目开工建设总投资32亿元,获得国家、省、市科技资金扶持1000余万元,注册外资1.22亿美元,工业产值68亿元,销售65亿元,利税3.5亿元。大港街道通过"城乡一体化"和实事工程,关爱弱势群体,连续四年举办社区百名寿星祝寿会,筹资近100万元,向社区70岁以上老人及优扶对象发放"和谐幸福卡"5200人次;召开庆六一"特殊红包"赠送大会,为30名贫困家庭学生颁发助学金6000元;动员机关党员干部及社会各界向"白血病"患者张露捐助爱心款7.7万余元。2009年,大港街道获全国和谐社区建设示范街道称号。 (田银军)

2009年镇江新区各镇(街道)党政主要领导名单

表35-2

镇(街道)名称	书记	镇长(主任)
丁岗镇	李春凤	朱 良
大路镇	徐子荣	王丽娜
姚桥镇	王 忠	睢尔佳
大港街道	贺宏福	赵建平
丁卯街道	倪 宏	王开吉

(王 芸)

表35-3

2009年镇江新区各镇(街道)经济社会发展基本情况一览表

镇(街道)名称	土地面积(平方公里)	耕地面积(公顷)	户籍总人口(人)	地区生产总值(亿元)	财政收入(万元)	到账外资及港澳台资(万美元)	外贸进出口总额(万美元)	农民人均纯收入(元)	参加农村失地保障(人)
丁岗镇	35.36	1328	21430	2.98	5000	400	2200	9727	4915
大路镇	41.67	1497	29385	3.06	5483	630	98	9406	1100
姚桥镇	55.88	2731.91	41677	6.052	5300	2000	–	9651	660
大港街道	68.3	669.28	52490	23.85	14000	8000	2928.9	10283	15500
丁卯街道	20	209	25108	–	42000	5205.56	–	10600	–

(王 芸)

辖市(区)经济开发园区

【丹阳经济开发区】 2009年，丹阳经济开发区实现地区生产总值146.24亿元，比上年增长16.7%。实到外资5309万美元，下降47.5%，居全省第75位，比上年后移24位；内资企业注册资本10.1亿元，增长119.7%。一般预算收入5.61亿元，增长39.5%，占丹阳市24.4%。全社会固定资产投入47.7亿元。业务总收入587.65亿元，增长35%；工业产品销售收入342.8亿元，增长35.1%，占丹阳市36.3%；规模以上工业增加值76.7亿元，占丹阳市32.2%。完成进出口4.09亿美元，增长0.6%；出口3.28亿美元，下降3.9%。

引进注册资本4998万美元的丹阳立曜电子、注册资本4998万美元的丹阳汇嘉大酒店、注册资本3000万美元的江苏彤景科技、注册资本3000万美元的江苏华之龙传动科技等外资大项目，以及注册资本1.2亿元的江苏瀚博商贸公司、注册资本1亿元的江苏臻誉担保公司、注册资本1亿元的丹阳天融担保公司等内资大项目。重新认定明月光学、东联化工、仅一包装、中超化工、恒神碳纤维、大亚科技等6家高新技术企业，实现产业50.16亿元，比上年增长32%。建设留学生创业园、科技创新中心等各类科技孵化器3万平方米，新增镇江市包装系统工程技术研究中心、镇江市木质资源高效利用工程技术研究中心、镇江市新型煤制化学品工程技术研究中心、镇江市金刚石制品研究中心和镇江市电子元器件技术中心等5个研发中心。

落实"1+5"文件精神，提高工业土地准入门槛，完成区内拆迁30万平方米。经济开发区由原来16个部门调整为"10局1中心1公司"，所有人员一年一聘任。年末招商人员38人，占机关总人数20.5%。 （李 昕）

【句容经济开发区】 2009年，句容经济开发区实现地区生产总值49.53亿元，比上年增长34.7%。实到外资14723万美元，下降4.4%，居全省第35位，后移1位，占句容市比重57.9%；完成注册内资6.49亿元，实际到位2.71亿元。实现业务总收入185.82亿元，增长29.3%；工业产品销售收入126.2亿元，增长41%，占句容市28.7%；规模以上工业增加值30.3亿元，占句容市27.4%。一般预算收入3.62亿元，增长97.3%。全社会固定资产投入27.2亿元。进出口1.66亿美元，与上年持平；其中出口8334万美元，下降19%。

招商工作重点推进光电子、运动器材、输变电产业相关项目，先后引进汇联汽车轮毂、大奔精密工业、傲驰科技、柏霆光电等外资项目，以及天力电气、盛迈铜业、中容科技等内资项目。巨宝科技一期近40万平方米厂房及附属设施于2009年7月投产。

全区拆迁约8万平方米，涉及张家上、122省道、西五环、文体局等区域。黄金花园安置小区101栋安置楼及其配套设施基本建成，交付西庙、寨里、赤岗等1018户2121套。幸福花园安置小区建成29栋。全区道路建设直接投资近3亿元，西五环中段和北三段、华阳西路西延伸段、巨宝路、淮源路等6条道路竣工。完成5.2公里绿化和4公里路灯配套。完成4.6公里西三环截污管道工程，平整场地15公顷，完成土方200万立方米，管线迁移达20公里，为巨宝、立成强、世贸大酒店等项目架设供电线路10公里，铺设供水管道3公里。

落实"1+5"文件精神，先后出台并实施《关于改革开发区人事编制管理工作的实施意见》《江苏句容经济开发区考核暂行办法》《开发区招商人员管理制度》等配套文件，对经济开发区机构设置、人员编制、考核体系、招商队伍建设等进行调整，推进全员聘用、合同管理、绩效考核、末位淘汰等公司化用人制度。 （李 昕）

【扬中经济开发区】 2009年，扬中经济开发区实现地区生产总值51.35亿元，比上年增长88%。实到外资6486万美元，增长68.6%，居全省第68位，前移17位，占扬中市比重57.1%；内资企业注册资本12.19亿元，增长65.2%。实现业务总收入183.28亿元，增长74.4%；工业产品销售收入167.2亿元，增长70.4%，占扬中市42%；规模以上工业增加值41.4亿元，占扬中市39%。一般预算收入3.68亿元，增长183.1%。全社会固定资产投入36.3亿元。完成进出口2.77亿美元，下降26.9%；出口6061万美元，下降27.6%。

特色园区江苏省(镇江)太阳能光伏产业园规划面积3平方公里，辉煌硅能源、兆伏新能源、天辰硅酮胶、尚昆光伏等10多家光伏及配套企业落户园区，形成以太阳能电池用单晶多晶硅片、太阳能发电、太阳能电池应用等三大系列产品为主，集科研、生产、销售为一体，打造国家级太阳能光伏产业园。投资3000万元新建3万平方米创业(孵化)中心及标准化厂房。中心运用数字化管理模式，内设五大信息平台，即经济开发区规划展示平台、光伏产业信息平台、科技服务信息平台、园区企业公共服务平台、园区网络共享平台，被省科技厅评为"高新技术产业创业服务中心"。

建成"一关三检"查验机构。扬中经济开发区与省边防检查站、镇江海关、镇江检验检疫局、镇江边防检查站等部门多次协商，确定实施"一关三检"查验机构及配套设施建设方案，即租用兴隆码头办公用房作为临时办公地点，各查验单位抽调人员进驻开展工作。当年10月，3000平方米办公用房建成并通过查验单位验收。

落实"1+5"文件精神，先后出台《关于扬中开发区布局调整和管理体制改革工作的实施意见》《关于进一步加快扬中开发区发展的实施意见》和《扬中开发区党工委、管委会、开发总公司主要智能和用人规模方案》等配套性文件。经济开发区设立"一办一局五部一公司"，即党政办、投资促进局、经济发展部、规划建设部、社会事业部、农村工作部、财务经营部和开发总公司。机关人员实行全员聘用、合同管理、绩效考核、末位淘汰制度。投资促进局招商人员13人，占机关总人数20%以上。完善风险投资公司，依托江苏联统置业有限公司，建成扬中大洋风险担保公司，注册资本1.08亿元，为入驻联统金属物流中心的60多家企业进行资金担保，促进金属物流企业发展。坚持集约节约发展，规定进区项目投资强度(每亩)、深水岸线利用强度(每米)均不得低于40万美元或300万元人民币。 （李 昕）

【丹徒经济开发区】 2009年，丹徒经济开发区实现地区生产总值48.58亿元，比上年增长23.7%。实到外资6397万美元，下降20.8%，居全省第66位，后移6位，占丹徒区比重48.4%；内资企业注册资本6574万元，增长35%。实现业务总收入190.33亿元，增长29.7%；工业产品销售收入168.4亿元，增长29.8%，占丹徒区的48.8%；规模以上工业增加值40.7亿元，占丹徒区45.3%。一般预算收入4.27亿元，增长128.5%。全社会固定资产投入54.6亿元。完成进出口1.44亿美元，下降36.7%；出口1.15亿美元，下降35.6%。

丹徒经济开发区被批准为江苏省第二批循环经济试点园区。以丹徒经济开发区传统化工产业为基础，依托长三角顺酐、兰德特药业、不饱和树脂等企业或项目，建造精细化工产业园。依托二重项目建设发展，经济开发区成立镇江市重装产业园开发公司，完成镇江重装产业园概念性规划，启动重装产业园基础设施建设。

推进11个重点项目，其中有总投资55亿元的二重一期项目配套设施、总投资5亿元的中盐镇江盐化有限公司真空制盐项目、总投资2800万美元的江苏长三角精细化工有限公司二期顺酐项目、总投资4.1亿元的江苏苏润高碳材项目、总投资1.3亿元的镇江兰德特药业研发项目、总投资2600万美元的江苏金华普钢结构工程项目，以及总投资3.2亿元的江苏纳爱科添加剂项目等。

推进经济开发区体制机制改革。成立丹徒经济开发区开发总公司，全员建立企业化薪酬机制，主要领导人上缴主要经营者风险抵押金5.5万元/人，其余人员基本年薪为2008年的65%，按月支付；绩效年薪由年终考核结果按系数确定，年终支付。核定"一室五部"，即办公室、项目招商部、经济发展部、国土管理部、规划建设部、财务部。项目招商部下设投资服务中心和项目招商中心，核定招商人员16人，占总人数20%以上。

（李　昕）

【京口工业园区】 2009年，京口工业园区实现地区生产总值21.8亿元，比上年增长33.7%。实到外资5570万美元，增长58.1%，居全省第74位，前移12位，占京口区比重73.1%；内资企业注册资本3200万元，增长113.3%。实现业务总收入86.43亿元，增长55.9%；工业产品销售收入86.1亿元，增长55.2%，占京口区41%；规模以上工业增加值24.5亿元，占京口区43.2%。一般预算收入1.15亿元，增长124.9%。全社会固定资产投入33.7亿元。完成进出口1.88亿美元，增长55.6%；出口1.74亿美元，增长44.4%。

招商引资以新能源、新材料、新光源及先进制造业为主导，总投资6亿美元的绿洲新能源、总投资3亿元的恒伟物流和总投资1.26亿元的中野应急科技等项目实现"当年洽谈、当年签约、当年报批、当年开工"。总投资11.8亿元的正兴汽车轮毂项目签约。

优化园区产业结构。引进大集团区域采购、销售中心2个，分别是美国百事集团华东地区农副产品采购和分销中心（镇江恒伟物流）、正兴车轮集团华东地区汽车轮毂和新型混合动力摩托车生产及销售中心。当年新增研发中心4个，分别是绿洲创业园的太阳能光伏产业技术服务中心、镇江科捷锂电池的锂电池极片盒电池组块研发中心、江苏环能通公司的环保与新能源研发中心、绿洲新能源的薄膜太阳能设备研发中心。全年建成科技孵化器面积1.5万平方米，其中6500平方米为归国博士创业园。引进科技型、领军型人才团队，组织申报中组部"千人计划"项目2个，其中1个进入复审；申报省高层次创新创业人才项目3个全部通过评审；申报市"331计划"人才项目2个，其中1个获得首批经费资助。

完成园区13.3平方公里控制性详规，园区内金阳大道、金鼎大道、华丰路、华诚路相继建成通车，内部路网框架基本形成。镇江—大港公路、谏壁—辛丰公路、经十二路、沿江高等级公路等周边路网全面升级。2座变电所的电力供应、2条自来水的给水、排污管网及污水处理设施、老鼠山河雨水泵站等配套设施基本完成。当年新增拆迁面积近3万平方米，华诚新村安置房二期建成交付。

京口区委、区政府出台《关于加快推进京口工业园开发建设的实施意见》《关于成立京口工业园重大工作和重大项目综合协调小组的通知》《关于改革京口工业园人事编制管理工作的意见》《京口工业园考核薪酬工资的实施意见》等文件，明确京口工业园实行党工委、管委会、发展总公司三位一体的运作模式，发展总公司下设综合人事部、招商投资部、工程建设部、财务审计部。全员解聘重新竞聘上岗，直接从事招商工作人员占总人数的32%。园区工作人员以岗定薪，发展总公司副职、部门正职、部门副职、工作人员分别按0.8、0.6、0.5、0.4的系数，上下浮动0.1进行绩效考核。

（李　昕）

【润州工业园区】 2009年，润州工业园区实现地区生产总值25.81亿元，比上年增长163.1%。实到外资2470万美元，增长22.1%，居全省第95位，前移2位，占润州区比重72.8%；内资企业注册资本2.63亿元，增长105.5%。实现业务总收入103.25亿元，增长215.7%；工业产品销售收入88.7亿元，增长207.5%，占润州区54.3%；规模以上工业增加值24.7亿元，占润州区60%。一般预算收入1.37亿元，增长130.1%。全社会固定资产投入29.8亿元。完成进出口2.55亿美元，增长11.8%；出口1.45亿美元，下降0.1%。

打造特色产业园区。润州工业园区被省发改委命名为江苏省船用动力特色产业基地，被省科技厅认定为省级高新技术船舶及配套设备产业化基地，被省商务厅认定为国际服务外包示范区，被科技部认定为国家高新技术创业服务中心。成立润州润诚农村小额贷款公司，注册资本5000万元。

落实"1+5"文件精神，润州区委、区政府出台《关于加快和促进润州工业园建设发展的实施意见》，开发总公司实行全员聘用、竞争上岗、合同管理、绩效考核、末位淘汰的公司化用人制度。开发总公司经营者实行年薪制，并缴纳风险抵押金，其他人员以岗定薪、绩效考核，对后勤服务人员采取以劳动部门派遣形式，其劳动关系与园区脱钩。

（李　昕）

人 物

责任编校：姚丽华

市级新任党政军领导

刘捍东 2010年1月当选镇江市市长。简介参见《镇江年鉴（2009）》第306页。（丽 书）

李小平 2009年2月任镇江市人民政府副市长、镇江新区党工委书记。

1962年8月生，江苏武进人。1979年10月至1983年7月在江苏化工学院有机化工系有机合成专业学习；1983年7月起在武进轻工助剂厂工作，历任技术员、技术科科长、副厂长；1992年11月至1996年4月任武进轻工助剂厂厂长、党支部书记；1996年4月任江苏新亚化工集团公司（武进化肥厂）党委副书记，5月任江苏新亚化工集团公司（武进化肥厂）董事长、总经理（厂长）；1997年12月任武进市人民政府副市长，其中1997年9月至1999年6月不脱产在南京大学参加由省委组织部举办的江苏省第三期领导干部研究生进修班学习结业；1999年6月任武进市人民政府副市长、党组成员；2001年3月当选为中共武进市委常委，任武进市人民政府常务副市长；2001年11月起，任中共武进市委副书记、武进市人民政府代市长；2002年1月至2005年8月任武进市委（区委）副书记、武进市（区）人民政府市长（区长）、市（区）政府党组书记，其中2002年8月至11月参加江苏省委组织部第六期优秀中青年干部赴美国马里兰大学培训班学习结业。2005年8月至2009年2月任常州市外经贸局局长、党委书记。（新区办）

甄邢兵 2009年6月任中共镇江市委常委。

1954年9月生，河北新乐人。1973年2月加入中国共产党，大学学历。1969年3月起历任战士、排长、副连长、参谋、连长、副营长、股长、营长、副团长、团长、副师长等职。其中，1978年3月至1979年7月任南京军区步兵学校步兵指挥。1986年9月至1987年7月任南京陆军指挥学院陆军指挥。2000年10月起，任江苏省宿迁军分区司令员。2004年10月起，任江苏省镇江军分区司令员。（刘晓平）

镇江名人

朱良春 南通市中医院原院长，2009年被人力资源和社会保障部、卫生部、中医药管理局授予新中国成立后国家级30位中医大师之一。

1917年8月生，江苏丹徒人。中国农工民主党党员，教授，主任中医师。他曾任农工民主党中央委员、南通市七届人大常委、政协江苏省常委、南通市政协副主席、南京中医药大学兼职教授，是全国500位名老中医之一和国务院批准的杰出高级专家，享受国务院颁发的政府特殊津贴。

早年师从武进孟河马惠卿，1938年毕业于上海中国医学院，对内科杂病尤其对痹证、脾胃病、肝病、肾病、老年病等有独到体会。先后研制"益肾蠲痹丸""复肝丸"等验方。主要著作《虫类药的应用》《章次公医案》《朱良春用药经验》《医学微言》及日文版《现代中医临床新选》（合著）等8部书。论文140余篇，受全国各地邀请讲学。5次访日，在东京、札幌、西尾等地作学术演讲。1987年被授予全国卫生文明建设先进工作者。1993年被江苏省卫生厅授予中医药系统先进工作者。研制的"益肾蠲痹丸"获首届国际博览会银牌奖（1989年）及国家中医药管理局科技成果三等奖（1990年），并被列为国家中医药管理局"八五"中医药科技成果推广的"金桥计划"。（刘希美）

颜正华 北京中医药大学教授，2009年被人力资源和社会保障部、卫生部、中医药管理局授予新中国成立后国家级30位中医大师之一。

1920年2月生，江苏丹阳人。中共党员，博士研究生导师。早年学医，1940年起在家乡行医。新中国成立后响应党

继承发扬祖国医学遗产的号召，1955年3月考入南京中医学校（现南京中医学院）师资进修班学习，毕业后留校任中药教研组组长。1957年8月调至北京中医学院（现北京中医大学），历任中药教研室副主任、主任，中药研究所名誉所长等职。并任国务院学位委员会医药组成员、中国药典委员会委员、全国药品审评委员会委员等职。长期从事中医药教育，培养大批后继人才，国务院特颁发其荣誉证书。代表著作《临床实用中药学》，全国高等中医药院校教材《中药学》等。　（刘希美）

颜德馨

上海铁道医学院附院主任医师，2009年被人力资源和社会保障部、卫生部、中医药管理局授予新中国成立后国家级30位中医大师之一。

1920年11月生，江苏丹阳人。教授，主任医师。中国医药学会理事，全国著名老中医。他幼年随父学医，1939年毕业于上海中国医学院，挂牌行医。新中国成立后，奉调上海铁路中心医院主持中医业务，长期从事临床医疗及教育、科研工作。倡导“久病必由瘀”“怪病必由瘀”等观点，提出衡法新治则。近年来从事生命科学研究，主持“淤血与衰老”科研项目，提出“淤血实邪，乃人体衰老之主要因素”观点，获国家中医药管理局科技进步二等奖。上海科教电影制片厂根据这一学说，拍摄《抗衰老》科教片，参加国际生命科学电影展览获奖。他多次到国外讲学，被美国两家中医研究院及一个学会聘为学术顾问。出版《餐芝轩医集》《话血化淤疗法临床实践》《医方囊秘》《气血与长寿》《中国中医抗衰老秘诀》《颜德馨医艺荟萃》《颜氏诊病绝招》和《医艺荟萃第二册》等著作，多次获上海市卫生系统科技进步奖。发表论文100余篇，其中《老年性痴呆的治疗》与《肝脾在抗衰老中的临床与实践研究》，分别获第六届国际针灸及东方学术会议、第一届世界传统医学优秀论文及研讨会金奖。上海市卫生局拍摄《歧黄一杰——颜德馨传记》电视片，记载其一生为中医事业探索的经历。　（刘希美）

模范人物

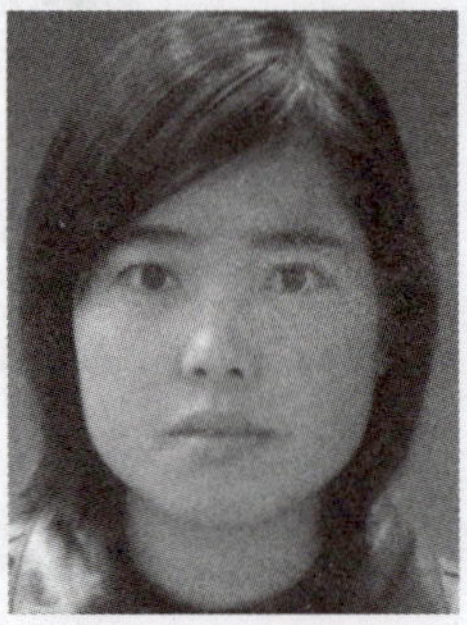

方美芳

丹阳市供电公司副班长，2009年获全国五一劳动奖章。简介参见《镇江年鉴（2007）》第376页。

（叶兆国）

杨大寿

华东石油局第六普查勘探大队班长，2009年获全国五一劳动奖章。简介参见《镇江年鉴（2008）》第317页。

（叶兆国）

苏　翔

江苏科技大学教授、镇江市金舟软件有限公司总经理，2009年获全国五一劳动奖章。

2000年，他创办金舟软件有限公司，在管理信息系统（MIS）、CAD/CAPP/PDM/ERP集成和企业信息模型等方面的研究处于国内领先水平。金舟软件在船舶行业及江苏省许多大中型企业得到应用，创造直接经济效益数千万元。简介参见《镇江年鉴(2007)》第373页。

（叶兆国）

张尤历

江苏大学附属医院副院长兼消化科主任，2009年获全国五一劳动奖章。简介参见《镇江年鉴（2009）》第311页。

（叶兆国）

费　扬

江苏奇能电池有限公司总经理，2009年入选国家“千人计划”。

1960年6月生，江苏常州人，博士学历。1984年开始在中国科学院上海硅酸盐研究所从事航天材料研究，1988年到1991年在香港中文大学从事铁电体材料研究，1998年到2006年在澳大利亚国际核子科学技术研究院从事电池材料研究。在澳大利亚工作期间，负责与美国、日本、欧盟等国家实验室合作研发高功率电池新材料，参与美国能源部牵头的混合电动汽车等重大能源项目研究开发工作，被聘为澳大利亚国家核子科学技术研究院终身科学家。与欧盟合作开发高功率混合电动汽车电池，攻克新型储能材料循环寿命和大功率电流下工作难题，在国际著名的物理学评论、物理学固体材料等杂志发表二十多篇论文。2006年回国在扬中创办江苏奇能电池有限公司，主持实施混合动力汽车用高功率镍氢电池项目。2009年，经中央海外高层次人才引进工作小组批准，入选国家“千人计划”，即“海外高层次人才引进计划”：在未来5～10年内为国家重点创新项目、重点学科和重点实验室、中央企业和国有商业金融机构等，引进2000名左右人才，并有重点地支持一批能够突破关键技术、发展高新产业、带动新兴学科的战略科学家和领军人才到中国创新创业。

（冉　勇）

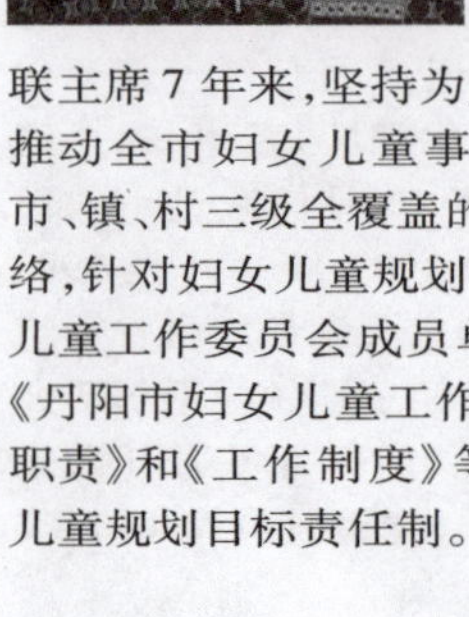

葛秀琴

丹阳市妇联主席，2009年获全国三八红旗手称号。

女，1960年6月生，江苏丹阳人。中共党员，大专文化。担任丹阳市妇联主席7年来，坚持为妇女儿童办实事，推动全市妇女儿童事业的发展。构建市、镇、村三级全覆盖的妇女儿童工作网络，针对妇女儿童规划制定《丹阳市妇女儿童工作委员会成员单位目标分解书》《丹阳市妇女儿童工作委员会成员单位职责》和《工作制度》等文件，实施妇女儿童规划目标责任制。丹阳市妇联先后获得江苏省妇女工作先进集体、江苏省三八红旗集体称号。丹阳市被国务院妇女儿童工作委员会列为2006～2010年全国妇女儿童发展纲要示范市(县)。

(王 军)

李 红

江苏大学流体机械工程技术研究中心研究员，2009年获全国三八红旗手称号。

女，1967年1月生，江苏兴化人。中共党员，研究生学历。博士生导师，国家重点学科“流体机械及工程”节水灌溉设备方向带头人。中国水利企业协会灌排分会技术委员会专家，中国水利企业协会灌排分会标准委员会副主任委员，中国农业节水和农村供水技术协会理事。2002年被评为江苏省普通高等学校“青蓝工程”优秀青年骨干教师。20年来一直从事排灌机械和流体机械科学研究工作，主持或负责完成国家及部省级以上课题12项、横向协作课题80余项。获国家科技进步奖2项，省部级以上奖励12项，市校级奖励3项，申报国家发明专利12项，授权2项。发表学术论文60余篇，其中EI(工程索引)收录20篇。负责完成国家“十五”863、国家农业科技成果转化项目研究，设计开发世界首创、拥有自主知识产权的隙控式全射流喷头。在无堵塞泵叶轮的设计方法建立，纸浆泵效率提高上作出贡献。关心爱护学生，提倡素质教育和创新教育。

(王 军)

时 英

镇江报业集团京江晚报热线新闻部主任，2009年获全国三八红旗手称号。

女，1963年3月生，江苏镇江人。中共党员，本科学历。多年来带领部门记者在新闻110、调查类新闻以及社会活动策划的一线，采写大批弘扬社会新风、鞭挞丑恶现象、为群众解决实际问题、化解矛盾的稿件及内参，分获全国晚报好标题奖，江苏省、镇江市好新闻一二三等奖。与镇江市妇联共同策划“社会妈妈”活动，获镇江市十佳新事、江苏省未成年人思想道德建设创新案例一等奖；策划组织一系列小记者活动，晚报小记者活动基地先后成为江苏省和全国小公民道德实践基地；策划组织的金山街道首届“邻里节”获评镇江市十佳新事；与电信公司和驻镇高校联手推出的“资助贫困大学生回家过年”活动，被推荐镇江市十佳新事提名候选；与镇江交友网联手组织“社会儿女”活动，在5·12汶川大地震一周年之际，策划组织“社会妈妈”赴四川板桥，看望助养的50名灾区儿童。

(王 军)

姚公琴

丹徒区公琴柑橘合作社社长，2009年获全国三八红旗手称号。

女，1968年1月生，江苏丹徒人。中共党员，初中学历。1988年，她从浙江黄岩引进橘苗，因冻害、缺技术，收入不佳。但她请教专家悉心钻研。1991年，她掌握柑橘技术，每亩收入达到4000元。为带动更多的农民致富，从1992年起开始种植柑橘母本，每年免费送橘苗给贫困妇女，并进行技术指导。先后帮富6000户，帮助农民增收500万元。2003年起，她主动跟进江心洲农家乐旅游项目。2005年加入中国共产党。2006年12月，注册镇江市丹徒区公琴柑橘合作社，帮助农民销售柑橘。2008年，当选江苏省第十一届妇女代表大会代表。

(王 军)

李黎丽

镇江市消防支队防火处处长，2009年获全国三八红旗手称号。

女，1972年1月生，甘肃陇西人。中共党员，本科文化，高级工程师。1989年7月从武警技术学院应征入伍，先后任支队防火处助理工程师、副科长、科长、副处长、润州区消防大队大队长等职。立三等功1次，先后被评为全国消防宣传“五进”先进个人、十七大消防安全保卫先进个人、十佳基层警官，两次被评为优秀党务工作者。

(董万青)

张 蕾

江苏省镇江市中级人民法院民一庭庭长，2009年被评为全国巾帼建功标兵。

女，1966年2月生，江苏镇江人。中共党员，大学学历。她24年里一直从事民事审判工作，审理各类案件千余件，无案件超审限，无错案，办案调撤率70%以上。她先后获得江苏省人民满意的法官、江苏省巾帼建功先进个人、个人二等功等十多项称号。2010年1月，获得江苏省杰出人民法官称号。

(张传军)

顾明社

扬中市教育局局长、党委书记，2009年全国优秀教育工作者。

1958年11月生，江苏扬中人。中共党员，大学文化，中教一级、高级政工师。1977年8月参加工作，任扬中县新坝中学民办教师。1980年12月，毕业于镇江师范专科学校中文科。1981年起历任新坝中学、八桥中学教师、校长。1994年4月任扬中市教育局副局长、副书记。1995年12月任扬中市委宣传部副部长、《扬中日报》总编辑。2000年1月起任扬中市教育局局长、书记。他深入基层调查研究，并提出以教育信息化建设为突破口，促教育现代化发展思路。2002年底，扬中市推进教育信息化建设，投入近2000万元率先在镇江市建成覆盖全市各家教育单位的宽带教育城域网。2005年，被评为江苏省教育工作先进市、江苏省社区教育实验区；2007年，被评为江苏省首批义务教育均衡发展先进市、江苏省普及高中阶段教育先进市；2007年11月，在全省首批通过教育现代化建设水平评估，在全省率先实现教育现代化；2008年，被评为江苏省师资队伍建设先进市、江苏省规范教育收费示范市。顾明社坚持廉政建设，为降低办学成本，规范教育服务市场，扬中市教育局率先实施集中采购制度。

(王健盛 裴 伟)

潘晓芙 镇江市教育局副局长，镇江市外国语学校校长。2009年全国教育系统先进工作者。简介参见《镇江年鉴（2007）》第373页。

（王健盛　裴　伟）

倪芳华 句容市华阳中心小学副校长，2009年全国优秀教师。

女，1965年11月生，江苏句容人。中共党员，本科学历，中学高级教师。1984年8月毕业于江苏省丹阳师范学校，同年至句容县（市）华阳镇第一小学任教，2001年1月起任华阳镇中心小学教师。任教以来，她尝试"基于问题解决"的小学数学探究性学习策略的研究，形成"扎实"与"灵活"统一，"情智"与"风趣"和谐的教学特色。多次对小学数学研讨会、市素质教育现场会、市青蓝工程学员等进行说课及公开教学观摩。送教下乡，送教到赣榆县获得较高评价。撰写多篇论文，并获省市级一、二等奖；多篇文章在《教学与管理》《江苏教育》《小学数学教学》等刊物发表。2007年5月在江苏省"杏坛杯"优质课评比中获二等奖。在江苏省2009年"与名师同行"教学研讨活动中，演讲"读书伴我成长 学习超越自我"，并上展示课"找规律"。

（王健盛　裴　伟）

王晓滨 镇江市丹徒高级中学美术教师，2009年全国模范教师。

1970年10月生，江苏丹徒人。本科文化，中学高级教师。任丹徒区美术家协会理事。1991年8月毕业于镇江师范专科学校美术系，分配在江苏省大港中学任教。1993年，他主动申请到宝堰中学任教，支持茅山老区教育。此后在丹徒农村中学任教至今。十八年来，他免费给兴趣小组上课几千课时。为提高业务水平，他拜名师学艺，以锅灰为墨、以地面为纸练绘画基本功。自费为学生购买纸、笔、颜料，制作200多幅教学幻灯片。经他辅导的学生有多人次在全国、省、市绘画大赛中获大奖，其中在2005年教育部体卫艺司举办的"预防艾滋病，青少年责无旁贷"全国中学生绘画比赛中，他辅导的学生杨雪吟、胡忠斌分获全国一等奖、三等奖。为丹徒农村培养一批专业美术人才，其中的一些学生受到他影响，大学毕业后回乡当美术教师。为南京艺术学院、南京师范大学、上海大学等几十所高等院校输送100多名美术人才。参与研究重点教育科研课题《美术特长生的培养》；在省级期刊《文教资料》发表论文《你的学生得意忘形了吗》，在核心期刊《中国教育教学杂志》发表"让音乐走进美术欣赏课"；作品《牛》被江苏大学美术学院收藏，作品《风车》获省艺术展三等奖并在省美术馆展出，作品《织女》获区书画比赛一等奖，出版个人画册《江苏省美术统考6个月速成》。

（王健盛　裴　伟）

吴小菊 丹阳县导墅镇小华小学办学点负责人，2009年全国模范教师。

女，1955年12月生，江苏丹阳人。中共党员，大专文化，小学高级教师。1975年3月任教。先后在丹阳县导墅镇小华小学、东郿小学工作，任教师、校长。几十年来，吴小菊坚持在偏远农村小学工作。自1987年当校长以来，她站在教学第一线，担任毕业班的数学教学和全校所有的班级音乐课，并承担学校鼓号队训练工作。小华小学的管理经验被丹阳市学校管理工作现场会学习推广。江苏省如东县、东海县党政教育考察团、丹阳市兄弟学校数千人到校参观学习，江苏省、镇江市电视台六次报道学校先进管理经验。曾被评为丹阳市教育工作先进个人、师德标兵、镇江市优秀教育工作者。

（王健盛　裴　伟）

赵亚夫 镇江市农科所研究员，2009年获全国扶贫先进人物称号、全国科技特派员工作先进个人、50位新中国成立以来感动江苏人物、新中国成立60

年来江苏省十大杰出科普工作者、新中国成立60年来江苏省有突出贡献农技人员。简介参见《镇江年鉴（2008）》第314页。

（傅反生）

秦　彪 镇江市润州区人民检察院公诉科副科长。2010年获全国模范检察官称号。

1966年12月生，上海人。中共党员，本科学历。2009年被评为江苏省杰出人民检察官。简介参见《镇江年鉴（2008）》第318页。

（康　珺）

朱宝华 镇江市中级人民法院民三庭审判长，2009年被评为全国优秀女法官。

女，1966年2月生，江苏镇江人。中共党员，硕士学历。简介参见《镇江年鉴（2008）》第318页。

（张传军）

朱国平 江苏飞达工具集团股份有限公司董事长、党委书记，2009年获全国优秀复员退伍军人称号。

1978年，朱国平入伍云台山某炮团。退伍后，他不仅推动飞达集团发展，还回报社会，累计投资2000余万元进行家乡基础设施建设和公益事业。此外他累计投资250多万元用于国防教育事业。经常到驻地部队走访慰问，向部队赠送慰问金和慰问品，并常年与部队签订"共管共育协议书"。定点扶持镇江市老红军、烈属和老复员军人。在企业制定优惠政策安排退伍军人及其家属工作，对本村优秀青年入伍给予500元～1000元不等的奖励，并与其签订退伍安置协议书等。2009年7月，获中华慈善突出贡献人物称号。简介参见《镇江年鉴(2008)》第307页。

（吴　琼）

张红俊

江苏永兴集团董事长，2009年被中国残联评为全国自强模范。

1969年12月生，江苏扬中人。中共党员，硕士文化。1986年参加工作，在腿部残疾的情况下，还承担家庭重任。当过学徒工、供销员，并历任镇江永兴阀门电器制造公司营销副总、镇江永兴阀门电器制造公司董事长。2005年10月，张红俊为镇江永兴阀门电器制造公司经理，以高于拍卖底价近3倍的价格竞标购得总公司。2006年，全公司实现销售6000余万元，两年目标一年完成；2007年起，投资光伏产业，镇江宝泓光伏有限公司实现产值1.83亿元，销售1.25亿元，利税1700万元。四年来，企业发展迅速，产业涉及管道阀门、电力电气以及光伏新能源。2008年，集团实现产值3.3亿元，销售2.7亿元，进入扬中市三十强企业行列，并拥有8家子公司。同时，他对公益事业捐赠超过300万元。集团旗下的福利企业镇江红旗电气设备公司先后为50多名残疾人安排就业岗位。

张红俊先后获得镇江市第二届十佳青年创业先锋、镇江市“新长征突击手”、扬中市十大青年创业先锋等称号。2009年被评为镇江“大爱之星”。

（孙　萍）

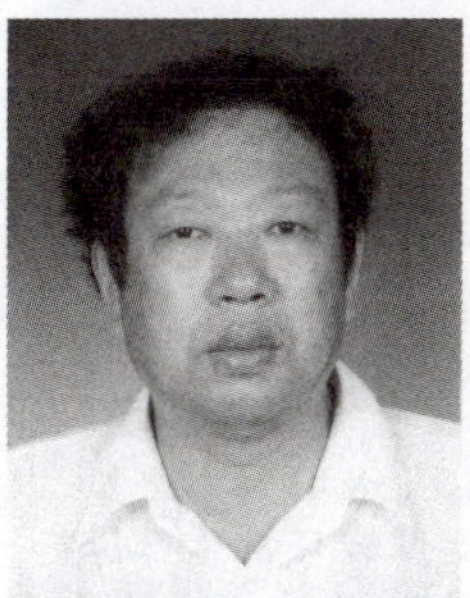

何叶成

江苏省丹阳市水利局党组副书记、副局长，2010年1月被授予全国水利系统先进工作者称号。

1957年10月生，江苏丹阳人。中共党员，本科学历，工程师。1975年参加工作，历任电灌站放水员、基层水利站工程员，局机关秘书、防办副主任、局长助理，丹阳市水利局党组副书记、副局长。他从知青下放开始就从事水利工作，35年如一日，以发展丹阳水利事业为己任。他对丹阳市的水利设施情况了如指掌，被称为“丹阳水利活地图”。他主管的丹阳市江堤达标等重点工程、2003年以来完成的187条河道和3250个河塘疏浚，以及新建改造的220座农村桥梁、205座小型泵站，无一例出现质量问题。2006年，丹阳市被评为全省农村河道疏浚整治先进市，河塘疏浚质量被评为优秀等级。2006年，他被评为全省水利工作先进个人，2007年被评为镇江市劳动模范，近5年年度考核均被评为优秀等次，两次被评为三等功。

（虞旭升）

顾伟刚

镇江市机械电子冶金建材行业管理办公室主任、党委书记，2009年被评为全国机械工业先进工作者。

1958年10月生，江苏丹阳人。中共党员，研究生学历，助理研究员。他探索践行该行办独创的“维护稳定、改革攻坚、国资监管、服务发展、领导党建”工作思路和职能，身先士卒处理化解各类历史遗留问题，成功处置数十起群体性事件；推进国企改革攻坚扫尾工作；服务经济发展，倡导开展“塑服务形象，创行业新风”主题系列活动。探索市场经济形势下非公企业党建工作新途径。维护职工合法权益，提高一线产业工人地位作用。作为人民政协委员，积极参政议政。2009年撰写委员提案7项，反映重大社情民意2项。2009年，该行办被评为全市维稳信访十佳有功单位和市残疾人就业先进集体。

（钱仿瑾）

徐　翔

大全集团有限公司副董事长、总裁，2009年被评为全国机械工业劳动模范。

1971年3月生，江苏镇江人。中共党员，工商管理硕士，高级经济师。2006年，他被大全集团董事会任命为大全集团总裁。他带领全体员工继续发扬“诚信、敬业、创新”的企业精神，坚持观念创新、管理创新、科技创新、销售创新和机制创新，大全集团成为涵盖高低压成套电器、元器件、高速铁路设备、新能源等产业的国家级大型企业集团，在江苏扬中市、南京江宁开发区、重庆万州区、北京高新区建有四大产业基地，拥有23家子公司，其中7家是与德国西门子、德国默勒、美国伊顿、瑞士赛雪龙、丹麦安凯特等公司合资的企业。大全集团是国家重点高新技术企业、国家科技部863计划成果产业化基地、国家863计划CIMS示范企业、中国机械工业100强企业和中国电气工业10强企业，拥有国家级企业技术中心、国家级博士后科研工作站、国家级电气检测站和四个研究所，科技开发能力和技术装备水平居于国内同行业前列。2006年，他个人被评为江苏青年创业典型。

（胡圣海）

张亚夫

句容金猴机械研究所有限公司总经理，2009年被评为全国机械工业劳动模范。

1965年10月生，江苏丹徒人。中共党员，大学文化，高级工程师。他参加工作以来一直从事企业的新产品开发工作，坚持以市场为导向，进行技术创新，为企业新产品开发作出贡献。企业改制后，带领研究所科技人员克服资金短缺、设备简陋等困难，开发新产品，走出一条集科、工、贸一体的道路，推动研究所发展。他主持开发的彩色混凝土瓦系列成套生产设备，通过省级鉴定，并被认定为省级高新技术产品。该成套生产设备批量生产，销往国内外，并为企业创造较好的经济效益。

（朱　婕）

鄢东海

镇江市宝华半挂车配件有限公司车间副主任，2009年被评为全国机械工业劳动模范。

1961年8月出生，湖北宜昌人。中共党员，中专文化，工程师。1979年参加工作，30年来始终从事机械制造专业。他靠所学机械制造及工艺的专业理论知识和深入一线积累的工作经验，20 世纪 80 年代末主持对 295 柴油机机体加工生产流水线的若干技术技改项目，以及对 CT61100 车床、X2012C 龙门铣床等大型设备的技术改造。他利用金属切削经验对加工中心刀具进行替改，降低刀具使用成本；设计制造轴类端面倒角机，缩短加工周期；设计制造焊缝平旋磨床，降低劳动强度，改善作业环境；设计制造旋转式无钻套多规格复合钻模，提高工效、节省模具制造成本等。

（苏　雯）

朱小坤

江苏天工工具有限公司董事长、总经理，2009 年被评为全国钢铁工业劳动模范。简介参见《镇江年鉴（2007）》第 379 页。

（朱　婕）

赵兴葆

镇江韦岗铁矿有限公司副总经理、市场部主任，2009 年被评为全国钢铁工业劳动模范。

1952 年 6 月生，江苏高淳人。中共党员，大专文化，地质工程师。他主管市场经营和财务管理，坚持诚信经营，与南钢、杭钢等单位建立稳定合作关系。镇江韦岗铁矿有限公司被评为江苏省"AAA 级重合同守信用企业"、镇江市"A 级纳税信用企业"。并多次到东南亚、南美洲、非洲、欧洲等国家和地区考察、洽谈，为采购国外矿和筹备国外开矿准备。2005 年该公司进口矿 42 万吨，2006 年进口矿 61.6 万吨，2007 年进口矿 62 万吨，2008 年进口矿 120 万吨，进口矿量逐年递增。在市场经营中，他研究宏观、中观形势，采用灵活营销手段，在市场价格波动较大的情况下保持公司的产品较高价位运行。他多次被评为韦岗铁矿先进工作者、优秀共产党员、优秀党务工作者，镇江市冶金建材系统优秀共产党员；并获得 1991 年度江苏省冶金企业现代化管理成果发表四等奖，2006 年度中国冶金矿山企业协会冶金矿山科学技术奖。

（毛　卉）

顾炳福

江苏省福达特种钢有限公司党委书记、董事长，2009 年被评为全国钢铁工业劳动模范。

1953 年 12 月生，江苏扬中人。中共党员，大学文化，高级技师。1990 年，他以 8 万元起家，创办江苏省福达特种钢有限公司，专业生产特钢领域技术含量高、冶炼难度大、生产工艺与性能特殊、素有"合金钢之王"称誉的高速工具钢。20 年来，该公司由一家名不见经传的村办小厂发展成为中国高速工具钢重点骨干制造企业，产品为国内知名工具制造企业长期使用，并远销欧美，受到山特维克等工具制造企业青睐。他主持实施国家 863 计划的矿物直接合金化冶炼工模具钢项目，公司自主研发并批量生产的空调压缩机叶片用冷拉异形扁钢被评为国家级重点新产品，填补国内空白。

（陆伟兵）

杨一兵

江苏镇江鼎胜铝业股份有限公司销售集团总经理，2009 年被评为全国有色金属行业劳动模范。

1964 年 10 月生，河北秦皇岛人。中共党员，工商管理硕士学位。1988 年毕业于东北重型机械学院。他自参加工作起一直从事铝加工生产销售工作，2007 年 3 月起，他在江苏镇江鼎胜铝业股份有限公司工作。加入该公司以来，他根据国内外经济形势，总结该公司的优势和不足，对公司销售进行创新改革。整合该公司的销售团队，加强对营销人员的培训，强化市场发展战略，改变产品结构和实现出口量的迅速扩张等一系列工作。该公司与美铝（Alcoa）、加铝（Alcan）、日本三菱、松下、东洋铝、韩国 LG、三星、美的、海尔、格力、格兰仕、GEA 集团、南京金箔集团等国内外企业结成合作关系，主导产品空调铝箔的国内市场占有率 35% 以上，是全球空调箔产量最大的企业。设有两个外贸公司，出口产品占总销量的 30% 以上，产品出口美国、加拿大等四十几个国家和地区。

（朱犀斌）

贾建新

大亚科技股份有限公司丹阳铝业分公司总工程师，2009 年被评为全国有色金属行业劳动模范。

1967 年 2 月生，山西襄汾人。大学学历，高级工程师。2002 ~ 2004 年，他参与负责该公司铝箔二期扩能技改项目实施并完成各项既定工程任务，使公司铝箔产能达到 15000 吨。2006 ~ 2007 年，负责公司 1992 年引进的两台英国 DAVY 铝箔轧机自动化系统改造项目并成功实施，使两台运行十几年的老装备实现控制系统的数字化升级和部分关键工装设备的更新换代，提高设备运行的稳定性和产品质量，延长设备使用寿命。2008 年，他负责实施该公司轧制油雾回收项目工作，该项目集节能、减排为一体，经济效益显著，并获得江苏省节能减排专项资金扶持，该系统是江苏省第一家国产轧制油回收系统。他致力于新产品的研发，主持高光亮度金板卡、特种软包装铝箔的研发；致力于铝箔生产技术的改良，完善大压下量高速双零铝箔生产工艺（获发明专利），减少一个铝箔轧制道次，降低了生产成本。

（朱　婕）

顾玉洪

镇江江南化工有限公司草甘膦二车间主任，2009 年被评为全国石油和化学工业劳动模范。

1969 年 11 月生，江苏宝应人。中共党员，大专文化，助理经济师。他多年来围绕草甘膦生产，带领周围同事钻研攻艰，解决草甘膦生产中的工艺难题，在全行业中持续保持生产技术领先。他要求强化控制，节能降耗，能灵活运用绩效激励的杠杆作用，分解、细化责任，善于沟通并严格考核。以身作则，带动团队努力工作并获得成功。他心系生产，心系员工，汲取大家之长，以团队的总体协作支撑着日常生产运行。他所在的车间是全国单体生产能力最大的草甘膦车间，多次接待国家、省、市级的各类检查和参观活动，成为中国草甘膦生产管理的标杆。

（李　媛）

解加平 江苏省镇江邮政局丁岗邮政支局投递员，2009年被评为全国邮政系统先进个人。

1965年4月生，镇江丹徒人。中共党员，高中文化。1995年，解加平成为镇江邮政局丁岗邮政支局投递员。多年来，他通过向身边的农户介绍自己“多读报刊，科学致富”的亲身实践和体会，动员农户“订报刊，知信息，富农家”，使不少农户走上“解加平”式的致富之路。

他以热情认真的服务态度赢得农户的认可，并在工作之余，帮助农民通过订报刊、获取信息发家致富。2005年，他从报纸上看到“温氏集团提供鸡苗、饲料和技术指导，长大后全部收购”的消息后，自费到温氏集团考察。并率先与温氏集团签订协议，自费订阅农业科技报等报刊，带领农民致富。他自办阅览室，服务20多名养殖户，内容包含养殖品种、规模及发展方向、联系电话、报刊品种及使用的邮政业务等。通过努力，他被批准加入中国共产党，被评为江苏省用户满意服务明星，其所在投递段被镇江市委组织部评为“党员示范岗”。2009年，解加平被评为全国邮政系统先进个人，他所在的投递段被命名为“致富邮路”。（陆建航　高向阳）

吴文庆 镇江食品药品监督管理局药品稽查处副处长，2009年被评为全国医药卫生系统先进个人。

1969年4月生，江苏高邮人。中共党员，大学文化，执业药师。1991年8月参加工作，2002年9月进入镇江食品药品监督管理局工作，2006年3月起任镇江食品药品监督管理局药品稽查处副处长。他工作在药品打假治劣第一线，恪尽职守，秉公执法，为人民群众饮食用药安全保驾护航。经他查处的违法案件200余件，其中取缔无证经营药品案18起、有一定影响的大案要案15起。他坚持信息的收集与积累，是一名业务专家。他连续被镇江食品药品监督管理局评为2004年度、2005年度“执法标兵”；2007年获嘉奖一次；2008年获第三届“镇江市优秀青年卫士”称号；2009年获“镇江市人民满意的公务员”称号。（姜玉才）

吴英才 镇江市丹徒区上党镇东沛社区卫生服务站站长，2009年被评为全国优秀乡村医生。

1957年8月出生，江苏镇江人。中共党员，高中文化。1978年，他被推荐走上赤脚医生岗位。东沛大队当年是偏远的贫困村，缺医少药。他刻苦学习钻研，参加各类知识、技能学习培训。1982年2月到丹徒县赤脚医生学校学习，取得18门功课成绩达90分以上的成绩。1984年取得省卫生厅颁发的乡村医生资格证书。2004年获注册乡村医生。2006年12月获江苏省全科医学培训合格证书。

他在乡村医生岗位上工作三十年，坚持治病救人、扶贫济困宗旨。对困难病人，自己掏钱垫付医药费，累计为特困户患者支付医药费近万元。注重预防工作，完成各项预防接种基础工作，该村四苗覆盖率99%，几十年没有发生传染病流行。2004年，他组建管理东沛社区卫生服务站。该站第一批通过合格社区卫生服务站及合格药房验收，连续六年被上党镇社区卫生服务中心评为一等奖。1999年，他个人被评为丹徒县优秀乡村医生。（魏　晴）

张建国 中共镇江市委市级机关工作委员会书记，2009年获全国群众体育先进个人称号。

1956年12月生，江苏丹徒人。中共党员，大学学历。他把活跃机关文化生活、普及群众性体育活动作为机关党的工作的重要组成部分。他发挥机关群团组织作用，在市级机关推行群众性体育活动。与有关部门联合举办“全民健身大家学”活动，开办太极拳、健身秧歌等辅导班，组织市级机关第四届运动会、镇江市首届“梦之蓝”杯乒乓球邀请赛、机关干部冬季长跑健身活动、“和谐机关，文明公仆”万米徒步行健身活动、“迎新年”万人长跑活动等群众性体育活动，向社会展示市级机关公务人员的形象。（周　静）

仲新福 镇江新区管委会副主任，2009年获全国群众体育先进个人称号。

1954年8月生，江苏镇江人。中共党员，大专文化。自2002年分管体育工作以来，致力于农民体育健身工程建设。推行“体育公园化，公园体育化”理念，先后投入资金4000多万元，建成银山公园、人民公园、网球中心、体育公园等群众性休闲健身场所。全面普及群众健身设施，实现公共体育设施社区（村居）100%全覆盖，人均1.5平方米以上，居镇江市前列。组建各类艺术团体、体育组织77个，社区（村）健身队伍占95%以上，每年举办各级各类文体活动近百场次。（束镇雯）

徐晓元 镇江市侨联主席，2009年被评为全国侨联系统先进个人。

1952年1月生，浙江衢州人。中共党员，大学文化。江苏省侨联常委，市政协四、五、六届常委，曾获江苏省优秀党务工作者、江苏省优秀统战干部、市政协“双尽职”委员等称号。主持镇江市侨联工作期间，市侨联获全省侨联系统先进单位，2007年、2009年全省侨联系统维权工作先进集体。加强海外联谊，宣传镇江，为全市招商引资、引智服务，为捐资助学等社会事业服务。深入侨资企业了解和反映他们的创业情况，推荐海归创业企业获中国侨联自主创新成果奖；依法维护侨益，倾听侨界呼声，反映侨情民意。有多项提案被市政协评为优秀提案，提出的《关于对我市特困老归侨给予生活补助的建议》的提案，得到重视，先后有114名老归侨享受省、市政府生活定补；在侨界中开展“聚侨心促和谐”“侨帮侨”扶贫帮困等活动。形成市、区、乡镇（街道）、社区四级侨联组织网络。（市侨联）

朱坚强 镇江锐丰象龙机电有限公司总经理。2009年被评为全国归侨侨

眷先进个人。

1976年1月生，江苏镇江人。无党派，大学文化。2006年当选为乡镇人大代表、镇江市侨联委员，2008年当选为镇江市政协委员。在发展侨属企业中业绩突出，公司于2000年获“镇江市青年文明号”，2006年获“江苏省青年文明号”称号。2001年担任公司总经理，使公司从最初的小型家庭作坊，建设成为漆刷制品行业的龙头。2005年以来，连续三年产品出口销售额保持在六千万元以上，多次被评为市年度十强企业，产品获镇江市知名品牌。2007年与沃尔玛公司合作。2008年，他个人当选为江苏省侨界青年总会理事。2008年他为家乡幼儿园捐赠价值3万余元的物品。（市侨联）

王禄宝

江苏环太集团有限公司董事长兼镇江环太硅科技有限公司、辉煌硅能源（镇江）有限公司总裁。2009年被评为全国归侨侨眷先进个人。

1958年7月，江苏扬中人。中共党员，大专文化，高级经济师。公司从做服装起家，发展复合肥料、长江特种水产种苗繁育与养殖、精细化工等产业，2004年投资5000余万元年产3000万片太阳能电池用单、多晶硅片切割项目，形成单、多晶硅棒（锭）铸造，单、多晶硅片切割，废料浆回收利用等产业链。环太集团成为集农、工、贸为一体的省级大型企业集团，总资产18.9亿元，占地186.7公顷，员工1800余人。集团下属5个工业园区、2个生态农业开发区、3个工程技术中心。该公司拥有8条进口自动化太阳能电池组件关键材料单晶硅片生产线，单、多晶硅棒锭铸造生产线，所研制的156×156×0.18太阳能电池用单、多晶硅片被认定为国家重点新产品、江苏省高新技术产品、江苏名牌产品，企业被评为国家高新技术企业、AAA级资信企业。2008年，个人被江苏省侨联评为抗震救灾先进个人。（市侨联）

赵杰文 原江苏大学副校长，2009年被评为全国归侨侨眷先进个人。

1945年4月生，江苏苏州人。民盟成员，博士学历。担任江苏大学教授、博士生导师、江苏大学侨联主席，第四、第五届国务院学位委员会食品科学与工程学科评议组成员，享受国务院政府特殊津贴。曾任江苏大学副校长、江苏省政协常委、镇江市政协副主席、民盟市主委，兼任中国农业工程学会副理事长、中国农业机械学会常务理事、江苏省食品科学与技术学会副理事长、中国农业工程学报编委会副主任等。先后主持国家863专项科研项目、国家自然基金项目、国家支撑计划、博士点基金等10项，江苏省自然基金5项（其中2项为重点）。共申请发明专利18项，其中8项授权，另获实用新型2项，计算机软件著作权2项。其研究成果食品、农产品品质无损检测新技术和融合技术的开发获国家技术发明二等奖、中国机械工业科学技术一等奖、中国轻工业科技发明一等奖，以及江苏省科技进步一等奖、二等奖。

指导研究生46名，包括镇江第一位外国留学博士生。指导博士生完成的计算机视觉、电子鼻、近红外光谱三技术融合的苹果品质检测研究论文获2008年全国百篇优秀博士论文。并担任全国高等学校食品质量与安全专业统编教材《现代食品检测技术》主编，该书被定为国家“十一五”规划教材。

（市侨联）

王敬宝

镇江市民营经济协会秘书长，2009年被评为全国个私协会先进工作者。

1959年11月生，江苏镇江人。中共党员，本科学历，助理经济师。他围绕党性观念强、职业道德好、工作效率高、工作质量优、岗位形象好等五个方面，制定加强协会自身建设的措施。特别是突出争当服务工作标兵，成为推进协会事业发展的“服务员”。组织2007年、2008年、2009年百强民企新春团拜会，负责开展民营经济发展情况调研，并组织2007年度调研成果汇报会。组织2007年、2009年迎“五一”专场招聘会，负责策划两期民营企业接班人培训班等活动。举办2008年首届《镇商论坛》专家报告会、2008宏观经济形势分析与民营经济发展对策高层论坛、国际金融风暴中的企业应对策略专家讲座等活动；开展军民共建学雷锋便民服务、向灾区爱心捐赠、首个民企“国防教育日”等活动，同时组织第七次会员代表大会。（朱启辉）

张雅琴

丹阳市新桥镇金桥村党总支书记。2009年12月，中共镇江市委印发文件，号召全市党员干部向张雅琴学习。

女，1954年12月生，江苏丹阳人。中共党员，大专文化。1973年参加工作。在担任丹阳市新桥镇金桥村党组织书记的10年间，她带领党员干部和群众，在3个合并的贫困村上建成一个经济富裕、社会和谐、生态文明的新金桥。她对党坚守忠诚，对村民有深厚感情，对新农村建设事业创新创造，是一名优秀村党组织书记，也展现了共产党人的时代风范。先后获得江苏省“十佳”农村新女性、江苏省三八红旗手、丹阳市优秀三八红旗手、全国“双学双比”能手、丹阳市优秀村党组织书记标兵等称号。2009年12月，中共镇江市委授予张雅琴市优秀共产党员称号。（蒋朝霞）

卢 萍

镇江江天汽运集团有限责任公司公路客运中心班长、“雷锋车”组长。2009年获江苏省五一劳动奖章。

女，1963年9月生，江苏镇江人。中共党员，1998年参加工作。她从平凡小事做起，服务态度热情真诚，把小小“雷锋车”演绎成客运中心流动的迎宾台。“雷锋车”在她带领下，700多天无节假日，无偿为旅客服务6000余人次，免费运送行李1万余件，经济援助困难旅客40余人，收到表扬意见（信）520余条。她曾获镇江市第二届百佳文明市民、镇江市劳动模范等称号。（叶兆国）

徐长林

镇江鼎盛铝业有限公司技术员，2009年获江苏省五一劳动奖章。

1954年9月生，江苏镇江人。中共党员，大专学历，1970年参加工作。他注重学习新知识、新技术，并将新工艺、新技术应用到工作中。在铸轧熔铝炉用天然气替换燃油工作中，在保证不影响铸轧生产前提下，使铸轧熔铝炉替换燃料一次性点火成功，改善生产环境，做到清洁生产，每年可节约1200万元。他对水泵重新选型改造，运行成本降低50%，每年可节约10万元以上。针对铸轧每天要收购40多瓶高纯氮气的情况，他采取措施，年节约成本90万元。不间断巡视检查动力系统，确保了设备的完好率，一般故障当天排除，中等故障不超过3天，大故障不超过10天。他曾获镇江市劳动模范等称号。（叶兆国）

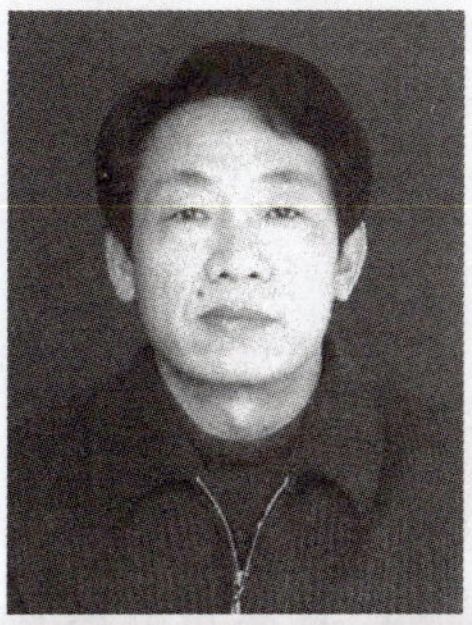

巫社荣

句容市边城镇水利农机服务站站长，2009年获江苏省五一劳动奖章。

1956年7月生，江苏句容人。中共党员，大学学历，1975年参加工作。他从事水利农机服务工作三十余年，长期深入基层，下农村下社区服务农民，因地制宜、科学规划，完成几十项老百姓欢迎的水利工程设施建设，并连续六年作为镇江及句容市冬春水利工程观摩会现场。其先进事迹多次被《新华日报》《扬子晚报》刊载。曾获镇江市劳动模范等称号。（叶兆国）

林田中 江苏恒顺集团有限公司制醋一车间副主任，2009年获江苏省五一劳动奖章。

1977年1月生，江苏兴化人。中共党员，大学学历，1997年参加工作。他不断提高制醋专业技能，2007年镇江市第二届食醋制作工职业技能大赛中，他获理论、实践考核第一名。他对酒醅发酵工序进行技术改造，使生产过程中产生的废水经过回收处理再利用，每年可节约6万余元。对煎醋工序进行改进，保证每批香醋的口感与风味醇正。在节能型翻醅机研制过程中提出合理化建议，创造效益数百万元，其建议被评为全省职工十佳合理化建议。在参与公司年产20万吨香醋项目技改项目中，由他主持设计的传淋管道与提醋管道合并使用方案为公司节约321型不锈钢管1000多米，折合人民币20余万元。他曾获镇江市技术能手、镇江市五一技术标兵、镇江市五一劳动奖章等称号。（叶兆国）

秦桂兰

扬中柳编协会副会长、扬中市扬子柳编工艺品厂柳编专业户，2009年获江苏省五一劳动奖章。

女，1970年9月生，江苏扬中人，高中学历。秦桂兰投身柳器编织业10余年来，柳编系列产品年销售超过300万元，畅销全国10多个省市，部分出口俄罗斯等国家。她吸纳周边贫困农民、下岗职工、残疾人等从事柳编业，手把手传授技术，送原料送资金上门。10多年间吸纳300多个家庭、600多人加入柳编业，每户年收入超过1万元，最高达7万元。她参加公益事业，投资数万元新建厂房，长期免费提供给拆迁农户使用。她结对帮扶8个特困儿童和困难家庭，多次为修桥铺路等社会公益事业捐款。她曾获扬中市劳动模范、镇江市劳动模范等称号。（叶兆国）

金兆辰

镇江市第一人民医院综合ICU（重症监护病房，下同）科主任，镇扬泰地区ICU协作委员会首席主任，兼任中华医学会急诊分会全国委员。2009年获江苏省五一劳动奖章。

1957年11月生，江苏扬州人。中共党员，博士生，1975年参加工作。在他的带领下，综合ICU科建立一系列规章制度和工作规范，开展十多项新技术新项目，每年抢救病人200多例，成功率95%，成为市级临床重点科室。他担任硕士生导师和本科生理论课教师，多次举办省、市级培训班和学术活动。他主持省、市科研项目5项，其中3项获省、市科技进步奖，在国家、省级期刊发表论文4篇。他曾获镇江市五一劳动奖章。（叶兆国）

肖翀宇

镇江华晨华通路面机械有限公司副总经理，2009年获江苏省五一劳动奖章。

1963年9月生，江西南康人。硕士生，1986年参加工作。近五年来，他先后独立主持完成8项大型路面机械设备开发设计，开发12项国家重点新产品和省高新技术产品，其科研成果获省科技进步奖二等奖1项、三等奖3项，中国机械工业科学技术奖二等奖1项、三等奖1项，市科技进步奖一等奖4项，申请国家专利44项。他是省有突出贡献的中青年专家、省"六大人才高峰"人才、省优秀科技工作者、省"333工程"中青年领军人才培养对象、享受国务院特殊津贴的专家和镇江市首位"新世纪百千万人才工程"国家级人选。（叶兆国）

张　龙

江苏省电力公司镇江供电公司总经理，2009年获江苏省五一劳动奖章。

1965年2月生，江苏靖江人。中共党员，大学学历，1984年参加工作。2004年任现职以来，坚持依法勤俭治企，高度重视电网建设，主动协调电网建设中的各类矛盾和问题，全市35千伏及以上主变容量比2003年翻一番。坚持服务社会经济建设，提升服务水平，2008年在保奥运和支援地震灾区等工作中，较好地体现供电企业的社会责任，公司先后获得全国电力行业用户满意企业、全国电力行业卓越绩效先进企业等荣誉，两度获全国文明单位称号。他坚持带头执行各项廉政规定。他曾获镇江市劳动模范、省用户满意杰出管理者等称号，并连续三次被评为省电力公司优秀领导干部。（叶兆国）

赵 平

镇江市公安局润州分局七里甸派出所民警，2009年获江苏省五一劳动奖章。

1970年1月生，江苏姜堰人。中共党员，大学学历，1989年参加工作。他加强信息网、自防网、巡防网建设，将安全防范须知、社区发案情况、近期防范重点以及周边地区治安动态，定期向群众通报；他分管的七里甸街道五里社区，地处镇江市西南部城郊结合带，辖区流动人口3000余人，房屋出租户510户。他先后建立起60个“中心户”联系点，起到“深入一户、了解一片，进一家门、知数家情”的效果。所在社区连续14个月保持零发案。他曾获镇江市劳动模范等称号，并立三等功2次。（叶兆国）

孙恒铭

江苏省镇江监狱党委书记、监狱长，2009年获江苏省五一劳动奖章。

1957年8月生，江苏扬州人。中共党员，大学文化，高级工程师。他长期担任监狱主要领导，建立安全责任、狱情防控、隐患排查和应急处置“四大机制”，监狱实现第十一个监管安全年；突出心理矫治、改造质量评估等教育特色，心理矫治工作处于全国领先地位；调优、调活监狱企业发展方式，提升应对金融危机冲击能力和服务罪犯改造水平。镇江监狱2007年被司法部命名为现代化文明监狱，2008年被江苏省文明委评为江苏省精神文明建设工作先进单位，2009年被评为省级廉政文化建设示范点，被省监狱管理局推荐为全国监狱劳教工作先进集体，再度被授予镇江市文明单位称号。2007年立个人一等功。（杨景旭）

马志明

金东纸业（江苏）股份有限公司副总经理，2009年获江苏省五一劳动荣誉奖章。

1959年6月生，中国台湾人，大学学历。从金东纸业建厂伊始，他一直参与工厂创建及生产管理，为金东纸业投产及快速发展作出成绩。在他带领下，金东纸业的纸机产量年年提升，从2000年的60万吨提升到2008年的220万吨，产品品质和节能降耗方面均有改善，吨纸水耗达世界先进水平，同时纸机和涂布机还屡次创下车速、产量新高，并多次打破世界纪录。他曾获镇江市质量管理先进工作者称号。（叶兆国）

李继学

现代重工（中国）电气有限公司总经理，2009年获江苏省五一劳动荣誉奖章。

1955年2月生，韩国人，毕业于韩国釜山大学。2003年起派驻公司担任总经理职务。在他领导下，企业先后开发电力、轨道交通、管道石油、核电、冶金、钢铁及造船行业并获突破性进展，订单、产值、利润连年快速提升，2008年在金融危机中，仍然取得产值7.2亿元的业绩。他执行中国法律法规和地方政策规定，未发生一起因企业原因造成的劳动用工纠纷，被评为扬中市劳动关系和谐企业。他关爱职工，热衷社会公益事业。公司每年组织全体员工体检，为特殊岗位员工和女员工增加专门体检；每年组织全体员工春游，举办春、秋季运动会等，每年5月和8月，组织优秀员工分赴国内和韩国观光旅游；金融危机期间，全体员工按期发放年终奖金。企业于2006年冠名100万元慈善基金，同时向扬中市慈善总会捐款76500元；“5·12”汶川大地震第二天，他带头捐款，全员捐资27万多元，49人无偿献血。他曾获镇江市金山友谊奖等荣誉。（叶兆国）

刘太平

镇江奇美化工有限公司生产部厂长，2009年获江苏省五一劳动荣誉奖章。

1945年11月生，中国台湾人。大学学历，1997年被奇美台湾总公司派至镇江厂担任生产部厂长。奇美不断增资扩大规模，从原来年产能5万吨PS到现在年产能70万吨各种塑料粒子，成为镇江化工企业的龙头老大。在企业的不断成长中，厂长带领生产部的全体员工抓生产、抓安全、抓绩效，注重人员调配，做到以人为本，狠抓生产环境。在他带领下，奇美先后被评为镇江市消防工作先进集体、环境行为评价等级为“绿色”，连续三年被评为镇江市劳动关系和谐企业，并于2007年被评为江苏省和谐劳动关系模范企业。他曾获镇江市五一劳动荣誉奖章。（叶兆国）

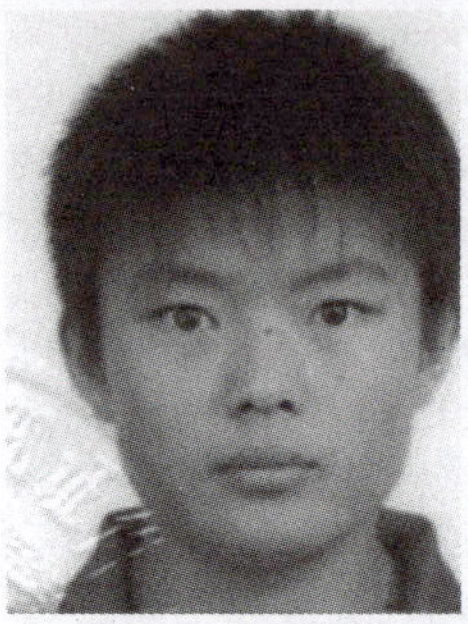

薛 飞

田径运动员，2009年第十一届全国运动会女子田径5000米冠军、女子田径1500米冠军。

女，1989年8月生，江苏镇江人。2009年10月，代表江苏队参加第十一届全国运动会，夺得两项冠军。在10月21日举行的女子田径5000米比赛中，她以15分11秒72的成绩获得冠军，在10月23日举行的女子田径1500米决赛中，以4分18秒26的成绩获得冠军。（刘 剑）

王伟新

原国家击剑队男队运动员，现国家击剑队教练，2009年第十一届全国运动会男子重剑冠军。

1974年5月生，江苏丹阳人。中共党员，本科学历。他1996年获全国青年击剑锦标赛男子重剑亚军，1997年获全国击剑冠军赛团体第三名和个人亚军，同年获全国第八届运动会击剑比赛男子重剑团体第二名，1998年获全国男子重剑比赛团体第二名，1999年获亚洲击剑锦标赛男子重剑团体冠军，2000年随国家队参加悉尼奥运会，2005年10月获全国第十届运动会上男子重剑团体和个人冠军。2009年10月，在全国第十一届全运会男子重剑个人决赛中，以15比8的成绩战胜解放军队选手黎国介，获得冠军，卫冕全运会该项目的金牌。（刘 剑）

人物表录

表 36-1

2009 年度镇江市获省系统以上荣誉人物表

姓　名	性别	单位职务(职称)	荣誉称号
任晓蓉	女	镇江市司法局法制宣传处副处长	全国“五五”普法中期先进个人
高章荣	男	扬中市司法局局长	全国“五五”普法中期先进个人
潘国芳	女	丹阳市司法局局长	全国“五五”普法中期先进工作者
鲍务新	男	镇江市疾控中心主任	全国血防先进个人
赵　慧	女	镇江市京口区卫生局局长	全国血防先进个人
陶恒业	男	镇江市润州区疾控中心血防科科长	全国血防先进个人
神学慧	男	镇江市丹徒区疾控中心副主任	全国血防先进个人
仲新福	男	镇江新区管委会副主任	全国血防先进个人
张庆东	男	扬中市疾控中心主任	全国血防先进个人
朱辟疆	男	镇江市丹徒区中医院院长	中华中医药学会全国基层优秀名中医
潘文瑜	男	镇江市哲学社会科学界联合会主席	全国大中城市社科联先进工作者
胡　菲	女	镇江高专学报编辑部办公室主任	2009 年全国高校科技期刊优秀编辑工作者
黄新来	男	镇江港务集团有限公司大港分公司总经理	2009 年中央企业劳动模范
李巧生	男	句容市长安出租汽车公司出租车司机	全国道德模范提名奖、江苏省道德模范
林　猛	男	长江航运公安局镇江分局泰州派出所所长	交通运输部“三基工作”先进个人
严培军	男	长江航运公安局镇江分局刑侦支队长	长江航运公安局“十佳个人”
王　刚	男	镇江边防检查站执勤业务科科长	公安部边防局提高边检服务水平先进个人
许　铭	男	镇江边防检查站执勤业务科检查员	公安部边防局提高边检服务水平先进个人、江苏公安边防总队优秀党员
周逸民	男	镇江市广告协会副会长	中国广告协会先进工作者
凌　苏	男	中共扬中市委书记	江苏省“党管武装好书记”
岳国锡	男	丹阳市民政局副局长、丹阳市双拥办副主任	江苏省双拥先进个人
韦志明	男	镇江市京口区双拥办主任	江苏省双拥先进个人
徐　翔	男	江苏大全集团总裁	江苏省双拥先进个人
周月明	男	镇江新区大港街道大港村党支部书记	江苏省双拥先进个人
张志宏	男	中国人民解放军镇江船艇学院政治部副主任	江苏省双拥先进个人
陈文水	男	镇江军分区政治部宣传保卫科科长	江苏省双拥先进个人
黄学明	男	镇江市城管执法支队一大队副大队长	江苏省模范军队转业干部
杨　军	男	镇江市丹徒区人武部政委	江苏省军区优秀旅团党委书记
梅　强	男	江苏大学工商管理学院院长、教授	江苏省优秀教育工作者
周　明	男	江苏大学材料科学与工程学院院长、教授	江苏青年五四奖章
邹小波	男	江苏大学食品与生物工程学院副教授	江苏省十大青年科技之星
姚旭瑾	女	镇江市姚桥中心小学教师	江苏省优秀少先队辅导员
胡雪林	男	镇江市公安局公交分局副局长兼反扒大队大队长	江苏省十大爱民警察、江苏省优秀人民警察
孙恒铭	男	镇江监狱党委书记、监狱长	江苏省优秀人民警察
张宝华	男	镇江市公安局京口分局学府路派出所宗泽、东城社区民警	江苏省优秀人民警察
武锁富	男	丹阳市吕城镇司法所所长	江苏省优秀人民调解员
龚祺祯	女	镇江市委政法委综治指导协调处处长	江苏省优秀政法综治干部
倪新明	男	镇江军分区政治部干部科科长	江苏省优秀军转工作者
姜小红	女	丹阳市江苏江南生物科技有限公司总经理	江苏省军区“双带双扶活动先进个人”
王益民	男	镇江边检站监护一中队副中队长	江苏公安边防总队优秀党员
邹成志	男	镇江市经济开发区人民检察院检察员	江苏省检察机关“侦查监督办案能手”
刘付江	男	镇江市人民检察院检察员	江苏省检察机关“严格规范执法确保司法公正”先进个人
张靖雯	女	丹阳市人民检察院侦查监督科科长	江苏省检察机关“严格规范执法确保司法公正”先进个人
张洪兴	男	句容市人民检察院公诉科副科长	江苏省检察机关“严格规范执法确保司法公正”先进个人
郭东歌	男	镇江市农业机械管理局副局长	全省农机系统先进工作者
聂国书	男	丹阳市农业机械管理局局长	全省农机系统先进工作者
卜训潮	男	句容市黄梅镇水利农机管理服务站站长	全省农机系统先进工作者
郭荣贵	男	镇江市农林局副局长	全省海洋与渔业系统先进工作者
吕联泰	男	镇江市统计局副调研员	全省统计系统先进工作者
魏祥林	男	镇江市丹徒区统计局局长	全省统计系统先进工作者

续表 36-1

姓　名	性别	单位职务(职称)	荣誉称号
孙新华	男	丹阳市审计局财政金融审计科科长	全省审计系统先进工作者
卫　民	男	镇江电视台副台长	全省广播电视系统先进工作者
陈武生	男	句容市广播电视局局长	全省广播电视系统先进工作者
王金华	男	镇江市人民政府侨务办公室副主任	2008～2009 年度全省侨务工作先进个人
张霖汉	男	镇江市人民政府侨务办公室人秘处处长	2008～2009 年度全省侨务工作先进个人
贺　亮	男	镇江市人民政府侨务办公室经联处处长	2008～2009 年度全省侨务工作先进个人
朱　莉	女	镇江市丹徒区人民政府侨务办公室主任	2008～2009 年度全省侨务工作先进个人
杨晓萍	女	镇江市京口区人民政府侨务办公室副主任	2008～2009 年度全省侨务工作先进个人
孙爱军	女	镇江市史志办公室副主任	江苏省党史系统 2007～2008 年度先进工作者
毛向阳	女	镇江市史志办公室副主任科员	江苏省党史系统 2007～2008 年度先进工作者
黄汉龙	男	镇江中船设备有限公司技术中心副主任	中国船舶工业集团公司劳动模范
刘皎建	男	中国工商银行股份有限公司镇江市城西支行行长	中国工商银行股份有限公司江苏省分行优秀共产党员
侯　军	男	中国工商银行股份有限公司镇江市分行	中国工商银行股份有限公司电子银行工作先进个人

(丽　书)

表 36-2

2009 年镇江市第二届“大爱之星”情况表

姓名(团体名称)	性别	单位、职务
吴大观	男	中国航空发动机专家、生前任中国航空工业集团公司科技委常委
杜盛钢	男	句容盛业管件制品有限公司董事长
张红俊	男	江苏永兴集团董事长
解加平	男	江苏省镇江邮政局丁岗邮政支局投递员
潘正东	男	镇江液压件厂有限责任公司党委书记、董事长兼总经理
孙达霞	女	镇江市润州区和平路街道征润州村委会副主任
周必松	男	镇江市润州区发改经贸委主任
吴云成	男	镇江市公交总公司所属五公司 136 路线驾驶员
唐救齐	男	丹阳市新桥镇长春村党总支书记、新宇公司董事长
时　英	女	镇江报业集团京江晚报群工部主任、热线新闻部主任
李　毛	男	镇江市丹徒区宝堰镇南宫村五保老人
时伟平	男	镇江市公安局新区分局丁岗派出所社区民警
吴秋华	女	镇江市轻化物清算企业党支部书记
李巧生	男	句容市长安出租汽车公司司机
王爱宝	女	镇江市润州区黑桥社区居民
辜　锐	男	镇江船艇学院学员
赵正元	男	丹阳开发区郭家村村民
周　好	女	江苏大学附属医院重症病房护士
镇江市排水管理处管线所机械疏通班	—	—
吴春笃科研团队	—	—
“平安锣”志愿者群体	—	—
“社会儿女”爱心群体	—	—
“0511 爱心家园”网友群体	—	—
镇江市第一人民医院援藏医疗专家组	—	—

(丽　书)

2009 年镇江市五一劳动奖章名录

谢庆荣　叶　欣　朱玉武　韦顺根　朱龙祥　谭清俊　王晓明　赵康仁　符　明　李道林　陈　敏　张晨晖(女)　陈红兵　陈志敏　仇宇平

(叶兆国)

2008 年镇江市五一劳动荣誉奖章名录

王　刚　刘太平

(叶兆国)

2009 年镇江市五一劳动荣誉奖章名录

蓝天(Arto lehtinen)　雷蒙德·兰根多夫(Raimund langendorf)

(叶兆国)

2009 年金山友谊奖人物名录

迈克·汉弗莱(Mark G. Humphrey)　布什甘良·费朗西斯科(Buscaglia Francesco)　陈宝生　萧恩·奥瑞莱·马龙(Shawn ORily

Malone） 哈瓦德·约翰逊（Havard Johnsen） 潘爱德（Per – Anders Loov） 斯科特·波顿（Scott Blair Burton）

（市外办）

镇江市第三届人民满意的公务员

丁耀斌 王志强 包建国 刘 平 吴文庆 李元龙 杜成福 陈定华 陈频智 罗 荣 郦梅生 夏志远 袁德贵 顾培军 黄 进 董文生 廖伟根 缪德新

（朱 婕）

表 36-3

2009 年镇江市获正高级专业技术资格人员情况表

姓 名	性别	出生年月	工作单位	专 业	资格名称
李一平	男	1956 – 05	镇江市医疗保险结算中心	经济管理	正高级经济师
程美瑛	女	1961 – 10	江苏君业律师事务所	律师	一级律师
闵建军	男	1957 – 10	江苏中坚汇律师事务所	律师	一级律师
杨雪琴	女	1961 – 08	丹阳市生产力促进中心	自然科学研究	研究员
丁 锋	男	1963 – 11	镇江市泰州长江公路大桥暨接线高速公路建设指挥部	交通公路工程	研究员级高级工程师
沙志平	男	1959 – 08	江苏大学附属医院	政治思想工作	研究员级高级政工师
查跃华	男	1962 – 07	镇江市农业机械技术推广站	农业机械	农业技术推广研究员
蒋芾棠	男	1955 – 09	镇江市种子管理站	农学	农业技术推广研究员
谢金学	男	1963 – 04	丹阳市土壤肥料站	土肥	农业技术推广研究员
徐体寿	男	1940 – 06	丹阳市新美龙汽车软饰件有限公司	轻工工程	研究员级高级工程师
刘金龙	男	1963 – 11	镇江市液压件责任有限公司	机械工程	研究员级高级工程师
刘桂生	男	1966 – 12	镇江市勘察测绘研究院	工程测量	研究员级高级工程师
黄克武	男	1964 – 04	江苏镇江安装集团有限公司	机电设备安装	研究员级高级工程师
尚亚波	女	1959 – 07	镇江市自来水公司	给排水	研究员级高级工程师
胡 坚	男	1967 – 08	镇江市给排水管理处	科技管理	研究员级高级工程师
蒋礼兵	男	1968 – 11	镇江市建设工程质量监督站	质量监督	研究员级高级工程师
姚庆武	男	1966 – 09	江苏中森建筑设计有限公司	建筑设计	研究员级高级工程师
季正松	男	1960 – 06	镇江市高等专科学校	教学	教授
朱本坤	男	1962 – 08	镇江市高等专科学校	教学	教授
李校屏	女	1958 – 04	镇江市技工教育教学研究室	教学	教授级高级讲师
王社宁	男	1953 – 11	镇江技师学院	教学	教授级高级讲师
林长生	男	1950 – 03	镇江画院	美术	一级美术师
阚爱萍	女	1962 – 12	京口区文学艺术界联合会	美术	一级美术师
刘正兴	男	1954 – 01	镇江市文化馆	群文	研究馆员
金桂芬	女	1947 – 10	镇江市艺术剧院	艺术	一级演员
步雪峰	男	1965 – 12	镇江市第一人民医院	普通外科	主任医师
严玉兰	女	1967 – 12	镇江市第一人民医院	呼吸内科	主任医师
徐雪松	男	1965 – 11	镇江市第一人民医院	普通外科	主任医师
吴朝阳	男	1967 – 08	镇江市第一人民医院	血液	主任医师
张拥军	男	1968 – 12	镇江市第一人民医院	普通外科	主任医师
孔凡芝	女	1965 – 06	镇江市第一人民医院	口腔正畸	主任医师
胡素英	女	1966 – 02	镇江市第一人民医院	妇产科	主任医师
金兆辰	男	1957 – 11	镇江市第一人民医院	呼吸内科	主任医师
李荣平	女	1965 – 11	镇江市中医院	中医儿科	主任中医师
朱惠莲	女	1968 – 06	镇江市中医院	中医妇科	主任中医师
吉 亚	男	1966 – 04	镇江市中医院	中医内科	主任中医师
李中兴	男	1968 – 06	镇江市第二人民医院	泌尿外科	主任医师
吴亚菊	女	1968 – 04	镇江市第二人民医院	妇产科	主任医师
蒋 锋	男	1962 – 04	镇江市第二人民医院	卫生管理	研究员
殷玉梅	女	1966 – 03	镇江市第三人民医院	超声医学	主任医师
胡秀凤	女	1960 – 09	镇江市第三人民医院	临床护理	主任护师
王凤英	女	1966 – 12	镇江市第四人民医院	妇产科	主任医师
刘大彪	男	1967 – 07	镇江市第四人民医院	临床医学检验	主任技师
任乃勇	男	1966 – 04	镇江市第四人民医院	神经内科	主任医师
靳 彪	男	1965 – 11	镇江市第四人民医院	神经内科	主任医师
池华茂	男	1966 – 03	镇江市第四人民医院	普通外科	主任医师
谈小明	男	1965 – 07	镇江市第四人民医院	消化内科	主任医师
邹圣强	男	1968 – 08	镇江市急救中心	传染病	主任医师
韦镇萍	女	1968 – 02	镇江市疾病预防控制中心	营养与食品卫生	主任医师

续表 36-3

姓　名	性别	出生年月	工作单位	专　业	资格名称
张正明	男	1967－04	镇江市医疗保险结算中心	卫生管理	研究员
苏建华	男	1951－12	镇江市丹徒区人民医院	普通外科	主任医师
黄炳忠	男	1963－09	镇江市丹徒区人民医院	卫生管理	研究员
朱志清	男	1964－12	句容市人民医院	神经外科	主任医师
陈绪才	男	1965－03	句容市人民医院	神经内科	主任医师
经继生	男	1962－05	句容市人民医院	传染病	主任医师
刘四清	男	1964－12	句容市疾病预防控制中心	传染病疾病控制	主任医师
倪国华	女	1964－04	丹阳市人民医院	血液病	主任医师
张锁林	男	1963－04	丹阳市人民医院	消化内科	主任医师
邱林林	男	1960－07	丹阳市人民医院	心血管内科	主任医师
颜汉文	男	1963－06	丹阳市人民医院	急诊医学	主任医师
王卫东	女	1963－12	丹阳市人民医院	临床护理	主任护师
周海东	男	1966－12	丹阳市人民医院	普通外科	主任医师
盛益国	男	1967－10	丹阳市中医院	针灸科	主任中医师
周　卫	男	1968－08	镇江药品检验所	药学	主任药师
徐桂芳	女	1966－08	江苏大学材料学院	材料加工	教授
和卫星	男	1957－11	江苏大学电气学院	控制工程	教授
任晓霏	女	1968－08	江苏大学外国语学院	英语	教授
陆荣柱	男	1967－10	江苏大学基础医学院	劳动卫生与环境卫生学	教授
郑　宏	男	1965－10	江苏大学电气学院	电力电子	教授
晏　立	男	1951－07	江苏大学计算机学院	计算机	教授
华希俊	男	1966－01	江苏大学机械学院	机械设计及理论	教授
张　洁	男	1964－03	江苏大学机械学院	机械工程	教授
江浩斌	男	1969－10	江苏大学汽车学院	车辆工程	教授
汤　东	男	1969－11	江苏大学汽车学院	动力机械及工程	教授
陈志刚	男	1963－08	江苏大学环境学院	农业环境工程	教授
王新坤	男	1966－12	江苏大学流体中心	农业水土工程	研究员
王　洋	男	1955－03	江苏大学流体中心	流体机械及工程	研究员
王文兵	男	1966－12	江苏大学生命科学院	分子生物学	研究员
陆益龙	男	1964－09	江苏大学附属医院	血液科	主任医师
过红明	男	1962－11	江苏大学附属医院	神经内科	主任医师
任国庆	男	1964－10	江苏大学附属医院	急诊内科	主任医师
郭建伟	男	1963－10	江苏大学附属医院	化疗科	主任医师
黄永辉	男	1966－07	江苏大学附属医院	骨外科	主任医师
甘　泉	男	1957－06	江苏大学附属医院	放射医学技术	主任技师
阴　晴	女	1966－08	江苏大学附属医院	临床检验	主任技师
梁月香	女	1959－05	江苏大学附属医院	护理	主任护师
史爱珍	女	1958－10	江苏大学附属医院	护理	主任护师
周根明	男	1956－11	江苏科技大学	动力工程与工程热物理	教授
陈　宁	男	1963－10	江苏科技大学	动力工程与工程热物理	教授
姜朋明	男	1970－10	江苏科技大学	力学	教授
王　林	男	1963－04	江苏科技大学	力学	教授
何祖军	男	1964－03	江苏科技大学	控制工程	教授
高　尚	男	1972－12	江苏科技大学	计算机	教授
田　剑	男	1971－03	江苏科技大学	工商管理	教授
邹农基	男	1961－04	江苏科技大学	学生思想政治教育	教授
代逸生	男	1964－08	江苏科技大学	管理工程	教授
林生岭	男	1957－11	江苏科技大学	化学	教授
喻利花	女	1964－01	江苏科技大学	材料工程	教授
方臣富	男	1954－11	江苏科技大学	材料工程	教授
洪　波	男	1966－08	江苏科技大学	马列主义公共课	教授
陶海洋	男	1969－11	江苏科技大学	马列主义公共课	教授
周春燕	女	1969－03	江苏科技大学	马列主义公共课	教授
陈芳艳	女	1966－10	江苏科技大学	土建	教授
杨福章	男	1963－07	江苏科技大学	学生思想政治教育	教授

（马　原　裴　伟）

逝世人物

吴大观

航空发动机专家，2009年3月逝世，享年93岁。

1916年11月生，江苏镇江人。1948年11月参加革命工作。1949年11月，加入中国共产党。他是我国航空发动机科研事业的开拓者、奠基人之一，长期从事航空发动机的仿制和自行研制的组织领导工作。1991年被国务院表彰为发展我国航空工程技术事业作出突出贡献的专家，1992年航空航天工业部授予有突出贡献专家称号。2009年被中共中央组织部追授为全国优秀共产党员。2009年入选100位新中国成立以来感动中国人物。曾任中国航空工业集团公司科技委常委，第三届全国人大代表，全国政协第五、六、七届委员。

（丽　书）

尚　丁

中国版协年鉴研究会名誉会长、原中国年鉴研究会会长，2009年9月21日逝世。

1921年生，江苏丹阳人。民盟会员，大学学历。40年代参与黄炎培创办的中华职业教育社工作，编辑过《进步》等刊物，创办新知识出版社等。曾任民盟中央委员、民盟上海市委副主委，上海市第七、八届政协常委，上海市中华职业教育社顾问，《辞书研究》主编、上海辞书学会副会长。1985年起，历任“年鉴研究中心”干事会秘书长、全国年鉴研究中心总干事、中国年鉴研究会会长，2001年4月起任中国版协年鉴研究会名誉会长。他是中国现代年鉴事业发展（1979～2009）的首要推动者，主拟《年鉴研究中心简章》（征求意见稿）。1986年起，主编年鉴研究中心会刊《年鉴通讯》。1987年、1988年、1989年，委托《中国百科年鉴》编辑部先后举办三期全国年鉴编纂研讨班，为中国年鉴界培养第一批人才。1990年，提议创办《年鉴工作与研究》刊物，并于1991年初正式出版。1994年、1999年，开创并主持两届地方年鉴的评奖工作。1994年，亲临镇江市，指导《镇江年鉴》工作。

（丽　书）

洪维新

第一届镇江市政协副主席。2009年2月10日逝世，享年91岁。

1918年2月生，江苏沭阳人。黄埔陆军军官学校十四期毕业。1939年12月加入中国国民党。1949年12月随108军于四川郫县起义，加入中国人民解放军。1950年12月在四川隆昌任中国人民解放军教导大队中校队员。1951年2月至1955年先后在四川某师教导大队、军教导大队任军事教员。1955年2月转业到镇江市工作，5月任镇江市体育运动委员会副主任。1957年1月加入中国国民党革命委员会，历任民革江苏省直属镇江市支部组织委员，民革镇江市第一届委员会委员，第二、三届委员会主委，第四、五、六、七届委员会名誉主委，镇江市（地辖）第一、二、三、四、五、六、七届人大代表，政协镇江市（地辖）第四届委员会常委、第五届委员会副主席，政协镇江市第一届委员会副主席，政协江苏省第四届委员会委员，第五、六届委员会常委。

他在担任镇江市政协副主席，市民革主委、名誉主委期间，贯彻“长期共存、互相监督、肝胆相照、荣辱与共”的基本方针，认真履职，反映民主党派和社会各界要求，坦诚建言，为镇江市经济社会建设和政协统战事业发展作出贡献。他发挥民革党派优势，做好台湾亲友工作，开展联谊。退休之后，他关心国家大事和镇江建设发展，贡献余热。

（陈　梅）

裴祥林

第三、第四届镇江市政协副主席。2009年4月13日在镇江逝世，享年70岁。

1939年9月生，江苏金坛人。中共党员，大学学历。1973年加入中国共产党。1958年在金坛县中学高中毕业后考入南京师范学院中文系学习，大学毕业后在扬中县中学工作，历任教师、校长、党支部书记。1981年2月至1984年2月，先后担任扬中县人大常委会办公室副主任、县文教局局长、党组书记。1984年3月任镇江市教育局副局长、党委副书记（主持工作），1986年11月至1997年4月，先后担任镇江市教育局局长、党委书记，镇江市教育委员会主任、党委书记，镇江市委高校工委书记。1996年3月任镇江市政协副主席，1997年4月驻会，历任第三届、第四届市政协副主席、党组成员。他主持镇江市教育局工作以来，努力为镇江教育事业发展奔波，全市实现普及小学教育，中等教育也取得相应发展。他担任镇江市政协副主席、驻会办公后，分管教育卫生、文化体育、文史资料以及老干部工作。发挥政协委员作用，切实履行政治协商、民主监督、参政议政职能。2002年12月退休。

（卢小芳）

江慰庐

原名江福瑞，笔名江行、韩申，镇江文史学者，2009年2月15日在镇江逝世，享年88岁。

1922年3月生，江苏镇江人。生前为中国国际交流出版社特约顾问，中国红楼梦学会、中国民间文艺家协会会员。他青年时在扬州国专就读。新中国成立前在《江都日报》（扬州）、《江苏新闻》（镇江）等报刊从事新闻报道工作。抗战后历任京江中学（今镇江第一中学）、溧水县中、镇江师范学校等校教员。江慰庐曾受业于国学名家薛宗元，谙熟古诗文辞，青年时期在《中央日报》上发表《西王母考》等论文。他在《红楼梦》、边疆史地和镇江及周边县市地方史研究等领域有一定成果。特别是他考订出曹雪芹到扬州、镇江一带南游，曹寅（曹雪芹祖父）为金山雪舟和尚塔铭篆额，为研究镇江与《红楼梦》的关系提供重要史料佐证。红学研究论文辑录为《红楼梦·曹雪芹种种》，共158千字，1998年由黄山书社出版。并著有《西辽文化史略》220千字手稿，论文札记500多篇。写作70年，85岁加入江苏省作家协会，是入会年龄最大的会员。

（裴　伟）

大　事　记

责任编校：杨正宏

1　月

1 日　《中共镇江市委、镇江市人民政府关于加快推进农村改革发展的实施意见》出台。《意见》要求全市农民人均纯收入年均增幅达 12% 以上，到 2015 年达到 1.7 万元。到 2012 年，全市高效农业面积占耕地面积达 40% 以上，参加农村合作经济组织的农户比例达 45% 以上，全市城市化率达 62.5%。

△　首届“大爱镇江”新闻人物颁奖典礼在市体育馆举行，12 名个人、5 个群体当选为市首届“大爱之星”，另有 10 名个人和 5 个群体获得入围奖。

△　镇江市第二次经济普查入户登记工作正式启动。

9 日　江苏大学“食品、农产品品质无损检测新技术和融合技术的开发”项目获国家技术发明二等奖，中交集团、镇江亿华系统集成有限公司等 7 家单位联合申报的“先进疏浚技术与关键装备研发及产业化”项目获国家科技进步二等奖。

10～12 日　市政协六届二次会议召开。许津荣作题为《以“四大建设”为重点全力推进新跨越》讲话，郭礼荣作市政协常委会工作报告。会议听取并通过市政协六届二次会议提案审查情况的报告，通过关于《政协镇江市第六届委员会常务委员会工作报告》的决议和关于《政协镇江市第六届委员会常务委员会关于提案工作情况的报告》的决议；通过《政协镇江市第六届委员会第二次会议决议》。

11～14 日　市六届人大二次会议召开。会议通过《关于市政府工作报告的决议》《关于镇江市 2008 年国民经济和社会发展计划执行情况及 2009 年国民经济和社会发展计划的决议》《关于镇江市 2008 年财政总预算执行情况和 2009 年财政总预算的决议》《关于镇江市人民代表大会常务委员会工作报告的决议》《关于镇江市中级人民法院工作报告的决议》《关于镇江市人民检察院工作报告的决议》。大会选举许津荣为市六届人大常委会主任，选举刘捍东为镇江市市长。

12 日　镇江军分区党委举行十一届十二次全体（扩大）会议。

15 日　省委副书记、组织部部长王国生，副省长史和平带领省交通厅、国资委、总工会、民政厅和省残联等部门负责人到镇江慰问驻镇江部队、老劳模、低保户、残疾人群众、困难职工和农村老党员。

19 日　丹阳市被评为国家卫生城市。

23 日　铁道部部长刘志军在副省长史和平、市领导刘捍东等陪同下，到京沪高速铁路丹阳路基试验段慰问建设者。

24 日　全市最低气温为：镇江 -8.2℃、句容 -8.9℃、丹阳 -7.6℃、扬中 -7.0℃，为 1992 年以来冬季的最低值。

2　月

1 日　市委、市政府召开推进镇江发展新跨越动员大会。市委书记许津荣要求全市“坚定信心，抢抓机遇，实现发展新跨越”。

△　镇江市家电下乡启动仪式在句容举行，五星电器句容店成为全市首家“家电下乡”指定销售网点。

3 日　人力资源和社会保障部副部长杨志明一行到镇江调研劳动保障工作。

11 日　首届《大爱镇江》新闻人物颁奖典礼音像制品首发仪式暨数字电影《小城大爱》开机仪式在大市口广场举行。

15 日　镇江市获十大中国民营经济最具活力城市称号。

16 日　市六届人大常委会举行第十一次会议，任命李小平为副市长。

△　由中国工程院院士向仲怀领衔，投入 1.35 亿元的国家蚕桑产业技术体系建设工程在江苏科技大学启动。

18 日　省“扩内需保增长”苏南片座谈会在镇江举行，省长罗志军率省有关部门负责人与苏南五市有关负责人座谈交流，研究探讨做好经济工作的对策措施。

19 日　省委常委、副省长黄莉新一行在市长刘捍东等陪同下考察镇江市高效农业发展情况及北部滨水区建设，听取关于农业农村工作的汇报。

22 日　中国储备粮管理总公司投资 13 亿元建设的中储粮镇江粮油加工及仓储物流项目开工。

27 日　江苏银行镇江分行、上海银行南京分行、南京银行三大银行共贷款 10.8 亿元的签约仪式在镇江举行，该贷款用于改造双井路棚户区。

28 日　沿江葛丹公路葛村收费站、句容天王立交桥收费站、扬中大桥和二桥收费站、句容五里墩收费站、122 省道丹阳收费站等 5 家政府还贷二级公路收费站停止收费。

3 月

3 日 副省长、徐州市委书记徐鸣率徐州市党政考察团考察镇江市城市建设等情况。

5 日 丹阳市政府承担实施的国家级"花卉苗木标准化示范区"项目通过验收。示范区带动农户1500余户，年创经济效益3000万元以上。

6 日 大市口街道劳动保障所被全国妇联、北京奥组委、全国妇女"巾帼建功"活动领导小组命名为"全国巾帼文明岗"。

7 日 副省长史和平一行到镇江调研企业运行情况。

11 日 中铁24局在丹阳吕城镇惠济村租用的房屋发生垮塌事故，造成11人死亡、20人受伤。

16 日 长106.84米，宽17.6米，总载重6327.4吨，装载5236吨沥青的"澎湖湾"号靠泊镇江港口。该货轮从台湾高雄直航镇江港。

24 日 镇江市旅游协会、农学会与台湾无党团结联盟主席、澎湖县两岸交流协会理事长林炳坤签署加强两地民众间旅游观光业、农渔业交流合作备忘录。

25 日 省委常委、省纪委书记冯敏刚到镇江调研反腐倡廉工作。

△ 镇江市召开首届"慈善之星"表彰大会，12家企业获"慈善之星"称号。

26 日 南京军区副政委徐德学在镇江军分区召开部分驻苏部队和驻镇部队政工主官座谈会，专题调研部队党委贯彻落实民主集中制情况。

△ 市六届人大常委会第十六次主任会议举行。会议听取市政府关于2009年城乡建设计划组织实施情况的汇报，讨论通过《关于加强和规范闭会期间市人大代表活动的若干意见》。

27 日 7名镇江籍中国科学院、中国工程院和发展中国家科学院院士应邀到镇江参加"镇江籍院士家乡行"活动。

28 日 全国人大常委会副委员长华建敏在省人大常委会副主任李全林，市委书记、市人大常委会主任许津荣等陪同下，调研考察镇江市部分企业状况和北部滨水区建设情况。

31 日 国家发改委副主任杜鹰在省委常委、副省长黄莉新，市领导许津荣、刘捍东等陪同下，考察调研镇江市经济运行情况。

△ 市六届人大常委会第十二次会议举行。会议听取和审议市六届人大二次会议期间代表提出的关于"被拆迁村级集体经济组织资产保值增值问题""加强农产品质量安全检验检测体系建设，提高农产品质量安全监管能力"两件议案的处理意见，并分别作出相应决议。

4 月

7 日 镇江市华通机械有限公司与新加坡淡马锡所属新科动力有限公司签署合作协议：新科动力出资收购中国一拖所持华晨华通股权并进行增资扩股，成为华晨华通控股股东。

8 日 句容城上村遗址被选入由国家文物局主编的《2008年第三次全国文物普查重要新发现》。该遗址面积70650平方米，省考古研究所专家论证为商周时期重要遗址，极有可能是重要的吴国城址。

9 日 全国人大常委会副委员长、民建中央主席陈昌智，在省人大常委会副主任、民建江苏省委主委赵龙等陪同下，率调研考察组到镇江市调研节能减排工作。省委书记梁保华、省长罗志军到镇江向陈昌智一行汇报江苏省节能减排工作情况。

12 日 第十一届全国政协常委、国务院参事室副主任蒋明麟率国务院参事室考察团到镇江调研，考察了解镇江市在国际金融危机背景下，实施中央关于促进经济平稳较快发展、产业升级、发展小城镇和社会事业管理体制改革等情况。

16 日 镇江港大港三期工程通过交通运输部组织的竣工验收，正式投入使用。大港三期工程总投资14.11亿元，新建5万吨级集装箱泊位1个，3万吨级多用途泊位1个，7万吨级散货卸船专用泊位1个，5000吨江船装船泊位2个，设计年吞吐能力1390万吨。

△ 被列入民政部、发改委"蓝天计划"资助项目的镇江市儿童福利院新建工程开工建设。市儿童福利院选址位于丁卯经八路社会福利服务中心院内，总投资720万元，设置床位200张。

17 日 西藏自治区党委常委、拉萨市委书记秦宜智率拉萨市党政代表团到镇江访问考察。

18 日 江苏新世纪盐化集团年产30万吨氯碱项目签约仪式举行，集团计划投资30亿元，在镇江新区设立年产30万吨氯碱、20万吨聚氯乙烯、新材料等项目。

△ 2009"春风又绿江南岸"镇江旅游节开幕，首届"水利杯"龙舟赛举行。

20～27 日 市委书记许津荣率市人事、科技、财政、外事以及镇江新区高创中心等部门主要负责人赴美国、加拿大，开展投资招商洽谈活动。

24 日 中国新闻网镇江新闻频道开通。

25 日 南门汽车站搬迁、新站建设方案确定，汽车站选址位于官塘桥路以西、老铁路专用线以北区域，规划占地3.38公顷，主站房1.2万平方米，由市交通投资建设发展公司负责建设实施，该工程9月底竣工。新的南门汽车站10月10日启用。

26 日 大东纸业搬迁暨15万吨特种纸项目动工。大东纸业新址位于镇江新区大港片区。

△ 巴拉圭亲爱祖国党党主席佩德罗·法杜尔代表团一行访问镇江。

27 日 海峡两岸关系协会会长陈云林一行到镇江市考察。

28 日 市政协举行六届七次常委会议。会议讨论通过《关于当前我市工业企业运行与发展的几点建议》。

△ 2009中国镇江第二届农副产品展销会暨台湾风味美食节在镇江农副产品批发市场开幕。

30 日 市委、市政府召开庆五一劳动模范座谈会。方美芳等4人获全国五一劳动奖章，省交通工程集团有限公司获全国五一劳动奖状。

5 月

7 日 铁道部和江苏省在镇江联合召开沪宁城际铁路江苏段建设第三次推进会。铁道部副部长卢春房考察沪宁城际铁路镇江段建设情况。省委常委、常务副省长赵克志，市领导刘捍东、陈建设等陪同考察。

8 日 2009镇江新区"银山之春"投资洽谈会举行。

10 日 总投资6亿美元的非晶硅薄膜太阳能电池项目签约落户京口区。

14 日 老挝南塔省省委委员、省政府办公厅主任塞潘·昆西里恒为团长的第三期老挝领导干部培训班25人访问镇江。

15 日 市六届人大常委会召开第十八次主任会议，会议听取市政府关于《中华人民共和国归侨侨眷权益保护法》实施情况的汇报。

17 日 《从皮埃特罗·莫纳科(1748年)到21世纪》意大利版画展在镇江图书馆开幕。

18 日 镇江市再次获全国社会治安综合治理优秀地市称号，市公安局润州分局获全国社会治安综合治理先进集体称号。

△ 天工国际获设立博士后科研工作站资格。

19～20 日 市六届人大常委会第十四次会议举行。会议听取、审议市政府关于镇江市农田水利基础设施建设工作情况和农村警务室建设工作情况的报告，通过《关于批准镇江市2008年市本级财政决算的决定》《镇江市人民代表大会常务委员会关于贯彻〈江苏省各级人民代表大会常务委员会规范性文件备案审查条例〉的暂行规定》等事项。

22 日 碑帖研究、收藏及书法评赏国际学术报告会在镇江博物馆学术报告厅举行。

△ 镇江焦山碑刻博物馆召开新闻发布会，公布瘗鹤铭残石水下打捞后续考古成果。

23 日 “李岚清中国近现代音乐专题讲座暨音乐会”在镇江市一泉礼堂举行，中共中央政治局原常委、国务院原副总理李岚清出席并作讲座。

25 日 由国家自然科学基金委员会和中国科学院主办、江苏大学承办的“2011～2020年我国学科发展战略研究”工程与材料学部第一次全体会议在镇江开幕。清华大学、浙江大学、南京大学、吉林大学以及中国科学院、国家自然基金委员会等单位的100余名专家参加会议。

26 日 市领导许津荣、刘捍东率镇江市党政代表团赴合肥考察，学习借鉴合肥市近年来跨越发展的经验。

△ 广西壮族自治区政府副主席李康率广西壮族自治区政府考察团就镇江市社会事业发展情况进行考察。

△ 镇江市7952个自然村实现“宽带村村通”，农村每个聚居20户以上居民的自然村落全部具备宽带上网能力。

28 日 中国国电集团公司投资70亿元的谏壁发电厂1×1000MW机组扩建工程开工建设，副省长史和平、中国国电集团公司副总经理高嵩、市领导刘捍东等出席开工典礼。

31 日 中国国民党主席吴伯雄，副主席林丰正、蒋孝严、吴敦义等率中国国民党大陆访问团到镇江参观访问。中共中央台办常务副主任郑立中，市领导许津荣、刘捍东等参加会见。

6 月

2 日 省委常委、副省长黄莉新到镇江视察高效农业生产情况，赴丹徒区检查指导夏收夏种工作。

△ 日本前官房长官、大藏大臣武村正义到镇江考察。

9 日 市政府召开第十三次常务会议，研究部署经济运行等工作。

10 日 全国政协常委、致公党中央副主席李卓彬到镇江考察“致福工程”培训工作。省政协副主席、致公党江苏省委主委黄因惠等陪同考察。

△ 江苏新韩通船舶重工有限公司承制的5.7万吨散装货船“宝富号”(HT028)下水舾装。这艘为香港宝源国际有限公司建造的价值3亿元的散装货船，为镇江造船史上吨位最大船舶。

11～12 日 镇江市工会第十三次代表大会召开，陈苏当选为主席。

16 日 副省长张卫国带领省台办、外经贸厅、旅游局和南京海关、检验检疫等部门负责人到镇江调研开放型经济工作。

17 日 2009年“爱在镇江·慈善一日捐”活动市区募集慈善资金1215.39万元。

20 日 省委书记梁保华，省委常委、秘书长李云峰在市领导许津荣、刘捍东、李国忠等陪同下实地考察二重集团(镇江)重装厂建设项目、京沪高铁镇江梁场和泰州大桥扬中段等重点工程项目建设进展情况，并慰问工程建设者。

25 日 市六届人大常委会第十九次主任会议举行。会议听取市政府关于城市危旧房改造情况和“五五”普法工作情况的汇报，讨论《中华人民共和国农产品质量安全法》执法检查方案。

27 日 镇江市3个项目获国家2210万元“重点产业振兴和技术改造”专项资金支持，其中镇江液压件厂有限责任公司搬迁扩建项目1800万元。

28 日 市体育会展中心、市职工文体活动中心、市第二人民医院迁建及新城市花园二期工程等南徐新城区公共配套设施建设开工。

29 日 市政协举行六届十七次主席会议，听取镇江市食品药品质量安全监管的工作情况汇报。

7 月

3 日 中国交通建设集团有限公司与市水利投资公司、句容市政府签订总投资各为20亿元的BT合作协议(建设—转让合作协议)。

4 日 名和“浪漫之夏”大型交响音乐会在镇江影剧院举行，荷兰阿姆斯特丹UVA交响乐团演奏《绚丽的阿姆斯特丹》以及中国传统乐曲《良宵》《花好月圆》等。

△ “诗画镇江——点染第一江山”系列活动在镇江画院举行。活动包括2009文化嘉年华镇江美术精品展开幕、“文心画廊”揭牌、《文心画廊》和《诗画镇江》精品诗画集首发。

7 日 镇江港扬中港区兴隆作业码头一期工程投入使用，码头由浙江盈都集团和镇江港口有限公司投资建设。一期工程总投资4.2亿元，建设3万吨兼靠5万吨泊位和3.5万吨兼靠5万吨泊位各一座，年设计吞吐能力500万吨。

△ 江苏永兴集团董事长张红俊被人力资源和社会保障部、中国残疾人联合会授予“全国自强模范”称号。

11 日 省委副书记、省长罗志军到镇江调研，并在镇江主持召开苏南片区经济工作座谈会。

12 日 市人民对外友好协会举行第三届理事会，许津荣被选为市人民对外友好协会名誉会长，吴树南当选为新一届市人民对外友好协会会长。

△ 中华路旧城改造项目拆迁工作正式启动，项目规划总用地面积为23.7公顷，总投资预计10.5亿元，计划建设工期为3年。

13 日 镇江—澎湖包机直航双向旅游首发、首接仪式分别在镇江碧榆园宾馆和南京禄口国际机场举行。

14 日 市委五届八次全体会议举行。市委书记许津荣作题为《千方百计保增长,全力以赴促跨越》的报告。

16日 镇江慈善助医"阳光工程"项目获国内慈善界最高奖项——中华慈善突出贡献奖。朱国平被授予"中华慈善突出贡献人物"称号;江苏沃得机电集团有限公司被授予"中华慈善突出贡献企业"称号。

△ 以朝鲜江原道人民委员会第一副委员长金明铁为团长的江原道代表团到镇江考察。

20~27日 刘捍东率市政府经贸代表团赴德国、匈牙利,围绕薄膜太阳能、航空配套等新兴产业开展专题招商活动。

23日 市政协举行六届十八次主席会议,贯彻落实市委五届八次全会精神,讨论推进高效农业规模化建设问题。

24日 市六届人大常委会召开第二十次主任会议。会议听取市政府关于人才工作情况和关于"进一步加强对改制企业职工保全资产监管工作"建议办理情况的汇报。

29日 省长罗志军、市委书记许津荣等省、市领导到驻镇江73056、73057部队慰问。

△ 市六届人大常委会举行第十五次会议。会议听取市政府关于2009年上半年国民经济和社会发展计划及财政预算执行情况和《中华人民共和国土地管理法》执法检查意见落实情况的报告,听取市人大代表评议市政府交通工作的方案。

8 月

5日 江苏省军区司令员许援朝到镇江预备役高炮二团,就部队全面建设和预备役工作进行检查指导。

8日 市体育局、市级机关工委在春江潮广场联合举办全市"全民健身日"系列活动暨"走青山看绿水"百日万人健步行活动启动仪式。

12~13日 副省长史和平在市领导刘捍东等陪同下,调研全球金融危机下镇江企业生产经营情况。

14日 市政府第十四次常务会议召开,研究新能源产业发展规划等工作。

15日 中共中央政治局委员、中央书记处书记、中宣部部长刘云山到镇江考察。中宣部副部长孙志军,省委书记梁保华,省委常委、宣传部部长杨新力,市领导许津荣、刘捍东等陪同考察。

21日 城市公用事业IC卡全国互联互通镇江试点启动,城市一卡通项目是《镇江市信息化"十一五规划"》和数字镇江建设的重要内容。这套管理系统由住房和城乡建设部统一管理、统一授权、统一配发。

26日 市六届人大常委会召开第二十一次主任会议。会议听取市政府关于"加快镇江主城区建设"、关于"加快'数字镇江'建设,提升我市信息化水平"、关于"提高我市企业科技创新能力"建议办理情况的汇报。

27日 市政协召开六届十九次主席会议,听取市政府关于全市工业重大项目建设的情况通报。

29日 副省长徐鸣率领省有关职能部门负责人到镇江调研太湖流域治理工作。

9 月

1日 中央农村工作领导小组办公室主任陈锡文一行到镇江考察发展高效农业、促进农业增效农民增收等方面工作。

△ 镇江市区即日起实施学生医疗保险新政策:所有参保学生(包括幼儿园学龄前儿童和大学生)统一持医保卡就诊、直接结算费用。同时,政府对参加此项保险的学生财政补助人均30元。

4日 江苏农林职业技术学院18人出现发热症状,截至15时,其中9人被确诊为甲型H1N1流感病例。

7日 王建华任江苏科技大学党委书记,王自力任江苏科技大学校长。

9日 交通运输部副部长高宏峰到镇江调研交通行政执法情况。

△ 赵亚夫获全国扶贫先进人物称号。

10日 "大爱镇江·感动教育"十大社会人物评选揭晓,此次评选由市文明办、市教育局联合主办,活动评出爱心群体1个,爱心个人9名。

16日 城市防洪内江清淤工程开工。一期工程为内江滩面清淤,清淤总面积3.43平方公里,土方量710万立方米,项目投资3.22亿元,翌年5月竣工。

18~19日 镇江市第三届残疾人运动会举行,扬中市代表队获得团体总分第一名,句容市、丹阳市代表队分列第二、三名。

19日 镇江市被列入首批"中国创业之城",市委书记许津荣被授予全国推动全民创业突出贡献人物称号。

21~23日 2009·中国工业品博览会在镇江国际工业品城召开。部、省、市领导和全国各地嘉宾1300多人出席开幕式。期间有2万多人次到场参观、洽谈和采购。

21日 市六届人大常委会举行第22次主任会议。会议听取市政府关于"加快市场整合与培育,促进我市现代服务业发展"和"加快快速公交系统建设,推进我市大公交发展步伐"重要建议办理情况的汇报,讨论通过视察"四大建设"(重大项目建设、城乡建设、生态建设、民生建设)的方案和市人大常委会信访工作制度(修正案)。

22日 镇江市政府12345服务热线正式开通。

25日 镇江—东南大学科技成果展示洽谈会举行,双方签署12项科技合作协议。

29日 镇江市民族宗教事务局被国务院授予全国民族团结进步模范集体称号。

30日 镇江市在南山西入口举行"红色经典·火红镇江"万人演唱会。

10 月

12日 利华国际(丹阳)电子有限公司在美国纳斯达克上市,成为镇江首个在美国上市企业。公司总股本2391.8万股,每股发行价4.0美元,开盘价9.99美元。

15日 台湾中山大学教授、诗人、中华语文教育促进协会理事长余光中率中华语文教育促进协会一行到镇江访问。

20日 总投资11.8亿元的新型混合动力摩托车及车轮项目签约。项目由福建正兴集团与市国资委合作实施,占地23.3公顷,一期投入6亿元,新建10条新型混合动力摩托车整车组装线及3条钢制车轮生产线。

21日 镇江籍选手薛飞以15分11秒72的成绩获第十一届全运会女子5000米比赛冠军;23日,薛飞以4分18秒26的成绩获第十一届全运会女子1500米比赛冠军。

22日 中国石油江苏长江项目奠基仪式在扬中市西来桥镇举行。长江项目总体规划部署为"两个中心、一个基地",即依托扬中港口条件和常州原料工业市场基础，建设成品油储备与物流中心、化工品物流集散中心和化工原料生产基地。项目投资200亿元，规划建设包括成品油及化工产品库区、物流中心、大型燃料乙醇厂、化工原料生产基地及总长度1000公里的成品油管线等。

24日 镇江市2009年金秋大型人才交流会在市体育馆举行，有包括机械、教育、管理、机电、制药、保险、文秘等行业的180余家企事业单位提供4600多个就业岗位。

26日 镇江市国际友好城市交流大会举行，美国坦佩市、德国曼海姆市、德国里根斯堡市、爱尔兰卡罗市、日本津市、日本仓敷市、韩国益山市、韩国釜山市江西区以及中国镇江市等城市的与会代表共同签署《国际友好城市交流与合作镇江宣言》。镇江市分别与韩国釜山市江西区、爱尔兰卡罗市结为友好交往城市。

28日 市六届人大常委会召开第23次主任会议。会议听取市政府关于"加强我市农村小型泵站建设，促进农业增效、农民增收"重要建议办理情况的汇报；讨论通过关于市政府交通工作的评议意见等。

29日 市政协举行六届二十一次主席会议，听取镇江市"人才强市"战略实施的情况通报。

11 月

3日 镇江市政府召开市属生产经营性事业单位转企改制工作推进会，启动49家市属生产经营性事业单位转企改制工作。

5日 中共镇江军分区第十二次代表大会召开。市委书记、镇江军分区党委第一书记许津荣到会讲话。

6日 镇江市大市口商贸中心A地块6幢楼房成功爆破。

△ 江苏康复医疗集团、江苏江滨医疗集团成立大会举行。两大集团以三级甲等综合性医院为核心，专科医院、社区医疗服务机构为成员，坚持自愿为主，体现互相竞争，以资产和技术为纽带，紧密型和松散型相结合，卫生资源相对均衡为基础而建立。

8日 镇江市新增4处全国重点文物保护单位：虎踞桥、江河交汇处、新河街一条街、西津渡古街，4处均为国家文物保护单位京杭大运河的拓展项目。

13日 省长罗志军、副省长史和平，在市长刘捍东及省、市交通部门负责人陪同下，察看泰州大桥建设情况。

△ 17时55分前后，句容与南京江宁交界处发生3.4级地震。地震未造成人员伤亡和房屋破坏。

15日 江苏文化科技产业园（中华齐梁文化旅游区）揭牌暨天地石刻园奠基仪式在丹阳市举行，园区规划面积66平方公里，总投资33亿元。

19～20日 省长罗志军率省有关部门负责人到镇江调研，要求全市"咬紧牙关抓当前，统筹兼顾谋长远"。

20日 省委常委、省军区政委李笃信率领省军区工作组到镇江检查指导国防后备力量建设。

△ 缅甸政府建设部副部长赛恩将军率缅甸政府考察团，就交通基础设施建设合作事宜到镇江参观访问。

23日 大全集团有限公司、中电电气集团有限公司、南自通华电气集团有限公司、华鹏集团公司、华厦电气实业集团入选第十届中国电气工业100强榜。

26～27日 市六届人大常委会第十七次会议召开，会议审议通过《关于批准调整2009年财政预算的决定》《关于召开镇江市第六届人民代表大会第三次会议的决定》《关于接受武白苹辞去镇江市人大常委会委员职务请求的决定》和有关人事任免事项。

27日 2009中国镇江对接世博（上海）农业招商周暨农业项目发布会在沪举行，会上签约项目30个，投资总额逾30亿元。

12 月

1日 镇江市首届文化产业招商会暨签约仪式在北京国际饭店举行。14个文化产业招商项目签约，投资总额41.3亿元。

4日 索普—普莱克斯60万吨/年醋酸造气工艺技术改造项目暨每小时八万标方空气分离装置竣工投产。

△ 镇江市出现首个甲型H1N1流感死亡病例。患者是20岁女性，死因是汞中毒伴甲型H1N1流感重症。

7日 镇江区域供水主输水管道实现乡镇全覆盖，区域供水总面积450平方公里，新增受益人口26.9万人。

10日 《风雨西津渡》在西津渡鸿禧广场举行开机仪式。该剧由市城投公司、西津渡公司、西津渡影视基地公司和北京中伟华韵国际影视传媒有限公司联合摄制，讲述从太平天国失败到辛亥革命胜利这段社会转型期镇江人民的生活状态。

16日 副省长曹卫星到镇江调研教育工作。

17日 由中组部、中宣部、国务院国资委党委与中国航空工业集团联合组织的吴大观先进事迹报告会在镇江举行。

19日 中国空间技术研究院航天育种中心在丹徒区世业洲为中国航天育种镇江基地正式授牌。基地规划面积67公顷，投入1000多万元，建成33公顷，其中太空育种面积6公顷。

△ 金港大道竣工通车，道路全长14.5公里，双向八车道，总投资约13亿元。起点为京口区左湖互通，终点为镇江新区通港路交叉口。

23～24日 市妇女第十三次代表大会在一泉礼堂召开，胡云霞当选为市妇联主席。

25日 市委五届九次全体会议举行。市委书记许津荣作报告，动员全市干部群众推进跨越发展，实现后发先至。

26日 中共镇江市委印发《关于在全市共产党员中开展向优秀共产党员张雅琴同志学习活动的决定》，号召全市共产党员向张雅琴学习。

28日 镇江广播电视中心竣工启用，中心占地面积约2公顷，总建筑面积5.92万平方米，总投资6.5亿元。

29日 长6.87公里的古运河中段（周家河至丹徒闸）综合整治工程开工。

△ 市首家外资银行——大新银行镇江分行开业。

30日 规划展示馆开馆，该馆总用地面积1.5公顷，总建筑面积2.02万平方米，总投资1.1亿元，展出面积1万平方米。

书 目

表 38-1

2009 年镇江市部分作者著作书目一览表

书　名	编著者	出版者	出版年月	字数（千字）
镇江摄影精品集	袁曾亭	中国摄影出版社	2008－07	－
电工元器件	门　宏	人民邮电出版社	2008－11	246
镇江出土吴国青铜器	杨正宏、肖梦龙	文物出版社	2008－11	－
公共言语表达学	茅海燕	苏州大学出版社	2008－12	215
经管系统复杂性研究：理论、方法和应用	杜建国	广西师范大学出版社	2008－12	300
和你一起学作文	洪蒲生	江苏美术出版社	2009－01	－
新通用大学英语 3	王和龙	高等教育出版社	2009－01	350
液压阀使用手册	陆一心	化学工业出版社	2009－01	360
生死一线间	董新建	江苏文艺出版社	2009－01	175
大爱镇江	镇江市委宣传部等	人民文学出版社	2009－01	－
快速精通 Altium Designer6 电路图和 PCB 设计	袁鹏平	化学工业出版社	2009－02	519
食品中的化学污染物及其防治措施	丁青芝	化学工业出版社	2009－02	360
食品安全与化学污染物防治	骆　琳	化学工业出版社	2009－02	380
病毒性疾病诊断与治疗	邵世和	科学出版社	2009－02	975
基础会计教程	吴君民	科学出版社	2009－02	543
定向运动	沈建兵	石油大学出版社	2009－02	129
健美操	邱　岚	石油大学出版社	2009－02	170
乒乓球	须晓东	石油大学出版社	2009－02	168
武术	商　武	石油大学出版社	2009－02	166
足球	孙庆海	石油大学出版社	2009－02	168
管妖妖的风花雪月	饶雪漫	万卷出版公司	2009－02	153
双鱼记	饶雪漫	万卷出版公司	2009－02	143
校服的裙摆	饶雪漫	万卷出版公司	2009－02	195
现代控制理论（中英文对照）	李道根	哈尔滨工业大学出版社	2009－03	267
国际直接投资的趣味选择	江心英	科学出版社	2009－03	327
瀛奎律髓刊误（点校）	吴晓峰	武汉出版社	2009－03	1170
道德教育与人的经济生活	曹　辉	浙江教育出版社	2009－03	246
千古丰碑	吴晓霞、张政权	中国文史出版社	2009－03	120
镇江解放——纪念镇江解放六十周年	王　欣	中国文史出版社	2009－03	9.8
健美	李　非	石油大学出版社	2009－04	191
篮球	孙　林	石油大学出版社	2009－04	180

续表 38-1

书　名	编著者	出版者	出版年月	字数(千字)
排球	何振强	石油大学出版社	2009－04	167
游泳	冷迎辉	石油大学出版社	2009－04	192
羽毛球	徐恒勇	石油大学出版社	2009－04	145
时代先锋——镇江劳模风采	镇江市总工会、人事局、档案局	中国文史出版社	2009－04	576
京江画卷——纪念镇江解放60周年图册(1949～2009)	镇江市史志办公室	－	2009－04	－
创业案例集	梅　强	经济科学出版社	2009－05	300
病原生物学诊断技术	邵世和、陈盛霞	人民卫生出版社	2009－05	272
野桂花	王桂宏	上海文艺出版社	2009－05	230
随想	王幼辉	中央文献出版社	2009－05	410
面向智能体开发环境JACK的实践	程显毅	科学出版社	2009－06	325
机械制造基础	任家隆	高等教育出版社	2009－06	500
船舶制造基础	杨　敏	国防工业出版社	2009－06	276
当代中国“三农”理论与实践问题研究	金丽馥	南京大学出版社	2009－06	378
五四以来中国思潮与人物研究	董德福	人民出版社	2009－06	350
北方的童话	赵立源	上海三联书店	2009－06	193
轮滑	刘静春	石油大学出版社	2009－06	172
体育保健	徐杏玲	石油大学出版社	2009－06	198
拓展训练	郝小刚	石油大学出版社	2009－06	176
网球	季敦山	石油大学出版社	2009－06	142
计算方法	高　尚	西安电子科技大学出版社	2009－06	246
高效人力资源管理案例:MBA提升捷径	宋联可	中国经济出版社	2009－06	180
国际财务管理	张　华	机械工业出版社	2009－07	690
大地的女儿——赛珍珠	庐山“老别墅的故事”景区编	江西美术出版社	2009－07	－
混合神经网络技术	田雨波	科学出版社	2009－07	480
寻常巷陌	丁伟民	上海三联书店	2009－07	1930
社会科学计算实验理论与应用	杜建国	上海三联书店	2009－07	700
干细胞与肿瘤	许文荣	中国协和医科大学出版社	2009－07	430
丹阳年鉴2009	丹阳市史志办公室	方志出版社	2009－08	753
微型计算机基本原理与接口技术	陈红卫	科学出版社	2009－08	474
工程力学实验	邓小青	上海交通大学出版社	2009－08	184
大学计算机基础学习指导	刘永良	苏州大学出版社	2009－08	430
唱情歌	饶雪漫	万卷出版公司	2009－08	32
中小企业信用管理机制研究	谭中明	中国社会科学出版社	2009－08	246
艺海一叶	陈达夫	中国文史出版社	2009－08	80
Current focus on colloids and surfaces	曹顺生	Transworld research network	2009－09	510
丹阳老行当	高息林	大众文艺出版社	2009－09	350
镇江年鉴2009	镇江市史志办公室	方志出版社	2009－09	1228
句容年鉴2009	句容市史志办公室	方志出版社	2009－09	878
丹徒年鉴2009	《丹徒年鉴》编辑部	方志出版社	2009－09	668
京口年鉴2009	京口区史志档案办公室	方志出版社	2009－09	708
润州年鉴2009	润州区史志档案办公室	方志出版社	2009－09	602
镇江旅游手册·招隐景区	徐策、纪东	江苏文艺出版社	2009－09	－
镇江旅游手册·文苑	徐策、纪东	江苏文艺出版社	2009－09	－
数字影视动画场景创作	殷　俊	华中科技大学	2009－09	268
财务会计	张　华	机械工业出版社	2009－09	460
大爱镇江报告文学集	镇江市委宣传部、市文联、文学报社	人民文学出版社	2009－09	280
计算机图形学基础	王卫东	西安电子科技大学出版社	2009－09	357
神经系统毒理学	陆荣柱	北京大学医学出版社	2009－10	450
临床寄生虫检验学	陈盛霞	人民卫生出版社	2009－10	1997
中国伦理学60年	王露璐	上海人民出版社	2009－10	504
离歌(Ⅱ)	饶雪漫	万卷出版公司	2009－10	250
微雪	饶雪漫	万卷出版公司	2009－10	80

续表 38-1

书　　名	编著者	出版者	出版年月	字数（千字）
Biochemical Engineering	胡　杰	NOVA Publishers, USA	2009－11	460
现代大学教学方法论	张忠华	黑龙江人民出版社	2009－11	390
大学物理实验	仲志强	南京大学出版社	2009－11	384
完美狼团队——打造高绩效网商	胡桂兰	清华大学出版社	2009－11	301
分水访碑录	王顺庆	浙江大学出版社	2009－11	435
齐梁故里考证与齐梁文化新论	常州市齐梁文化研究课题组	南京大学出版社	2009－12	580
工程地质	刘宝国	高等教育出版社	2009－12	360
江苏区域经济发展研究	赵喜仓	江苏人民出版社	2009－12	290
西津论丛(一)	祝瑞洪	上海文艺出版社	2009－12	253
西津论丛(二)	张峥嵘	上海文艺出版社	2009－12	243
正向心态	宋联可	中国纺织出版社	2009－12	145
现场形象管理手册	宋联可	中国物资出版社	2009－12	352

（史　图　尚　恪　叶　卜）

表 38-2

2009 年江苏大学出版社出版图书书目一览表

序号	书　　名	编著者	出版时间	字数(千字)
1	国际经贸岗位群模块英语	朱淑英、桑莉琳	2009－02	549
2	江苏专转本考试英语词汇速记宝典	吴静、徐慧霞	2009－02	420
3	研究生信息素质高级教程	周金元	2009－02	247
4	民办高校发展战略和政策需求研究	杨树兵	2009－03	280
5	江苏省专转本考试计算机基础核心模拟试卷及答案精解	江苏省专转本考试命题研究组	2009－03	230
6	灾难医学	王一镗、刘中民	2009－04	1330
7	高等院校质量建设与特色发展	中国高教学会高教管理研究会秘书处	2009－04	690
8	英语语言学实用教程	彭建武、陈士法	2009－04	480
9	金属材料实验指导	吴晶、纪嘉明、丁红燕	2009－04	340
10	新时期高校共青团工作理论与实践	李洪波	2009－04	207
11	医学生实习教程	眭　建	2009－05	530
12	快乐魔方	仲双荣	2009－05	70
13	卓越源于理念	王芮文	2009－06	430
14	数字滤波器设计及工程应用	宋寿鹏	2009－06	340
15	文化盛宴	中共镇江市委宣传部	2009－06	290
16	学校道德生活的教育叙事	薛晓阳	2009－06	230
17	廉洁文化教育读本(初中)	顾正勇	2009－06	120
18	廉洁文化教育读本(小学)	李　颖	2009－06	100
19	廉洁文化教育读本(高中)	顾正勇	2009－06	100
20	管理学原理	王邦兆	2009－07	607
21	知识产权法	胡良荣	2009－07	597
22	夯实党的大学生群众基础的理论与实践	苏益南	2009－07	357
23	医学统计学	李君荣、孙峰	2009－07	285
24	医学影像技术	王骏、甘泉	2009－08	580
25	现代西方经济学教程	冯鑫明	2009－08	440
26	新区农村的土地改革	莫宏伟、张成洁	2009－08	330
27	赛珍珠纪念文集(第三辑)	许晓霞、赵珏	2009－08	330
28	自然辩证法简明教程	钱兆华、李丽、文剑英	2009－08	330
29	中国县级社区学院发展研究	刘　尧	2009－08	306
30	农村计划生育与人口控制	汤兆云	2009－08	300
31	共和国领袖的"三农"思想	王玉贵	2009－08	300
32	农业生产责任制的演变	贾艳敏	2009－08	300
33	数值热物理过程	何志霞、王谦、袁建平	2009－08	280
34	基础会计学模拟实训教程	滕晓梅	2009－08	245
35	齐梁萧氏故里研究	镇江市历史文化名城研究会、丹阳市历史文化研究会	2009－08	75
36	大学英语学习实用教程	林　健	2009－09	540

续表 38-2

序号	书　　名	编 著 者	出版时间	字数(千字)
37	学校道德生活的管理透视	王家军	2009－09	310
38	领导干部新知识讲座	中共镇江市委宣传部	2009－09	280
39	文化人桥——赛珍珠	耿炜、丁亚明、裴伟	2009－09	90
40	民企点睛	胡锡龙	2009－10	400
41	镇江市财政志	镇江市财政志编纂委员会	2009－10	300
42	高职高专后勤社会化改革实践与探索	杨国祥等	2009－10	280
43	苏东坡诗词名篇译解	李宝岑	2009－10	240
44	中国高等教育热点问题评论	刘　尧	2009－11	390
45	高等教育课程理论新探	高有华	2009－11	372
46	高职院校管理新论	李大洪	2009－11	260
47	镇江市京口区军事志	镇江市京口区人武部军事志编纂办公室	2009－12	700
48	企业内部控制理论与实务	赵顺娣、陈留平	2009－12	548
49	二级 Visual Basic 考点与题解	考试命题研究组	2009－12	537
50	二级 C 语言考点与题解	考试命题研究组	2009－12	493
51	概率论与数理统计	朱翼隽	2009－12	480
52	汶川地震后工程结构安全与防灾新进展	黄兴棣、顾瑞南	2009－12	420
53	流光溢彩——中国古代灯具设计研究	王　强	2009－12	390
54	大学英语课程教学研究	陈红、蔡朝辉、戴祝君	2009－12	385
55	学校道德生活的亚文化探寻	刘国永、余玲华	2009－12	380
56	智慧	祝瑞洪	2009－12	370
57	大学生理财	张凤林	2009－12	350
58	瘗鹤铭国际学术研讨会论文集	丁　超	2009－12	300
59	法学视野中的大学自治	夏　民	2009－12	280
60	作文就是联想与想象	王家伦	2009－12	275
61	学校道德生活的现代性问题辨析	甘剑梅	2009－12	270
62	VHDL 与数字电路设计	王俭等	2009－12	260
63	企业资产质量评价与实证研究	徐文学	2009－12	250
64	高校中层领导干部考核评价实践	李战军	2009－12	250
65	学校道德生活的复杂性审视	刘国永	2009－12	240
66	修炼精气神	镇江市人民政府办公室	2009－12	220
67	宽容话语与承认的政治	朱立立、刘小新	2009－12	220
68	高校关工委工作实践与探索	江苏大学关心下一代工作委员会	2009－12	190
69	道地中药材茅苍术的品种选育原理与技术	吴沿友、杨晓勇	2009－12	170
70	琐思随想	朱开宝	2009－12	130

（顾正彤）

文　摘

“大爱镇江”现象研究

“大爱镇江”课题研究组

一、“大爱镇江”：从现象到本质

1．“大爱镇江”：一个城市的道德记忆。记忆中，这座城市有救助白血病的同学却又自己不幸患白血病的“爱心天使”陈静，以及因她而掀起的“满城尽飘黄丝带”行动；有女儿身患重病需要巨款救治、自己却无偿为别人捐献骨髓的戚熙娟；有凭着对“三农”事业的一片赤诚和对农民的满腔热情，几十年如一日带领农民致富的农业专家赵亚夫；有累计捐款达亿元并兴建江苏省首家民工子弟学校的慈善企业家朱国平……无数爱的细流在这个城市汇集成一股“大爱”，让镇江成为一座大爱之城。

2008 年 7 月 2 日，“大爱镇江”主题活动正式启动。作为镇江市委、市政府加强城市精神文明建设、彰显城市特色、提升城市形象而开展的重要活动，“大爱镇江”获得全市各部门和广大市民的热烈响应和支持，形成“江河汇文明、名城涌大爱”的热潮。2008 年 12 月，镇江市评选产生了 12 个“大爱之星”个人、5 个“大爱之星”群体，把“大爱镇江”主题活动推向了高潮。

“大爱镇江”，一个城市的道德记忆让人感动和温暖。然而，在感动与温暖之余，一个更值得我们思考的问题是：如何实现这个城市“大爱”记忆在时间和空间上的延伸？易而言之，如果“大爱”已然成为推动镇江城市发展的精神动力，我们如何让此种精神成为不朽？这种生成于某一地域的城市精神，其推广与普适的意义与路径何在？对于上述问题的探究与回答，需要我们超越对现象的简单回顾和描述，对“大爱镇江”进行更加系统和深入的理论思考。

2．“大爱镇江”实现了从血亲之爱—共同体之爱—时代大爱的扩展与升华，具有丰富的外延和鲜明的时代特征。

3．“大爱镇江”是真、善、美的价值诉求与道德实践，是新时期社会主义核心价值在镇江的生动体现，具有深刻的内涵。首先，尽管没有固定的模式，但“大爱镇江”的典型人物及相关活动中蕴涵着共同的真、善、美的价值诉求。其次，“大爱镇江”不仅体现真、善、美的价值诉求，更体现在各种不同形式的道德实践上，由此，“大爱镇江”成为新时期构建社会主义核心价值体系的生动实践。最后，强调“大爱镇江”是真、善、美的价值诉求与道德实践，并非否认现实中假、恶、丑的存在。相反，“大爱镇江”始终坚定地倡导与种种假、恶、丑的斗争。

4．“大爱镇江”因其“自下而上”与“自上而下”相结合的道德生成与传播路径而成为一种理论与实践范式。首先，“大爱镇江”的典型人物与故事源自生活，因其亲和力而具有更强的感召力和影响力。其次，通过“讲述镇江人自己的故事”，“大爱镇江”成功地运用道德叙事的方式实现道德教化的目的。最后，“大爱镇江”借助个体行为的感染力并通过广泛的宣传和实践活动，实现了“一个人温暖一片人，一件事感动一座城”的“爱”的传递与回归。

二、“大爱镇江”：时代的生成与回响

1．“大爱镇江”是道德理想普适性与地域伦理文化特殊性的有机结合。大爱镇江，不仅体现着人类道德理想的普适性诉求，更为重要的是，它传承了镇江历史文化中丰富的“爱”的资源，从而凸显了地域伦理文化的特殊价值。自2008年7月开始，镇江市委、市政府把“大爱镇江”城市品牌建设作为城市精神文明建设的一项重大举措，动员全社会着力构建。在这一过程中，城市文化传统中“爱”的传说和近年来不断涌现的“爱”的故事被充分挖掘、整合、放大，从许仙和白娘子、董永和七仙女等神话传说中的温婉情爱，到梁红玉击鼓抗金、焦山抗击英国侵略者的民族精神，再到近年来“满城尽飘黄丝带”“社会妈妈”“生命志愿者”等社会之爱，无不给这座历史文化名城增添了独特的意味和魅力，也成为“大爱镇江”不可或缺的重要资源。正因为如此，“大爱镇江”这一城市品牌一经提出就得到了市民的高度认同和积极响应，迅速在全市掀起了“江河汇文明、名城涌大爱”热潮。

2．“大爱镇江”从自发到自觉的过程凸显现代社会公民意识的理性成长。“满城尽飘黄丝带”的故事在镇江可谓家喻户晓，甚至已成为“大爱镇江”最具代表性的爱心事件。黄丝带，在镇江市民的心中已成为爱心的代名词。

在镇江“大爱”的凝聚、传递和扩散过程中，无数普普通通的镇江市民，尤其是那些不知真实姓名的网民，以各自不同的行动方式发挥了极其重要的作用。具备现代公民意识的镇江市民，是“大爱”的自觉践行者与传递者，是“大爱镇江”的真正主体，也是社会主义核心价值体系最重要的建设者。

3．“大爱镇江”品牌建设体现和谐社会背景下政府的“善治”理念与“善政”行动。“大爱镇江”能够最终成为镇江城市精神文明建设的品牌，离不开镇江市委、市政府广泛的宣传发动和组织实施。在执政为民的“善治”理念下，镇江市委、市政府还将执政亲民的“善政”行动落实在各项工作当中：城市规划中的“显山、露水、透绿、现蓝”理念、“青山绿水两年行动”、城市建设中的“阳光拆迁、惠民安置”、农村土地资源配置的“以人为本，农民自愿，规范程序，阳光操作”。广大市民感受到政府以民为本的发展理念和亲民爱民的实际行动，并由此增强对政府的信任、认同和支持。在“大爱镇江”品牌建设中，领导干部的亲身参与起到了良好的人格感召和行为表率作用。

三、“大爱镇江”：社会主义核心价值体系的成功实践

作为社会主义核心价值体系建设在镇江的成功实践，“大爱镇江”给我们的启示主要有以下三个方面：

启示一：社会主义核心价值体系建设必须有鲜明的时代特征、地域特色和实践内涵。“大爱镇江”探索出了与社会主义核心价值体系内涵相契合又富于镇江城市特色的实践路径。第一，以实现镇江跨越发展这个共同理想凝聚人心，将个人发展与城市发展紧密联系在一起，引导人人“为镇江跨越发展争荣誉、作贡献”。第二，以“爱我镇江”的城市精神和创新创业精神作为民族精神和时代精神在镇江的具体体现。第三，寓社会主义核心价值于“大爱精神”之中，在“崇尚大爱、追求大爱”中倡导和弘扬诚信公正、文明和谐等基本道德规范，从而使文明发展成为镇江鲜明的发展特色。

启示二：以社会主义核心价值体系引领城市精神需要有效的载体。第一，以丰富的精神产品和服务满足了人民群众日益增长的精神需求。“满城尽飘黄丝带”和故事片《小城大爱》《“大爱镇江”爱心故事集》、大型图片展、“大爱镇江”广场文化活动……凡此种种，给广大市民带来了丰富的精神食粮。第二，适应道德建设需要更广泛的基础性、制度性安排这一发展趋势。首先，道德建设的关键在于形成适宜于道德生成的制度安排，以此为社会成员的道德诉求提供有效的路径。试想，如果没有镇江团市委、市红十字会六年来不间断的“青年骨髓捐献志愿者行动”，如果没有镇江市妇联将“社会妈妈”打造为城市社会公益品牌并实施规范化运作，如果没有镇江市青少年白血病专项救助资金的启动，那满城飘动的黄丝带也只能成为这个城市美丽的回忆。可以说，“大爱镇江”以多种形式的主题活动，为每位市民提供了参与其中、奉献爱心的途径。其次，“大爱镇江”以合理的制度安排形成良好的利益格局，为个人与社会的和谐发展创造条件。社会主义核心价值体系所弘扬的价值观要真正转化为一种社会风

2010年1月1日，第二届“大爱之星”新闻人物颁奖典礼 （创 新）

气，除了宣传、教育外，必须有与之配套的奖惩机制。“大爱镇江”通过对“大爱之星”的宣传、褒奖和对典型人物的保障、扶助，以及与此相关的“慈善镇江”“平安镇江”“双拥优抚”“社会保障网”的建立和完善，构建了一个立体的、全方位的社会主义核心价值导向机制。最后，“大爱镇江”以广泛持久的基础性、制度性安排，对全体市民的道德养成产生积极的引导。第三，为城市和谐发展创设了良好的道德环境。近年来，镇江市注重基础设施建设的人文底蕴和道德内涵，为“大爱镇江”品牌建设提供了良好的道德文化载体。茅山新四军纪念馆扩建工程、西津渡民俗文化街区和特色博物馆群项目，与此同时，重视加快推进全市文化信息资源共享工程建设，继续推进和健全“农家书屋”建设和管理，提高基层文化设施的利用率，体现基层文化建设的桥梁与枢纽功能，发挥基层文化建设的主阵地作用。同时，“大爱镇江”活动高度重视大众传媒对公民道德意识培养的特殊渗透力和影响力，营造有益于“大爱”生成和传播的道德软环境。从一定意义上说，没有媒体的精心策划、组织、宣传、推进，“大爱镇江”难以成为镇江精神文明建设的标志品牌，更难以在全省、全国产生影响。此外，市民大讲堂、文化嘉年华等活动的开展，也使广大市民在丰富的文化活动中提升了素质，形成人人参与、人人奉献的良好氛围。

启示三：提升市民素养、熔铸城市品格、促进城市发展需要创新模式。第一，“大爱镇江”是市民道德教育的新方法。一方面，“大爱镇江”以一种开放的教育方式，引导市民接受信息并主动参与到各种活动中来，通过亲身体验、现实参与来激发人们对“大爱”的追求和践行，变“要我爱”为“我要爱”，增强对“大爱镇江”品牌的认同和参与。“社会妈妈”“生命志愿者”“满城尽飘黄丝带”“大爱之星”评选等一个个“行动”与“活动”，成为市民接受道德教育、参与道德建设实践的生动课堂。另一方面，“大爱镇江”通过拓展和整合大众化、现代化、人性化的传播渠道，以领导带动、组织推动、制度安排、项目推进等方式，形成了立体性的道德教育网络。同时，“大爱镇江”主题活动的开展注重借助市场机制和社会手段，从而使思想道德教育与价值传播更具艺术性和策略性。由此，使“大爱”化无形为有形、变抽象为具体，更加入脑入心，从而增强了宣传教育的针对性和实效性。第二，“大爱镇江”是培育城市精神的新路径。“大爱镇江”主题活动始终注重城市精神家园建设中内生性生长因素的培育，典型人物的挖掘和典型事例的表述始终坚持“可亲、可敬、可爱、可学”的基本思路，系列活动坚持以群众喜闻乐见的形式展开，从而使“大爱”在贴近实际、面向群众的鲜活人物、故事和活动中传递和渗透。第三，“大爱镇江”是实现城市跨越发展的新动力。对于一个城市的发展而言，道德同样可以成为一种促进经济发展和社会和谐的精神力量，这一点，已通过“大爱镇江”品牌建设得到充分的验证。2008 年，镇江市矛盾纠纷化解率达 97% 以上，152 件重点矛盾无一激化扩大，全市没有发生严重影响社会稳定、严重危害国家安全的重大事件。全市各类社会矛盾纠纷调处率达 100%，成功率在 98% 以上，市民对社会治安的满意度达 98% 以上。在“大爱镇江”主题活动中，镇江市委、市政府和各级领导把实现镇江发展的历史责任感和塑造镇江城市精神结合起来，在精神内需上加大投入，通过一个提升（从小情小爱提升为大情大爱）、一个转化（将热爱家乡之情转化为建设家乡之行），使“大爱”成为城市的“道德资本”，并通过有效运作转化为城市核心竞争力，最终实现城市的跨越发展。

（摘自《镇江社会科学》2009－04）

爱是一个城市的高度

白岩松

这是一个改革的年代，每一座城市，都像一个热火朝天的建筑工地，不停地长高。镇江同样如此，每隔一段时间再来，都能看到新的变化。毫无疑问，镇江在一天天成长。

然而，这只是一个外在的高度，人们的肉眼看得到。那么，在这个城市的内心深处，是否也有一座座精神的大楼，正在悄悄地兴建，并因此确定着这座城市的另一种高度？

我们可不可以把“大爱镇江”当做一个答案，当做一个让人放心的答案？

我想，当然是可以的，因为它给我们带来感动，还因为它给我们继续前行带来更多的信心。如果说，有形的金山已成为镇江的一个标志，那么“大爱”就是这座城市当中另一座沉甸甸的金山。可贵的是，它不仅连接着历史，还鲜活得常续常新，让一座因历史而厚重的镇江城，也时刻青春飞扬着。

大爱，因其一个“大”字而让人仰目，然而翻开每一个故事，这大爱偏偏起源于一个又一个小小的细节之中，难怪有人感叹着说过：“光荣在于平淡，艰巨在于漫长。”是的，你走进“大爱镇江”的每一个获奖家庭当中，都很容易看得到，一对又一对夫妇，如何在平淡的生活里、漫长的岁月中，用一种大爱无声般的坚持和守护，将平凡演绎成光荣，将一个又一个琐碎的日子累积成一本金光闪闪的日历，这才是大爱的“大”字所在。

其实，这种积小爱为大爱的故事，发生在镇江这座古老而现代的城市当中，再自然不过。镇江，不是一座流星般的城市，或许在历史的长河中，它也从未如某一瞬间的流星那般闪亮，然而它却从不暗淡从不放弃，在挑战与压力中顽强地新生，也因此，它是古老的却又是常变常新的，这样一种城市轨迹的背后，不同样是一种化平淡平凡为光荣的坚持吗？也因此，一方水土一方人，一时间，你已说不清，是有爱的城市孕育着有爱的百姓，还是有爱的百姓给了这座城市一个有爱的灵魂？

具体到一个又一个故事当中，我很喜欢记录者和选择者，把大爱的主角，锁定为一个家庭中的男女主人，这样一来，就不必再去念叨“军功章有你的一半”这样的感激词。既然每一个优秀的男人背后必有一个优秀的女人，而每一个优秀的女人背后必有一个优秀的男人，那为什么不让他们手拉着手一同走上舞台？既然漫长岁月里的苦难曾经共同面对，那么，荣誉的光环也一起去承担吧！其实，有的时候，面对赞扬与鲜花，并不比面对苦难更容易，因为它往往意味着：接下来的路，要在别人与自己更高的期待中继续前行！

或许这个时候，我们也应当感谢记录者和选择者，在任何时候，在镇江这座古城中，从不缺乏大爱，然而当有心人用自己的职责与镜头去记录，用自己的良心与感动去选择，一切就都与以往不同。同一个天空底下的故事，终于走出小家小巷，成为一个城市当中可以集体分享的感动，这就意味着，这种感动将演变为一种有力的推动，为明天的大爱画上了一个新的起跑线。这个时候，我们每一个人会不会向前走的时候更有信心？因为我们生活在一个有爱的城市里，我们与有爱的人一起同行！

（摘自《镇江社会科学》2009－04）

齐梁帝王故里在丹阳证据确凿

杨再年

20 世纪 80 年代，中央电视台电视连续节目《话说运河》第 13 回“穿越长江”有这样一段解说词：“不知不觉，进了丹阳县（丹阳 1988 年撤县设市）境，别看这儿名声不大，六朝时候曾经是齐、梁两代帝王的故里。”“两朝帝王，同出一县。除此之外，恐怕就找不到第二个例子了。”

丹阳为六朝齐梁帝王故里，是有历史依据的：

《南齐书·本纪第一·高帝上》：“太祖高皇帝讳道成，字绍伯，姓萧氏。”“晋元康元年，分东海为兰陵郡，中朝乱，淮阴令整字公齐，过江居晋陵武进县之东城里。寓居江左者，皆侨置本土，加以南名，於是为南兰陵兰陵人也。”萧整系齐高帝萧道成的第四代先祖。

《南史·梁本纪上第六》：“梁高祖武皇帝讳衍，字叔达，小字练儿，南兰陵中都里人，姓萧氏，与齐同承淮阴令整”。皇考“讳顺之，字文纬，於齐高帝为始族弟。”

南史载高帝旧宅所居武进县，如《宋书·州郡志》所云“武进令，晋武帝太康二年(281年)，分丹徒、曲阿立”。《旧唐书》志第二十：“武进，晋分曲阿县置武进，梁改为兰陵，隋废”。又《隋书》志第二十六：“曲阿有武进，梁改兰陵，开皇九年(589年)并入。”《南齐书》卷14志第六州郡上载：南徐州，镇京口(今镇江市)。领南东海、晋陵二郡。其时，丹徒、武进二县同治于京口的南东海郡下；晋陵、延陵、曲阿则属晋陵郡。可见南东海郡治下武进，地缘更近于镇江，绝非唐垂拱二年，分割晋陵西三十六乡又置之武进。南东海郡治下武进是分丹徒曲阿地立，与晋陵郡晋陵县(今常州)相去甚远，并不接壤。

至于武进县之东城里，《南齐书·祥瑞志》云：“宋泰始中，童谣云‘东城出天子，……苏偘云：‘……乃是武进县上所居东城里也。’”(《南史·齐本纪上第四》载：“上旧居武进东城村，东城之言其在此也”)熊襄云：‘上旧乡有大道，相传云秦始皇所经，呼为天子路，后遂为帝乡焉’。”《越绝书》载，公元前210年始皇东巡会稽驰道后，“奏(走)曲阿、句容，度(渡)牛渚”回咸阳。曲阿即今丹阳，始皇所经的是东穷燕齐、南极吴楚的驰道(天子路)，与熊襄所云相合。清《丹阳县志》载：始皇巡经曲阿的“驰道在县北十八里，其地曰小辛。”今在丹阳开发区，谐音名村“晓星”。此即萧齐帝乡东城里之大道。又南宋《咸淳毗陵志》志二十七记载：“武进，兰陵城，在县(唐以后武进)北八十里千秋乡万岁镇西。南齐四世祖淮阴令萧整侨居之此。按万岁寺(即智宝寺，在今常州孟河镇万绥村)旧有伪吴(五代十国吴睿帝杨溥)天祚中(935—937年)石刻云：寺西去萧梁帝祖宅三十里东城村，初名皇基、更曰皇业寺。”此也可佐证齐梁帝里在丹阳。

另清康熙《常州府志》载：“梁建陵，在东城里，梁武帝父文帝及献后张氏葬”；“修陵，在南兰陵皇业寺前，梁武帝及德后郗氏所葬。”值得一提的是献皇后张氏、德后郗氏，前者宋泰始七年(471年)殂于秣陵县同夏里舍，后者(齐)永元元年(499年)殂于襄阳官舍，但均在萧衍称帝、文帝追尊之前归葬武进县东城里山。据《梁书·武帝本纪》：“梁大同十年(544年)，三月甲午，舆驾幸兰陵，谒建陵。辛丑，至修陵。壬寅诏曰：朕自违桑梓五十余载，乃眷东顾，靡日不思。今四方款关，海外有截，狱讼稍简，国务小闲，始获敬展园陵，但增感恸。故乡老少，接踵远至，情貌孜孜，若归于父。……因作还旧乡诗。”可见东城里、东城里山同在一地，皇业寺在其附近，(皇业寺虽已失昔日规模，但旧址尚在，南距东城村仅1里之遥。)是帝王旧乡、桑梓之地。均在今丹阳市域。文献记载与陵墓实地相合，可作丹阳是齐梁帝王故里之历史实证。

(摘自江苏大学出版社《齐梁萧氏故里研究·齐梁帝王故里三题》)

东城里，它究竟在哪里？

乔长富

东城里，一个虽小而又重要的地方，因为它关系到齐梁帝王及其宗族故里的归属问题。它今天之所以引起关注，是因为在它的归属问题上，据2009年3月22日《扬子晚报》载：有人借“专家”之名说“齐梁故里不在镇江在常州”。(按，该报道中涉及的知名专家在看到报道后郑重来信说：“我的谈话并无某些报道题目中要表达的意思。将我引入无谓的争议，并以我的名义曲解某些观点，我只能深表遗憾。”)

一、武进县在南朝至初唐的几度兴废

东城里本是两晋、南朝时期武进县所属的县乡以下的一个居民聚居区和行政单位，是齐梁帝王及其宗族的故里。梁武帝即位后，改武进为兰陵县，东城里也就成为兰陵县的一个“里”。当时，东城里的归属问题，是很清楚的。但是，经过隋至唐初的三度置废，南朝武进和南兰陵的辖地，最终是分别划到了常州武进和润州(州治今镇江市)曲阿。一般认为，兰陵县治(即“兰陵故城”)是划到了常州武进，在今天常州东北的万绥村。至于东城里，它究竟是划给了武进还是曲阿，它后来又叫什么名字，现存唐朝和北宋人的史书、方志都未见明确记载。这就引起了争议。主要有两种说法，一是“丹阳东城村”说，认为东城里在今丹阳，今名东城村。二是“常州万绥村”说，认为东城里在常州，今名万绥村。谁是谁非？

二、“丹阳东城村”说

从现存文献看，最早无意中透露东城里就是丹阳东城村这一信息的，是五代时期吴国的和尚澄清在天祚二年(936年)所作的《智宝寺记》。它的佚文，恰巧是保存在现存常州最早的地方志《咸淳毗陵志》之中。该书在“智宝禅院”按语中说：“万岁寺(引者按，即‘智宝禅院’的宋代名称)旧有伪吴天祚间石刻：‘寺西去萧梁帝祖宅三十里东城村，初名皇基，更曰皇业。寺后百七十五步即其城(按，指兰陵故城)也。’”这段话非常清楚地表明，梁武帝萧衍的“祖宅”所在地东城村，应在“兰陵故城”所在地万绥村西三十里(当然是约数)。而由万绥村向西约三十里，正好是丹阳的齐梁帝王陵墓区，并且在今胡桥到荆林之间，的确有东城村。上世纪八九十年代间，刘建国在《萧统籍贯考》中，根据《智宝寺记》等史料及东城村的地理位置，并根据元《至顺镇江志》所载梁文帝建陵和梁武帝修陵在“武进县东城里山”，而东城村正好在建陵和修陵近旁这一事实，推定“东城村”是从“东城里”演化而来，“此处为齐梁萧氏故里当是确定无疑”。这一推断得到有关专家和学者的肯定和采纳。

三、“常州万绥村”说

“常州万绥村”说主要观点为：万绥为“兰陵故城”，一名“东城”，“东城”就是“东城里”；万绥村有齐梁帝王“祖宅”，有“东城天子路”，有齐高帝萧道成“泰安陵”遗址，以及其他各种遗迹，证明了万绥村就是“东城里”，就是“齐梁故里”。事实又是如何呢？

1. 东城是兰陵城的别名，是指兰陵城；而“东城里”是专名，是指兰陵县所辖的一个里，所指不同，不能混为一谈，不能够把齐梁帝王的故里东城村说成为兰陵故城所在地万绥村。

2. 齐梁帝王的“祖宅”在东城村，从《智宝寺记》佚文中已看得很清楚。而就在这段佚文的上面，《咸淳毗陵志》说：“智宝禅院，在县北七十里万岁镇，梁武帝旧第，天监七年舍为院，名‘慧炬’。”这里清清楚楚是说万岁镇(即万绥村)有的只是“梁武帝旧第”。“旧第”就是“故居”，“祖宅”是祖宗的住宅，才是籍贯所在。把“旧第”说成“祖宅”，从而把万绥村说成梁武帝的故里，这是偷梁换柱。

《万绥乡志》引光绪《武进阳湖县

志》说："皇业寺在通江乡（按，即万绥村）系齐高帝萧道成的祖宅，初名'皇基'，萧道成称帝后改为皇业寺（又称皇基寺）。"但是据《资治通鉴》卷157，大同二年（536年）正月，"上（按，指梁武帝）为文帝（指梁武帝父）作皇基寺以追福，命有司求良材"。可见皇基寺是梁武帝为其父而建，萧道成称帝前后根本没有什么"皇基寺"。所谓皇基寺是萧道成的"祖宅"，完全是虚构之词，万绥村并没有萧道成的"祖宅"。

3.《南齐书·祥瑞志》载："熊襄云：上旧乡有大道，相传云秦始皇所经，呼为天子路，后遂为帝乡焉。"《万绥乡志》引光绪《武进阳湖县合志》说，由"萧道成的祖宅"所建的"皇基寺""寺址即在东城天子路"。按照这一记载，此"天子路"只能是为纪念"天子萧道成"所辟之路，与"秦始皇所经"无关，并不是"上旧乡"之"大道"。《至顺镇江志》卷二《道路·丹阳县》载："秦凿道，在丹阳县界。《唐（润州）图经》：'秦有凿道，亦谓之天子道。'"据《丹阳县志》载，秦始皇南巡经曲阿的驰道（"秦凿道"）在丹阳县北小辛（今名晓星）。这条驰道由北向南，正好穿过"东城村"一带。

4. 南朝陈顾野王《舆地志》说：泰安陵"在故兰陵东北金牛山"。金牛山就是今丹阳经山。有关文献表明，泰安陵在今丹阳。近人朱偰《六朝陵墓调查报告》更考定泰安陵在丹阳东北赵家湾。1956年江苏省人民政府公布的文物保护单位"六朝陵墓石刻"中也明确说泰安陵在丹阳县赵家村附近。而主张"常州万绥村"说者在万绥村竖了一块"南朝泰安陵遗址"碑后，最近又把它换成了"齐梁皇坟遗址"碑，从而否定了自己的说法。

（摘自《镇江日报》2009－06－08）

镇江方言小札（下）

笪远毅

镇江话的词缀很发达。形容词一经词缀作用，顿时生动非凡。赞刀鱼鲜美，说"清蒸刀鱼很鲜"，哪有"清蒸刀鱼透鲜"生动传神？说"铅笔削得很尖"，何如"铅笔削得雪尖""铅笔削得雪雪尖"？形容"脆"，可以加几种不同构造的词缀变成"蹦脆""蹦蹦脆""脆蹦蹦"，"蹦"字一用，脆得如闻其声，生动而且形象。嫌味淡，可以说"淡几几"，一加上双音节叠音后缀"几几"，憎嫌语气顿现。还可以说成"淡几辣刮"，"淡"后面加上三音节后缀，对味淡的不满意更加明显。"几几""希希""巴巴"这类词缀多用于表憎，"甜希希"表明对甜味不欢迎，而"甜咪咪"情感色彩显然不同，表示喜欢这种甜味。

双音节形容词也可以加缀，加缀后形容更显生动有趣。镇江话的双音节形容词的加缀形式也颇丰富。比如，形容"韶刀"（形容喜凑趣，废话多），可以说作"韶里不刀""韶里韶刀"。"寿头"不但可以说成"寿里寿头"，还可以说成"寿头寿脑"。"疙瘩"可以说成"疙里疙瘩"，还可以说成"疙疙瘩瘩"。

下面把镇江话形容词的加缀形式作一个简要的概括分析：

前缀：

1. 可重叠单音节词缀：嫡亲（圆、板）、崭新、蹦脆、训甜、喷香。又可说成叠音词缀：嫡嫡亲、崭崭新、蹦蹦脆、训训甜、喷喷香。

2. 不可重叠单音节词缀：瘟臭、透鲜、透酥。

3. 可重叠名词状语化词缀：笔直、雪白、蜡黄、漆黑、血红、碧清。又可说成：笔笔直、雪雪白、蜡蜡黄、漆漆黑、血血红、碧碧清（这种重叠式，多见诸吴语）。

二字后缀：

1. 象声：闹哄哄、惊咋咋、脆蹦蹦。

2. 摹状：文绉绉、亮晶晶、矮趴趴。

3. 表憎：苦（酸）叽叽、黄（痧、馋）巴巴、酸溜溜、甜希希、苦歪歪。

4. 表爱：肥啰啰、甜咪咪、香喷喷、新崭崭。

三字后缀：

1. 假不楞登、黑不溜秋、黄不拉几、死不良僵。结构方式是：单音节形容词＋不＋前字1声母的两个叠韵音节或前字1声母的两个音节。

2. 偨几六谷、滑几抹刮、淡几辣刮、白几辣札、粘几挖达。结构方式是：单音节形容词＋几＋两个入声叠韵音节。

3. 矮骨隆冬、硬骨鲁粗、瘦骨零精、圆骨鲁都。结构方式是：单音节形容词＋入声音节＋前字1声母的两个叠韵音节。

其他后缀：如：黑漆抹刮、黑漆吗乌、蛮腔骨辣、尖头巴拉西。

中缀：

1. 单纯词：韶刀（AB）：韶里韶刀（A里AB）——磊里磊堆、索里索踱。又作：韶里不刀（A里不B）——糊里不（糊）涂、歪里不跩。

2. 寿头（A头）：寿里寿头（A里A头）——肉里肉头、噱里噱头。

3. 甩气（A气）：甩里甩气（A里A气）——流里流气、哈里哈气。

重叠也可以使语言生动。偏正式或补充式双音节形容词AB，可以重叠为"ABAB"。如：粉嫩粉嫩、老远老远、嫡圆嫡圆、训甜训甜、漆黑漆黑、跳叽跳叽、糙哈糙哈。而连绵词则只能重叠为AABB，"拉瓜"重叠为"拉拉瓜瓜"，又如，干干净净、地地道道、疙疙瘩瘩。

单音节名词的重叠常见于儿童语。如：上街街、吃糖糖。"小洞"可以说成"洞洞儿"。这种重叠式小称名词十分常见：盖盖儿、袋袋儿、棒棒儿、盒盒儿、罐罐儿、虫虫儿、雀雀儿、篮篮儿。

量词除了双叠式，还有三叠式，意思都是"每＋量词"，如："年年""年年年"都表示"每年"。余如：个个个、家家家、人人人、天天天、回回回、把把把、根根根、张张张、块块块。

动词重叠式中有几种有趣的构造。比如，有一种"AA看"表示尝试义。如，试试看，来来看，玩玩看，吃吃看，瞧瞧看。若本式"看"字重叠，则后加"瞧"字，作"看看瞧"。"瞧"，南京一带常用。

主谓结构作补语，有时动词谓语重叠，说起来很生动。试体会下列例句："说得吐沫星儿喷喷的""跑得小辫子跳跳的""喘得胸脯子一搧一搧的"。

单音节副词重叠，后面一般要加"儿"。如："寂寂儿走，不要出声""就就儿盛一小碗儿汤""波波儿捧给人看"，余如：偷偷儿、雅雅儿、赤赤儿。

镇江话中儿尾结构也颇有趣。单音节词（包括名词、动词、形容词等）加上儿尾，即成名词。如：豆儿、兔儿、棒儿、今儿、边儿，包儿、摊儿，尖儿、团儿。

复音节词加儿尾或子尾，细细品来，饶有趣味。其中有一种名词，如：耳扒儿、帐钩儿、粉拍儿、苍蝇拍子，他们表示的名词意义是：扒耳的——掏扒耳朵的用具、钩帐的——钩帐子的用具、拍粉的——拍粉的用具，拍苍蝇的用具，换言之，是倒序的动宾结构加上儿尾后，构成了名词。

定中式名词的前语素可以加"儿"：片儿汤、猫儿眼、零升儿米、熟汤儿味、转转儿亲。离开该语境，儿尾结构不一定独立使用，如零升儿、熟汤儿、转转儿。

述宾结构中的宾语可以用儿尾词，如：赶早凉儿、打嗝登儿、剪花样儿、碰噹噹儿、打水撇撇儿。

子、儿、头，都是构成名词的词尾。"子"与"头"在镇江话中分别可以与"儿"连用，比如：砖头子儿、石头子儿、炮子儿，短裤头儿、簸箕头儿、老实头儿、公鸡头儿。

在质和量上，表示"小""少""轻""蔑视"，可以用儿尾结构。"小狗儿"中可以用儿尾，"大狗"就不能用儿尾。"粉笔头儿"是小的粉笔，所以用儿尾，"粉笔"就不能用儿尾。前文已介绍的"盖盖儿"之类小称名词，都有儿尾，"锅盖”就不能用儿尾。“走两步儿”“吃两颗儿”“坐一刻儿”,都表示少量。“扒儿手”“江北佬儿”“歪嘴儿”,则表示轻蔑。

镇江话的含“头”词语分重读、轻读两类。

重读的含“头”词如:酵头、灯头、臭头、滑头、长头、玩意头,大头夯、杠头花子、冒头驴子,枸杞头儿、安豆头儿,老实头子。这些词中的“头”,其实都是实词素,与虚词素的“头”明显有别。

数量词加“头”的结构,含“仅此而已”的意味。如:一回头、一身头、一顿头、一天头、一趟头、一把头、一下子头。“穷汉买来一升(身)头”,说的是“只有一身衣服”。“身”与“升”在镇江谐声。“吃亏上当一回头”,是说“只吃一次亏,上一回当”。“拖欠的作业一天头就作光了”,说的是“只用一天,就把拖欠的作业作完了。”这种结构中的“头”重读。

轻读的头尾是构成名词的虚词素,如:甜头、苦头、鲜头,折头、赚头、想头、配头、浇头,罐头、花头、苗头,那头、上头、高头、脚头。“头”的音高随前字声调而定。

镇江话的“得”字句,极富方言特征。“得”字除了动词用法(如:得到、得道、得劲、得罪、得法,获得、乐得、晓得)、助动词用法(无事不得入内)、助词用法(好得很、哭得眼泪哗哗的)之外,有下列用法,很具地方色彩:

作介词,相当于“在”:摆得桌上(镇江话或作“放到桌上”“放了桌上”)——放在桌上(普通话)。

作动词,相当于“有”:没得(镇江话)——没有(普通话)。镇江话:吃光了,没得了——普通话:吃完了,没有了。没得命(镇江话的内容颇丰富:1.得了,糟糕了;2.示程度“很”:好得没得命)

没得(说、谈、玩、吃、看、客气、那个)头——这是镇江话中的一种结构格式,表示“不值得”。“没得客气头”说的是“不值得客气”。

作中置助词,表示可能:叫得应、搪得起、合(玩、谈、处)得来。“叫得应”说的是“能叫答应”;“处得来”说的是“能够相处”。

镇江话的“动词+得来”,如“合得来”意思是“能够相投合”。吴语有一种“形容词+得来”,如“好得来”,“得”是助词,“来”是一个音缀,无实词义,也无语法作用,只是延宕语音。如“格个人坏得来”。镇江话没有这种用法,两种方言含“得来”的结构是完全不同的。

有一类表示疑问的句末语气词是否定词与“啊”“噢”之类的语气词结合而成的,如“吧”是“不”与“啊”结合而成,“吗”是“没”与“啊”结合而成。镇江话没有“吗”,只有“吧”及b与其他一些元音结合而成的语气词。(摘自苏州大学出版社《镇江特色文化》)

报刊文章题录

经济和政治

镇江生态环境保护与旅游业发展的思考/高曾伟/镇江高专学报 2009-01

对破解中小企业融资难的思考/李欣/镇江社会科学 2009-01、02

商业银行支持地方产业集群发展的思考/丹阳市工商银行/镇江社会科学 2009-01、02

沿铁经济,镇江发展新跨越的战略抉择/司马珂、林兰、王丽青/镇江日报 2009-01-12

2009,跨越之年——各辖市区跨越发展目标思路/徐燕/创新 2009-02

在推进镇江发展新跨越动员大会上的讲话/许津荣/创新 2009-02

实干兴市——在市政府全体(扩大)会议上的讲话/刘捍东/创新 2009-02

当前农村民主管理中出现的问题及对策研究——以扬中市为例/殷丽娟/镇江高专学报 2009-02

完善农村土地流转体系的路径探析——关于镇江市农村土地流转现状的调查/臧腊坤、羊勇等/价格理论与实践 2009-03

对镇江与扬州两市经济金融发展的比较分析/李少阳、程鸿/镇江社会科学 2009-03

发展农村专业合作经济组织之探讨/卜顺华、朱罗根、赵广才/镇江社会科学 2009-03

发展县域乡村旅游经济的思考——以江苏省句容市为例/高庆华/镇江社会科学 2009-03

镇江滨江湿地受损植被诊断及修复研究/付为国/环境科学与技术 2009-04

苏南五城市服务外包发展模式比较研究/田剑、蔡璟、李高阳/江苏科技大学学报(社会科学版)2009-04

对当前金融机构授信问责制情况的调查与思考——以镇江市为例/赵晓春、郭鑫/金融纵横 2009-04

加大国际服务外包的突破力度/刘吉顺/创新 2009-05

房地产投资对镇江市经济增长的贡献分析/王育霞/统计与咨询 2009-05

镇江市新型工业化的实现模式选择/鄢军、唐亦飞/江苏大学学报(社会科学版)2009-05

对金融支持镇江文化产业发展的几点思考/顾强、荆勤/镇江社会科学 2009-05

缓解创业融资难的几点对策建议——以句容市为例/华天翔、尹长生/镇江社会科学 2009-05

镇江市金融发展与经济增长关系的实证研究/姚梦娜、刘羡钦、谭中民/镇江社会科学 2009-05

城以港兴——舟山与镇江港口经济发展比较/郑婷婷、许天羽/中国水运 2009-05

我市“发展新跨越”的几点思考/吴杨/镇江日报 2009-05-05

镇江市工业能耗现状及存在问题探析/孙素敏、蒋毅一/商场现代化 2009-06

江苏省镇江口岸鼠形动物及其体表寄生虫名录/胡云/医学动物防制 2009-06

镇江香醋工业旅游资源开发的思考/罗春燕/商场现代化 2009-07

茅山做法对镇江旅游发展的启示/市委党校/镇江日报 2009-07-14

影响镇江市消费信贷业务发展的原因分析及政策建议/何敏峰、荆勤、施光群/金融纵横 2009-08

创新城市建设融资机制的对策研究——以江苏省镇江市为例/王超/中国商界(上半月)2009-08

镇江市农村基层民主建设进程中实施“两公开”的思考/徐光/消费导刊 2009-09

基于镇江市中小企业融资的调查与思考/许丽、梅强/中国管理信息化 2009-09

让跨越发展主题在学习实践活动中闪耀光芒——全市第二批深入学习实践科学发展观活动回眸/郑学萱、钱钢/镇江日报 2009-09-23

镇江市服务外包业发展研究报告/张伟清、谈沁磊等/创新 2009-10

农村合作经济组织可持续发展及市场竞争能力研究——以江苏镇江市为例/张玉枚/农业经济 2009-10

镇江锅盖面旅游资源的开发与思考/李文文/商业文化(学术版)2009-10

镇江港海轮就近横越靠泊的安全风险分析及对策/周志华/中国水运(下半月)2009-10

发展资本市场的三剂“妙方”/李茂川/创新 2009-11

镇江旅游景区生存现状研究/汤易沁、乐希、于萍/商业经济 2009-11

镇江市中小型旅行社经营管理问题分析/王钦、王敏、吴丹/商业经济 2009-11

2009 中国镇江对接世博(上海)农业招商周活动综述/镇江市农业招商团/创新 2009-12

2009 镇江城事月历/成海/镇江日报 2009-12-30

(叶 卜)

社 会

2008,镇江文化记忆/古瑾/镇江日报 2009-01-02
"两铁"建设与镇江未来发展/周社/创新 2009-01
提升镇江科技竞争力的关键环节/吴杨、姜成林/创新 2009-01
镇江市乡镇水厂卫生学调查/杨生、王晓红等/江苏卫生保健 2009-01
社会和谐程度研究——基于无锡、徐州、镇江的比较分析/王倩、金吕鹏/经济研究导刊 2009-01
社会性别视野下的老年女性养老经济收入研究——以镇江为例/石燕/南方人口 2009-01
镇江城管的环境优化与制度建构/黄祝山/上海城市管理职业技术学院学报 2009-01
2005~2007 年镇江市国家级血吸虫病监测点疫情监测/王琳、张联恒等/中国血吸虫病防治杂志 2009-01
镇江城市发展的五次历史跨越/余耀中/创新 2009-02
周志刚诉镇江某交巡警大队行政处罚案——以交通行政案件为例析如何运用"一事不再罚"原则/朱吉余/法制与经济(下旬刊)2009-02
从镇江"南山北水名城"的城市特色谈名城风貌区复兴/史健洁/江苏科技大学学报(社会科学版)2009-02
镇江市住宅市场现状及需求预测分析/任翠霞、赵喜仓等/商场现代化 2009-02
镇江地区住院新生儿死亡动态分析/文昱、李晖等/医学理论与实践 2009-02
系部顶岗实习工作评价指标体系的研究与实践——以镇江市高等专科学校为例/朱春瑜、朱本坤/职教与经济研究(娄底职业技术学院学报)2009-02
镇江新区城乡生活饮用水卫生现况分析/蒋兆峰、韩方岸等/职业与健康 2009-02
医疗保险个人账户对医疗费用的影响:基于镇江医疗保险数据的面板分析/刘国恩、唐婷婷等/中国卫生经济 2009-02
基于水环境容量的开发区水污染控制对策研究——以镇江新区为例/林晓梅、刘宁/环境保护科学 2009-02
镇江市长江生物资源养护现状、问题与对策/韦龙/农业装备技术 2009-02
2005 年~2008 年镇江市托幼机构消毒质量监测结果分析/徐薇、刘玉红、姜洪方/江苏预防医学 2009-03
镇江市社区卫生服务模式探讨/江星、万选等/社区医学杂志 2009-03
镇江市京口区 7 岁以下儿童健康状况分析/陶志敏、鲁红等/社区医学杂志 2009-03
从镇江社区医保政策看社区卫生服务的改革方向/陈新中、张毅/卫生经济研究 2009-03
镇江市吸毒人群艾滋病、病毒性肝炎、梅毒血清学检测结果分析/葛琴娟、吴宵等/现代预防医学 2009-03
试论镇江城市形态的优劣与对策/钱永波/镇江社会科学 2009-03
让百姓称心,对历史负责——镇江城市形态观察和研究/时强/镇江社会科学 2009-03
刍议镇江城市的成长方式与发展对策/周润生/镇江社会科学 2009-03
历史街区及周边地段保护与开发的几点思考/朱珠/镇江社会科学 2009-03
南山风景名胜区的定位与发展/陈宁华、张炳文、刘卉/镇江社会科学 2009-03
镇江城市发展主轴线研究——以西部生活发展轴线为例/王根生、陶飞/镇江社会科学 2009-03
破解医疗纠纷困扰促进社会和谐稳定——关于句容市医疗纠纷的调查与思考/陈才俊、吴宗新/镇江社会科学 2009-03
关于职工文艺创作状况的调查及对策思考/谢伟/镇江社会科学 2009-03
镇江市 1999~2007 年食物中毒情况/韦镇萍、杨庆松/职业与健康 2009-03
基于紫外-可见光谱技术快速鉴别镇江香醋方法的研究/蒋家奎、马永昆等/中国调味品 2009-03
镇江赋/李金坤/光明日报 2009-03-30
镇江市文化创意产业发展对策初探/张兵/创新 2009-04
把文化软实力转化为开发区发展新优势/王祥义/创新 2009-04
大爱镇江——建设和谐社会的经典之作/王小锡/镇江社会科学 2009-04
镇江市商标代理机构调查/成钢群、张其云等/中华商标 2009-04
2008 年社会医疗保险信息集中披露/镇江日报 2009-04-24
镇江茶文化之旅/尤恒、滕建锋/创新 2009-05
2006~2008 年镇江市医疗卫生服务类投诉情况分析/张琴/江苏卫生保健 2009-05
受潮汐影响的镇江内湖水沙通量研究/王华、逄勇/泥沙研究 2009-05
锅盖至河豚的镇江式美食想象/圆梦、汪昊/上海调味品 2009-05
市直基层工会经费预算管理情况调研与思考/袁玉华/镇江社会科学 2009-05
预防和减少社区矫正对象重新犯罪的风险及对策/社区矫正调研小组/创新 2009-06
承接都市圈产业转移,加快句容经济发展/毛生海/创新 2009-06
镇江市节水潜力分析与节水措施/邹文燕/改革与开放 2009-06
镇江市区市售食品中食源性致病菌检测情况分析/刘丽萍、徐岚、何晓砚、李歆彤/实用预防医学 2009-06
2008 年镇江市丹徒区三洲村血吸虫病疫情监测/赵晓清、神学慧等/中国血吸虫病防治杂志 2009-06
团结奋进,求实创新——我市工会工作五年回眸/王重阳/镇江日报 2009-06-10
镇江:创新型人才政策分析/崔祥民、郭春/人才开发 2009-07
镇江市普通高中体操教学现状的调查研究/袁鸿祥/体育世界(学术版)2009-07
复习不完的五堂课——悼念季羡林老师/李肇星/镇江日报 2009-07-13
镇江市高校大学生从事家教现状研究/周超、刘贤明/大众文艺(理论)2009-09
镇江香醋加工过程中理化指标分析及其与香气成分关系初探/孙宗保、赵杰文/食品科学 2009-09
层次分析法在镇江市城市生态环境质量评价中的应用/项雯、徐龑文、刘芳等/中国水运(下半月)2009-09
城市低收入家庭住房保障问题研究——以镇江为例/马光荣/当代经济 2009-11
从个人账户到家庭账户——镇江探路医保个人账户改革/邹萃/中国社会保障 2009-11
医保和社区联动的镇江样本/李一平、代瑾/中国医院院长 2009-11
延续城市空间,汇入城市历史——镇江博物馆新馆设计/张振彦、邰慧鑫、王育林/华中建筑 2009-12
江苏镇江土地流转情况调查/彭家明、祝月娥等/中国财政 2009-13
完善镇江医保定点社区卫生服务机构之浅见/吴阿元/中国全科医学 2009-17
京口文化与镇江旅游业的发展/张利华/经济研究导刊 2009-19
镇江市某企业放射工作人员健康调查分析/谢石、姜方平、李艳平/职业与健康 2009-20
镇江市公交网络现状分析与评价/丁正军/黑龙江科技信息 2009-25
镇江市农村自来水厂卫生状况调查分析/王进、王锡金/中国实用医药 2009-33

(犀 泽 叶 卜)

文 史

(陆小波)故居雄风今重现/王玉国/创新 2009-07
析镇江话中的程度副词"雪"/赵倩倩/

语文学刊 2009－15

《华山畿》故事发生地考辨/李金坤/镇江高专学报 2009－01

圌山庙会探源/赵金柏/镇江社会科学 2009－01、02

南齐萧道成之家教及其子孙之崇儒尚文——从一个侧面看萧齐皇族之“士族化”趋向/王永平/江苏科技大学学报(社会科学版)2009－01

大港赵氏佳城寻踪/马阿林/镇江日报 2009－01－02

谈谈镇江历代的建制沿革/习斌/镇江日报 2009－01－02

大路民居的惊艳与落寞/马阿林、滕建锋/镇江日报 2009－01－19

老镇江除夕俗趣/陈静/镇江日报 2009－01－19

镇江，地处江河要津的南北冲要/习斌/镇江日报 2009－01－19

发扬镇江藏书家“绍宗”精神，解决藏书楼的利用问题/殷光中/镇江高专学报 2009－02

镇江西津渡古街的建筑艺术美/夏源/镇江高专学报 2009－02

赵氏三愿堂印痕/京江晚报 2009－02－08

沽酒自寻京口驿，六朝山影在篷窗——有关京口驿的故事/习斌/镇江日报 2009－02－09

文化镇江的书香期待/古瑾、滕建锋/镇江日报 2009－02－09

灯火沿流一万家——也谈《京口和韬荒兄》/张大华/镇江日报 2009－02－16

文宗阁已远，“绍宗”书香犹在/徐苏、古瑾/镇江日报 2009－02－16

元代《华山畿》/陈静/镇江日报 2009－02－16

风雨铁塔/徐舒/镇江日报 2009－02－23

西津渡救生、义渡码头的考古与保护/刘建国、霍强/镇江高专学报 2009－03

“后七子”名重一时/徐苏/镇江日报 2009－03－02

《春江花月夜》作地蠡测/李金坤/镇江日报 2009－03－02

镇江的民俗歌谣/陈静/镇江日报 2009－03－09

“海门”在哪里/裴伟/镇江日报 2009－03－16

晚清《申报》镇江拾趣/陈静/镇江日报 2009－03－23

玉山大码头，正从地下被唤醒/戴逸旻等/镇江日报 2009－03－23

《梦溪笔谈》研究的主要内容与成果概览/潘天华/镇江高专学报 2009－04

《天堑·1949》的镇江情缘/王致同，王荣荣/金山 2009－04

基督教留在镇江的记忆/张大华/中国宗教 2009－04

米芾墓之谜/严其林/镇江日报 2009－04－06

国民党海防第二舰队起义与镇江/李峥/镇江日报 2009－04－20

两宋移民与镇江/严其林/镇江日报 2009－04－27

晚清《申报》镇江拾趣(二)/陈静/镇江日报 2009－04－27

60 年前英舰紫石英号留影/陆朝宏/江苏地方志 2009－05

略论镇江鲍氏文化世家及主要诗人诗作/茆萌/江苏大学学报(社会科学版)2009－05

一门风雅 以诗传家——读《镇江鲍氏名人诗词合集》随感/蒋光年/金山 2009－05

贰臣诗碑/裴伟/镇江日报 2009－05－11

又一张 130 年前的金山老照片/刘宜静/镇江日报 2009－05－11

镇江端午节民俗摭谈/陈静/镇江日报 2009－05－25

朱方在何处/刘建国/镇江日报 2009－05－25

《梦溪笔谈》及其艺文类概析/沈星怡/江苏大学学报(社会科学版)2009－06

宋词里的北固山/张大华/镇江日报 2009－06－01

晚清《申报》镇江拾趣(三)/陈静/镇江日报 2009－06－01

吴头楚尾田歌情——江苏镇江丹徒田歌艺术研究/孙伟/艺术探索 2009－06

杨棨《镇城竹枝词》：1842 年英军入侵镇江记录/王子今/淮阴师范学院学报(哲学社会科学版)2009－06

镇江地区通史，乡土教育读本——读评王川的《千古江山》/陈辽/金山 2009－06

千里姻缘诗为媒，领山别墅绽新蕾/潘学蓉/镇江广播电视周刊 2009－06－26

齐梁故里在哪里？/徐苏/京江晚报 2009－07－01

晚清《申报》镇江拾趣(四)/陈静/镇江日报 2009－07－06

首届上海市政府在丹阳成立/陈冠任/扬子晚报 2009－07－19

探秘终家村遗址/巢彦婷、滕建锋/镇江日报 2009－07－20

“数字化”的镇江地名/唐唐/镇江广播电视周刊 2009－07－31

镇江(中流击楫、江河要津、甘露寺和白蛇传说、一片冰心在玉壶、千古江山)/叶兆言/江苏人民出版社 2009 年 8 月版《江苏读本》

浅析近代镇江钱庄业的兴衰/张峥嵘/金融经济 2009－08

古籍承久，开卷逸香——探秘市图书馆的“国宝”古籍/徐苏、滕建锋/镇江日报 2009－08－17

晚清《申报》镇江拾趣(五)/陈静/镇江日报 2009－08－24

金山寺大雄宝殿的六块窗雕/张守群/镇江日报 2009－09－07

九旬老教师(王骧)的乡土情结/裴伟/中国教育报 2009－09－13

晚清《申报》镇江拾趣(六)/陈静/镇江日报 2009－09－21

揭开双井路片区地下文化宝库/刘建国/镇江日报 2009－10－26

沉郁顿挫 悲壮苍凉——辛弃疾《永遇乐·京口北固亭怀古》赏析/谢朝坤/现代语文(文学研究版)2009－11

“南山陈墓”寻源/陈效麟/镇江日报 2009－11－02

拖板桥曾跨哪条河上？/潮洪/镇江日报 2009－11－23

晚清《申报》镇江拾趣(七)/陈静/镇江日报 2009－12－07

再访“江苏省立镇江图书馆”/滕建峰/镇江日报 2009－12－21

镇江衙署楹联/陈静/镇江日报 2009－12－21

(犀 泽 叶 卜)

镇江人物研究

闽籍宋代科学家苏颂/朱慧瑜、彭景元/炎黄纵横 2009－01

论刘义庆《世说新语》的编辑思想/段乐川/中州大学学报 2009－01

从萧统和刘孝绰等人对《文选》作品的接受看《文选》的编者问题/王书才/楚雄师范学院学报 2009－01

马建忠的译者培训规划与现代翻译教学/贺平/大学英语(学术版)2009－01

试论《文选》“杂诗”适志作品的编选——兼论萧统的诗体分类观念/李有鹏/六盘水师范高等专科学校学报 2009－01

说《文选》中的四言诗——兼论萧统与刘勰和钟嵘诗学观的异同/周伟/钦州学院学报 2009－01

《刘鹗集》评介/周轩/西域研究 2009－01

试析吕凤子和谐教育思想的基本内涵/徐铭/镇江高专学报 2009－01

吕凤子绘画艺术的“画格”理论研究/蒋纯利/镇江高专学报 2009－01

绘画史上大问题：王时敏与王原祁是甚么关系？——柳诒徵改编《太仓太原王氏宗谱》产生的迷惘/卞孝萱/中国文化 2009－01

论宋武帝刘裕之文化素养及其文化倾向/王永平/史学月刊 2009－02

萧统与《文选》研究三题/林大志/合肥师范学院学报 2009－02

浅析柳诒徵的文化史观/王艳/和田师范专科学校学报 2009－02

从三部《京江柳氏宗谱》看国学大师柳

诒徵/卞孝萱、武黎嵩/淮阴师范学院学报(哲学社会科学版)2009-02
沈括及其名著《梦溪笔谈》/安宏林/人才开发 2009-02
清末立宪时期马相伯的政治意识与政治参与/薛玉琴/史学月刊 2009-02
萧统编纂《文选》的真实意图考论/陈祥谦、谭亚菲/武汉科技大学学报(社会科学版)2009-02
论刘义庆、刘孝标对《世说新语》认识之差异/林宪亮/船山学刊 2009-02
米芾写焦山碑的良苦用心/吴宗海/镇江日报 2009-02-09
"前七子"结社吟咏/徐苏/镇江日报 2009-02-09
"中七子"诗风清雅/徐苏/镇江日报 2009-02-16
张九徵是顺治四年进士——订正《清史稿》中的一则错误/严其林/镇江日报 2009-02-23
黄叶江村,红楼瀚海——纪念江慰庐老人/裴伟/镇江日报 2009-02-23
"真宗教家必爱国"——论抗战时期的马相伯/薛玉琴/抗日战争研究 2009-03
福建医家苏颂《本草图经》学术成就探赜/金丽/江西中医学院学报 2009-03
沈括对"善歌者"的审美定位/魏新民/艺术探索 2009-03
论民国企业家的经营文化理念——以陈光甫为例/易伟新/江苏商论 2009-03
清代人物王文治述评/徐苏/镇江高专学报 2009-03
论刘裕政治军事集团的构成/范伟军/湖南工业大学学报(社会科学版)2009-03
陈光甫旅游管理思想精华解读/李臻/镇江高专学报 2009-03
茅以升:不复原桥不丈夫——访茅以升秘书郑淑涓/刘守华/中国档案 2009-03
晚唐润州统帅周宝之死/钱仿柯/镇江日报 2009-03-16
沈括的三张面孔/孙建华/国学 2009-04
刘勰生平三考/潘美云/镇江高专学报 2009-04
清代镇江诗坛"三诗人"知多少/李金坤/镇江日报 2009-04-20
"潜伏",黎明前镇江城里的地下党/潮洪/镇江日报 2009-04-22
爱国诗人陆游在镇江的足迹/吴新亚/镇江社会科学 2009-05
留给镇江的珍贵财富——纪念王元化先生/钱永波/镇江日报 2009-05-06
隐逸诗人远城寰/徐苏/镇江日报 2009-05-18
打索街里缅先贤——写在陆小波故居开馆之际/滕建峰/镇江日报 2009-05-18
家族文化的传承与发扬——刘鹗后人与《老残游记》/徐善娥/滁州学院学报 2009-06
沈括首创使用"石油"/谢克敬/少儿科技 2009-06
沈括的人文科学成就与人文思想研究/李冬梅/学术论坛 2009-06
历史公正,艺术常青——纪念我的父亲戴涯百年诞辰/戴安利/镇江日报 2009-06-22
萧统"崇悲"论/孙浩宇/长春师范学院学报(人文社会科学版)2009-07
刘鹗:官商无间道/雪珥/新财经 2009-07
镇江的女婿辛弃疾/张大华/镇江日报 2009-07-13
陈光甫与中国第一家旅行社/档案春秋 2009-08
陈庆年与东沙岛——也谈 1909 年龙旗插上东沙岛之旧事/尤志心/镇江日报 2009-08-10
《丹阳集》和盛唐润州籍诗人/乔长富/镇江日报 2009-08-10
弘佛禁佛李德裕/潘美云/镇江日报 2009-08-24
纳兰性德眼里的镇江/杨奇璞/镇江日报 2009-08-31
朱熹与《梦溪笔谈》/乐爱国 /光明日报 2009-09-14
清末至北洋政府统治时期马相伯对国家结构的思考/张继才/湖北社会科学 2009-10
我的叔公茅以升二三事/茅青/读书文摘 2009-11
试论萧统诗歌观在《昭明文选》嵇康诗中的体现/张铁慧、刘雁/吉林省教育学院学报(学科版)2009-11
魏绍章与扬州清曲/张风雷/镇江日报 2009-11-23
鲍皋墓葬何处/孙金石/镇江日报 2009-11-23
沈括的美学思想/李虹/长城 2009-12
柳诒徵的爱国主义史学/范红霞/福建论坛(社科教育版)2009-12
从《文选》"情"类赋看萧统的文学批评标准/刘代霞/山花 2009-12
沈括为啥没有再回?/万进/阅读 2009-12
宋徽宗的"镇江梦"/沈伯素/镇江日报 2009-12-14
扬州清曲传人卞良/张风雷/京江晚报 2009-12-16
萧统的文学史意义/程泽峰/飞天 2009-14
"中国摩根"陈光甫/邹高/南方人物周刊 2009-16
论刘裕北伐南燕之战/张金陵/黑龙江史志 2009-18
试析徐陵为何没能成为融合南北诗风的大家/张俊、孙超/文教资料 2009-19
刘鹗个人思想轨迹探寻/庞静/消费导刊 2009-23
马建忠对外贸易思想探析/韩润娥、赵峰/商业经济 2009-23

(犀 泽 叶 卜)

赛珍珠研究

从后殖民视角看《庭院中的女人》/黄争艳/怀化学院学报 2009-01
从《大地》看中西文化的冲突与共融/黄燕/湖北师范学院学报(哲学社会科学版)2009-01
为中国女性唱的两首赞歌(英文)/常旻懿/常洪/宿州学院学报 2009-01
润州中学的"星光"/裴伟/中国教育报 2009-01-12
镇江崇实女中的英文校名/裴伟/镇江日报 2009-01-12
第三世界女性主义视角下的赛珍珠/吴庆宏/江苏大学学报(社会科学版)2009-02
赛珍珠英译《水浒传》的陌生化取向——试析赛译本成功的原因/许燕/华东理工大学学报(社会科学版)2009-02
镇江赛珍珠旅游产品开发定位与展望/曹步霄/安徽农业科学 2009-02
赛珍珠《大地》中神话原型的研究/程建锋/科技信息 2009-02
《大地》折射的中国"三农"问题/郭永江、姚锡佩/江苏大学学报(社会科学版)2009-02
卜凯问题研究述评/杨学新、任会来/中国农史 2009-02
赛珍珠和卜凯教授——略述他们对"三农"的关注/姚锡佩/中国社会科学院报 2009-02-05
78 年前的一段佳话——赛珍珠造访梅兰芳/刘龙/镇江日报 2009-02-16
寻找赛珍珠的"朱厄尔女校"/裴伟/新民晚报 2009-02-27
永恒的赛珍珠:对一个伟大作家褒贬不一的初探/张子清/外国文学 2009-03
真诚的艺术家心灵是相通的——解读鲁迅谈赛珍珠的意见/阎焕东/鲁迅研究月刊 2009-03
论赛珍珠在中国现代文学史上的地位和意义/周锡山/社会科学论坛(学术评论卷)2009-03
赛珍珠《水浒传》译本评析/钟国明/外语与外语教学 2009-04
文化际会中女性世界的裂变——对赛珍珠作品中女性形象的一种解读/张春蕾/江苏大学学报(社会科学版)2009-04
赛珍珠著译中的"杂合"现象探析/张志强、李世英/江苏大学学报(社会科学版)2009-04
文学翻译中审美的"陌生化"取向——

以赛珍珠英译《水浒传》为例/徐剑平、梁金花/江苏大学学报(社会科学版)2009－04
镇江赛珍珠旅游产品开发定位与展望/曹步霄/安徽农业科学 2009－04
在阿兰的两次睁眼之间——对赛珍珠的小说《大地》文本细读的一个途径/黄莹、韩传喜/宿州学院学报 2009－04
感受善良和智慧完美统一的灵魂——赛珍珠故居行/桂莅鑫/宿州学院学报 2009－04
赛珍珠诺奖典礼引述《笑林广记》/裴伟/镇江日报 2009－04－27
永恒的土地情思——论赛珍珠《大地》的土地文化意蕴/唐洁/湖南工业职业技术学院学报 2009－05
《大地》的"史"性和"诗"性/张春蕾/西北民族大学学报(哲学社会科学版)2009－05
试析赛珍珠小说《大地》中的中国人形象/宋静、钟再强/黑河学刊 2009－05
赛珍珠的中国心和她的文化使命/阎焕东/中国文化报 2009－06－24
赛珍珠与林语堂小说中女性形象塑造/任静/商丘职业技术学院学报 2009－08
写在《大地》的边缘/唐小兵/书城 2009－08
赛珍珠曾策划第一部《孙中山》电影/麦灵芝/档案春秋 2009－08
赛珍珠小说与清华教材/裴伟/镇江日报 2009－08－24
角色扮演与角色期待的冲突——从角色理论角度解读赛珍珠的文化悲剧/白艳红/时代文学(下半月)2009－09
《大地》背后的中国人——/邵德馨、叶公平/书屋 2009－09
一个人的对话——赛珍珠小说思想中两种文化主体的意义/李恒田、王晔/西北师大学报(社会科学版)2009－09
赛珍珠喜爱中国艺术/挚衷/镇江日报 2009－09－07
新《辞海》赛珍珠词目有重大修订/裴伟、沈湘伟/京江晚报 2009－09－25
中国大陆出版第一本关于赛珍珠的传记故事/石永红/新华社 2009－09－25
"一座沟通东西方文明的人桥"——赛珍珠的"中国心"和她的文化使命/阎焕东/中国党政干部论坛 2009－10
从接受理论视角看赛珍珠的《水浒传》翻译/徐剑平、梁金花/时代文学(双月上半月)2009－10
论赛珍珠的文化选择/李秀丽/乔世华/大连海事大学学报(社会科学版)2009－10
读《大地》而思来华者众/挚衷/镇江日报 2009－10－26
赛珍珠:假如我不为中国人讲话就是不忠实于自己/叶廷芳/文汇报 2009－11－23
赛珍珠研究拾穗/裴伟/镇江日报 2009－11－23
赛珍珠研究拾穗再二则/裴伟/镇江日报 2009－11－30
四位作家眼中的赛珍珠/挚衷/镇江日报 2009－12－4
赛珍珠研究拾穗/挚衷/镇江日报 2009－12－28
略论《大地》的寓言体风格/张春蕾/名作欣赏 2009－29

附:赛珍珠研究博士、硕士论文

译者(赛珍珠)风格形成的立体多元辩证观/董琇/上海外国语大学博士/导师:冯庆华
赛珍珠《水浒传》翻译研究/唐艳芳/华东师范大学博士/导师:张春柏
赛珍珠的中国情结/朱湘莲、杨亦军/四川师范大学硕士/导师:曾光
跨文化传播学视野下的赛珍珠研究/樊莞青/重庆大学硕士/导师:敖依昌
从文化翻译视角看赛译《水浒传》——兼议后殖民主义在翻译研究中的发展/赖娟华/华中师范大学硕士/导师:李亚丹
赛珍珠与萧红作品中的中国农民形象比较/廖语眉/华中师范大学硕士/导师:胡亚敏,
平视、珍视与审视/俞文滟/华东师范大学硕士
冲突与融合:从《大地》三部曲看中美文化的差异/张淼/南京师范大学硕士/导师:武月明
赛珍珠作品中的中西文化交融/李迎侠/山东大学硕士/导师:王同坤
庭院内外——从东方主义视角看赛珍珠的《庭院中的女人》/黄争艳/湖南大学硕士/导师:谢少波

(犀　泽)

外地媒体报道

"转移"和"升级"的辩证法/鲍晓倩、陈莹莹、黄平/经济日报 2009－01－08
镇江:产业招商重规划,承接转移有目标/鲍晓倩、谢文哲、万建民/经济日报 2009－01－08
镇江:党务公开支持率高/龚永泉/人民日报 2009－02－11
镇江:有种资源叫善,有个品牌叫爱/石永红/新华社 2009－02－21
一座城市的文化幸福——关于城市文化建设"镇江模式"的调查/周宁、石永红/新华社 2009－02－21
脱去戎装亦风流——江苏省镇江新区大港村退伍兵积极投身新农村建设/龚永泉/人民日报 2009－02－22
探索中小企业金融服务新途径/刘畅/经济日报 2009－02－25
"大爱"铸就城市文明品牌/汪大勇/光明日报 2009－03－02
爱满镇江/汪晓东/人民日报 2009－03－05
积极创新中小企业融资模式/谢兴、谢文哲/经济日报 2009－03－08
危中抢机实现发展新跨越/沈峥嵘/新华日报 2009－03－11
爱的传递/中央电视台 2009－03－11
热点聚焦:大银行也能做好小生意/欧阳洁/人民日报 2009－03－16
中小企业融资创新/中央电视台 2009－03－16
许向天国的诺言/中央电视台 2009－03－21
采撷"凡人大爱"感人故事/朱斌/文汇报 2009－03－29
铁军之魂在茅山/周再兴/人民日报 2009－04－04
小城大爱/中央电视台 2009－04－11
镇江市与硅谷高阶人才共谋发展/阙维杭/美国侨报 2009－04－14
镇江新区:科技创业的风水宝地/熊文/环球华报 2009－04－24
镇江"社会妈妈"和绵竹孩子的故事/时英、童本宽、张碧云/人民日报海外版 2009－05－12
上海镇江实现医保互通/刘栋/文汇报 2009－05－27
"齐梁文化故里":抢注不如抢护/聂伟/新华日报 2009－06－03
镇江实行城乡统一失业保险制度/周小潭/新华日报 2009－07－15
生命之舟——镇江"生命志愿者"在行动/庞瑞垠/新华日报 2009－07－22
镇江:给游客独特体验/龚菲/东方早报 2009－07－31
镇江医保何以领跑全国/董超标、晏培娟等/新华日报 2009－07－31
美丽的蝴蝶(报告文学)/郭晓晔/人民日报 2009－08－05
她在天空微笑(报告文学)/吴东峰/光明日报 2009－08－08
到乡村去:县级剧团改革的必由之路/郑晋鸣、王玲/光明日报 2009－09－04
外来务工青年成了镇江主人/周忱、戴袁支/中国青年报 2009－10－09
镇江参加医保市民在南京就医可直接刷卡结算/王翔、罗宁、万凌云/扬子晚报 2009－10－21
镇江:团组织牵头办起四点钟学校/王烨捷/中国青年报 2009－10－22
上海镇江两地经济合作活跃/张斌/解放日报 2009－11－27
推动党务公开制度化规范化/镇江市纪委/人民日报 2009－12－18

(朱广宝)

综　合

表39-1　**2009年镇江市行政区划、土地面积及人口概况**

项　目	单　位	全　市	市　区					丹阳市	扬中市	句容市
				京口区	润州区	丹徒区	新　区			
街道办事处	个	10	10	4	4	–	2	–	–	–
居民委员会	个	277	155	67	59	14	15	54	22	46
镇政府	个	41	13	2	1	7	3	13	5	10
村民委员会	个	603	141	10	14	83	34	224	85	153
土地面积	平方公里	3847	1082	118	130	611	223	1047	331	1387
#建成区土地面积	平方公里	154.56	104.10	–	–	–	–	22.64	10.50	17.32
总户数	万户	100.52	39.55	12.64	9.81	10.14	6.96	28.14	10.97	21.86
总人口	万人	269.88	103.45	33.49	24.48	28.14	17.34	80.82	27.66	57.95
#女	万人	134.68	51.15	16.14	12.02	14.26	8.73	40.61	14.00	28.93
人口自然增长率	‰	0.88	2.90	3.14	1.93	0.18	8.24	-1.20	-2.24	1.67
乡村户数	万户	57.97	15.64	0.90	1.42	9.20	4.12	19.72	7.42	15.19
乡村人口	万人	169.29	44.79	2.14	4.64	27.14	10.87	59.06	21.04	44.40
乡村实有从业人员	万人	98.56	26.92	1.31	2.38	16.40	6.83	35.35	11.74	24.55

表 39-2

2009 年镇江市经济社会主要指标

项目	单位	全市	市区
从业人员	万人	173.11	65.23
地区生产总值	亿元	1672.08	741.26
第一产业	亿元	75.05	16.51
第二产业	亿元	973.08	442.62
工业	亿元	896.63	392.27
第三产业	亿元	623.95	282.13
人均地区生产总值	元	54732	63191
农业总产值	亿元	113.22	25.71
规模工业总产值	亿元	3240.06	1346.26
规模工业销售收入	亿元	3051.68	1248.31
全社会固定资产投资完成额	亿元	1010.57	589.36
城镇固定资产投资	亿元	606.65	425.69
工业性投资	亿元	624.67	316.69
房地产开发投资	亿元	95.47	57.56
进出口总额	万美元	603273	387767
出口总额	万美元	354113	207431
合同利用外资金额	万美元	280457	168183
实际利用外资金额	万美元	144081	90178
财政收入	亿元	296.35	172.74
地方财政一般预算收入	亿元	101.57	56.02
财政支出	亿元	234.21	135.85
金融机构年末存款余额	亿元	1785.29	936.77
居民储蓄存款余额	亿元	847.64	373.83
金融机构年末贷款余额	亿元	1286.64	682.08
保费收入	亿元	40.76	19.29
财产险	亿元	8.40	4.81
人寿险	亿元	32.36	14.47

项目	单位	全市	市区
赔款和给付	亿元	10.52	5.31
财产险	亿元	5.64	3.18
人寿险	亿元	4.88	2.13
社会消费品零售总额	亿元	475.74	231.25
居民消费价格总指数	%	–	99.60
国内旅游人数	万人	2242	1070
货运量	万吨	9613	5522
客运量	万人	13837.25	7162.38
港口货物吞吐量	万吨	10132.00	6682.00
邮电业务总量	亿元	30.25	14.03
全社会用电量	万千瓦时	1449203	785822
工业用电	万千瓦时	1171410	649300
城乡居民生活用电	万千瓦时	136309	61442
在岗职工平均工资	元	34209	38394
城镇居民人均可支配收入	元	–	20949
城镇居民人均生活消费支出	元	–	13031
农村居民人均纯收入	元	9642	–
农村居民人均生活消费支出	元	7056	–
高等学校在校学生数	万人	8.66	8.66
中等专业学校在校学生数	万人	2.32	1.30
普通中学在校学生数	万人	13.44	4.69
小学在校学生数	万人	12.90	4.90
幼儿园在园幼儿数	万人	6.09	2.24
卫生机构数	个	874.00	359.00
卫生机构床位数	张	8726.00	4865.00
医院、卫生院技术人员	人	9961.00	5285.00

表 39-3

2009 年镇江市主要统计指标占江苏省的比重

项　　目	单　位	江苏省	镇江市	镇江占全省比重(%)
土地面积	万平方公里	10.26	0.38	3.7
年末人口	万人	7724.50	269.88	3.5
地区生产总值	亿元	34457.30	1672.08	4.9
第一产业	亿元	2261.86	75.05	3.3
第二产业	亿元	18566.37	973.08	5.2
工业	亿元	16464.94	896.63	5.4
第三产业	亿元	13629.07	623.95	4.6
人均地区生产总值	元	44744	54732	–
全社会固定资产投资完成额	亿元	18949.88	1010.57	5.3
城镇固定资产投资	亿元	14266.80	606.65	4.3
房地产开发	亿元	3338.50	95.47	2.9
财政收入	亿元	8404.99	296.35	3.5
一般预算内财政收入	亿元	3228.78	101.57	3.1
地方财政一般预算支出	亿元	4017.36	121.32	3.0
金融机构年末存款余额	亿元	48550.29	1785.29	3.7
金融机构年末贷款余额	亿元	35296.73	1286.64	3.6
农林牧渔业总产值	亿元	3816.02	113.22	3.0
粮食产量	万吨	3230.10	117.87	3.6
油料产量	万吨	162.23	6.31	3.9
肉类产量	万吨	345.90	6.99	2.0
水产品产量	万吨	443.22	8.47	1.9
工业总产值(规模以上)	亿元	73200.03	3240.06	4.4
社会消费品零售总额	亿元	11484.10	475.74	4.1
进出口总额	亿美元	3388.31	60.33	1.8
#出口总额	亿美元	1992.42	35.41	1.8
合同利用外资金额	亿美元	509.81	28.05	5.5
实际利用外资金额	亿美元	253.23	14.41	5.7
城镇居民人均可支配收入	元	20547	20949	–
农村居民人均纯收入	元	8004	9642	–
居民储蓄存款余额	亿元	20080.63	847.64	4.2
居民消费价格总指数	%	99.60	99.6	–

表 39-4

2009 年镇江的一天

项　　目	单　位	2009 年	2008 年	项　　目	单　位	2009 年	2008 年
地区生产总值	万元	45810	40872	接待旅游者人数	万人	6.3	5.4
第一产业	万元	2056	1926	市区公共汽车乘客人数	万人次	26.0	26.1
第二产业	万元	26660	24081	居民储蓄存款余额	万元	23223	18814
第三产业	万元	17094	14865	全社会用电量	万千瓦小时	3970.4	3772.2
农业总产值	万元	3102	2912	邮电业务总量	万元	829	788
财政收入	万元	8119	6389	出生人数	人	56.1	54.9
财政支出	万元	6417	4717	死亡人数	人	49.6	61.2
社会消费品零售总额	万元	13034	11239	粮食产量	吨	3229.4	3079.9
进出口总额	万美元	1653	2044	油料产量	吨	173.0	183.2
实际利用外资	万美元	395	319	肉类产量	吨	191.5	179.5
全社会固定资产投资完成额	万元	27687	19685	水产品产量	吨	232.1	225.4
新增固定资产	万元	14089	10053	发电量	万千瓦小时	6453.2	5964.1
施工房屋建筑面积	万平方米	4	2	水泥产量	万吨	2.7	2.8
货物运输量	万吨	26.3	19.9	彩色电视机产量	台	178.4	106.6
旅客客运量	万人	37.9	29.1	机制纸及纸板	吨	7365.2	7061.4

工 农 业

表 39-5

2009 年镇江市农林牧业生产情况

项 目	单 位	全 市	市 区	丹阳市	扬中市	句容市
一、粮食作物						
面 积	千公顷	176.22	41.82	70.80	14.99	48.61
单 产	公斤/公顷	6689	6467	6738	7123	6675
总 产	吨	1178724	270469	477024	106771	324460
二、油 料						
面 积	千公顷	29.50	6.56	5.20	0.64	17.10
单 产	公斤/公顷	2141	2003	2307	2391	2128
总 产	吨	63146	13140	11997	1530	36389
三、棉花(皮棉)						
面 积	千公顷	1.64	0.02	0.01	-	1.61
单 产	公斤/公顷	938	2000	2600	-	915
总 产	吨	1539	40	26	-	1473
四、林 业						
1. 当年造林面积合计	公顷	5174	1501	1590	216	1867
(1)用材林	公顷	3748	1136	1127	208	1277
(2)经济林	公顷	656	332	117	8	199
(3)防护林	公顷	666	-	333	-	333
2. 零星(四旁)植树	万株	412	122	121	40	130
3. 育苗面积	公顷	2701	261	947	60	1433
4. 当年苗木产量	万株	2014	384	1030	300.00	300
五、牧 业						
肉类总产量	万吨	6.99	2.33	2.23	0.93	1.50
生猪年内出栏数	万头	55.19	14.44	21.00	8.05	11.70
生猪年末存栏数	万头	48.62	13.96	17.51	7.95	9.20
羊年内出栏数	万只	4.46	0.85	1.31	1.05	1.25
羊年末存栏数	万只	3.66	0.72	1.59	0.75	0.60
家禽年内出栏数	万只	1408.63	620.79	414.12	94.50	279.22
家禽年末存栏数	万只	520.91	225.95	150.60	53.50	90.86
六、桑、茶、果						
茶园面积	公顷	4398	1075	821	-	2502
茶叶产量	吨	1261	376	418	-	466
果园面积	公顷	6882	912	456	256	5259
水果产量	吨	45555	6178	4727	3650	31000
桑园面积	公顷	1032	144	533	-	355

表 39-6

2009 年镇江市农业现代化基本情况

项目	单位	全市	市区	京口区	润州区	丹徒区	新区	丹阳市	扬中市	句容市
农用化肥施用量(折纯)	吨	77444	19831	908	2078	12078	4767	25360	5510	26743
氮肥	吨	35993	9101	345	730	5681	2345	12899	3405	10588
磷肥	吨	6842	607	118	128	327	34	440	684	5111
钾肥	吨	3868	701	102	110	388	101	1371	730	1066
复合肥	吨	30741	9422	343	1110	5682	2287	10650	691	9978
农用薄膜使用量	吨	2683	712	64	59	207	382	1020	136	815
#地膜使用量	吨	1371	193	20	18	133	22	600	119	459
#地膜覆盖面积	公顷	6087	1868	172	189	1432	75	1660	291	2268
农用柴油使用量	吨	19813	4443	281	23	3559	580	6699	522	8149
农药使用量	吨	3451	613	34	37	339	203	1185	367	1286
农业机械总动力	千瓦	1394101	337625	56881	23226	192318	65200	470919	120900	464657
柴油机	千瓦	797785	193000	31997	7103	115400	38500	211818	61200	331767
汽油机	千瓦	80375	23861	6629	8338	4294	4600	45456	5400	5658
电动机	千瓦	515941	120764	18255	7785	72624	22100	213645	54300	127232
农业机械年末拥有量										
大中型拖拉机	台	2602	698	95	30	362	211	1065	401	438
小型拖拉机	台	20066	4658	50	63	3924	621	4941	790	9677
水泵	台	31956	12172	1326	977	6635	3234	6058	5919	7807
联合收割机	台	1936	440	29	2	217	192	1042	148	306
机动脱粒机	台	36874	1065	390	15	0	660	32210	1671	1928
机动喷雾(粉)机	台	7688	1284	55	14	322	893	3012	878	2514
饲草料加工机械	台	1804	420	33	56	216	115	886	64	434
农用运输车	辆	7008	1681	172	179	862	468	1471	663	3193

表 39-7

2009 年镇江市规模以上工业企业主要经济指标

单位:万元

项目	单位	全市	市区	京口区	润州区	丹徒区	新区	丹阳市	扬中市	句容市
规模以上工业企业单位数	个	3064	905	150	184	355	216	1204	482	473
#亏损企业	个	412	132	33	35	24	40	205	52	23
工业总产值(当年价)	万元	32400566	13462606	2146699	1727329	3650065	5938513	9960999	4319286	4657675
工业增加值	万元	7900253	3351908	567508	411949	899053	1473398	2381677	1060967	1105701
资产合计	万元	24559284	11525692	2553401	1822848	2098245	5051198	6885841	3889407	2258344
#应收账款净额	万元	3470644	1015681	183495	208092	224801	399293	1220494	882168	352301
所有者权益合计	万元	9869378	4592705	739754	714632	886212	2252107	2634978	1686823	954872
主营业务收入	万元	30516812	12483136	2108793	1645265	3514835	5214243	9559220	4023097	4451359
利润总额	万元	1562361	856655	83742	127356	243773	401784	342182	222699	140825
利税总额	万元	2635422	1263645	162999	192338	402049	506259	627290	411635	332852
全部从业人员年平均人数	人	466783	137740	25661	31509	44996	35574	176932	67444	84667

表 39-8

2009 年镇江市主要工业产品产量

产品名称	单位	实绩
一、冶金工业产品		
铁矿石(原矿)	万吨	45.00
生　铁	万吨	9.23
成品钢材	万吨	294.30
铜　材	万吨	7.32
铝　材	万吨	17.01
二、电力工业产品		
发电量	亿千瓦小时	235.54
#镇江发电公司	亿千瓦小时	102.87
#谏壁发电厂	亿千瓦小时	72.16
三、炼焦工业产品		
焦　炭	万吨	59.55
煤气生产量	万立方米	6055
四、化学工业产品		
硫酸(折 100%)	万吨	31.57
盐酸(含量 31% 以上)	万吨	1.03
醋　酸	万吨	62.51
烧碱(折 100%)	万吨	11.03
合成氨	万吨	1.19
农用化肥(折 100%)	万吨	0.63
化学农药(原药)	万吨	6.89
涂　料	吨	30349
颜　料	吨	51871
纯　苯	吨	20316
甲　醛	万吨	28.27
商品液氯	吨	15018
中成药	吨	347
塑料树脂及共聚物	万吨	84.93
塑料助剂	吨	40558
橡胶助剂	吨	25021
五、机械工业产品		
电力电缆	公里	15442
电　线	万公里	13.15
泵	台	585
金属切削机床	台	1923
金属成型机床	台	23634
民用钢质船舶	总吨	24770
汽车(改装汽车)	辆	13733
液压元件	万件	91.09
收获机械	台	21800
粮食加工机械	台	9396
轴　承	万套	157015
阀　门	吨	19660
工业锅炉	蒸发量吨	2086
变压器	万千伏安	1330.10
金属切削工具	亿件	23.68
铸　件	万吨	17.80
锻　件	万吨	4.62
锁　具	万把	687.31
高低压开关板	万面	15.59
桥　架	万吨	26.25
母　线	万米	87.66
六、建材工业产品		
水泥熟料	万吨	704.98
水　泥	万吨	982.17
加气混凝土	万立方米	12.93
商品混凝土	万立方米	169.37
水泥电杆	根	2195
水泥压力管	千米	72.23
水泥排水管	千米	2.48
水泥管桩	万米	1806.91
玻璃纤维纱	万吨	1.48
石墨及碳素制品	万吨	59.84
七、纺织工业产品		
纱	万吨	3.89
布	万米	8916
纯棉布	万米	5846
棉混纺布	万米	2730
纯化纤布	万米	340
印染布	万米	7387
丝织品	万米	2209
服　装	万件	14681
革皮服装	万件	1.03
化学纤维	吨	6682
八、其他产品		
机制纸及纸板	万吨	268.83
卫生陶瓷	万件	0.32
日用玻璃制品	万吨	32.24
塑料制品	万吨	13.44
电光源(灯泡)	万只	29502
灯具及照明装置	万只	153.77
自行车	万辆	60.21
彩色电视机	万台	6.51
激光视盘机	万台	19.72
家用电冰箱	万台	2.40
电子元件	亿只	11.31
饮料酒	千升	34723
啤酒	千升	19237
黄酒	千升	11204
软饮料	万吨	6.11
皮　鞋	万双	680.29
布　鞋	万双	5376.70
配混合饲料	万吨	9.91
人造板	万立方米	207.09
复合地板	万平方米	2840.65
原　盐	万吨	33.06
方便面	吨	16565
食用植物油	吨	1023
大　米	万吨	4.73
面　粉	万吨	97.77
酱　油	万吨	0.46
食　醋	万吨	9.13
眼镜成镜	万副	261.61

基础建设

表 39-9

2009 年镇江市全社会固定资产投资完成情况

单位:万元

项目	全市	市区					丹阳市	扬中市	句容市
			京口区	润州区	丹徒区	新区			
全社会固定资产投资	10105736	5893604	1431750	1341225	1270233	1850396	2001089	940477	1270566
#第一产业	171235	92027	9364	9994	56664	16005	35672	16322	27214
第二产业	6342628	3224753	603054	441049	844250	1336400	1537857	730240	849778
#工业	6246725	3166900	582800	420150	836450	1327500	1524290	720015	835520
第三产业	3591873	2576824	819332	890182	369319	497991	427560	193915	393574
#民营投资	4956240	2470848	553998	541239	599687	775924	1225874	658985	600533
私营个体	3192159	1210282	166658	193870	451692	398062	1155824	346998	479055
规模以上固定资产投资	8342054	4977648	1205001	1163684	1010857	1598106	1574767	821665	967974
#第一产业	41244	17918	1100	–	16818	16276	7050	–	–
第二产业	5368969	2843422	527797	356826	753937	1204862	1257961	675143	592443
#工业	5324982	2818479	508706	350974	753937	1204862	1248267	675143	583093
第三产业	2931841	2116308	676104	806858	240102	393244	300530	146522	368481
#内资	6595145	3739266	1071801	993649	814004	859812	1342009	777586	736284
#国有	1992174	1580685	529313	460420	380794	210158	134449	46476	230564
民营投资	4495675	2084018	510879	492625	453210	627304	1164827	651110	595720
#私营企业	2686000	935074	143568	168298	300335	322873	1109713	336931	304282
港澳台商投资	765331	526027	14734	24036	122131	365126	98124	31490	109690
外商投资	981578	712355	118466	145999	74722	373168	134634	12589	122000
#城镇规模投资	6066461	4256889	1068964	1074479	702478	1410968	911180	389782	508610
#房地产投资	954670	575590	170873	209450	112390	82877	156104	87100	135876
农村规模投资	2275593	720759	136037	89205	308379	187138	663587	431883	459364

国内贸易、外向型经济

表 39-10

2009 年镇江市社会消费品零售总额

单位:万元

项目	全市	市区					丹阳市	扬中市	句容市
			京口区	润州区	丹徒区	新区			
合计	4757379	2312541	1187111	591416	284972	249042	1285564	571695	587579
#个体	2255820	865025	406341	228316	187511	42857	806902	322296	261597
一、按所在地分									
#城镇	3934560	2300436	1180136	588320	283480	248500	793085	379164	461875
二、按行业分									
批发企业	463284	331844	287716	12549	28169	3410	55577	36672	39191
零售企业	3793043	1753687	779983	511999	229897	231808	1068751	471429	499176
餐饮企业	407651	193092	107174	53758	19097	13063	124396	51125	39038
住宿企业	41818	21812	5263	10014	6317	218	3430	9478	7098
其他	51583	12105	6975	3096	1492	542	33410	2992	3076
三、按规模分									
#限额以上	1848599	1216477	681971	302022	38115	194369	229168	163474	239480
批发企业	318710	294790	287170	3085	4535	–	2436	21484	–
零售企业	1392426	837087	352889	264553	26908	192737	207372	123093	224874
餐饮企业	103931	68943	37505	24733	5091	1614	16610	10245	8133
住宿企业	33532	15657	4407	9651	1581	18	2750	8652	6473
#限额以下	2857197	1083958	498165	286298	245365	54130	1022986	405230	345023
批发企业	144574	37054	546	9464	23634	3410	53141	15188	39191
零售企业	2400617	916600	427094	247446	202989	39071	861379	348336	274302
餐饮企业	303720	124149	69669	29025	14006	11449	107786	40880	30905
住宿企业	8286	6155	856	363	4736	200	680	826	625

表 39-11

2009 年镇江市外向型经济主要指标

项目	单位	全市	市区					丹阳市	扬中市	句容市
				京口区	润州区	丹徒区	新区			
一、新注册企业数	个	164	95	14	17	23	41	34	9	26
二、协议利用外资	万美元	280457	168183	16919	11524	24659	114050	54514	10580	47180
三、实际利用外资	万美元	144081	90178	7619	3392	13214	68201	17130	11326	25446
四、进出口总额	万美元	603273	387767	39389	41908	30339	232620	142775	40624	32107
#省级以上开发区进出口总额	万美元	376499	291288	18770	25457	14440	232620	40937	27652	16622
#进口总额	万美元	249160	180336	3323	12114	5250	139995	32787	23489	12548
#省级以上开发区进口总额	万美元	193287	155313	1372	11011	2935	139995	8095	21591	8288
出口总额	万美元	354113	207431	36066	29794	25089	92625	109988	17135	19559
#省级以上开发区出口总额	万美元	183212	135975	17398	14446	11505	92625	32842	6061	8334
五、新签对外承包劳务合同额	万美元	31653	29531	853	949	1000	–	1451	–	671
六、对外承包劳务营业额	万美元	27016	25112	881	524	1216	–	1240	–	664
七、对外劳务输出										
年末在外人数	人	11030	7619	1396	690	1102	–	2053	–	1358
全年新派人数	人	5221	4057	606	352	390	–	749	–	415

注:“市区”数据含市直属。

教育、卫生

表 39-12

2009 年镇江市教育事业概况

	学校数(所)	招生数(人)	在校学生数(人)	毕业生数(人)	专任教师数(人)
合计	287	102407	397814	109220	25687
普通高等学校	5	24333	86637	20393	5040
普通中等专业学校	7	7413	23197	7192	717
普通中学	114	41625	134364	48738	10219
#高中	25	16610	51131	17335	3697
初中	89	25015	83233	31403	6522
职业高中	9	2614	8096	3960	906
技工学校	9	5641	15516	3473	392
小学	138	20624	128982	25302	8300
特殊教育学校	5	157	1092	162	113

表 39-13

2009 年镇江市市区普通高中教育基本情况

单位:人

项目	在校学生				毕业生数	专任教师
		高一年级	高二年级	高三年级		
镇江中学	2859	999	941	919	875	229
镇江第一中学	2525	932	830	763	635	185
镇江市第二中学	1247	394	434	419	429	89
镇江市实验高级中学	2710	932	923	855	832	181
镇江市国际学校	229	116	113	–	–	26
镇江市第九中学	1186	309	394	483	421	88
镇江市实验学校魅力之城分校	–	–	–	–	164	–
镇江市丹徒区儒里中学	–	–	–	–	204	–
江苏省大港中学	2502	864	848	790	792	196
镇江市丹徒区高级中学	3143	1041	1109	993	852	206

表 39-14

2009 年镇江市卫生事业基本情况

项　目	单　位	全　市	市　区	丹阳市	扬中市	句容市
一、卫生机构数	个	874	359	228	103	184
#医院	个	31	19	3	2	7
卫生院	个	70	25	25	4	16
疾病预防控制中心(防疫站)	个	7	4	1	1	1
妇幼保健院(所、站)	个	6	3	1	1	1
二、卫生机构床位数	张	8726	4865	2092	600	1169
#医院	张	6111	4066	1012	480	553
卫生院	张	2270	638	980	84	568
三、卫生工作人员	人	16290	8180	3813	1820	2477
四、卫生技术人员	人	13449	6734	3158	1445	2112
#执业(助理)医师	人	5137	2706	1131	601	699
注册护士	人	4445	2489	934	396	626
#卫生防疫人员	人	438	189	98	90	61
五、医院、卫生院技术人员	人	9961	5285	2400	860	1416
#执业(助理)医师	人	3863	2041	930	359	533
注册护士	人	3937	2249	836	292	560
六、妇幼保健						
5 岁以下儿童死亡率	‰	5.4	5.0	6.4	5.4	4.2
婴儿死亡率	‰	3.1	2.8	3.6	3.8	2.3
产妇住院分娩比例	%	100.0	100.0	100.0	100.0	100.0
七、医疗卫生水平及保障						
每千人拥有卫生机构床位数	张	3.2	4.7	2.6	2.2	2.0
每千人拥有医院(卫生院)床位数	张	3.1	4.5	2.5	2.0	1.9
每千人拥有卫生技术人员数	人	5.0	6.5	3.9	5.2	3.6
每千人拥有执业(助理)医师数	人	1.9	2.6	1.4	2.2	1.2
每千人拥有注册护士数	人	1.6	2.4	1.2	1.4	1.1
城镇基本医疗保险覆盖面	%	99.0	99.5	98.4	99.5	97.2
新型农村合作医疗覆盖面	%	99.9	99.9	100.0	100.0	100.0

人民生活

表 39-15

2009 年镇江市劳动工资主要综合指标

项　目	单　位	全　市	市　区	京口区	润州区	丹徒区	丹阳市	扬中市	句容市
全部单位从业人员数	人	366222	190015	46867	43743	32410	79370	39870	56967
#在岗职工人数	人	346326	177575	44461	42474	31309	75660	38384	54707
国有单位从业人员数	人	150510	80231	21614	16823	11716	38101	10871	21307
#在岗职工人数	人	140956	75037	20143	15743	11669	35843	10547	19529
集体单位从业人员数	人	19997	7857	1372	1051	4195	3874	4737	3529
#在岗职工人数	人	19369	7640	1242	979	4187	3832	4691	3206
其他单位从业人员数	人	195715	101927	23881	25869	16499	37395	24262	32131
#在岗职工人数	人	186001	94898	23076	25752	15453	35985	23146	31972
全部单位在岗职工工资总额	万元	1179747	687864	155319	141376	98240	230017	117227	144639
#国有单位	万元	638189	385011	94841	71553	49875	132611	43516	77052
集体单位	万元	51253	20089	3247	2213	10832	12314	11720	7130
其他单位	万元	490305	282764	57230	67610	37533	85093	61992	60457
全部单位在岗职工平均工资	元	34209	38394	34661	33243	30793	30461	30544	27914
#国有单位	元	45133	50985	46958	45132	41926	36860	41243	39799
集体单位	元	26365	25696	26595	23445	24497	32244	25467	22273
其他单位	元	26644	29508	24465	26277	24083	23825	26689	20666

注："市区"数据含市直属。

表 39-16

2009 年镇江市城市居民和农村居民生活基本情况

项　目	单　位	绝对数	项　目	单　位	绝对数
城市居民			农村居民		
调查户数	户	200	调查户数	户	580
平均每户家庭人口	人	2.7	平均每百户常住人口	人	342
平均每户就业人口	人	1.3	平均每百户 7－15 岁在校学生人数	人	11
平均每户离退休人口	人	0.9	平均每百户整半劳动力	人	254
平均每一就业者负担人数	人	2.2	平均每百户就业劳动力人数	人	252
平均每户就业面	%	46.5	平均每人年内新建(购)住房面积	平方米	0.4
现住房平均每人建筑面积	平方米	34.1	平均每人年末住房面积	平方米	48
#现住房平均每人使用面积	平方米	25.6	平均每人年末住房价值	元	25990
家庭总收入	元/人	22767	家庭总收入	元/人	12094
#可支配收入	元/人	20949	#人均纯收入	元/人	9642
#工薪收入	元/人	13337	工资性收入	元/人	5760
经营净收入	元/人	760	家庭经营性收入	元/人	3074
财产性收入	元/人	226	财产性收入	元/人	215
转移性收入	元/人	8444	转移性收入	元/人	593
#出售财物收入	元/人	1670	家庭总支出	元/人	9877
#借贷收入	元/人	2878	家庭经营费用支出	元/人	7056
家庭总支出	元/人	18203	生活消费支出	元/人	2731

表 39-17

2009 年镇江市城乡居民家庭生活消费支出

单位:元

项目	金额	项目	金额
城镇居民全年人均生活消费支出	13031	农村居民全年人均生活消费支出	7056
一、食品	5193		
#粮食类	295	#服务性	2191
油脂类	137		
肉　类	712	#食品	2731
二、衣着	1473	衣着	462
三、家庭设备用品及服务	1072		
#耐用消费品	521	居住	997
四、医疗保健	727		
五、交通和通讯	900	家庭设备用品	430
#通讯	494	交通和通讯	816
六、教育文化娱乐服务	1859		
文化娱乐用品	549	文化教育娱乐	1016
文化娱乐服务	744		
教育费用	566	医疗保健	419
七、居住	1250		
八、其他商品和服务	557	其他商品和服务	186

表 39-18

2009 年镇江市商品零售价格分类指数

项目	以上年价格为 100	项目	以上年价格为 100
商品零售价格总指数	99.1	九、交通、通讯用品	90.9
一、食品类	100.6	十、家　具	99.5
二、饮料、烟酒	102.2	十一、化妆品类	102.5
三、服装、鞋帽类	98.1	十二、金银珠宝类	95.7
四、纺织品类	101.5	十三、中西药品及医疗保健用品类	100.5
五、家用电器及音像器材	94.7	十四、书报杂志及电子出版物类	105.4
六、文化办公用品	90.0	十五、燃料类	91.0
七、日用品	101.6	十六、建筑材料及五金电料类	101.7
八、体育娱乐用品	92.6		

表 39-19

2009 年镇江市居民消费价格分类指数

项　目	以上年价格为 100	项　目	以上年价格为 100
居民消费价格总指数	99.6	三、衣着	98.7
非食品价格指数	99.5	服装	97.7
服务项目价格指数	101.4	衣着材料	107.5
扣除鲜菜鲜果总指数	99.0	鞋、袜、帽	101.2
消费品价格指数	99.0	衣着加工服务	104.9
一、食品	100.1	四、家庭设备用品及维修服务	100.9
粮食	106.9	耐用消费品	99.2
淀粉及薯类	104.7	室内装饰品	101.6
干豆类及豆制品	98.4	床上用品	100.0
油脂	75.5	家庭日用杂品	101.5
肉禽及其制品	92.6	家庭服务及加工维修服务	106.7
蛋	99.2	五、医疗保健和个人用品	100.5
水产品	102.7	医疗保健	100.5
菜	111.3	个人用品及服务	100.4
鲜菜	111.9	六、交通和通讯	96.1
调味品	102.7	交通	96.5
糖	100.8	通讯	95.5
茶及饮料	105.3	七、娱乐教育文化用品及服务	97.7
干鲜瓜果	103.8	文娱用耐用消费品及服务	83.2
#鲜果	110.3	教育	99.8
糕点饼干面包	100.6	文化娱乐用品	99.2
牛奶及奶制品	103.3	旅游及外出	98.7
在外用膳食品	101.4	八、居住	102.0
其他食品及食品加工服务	96.8	建房及装修材料	102.2
二、烟酒及用品	101.4	租房	109.0
烟草	100.0	自有住房	87.2
酒	104.5	水、电、燃料	99.4

（统计局）

经济普查

镇江市第二次经济普查主要数据公报(一)

按照国家和省的统一部署,为了全面掌握镇江市第二产业和第三产业[1]的发展规模及布局,了解全市产业组织、产业结构、产业技术的现状以及各生产要素的构成,摸清全市各类企业和单位能源消耗的基本情况,镇江市于2008年进行第二次经济普查。这次普查的标准时点为2008年12月31日,时期资料为2008年度。普查对象是在镇江市范围内从事第二产业和第三产业的全部法人单位、产业活动单位和个体经营户[2]。普查主要内容包括单位基本属性、从业人员、财务状况、生产经营情况、生产能力、能源消耗、科技活动情况等。

一、单位基本情况

2008年末,全市共有从事第二、三产业的法人单位29750个,与2004年第一次经济普查相比,增加6830个,增长29.8%;产业活动单位32428个,增加5935个,增长22.4%;个体经营户130546户,增加12222户,增长10.3%(详见表39-20)。

表39-20 **单位数与个体经营户数**

指标名称	单位数(个)	比重(%)
一、法人单位	29750	100.00
企业法人	24800	83.36
机关、事业单位法人	2743	9.22
社会团体法人	849	2.85
其他法人	1358	4.56
二、产业活动单位	32428	100.00
第二产业	14688	45.30
第三产业	17740	54.70
三、个体经营户	130546	100.00
第二产业	20275	15.53
第三产业	110271	84.47

2008年末,企业法人单位24800个,比2004年增加6945个,增长39.9%。其中,国有企业552个,减少262个,下降32.2%;集体企业1270个,减少2193个,下降63.3%;股份合作企业53个,减少72个,下降57.6%;联营企业、有限责任公司和股份有限公司共1488个,减少240个,下降13.9%;私营企业20026个,增加9306个,增长86.8%;其他内资企业241个,减少1282个,下降84.2%;港、澳、台商投资企业527个,增加35个,增长7.1%;外商投资企业643个,增加215个,增长50.2%(详见表39-21)。

表39-21 **按登记注册类型分组的企业法人单位**

登记注册类型	单位数(个)	比重(%)
合　计	24800	100.00
内资企业	23630	95.40
国有企业	552	2.23
集体企业	1270	5.12
股份合作企业	53	0.21
联营企业	32	0.13
有限责任公司	1190	4.80
股份有限公司	266	1.07
私营企业	20026	80.75
其他内资企业	241	0.97
港、澳、台商投资企业	527	2.12
外商投资企业	643	2.59

第二、三产业法人单位、产业活动单位及个体经营户地区分布情况见表39-22。

表39-22 **单位与个体经营户的地区分布**

地区	法人单位(个)	比重(%)	产业活动单位(个)	比重(%)	个体经营户(个)	比重(%)
合　计	29750	100.00	32428	100.00	130546	100.00
京口区	5044	16.96	5606	17.30	14937	11.44
润州区	3585	12.05	4394	13.55	9777	7.49
丹徒区	2964	9.96	3172	9.78	14831	11.36
新　区	2153	7.24	2226	6.86	6974	5.34
丹阳市	7640	25.68	8245	25.42	49605	38.00
扬中市	4207	14.14	4400	13.57	15568	11.93
句容市	4157	13.97	4385	13.52	18854	14.44

在产业活动单位中,从事制造业的单位13282个,占40.96%;批发和零售业6335个,占19.53%;租赁和商务服务业1378个,占4.25%;公共管理和社会组织3209个,占9.90%。以上四个行业合计占74.64%(详见表39-23)。

表39-23 **产业活动单位的行业分布表**

行　业	单位数(个)	比重(%)
合　计	32428	100.00
采矿业	163	0.50
制造业	13282	40.96
电力、燃气及水的生产和供应业	124	0.38
建筑业	1119	3.45
交通运输、仓储和邮政业	979	3.02
信息传输、计算机服务和软件业	684	2.11
批发和零售业	6335	19.53
住宿和餐饮业	449	1.38
金融业	665	2.05
房地产业	817	2.52
租赁和商务服务业	1378	4.25
科学研究、技术服务和地质勘查业	651	2.01
水利、环境和公共设施管理业	284	0.88
居民服务和其他服务业	423	1.30
教育	691	2.13
卫生、社会保障和社会福利业	767	2.37
文化、体育和娱乐业	408	1.26
公共管理和社会组织	3209	9.90

个体经营户较为集中的五个行业是:工业17703户,占个体经营户总数的13.56%;交通运输业18221户,占13.96%;批发和零售业56164户,占43.02%;住宿和餐饮业8359户,占6.40%;居民服务和其他服务业18205户,占13.95%(详见表

39-24)。

表 39-24 个体经营户的行业分布

行　业	单位数(户)	比重(%)
合　计	130546	100.00
工业	17703	13.56
建筑业	2572	1.97
交通运输业	18221	13.96
批发和零售业	56164	43.02
住宿和餐饮业	8359	6.40
房地产业	2793	2.14
租赁和商务服务业	2328	1.78
居民服务和其他服务业	18205	13.95
教育	46	0.04
卫生、社会保障和社会福利业	237	0.18
文化、体育和娱乐业	3918	3.00

二、从业人员

2008 年末，镇江市第二、三产业单位和个体经营户从业人员[3]162.25 万人，与 2004 年第一次经济普查相比，增加 36.57 万人，增长 29.10%。其中，第二产业的从业人员 97.70 万人，增加 19.47 万人，增长 24.89%；第三产业的从业人员 64.55 万人，增加 17.10 万人，增长 36.04%。在从业人员中，单位从业人员 119.69 万人，占 73.77%；个体经营人员 42.56 万人，占 26.23%。在单位从业人员中，女性 42.20 万人，占单位从业人员的 35.26%。

在单位从业人员中，制造业 66.24 万人，占 55.34%；建筑业 14.65 万人，占 12.24%；批发和零售业 6.99 万人，占 5.84%；公共管理和社会组织 6.55 万人，占 5.47%；教育 5.10 万人，占 4.26%(详见表 39-25)。

表 39-25 单位从业人员行业分布

行　业	从业人员(万人)	比重(%)
合　计	119.69	100.00
采矿业	0.93	0.78
制造业	66.24	55.34
电力、燃气及水的生产和供应业	1.04	0.87
建筑业	14.65	12.24
交通运输、仓储和邮政业	3.71	3.10
信息传输、计算机服务和软件业	0.80	0.67
批发和零售业	6.99	5.84
住宿和餐饮业	1.54	1.29
金融业	1.85	1.54
房地产业	1.68	1.40
租赁和商务服务业	1.88	1.57
科学研究、技术服务和地质勘查业	1.95	1.63
水利、环境和公共设施管理业	0.96	0.80
居民服务和其他服务业	0.63	0.53
教育	5.10	4.26
卫生、社会保障和社会福利业	2.58	2.16
文化、体育和娱乐业	0.61	0.51
公共管理和社会组织	6.55	5.47

在单位从业人员中，具有研究生及以上、大学本科、专科、高中、初中及以下学历的人员分别占 0.76%、9.11%、15.91%、33.64%和 40.57%。具有技术职称的人员共 15.12 万人，占单位从业人员的 12.63%；具有技术等级资格证书的人员共 7.11 万人，占单位从业人员的 5.94%(详见表 39-26)。

单位从业人员学历、职称、技术等级情况

表 39-26

指标名称	从业人员(万人)	比重(%)
一、从业人员合计	119.69	100.00
具有研究生及以上学历人员	0.91	0.76
具有大学本科学历人员	10.91	9.11
具有大专学历人员	19.05	15.91
具有高中学历人员	40.27	33.64
具有初中及以下学历人员	48.55	40.57
二、具有技术职称的人员合计	15.12	100.00
具有高级技术职称人员	1.61	10.67
具有中级技术职称人员	6.33	41.88
具有初级技术职称人员	7.17	47.45
三、具有技术等级证书人员合计	7.11	100.00
高级技师	0.30	4.25
技师	0.84	11.88
高级工	2.15	30.27
中级工	3.81	53.60

三、企业资产总额

2008 年末，全市第二、三产业企业法人单位资产总额 5254.89 亿元，比 2004 年末增加 2527.46 亿元，增长 92.67%。其中，国有企业资产总额 1762.18 亿元，比 2004 年末增加 1189.64 亿元，增长 207.78%；集体企业资产总额 228.99 亿元，减少 122.21 亿元，下降 34.80%；私营企业资产总额 1314.20 亿元，增加 924.59 亿元，增长 237.31%；港、澳、台商投资企业资产总额 308.85 亿元，增加 160.04 亿元，增长 107.55%；外商投资企业资产总额 644.98 亿元，增加 326.51 亿元，增长 102.52%(详见表 39-27)。

表 39-27 按登记注册类型分组的资产总额

登记注册类型	资产总额(亿元)	比重(%)
合　计	5254.89	100.000
内资企业	4304.06	81.906
国有企业	1762.18	33.534
集体企业	228.99	4.358
股份合作企业	2.63	0.050
联营企业	1.73	0.033
有限责任公司	701.53	13.350
股份有限公司	283.46	5.394
私营企业	1314.20	25.009
其他企业	9.33	0.178
港、澳、台商投资企业	305.85	5.820
外商投资企业	644.98	12.274

四、企业实收资本

2008 年末，镇江市第二、三产业企业法人单位的实收资本[4]总额为 893.54 亿元，比 2004 年末增加 406.06 亿元，增长 83.30%。在全部企业法人单位的实收资本总额中，国家资本 78.37 亿元，增加 25.67 亿元，增长 48.71%；集体资本 19.86 亿元，比 2004 年减少 18.83 亿元，下降 48.67%；法人资本 217.08 亿元，增加 73.53 亿元，增长 51.22%；个人资本 322.41 亿元，增加 209.60 亿元，增长 185.80%；港、澳、台资本 90.38 亿元，增加 45.65 亿元，增长 102.06%；外商资本 165.45 亿元，增加 72.11 亿元，增长 77.26%。

注释：

[1] 三次产业的划分：

第一产业是指农、林、牧、渔业。

第二产业是指采矿业，制造业，电力、燃气及水的生产和供应业，建筑业。

第三产业是指除第一、二产业以外的其他行业，具体包括：交通运输、仓储和邮政业，信息传输、计算机服务和软件业，批发和零售业，住宿和餐饮业，金融业，房地产业，租赁和商务服务业，科学研究、技术服务和地质勘查业，水利、环境和公共设施管理业，居民服务和其他服务业，教育，卫生、社会保障和社会福利业，文化、体育和娱乐业，公共管理和社会组织，国际组织。本次普查未包括国际组织。

[2] 单位的划分：

法人单位是指具备以下条件的单位：

(1) 依法成立，有自己的名称、组织机构和场所，能够独立承担民事责任；

(2) 独立拥有和使用（或授权使用）资产，承担负债，有权与其他单位签订合同；

(3) 会计上独立核算，能够编制资产负债表。

法人单位包括企业法人、事业单位法人、机关法人、社会团体法人和其他法人。

产业活动单位是指具备以下条件的单位：

(1) 在一个场所从事一种或主要从事一种社会经济活动；

(2) 相对独立组织生产经营或业务活动；

(3) 能够掌握收入和支出等业务核算资料。

个体经营户是指除农户外，生产资料归劳动者个人所有，以个体劳动为基础，劳动成果归劳动者个人占有和支配的一种经营单位。具体是指公民在法律允许范围内，从事工业、商业、建筑业、运输业、餐饮业、服务业等活动的个体劳动者。

[3] 从业人员：是指 2008 年 12 月 31 日在第二、三产业单位和全部个体经营户在岗的从业人员。未包括上述范围之外的从业人员。

单位从业人员是指在本单位工作并取得劳动报酬或收入的年末实有人员数。包括：在各单位工作的外方人员、港澳台方工作人员、兼职人员、再就业的离退休人员、借用的外单位人员和第二职业者。但不包括离开本单位仍保留劳动关系的职工。

[4] 实收资本：是指投资者按照企业章程，或合同、协议的约定，实际投入企业的资本。企业实收资本按照投资主体划分为国家资本、集体资本、法人资本、个人资本、港、澳、台资本和外商资本六种。

[5] 表中的合计数和部分计算数据因小数取舍而产生的误差，均未作机械调整。

镇江市第二次经济普查主要数据公报(二)

一、工业

(一) 企业单位数和从业人员

2008 年末，全市共有工业企业法人单位 13522 个，从业人员 68.21 万人，分别比 2004 年末增长 47.91% 和 31.00%。

在工业企业法人单位中，国有企业 72 个，占 0.53%；集体企业 705 个，占 5.22%；私营企业 10942 个，占 80.90%；港、澳、台商投资企业 466 个，占 3.45%；外商投资企业 583 个，占 4.31%；其他类型企业 754 个，占 5.57%。

在工业企业法人单位从业人员中，国有企业占 3.58%，集体企业占 4.30%，私营企业占 54.93%，港、澳、台商投资企业占 10.04%，外商投资企业占 14.24%，其他类型企业占 12.92%（详见表 39-28）。

按登记注册类型分组的工业企业法人单位和从业人员

表 39-28

登记注册类型	企业法人(个)	从业人员(万人)
合　计	13522	68.21
内资企业	12473	51.65
国有企业	72	2.44
集体企业	705	2.93
股份合作企业	28	0.09
联营企业	5	0.01
有限责任公司	484	6.81
股份有限公司	132	1.69
私营企业	10942	37.47
其他企业	105	0.21
港、澳、台商投资企业	466	6.85
外商投资企业	583	9.71

在工业企业法人单位中，采矿业 163 个，制造业 13236 个，电力、燃气及水的生产和供应业 123 个，分别占 1.21%、97.88% 和 0.91%。

在工业企业法人单位的从业人员中，采矿业占 1.36%，制造业占 97.11%，电力、燃气及水的生产和供应业占 1.53%。在工业行业大类中，金属制品业、电气机械及器材制造业、通用设备制造业、交通运输设备制造业从业人员数超过 5 万人，分别占 10.67%、9.81%、7.80% 和 7.46%（详见表 39-29）。

工业企业法人单位和就业人员的行业分布

表 39-29

行　业	企业法人(个)	从业人员(万人)
合　计	13522	68.21
采矿业	163	0.93
制造业	13236	66.24
农副食品加工业	146	0.52
食品制造业	131	0.52
饮料制造业	91	0.27
纺织业	564	3.45
纺织服装、鞋、帽制造业	642	4.42
皮革、毛皮、羽毛(绒)及其制品业	328	1.76
木材加工及木、竹、藤、棕、草制品业	100	1.75
家具制造业	66	0.23
造纸及纸制品业	332	1.79
印刷业和记录媒介的复制	369	0.92
文教体育用品制造业	196	1.71
石油加工、炼焦及核燃料加工业	30	0.19
化学原料及化学制品制造业	682	3.87
医药制造业	55	0.44
化学纤维制造业	15	0.14
橡胶制品业	201	0.75
塑料制品业	798	2.16
非金属矿物制品业	956	4.65
黑色金属冶炼及压延加工业	92	1.59

续表 39-29

行　业	企业法人(个)	从业人员(万人)
有色金属冶炼及压延加工业	270	1.44
金属制品业	1884	7.28
通用设备制造业	1361	5.32
专用设备制造业	501	2.90
交通运输设备制造业	964	5.09
电气机械及器材制造业	1230	6.69
通信设备、计算机及其他电子设备制造业	586	3.07
仪器仪表及文化、办公用机械制造业	339	2.00
工艺品及其他制造业	288	1.21
废弃资源和废旧材料回收加工业	20	0.04
电力、燃气及水的生产和供应业	123	1.04
电力、热力的生产和供应业	15	0.61
燃气生产和供应业	18	0.12
水的生产和供应业	90	0.30

（二）主要工业产品产量

2008 年全市主要工业产品产量见表 39-30。

表 39-30　**主要工业产品产量**

产品名称	计量单位	本年生产量
食醋	万吨	10.89
人造板	万立方米	175.06
机制纸及纸板	万吨	258.96
焦炭	万吨	58.52
硫酸(折 100%)	万吨	39.70
烧碱(折 100%)	万吨	11.92
冰醋酸	万吨	63.27
化学农药原药(折 100%)	万吨	5.39
初级形态的塑料	万吨	75.54
水泥熟料	万吨	856.55
水泥	万吨	996.60
钢材	万吨	230.08
铝材	万吨	13.77
金属切削工具	亿件	29.87
滚动轴承	万套	93530
自行车(电动自行车)	万辆	102.10
民用钢质船舶	载重吨	56557
高低压开关板	万面	16.55
眼镜成镜	万副	890.35
发电量	亿千瓦小时	217.73

（三）资产负债和所有者权益

2008 年末，全市工业企业法人单位资产合计 2473.93 亿元，比 2004 年末增长 104.14%；负债合计 1537.78 亿元，增长 92.37%；所有者权益合计[1]936.15 亿元，增长 126.95%（详见表 39-31）。

工业企业法人单位资产负债率，采矿业为 51.18%，制造业为 61.84%，电力、燃气及水的生产和供应业为 69.64%。

工业企业法人单位资产负债和所有者权益的行业分布

表 39-31　　单位：亿元

行　业	资产合计	负债合计	所有者权益合计
合　计	2473.93	1537.78	936.15
采矿业	34.43	17.62	16.81
制造业	2290.36	1416.30	874.06
农副食品加工业	28.19	20.71	7.48
食品制造业	42.46	30.23	12.22
饮料制造业	5.23	2.53	2.71
纺织业	57.59	35.82	21.78
纺织服装、鞋、帽制造业	39.58	24.79	14.79
皮革、毛皮、羽毛(绒)及其制品业	17.10	9.74	7.36
木材加工及木、竹、藤、棕、草制品业	110.93	75.25	35.68
家具制造业	2.59	0.98	1.61
造纸及纸制品业	289.65	190.49	99.17
印刷业和记录媒介的复制	14.19	8.56	5.62
文教体育用品制造业	16.61	7.94	8.66
石油加工、炼焦及核燃料加工业	17.86	12.97	4.89
化学原料及化学制品制造业	318.63	206.52	112.10
医药制造业	9.82	4.79	5.03
化学纤维制造业	4.06	1.17	2.89
橡胶制品业	12.78	7.54	5.23
塑料制品业	36.31	20.03	16.28
非金属矿物制品业	129.15	64.84	64.31
黑色金属冶炼及压延加工业	78.58	52.77	25.81
有色金属冶炼及压延加工业	74.40	53.28	21.12
金属制品业	197.37	111.23	86.14
通用设备制造业	145.58	90.53	55.05
专用设备制造业	105.06	49.52	55.54
交通运输设备制造业	164.77	104.11	60.67
电气机械及器材制造业	210.26	135.76	74.50
通信设备、计算机及其他电子设备制造业	117.28	71.37	45.91
仪器仪表及文化、办公用机械制造业	30.65	15.18	15.47
工艺品及其他制造业	12.55	6.91	5.63
废弃资源和废旧材料回收加工业	1.13	0.72	0.41
电力、燃气及水的生产和供应业	149.14	103.86	45.28
电力、热力的生产和供应业	117.84	85.56	32.28
燃气生产和供应业	10.83	6.05	4.78
水的生产和供应业	20.47	12.25	8.22

（四）主营业务收入和利润总额

2008 年，全市工业企业法人单位主营业务收入 2979.74 亿元，比 2004 年增长 153.38%。其中，采矿业占 1.40%，制造业占 95.88%，电力、燃气及水的生产和供应业占 2.72%。

工业企业法人单位利润总额 178.53 亿元，比 2004 年增长 326.08%。其中，采矿业占 1.47%，制造业占 98.04%，电力、燃气及水的生产和供应业占 0.49%。

工业企业法人单位主营业务收入和利润总额的行业分布

表 39-32 单位:亿元

行业	主营业务收入	利润总额
合计	2979.74	178.53
采矿业	4.17	2.62
制造业	2856.87	175.03
农副食品加工业	39.14	1.56
食品制造业	15.69	1.03
饮料制造业	4.89	0.14
纺织业	86.89	2.46
纺织服装、鞋、帽制造业	81.22	3.97
皮革、毛皮、羽毛(绒)及其制品业	36.34	2.18
木材加工及木、竹、藤、棕、草制品业	99.95	1.62
家具制造业	6.97	0.63
造纸及纸制品业	145.19	18.45
印刷业和记录媒介的复制	17.80	0.91
文教体育用品制造业	38.49	2.43
石油加工、炼焦及核燃料加工业	52.53	3.80
化学原料及化学制品制造业	473.89	33.47
医药制造业	10.45	1.04
化学纤维制造业	7.96	0.48
橡胶制品业	19.00	1.11
塑料制品业	60.01	3.98
非金属矿物制品业	157.69	13.39
黑色金属冶炼及压延加工业	165.61	5.94
有色金属冶炼及压延加工业	79.59	4.66
金属制品业	268.50	14.85
通用设备制造业	198.43	11.56
专用设备制造业	114.19	6.67
交通运输设备制造业	211.92	12.28
电气机械及器材制造业	298.68	15.91
通信设备、计算机及其他电子设备制造业	99.76	7.06
仪器仪表及文化、办公用机械制造业	31.89	1.72
工艺品及其他制造业	32.61	1.64
废弃资源和废旧材料回收加工业	1.59	0.11
电力、燃气及水的生产和供应业	81.16	0.88
电力、热力的生产和供应业	69.49	-0.38
燃气生产和供应业	7.44	1.075
水的生产和供应业	4.22	0.18

(五)企业科技活动

2008年末,在全市规模以上[2]工业法人企业中开展科技活动[3]的有339个,占11.60%;开展研究与试验发展(R&D)活动的企业有208个,占7.12%。在大中型企业中,开展科技活动的企业所占比重为60.89%,开展研究与试验发展(R&D)活动的企业所占比重为46.53%。小型企业中开展科技活动的占7.94%。

2008年,全市规模以上工业企业投入科技活动经费48.21亿元,比2004年增长1.97倍。其中,用于新产品开发的经费31.05亿元,占64.41%。科技活动人员2.05万人,其中,科学家和工程师1.27万人,占61.88%。

2008年,在科技活动经费投入中,代表企业自主创新能力的研究与试验发展(R&D)经费为22.82亿元,投入强度[4]为0.85%。其中,大中型企业投入研究与试验发展经费20.46亿元,投入强度为1.48%,高于2004年1.37%的水平。

分行业看,研究与试验发展经费投入超过1亿元的行业有8个:化学原料及化学制品制造业,电气机械及器材制造业,木材加工及木、竹、藤、棕、草制品业,金属制品业,造纸及纸制品业,通信设备、计算机及其他电子设备制造业,交通运输设备制造业,黑色金属冶炼及压延加工业。投入强度在1%以上的行业有9个:食品制造业,水的生产和供应业,木材加工及木、竹、藤、棕、草制品业,通信设备、计算机及其他电子设备制造业,医药制造业,造纸及纸制品业,电气机械及器材制造业,仪器仪表及文化、办公用机械制造业,化学原料及化学制品制造业。(详见表39-33)。

规模以上工业企业研究与试验发展经费投入的行业分布

表 39-33

行业名称	经费投入(亿元)	投入强度(%)
总计	22.82	0.85
制造业	22.52	0.87
食品制造业	0.31	2.37
纺织业	0.18	0.23
纺织服装、鞋、帽制造业	0.01	0.02
木材加工及木、竹、藤、棕、草制品业	2.18	2.22
家具制造业	0.00	0.07
造纸及纸制品业	1.81	1.32
石油加工、炼焦及核燃料加工业	0.29	0.56
化学原料及化学制品制造业	5.12	1.11
医药制造业	0.14	1.42
橡胶制品业	0.02	0.12
塑料制品业	0.18	0.44
非金属矿物制品业	0.21	0.16
黑色金属冶炼及压延加工业	1.00	0.61
有色金属冶炼及压延加工业	0.72	0.97
金属制品业	2.03	0.90
通用设备制造业	0.98	0.59
专用设备制造业	0.95	0.92
交通运输设备制造业	1.25	0.64
电气机械及器材制造业	3.56	1.31
通信设备、计算机及其他电子设备制造业	1.27	1.44
仪器仪表及文化、办公用机械制造业	0.30	1.22
工艺品及其他制造业	0.01	0.02
电力、燃气及水的生产和供应业	0.30	0.39
电力、热力的生产和供应业	0.20	0.29
燃气生产和供应业	0.05	0.75
水的生产和供应业	0.05	2.34

2008年,全市规模以上工业企业实现新产品[5]产值476.65亿元,占同口径工业总产值的16.48%。全年专利申请量为1112件,其中发明专利申请355件,占31.92%。企业技术改造经费支出31.71亿元,技术引进经费支出1.89亿元,消化吸收经费支出1.18亿元。

二、建筑业

(一)企业单位数和从业人员

2008年末，全市共有建筑业法人企业单位1079个，从业人员14.65万人。

建筑业企业法人单位中，国有企业26个，占2.41%；集体企业51个，占4.73%；有限责任公司104个，占9.64%；私营企业879个，占81.46%；其他类型企业19个，占1.76%。

建筑业企业法人单位从业人员中，国有企业占8.71%，集体企业占3.50%，有限责任公司占18.61%，私营企业占66.76%，其他类型企业占2.42%（详见表39-34）。

按登记注册类型分组的建筑业企业法人单位和就业人员

表39-34

登记注册类型	企业法人(个)	从业人员(人)
合 计	1079	146536
内资企业	1074	146243
国有企业	26	12758
集体企业	51	5135
联营企业	2	15
有限责任公司	104	27264
股份有限公司	12	3242
私营企业	879	97829
港、澳、台商投资企业	5	293

建筑业企业法人单位中，房屋和土木工程建筑业占37.63%；建筑安装业占16.68%；建筑装饰业占31.88%；其他建筑业占13.81%。

建筑业企业法人单位从业人员中，房屋和土木工程建筑业占78.29%；建筑安装业占8.25%；建筑装饰业占8.57%；其他建筑业占4.89%（详见表39-35）。

建筑业企业法人单位和就业人员的行业分布

表39-35

行 业	合 计		资质内企业		资质外企业	
	企业法人(个)	从业人员(人)	企业法人(个)	从业人员(人)	企业法人(个)	从业人员(人)
合 计	1079	146536	411	129721	668	16815
房屋和土木工程建筑业	406	114718	195	107539	211	7179
建筑安装业	180	12086	51	9007	129	3079
建筑装饰业	344	12560	91	7932	253	4628
其他建筑业	149	7172	74	5243	75	1929

（二）建筑业总产值

2008年，全市建筑业企业法人单位的建筑业总产值241.90亿元。其中，资质内企业完成[6]219.08亿元，资质外企业完成22.82亿元。

在建筑业企业法人单位的建筑业总产值中，房屋和土木工程建筑业占79.55%；建筑安装业占8.78%；建筑装饰业占7.22%；其他建筑业占4.46%（详见表39-36）。

建筑业企业法人单位建筑业总产值的行业分布

表39-36 单位：亿元

行 业	合 计	资质内企业	资质外企业
合 计	241.90	219.08	22.82
房屋和土木工程建筑业	192.42	182.18	10.23
建筑安装业	21.24	17.21	4.02
建筑装饰业	17.47	11.76	5.71
其他建筑业	10.78	7.92	2.86

（三）房屋建筑面积及竣工价值

2008年，全市总承包和专业承包建筑业企业[7]房屋建筑竣工面积670.99万平方米，竣工价值63.32亿元，其中住宅建筑竣工面积298.25万平方米，竣工价值26.25亿元（详见表39-37）。

总承包和专业承包建筑业企业房屋建筑完成情况

表39-37 单位：万平方米、亿元

房屋性质	房屋建筑竣工面积	竣工房屋价值
合 计	670.99	63.32
厂房、仓库	230.61	22.99
住宅	298.25	26.25
办公用房	75.08	6.91
批发和零售用房	14.98	0.86
住宿和餐饮用房	0.91	0.12
居民服务业用房	2.43	0.24
教育用房	23.47	2.42
文化、体育和娱乐用房	5.87	0.51
卫生医疗用房	6.12	0.58
其他用房	13.26	2.44

（四）资产负债和所有者权益

2008年末，全市总承包和专业承包建筑业企业的资产合计为175.18亿元，负债合计为116.54亿元，企业所有者权益合计为58.64亿元，资产负债率为66.53%（详见表39-38）。

总承包和专业承包建筑业企业法人单位资产负债和所有者权益行业分布

表39-38 单位：亿元

行 业	资产合计	负债合计	所有者权益合计
合 计	175.18	116.54	58.64
房屋和土木工程建筑业	144.90	99.69	45.21
建筑安装业	14.12	8.05	6.07
建筑装饰业	7.26	3.63	3.62
其他建筑业	8.91	5.17	3.73

（五）工程结算收入和利润总额

2008年，全市总承包和专业承包建筑业企业法人单位工程结算收入234.59亿元，其中，房屋和土木工程建筑业占80.43%，建筑安装业占8.52%，建筑装饰业占6.93%，其他建筑业占4.12%；利润总额12.76亿元，其中，房屋和土木工程建筑业占76.65%，建筑安装业占9.33%，建筑装饰业占6.66%，其他建筑业占7.29%（详见表39-39）。

总承包和专业承包建筑业企业法人单位工程结算收入和利润总额

表39-39 单位：亿元

行 业	工程结算收入	利润总额
合 计	234.59	12.76
房屋和土木工程建筑业	188.69	9.78
建筑安装业	19.98	1.19
建筑装饰业	16.25	0.85
其他建筑业	9.66	0.93

注释：

[1] 所有者权益合计：是指所有者在企业资产中享有的经济利益，即企业资产减去负债后的余额。所有者权益包括实收资本（或股本）、资本公积、盈余公积和未分配利润等。

[2] 规模以上工业企业：是指全部年主营业务收入500万元及以上的法人工业企业。

镇江市第二次经济普查主要数据公报(三)

根据镇江市第二次经济普查结果,现将全市第三产业的主要数据公布如下。

一、交通运输、仓储和邮政业

(一)企事业法人单位数和从业人员

2008年末,全市共有交通运输、仓储和邮政业企业法人单位791个,比2004年末增加304个,增长62.42%;从业人员3.71万人,比2004年末增加1.35万人,增长57.20%(详见表39-40)。

在交通运输、仓储和邮政业企业法人单位中,交通运输业[1]占91.15%,仓储业占6.57%,邮政业占2.28%;在企业法人单位从业人员中,交通运输业占89.84%,仓储业占3.87%,邮政业占6.28%。

交通运输、仓储和邮政业企业法人单位和从业人员

表39-40

行　业	单位数(个)	从业人员(万人)
合　计	791	3.71
道路运输业	450	1.60
城市公共交通业	36	0.65
水上运输业	65	0.61
装卸搬运和其他运输服务业	170	0.47
仓储业	52	0.14
邮政业	18	0.23

(二)资产总计、营业收入和营业利润

2008年末,全市交通运输、仓储和邮政业企业法人单位资产总计101.18亿元,比2004年末增长1.89倍。在资产总计中,交通运输、仓储和邮政业分别占86.56%、9.73%和3.71%。

2008年,交通运输、仓储和邮政业企业法人单位营业收入109.11亿元,比2004年增长3.76倍。在营业收入中,交通运输、仓储和邮政业分别占92.06%、5.11%和2.83%。

2008年,交通运输、仓储和邮政业企业法人单位营业利润24.53亿元,比2004年增长2.36倍。在营业利润中,交通运输、仓储和邮政业分别占93.73%、2.85%和3.42%(详见表39-41)。

交通运输、仓储和邮政业企业法人单位资产总计、营业收入和营业利润

表39-41　　单位:亿元

行　业	资产总计	营业收入	营业利润
合　计	101.18	109.11	24.53
道路运输业	58.31	61.25	15.35
城市公共交通业	7.33	8.83	1.41
水上运输业	9.36	16.16	3.03
装卸搬运和其他运输服务业	12.58	14.33	3.21
仓储业	9.85	5.58	0.70
邮政业	3.75	3.09	0.84

二、批发和零售业

(一)企业法人单位数和从业人员

2008年末,全市共有批发和零售业企业法人单位5482个,从业人员6.99万人,分别比2004年末增长50.98%和42.94%。

在批发和零售业企业法人单位中,批发业3756个,零售业1726个,分别占68.52%和31.48%。

在批发和零售业企业法人单位从业人员中,批发业占60.52%,零售业占39.48%(详见表39-42)。

批发和零售业企业法人单位和从业人员

表39-42

行　业	法人单位(个)	从业人员(万人)
合　计	5482	6.99
批发业	3756	4.23
农畜产品批发	134	0.16
食品、饮料及烟草制品批发	291	0.46
纺织、服装及日用品批发	213	0.24
文化、体育用品及器材批发	69	0.06
医药及医疗器材批发	49	0.06
矿产品、建材及化工产品批发	1638	1.86
机械设备、五金交电及电子产品批发	911	0.92
贸易经纪与代理	134	0.12
其他批发	317	0.35
零售业	1726	2.76
综合零售	207	1.15
食品、饮料及烟草制品专门零售	171	0.17
纺织、服装及日用品专门零售	143	0.15
文化、体育用品及器材专门零售	111	0.12
医药及医疗器材专门零售	93	0.19
汽车、摩托车、燃料及零配件专门零售	299	0.37
家用电器及电子产品专门零售	289	0.29
五金、家具及室内装修材料专门零售	212	0.18
无店铺及其他零售	201	0.14

在批发和零售业企业法人单位中,国有企业164个,占2.99%;集体企业269个,占4.91%;私营企业4667个,占85.13%;港、澳、台商投资企业11个,占0.20%;外商投资企业11个,占0.20%(详见表39-43)。

在批发和零售业企业法人单位从业人员中,国有企业占4.72%,集体企业占5.58%,私营企业占71.10%,港、澳、台商投资企业占1.29%,外商投资企业占0.72%。

按登记注册类型分组的批发和零售业企业法人单位和从业人员

表39-43

登记注册类型	法人单位(个)	从业人员(万人)
合　计	5482	6.99
内资企业	5460	6.85
国有企业	164	0.33
集体企业	269	0.39
股份合作企业	13	0.02
联营企业	14	0.01
有限责任公司	203	0.64
股份有限公司	53	0.37
私营企业	4667	4.97
其他内资企业	77	0.10
港、澳、台商投资企业	11	0.09
外商投资企业	11	0.05

(二)资产总计

2008年末,全市批发和零售业企业法人单位资产总计

268.73亿元，比2004年末增长106.72%。其中，批发业法人单位资产203.68亿元，零售业法人单位资产65.05亿元，分别比2004年末增长126.56%和62.22%（详见表39-44）。

批发和零售业企业法人单位资产总计

表39-44

行　业	资产总计(亿元)
合　计	268.73
批发业	203.68
农畜产品批发	15.22
食品、饮料及烟草制品批发	29.14
纺织、服装及日用品批发	9.12
文化、体育用品及器材批发	2.48
医药及医疗器材批发	3.69
矿产品、建材及化工产品批发	83.14
机械设备、五金交电及电子产品批发	39.50
贸易经纪与代理	8.18
其他批发	13.23
零售业	65.05
综合零售	19.41
食品、饮料及烟草制品专门零售	3.62
纺织、服装及日用品专门零售	2.14
文化、体育用品及器材专门零售	3.08
医药及医疗器材专门零售	2.61
汽车、摩托车、燃料及零配件专门零售	17.04
家用电器及电子产品专门零售	7.96
五金、家具及室内装修材料专门零售	5.35
无店铺及其他零售	3.85

（三）主营业务收入

2008年，全市批发和零售业企业法人单位主营业务收入784.12亿元，比2004年增长159.13%。其中，批发业646.37亿元，零售业137.75亿元，分别比2004年增长168.20%和123.62%（详见表39-45）。

批发和零售业企业法人单位主营业务收入

表39-45

行　业	主营业务收入(亿元)
合　计	784.12
批发业	646.37
农畜产品批发	15.50
食品、饮料及烟草制品批发	60.38
纺织、服装及日用品批发	32.54
文化、体育用品及器材批发	7.85
医药及医疗器材批发	7.39
矿产品、建材及化工产品批发	307.57
机械设备、五金交电及电子产品批发	118.42
贸易经纪与代理	23.31
其他批发	73.41
零售业	137.75
综合零售	42.01
食品、饮料及烟草制品专门零售	6.78
纺织、服装及日用品专门零售	6.62
文化、体育用品及器材专门零售	5.87
医药及医疗器材专门零售	4.52
汽车、摩托车、燃料及零配件专门零售	36.79
家用电器及电子产品专门零售	18.53
五金、家具及室内装修材料专门零售	8.46
无店铺及其他零售	8.18

三、住宿和餐饮业

（一）企业法人单位数和从业人员

2008年末，全市共有住宿和餐饮业企业法人单位434个，从业人员15444人，分别比2004年末增长10.15%和33.91%。

在住宿和餐饮业企业法人单位中，住宿业137个，餐饮业297个，分别占31.57%和68.43%。在住宿和餐饮业企业法人单位从业人员中，住宿业占38.77%，餐饮业占61.23%（详见表39-46）。

住宿和餐饮业企业法人单位和从业人员

表39-46

行　业	企业法人(个)	从业人员(人)
合　计	434	15444
住宿业	137	5987
旅游饭店	43	4152
一般旅馆	84	1415
其他住宿服务	10	420
餐饮业	297	9457
正餐服务	258	8698
快餐服务	10	271
饮料及冷饮服务	5	78
其他餐饮服务	24	410

在住宿和餐饮业企业法人单位中，国有企业33个，占7.60%；集体企业20个，占4.61%；私营企业335个，占77.19%；港、澳、台商投资企业4个，占0.92%；外商投资企业2个，占0.46%。

在住宿和餐饮业企业法人单位从业人员中，国有企业占15.20%，集体企业占2.34%，私营企业占59.78%，港、澳、台商投资企业占0.57%，外商投资企业占2.73%（详见表39-47）。

按登记注册类型分组的住宿和餐饮业企业法人单位和从业人员

表39-47

登记注册类型	法人单位(个)	从业人员(人)
合　计	434	15444
内资企业	428	14935
国有企业	33	2348
集体企业	20	361
股份合作企业	2	63
联营企业	1	4
有限责任公司	24	1742
股份有限公司	7	1007
私营企业	335	9232
其他内资企业	6	178
港、澳、台商投资企业	4	88
外商投资企业	2	421

（二）资产总计

2008年末，全市住宿和餐饮业企业法人单位资产总计为26.27亿元，比2004年末增长80.9%（详见表39-48）。

住宿和餐饮业企业法人单位资产总计

表39-48

	资产总计(亿元)
合　计	26.27
住宿业	15.45

续表 39-48

	资产总计(亿元)
旅游饭店	13.41
一般旅馆	1.63
其他住宿服务	0.41
餐饮业	10.82
正餐服务	10.35
快餐服务	0.17
饮料及冷饮服务	0.04
其他餐饮服务	0.26

(三)主营业务收入

2008年,全市住宿和餐饮业企业法人单位主营业务收入19.41亿元,比2004年增长122.08%。其中,住宿业7.56亿元,餐饮业11.84亿元,分别比2004年增长254.93%和79.12%(详见表39-49)。

住宿和餐饮业企业法人单位主营业务收入

表 39-49

	主营业务收入(亿元)
合　计	19.41
住宿业	7.56
旅游饭店	5.23
一般旅馆	1.91
其他住宿服务	0.42
餐饮业	11.85
正餐服务	11.07
快餐服务	0.29
饮料及冷饮服务	0.10
其他餐饮服务	0.39

四、房地产业

(一)企业单位数

2008年末,全市共有房地产业企业793个,比2004年末增加275个。其中,房地产开发业425个,物业管理企业200个,中介服务和其他房地产168个,分别比2004年末增加135个、89个和51个(详见表39-50)。

表 39-50　房地产业企业单位地区分布

地　区	单位数合计(个)	房地产开发	物业管理	中介服务和其他房地产业
全市合计	793	425	200	168
京口区	222	64	65	93
润州区	99	53	23	23
丹徒区	100	68	19	13
新　区	50	31	15	4
丹阳市	122	79	26	17
扬中市	65	34	23	8
句容市	135	96	29	10

(二)从业人员

2008年末,全市房地产业企业的从业人员合计16814人,比2004年末增加7873人。其中,房地产开发业8743人,物业管理企业5873人,中介服务业和其他房地产2198人,分别比2004年末增加2777人、3769人和1327人(详见表39-51)。

房地产业企业单位从业人员地区分布

表 39-51

地　区	从业人员合计(人)	房地产开发	物业管理	中介服务和其他房地产业
全市合计	16814	8743	5873	2198
京口区	3816	1196	1964	656
润州区	2600	1149	1025	426
丹徒区	1563	988	464	111
新　区	1023	495	429	99
丹阳市	3398	1548	1168	682
扬中市	925	549	301	75
句容市	3489	2818	522	149

(三)主营业务收入和实收资本

2008年,全市房地产企业的主营业务收入111.48亿元,比2004年增长161.69%,其中,房地产开发业103.89亿元,物业管理企业3.65亿元,中介服务业和其他房地产3.94亿元,分别比2004年增长155.26%、204.17%和462.86%(详见表39-52)。房地产企业实收资本97.25亿元,比2004年增长265.20%。

房地产业企业主营业务收入地区分布情况

表 39-52

地　区	主营业务收入合计(亿元)	房地产开发	物业管理	中介服务和其他房地产业
全市合计	111.48	103.89	3.65	3.94
京口区	25.89	23.56	1.23	1.11
润州区	21.54	19.63	0.77	1.15
丹徒区	11.10	10.75	0.15	0.20
新　区	8.26	7.67	0.37	0.22
丹阳市	19.78	18.00	0.72	1.06
扬中市	7.87	7.64	0.17	0.06
句容市	17.03	16.65	0.24	0.15

五、其他第三产业

(一)法人单位数和从业人员

2008年末,全市共有从事其他第三产业[2]的法人单位数7649个,比2004年末增加785个。从业人员22.90万人,比2004年末增加7.32万人。其中,企业法人单位2699个,从业人员6.06万人,行政事业及其他非企业法人单位4934个,从业人员16.84万人(详见表39-53)。

表 39-53　其他第三产业法人单位和从业人员

行　业	法人单位(个)		从业人员(万人)	
	企业	行政事业及其他	企业	行政事业及其他
合　计	2699	4950	6.06	16.84
信息传输、计算机服务和软件业	548	30	0.78	0.02
金融业	73	3	1.84	0.01
租赁和商务服务业	1022	320	1.39	0.49
科学研究、技术服务和地质勘查业	322	296	0.87	1.08
水利、环境和公共设施管理业	110	166	0.35	0.61
居民服务和其他服务业	345	62	0.45	0.18
教育	75	567	0.14	4.96
卫生、社会保障和社会福利业	32	329	0.04	2.54
文化、体育和娱乐业	172	210	0.20	0.41
公共管理和社会组织	–	2967	–	6.55

（二）企业法人单位的资产总计、营业收入和营业利润

2008年末，全市其他第三产业企业法人单位资产总计1543.69亿元，全年营业收入283.14亿元、营业利润52.87亿元。资产总计中，金融业、信息传输及计算机服务和软件业、租赁和商务服务业所占比重分别是90.30%、3.89%和2.92%，三个行业合计占97.10%。营业收入中，金融业、信息传输及计算机服务和软件业、租赁和商务服务业所占比重分别是49.35%、12.54%和15.78%，三个行业合计占77.67%。营业利润中，上述三个行业分别占40.51%、17.67%和15.87%，合计占74.05%（详见表39-54）。

其他第三产业企业法人单位资产总计、营业收入和营业利润

表39-54　　单位：亿元

	资产总计	营业收入	营业利润
合　计	1543.69	283.14	52.87
信息传输、计算机服务和软件业	59.98	31.45	9.34
金融业	1393.97	154.93	21.42
租赁和商务服务业	45.04	39.95	8.39
科学研究、技术服务和地质勘查业	25.62	27.79	7.22
水利、环境和公共设施管理业	5.70	10.29	2.16
居民服务和其他服务业	6.97	10.22	2.46
教育	1.55	2.68	0.42
卫生、社会保障和社会福利业	0.56	0.98	0.27
文化、体育和娱乐业	4.30	4.84	1.19

（三）行政事业和其他非企业法人单位的资产、收入和支出（或费用）

2008年末，其他第三产业中的行政事业单位和其他非企业法人单位固定资产原价455.97亿元，全年收入合计208.90亿元，全年支出（或费用）合计198.07亿元（详见表39-55）。

行政事业和其他非企业法人单位固定资产、收入和支出

表39-55　　单位：亿元

	固定资产原价	收入合计	支出（或费用）合计
合　计	455.97	208.90	198.07
信息传输、计算机服务和软件业	1.87	0.64	0.46
金融业	0.01	0.03	0.03
租赁和商务服务业	21.15	5.29	4.87
科学研究、技术服务和地质勘查业	8.65	8.95	8.26
水利、环境和公共设施管理业	33.34	6.57	5.34
居民服务和其他服务业	1.82	1.24	1.11
教育	126.60	49.82	47.83
卫生、社会保障和社会福利业	64.34	34.35	33.92
文化、体育和娱乐业	11.26	4.82	4.63
公共管理和社会组织	186.94	97.18	91.61

注释：

[1] 交通运输业：包括铁路运输业、道路运输业、城市公共交通业、水上运输业、航空运输业、管道运输业、装卸搬运和其他运输服务业。

[2] 其他第三产业：包括信息传输、计算机服务和软件业，金融业，租赁和商务服务业，科学研究、技术服务和地质勘查业，水利、环境和公共设施管理业，居民服务和其他服务业，教育，卫生、社会保障和社会福利业，文化、体育和娱乐业，公共管理和社会组织。

[3] 表中的合计数和部分计算数据因小数取舍而产生的误差，均未作机械调整。

·小资料·

经济普查小知识

一、为什么要进行全国经济普查？

全国经济普查，是国家为了详细了解我国第二、第三产业状况而统一组织的一项重大国情国力调查。

二、全国经济普查的对象是什么？

经济普查对象是在中华人民共和国境内从事第二产业、第三产业活动的全部法人单位、产业活动单位和个体经营户。

三、经济普查对象应尽的责任和义务有哪些？

经济普查对象有义务接受经济普查机构和经济普查人员依法进行的调查。

经济普查对象应当如实、按时填报经济普查表，不得虚报、瞒报、拒报和迟报经济普查数据。经济普查对象应当按照经济普查机构和经济普查人员的要求，及时提供与经济普查有关的资料。

四、经济普查的行业范围包括哪些？

经济普查的行业范围包括：（一）采矿业；（二）制造业；（三）电力、燃气及水的生产和供应业；（四）建筑业；（五）交通运输、仓储和邮政业；（六）信息传输、计算机服务和软件业；（七）批发和零售业；（八）住宿和餐饮业；（九）金融业；（十）房地产业；（十一）租赁和商务服务业；（十二）科学研究、技术服务和地质勘查业；（十三）水利、环境和公共设施管理业；（十四）居民服务和其他服务业；（十五）教育；（十六）卫生、社会保障和社会福利业；（十七）文化、体育和娱乐业；（十八）公共管理和社会组织等。

《根据三次产业划分规定》，本条（一）至（四）项属第二产业，（五）至（十八）项属第三产业。

五、经济普查采用的方法有哪些？

经济普查采用全面调查的方法，即对所有经济普查对象都应进行逐个调查。但是由于个体经营户点多面广，为减轻工作量，提高数据质量，本条规定，对个体经营户的生产经营情况可以采用抽样调查的方法，而对其户数、从业人数以及主要经营活动等基本情况，则要采用全面调查的方法。

六、经济普查频率和时点是如何规定的？

经济普查每5年进行一次，标准时点为普查年份的12月31日。

工作生活指南

责任编校：杨正宏

表 40-1

2009 年重要文件一览表

文　件　名	发　文　号	发文日期
国务院关于公布第二批国家珍贵古籍名录和第二批全国古籍重点保护单位名单的通知	国发〔2009〕28 号	2009－06－09
国务院关于表彰全国民族团结进步模范集体和模范个人的决定	国发〔2009〕37 号	2009－09－26
关于表彰全国第二批科技强警示范城市建设工作先进集体和先进个人的命令	公奖字〔2009〕4 号	2009－02－25
省政府关于 2008 年度江苏省科技进步奖励的决定	苏政发〔2009〕3 号	2009－01－07
省政府关于表彰 2008 年度财政收入增长较快贡献较大市县的决定	苏政发〔2009〕4 号	2009－01－12
省政府关于公布第二批省级非物质文化遗产名录和第一批省级非物质文化遗产扩展项目名录的通知	苏政发〔2009〕94 号	2009－06－20
关于表彰 2008 年度省政府门户网站内容保障工作先进单位和江苏省优秀政府网站的通报	苏政办发〔2009〕25 号	2009－02－24
中共镇江市委市政府关于加快推进农村改革发展的实施意见	镇发〔2009〕1 号	2009－01－01
全市深入学习科学发展观活动实施意见	镇发〔2009〕10 号	2009－03－14
印发《关于建立重要权力节点监控机制的实施意见》的通知	镇发〔2009〕16 号	2009－04－09
关于提升行政效能 优化发展环境的若干意见	镇发〔2009〕22 号	2009－07－17
关于深化医疗体制改革的实施意见	镇发〔2009〕27 号	2009－08－26
关于在全市共产党员中开展向优秀共产党员张雅琴同志学习的决定	镇发〔2009〕43 号	2009－12－26
关于印发《镇江市城市地下水资源管理办法》的通知	镇政发〔2009〕13 号	2009－01－24
关于创建全国质量兴市先进市的实施意见	镇政发〔2009〕15 号	2009－02－04
关于镇江市农村秸秆综合利用的实施意见	镇政发〔2009〕16 号	2009－02－09
关于印发《镇江市农村宅基地管理暂行办法》的通知	镇政发〔2009〕22 号	2009－02－13
关于切实做好鼓励创业促进就业的工作意见	镇政发〔2009〕29 号	2009－04－02
关于促进我市产业调整与优化的实施意见	镇政发〔2009〕39 号	2009－04－15
关于修订《镇江市市区集体土地房屋拆迁管理暂行办法》的通知	镇政发〔2009〕42 号	2009－04－15
关于修订《镇江市市区禁止燃放烟花爆竹暂行规定》等市政府规范性文件的通知	镇政发〔2009〕44 号	2009－04－20
关于加快镇江城区水环境治理工作的实施意见	镇政发〔2009〕52 号	2009－04－30
关于严格禁止露天焚烧农作物秸秆的通告	镇政发〔2009〕56 号	2009－05－08
关于加快我市软件业发展的意见	镇政发〔2009〕63 号	2009－06－12
关于印发镇江市新能源产业发展规划的通知	镇政发〔2009〕83 号	2009－08－24
关于推进医疗保险市区统筹的意见	镇政发〔2009〕84 号	2009－08－24
关于我市公立医院改革试点工作的实施意见	镇政发〔2009〕95 号	2009－09－16
关于进一步促进中小企业发展的实施意见	镇政发〔2009〕113 号	2009－12－17
关于稳定农村土地承包关系 加快建立土地流转有型市场的实施办法	镇办发〔2009〕20 号	2009－03－14
关于发展壮大村级集体经济的实施办法	镇办发〔2009〕21 号	2009－03－14
关于印发《镇江主城区“青山绿水”两年行动方案》的通知	镇办发〔2009〕35 号	2009－05－12
关于印发《镇江市脱贫攻坚“两消除”工程实施方案》的通知	镇办发〔2009〕36 号	2009－05－12
关于大力推进社区卫生服务发展的意见	镇政办发〔2009〕33 号	2009－01－22
关于加快全市中小企业信用担保体系建设的意见	镇政办发〔2009〕36 号	2009－01－23
关于印发镇江市提高出生人口素质社会行动计划的通知	镇政办发〔2009〕42 号	2009－02－09
关于进一步加强企业技术改造工作的意见	镇政办发〔2009〕47 号	2009－02－09

续表 40-1

文件名	发文号	发文日期
关于建立返乡农民工帮扶机制的实施意见	镇政办发〔2009〕51 号	2009-02-11
关于印发镇江市太湖水环境综合治理实施方案暨专项规划的通知	镇政办发〔2009〕66 号	2009-02-18
关于印发2009年镇江市网络与信息安全工作要点的通知	镇政办发〔2009〕82 号	2009-03-16
关于印发镇江市太湖水污染防治工作规则的通知	镇政办发〔2009〕83 号	2009-03-16
印发关于发展现代高效农业的实施办法的通知	镇政办发〔2009〕87 号	2009-03-17
关于印发镇江市2009年政务公开工作要点的通知	镇政办发〔2009〕88 号	2009-03-30
印发关于创新农村金融制度的实施办法的通知	镇政办发〔2009〕105 号	2009-04-22
关于印发《镇江市农村小额贷款公司管理暂行办法(试行)》的通知	镇政办发〔2009〕135 号	2009-05-22
关于印发镇江市甲型H1N1流感防控应急预案(暂行)的通知	镇政办发〔2009〕143 号	2009-06-01
转发省民政厅等十四个部门《江苏省城市低收入家庭认定办法》的通知	镇政办发〔2009〕186 号	2009-09-17
关于印发《镇江市机动车排气污染防治实施细则》的通知	镇政办发〔2009〕221 号	2009-12-11
关于印发2010年全市深化医药体制改革目标任务的通知	镇政办发〔2009〕223 号	2009-12-21
关于印发《镇江市市级储备粮管理办法》的通知	镇政规发〔2009〕1 号	2009-08-24
关于修订《镇江市城市房屋拆迁管理办法》等规范性文件的通知	镇政规发〔2009〕2 号	2009-09-07
关于印发《镇江市市区经营性建设用地容积率规划管理暂行规定》的通知	镇政规发〔2009〕3 号	2009-09-10
关于印发《镇江市建筑垃圾管理办法》的通知	镇政规发〔2009〕4 号	2009-09-16
关于印发《镇江市社会医疗保险自费医疗补充保险暂行办法》的通知	镇政规发〔2009〕5 号	2009-12-07
关于印发《镇江市市区利用住宅房经营管理暂行办法》的通知	镇政规发〔2009〕6 号	2009-12-10
关于印发《镇江市地质环境保护办法》的通知	镇政规发〔2009〕7 号	2009-12-10
关于印发《镇江市征地补偿和被征地农民基本生活保障办法》的通知	镇政规发〔2009〕8 号	2009-12-25

(陈 莹 吴小娟 姚宏敏)

表 40-2

2009年镇江市市区标准地名命名情况表

标准地名	实体状况说明	类别
凤凰家园(分片区名称)	位于长山灌渠西侧,东至长山渠路,西至润兴路,南至凤凰山路,北至润旺路,总规划建筑面积29万平方米。片区名称分别为:丹凤苑、凤梧苑、鸣凰苑、凤仪苑	居民地
鑫韵花苑	位于檀山路中段东侧,东至原镇江塑料电线厂职工宿舍,南至市卫生学校,西、北至檀山路,总建筑面积3万平方米	
美林湾四和苑	位于镇江新区丁卯片区,东临江苏江大源生态生物科技有限公司和镇江市华谊机械有限公司,南临镇江市诚翔电器有限责任公司,西至经三路,北至南纬一西路,建筑面积6.8万平方米	
朴园(分片区名称)	位于林隐路北侧,东至黄山东路,南至林隐路,西至黄鹤山路,北至北府路,总规划建筑面积40万平方米。分三个片区,其中位于"朴园"中部片区命名为:兰亭苑	
京润华庭	位于学府路308号,东至御带河,南临古运河,西临经十四路,北至学府路,建筑面积5.18万平方米	
跑马山庄	位于檀山路中段东侧,东至镇江市卫生学校,南临沪宁铁路,西至檀山路,北至二道巷居民区,规划总建筑面积3.77万平方米	
逸景园	位于桃西路17号,东至"郎香园"居民住宅区,南至镇江市金山外贸库,西至桃西路,北临润州仙妻调味品厂,建筑面积9315平方米	
春色江南小区(分片区名称)	位于三茅宫小区北侧,东临桃西路,南至三茅宫小区,西临润州路,北临运粮河,建筑面积6.98万平方米。片区名称分别为:丝竹苑、馨兰苑、香柳苑	
恒顺尚都花苑	位于学府路南侧,东至江苏科技大学附属中学,南至焦顶山,西至凌家湾路,北临学府路,建筑面积4.28万平方米	
尚东国际景苑	位于谷阳路西侧,东至谷阳路,南至索普国际学校,西至镇江六普物资有限责任公司,北至丁卯桥路,建筑面积3.6万平方米	
霞飞坊	位于金港大道东段南侧,东临烟墩山路,南临扬子江路,西至港中路,北至金港大道,建筑面积7万平方米	
冠城路	位于檀山路中段西侧,东西走向,东起檀山路,西至御桥港路,长511米,宽20米	道路
银泉路	位于镇江新区大港片区人民公园南侧,东西走向,东起银山路,西至赵声路,长500米,宽20米	
园丁路	位于镇江新区大港中心幼儿园南侧,东西走向,东起港口路,西至通港路,长500米,宽10米	
勤学路	位于镇江新区中学西侧,南北走向,南起赵声路,北至宏成路,长500米,宽15米	
荞麦山路	位于镇江新区大港片区,东西走向,东起兴港西路,西至北山公墓,长2500米,宽10米~15米	
新禧路	位于镇江新区大港片区逸翠园与御都花园之间,东西走向,东起逸翠园,西至赵庄社区,长700米,宽20米	
东方支路	位于镇江新区大港片区东方路南侧,南北走向,北起东方路,南至东方河,长500米,宽10米	

续表 40-2

标准地名	实 体 状 况 说 明	类别
姚兴桥	位于镇江新区港南路姚桥镇红光村段,横跨捆山河,长20米,宽35米,为钢筋混凝土桥,沥青路面	桥梁
新临桥	位于镇江新区港南路大路镇照临村段,横跨沙腰河,长20米,宽35米,为钢筋混凝土桥,沥青路面	
左家湖立交西桥	位于金港大道上,长74米,宽25米	
左家湖立交南桥	位于金港大道上,长74米,宽25米	
左家湖立交北桥	位于金港大道上,长80米,宽23米	
上埋路立交桥	位于金港大道上,长60米,宽51.75米	
丁家桥	位于金港大道上,长140米,宽42米	
金港运河大桥	位于金港大道上,长458.25米,宽47米	
雩山街立交桥	位于金港大道上,长240米,宽33.5米	
雩龙路立交桥	位于金港大道上,长60米,宽33.5米	
钱家湾桥	位于金港大道上,长20米,宽57米	
越河街立交桥	位于金港大道上,长60米,宽34.25米	
朱家桥	位于金港大道上,长20米,宽34.25米	
百里桥	位于金港大道上,长13米,宽68.93米	
青龙山路立交桥	位于金港大道上,长60米,宽26.5米	
北山路立交桥	位于金港大道上,长60米,宽26.5米	
鑫韵大厦	位于檀山路中段东侧,主体17层,建筑面积1.8万平方米	大厦
滨江银座大厦	位于长江路11号,主体16层,建筑面积1.8万平方米	

注:丹徒区标准地名命名情况在下表记述。

(徐雨平)

表 40-3

2009 年镇江市辖市(区)标准地名命名(更名)情况表

标准地名	实 体 状 况 说 明
丹徒区	爱民苑、颐景嘉苑、金阳花苑、景湖印象、香榭丽舍、仁让小区、茅以升大道、冷遹路、镇东路、仁商路、仁堪路、仁和路、通济路、仁让路、振兴一路
丹阳市	澳都花城、普善人家、滨江新城、西苑人家、凤凰名城、东方盛世小区、新溪路、朱庄路、观庄路、银杏路、天禄路、黄金塘路、圣昌路、长湾路、新丰路、石潭路、营里路、星火路、康力路、普善路、滨河路、西二环路、新源路、丹辛路、湖岗路、胜湖路、兴湖路、旺湖路、振湖路、建湖路、湖头路、常乐路、胜景路、五孔闸路、新河路、通源路、魏东路、道人墩路、湖海路、丁东路、丁南路、观东路、龙观路、居安路、花园路、东庄路、练湖路、晓庄路、利市路、利明路、锦湖路、西环路、伊甸园路
句容市	明豪华庭、世茂花园、西转盘综合楼、玉兰家园、银河湾、东府小区、味特佳路、花园路、世茂路、学府雅苑、静沁园、仑山湖国际度假村、仑山湖南路、仑山湖东路、美家福邸、新北楼、新华家园、汤山鎏园、嘉盛花园、好家园、黄金花园、小康花园、香山壹境山庄、容城嘉苑、金陵福满苑、西关综合楼、南风苑

(徐雨平)

2010 年镇江市市本级医疗保险有关数据

一、统账结合基本医疗保险

(一)筹资标准

1. 用人单位以全部职工上年度工资总额之和为缴费基数,按9%的比例缴纳;在职职工以本人上年度工资总额的2%缴纳。单位职工2010年最低缴费基数不低于17712元。

大病高额医疗费用统筹金由在职人员以本人上年度工资总额的0.5%缴纳,退休人员不缴费。

2. 个人参保人员2010年缴费标准为每人每年3641.82元,即:31668元(2008年度全省在岗职工平均工资)×11.5%(含大病统筹0.5%)=3641.82元。

持有有效"就业登记证"、毕业两年内的"毕业登记证"的未就业人员和"残疾证"持有人以及"低保证""特困证"的持有人及家庭成员参保,按照2008年度最低标准享受缴费照顾,2010年缴纳1889.2元,即:16428×11.5%=1889.2元。

3. 离休人员遗属参保费用由离休人员单位缴纳,标准为2008年度全省在岗职工平均工资×11.5%,为3641.82元。

(二)个人账户

4. 45周岁以下的人员按本人上年度工资总额的4%划入;45周岁(含45周岁)以上的人员按本人上年度工资总额的5%划入;退休人员按本人上年度退休金总额的6%划入。

个人账户分设一级账户和二级账户,二级账户为2009年12月31日止积累额超过3000元以上的部分,其余为一级账户。

离休人员个人医疗费用账户划入5000元,伤残军人个人医疗费用账户划入4000元。

5. 自费补充医疗保险金由市医保经办机构于2010年1月1日统一从参保人员个人账户中一次性代扣。在职人员为年工资总额的0.3%,退休人员为年退休金的0.3%,一至六级革命伤残军人、离休人员为2008年省在岗职工平均工资的0.3%。

离休人员、伤残军人的个人医疗费用账户划扣后,分别由原渠道补足至原政策规定的平均额度。

二、居民基本医疗保险

6. 2010年居民基本医疗保险筹资

标准为250元/人。其中个人缴纳100元,政府财政补助150元。

凡女性年满50周岁、男性年满60周岁以上的老年居民,个人缴纳50元,政府财政补助200元。

本市户籍的居民自2004年起连续参保,且其家庭成员全部参加社会医疗保险的70周岁以上人员,个人居民基本医疗保险费由政府财政全额补助。

城乡低保户、农村五保户、优抚对象、在乡精简老职工、特困职工家庭成员等救助对象参加居民基本医疗保险的个人缴费部分,由社会医疗救助资金支付。

原享受职工供养直系亲属半劳保待遇的人员,每人缴纳50元,单位缴纳50元,政府补助150元。

7. 2010年学生保险筹资标准为80元/人。其中在校(含在托)学生每人每年个人缴纳50元,政府财政补助30元。

城乡低保户、特困职工家庭的学生少儿以及孤儿的个人缴费部分由社会医疗救助资金全额承担。

三、特殊医疗补充保险

(一)缴费标准

8. 公务员缴纳年工资总额(含退休费总额)的3%;全国劳动模范和相当于全国劳动模范的先进生产(工作)者按本人上年工资总额的8%,省劳动模范和相当于省级劳动模范的先进生产(工作)者按本人上年工资总额的6%,市级劳动模范和相当于市级劳动模范的先进生产(工作)者、获得镇江市人民奖章荣誉称号人员及优秀拔尖人才按本人上年工资总额的4%。

9. 其他人员参加特殊医疗补充保险的缴费标准:单位集体参保的,按在职职工工资总额和退休人员退休费总额的2%缴纳;个人身份参保的,按工资总额的2%从本人二级个人账户积累额中缴纳。

(二)增加个人账户

10. 公务员个人账户增加划入标准:45周岁以下划入本人上年度年工资总额的1%;45周岁(含45周岁)以上至退休前,划入本人上年度年工资总额的1.5%;退休人员划入本人上年度年退休金总额的2%。

劳动模范、拔尖人才个人账户增加划入标准:全国劳动模范按本人上年工资总额的6%划入,省劳动模范按本人上年工资总额的4%划入,市级劳动模范和优秀拔尖人才按本人上年工资总额的2%划入。

凡同时享受劳动模范、优秀拔尖人才及获得镇江市人民奖章荣誉称号等特殊医疗补充待遇的人员,均就高享受增划个人账户的待遇,不重复、双重或多重享受。

凡具有公务员与劳动模范、拔尖人才及获得镇江市人民奖章荣誉称号双重身份的对象,除按相应劳动模范级别增划个人账户外,按公务员医疗补助工资总额的3%缴费的部分全部划入其个人账户。

四、住院医疗补助保险

11. 每份2000元(一人可以购买多份),可以现金支付,也可以用本人二级账户资金支付。

五、特殊人员医疗费用统筹

12. 离休人员医疗费用统筹每人每年缴纳22000元,革命伤残军人医疗费用统筹每人每年缴纳11000元。

(王 翔)

2010年起镇江市市区实施的医疗保险新政策简介

一、丹徒区、镇江新区医保制度纳入市区统筹

2010年1月1日起,市区(含京口区、润州区、丹徒区和镇江新区)范围内实行医保制度、经办管理和信息系统"三统一"的完全统筹,30多万名城郊农民享受医保"同城同政策同待遇"。一是统一制度政策。自2010年1月1日起,各辖区按照市区现行医保政策执行,统一筹资和待遇水平。将丹徒区和镇江新区"新农合"制度整体并入市区居民基本医疗保险制度。同时,按照医疗救助办法的规定,实现医疗救助制度与基本医疗保险的衔接,即对所有救助对象先由救助资金资助纳入医保制度,再对个人负担部分进行"即医即助"。二是统一基金管理。各辖区各项医保基金收入和医疗救助基金收入纳入市财政专户统一管理。三是统一信息系统。市区各类医保参保人员实行同一信息系统下的统一管理;市医保信息系统与丹徒区、镇江新区各定点医疗(药)机构联网;自2010年1月1日起,市区所有参保人员统一使用医保卡就医和转诊。

二、统账医保参保人员住院时自费医疗费用可报销40%

自费医疗补充保险的参保对象:市区范围内所有参加统账结合基本医疗保险的用人单位及其职工和退休人员,以及其他参加统账结合基本医疗保险的人员(含一至六级革命伤残军人)、参加离休人员医疗统筹的离休人员。

自费医疗补充保险金的缴纳标准:在职人员为年工资总额或退休人员为年退休金总额(一至六级革命伤残军人、离休人员为上年全省在岗职工社会平均工资)的0.3%,由市医保经办机构于每年的1月1日前统一从个人账户中一次性全额代扣,个人不需要另外缴纳参保费用。

自费医疗补充保险金的支付范围和标准:参保人员在住院期间使用超出《镇江市社会医疗保险药品报销目录》以外的自费药品(在国家药典所规定范围内)、采用超出《镇江市社会医疗保险诊疗项目目录》以外的自费诊疗项目、使用未纳入基本医疗保险报销范围而需参保人员自费的医用耗材、人工器官所发生的医疗费用,由自费医疗补充保险金补偿40%。参加本市特殊医疗保险补充保险的劳模、公务员等人员,先享受自费医疗补充保险待遇,同时享受特殊医疗补充保险待遇。

因下列情形之一发生的自费医疗费用,自费医疗补充保险金不予补偿:门诊(含门诊慢性病、门诊特殊病种)、急诊费用;在非定点医疗机构住院就医;生育、计划生育及因工(公)负伤类的医疗;至定点或非定点零售药店购药;与入(住)院疾病治疗无关的用药、诊疗及人工器官安装、医疗耗材使用等所发生的医疗费用。

此外,在参保年度期间新参保人员、重新参保人员但未续保至本年1月1日的,自次年1月1日起参加自费医疗补充保险并享受相应待遇。

三、取消退休人员年缴纳48元大病统筹金,但待遇照常享受

自2010年1月1日起,统账结合基本医疗保险参保退休人员不再缴纳每年48元的大病医疗统筹金,但正常享受《镇江市社会医疗保险办法》规定的大病高额医疗费用统筹待遇。

2009年12月31日前以现金方式缴纳2010年大病统筹金的退休人员,其缴纳的大病统筹金由用人单位退还;社会化管理的退休人员,其以现金方式缴纳的大病统筹金,可至市医保中心(市运河路79号劳动大楼二楼社保服务大厅)办理退费。

根据《镇江市社会医疗保险办法》(镇政发〔2009〕117号),参加统账结合基本医疗保险的所有参保人员(包括退休人员)必须同时参加大病医疗统筹。大病医疗统筹资金的缴费年限满5年(含5年)以上的参保人员,年度内发生符合规定的医疗费用在基本医疗保险最高限额50000元以上的部分,由大病医疗统筹资金支付95%,个人支付5%;大病统筹金同一年度内支付不封顶。缴费年限不足5年的,最高限额50000元;每相差1年,最高限额即下降10000元。

四、离休人员个人医疗费用账户提高至5000元

2010年,市区离休人员医疗统筹费

标准提高至每人22000元，参保单位按此标准直接交至市医保经办机构（包括已实行地税征收单位）；划入离休人员个人医疗费用账户由原4000元提高至5000元。

离休人员个人医疗费用账户既可用于门诊，也可用于住院，往年结余部分可用于支付本人自付、自费费用。统一执行本市医保药品目录和诊疗项目目录，使用药品目录中注★、★★、★★★的药品，不再按比例支付，改为全部报销；用于抢救的非目录药品费用报销40%；床位费最高报销标准提高至50元/床日。使用诊疗项目中目录的乙类诊疗项目，个人先自付比例由15%降为10%。在定点社区卫生服务机构门急诊的，一律免收诊疗费。

五、提高6种人工器官、医用耗材报销最高限价

纳入镇江市医保报销范围的一次性医用材料共计128项，其中，有报销最高限价的67种，未规定最高报销限价的61项；人工器官、体内置放材料目录共计58项，均规定有报销最高限价。适用范围为本市所有的社会医疗保险参保人员。

2010年1月1日起，提高6种人工器官和医用耗材的医保报销最高限价。其中，心脏起搏器由原价20000元细分为单腔或双腔心脏起搏器、三腔心脏起搏器两种，最高限价分别提高至单腔或双腔25000元，三腔50000元。各种血管支架由原价10000元改为主动脉支架最高限价50000元，其他血管支架（含冠脉支架、肾动脉支架等）仍为10000元。

另外4种调整后的最高限价，经皮穿刺肿瘤深部微波热凝治疗术用微波刀5000元，血液灌流器（含管路）1000元，脊柱创伤系统（脊柱内固定系统）10000元，人工膝关节15000元。

参保人员在使用目录内的人工器官、体内置入材料和一次性医用材料时，实行报销最高限价政策。实际价格高于报销最高限价的，按规定的最高限价报销；低于报销最高限价的，按实际价格报销。参保人员因病情需要而使用人工器官、医用耗材时，定点医院应充分征求患者（或家属）的意见，使用价廉质优的产品，以保障参保人员的基本医疗。

六、人工器官、体内置入材料医疗费用在最高限价内改作普通费用报销

按照上年规定，参保人员使用人工器官、体内置入材料的医疗费用，统账医保参保人员在最高限价内，由大病统筹金支付90%，个人支付10%；居民医保在最高限价内，由参保人员个人先负担50%，其余50%的部分视同普通医疗费结算。

从2010年1月1日起，全市参加统账医保、居民医保的人员因病情需要，经治疗单位同意安装的人工器官、体内置入材料（如心脏起搏器、心脏瓣膜、人工晶体、人工喉、人工关节等）的医疗费用，在本市医疗保险规定的最高限价内，视同普通医疗费用，分别按照统账医保或居民医保的规定进行结算。其中，居民医保取消“由个人先负担50%，其余50%部分按规定结算”的政策，改为在最高限价内全部按规定结算。

参保人员因病情需要安装人工器官、体内置入材料的，只需经治疗单位同意，直接用医保卡结算，不需要再到医保经办机构办理审核批准手续。

七、自费诊疗项目纳入特殊医疗补充保险住院自费报销范围

按照镇江市特殊医疗补充保险政策，本市参加统账医保的各级劳动模范、优秀拔尖人才、公务员、镇江市人民奖章获得者等人员，在参加统账结合基本医疗保险的基础上，由所在单位为其参加特殊医疗补充保险。可享受包括增划个人账户、个人支付2000元封顶、住院时自费报销40%等待遇。

自2010年1月1日起，参加特殊医疗补充保险的人员住院时使用的超出《镇江市社会医疗保险和工伤保险药品目录》以外的自费药品（在国家药典所规定范围内），采用超出《镇江市社会医疗保险诊疗项目目录》以外的自费诊疗项目、使用未纳入社会医疗保险报销范围而需参保人员自费的医用耗材、人工器官所发生的费用，由特殊医疗补充保险资金支付40%。

此外，按照2010年起实施的自费医疗补充保险政策，参加特殊医疗补充保险的人员，住院时发生的自费医疗费用，先享受自费医疗补充保险待遇，同时享受特殊医疗补充保险待遇。

八、“基本医疗服务包”扩大到60岁以上救助对象

自2010年1月1日起，市区扩大参加居民医疗保险的特定人员享受“基本医疗服务包”救助范围，救助对象的年龄规定由年满70岁以上调整为年满60岁以上。

“服务包”救助对象在本人定点社区发生的基本医疗门诊费用，由医保基金和救助资金共同支付，个人不需付费。“服务包”对象凭“医疗保险证历”、医保IC卡和“服务包”保障卡，在本人定点的社区卫生服务中心门诊医疗，并享受以下救助待遇：免收普通门诊挂号费、普通门诊诊疗费、门诊注射费，减半收取治疗费、检查费、放射费、手术费。在减免上述各项费用后，按社会医疗保险有关政策结算其余医疗费用，其中，属于个人支付的部分，由“服务包”救助资金补助。

同时，自2010年1月1日起，调整市区社会医疗救助资金筹集标准，由原来每人4元（按市区总人口计算）提高至每人6元。对70岁以上老年居民参加居民医保的个人应缴费用，由政府财政资金全额进行补助；“5060”（女性年满50周岁，男性年满60周岁）老年居民的个人应缴费用由救助资金支付一定比例。

根据《镇江市社会医疗救助办法》，镇江市医疗救助对象包括七类困难人员，即城市低保人员、城市三无人员、特困职工、农村低保人员、农村五保户、在乡精简老职工以及政府集中供养的孤残儿童等民政福利对象。困难群体只要符合救助条件，直接进入医保和医疗救助体系。救助形式包括，参保费用资助、医疗费用直接减免和增加补偿额度等。加上慈善救助制度，形成具有鲜明镇江特色的“医疗保险＋医疗救助＋慈善助医”的社会医疗救助新体系。救助对象就医时，先依规定对救助对象的医疗费用减免，再由医保补偿和救助，最后由慈善部门对剩余的个人支付部分按比例补助。

（王　翔）

索 引

说 明

一、本索引采用主题分析方法编制。标引词中机构、单位名称按《简称全称对照表》，用简称。市机构、单位名称前不加"镇江市"或"市"。标引词按第一字汉语拼音音序排列；第一字相同，按第二字排列，依次类推。

二、类目、分目（次分目）名称用黑体字标明。标引词后的阿拉伯数字表示内容所在页码，数字后的拉丁字母 a、b、c 分别表示从左至右第一、二、三栏。标引词后第二个页码起，表示该索引参见内容所在位置；空一字起排的为上一标引词的附见内容。

三、《大事记》和彩色画页未编索引。

D

G

H

J

O

P

Q

R

T

W

X

Y

Z

丹阳市界牌镇

省委书记梁保华（中）视察新农村建设工作

国土资源部副部长王世元调研界牌新农村建设

界牌镇位于丹阳市东北部，地处长江之滨，南与常州市接壤，西与新桥毗临，东北与扬中市隔江相望，处于宁、镇、扬经济区和苏、锡、常经济区的结合部，是镇江首富镇、全国千强镇。全镇总面积23.5平方公里，辖5个行政村，3个居委会，2009年末总户数6959户，总人口21824人。境内水陆交通便利，基础设施完善，工业化程度高，全镇形成以路灯、汽摩配件、塑料化工三大类产业为支柱的格局，闻名全国的华东灯具城坐落于其内。居民生活富裕，农民人均纯收入18500元。

镇江市委书记许津荣（左四）调研新农村建设

界牌新村

新农村建设示范点——界牌新村

江苏卡威公司

江苏彤明车灯有限公司

江苏中靖集团

科技园区蓬勃发展

大全集团

扬中市新坝镇

端午节民俗文化活动被中央台报道

新坝镇位于江苏省扬中市西北部，下辖16个行政村，1个农场，2个社区居委会，总面积49.2平方公里，人口4.72万人。1995年,新坝镇被授予中国乡镇之星称号，先后荣获全国文明镇、国家卫生镇、全国环境优美乡镇、江苏省最佳人居环境范例奖、江苏省文明乡镇标兵等荣誉称号，连续多年位居镇江市发展经济十强镇之首。2009年，全镇实现地区生产总值56亿元、财政总收入6.76亿元、人均GDP1.74万美元。

全镇拥有近500家企业，其中亿元以上企业24家，市属三十强企业14家，定报企业106家。2009年，全镇实现工业经济总量190亿元，同比增长近40%，大全集团2009年产值达到71亿元。全镇已形成电力电器、硅材料、钎焊材料、乳胶系列、磨具磨料、职业服饰等六大主导产业基地，是全国电力电气产业之乡，行业规模达140亿元，占全国市场份额的近15%。宏达化工、苏惠乳胶、宜禾股份、长江渔具、康尔臭氧等企业已成长为全国同行业的“单打冠军”，拥有1个“中国名牌”产品，7个国家免检产品，3枚中国驰名商标。全镇已与全国600多家科研院所、大专院校建立了牢固的合作关系，拥有各类专业技术人员4000余名，其中中高级技术人员1000多名。全镇拥有博士后科研工作站4个，院士工作站3个，1家国家级技术研发中心，1家国家863计划成果转化基地，拥有新认定的高新技术企业18家、省级以上高新技术产品114项。被省科技厅命名为首批创新型乡镇和电力电器创新专业镇，大全集团被国家科技部命名为“创新型企业”，科技对全镇经济增长的贡献额达68%。科技园区建设实现新突破。21家企业全部达产达效，规模总量近50亿元。园区二期工程全面启动，首期4个投资超亿元项目顺利开工建设。全年新批外资项目2个、增资项目6个，实际利用外资2350万美元，完成进出口总额1.2亿美元，其中自营出口7620万美元。6平方公里集镇规划建设全面推进并形成热潮，沿江绵延20公里的万亩生态农业园生机盎然，各具特色的农民集中居住区展示了社会主义新农村的美好风采，道路组组通、河道条条畅、环境处处美、保障人人有、生活步步高的新农村蓝图成为美景。全国首家职业装博览馆建设运行，新建成梓阳植物园书画院，并成为江苏省美术馆和江苏省文联书画研究中心创作基地，拥有3000个座位的休育馆和1000个座位的新坝大剧院等高档次文化体育活动阵地，农家书屋和健身路径实现镇村全覆盖，“农民文化体育节”等群众性文体活动深入开展。新坝是镇江市最充分就业镇，2009年农民人均纯收入达到14700元，全镇已就业人数达到22000人，占劳动力总数的99%。新坝是全国高保障地区，农保、城保覆盖率均超过95%。

和谐幸福的农民生活

美轮美奂的新农村

风景秀丽的沿江生态线

新农村建设如诗如画

工业经济发展十强镇

扬中市油坊镇

油坊夜景

2009年，油坊镇在上级党委政府的正确领导下，坚持以十七届三中全会精神为指针，全面落实科学发展观，较好地完成了年度各项任务。

综合实力保持高速增长。完成地区生产总值22.49亿元，财政总收入1.76亿元，财政可支配收入5733万元，农民人均纯收入11099元。全年工业产值、销售、增加值分别达65.69亿元、62.81亿元、17.05亿元，同比分别增长30.86%、38.72%、28.84%，光伏产业占全镇经济比重达68.5%。两大园区完成了控制性详规的编制，企业不断进驻，功能不断完善。

镇村面貌得到有力改善。集镇功能不断完备，成功创建了交通安全示范镇；农村环境整治不断深入，全镇新增绿化造林101公顷，绿化河港、道路46条，实施"一池三改"149户，完成改厕1136户，新改危桥7座，新增硬质化道路21公里，全国环境优美乡镇创建工作顺利通过升级验收；全镇有5个村跨入亿元村行列。

社会公益事业更受重视。社会保险率达89%，医疗保险应保尽保，劳动合同签订率达98%，全年募集慈善基金60.63万元，并成立了全市首家残疾人庇护所；有线电视覆盖率达90%；会龙村创建为省级民主法制村，长旺村、油坊村通过江苏省卫生村验收。

如今，油坊人站在"跨越百亿、崛起当强"的新起点上，在集中心智抓建设、聚精会神谋发展的同时，更致力于为4.2万油坊人民缔造一个生态和谐、幸福安康的生活家园。

水上乐园外景

兴旺的第三产业

农民新居

新建的镇村道路

丹徒区谷阳镇

党委书记 徐申锋

镇长 张 宾

一批重点项目开工

“七仙女”传说的发祥地——槐荫村

自编自演文艺节目

镇第二届人民代表大会第四次会议召开

休闲广场

镇 重 点 企 业

丹徒区宝堰镇

市委书记许津荣（前左）在宝堰镇调研

召开骨干企业负责人座谈会

建成污水处理厂

成功创建省环境优美镇

一批民生工程建成投入使用

镇重点企业外景

慈善“温暖行动”救助金发放

丹徒区荣炳盐资源区

党工委书记 季道远

镇 长 冯顺林

区长陈琳（左一）在园区调研工作

市、区领导视察农业工作

区人大代表与百姓“面对面”活动

文体活动丰富多彩

召开三个文明建设和党建工作目标责任状签订大会

镇 重 点 企 业

丹徒区高资镇勤丰村

党总支书记 笪如俊

村委会主任 周建明

高资镇勤丰村位于镇江西郊，北临长江、南靠沪宁铁路、312国道、沪宁高铁和京沪高铁，沿江高等级公路穿村而过，交通便捷，是"二重"重装基地所在村，是沿江开发的热点区域。全村总面积7.8平方公里，19个村民小组，人口3200人，其中党员93人。多年来，勤丰村以内强素质、外树形象、强化管理、争创先进为目标，加快新农村建设步伐，早在1999年就被省文明委评为"江苏省文明村"，被省司法厅评为"优秀调委会"，是市级"文明单位""文明村""卫生村"，2009年又被评为"生态村"，勤丰村党总支连续多年被区委评为"先进基层党组织"。2009年全村完成社会总产值达1.25亿元，农民人均收入12774元。

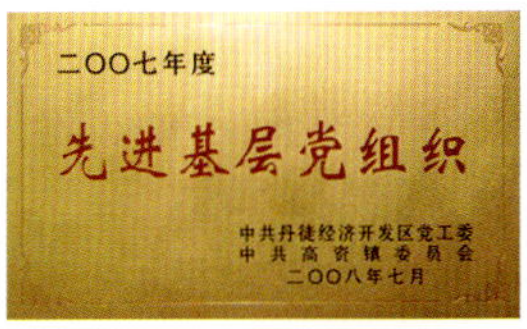

建设中的二重项目

农民新居

沿江高等级公路

京口区大市口街道

大市口街道横亘中心城区东西，面积4平方公里，辖12个社区居委会，2009年末总人口71435人，23798户。可以用“山水城文”四个字概括街道地理人文特征。

2009年，大市口街道始终紧扣“明晰科学发展新理念，激发商圈发展新动力”主题，以学习实践科学发展观为统领，立足京口、放眼全市，危中寻机、难中求进、险中夺胜，致力打造“商圈发展繁荣，民生幸福和谐，党建特色鲜明”的一流实力型街道。

米山社区举办中外文化交流活动

深入开展学习实践科学发展观活动

创业型城市广场文艺演出场景

街道文体活动中心成立

为城市建设做好拆迁工作

辖区内大型商贸企业——八佰伴开业

京口区正东路街道

锦绣皇宫大酒店

2009年，街道完成全社会固定资产投资10.5亿元，增幅17.0%；规模以上固定资产投资9.5亿元，增幅14.5%；完成一般预算收入7399万元；定报工业销售4.55亿元，增幅49.8%；利税1550万元，增幅5.9%；社会消费品零售总额13亿元。锦绣皇宫大酒店隆重开业，恒顺实验小学竣工开学，街道文体活动中心竣工、恒泰新村安置房封顶、锦江之星经济宾馆开工，恒顺商业街正式启动，引进大润发京口店项目，镇江恒泰实业有限公司、镇江斯伊格机械有限公司两企业搬迁。全年共完成各类科技项目21个。“大城管”考核全区第一。拆除2个城中村，拆除面积3万平方米。京岘山社区被评为省和谐示范社区。“八联”区域型党建品牌逐步打响，大学生“社区接力计划”已成为区域共建亮点，“1+5”党建格局已经形成。

区域党建成效明显

贺家弄社区在全区率先成立社区商会

“激情正东”梦溪广场文化活动品牌继续提升

拆迁工作实行“三公开一透明”

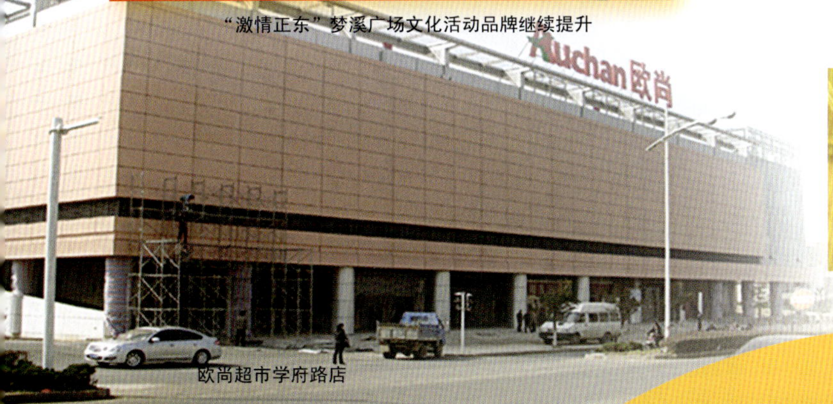

欧尚超市学府路店

京口区四牌楼街道

市委书记许津荣（右四）慰问拆迁一线工作人员

京口区四牌楼街道位于市区东北侧，东至焦山，西至古运河，南临大西路、东吴路，北滨长江，是一个江河交汇、充满生机和活力的滨水街道，区域面积约3.5平方公里，下辖10个社区居委会，约2万户、6.5万人。

伴随着镇江城市建设和北水开发加速度的鼓点，四牌楼街道迎来了前所未有的机遇和挑战。2009年，街道党工委、办事处提出全力实现各项工作“乘势而上，再创辉煌”的发展战略，拉开新一轮跨越发展的帷幕。

街道依托滨水优势，抢抓机遇、埋头苦干、不断探索街道工作科学发展、特色发展、和谐发展之路。街道先后获得“省教育示范街道”“省工会工作模范乡镇（街道）”“省社区信息化建设示范点”“市北水建设先进集体”等称号，江一社区被命名为“全国和谐社区建设示范社区”，香江花城社区被命名为“省级民主法治社区”。区域经济快速崛起，人居环境日新月异，基层党建创新示范，社区文化繁荣发展，社会事业和谐推进，居民生活小康小雅……一个独具魅力的“滨江街道、文化街道、人居街道、党建特色街道”初现雏形。

社区党员走上讲台讲理论

成立社区健身俱乐部

举办人大代表接待选民活动

拆迁户喜送锦旗

建成全市最大的社区体育公园——江滨新村社区体育公园

社区邻里节——厨艺大比拼

繁华的“龙吟坊”商业街

市委书记许津荣视察中储粮项目

市长刘捍东现场推进中储粮项目

京口区谏壁镇

区委书记胡宗元督查推进大项目建设

区委副书记孙国平为谏壁群防群治巡防大队成立揭牌

镇党委书记朱定明在污水处理厂现场调研

谏壁污水处理厂效果图鸟瞰

镇长陆炳西现场推进植树造林工作

谏壁镇垃圾转运站

中储粮镇江粮油有限公司

镇江鸿泰钢铁

民俗节目《荡湖船》

市委书记许津荣视察工作

市委常委、常务副市长陈照煌视察工作

镇江市京口区象山镇

镇党委书记 李 牧

象山镇位于镇江市东郊，东与谏壁镇接壤，南临丁卯街道，西与正东路、大市口、四牌楼街道相连，北与长江相依。总面积43平方公里，耕地面积219公顷。辖4个行政村、15个社区。2009年末户籍人口52062人。户籍分属学府路、九里街2个派出所。焦山公园、宗泽墓等名胜古迹坐落境内。辖区有江苏大学、镇江机电高职、镇江一中等大中专院校及重点中学。2009年，地区生产总值37.5亿元，比上年增长13.6%。一般预算收入1.78亿元，比上年增长31.8%。工业销售85亿元，定报工业销售80亿元。规模以上固定资产投资48亿元，规模工业投入21.6亿元，比上年分别增长39.33%和32.52%。社会消费品零售总额7亿元。城镇居民人均可支配收入21984元，农民人均收入10752元，比上年分别增长15.7%和12%。

党政一体化工程启动仪式

“新形象、新作为、新发展”大讨论活动

植树造林

三八节表彰会

慰问保洁员

镇党员志愿者“七一”服务活动

京口软件园

京口区象山镇长岗社区

党组书记 周阿银

2009年，长岗社区在上级党委、政府的领导下，高扬“跨越奋进、快速提升”主基调，紧紧围绕“创造新业绩、争当排头兵”的工作目标，以创新的理念，务实的作风，拼搏的精神，全面协调服务，社区各项事业有了新的提升。全社区工业销售6亿元，利税0.8亿元，三产服务业2亿元左右，社区经济健康发展，社会稳定和谐。

同区领导一起植树造林

党组会议研究工作

三龙混凝土

索普醋酸造气工段技术改造项目

社区居民文化活动

省长罗志军（右一）视察开发区

丹阳经济开发区地处丹阳市区东郊，属首批省级经济开发区，全区面积50平方公里，建成区15平方公里，常住人口近10万人，是丹阳对外开放的窗口、现代化的新城区和主要的工业集中区，新的政治、经济和文化中心，多次被江苏省政府评为先进开发区，2008年被评为“长三角最具投资价值开发区”之一。

通过十多年开发建设，丹阳开发区基本建设累计投资达59.84亿元，高标准实现“九通一平”，具备了承接各类项目特别是大项目建设的需要。现有工业企业800余家，培育了经国家商务部确认的眼镜光学、五金工具、新型木业等支柱产业，正在培育新材料、新能源、新医药和精密加工四大新型产业，是上海经济圈重要的产业基地。经济运行形势加速反弹，保持了又好又快的发展，成为丹阳市重要的经济增长极、镇江市财政收入第一镇（区）。

丹阳经济开发区

大力神集团

恒神集团

森林国际家居城

丹阳市实验学校

天波城夜景

东方大厦

丹桂路

京口工业园区

市委书记许津荣视察园区在建项目

京口工业园区位于镇江市主城区东翼，距市中心10公里。南至沿江公路（338省道）、北至金港大道、东至谏辛公路、西至横山东路，京杭大运河南北纵贯园区。园区南北长2.3公里，东西宽5.5公里，面积1330.06公顷，建筑用地1092.24公顷。2009年末户籍人口1407人、510户。2009年，实现定报工业增加值8.4亿元，定报工业销售45亿元，定报工业利税2亿元。固定资产投资11.5亿元，工业性投资9.5亿元，基础设施投入5亿元。合同利用外资1亿美元，实际到位外资4404.81万美元。一般预算收入1069万元。

区委书记胡宗元（右一）推进宝华半挂项目建设

区长郭建（左五）督查拆迁安置房建设

爱励铝业项目签约仪式

科捷锂电池项目开工庆典

台湾客商考察园区建设

市、区领导为绿洲新能源项目奠基培土

宝华半挂车项目开工庆典

归国博士创业园开工庆典

市民代表参观园区

沃得集团 WORLD GROUP

江苏沃得集团

国家农业部农机化司宗锦耀司长视察工作

丹阳市委书记李茂川、市委副书记聂刚建参观沃得农机大型轮式拖拉机和联合收割机生产项目现场

丹阳市委书记李茂川（右）听取工作现场汇报

江苏沃得集团创立于1988年，致力于打造成中国南方最大的机械制造专业生产基地。二十年风雨兼程，二十年辉煌塑造，汗水和诚信造就了沃得在国内机械制造行业的领先地位。现已经发展成为拥有八个子公司、一个上市公司的企业集团，资产总额超60亿元，占地面积260万平方米，员工8000余人，其中硕士生18人、本科生560人、专科生800人、高级工程师65人。产品涉及工程机械、压力机械、农业机械、植保机械、汽车零部件、房地产等。2009年实现销售额80.6亿元，利税总额超7亿元，出口业务13亿元，资产负债率45%。江苏沃得集团享有“中国民营企业500强、江苏省高新技术企业、国家重点新产品、江苏省明星企业、集团资信等级AAA级、镇江市规模最大的民营企业、镇江首家境外上市企业、镇江市教育示范企业、江苏省民营企业纳税大户”等荣誉。

作为民营企业，沃得集团不仅具有先进的管理思想与超前的管理理念，同时还有着稳健的管理行为、人性化的管理制度。在日益激烈的市场竞争中，随着沃得信息化平台的不断完善、企业实力的不断增强，沃得必将进一步提升核心竞争力，必将成为民营企业中的耀眼新星，必能走向全国甚至世界，成为真正的“WORLD”企业！

2006年，沃得（精机）中国有限公司在新加坡上市

中国名牌推进委员会副主任艾丰莅临公司参观指导，与王总合影

关注汶川 奉献爱心

丹麦合作项目现场洽谈会

布隆迪大使参观农机厂区

为地震灾区捐赠车辆

钢结构厂房

车间一角

固装车间

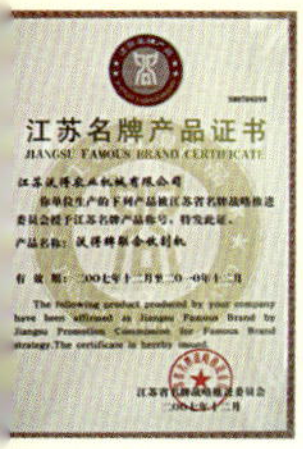

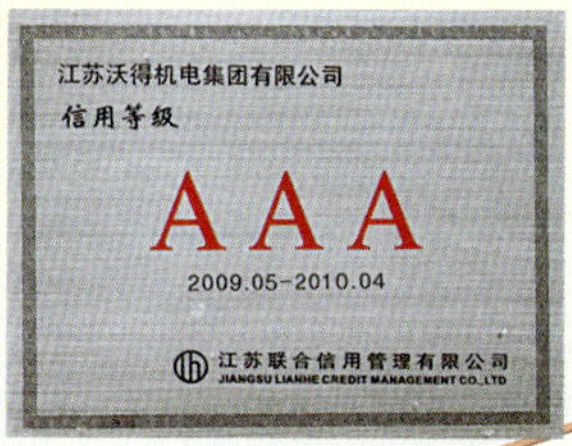

二重集团（镇江）重型装

江苏省委书记梁保华（中）视察镇江基地

开工典礼

二期项目签约

备厂有限责任公司

二重与中远签订战略合作协议

中国二重镇江重大技术装备制造基地是中国二重“一个中心，两个基地”战略布局的重要组成部分，肩负支撑我国核电、风电、石化、海洋工程等重大技术装备国产化使命，在国民经济发展中具有重要战略意义。

中国二重镇江重大技术装备制造基地总投资80～85亿元人民币，占地200公顷，共分三期工程建设。

建成后的中国二重镇江重大技术装备制造基地拥有超大型石化容器设备、核电设备、风电设备、重大成套装备、海洋资源开发设备、船机设备等年产出达数百亿元的超强制造能力，并与中远集团建立战略合作关系，拟在镇江基地打造具有国际一流水平、年吞吐量5000万吨以上物流运输能力的重大件江海联运现代物流中心。

中国二重镇江重大技术装备制造基地建成后将带动和提升江苏省重型装备制造业水平，促进工业与服务业联动发展，促进长三角地区的工业结构优化和产业升级，为推动地区工业产业发展，繁荣经济起到积极作用。

核电容器厂房行车跨江大梁吊装

850吨行车吊装

镇江奇美化工有限公司

镇江奇美化工有限公司是1996年由台湾奇美实业股份有限公司、日本三菱株式会社、镇江新区开发总公司共同投资创办的中外合资企业，地处长江中下游镇江新区大港。2008年与相邻同行企业镇江国亨化学有限公司合并，变更为由台湾奇美实业股份有限公司投资的外商独资企业。现占地共约133公顷，员工约700人。截至2009年底总投资额近6亿美元，专业生产各种硬胶塑料，年产能PS(聚苯乙烯)30万吨，AS(苯乙烯 丙烯腈共聚物)10万吨，ABS(苯乙烯 丙烯腈 丁二烯橡胶共聚物)35万吨，ABS(国亨，含AS)25万吨，PMMA(聚甲基丙烯酸甲酯)5万吨，合计105万吨。产品广泛应用于家电、汽摩、日用品、装饰品等，主要供应国内汽摩家电生产厂家，如海信电器、海尔集团、格力空调、美的电器、大众汽车、嘉陵摩托、宏基电脑等。

2009年公司销售产品总量合计75万吨,总销售额为118亿元，上缴利税合计14.2亿元。

公司注重以品质与服务满足客户需求，1999年6月通过ISO 9002质量体系认证；环境保护、安全健康、永续经营是公司的环境政策，2003年7月通过ISO 14001环境认证；公司产品获得美国FDA、日本厚生省、中国国家卫生标准认证、美国UL等认证。

公司做好市场的同时，更加注重安全生产、环境保护工作。建厂同时均配置相应环保、消防设施，并有效运行。2003年到2008年均被镇江市评为消防先进单位和环境行为为评价等级“绿色”单位。

公司秉持台湾奇美以高品质产品、高质量服务满足客户之初衷，继续服务于客户，竭诚为国内外客户创造一个物美价廉的环境。

公司地址：江苏省镇江新区大港韩峰路18号
电话：0511-83121300（总机）
传真：0511-83121787
邮编：212132
网址：WWW.CHIMEI.COM.TW

江苏省福达特种钢有限公司

董事长 顾炳福

创办于1990年的江苏省福达特种钢有限公司，是扬中市唯一一家冶金企业。该公司专业从事高速钢的研发、生产，经过20年的发展，已成为中国著名的高速钢制造企业，生产规模名列全国四强，产品质量跻身国内一流，是上海工具厂有限公司、成都成量工具（集团）有限公司、陕西关中工具制造有限公司、哈尔滨第一工具制造有限公司等国家重点工具制造企业稳定的原材料供应基地和长期战略合作伙伴。福达产品还远销韩国、美国，被LG公司、山特维克公司等选用。

江苏省福达特种钢有限公司拥有国内一流的高速钢生产及材料研究专家队伍。公司自主研发并批量生产的“空调压缩机叶片用冷拉异形扁钢”获国家发明专利，并评为国家级新产品，填补国内空白，达到国际先进水平。该公司还是江苏省明星企业、江苏省高新技术企业，“FD”商标被评为江苏省著名商标，“FD”牌高速钢获江苏名牌产品称号，其《矿物直接合金化冶炼工模具钢》项目是钢铁工业继氧气转炉及薄板连铸连轧之后又一次重大技术革命，经济、社会、环境效益显著。

2006年，中国工程院院士、钢铁研究总院高速钢专家学正邦专程到扬中考察福达特钢。2009年2月，公司董事长顾炳福被人力资源和社会保障部、中国钢铁工业协会授予“全国钢铁工业劳动模范”称号。

“潮平两岸阔，风正一帆悬”。回首福达特钢20年的创业历程，可谓筚路蓝缕，历尽艰辛。“品牌在我心中，质量在我手中”，福达人视产品质量为企业生命，积极树立精品意识和危机意识。建中国一流高速钢生产基地，创世界高速钢知名品牌，是福达人矢志不渝的追求。福达人正以其特有的创业智慧和热情规划、设计、建设着企业的未来。

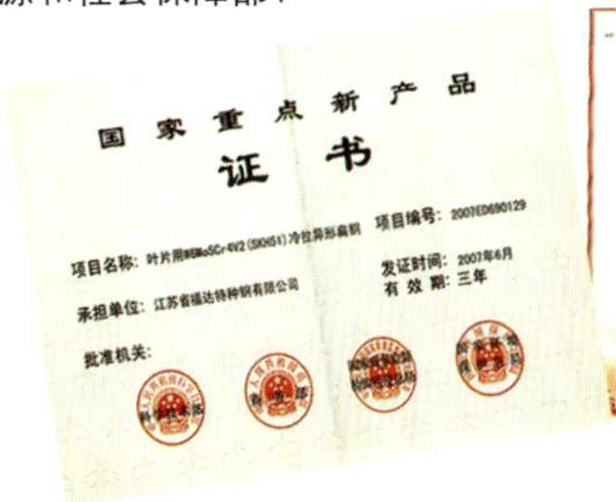

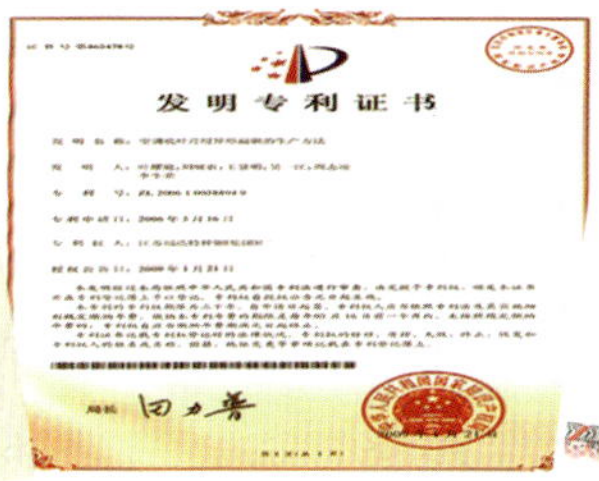

总经理 李继学

副省长史和平(左二)视察公司

现代重工(中国)电气有限公司

现代重工(中国)电气有限公司是韩国现代重工业株式会社投资组建的独资企业。位于江苏省扬中市新坝科技园现代路9号，占地面积17万平方米，总投资6000万美元，注册资金3000万美元。现代重工业本部对公司的产品技术承担完全责任。公司主要生产检测设备均从美国、意大利、日本、韩国、瑞典等国家进口，为产品质量和及时交货提供了保证。

公司于2004年2月正式落户扬中，现有员工800名，其中，具有本科、大专文凭的专业技术人员240名。内设三大工厂：高压断路器工厂、配电盘工厂、中低压断路器工厂。主要产品有：72.5~1000kVSF6组合电器(GIS)、0.4kV~40.5kV开关柜、40.5kVSF6气体绝缘金属铠装柜(C-GIS)、船用开关设备和控制台、真空断路器(VCB)、空气断路器(ACB)、塑壳断路器(MCCB)、接触器(MS)、微型断路器(MCB)及双电源切换装置(ATS)等。2009年，实现销售7.3亿元，利润4000万元。

公司主导产品GIS年生产能力达1000间隔(电压等级72.5-1000KV)。在国家电网、中石油、中石化、核电、有色冶金、轨道交通等领域均取得了良好的业绩。黄河拉西瓦水电站800kVGIS、大盈江水电站550kV GIS、黄河积石峡水电站363kV GIS在各自的运行过程中都有优秀的表现。

引领21世纪潮流的现代重工电气，以真挚的爱、坚韧不拔的意志，一如既往地研发电力产业之高精尖产品，以最高的技术、最好的品质满足客户要求，把企业建成国际化的电气产业先锋。

地址：中国江苏扬中市新坝科技园现代路9号　电话：+86-511-88420266 88420366　传真：+86-511-88420388
网址：http://www.hhi-cn.com　E-mail:info@hhi-cn.com　邮编：212212

江苏省电力建设第三工程公司

公司承建的国内第一座海上潮涧带试验风电场项目——江苏龙源如东海上风电场

江苏省电力建设第三工程公司成立于1958年，是专业从事火力发电厂、核电站工程建设的大型建筑安装综合型施工企业，具有建设部批准的国家电力工程施工总承包一级资质、房屋建筑工程施工总承包二级资质、火电设备安装工程专业承包一级资质、送变电工程专业承包一级资质、环保工程专业承包一级资质、国家核安全局批准的1000MWe民用核承压设备安装资质、国家质量监督检验检疫总局批准的压力管道GA1、GB1、GB2、GC1级安装资质。通过了GB/T19001-2000质量保证体系认证、GB/T24001-2004环境管理体系认证、GB/T28001-2001职业安全健康管理体系“三合一”体系认证，并分别获得国内、国际资格认证证书。通过了国家档案局一级企业档案工作目标管理认证。

50余年来，公司共建成发电厂40余座，移交机组总装机容量2610万千瓦，建成了一批有影响的全国重点工程。如：我国首座百万千瓦级火力发电厂——谏壁电厂、我国首座全套引进国外设备具有上世纪80年代先进水平的——华能南通电厂、国内最大的循环流化床机组——云南巡检司电厂、国内单机容量最大的核电站——江苏田湾核电站2×1000MW机组常规岛、江苏首台1000MW火电机组——国电泰州电厂1#机组。近年来，公司以“发展电力、创造精品”为使命，承建的工程均获得省级或部级优质工程，公司五次荣获中国建筑业最高荣誉奖项——鲁班奖（三座火电站、两座变电站），公司被建设部评为“创鲁班奖工程特别荣誉企业”，2009年2月荣获“全国电力建设功臣单位”称号，全国仅有4家电力建设企业获此殊荣。公司创造了11项全国施工企业新纪录，保持了全国同行领先地位。公司相继荣获全国“五一劳动奖状”、全国优秀施工企业、全国用户满意施工企业、全国电力系统双文明单位、江苏省双文明单位、江苏省建筑业最佳企业、江苏省先进建筑业企业等多项荣誉称号。

公司被中国质量协会评为2009年度电力施工企业唯一的“全国用户满意先进单位”

公司承建的国电泰州电厂1000MW机组工程被评为2009年度国家优质工程鲁班奖

公司承建的国内单机容量最大的（单机125万千瓦级）核电机组——山东海阳核电工程

江苏省镇江船厂有限责任公司

郭琰董事长陪同中共中央政治局委员、全国人大常委会副委员长、中华全国总工会主席王兆国，以及省、市领导视察公司

公司的船舶设计所

江苏省镇江船厂有限责任公司是江苏省历史最悠久的造船厂，也是江苏省第一家船舶类高新技术企业。

公司占地34公顷，有50000吨级、20000吨级和5000吨级船台各一座，室内厂房10万多平方米。现有从事设计、科研的高级工程技术人员60余名，主要产品为全回转船舶和海洋工程船两大系列。拥有19项专利，5个国家级新产品，产品覆盖国内39个港口，远销亚、欧、美等20多个国家和地区。在特种工程船舶领域创造了“21项中国第一”，成为全国第一、世界第二的全回转船舶生产厂家。

“蓝波”牌全回转船舶为“江苏省名牌产品”，“蓝波”商标为江苏省著名商标。

公司先后获得“全国五一劳动奖状”“全国模范劳动关系和谐企业”“全国厂务公开先进单位”等荣誉称号，并跻身“江苏省民营成长型企业百强”行列。

75米海洋工程船

32500吨散货船

全回转拖船

大全集团 DAQO GROUP

大全集团是从事高低压成套电气、元器件、环保、高速铁路设备、新能源（多晶硅及太阳能电池）等产业的国家级大型企业集团，在江苏扬中市、南京江宁开发区、重庆万州区、北京高新区建有四大产业基地。现有23家子公司，其中7家是与德国西门子、德国默勒、美国伊顿、瑞士赛雪龙、丹麦安凯特等公司合资的企业。

大全是国家创新型企业、国家重点高新技术企业、国家科技部863计划成果产业化基地、国家863计划CIMS示范企业、中国机械工业100强企业和中国电气工业领军企业，中国电气工业自主创新名列第一，先后荣获“中国驰名商标”、“中国名牌产品”、“国家免检产品”称号。拥有国家级企业技术中心、国家级博士后科研工作站、院士工作站、国家级电气检测站，科技开发能力和技术装备水平已居于国内同行业前列，在国家863计划项目以及一系列重大科技攻关项目上取得多项成果。

中低压成套电器、封闭母线、直流开关设备、桥架母线的生产规模、技术装备、产品档次均居同行业最高水平之列，其中，低压成套电器生产规模居于世界前列。

一期产能超过4000吨的重庆万州多晶硅项目，国内首家采用全自动、全封闭、全循环工艺，主要技术指标、运营质量达到国际先进水平。交通技术产业覆盖高速铁路牵引供电系统所有主要产品，已成为国内一流的高速铁路系统集成制造商。

今天的大全集团正以全球化视野、开放性思维、创新精神统领全局，坚持“多元化、品牌化、国际化”的发展战略，发扬“诚信、敬业、创新”的企业精神，立足自主创新，着力做大做强，向着“全球大业，百年大全”的宏伟目标阔步前进。

电气　新能源　交通技术

总部地址：江苏省扬中市新坝镇新中南路66号
电　　话：0511-88411200　传真：0511-88411211
产业基地：江苏扬中市/南京江宁开发区和科学园
北京高新区/重庆万州区

Breaker

断路器系列

KFINE LECTRIC

江苏大全凯帆电器有限公司

江苏大全凯帆电器有限公司由大全集团有限公司（原江苏长江电气集团有限公司）投资组建，专业从事低压电器领域各种产品的开发、生产和销售。属于江苏省高新技术企业。

公司技术力量雄厚，设计手段先进，并与上海电器科学研究所、西安交通大学、江苏大学等科研院所建立了良好的合作关系；集团公司博士后科研工作站也为企业的研究、开发提供了重要的技术支持。

公司重视技改投入，先后从德国、美国、日本、瑞士等国家引进了具有国际先进水平的生产、检测设备和专用的焊接设备，多项低压电器焊接工艺和检测手段填补了国内空白，框架断路器和塑壳断路器产品也先后被列入国家级及省级火炬计划项目，并获得多项省市高新技术产品荣誉称号。

在公司管理方面，公司全面实施ERP系统及人力资源管理系统，并通过了荷兰KEMA公司的ISO9001-2001质量管理体系认证。

目前公司的主要产品有：KFW2、KFW3系列智能型万能式断路器、KFM2、KFM3系列塑料外壳式断路器、KFM2L、KFM3L系列剩余电流动作断路器、KFM2E、KFM3E系列智能型塑壳断路器、、KFM2Z、KFM3Z系列直流断路器、KFQ2系列双电源自动转换装置KFC2系列交流接触器、KFB1系列小型断路器和KFR1系列热继电器等。以上产品均已通过"国家强制性产品认证"，各项技术指标均达到国内领先、国际先进的水平，产品已被广泛用于电厂、化工、钢铁等领域。

公司秉承"以顾客为中心"的理念，以"增强顾客满意度"为宗旨，以强人的技术力量、一流的生产设备、现代化的管理手段，不断进取、不断创新，努力为顾客提供更好的产品和服务。

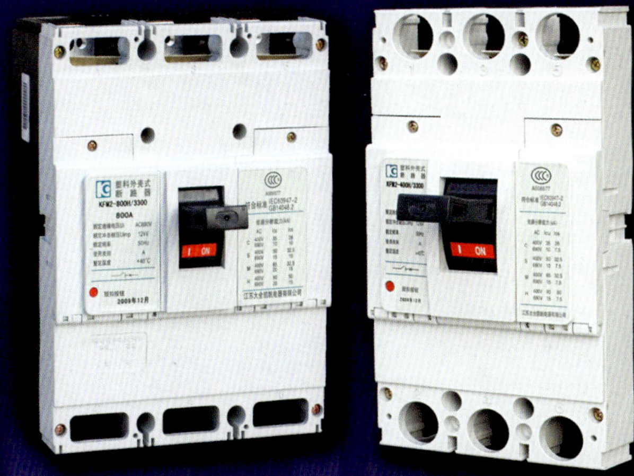

KFM2系列塑料外壳式断路器

KFW3系列智能型万能式断路器

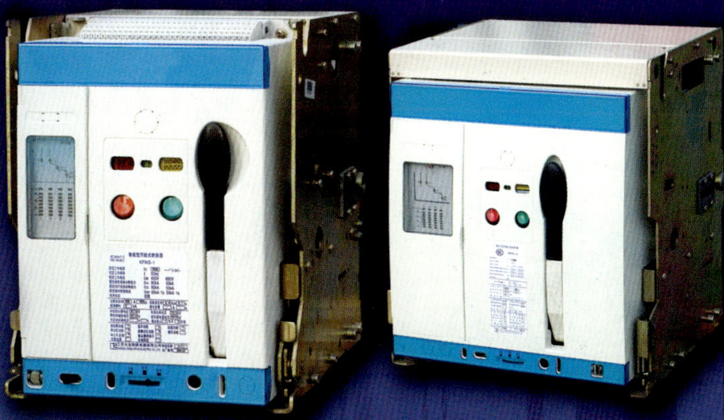

KFW2系列智能型万能式断路器

地址：江苏扬中开发区宜禾路　电话：0086-511-88410758 88415099　传真：0086-511-88418668　邮编：212200
Add:Yihe Road,Development Zone,Yangzhong,Jiangsu　Tel:0086-511-88410758 88415099　Fax:0086-511-88418668　Zip:212200

镇江韦岗铁矿有限公司

镇江韦岗铁矿有限公司是全国地方铁矿委员会副主任单位，全国冶金矿山十佳厂矿，全国矿产资源合理开发利用先进单位，江苏省三会副主任单位，江苏省重点黑色金属矿山，位于镇江市西郊19公里的蒋乔镇韦岗，243省道经过矿区，长江龙门港、宁镇公路、312国道和沪宁高速公路均距矿区10公里以内。公司现有职工1040人，下设3个管理部室，10个分(子)公司，2个中外合资企业，在伊朗国矿山占有股份，在印度尼西亚建有矿石加工厂。企业涉及矿业、冶金、温泉、建材、港口物流等多个行业，主要产品均通过ISO 9001:2008质量管理体系认证。

公司坚持“矿业支柱、资源加工、温泉服务、港务物流”四轮驱动的发展方针，积极转变发展方式，在循环经济、综合利用上做到一水多用、粒砂不丢、金属尽收、寸土必耕，在“走出去”利用国际矿产资源上取得了实质性突破。公司全员劳动生产率在全国同行中名列前茅，近年来先后获得“全国冶金矿山十佳厂矿”、“全国首届矿产资源合理开发利用先进单位”，江苏省“文明单位标兵”等荣誉称号。

2009年，公司进口铁矿石133万吨，铁精粉销售总量124万吨；与秘鲁、墨西哥、伊朗、菲律宾、澳大利亚、朝鲜等二十多个国家和地区有矿石贸易往来；生产阴极铜354吨；综合利用尾砂生产免烧砖1201万块；温泉年接待客人10万人次；德龙港务完成吞吐量204万吨。公司全年实现销售收入9.02亿元，工业总产值（现价）9亿元，利税4045万元。职工年人均工资36839元。

德龙港务联运有限公司码头

采矿分公司井架

温泉水含有30多种对人体有益的元素，是“医疗热矿泉”

冶金分公司

韦岗温泉室外泳池

选矿分公司远景

公司开业庆典

常石（镇江）钢装有限公司

常石（镇江）钢装有限公司是日本常石造船集团株式会社在丹徒经济开发区投资设立的一个下属公司。常石造船集团株式会社是日本第三大造船公司，在全球排名第九。

公司成立于2001年6月，10月正式投入生产，产品有万吨以上的船舶配套、系泊装置、杂用吊车、单轨吊车、扶手、电线箱、人孔、舷梯、居住区各种管道及辅助设施、主机舱各种辅机台等。各种产品全部销往国际市场。该公司位于江苏省镇江市丹徒经济开发区内，312国道264公里处。日本总部在国内上海、大连、青岛、厦门、福建、舟山等地均设有事务所及分工厂。

董事长：三须千纯

总经理：青景和成

地　址：江苏省镇江市丹徒经济开发区

邮　编：212114

电　话：0511-85688903　传真：0511-85688989

生产车间

工人们将成品装车

产品仓库

镇江名和混凝

争行业先锋 创“名和”品牌 镇江名和混凝土有限公司于2003年6月登记成立，征地9.7公顷，总投资1800万美元，注册资本1452万美元。公司在6年的发展历程中，狠抓生产和管理这两条命脉，软、硬件环境齐头并进，业务范围全面覆盖至镇江、丹阳、扬中、句容、金坛、常州等多个城市地区。不仅成为了全市规模最大的混凝土企业，更率先引进了ERP、GPS、OA办公自动化、全方位探头监控项目等高科技管理系统，年生产能力达300万立方米，成为一家沪宁线上大型的专业从事商品混凝土的研发、生产、销售和运输的外商独资企业。

寻合作契机 谋企业发展 名和于2004年6月正式投入生产，为扩大公司的规模与发展，公司领导高瞻远瞩，投资2亿多元，先后与镇江环宇科技建材有限公司、江苏锐光砼业、丹阳建宇混凝土有限公司、镇江亨瑞德建材制品有限公司、长和新型建材（江苏）有限公司、丹阳市新扬砼业有限公司等六家公司合作经营，实现由镇江名和混凝土有限公司统一管理的连锁企业。

名和在多家合作公司的共同联营下，配备13套2m^3-3m^{3}双卧轴强制式搅拌机；引进153台混凝土搅拌车，32台混凝土汽车泵（46米以上泵车12台，其中52米泵车为镇江第一泵，56米泵车堪称江苏第一泵），车载固定泵1台，2台60型、1台80型德国施维因高压柴油泵、11台装载机及全套混凝土试验检测设备，日产能力可达2万立方米。

名和业绩节节攀升 遥居镇江同行榜首 公司把学习和竞争的眼光投放至江苏省范围内，2008年首次进入江苏省混凝土同行产量前10名行列，2009年产销量、营业额翻番，位居全省第八。2010年预计在年产量、利税等方面均有大突破，将向江苏省同行前3名进军。

倡企业文化 聚优秀团队 “产业报国、公明正大、和亲一致、力斗向上、礼节谦让、顺应同化、感谢报恩”，这名和的精神指导着员工精诚合作，挚诚向上，凝结众力，共创辉煌。同时，还通过信息平台、宣传栏、电子屏等宣传企业文化，创办了公司网站及每月一期的《名声和音》企业内刊，成为企业文化宣传的重要窗口，获得了省、市政府、建设、检测部门及省、市混凝土同行的认可和支持。

每年4月~5月份的企业文化宣传月活动更是凝聚人心，影响深远，企业文化培训、征集企业旗帜设计，征集“名和之歌”歌词、拔河比赛、乒乓球、羽毛球比赛、歌曲比赛、演讲比赛等活动形式多样，精彩纷呈。同时每年一次的忘年会、员工国内、中层干部国外旅游等活动更是在丰富员工的业余生活的同时，营造良好的文化氛围，团结一致，发展生产。

集多方人才 做长远规划 多年来，名和遵照“人品优先、能力适度、敬业为本、团队第一”的人才观，大量引进优秀的技术人才和高素质的员工，公司及下属企业现有员工900余人，其中初级以上职称28人，中级职称10人，高级职称6人，研究生以上学历7人，本科以上学历150余人，大专以上学历320余人，仅2009年，公司就引进本科以上学历人才60余人。

怀着对人才的强烈渴求，2009年公司与盐城工学院的省内知名专项对口专业——无机非金属专业达成科研、实习意向，并成为盐城工学院的长期挂牌实习基地。为吸引更多的人才加入，公司制定一系列的引才措施，如为高学历人员增设学位津贴，学士学位500元/月，硕士学位1500元/月，博士3000元/月，在工作、交通、生活条件等方面给予众多优待。

企业先后获得市免检企业、市先进生产企业、市先进集体、市名牌产品及江苏省优秀企业、江苏省2007年度道路货物运输五十佳质量信誉企业、江苏混凝土行业最佳企业、2004~2007年度中国混凝土行业优秀企业。总经理屠振杰也先后荣获“2005年~2006年度江苏省混凝土行业优秀企业家”，2006年度和2008年度“中国混凝土行业优秀企业家”称号。

土有限公司

举办企业文化活动月

组织到天目湖进行野外拓展训练

举办羽毛球比赛

2009年企业忘年会及优秀员工表彰会

公司曾先后获得：

◎2005-2006年度江苏混凝土行业最佳企业

◎2007-2008年度江苏混凝土行业最佳企业

◎2006年度江苏省优秀企业

◎2007年度江苏省优秀企业

◎江苏省2007年度道路货物运输五十佳质量信誉企业

◎2004-2005年度中国混凝土行业优秀企业

◎2006-2007年度中国混凝土行业优秀企业

◎2008-2009年度中国混凝土行业优秀企业

镇江明兴混凝土有限公司

新城家园工程35000立方米混凝土

画意江南工程12000立方米混凝土

镇江明兴混凝土有限公司总投资3500万元，注册资本1000万元。公司占地3公顷，拥有200吨水泥桶仓6个、200吨粉煤灰桶仓2个、200吨矿粉桶仓1个，能储存10000立方米的原材料场地，企业年产商品混凝土40万立方米。

公司拥有2套欧洲最大的搅拌机生产商之一的意大利明星产品：仕高玛MAO3000/2000H、双卧轴搅拌机系统、采用微机自控配料系统完成配料操作程序，并配有柴油机发电机组。混凝土运输设备有日本原产极东EA122-30A型日野混凝土搅拌车20辆、日本产三菱汽车泵（37米）1辆、日本产五十铃汽车泵（37米）1辆、德国产奔驰汽车泵（44米）1辆、日本产JKK-90D-20型拖泵1台、装载机2台。实行从工厂搅拌到现场泵送一体化、网络化（公司启用GPS全球卫星定位系统）、标准化、规范化作业。并建有建设部核定要求的混凝土专项实验室，确保产品质量。

公司秉承质量第一、服务第一、价格合理的宗旨，愿与镇江各界结盟交友。并将以团结拼搏、追求卓越、敬业创新、诚信天下的企业精神努力将公司办成混凝土行业的明星企业。

日本产日野混凝土搅拌车

搅拌楼

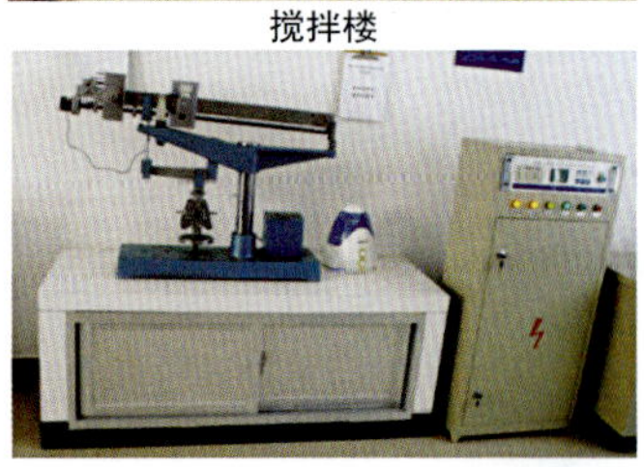

先进的检测设备

德国产奔驰44米汽车泵

镇江胡氏光电科技有限公司

镇江胡氏光电科技有限公司，位于江南名城镇江市东郊，距上海210公里，距省会南京60公里，这里山青水秀，气候宜人，水陆(公路、铁路)空运输十分便利，公司主要从事各类汽车灯头、特种灯头、节能灯灯头、电光源设备的生产和销售业务。

公司前身为镇江市灯头厂，镇江震东电光源有限公司，创建于1976年，公司经过多年发展现已成为我国光源产品知名生产企业，公司占地面积10万平方米,净资产总值8000万元,年产各类灯头18亿只，黄铜带2000吨，年销售额1亿多元。产品畅销国内外，公司已顺利通过质量体系ISO 9001认证，环境体系ISO 14001认证,公司的发展目标为：现有产品做大做强，LED照明为发展方向。

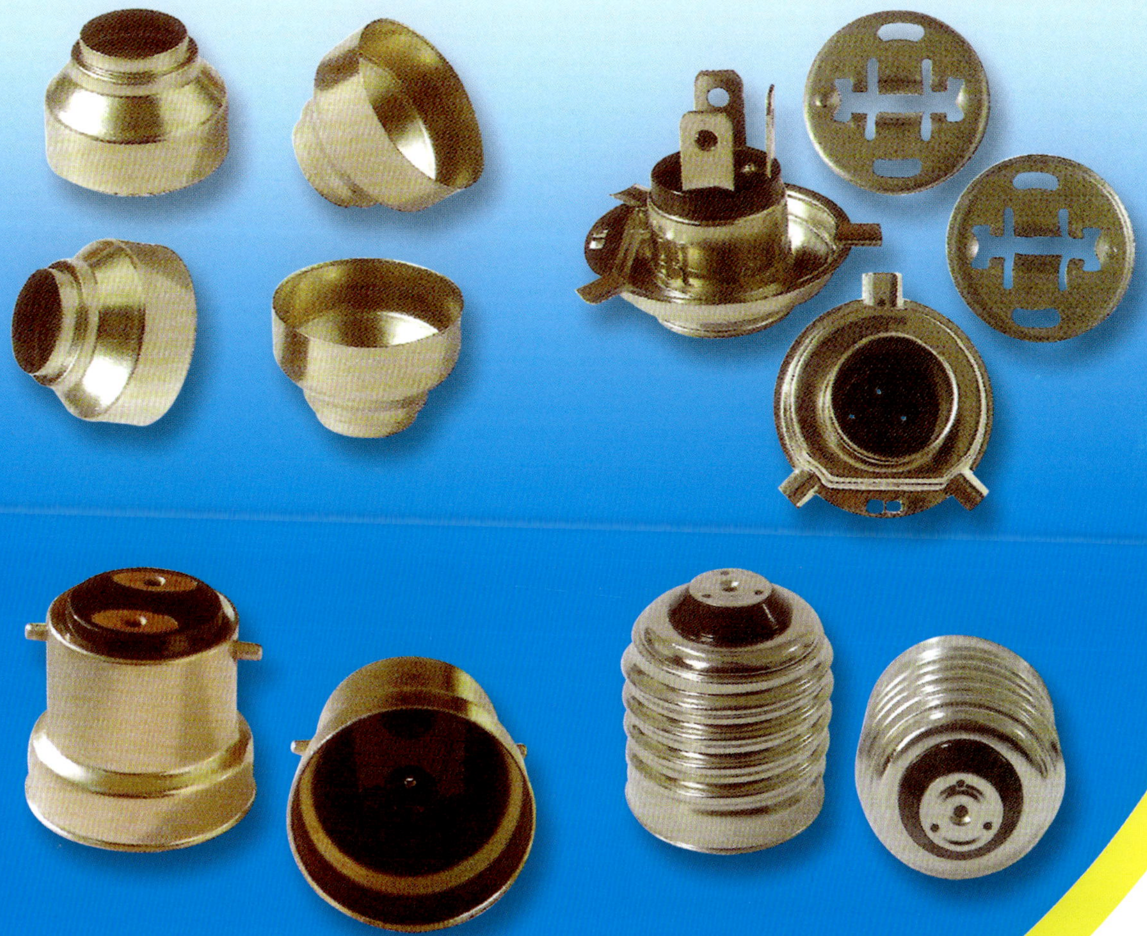

江苏合发集团有限责任公司

JIANGSU HOOVERCOOL GROUP

江苏合发集团有限责任公司是集建筑装饰工程产品研发、工程设计、加工制作、施工安装、售后服务于一体的综合性省级集团公司，公司于1992年进入幕墙行业，是国家建设部首批批准的建筑幕墙工程施工壹级、专项工程设计甲级资质的幕墙企业。先后通过ISO9001质量体系认证、ISO14001环境管理体系认证、OrtSAS18001职业健康与安全管理体系认证，是中国建筑幕墙行业50强企业之一。1999年被国家科技部评为国家高新技术重点企业。公司连续五年被评为江苏省建筑装饰十强企业，连续四年被评为江苏省建筑业最佳企业，连续二十年被评为“重合同，守信用”企业。是建筑幕墙行业国家标准《建筑幕墙》及行业标准《建筑玻璃采光顶》的编写单位，是《铝合金门》、《铝合金窗》、《建筑幕墙抗震性能震动台试验方法》等行业标准的审查单位，是中国金属结构协会铝门窗幕墙委员会和中国建筑装饰协会幕墙工程委员会副主任委员单位。

集团公司总部位于南京市，幕墙加工基地位于江苏省丹阳市皇塘工业园区，基地占地面积65000平方米，建筑面积42000平方米，拥有多条进口铝合金幕墙及门窗自动化加工生产流水线，铝合金单板及铝复合板加工成型设备、全自动氟碳喷涂生产线，年加工能力100万平方米。

公司先后承接北京首都国际机场新航站楼建筑工程、上海浦东国际机场等一批国家重点项目。承建的多个幕墙工程获得国家“鲁班奖”、中国建筑工程装饰奖、国家工程建设质量奖、江苏省建筑工程“扬子杯”奖。

幕墙门窗生产加工车间

铝合金全自动加工中心

无尘打胶车间

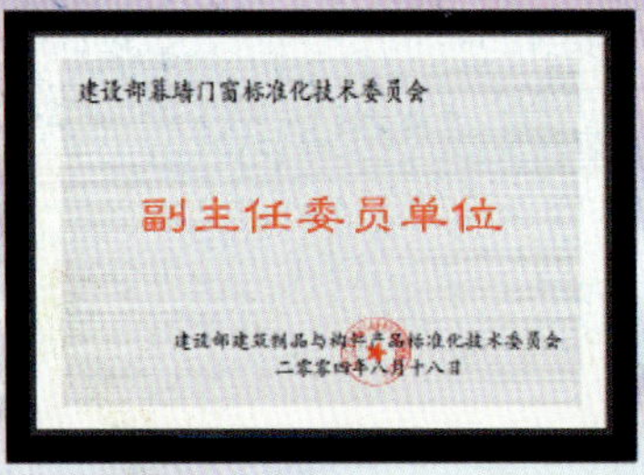

镇江荣盛金属材料有限公司

董事长 蒋金保

中国钢结构协会理事
镇江钢贸商会会长
江苏省钢贸商会副会长
镇江民营经济协会副会长

镇江荣盛金属材料有限公司创建于1986年，在多年的经营活动中，一直坚持以诚为本，以质量求生存，以信誉求经展，赢得了广大用户的信赖，用户遍及全国.公司多年被评为十强企业、AAA级信誉企业、重合同守信用企业。公司在马鞍山设有办事处，并在昆山与台商建立了台企合作联络处，拥有大专、本科钢构专业人员5人，营销本科大专人员6人，以及一批经验丰富的销售人员，形成了一支强大的营销队伍和管理制度健全的销售网络。

公司主要经营钢材，1993年为寻求新的经济增长点，对国际市场进行研究，发现H型钢为我国空白。H型钢用途广泛，用于电力系统、电力设备、船舶、机械制造框架、火车、汽车、等机车钢架、石化行业、冶金行业、工业厂房、民房、桥梁钢构中的梁、柱、承重支架、地下工程支护结构、高层建筑等，该市场潜力大，公司从韩国、日本等国进口H型钢销售，成为我国独家经营H型钢的企业。

该公司以热轧H型钢为主，常年库存在万吨以上，年销售占马钢热轧H型钢总量的八分之一，是全国销售热轧H型钢的龙头企业。公司备有两条铁路专用线，可快捷发往全国各地。

经营理念

服务营销：库存服务、信息服务与人情培育是服务营销的直接手段，力争做到互助、双赢的良好合作关系。

技术服务：技术层面上的积累是每个合格营销人员必须的素质与历练。

政策营销：公司的营销模式是一贯连续的，不会因人际的变化而变动。

管理理念

坚持“以人为本”，保持物流、资金流、信息流的高度统一，人员高度简洁，流程高度顺畅，经历高度集中，效率高度体现。

企业文化

诚信服务、拼搏进取、高效规范，打造一支团结而富有活力的队伍，勇于挑战、勇于创新、追求卓越。

钢构厂房

钢构桥梁

扬子石化

钢构厂房

马钢H型钢

地址：镇江市润州工业园区惠龙港1448-1468、1288-1258 电话：88885788 88883138 88883198 传真：88889999 手机：13861390888

江苏绿洲新能源有限公司

开工典礼

江苏绿洲新能源有限公司成立于2009年5月，是一家集研发、生产、销售于一体的，由海归博士团队创立的高新技术企业，主要从事非晶硅薄膜太阳能电池专有技术的研究、开发、制造、销售和售后服务。公司一期注册资本为7000万美元，项目总投资为6亿美元，计划建立一个年产20万千瓦的非晶硅薄膜太阳能光伏电池组件工厂（一期4万千瓦，计划投入1.5亿美元；二期8万千瓦，计划投入2.3亿美元；三期8万千瓦，计划投入2.2亿美元）。

绿洲公司的薄膜太阳能电池项目为国家重点鼓励和大力扶持的新能源类项目，主要产品为薄膜太阳能电池组件：基板规格1.3米 x 1.1米，单结稳定转化率大于7.5%，单片功率大于100瓦。绿洲新能源所生产的单结非晶硅薄膜电池转化率为国内最高，达到国际领先水平。

非晶硅薄膜太阳能电池工艺是现代尖端科技和传统制造工艺的完美结合，是绿色环保和新能源的有机结合。薄膜光伏电池组件的低成本特性和多元产业运用灵活性，在国家提倡的光伏建筑一体化、大规模低成本发电站、太阳能照明以及手提器件等许多领域具有无限广阔的应用前景。

市委书记许津荣（中）视察工地现场

江苏超力集团

总 裁 沈中泉

江苏超力集团是顺应21世纪汽车产业发展的需要，采用现代化企业制度建立和发展起来的高新技术企业。专业制造汽车电机、风机等多系列零部件，并致力于系统设计及研发，为国内外汽车行业OEM提供系统设计及配套一流的系统产品。年产量达150多万台（套），产品与众多知名品牌车型进行一、二次配套，并向美国、瑞典、加拿大、日本、韩国等国家批量出口。集团公司设有江苏超力电器、江苏超力散热器、上海盛隆、海南超力、开封超力、安徽超力、北京超力锐丰科技等七大分支机构，拥有员工1000余人，其中工程技术及管理人员300多人，有博士生2人，硕士生5人，本科生103人。

公司致力于技术的领先和专业的奉献，与您携手共进，为中国汽车产业的未来作出不懈的努力！

生产线一角

部分产品

镇江碳素制品有限公司

厂房一角

镇江碳素制品有限公司始建于1986年，是生产煅烧石油焦的专业厂家，年产量达30万吨之多。企业紧依江苏镇江大港港口，水陆交通十分便利。

Zhenjiang Carbon Products Plant (ZJCP) founded in 1986，is specialized in producing petroleum coke. Currently it boasts an annual production of 300,000 tons. With very convenient water transportation and land transportation, The Plant is close to DaGang Port in Zhenjiang city, Jiangsu Province,

企业产品质量稳定，已成功申请ISO9001质量体系认证。

The product quality of ZJCP is quite stable and reliable, At the moment, The Plant is applying for ISO9001 quality system certification.

企业愿与中外各界人士在友好、互利互惠的基础上精诚合作，共同发展。

On the base of friendship and mutual benefit, ZJCP welcomes friends of all trade from both domestic and overseas for future cooperation and co-development.

厂房一角

车间一角

除尘设备

产品外运

地址（ADD）：江苏省镇江新区丁岗镇留村
电话（TEL）： 0511-88887804 83568098
传真（FAX）： 0511-88880959

丹阳龙江钢铁有限公司

丹阳龙江钢铁有限公司成立于2003年7月，系由台港客商出资的外商合资企业，公司地处富饶美丽的长三角地段，近邻南京、镇江、常州、无锡、苏州等城市，距上海不足180公里。京杭大运河沿厂流过，沪宁铁路、沪宁高速及312国道距厂仅一公里左右，长江下游大型港口大港离厂也仅20公里，交通运输畅达，原燃料采购便捷，市场销售半径密集，区位优势独特。

公司始终坚持科技是第一生产力的理念，紧盯国际、国内高科技前沿，汲取国内同行成功经验，不断提高公司产能升级。经过多年发展，公司已建设成为一个集制氧、烧结、炼铁、炼钢、轧材、精加工为一体的现代化钢铁联合企业。

公司配有日本进口的PDA-5500IV直读光谱仪、济南试金产万能材料试验机、反复弯曲试验机等先进的检测设备。主要产品有：HRB335、HRB335E、HRB400、HRB400EΦ10—Φ25mm钢筋混凝土用热轧带肋钢筋。产品畅销江苏、上海、浙江、安徽等各地，深受用户好评。

句容盛业管件制品有限公司

句容盛业管件制品有限公司是2000年创办的一家旅游休闲用品生产企业，专业生产各种折叠桌椅、野营床、帐篷、户外家具等旅游休闲用品，产品100%出口。

公司享有自营进出口权，并通过了ISO 9001质量管理体系认证，凭借自身的实力和优良信誉，连续多年被评为“重合同守信用企业”和“AAA级资信企业”；2005年，被评为“句容市十强民营企业”和“镇江市民营经济先进集体”，2006年以来，连续被句容市评为“十强纳税企业”“十强销售企业”，被镇江市政府评为“先进集体企业”；2002年至2004年连续三年被国税部门列为江苏省重点税源户，2005年以来，被国税部门列为全国重点税源户之一。特别是2008年四川汶川地区发生强烈地震后，公司为地震灾区生产抗震救灾帐篷共计11000顶，中华全国总工会将一面写有“抗震救灾、重建家园——全国工人先锋号”的鲜艳红旗授予了公司。

总经理 杜盛钢

镇江市市长刘捍东（中），句容市委书记童国祥（左一），句容市市长尹卫东（右二）视察公司生产情况

为地震灾区生产帐篷

1996年首届句容市农村青年致富状元
1998年句容市第二届十佳青年
1998-2000年句容市光彩之星
2000年句容市劳动模范
2004年全国第五届乡镇企业家
2005年镇江市十大杰出青年
2005年句容市十大杰出青年企业家
江苏省青年创业风云人物
2006年工业企业销售十强
2006年工业企业纳税十强
2007年慈善企业
2008年十强民营工业企业

镇江市江南矿山机电设备有限公司

镇江市江南矿山机电设备有限公司创建于1991年9月，是除铁器、磁选机、电缆桥架、母线槽、开关柜专业生产企业，拥有全封闭自冷式除铁器、水冷电磁除铁器、稀土永磁除铁器、起重永磁设备等国家“发明”专利、“实用新型”专利二十多项。公司严格执行ISO 9001质量管理体系，连续多年被评为镇江市“重合同守信用”企业。自1997年起一直荣获电力行业《600MW以上发电机组主要辅机生产厂家名录》。自1998年起，一直荣获煤炭工业部“成套供应网络会员资格”，拥有《矿用产品安全标志证书》和《防爆证书》，是江苏省高新技术企业和江苏省民营科技企业。公司产品上百次应用于国家重点工程，出口到日本、越南、伊朗、巴基斯坦等十多个国家。

厂址：江苏省镇江市丁卯开发区纬二路9号　邮编：212009
联系人：徐俊峰　　　手机：13906104105
电话：0511-88893960、88893961、88893962 传真：0511-88893966
网址：www.jiangkuang.com　业务联系：jiangkuangsales@sohu.net

镇江市丹徒区上党五塘茶林场
丹徒区醉园春茶叶合作社

场部一角

制茶车间

五塘茶林场成立于上世纪六十年代，2003年茶场对传统生产工艺、设备、产品包装进行了大胆的改革与创新，开创性地将锅炉蒸汽作为热源应用到绿茶制作的全过程中，使茶叶品质特别是“翠绿”度和“清香”度较之传统工艺有了显著的提高，节能降耗的成效明显，同时因杜绝了煤、柴、气等易造成二次污染的燃料进入车间，蒸汽管道“一管到底”，一直困扰制茶企业的清洁化加工问题迎刃而解。新包装的开发也有了突破，独家采用食品级PVC和药品级铝箔封装茶叶，解决了茶叶怕压易碎特别是卷曲型茶叶（如碧螺春）包装太大、取用携带不便的缺点。工艺和包装的独特性先进性，造就了蒸汽茶的高品质，让消费者耳目一新，引起了市场的震动。

该场自主研制的成套蒸汽制茶设备已趋成熟，获得多项制茶设备实用新型专利和外观设计专利，蒸汽制茶工艺发明专利也正在申报中。

随着产品种类和名称定位的进一步确立，以“横峰揽翠”为名称的扁直型茶叶和以“醉园春”为名称的卷曲型茶叶两大系列已经全面推向市场，并赢得了消费者的认可，在省内外享有较高声誉，已成为地区性的代表产品。

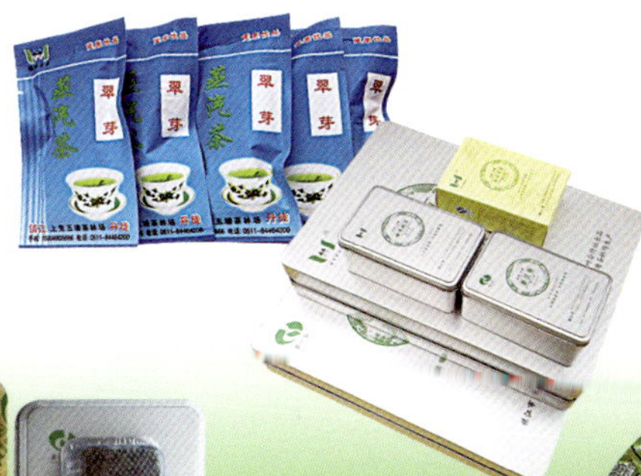

醉园春
ZUIYUANCHUN
清香冉冉的茶园田头
赏形，品色，闻香
你，能不醉吗？

横峰揽翠
仙人湖畔，横峰脚下
揽一丛翠绿入怀

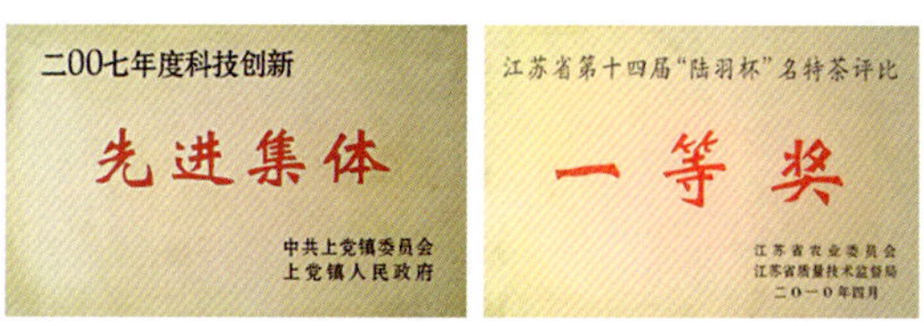

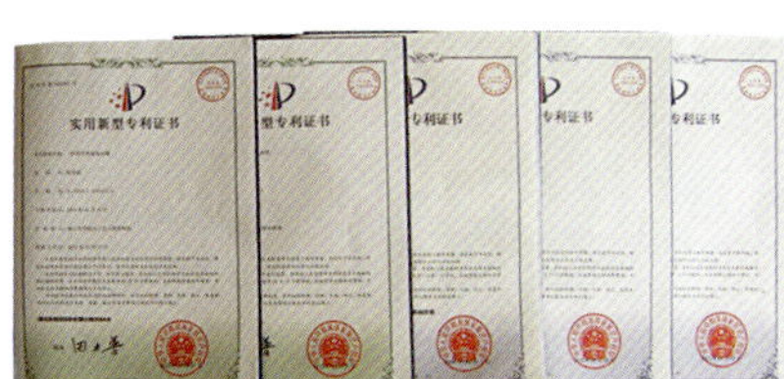

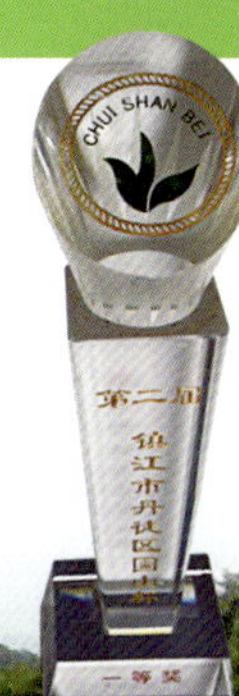

镇江环保电镀专业区
镇江华科生态电镀科技发展有限公司

市人大常委会副主任卢章平到专业区调研指导工作

环保电镀专业区开工典礼

与江苏大学“产学研”合作

镇江环保电镀专业区位于镇江新区，处于上海经济圈和南京都市圈的交汇点，区位优越，交通便捷，经济发达，市场前景广阔。

专业区占地18.2公顷，总投资9800万美元，总建筑面积近150000平方米，电镀废水处理能力10000吨/天，中水回用6500吨/天，并建有电镀污泥重金属再生回收系统、先进的镀液镀层检测中心、快捷的物流配载中心等。加工范围涉及镀金、银、铜、镍、锌、锡、铬、塑料电镀、电镀合金、合金电镀、磷化等，配套服务于航空航天、汽车、通讯、电器电子、民用五金等相关产业，可集中容纳60余家专业电镀企业。专业区排放符合《电镀污染物排放标准》(GB21900-2008)。

镇江华科生态电镀科技发展有限公司是2007年9月批准成立的港商独资企业，公司负责专业区生产厂房、水电汽等基础设施的投资建设，负责废水处理、污泥资源再生利用等环保产业的营运，并提供金融、代维、安保、物流等综合服务。

公司聘请了业内著名专家担任顾问，是江苏省电镀协会常务理事单位，与中国表面工程协会共同筹建了中国表面工程协会人才教育培训中心，并与江苏大学合作建立了中小企业发展研究中心，为我国表面处理行业及入区企业的人才培训、管理咨询、科技成果转化等搭建公共服务平台。公司按照现代企业管理理念建立了经营管理团队和运营管理机制，将致力打造一个规范、高端的环保产业的知名品牌。

园区厂房

供配电系统

中央控制系统

电镀生产线

污水处理厂

中水回用系统

创业园二期鸟瞰图

镇江兴港科技创业园

2010年4月，由大港街道与街道所属投资管理公司共同投资建设的镇江兴港科技创业园被认定为省级高新技术创业服务中心，这也是全省首个由街道创建的省级科技孵化器项目。

已启用的科创园一期孵化占地3.3万平方米，是集科技企业孵化、科技合作与交流、科技成果引进与推广、科技研发与服务为一体的具有地区特色的科技企业孵化器，该孵化器通过提供研发、生产、经营的场地、通讯、网络与办公等方面的共享设施，系统的培训和咨询等方面支持，切实降低创业企业的创业风险和创业成本,提高企业的成活率和成功率。

创业园共集聚科技型企业35家，主要涉及电子信息、光机电一体化、新材料、新能源等产业，均为国家和省市科技导向产业，专业优势明显，发展前景广阔；累计拥有国家专利112项，其中发明专利24项，实用新型专利38项，省级高新技术产品9个。2009年有5家企业销售收入超过5000万元，其中镇江东方电热有限公司2009年销售收入超亿元，利税超3000万元，并获得省科技成果重大转化资金扶持资金850万元。

镇江市康飞机器有限公司

镇江港南电子有限公司

镇江东方电热有限公司

诚信·创新·合作

镇江安徽商会

安徽省人大常委会副主任郭万清(右)、镇江市政协副主席宦祥宝(左)为商会揭牌

在历史的长河中，徽商与镇江的商业文化交流源远流长。在镇江的文化传承和社会经济发展过程中，徽商曾作出过杰出的贡献。新中国成立后，越来越多的安徽人踏着改革开放的步伐来到镇江工作、创业，逐渐成为驰骋在镇江商界的一支生力军。

2010年4月18日在镇江一泉宾馆召开了镇江安徽商会成立大会。商会以此为起点，把服务全体会员作为根本宗旨，凝聚在镇江徽商各方力量，脚踏实地帮助在镇徽商企业做大做强，并积极参与社会各种慈善公益活动，促进社会和谐发展。

历史上，徽商叱咤中国商界数百年。今天，徽商仍然坚守着诚信、创新、合作的理念，实力不断增强，突破了传统的商帮界限，成为一支具有鲜明特色的商界劲旅。新徽商正在成为国家建设的重要力量，徽商精神必将再现辉煌。镇江安徽商会必将在徽商的伟大复兴中发挥越来越重要的作用！

首届会长艾学平

为会员单位授牌

商会成立大会会场

异地商会赠送牌匾

苏宁电器1990年创立于江苏南京，是中国3c(家电、电脑、通讯)家电连锁零售企业的领先者，是国家商务部重点培育的“全国15家大型商业企业集团”之一。截至2009年，苏宁电器连锁网络覆盖中国大陆30个省，300多个城市、香港和日本地区，拥有1000家连锁店，80多个物流配送中心、3000家售后网点，经营面积500万平方米，员工12万多人，年销售规模1200亿元。品牌价值455.38亿元，蝉联中国商业连锁第一品牌。名列中国上规模民企前三，中国企业500强第54位，入选《福布斯》亚洲企业50强、《福布斯》全球2000大企业中国零售企业第一。2004年7月，苏宁电器(002024)在深圳证券交易所上市。凭借优良的业绩，苏宁电器得到了投资市场的高度认可，是全球家电连锁零售业市场价值最高的企业之一。

国家、企业、员工，利益共享。10多年来，苏宁电器支持“做负责任的企业公民”，并将社会责任纳入到企业发展规划，通过缴纳税收、吸纳就业、投身公益等各种形式不断回馈社会，多次获得国家税务总局、省、市税务局的表彰，先后荣获“全国就业与社会保障先进单位”、“2007中国十大慈善企业”、“2008中国民生行动先锋”、“2008中国企业社会责任20杰”、“中华慈善奖”等诸多荣誉。近年来，公司董事长张近东先生先后被授予“中国青年五四奖章”、“优秀中国特色社会主义事业建设者”和“全国劳动模范”等国家级荣誉，并荣获2006CCTV中国经济年度人物、2008最佳领导力奖、中国25大最具影响力企业领袖、2008年度中国十大公益楷模等诸多称号。2007年10月，张近东先生当选为第十届全国工商联副主席。

2008年2月2日苏宁大市口旗舰店盛大开业

镇江苏宁电器有限公司是苏宁电器集团下属全资子公司，经营空调、冰箱、彩电、音像、小家电、通讯、电脑、数码八个品类商品，近千个品牌，20多万个规格型号。截止2009年底，镇江苏宁电器有限公司共有7家直营连锁店，经营面积共30000平方米，员工人数1200余人，会员人数近15万人。

本着“专业自营”的服务方针，苏宁电器以连锁店服务为基石，配套建设了物流配送中心、售后服务中心和客户服务中心，为消费者提供方便快捷的零售配送服务、全面专业的电器安装维修保养服务和热情周到的咨询受理回访服务。苏宁电器全国统一服务热线4008-365-365全天24小时真诚守候。服务是苏宁的唯一产品，提供最优质的服务，赢得顾客、员工、社会满意是苏宁前进的动力源泉。苏宁电器将朝着“打造中国最优秀的连锁服务品牌”的目标而不懈努力。

2008苏宁之夏大型文艺晚会

苏宁社工志愿者到市福利院免费保养空调

苏宁员工为汶川地震募捐

镇江市万方连锁超市有限责任公司

团结奋进的领导班子

镇江市万方连锁超市有限责任公司自成立以来，在政府和社会各界的关心和支持下，在经营规模上有了长足的发展，取得了良好的社会效益。目前有连锁超市37家，拥有一个配送中心和一个净菜、卤菜制作中心，以及京口闸农贸市场，万方果园，五条街中心菜场，豆食制品厂及投资控股公司新荣达调味副食品公司、康力油脂公司及澳星演出公司。

万方公司成立以来始终坚持“便民、利民、为民”的经营宗旨，“创新、爱心”的经营理念，“方便、放心”的经营特色，逐步形成了“放心菜、放心肉、放心粮”的供应网络，连年被市政府授予“三放心”供应工作先进单位，先后获得市级文明单位、江苏省文明单位，江苏省价格诚信单位，镇江市百城万店无假货示范店，江苏省厂务公开先进单位等荣誉称号。

公司所属镇江龙脑豆制品有限公司是镇江市菜篮子工程的重要载体，也是镇江市最大的豆制食品生产、零售、批发企业。主营豆食制品，调味品、各类散装和预包装干货的销售。现有从业人员200人，高级生产技师5人，生产、销售豆制品种达六十余种，拥有自营网点150家。企业先后荣获江苏省市场名优企业、中国豆制品生产放心企业等多项称号，其“龙脑”系列豆制品已是镇江市知名商标，产品进入上海、南京等多个大型跨国连锁超市，企业获得QSI-2000质量认证。

2010年，镇江龙脑豆制食品有限公司根据市场需求，在镇江丁卯新区投入1000万元，建成全冷链系统、安全、绿色产品的新厂区(车间)，并拥有独立的科研新品开发中心和现代化环保型豆制品综合加工配送中心，有效扩大“龙脑”豆制品的市场供应，让更多消费者吃上放心、健康的豆制品。

精细化管理工作推进会

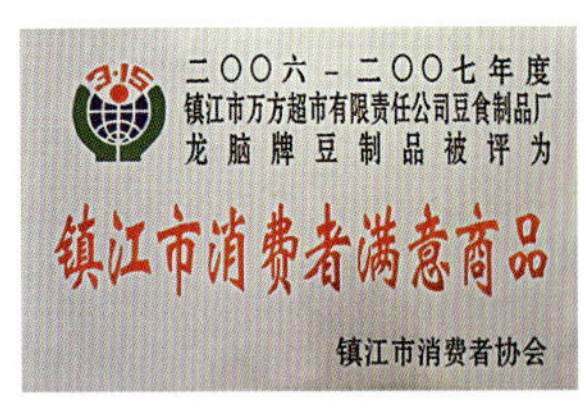

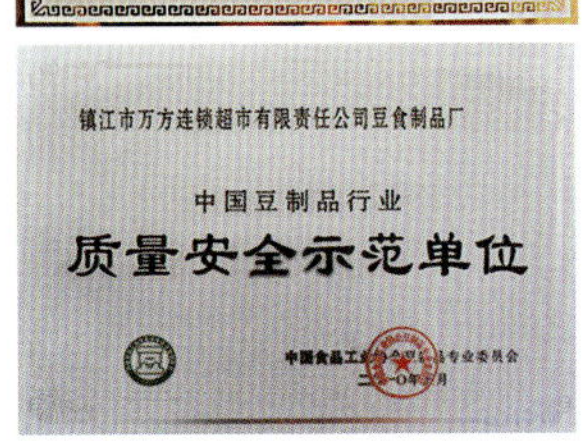

下属超市

京口闸市场

生　产　车　间

镇江市八佰伴商贸有限公司

镇江八佰伴由华地国际控股集团有限公司投资兴建，雄踞镇江大市口商圈，坐拥中山东路显赫地段，以14万平方米的宏大体量，倾力打造一座集购物、休闲、餐饮、娱乐等功能于一体的大型购物中心。地下一层到地上七层皆以不同设计为主轴，以时尚性、前卫性、趣味性为主要品牌规划，其中独家引进的众多世界一线品牌，成为时尚流行的风向标。

镇江八佰伴的目标客层锁定为中高收入群体，以及注重时尚的年轻客层，将提供一个具有现代元素、高级品位的都会场所。她以内外皆美的消费概念魅力呈现，让消费者体验领先的流行感受。在建筑设计、动线规划、业态组合、品牌结构、服务品质等方面，将国际最前沿的生活美学的概念带到镇江，并将把宁、镇、扬、泰等区域的零售业带入一个新的纪元。

浓淡相宜的江南山水中，她璀璨绽放

——八佰伴，让镇江更国际！

地址：镇江市中山东路228号　联系电话：0511-88975888　团购热线：0511-88975666

镇江大酒店(集团)股份有限公司

镇江大酒店（集团）股份有限公司位于江苏省镇江市火车站广场西侧，东临金山风景区；西靠中心商业圈、北临北湖风光带，南靠市行政中心新址。

镇江大酒店（集团）股份有限公司始建于1990年，是集食、宿、游、购、商务、休闲、娱乐、食品生产加工、农副产品批发为一体的集团化公司。核心企业是四星级酒店，集团下设镇江大酒店管理公司、镇江梦菲思食品有限公司、镇大肴肉公司、镇大洗涤公司、镇江百家锅盖面馆有限公司、镇江鼎欣食品有限公司、本家韩国烧烤、壹公馆精英会所等八个子公司。

酒店经营面积近20000平方米，拥有客房近200间（套）、各类会议室3个。设有80公社（快捷酒店）、808KTV商务会馆、鼎欣休闲等配套服务设施，是理想的商务、会议、旅游场所。

酒店餐饮拥有餐位近1000个，以品牌化、特色化为一体，经营维扬、川、粤、浙、海派、都市等菜系，设计承办各类宴请，拥有一支技艺精湛的厨师队伍，其中有国际美食评委、国家级酒店（饭店）评委、中国烹饪大师、高级技师、技师等数十人，多次组队参加全国各类烹饪大赛，获得各类金奖金牌三十多枚，多只菜点被收录到《淮扬菜谱》《中国镇江美食大典》；并荣获中国十佳酒家、国际美食质量金奖、中国餐饮名店等殊荣。镇江大酒店以其强劲的实力和优质的产品成为本地餐饮界的龙头企业之一，并享有“食在大酒店”的美誉。

镇江大酒店始终坚持人性化、法治化的管理理念；提倡绿色、环保、健康的消费理念；坚持“服务第一，宾客至上”的服务宗旨，奉行“以人为本、求实创新”的企业精神，重视精神文明建设和企业文化培育，被评为镇江市劳动关系和谐企业、江苏省文明单位、中国饭店业著名品牌企业。

团结合作的领导班子

六枪加油机

中石油江苏镇江销售分公司

南方加油站

黄山加油站

热情服务

便利店

继承优秀传统美食文化·融入现代规范服务管理

镇江百家锅盖面馆

市领导参加面馆开业典礼

透明厨房

面条制作现场

镇江百家锅盖面馆是镇江唯一有注册商标的老字号正宗锅盖面馆，获“十佳面馆”、“中华小吃名店”称号。经全国餐饮业国家级评委评审，获第十届中国美食节“金鼎奖”。

百家面馆经过深度的市场调研、挖掘创新和产业化改造，一改镇江锅盖面店规模小，标准不一、层次较低的现状，投资打造镇江锅盖面品牌店。精心装修，将现代与传统相结合，并拟定生产工艺标准和产品标准，秘制汤料，现有镇江特色面条品种多达20多种。

开业一年多来，凭借优良的品质和实惠的价格，广受市民及全国各地游客的好评，在全国5个城市发展了加盟店，并作为全市多家单位的定点早餐面馆，推出了档次不同的包厢早点标准，经营状况喜人。

整洁、干净的就餐环境

大厅一角

包厢

DAXIANG 大祥时尚街

大祥时尚街——逛街淘宝好去处/流行时尚风向标

市委书记许津荣（右二）与商户亲切交谈

镇江大祥时尚街由浙江春和集团投资主办，总投资9000万元，总建筑面积为8800多平方米。

大祥时尚街一直坚持采用商场化管理，市场化运作的商业经营模式，本着“人无我有、人有我全”的经营思路、“逛街淘宝好去处，流行时尚风向标”的经营理念，将时尚、健康、美丽带给镇江的年轻人和追求时尚的人士。

大祥时尚街开设了银座街、秀水街、炫库街、星光大道四个街区，主要经营时尚服饰、流行鞋包、休闲食品、彩妆美甲、精美饰品、创意DIY等。

地址：镇江市南门大街 368 号

客服电话：85993000　财富热线：85916555

HTTP://WWW.ZJDXSSJ.CN

镇江市交通投资建设发展公司

镇江市综合交通客运枢纽夜景

镇江市交通投资建设发展公司成立于2001年10月，是镇江市人民政府批准建立的承担城市及交通建设市场化经营职能的特定主体，全民事业制单位，公司总资产为210亿元，下辖镇江红星置业有限公司和镇江市红星工程建设有限公司两个全资子公司。

公司自成立以来，全力以赴参与城市基础设施建设，累计投资约100亿元，先后建成了引资大道、南徐大道、檀山路、润州路、金桥大道、团山路、沿江高等级公路、健康路西延等各具特色的城市景观道路，以投资方式参与了农村公路建设、312国道扩建、镇大公路拓宽等工程，支持和保证了京沪高铁、沪宁高速铁路征地拆迁资金需求。2010年7月1日建成了总投资达28亿元的镇江市综合交通客运枢纽，引进开发了镇江万达广场城市综合体。公司还先后与万达、万科、中住、亚东等国内多家知名房地产企业成功合作，上市出让土地200公顷，引进开发了天和星城、魅力之城、君临南山、亚东朴园等精品楼盘。公司先后荣获“江苏省五一劳动奖状”、“镇江市五一劳动奖状”、“镇江市有功单位”、“镇江市文明单位”、“国资运营先进单位”等多项荣誉称号。

沪宁高铁镇江站开通仪式

红星桃花源效果图

南山新城官塘片区效果图

镇江市丹徒区城建投资有限公司

瑞山路东延绿化工程

丹徒区医院绿化景区

镇江市丹徒区城建投资有限公司成立于2001年12月6日，属企业法人，二级局建制，法人代表王纪富。公司注册资本4930万元，由两家股东共同出资，并由区资产经营公司代表政府出资4920万元控股。主要职能是实施丹徒新区政府重点工程建设和环境建设，经营城市、融通资金，推动城市资产增值，并享有政府给予的多项优惠政策。公司设立董事会、监事会，实行董事会领导下的总经理负责制，按照精简、高效的原则，设“三部一室”，即办公室、工程管理部、绿化管理部、财务管理部，下属单位有镇江创景绿化工程有限公司。

2009年，先后组织实施丹徒新城瑞山路东延、千禧路东延、龙山路东延、区人民医院等环境绿化工程，以及千禧路整治、驸马山复绿、312国道整治等环境工程，累计完成绿化投资近2000万元，新增绿地面积16万平方米。其中瑞山路东延为区政府确立的2009年重点工程，长3.6公里，绿化投资1200万元。此外，通过对城市资产的市场化运作，融通资金5000万元，新增储土地20公顷。该公司在城建工程投资、城市资产运作、企业经济发展等方面都取得了较好的成绩，被市园林局评为绿化先进集体、被新城管委会授予先进集体称号。两人分别被区政府授予绿化先进个人和城建先进个人。

公司将进一步加大工作力度，围绕丹徒新城“加快产业化步伐、加速城市化进程”的目标，开拓创新、锐意进取，强化资产运作、建设精品工程，为新城建设和区域经济发展再立新功。

千禧路东延绿化工程

龙山路东延绿化工程

驸马山体复绿

亿都家居建材城

亿都家居建材城为江苏省服务业重点项目和镇江市重点招商引资项目，是市政府重点打造的龙头商业项目，总规划占地28公顷，总建筑面积30万平方米，其中仓库物流6.73公顷，总投资10亿元。项目本着“高起点、高效率、高品质”的开发理念，以“现代化、综合化、智能化”的建设要求，集“厂商办公、产品发展、仓库储藏、产品批发、网上交易、调度运输、娱乐休闲”七位功能于一体。内设陶瓷、洁具，家居，灯具，五金水暖，油漆、涂料，橱具、橱柜,木地板，门业，窗帘布艺，地毯，家居饰品、床上用品，不锈钢铝型材，玻璃制品，木材、石材、板材等十三个一级专业批发区域；配备金融、家装设计、产品检测、产品精加工、电子交易、仓储物流配送、售后服务共七大配套服务中心。致力于成为镇江市最具竞争力的大规模、高品质、现代化的家居建材一级批发市场。

亿都家居建材城位于镇江新区丁卯桥路371号，项目位于镇江市区和新区结合部，与江苏大学、江苏科技大学、镇江一中近在咫尺，周边形成了以沃尔玛超市、汽配4S店一条街和五大市场为核心的200万平方米的商业集群；项目对面是正在施工的22万平方米的大型住宅区，近4个亿的家居建材消费量就在市场门口，位于项目门前的丁卯桥路已经改造成功，一个新的商业核心商圈正在形成。

亿都家居建材城项目一期6万多平方米，已于2010年5月16日盛大开业，二期和红星美凯龙13万平方米正在建设，二期计划2010年9月份开张营业，红星美凯龙计划在2011年3~5月份开张营业，开业后年营业额达50亿元以上，年创税利5亿元以上，可解决产业链就业人员6万多人。商城的投入使用将为下岗人员和待业人员、创业人员提供了就业平台，同时也彻底为镇江广大消费者为购买家居建材跑南京、苏州等地节约了时间，降低了成本。

钻石铭苑 丁卯中央/超大景观 · 高品质庭院生活

DIAMONDS GARDEN

镇江九福房地产开发有限公司为南非九福投资集团旗下的公司，投资镇江丁卯新区，开发高档住宅小区——钻石铭苑。该项目总占地面积77900平方米，建筑面积约20万平方米，总投资6亿元，将打造镇江“钻石”级楼盘，引进国外人性化住宅小区设计理念，是未来镇江住宅小区的典范，配合镇江新区政府全力打造“镇江城市副中心”，小区全部为景观电梯房，生活配套齐全，南临沃尔玛，北靠新一中，户型设计经典适用，全明通透，动静分离，欢迎社会各界人士莅临指导，在这里选中您期待的爱家！

九福地产 FORTURE ESTATE

咨询热线：0511-86099999　0511-86099998

项目地址：丁卯开发区谷阳路99号（沃尔玛以北）钻石铭苑销售中心。

开发商：镇江九福房地产开发有限公司　建筑设计：北京中华建设计研究院　建筑单位：华锦建设股份有限公司

镇江市虎踞拆房有限公司

总经理 丁学智

该公司是原镇江市京口区建安总公司七公司，按国家建设部规范，于2003年3月经镇江工商行政管理局核准成立镇江市虎踞拆房有限公司。

该公司有员工93人，施工技术力量雄厚，有高级工程师一名，工程师两名，助理工程师三名，技术员四名，会计师一名，挖掘破碎机两台，厦门产装载机一台，山东产160推土机一台，山东产130推土机一台。施工人员稳定，技术素质较高，施工机械设备完善，有能力承接技术含量高的各类拆除爆破、土岩爆破和人工、机械拆除工程的设计和施工。

该公司有35年建筑和拆除经验，镇江市60%的大型高层建筑都是该公司承担拆除的，拆除大型项目有：镇江市中山东路改造工程；京口闸农贸市场片区改造；谏壁921工程；大港135工程；市长江路1、2、3期工程；丁长路、引资大道、南徐路、朱方路、大东新路、润扬大桥引桥沿线及镇江轻工机械厂综合楼及厂房，钢圈厂综合楼、船用柴油机械厂厂房、镇江市制刷厂综合楼等数十万平方米的房屋拆除，在以上的拆除施工中未出现工伤事故。

为了企业的发展壮大，公司在加强各项管理工作中，始终坚持“安全第一、服务第一、信誉第一”的宗旨，以提高企业的技术水平和管理水平为目标，不断提高企业的整体素质。

拆迁现场

本资料及图片内容仅供参考，以最终批文为准
房地产投资建设
镇江年鉴 2010 YEARBOOK
恒美嘉园C区
HENGSHUN CITY
On the xyefu Roan, Hengshun is Making a city which has four plates and business street. It also has excellent education from Kindergarten to Highschool, and 30 acreage Spores park
（恒美嘉园3期项目）
水岸江南 源自恒美嘉园C区
82-115m²
多种精品户型任你选
售楼热线：9695533/88787888
⊙开发商：恒顺房地产开发公司 ⊙全程策划：上海世唐 ⊙售楼中心地址：镇江学府路80号

中
M
6
梦之蓝
酒
洋河蓝色经典